HERMENEUTISCHE UNTERSUCHUNGEN ZUR THEOLOGIE

Herausgegeben von
HANS DIETER BETZ · PIERRE BÜHLER
DIETZ LANGE · WALTER MOSTERT

27

In dem Anfang
war das Wort

Studien zu Luthers Sprachverständnis

von

Albrecht Beutel

J.C.B. Mohr (Paul Siebeck) Tübingen

Die Deutsche Bibliothek — CIP-Einheitsaufnahme

Beutel, Albrecht:
In dem Anfang war das Wort : Studien zu Luthers Sprachverständnis /
von Albrecht Beutel. — Tübingen : Mohr, 1991
(Hermeneutische Untersuchungen zur Theologie ; 27)
Zugl.: Tübingen, Diss., Univ., 1989
ISBN 3-16-145709-9

NE: GT

© 1991 J.C.B. Mohr (Paul Siebeck), Tübingen.

Das Werk einschließlich aller seiner Teile ist urheberrechtlich geschützt. Jede Verwertung
außerhalb der engen Grenzen des Urheberrechtsgesetzes ist ohne Zustimmung des Verlags
unzulässig und strafbar. Das gilt insbesondere für Vervielfältigung, Übersetzung, Mikro-
verfilmungen und die Einspeicherung und Verarbeitung in elektronischen Systemen.

Das Buch wurde von Computersatz Staiger in Ammerbuch-Pfäffingen aus der Bembo
Antiqua gesetzt, von Gulde-Druck in Tübingen auf alterungsbeständiges Werkdruckpa-
pier der Papierfabrik Buhl in Ettlingen gedruckt und von der Großbuchbinderei Heinr.
Koch in Tübingen gebunden.

ISSN 0440-7180

HERRN PROFESSOR D. DR. GERHARD EBELING

in Verehrung
und als Dank für vieles

Vorwort

Die vorliegende Arbeit wurde im Sommersemester 1989 an der Evangelisch-theologischen Fakultät der Universität Tübingen als Dissertation eingereicht. Für den Druck ist sie geringfügig überarbeitet, im Anmerkungsapparat gekürzt sowie um die Register vermehrt worden.

Während einer Seminarsitzung zu Luthers Disputatio de homine im Wintersemester 1979/80 äußerte Professor D. Dr. Gerhard Ebeling die Vermutung, es könnte lehrreich sein, einmal Luthers Äußerungen zur Sprache zusammenzustellen. Dieser wohl en passant formulierte Gedanke gab den Anstoß. Doch ist er zunächst ohne äußere Folgen geblieben. Ein von Professor Dr. Theo Schumacher im Sommersemester 1981 abgehaltenes Seminar über Sprache und Stil Martin Luthers zeigte mir, wie fruchtbar es sein kann, sich die theologisch geschulte Wahrnehmung des Reformators durch ein germanistisches Luther-Studium schärfen zu lassen. In den Kellerräumen des Luther-Registers am Institut für Spätmittelalter und Reformation (Tübingen) begann im Herbst 1983 die Arbeit. Nach manchen Umwegen und Unterbrechungen ist sie im Mai 1989 zum Abschluß gekommen.

Mein herzlicher Dank gilt Herrn Professor Dr. Eberhard Jüngel, der mich auf dem Weg zur Sache in unverwechselbar eigener Weise gefördert und auch das Erstgutachten erstellt hat. Ihm habe ich viel zu verdanken. Dem Korreferenten, Herrn Professor Dr. Hans Martin Müller, danke ich sehr herzlich für die vielgestaltige Förderung, die er seinem Assistenten hat zuteil werden lassen: Sein kundiger Rat, seine fast nicht zu erschöpfende Geduld und die deutlich, wenn auch kaum einmal ausdrücklich mit ihr verbundene Erwartung haben der Arbeit und ihrem Verfasser zu wesentlicher Hilfe gereicht. Herr Professor D. Dr. Gerhard Ebeling hat das Entstehen der Arbeit über Jahre hinweg mit kritischem Interesse begleitet und ihre Drucklegung tatkräftig befördert. Vor allem aber ist er mir in einem schwer abschätzbaren, doch entscheidenden Maß zum theologischen Lehrer geworden. Der Dank an ihn liegt mir besonders am Herzen.

Den Herausgebern der Hermeneutischen Untersuchungen zur Theologie danke ich für die freundliche Aufnahme der Arbeit, Herrn Georg Siebeck und seinen Mitarbeitern für deren sorgfältige verlegerische Betreuung. Dem Luther-Register am Institut für Spätmittelalter und Reformation (Tübingen), das mir wichtige Hilfe geleistet hat, weiß ich mich bleibend verbunden.

Schließlich gebührt mein Dank all denen, die die Drucklegung der Arbeit durch einen Zuschuß erleichtert haben. Neben einigen ungenannt Bleibenden sind dies die Vereinigte Evangelisch-Lutherische Kirche Deutschlands, der Evangelische Oberkirchenrat Stuttgart, die Forschungsstiftung für Spätmittelalter und Reformation (Tübingen), die Lutherakademie e.V. Ratzeburg sowie die Stadt Esslingen am Neckar.

Tübingen, im Februar 1991   *Albrecht Beutel*

Inhaltsübersicht

Inhaltsverzeichnis XI
Einleitung 1

§ 1: Der Johannes-Prolog in Luthers Übersetzung 6

Erstes Kapitel:

Gotteswort und Menschenwort — Luthers Vorrede auf den Johannes-Prolog

§ 2: Zum Aufbau der Vorrede 33
    A. Der Vorrede erster Teil
§ 3: Die Verwurzelung des Neuen Testaments im Alten 48
§ 4: Die Verwurzelung von Joh 1 in Gen 1 69
§ 5: Das Sprechen Gottes 87
    B. Der Vorrede zweiter Teil
§ 6: Wort Gottes — Wort des Menschen 132
§ 7: Das Sprechen des Menschen 150

Zweites Kapitel:

Gotteswort als Menschenwort — Luthers Auslegung von Joh 1,1–5

§ 8: Gottes ursprüngliches Wort (Joh 1,1–3) 210
§ 9: Gottes geschriebenes Wort 235
§ 10: Das Wort als Leben und Licht (Joh 1,4f.) 289
§ 11: Christus das Wort Gottes 311

Drittes Kapitel:

Gotteswort in Menschenwort — Luthers Auslegung von Joh 1,6–14

§ 12: Johannes und Christus (Joh 1,6–9) 348
§ 13: Äußeres und inneres Wort 372
§ 14: Wort und Glaube (Joh 1,10–14) 407
§ 15: Wort und Antwort. Ein Prospekt 438

Quellen- und Literaturverzeichnis 482
Register 504

Inhaltsverzeichnis

Abkürzungsverzeichnis XVII

Einleitung   1

§ 1: Der Johannes-Prolog in Luthers Übersetzung   6

1. Luthers Übersetzung in synoptischer Übersicht   7
   a) Vergleichstexte   7
   b) Synoptische Übersicht   9

2. Luthers Übersetzung im synoptischen Vergleich   13
   a) Graphematik   13
   b) Phonologie   16
   c) Morphologie   18
   d) Wortwahl   19
   e) Zeitformen   23
   f) Syntax   24

3. Bedeutung und Funktion der drei Prolog-Übersetzungen
   Luthers von 1521/22   26

Erstes Kapitel:

Gotteswort und Menschenwort — Luthers Vorrede auf den Johannes-Prolog

§ 2: Zum Aufbau der Vorrede   33

1. Gliederung   35

2. Beobachtungen zur Formstruktur   39
   a) Einleitungs- und Schlußteil   40
   b) Erster Hauptteil   41
   c) Zweiter Hauptteil   44

A. Der Vorrede erster Teil 46

§ 3: Die Verwurzelung des Neuen Testaments im Alten 48

   1. Verheißung und Erfüllung 50
     a) Der Grund des Neuen 50
     b) Das Auftun des Alten 53

   2. Die Testamentsmetapher 55
     a) Das Bild: Testament 55
     b) Die Sache: Christus 58

   3. Gesetz und Evangelium 62

§ 4: Die Verwurzelung von Joh 1 in Gen 1 69

   1. Gott und Wort 69
     a) Exordium 70
     b) Narratio 73
     c) Argumentatio 76
     d) Refutatio 78
     e) Peroratio 80

   2. Ergänzungen 81
     a) Die Fundgrube 81
     b) Der Heilige Geist 82

§ 5: Das Sprechen Gottes 87

   1. Deus loquens 89
     a) Das Wort als Medium der Offenbarung 89
     b) Das Wort als Gegenstand der Offenbarung 93

   2. Verbum aeternum 95

   3. Verbum creatum 99
     a) Das schöpferische und erhaltende Wort 99
       aa) Die Grundlegung in der 1. Psalmenvorlesung 99
       bb) Die Entfaltung der späteren Jahre 102
     b) Die Worthaftigkeit der Kreatur 110

   4. Verbum prolatum 112
     a) Die Einheit des Wortes 113
       aa) Efficacitas verbi 113
       bb) Gesetz und Evangelium 116
     b) Gottes Wort in der Geschichte 117
     c) Gottes Wort in der Gegenwart 120

   5. Homo audiens 126

B. Der Vorrede zweiter Teil 131

§ 6: Wort Gottes − Wort des Menschen 132

  1. Die prinzipielle Verschiedenheit des göttlichen Wortes
    vom menschlichen 132
    a) Die Fundamentalunterscheidung 132
    b) Wort und Bild (zu Hebr. 1,3) 136
    c) Zeichen und Bezeichnetes 138

  2. Die begrenzte Analogiefähigkeit des menschlichen Wortes . 140
    a) Die Entsprechung 141
    b) Die Differenz 145

  3. Das Wort im Herzen und das Evangelium 147

§ 7: Das Sprechen des Menschen 150

  1. Menschenwort und Gotteswort 151
    a) Die Fundamentalunterscheidung 151
    b) Teufel und Papst 158
    c) Ineffabilität 163

  2. Zur Sprache des Menschen 168
    a) Die Gabe: Das kennzeichnend Menschliche 168
    b) Die Aufgabe: Das Gott Entsprechende 175
      aa) Die Bestimmung 175
      bb) Die Verwirrung (Gen 11) 177
      cc) Die Analogiefähigkeit 181
    c) Herz und Mund 184

  3. Zum Wesen der Sprache 188
    a) Sprachbeobachtung und Sprachenvergleich 190
    b) Sprache als Kommunikation 192
    c) Sprache und Sache 196

Zweites Kapitel:

Gotteswort als Menschenwort − Luthers Auslegung von Joh 1,1−5

§ 8: Gottes ursprüngliches Wort (Joh 1,1−3) 210

  1. Das Wort im Anfang (Joh 1,1a) 210
    a) In der Auslegung vor und neben Luther 210
    b) In der Auslegung Luthers 215

2. Unvermischte Personen, unzerteilte Natur (Joh 1,1b–2) . . 217

   a) In der Auslegung vor und neben Luther 217
   b) In der Auslegung Luthers 221
      aa) Wahrheit und Ketzerei 221
      bb) Schriftgemäßer Glaube und natürliche Vernunft 224

3. Schaffend, nicht geschaffen (Joh 1,3) 229

   a) In der Auslegung vor und neben Luther 229
   b) In der Auslegung Luthers 232

§ 9: Gottes geschriebenes Wort 235

1. Zu Luthers Schriftverständnis 235

   a) Die Schriftlichkeit der Schrift 238
   b) Die Autorität der Schrift 243
   c) Die Klarheit der Schrift 246
   d) Die Sache der Schrift 250

2. Zu Theorie und Praxis von Luthers Dolmetschung 253

   a) Das Material 255
      aa) Zur Theorie 255
      bb) Zur Praxis 257
   b) Die Regeln 260
      aa) Freiheit vom Buchstaben 261
      bb) Treue zum Buchstaben 268
      cc) Die Kunst des Dolmetschens 271
   c) Das Prinzip 272
   d) Luthers Selbsteinschätzung 276

3. Heilige Sprachen und Sprachenheiligung 280

   a) Biblische Sprachen 281
   b) Heilige Sprachen 284
   c) Volkssprache 288

§ 10: Das Wort als Leben und Licht (Joh 1,4 f) 289

1. Christus vere deus (Joh 1,4a) 289

   a) In der Auslegung vor und neben Luther 289
   b) In der Auslegung Luthers 292

2. Christus vere homo (Joh 1,4b) 297

   a) In der Auslegung vor und neben Luther 297
   b) In der Auslegung Luthers 299

3. Unglaube und Glaube (Joh 1,5) 305

   a) In der Auslegung vor und neben Luther 305
   b) In der Auslegung Luthers 307

§ 11: Christus das Wort Gottes 311

  1. Die Lehre von der communicatio idiomatum
    als Sprachproblem 313
    a) Die hypostatische Union 313
    b) Die Idiomenkommunikation 316

  2. Die Vereinung von Gotteswort und Menschenwort
    in Christus 320
    a) Das Mensch gewordene Wort Gottes 322
      aa) Der duplex modus loquendi Christi 322
      bb) Das verbum revelationis Dei 330
    b) Die Ohnmacht des Wortes Gottes in Christus 337
    c) Die Vollmacht des Wortes Gottes in Christus 340

Drittes Kapitel:

Gotteswort in Menschenwort — Luthers Auslegung von Joh 1,6—14

§ 12: Johannes und Christus (Joh 1,6—9) 348

  1. Das Amt des Täufers (Joh 1,6) 348
    a) In der Auslegung vor und neben Luther 348
    b) In der Auslegung Luthers 351
      aa) Wartburgpostille 351
      bb) Spätere Prolog-Predigten 354

  2. Der Zeuge des Lichts (Joh 1,7 f) 357
    a) In der Auslegung vor und neben Luther 357
    b) In der Auslegung Luthers 359
      aa) Wartburgpostille 359
      bb) Spätere Prolog-Predigten 362

  3. Das bezeugte Licht (Joh 1,9) 364
    a) In der Auslegung vor und neben Luther 364
    b) In der Auslegung Luthers 367

§ 13: Äußeres und inneres Wort 372

  1. Zur Zeit von Luthers erster Predigt
    über den Johannes-Prolog (1514) 373
    a) Zur Tradition 373
    b) Zu Luther 376
      aa) Der Sermon von 1514 376
      bb) Die Dictata super Psalterium von 1513/15 379

  2. Zur Zeit der Wartburgpostille (1522) 383
    a) Die neuerwachte Konzentration auf das äußere Wort 383

  aa) In anthropologischer Hinsicht 383
  bb) In soteriologischer Hinsicht 385
  cc) In homiletischer und poimenischer Hinsicht 395
 b) Die Zeit nach 1525 397

3. In Luthers Auslegung der Pfingstgeschichte 401

§ 14: Wort und Glaube (Joh 1,10−14) 407

1. Die Ankunft Christi im Wort (Joh 1,10 f) 407
 a) In der Auslegung vor und neben Luther 407
 b) In der Auslegung Luthers 409
  aa) Wartburgpostille 409
  bb) Spätere Prolog-Predigten 412

2. Die Gotteskindschaft aus Glauben (Joh 1,12 f) 414
 a) In der Auslegung vor und neben Luther 414
 b) In der Auslegung Luthers 417
  aa) Wartburgpostille 417
  bb) Spätere Prolog-Predigten 424

3. Das Fleisch gewordene Wort (Joh 1,14) 426
 a) In der Auslegung vor und neben Luther 426
 b) In der Auslegung Luthers 430
  aa) Wartburgpostille 430
  bb) Spätere Prolog-Predigten 435

§ 15: Wort und Antwort. Ein Prospekt 438

1. Die Teilgabe Gottes 440
 a) Das geglaubte Wort 440
 b) Das heilige Wort 446
 c) Das ewige Wort 451

2. Die Teilhabe des Menschen 456
 a) Die Sprache des Glaubens 456
 b) Der paradigmatische Ort der Glaubenssprache 465
  aa) Gebet 466
  bb) Predigt 468
  cc) Sakramente 472
  dd) Vergebung 475
 c) Die Frage nach dem Zusammenhang von Sprachverständnis
  und Sprachgestaltung 477

Quellen- und Literaturverzeichnis 482
 1. Quellen 482
 2. Hilfsmittel 484
 3. Sekundärliteratur 484

Register 000
 1. Bibelstellen 504
 2. Personen 510
 3. Sachen 516

Abkürzungen

Die Abkürzungen richten sich nach: S. Schwertner, Internationales Abkürzungsverzeichnis für Theologie und Grenzgebiete, Berlin / New York 1974. Darüber hinaus gelten folgende Abkürzungen:

a.	articulus
AGe	Amt und Gemeinde
AWA	Archiv zur Weimarer Ausgabe
B	Beiheft
BiN	Biblische Notizen
BiWe	Die Bibel in der Welt
BoA	Bonner Ausgabe (= Martin Luther, Werke in Auswahl, hg. v. O. Clemen, Belin [1912] 1955 ff)
crp.	corpus
dtv	Deutscher Taschenbuch-Verlag
DW	Deutsche Werke
EHS.DSL	Europäische Hochschulschriften. Reihe 1: Deutsche Sprache und Literatur
EHS.Ph	Europäische Hochschulschriften. Reihe 20: Philosophie
ESSt	Esslinger Studien
EtG	Études Germaniques
FS	Festschrift
GAT	Grundrisse zum Alten Testament
GthA	Göttinger theologische Arbeiten
HPhG	Handbuch philosophischer Grundbegriffe, hg. v. H. Krings et al.
HPhSt	Hamburger Philologische Studien
IdF	Impulse der Forschung
it	insel-Taschenbuch
JBTh	Jahrbuch für biblische Theologie
LAR	Luther Akademie Ratzeburg
LiB	Linguistica Biblica
LW	Lateinische Werke
NAWG.PH	Nachrichten der Akademie der Wissenschaften in Göttingen, Philologisch-historische Klasse
ND	Nachdruck
NF	Neue Folge
NZZ	Neue Zürcher Zeitung
p.	pars
PLAS	Publications of Luther-Agricola-Society
q.	quaestio
sc.	scilicet
ShJ	Shakespeare Jahrbuch
SiCJ	The Sixteenth Century Journal

StFn	Studien zum Frühneuhochdeutschen
StLGe	Studia Linguistica Germanica
s.v.	sub voce
Th	These
ThB	Theologische Bücherei
ThV	Theologische Versuche, hg. v. J. Rogge und G. Schille, Berlin
VIDSL	Veröffentlichungen des Instituts für Deutsche Sprache und Literatur
WA	Weimarer Ausgabe Abt. Werke
WAB	Weimarer Ausgabe Abt. Briefe
WADB	Weimarer Ausgabe Abt. Deutsche Bibel
WAT	Weimarer Ausgabe Abt. Tischreden
ZDB	Zeitschrift für deutsche Bildung
ZfDk	Zeitschrift für Deutschkunde
ZG	Zeitschrift für Germanistik
ZPhSK	Zeitschrift für Phonetik, Sprachwissenschaft und Kommunikations- forschung
z.St.	zur Stelle

Einleitung

Es gibt Fragen, die man nicht stellen muß, weil man sich selbst vor sie gestellt sieht. Luthers Sprachverständnis mag dafür in besonderer Weise als ein Beispiel taugen. Nicht nur, weil Sprache und Sprechen in ursprünglicher Weise mit dem ›Wort‹ zu tun haben, welches für das theologische Denken Luthers eine unbestritten zentrale Rolle spielt. Auch die sprachgestalterische Kompetenz des Reformators, seine viel gerühmte Sprachgewalt, läßt die Frage, wie sich bei ihm Verständnis und Gestaltung von Sprache zueinander verhalten, unabweisbar werden.

Demgegenüber mag es verwundern, daß die Frage kaum jemals im Zusammenhang erörtert worden ist[1]. Wohl liegt zu allen wichtigen Facetten des Sprachproblems bei Luther eine ansehnliche Zahl theologischer Spezialuntersuchungen vor. Kaum weniger intensiv ist auch die sprachgeschichtliche Stellung Luthers untersucht worden, wie überhaupt der sprach- und literaturwissenschaftlichen Beschäftigung mit ihm − und zumal mit seiner Bibelüber-

---

[1] Zu den wenigen einschlägigen Untersuchungen zählt die Arbeit von P. MEINHOLD (Luthers Sprachphilosophie, 1958). Meinhold hat gewiß recht, wenn er die »Konzeption einer neuen Sprachlehre bei Luther« (ebd. 9) konstatiert. Doch daß Luther seine sprachphilosophischen Reflexionen »zu einer Philosophie der Sprache ausgebaut« habe (ebd.), wird man schwerlich sagen können. Meinhold selbst gelangt über eine Zusammenstellung der bekanntesten Äußerungen und Sachverhalte nicht hinaus. So dürfte sein Verdienst eher darin bestehen, einen zentralen, aber vernachlässigten Aspekt der Lutherforschung erinnert, als diesen schon hinreichend erhellt zu haben. Dem von Meinhold einleitend formulierten Satz, »die Begründung eines neuen Sprachverständnisses durch Luther (habe) noch immer nicht die Würdigung gefunden ..., die ihr wegen ihrer weitreichenden geschichtlichen Wirkungen zukommen sollte« (ebd. 10), wird man nach der Lektüre seines Büchleins nur noch entschiedener beipflichten wollen.

Von der vor wenigen Jahren erschienenen Dissertation W. FÜHRERS (Das Wort Gottes in Luthers Theologie [GthA 30], 1984) ist für unsere Frage erst recht keine Hilfe zu erhoffen. Das Grundproblem dieser − gewiß materialreichen − Arbeit scheint mir darin zu liegen, daß sie mit ihrem enzyklopädischen Anspruch in vieler Hinsicht zu weit greift und darum in der entscheidenden Hinsicht zu kurz: Mehr als eine knappe, wenn auch z. T. empfindlich lückenhafte Übersicht zu den mit dem Wort Gottes zusammenhängenden Themen ist daraus nicht geworden. (Zu ihren wichtigsten Desideraten zählen in sachlicher Hinsicht z. B. die Schöpfungslehre − creatio per verbum! − oder die Rezeption von Gen 1 und Joh 1, hinsichtlich des ganz unnötig aufgeschwemmten Literaturverzeichnisses z. B. die Arbeiten von P. Meinhold und B. Stolt). − Vgl. dazu die kritische Rezension von H. JUNGHANS (LuJ 53, 1986, 101 f.).

übersetzung – ein offenbar immer größer werdendes Gewicht zukommt[2]. Gleichwohl harrt die Frage, was es für Luther um die Sprache sei, noch immer einer zusammenhängenden Klärung.

Das mag nicht zuletzt mit der besonderen Schwierigkeit zu tun haben, die diese Frage mit sich führt: Weder in thematischer noch in zeitlicher Hinsicht läßt sie sich sinnvoll begrenzen. Denn die Frage nach Wort und Sprechen bei Luther betrifft nicht einen einzelnen Abschnitt, sondern ein Strukturmoment seiner Theologie: Kein Thema und keine Periode wird man unter Ausschluß dieses Zusammenhangs sinnvoll darstellen können. Die Komplexität des Sprachproblems bei Luther ist kaum zu überschätzen.

Durch dieses Dickicht will die folgende Untersuchung eine Schneise schlagen. Das systematische Interesse, von dem sie sich geleitet weiß, konnte nur in Gestalt einer durchgehenden historischen Disziplinierung verantwortet werden[3].

Für die Suche nach einem zu exemplarischer Entfaltung taugenden, konkreten Ansatzpunkt lag es nahe, sich an den Rahmen der Christologie zu halten. Denn in der Person des Sohnes erreicht die auch das Sprachverständnis konstitutiv durchwaltende Fundamentalunterscheidung von Gott und Mensch ihre größte Verdichtung. Da hierzu jedoch nicht ein dogmengeschichtlicher Längsschnitt[4] angestrebt, sondern wiederum ein exemplarisches Zeugnis be-

---

[2] Vgl. die germanistischen Arbeitsbücher von H. Wolf (Martin Luther. Eine Einführung in germanistische Luther-Studien, 1980) und E. Arndt / G. Brandt (Luther und die deutsche Sprache. Wie redet der Deudsche man jnn solchem fall?, 1983). – Vgl. daneben beispielsweise H. Blanke, Zum Verständnis der Luthersprache (in: D. Martin Luther: Biblia. Das ist die gantze Heilige Schrifft Deudsch auffs new zugericht, Wittenberg 1545, hg. v. H. Volz, Bd. 3 [dtv 6033], 1974, 292–298). – F. Hartweg, Luthers Stellung in der sprachlichen Entwicklung. Versuch einer Bilanz (EtG 40, 1985, 1–20). – J. Schildt, Zum Verständnis der Luthersprache (in: Martin Luther. Studienausgabe, hg. v. H.-U. Delius, Bd. 1, 1979, 13–28). – Ders. (Hg.), Luthers Sprachschaffen. Gesellschaftliche Grundlagen – geschichtliche Wirkungen, 3 Bde., 1984. – K. Stackmann, Probleme germanistischer Lutherforschung (ARG 75, 1984, 7–31). – B. Stolt, Neue Aspekte der sprachwissenschaftlichen Luther-Forschung. Ein kritischer Rückblick (in: H. L. Arnold [Hg.], Martin Luther [text & kritik Sonderband], 1983, 6–16).

[3] Insofern weiß sich diese Arbeit den »Grundsätze(n) historischer Methodik ... bei der Erforschung von Luthers Theologie« verpflichtet, die G. Ebeling 1960 formuliert hat: Art. Luther II. Theologie, RGG[3] IV, (495–520) 496. – Vgl. Ders., Theologie in den Gegensätzen des Lebens (in: J. B. Bauer [Hg.], Entwürfe der Theologie, 1985, 71–93, v. a. 80 f). (Als uneingeholtes Beispiel dafür, wie diese Grundsätze in der materialen Lutherforschung fruchtbar gemacht werden können, darf der monumentale Kommentar G. Ebelings zu Luthers Disputationsthesen »De homine« von 1536 gelten: Ders., Lutherstudien II/1–3, 1977/82/89.) – Als wichtige methodologische Äußerungen zur Lutherforschung vgl. ferner: L. Grane, Modus loquendi theologicus. Luthers Kampf um die Erneuerung der Theologie (1515–1518) (AThD 12), 1975, 11–22.192–199. – W. Joest, Ontologie der Person bei Luther, 1967, 50–55. – B. Lohse, Zur Struktur von Luthers Theologie. Kriterien einer Darstellung der Theologie Luthers (JGNKG 83, 1985, 41–55).

[4] Vgl. etwa M. Lienhard, Martin Luthers christologisches Zeugnis. Entwicklung und

fragt werden sollte, schien es am Ende geraten, dafür die *Predigt über den Johan-nes-Prolog aus der Wartburgpostille (1522)* auszuwählen[5]. Dieser Text ist Teil je-nes Buches, das neben der Bibelübersetzung über Jahrhunderte hinweg das populärste und wirkmächtigste Werk Luthers[6] gewesen ist[7]; ihm selbst galt es als das beste seiner Bücher[8], auch wenn er dessen Weitschweifigkeit gelegent-lich beklagt hat[9]. Die Entstehungszeit dieser Schrift bringt überdies als Vorteil mit sich, daß Luther nun − 1522 − unbestritten »reformatorisch« ist und man sich also der nicht mehr ganz übersichtlichen Diskussion, wann, wie und wo-rin sich »das Reformatorische« bei ihm entwickelt hat, ohne sie etwa gering-zuschätzen, weithin enthalten kann[10].

Den sachlichen Kern der Untersuchung bildet die gründliche, von der Frage nach dem Sprachverständnis geleitete Lektüre[11] jener Prolog-Auslegung der Wartburgpostille (§§ 1−4, 6, 8, 10, 12 u. 14)[12]. Um das Spezifische dieses Tex-

---

Grundzüge seiner Christologie, 1980. − DERS., Luthers Christuszeugnis (in: H. JUNGHANS [Hg.], Leben und Werk Martin Luthers von 1526 bis 1546. Festgabe zu seinem 500. Ge-burtstag, 1983, 77−92).

[5] WA 10,1,1; 180,4−247,3. − Vgl. dazu die im Ansatz interessante, in der Durchfüh-rung aber oft enttäuschend vordergründige Arbeit von W. v. LOEWENICH, Die Eigenart von Luthers Auslegung des Johannes-Prologes (SBAW.PPH 1960, 8), 1960. Zitate aus dieser Postillenpredigt werden im folgenden nur mit Seiten- und Zeilenanga-ben nachgewiesen, alle anderen Äußerungen Luthers dagegen immer auch mit der entspre-chenden Bandzahl der WA.

[6] Die angezeigte Textwahl kann sich durch das Urteil M. BRECHTS bestätigt sehen (Martin Luther, Bd. 2: Ordnung und Abgrenzung der Reformation 1521−1532, 1986, 26): »Die Predigten der Postille . . . gehören sprachlich wie theologisch zu den Spitzenleistun-gen deutscher Predigtliteratur. Als Quelle für Luthers Theologie sind sie bei weitem nicht ausgeschöpft, obwohl sie als Schriftauslegungen einen Teil seiner damaligen theologischen Grundlagenarbeit darstellen.«

[7] Vgl. dazu S. WIDMANN, Die Wartburgpostille. Untersuchungen zu ihrer Entstehung und zu Luthers Umgang mit dem Text, Diss. (masch.), Tübingen 1969.

[8] WA 23; 278,13 f (1527): Mein aller bestes buch, das ich yhe gemacht habe, die Postil-len . . .

[9] WAT 1; 488, 24−489,21 (erste Hälfte der 30er Jahre) (Nr. 965). − WAB 7; 329,14−20 (1535) (Nr. 2275).

[10] K.-H. ZUR MÜHLEN, Zur Dogmengeschichte der Reformationszeit (VF 29, 1984, 59−91), 73: »Die Dominanz der Frage nach der Entstehung der Theologie des jungen Lu-ther hat die Erörterung einzelner Sachthemen in Einzeluntersuchungen zurücktreten las-sen.«

[11] Die vorliegende Untersuchung hat damit in ihrer Weise zu beherzigen gesucht, was E. Jüngel vor über zehn Jahren als das empfindlichste Desiderat der im übrigen kaum noch zu übersehenden Lutherforschung beklagt hat: »Ich muß gestehen, daß ich nicht begreife, wozu das ganze Ausmaß an Luther-Forschung gut sein soll, wenn die sowohl vordergrün-digste wie tiefgründigste Aufgabe einer exegetischen Kommentierung der Hauptschriften offensichtlich nicht einmal als Aufgabe wahrgenommen, geschweige denn in Angriff ge-nommen wird« (E. JÜNGEL, Zur Freiheit eines Christenmenschen. Eine Erinnerung an Lu-thers Schrift [KT 30], 1978, 54) (vgl. auch die entsprechenden Äußerungen in den Anm. 3 genannten Arbeiten von G. EBELING).

tes noch schärfer hervortreten zu lassen, sind dabei drei Vergleichsgrößen durchgängig mit berücksichtigt worden: die übrigen Prolog-Auslegungen Luthers, unter denen der frühe Sermon von 1514 eine in mancher Hinsicht eigene Rolle spielt[13], während alle anderen Prolog-Predigten aus der Zeit nach 1522 stammen[14]; ferner die exegetische Tradition, die selbstverständlich nur in Gestalt ausgewählter, repräsentativer bzw. für Luther wichtig gewordener Zeugen zu Wort kommen kann[15]; schließlich die Prolog-Exegese von Luthers Zeitgenossen und Mitreformatoren[16], deren Kenntnisnahme zugleich auch dem Mißverständnis wehren mag, als habe die exegetische und theologische Tradition in Luther ihren einsamen Gipfel- und Zielpunkt erreicht.

Es mag erstaunen, wird aber schwerlich zu leugnen sein, daß Luther in der genannten Predigt alle wesentlichen Aspektierungen seines Sprachverständnisses berührt hat; so freilich, daß die dort zunächst ganz dominierende Ausrichtung auf das Sprachproblem dann immer mehr in die Reihe der anderen, vom biblischen Text und seiner Geschichte vorgegebenen Themen zurücktritt. Diese teils ausführlich erörterten, teils nur gestreiften Aspekte sind jeweils zum Anlaß einer exkursorischen Vertiefung gemacht worden, die, auch wenn sie den Blick auf das gesamte Oeuvre Luthers weiten, das Material doch immer von jenem Primärtext aus gewichtet haben: Was sachlich und zeitlich näher liegt, hat stets den Vorrang erhalten. In dieser Weise sind zunächst »Die

---

[12] Die in §§ 8, 10, 12 u. 14 gewählten Überschriften der einzelnen Absätze betreffen jeweils den Schwerpunkt der Auslegung *Luthers*.

[13] WA 1; 20–29.

[14] WA 11; 224–228 (1523). – WA 15; 798–803 (1524) (= WA 17,2; 311–326 von 1527). – WA 27; 518–528 (1528). – Ebd. 528–540. – WA 29; 8–17 (1529). – Ebd. 28–36. – WA 36; 407–411 (1532). – Ebd. 412–415. – WA 37; 1–4 (1533). – Ebd. 5–9. – WA 45; 413–416 (1537). – WA 46; 531–537 (1538). – Ebd. 538–643 (1537f.). – Ebd. 792 (1537) (= WA 48; 345). – WA 47; 628–634 (1539). – Ebd. 634–640. – WA 49; 233–254 (1541).
Eine Vorlesung über den Johannes-Prolog gibt es von Luther nicht, und seine Disputation »De sententia: Verbum caro factum est« von 1539 (WA 39,2; 1–33) verfolgt ein eigenes, die Prolog-Exegese nur sehr eingeschränkt betreffendes Interesse.

[15] V. a. Augustin, Bonaventura, Meister Eckhart, Jean Gerson, Glossa ordinaria et interlinearis, Hieronymus, Nikolaus von Cues, Nikolaus von Lyra, Rupert von Deutz, Johannes Tauler und Thomas von Aquin; für die genauen bibliographischen Nachweise vgl. das Quellen- und Literaturverzeichnis. – Für die Frage nach den Quellen von Luthers Wartburgpostille vgl. W. KÖHLER, WA 10,1,1; LXII–LXVI. – Ferner WIDMANN (s. Anm. 7), 23–32. – Aus pragmatischen Gründen muß sich diese Untersuchung weithin mit den Prologauslegungen der genannten Zeugen begnügen, obwohl Joh 1,1–14 selbstverständlich auch in anderen Zusammenhängen herangezogen worden ist. Respektiert man die erklärte Absicht dieser Untersuchung, keine Auslegungsgeschichte, erst recht aber keine Rezeptions- und Wirkungsgeschichte des Johannes-Prologs bis auf Luther sein zu wollen, so mag diese Beschränkung angängig sein.

[16] V. a. Brenz, Calvin, Erasmus, Faber Stapulensis, Melanchthon und Zwingli; für die genauen bibliographischen Nachweise vgl. das Quellen- und Literaturverzeichnis.

Sprache Gottes« (§ 5) und »Die Sprache des Menschen« (§ 7) erörtert worden, sodann »Das Schrift gewordene Wort Gottes« (§ 9) und »Christus das Wort Gottes« (§ 11), schließlich »Äußeres und inneres Wort« (§ 13) sowie die reformatorische Zentralrelation von »Wort und Antwort« (§ 15)[17]. Daß am Ende auf eine zusammenfassende Rückschau verzichtet worden ist, hat sachliche Gründe: Die der Textinterpretation gewidmeten Teile hätten sich nur um den Preis der blassen, das Besondere an Luthers exegetischer Denkbewegung gerade verfehlenden Abstraktion auf einen Punkt bringen lassen, während die exkursorischen Vertiefungen selbst schon eine jeweils stark verkürzende Überschau bieten. Stattdessen ist der letzte Paragraph bewußt als ein »Prospekt« gestaltet worden: Nicht der Rückblick, sondern der Ausblick soll am Ende stehen.

Die in dieser Arbeit gewählte Verbindung von Texterklärung und exkursorischer Vertiefung stellt, wie ich mir deutlich bewußt bin, nicht nur in methodischer Hinsicht ein Wagnis dar. Die Arbeit könnte, da sie zugleich weniger und mehr sein will als nur ein Textkommentar zu jener Predigt oder nur die Auslegungsgeschichte des Johannes-Prologs oder nur die systematische Rekonstruktion von Luthers Sprachverständnis, am Ende den Historikern zu systematisch und den Systematikern zu historisch erscheinen. Daß sie dennoch in der genannten Weise verfährt, mag als der Versuch verstanden werden, der eigentümlichen Komplexität ihres Gegenstandes methodisch zu entsprechen. Vom Leser ist zunächst nicht mehr zu erbitten, als daß er sich auf den gewählten Weg einlassen möge.

---

[17] Da die Abfolge der exkursorischen Vertiefungen sich nicht einer abstrakten Systematik, sondern dem Duktus der Prolog-Predigt verdankt, sind andere Aspekte des Sprachproblems, allen voran die für Luther schlechthin zentrale Unterscheidung von Gesetz und Evangelium, nicht selbständig fokussiert, sondern gewissermaßen quer durch die einzelnen Vertiefungen hindurch erörtert worden.

§ 1: Der Johannes-Prolog in Luthers Übersetzung

Dem Formprinzip der Wartburgpostille entsprechend, hat Luther auch seiner Predigt über den Johannes-Prolog[1] eine Übersetzung des biblischen Textes vorangestellt[2]. Daß er dabei in Übersetzung und Auslegung nur Joh 1,1–14 berücksichtigt und die Verse 15–18 übergeht, ist nicht etwa Ausdruck einer eigenen exegetischen Entscheidung, sondern stimmt mit der traditionellen, bereits in den ältesten römischen Lektionarien bezeugten Perikopenabgrenzung für das Weihnachtsevangelium[3] überein.

Diese Wiedergabe des Johannes-Prologs unterscheidet sich trotz ihrer großen zeitlichen Nähe zum Septembertestament nicht unwesentlich von der dort gebotenen Übersetzung. Es mag darum sinnvoll sein, der eigentlichen Beschäftigung mit Luthers Prolog-Exegese eine knappe Analyse dieser Übersetzung vorauszuschicken. Sie soll zunächst in der Zusammenschau mit den wichtigsten Vergleichstexten geboten, dann in einem genauen und ins Einzelne gehenden synoptischen Vergleich interpretiert werden. Wegen des

---

[1] Über den gegenwärtigen Stand der theologischen Prolog-Exegese orientiert noch immer zuverlässig und ausführlich: R. SCHNACKENBURG, Das Johannesevangelium. Einleitung und Kommentar zu Kap. 1–4 (HThK IV,1), 1981[5], 197–257. – Die exegetische Literatur schwillt freilich ins Uferlose; erwähnenswert ist die Studie von O. HOFIUS, Struktur und Gedankengang des Logos-Hymnus in Joh 1,1–18 (ZNW 78, 1987, 1–25). – Als wertvolle analytische Ergänzungen unter linguistischem bzw. rhetorischem Aspekt sind zu nennen: M. THEOBALD, Im Anfang war das Wort. Textlinguistische Studie zum Johannesprolog (SBS 106), 1983. – H. LAUSBERG, Der Johannes-Prolog. Rhetorische Befunde zu Form und Sinn des Textes (NAWG.PH 1984, Nr. 5), 1984. – M. CHOLIN, Le Prologue de l'Evangelie selon Jean. Structure et formation (ScEs 41, 1989, 189–205.343–362). – R. MEYNET, Analyse rhétorique du Prologue de Jean (RB 96, 1989, 481–510). – Vgl. ferner H.-F. ROSENFELD, Der Eingang des Johannesevangeliums im Mittelalter, mit einem Seitenblick auf Goethes Faust (in: Stoffe – Formen – Strukturen. FS für H. H. Borcherdt, 1962, 178–205).

[2] WA 10,1,1; 180,6–181,6.

[3] E. RANKE, Der Fortbestand des herkömmlichen Pericopenkreises von geschichtlichem und practisch-theologischem Standpunct aus beleuchtet, 1859, 114. – Über Luthers Verhältnis zum altkirchlichen Perikopensystem informieren: G. EBELING, Evangelische Evangelienauslegung. Eine Untersuchung zu Luthers Hermeneutik (FGLP X,1), (1942) 1991[3], 21–25. – S. WIDMANN, Die Wartburgpostille. Untersuchungen zu ihrer Entstehung und zu Luthers Umgang mit dem Text, Diss. (masch.), Tübingen 1969, 28–30. – Vgl. auch W. CASPARI, Art. Perikopen, RE[3] 15, 131–159 (zu Luther 140.147–150).

außerordentlich schmalen Textbestandes werden die sich daraus ergebenden Einsichten aber solange den Charakter des Zufälligen nicht ganz verleugnen können, als sie nicht durch entsprechende, breitangelegte Auswertungen ergänzt worden sind.

1. Luthers Übersetzung in synoptischer Übersicht

a) Vergleichstexte

In sorgfältiger Kleinarbeit und unter minutiöser Auswertung aller verfügbaren Anhaltspunkte hat Sören Widmann ein Kalendarium von Luthers Wartburgschriften zu rekonstruieren versucht[4]. Für die Prolog-Auslegung ergeben sich daraus als Entstehungszeit die Tage vom 20. (bzw. 25.)[5] bis 30. Juli 1521[6], für den Evangelienteil des Septembertestaments die Zeit vom 14. oder 15. Dezember 1521 bis etwa zum 10. Januar 1522. Wollte man bei der Evangelienübersetzung ein linear fortschreitendes und der neutestamentlichen Schriftenfolge entsprechendes Vorgehen unterstellen, so würde sich als Datum der Prolog-Übersetzung im Septembertestament der 4. Januar 1522[7] nahelegen; die zeitliche Differenz betrüge mithin weniger als ein halbes Jahr. Daß sich die Übersetzungen von Wartburgpostille und Septembertestament dennoch nicht unwesentlich unterscheiden, ist verschiedentlich festgestellt worden. Im Falle von Joh 1,1–14 wird dies en détail zu prüfen sein.

Das setzt eine Kenntnisnahme der von Luther konsultierten Hilfsmittel zum mindesten voraus[8]. Ganz unbestritten ist zunächst die Vorlage des Vulgata-Textes, der Luther auch weithin, und sicher bei Joh 1,1–14, im Gedächtnis vorschwebte. Auch die Verwendung des von Erasmus besorgten griechischen Textes, und zwar sowohl in der Gerbelschen Abschrift wie in der 2. Auflage des Novum Instrumentum von 1519, darf spätestens seit Widmanns Nach-

---

[4] WIDMANN (s. Anm. 3), 14–22. – Es ist übrigens sehr zu bedauern, daß diese bestechend klare und nützliche Arbeit nicht gedruckt worden ist.

[5] Für den Zeitraum von 20.–30. 7. 1521 hat Widmann die Postillenpredigten über Hebr 1,1–12 und Joh 1,1–14 angegeben; ein lineares Fortschreiten würde als Beginn der Prolog-Auslegung etwa den 25. 7. nahelegen. Das mittlere Tagespensum liegt bei ca. 206 WA-Zeilen.

[6] WIDMANN (s. Anm. 3), 17.

[7] Die 296 Nestle-Seiten der vier Evangelien ergeben, durch 25 Tage dividiert, eine mittlere Übersetzungsleistung von 11,84 Seiten pro Tag. Der Beginn des Johannesevangeliums, S. 230 des Nestle-Textes, würde mithin am 19. Tag erreicht worden sein.

[8] WIDMANN (s. Anm. 3), 23–32 u. 40–42. – Vgl. W. KÖHLER, Einleitung zur Wartburgpostille, WA 10,1,2; XLI–LXXIX, bes. LXII–LXVII; sowie, trotz der etwas anderen Fragestellung: H. BORNKAMM, Die Vorlagen zu Luthers Übersetzung des Neuen Testaments (in: DERS., Luther – Gestalt und Wirkungen. Ges. Aufsätze, 1975, 65–73).

weis[9] als gesichert gelten. Die Differenzen zwischen Postillen- und Bibelübersetzung lassen sich also nicht mehr einfach durch den Wechsel von der lateinischen zur griechischen Vorlage erklären. Im Novum Instrumentum lag Luther zudem die lateinische Übersetzung des Erasmus vor. Eine Verwendung
des deutschsprachigen Zainerplenars von 1474, die man gelegentlich erwogen
hat, ist dagegen auszuschließen[10].

Für den Übersetzungsvergleich von Wartburgpostille und Septembertestament ist aber darüber hinaus noch eine Quelle zu berücksichtigen, die Widmann und Hirsch[11] gar nicht und auch Bruchmann[12] nur sporadisch beachtet
haben. In den Auslegungen der Wartburgpostille hat Luther den zugrundelie-
genden biblischen Text nämlich nicht nur eingangs und als ganzen übersetzt,
sondern dazu noch einmal (teil-)versweise in der fortlaufenden Einzelauslegung. Diese Einzelübersetzung stimmt im Falle von Joh 1,1–14 zwar bei den
ersten drei Versen mit der vorangestellten Verdeutschung überein, entfernt
sich dann aber zunehmend von ihr. Anstatt seine einleitende Übersetzung
pedantisch nachzuschlagen, wird Luther bei der fortlaufenden Auslegung die
einzelnen Verse einfach neu und oftmals, wie sich zeigen wird, auch freier
übersetzt haben. Dehnt man den synoptischen Vergleich auf diese Übersetzungsversion aus, so differenziert sich das Bild nicht unerheblich. Hirschs
These von der entscheidenden übersetzungstheoretischen Erkenntnis, die sich
bei Luther zwischen Kirchenpostille und Septembertestament eingestellt habe
und aus der die kategoriale Differenz beider Übersetzungen zu erklären sei,
läßt sich damit jedenfalls füglich bestreiten[13].

Schließlich ist noch auf die deutschsprachigen Zitate aus dem Neuen Testament zu verweisen, die Luther bis 1522 in seine Schriften eingestreut hat[14]. In
bezug auf die etwa 1300 brauchbaren Stellen kann zwar »von einer ›Urüber-
setzung‹ oder von einer ›ersten Fassung‹ des Neuen Testaments durch Luther
vor 1522 ... nicht die Rede sein«[15]. Für entwicklungsgeschichtliche Studien

---

[9] AaO 23 f.40–42.

[10] Vgl. ebd. 42 f.

[11] E. HIRSCH, Die Übersetzung der Weihnachtsgeschichte (1927) (in: DERS., Lutherstudien 2, 1954, 227–237).

[12] G. BRUCHMANN, Luther als Bibelverdeutscher in seinen Wartburgpostillen (LuJ 17,
1935, 111–131).

[13] Ausführlicher in Abschnitt 3 dieses Paragraphen.

[14] Ein vollständiges Bibelstellen- bzw. Bibelzitate-Register von Luthers Schriften fehlt
und ist auch offenbar nicht zu erwarten. Von begrenztem Gebrauchswert (da längst nicht
vollständig!) ist L. PINOMAA, Register der Bibelzitate in Luthers Schriften in den Jahren
1509–1519, masch., Helsinki o.J. (um 1956). – »Die Indices zu Werken Martin Luthers
im Boston College, Chestnut Hill, Massachusetts«, von denen HEINZ BLUHM berichtet
(LuJ 51, 1984, 96–98), stehen der hiesigen Forschung nicht uneingeschränkt zur Verfü-
gung. Eine Joh 1,1–14 betreffende Anfrage vom 2. 7. 1987 ist jedenfalls bis heute ohne
Antwort geblieben.

[15] W. DELLE, Luthers Septemberbibel und seine Zitate aus dem Neuen Testament bis

zu Luthers Bibelübersetzung sind sie als Quelle gleichwohl kaum zu überschätzen[16]. Bereits 1935 hatte Gerhard Bruchmann vor der Gefahr von Fehl-
schlüssen gewarnt, solange die »sprachliche Tradition . . ., in der Luther groß
geworden und bis zu seinem Mannesalter gelebt, gedacht und geredet hat«,
nicht wissenschaftlich aufgearbeitet worden sei[17]. Bis dahin freilich, meinte
Bruchmann, »wird manches Jahr, wahrscheinlich manches Menschenalter
vergehen«[18]. Angesichts dessen, daß das Problem heute nicht einmal mehr als
Desiderat empfunden wird, dürfte ihm noch heute schwerlich zu widersprechen sein.

b) Synoptische Übersicht

Deutschsprachige Zitate aus Joh 1, 1—14 sind bei Luther bis 1522 nur vereinzelt
belegt; sie werden daher lediglich in der synoptischen Einzelauswertung herangezogen. Auch die lateinische Übersetzung des Erasmus ist nur in wenigen
Fällen von Belang. Durchgehend ist dagegen der Text der griechischen (A)
und lateinischen Vorlage (B) zu bieten, dazu die Übersetzung, die Luther seiner Predigt über den Prolog vorangestellt (C) und in der Einzelversauslegung
fortlaufend und zum Teil variierend erneuert hat (D), sowie die Version des
Septembertestaments (E).

A: (1)	Ἐν	ἀρχῇ	ἦ	ὁ λόγος,	καὶ	ὁ λόγος	ἦν	πρὸς
B: (1)	In	principio	erat	verbum,	et	verbum	erat	apud
C: (1)	JN	dem anfang	war	das wortt,	und	das wort	war	bey
D: (1)	Im	anfang	war	das wort,	und	das wort	war	bey
E: (1)	IM	anfang	war	das wort,	vnnd	das wort	war	bey

1522 (LuJ 4, 1922, 66—96), 66. Diese methodisch und sachlich höchst anregende Arbeit hat
in der gegenwärtigen Forschung m. W. kaum Beachtung, geschweige denn eine Fortsetzung erfahren.

[16] »Soviel ist gewiß: wer Jahre des Fleißes an eine Monographie über das Bibelzitat bei
Luther wenden würde, würde sich an dem Genius des Reformators nicht versündigen«:
K. A. Meissinger, Luthers Exegese in der Frühzeit, 1911, 29f; vgl. ebd. 9—36.

[17] Bruchmann (s. Anm. 12), 131. (Bruchmann redet hier zwar von »kirchensprachli-
cher Tradition«, denkt dabei aber, wie der Zusammenhang zeigt, eindeutig nicht ans Lateinische, sondern an die deutsche Muttersprache.) — Als Beispiel einer solchen Fehlein-
schätzung kann die Dissertation von I. Becker (Luthers Evangelienübersetzung von 1522
und 1546, Köln 1935) dienen, die das Septembertestament durchweg und offenbar unre-
flektiert als Ausgangspunkt von Luthers Übersetzungsarbeit nimmt: »1522 wird als Anfang, 1546 als Ende einer Entwicklung angesehen«, lautet die lapidare Auskunft der Einleitung (aaO. 1).

[18] Bruchmann (s. Anm. 12), 131.

A: τὸν θεόν, καὶ θεὸς ἦν ὁ λογός. (2) οὗτος ἦν ἐν
B: Deum, et Deus erat verbum. (2) Hoc erat in
C: gott, unnd Gott war das wortt, (2) das war ym
D: gott, und gott war das wort. (2) Das war ym
E: Gott, vnd Gott war das wort, (2) dasselb war ym

A: ἀρχῇ πρὸς τὸν θεόν. (3) πάντα δι’ αὐτοῦ
B: principio apud Deum. (3) Omnia per ipsum
C: anfang bey gott. (3) Alle ding sind durch yhn
D: anfang bey got. (3) Alle ding sind durch yhn
E: anfang bey Gott, (3) Alle ding sind durch dasselb

A: ἐγένετο, καὶ χωρὶς αὐτοῦ ἐγένετο οὐδὲ ἕν ὃ
B: facta sunt, et sine ipso factum est nihil, quod
C: gemacht, unnd on yhn ist nichts gemacht, das
D: gemacht, und on yhn ist nichts gemacht, das
E: gemacht, vnnd on dasselb ist nichts gemacht was

A: γέγονεν. (4) ἐν αὐτῷ ζωὴ ἦν, καὶ ἡ ζωὴ ἦν
B: factum est (4) in ipso. Vita erat, et vita erat
C: gemacht ist. (4) Jn yhm war das leben, und das leben war
D: gemacht ist. (4) Jnn yhm war das leben, und das leben war
E: gemacht ist, (4) Jn yhm war das leben, vnd das leben war

A: τὸ φῶς τῶν ἀνθρώπων (5) καὶ τὸ φῶς ἐν τῇ σκοτίᾳ
B: lux hominum, (5) et lux in tenebris
C: eyn liecht der menschen, (5) und das liecht scheynett ynn
D: das liecht der menschen. (5) Und das liecht leuchtet ynn
E: eyn liecht der menschen, (5) vnd das liecht scheynet ynn

A: φαίνει, καὶ ἡ σκοτία αὐτὸ οὐ
B: lucet, et tenebrae eam non
C: die finsterniß, und die finsterniß haben es nit
D: die finsterniß, und die finsterniß haben es nit
E: die finsternis, vnd die finsternis habens nicht

A: κατέλαβεν. (6) Ἐγένετο ἄνθρωπος, ἀπεσταλμένος
B: comprehenderunt. (6) Fuit homo missus
C: begriffen. (6) Es ist gewesen eyn mensch gesand
D: begriffenn. (6) Es war eyn mensch gesand
E: begriffen. (6) Es wart eyn mensch, von Gott

A: παρὰ θεοῦ, ὄνομα αὐτῷ Ἰωάννης (7) οὗτος ἦλθεν
B: a Deo, cui nomen erat Ioannes. (7) Hic venit
C: von Gott, der hieß Johannes, (7) derselb ist kummen
D: von gott, der hieß Johannes. (7) Derselb ist komen
E: gesand, der hies Johannes, (7) der selb kam

A: εἰς   μαρτυρίαν,   ἵνα   μαρτυρήσῃ
B: in   testimonium,   ut   testimonium perhiberet
C: tzu eynem   getzeugniß,   auff das er   tzeugniß gebe
D: czu eynem   geczeugniß,   auff das er   geczeugniß gebe
E: zum   zeugnis,   das er   von dem liecht

A: περὶ   τοῦ φωτός,   ἵνα   πάντες   πιστεύσωσιν δι' αὐτοῦ.
B: de   lumine   ut   omnes   crederent per illum.
C: von   dem liecht,   auff das   sie durch   yhn alle gleubten.
D: von   dießem liecht,   auff das   yderman   durch yhn glewbte.
E: zeugete,   auff das   sie alle   durch yhn glewbten,

A: (8)   οὐκ ἦν ἐκεῖνος   τὸ φῶς,   ἀλλ'   ἵνα μαρτυρήσῃ
B: (8)   Non erat ille   lux,   sed   ut testimonium
C: (8)   Er war nit   das liecht,   ßondernn   das er getzeugniß
D: (8)   Er war nit   das liecht,   sondern   das er getzeugnis
E: (8)   er war nicht   das liecht,   sondern   das er zeugete

A: περὶ τοῦ φωτός.   (9)   Ἦν   τὸ φῶς τὸ ἀληθινόν,
B: perhiberet de lumine.   (9)   Erat   lux vera,
C: gebe von dem liecht.   (9)   Es war   eynn wares
D: gebe von dießem liecht.   (9)   Es war   eyn wares
E: von dem liecht,   (9)   Das war eyn warhafftigs

A: ὃ   φωτίζει   πάντα   ἄνθρωπον,
B: quae   illuminat   omnem   hominem
C: liecht, das da   erleuchtet   eynen iglichen   menschen
D: liecht, das do   erleucht   eynen iglichen   menschen,
E: liecht, wilchs   alle menschen erleucht,

A: ἐρχόμενον   εἰς   τὸν κόσμον.   (10)
B: venientem   in hunc   mundum.   (10)
C: der do kompt   ynn diße   wellt.   (10) Er ist
D: der do kompt   ynn diße   wellt.   (10) Es war
E: durch seyn zu kunfft   ynn dise   wellt,   (10) Es war

A: ἐν τῷ κόσμῳ   ἦν,   καὶ   ὁ κόσμος   δι'   αὐτοῦ
B: In mundo   erat,   et   mundus   per   ipsum
C: ynn der wellt   geweßen,   und   die wellt ist   durch   yhn
D: ynn der wellt,   und   die wellt ist   durch   yhn
E: ynn der wellt,   vnd   die wellt ist   durch   dasselb

A: ἐγένετο,   καὶ   ὁ κόσμος   αὐτὸν   οὐκ   ἔγνω.
B: factus est,   et   mundus   eum   non   cognovit.
C: gemacht,   unnd   die wellt hatt   yhn   nit   erkennet.
D: gemacht,   und   die wellt hatt   yhn   nitt   erkennet.
E: gemacht,   vnd   die wellt kandt   es   nicht.

A: (11)   εἰς   τὰ ἴδια ἦλθεν,   καὶ   οἱ   ἴδιοι
B: (11)   In   propria venit,   et   sui
C: (11)   Er ist komen   tzu   seynen eygen,   und   seyn eygen haben
D: (11)   Er ist komen   tzu   den seynen,   und   die seynen haben
E: (11)   Er kam   ynn   seyn eygenthum,   vnd   die seynen namen

A: αὐτὸν   οὐ   παρέλαβον.   (12)   ὅσοι   δὲ   ἔλαβον
B: eum   non   receperunt.   (12)   Quotquot   autem receperunt
C: yhn   nit   auffgenommen.   (12)   Aber ßo viel   yhn haben
D: yhn   nitt   auffgenommen.   (12)   Szo viel aber   yhn haben
E: yhn   nicht   auff,   (12)   Wie viel   yhn aber

A: αὐτόν,   ἔδωκεν αὐτοῖς   ἐξουσίαν   τέκνα θεοῦ
B: eum,   dedit   eis   potestatem   filios Dei
C: auffgenommen,   den hatt er   macht geben,   tzu werden
D: auffgenommen,   hatt er yhn   macht geben,   gottis kinder
E: auffnamen,   den gab er   macht,   Gottis kinder

A: γενέσθαι,   τοῖς   πιστεύουσιν   εἰς   τὸ ὄνομα αὐτοῦ,
B: fieri,   his, qui   credunt   in   nomine   eius:
C: gottis kinder, die do   glewben   ynn   seynen namen,
D: tzu werden,   die do   glewben   ynn   seynen namen,
E: zu werden,   denen, die da an seynen namen glewben,

A: (13)   οἳ   οὐκ   ἐξ   αἱμάτων   οὐδὲ   ἐκ   θελήματος
B: (13)   qui   non   ex   sanguinibus, neque   ex   voluntate
C: (13)   die da nit   auß dem geblůete, auch nit auß dem willen
D: (13)   die do nicht auß dem gebluette noch   auß   dem willen
E: (13)   wilche nicht von dem geblutt,   noch   von   dem willen

A: σαρκὸς   οὐδὲ   ἐκ   θελήματος   ἀνδρὸς
B: carnis,   neque   ex   voluntate   viri,
C: des fleyschs,   auch nit auß dem willen   eyniß   manniß,
D: des fleyssches, noch   auß dem willen   des   mannes,
E: des fleyschis, noch   von dem willen   eynes   mannes,

A: ἀλλ᾽   ἐκ   θεοῦ   ἐγεννήθησαν.   (14)   Καὶ   ὁ λόγος
B: sed   ex   Deo   nati sunt.   (14)   Et   verbum
C: ßondern die auß   gott   geporen sind.   (14)   Und   das wortt ist
D: ßondernn   auß   Gott   geboren sind.   (14)   Unnd   das wortt ist
E: sondern   von   Gott   geporen sindt.   (14)   Vnd   das wort ward

A: σὰρξ   ἐγένετο   καὶ   ἐσκήνωσεν ἐν ἡμῖν,   καὶ
B: caro   factum est, et   habitavit in nobis,   et
C: fleysch worden   unnd   hatt unter unß gewonet, unnd
D: fleysch worden   unnd   hat unter unß gewonet,   unnd
E: fleysch, worden   und   wonete unter vns,   vnd

A:	ἐθεασάμεθα	τὴν δόξαν αὐτοῦ,	δόξαν	ὡς
B:	vidimus	gloriam eius,	gloriam	quasi
C:	wyr haben gesehen	seyne ehre,	eyn ehre	alß des
D:	wyr haben seyn ehre	gesehen,	eyn ehre	alß des
E:	wyr sahen	seyne herlickeyt,	eyn herlickeyt	als des

A:	μονογενοῦς	παρὰ	πατρός,	πλήρης	χάριτος	καὶ	ἀληθείας.
B:	unigeniti	a	patre,	plenum	gratiae,	et	veritatis.
C:	eyngepornen ßon	vom	vater,	voller	gnaden	und	warheytt.
D:	eyngepornenn ßons	von	dem vater,	voller	gnaden	unnd	warheytt.
E:	eyngepornen sons	vom	vatter,	voller	gnade	vnd	warheyt.

2. Luthers Übersetzung im synoptischen Vergleich

Die drei zu vergleichenden Prolog-Übersetzungen Luthers stehen in großer
zeitlicher Nähe und weisen doch zahlreiche und vielfältige Unterschiede auf.
Diese betreffen graphematische, phonologische und morphologische Varianten, beziehen sich aber auch auf Wortwahl, Zeitstufe und syntaktische Struktur. Da handschriftliche Vorlagen fehlen, ist jeweils die Textgestalt der Weimarer Ausgabe zugrundegelegt worden. Die Möglichkeit einer Differenz zwischen Manuskript- und Druckgestalt, die für andere Luthertexte schon verschiedentlich gezeigt werden konnte[19], ist auch hier nicht auszuschließen und
steht als Vorbehalt über den nachfolgend notierten Varianten.

a) Graphematik

Unter den orthographischen Varianten[20] — auf die zu achten für Hirsch nur
unnütze Ablenkung war[21] — bildet die Konsonantenhäufung die bei weitem

---

[19] Für Luthers Auslegung des 109. (110.) Psalms hat das H. HAGEN gezeigt: Die Sprache
des jungen Luther und ihr Verhältnis zur Kanzleisprache seiner Zeit, Diss. (masch.),
Greifswald 1922. — Vgl. auch E. GIESE, Untersuchungen über das Verhältnis von Luthers
Sprache zur Wittenberger Druckersprache, Diss. Halle / Wittenberg 1915. — Die Verände-
rungen, denen seine Sprache in den Druckereien unterliegt, hat auch Luther selbst beklagt.
So versieht er das selbstgewisse Urteil, wonach seine Deutsche Bibel »liechter vnd gewisser ist an vielen ortten denn die latinische« und »gewisslich hie die deutsche sprach eyn bessere Bibel denn die latinische sprache« hat, mit der Einschränkung »wo die drucker sie mit
yhrem vnvleis (wie sie pflegen) nicht verderben« (WADB 8; 32,2−5 von 1523).
[20] Vgl. dazu H. WOLF, Martin Luther. Eine Einführung in germanistische Luther-Studien, 1980, 31−33. — E. ARNDT / G. BRANDT, Luther und die deutsche Sprache. Wie redet
der Deudsche man jnn solchem fall?, 1983, 150−157. — C. FRANKE, Grundzüge der
Schriftsprache Luthers in allgemeinverständlicher Darstellung. 1. Teil: Einleitung und
Lautlehre, 1913[2], 58−109.
[21] HIRSCH (s. Anm. 11), 227.

größte Gruppe. Dieses phonologisch irrelevante Phänomen wird im letzten
Fünftel des 15. Jahrhunderts aus der kaiserlichen in die kursächsische Kanzleisprache übernommen worden sein[22]. In 34 Fällen liegt bei den drei Prolog-
Übersetzungen Luthers eine Variation zwischen einfachem und verdoppeltem
Konsonant vor[23]. Daß dabei fast alle denkbaren Kombinationen belegt sind,
entspricht dem Übergangscharakter, der Luthers Sprache zwischen 1520 und
1525 in besonderem Maße innewohnt und der zumeist nicht feste Regeln, sondern lediglich Tendenzen der Entwicklung zu konstatieren erlaubt. Immerhin
gibt es auch im Falle der Konsonantenverdopplung eine Tendenz: Dreizehn-
mal ist eine in C und D belegte Verdopplung in E verschwunden, siebenmal
weicht die Doppelform in C der einfachen in D und E, sechsmal verzeichnet
dagegen nur D den doppelten, C und E den einfachen Konsonant. Die übrigen, nur als Einzelfälle belegten Kombinationen einbezogen, ergibt sich in bezug auf die doppelte und einfache Konsonantenschreibung bei C ein Verhältnis von 24 : 8, bei D von 19 : 11, bei E dagegen von 3 : 28.

In drei Fällen benutzt Luther für die stimmlose alveolare Affrikata im An-
laut bei C und D noch das Graphem ›tz‹ bzw. ›cz‹, das, der allgemeinen Entwicklung folgend, in E dann dem einfachen Zeichen ›z‹ gewichen ist[24]. Daß
nur in E jedes anlautende ›u‹ als ›v‹ geschrieben wird, entspricht dem in dieser
Zeit bei Luther auch sonst zu beobachtenden Streben nach einheitlicher
Schriftform[25]. Der Wechsel von »gleubten« (C) in V. 7 zu »glewbte(n)« (D, E)
ist jedoch nicht als Rückschritt zu werten, sondern als Ausdruck eines noch
unentschiedenen Schwankens[26]. Die orthographische Differenz des ersten
Wortes von V. 12, das einmal »ßo« (C) und einmal »Szo« (D) geschrieben
wird, gründet in der bei D durch Satzanfang bedingten Großschreibung und
ist im übrigen, wie auch die Variante zwischen »derselb« (C, D) und »der
selb« (E) in V. 7, ohne Belang.

Auch hinsichtlich der Großschreibung, deren Gebrauch sich vor allem in
der ersten Hälfte des 16. Jahrhunderts zu den heutigen Gepflogenheiten verein-
heitlicht hat, zeichnet sich in den drei Prologübersetzungen eine Entwicklung
ab. Während Luther am Satzanfang sowie bei dem Eigennamen »Johannes«
(V. 6) durchweg Versalien setzt, beziehen sich die Unterschiede auf das Lexem

---

[22] Vgl. FRANKE (s. Anm. 20), I. 88–103.
[23] Die Vokabel ›sondern‹ in V. 8 — »ßondern« (C) neben »sondern« (D, E) — und
V. 13 — »ßondern« (C) neben »ßondern« (D) und »sondern« (E) — ist davon gleich zweifach betroffen. Die übrigen Fälle sind der in I. 2 gebotenen Übersicht zu entnehmen.
[24] V. 7a: »tzu« (C) — »czu« (D) — »zum« (E); ebd.: »getzeugniß« (C) — »geczeugniß«
(D) — »zeugnis« (E); V. 12b: »tzu« (C, D) — »zu« (E). Vgl. dazu WOLF (s. Anm. 20), 32.
— H. BACH, Handbuch der Luthersprache. Laut- und Formenlehre in Luthers Wittenberger Drucken bis 1545. Bd. 2: Druckschwache Silben. Konsonantismus, Kopenhagen 1985,
289–291.
[25] ARNDT / BRANDT (s. Anm. 20), 154.
[26] Vgl. dazu FRANKE (s. Anm. 20), I. 87 f. 230 f.

›Gott‹. Diese Vokabel, die in Joh 1,1−14 sechsmal belegt ist, wird in C zwei-mal[27], in D nur einmal großgeschrieben[28], in E dagegen einheitlich in allen sechs Fällen. Die Großschreibung des Wortes ›Gott‹, die im Septembertesta-ment durchgehend anzutreffen ist, scheint Luther also tatsächlich erst dort vollzogen zu haben[29]. Die übrigen schon um 1522 belegten Verwendungswei-sen der Majuskel, etwa aus Gründen der Respektsbezeugung oder zur Kenn-zeichnung wichtiger Substantive[30], sind für die Prolog-Übersetzungen ohne Belang[31].

---

[27] Die beiden Großschreibungen betreffen eine Nominativ- und eine Dativflexion. Ob sich darin eine (gewiß nicht pedantisch befolgte) Tendenz abzeichnet, v. a. Nominativfor-men großzuschreiben − was das Nebeneinander von kleingeschriebener Dativ- und groß-geschriebener Nominativform in V. 1 ja nahelegt −, kann wegen der viel zu schmalen Textgrundlage nur als Frage notiert werden, deren Beantwortung eine die Übersetzungen der Wartburgpostille vollständig erfassende Erhebung voraussetzte.

[28] Das betreffende Wort steht im Dativ (V. 13); ein Grund für die nur hier erfolgte Großschreibung ist nicht ersichtlich.

[29] Vgl. M. Kaempfert, Motive der Substantiv-Großschreibung. Beobachtungen an Drucken des 16. Jahrhunderts (ZDP 99, 1980, 72−98), 83.

[30] U. Risse, Untersuchungen zum Gebrauch der Majuskel in deutschsprachigen Bibeln des 16. Jahrhunderts. Ein historischer Beitrag zur Diskussion um die Substantivgroß-schreibung (StFn 5), 1980, 189. − Risse hat die Entwicklung in den Drucken der Luther-bibel von 1522 bis 1546 in einer ausführlichen und verdienstvollen tabellarischen Übersicht erfaßt (aaO. 37−104) und im Vergleich mit katholischen deutschen Bibeldrucken (Emser, Dietenberger, Eck) erläutert und interpretiert.

[31] Auf eine wenig bekannte Kuriosität, die V. Moser rekonstruiert hat (Begriffsunter-scheidung durch Fraktur- und Antiquamajuskeln in der Luther-Bibel [LuJ 18, 1936, 83−96]), sei wenigstens hingewiesen. Georg Rörer, der sich v. a. durch seine Nachschrif-ten und Abschriften von Luthertexten sowie als Korrektor von Lutherschriften, Luther-ausgaben und Bibelübersetzung verdient gemacht hat (vgl. etwa RE³ 24, 426−432), führte in den letzten zu Luthers Lebzeiten erschienenen Bibel-Ausgaben eine merkwürdige Un-terscheidung von Fraktur- und Antiquamajuskel durch, die die moralische Qualität der je-weils bezeichneten Sache indizieren sollte. In der ersten Gesamtbibel von 1534 findet sich davon noch keine Spur. Erstmals in der Ausgabe von 1541 nachzuweisen, hat die Unter-scheidung von Fraktur- und Antiquamajuskel 1543 eine weitgehende Systematisierung er-fahren, dergemäß die Antiquamajuskel unzweideutig schlimme Inhalte signalisiert, die Frakturmajuskel − wenn auch weniger deutlich, da mit der Großschreibung am Satzan-fang und bei Substantiven verschwimmend, gute Inhalte. Während in der Ausgabe von 1545 »die Überspannung des Prinzips ... schon ganz deutlich dadurch hervor(tritt), daß an sich und selbst im Satzzusammenhang indifferente Gegenstände ... und, was das merk-würdigste ist, sogar Dinge, die dem Zusammenhang nach vom religiösen Standpunkt aus als absolut gut anzusprechen sind ... (,) das Kainszeichen der Antiquamajuskel an der Stirne tragen« (ebd. 92 f), habe »die Schrullenhaftigkeit des Rörerschen Einfalls« 1546 »ih-ren kaum noch zu überbietenden Gipfelpunkt erreicht« (ebd. 93). In der Bibelausgabe von 1550 findet sich von dem ganzen Spuk dann keine Spur mehr. Luther selbst hat Rörers Unterscheidung übrigens, wie Christoph Walther berichtet, »für lauter Narrenwerck« ge-halten (WADB 6; LXXXVIII), sie aber offenbar dennoch nicht unterbunden.

Wegen der auch von Luther praktizierten prinzipiellen Gleichrangigkeit von Punkt, Komma und Virgel[32] fallen die im Gebrauch der Interpunktionszeichen[33] zu beobachtenden Variationen kaum ins Gewicht[34]. Das exegetische Problem, wie V. 3f zu interpunktieren ist, wird in allen drei Versionen übereinstimmend und unter Abweichung von der Vulgata-Lesart gelöst[35]. So bleiben nur drei Stellen zu erwähnen, die eine unterschiedliche Kommasetzung aufweisen. In V. 6 bietet allein E nach »eyn mensch« das Interpunktionszeichen. Das läßt sich nicht als eine Annäherung an heutige Gepflogenheiten erklären, weil Luther die Satzzeichen niemals nach strengen grammatischen Regeln gesetzt hat. Während C und D an dieser Stelle ohne Satzzeichen auskommen und sich darin möglicherweise an dem griechischen wie lateinischen Text orientieren, dürfte Luther das Komma in E vielmehr aus redetechnischen Gründen eingefügt haben, wie ja bei ihm überhaupt »die Interpunktion primär als Anweisung für den Vortrag des Textes«[36] gemeint ist. Das Komma von V. 6 (E) schärft bei dem (laut) Lesenden die Aufmerksamkeit dafür, daß der in den ersten fünf Versen vorherrschende dreitaktige Rhythmus nun durch einen akzentuierten Zweitakter ersetzt wird. Dagegen ist das bei C nach V. 9b fehlende Komma wohl nicht als eine Entscheidung für die Vulgata und gegen die Textgestalt der griechischen Vorlage zu werten, zumal an dieser Stelle bereits D ein Komma setzt. Als Grund wird man hier, wie auch bei dem in D nach V. 13a fehlenden Zeichen, schiere Flüchtigkeit annehmen dürfen.

b) Phonologie

Unter den phonetischen Varianten ist zunächst die Apokope zu nennen, ein von Luther gern gebrauchtes Mittel, um auch in geschriebener Sprache den sprechsprachlichen Duktus zu betonen[37]. In diesem Sinn ist in V. 14 das umständlich-korrekte »seyne ehre« (C) zu dem flüssigeren »seyn ehre« (D) apokopiert worden. Auch der Wandel von »gebluet(t)e« (C, D) zu »geblutt« (E) in V. 13 ist so zu erklären, wobei freilich hier noch hinzukommt, daß ›gebluete‹, die neben C und D auch in der Bibelausgabe von 1545 belegte Ver-

---

[32] ARNDT / BRANDT (s. Anm. 20), 157.
[33] Zur Interpretation bei Luther vgl. FRANKE (s. Anm. 20), I.265–273.
[34] Die (teil-)versweise fortschreitende Übersetzung D beschließt jede Sinneinheit mit einem Punkt. E setzt den Punkt nur am Absatzende, also nach den Versen 5.10.13.14, und gebraucht ansonsten das Komma. C scheint dagegen jede syntaktische Einheit durch Punkt abzuschließen, so am Ende der Verse 2.3.5.7.8.9.10.11.13.14.
[35] Luther diskutiert das Problem WA 10,1,1; 195,3–197,15. – Daß das ὃ γέγονεν nach heutigem Kenntnisstand eindeutig noch zu V. 3 gehört, hat HOFIUS (s. Anm. 1), 4–8, ausführlich begründet.
[36] WOLF (s. Anm. 20), 32.
[37] Vgl. FRANKE (s. Anm. 20), I.161–172.

sion, von Dietz[38] als bei Luther reguläre Form für die »gesammtheit des blutes im körper, besonders das zur fortpflanzung des geschlechts und nährung der frucht dienende blut« genannt wird, »geblutt« (E) dagegen wohl als oberdeutsche Lehnform[39] aufzufassen ist[40]. Eine Synkope, ebenfalls ein Charakteristikum der Luthersprache[41], liegt in der Genitivform »des fleyschs« (C) von V. 13 vor; in D (»fleyssches«) und E (»fleyschis«) ist sie wohl wegen der ungünstigen Sprechweise wieder zurückgenommen worden[42]. Auch »erleuchtet« (C, Bibel 1545) von V. 9 ist zu »erleucht« (D, E) und damit zu einer sprechfreundlicheren, wenn auch dem Mittelhochdeutschen näher liegenden Form synkopiert worden[43].

Daß in den Flexionssilben, besonders vor ›s‹, ein ›i‹ anstelle des unbetonten ›e‹ stehen kann, ist eine in mittelhochdeutschen Texten des mitteldeutschen Sprachraums häufig anzutreffende Variante, die in der kursächsischen Kanzleisprache zwar seit 1480 kaum mehr belegt ist, von Luther aber bis 1522 noch häufig, danach seltener und erst nach 1528 so gut wie gar nicht mehr gebraucht wird[44]. Der Wandel der Genitivform »manniß« (C) in V. 13 zu »mannes« (D, E) bedeutet eine Annäherung ans Neuhochdeutsche. Die beiden Formen treten bei Luther aber 1522 durchaus noch gleichwertig auf, was im selben Vers an der Genitivform »fleyssches« (D) zu sehen ist, die im Septembertestament wieder in der älteren Version »fleyschis« erscheint.

Das Nebeneinander der Perfektformen »ist kummen« (C) und »ist komen« (D) in V. 7 entspricht einer bei Luther bis 1522 beobachteten Gleichwertigkeit der u- mit den o-Formen, die dann bis 1529 zunehmend seltener und erst danach ganz durch o-Formen ersetzt werden[45]. Das Schwanken zwischen ›a‹ und ›o‹ in druckschwachen Silben, das sich in V. 9 bei »das da« (C) und »das do« (D) sowie in V. 13 bei »die da« (C) und »die do« (D) findet, gehört ebenfalls zu den häufig belegten Eigenheiten der Luthersprache. Schließlich ist auch die Variante von »geporen« (C, E) und »geboren« (D) in V. 13 eine für Luther typische Erscheinung: Vor allem im Stammsilbenanlaut nach Präfix bevorzugt Luther anfangs den stimmlosen Labialverschlußlaut, der bei ihm später zu-

---

[38] Ph. Dietz, Wörterbuch zu Dr. Martin Luthers deutschen Schriften, Bd. I u. II/1 (A-Hals), 1870−72, ND 1961, II.25 f.

[39] H. Paul, Deutsches Wörterbuch, bearb. v. W. Betz, 1976[7], 106.

[40] Die Vokabel ist bei Luther bis zur Zeit der Kirchenpostille allerdings in großer Variationsbreite vertreten; neben »geblüete« (C), »gebluette« (D) und »geblutt« (E; zudem WA 10,1,1; 510,16) habe ich gefunden: »geblůt« (WA 1; 702,2 von 1518); »geblůt« (WA 17,2; 310,29 von 1524); »geblůte« (WA 10,1,1; 502,11 von 1522). In WA 17,2; 325,3 (1524) heißt es »geblüt«.

[41] J. Schildt, Zum Verständnis der Luthersprache (in: Martin Luther, Studienausgabe, hg. v. H.-U. Delius, Bd. 1, 1979, 13−28), 19.

[42] Vgl. dazu Franke (s. Anm. 20), 2. Teil: Wortlehre, 1914[2], 197 f.

[43] Vgl. auch Arndt / Brandt (s. Anm. 20), 143 f.

[44] Franke, I. (s. Anm. 20), 144−146.

[45] Bach (s. Anm. 24), Bd. 1: Vokalismus, Kopenhagen 1974, 69 f.

gunsten der dem Neuhochdeutschen entsprechenden, stimmhaften Form des
Mitteldeutschen immer mehr zurücktritt[46]. Das Nacheinander von »geporen«
(C), »geboren« (D) und wieder »geporen« (E) zeigt, daß Luther diesbezüglich
1522 noch ganz unentschieden zwischen ›p‹ und ›b‹ geschwankt hat.

c) Morphologie

Die Nominalflexionen der drei Prolog-Übersetzungen differieren nur an einer
Stelle: In V. 14 heißt es einmal »voller gnaden« (C, D), einmal »voller gnade«
(E). Die Flexion des Septembertestaments bedeutet dabei einen entwicklungsgeschichtlichen Fortschritt gegenüber der bei Luther zuweilen noch vorkom-
menden, mittelhochdeutschen Dativflexion auf ›-en‹[47]. Bei der Genitivform
»ßon« (C) statt »s(s)ons« (D, E) im selben Vers dürfte es sich dagegen um einen bloßen Schreib- bzw. Druckfehler handeln. Der Schritt von »getzeugniß«
(C, D) zu »zeugnis« (E) in V. 7f entspricht der Tendenz, wonach das vor allem
bei kollektiven Neutra auftretende, mittelhochdeutsche Substantiv-Präfix ›ge-‹
zum Neuhochdeutschen hin zurücktritt[48]. Interessant ist aber, daß C in V. 7
das alte »getzeugniß« und das vom Neuhochdeutschen nur noch orthogra-
phisch unterschiedene »tzeugniß« unmittelbar nebeneinander bietet; V. 8 heißt
es dann wieder »getzeugniß«. In der Übersetzung D weisen dagegen alle drei
Belege noch das alte Präfix auf.

Wohl um das Mißverständnis abzuwehren, als könnte es für die Menschen
noch ein anderes Licht geben, hat D in V. 4 den unbestimmten Artikel »eyn
liecht« durch den bestimmten ersetzt. Bereits E macht das aber wieder rück-
gängig, wie an dieser Stelle überhaupt eine andauernde Fluktuation[49] zu beobachten ist[50]. Die in V. 3 zweifach belegte Differenz zwischen maskulinem Per-
sonal- und neutrischem Identitätspronomen − »ynn« (C, D) und »dasselb«
(E) − kann von der jeweils doppeldeutigen griechischen und lateinischen Vorlage her nicht entschieden werden; sie steht für die Frage, ob »alle ding

---

[46] WOLF (s. Anm. 20), 30. − FRANKE I. (s. Anm. 20), 220−228. − BACH (s. Anm. 24),
II.312−325.

[47] Vgl. ARNDT / BRANDT (s. Anm. 20), 172. − FRANKE II. (s. Anm. 42), 235.

[48] FRANKE II. (s. Anm. 42), 98−100.

[49] So heißt es in der Bibelausgabe von 1545, der letzten, die zu Luthers Lebzeiten noch
erschienen ist, wieder »das liecht«. In unserer Predigt über Joh 1,1−14 finden sich beide
Formen mehrfach belegt: »das liecht« heißt es WA 10,1,1; 202,1; 207,14. »Ein liecht« heißt
es in 206,23; 207,22; 213,16. − Vgl. dazu auch BECKER (s. Anm. 17), 51 f.

[50] Der von D in V. 13 gebrauchte bestimmte Artikel (»des mannes« statt ›eines mannes‹
in C und E) ist sprachlich weniger gut, bringt aber die parallele Formstruktur von V. 13a
und V. 13b deutlicher zum Ausdruck. − Daß der in V. 5a von C, D und E einhellig vertretene Akkusativ »ynn die finsternis(s)« in der Bibelausgabe 1545 als Dativ (»in der finsternis«) wiederkehrt, verschiebt den Akzent, widerstrebt dem inneren Gefälle des Textes,
der in Joh 1,1−5 eindeutig nur von dem λόγος ἀσαϱϰὸς spricht, und ist darum als offen-
kundiger Rückschritt zu werten.

... durch yhn« — nämlich Gott[51] — oder aber »durch dasselb« — nämlich das Licht — gemacht sind. Eine ähnliche Schwierigkeit bietet in V. 10 der Unterschied von maskulinem und neutrischem Personalpronomen: Ist hier von Christus die Rede, der in der Welt war, durch den die Welt gemacht ist und den die Welt nicht erkannt hat (C)? Oder ist hier mit dem Septembertestament — »es«; »dasselb«; »es« — an das »wahrhafftig liecht« vom Vorvers zu denken? Alle späteren Übersetzungen Luthers haben sich dann dieser Lesart angeschlossen. Interessant ist aber, daß D der Frage offenkundig ausweicht und beide Formen spannungsvoll nebeneinanderstellt: »*Es* war ynn der wellt, und die wellt ist durch *yhn* gemacht, und die wellt hatt *yhn* nitt erkennet".

»Luther schreibt bis 1521 fast ausnahmslos *nit*, 1522 fängt er zwischen *nit* und *nicht* zu schwanken an; 1525 ist *nicht* in den Drucken ganz fest geworden"[52]. Als Ausdruck dieses Schwankens, vielleicht aber auch schon der sich anbahnenden Eindeutigkeit ist der Wechsel von »nit« (C, D) zu »nicht« (E) zu verstehen, der in den untersuchten vierzehn Versen immerhin fünfmal belegt ist[53]. Eine weitere morphologische Differenz ist schließlich dadurch entstanden, daß Luther mitunter eine Präposition mit dem folgenden, schwachtonigen Artikel verschmolzen hat. In V. 1 übersetzt C korrekt und Wort für Wort: Ἐν — In; ἀρχῇ — dem anfang. D und E bieten stattdessen die gefälligere und sprachrhythmisch bessere Verschmelzungsform »Im«. Während in V. 7 das schwerfällige »zu einem« (C) zwar auch von D, aber nicht mehr von E (»zum«) vertreten wird, hat in V. 14 nur D die ausführlichere Version »von dem«, C und D dagegen das flüssigere »vom«. Die sich in C und D zumindest bei gewohnten Wendungen abzeichnende Neigung zu verschmelzten Formen ist in E zur Regel geworden.

d) Wortwahl

Die größte Gruppe der hier zu verzeichnenden Varianten drückt ein Interesse an Profilierung und semantischer Verstärkung aus. So hat Luther an drei Stellen das einfache Relativ- bzw. Personalpronomen (C, D) durch das anaphorisch gebrauchte Identitätspronomen (E) ersetzt[54]. Der Wandel von relativ gebrauchtem, durch die Partikel »da« verstärktem Artikel zum eleganteren, relativen »welche(r)«[55] entspringt ebenso dem Streben nach Deutlichkeit wie der von »war« (C, D) zu »warhafftig« (E) in V. 9. Die bei D in V. 7 belegte Steigerung vom kollektiven »alle« (C) zum verbindlicheren »yderman« dürfte

---

[51] Weniger wahrscheinlich ist, obwohl es eine starke christologische Zuspitzung wäre, daß sich das »yhn« auf Christus, der das Wort ist, bezieht.
[52] FRANKE I. (s. Anm. 20), 54. Hervorhebung wie im Original.
[53] Joh 1,5.8.10.11.13.
[54] V. 2: »das« (C, D) — »dasselb« (E); V. 3.10: »yhn« (C, D) — »dasselb« (E).
[55] V. 8: »das da / do« (C, D) — »wilchs« (E); V. 13: »die da / do« (C, D) — »wilche« (E).

wegen der semantischen Eindeutigkeit der Vorlage (πάντες / omnes) in E wieder revidiert worden sein. Dagegen hat sich in V. 9 das Septembertestament von der in C und D noch getreu wiedergegebenen Vorlage (»eynen iglichen«) gelöst und bietet, wohl im Anschluß an das »alle« von V. 7, hier wieder die pluralische Form. Nur an einer Stelle hat sich Luther − übrigens in allen drei Übersetzungen − mit der von ihm gebrauchten Form eindeutig für die stärkere Vulgata-Version und gegen den griechischen Text[56] entschieden[57].

Eine ganze Reihe lexischer Änderungen ist auch dadurch entstanden, daß Luther sich der eleganteren muttersprachlichen Wiedergabe zuliebe von den Textvorlagen entfernt hat. So ist in V. 13 das zweifache, umständlich-korrekte »auch nicht« (C) gegen das bessere »noch« (D, E) eingetauscht worden. Während die Übersetzung D in V. 5 Subjekt und Prädikat vom selben Wortstamm bildet (»das liecht leuchtet«) und damit der Vorlage entspricht (τὸ φῶς φαίνει / lux lucet), bieten C und E an dieser Stelle übereinstimmend »das liecht scheynet(t)«, wohl um es von dem »erleuchten« in V. 9 abzuheben, vielleicht aber auch, weil ›scheinen‹ ursprünglich semantisch stärker gewesen ist als ›leuchten‹[58]. Die bei Luther nicht unübliche Verlagerung von nominaler auf die verbale Aussageform[59] ist in V. 7f zu beobachten: Das dem lateinischen »ut testimonium perhiberet« nachgebildete »auff das er (ge-)tzeugniß gebe« (C, D) hat E zu »zeugete« vereinfacht, was zugleich auch der griechischen Version entspricht[60]. Merkwürdigerweise ersetzt E in V. 12 den Satzanschluß »di do« (C, D) durch das viel umständlichere und eindeutig der Vulgata (»his, qui«) nachgebildete »denen, die da«. Dagegen bietet das Septembertestament mit der Wendung »glewben an« im selben Vers die gegenüber dem alten, der griechischen Präposition entsprechenden »glewben ynn« (C, D) modernere Version[61]. Auch mit der in V. 13 gleich dreimal belegten Herkunftsbezeichnung

---

[56] V. 9: εἰς τὸν κόσμον / in hunc mundum / ynn dis(s)e wellt. − Vgl. dazu WIDMANN (s. Anm. 3), 56.

[57] Der Tendenz zu semantischer Verstärkung dient auch der Wechsel zum Demonstrativum, das in V. 7 den einfachen Artikel (C, D: »dem« − E: »diesem«) sowie in V. 9 das Personalpronomen (C, D: »es« − E: »das«) ersetzt.

[58] PAUL (s. Anm. 39), 537. − Vgl. J. u. W. GRIMM, Deutsches Wörterbuch, 33 Bde., 1854−1971, ND 1984, Bd. 14, 2441−2450.

[59] WOLF (s. Anm. 20), 35.

[60] Das in V. 12 durch Personalpronomen ersetzte Demonstrativum − »yhn(en) (D) statt »den(en)« (C, E) − liegt zwar dem Urtext näher, ist aber sprachlich ungeschickt und hat sich darum nicht durchgesetzt. Daß eine Reihe von früheren Übersetzungen Luthers hier ebenfalls Personalpronomen bietet, kann nicht als Parallele gewertet werden, weil dort die Zitation ausnahmslos erst mit V. 12b einsetzt und das Personalpronomen darum verstehensnotwendig ist; vgl. WA 1; 702,2 (1518). − WA 7; 24,28 (1520). − WA 10,1,1; 510,16 (1522). − WA 10,3; 2,12 (1522). − WA 10,3; 288,35 (1522).

[61] Auch in WA 7; 24,28 (1520) und WA 10,3; 2,12 (1522) übersetzt Luther in Joh 1,12 noch ›glauben in‹. Die Wendung ›glauben an‹ für ›credere in‹ geht übrigens auf Luther zurück; vgl. PAUL (s. Anm. 39), 265; ferner DIETZ (s. Anm. 38), 130. Der Wechsel von ›glau-

»von« anstelle des älteren, dem fremdsprachlichen ἐξ bzw. ›ex‹ entsprechenden »aus« (C, D) hat sich in E die modernere Version durchgesetzt[62].

Als Annäherung ans Neuhochdeutsche ist ferner zu werten, daß Luther im Septembertestament auf die in V. 7 dem vieldeutigen ›daß‹ beigefügte Absichtsangabe (C, D: »auff das«) verzichtet hat[63]. Auch die Wiedergabe von ἐξουσία / potestas (V. 12) mit »macht« (C, D, E) anstelle von »gewalt«[64] bedeutet einen entsprechenden Fortschritt, weil in der Bedeutung von ›Gewalt‹, das mittelhochdeutsch noch synonym zu ›Macht‹ verwendet wird, im 16. Jahrhundert zunehmend der Aspekt des Zwanges hervortritt[65].

Als bemerkenswerte Einzelfälle sind die folgenden fünf Varianten zu nennen. In V. 11 wird die Vorlage (εἰς τὰ ἴδια – οἱ ἴδιοι / in propria – sui) von jeder Übersetzung anders geboten. Bei C ist die erste Form »tzu seynen eygen« dem lateinischen »in propria« nachgebildet, die zweite Form dagegen der ersten einfach angeglichen (»seyn eygen«); die Übersetzung des Verses ist dadurch recht holprig geraten. Auch D bietet parallele Formen (»tzu den seynen« – »die seynen«), hat aber umgekehrt die erste Form der zweiten, die als wörtliche Wiedergabe der Vorlagen gelten kann, angeglichen und damit eine viel flüssigere Übersetzung geschaffen. Die Version des Septembertestaments (»ynn seyn eygenthum« – »die seynen«) folgt der Vorlage am getreuesten. Daß die in C und D erreichte Parallelität beider Glieder dadurch eingebüßt worden ist, dürfte Luther nicht nur in Kauf genommen, sondern als Ausdruck der sachlichen Differenz von τὰ ἴδια / propria und οἱ ἴδιοι / sui sogar beabsichtigt haben.

Die Wiedergabe von δόξα / gloria mit »ehre« (C, D) findet sich im Septembertestament und allen folgenden Bibelausgaben durch »herlickeyt« ersetzt. Diesen Wechsel hat Luther bereits in der Prolog-Auslegung der Wartburgpostille, deren Übersetzungen ja beide noch die alte Form aufweisen, ausführlich und unter Hinweis auf volkssprachliche Erfordernisse begründet[66]. Übrigens

---

ben in‹ zu ›glauben an‹ sei, Schwankungen selbstverständlich vorausgesetzt, auf 1522 anzusetzen, meint DELLE (s. Anm. 15), 81.

[62] Vgl. DELLE (s. Anm. 15), 81. – DIETZ (s. Anm. 38), 157 f.

[63] Vgl. FRANKE (s. Anm. 20), 3. Teil: Satzlehre, 1922², ND 1973, 356–358.

[64] So hat Luther die Stelle in WA 1; 702,2 (1518) und WA 10,3; 2, 12 (1522) übersetzt.

[65] Vgl. PAUL (s. Anm. 39), 258. – DIETZ (s. Anm. 38), II. 112. – Ferner sehr ausführlich GRIMM (s. Anm. 58), Bd. 6, 4910–5094.

[66] WA 10,1,1; 244,1–245,6 (1522): Weytter spricht er: und wyr haben seyne ehre gesehen, das ist: seyne gottheyt ynn seynen wundertzeychen und leren. Das wortlin: Ehre haben wyr droben ynn der Epistell auch gehôrtt, da er sagt von Christo: Er ist eyn scheyn seyner ehren, und nennet die gottheyt also. Wenn ich aber auff recht deutsch sagen sollt, sprech ich, das dieselbe ehre, die auff hebreisch: Cabod, auff kriechisch: Doxa und auff latinisch: gloria heyßt, auff deutsch hieße: herlickeyt. Denn alßo sagen wyr von eynem herrn odder grossen man: Er habs herlich außgericht unnd sey mitt großer herlickeytt tzugangen, wenn es kostlich, reychlich und doch dapfferlich ist tzugangen. Alßo das herlikeyt heyß nit alleyn eyn groß geschrey odder weydtruchtige ehre, ßondernn auch die

ist der Umstand, daß Luther in seiner Übersetzung des Neuen Testaments
verschiedene Äquivalente für δόξα bietet, keineswegs als unerhebliche über-
setzerische Nachlässigkeit, vielmehr als die präzis und konsequent befolgte
Applikation eben dieser übersetzungstheoretischen Einsicht zu werten[67].

Zu Beginn von V. 6 übersetzt die Vulgata das griechische ἐγένετο mit »fuit«
(Erasmus mit »erat«), in V. 3 und V. 14 dagegen mit »factum est«. Das erklärt
die bei Luther zu beobachtende Differenz in V. 6: Während C und D der Vulgata-Version folgen (»es ist gewesen«; »es war«), schließt sich E − wie auch
die folgenden Bibelausgaben − der griechischen Vorlage an (»es wart«). Die
Form »es war« findet sich aber auch nach 1522 noch gelegentlich vertreten[68],
was nicht mit einer momentanen Unverfügbarkeit des griechischen Textes zu
begründen ist − auch bei C und D lag dieser ja nachweislich vor −, sondern
damit, daß sich, zumal bei raschem und beiläufigem Übersetzen, der Vulga-
tatext, den Luther zumindest an so pointierten Stellen wie dem Johannes-Prolog natürlich im Kopf hatte, aus der Erinnerung aufdrängte.

Schließlich ist noch die Variante von »der do kompt« (C, D) und »durch
seyn zu kunfft« (E) (ἐρχόμενον / venientem) (V. 9) zu erwähnen. Ilse Becker
irrt gleich zweifach, wenn sie diese Stelle, die 1546 wieder »die … kommen«
übersetzt wird, als Beispiel dafür nennt, daß 1522 das Hauptgewicht noch auf
dem Substantiv ruhe, welches sich des handlungstragenden Moments be-
mächtige, während 1546 dann die Substantive zu Verben geworden seien[69].
Denn zwischen 1522 und 1546 ist ja nicht nur die Nominalaussage verbalisiert,
sondern vor allem die Bedeutung der in Rede stehenden Wendung verändert

---

ding, dauon solch rhum gerhumet wirtt, alß da seyn kostlich hewßer, gefeß, kleyder,
speyß, gesind und desgleychen. Wie Christus vom Salomon sagt Matt 6: Sehet, wie die li-
lien wachßen. Ich sage euch, das Salomon ynn aler seyner glorien, das ist: ynn all seyner
herlickeytt, nit alßo ist bekleydet geweßen, alß eyniß auß denen; da nennet er yhe die gloria gewißlich die herlickeytt. Also auch Hester 1: der konig Asuerus macht eyn grossis
mal, da er beweyssete die reychtumb der herlickeytt seyniß kunigreychs. Alßo mochten
wyr droben ynn der Episteln alßo vordeutschen: Er ist eyn scheyn seyner herlickeytt. Alßo
sagen wyr auff deutsch: das … ist eyn herlich weßen, gloriosa res, Eyn herliche tadt. Das
will auch hie der Euangelist. Wyr haben gesehen seyn herlickeyt, seyn herliche weßen und
tadt, die nit eyn schlechte gemeyn herlickeyt geweßen ist, ßondernn: Eyne herlickeyt als
des eyngepornen ßons von dem vater. − Vgl. dazu BRUCHMANN (s. Anm. 12), 125.

[67] Das kann hier freilich nur als Tendenz festgestellt werden und bedürfte einer gründlichen, v. a. auch das Alte Testament mit einbeziehenden Analyse. Immerhin zeigt schon
eine flüchtige Durchsicht der 136 Stellen, an denen im Neuen Testament δόξα belegt ist,
daß Luther dort mit ›Ehre‹ übersetzt, wo es um eine menschliche Anerkenntnis dessen
geht, was einem Menschen oder auch Gott zukommt (54 Belege). ›Herrlichkeit‹ sagt Luther dagegen, wenn eine (von Gott) ausstrahlende Qualität gemeint ist (65 Belege). An
den restlichen Stellen hat die Vokabel andere, mitunter aus dem Kontext sich nahelegende
Äquivalente gefunden: ›Klarheit‹ (7), ›Preis‹ (3), ›Herrschaft‹ (1), ›Macht‹ (1), ›Kraft‹ (1),
›Lob‹ (1), ›Ruhm‹ (1), ›Verklärung‹ (1).

[68] »Es war«, übersetzt Luther in WA 10,2; 462,29 (1522) u. WA 46; 538,16 (1537/38).

[69] BECKER (s. Anm. 17), 37 f.

worden. Die Formulierung »durch seyn zu kunfft« (E) kann sich nämlich nicht, wie in der Lesart 1546, auf ›einen jeglichen Menschen‹, sondern, da E pluralisch »alle menschen« bietet, eindeutig nur auf »eyn warhafftigs liecht« (V. 9a) beziehen. Zum andern wird die von Becker suggerierte These des zwischen 1522 und 1546 eingetretenen sprachlichen Fortschritts dadurch entkräftet, daß schon die Wartburgpostille ›in die Welt kommen‹ auf die durch das wahrhaftige Licht erleuchteten Menschen bezieht[70].

Eine interessante postilleninterne Variante sei noch notiert. Daß das fleischgewordene Wort »unter uns(s)« wohnte, vertreten einhellig C, D und E. Dagegen hat Luther im Zuge seiner Prolog-Auslegung in der Wartburgpostille einmal »ynn unß« übersetzt[71]. Das dürfte freilich kaum einer spiritualisierenden Abschwächung der Menschwerdung Gottes das Wort reden wollen, vielmehr als die aus schierer Flüchtigkeit geborene Übernahme des vorgegebenen ἐν / in zu erklären sein[72].

e) Zeitformen

Während Luther in den Übersetzungen der Wartburgpostille die griechischen Zeitformen noch streng nachzubilden sucht, darum, dem Aorist entsprechend, durchweg im Perfekt erzählt und nur in Übereinstimmung mit dem Urtext Präteritum gewählt hat, zeichnet sich das Septembertestament durch eine freie, den muttersprachlichen Erfordernissen folgende Wahl der Zeitstufen aus, die ihn nun durchweg im Imperfekt erzählen läßt. Diese längst bekannte[73], allgemeine Beobachtung bestätigt sich auch in Luthers Übersetzung

---

[70] WA 10,1,1; 180,15; 220,19; 221,8. Dagegen bezieht Luther in WA 17,2; 310,23; 323,16 (1524) »venientem« wieder auf »lux vera« statt auf »omnem hominem«.

[71] WA 10,1,1; 200,23 f (1522).

[72] Der Vollständigkeit halber seien auch die übrigen vier Wortänderungen noch erwähnt, obwohl ihnen keine nennenswerte Bedeutung zukommt. In V. 3c ersetzt E das relative »das« (C, D) durch »was«: vielleicht, um die Alliteration »dasselb ... das« zu vermeiden. Da C und D anstelle von »dasselb« »yhn« bieten, tritt dort eine Übereinstimmung des Anlauts nicht auf. — Eine kaum erhebliche Annäherung ans Neuhochdeutsche stellt der Wechsel von »Szo viel« (C, D) zu »Wie viel« (E) in V. 12 dar. — In V. 13d wird »die auß gott« (C) zu »auß / von gott« (D, E). Indem bei D und E das grammatisch nicht notwendige, umständlich wirkende Relativpronomen entfällt, erreichen sie eine klarere und rhythmisch entscheidend verbesserte Version. — Daß Luther einmal statt »warheyt(t)« in V. 14 »barmhertzigkeit« übersetzt (WA 46; 538,28), ist wohl als — m. W. nur an dieser Stelle vorkommender — Flüchtigkeitsfehler zu vernachlässigen, zumal er in der Einzelversauslegung desselben Textes wieder »Warheit« sagt (ebd. 638,32).

[73] DELLE (s. Anm. 15), 84. — HIRSCH (s. Anm. 11), 230. — H. BORNKAMM, Martin Luther in der Mitte seines Lebens. Das Jahrzehnt zwischen dem Wormser und dem Augsburger Reichstag, aus dem Nachlaß hg. v. K. BORNKAMM, 1979, 53. — Sowie allgemein zu den Zeitformen bei Luther: FRANKE, III. (s. Anm. 63), 208–219.

des Johannes-Prologs[74]. Zwar bieten die drei Versionen in einer Reihe von
– durch die Vorlage meist eindeutig determinierten – Fällen übereinstimmend
Präteritum-[75] bzw. Präsensformen[76]. Aber es gibt doch genügend Beispiele
dafür, daß auch hier die Postillenübersetzung Aoristformen im Perfekt, das
Septembertestament im Imperfekt wiedergibt[77]. Dabei bietet D in neun Fällen
übereinstimmend mit C die Perfektform und weicht nur zweimal davon ab.
Ob das Präteritum von V. 6a – »es war eyn mensch« (D) statt »es ist gewesen« (C) – aus der Anlehnung an den einhellig imperfektischen V. 6b oder im
Anschluß an Erasmus, der in V. 6 »erat« anstelle des »fuit« der Vulgata übersetzt, entstanden oder auch nur das Resultat nachlässiger Flüchtigkeit ist, wird
kaum zu entscheiden sein. In V. 10a übersetzt D dagegen übereinstimmend
mit E und ganz den Vorlagen entsprechend (ἦν / erat) »es war«. Das Perfekt
der Übersetzung C »ist ... gewesen« hat hier überraschenderweise keinen ursprachlichen Anhalt und dürfte wohl als Anpassung an den allgemeinen, auf
Perfekt gestimmten Erzählton der Postillen-Übersetzungen zu erklären sein.

f) Syntax

Die meisten syntaktischen Unterschiede[78] der drei Prolog-Übersetzungen Luthers betreffen die Stellung des Prädikats im Satzgefüge. Als vorherrschende
Tendenz bestätigt sich auch hier, was zum Verhältnis der Übersetzungen von
Wartburgpostille und Septembertestament insgesamt gesagt worden ist: daß
die Postillenübersetzungen noch streng der griechischen bzw. lateinischen
Vorlage folgen und das Verb darum an vorderer Stelle zu plazieren pflegen,
während sich im Septembertestament bereits die später konsequent gepflo-
gene[79] und dem Neuhochdeutschen entsprechende Endstellung des Verbs abzeichnet[80]. Drei Abweichungen von dieser Regel sind aber zu konstatieren. So
folgen in V. 8b alle drei Versionen, also auch die des Septembertestaments, der
vom Urtext vorgegebenen Wortfolge Subjekt-Prädikat-Objekt. Es mögen

---

[74] Die Tempi des griechischen Urtextes sind detailliert dargestellt bei LAUSBERG (s.
Anm. 1), 195 f.

[75] Joh 1,1.2.4.8.9.

[76] Joh 1,3.5.13.

[77] In Joh 1,6.7.10.11.12.14.

[78] Vgl. allgemein FRANKE, III. (s. Anm. 63). – J. ERBEN, Grundzüge einer Syntax der
Sprache Luthers (VIDSL 2), 1954. – WOLF (s. Anm. 20), 134–136 (dort auch weitere Literatur).

[79] BECKER (s. Anm. 17), 22–37.60–72. – ARNDT / BRANDT (s. Anm. 20), 175–197.

[80] DELLE (s. Anm. 15), 78–80. – BORNKAMM (s. Anm. 73), 53. – Im Falle von Joh
1,1–14 sind zu nennen: V. 6: »gesand von gott« (C, D) – »von Gott gesand« (E). – V. 7:
»auff das er (ge-)tzeugniß gebe von dem / dießem liecht« (C, D) – »das er von dem liecht
zeugete« (E). – V. 9: »das da / do erleucht(et) eynen iglichen menschen« (C, D) – »wilchs
alle menschen erleucht« (E). – V. 12: »die do glewben ynn seynen namen« (C, D) – »die
da an seynen namen glewben« (E).

rhythmische Gründe gewesen sein, die zu der für E unüblichen Verbstellung geführt haben, fallen doch nur bei dieser Wortfolge auch in E der semantische und der rhythmische Hauptakzent des Halbverses in einem Wort − nämlich »zeugete« − zusammen. Dagegen bietet in V. 12b bereits D die dann auch von E vertretene, modernere Endstellung des Verbs (er hat »macht geben, gottis kinder tzu werden«). Obwohl das in diesem Fall der griechischen und lateinischen Wortfolge entspricht (ἔδωκεν ... ἐξουσίαν τέκνα θεοῦ γενέσθαι / dedit potestatem filios dei fieri), beharrt C − auch hier wohl in strengem Festhalten an der durchweg geübten vorgezogenen Verbstellung − auf der Version »(er hat) macht geben, tzu werden gottis kinder«. Auch in V. 14c hat sich D syntaktisch bereits von C entfernt. Während C noch streng nach Vorlage übersetzt (»wyr haben gesehen seyne ehre«), deutet die von D vertretene Endstellung der finiten Verbform (»wyr haben seyn ehre gesehen«) bereits auf die spätere, im Septembertestament dann deutlich hervortretende tendenzielle Entwicklung voraus[81].

Aber nicht nur in bezug auf die Verbstellung sind Änderungen in der Wortfolge festzustellen. Bemerkenswert ist darüber hinaus vor allem V. 7c (ἵνα πάντες πιστεύσωσιν δι᾽ αὐτοῦ / ut omnes crederent per illum), was C mit »auff das sie durch yhn alle gleubten« wiedergibt. Weshalb »alle« in diesem Fall erst nach »durch yhn« zu stehen kommt, ist nicht recht ersichtlich. Jedenfalls bedeuten D (»auff das sie alle durch yhn glewbten«) und E (»auff das yderman durch yhn glewbte«) eine deutliche syntaktische Verbesserung, und dies nicht etwa wegen ihrer größeren Nähe zur griechischen bzw. lateinischen Wortfolge, sondern weil sie C satzrhythmisch überlegen sind. V. 17c weist in jeder der drei Übersetzungsversionen einen Hebungsprall auf, durch den der Hauptakzent des Teilverses eindeutig gesetzt wird. Dadurch liegt der Ton von V. 7c in C auf »alle«, in D und E dagegen − als die für Luther sicher nicht unwillkommene Koinzidenz von forma externa und forma interna − auf »glewbte(n)«[82].

Vergleichsweise unbedeutend sind dagegen die beiden syntaktischen Varianten in V. 12. In V. 12a wird der Satzeingang (ὅσοι δὲ ... αὐτὸν / quotquot autem ... eum) unterschiedlich wiedergegeben: »aber ßo viel yhn« (C) − »Szo

---

[81] Vgl. ARNDT / BRANDT (s. Anm. 20), 184. − Das Septembertestament ist in diesem Fall nicht zum Vergleich geeignet, weil es die betreffende Verbform im Präteritum bietet (»wyr sahen«).

[82] C: auff das sie durch ýhn / àlle gleubten.
    D: auff das yderman durch ýhn / glèwbte.
    E: auff das sie alle durch ýhn / glèwbten.
Die metrische Analyse ergibt in allen drei Fällen einen Hebungsprall (zwei unmittelbar aufeinander folgende, starke Hebungen; die dadurch erzwungene kurze Unterbrechung des Redeflusses verleiht dem mit der zweiten Hebung versehenen Wort einen besonderen rhetorischen Akzent). In C wird dadurch »alle« hervorgehoben, in D und E dagegen »glewbte(n)«.

viel aber yhn« (D) − »Wie viel yhn aber« (E). Während D der vorgegebenen
Wortfolge näher kommt als C, bietet E sicher die eleganteste Lösung. Dabei
mag die Frage, ob die jeweiligen Äußerungen metrische, lautmalerische[83] oder
auch andere Gründe haben, auf sich beruhen bleiben. Auch die Variante in
V. 12b (C: »den hatt er macht geben« − D: »hatt er yhn macht geben« − E:
»den gab er macht«) kann als syntaktisch irrelevant vernachlässigt werden[84].

3. Bedeutung und Funktion
der drei Prolog-Übersetzungen Luthers von 1521/22

Dreimal hat Luther während seines fast elfmonatigen Exils auf der Wartburg
den Johannes-Prolog ins Deutsche übertragen. Die Differenzen, die dabei zwischen Postillen- und Bibelübersetzung zu konstatieren waren, sind freilich
fundamental. Das kann indes von den Übersetzungen der Wartburgpostille
und des Septembertestaments insgesamt gesagt werden. Des öfteren ist schon
betont worden, daß der Fortschritt von der holprigen, den griechischen bzw.
lateinischen Sprachduktus noch unmittelbar nachbildenden Übertragungen
der Postille zu der klaren und anschaulichen, durch und durch hörerbezogenen[85] Sprache des Septembertestaments[86] nicht im Sinne einer linear verlaufen-
den Entwicklung, sondern viel eher als ein plötzlicher und umfassender, kate-
gorialer Wandel zu verstehen ist[87].

---

[83] Immerhin könnte sein, daß D das Personalpronomen »yhn« erst nach »aber« bietet,
um damit die unschöne, dreifache Alliteration »*aber haben auff*genommen« zu vermeiden.

[84] In syntaktischer Hinsicht und abgesehen von der Differenz der Zeitstufen stimmen C
und E überein. Für die Variante D sind plausible Gründe schwerlich zu finden.

[85] »Luthers Sprache ist ihrem Wesen nach Kanzelsprache. Das bedeutet: hörerbezogen,
am gesprochenen Wort ausgerichtet, auf Verständlichkeit für breite Bevölkerungskreise
abgestimmt«, urteilt B. STOLT (Luthers Übersetzungstheorie und Übersetzungspraxis, in:
H. JUNGHANS [Hg.], Leben und Werk Martin Luthers von 1526 bis 1546, 1983, 241−252,
243).

[86] Die Problematik einer modernen Revision der Lutherbibel erörtert E. LIPPOLD am
Beispiel von Joh 1,14: »Das Wort ward Fleisch« oder »Das Wort wurde Mensch«?
(ZDZ 37, 1983, 77 f).

[87] Vgl. DELLE (s. Anm. 15), 66−96. − WIDMANN (s. Anm. 3), 43−63. − BORNKAMM (s.
Anm. 72), 53. − In einer schönen Studie hat HIRSCH (s. Anm. 11) anhand der lukanischen
Weihnachtsgeschichte den Unterschied von Postillen- und Bibelübersetzung herausgearbeitet. Während die Kirchenpostille Lk 2,1−20 noch streng wörtlich übersetze, sei im Septembertestament »eine im Großen und Kleinen, in Zeitform, Tonfall, Wort- und Satzgefüge, aber auch in Ausdruck und Wendung rein deutsche Erzählung daraus geworden«.
Luthers »zarte leise Hand« habe so ein Ganzes geschaffen, das »in kunstlos scheinender
Selbstverständlichkeit dasteht« (ebd. 252 f). Dieser sprachgestalterische Fortschritt Luthers
gründe freilich »im Dienste der Sache selbst. Er hat Klang und Rhythmus und Lebendig-

Die für den Johannes-Prolog festgestellten Übersetzungsdifferenzen umfassen alle strukturellen Erscheinungsformen von Luthers Sprache. Ohne sie im einzelnen noch einmal aufzuzählen, kann doch zusammenfassend gesagt werden, daß auch der Prolog im Septembertestament die flüssigere, freiere und der Postillenübersetzung unbestritten überlegene Sprachgestalt gefunden hat. Nun konnte sich Hirsch — ausgehend freilich von der lukanischen Weihnachtsgeschichte[88] — die »radikale Abweichung vom Text der Kirchenpostille innerhalb so kurzer Zeit (...) nur so erklären, daß Luther zwischen den beiden Übersetzungen über die Weise des Dolmetschens eine Einsicht gewonnen, einen Entschluß gefaßt hat«[89]. Eben diese Erklärung aber hat nun an Plausibilität verloren. Denn indem auch die der fortlaufenden Einzelauslegung (teil-)versweise vorangestellte Übersetzung (D) in den Vergleich mit einbezogen wurde, konnte das Bild nicht unerheblich differenziert werden. Natürlich steht D der unmittelbar zuvor entstandenen, die Postillenpredigt einleitenden Übersetzung (C) deutlich näher als der fast ein halbes Jahr später zu datierenden Evangelienübertragung. Der ins Einzelne gehende Vergleich hat freilich ergeben, daß D auf allen Ebenen bereits Änderungen von E vorweggenommen und in nicht wenigen, anderen Fällen die Tendenz angekündigt hat, der Luther in seiner Bibelübersetzung dann durchgehend gefolgt ist. So bietet D die gegenüber C modernere Orthographie, weist einigemale bereits auf den phonologischen und morphologischen Fortschritt von E voraus und darf vor allem auch in der Wort- und Tempuswahl sowie der syntaktischen Struktur als bedeutsame An-

---

keit nicht an ihnen selbst geschätzt, sondern lediglich als sinntragende Elemente. Es ist der genaueste nur denkbare Gegensatz zur Bejahung der Form als solcher. Eben das macht die Unschuld der Verdeutschung Luthers aus: indem er selbst in die Sache hineingerissen wurde, entstand ihm ... der rechte Ausdruck«. »Auf dieser Hingabe an die Sache selbst beruht es nun, daß seine zweite Wiedergabe der Weihnachtsgeschichte mehr als ein Kunstwerk, daß sie Verkündigung ist«. »Luther ist als Dolmetscher ein Dichter nur dadurch gewesen, weil der heilige Geist, der ihn im Glauben regierte, zugleich auch der Künstler über alle Künstler ist. Die Schönheit gebiert sich hier aus der Wahrheit und die sprachliche Gewalt aus der theologisch durchgebildeten Erkenntnis des Glaubens« (ebd. 236 f.). — In ähnlichem Sinn — wenn auch nicht ausdrücklich auf die eigene Person bezogen — hat sich Luther selbst geäußert (WA 25; 27,15—17 von 1527): Eloquentia coniuncta est cum sapientia. Deus, qui dat sapientiam, dat et verbum, ut loqui possimus (vgl. auch den Fortgang: ebd. 26,17—26). — Zum sprachtheologischen Kontext dieses Spruches vgl. A. BEUTEL, Offene Predigt. Homiletische Bemerkungen zu Sprache und Sache (PTh 77, 1988, 518—537); ferner § 15.2 dieser Arbeit.

[88] S. Anm. 11 u. 87.

[89] HIRSCH (s. Anm. 11), 228 f. Ähnlich auch ebd. 236: »Diesen Vorgang kann ich mir nur erklären, wenn ich mir zwischen KP und NT 1522 Luther zur Klarheit darüber kommend denke, daß es die Aufgabe einer Übersetzung sei, die Affekte des Textes sichtbar zu machen in der Rede. Die von ihm ausgesprochene Einsicht, zum Verständnis eines biblischen Textes gehöre das Durchleben seiner Affekte, hat schon für das Werk von 1522 einen Leitgedanken hergegeben. "

näherung an die im Septembertestament dann konsequent verfolgten Dolmetschungsregeln gelten.

Eine Vorstufe der Bibelübersetzung, gar die Urfassung der Prologdolmetschung[90] ist die Übersetzung der Wartburgpostille trotz allem nicht. Nur gründet die − nach wie vor unbestreitbare − kategoriale Differenz zwischen Postillen- und Bibelübersetzung nicht in einer vermeintlichen übersetzungstheoretischen Erleuchtung, die Luther irgendwann im Herbst 1521 zuteil geworden wäre, sondern in dem Funktionswandel, der diese beiden Übersetzungsarbeiten voneinander trennt. Die Wartburgpostille war ja als Predigthilfe gedacht und orientierte sich darum streng am biblischen Text[91]. Ihre Übersetzungen sollten dem sprachunkundigen Leser den griechischen Text so getreu wie möglich nachbilden, um ihn so zu einem selbständigen Nachvollziehen der exegetischen Wahrnehmungen und Entscheidungen zu ermächtigen[92]. Den biblischen Urtext für illitterate Prediger volkssprachlich zu reproduzieren, war die Aufgabe der Postillenübersetzungen. Demgegenüber sollte das Septembertestament nicht den biblischen Buchstaben erneuern, sondern deren Geist. Wie immer man im übrigen die Übersetzungsgrundsätze von Luthers Deutscher Bibel auch bestimmen mag (vgl. dazu § 9.2), so sind sie doch unbestritten der fundamentalen Bestimmung verpflichtet, wonach die Bibelübersetzung das Schrift gewordene Wort Gottes in gesprochenes und gehörtes Deutsch umformen[93] und so ermöglichen soll, daß es erneut als Wort Gottes gehört werden kann[94].

Das ist die funktionale Differenz, die Postillen- und Bibelübersetzung voneinander scheidet. Keiner der beiden Seiten läßt sich Version D eindeutig zuordnen. Das spricht einmal mehr für die nie erstarrende Lebendigkeit, die sich Luther im Umgang mit dem Text der Bibel zu bewahren wußte, und für die »innere Freiheit, Großzügigkeit und Gestaltungsfreudigkeit«, in der er »dem Evangelium gegenübersteht«[95]. Und daß Luther sich auch schon in der Wartburgpostille immer wieder mit übersetzungstechnischen Fragen beschäftigt und dabei nicht selten auf die Formgesetze der allgemeinen deutschen Um-

---

[90] Vgl. DELLE (s. Anm. 15), 66.

[91] WIDMANN (s. Anm. 3), 3. − G. ROETHE, Luther in Worms und auf der Wartburg (LuJ 4, 1922, 3−29), 15: »Er geht an die Postille, jene außerordentlich wirksame Erklärung der Perikopen, die er dem Laienpublikum predigtweise vorkaut (!), wie die Mutter dem Kinde den Brei.«

[92] WIDMANN (s. Anm. 3), 69: »Die Übersetzungen der Wartburgpostille reproduzieren ... die Sprachgestalt des Urtextes so getreu wie möglich, um dem Leser die Wahrnehmung des exegetischen Sachverhalts allererst zu ermöglichen. Sie bilden damit die Basis der Exegese.« »Sie sollen den Urtext für den sprachunkundigen Leser so plastisch wie möglich nachbilden.« − Vgl. bereits DELLE (s. Anm. 15), 96.

[93] HIRSCH (s. Anm. 11), 234.

[94] Vgl. dazu § 9.2 dieser Arbeit.

[95] BRUCHMANN (s. Anm. 12), 116.

gangssprache verwiesen hat[96], dürfte die idealistische These von dem alles wendenden Entschluß, den Luther kurz vor dem Septembertestament gefaßt haben soll, vollends entkräften. Im übrigen mag sich gezeigt haben, daß eine detaillierte Beschäftigung mit Luthers Übersetzungspraxis zwar kaum zur Revision der gängigen Hauptthesen[97], aber doch zu differenzierender Behutsamkeit nötigen kann. Um die Vorgeschichte des Septembertestaments noch weiter zu erhellen, wäre es jedenfalls keine verlorene Mühe, Luthers Bibelzitate bis 1522, vor allem aber die in die Auslegungen der Wartburgpostille versweise eingestreuten Übersetzungen, insgesamt zu sichten und in vergleichender Einzelanalyse aufzuarbeiten.

---

[96] Neben den Bemerkungen zu ›Ehre‹ und ›Herrlichkeit‹ in Joh 1,14 (s. Anm. 66), vgl. WA 10,1,1; 374,21−375,3; 417,1−8 (1522). − Was Luther in der Wartburgpostille zu Fragen des Dolmetschens bemerkt hat, ist umfassend zusammengetragen bei BRUCHMANN (s. Anm. 12), 120−129.

[97] Die in diesem Abschnitt kritisierte These Hirschs wird man kaum zu den einschlägigen Hauptthesen rechnen wollen.

Erstes Kapitel

Gotteswort und Menschenwort –
Luthers Vorrede auf den Johannes-Prolog

§ 2: Zum Aufbau der Vorrede

Fast alle Predigten der Wartburgpostille bieten vor der meist versweise voranschreitenden Einzelauslegung zunächst eine Vorbemerkung, welche, mehr
oder minder ausführlich, die ganze Perikope betrifft[1]. Sie umfaßt manchmal
nur wenige Zeilen[2], steigert sich aber oft auch zu einer recht ausführlichen
Vorrede[3]. Nicht selten hat Luther bei dieser Gelegenheit auf den alttestamentlichen Wurzelgrund des jeweiligen Evangelien- bzw. Episteltextes[4] oder auch
auf eine Verbindungslinie zu schon besprochenen neutestamentlichen Texten
verwiesen[5].

Auch seine Predigt über den Johannes-Prolog beginnt Luther mit einigen
prinzipiellen Bemerkungen. Sie gelten zunächst der Bedingung, an die ein
Verstehen dieses höchsten Evangeliums[6] geknüpft ist, sodann, sehr viel ausführlicher, dem alttestamentlichen Wurzelgrund des Prologs, endlich der
Frage nach dem Verhältnis von Gotteswort und Menschenwort. Daß dieser

---

[1] Nur drei (bzw. vier) der 24 Predigten setzen unmittelbar mit der Einzelauslegung ein;
nämlich die über Act 6,8—14 (WA 10,1,1; 247—270), Mt 23,34—39 (WA 10,1,1;
270—289), Lk 2,21 (WA 10,1,1; 504—519). Im Falle der Predigt über Rö 13,11—14 (WA
10,1,2; 1—21) beginnt Luther zwar unmittelbar mit der Erläuterung von Rö 13,11a (ebd.
1,12—4,14), hat diesem ersten Teil aber zugleich den Charakter einer allgemeinen Vorbemerkung gegeben.

[2] Predigt über Lk 2,33—40 (WA 10,1,1; 379—448), 1 Kor 4,1—5 (WA 10,1,2; 120—147),
Phil 4,4—7 (WA 10,1,2; 170—187).

[3] Das gilt v. a. für folgende Predigten (die in Klammern beigegebenen WA-Nachweise
zeigen jeweils den Umfang der Vorrede sowie — nach der Virgel — der ganzen Predigt an):
Hebr 1,1—12 (10,1,1; 143,13—145,3/180,3). — Joh 1,1—14 (10,1,1; 181,7—188,23/247,3).
— Sir 15,1—6 (10,1,1; 290,7—293,14/304,19). — Gal 4,1—7 (10,1,1; 325,7—341,24/378,23).
— Gal 3,23—29 (10,1,1; 449,14—458,14/503,25). — Jes 60,1—6 (10,1,1; 520,12—521,16/
555,15). — Mt 21,1—9 (10,1,2; 22,6—47,2/62,9). — Rö 15,4—13 (10,1,2; 63,1—70,12/
93,5). — Lk 21,25—33 (10,1,2; 93,21—98,18/120,24). — Mt 11,2—10 (10,1,2; 148,4—151,5/
170,10). — Joh 1,19—28 (10,1,2; 188,17—190,2/208,2).

[4] Am deutlichsten in den Predigten über Tit 2,11—15 (WA 10,1,1; 18—58), Lk 2,1—14
(WA 10,1,1; 58—95), Mt 2,1—12 (WA 10,1,1; 555—728) sowie über den Johannes-Prolog.

[5] Am deutlichsten in den Predigten über Tit 3,4—7 (WA 10,1,1; 95—128), Lk 2,15—20
(WA 10,1,1; 128—141), Joh 21,19—24 (WA 10,1,1; 305—324) sowie über den Johannes-
Prolog.

[6] Vgl. WA 10,1,1; 181,7.

Text außergewöhnlich klar disponiert ist, macht sich bereits einer ersten auf-
merksamen Lektüre bemerkbar. Das wird man von der folgenden Einzelversauslegung nicht in gleicher Weise sagen können, und zumal gegen Ende der
Predigt verwischt sich die innere Form des Textes mitunter erheblich[7]. Demgegenüber tritt die Klarheit der Vorrede um so deutlicher zutage. Dieser Eindruck läßt sich bei näherem Zusehen zu der Wahrnehmung einer bis ins Kleinste durchkomponierten gedanklichen und sprachlichen Gestaltung vertiefen.

Es mag darum sinnvoll sein, vor einer ausführlichen Erörterung der Vorrede zunächst deren innere Struktur aufzuspüren. Das kann die einzelnen Aussagen des Textes vor atomisierender Verfälschung bewahren und sie von dem
Ort her, den sie in dieser zusammenhängenden Gedankenbewegung einneh-
men, verstehbar machen[8]. Die Gefahr, das Formalisieren eines Textes zu über-
steigern oder ihn gewaltsam zu systematisieren, läßt sich dabei selbstverständlich nicht grundsätzlich ausschließen. Ihr soll in dem hier einzubringenden
Gliederungsvorschlag aber dadurch begegnet werden, daß die einzelnen
Schritte nur in wenigen Fällen mit logischen oder rhetorischen Fachbegriffen,
meist aber mit allgemeinen umgangssprachlichen Ausdrücken bezeichnet werden. Fachspezifische Termini habe ich nur an Stellen gebraucht, deren logische
oder rhetorische Qualität mir unbestreitbar erschien.

Der Aufweis einer detaillierten Formstruktur schließt nun aber keineswegs
die Behauptung in sich, damit zugleich die dispositio rekonstruiert zu haben,

---

[7] Vgl. nur den weder vom Text noch von dessen Auslegungsgeschichte her gebotenen
exkursartigen Einschub zu Joh 1,13 (WA 10,1,1; 236,12−243,5).

[8] Von dieser elementaren − um nicht zu sagen: trivialen − Regel der Textinterpretation
ist in der Lutherforschung jedenfalls noch kein erschöpfender Gebrauch gemacht worden.
Wichtige methodische Hinweise zu Luthers Kompositionskunst gibt G. EBELING in seinem
Aufsatz »Die Rechtfertigung vor Gott und den Menschen. Zum Aufbau der dritten Thesenreihe Luthers über Rm 3,28« (in: DERS., Lutherstudien. Bd. III: Begriffsuntersuchungen − Textinterpretationen − Wirkungsgeschichtliches, 1985, 223−257), 223−226. −
Von EBELING liegen auch eine ganze Reihe vorbildlicher Strukturanalysen zu Luthertexten
vor; z. B. Luthers Auslegung des 14. (15.) Psalms in der ersten Psalmenvorlesung im Vergleich mit der exegetischen Tradition (in: DERS., Lutherstudien, Bd. I, 1971, 132−195). −
Eine knappe Aufbauanalyse von Luthers »Disputatio de homine« ist abgedruckt in EBE-
LING, Lutherstudien. Bd. II: Disputatio de homine. 1. Teil: Text und Traditionshintergrund, 1977, 43−45. − Vgl. ferner EBELING, Sündenblindheit und Sündenerkenntnis als
Schlüssel zum Rechtfertigungsverständnis. Zum Aufbau der vierten Thesenreihe Luthers
über Rm 3,28 (in: DERS., Lutherstudien III, 258−310).
An zwei kleinen, eher marginalen Luthertexten habe ich den interpretatorischen Gewinn
einer detaillierten Aufbauanalyse zu zeigen versucht: Christenlehre und Gewissenstrost.
Bemerkungen zu Luthers Sendbrief an die Gemeinde der Stadt Esslingen (ESSt 22, 1983,
107−136). − Gottes irdische Gehilfen. Luthers Auslegung von Sach 1,7 als angelologische
Variante seiner Regimentenlehre (in: Spuren. FS für Theo Schumacher, hg. v. H. COLBERG
u. D. PETERSEN [Stuttgarter Arbeiten zur Germanistik 184], 1986, 157−190). − Im übrigen
möchte ich an dieser Stelle nicht verhehlen, daß mir der Sinn für den Zusammenhang von
Form- und Denkstrukturen von niemandem so geschärft worden ist wie von dem Tübinger Mediävisten Theo Schumacher.

die der Autor vor der elocutio seines Textes etwa selbst konstruiert hätte[9]. Im Gegenteil: »Ist das Denken mit ungewöhnlicher Konzentration auf seinen Gegenstand gerichtet und in ihn eingedrungen, so erwächst daraus ein souveränes Ordnen der Gedankenführung, während der Außenstehende es erst in mühsamem Nachdenken rekonstruiert«[10]. Die gelegentlich in die Gliederung eingebrachten rhetorischen Fachbegriffe sollen also durchaus nicht den Eindruck erwecken, als sei Luther in penibler Kleinarbeit bemüht gewesen, den rhetorischen Formgesetzen möglichst umfassend zu genügen. Sie verstehen sich vielmehr als Ausdruck dessen, wie selbstverständlich und geläufig bei ihm das klassische Bildungsgut in die eigene Gestaltung von Sprache einfließt[11].

1. Gliederung

Der nachfolgend notierte Gliederungsvorschlag ist an der Sachordnung des Textes orientiert, folgt aber fast immer auch seiner äußeren Gestalt. Die jeweils in Klammern beigegebenen Seiten- und Zeilenangaben beziehen sich auf Band 10,1,1 der Weimarer Ausgabe.

A. Hermeneutische Vorbemerkung zum Johannes-Prolog (181,7−14)
    I. These (181,7f)
        1. positiv: *Ditz ist das hohist Euangelium unter allen*
        2. negativ: *Doch nitt finster odder schwere*
    II. Begründung (181,8−10)
        1. *Denn alhie der hohe artickel von der gottheyt Christi auffs aller klerist gegrundet ist*
        2. *Das billich alle Christen wissen sollen*
        3. *Und auch wol vorstehen mügen, dem glawben ist nichts tzu hoch*

---

[9] »Der Einwand . . ., Luther habe sich darüber schwerlich so viele Gedanken gemacht, trifft am Entscheidenden vorbei . . . Die Frage, wieweit sich Luther selbst solcher kompositorischer Leistungen bis ins Letzte bewußt war, wird den dafür erforderlichen Bedingungen schöpferischer Art gar nicht gerecht«, meint G. EBELING (Die Rechtfertigung vor Gott und den Menschen [s. Anm. 8], 225).

[10] Ebd.

[11] Eine bündige Literaturübersicht zum Stellenwert der Rhetorik bietet H. WOLF, Martin Luther. Eine Einführung in germanistische Luther-Studien, 1980, 95−101. − Als wichtigen *theologischen* Beitrag vgl. etwa H. A. Oberman, »Immo«. Luthers reformatorische Entdeckungen im Spiegel der Rhetorik (in: Lutheriana. Zum 500. Geburtstag Martin Luthers von Mitarbeitern der Weimarer Ausgabe, hg. v. G. HAMMER u. K.-H. ZUR MÜHLEN [AWA 5], 1984, 17−38). − Ferner: K. ALFSVÅG, Language and Reality. Luther's relation to classical rhetoric in Rationis Latomianae confutatio (1521) (StTh 41, 1987, 85−126).

III. Folgerung (181,10−13)

    1. positiv: *Drumb wollen wyrß auffs deutlichst handelln*

    2. negativ: *Unnd nit mit ertichten subtiliteten fur dem gemeynen man verpergen*

IV. Bekräftigung (181,13f)

    1. negativ: *Es darff nit viel spitziger scharffer trachtung*

    2. positiv: *Szondernn nur eynfelltige schlecht auffmerckung auff die wortt*

B. Der alttestamentliche Wurzelgrund des Prolog (181,15−186,8)

  I. Die generelle Verwurzelung des Neuen Testaments im Alten (181,15−182,5)

    1. These (181,15−18): *Die Aposteln haben alliß auß dem alten testament getzogen*

    2. Schriftbeweis: Rö 1,2 (181,18−20)

    3. Bekräftigte These (181,20−22): Es ist *keyn wortt ym newen testament, das nit hynder sich sehe ynn das allte*

    4. Bestätigender Rückverweis auf die vorausgegangene Predigt (181,22−24)

    5. Bekräftigte These (181,24f): *Das new testament ist nit mehr denn eyn offinbarung des allten*

    6. Gleichnishafte Verdeutlichung (181,25−182,5)

      a) Bildhälfte (181,25−182,1): *Gleych alß wenn yemant tzum ersten eyn beschlossen brieff hette und darnach auffbrech*

      b) Sachhälfte (182,1−3): *Alßo ist das alte testament eyn testamentsbrieff Christi*

      c) Verankerung in der Schrift: Apk 5,1ff (182,3−5)

 II. Die spezielle Verwurzelung von Joh 1 in Gen 1 (182,6−185,11)

    1. Exordium (182,6−15)

      a) Anknüpfung (182,6−8): *Wyr mussen hynder unß ynß alte testament lauffen, an die ortt, da ditz Euangelium sich auff grundet*

      b) Zitation von Gen 1,1−3 (182,8−12)

      c) Zusammenfassung von Gen 1,4ff (182,12−15)

    2. Narratio (182,15−22): *Auß dem text Mosi folget und schleußt sich klerlich,*

      a) *das gott eyn wortt habe, durch wilchs er sprach, ehe denn alle creatur geweßen sind* (182,15−17)

      b) *und dasselb wort mag unnd kan keyn creatur geseyn* (182,17−19)

      c) Exemplum: Die Erschaffung des Lichts (Gen 1,3) (182,19−22)

    3. Argumentatio (183,1−184,18)

      a) Das Wort *muß ewig seyn und keyn anfang haben*

        aa) These (183,1−4)

bb) Begründung (183,4—10)
  − biblisch (183,4—7)
  − logisch (183,7—10)
cc) Bekräftigung (183,10—12): *Das wort gottis muß eyn ewiger gott und nit eyn creatur seyn*
b) *Es mag das wortt unnd der es spricht nit eyn person seyn* (183,13—28)
  aa) These (183,13f)
  bb) Begründung (183,14—25)
    − logisch (183,14—16)
    − biblisch (183,16—25)
  cc) Bekräftigung (183,25—28): *Hie sind tzwo personen ynn der gottheyt von ewickeyt fur allen creaturn*
c) *Die schrifft steht fest, das nit mehr denn eyn gott sey* (184,1—18)
  aa) These (184,1f)
  bb) Begründung (184,2—13)
    − biblisch (184,2f): Gen 1,1; Dtn 6,4
    − logisch (184,3—13): *Die schrifft leret solch ding klerlich (wer kan hie nit begreyffen?) und geweltiglich (wer ist ßo scharff-synnig, der hie widerreden mag?)*
  cc) Bekräftigung (184,13f): *Alßo tzwingt und schleußt dieße schrifft, das dieße tzwo personen seyen eyn volkomlicher gott*
  dd) Erläuterung (184,14—18)
    − *eyn igliche ist der ware, eynige, volkomer, naturlicher gott (184,14—16)*
    − *der sprecher hat seyn weßen nit von dem wort, ßon-dernn das wortt von dem sprecher (184,16f)*
    − *doch alliß ewiglich und ynn ewickeyt außer allen creaturn (184,17f)*

4. Refutatio (184,19—185,7): *Es haben alhie die ketzer Arriani dießem hellen spruch eyn nebel machen wollen und eyn loch durch den hymel bo-ren*
  a) Referat (184,21—23): *Sie sprachen, das ditz wortt gottis were wol auch eyn gott, aber nit naturlich, ßondern geschaffenlich*
  b) Beurteilung (185,1): *Sie redten on alle grund der schrifft auß yhrem eygen traum*
  c) Begründung (185,1—3): *Darumb das sie die eynfelltigen wortt der schrifft faren ließen und folgeten yhren eygen gedancken*
  d) Bekräftigung durch Wiederholung des einleitend Gesagten (A.IV) (185,3—7)

5. Peroratio (185,7—11): *Alßo haben wyr nu hie ynn Mose die recht gul-dene fundgrube, darauß genomen ist alß, was von der gottheyt Christi ym newen testament geschrieben ist. Hie sihestu, woher S. Johannes Eu-*

angelium fleußt, und wo seyn grund ligt, und ist hierauß nu leychtiglich
tzuuorstehen

III. Ergänzungen (185,12−186,8)
    1. Auch alttestamentliche Texte wurzeln in Gen 1 (185,12−16)
        a) Exempla (185,12−15): Ps 33,6; Prov 8,22ff
        b) Sententia (185,15f): *Alle propheten haben ynn dißer fundgruben fast*
           geerbeyt und yhren schatz eraußgraben
    2. Auch der Heilige Geist wird in Gen 1 verkündigt (185,17−186,8)
        a) These (185,17)
        b) Belegstellen (185,18−186,3): Gen 1,2.22.25
        c) Gründe für die Verborgenheit dieser Erkenntnis (186,3−8)
          aa) auf Seiten des Textes (186,3−6): *Es ligt das ertz noch halb ynn*
             der gruben
          bb) auf Seiten der Leser (186,6−8): *Wer tzeyt hett, der wurd groß*
             liecht, lust und freud findenn

C. Wort Gottes − Wort des Menschen (186,9−188,17)
  I. Die prinzipielle Verschiedenheit des göttlichen Wortes vom menschlichen (186,9−187,8)
    1. Entfaltung (186,9−16)
        a) These (186,9f): *Nu mussen wyr das hertz und vorstendniß weytt auff-*
          thun, das wyr solch wort nit achten wie eyniß menschen geringe vor-
          gencklich wortt
        b) Begründung (186,10−13)
          aa) Wesenseinheit von Wort und Sprecher (186,10f)
          bb) Untrennbarkeit von Wort und Sprecher (186,12f)
        c) Bekräftigung (186,13−16)
    2. Bestätigende Rückbindung an die vorausgegangene Auslegung
       von Hebr 1,3 (186,16−187,5)
        a) Referat von WA 10,1,1; 155,7−157,22 (186,16−20): *Die gottliche*
          natur folget ynß bilde gantz mit unnd wirt und ist das bild selbs
        b) Entsprechung in Gen 1 (186,20−187,1): *Dermassen alhie auch gott*
          seyn wortt alßo von sich spricht, das seyn gantz gottheyt dem wort fol-
          get unnd naturlich ym wort bleybt und weßenlich ist
        c) Auch Hebr 1,3 wurzelt in Gen 1 (187,1−5)
    3. Signifikationshermeneutische Untermauerung (187,5−8)
        a) Sententia (187,5f): *Eyn iglich wort ist eyn tzeychen, das ettwas be-*
          deutte
        b) Differentia specifica (187,6−8): *Aber hie ist das bedewt wirt natur-*
          lich ym tzeychen, wilchs ynn andern tzeychen nit ist
  II. Die begrenzte Analogiefähigkeit des menschlichen Wortes
    (187,9−188,17)

1. Die Entsprechung (187,9–188,8)
   a) These (187,9f): *Es weyßet auch wol ettwas hievon das menschlich wort; denn ynn demselben erkennet man des menschen hertz*
   b) Begründung (187,10–188,6)
      aa) aus Erfahrung (187,10–17)
         – eigene: eine allgemeine Redensart
         – fremde: zwei heidnische (antike) Sprichwörter
      bb) aus der Schrift (187,17–188,2)
         – Mt 12,34
         – Joh 3,31
      cc) aus Erfahrung (188,2–6): zwei deutsche Sprichwörter
   c) Bekräftigung (188,6–8): *Alßo ists ynn gott auch: Wer das wortt hatt, der hatt die gantze gottheyt*
2. Die Differenz (188,8–17)
   a) These (188,8f): *Es feylet hie diß gleychniß auch*
   b) Begründung (188,9–16)
      aa) *Das menschlich wort bringt nit weßenlich oder die natur des hertzen mit sich, ßondernn nur bedeutlich, odder alß eyn tzeychen* (188,9–11)
      bb) *Aber ynn gott bringt das wortt nit alleyn das tzeychen und bild, ßondernn auch das gantz wesen mit sich* (188,11–14)
      cc) per negationem oppositionis (188,14–16)
   c) Bekräftigung (188,16f): *Ditz wort gottis ist ubir alle wort on gleychen ynn allen creaturn*

D. Zum weiteren Vorgehen (188,18–23)
   I. Entscheidung (188,18–22)
      1. Die Tradition hat *wol scharff disputirt von dem ynnwendigen wortt des hertzen ym menschen* (188,18–20)
      2. Luther: *Wyr lassenß faren und komen nu auff das Euangelium* (188,21f)
   II. Begründung (188,20–23)
      1. Das traditionell diskutierte Problem ist *ßo tieff unnd finster bißher blieben, wirt auch wol bleyben* (188,20f)
      2. Das Evangelium *ist klar und offen von yhm selb* (188,22f)

2. Beobachtungen zur Formstruktur

In seiner Vorrede auf den Johannes-Prolog hat Luther im wesentlichen zwei Probleme erörtert: die Verwurzelung des Prologs in dem alttestamentlichen Zeugnis von Gottes ursprünglichem Wort (Gen 1) sowie die Frage, wie sich dieses Wort Gottes zu dem des Menschen verhalte. Beide Problemkreise zäh-

len zu den konstitutiven Elementen seines Sprachverständnisses und erfordern
darum eine ausführliche Interpretation (§§ 4 u. 6). Auch die logische Struktur
ihrer Entfaltung wird dabei selbstverständlich zu berücksichtigen sein.

Vorläufig mag es genügen, ein paar formale Beobachtungen zu notieren.
Zwei Einschränkungen verbinden sich damit. Zum einen liegt es nahe, die
Auswertung auf augenfällige Sachverhalte zu beschränken, um damit die
strukturelle Analyse von verdächtigen Überspanntheiten freizuhalten. Zum
andern würde eine Analyse der Mikrostruktur bei diesem rasch entworfenen
Gebrauchstext wohl nicht allzu ergiebig sein und zudem die Gefahr beschwö-
ren, ins unverbindlich Spielerische abzugleiten. So wird man sich sinnvoller-
weise mit der Notation einiger makrostruktureller Phänomene begnügen.

a) Einleitungs- und Schlußteil

Die beiden Problemkreise seiner Vorrede (B und C)[12] hat Luther mit hermeneutischen und methodischen Hinweisen umschlossen (A und D) (181,7—14
u. 188,18—23). Diese verhältnismäßig kleinen Rahmenteile heben sich durch
ihre geradezu schroff antithetische Struktur deutlich von den beiden Haupttei-
len ab. Nun ist die Antithese zwar ein zentrales, wenn nicht überhaupt das entscheidende Stilmerkmal von Luthers Denken[13]. In den beiden Rahmenteilen
der Vorrede tritt sie dennoch in ungewöhnlicher Verdichtung hervor. Mit allem Nachdruck schärft Luther ein, daß sich eine Exegese des Johannes-Prologs
nicht in voraussetzungsloser Neutralität, sondern nur im Streit vollziehen läßt:
Erst in der Abwehr des Falschen gewinnt die Wahrheit Profil[14]. Zwar dient
auch der als Refutatio gestaltete Abschnitt B. II. 4 der Abwehr eines Falschen,

---

[12] Die nachfolgend gebrauchten Abkürzungen beziehen sich auf den in diesem Paragraphen eingebrachten Gliederungsvorschlag.

[13] Vgl. G. EBELING, Das rechte Unterscheiden. Luthers Anleitung zu theologischer Urteilskraft (ZThK 85, 1988, 219—258).

[14] Die mitunter bis zur Monotonie sich steigernde Antithetik in Luthers theologischem
Argumentieren ist darum nicht einfach als stilistische Marotte abzutun, sondern als sprachlicher Ausdruck einer offenbar sachnotwendigen Denkform ernstzunehmen. Daß Luther
diese Form der *biblischen* Sprache entnimmt, ist offenkundig; vgl. dazu nur seine Äußerung
aus De servo arbitrio von 1525 (WA 18; 779,17—27): Nisi per contentionem dicerentur
omnia, quae de Christo et gratia dicuntur, ut opponantur contrariis, scilicet quod extra
Christum, non sit nisi Satan, extra gratiam non nisi ira, extra lucem non nisi tenebrae, extra viam non nisi error, extra veritatem non nisi mendacium, extra vitam non nisi mors —,
Quid, rogo, efficerent universi sermones Apostolorum et tota scriptura? frustra scilicet dicerentur omnia, cum non cogerent, Christum esse necessarium, quod tamen maxime
agunt, Eo quod medium reperiretur, quod de se nec malum, nec bonum, nec Christi, nec
Sathanae, nec verum, nec falsum, nec vivum, nec mortuum, forte etiam nec aliquid, nec
nihil esset. idque vocetur praestantissimum et summum in toto genere hominum. Utrum
igitur vis, elige (vgl. ebd. 782,21—24). — Vgl. dazu G. EBELING, Lutherstudien II., Teil 3:
Die theologische Definition des Menschen. Kommentar zu These 20—40, 1989, 258—260.

nämlich der arianischen Ketzerei. Strukturell ist dieser Abschnitt jedoch fest in
Teil B. II verankert. Daß die Teile A und D kaum damit, sondern vor allem
miteinander korrespondieren, unterstreicht die Rahmenfunktion, die ihnen
für die ganze Vorrede zukommt. Sie sind, bis auf Abschnitt A. II, durchgängig
polemischen Charakters, wobei die Antithesen in A noch geordnet aufeinander folgen, in D dagegen stark ineinander greifen; die oben vorgeschlagene
Gliederung hat sie darum sachlogisch entflochten.

Ein interessantes Detail, das zugleich als Beispiel für Luthers souveräne
Formgebung gelten kann, sei noch vermerkt. Die Antithesen von Teil A setzen zunächst die positive Hälfte (A. I. 1 − A. III. 1), dann die negative (A. I. 2
− A. III. 2). Diese Abfolge kehrt sich im letzten Abschnitt (A. IV) um: Nicht
die Negation soll offenbar am Ende stehen, sondern die pointierte Formulierung der hermeneutischen Regel, die Luther für den Johannes-Prolog vorgibt.
Die chiastische Verflechtung von A. I und A. III mit A. IV signalisiert die Geschlossenheit dieses ersten Teils, zugleich aber auch die Superiorität der »eynfelltigen schlechten auffmerckung auff die wortt«[15], die die Warnung vor den
»ertichten subtiliteten«[16] umschließt.

Dagegen beginnen die beiden aufeinander bezogenen Antithesen von Teil D
jeweils mit dem negativen Element (D. I. 1 − D. II. 1), dem dann das positive
folgt (D. I. 2 − D. II. 2). Für den bündigen Abschluß der vorausgegangenen
Teile A, B und C wäre eine chiastische Struktur von D kaum förderlich. Der
Schluß der Vorrede läßt sich weit besser dadurch markieren, daß das die Intention Luthers formulierende positive Element − noch dazu in paralleler Verdopplung − am Ende zu stehen kommt. Auch als Überleitung zu der nun einsetzenden Einzelexegese ist die zweifache Endstellung des Positiven sinnvoll:
Formelhaft nennt sie noch einmal das hermeneutische Prinzip, das fortan gelten soll[17].

b) Erster Hauptteil

Zwischen diesen Rahmenteilen hat Luther die beiden Hauptprobleme seiner
Vorrede erörtert. Sie bilden zwei thematische Blöcke, die nur ganz lose miteinander verbunden[18], im übrigen aber durch eine deutliche Zäsur geschieden
sind. Das reiche binnenstrukturelle Geflecht beider Blöcke läßt das gänzliche
Fehlen von übergreifenden Respensionen nur noch deutlicher hervortreten.

---

[15] WA 10,1,1; 181,13f. − Die Prolog-Auslegung der Wartburgpostille wird im folgenden nur mit Seiten- und Zeilenangaben, andere Schriften Luthers dagegen immer auch mit
der Bandzahl der Weimarer Ausgabe (WA) zitiert.

[16] 181,12.

[17] 188,21−23: Drumb lassen wyß auch faren und komen nu auff das Euangelium,
wilchs nu von yhm selb klar und offen ist.

[18] Streng genommen allein durch die Konjunktion »hievon« (187,9).

Vor allem der erste, den alttestamentlichen Wurzelgrund des Prologs erörternde Hauptteil (B) (181,15 — 186,8) weist eine deutlich ausgebildete Formgebung auf, deren beherrschendes Motiv — die Kreisstruktur — den Eindruck hermetischer Geschlossenheit erweckt. Das wird zunächst in Hinsicht auf den ersten Abschnitt deutlich, der die generelle Verwurzelung des Neuen Testaments im Alten betrifft (B. I). Luthers Ausführungen beschreiben hier nicht einen linear fortschreitenden Argumentationsgang, sondern eine Kreisbewegung: Der Sachverhalt wird sogleich in thetischer Zuspitzung genannt (B. I. 1) und später durch variierende Formulierungen zweifach bekräftigt (B. I. 3 u. B. I. 5). Zwischen diesen drei Versionen seiner These nennt Luther jeweils einen Grund: zunächst in Form eines Schriftbeweises (B. I.2), sodann, ungleich weniger gewichtig, durch den bestätigenden Rückverweis auf die vorausgegangene Predigt (B. I. 4). In dieser Denkbewegung (a − b − a′ − b′ − a″) sieht Luther seinen Satz von der generellen Verwurzelung des Neuen Testaments im Alten hinreichend erläutert. Nicht als weiteres Argument, sondern um das Gesagte bildhaft zu verdeutlichen, fügt er noch einen anschaulichen Vergleich hinzu (B. I. 6). Dessen Sachhälfte (6. b) soll den Bildteil (6. a) eindeutig machen, das abschließend genannte Bibelwort (6. c) ihn zudem als schriftgemäß ausweisen.

Nach den generellen Bemerkungen von B. I wendet sich Luther der speziellen Verwurzelung von Joh 1 in Gen 1 zu (B. II). Am Ende dieses Abschnitts weitet sich der Blick dann aber noch einmal auf die ganze Schrift: Ergänzend weist Luther darauf hin, daß auch alttestamentliche Texte von Gen 1 her zu verstehen seien und daß dort nicht allein die zweite, sondern ebenso, nur weniger deutlich, die dritte Person der Gottheit verkündigt werde (B. III). Auch in dieser Perspektivenfolge läßt sich eine einheitsstiftende Rahmenstruktur erkennen.

Der in solchem Rahmen entfaltete Abschnitt B. II bildet den sachlichen Kern dessen, was Luther in diesem ersten Themenkreis am Herzen liegt. Seine zentrale Bedeutung läßt sich nicht zuletzt daran ermessen, daß er unverkennbar im Schema der klassischen Rhetorik gestaltet worden ist. Das knappe Exordium führt aus den allgemeinen Erörterungen des ersten Abschnitts in den speziellen Wurzeltext des Johannes-Prologs, dessen Kernstelle — die ersten drei Verse — zitiert und dessen Fortgang in summarischem Überblick genannt wird (II. 1). Diese Rückbindung von Joh 1 an Gen 1 greift die Peroratio (II. 5) bestätigend auf und bildet so zusammen mit dem Exordium ein abermaliges Rahmengeflecht.

Die Narratio (II. 2) schildert in antithetischer Zweigliedrigkeit den Sachverhalt und exemplifiziert ihn anhand der in Gen 1,3 genannten Erschaffung des Lichts. Ihr Motiv der polemischen Abwehr — »dasselb wort mag unnd kan keyn creatur geseyn«[19] — kehrt, zum Thema erhoben, in der Refutatio (II. 4)

---

[19] 182,17 f.

wieder. Luther unterstreicht dabei zwar einleitend die Verwerflichkeit der »ketzer Arriani«[20], referiert deren Auffassung dann aber in unpolemischer Sachlichkeit (II. 4. a). Seine knappe, freilich vernichtende Beurteilung (II. 4. b) sowie deren Begründung (II. 4. c) münden schließlich in die bekräftigende Wiederholung dessen, was schon zu Beginn der Vorrede (A. IV) als Warnung vor den »viel subtielen, spitzigen wort odder tichten«[21] gesagt worden ist. So beschreibt der Argumentationsgang der Refutatio einen Kreis — von der vorweg genannten Verwerfung über Referat, Beurteilung und Begründung zu bekräftigender Verwerfung — und schlägt zugleich insgesamt zu der antithetisch zugespitzten Narratio (II. 2) eine respondierende Brücke.

Das formale und sachliche Zentrum des ersten Problemkreises bildet, gewissermaßen als Herzstück des Ganzen, die dreigliedrige Argumentatio (II. 3). Sie legt dar, daß das Wort, da es keinen Anfang hat, »eyn ewiger gott« sein muß (II. 3. a), daß es gleichwohl als Wort von seinem Sprecher unterschieden ist — »hie sind tzwo personen ynn der gottheyt« (II. 3. b) — und daß trotz dieser Unterscheidung der Personen die vollkommene Einheit Gottes gewährleistet bleibt (II. 3. c). Die Einheit der Natur (II. 3. a u. II. 3. c) umschließt mithin die Unterscheidung der Personen (II. 3. b): eine bemerkenswerte Koinzidenz von Formstruktur und Denkstruktur.

Doch die drei Unterteile beschreiben nicht nur in ihrem Verhältnis zueinander eine Kreisbewegung (a — b — a′). Auch deren innere Struktur ist jeweils diesem Formgesetz verpflichtet. In strenger formaler Entsprechung formulieren sie zunächst eine These (die Teile aa), die dann begründet (die Teile bb) und bekräftigt wird (die Teile cc)[22]. In allen drei Fällen bietet die Begründung zwei Aspekte: einen biblischen und einen logischen. Natürlich kann dabei auch der logische Aspekt auf die Schrift rekurrieren. Nur setzt er deren Autorität nicht fraglos voraus, sondern begründet sie als vernunftgemäß: »Wer kan hie … nit begreyffen? … Widderumb, wer ist ßo scharffsynnig, der hie widerreden mag?«[23] Die cc-Teile bekräftigen die jeweils eingangs genannte These nicht einfach in stereotyper Wiederholung, sondern formulieren ihren Sachverhalt noch einmal neu.

Aufs Ganze gesehen, bietet sich der erste Themenkreis (Teil B) in kaum überbietbarer Geschlossenheit dar. Dazu trägt vor allem das durchgängig — vom äußeren Rahmen bis ins Zentrum hinein — anzutreffende Strukturmotiv des Kreises bei, dessen einheitsstiftende Funktion, wie gesagt, zugleich den Eindruck hermetischer Geschlossenheit suggeriert: Gleich wie die Formstruk-

---

[20] 184,19—21.

[21] 185,4.

[22] Nur in II.3.c schließt daran als weiterer Unterabschnitt eine Erläuterung an (dd), die freilich nicht allein II.3.c, sondern zugleich auch den ganzen Abschnitt II.3 noch einmal auf den Punkt bringt.

[23] 184,6—9.

tur durch zusätzliche Elemente nur noch lädiert werden könnte, so scheint auch der materiale Argumentationsgang keines weiteren Wortes zu bedürfen.

c) Zweiter Hauptteil

Obwohl die Formstruktur des zweiten Themenkreises (C) (186,9 − 188,17) nicht mehr so kunstvoll und filigran gearbeitet ist wie die des ersten Teils (B), gibt sich sein innerer Aufbau doch als klar geordnet zu erkennen. Das Strukturmotiv des Kreises, das im ersten Teil uneingeschränkt das Feld beherrscht hat, ist zwar auch hier anzutreffen, wird aber durch einen linear voranschreitenden Argumentationsstrang überlagert. Als oberstes Strukturmotiv dient nun die Zweigliedrigkeit. So weist dieser Themenkreis zwei Teile auf, deren zweiter wiederum in zwei Abschnitte zerfällt. Der dritte Abschnitt des ersten Teils (C. I. 3) ist ebenfalls zweigliedrig gestaltet, wobei die formale Mittelstellung dieses Abschnitts zugleich als Abbild seiner zentralen Bedeutung gelten kann: Die Differenz von Gotteswort und Menschenwort, die der ganze Teil C zum Thema hat, wird hier in ihrer größten Allgemeinheit, nämlich in signifikationshermeneutischer Abstraktion, formuliert. Wollte man darum dem Abschnitt I. 3 einen Sonderstatus einräumen, so verbliebe auch Teil I in der Zweigliedrigkeit von I. 1 und I. 2. Aber selbst wenn man diese letzte Erwägung, mit der die Grenze zum Spielerischen zumindest berührt wird, außer Acht läßt, gibt sich die Zweigliedrigkeit doch unschwer als Strukturprinzip dieses Teiles zu erkennen. Das ist insofern sachlich angemessen, als es hier nicht mehr wie in Teil B um Gottes Einheit geht, der Blick nun vielmehr auf die Differenz zwischen seinem Wort und dem des Menschen gerichtet wird und damit auf die theologische Fundamentalunterscheidung von Gott und Mensch. Die dichotome Formstruktur entspricht auch hier der Denkstruktur.

Innerhalb dieses Rahmens ist nun aber durchaus auch das Kreismotiv anzutreffen. Die Dreigliedrigkeit des ersten Teils wird man zwar aus dem genannten Grund kaum anführen wollen. Dagegen liegt den Abschnitten I. 1, I. 2, II. 1 und II. 2 das Bauprinzip des Kreises (a − b − a′) unverkennbar zugrunde: Jedesmal wird ein Sachverhalt zuerst thetisch genannt (a), dann begründet (b), endlich bekräftigt (a′). Die Begründung des ersten Abschnitts im zweiten Teil (II. 1.b) zerfällt ihrerseits noch einmal in einen dem Schema a − b − a′ verpflichteten Dreischritt. Daß dabei die drei Elemente der Begründung jeweils zwei Belege nennen −. eigene und fremde Redensart (1.b.aa), zwei Schriftstellen (1.b.bb), zwei Sprichwörter (1.b.cc) −, könnte den alten juristischen Grundsatz widerspiegeln, wonach »durch zweier Zeugen Mund / wird allerwegs die Wahrheit kund«[24]. So gebraucht Luther in diesem zweiten Themen-

---

[24] Goethe, Faust 3013f, Weimarer Ausgabe I.14, 1887, ND 1987, 149. − Als biblischen Hintergrund vgl. Num 35,30; Dtn 17,6; 19,15; Jes 8,2; Mt 18,16; 26,60; 1 Tim 5,19; Hebr

komplex das Kreismotiv nicht als Formprinzip, sondern als Strukturmoment der Antithese. Wohl werden die einzelnen Elemente der Argumentation in einer jeweils kreisförmigen Bewegung entfaltet. Die Antithetik der Fundamentalunterscheidung wird davon aber nicht berührt und bleibt darum in ihrer sachlichen wie auch in der ihr entsprechenden formalen Gestalt uneingeschränkt in Geltung.

Die Beobachtungen zur Formstruktur der Vorrede mögen darin ihr Genüge haben. Wenn auch derart begrenzt, haben sie Luthers sprachgestalterische Sorgfalt und kompositorische Kunst doch eindrücklich sichtbar gemacht. Daß die genannten Formstrukturen nicht als äußerliche Spielerei zu vernachlässigen sind, sondern auf entsprechende Denkstrukturen respondierend Bezug nehmen und ihnen insofern eine durchaus materiale Funktion zukommt, dürfte sich gezeigt haben. Ein weitergehendes Interesse an Luthers Vorrede auf den Johannes-Prolog ist also begründet.

10,28; sowie H. Strack u. P. Billerbeck, Kommentar zum Neuen Testament aus Talmud und Midrasch, Bd. 1, 1926, 1978[7], 730 f (zu Mt 18,16) u. 1001−1003 (zu Mt 26,60).

A. Der Vorrede erster Teil

Die einzigartige Bedeutung, die Luther dem Johannes-Prolog beimißt — »ditz ist das hohist Euangelium unter allen«[25] —, mag ihn bewogen haben, der eigentlichen Auslegung vorausgehend zunächst zwei prinzipielle Fragen zu erörtern. Diese gewichtige und ungewöhnlich dicht argumentierende Vorrede beginnt Luther mit einer knappen hermeneutischen Bemerkung. Deren Motiv klingt in den letzten Sätzen der Vorrede noch einmal an und stellt sie damit gewissermaßen in einen hermeneutischen Rahmen[26].

Die ganze hermeneutische Vorbemerkung ist von einem fundamentalen Gegensatz bestimmt: das »hohist Euangelium« ist »tieff«, das »helle«, »klare«, »aller klerist« Wort ist »finster bißher blieben«[27]. Diese vielfältig variierte, aber immer schroff pointierende Antithetik läßt keinen Raum für vermittelnde Differenzierung: schon der Ansatz des Verstehens unterliegt offenbar einem Entweder-Oder, mit dem bereits alles entschieden ist.

Obwohl der Prolog, in dem »der hohe artickel von der gottheyt Christi« gründet, das höchste Evangelium ist, *sollen* ihn die Christen nicht nur, sondern *können* ihn auch verstehen: »Dem glawben ist nichts tzu hoch«[28]. Nun sind zwar die einzelnen *Aspekte* des rechten Verstehens durchweg antithetisch auf die des falschen Verstehens bezogen, nicht aber deren *Grund*. Der Glaube als das Prinzip rechten Verstehens entbehrt hier der Opposition. Und doch unterliegt es im Zusammenhang von Luthers Denken keinem Zweifel, wofür diese Leerstelle steht und wen sie elliptisch verschweigt: Es ist die ratio[29], die das, wovon der Glaube »auffs deutlichst handeln« kann, verbirgt. Sie stellt »viel spitzige scharffe trachtung« an, dem Glauben dagegen genügt die »eyn-

---

[25] 181,7.

[26] 181,7—14 u. 188,18—23.

[27] 181,7—9; 188,20—23.

[28] 181,7—9. — Vgl. dazu aus den folgenden beiden Prologauslegungen: WA 11; 224,19—28 (1523) sowie WA 15; 798,2—4 (1524).

[29] Vgl. dazu allgemein: R. KUHN, Luthers Lehre von der ratio. Diss. (masch.), Erlangen 1957. — B. LOHSE, Ratio und Fides. Eine Untersuchung über die ratio in der Theologie Luthers (FKDG 8), 1958. — G. EBELING, Lutherstudien II/1 (s. Anm. 8) sowie II/2: Die philosophische Definition des Menschen. Kommentar zu These 1—19, 1982, 184—332 (v. a. 263—277). — DERS., Fides occidit rationem. Ein Aspekt der theologia crucis in Luthers Auslegung von Gal 3,6 (in: DERS., Lutherstudien III [s. Anm. 8], 181—222). — K.-H. ZUR MÜHLEN, Reformatorische Vernunftkritik und neuzeitliches Denken. Dargestellt am Werk M. Luthers und Fr. Gogartens (BHTh 59), 1980.

felltige schlecht auffmerckung auff die wortt«[30]. Die Einfalt des Glaubens liegt
darin, daß er das Wort der Schrift schlicht als solches hört, anstatt es in aufblähen-
der Interpretation zu verstellen. In der schieren Rezeptivität gewinnt der Glaube
teil an der Klarheit der Schrift. Selbst noch das Höchste kann er verstehen, wenn er
ihm nur, einfältig aufmerkend, Raum gibt, sich als solches verständlich zu machen. Dieses einfältige Verstehen, das nichts anderes bedeutet, als daß die Schrift
sich selber ungehindert verständlich macht (vgl. §9.1), verdirbt die ratio, indem
sie das Verstehen aktiv glaubt herbeiführen zu müssen, ihm mit »viel spitziger
scharffer trachtung« entgegenarbeitet und eben in dieser interpretatorischen Vervielfältigung das Wort Gottes nicht mehr einfältig es selbst sein läßt.

Der Blick auf die knappe, zur Einzelexegese überleitende Bemerkung am
Ende der Vorrede unterstreicht das eben Gesagte. »Sie haben wol scharff disputirt ... Aber es ist ßo tieff und finster bißher blieben, wirt auch wol bleyben«[31].
Während am Ende »sie selb niht wissen, wie es ... sey«, kann es der Glaube
durchaus wissen, wenn er nur das Disputieren fahren läßt und sich stattdessen an
das Wort hält, »wilchs nu von yhm selb klar und offen ist«[32].

Diese unerbittliche Antithetik dient Luther nicht bloß als rhetorisches Mittel
zur Pointierung des Eigenen, sondern zielt auf ein als wirkliche Bedrohung emp-
fundenes Gegenüber. Namentlich erwähnt er nur »die ketzer Arriani«[33], übrigens in ganz entsprechender Antithetik: Sie haben das helle Wort vernebelt[34], reden »on alle grund der schrifft auß yhrem eygen traum«, lassen das Schriftwort
fahren und folgen stattdessen »yhren eygen gedancken«[35]; sie befleißigen sich,
wie es in enger Anlehnung an die ersten Sätze heißt, »viel subtieler, spitziger
wort odder tichten«, anstatt »ynn den eynfelltigen, gewelltigen, klaren wortten
der schrifft«[36] zu bleiben. Freilich ist der Gegner damit nicht eigentlich benannt:
Die Heftigkeit, mit der sich Luther hier, aber auch im weiteren Verlauf seiner
Prolog-Exegese immer wieder gegen »die ketzer Arriani« wendet, dient nicht
nur einer theologiegeschichtlichen Abgrenzung, sondern zielt vor allem auf eine
gegenwärtige Gefährdung. Offenbar fallen für Luther »die schullerer«[37] und also
die Prolog-Ausleger insgesamt unter das Verdikt der arianischen Ketzerei. An
wen Luther im einzelnen denkt und welche Auslegungen des Prologs ihm bekannt waren, läßt sich schwerlich ermitteln, zumal »der hohe artickel von der
gottheyt Christi« natürlich nicht nur im Zusammenhang mit Joh 1 erörtert worden ist. So mag es erlaubt sein, im Rahmen dieser Arbeit sich auf einige wichtige
Zeugen der Tradition[38] zu beschränken.

---

[30] 181,11.13 f.
[31] 188,18.20 f.   [34] 184,19 f.
[32] 188,21–23.   [35] 185,1–3.
[33] 184,19.   [36] 185,4 f.
[37] 181,12. – Die lateinische Übersetzung Bucers bietet dafür »scholastici«.
[38] V. a. Origenes, Hieronymus, Augustinus, Bonaventura, Thomas von Aquin, Meister Eckhart, Tauler, Gerson, Nikolaus von Kues, Jordanus von Quedlinburg sowie die
mit der Postille des Nikolaus von Lyra verbundene Glossa ordinaria, ferner Brenz, Calvin,
Erasmus, Melanchthon und Zwingli.

§ 3: Die Verwurzelung des Neuen Testaments im Alten

Obwohl Luther betont, daß es, will man den Johannes-Prolog verstehen, »nit viel spitziger scharffer trachtung« bedarf, »ßondernn nur eynfelltige schlecht auffmerckung auff die wortt«[39], formuliert er doch »zum ersten«[40] eine prinzipielle hermeneutische Vorgabe: Um auf die Worte des Prologs in rechter Weise aufmerken zu können, muß man wissen, »daß alliß, was die Aposteln geleret unnd geschrieben haben, das haben sie auß dem alten testament getzogen«[41]. Erst wenn die prinzipielle Verwurzelung des Neuen Testaments im Alten geklärt ist (181,15 − 182,5)[42], mag sich Luther dann auch der − ungleich ausführlicher bedachten − speziellen Verwurzelung von Joh 1 in Gen 1 zuwenden[43].

Diese prinzipielle Vorgabe wird nun aber nicht argumentierend entfaltet, sondern einfach thetisch genannt: zunächst gleich im ersten Satz, dann noch zweimal in bekräftigender Variation. Zwar ist mit keiner der drei Versionen ein Fortschritt des Gedankens verbunden. Während die ersten beiden aber nicht nur den Sachverhalt, sondern auch die Blickrichtung gemeinsam haben − das Alte Testament als Grund des Neuen[44] −, betont die dritte Version insofern einen anderen Aspekt, als sie das Neue Testament als ein Auftun des Alten verstehen läßt[45] und damit das Gefälle vom Alten hin zum Neuen in den Blick rückt. Den drei Versionen der These ist jeweils eine Begründung beigefügt: zunächst, mit höchstem Gewicht, ein Beweis aus der Schrift[46], sodann

---

[39] 181,13 f.

[40] 181,15. − Anders als in manchen Luther-Texten folgt hier aber kein gliederndes Nummerieren der Absätze (›zum andern‹, ›zum dritten‹ etc.), sondern nur ein sehr allgemeines, oft durch »nu« hervorgehobenes Akzentuieren der Gedankenschritte: »Das nu ditz Euangelium auch klerer und liechter werde« (182,6) − »Nu last unß weytter faren« (183,1) − »Weytter« (183,13) − »Widderumb« (184,1) − »Sihe« (185,12) − »Nu mussen wyr« (186,9) − »auch« (187,9).

[41] 181,15 f.

[42] 181,15−182,5; das entspricht Teil B.I der in § 2 vorgeschlagenen Gliederung.

[43] 182,6−185,11; das entspricht Teil B.II der in § 2 vorgeschlagenen Gliederung.

[44] 181,15−18.20−22.

[45] 181,24 f.

[46] Rö 1,2 (181,18−20).

der Verweis auf die vorausgehende Predigt, in der Luther denselben Sachverhalt von einem anderen Text her dargelegt hat[47], schließlich eine gleichnishafte Verdeutlichung des thetisch Gesagten, die ihrerseits wieder durch ein Schriftwort verifiziert wird[48].

In den sechzehn Druckzeilen dieses Abschnitts hat Luther eine abbreviaturhafte Darstellung dessen geboten, wodurch er das Verhältnis der beiden biblischen Testamente zueinander bestimmt sieht. Das kommt zunächst, durchaus herkömmlich, nach dem Schema von Verheißung und Erfüllung in den Blick und wird dann am Leitfaden des Testamentsgedankens noch christologisch vertieft. Für den Zusammenhang seiner Vorrede auf den Johannes-Prolog mag dies hinreichend sein. Der interpretierende Nachvollzug wird es aber erhellend finden, wenn dazu auch der sachliche Rahmen dessen, was Luther hier ausführt, Berücksichtigung findet. Denn erst von der Fundamentalunterscheidung von Gesetz und Evangelium her wird für die Deutung des Verhältnisses der beiden biblischen Testamente nach dem Verheißung-Erfüllung-Schema sowie für dessen Vertiefung anhand des Testamentsgedankens auch der Zusammenhang erkennbar, in dem sie für Luther ihren systematischen Ort haben[49]. Die Schlüsselfunktion, die diesem Abschnitt in Luthers Vorrede zu-

---

[47] 181,22—24. — Gemeint ist die Predigt über Hebr 1,1—12 (WA 10,1,1; 142—180).

[48] 181,25—182,5. — Das verifizierende Schriftwort ist Apk 5,1 ff.

[49] Dem großen Nutzen, den man in derlei Fragen aus dem Sachregister der Weimarer Lutherausgabe des Instituts für Spätmittelalter und Reformation, Tübingen, ziehen kann, entspricht als dessen Kehrseite die Gefahr, sich bei jedem Stichwort in monographische Vertiefung zu verlieren. Es sei darum ausdrücklich betont, daß im folgenden weder eine erschöpfende noch auch nur eine repräsentative Darstellung dessen, was Luther zu »Testament« bzw. »Altes und Neues Testament« gesagt hat, beabsichtigt ist.
Vgl. dazu v. a.: P. ALTHAUS, Die Theologie Martin Luthers, 1962, 83—86. — G. EBELING, Evangelische Evangelienauslegung. Eine Untersuchung zu Luthers Hermeneutik (FGLP X,1), 1942, 1991³. — DERS., Die Anfänge von Luthers Hermeneutik (1951) (in: DERS., Lutherstudien I [s. Anm. 8], 1—68, v. a. 42—51). — J. GOLDINGAY, Luther and the Bible (SJTh 35, 1982, 33—58). — J. HEMPEL, Das reformatorische Evangelium und das Alte Testament (LuJ 14, 1932, 1—32) (anregend v. a. wegen des ausführlichen Vergleichs von Luthers Deutung des AT mit der Melanchthons). — E. HIRSCH, Die Verdeutschung der Propheten (1928) (in: DERS., Lutherstudien 2, 1954, 207—226). — K. HOLL, Luthers Bedeutung für den Fortschritt der Auslegungskunst (1920) (in: DERS., Ges. Aufsätze zur Kirchengeschichte, Bd. I: Luther, 1932⁶, 544—582). — S. RAEDER, Grammatica Theologica. Studien zu Luthers Operationes in Psalmos (BHTh 51), 1977. — DERS., Luther als Ausleger und Übersetzer der Heiligen Schrift (in: H. JUNGHANS [Hg.], Leben und Werk Martin Luthers von 1526 bis 1546. Festgabe zu seinem 500. Geburtstag, 1983, 253—278). — S. WIDMANN, Die Wartburgpostille. Untersuchungen zu ihrer Entstehung und zu Luthers Umgang mit dem Text, Diss. (masch.), Tübingen 1969, 243—336.
Erwähnenswert sind ferner: V. HERNTRICH, Luther und das Alte Testament (LuJ 19, 1938, 93—124) (Anm. 1 verzeichnet ältere Literatur). — J. HILBURG, Luther und das Wort Gottes in seiner Exegese und Theologie dargestellt auf Grund seiner Operationes in psalmos 1519/21 in Verbindung mit seinen früheren Vorlesungen, Diss. Marburg 1948, v. a.

kommt — alles Weitere hängt ja an dieser prinzipiellen Vorgabe —, legt nahe, ihm in einem eigenen Paragraphen Beachtung zu schenken.

1. Verheißung und Erfüllung

a) Der Grund des Neuen

»Alliß, was die Aposteln geleret und geschrieben haben, das haben sie auß dem alten testament getzogen . . .; drumb grunden sie auch alle yhre predigt ynn das alte testament, und ist keyn wortt im newen testament, das nit hynder sich sehe ynn das allte«[50].

Der umfassende, auf jede relativierende Einschränkung verzichtende Geltungsanspruch, den Luther in diesen Totalitätsaussagen erhebt, mag, zumal in solcher Dichte, überraschen. Er läßt sich jedenfalls nicht schon damit erklären, daß sich Luther an dieser Stelle besonders kurz fassen mußte und sich darum zu emphatischer Pointierung gedrängt sah. Daß das Neue Testament im Alten gründet, hat er auch sonst immer wieder mit uneingeschränkten All-Aussagen betont[51]. Nun ist dies natürlich nicht so zu verstehen, als gäbe es für jeden Vers des Neuen Testaments eine feste Verbindungslinie zu einem ihm entsprechenden Satz des Alten. Vielmehr sieht Luther im Alten Testament den Ermöglichungsgrund des Neuen insgesamt[52]. Indem der Glaube bekennt, daß die Verheißungen des Alten Bundes in Christus erfüllt worden sind, wurzeln alle seine Lebensäußerungen notwendig im Buch der Verheißung. Luther kann diesen Gedanken darum noch zuspitzen und nicht das Alte Testament insgesamt, sondern einzelne Schriften oder Schriftstellen daraus als Wurzelgrund

---

108—127. — W. RUPPRECHT, Die Predigt über alttestamentliche Texte in den lutherischen Kirchen Deutschlands (AzTh II,1), 1962, 15—89 (er bietet keine weiterführenden Gesichtspunkte, dafür aber eine breite, aus Luthers Predigten geschöpfte Anschaulichkeit). — A. WIKERSTÅL, Verbum och Filius incarnandus. En studie i Luthers utläggingar av Genesis (STL 39), Lund 1969, 312—318. — A. H. J. GUNNEWEG, Vom Verstehen des Alten Testaments. Eine Hermeneutik (GAT 5), 1977, 13—41 (knapper Abriß der Problemgeschichte).

[50] 181,15f.20f.

[51] So heißt es in der Predigt der Wartburgpostille über Lk 2,1—14: »Wyr sehen, wie die Aposteln auß der schrifft tzeugniß furen und beweren damit allis, was von Christo tzu predigen und tzu glewben ist« (WA 10,1,1; 80,8f). — Vgl. z.B. auch WA 8; 17,17—19 (1521): Ym newen testament furet und braucht man . . . des alten testaments an allen ortten zu klarem liechtem verstand des glawbens. — WA 17,1; 303,12f (1525).

[52] WA 12; 274,33—35 (1523): Darumb soll man die unnützen schwetzer lassen faren, die das alt Testament verachten und sprechen, es sey nicht mehr von nötten. So wyr doch alleyne darauß müssen den grund unßers glawbens nemen.

des ganzen Neuen Bundes ausmachen. Obwohl auch der »Psalter und Jsaia«[53] einmal genannt werden, ist es doch meist Mose, aus dem Luther alles Spätere hervorgehen sieht. Gleich zu Beginn seiner Vorrede auf den Ersten Teil des Alten Testaments von Wenzeslaus Link faßt es Luther in einen sprechenden Vergleich: »Gleich wie aller Griechischen Poeten kunst auß Homero als einem brunnen, also auch auß jm« — nämlich Mose — »seind geflossen aller Propheten bůcher, Jha auch das gantz New testament, welches darinnen verheyssen ist, Und alles, was gůt und Gŏttlich gelert ist unnd wirt im volck Gottes oder kirchen, ist alles auß Mose ursprungklich herkummen«[54]. In entsprechendem Zusammenhang konzentriert sich der alttestamentliche Wurzelgrund für Luther sogar auf das Buch Genesis[55], gar dessen erstes Kapitel[56], oder auf die Formulierung des Ersten Gebots[57]. Selbst in bezug auf neutestamentliche Kerngedanken läßt Luther an seiner Totalitätsaussage keine Abstriche zu: Das Wort von der Kindschaft etwa[58], die Auferstehung der Toten[59], ja selbst das »dritte stück des glaubens«[60] fließen aus dem Ersten Gebot.

Was die Apostel gelehrt und geschrieben haben, muß sich darum im Rückgang auf das Alte Testament bewähren: »Es ist keyn ander getzeugniß auff er-

---

[53] WA 54; 28—31 (1543): Andere konnens und werdens (hoff ich) besser machen und den HERRN Christum in dem Alten Ebreischen Testament vleissig suchen. Denn er lesst sich gern drinnen finden, sonderlich in dem Psalter un Jsaia.

[54] WA 45; 2,6—11 (1543). — In der der Wartburgpostille zeitlich benachbarten Vorrede Luthers auf das Alte Testament (1523) heißt es: Denn freylich Mose eyn brun ist aller weyssheyt und verstands, daraus gequollen ist alles was alle propheten gewisst und gesagt haben, dazu auch das newe testament eraus fleusset und dreyn gegrundet ist (WADB 8; 28,27—29). — Vgl. auch WA 10,2; 73,7—18 (1522).

[55] WADB 8; 12,31—33 (1523): Also hat das erste Buch Mose fast (i. e. nur) eytel exempel des glaubens und unglaubens, und was glaube und unglaube fur fruchte tragen, und ist fast (i. e. sehr) eyn euangelisch buch.

[56] WAT 3; 155,11—15 (1533) (Nr. 3043a): Primum caput Genesis totam scripturam in se continet. Optime cautum est a veteribus, ne quis illud legeret ante 30. annum aetatis suae. Habet enim mysteria, quae ab inexpertis lectoribus animadverti non possunt, neque unquam fuit, qui illud: Ut par esset, potuit explicare, immo intelligere.

[57] WA 14; 640,25 f.30—33 (1525): Quanti, quaeso, fontes vel haec sola verba fuerunt prophetis? qui hinc omnia sumpserunt . . . Omnia enim . . . fluunt ex oceano illo magno primi praecepti et rursus in ipsum refluunt, ut non sit solatio foecundior ac plenior audita vox nec audienda unquam, rursus nec durior nec severior quam vox illa primi praecepti: Ego sum Dominus Deus tuus. — WA 28; 601,27 f (1529): Alle Propheten und die gantze h. Schrifft des alten und newen Testaments komen aus dem ersten Gebot her. — Vgl. ALTHAUS (s. Anm. 49), 84 f.

[58] WA 40,3; 161,14—162,13 (1540).

[59] WA 40,3; 494,10—495,11; 497,1—5 (1540).

[60] WA 31,1; 154,27—35 (1529/30). — Immerhin räumt Luther ein, daß die »Heilige Gŏttliche Dreyheit oder Dreyfaltigkeit« im Alten Testament zwar »auch gewaltiglich angezeigt«, aber doch »nicht so helle heraus gestrichen« ist wie im Neuen: WA 50; 283,11—14 (1538).

den der Christlichen warheytt, denn die heiligen schrifft»[61]. Die Bemerkung aus Act 17,11, »quod ii, qui cum omni aviditate verbum Pauli audierant, quotidie scrutabantur scripturas si haec ita haberent«[62], generalisiert Luther zu dem Satz, man müsse das ganze Neue Testament anhand des Alten prüfen. Auch Paulus habe alles, was er sagte, am Alten Testament überprüft, desgleichen Petrus und alle Apostel, ja sogar Christus[63]. Neben Act 17,11 nennt Luther vor allem Joh 5,39, Act 15,15, Rö 1,2 − dies auch im entsprechenden Passus der Prolog-Vorrede − und 1 Petr 1,10−12[64], um zu belegen, daß die Schriften des Neuen Testaments nur geschrieben worden sind, weil sie »tzeyger seyn wollen und uns weyßen ynn die schrifft der propheten und Mosi des allten testaments«[65]. Daß und in welcher Weise ein Satz der Apostel im Alten Testament gründet, bleibt jedoch als eine Erkenntnis des Glaubens der Vernunft verborgen[66]. Eben diese Erkenntnisleistung aber mutet Luther nicht nur den Aposteln, sondern allen Christen zu. Auch wir sollen, wie die Thessalonicher aus Act 17, »hynderruck laufen und das new Testament auß dem alten grunden lernen«[67]. In der Schrift soll man Christus suchen, denn sie ist es, die von ihm zeugt (Joh 5,39). Der Geist Christi hat die Apostel darum aus den Alten Schriften zum Evangelium geführt. In einer drastischen, aber konsequenten Applikation hat Luther das in einer Osterpredigt von 1534 verdeutlicht: Was in Hebr 1,3 geschrieben stehe, »das wird niemand sagen noch gleuben,

---

[61] WA 10,1,1; 80,16−18 (1522). − Aus dem Kontext ist eindeutig zu ersehen, daß »heilige schrifft« hier das Alte Testament bezeichnet.

[62] WA 7; 99,31 f (1520).

[63] Ebd. 99,32−100,5: Si ergo Pauli Euangelium seu novum testamentum oportuit probari per veterem scripturam, an ita haberet, qui tamen autoritatem habuit a deo sibi datam, sicut Apostolus, ut eius verbo crederetur, quid nos facimus, qui patrum dicta, quorum nulli fuit autoritas nova docendi, sed tantum accepta per Apostolos conservandi, nolimus ad scripturae iudicium vocari? Denique, non solum ipse Paulus sua omnia per vetus testamentum probat, ut in Epistolis eius abunde videmus, adeo ut in Proemio Epistolae ad Romanos testetur Euangelium suum praedictum in scripturis sanctis per prophetas, Sed et Petrus et omnes Apostoli, etiam Concilio congregati Act. XV., per scripturas sua demonstrant, quin et ipse Christus, omnium dominus, voluit per Iohannis testimonium comprobari et voce patris de coelo confirmari, adhuc tamen frequentissime sua persuadet testimoniis scripturae, Iubens etiam Iudaeis, ut scrutentur scripturas, quae testimonium perhibeant de eo. − Vgl. WA 20; 549,29−550,34 (1526).

[64] Vgl. z. B. WA 7; 99,31−100,5 (1520). − WA 12; 274,14−32 (1532). − WA 10,1,1; 14,16−17,3 (1522). − WADB 8; 10,1−20 (1523).

[65] WA 10,1,1; 15,2 f (1522). − Anläßlich dieses Satzes hat H. BORNKAMM (s. Anm. 49), 74 Anm. 21, auf den engen Zusammenhang von Postilleneinleitung und Vorrede zum Neuen Testament 1522 aufmerksam gemacht: »Die beiden Schriftchen greifen ... wie Zähne ineinander, indem die ›Vorrede‹ die wichtigsten alttestamentlichen Verheißungen des Evangeliums, der ›Unterricht‹ eine Reihe von neutestamentlichen Rückbeziehungen auf das Alte Testament aufzählt.«

[66] WA 21; 235,25 f (1534).

[67] WA 12; 274,27 f (1523).

denn aus der offenbarung. Also wolt ich Mosen, den Psalter, Esaiam und auch
den selben Geist nemen und ja so gut new Testament machen, als die Aposteln
geschrieben«. Daß es dann aber doch beim apostolischen Neuen Testament
geblieben ist, erklärt sich aus der uneinholbaren historischen Nähe zu Christus, in der die Apostel lebten und hinter der die Nachgeborenen notwendig
zurückbleiben: »Weil wir den Geist so reich und gewaltig nicht haben, müssen
wir von jnen lernen und aus jren Brünlin trincken«[68].

b) Das Auftun des Alten

Das ganze Neue Testament ist »auß dem alten ... getzogen«[69]. Um den Anschein des Beliebigen, der darin zunächst anklingen könnte, zu entkräftigen,
wird man immer auch dazu sagen müssen, daß die Konstituierung des Neuen
Testaments für Luther nicht einer bloßen Laune des Geistes entspringt, sondern als Zielpunkt einer bereits im Alten Testament angelegten Bewegung zu
verstehen ist. Daß nicht nur das Neue Testament aus dem Alten gezogen, sondern auch das Alte auf das Neue hin angelegt ist, macht er darum mit der dritten Version seiner These deutlich, die, anders als die beiden ersten, gleichsam
entwicklungsperspektivisch formuliert ist: »Das new testament ist nit mehr
denn eyn offinbarung des allten«[70].
    In seiner Vorrede auf das Alte Testament von 1523 hat Luther diesen Aspekt
im Anschluß an Dtn 18,15 entwickelt. Hier habe Mose selbst »angezeygt, das
seyn ampt und lere solt weren bis auff Christum und als denn auffhoren«[71].
Dieser als Selbstbegrenzung gedeutete Vers — »der edlist spruch und freylich
der kern ym gantzen Mose«[72] — bringt für Luther das Selbstverständnis aller
Propheten, ja des ganzen Alten Testaments zum Ausdruck[73]. Was Paulus dem
Gesetz zuschrieb: daß es unser Zuchtmeister gewesen sei auf Christus
(Gal 3,24), bezieht Luther auf die Schrift insgesamt: »Das gantze Allte testament (ist) nichts anders denn eyne zubereytunge und vorlauff gewest ... zum
newen testament; gleichwie ein zuchtmeyster des herrn son auff zeucht und
zubereyt, das er eyn geschickter hausherr und vater werde«[74]. Alles, was in

---

[68] WA 21; 235,32−36 (1534). − WA 37; 365,8−12 (1534): Et ego si tam dives in spiritu,
velim novum testamentum draus machen. Paulus et Petrus wenig de gestis Christi. Vide
vero, quale Paulus Euangelium mache, quod valde ex gering locis veteris testamenti und
macht tantos sermones draus et cogitur quisque dicere: verum. − Vgl. auch den Fortgang
des Zitats (ebd. 365,12 ff).
[69] 181,16.
[70] 181,24 f. − Das entspricht Teil B.I.5 der in § 2 vorgeschlagenen Gliederung.
[71] WADB 8; 26,24−27.
[72] Ebd. 26,27 f.
[73] WA 19; 351,1−7 (1526).
[74] Ebd. 351,3−7. − Übrigens hat auch Thomas von Aquin auf Gal 3,24 zurückgegriffen, um das Proprium des Alten Testaments anschaulich zu machen. Der Unterschied bei-

Christus geschehen sollte, hat das Alte Testament bereits »*vor*kundigt« und »*vor*sprochen«[75]; es ist eine Figur[76], ein Schatten des Neuen[77], und es dient dazu, die Inhalte unserer Predigt und unseres Glaubens als erfüllte Verheißungen kenntlich zu machen[78]. »Wjewol das alte Testament zuuor vnd vnter Mose regiment geschrieben, Noch ists alles vnd alles vns Christen zu trost geschrieben«[79].

So gründet das Neue Testament für Luther nicht nur im Alten, sondern eröffnet dazu erst dessen wahre Bedeutung. Das Alte Testament ist nur dann richtig verstanden, wenn es als über sich hinausweisend verstanden ist. Das Neue Testament wird damit zum authentischen Kommentar, der allein das Alte erschließt[80]; es ist »nichts anders ... denn eyn auffthun und offenbarung des alten«[81]. Das Verhältnis seines der Kirchenpostille vorangestellten Kleinen Unterrichts, »was man ynn den Euangelijs suchen und gewartten soll«, zum Evangelium wird für Luther zum Abbild des Verhältnisses, in dem die beiden biblischen Testamente zueinander stehen: »Alßo das endlich war ist, wie das Euangeli selbs tzeyger und unterrichter ist ynn die schrifft, gleych wie ich mit dißer vorrede gerne das Euangelium tzeygen und unterricht geben wollt«[82]. Daß die Evangelien das Alte Testament manchmal nur recht ungenau zitieren, tut ihrer hermeneutischen Funktion keinen Abbruch, sondern wird von Luther sogar gelegentlich durch diese erklärt: Zum einen achte man natürlich

---

der Testamente wird bei ihm freilich nur unter dem Oberbegriff des Gesetzes entfaltet. Die prinzipielle Differenz, die Luther, nicht zuletzt von Dtn 18,15 her, zwischen Altem und Neuem Testament konstatiert, scheint im Geflecht der Distinktionen, die Thomas in bezug auf die »Comparatio legis novae ad veterem« einführt, keinen Ort zu haben. Vgl. Summa theol. p. I II q. 107 a. 1–4.

[75] 181,17.19.22.

[76] WA 9; 576,36f (1519/21): Also dinet mir alt und new Testament, figur und Bedeuttung.

[77] WA 9; 447,2–4 (1519/21): Veteri testamento, quod fuit umbra novi, tantum promissa sunt temporalia, pax, victoriae, opes etc. Fuit ergo vetus testamentum promissio temporalium.

[78] WA 20; 549,7f (1526): Ad hoc servit vetus testamentum, ut videamus omnia prius praedicta, quae iam praedicantur nobis et credimus. – Luther exemplifiziert das in dieser Predigt an Gen 3,15 u. 22,18, die er als Weissagungen der Menschwerdung Christi deutet. – Vgl. dazu auch Luthers Auslegung von 1 Petr 1,10–12: WA 12; 274,5–277,14 (1523). – Vgl. EBELING, Die Anfänge von Luthers Hermeneutik (s. Anm. 49), 42–48.

[79] So lautet in Luthers Bibel eine Eintragung zu Rö 15,4: WA 48; 208,2f.

[80] WA 20; 336,24f (1526): Euangelium est clavis, quae aperit veterem scripturam. – Vgl. dazu EBELING, Evangelische Evangelienauslegung (s. Anm. 49), 365–369.

[81] So heißt es, in fast wörtlicher Entsprechung zu 181,24f, in der Predigt der Wartburgpostille über Mt 2,1–12: WA 10,1,1; 626,2f. Auch der Verweis auf Apk 5,1ff folgt hier wie dort. – WADB 8; 10,18–20 (1523): Was ist das newe testament anders denn eyn offentliche predige und verkundigung der spruche ym alten testament gesetzt und durch Christum erfullet?

[82] WA 10,1,1; 17,1–3 (1522); vgl. ebd. 15,1ff.

»vom Standort der Erfüllung aus mehr auf diese als auf den genauen Wortlaut der Verheißung«[83], zum andern diene das der pädagogischen Absicht der Apostel, die uns »nur tzum ursprunglichen buch ... locken«[84] wollten. Besonders nachdrücklich hebt dies Luther immer wieder beim Johannes-Prolog hervor: Das »gleichnis des worts« (Joh 1,1) habe der Evangelist gewählt, »das er uns zurückweisete ynn die schrifft des alten Testaments, darauff er sich auch gründet ... die selbige zu eroffenen und verkleren«[85], »also das wir zuletzt müssen zurück studieren und aus dem newen Testament das alte lernen«[86]. Aber auch in bezug auf den Römerbrief hat sich Luther entsprechend geäußert. Indem diese Epistel die ganze christliche Lehre in sich zusammenfasse, habe Paulus einen Eingang bereitet in das ganze Alte Testament[87].

2. Die Testamentsmetapher

a) Das Bild: Testament

Daß das Neue Testament nichts anderes sei als ein Offenbarmachen des Alten, verdeutlicht Luther mit Hilfe der Testamentsmetapher (181,25 − 182,5). In knappsten Zügen skizziert er das Wesentliche: »Gleich alß wenn yemant tzum ersten eyn beschlossen brieff hette und darnach auffbrech. Alßo ist das alte testament eyn testamentbrieff Christi, wilchen er nach seynem tod auffgethan unnd lassen durchs Euangelium leßen und ubiralle vorkundigen«[88]. Den Vergleich mit einem unter Menschen üblichen Testament hat Luther auch sonst gern herangezogen, um das Wesen der beiden biblischen Schriftensammlungen zu veranschaulichen. Gelegentlich begnügt er sich dabei nicht einmal mit dem Testament als solchem, sondern allegorisiert dazu auch dessen einzelne Elemente. Das sind freilich aus dem Augenblick geborene, päd-

---

[83] EBELING, Evangelische Evangelienauslegung (s. Anm. 49), 204 (unter Bezugnahme auf WA 10,1,2; 32,22−33,13); vgl. ebd. 202−205.

[84] WA 10,1,2; 34,25 (1522). − Ebd. 34,27−29: Alßo sehen wyr auch, das aller Apostel und Euangelisten ym gantzen newen testament meynung ist, das sie uns iagen und treyben ynn das allte testament.

[85] WA 17,2; 315,22−26 (1524).

[86] Ebd. 317,24f. Vgl. überhaupt ebd. 317,23−33.

[87] WADB 7; 26,6f.12−16 (1522): Also finden wyr ynn diser Epistel auffs aller reychlichst, was eyn Christen wissen sol ... Darumb es auch scheynet, als habe Sanct Paulus ynn diser Epistel wollen eyn mal ynn die kurtz verfassen, die gantze Christliche und Euangelische lere, und eyn eyngang bereytten ynn das gantze allte testament. Denn on tzeweyfel, wer dise Epistel wol yhm hertzen hat, der hat des alten testaments liecht und krafft bey sich.

[88] 181,25−182,3. − Im Zusammenhang der Auslegung von Gal 4,1−7 hat Luther dieses Bild in der Wartburgpostille noch einmal aufgenommen: WA 10,1,1; 342,10−343,24. − Vgl. dazu WIDMANN (s. Anm. 49), 313 Anm. 338.

agogische Hilfsmaßnahmen, die an Umfang und Ausführlichkeit recht verschieden ausfallen und sicher nicht auf fugenlose Übereinstimmung berechnet
sind. So greift Luther manchmal vier Elemente auf – Erblasser, Erben, Erbgut sowie die testamentarische Verheißung[89] –, kann sie aber um das Siegel
und das Gedächtnis des Testaments auch auf sechs erweitern[90].

Viel interessanter als diese Variation der einzelnen Elemente ist jedoch, daß
Luther auch in der grundsätzlichen Verwendung der Testamentsmetapher zu
schwanken scheint. Zwar ist die Deutung des Alten Testaments als eines Te-
stamentsbriefs Christi ein für Luther durchaus geläufiger Gedanke, auch wenn
die Vokabel »testamentbrieff«[91] bei ihm sonst nicht belegt ist. Schon Paulus
hatte sich ja des menschlichen Testaments als eines Gleichnisses für Gottes
Verheißung an Abraham bedient (Gal 3,15–18). In seiner Auslegung des Ga-
laterbriefs von 1519 greift Luther dieses Bild auf und malt es paraphrasierend
noch weiter aus. Jedes menschliche Testament, führt er aus, brauche ein Vierfaches: einen Testator, einen Erben, ein Testament und ein Erbe. Entsprechend sei hier Gott als Testator zu verstehen, als Erben Abraham und sein
Same. Die testamentarische Verheißung sei in Gen 12,2f und 17,7 niedergelegt, das Erbe schließlich bestehe in der Gerechtigkeit des Glaubens, mit der
die Heiden in Abrahams Samen gesegnet sind[92]. Dieses Erbe habe Gott durch
den Tod seines Sohnes bestätigt, ja bereits ausgeführt und ausgeteilt[93]. Christus, heißt es in der Wartburgpostille zu Gal 4,1–7 eindrücklich, habe sein Testament »darnach durchs Euangelium lassen auffbrechen, außschreyen und
tzuteyllen auß lautter gnaden und barmhertzickeytt«[94].

Nun setzt das Inkrafttreten eines Testaments unbestritten voraus, daß es
»muß durch den todt bekrefftigt werden, und nichts gilt, die weyll der noch
lebt, der das Testament macht«[95]. Der Tod Christi wird aber von Luther

---

[89] WA 8; 444,19–21 (1521): Quattuor ergo integrant testamentum, Testator, Verbum
vel codex nuncupationis et promissionis, Haereditas, Haeredes, quae in hoc testamento videamus. – Vgl. z. B. auch WA 2; 519,3–17 (1519).

[90] WA 6; 359,13–360,2 (1520): Nu sehen wyr, wie vil stück yn dißem testament . . .
sein. Es ist zum ersten der testator, der das testament macht . . ., zum andernn die erben,
den das testament bescheyden wirt . . ., zum dritten das testament an yhm selbs . . . Zum
vierden, das sigill oder wartzeychen . . . Zum funfften das bescheydne gut . . . Zum sechsten die pflicht, gedechtniß odder begengniß.

[91] 182,1.

[92] WA 2; 519,3–8 (1519): In omni testamento est testator, est cui fit testamentum, est
ipsum testamentum, est res quae testatur seu legatur. Ita hic. Deus est testator: ipse enim
promittit et legat. Abraham et semen eius sunt, quibus fit testatio ut haeredibus dei testato-
ris. Testamentum est ipsa promissio, Gen XXI (vielmehr: XII) et XVII. Res testata est ipsa
haereditas, id est gratia et iustitia fidei, scilicet benedictio gentium in semine Abrahae.

[93] Ebd. 519,9f: Gratia promissionis et iusticia dei per Christum exhibita, et . . . testamento dei per mortem suam confirmato, imme iam executo et distributo.

[94] WA 10,1,1; 343,16–18 (1522); vgl. auch 342,10–17.

[95] WA 6; 357,14–18 (1520); in enger Anlehnung an Hebr 9,16f formuliert.

nicht nur als ein Inkraftsetzen des Alten Testaments verstanden, sondern kann auch in antithetisch anmutender Entschiedenheit als das Wirksamwerden des Neuen gedeutet werden[96], »damit er auffhebt das alte testament, dan das wörtlein ›New‹ macht des Moses testament alt und untüchtig, das hynfurt nit mehr soll gelten«[97]. Für dieses alte, abgetane Testament war indes nicht Gott, sondern Mose der Testator. Er hat dem Volk Israel das Land Kanaan als Erbe zugesagt. Zur Erfüllung dieses Testaments mußte »an statt und figur Christi« das Osterlamm sterben. Freilich: »Wie das osterlamb war ein tzeytlich vorgencklich thier, das do ynn dem alten testament starb umb das land Canaan, alßo war auch das testament und das selb gut oder land Canaan, drynnen bescheyden und zu gesagt, zeytlich und vorgencklich«[98]. Dieser alten, vergänglichen Verheißung des Landes, in dem Milch und Honig fließt (Ex 24,8), stellt Luther die neue, in den Einsetzungsworten (Lk 22,20) niedergelegte Verheißung entgegen:

> In novo testamento promissa est peccatorum remissio, aeterna vita et coelica hereditas, cuius verba haec sunt: ›Hic calix novum testamentum, qui pro vobis et pro multis effundetur etc.‹ Et ut testamentum firmum sit, moritur testator ipse. Cum dicitur ›novum‹, abolescit vetus ac prorsus abrogatur, ut novum succedat proprio sanguine obsignatum.[99]

Das alles scheint sich mit dem Bild eines menschlichen Testaments nicht recht fassen zu lassen. Wenn Christus, wie Luther in seiner Prolog-Vorrede lapidar festhält, durch seinen Tod das (Alte) Testament aufgetan und ausgeteilt hat, dann ist ja zunächst weder ersichtlich, weshalb andererseits das alte Testament von einem neuen abgetan und überboten, noch, weshalb überhaupt ein neues Testament nötig sein soll. Der Versuch einer eindimensionalen Systematisierung dessen, was Luther zum Verhältnis der beiden biblischen Testamente gesagt hat, ist offenbar zum Scheitern verurteilt.

Erst wenn man auch das Koordinatensystem, in dem Luther dieses Verhältnis erörtert, in den Blick nimmt, läßt sich verstehen, was er gemeint hat. Denn alle seine Äußerungen dazu sind ja, ob nun ausdrücklich oder nicht, von der Fundamentalunterscheidung zwischen Gesetz und Evangelium durchzogen. Diese deckt sich durchaus nicht einfach mit der der beiden Testamente (siehe dazu §3.3), ist vielmehr bereits innerhalb des Alten Testaments geltend zu ma-

---

[96] Als Testator gilt hier Christus, als Erben »wir Christen«, als testamentarische Verheißung die Einsetzungsworte des Abendmahls, als Erbgut schließlich »ablas der sund und ewigis leben«: ebd. 359,13–360,2.

[97] Ebd. 357,28–32.

[98] Ebd. 358,3–5. – Vgl. z. B. auch Luthers Vorrede auf das Alte Testament von 1523, in der er sich ganz entsprechend äußert: WADB 8; 28,1–11.

[99] So bereits in einer frühen Predigt über Mt 18,23: WA 4; 618,27–32 (1514/16). – Vgl. dazu R. SCHWARZ, Das Abendmahl – die Testamentshandlung Jesu (Luther 59, 1988, 13–25).

chen. Erst von daher wird verständlich, inwiefern das Alte Testament einmal veraltet und abgetan, ein andermal durch Christus erst richtig in Kraft gesetzt sein soll. Der Ton liegt in jedem Fall auf der Heilsbedeutung des Todes Christi. Sein Neues Testament ist darum keine zweite testamentarische Verfügung, sondern eben das »außschreyen und tzuteyllen« der einen Verheißung. Das abgetane, zeitliche Alte Testament ist für Luther denn auch nur als Folie von Interesse, auf der sich das so verstandene Neue in antithetischer Abgrenzung profilieren läßt.

So dient die Testamentsmetapher bei Luther am Ende dazu, die Unterscheidung des Neuen vom Alten christologisch zu verankern. In Christus als dem »Testamentmacher« Gottes[100] − eine übrigens bei Luther nur einmal belegte Vokabel! − läuft alles zusammen: Er steht für die Einheit der Testamente und damit für die Einheit der Schrift. Auch die Väter hatten ja bereits dieses Testament, an das sie, wenn es auch noch nicht »ynn aller wellt geleßen und außgeschrien«[101] worden war, doch mit demselben Glauben glaubten: »Es ist eynerley gnade, eynerley benedeyung, eynerley testament, eynerley glawbe gleych wie der vatter eyner ist unnd eyn gott unßer aller«[102].

b) Die Sache: Christus

Daß das Alte Testament erst vom Neuen her erleuchtet werde, läßt sich damit noch präziser sagen: *Christus* ist es, der das Alte Testament zur Klarheit bringt. Schon früh hat Luther dafür ein dann mehrfach wiederkehrendes Bild geprägt: »Wann immer ich einen Text von der Art einer Nuß habe, dessen Schale mir hart ist, schleudere ich ihn alsbald an den Felsen (sc. Christus) und finde den köstlichsten Kern«[103]. Nähme man Christus aus der Schrift, so fände man überhaupt nichts in ihr[104]. Denn »Christus macht das alt Testament klarrh«[105]. In einer Erklärung von Joh 3,14 hat Luther statt des organischen ein geometri-

---

[100] WA 51; 46,32 (1545).

[101] WA 10,1,1; 343,20 f (1522); vgl. ebd. 343,8−20.

[102] Ebd. 343,22−24. − Vgl. dazu ALTHAUS (s. Anm. 49). − BORNKAMM (s. Anm. 49), v. a. 69−74.151−184.

[103] WA 55,1,1; 6,29−34 (1513/15), in der Übersetzung von G. EBELING (Lutherstudien III, s. Anm. 8, V). − Schon 1509 hatte Luther in einem Brief an Johannes Braun von der Nuß-Metapher Gebrauch gemacht (WAB 1; 17,39−46; Nr. 5): Sum itaque nunc iubente vel permittente Deo Wittembergae. Quod si statum meum nosse desideres, bene habeo Dei gratia, nisi quod violentum est studium, maxime philosophiae, quam ego ab initio libentissime mutarim theologia, ea inquam theologia, quae nucleum nucis et medullam tritici et medullam ossium scrutatur. Sed Deus est Deus; homo saepe, imo semper fallitur in suo iudicio. Hic est Deus noster, ipse reget nos in suavitate et in saecula. − Für die spätere Verwendung vgl. z. B. WA 9; 342,23 (1519/21): Novum enim Testamentum eruit nucleum ex testa veteris testamenti.

[104] WA 18; 606,29 (1525): Tolle Christum e scripturis, quid amplius in illis invenies?

[105] WA 9; 577,5 (1521).

sches Bild gebraucht, um die Notwendigkeit einer christologischen Auslegung des Alten Testaments zu veranschaulichen. Mit diesem Spruch, schreibt
er, habe uns Christus den rechten Griff gewiesen,

Mosen und alle propheten auszulegen, und gibt zu verstehen, das Moses mit allen seinen geschiechten und Bildern auff in deute und auff Christum gehôre und ihnen meine,
nemlich, das Christus sej der punct im Circkel, da der gantze Circkel ausgezogen ist,
und auff in sehet, und wer sich nach ime richtet, gehort auch drein. Den er ist das mittel
punctlein im Cirkel, und alle Historien in der heiligen schrieft, so sie recht angesehen
werden, gehen auff Christum[106].

Und in der Wartburgpostille nimmt Luther einen Vers aus dem Weihnachtsevangelium (»Yhr werdet das kind finden eyngewicklet unnd ynn eyn
krippen gelegt«: Lk 2,12) zum Anlaß, um die christologische Mitte der Schrift
im Bild der weihnachtlichen Windeln zu veranschaulichen: Die Tüchlein be-
deuteten nichts anderes als das Alte Testament; in ihnen habe die christliche
Wahrheit eingewickelt gelegen, bis sie die Apostel heraus- und ans Licht gebracht hätten[107].
Den in Windeln verborgenen Schatz zu finden und zu heben ist darum der
Inbegriff des Neuen Testaments. In diesem präzisen — nämlich exklusiv christologischen — Sinn muß man verstehen, wenn Luther sagt, das Alte Testament sei »nox und finsternis gegen dem newen«[108] und müsse darum durch
das Neue erleuchtet werden[109]: »Das neu testament leuchtet in das allt sicut
dies in noctem«[110].

---

[106] WA 47; 66,18−24 (1538). − Vgl. H.-J. KRAUS, Das protestantische Schriftprinzip
und die Anfänge der Bibelkritik (in: DERS., Geschichte der historisch-kritischen Erforschung des Alten Testaments, 1982³, 18−22). − G. MÜLLER, Luthers Bibelkritik (in: Die
Bibel weckt Gemeinde, hg. v. H. HIRSCHLER u. G. LINNENBRINK, 1984, 93−103).
[107] WA 10,1,1; 80,3−9 (1522). − Vgl. auch den Fortgang der Predigt, wo Luther dieses
Bild gewissermaßen leitmotivisch gebraucht. In der Vorrede auf das Alte Testament heißt
es ein Jahr später entsprechend: Hie wirstu die windeln und die krippen finden, da Christum ynnen ligt . . ., Schlechte und geringe windel sind es, aber theur ist der schatz Christus, der drynnen ligt (WADB 8; 12,5−8). − Vgl. GOLDINGAY (s. Anm. 49), 47−49.
[108] WA 32; 215,7 f (1530).
[109] WA 5; 633,18−20 (1519/21). − Daß diesem Grundsatz einer christologischen Deutung des Alten Testaments im Zweifelsfall sprachliche Phänomene untergeordnet werden,
hat S. RAEDER in einer minutiösen Interpretation von Luthers Ausführungen über Ps 22,17
gezeigt: Grammatica Theologica (s. Anm. 49), 51−55. »Das Sprachliche schließt nicht nur
den theologisch verstandenen Sinn ein, sondern ist auch der Wirklichkeit der Offenbarung
unterworfen. Erst die Geschichte, das Evangelium, gibt dem Sprachlichen einen eindeutigen Sinn« (aaO. 55 f). − Aus theologischen und auch sprachlichen Gründen zögert man
freilich, dem Vorschlag Raeders zu folgen, wonach die bisher geläufige Kennzeichnung
von Luthers Bibelauslegung als ›christozentrisch‹ durch ›evangeliozentrisch‹ ersetzt werden sollte, »um nicht den falschen Eindruck einer christologischen Engführung von Luthers Auslegung des Alten Testaments zu erwecken« (DERS., Luther als Ausleger und
Übersetzer der Heiligen Schrift [s. Anm. 49], 261).
[110] WAT 1; 170,28 f (Nr. 390). − Vgl. z. B. WA 10,1,1; 625,18 f (1522) oder WA 42;
163,1−8 (1535/45).

»Wir Christen haben den synn und verstand der Biblia, weil wir das Newe Testament, das ist Jhesum Christum haben«[111]. Es ist nur konsequent, wird von Luther freilich mit zunehmender Drastik betont, daß man diese Voraussetzung teilen muß, um das Alte Testament zu verstehen. »Wer diesen man, der da heisst Jhesus Christus, Gottes son, den wir Christen predigen, nicht recht und rein hat, noch haben wil, der lasse die Bibel zu frieden, das rate ich, Er stösst sich gewislich, und wird, je mehr er studirt, je blinder und toller, Er sey Jude, Tatter, Turcke, Christen, oder wie er sich rhûmen wil«[112]. Daß die Juden gegen Augustin und andere Väter ins Feld führen, nur sie könnten sich im Hebräischen mit muttersprachlicher Sicherheit bewegen, läßt Luther nicht gelten: Hätte er die Wahl, so würde er nicht zögern, mit Augustin »on jre buchstaben« gen Himmel als mit den Juden und ihren Buchstaben zum Teufel fahren[113]. Die Kenntnis der Wörter sei zwar wichtig, viel wichtiger aber die Kenntnis der Sache. Darum nütze den Juden aller philologische Sachverstand nichts, denn »jr Hertz ist nicht da heime«[114]. »Wer aber des lesens leufftig und fertig ist, der leufft uber hin, fasset den synn, ungeacht, ob er etliche buchstaben oder wort nicht eigentlich ansiht, Ehe der ander ein wort buchstabet, hat er den gantzen brieff ausgelesen. Also ein Musicus hat ein lied ausgesungen, ehe der ander sucht und findet, obs ein Sol oder Fa im clave sey«[115].

Für die ganze Schrift ist darum Christus die Voraussetzung des Verstehens. Indem erst von ihm her das Alte Testament recht lesbar wird, beginnt in ihm das Neue. Damit ist zugleich auch alles, was im Alten Testament zeitlich, äußerlich und vergänglich, kurz: des Mose Regiment war, an sein definitives Ende gelangt. Gleich zu Beginn seiner »Unterweisung, wie sich die Christen in Mose sollen schicken«, stellt Luther fest: »Moses ist tod, sein regiment ist aus gewesen, da Christus kam«[116]. Nicht mehr als Gesetzgeber, sondern als ein Lehrer soll Mose von den Christen geachtet werden[117]. Als Legislator kommt er für sie nicht mehr in Betracht, seit Christus sein »neu Gebot« (Joh 13,34) gegeben und so mit einem Wort das ganze Alte Testament aufgehoben hat[118]. Indem er den Universalanspruch des Gesetzes durch das Evangelium entkräftet, wird er zum »princeps et principium novi testamenti«[119], freilich nicht in ei-

---

[111] WA 54; 29,3f (1543).

[112] Ebd. 29,10–14.

[113] Ebd. 29,27–29.

[114] WA 54; 45,23 (1543).

[115] WA 54; 30,8–12 (1543). – Vgl. überhaupt ebd. 29,1–31,9; desgleichen z. B. WA 23; 85,3–6 (1527). – WA 54; 92,25–93,34 (1543).

[116] WA 24; 7,5 (1527). – Vgl. WADB 8; 26,24–27,11 (1523). – WA 16; 236,2 (1525). – WA 20; 575,10–579,2 (1526). – WA 26; 266,36–38 (1528).

[117] WA 24; 7,13–15 (1527).

[118] WA 20; 315,11 (1526): ›Praeceptum novum‹, da hebt er auff uno verbo totum vetus testamentum.

[119] WA 5; 610,4 (1519/21).

nem nur antithetischen Sinne, vielmehr so, daß in ihm, da er das Gesetz erfüllt hat, zugleich beides, das Alte und das Neue, übereinkommt: »Novum et vetus testamentum in Christo convenire«[120]. Daß Christus das Ende des Alten Testaments und der Anfang des Neuen sei, steht darum nicht in Widerspruch, sondern bildet, recht verstanden, den Grund dessen, daß er »eben im mittel gewesen (ist) zwischen dem newen und alten Testament und hats beides getruncken und gekostet«[121]. In Christus kommen das Alte und das Neue überein; er ist die Mitte der Testamente[122] und eben damit, als der Mittelpunkt des Zirkels, die einheitsstiftende Mitte der Schrift[123].

Nun kann Luther diese Ortsbestimmung in anderem Zusammenhang aber ebensogut auch auf Johannes den Täufer beziehen. So habe dieser, heißt es etwa in einer Predigt über Lk 1,39ff, indem er dem Alten Testament ein Ende machte, als »der ursprung novi testamenti«[124] zu gelten. Andererseits sagt Luther von ihm, »er stehe ym mittel des alltten und newen testaments«, weil er »eyn mitler (sey) tzwischen Mosi und Christo«[125]. Doch wenn Luther dem Täufer zuschreibt, die Mitte der Testamente und der Anfang des Neuen zu sein, wird damit die Exklusivität Christi nicht etwa relativiert, sondern, recht besehen, nur noch unterstrichen. Denn der Täufer repräsentiert ja für Luther nicht eine Zwischenstufe auf dem Weg von Mose zu Christus. Seine einzige

---

[120] WA 9; 408,25 f (1519/21). – Vgl. z. B. auch WA 5; 504,32–34 (1519/21): Duo sunt testamenta …, tamen in Christo conveniunt.

[121] WA 46; 733,27 f (1538). – Obwohl dieses Wort bei Luther im engen Zusammenhang seiner Auslegung von Mk 11,16 steht, erlaubt der Kontext m. E. durchaus diese allgemeine Verwendung.

[122] Vgl. etwa R. BRING, Luthers Anschauung von der Bibel (Luthertum 3), 1951, 21 f. – M. LIENHARD, Luthers Christuszeugnis (in: H. JUNGHANS [Hg.], Leben und Werk Martin Luthers von 1526 bis 1546. Festgabe zu seinem 500. Geburtstag, 1983, 77–91), 77–80.

[123] Daß die biblische Hermeneutik für Luther eben hier ihren Angelpunkt hat, sei nur im Vorübergehen bemerkt, kann aber und braucht wohl auch nicht vertiefend dargestellt werden. Grundlegend dazu immer noch die in Anm. 49 genannten Arbeiten von G. EBELING, ferner dessen Art. Hermeneutik, RGG[3] III, 252. – Daß man Luthers Hermeneutik nur im Rahmen seiner Geschichtsdeutung angemessen erfassen kann, hat in Ergänzung der Arbeiten Ebelings H. M. MÜLLER gezeigt: Die Figuraldeutung und die Anfänge der Geschichtstheologie Luthers (KuD 7, 1961, 221–236); sowie grundlegend und ausführlich: DERS., Die Heilsgeschichte in der Theologie des jungen Luther, Diss. (masch.) Erlangen 1956. – Als knappe Zusammenfassungen können genannt werden: M. BRECHT, Zu Luthers Schriftverständnis (in: K. KERTELEGE [Hg.], Die Autorität der Schrift im ökumenischen Gespräch, Beiheft zur ökumen. Rundschau 50, 1985, 9–29). – DERS., Zur Typologie in Luthers Schriftauslegung (in: Schrift und Schriftauslegung [LAR 10] 1987, 55–68).

[124] WA 47; 825,16 f (1539). – WA 41; 335,28 f (1535): Johannes initium novi Testamenti.

[125] WA 10,3; 205,6 f (1522). – WA 7; 532,15–17 (1521): Ita vides, quomodo Iohannes sit medium inter Christum et Mosen, inter gratiam et legem, inter novum et vetus testamentum. – Vgl. ebd. 532,11–14.

Bedeutung besteht vielmehr darin, Christus in sein Amt eingesetzt zu haben. Pointiert gesagt, ist der Täufer für Luther nicht als Person, sondern nur als Funktion von Interesse (vgl. § 12.1). Eben sie aber ist untrennbar mit dem Anfang des Neuen verknüpft: »Die selige Tauff des herrn est initium novi Testamenti«: In ihr hat er Christus zum Doktor gemacht[126].

3. Gesetz und Evangelium

Die knappe Äußerung Luthers, mit der er in seiner Vorrede auf den Johannes-Prolog die Verwurzelung des Neuen Testaments im Alten umrissen hatte, gab Anlaß, sie im Zusammenhang seines Denkens zu vertiefen: zunächst hinsichtlich des Schemas von Verheißung und Erfüllung, dann in bezug auf die Testamentsmetapher. Was dabei im Einzelnen gesagt worden ist, steht durchweg – und für Luther ganz selbstverständlich – im Rahmen seiner Fundamentalunterscheidung von Gesetz und Evangelium. Das klang ein paarmal bereits an, um so den systematischen Ort zu bezeichnen, von dem her sich alles, was über das Verhältnis der biblischen Testamente zueinander zu sagen war, erst angemessen verstehen läßt. Insofern hätte manches dafür gesprochen, mit der Darstellung der Fundamentalunterscheidung einzusetzen, um dann alles Weitere von ihr her zu entfalten[127]. Im Anschluß an Luthers Notiz in der Prolog-Vorrede lag es jedoch nahe, zunächst seine Unterscheidung der beiden Testamente aufzugreifen. Diese Unterscheidung trägt für Luther niemals fundamentalen Charakter. Er kann sie, je nach Zusammenhang, bis zur krassen Antithese steigern[128], aber auch bis zu völliger Parität zurücknehmen[129]. Der Anschein des Widersprüchlichen, der solchen Sätzen anhaften mag, schwindet, sobald man sie im Horizont der Unterscheidung von Gesetz und Evangelium liest, die bei Luther immer, wenn auch nicht immer ausdrücklich, präsent ist.

Nun gibt es freilich eine ganze Reihe von – teilweise recht exponierten – Äußerungen Luthers, in denen sich die Unterscheidung von Gesetz und Evan-

---

[126] WA 34,1; 24,10–15 (1531): Die selige Tauff des herrn est initium novi Testamenti, quia hodie geendet und beschlossen vetus Testamentum et cessant omnes promissiones Mosis, quia, cum dominus baptizatus, ordinatus doctor, dominus furste, qui etiam suum officium ceperit, ut Lucas statim docuit, quod hodie ist gekrônet und doctor gemacht und officium befolhen novi Testamenti, ut sit dominus et Salvator, ut angeli docuerunt.

[127] So verfährt beispielsweise ALTHAUS (s. Anm. 49) in seiner knappen, aber komprimierten und sachnahen Skizze.

[128] WA 16; 236,2 (1525): Testamentum vetus gilt nit mer, quod venit aliud.

[129] WA 52; 236,22–25 (1544): Derhalb môgen wir Gott wol von hertzen dancken, das wir von solchem jrrtumb erlôset sind, Und sehen durch so vil herrliche zeugnuß altes unnd newes Testaments, wie wir das leyden Christi bedencken und des selben uns sollen trôsten.

gelium mit der von Altem und Neuem Testament zu decken scheint[130]. Mit
Nachdruck schärft Luther in seiner »Vorrhede« auf »Das Newe Testament
Deutzsch« von 1522 ein, der Leser möge doch, »was Euangeli oder gesetz,
new oder alte testament heysse«, auseinanderhalten, »auff das er nicht gepott
unnd gesetze suche, da er Euangeli und verheyssung Gottis suchen sollt«[131].
Gerade auch der frühe Luther hat diese Gleichsetzung mit lapidarer Entschiedenheit bekräftigt[132]. Aber auch in den Schriften des unbestritten reformatorischen Luther – also seit Beginn der 20er Jahre – findet sich immer wieder
Entsprechendes. So stünden, wie Luther 1521 festhält, die beiden Testamente
für die zwei Weisen Gottes, unserer Sünde zu begegnen: Gesetz und Evangelium[133]. Sei doch das Neue Testament nichts anderes als die süße Predigt der
göttlichen Gnade, das Alte dagegen die widerwärtige Predigt des Gesetzes[134].
Die Differenz zur scholastischen Tradition, derzufolge man Altes und Neues
Testament unter dem Oberbegriff des Gesetzes zusammenzufassen pflegte, ist
unübersehbar[135]. So gilt etwa Thomas die lex nova von der lex vetus nicht in
bezug auf ihr Ziel, sondern nur hinsichtlich ihres Anwendungsfeldes unterschieden[136]. Als lex perfectionis ist das neue Gesetz im Alten zwar nicht in
actu, wohl aber »virtute, sicut effectus in causa«, enthalten[137]. Für Luther ist

---

[130] Vgl. EBELING, Evangelische Evangelienauslegung (s. Anm. 49), 429–431. – Ferner
J. PELIKAN, The Bible and the Word of God (in: Luther's Works. Luther the Expositor. Introduction to the Reformer's Exegetical Writings, Saint Louis 1959, 48–70, hier 57–60).

[131] WADB 6; 2,6f.10f. – Vgl. ebd. 6,16–22.

[132] WA 4; 565,22f (1516): Nota ... differentiam inter legem et Euangelium, inter
novum et vetus testamentum. Cognitio est duplex: sui et dei. – Die chiastische Verschränkung ist hier als rhetorischer Ausdruck der engen sachlichen Verbindung zu lesen. – Vgl.
EBELING (s. Anm. 130), 279. – Ferner DERS., Die Anfänge von Luthers Hermeneutik (s.
Anm. 49), 48–51.

[133] WA 8; 103,35–37 (1521): Scriptura divina peccatum nostrum tractat duobis modis,
una per legem, altero per Euangelium dei. Haec sunt duo testamenta dei ordinata ad salutem nostram, ut a peccato liberemur. – WA 5; 504,32f (1519/21): Duo sunt testamenta,
quorum alterum est verbum legis, alterum verbum gratiae.

[134] WA 9; 469,14–17 (1519/21): Est enim novum testamentum aliud nihil quam predi-
catio gratiae et misericordiae divinae et vox eius dulcis est et iucunda. Contra fit, cum solum vetus testamentum, idest sola lex, predicatur. Nam eius vox odiosa est. – Vgl. z. B.
WA 9; 578,11–15 (1519/21).

[135] Sie gründet freilich nicht in einer unterschiedlichen Zuordnung der Testamente, sondern in dem unterschiedlichen Gesetzesverständnis. Vgl. die knappe Darstellung bei S.
RAEDER, Luther als Übersetzer ... (s. Anm. 109), 262. – Ferner R. WEIER, Das Evangelium als »neues Gesetz«. Überlegungen zu einem umstrittenen Begriff bei Thomas von
Aquin (TThZ 97, 1988, 39–51).

[136] Summa theol. p. I II q. 107 a. 1.

[137] Ebd. a. 3: Aliquid continetur in alio dupliciter. Uno modo, in actu: sicut locatum in
loco. Alio modo, virtute, sicut effectus in causa, vel complementum in incompleto: sicut
genus continet species potestate, et sicut tota arbor continetur in semine. Et per hunc
modum nova lex continetur in veteri ... sicut fructus in spica.

der Gesetzesbegriff dagegen eine dem Evangelium schlechterdings unange-
messene Kategorie, weil er, in welcher Spezifizierung auch immer, die Exklusivität des sola gratia und sola fide notwendig beeinträchtigen würde.

> Darumb sihe nu drauff, das du nit aus Christo eyn Mosen machist, noch aus dem Eu-
> angelio eyn gesetz oder lere buch. ... Denn das Euangeli foddert eygentlich nicht unser
> werck ..., sondern es foddert nur glawben an Christo ... Also sehen wyr auch, das er
> nit dringet, sondern freuntlich locket. ... Und die Apostel brauchen des worts Ich er-
> mane, ich flehe, ich bitte, Das man allenthalben sihet, wie das Euangelion nicht eyn ge-
> setz buch ist, ßondern nur eyn predigt von den wollthatten Christi vns ertzeyget vnd
> zu eygen geben, so wyr glewben. Moses aber ynn seynen buchern, treybt, dringt, dre-
> wet, schlecht und strafft grewlich, denn er ist eyn gesetz schreyber und treyber[138].

Ein Aspekt der Gleichsetzung von Altem und Neuem Testament mit Gesetz
und Evangelium liegt für Luther darin, daß Heil und Unheil sich im Alten Testament nur auf Äußerliches, im Neuen dagegen auf das Geistliche, Ewige beziehen. In seiner Auslegung des 22. Psalms habe Augustin den Unterschied der
beiden Testamente ganz richtig dahin bestimmt, daß dort zwar die Väter bisweilen bis zur Gefahr des Lebens verlassen worden sind, aber nie bis zum
Tode, während hier alle geachtet werden wie die Schlachtschafe[139]. Und im
Anschluß an Hebr 9,14 bringt es Luther auf die Formulierung, die Zierde des
Alten Testaments liege im Fleisch, die des Neuen dagegen in Herz und Gewissen[140]. Darum ist vom Neuen Testament großes, ja ewiges Heil zu erwarten,
vom Alten aber nur geringes, leibliches Heil[141].

Die Variationsbreite, in der Luther den Unterschied der beiden Testamente
als mit dem von Gesetz und Evangelium übereinstimmend aussagt, ist damit
bei weitem nicht abgedeckt[142]. Wichtiger als der Versuch einer erschöpfenden

---

[138] WADB 6; 8,3 f. 5 f. 7.20−25 (1522).

[139] AWA 2; 492,17−22 (1519/21). − Vgl. WA 5; 609,19−32. − Zur Identifizierung der
an beiden Stellen von Luther genannten Augustinusstelle vgl. H.-U. DELIUS, Augustin als
Quelle Luthers. Eine Materialsammlung, 1984, 59 f.

[140] WA 57; 207,9−11 (1517/18): Diversam munditiam novi et veteris testamenti pulchre
describit et per antitheses deducit. Nam munitia veteris legis erat in carne, veste vel vase,
nova est in conscientia, corde seu mente. − Vgl. z. B. auch WA 31,2; 498,33−499,3 (1527/
30).

[141] WA 5; 540,16−26 (1519/21) (zu Ps 18,51): Magnae autem sunt salutes, quibus Christum regem suum et christianos salvos facit, quia a morte, a peccatis, ab inferno et omnibus malis salvat: aeternae enim sunt istae salutes, vita, iustitia et gloria. Salutes autem cor-
porales parvae, immo nihil sunt. In quo docemur salutem corporis contemnere et christianum esse, ut magnas salutes aeternasque spectemus. Novo enim testamento convenit
magnas salutes habere, sicut veteri congruebant parvae. Idem est quod dicit ›Et faciens misericordiam Christo suo‹. Hic finis versus medii. Salutes enim illae nullis merentibus, sed
solo miserente deo donatae sunt. Unde Christum suum hic intelligit unicum illum, in quo
promissa est misericordia donanda, cui ob id et factam hic dicit, idest impletam in eo.

[142] Sehr prägnant z. B. in seinem Kommentar zu Gal 4,24 von 1535 (WA 40,1;
659,2−4): Promissiones Christi et novi testamenti, das heissen nicht: facere, sed accipere,

Darstellung ist jedoch die Erkenntnis, daß in all diesen antithetischen Zuordnungen das Wort Testament keineswegs notwendig einen biblischen Kanon bedeutet. Unter Anspielung auf 2 Kor 3,3 hat Luther einmal das auf steinerne Tafeln geschriebene Alte Testament von dem Neuen, auf die Tafeln des Herzens geschriebenen unterschieden[143]. Das legt nahe, das Wort Testament auch in den anderen Antithesen eher als »Bund« denn als »Buch« zu lesen.

Nun hat Luther aber nicht nur zwischen Altem und Neuem Testament, sondern auch schon innerhalb des Alten Testaments selbst zu unterscheiden für notwendig erachtet. In Mose, predigt Luther 1527[144], finde er dreierlei: Einmal die äußerlichen, nur an Israel ergangenen Gebote — das ist »der Jůden Sachssenspiegel«[145], der mich nichts angeht —, zum andern »die verheyssungen und zusagungen Gottes von Christo«[146] — bei weitem das Beste im ganzen Mose! —, schließlich eine ganze Reihe von schönen Exempeln des Glaubens und Unglaubens, aus denen wir lernen sollen, Gott zu vertrauen und ihn zu lieben[147]. Zwar sind alle drei unstrittig Gottes Wort. »Aber Gottes wort hyn, Gottes wort her, ich mus wissen und acht haben, zu wem das wort Gottes geredt wird. ... Man mus nicht allein ansehen, ob es Gottes wort sey, ob es Gott geredt hab, sondern viel mehr, zu wem es geredt sey, ob es dich treffe odder einen andern, Da scheydet sichs denn wie sommer und winter«[148]. Wer die Bibel recht verstehen will, muß darum bereits innerhalb des Alten Testaments Gesetz und Evangelium zu unterscheiden in der Lage sein[149].

---

donare. In vetere: Si feceris, habebis terram, promissionem. Das sind nicht promissiones gratiae. — Vgl. WA 23; 549,8—25 (1527).

[143] WA 9; 462,11—20 (1520): Porro die quinquagesimo acceperunt illi legem, scriptam digitis dei in tabulas saxeas. Nos quoque legem accipimus, sed tabulis carneis, hoc est cordi nostro inscriptas Charitatem et dilectionem. Discrimen igitur est veteris et novi testamenti: Vetus lapidibus inscripta littera, Cum cogito vel loquor que mandantur lege. Novum cordibus insculpta, cum affectu legem percipio, perceptum diligo. Vetus peccatores facit, irae filios, Novum graciam operatur, filios reconciliationis. Veteris pignus lex est, Novi spiritus. Vetus mandat que facere nequeo. Neque enim legem implevi, quantumvis de ea vel garriam vel cogitem. Novem auxilium fert, ut implere possimus, corda igni coelesti inflammans.

[144] WA 24;2—16 (Ein Unterweisung, wie sich die Christen in Mose sollen schicken).

[145] Ebd. 9,5.

[146] Ebd. 10,14.

[147] Ebd. 15,1—17.

[148] Ebd. 12,8 f. 15—18.

[149] Vgl. ALTHAUS (s. Anm. 49). — DERS., Der Geist der Lutherbibel, (LuJ 16, 1934, 1—34). — HEMPEL (s. Anm. 49). — Anders unterscheidet Luther WA 12; 274,14—277,13 (1523). — Daß man im Neuen Testament in bezug auf Christus zwischen ›gabe‹ und ›exempel‹, zwischen sacramentum und exemplum, unterscheiden müsse, entspricht jener inneralttestamentlichen Differenz nicht, berührt sich aber mit ihr; vgl. z. B. WA 10,1,1; 12,4—13,2 (1522). — Im übrigen kann dieses wahrhaft weite Feld — nicht nur der Lutherforschung! — hier außer Betracht bleiben.

Insofern lassen sich Gesetz und Evangelium für Luther weder einfach den beiden Testamenten zuordnen noch auch nur einzelnen biblischen Büchern. Im Neuen Testament stehen »neben der gnaden lere« durchaus auch Gebote, »das fleysch zu regiren«, während sich im Alten Testament »neben den gesetzen etliche verheyssung und gnaden spruche« finden[150]. »Es ist keyn buch ynn der Biblien, darynnen sie nicht beyderley sind, gott hatt sie alwege beyeynander gesetzt, beyde, gesetz und tzusagung«[151]. Vor allem das Buch Genesis gilt Luther als ein durch und durch evangelisches Buch[152]. Aufs Ganze gesehen, sind aber in der Gewichtung von Gesetz und Evangelium doch Unterschiede zu erkennen, »weyl ym newen testament die tzusagung mit hauffen stehen, und ym allten die gesetz mit hauffen«[153].

Es ist die Fundamentalunterscheidung von Gesetz und Evangelium, die als Spannungsbogen die ganze Bibel durchzieht. Wenn Luther darum die beiden Testamente antithetisch aufeinander bezieht, muß man es im Sinne der zwei Völker verstehen, aus denen, als dem populus legis und dem populus gratiae, die Schrift bestehe[154]. Diese zwei Völker und Testamente lösen einander nicht ab; sie sind beide »a principio mundi usque ad finem nec mutantur iuxta tem-

---

[150] WADB 8; 12,13−18 (1523). − WA 39,2; 203,15 f (1542): Omnes fuerunt sub lege in veteri testamento, sed nihilo minus multi, ut Abraham, Isaac habuerunt predicationem de Christo.

[151] WA 10,1,2; 159,7 f (1522).

[152] WA 24; 7−10 (1527): Also haben wir das erste und fast (i. e. durchaus) das edelste buch des alten Testaments, das an allen örten durch und durch vol mercklicher Exempel des glaubens ist, dazu der liebe und fürnemlich des heiligen creutzs, Und so reich von figuren unsers Herrn Christi und seines reichs als kein buch der schrifft. − Vgl. WADB 8; 12,31−33 (1523): Also hat das erste buch Mose fast eytel exempel des glaubens und unglaubens ... und ist fast eyn euangelisch buch.

[153] WA 10,1,2; 159,17 f (1522). − WADB 8; 12,18−21 (1523): Wie des newen testaments *eygentliche heupt lere* ist, gnade und frid durch vergebung der sunde ynn Christo verkundigen, also ist des alten testaments *eygentliche heupt lere* gesetz leren und sund anzeygen und guts foddern. − WA 18; 692,19 f (1525): Novum testamtentum *proprie* constat promissionibus et exhortationibus, sicut Vetus *proprie* constat legibus et minis. (Hervorhebungen von mir). − Inwiefern sich bei Luther die inneralttestamentliche Differenz von Gesetz und Evangelium auch in seiner Bibelübersetzung widerspiegelt, hat E. HIRSCH in seiner Scholie »Die Verdeutschung der Propheten« (s. Anm. 49) untersucht. − Vgl. auch F. HAHN, Zur Verchristlichung der Psalmen durch Luthers Übersetzung (ThStKr 106, 1934/35, 173−203). − K. BRINKEL, Luthers Hermeneutik in seiner Übersetzung des Alten Testaments und die gegenwärtige Revision der Lutherbibel (Luthertum 24), 1960. − Trotz der bedeutenden Beiträge zumal von Hirsch ist auf dem Feld der Übersetzungspraxis und -theorie Luthers noch manches zu ackern; der genannte methodische Hinweis von Hirsch scheint mir jedenfalls seither bei weitem nicht erschöpft worden zu sein.

[154] WA 9; 394,18 f (1519/21): Duo populi atque duo testamenta undique signata sunt in scripturis. Primum est lex, secundum est gratia et condonatio peccatorum. − Vgl. desgleichen WA 9; 489,15−29 (1519/21).

pora, sed iuxta corda«[155]. Daß sie beide von Anfang an in der Welt sind, betont Luther zumal für den populus gratiae: Schon Adam war ein Christ! Von ihm trennt uns nur eine zeitliche, aber keine kategoriale Differenz[156]. Zu Zeiten des Alten Testaments haben sie »eben den selben geyst und glawben an Christum gehabt, den wyr haben, und eben so wol Christen geweßen als wyr. Darumb, woran sie recht than haben, daran thun alle Christen recht von anfang der wellt biß ans ende. Denn zeyt und eußerlicher wandel scheydet nichts unter den Christen«[157].

Im Spannungsfeld der beiden Völker oder Testamente leben wir[158]. Auch das Alte Testament darf man darum nicht verachten, »so wyr doch alleyne darauß müssen den grund unßers glawbens nemen«[159]. Das Neue Testament wäre ohne das Alte nicht neu, das Evangelium nicht Evangelium ohne das Gesetz. Dieses dialektische, in seinem sachlichen Gefälle aber unumkehrbare Bezogensein der beiden Testamente aufeinander hat Luther gern anhand des »Aggregatszustands« erläutert, der ihnen jeweils zukommt. Als ein Auftun und Offenbarmachen des Alten Testaments verstanden, predigt das Evangelium mündlich, was »tzuvor schrifftlich ynn den buchern vorporgen lag«[160]. Aus gutem Grund hätten darum die Apostel allein das Alte Testament »heylige schrifft«[161] genannt. Dagegen sei es »gar nicht new testamentisch«, die christliche Lehre in Bücher zu schreiben; sie solle vielmehr allenthalben von guten, fleißigen Predigern aus der »allten schrifft« gezogen und, dem Beispiel der Apostel entsprechend, ohne Unterlaß dem Volk eingebleut werden[162].

---

[155] WA 9; 498,20 f. – WA 9; 394,23 f (1519/21): Testamenta enim non variantur iuxta tempus, sed iuxta cordium rationem. – Vgl. überhaupt ebd. 394,18–35.

[156] WA 9; 498,15–17.24 (1523/24): Hic videtis vetus testamentum cum novo convenire, et videtis Adam Christianum fuisse. In hoc tantum discrimen est: ehr ist vor mir und ich nach ihm kommen, per unam fidem et ego et ipse salvati sumus ... Semper ergo fuerunt Christiani ab initio mundi. – Entsprechend z. B. auch WA 24; 99,31–100,24 (1527). – Zum Verhältnis dieser Stelle zum Sprachverständnis Augustins vgl. U. DUCHROW, Sprachverständnis und biblisches Hören bei Augustin (HUTh 5), 1965, 165 f.

[157] WA 11; 255,35–256,2 (1523). – Vgl. WA 14; 602,34–36 (1523/24). – WA 16; 589,34–37 (1526).

[158] AWA 2; 93,10–17 (1519/21): Non quod etiam nunc non doceatur lex (cum Christus dicat Mt 13 utraque doceri a docto scriba in regno caelorum, tam vetera quam nova), sed quod gratiae praedicatio propria sit novi testamenti et legis propria veteris testamenti; cum enim nullus sit in hac vita, in quo impleta sit omnis plenitudo novi testamenti, nullus quoque invenietur, in quo non sit aliqua pars veteris testamenti reliqua. Transitus enim est et »phase« quoddam haec vita de lege ad gratiam, de peccato ad iustitiam, de Mose ad Christum; consummatio autem futurae resurrectionis est.

[159] WA 12; 274,34 f (1523). – Vgl. WADB 8; 10,16–20 (1523).

[160] WA 10,1,2; 48,6 f (1522).

[161] WA 10,1,1; 17,4–7 (1522). – Vgl. WA 12; 275,12–14 (1523).

[162] WA 10,1,1; 626,15–21 (1522): Darumb ists gar nicht new testamentisch, bucher schreyben von Christlicher lere, ßondern es solten on buchern an allen orttern seyn gutte,

Mehr noch als das Beispiel der Apostel wiegt aber dasjenige Christi: Er habe schließlich nichts geschrieben, auch nicht befohlen zu schreiben, sondern den Auftrag gegeben, mündlich zu predigen[163]. Immer wieder hat Luther in diesem Zusammenhang die Etymologie des Ortsnamens »Bethphage« (Mk 11,1 parr) allegorisiert, um darin anschaulich zu machen, daß Christus die mündliche und öffentliche Predigt eingesetzt habe:

> Darumb ist die kirche eyn mundhawß, nit eyn fedderhawß ... Alßo sind die Aposteln nit gesand, biß das Christus komen ist gen mundhawß, das ist: biß das es tzeytt was, mundlich tzu predigen, und das Euangelium auß der todte schrifft und feddern ynn die lebendige stym unnd mund bracht worde. Vonn der tzeyt an heyßt die kirche billich Bethphage, darumb das sie die lebendige stym des Euangeli hatt und horet[164].

Während sich in der schriftlichen Gestalt des Alten Testaments das Wesen dieses als Testamentsbrief gedeuteten Kanons ausdrückt, ist es das proprium des Evangeliums − übrigens aus ganz elementaren sprachtheologischen Gründen, die an ihrem Ort noch eigens zu würdigen sind (vgl. § 9.1) −, als ansprechendes, mündliches Wort zu ergehen. Daß das Evangelium dennoch auch in schriftliche Form gefaßt worden ist, entspricht jedenfalls nicht seinem Wesen und kann von Luther je nach Zusammenhang als ein aus der Not geborenes Gebrechen des Geistes[165], aber ebenso auch als Ausdruck des Überflusses gedeutet werden[166].

---

gelerte, geystliche, vleyssige prediger, die das lebendige wortt auß der allten schrifft tzogen und on unterlaß dem volck furbleweten, wie die Aposteln than haben. Denn ehe sie schrieben, hatten sie tzuuor die leutt mitt leyplicher stymme bepredigt und bekeret, wilchs auch war yhr eygentlich Apostolisch und new testamentisch werck. − Vgl. aus Luthers Postillen-Vorrede WA 10,1,1; 9,6−10,19 (1522).

[163] WA 10,1,2; 48,9f (1522).

[164] Ebd. 48,5.10−15.

[165] WA 10,1,1; 627,1−3 (1522): Das man aber hatt mussen bucher schreyben, ist schon eyn grosser abbruch und eyn geprechen des geystis, das es die nott ertzwungen hatt, und nit die artt ist des newen testaments.

[166] WA 12; 275,9−12 (1523): Das Evangelion odder das new Testament (soll) eygentlich nicht geschrieben, sondern ynn die lebendige stym gefasst werden, die da erschalle und uberal gehŏrt werde ynn der wellt. Das es aber auch geschrieben ist, ist auss uberfluß geschehen.

§ 4: Die Verwurzelung von Joh 1 in Gen 1

Nachdem Luther seine hermeneutische Voraussetzung, wonach das ganze Neue Testament im Alten gründe, dargelegt hat, wendet er sich dem ersten Kapitel der Genesis als dem alttestamentlichen Wurzelgrund des Johannes-Prologs zu (182,6 − 185,11). Der Gedankengang dieses Abschnitts sowie der daran anknüpfenden beiden Ergänzungen (185,12 − 186,8) soll zunächst rekonstruiert und mit Hilfe ausgewählter, naheliegender Texte knapp erläutert werden (§ 4). Dabei wird für das Interesse an Luthers Sprachverständnis ein Gesichtspunkt von herausragendem Interesse sein: die Rede von der Sprache, genauer: vom Sprechen Gottes. Diesem Aspekt ist eine exkursorische Vertiefung gewidmet, die Luthers Äußerungen zum Sprechen Gottes zwar aus dem jeweiligen historischen und sachlichen Kontext heraus verstehen, aber doch in ihrem systematischen Zusammenhang erörtern soll (§ 5).

Nun gilt freilich Luthers Interesse zunächst nicht irgendwelchen sprachtheologischen Fragen, sondern dem Artikel von der Gottheit Christi: Das Wort, das, ungeschaffen, im Anfang war und darum, obwohl von Gott als seinem Sprecher unterschieden, von göttlicher Natur ist, steht im Zentrum seiner Erörterung. Mit dem, was man gewöhnlich als Wort bezeichnet, bildet es für Luther keine bloße Äquivokation, sondern einen sachnotwendigen Zusammenhang. Das alles wird in der Prolog-Vorrede gewissermaßen präludiert und in der Auslegung von Joh 1,1f dann noch einmal aufgenommen. Erst dort soll es darum in Kürze nachgezeichnet sowie in traditionsgeschichtlicher und systematischer Hinsicht knapp profiliert werden (§ 8).

1. Gott und Wort

Daß sich die fünf Teile dieses Abschnitts (182,6 − 185,11) im Schema der klassischen Rhetorik verstehen lassen, ist weniger das Ergebnis einer bewußten Formgebung als vielmehr Ausdruck der bei Luther als selbstverständlich vorauszusetzenden Prägung durch die antike Bildungstradition; es unterstreicht immerhin das Gewicht, das er dem in Rede stehenden Passus offenbar beigemessen hat. Im übrigen wird, was zur Formstruktur dieses Abschnitts schon bemerkt worden ist (§2.2.b), im folgenden nicht wiederholt, sondern fortgeführt werden.

a) Exordium

Weil die Apostel ihre ganze Lehre aus dem Alten Testament gezogen haben[167], müssen wir auch im Falle des Johannes-Prologs »hynder unß ynß alte testament lauffen, an die ortt, da ditz Euangelium sich auff grundet«[168]. Diese hermeneutische Operation läßt das Evangelium »klerer und liechter«[169] werden. Nun hatte Luther aber eben noch gesagt, das hohe Evangelium sei im Johannes-Prolog selbst »auffs aller klerist gegrundt«[170], so daß es weiter nichts bedürfe als nur der »eynfelltige schlecht auffmerckung auff die wortt«[171]. Nichts anderes bedeutet indes der Rekurs auf den alttestamentlichen Wurzelgrund. Denn die »auffmerckung auff die wortt« versteht diese so, wie sie gemeint sind. Solches Hören ist darum nicht im naiven Sinne voraussetzungslos, sondern impliziert bereits die rechte biblische Hermeneutik.

Luther benennt zunächst den Ort − »Moses am ersten capitel und anfang seyniß buchs Genesis«[172] − und zitiert davon dann die ersten drei Verse[173], mit denen das Entscheidende bereits genannt ist: der mit Joh 1,1a korrespondierende »Anfang« sowie die Entstehung des Lichtes als erstes Beispiel der creatio per verbum. In Form eines Summars erinnert Luther an die übrigen Werke, die Gott ebenfalls ex nihilo per verbum erschaffen hat[174]. Der letzte Satz der Peroratio wird diese alttestamentliche Rückbindung von Joh 1 dann noch einmal bekräftigend aufnehmen[175].

Daß zwischen den ersten Sätzen des Johannes-Evangeliums und denen der Genesis eine deutliche Affinität besteht, ist freilich offenkundig. Es gibt keinen Prolog-Ausleger, der dies nicht notiert hätte, und sei es in beiläufiger Selbstverständlichkeit[176]. Doch selbst im Horizont dieses exegetischen Unisono

---

[167] 181,15 f. − Siehe dazu § 3 dieser Arbeit.

[168] 182,7 f.

[169] 182,6.

[170] 181,9.

[171] 181,14.

[172] 182,8 f.

[173] Übrigens in einer Fassung, die sich von der nur ein Jahr später als erster Teil der »Biblia Deudsch« veröffentlichten Übersetzung wieder deutlich und auf interessante Weise unterscheidet. Zur Bedeutung der deutschsprachigen Bibelzitate als Quelle für Luthers Übersetzungsarbeit vgl. § 1.1.a dieser Arbeit.

[174] 182,12−15.

[175] 185,7−11.

[176] Um nur die wichtigsten zu nennen: Origenes, Commentaria in Ioannem I.17 (PG 14,51−54). − Augustinus, In Iohannes Evangelium tractatus I.11 (CChr.SL 36,6 = PL 35,1384). − Thomas von Aquin, Super Evangelium Ioannis Lectura I.1(25) u. I.3(78) (Edi-

muß auffallen, wie deutlich Luther[177] die Verwurzelung in Gen 1 zum Angelpunkt seiner Prologexegese macht[178]. Bereits in dem frühen Sermon von 1514 erklärt er den Umstand, daß Johannes den Sohn »verbum« nennt, unter Rückgriff auf Gen 1: »Principium Euangelii Iohannis miro lumine exponit principium Genesis«[179]. Da Gen 1 das Wort als von Gott unterschieden und doch, da mit ihm gleichewig, als wahren Gott vorstelle, sei offensichtlich, daß die ersten Sätze des Johannes-Evangeliums, gewissermaßen als Ergänzung, aus den Worten Mose »Gott sprach: es werde; und es ward« notwendig folgten[180]. Und auch in späteren Prolog-Auslegungen betont Luther immer wieder, daß Johannes, indem er »uns in Mosen weyset«, diesen erst zu rechter Klarheit bringe: von den Juden habe ihn keiner verstanden[181]. Aber auch Joh 1 wird erst von Gen 1 her verständlich, klingt es doch zunächst »aufdermassen lecherlich apud nos, quod Christus vocatur verbum, quasi diceretur: Christus ist ein strohalm«[182]. Damit man bei »Wort« nicht an das denke, was der Mensch mit dem Munde spricht, muß es von Gen 1 her verstanden werden: »Das hilfft dazu«[183].

<hr/>

tio Marietti 1952, 8.17). − Meister Eckhart, Expositio sancti Evangelii secundum Iohannem (LW III,5).

Von Luthers Zeitgenossen seien erwähnt: Erasmus, In Novum Testamentum Annotationes, Basel 1519, 162. − Zwingli, Annotationes in Evangelium Ioannis (1528) (Opera VI/1,682). − Melanchthon, Annotationes in Euangelium Ioannis (1523) (CR 14,1051.1053). − Ders., Enarratio in Evangelium Ioannis (1536f) (CR 15,9.11 f). − Calvin, Commentarius in Evangelium Ioannis (CR 75,2).

Die vor kurzem erschienene, geistvolle und anregende »sprachtheologische Besinnung« von W. STROLZ sei wenigstens genannt: Das Schöpfungswort im Anfang (Gen 1,1−31) und das fleischgewordene Wort (Joh 1,14) (in: W. STROLZ / H. WALDENFELS [Hg.], Christliche Grundlagen des Dialogs mit den Weltreligionen, 1983, 98−126).

[177] Vgl. R. JANSEN, Studien zu Luthers Trinitätslehre (BSHST 26), 1976, 154−158. − D. LÖFGREN, Die Theologie der Schöpfung bei Luther (FKDG 10), 1960, 33f. − Die dem »Verhältnis von Gen 1 und Joh 1« gewidmeten Abschnitte in U. ASENDORF, Die Theologie Martin Luthers nach seinen Predigten (1988, 36−42.47−51) paraphrasieren lediglich ein paar durcheinandergewürfelte Auszüge aus entsprechenden Lutherpredigten.

[178] Ganz anders etwa bei Rupert von Deutz, der in der Auslegung von Joh 1,3a zunächst an Ps 33,9 und Ps 148,2−9 erinnert, dann an Gen 1, und auch dies nicht im Sinne eines traditionsgeschichtlichen Zusammenhangs, sondern nur als Ausdruck einer koinzidierenden Zeugenschaft: Commentaria in Evangelium Sancti Iohannis, CChr.CM 9,11 f.

[179] WA 1; 23,6 f (1514).

[180] Ebd. 23,11−15: Quo patet, ex principio Genesis suum principium collegisse, Quia istae sequentes propositiones ›in principio erat verbum‹ et ›verbum erat etc‹ velut corollaria sequuntur necessario, ex illis verbis Mosis ›dixit Deus: Fiat, et factum est‹, Quod Moses prius ipsum appellavit ›verbum‹ quam Iohannes. − Vgl. überhaupt ebd. 22,29−23,20.

[181] WA 11; 226,8−16 (1523). − Vgl. WA 46; 542,34 f (1537): Sanct Johannes hat es aus Mose genomen, aber Moses feret nicht also heraus, wie S. Johannes. − Ebd. 542,31 f: Und reden Sanct Johannes viel herrlicher und klerer davon (vgl. ebd. 542,25−543,5).

[182] WA 27; 525,10−12 (1528).

[183] Ebd. 526,3; vgl. ebd. 524,1−526,5. − Melanchthon stimmt in dieser Frage ganz mit Luther überein (CR 14,1053): Caeterum orationis series et compositio indicat, Ioannem

In seiner Auslegung von Gen 1[184] hat Luther stets an den Zusammenhang mit Joh 1 erinnert. Einerseits preist er Gen 1 als Verstehenshilfe für den Prolog: »Aus dysem ist sant Johannis Euangelium leicht zu verstehen«[185]. Andererseits zieht er aber auch umgekehrt den Prolog als Verstehenshilfe für Gen 1 heran: »Ioannis ... probe facit cum Mose«[186]. Das indiziert nicht etwa eine widersprüchliche Rangordnung beider Texte, sondern ist als Hinweis auf deren Komplementarität zu verstehen. Meist nennt sie Luther ohnehin als Doppelbeleg für einen einzigen Sachverhalt. Gerade die eher beiläufigen Zitationen lassen erkennen, wie selbstverständlich Luther die wechselseitige Bezogenheit von Joh 1 und Gen 1 voraussetzt[187]. Das ist nicht zuletzt darum bemerkenswert, weil etwa Zwingli in seiner knappen Erläuterung der Genesis betont, man dürfe das »principium« von Gen 1,1a gerade nicht im Sinne von Joh 1,1a verstehen: Während Johannes den Anfang Gottes im Blick habe, rede Gen 1

---

esse sequutum primum caput Genesis, quia illic textus palam testatur, omnia per verbum esse condita (vgl. ebd. 1951). – Ders. (CR 15,9): Cum igitur Ioannes descripturus esset filium Dei, deducit nos et ipse ad illam narrationem in Genesi, ubi legitur: Et dixit Deus (vgl. ebd. 11 f).

[184] Vgl. dazu: Scholia in librum Genesis: WA 9; 329–332 (1519/21). – Ein Sermon und Eingang in das 1. Buch Mose: WA 12; 438–452 (1523). – Predigten über das 1. Buch Mose: WA 14; 97–116 (1523/24). – In Genesin Declamationes / Über das 1. Buch Mose: WA 24; 16–59 (1527); davon stimmt der lateinische Text »auf größere Strecken hin fast wörtlich überein« (WA 24; XVIII) mit WA 14; 97 ff, während die Seiten 16–33 des deutschen Textes eine Variante zu WA 12; 438–452 darstellen (vgl. die textkritischen Notizen in den Einleitungen der jeweiligen WA-Bände). Alle Versionen gehen auf die Reihenpredigten zurück, die Luther zwischen März 1523 und Herbst 1524 über das erste Buch Mose gehalten hat. – Genesis-Vorlesung: WA 42; 1–57 (1535); zu deren begrenztem Quellenwert vgl. P. MEINHOLD, Die Genesisvorlesung Luthers und ihre Herausgeber (FKGG 8), 1936; zum Fortgang der Debatte ferner LÖFGREN (s. Anm. 177), 12 f sowie allgemein M. BRECHT, Martin Luther. Bd. 3: Die Erhaltung der Kirche 1532–1546, 1987, 139 f. – Die bei ALAND, Hilfsbuch zum Lutherstudium, 1970³, noch genannte Predigt Nr. 147 (WA 9; 547,1–8) besteht aus vier Sätzen, die für Luthers Auslegung von Gen 1 zu vernachlässigen sind.

[185] WA 12; 448,16–20 (1523). – WA 14; 100,18 f (1523/24). – WA 24; 32,3 f (1527).

[186] WA 42; 13,34 f (1535); vgl. ebd. 13,30–14,11. – Dem entspricht ein Argumentationsgang von 1543, in dem Luther für die Einheit von Vater und Sohn auf Joh 1 verweist und auf Mose, der mit diesem übereinstimme (WA 54; 66,6–9): Hie mit ist nu Mose unser zeuge, und ein Christ worden, leret eben, das wir Christen leren, Nemlich, das Gott ein Wort habe im anfang, durch welches alles gemachet ist, gleich wie Johannes schreibet (vgl. ebd. 65,38–66,9).

[187] Vgl. z. B. WA 39,2; 322,14–18 (1544): Cum Pater dicit, transfundit suam essentiam in verbum. quod ab ipso dicitur ipsa, ut verbum, quod dicitur, sit distincta persone a Deo Patre dicente. Vnde et Iohannes quasi Mosen explicans inquit: In principio erat verbum et verbum erat apud Deum et Deus erat verbum. Et vocat verbum Filium Dei eo, quod dicendo gignitur a Patre. – WA 42; 14,33–35 (1535): Quia Ioannes et Moses dicunt, esse Verbum in principio et ante omnem creaturam, necesse est, semper id fuisse in Creatore et in nuda essentia Dei.

vom Anfang der Welt[188]. Für Zwingli kommt darum Gen 1 als Erläuterung des »Christus vere Deus« nicht in Betracht[189].

Dagegen stand der harmonische Zusammenklang von Mose und Johannes für Luther außer Frage. In seinen »Letzten Worten Davids« von 1543 hat das auf hübsche und originelle Weise Gestalt gewonnen. Das Problem ist hier, ob Mose, der »heubtbrun, Quelle, Vater und Meister aller Propheten . . ., sich wolle lassen einen Christen machen«[190]. Den Juden ist er freilich begraben. Darum schickt Luther zwei getreue Legaten auf den Weg – Johannes und Paulus –, die ihn »suchen, finden, auffwecken und herbringen sollen«[191]. Den ersten Legaten, Johannes, läßt Luther die ersten drei Verse seines Evangeliums zitieren. Und in der Tat: »Moses hőret seer leise und kompt frey daher und spricht: Hie bin ich, Denn eben wie du Johannes vom Wort redest, So hab ich auch geredt und rede noch also, Und du nimpst mir die wort aus meinem Munde. Denn also hab ich auch geschrieben im anfang meines Buches, vom anfang der Creatur: Gott sprach, Es werde liecht, und es ward liecht . . . und so fortan«[192].

b) Narratio

Aus der teils zitierenden, teils zusammenfassenden Erinnerung an Gen 1 ergibt sich für Luther wie von selbst[193] das Thema des Argumentationsgangs: Gott hat ein Wort, durch das er sprach, bevor die Kreatur gewesen ist, und das selbst keine Kreatur sein kann, »sintemal alle creatur durch dasselbe gottlich wortt sprechen erschaffen sind«[194]. Daß Luther die Kreatur nicht einfach als durch das Wort erschaffen versteht, sondern, in umständlich anmutender For-

---

[188] Farrago annotationum in Genesim (1527), CR 13; 6,25–7,8: »In principio«. Nihil opus erat principium hic facere filium dei. Nam principium hic non capitur ut Ioannis primo, ubi euangelista divinam generationem explicaturus filium dei certa ratione λόγον appellat, quod λόγος (quemadmodum Ebreis . . . »dabar«) rem, verbum, sermonem, causam, rationem, supputationem, consilium, propositum significat, quia omnia in filium dei competunt. Is autem sermo, hoc consilium, haec sapientia, nempe filius dei, erat in principio; hoc est: erat ille, per quem et in quo sunt omnia. Hic vero »in principio« tantum valet, ac si diceret: ab initio, primum, principio. Neque hoc principium ad esse ipsius dei, sed ad mundi creationem referri debet, ut os obstruatur iis, qui mundum ab aeterno fuisse contendunt.

[189] Es wäre überhaupt interessant zu prüfen, inwiefern sich gerade auch anhand der exegetischen Arbeiten zeigen ließe, daß Zwingli im Vergleich zu Luther »moderner« und jedenfalls der Neuzeit näher gewesen ist.

[190] WA 54; 55,1–3 (1543).

[191] Ebd. 55,10f.

[192] Ebd. 55,24–28.32. – Vgl. auch den Fortgang (ebd. 55,33–56,4.7–14).

[193] 182,15f: Auß dem text Mosi folget und schleußt sich klerlich. – 182,19: Wie der text Mosi klerlich und geweltiglich tzwingt.

[194] 182,18f.

mulierung, als »durch dasselbe gottlich wortt sprechen«[195], soll offenbar die Funktion des Wortes präzisieren: Es ist nicht Subjekt, sondern Instrument[196] des göttlichen Schaffens[197].

Luther erläutert dies am Beispiel der Erschaffung des Lichts (Gen 1,3)[198], ohne dabei jenes Problem zu erwähnen, das in der Auslegungsgeschichte des Verses seinen festen Platz hat. Schon immer ist nämlich bemerkt worden, daß erst die Erschaffung des Lichts (Gen 1,3) nach dem Schema »Gott sprach: Es werde, und es ward« berichtet wird, nicht aber die von Himmel und Erde (Gen 1,1). Auch wenn die Ausleger gelegentlich betonen, das sei verwunderlich und schwer zu klären, haben sie sich doch nie von einer eigenen Deutung abhalten lassen[199]. Augustinus erwägt in seinem Kommentar zunächst, ob Gen 1,1 die Schöpfung insgesamt meine und 1,3ff dann deren Teile beschreibe[200]. Wichtiger ist ihm aber eine zweite Überlegung: Die unvollendete Materie neige sich wegen ihrer Ungeformtheit dem Nichts entgegen und unterscheide sich darin von der Form des Wortes, das dem Vater anhänge und durch das Gott in seiner Ewigkeit alles sage. Erst wenn auch sie dem Vater anhänge, könne die unvollendete Materie Form annehmen und als Kreatur vollendet werden. So gesehen, rufe Gott mit seinem »fiat et factum est« die unvollendete Kreatur zu sich zurück, damit sie nicht ungeformt sei, sondern geformt werde[201]. Ähnlich und unter ausdrücklicher Berufung auf Augustin hat sich dann zum Beispiel auch Meister Eckhart geäußert[202].

---

[195] Die lateinische Version bietet »per dicere eius verbum«.

[196] WA 42; 13,17 f (1535) (zu Gen 1,3): Hic primum ponit Moses medium et instrumentum, quo Deus Pater in operando est usus, nempe Verbum.

[197] In diesem Sinne wird auch die folgende, nicht ganz deutliche Notiz einer Rörerschen Predigtnachschrift von 1523/24 zu verstehen sein (WA 14; 100,21−25): Illud verbum oportet ut intelligamus fuisse ante omnes creaturas, cum per verbum sint creaturae etc. non dicit quod per verbum fecit creaturas, sed quod dixit verbum, got spricht und durch sein sprechen wirt, hoc est: deus habet secum verbum et hoc verbum in principio fecit lucem.

[198] 182,19−22.

[199] Vgl. etwa den nur ein Jahr nach der Wartburgpostille entstandenen Commentarius in Genesin von Melanchthon (CR 13,766 f): Hic mirari quispiam possit, cum per Verbum omnia condantur, cur non et supra addiderit, dixit, et creavit coelum et terram: ego causam non video, nisi forte verbi naturam Moses indicari certius ita putavit, penes hoc, quod tum demum fecit eius mentionem cum lucem condi scriberet.

[200] De Genesi ad litteram I.3 (CSEL 28,I,7 = PL 34,248 f).

[201] Ebd. I.4 (CSEL 28.I.7 f = PL 34,249). - Die andern drei Schriften Augustins zur Genesis können, da von Luther nicht bzw. nicht einschlägig benutzt, an dieser Stelle vernachlässigt werden (vgl. DELIUS [s. Anm. 139], 74 f u. 82).

[202] Freilich zu Gen 1,2a (Expositio libri Genesis, LW I,206 f). − Eckharts Auslegung im Liber parabolum Genesis ist, obwohl ausführlich das Verhältnis von materia und forma diskutierend, für unseren Zusammenhang ohne Interesse (vgl. LW I,497−501).

In seiner Genesis-Vorlesung nimmt Luther dieses Problem auf, und zwar vorgreifend schon anläßlich der ersten beiden Verse des ersten Kapitels[203]. Auch er betont zunächst, in dieser Frage keinem Vorbild folgen zu können und darum jedem seine eigene Deutung zu überlassen[204]. Luther selbst deutet die Frage dann in einer an Augustin zwar anknüpfenden, sich von ihm aber doch deutlich unterscheidenden Weise. Was er mit ihm gemein hat, sind vor allem die dem aristotelischen Vier-causae-Schema entlehnten Deutekategorien von materia und forma. »Himmel und Erde« bezeichne in Gen 1,1 nicht das, was sie heute sind, vielmehr die »prima materia«, nämlich »rudia et informia corpora«[205]. Das »Deus dixit: fiat, et factum est« habe Mose in Gen 1,1 noch vermieden, weil Himmel und Erde zunächst ineinander vermengt und ohne Form gewesen und erst hernach geformt und unterschieden worden seien[206]. Luther widerspricht nun aber der herkömmlichen Auffassung, wonach die ungeformte Materie nur pura potentia bzw. prope nihil sei, wie Lyra und Augustinus sagten[207]. Die prima materia ist für Luther weder bloße, d. h. wesenlose Möglichkeit noch zum Nichts tendierend, sondern durchaus »res et substantia«[208]. Die Ungeformtheit der prima materia sei als Material einer künftigen Gestalt zu verstehen, vergleichbar einem Stück Holz, aus dem ein Kasten oder eine Bank entstehen soll[209]. In dem anthropologisch orientierten Zusammenhang seiner Disputatio de homine von 1536 — also in unmittelbarer zeitlicher Nachbarschaft zur Genesis-Vorlesung — hat Luther auf das Verhältnis von Himmel und Erde (Gen 1,1) zu der am sechsten Tag vollendeten Schöpfungsgestalt zurückgegriffen, um mit Hilfe dieses Analogons zu verdeutlichen, wie sich der Mensch in diesem Leben zu seiner zukünftigen Gestalt als imago Dei verhalte[210].

---

[203] WA 42; 5,6−7,29 sowie 13,11−18 (1535).

[204] WA 42; 6,9−11 (1535): Dixi autem antea nos hoc iter sine Duce ingredi; quare relinquemus hic aliis suum iudicium, et nos, quid nobis videatur, exponemus.

[205] Ebd. 6,12f.15.

[206] Ebd. 6,17−21: Ideo autem, quantum ego video, primum diem Moses adhuc tacet, quia postea formata et quasi perpolita et distincta sunt ista confusa corpora rudis coeli et terrae. Nam quod post abyssum vocat et aquam, nempe informem et rudem aquam, nondum digestam, nondum certa forma exornatam, id hic coelum dicit. − Vgl. ebd. 6,21−7,22. − Vgl. auch WAT 1; 257,6−11 (1533) (Nr. 562).

[207] WA 42; 7,23−25. − Bei Augustin bezieht sich Luther an dieser Stelle nicht auf dessen Genesis-Kommentar, sondern auf die Confessiones. Zur Schwierigkeit, den genauen Fundort nachzuweisen, vgl. Delius (s. Anm. 139), 39.

[208] Ebd. 7,27.

[209] Ebd. 7,28f.

[210] WA 39,1; 177,7−10 (These 37f): Et qualis fuit terra et coelum in principio ad formam post sex dies completam, id est, materia sui, talis est homo in hac vita ad futuram formam suam, cum reformata et perfecta fuerit imago Dei. − Vgl. dazu den feinsinnigen Kommentar G. Ebelings: Lutherstudien II/3 (s. Anm. 14), 472−526.

Daß Luther für die These der Narratio als Anschauungsmaterial die Erschaffung des Lichts heranzieht, ist also kein beliebig gewähltes, sondern das erste und darum paradigmatisch zu verstehende Beispiel für das »Deus dixit: fiat, et factum est«. Das gilt im übrigen ganz unabhängig davon, daß Luther in einer zur Wartburgpostille fast gleichzeitigen Predigt über Gen 1 das Fehlen des »Deus dixit« in Vers 1 noch ganz anders gedeutet hat: Neben zwei recht gesucht wirkenden Gründen[211] verweist er drittens darauf, daß Mose die drei göttlichen Personen, die natürlich zugleich gewesen seien, »dannoch nach einander schreyben« mußte, »dann er kund es nit zugleich mit einem wort fassen«[212]. Weil Mose »die drey person hat ordenlich mussen nach einander anzeygen«, nannte er zuerst den Vater (»Got schuff«), dann den Sohn (»Got sprach«), dann den Heiligen Geist (»Got sahe es fur gut ane«)[213].

c) Argumentatio

Die dreigliedrige Argumentatio[214] bildet – sachlich wie strukturell – den Kern des ersten Problemkreises. Daß ihr Argumentationsgang bis ins Kleinste organisiert ist, entspringt nicht etwa einem leeren Formalismus, sondern qualifiziert ihn auch in materialer Hinsicht: Die Formstruktur läßt sich als Denkstruktur lesen. Die in § 2.2.b festgehaltenen Bemerkungen zum Aufbau voraussetzend, mögen an dieser Stelle ein paar erläuternde Notizen genügen[215].

---

[211] WA 12; 450,9−22 u. 451,11−452,4. − Auch hier findet sich der einleitende Topos (450,14−16): Ob wir die ursach nit treffen, wöllen wir dem heyligen geyst die eer thun, das ers besser weis dann wir. Aber so viel ich kan gedencken, so ysts also darumb gesetzt: …

[212] WA 12; 451,3 f.

[213] Ebd. 450,24−27. − Luthers Interesse ist in allen drei Gründen, die er anführt, ganz eindeutig dahin gerichtet, das Wort als jeder Kreatur vorausgehend auszuweisen.

[214] 183,1−184,18. − Das entspricht Abschnitt B.II.3 der in § 2 vorgeschlagenen Gliederung.

[215] Was Luther in der Argumentatio vorträgt, klingt − wenn auch meist weniger kunstvoll und oft auf Teilaspekte reduziert − in seinen anderen Auslegungen von Joh 1 und Gen 1 ebenfalls an; vgl. z. B. zu Joh 1: WA 1; 22,37−23,18 (1514). − WA 11; 226,8−22 (1523). − WA 15; 800,20−801,5 (1524). − WA 46; 533,19−534,18 (1538). − WA 47; 628,13−629,25 (1539). − WA 49; 236,11−237,7 (1541). − Zu Gen 1: WA 12; 447,24−448,9; 448,26−449,26 (1523). − WA 14; 100,1−4 (1523/24). − WA 24; 28,6−29,3 (1527). − WA 42; 13,34−14,41 (1535). − Was in den anderen Texten stärker als in der Prolog-Vorrede betont wird, ist allenfalls der Gedanke der Exklusivität, die dem Wort als Instrument des göttlichen Schaffens zukommt; vgl. z. B. WA 11; 226,11−15 u. WA 47; 629,14−16.

Vgl. dazu bei Augustin die in polemischer Absicht formulierten Abschnitte I.11 f seiner Prolog-Exegese (In Iohannis Evangelium tractatus I.11 f: CChr.SL 36,6 f = PL 35,1384 f) sowie De trinitate I.6.9 (CChr.SL 50,37 f = PL 42,825).

Im Zusammenhang der Rückbindung von Joh 1 an Gen 1 schreibt Melanchthon (CR 15,9): Contexamus autem omnia membra. In principio erat verbum, et verbum erat apud

Dem ersten Argumentationsschritt liegt als These zugrunde, daß das Wort, da es vor allen Kreaturen gewesen ist[216], ewig und ohne Anfang sein muß[217]. Während Luther als biblischen Grund eine Paraphrase von Gen 1,1−3 bietet, verweist er in der logischen Begründung auf drei »unwiddersprechliche« Sätze: »Was nit tzeyttlich ist, das muß ewig seyn, und was keyn anfang hatt, muß nit tzeytlich seyn, und was nit creatur ist, muß« − da doch »außer gott und creatur ... nichts odder keyn weßen« ist − »gott seyn«[218]. Eine abschließende Bekräftigung wiederholt noch einmal variierend die These[219].

Ein zweiter Schritt betont dann den Unterschied der Personen: »Es leydet sich nit, das der Sprecher selb das wort sey«[220]. Luther erhärtet diesen Satz zunächst logisch, indem er dessen Gegenteil ad absurdum führt[221], dann in einer ausführlicheren Deutung des »Deus dixit« von Gen 1: Mose »tzwingt ... gewalltiglich, das tzweyerley da sind«, der »sprecher und seyn wort«[222]. Die bilanzierende Bekräftigung hält nicht nur die Unterscheidung der »tzwo personen« fest, sondern dazu auch deren Verhältnis: Während das Wort aus dem Sprecher hervorgehe, habe dieser sein Wesen allein aus sich selbst[223].

Schließlich bindet Luther das ewige Wort (a) und seinen Sprecher, von dem es unterschieden ist (b), in die Einheit Gottes zusammen (c)[224]. Das muß bi-

---

Deum, et Deus erat verbum. Hae propositiones omnes hoc volunt, Verbum esse personam coaeternam patri aeterno, qui tamen non sit pater, et tamen sit de essentia patris. Concionatur ergo de duabus personis divinis, Patre aeterno, et Filio. Vocat igitur filium Verbum. - Vgl. auch die Paraphrase des hier zu interpretierenden Luthertextes bei JANSEN (s. Anm. 177), 155f.

[216] Auch vor den Engeln!, fügt Luther einmal hinzu (WA 46; 534,6f.11f): Ergo ist der dinger keins gewesen, quod creavit ... Non modo praestantior omnibus Creaturis visibilius, sed etiam Angelis, quae non potest edici.

[217] 183,1−4.

[218] 184,4−10. − WA 15; 800,28−31 (1524): Non fuit creatura, quia verbum non potest fieri, per quod alia fiunt. Ergo hoc verbum prius fuit, antequam quid factum. Ergo non est creatura: si non, ergo est deus, quia nihil est praeter creaturam quam deus. − In der Genesis-Vorlesung greift Luther einen denkbaren Einspruch der Vernunft auf (WA 42; 14,23−31): Sed hic ratio stultis questionibus impie ineptit. Si, inquit, verbum semper fuit, Quare non prius creavit Deus per id verbum coelum et terram? Item: Quia tum primum, Cum Deus incipit dicere, coelum et terra fiunt, videtur sequi: Verbum tum primum cepisse, cum Creatura cepit etc. Sed hae impiae cogitationes sunt excutiendae. Neque enim de his possumus aliquid statuere aut cogitare: Quia extra illud initium creaturae nihil est quam nuda essentia divina et nudus Deus. Is autem quia est incomprehensibilis, illud etiam incomprehensibile est, quod fuit ante mundum, quia nihil est nisi Deus.

[219] 183,10−12.

[220] 183,13f.

[221] 183,14−16: Was were das fur eyn sprecher, der das wort selb were? Er must eyn stum seyn, odder das wort must on den sprecher von sich selb lautten und sich selb sprechen.

[222] 183,16−25; hier: 21f.

[223] 183,25−27. − Vgl. WA 46; 533,19−534,6 (1538).

[224] 184,1−18.

blisch nicht weiter begründet werden; die erinnernde Zitation von Gen 1,1a und Dtn 6,4 genügt. Das Zeugnis der Schrift hält Luther für zwingend: Sie rede so klar, daß es jeder verstehen, und so gewaltig, daß es niemand bestreiten könne[225]. Wer es dennoch nicht begreift und gelten läßt, der will »die helle schrifft leugnen«. Damit hat Luther nun auch die Voraussetzung genannt, von der her die Einheit der Personen erst als biblisch und logisch evident erscheint. Denn die Worte der Schrift sind zwar »eynfelltig«, »begreyfflich«, »klerlich« und »geweltiglich«, aber doch nur dem christlichen Verstand, nicht jedoch der »ratio ceca«[226]. Darum muß der carnalis homo durchaus »die schuch abzihen«, denn »die hohen treffenlichen wort« von den in der Einheit Gottes unterschiedenen Personen »sind nit kindern gesetzt noch geschrieben, sondern wöllen haben verstendig leut, die yn der schrifft gewont sind, sonst laut es kindisch«[227].

Die Bekräftigung der dritten These, die zwei Personen seien ein vollkommener Gott[228] – was übrigens schon die frühe Prolog-Predigt von 1514 in aller Klarheit formuliert[229] –, mündet in eine Erläuterung, die noch einmal die ganze Argumentatio in sich versammelt[230].

d) Refutatio

Was in der Narratio bereits motivisch angeklungen ist[231], erhebt die Refutatio zum Thema: die Irrlehre nämlich, wonach jenes Wort von Gen 1 zwar durchaus ein Gott sei, jedoch »nit naturlich, ßondern geschaffenlich«, und die Kreatur zwar durchaus durch dieses Wort erschaffen sei, es selber aber »auch tzuuor gemacht (were) und darnach durch yß die andern alle«[232]. Es sind »die ketzer Arriani«, die damit über die Grenzen des menschlichen Verstehens hinaus-

---

[225] 184,3–13. In der Ausführung dieses Arguments greift Luther auf das zurück, was er schon zur ersten These gesagt hat.

[226] WA 11; 226,21 f (1523): Hoc difficile Christianis intellectu non est, ratio ceca non intelligit.

[227] WA 12; 448,26–449,1 (1523). – WA 14; 100,19–21 (1523/24): Carnalis homo oportet ut exuat calceos, quia hec verba non pueris, sed exercitatissimis scriptum est, alias pueriliter sonat. – Vgl. ferner WA 12; 449,22–26. – WA 24; 32,4–6.

[228] 184,13 f.

[229] WA 1; 23,7–11 (1514): Si ergo Deus dixit, igitur verbum eius distinctum est ab eo: tamen nusquam esse potuit nisi apud dicentem Deum. Ergo coaeternum et tamen distinctum ei est, ac per hoc verus etiam Deus. Et quicquid est ex quo omnia facta, Deus est, cum ultra factorem et facturam non possit esse aliquid.

[230] 184,14–18: Eyn igliche ist der ware, eynige, volkomener, naturlicher gott, der alle ding geschaffen, und das der sprecher seyn weßen nit von dem wort, ßondernn das wortt von dem sprecher seyn weßen habe, doch alliß ewiglich und ynn ewickeyt außer allen creaturn.

[231] 182,17 f: Dasselb wort mag und kan keyn creatur geseyn.

[232] 184,21–23. – Schon 1514 hatte Luther sich vehement gegen die arianische Lehre von den zwei Anfängen verwahrt (WA 1; 21,9–19).

spekulieren und so »eyn loch durch den hymel boren« wollen[233]. Daß Luther
die Irrlehrer als »Arriani« kenntlich macht, ist nicht etwa Ausdruck einer dog-
mengeschichtlichen Pflichtübung, sondern dient der Abwehr einer zeitlosen
und darum immer aktuellen Bedrohung. Denn zum einen, führt Luther in der
Genesis-Vorlesung aus, lebe die alte Ketzerei noch immer, wobei sich die
»novi Ariani« sogar die weithin herrschende Unkenntnis der hebräischen
Sprache zu eigen machten[234]. Zum andern offenbart sich in den »ketzer Arriani« aber zugleich auch das Prinzip des Ketzerischen überhaupt: reden sie
doch »on alle grund der schrifft auß yhrem eygen traum, darumb das sie die
eynfelltigen wortt der schrifft faren ließen und folgeten yhren eygen gedank-
ken«[235] (vgl. dazu § 8.2.b).

Schon Augustin hatte gegen die Arianer auf das in Gen 1 und Joh 1 niedergelegte Zeugnis der Schrift verwiesen, dessen logischer Duktus unanfechtbar
sei und dem man darum glauben möge[236]. Daß das Geheimnis des Wortes, das
im Anfang war, der bloßen Vernunft nicht faßbar ist, räumt Luther ein: Wozu
hätte es Gott sonst offenbaren müssen[237]! Wie Augustin rät darum auch er, der
»viel subtieler, spitziger wort« der Ketzer nicht zu achten, stattdessen »ynn (!)
den eynfelltigen, gewelltigen, klaren wortten der schrifft« zu bleiben[238]. An
ihnen könne selbst ein Arius nicht vorbei[239]. Auch Johannes habe sich einst

---

[233] 184,19f. − Vgl. WA 46; 534,1−3 (1538): Da alle ding anfiengen zu werden, was das
verbum bereit und hatte sein wesen, ist nicht worden, zu rück kan man nicht rechen. −
Vgl. ferner WA 11; 226,24−227,8 (1523).

[234] WA 42; 13,19−33 (1535): Notanda autem diligenter est differentia, quae apud Ebraeos est inter *Amar* et *Dabar*. Nos utrunque reddimus per verbum ›dicere‹ seu ›loqui‹, sed
apud Ebraeos haec differentia est: *Amar* tantum et proprie significat verbum prolatum: Sed
Dabar etiam rem significat, sicut cum Prophetae dicunt: Hoc est verbum Domini, utuntur
nomine *Dabar,* non *Amar.* Iam hodie novi Ariani imperitis Ebraeicae linguae sic fucum faciunt: verbum significare rem creatam, et hoc modo dici etiam Christum verbum. Contra
hanc impiam et simul insulsam depravationem recte admonetur hic Lector, Mosen uti
verbo *Amar,* quod simpliciter et proprie significat prolatum verbum, ut sit verbum quiddam distinctum ab eo, qui dicit, sicut distinctio est inter dicentem et id, quod dicitur.
Quemadmodum igitur supra probavimus ex textu pluralitatem personarum, Ita hic manifesta est distinctio personarum. Dicit enim Deum esse, ut sic loquar, Dictorem, qui creat,
et tamen non utitur materia, sed solo verbo, quod profert, ex nihilo facit coelum et terram.

[235] 185,1−3.

[236] In Iohannis Evangelium tractatus I.11 (CChr.SL 36,6 = PL 35,1384). − Vgl. auch
die interessante, bei Luther aber nicht mehr aufgenommene Fortführung des Gedankens in
I.12 (CChr.SL 36,6f = PL 35,1384f).

[237] WA 47; 628,14−16 (1539): Das mus man glauben. Qui vult ratione erstreiten etc. Si
posset ratio adsequi, so dürffts Got nicht e coelo revelare.

[238] 185,4f.

[239] WA 46; 534,14−18 (1538): Audi, Arri: Fur dem wort ›In principio‹ kanstu nicht
füruber, quia confessus, quod distinctae personae pater et filius, Et tamen adeo distinguis,
ut ex Christo facias creaturas. Non est factus, sed fuit. Si fuit, Ergo ante Creaturas ab initio. Christus fuit Deus ante mundum. Haec fides nostra.

dieser Ketzerei erwehrt, indem er den arianischen Kronzeugen einführte, Mose, auf den sie doch pochten: »Mosen nimpt er inen ex corde, hand et ore et furet in (i. e. ihn) contra ipsos. Das ist ein recht Meister stück«[240].

e) Peroratio

In knapper Zusammenfassung resümiert Luther schließlich, daß »der hohe artickel von der gottheyt Christi«, der, wie schon der erste Satz der Vorrede konstatiert hatte, im Prolog des Johannesevangeliums »auffs aller klerist gegrundt ist«[241], aus der »recht guldene(n) fundgrube« von Gen 1 genommen sei[242]. Doch liegt der Ton nun nicht mehr auf der überragenden Bedeutung des Prologs[243], sondern auf der Exklusivität jener »fundgrube« für »alß, was von der gottheyt Christi ym newen testament geschrieben ist«[244]. Das erste Kapitel der Genesis enthält darum, wenngleich in schlichtesten Worten, die größten und verborgensten Dinge. In der Genesis-Vorlesung hat Luther an die alte, von Hieronymus überlieferte jüdische Sitte erinnert, wonach niemand das Buch Genesis vor seinem dreißigsten Jahr lesen, geschweige denn auslegen dürfe. Muß doch, wer dieses verstehen will, zuvor die ganze Schrift gelesen und verstanden haben[245]. Indes: Von der Schriftgelehrten sei, trotz dieser Sitte, keiner dahin gelangt[246]. Noch pointierter hat sich Luther 1523 in einer Predigt über den Johannes-Prolog geäußert. Kein Jude, heißt es da, habe Mose verstanden[247].

---

[240] WA 47; 629,4–6 (1539). – Vgl. ebd. 628,13–629,25.

[241] 181,8 f.

[242] 185,7–11.

[243] Vgl. dafür z. B. auch WA 46; 550,24–40 (1537).

[244] 185,8 f.

[245] WA 42; 3,15–19 (1535): Primum caput simplicissimis quidem verbis est scriptum, sed res continet maximas et obscurissimas. Quare apud Ebraeos (sicut D. Hieronymus testatur) prohibitum fuit, ne quis ante annum aetatis trigesimum illud legeret aut enarraret aliis. Voluerunt enim, prius totam Scripturam bene cognitam esse, quam ad hoc Caput perveniretur. – Entsprechend auch WA 14; 97,9–13 (1523/24). – Vgl. EBELING, Evangelische Evangelienauslegung (s. Anm. 49), 310 f.

[246] Ebd. 3,19–21: Sed neque ista ratione aliquid promoverunt Iudaeorum Rabini; nam etiam bis triginta annos et amplius nati pueriliter in suis commentariis de his gravissimis rebus nugantur.

[247] WA 11; 226,15 f: (Joh 1,1a) weyset uns in Mosen, quod nemo Iudaeorum intellexit.

2. Ergänzungen

a) Die Fundgrube

Mit zwei knapp gehaltenen Ergänzungen (185,12 − 186,8) beschließt Luther den Rekurs auf Gen 1. Deren eine erinnert daran, daß Johannes durchaus nicht der Einzige ist, der aus dieser »recht guldene(n) fundgrube« geschöpft hat. Indem Luther auch andere Texte in den Blick rückt, stellt er die Responsion von Gen 1 und Joh 1 wieder[248] in ihren gesamtbiblischen Zusammenhang.

Als Beispiel nennt Luther Ps 33,6a − dies in wörtlicher Zitation: »Die hymel sind gemacht durch das wortt gottis«[249] − und verweist dann auf Prov 8,22−36, wo Salomo »mit vielen schonen wortten« beschreibe, wie »die weyßheit gottis ... geweßen sey fur allen dingen bey gott«[250]. Ohne sich mit weiteren Bibeltexten aufzuhalten, läßt er summarisch das Urteil folgen, in dieser Fundgrube hätten »alle propheten ... fast (i. e. sehr) geerbeyt und yhren schatz eraußgraben«[251].

Daß nicht allein der Johannes-Prolog, sondern beispielsweise auch Ps 33,6 und Prov 8,22ff dem ersten Kapitel der Genesis als ihrem Wurzelgrund entspringen, ist ein bei Luther von Anfang an begegnender, auch von der exegetischen Tradition her sich nahelegender Gedanke. Bereits der frühe Sermon von 1514 macht darauf aufmerksam − verbunden übrigens mit dem zusätzlichen Verweis auf Ps 104,24[252] −, und auch die späteren Auslegungen von Joh 1[253] und Gen 1[254] erinnern immer wieder an diesen Zusammenhang. Obschon die Zahl der von Luther genannten Paralleltexte schwankt[255], findet sich die zentrale Bedeutung von Ps 33,6 durchgehend betont. Die Zitation anderer, dem Sachgehalt von Gen 1 entsprechender Bibelworte verwischt nun aber

---

[248] Daß den Gliederungsteilen B.I und B.III in bezug auf B.II eine rahmende Funktion zukommt, ist bereits in § 2.2.b notiert worden.

[249] 185,12 f.

[250] 185,13−15.

[251] 185,15 f.

[252] WA 1; 23,11−18 (1514): Quo patet, ex principio Genesis suum principium collegisse, Quia istae sequentes propositiones ›in principio erat verbum‹ et ›verbum erat etc.‹ velut corollaria sequuntur necessario ex illis verbis Mosis ›dixit Deus: Fiat, et factum est‹, Quod Moses prius ipsum appellavit ›verbum‹ quam Iohannes. nam et Propheta per Spiritum idem collegerat ex eisdem verbis, quando dixit: verbo Domini coeli firmati sunt, et iterum: omnia in sapientia fecisti, Et Salomo similiter ea quae de Sapientia Prov. 8 perorat. − Vgl. dazu W. v. LOEWENICH, Die Eigenart von Luthers Auslegung des Johannes-Prologs (SBAW.PPH 1960, 8), 1960, 37.

[253] Vgl. etwa WA 36; 413,20−31 (1532). − WA 46; 547,8−19 (1537).

[254] Vgl. etwa WA 42; 16,24−39 (1535). − WA 54; 56,29−57,8 (1543); vgl. ebd. 57,9ff.

[255] Melanchthon nennt in seinem kurzen Kommentar zu Gen 1,3a neben Joh 1 und Ps 33,6 noch: Ps 28; Ps 33,9; Ps 106; Hebr 1 (Commentarius in Genesin, CR 13,766).

nicht die Responsion von Gen 1 und Joh 1[256], unterstreicht vielmehr nur deren herausragende Funktion. Während unter den alttestamentlichen Belegen für das Sprechen Gottes der zeitliche und sachliche Vorrang von Gen 1 unbestritten ist[257], »hats uns ... nach Mose alleine S. Joannes der Euangelist gesaget und angezeiget, zwar die Propheten, und sonderlich David Psalm 33. habens auch gerüret, aber nicht so klar und deutlich wie Moses, Und darnach S. Joannes an diesem ort, da er den Son Gottes das Wort heisst«[258].

Die Texte, die Luther neben Joh 1 dem Wurzelgrund von Gen 1 entspringen sieht, entstammen im übrigen durchweg dem Alten Testament. Offenbar sehen nicht allein die Worte der Apostel hinter sich auf den Ort, in dem sie gründen[259], sondern entsprechend auch die der Propheten. Luther geht damit zwar über die schematisch anmutende Zuordnung von Neuem und Altem Testament, mit der er den ersten Themenkreis seiner Vorrede eingeleitet hatte[260], hinaus, entspricht aber, indem er das Alte Testament nicht als erratischen Block, sondern in seiner historischen und theologischen Differenziertheit versteht, eben so der Einsicht in das bereits innerhalb der alttestamentlichen Schriften anzusetzende Gefälle, auf das schon im dritten Abschnitt des vorigen Paragraphen ergänzend zu verweisen war (§ 3.3).

b) Der Heilige Geist

Als zweite Ergänzung fügt Luther schließlich den Hinweis an, daß Mose in Gen 1 nicht nur Gott und Wort, Sprecher und Spruch und also Vater und Sohn verkündigt habe, sondern auch, als dritte Person der Gottheit, den Heiligen Geist[261]. Nach der knapp formulierten These[262] nennt und kommentiert er zu-

---

[256] Wie etwa Rupert von Deutz; vgl. Anm. 178.

[257] WA 42; 16,28−32 (1535): Hic ostendit Salomo se istam doctrinam nostrae religionis intellexisse a Mose ostensam, sed ita, ut populus rudis ista audiret et legeret et tamen non intelligeret. Nisi enim intellexisset Salomo hoc mysterium, non potuisset sic loqui. Sed ex Mose hausit omnia. − Vgl. überhaupt ebd. 16,24−39.

[258] WA 46; 547,8−12 (1537).

[259] Vgl. 181,20 f.

[260] 181,15−182,5.

[261] 185,17−186,8. − Vgl. die knappe Paraphrase bei Jansen (s. Anm. 177), 156 f. − Zur Sache noch immer erwähnenswert: J. Koopmans, Das altkirchliche Dogma in der Reformation (BevTh 22), 1955, 51−54.137−141. − R. Prenter, Spiritus Creator. Studien zu Luthers Theologie (FGLP X,6), 1954, 177−187.238−247, betont v. a. die antimodalistische Prägung bei Luther und weist auch darauf hin, daß Luther die »orthodoxe Dreieinigkeitslehre« nicht deshalb fast unverändert übernommen habe, weil er sie, wie Rudolf Otto meinte, als »eine gymnastische Übung des Geistes« erachtete, sondern weil sie ihm anbetungswürdig und heilig war (aaO. 177 f).

[262] 185,17.

nächst die Belegstellen (Gen 1,2.22.25)[263] und erwähnt dann zwei Gründe für die relative Verborgenheit dieser Erkenntnis[264].

Mit seiner trinitarischen Auslegung von Gen 1 steht Luther in einer breiten auslegungsgeschichtlichen Tradition[265]. Und er weiß darum: »Magnus Ecclesiae consensus est de mysterio Trinitatis hic prodito«[266]. Interessant ist dabei vor allem, daß Augustinus gleich zu Beginn seines großen Genesis-Kommentars in Gen 1 ein zweifaches Zeugnis der Trinität niedergelegt sieht. Zum einen sei in Gen 1,1 unter »Gott« der Vater, unter »Anfang« der Sohn zu verstehen, was durch den »Geist Gottes« in Vers 2 trinitarisch vervollständigt werde. Ist somit die Trinität bereits beim Ursprung der begonnenen Schöpfung in Erscheinung getreten, so wird sie in der Vollendung der einzelnen Werke noch einmal bezeugt. Denn das immer wiederkehrende »Gott sprach«, in dem sich Vater und Sohn ausgedrückt fänden, ziele auf den Ausdruck von Gottes Wohlgefallen und damit auf den als »sancta bonitas« verstandenen Heiligen Geist[267]. Wenn Luther den großen Genesis-Kommentar Augustins in anderem Zusammenhang auch einmal als zwar subtil disputierend, aber nichts zur Sache beitragend zurückgestellt hat[268], so zitiert er ihn doch gewissermaßen als Kronzeugen für die aus Gen 1 zu erhebende trinitarische Kurzformel »Deus dixit, fecit, vidit«[269]. Entsprechend hat Luther selbst Gen 1 durchweg trinitarisch

---

[263] 185,18—186,3.

[264] 186,3—8.

[265] Ein paar Hinweise zur Alten Kirche gibt LOEWENICH (s. Anm. 252), 37. — Unter den späteren Auslegern des Johannes-Prologs hat v. a. Nikolaus von Cues auf Gen 1 als Quelle einer trinitarischen Schöpfungslehre zurückgegriffen: Predigten 1430—1441, Schriften des Nikolaus von Cues, im Auftrag der Heidelberger Akademie der Wissenschaften hg. v. E. HOFFMANN, Heidelberg 1952, Predigt 19 (1441/45), 442—463, v. a. 447—449.454—456.

[266] WA 42; 8,23 f (1535).

[267] De Genesi ad litteram I.6 (CSEL 28,I,10 = PL 34,250 f).

[268] WA 42; 4,27—29.32 (1535): Augustinus mirabiliter ludit in tractatione sex dierum, quos facit mysticos dies cognitionis in Angelis, non naturales ... Haec etsi subtiliter disputantur, tamen nihil faciunt ad rem. — Die »spitzfindigen, um nicht zu sagen: wortklauberischen Untersuchungen« des Genesis-Kommentars zur Trinität hat auch deren Übersetzer, C. J. PERL, beklagt mit dem Hinweis auf die auch bei Augustin erst im Werden begriffene Trinitätslehre zu erklären versucht (Über den Wortlaut der Genesis, Bd. I, Buch I–VI, Paderborn 1961, 247 f).

[269] WA 42; 37,25—34 (1535): Sed hic id quoque attingendum est, quod sancti Patres et Augustinus praecipue observarunt, quod Moses his tribus verbis utitur: ›Deus dixit, fecit, vidit‹, quasi hoc modo tres divinae maiestatis personas voluerit ostendere. Verbo ›dicit‹ significatur Pater. Ille generat verbum in aeternum et in tempore constituit per illud Verbum hunc mundum. Ideo accommodarunt Filii personae verbum ›fecit‹. Filius enim in se habet exemplar non solum maiestatis divinae, sed etiam exemplar omnium rerum creatarum. Ideo dat esse rebus. Et sicut a Patre res dicuntur, ita per Filium et Verbum illud Patres res omnes subsistunt. Adiungitur autem his tertia persona Spiritus sancti, qui res creatas ›Videt‹ et probat. — Augustin betreffend, bezieht sich Luther auf De Genesi ad litteram II.6 f (CSEL 28,I,39—43 = PL 34,267—269). Für die »sancti Patres« ist ein Nachweis bislang nicht gelungen; vgl. dazu DELIUS (s. Anm. 139), 77.

gedeutet[270] und auch in seinen Auslegungen des Johannes-Prologs, sofern sich die Gelegenheit einer exkursorischen Einbindung jenes ersten Kapitels der Genesis ergab, darauf verwiesen[271]. Daß er gegenüber der herkömmlichen trinitarischen Nomenklatur zeitlebens sehr zurückhaltend war, belegt etwa eine späte Predigt über Joh 1, in der − übrigens auch wortgeschichtlich interessant[272] − von einem »gedritt« die Rede ist:

> Quid ist er bey sich selber, da er sein Gottlich wesen bey sich selbs hat? Ibi Christiani: Is unicus dominus, rex et creator, per filium sic depinxit se, quod in deitate so stehe. Verbum wird gesprochen, spiritus sanctus willigt drein, das ein gedritts ist et tamen in sich selbs eins, quando unum est creator coeli, terrae[273].

In der Prolog-Vorrede von 1522 führt Luther aus Gen 1 zwei Belegstellen für die Rede vom Heiligen Geist an, die er auch knapp kommentiert[274]. Das ist insofern nicht ohne Belang, als hinsichtlich des trinitarischen Charakters von Gen 1 zwar im Prinzip ein allgemeiner Konsens herrschte, nicht aber in bezug auf den genauen textlichen Anknüpfungspunkt. In direkter Aufnahme der augustinischen Deutung[275] verweist Luther hier sowohl auf den »Geist Gottes« von Vers 2 wie auf das »vidit quod bonum«. Interessanterweise hat Luther aber in einer nur ein Jahr nach der Wartburgpostille zu datierenden Predigt sehr gezögert, bereits Gen 1,2c − »und der Geist Gottes schwebte über den Wassern« − als einen Hinweis auf den Heiligen Geist zu lesen, denn »jn der Hebraischen sprache yst wind und geist gleich ein nam, und magst es hie nennen, wy du wilt«[276]. Dagegen stützt sich Luther dann in der Genesis-Vorlesung ganz auf diese Stelle: »Gleichwie eine Henne über den Eiern sitzt, sie wärmt und durch die Wärme daraus lebendige Küken zeugt, so, sagt die Schrift, hat sich der Heilige Geist gleichsam auf die Wasser gesenkt und die Dinge, die belebt und geschmückt werden sollten, lebendig gemacht. Denn es ist das Amt des Heiligen Geistes, lebendig zu machen«[277]. Auch später hat Lu-

---

[270] WA 12; 446,14−447,4 (1523). − Ebd. 447,22−448,15. − Ebd. 450,1−10. − WA 14; 100,7−11 (1523/24). − Ebd. 101,4−11. − WA 24; 28,6−30,3 (1527). − WA 42; 8,21−30 (1535). − Ebd. 14,36−41. − Ebd. 37,25−34.

[271] WA 36; 412,25−32 (1532). − WA 49; 237,7−240,7 (1541).

[272] J. u. W. GRIMM, Deutsches Wörterbuch, Bd. 4, 1878, ND 1984, 2039 f.

[273] WA 49; 238,10−239,3 (1541). − Vgl. KOOPMANS (s. Anm. 261), 51−54.

[274] 185,18−186,3.

[275] S. Anm. 267.

[276] WA 12; 446,17 f (1523). − Luther fährt fort (ebd. 446,18−24): Wenn es ein wind heyst, so ists das, das die lufft unternander her wehet auff der tieff, wie sy pflegt. Willtu es aber ein geist heissen, so magstu es auch thun, dann ich weyß es nicht eben zu örttern. Aber feyn wer es, das ein geist hieß, so köndt mans also verstehen, das Got die creatur, die er geschaffen hat, unter sych genomen hab, wie ein henn ein ey unter sych nimbt und das hunlein außbrut. Aber ich will es lieber also lassenn bleyben, das es eyn wind heys.

[277] WA 42; 8,25−29 (1535): Sicut enim gallina incubat ovis, ut pullos excludat ova calefaciens et calore quasi animans: Ita scriptura dicit Spiritum sanctum quasi incubasse

ther in diesem Zusammenhang Gen 1,2c mit beiläufiger Selbstverständlichkeit herangezogen[278].

Die trinitarische Deutung des »vidit quod bonum« ist bei Luther dagegen durchgehend belegt. In Ergänzung der ohnehin unbestrittenen Unterscheidung von Gott und Wort, von Vater und Sohn sieht er in der erwähnten Predigt von 1523 die dritte Person »auch begriffen yn dem das Moses sagt ›Got sahe das liecht fur gut an‹, das ist, er hat eyn wolgefallen dran, der da ist das ewig wolgefallen Gottis, wie das wort ist seyn ewiger radt«[279]. Das Wohlgefallen Gottes an dem, was er durch das Wort geschaffen hat, »wirt eygentlich dem heyligen geist zugerechnet«[280]. Er bietet die Gewähr, daß Gott der Kreatur, die er erschaffen hat, auch beisteht, und ist, als Gottes »lust und wolgefallen«, »das band, das da al creaturn halt und allen yr ubung und wirckung geb«[281]. Entsprechend äußert sich Luther, wenn auch manchmal formelhaft verkürzend, in den anderen Predigtfassungen zu Gen 1[282] sowie in der Vorlesung. Während er sich dort aber bei der Kommentierung des ersten Schöpfungstages noch ganz zurückhält[283], nimmt er erst Gen 1,20 zum Anlaß, das in Übereinstimmung mit den Vätern formulierte trinitarische Kürzel »Deus dixit, fecit, vidit« einzuführen und zu erläutern[284]. In den Präparationsnotizen zur Genesis-Vorlesung hat Luther diesen Dreischritt mit zwei trinitarischen Analogien verknüpft[285], die, obwohl nur auf äußerst zurückhaltende Weise an

---

aquis, ut ista corpora, quae animanda et ornanda erant, vivificaret. Nam Spiritus sancti officium est vivificare. − Vgl. PRENTER (s. Anm. 261), 188.

[278] Vgl. z. B. WA 39,2; 322,7−25 (1544). − Ein ähnliches Schwanken ist übrigens bei Melanchthon zu beobachten: Während er in einer Prologauslegung Gen 1,2 als Beleg dafür nennt, daß das Geheimnis der Trinität auch im Alten Testament schon verhandelt worden sei (CR 14,1050), kommt er in seinem Genesis-Kommentar nicht hier, sondern erst beim sechsten Tag auf die Trinität zu sprechen (CR 13,770 f). Bei Zwingli (Farrago annotationum in Genesim, CR 13,8) findet sich zu Gen 1,2c zwar eine knappe Erwähnung des Geistes, aber kein Hinweis auf die trinitarische Einbindung desselben.

[279] WA 12; 448,10−12.

[280] Ebd. 450,5 f.

[281] Ebd. 450,3.7 f.

[282] WA 14; 100,7−11; 101,4−11 (1523/24). − WA 24; 28,6−30,3 (1527).

[283] WA 42; 14,32−41 (1535).

[284] Ebd. 37,25−34.

[285] WA 42; XIX,28−XX,3:

Attributa tria	potentia	Memoria
	sapientia	intellectus
	bonitas	voluntas

Sic	Dixit	factum sic est
	fecit	
	vidit bonum,	probavit

dieses bei Augustin recht breit traktierte Feld[286] erinnernd, in der Vorlesung nicht wieder aufgenommen worden sind. Man wird wohl auch hier das »nihil ad rem« vom Beginn der Vorlesung[287] ergänzen dürfen[288].

Die in Gen 1 angelegten Hinweise auf den Heiligen Geist sind freilich längst nicht so offenkundig wie die auf den Sohn und den Vater. Für diese Verborgenheit macht Luther zwei Gründe aus: je einen in Hinsicht auf den Text und auf seine Interpreten. Was den biblischen Text angeht, so seien die Sprüche, die vom Heiligen Geist zeugten, noch nicht so durchgestaltet und glänzten darum noch nicht so hell wie die, die den Sohn anzeigten: »Es ligt das ertz noch halb ynn der gruben«[289]. Auch sonst hat Luther gern darauf verwiesen, daß von der dritten Person in Gen 1 nur »heimlich«[290] und »versteckt«[291] geredet werde. Aber nicht die ganze Verantwortung lastet auf Mose. Luther räumt ein, daß, wer die neutestamentlichen Zeugnisse vom Heiligen Geist gegen »dißen text Mosi« halten wollte, durchaus »groß liecht, lust und freud« fände – wenn er nur »tzeyt hett«[292]. Bei aller »verbositas«, deren Luther mitunter fähig war und die er zeitlebens bei sich beklagte[293]: *diese* Zeit hat er sich denn doch niemals genommen. Nur »kurtzlich«, heißt es in der Predigt von 1523, wolle er »von dysem stuck« reden und »nit weitter darein faren«. Es ist freilich nicht bloß die knapp bemessene Zeit, die ihn davon zurückhält, sondern ebenso auch die Sorge, über der genannten Aufgabe in haltloses Spekulieren zu geraten. So läßt sich Luther am Ende an jenen knappen Hinweisen auf den Heiligen Geist genügen, auf daß »wir ya bey dem einfeltigen wort bleyben«[294].

---

[286] Z. B. De trinitate XV,3,5 (CChr.SL 50,463–467 = PL 42,1059–1061). – Vgl. dazu A. SCHINDLER, Wort und Analogie in Augustins Trinitätslehre (HUTh 4), 1965, v. a. 169 ff.

[287] WA 42; 4,32 (1535).

[288] Eine an Gen 1,26 lose anknüpfende Erwähnung der creatio als »opus omnium trium personarum, non solius Patris, sed et Filii et Spiritus sancti« findet sich im Anhang der Promotionsdisputation von Georg Major (WA 39,2; 322,19–25). – Vgl. dazu Melanchthon (CR 13,770f): Dies sextus. Plenissimus hic locus est multis et evangelicis mysteriis, propterea singulas eius partes ordine exequamur, et principio intelligamus hic loqui Mosen de homine, qualis conditus est incorrupto et gerente imaginem Dei. De aliis animantibus inquit: Producat terra, producant aquae etc., de hominis ortu ait: Faciamus etc., ut significet aliter nasci et interire alia animantia atque hominem. Quod dicit Faciamus, certa nota est Trinitatis, neque hoc temere est, quod Trinitatem indicat, cum de homine condendo loquitur (nam antea dixit: Fiat lux): Ad imaginem et similitudinem nostram.

[289] 186,3–6.

[290] WA 12; 450,1 (1523): heymlich. – WA 14; 101,6 (1523/24): heimlich.

[291] WA 42; 14,41 (1535): subtilissime.

[292] 186,6–8.

[293] Stellvertretend für ungezählte Stellen sei nur an die Vorrede zur Genesis-Vorlesung erinnert (WA 42; 1,27–29): Extemporaliter enim et populariter omnia dicta sunt, prout in buccam venerunt verba, crebro et mixtim etiam Germanica, verbosius certe, quam vellem

[294] WA 12; 450,8–10.

§ 5: Das Sprechen Gottes

Daß alle Kreatur, wie Luther sagt, »durch das sprechen odder wortt gottis«[295] geschaffen ist, gibt Anlaß, die semantischen Varianten, in denen diese Wendung bei Luther begegnet, zu erfassen und auf ihren Zusammenhang hin zu bedenken. Zwei Schwierigkeiten verbinden sich damit. Denn einmal erörtert die Frage nach dem »Sprechen Gottes« bei Luther nicht einen Teilaspekt, sondern ein Strukturmoment des Sprachproblems. Insofern ist alles, was an exkursorischen Vertiefungen noch folgen wird, darauf bezogen. Es läßt sich darum kaum vermeiden, in einem knappen, die differenziert gebrauchte Grundfigur erhellenden Durchgang bereits die Themen zu berühren, die an ihrer Stelle dann noch einmal aufzunehmen und zu interpretieren sind. Zum andern bedarf, was für alle theologischen Äußerungen Luthers gilt, in diesem Fall noch besonderer Beachtung: daß es immer um das Ganze geht. Mit zweidimensionalen Schemata und Diagrammen ist dem »Sprechen Gottes« bei Luther jedenfalls nicht beizukommen. Das verbum aeternum (2), das verbum creatum (3) und das verbum prolatum (4) bezeichnen denn auch keine verschiedenen verba dei, sondern drei Gestalten des einen Wortes Gottes. Aber selbst die Rede von »Gestalten« könnte noch das Mißverständnis eines katalogisierbaren Nebeneinanders nähren. Luthers Interesse galt nicht einem System von Wortgestalten, sondern zielte in jedem Fall auf das äußere Wort. Natürlich haben auch trinitäts- und schöpfungstheologische Fragen ihr Recht. Löste man sie jedoch aus ihrem Zusammenhang mit dem verbum promissionis, so verlören sie ihre theologische Pointe und reduzierten sich im Grunde auf protologische und kosmologische Spekulationen. Es lag darum nahe, die hier unterschiedenen drei Gestalten des verbum dei von der einen Grundbewegung umfaßt sein zu lassen, auf die sie jeweils bezogen sind und die in der Fundamentalunterscheidung von Gott und dem ihm entsprechenden Menschen, von deus loquens (1) und homo audiens (5), zum Ausdruck kommt.

Die Überschrift »Das Sprechen Gottes«, die den Wendungen »Die Sprache Gottes« und »Das Wort Gottes« vorgezogen worden ist, soll unterstreichen, daß dabei nicht ein abstrakter Begriff, sondern ein aktuales Geschehen im Blick ist. Sie umgeht damit zugleich das Problem, daß »Wort Gottes«[296] heute

---

[295] 182,13.
[296] Zur heutigen exegetisch-theologischen Verwendung des Syntagmas »Wort Gottes«

weithin als Synonym zu »Heilige Schrift« in Geltung steht[297]. Doch dieser
Gleichsetzung ist zu widersprechen, und das reformatorische Prinzip des sola
scriptura hat sich jedenfalls nicht als die Anweisung verstanden, etwa die trinitarischen und schöpfungstheologischen Bezüge des Wortes Gottes auszublenden. Eher noch ließe sich eine Gleichsetzung von Wort Gottes und verbum prolatum bzw. verbum praedicatum vertreten[298]. Aber auch das würde
den Sachverhalt solange verengen, als nicht zugleich das Schöpfungswort[299]
Gottes mit einbezogen würde[300]. Dieses aber gründet für Luther wiederum
darin, daß Christus selbst als Wort[301], genauer: als Gottes ursprüngliches Wort
verstanden wird, in dem alle Kreatur ihren Ursprung hat und ihr Ziel[302].

---

vgl. W. SCHENK, »Wort Gottes« zwischen Semantik und Pragmatik (ThLZ 100, 1975,
481–494).
[297] Es ist nicht uninteressant, daß die 1. Aufl. der RGG unter dem Lemma ›Wort Gottes‹
nur den Verweis auf ›Bibel III,2–3. Inspiration‹ notiert (Bd. 5, 1913, 2126), während die
2. Aufl. einen eigenen, weiter gefaßten Artikel bietet (F. W. SCHMIDT, Art. Wort Gottes II.
Dogmatisch, Bd. 5, 1931, 2022–2024; anders freilich K. ANER, Art. Wort Gottes I. Dogmengeschichtlich, ebd. 2018–2022, 2019: »Den Protestantismus (kennzeichnet) die Identifikation von Wort Gottes und Heiliger Schrift«) und die 3. Aufl. der RE gar mit dem Satz
beginnt: »Unter Wort Gottes verstehen wir zunächst nicht die Bibel, sondern überhaupt
das Wort, sofern es Mittel religiöser Einwirkung oder Gnadenmittel ist« (R. SEEBERG, Art.
Wort Gottes, RE³, Bd. 21, 1908, 496–505, 496).
[298] So etwa P. SCHEMPP, Luthers Stellung zur Heiligen Schrift (FGLP II,3), 1929,
32–48.
[299] Von »Kommandowort« spricht O. BAYER, Schöpfung als Anrede. Zu einer Hermeneutik der Schöpfung, 1986, 122 u. ö.
[300] Es gehört zu den markantesten, aber auch merkwürdigsten Schwächen des Buchs
von W. FÜHRER (Das Wort Gottes in Luthers Theologie [GthA 30], 1984), daß es trotz des
universalen Anspruchs, Luthers Wortbegriff zu untersuchen, das Thema der Creatio ex nihilo per verbum nicht berücksichtigt, ja nicht einmal erwähnt hat. – Dagegen hat D.
LÖFGREN (s. Anm. 177) den Zusammenhang von Wort und Schöpfung durchgängig beachtet: »Luthers Wortbegriff ist am Gedanken an Gott als den Schöpfer orientiert. Das
Wort darf nicht mit der Bibel, der Christusoffenbarung oder der Predigt gleichgesetzt
werden« (ebd. 33). Zu Recht grenzt er sich aber zugleich gegen P. MEINHOLD (Luthers
Sprachphilosophie, 1958) ab, der »Luthers Wortbegriff zu einer Art Wortmetaphysik . . .
verwandelt« habe (ebd.). – Zu Löfgrens Buch vgl. F. LAU, Theologie der Schöpfung
gleich Theologie überhaupt? Zur Auseinandersetzung mit Löfgrens Luther-Buch (LuJ 29,
1962, 44–51). – Dem Urteil H. J. IWANDS: »Die Lehre vom Wort Gottes bei Luther . . .
wird dadurch verdorben, daß man sie sofort in die Lehre von Gesetz und Evangelium auf-
spaltet« (Luthers Theologie, hg. v. J. HAAR, NW 5, 1974, 203), wird man grundsätzlich
beipflichten. Einzuwenden ist aber, daß er an dieser für die Theologie Luthers hochsensi-
blen Stelle ganz ungenügend differenziert. Das verbum externum ergeht immer – seit
Adams Zeiten! – als Gesetz und Evangelium, sonst wäre es soteriologisch blind. Für das
verbum creatum kann das jedoch so nicht gelten. Aber diese Gestalt des Wortes Gottes
fehlt bei Iwand gänzlich.
[301] LÖFGREN (s. Anm. 300), 167.
[302] Zum Thema des Paragraphen vgl. insgesamt: ALTHAUS (s. Anm. 49), 99–118. – E.
ARNDT, Sprache und Sprachverständnis bei Luther (ZPhSK 36, 1983, 251–264). – O.

1. Deus loquens

»Luthers Verständnis von Wort Gottes als Zentralbegriff seiner Theologie läßt sich ... nicht aus der Spätscholastik ableiten«[303]. Der einzigartige Vorrang, der dem »sprechen odder wortt gottis« bei Luther zukommt, ist nur als Ausdruck eines gegen die scholastisch-dialektische Methode kritischen, dafür ganz aus dem Denk- und Sprechgestus der Heiligen Schrift erwachsenen Denkens zu verstehen[304]. An der hochdifferenzierten sprachtheoretischen Diskussion seiner Zeit hat sich Luther nicht eigentlich beteiligt. Für ihn bündelte sich das Sprachproblem in einem einzigen, freilich schlechthin entscheidenden Thema: der Begegnung des deus loquens mit dem homo semper audiens[305].

a) Das Wort als Medium der Offenbarung

Gleich zu Beginn der Genesis-Vorlesung nimmt Luther die alte, schon von Augustin zurückgewiesene spekulative Anfrage, was Gott denn vor der Erschaffung der Zeit gemacht habe, zum Anlaß einer prinzipiellen Klarstellung: »Deus ... se non manifestat nisi in operibus et verbo, quia haec aliquo modo

---

BAYER, Promissio. Geschichte der reformatorischen Wende in Luthers Theologie (FKDG 24), 1971. – DERS., Schöpfung als Anrede (s. Anm. 299). – A. BRANDENBURG, Gericht und Evangelium. Zur Worttheologie in Luthers erster Psalmenvorlesung (KKTS 4), 1960 (vgl. dazu F. LAU, Luthers Worttheologie in katholischer Sicht [LuJ 28, 1961, 110–116]). – H. BRINKMANN, Mittelalterliche Hermeneutik, 1980. – H. ECHTERNACH, Studien zur Ontologie des Wortes I. Der reformatorische Schriftbegriff. Seine Wurzeln und sein Zerfall, 1931, 14–43. – P.-W. GENNRICH, Die Christologie Luthers im Abendmahlsstreit 1524–1529, Diss., Königsberg 1929, 23–45. – U. GERBER, Disputatio als Sprache des Glaubens (BSHST 15), 1970. – IWAND (s. Anm. 300). – JANSEN (s. Anm. 177). – W. JOEST, Ontologie der Person bei Luther, 1967, v. a. 222–228. – H. JUNGHANS, Das Wort Gottes bei Luther während seiner ersten Psalmenvorlesung (in: DERS., Der junge Luther und die Humanisten, 1984, 274–287). – E. KINDER, Was bedeutet »Wort Gottes« nach dem Verständnis der Reformation? (KuD 12, 1966, 14–26). – LÖFGREN (s. Anm. 300). – MEINHOLD (s. Anm. 300). – E. METZKE, Sakrament und Metaphysik. Eine Lutherstudie über das Verhältnis des christlichen Denkens zum Leiblich-Materiellen (1948) (in: DERS., Coincidentia oppositorum. Ges. Studien zur Philosophiegeschichte, hg. v. K. GRÜNDER [FBESG 19], 1961, 158–204). – W. ZUCKER, Linguistic Philosophy and Luther's Understanding of the Word (LuthQ 15, 1963, 195–211).
[303] C. ANDRESEN, Art. Wort Gottes III. Dogmengeschichtlich, RGG³, VI (1812–1817), 1815. – Entsprechend äußern sich auch SEEBERG (s. Anm. 297), 497. – KINDER (s. Anm. 302), 14. – GERBER (s. Anm. 302), 226–230.
[304] Vgl. G. EBELING, Art. Hermeneutik (s. Anm. 123), 251. – Wie stark Luthers Auffassung vom Sprechen Gottes bis in die Einzelheiten hinein dem biblischen Denken verpflichtet ist, erhellt der Aufsatz von R. BULTMANN, Der Begriff des Wortes Gottes im Neuen Testament (in: DERS., Glauben und Verstehen, Ges. Aufsätze, Bd. 1, 1972⁷, 268–293).
[305] GERBER (s. Anm. 302), 227. – Vgl. etwa auch WA 44; 574,35–37 (1535/45): Id enim fundamentum est et basis qua utimur, nos esse auditores et Deum loqui nobiscum.

capiuntur; reliqua, quae propria divinitatis sunt, capi aut intelligi non possunt«[306]. Wenn Gott vielleicht auch Adam noch unverhüllt erschienen sei, so habe er sich doch nach dem Fall nur noch verhüllt gezeigt[307]. Wobei die Werke und das Wort, von denen Luther spricht, als Synonyma gebraucht sind und darum nicht mehrere, sondern nur das eine Medium der Selbstmitteilung Gottes meinen: das Wort, durch das Gott Himmel und Erde erschaffen hat, das er durch Christus redet und mit dem er heute tauft und die Sünden vergibt[308]. »Quo modo extra verbum Dei Deus cognosceretur?«[309] Allein im Wort rechtfertigt und verdammt Gott die Menschen[310], allein im Wort will er sich greifen[311] und erkennen lassen[312]. Was immer Luther zum Sprechen Gottes und zu den Gestalten seines Wortes gesagt hat, versteht sich im Rahmen dieser fundamentaltheologischen Vorgabe: Wir wüßten nichts von Gott zu sagen, wenn er sich nicht offenbart hätte[313]. Was wir *über* sein Wort wissen, wissen wir *aus* seinem Wort.

Mit dem genannten, prinzipiellen Hinweis der Genesis-Vorlesung griff Luther eine Unterscheidung auf, deren systematische Entfaltung er vor allem in der Auseinandersetzung mit Erasmus (1525) und in dem Streit des Folgejahrs um das Abendmahl erarbeitet hatte. »Relinquendus est ... Deus in maiestate et natura sua«, heißt es in jener bekannten, viel traktierten Stelle aus De servo arbitrio, gewissermaßen als Erläuterung des kurz zuvor zitierten Dictum Socraticum »Quae supra nos, nihil ad nos«, in das Luther seine Lehre vom verborgenen und offenbaren Gott zusammengefaßt hat[314]. Mit dem in seiner Ma-

---

[306] WA 42; 9,32−34 (1535). − WA 30,3; 213,34−38 (1530): Wer einen Gott hat on sein wort, der hat keinen Gott. Denn der rechte Gott hat unser leben, wesen, stand, ampt, reden, thun, lassen, leiden und alles ynn sein wort gefasset und uns furgebildet, das wir ausser seinem wort nichts suchen noch wissen durffen noch sollen, auch von Gott selbs nicht, Denn er wil von uns ausser seinem wort mit unserm tichten und nach dencken unbegriffen, ungesucht, ungefunden sein. − WA 42; 634,10 (1535/45). − WA 53; 207,2 (1542). − WAB 2; 622,43−46 (1522) (Nr. 552). − Vgl. ALTHAUS (s. Anm. 49), 31−34. − W. LOEW, Art. Wort Gottes IV. Dogmatisch, RGG³ VI (1817−1819), 1817: »Das Gottestun vollzieht sich im Wort, d. h. es ist als bloßer Vorgang kosmischer oder geschichtlicher Art stumm; vielleicht gewaltig, aber mehrdeutig.«

[307] WA 42; 9,34−38 (1535). − Vgl. etwa auch WA 40,2; 329,14−35 (1532).

[308] WA 42; 12,36−13,6 (1535). − Vgl. dazu WA 10,1,1; 70,8 (1522). − WA 32; 327,12−17 (1530/32).

[309] WA 39,2; 321,1 (1544). − Vgl. ebd. 325,22−326,2.

[310] WA 31,1; 511,28 f (1538): In natura sua deus neque iustificatur neque damnatur sed in verbo suo utrumque patitur. Verbatus enim deus seu praedicatus deus. − WA 50; 120,9−12 (1537).

[311] WA 42; 625,22−25 (1535/45).

[312] WA 31,1; 333,6 f (1530): Sine verbo non potest cognosci Deus. − WA 16; 621,7 (1526). − WA 28; 614,17 f (1529).

[313] WA 49; 536,20−537,3; 536,38−537,23 (1544).

[314] WA 18; 685,14 sowie im Zusammenhang ebd. 685,1−31. − Vgl. z. B. WA 39,1; 289,12−19 (1537). − Vgl. die eindringliche, den ursprünglichen philosophischen Bedeu-

jestät verborgenen Gott haben wir nichts zu schaffen, weil er nicht wollte, daß wir so mit ihm zu schaffen haben. »Sed quatenus indutus et proditus est verbo suo, quo nobis sese obtulit, cum eo agimus«[315]. Diese Unterscheidung zwischen dem verkündigten und dem verborgenen Gott, und das heißt: zwischen dem Wort Gottes und Gott selbst[316] versäumt zu haben, wird an dieser Stelle zum entscheidenden Einwand gegen Erasmus. Auf Gottes Wort soll man achten, seinen unerforschlichen Willen hingegen auf sich beruhen lassen[317].

In sehr pointierter Weise bringt Luther diesen Gedanken in einem Sermon über das Sakrament vom 28. März 1526 zum Ausdruck. Man müsse sich hüten, heißt es da, aus der Ubiquität Christi, die der Glaube nicht nur der göttlichen, sondern auch seiner menschlichen Natur zuspreche, die falschen Schlüsse zu ziehen.

Denn wie wol er uberal ist ynn allen creaturen und ich mochte yhn ym stein, ym fewr, ym wasser odder auch ym strick finden, wie er denn gewislich da ist, will er doch nicht, das ich yhn da suche on das wort und mich yns fewr odder wasser werffe odder an strick henge. Uberal ist er, er will aber nicht, das du uberal nach yhm tappest, sondern wo das wort ist, da tappe nach, so ergreiffestu yhn recht. Sonst versuchstu Gott und richtest abgotterey an. Darumb hat er uns ein gewisse weise gestellet, wie und wo man yhn suchen und finden sol, nemlich das wort[318].

Das äußere, gepredigte Wort ist die Larve, in der Gott den Menschen erträglich und heilsam ist. Was geschehen würde, wenn Gott in maiestate mit uns redete, erörtert Luther darum nicht aus spekulativem Interesse, sondern nur, um auf dieser Folie den einzigartigen Schatz des Wortes Gottes um so heller leuchten zu lassen. In einer Predigt über 1 Kor 15,51 ff kommt er, von dem Schall der letzten Posaune (V. 52) ausgehend, darauf zu sprechen: »Quando Deus loquitur in loquela maiestatis suae, ist starck. Christi vox suavis. Dei vox ist ein ander posaun, die schlegt ein haus in momento darnider erden, das staub eitel. Da kirrets daher et fit in momento«[319]. »Si hoc potest tonitru, quid

---

tungshorizont wie auch die übrigen Verwendungen des Adagium bei Luther sorgfältig interpretierende Studie von E. JÜNGEL, Quae supra nos, nihil ad nos. Eine Kurzformel der Lehre vom verborgenen Gott − im Anschluß an Luther interpretiert (1972) (in: DERS., Entsprechungen: Gott − Wahrheit − Mensch. Theologische Erörterungen [BevTh 88], 1980, 202−251). − Ferner LÖFGEN (s. Anm. 300), 193−240.

[315] WA 18; 685,16 f.

[316] Ebd. 685,25−27: inter Deum praedicatum et absconditum, hoc est, inter verbum Dei et Deum ipse.

[317] Ebd. 685,29−31: Nunc autem nobis spectandum est verbum reliquendaque illa voluntas imperscrutabilis. Verbo enim nos dirigi, non voluntate illa inscrutabili oportet. − Die wichtigsten Parallelen bei Luther führt JÜNGEL (s. Anm. 314) an; vgl. aus der Genesis-Vorlesung z. B. noch WA 43; 179,1−23 (1535/45).

[318] WA 19; 492,19−26 (1526). − Vgl. dazu METZKE (s. Anm. 302), 198 ff. − WA 41; 361,13 (1535): Non cognoscet Deum in substantia, sed per verbum et opus.

[319] WA 49; 736,6−737,3 (1545). − Vgl. ebd. 739,5−740,2.

fiet, cum Deus ipse loquetur, non ut Christus in cruce, sed in sua maiestate und sprach? Alles tod, et omnes Creaturae«[320].

Immer wieder hat Luther in diesem Zusammenhang auch an die Bitte des Volkes am Sinai erinnert, Mose solle Gott nicht mit ihnen reden lassen, damit sie nicht sterben (Ex 20,18f)[321]. Aber selbst in der Auslegung des Sinaigeschehens ist bei Luther das christologische Motiv unübersehbar. Der Mund Christi ist die präziseste Beschreibung des Ortes, in dem sich der Deus nudus als in einer Larve verbirgt. Schon Mose habe, in Reaktion auf die Bitte des Volkes am Sinai, darauf verwiesen (Dtn 18,15): »Ir habt recht gesaget, Gott wird euch einen andern Propheten geben, dem sie (!) solten anhangen, das ist: Christum, dem wolle er seine wortt in mund legen, der solle freundlich mit uns reden«[322]. Nicht anders soll man aber auch die Worte verstehen, die bis heute in Predigt, Taufe und Abendmahl laut werden: Es sind freundliche Larven, in denen Gott selbst mit uns spricht[323]. »Also kondte ich den frolich sein und sagen: Gott, der himmel und erden geschaffen hat, der do ist die gottliche Maiestet, hat geredet mitt mir. Wie? Durch meinen mittbruder. Ehr thuts uns zu gutth, item zur liebe und freundtschafft«[324].

Dieser letzte Hinweis ist für Luther darum so wichtig, weil er die uneingeschränkte Gegenwärtigkeit Gottes hervorhebt. Es ist Gott selbst, der sich in der Larve des Wortes verbirgt[325]. In der Larve des Wortes kommt Gott den Menschen näher, als sie sich selber nahe sind[326]. Wer das Wort hören, das heißt

---

[320] Ebd. 741,3–5. – Die Druckbearbeitung bietet (ebd. 741,26–31): Gott wird als denn reden in seiner Maiestet und Herrligkeit. Nicht, wie Christus am Creutz redet, da er spricht: ›Vater, vergib jnen, denn sie wissen nicht, was sie thun‹, Welche Stimme Gottes zorn stillet und die Welt noch heutigs tags erhelt, Sondern wird reden in seiner Göttlichen Maiestet und unleidlichen Sprache, mit Donner und Blitz, Pummerle pum, Kir, Kir, Schlag tod. – WA 39,1; 391,3f (1537).

[321] Z. B. WA 21; 10,3f (1528).

[322] WA 47; 37,29–31 (1538). – Vgl. ebd. 37,18–38,9. – WA 39,1; 391,3–7 (1537): Ubi igitur nudus Deus in maiestate loquitur, ibi tantum terret et occidit. Cum voles igitur cum Deo agere, hac ingredere via: Audi vocem Christi, quem pater constituit doctorem totius mundi, cum ait: Hic est filius meus dilectus, in quo mihi beneplacitum est; hunc audite.

[323] WA 45; 522,7–12 (1537/38): Wenn wir gen himel komen, so werden wir jn (sc. Gott) anders ansehen, on mittel und tunckel. Aber hie auff erden wirstu jn nicht sehen noch erlangen mit deinen sinnen noch gedancken, Sondern wie S. Paulus sagt, wir sehen jn im tunckeln wort oder bild verhullet, nemlich jnn dem wort und Sacramenten, Das sind gleich als seine larven oder kleid, darunter er sich verbirgt, aber gewislich ist er da gegenwertig, das er selbs wunder thut, predigt, Sacrament gibt, trostet, stercket und hilfft.

[324] WA 47; 213,26–29 (1540); vgl. ebd. 213,3–38.

[325] WA 16; 491,5 (1525): Si verbum adest, adest et deus ipse. Si deus ipse vel voluntas eius adest, adest et tota divinitas. – WA 43; 32,20 (1535/45). – Vgl. WA 47; 120,25–121,3 (1538).

[326] WA 9; 103,23–25 (1516): Si verbum dei, quod fecit … omnia, intimior est rebus caeteris quam ipse (i. e. ipsae) sibi, quanto magis intimior est rerum nobilissimae scilicet animae quam ipsa sibi.

sich von ihm im Herzen als dem innersten Ort des Menschen treffen lassen will, dem will auch Gott sein Innerstes öffnen[327]: »Qui audit verbum meum, intuetur cor meum«[328].

b) Das Wort als Gegenstand der Offenbarung

Niemand kann besser von Gott reden als er selbst[329]. Darum soll man auf sein Wort hören, denn »Gott . . . allein weis, wie von Gott recht zu reden sey«[330]. Wer dennoch den Bereich dessen, was Gott offenbart hat, spekulativ überschreiten will, der bemüht sich gleichsam, ohne eine Leiter in den Himmel zu klettern, und wird, da er die Leiter − nämlich das Wort Gottes − verschmäht hat, unfehlbar herunterstürzen[331]. Luther weiß auch einige prominente Beispiele zu nennen, denen dieser artistische Mißgriff unterlaufen ist: zunächst, weil im Kontext der Auslegung von Gen 1 am nächsten liegend, Arius, dann aber etwa auch der Mönch, der darauf spekuliert, daß ein solcher Gott im Himmel sitze, »qui salvaturus sit indutum cucullo et observantem certam vitae regulam«, desgleichen auch die Juden und der Papst[332].

Wer sich dagegen an das Wort hält, dem begegnen über diese Leiter allerdings Sachen, die die Vernunft übersteigen[333]. Eben dies − daß es im Wort um res spirituales geht − macht ja die Selbstmitteilung Gottes überhaupt erst nötig. Würde die Vernunft sie selber fassen und verstehen können, »so hette unser herr Gott sein maul wol konnen zu halten, Sed es heisst supra et contra racionem«[334]. Supra rationem heißt es, weil die Vernunft das Wort nicht fassen kann. Contra rationem aber heißt es, weil die Vernunft auch dies nicht fassen kann[335]. In anmaßender, weil ihre Kompetenz überschreitender Stellung-

---

[327] WA 51; 87,21−23 (1545).

[328] WA 11; 225,17 f (1523).

[329] WA 34,2; 58,7−59,2 (1531): Nemo tam bene praedicat de se quam ipse. Ergo nemo eum agnoscit quam ipsemet. − Ebd. 59,6 f: Drumb sage dw ßo: Es reyme sich aber reyme sich nicht, ßo weyß ich das, das niemandt ßo woll von got reden kan, alß er selbst.

[330] WA 41, 275,3 f (1525).

[331] WA 42; 11,28−30 (1535): Qui autem extra ista involucra Deum attingere volunt, isti sine scalis (hoc est verbo) nituntur ad coelum ascendere, ruunt igitur oppressi maiestate, quam nudam conantur amplecti, et pereunt.

[332] Ebd. 11,28−12,14.

[333] WA 19; 394,22 f (1526): Das ist die art gottlichs worts, das es höher und wyddersynnisch ding fur helt, denn alle synn und vernunfft begreiffen und alle erfarunge fulen. − WA 25; 163,23 f (1527/30).

[334] WA 37; 296,37−297,1 (1534); vgl. die Doublette in WA 52; 167, 33−35.

[335] Daß Luther die entscheidende Begrenztheit der ratio darin sieht, daß sie ihre Begrenztheit nicht wahrnehmen kann und darum nicht wahrhaben will, bringt eine Predigt über Ex 9 von 1524 auf die prägnante Formulierung (WA 16; 143,3 f): Ratio khan sie (i. e. sich) nit drein schicken, videt per vitrum geferbt et ex oculis non potest eximi. − Die Druckbearbeitung bietet (ebd. 143,17−19): Unsere vernunfft sihet durch ein geferbet, rot

nahme[336] stellt die Vernunft törichte Fragen und redet albern daher[337]. »Was war es nutz odder not«, fragt sie etwa, »das du dein son herab sendest, liessest yhn so greulich handlen (i. e. behandeln) und sterben? hettestu doch yhn wol kunden lassen droben bleiben; hette dich nicht mehr denn ein wort gekostet, so were sund und tod vertilget mit dem teuffel. Denn du bist yhe almechtig«[338]. Luther hütet sich freilich, auf solche pseudovernünftigen Fragen einzugehen, weil er dabei seinerseits in kompetenzüberschreitender Weise von der Vernunft Gebrauch machen müßte. Stattdessen ruft er die streunende Vernunft in ihre Schranken: »Was ligt mir dran, ob es von noten sey odder nicht. Gott weis es wol, wie oder warumb es so sein sol und musse. Wenn er sagt, das es not ist, so schweigen alle creatturn«[339]. Wenn wir auch nicht begreifen, was Gott sagt, so ist es doch wahr[340]. »Eius (sc. spiritus sancti) lingua est grifel, quae nicht falsch schreibt«[341]. In dieser Gewißheit findet der Glaube sein Genüge[342].

---

oder blaw glas, das kan sie nicht von den augen thun, darumb alles was sie ansieht, das mus auch rot, blaw oder grün sein. − Eine frappierende Entsprechung findet sich in dem bekannten Brief Heinrich von Kleists an Wilhelmine von Zenge vom 22. März 1801: »Vor kurzem ward ich mit der neueren sogenannten Kantischen Philosophie bekannt − und ich muß Dir jetzt daraus einen Gedanken mitteilen, indem ich nicht fürchten darf, daß er Dich so tief, so schmerzhaft erschüttern wird, als mich. Auch kennst Du das Ganze nicht hinlänglich, um sein Interesse vollständig zu begreifen. Ich will indessen so deutlich sprechen, als möglich. Wenn alle Menschen statt der Augen grüne Gläser hätten, so würden sie urteilen müssen, die Gegenstände, welche sie dadurch erblicken, *sind* grün − und nie würden sie entscheiden können, ob ihr Auge ihnen die Dinge zeigt, wie sie sind, oder ob es nicht etwas zu ihnen hinzutut, was nicht ihnen, sondern dem Auge gehört. So ist es mit dem Verstande. Wir können nicht entscheiden, ob das, was wir Wahrheit nennen, wahrhaft Wahrheit ist, oder ob es uns nur so scheint.« (Sämtliche Werke und Briefe, 1985[8], Bd. 2, 634).

[336] Vgl. G. EBELING, Fides occidit rationem. Ein Aspekt der theologia crucis in Luthers Auslegung von Gal 3,6 (1979) (in: DERS., Lutherstudien Bd. III [s. Anm. 8], 181−222, insbes. 212−219).

[337] WA 42;14,23 (1535): Hic ratio stultis questionibus impie ineptit. − Vgl. ebd. 14,23−31.

[338] WA 19; 495,17−21 (1526).

[339] WA 19; 496,13−15 (1526).

[340] WA 32; 158,10 f (1530): Si non begreifflich mihi et tibi, ideo non est unwar. Es heisst, das hat Gott gesagt, quomodo fiat, da lass yhn drumb sorgen. − WA 41; 274,4 ff (1535).

[341] WA 41; 367,4 (1535).

[342] In einem etwa in das Jahr 1543 zu datierenden Brief hat Luther diesem Gedanken eine eindringliche Gestalt gegeben (WAB 10; 492,124−134): Denn man in Gotes wort nicht grübeln, sonder still halten sol unnd die vernunfft lassen sincken und das wort glauben und vor gewiß halten und nicht in windt schlagen und dem bösen Geist so viel macht geben und uns uberwinden lassen und drüber zuboden gehn und verderben. Dann das wort gewiß, war und ewig ist, auß dem alle ding und Creaturen in der gantzen weiten welt, sie haben einen namen wie sie wöllen, gemacht und geschaffen seindt, und noch alles, was da lebt und schwebt, reichlich erhelt, und dasselbige grösser, wichtiger, mechtiger, krefftiger achten und halten dann solche fliehende zunichte, vergebne gedancken, von dem teüfel dem

In Sachen der res spirituales gibt es für den Menschen darum nur *eine* angemessene Haltung: das Schweigen und Hören[343]. Als Luther 1526 in der Erklärung von Prov 5,1 (»Deus enim in caelo, et tu super terram«) darlegte, daß man über Gottes Werke nicht nach menschlichen Maßstäben urteilen dürfe, unterbrach er die lateinische Auslegung mit einem deutschen Satz, der pointiert zum Ausdruck bringt, wie man sich den Werken Gottes gegenüber zu verhalten habe: »Nos: nicht vil wort, halts maul«[344].

In diesem Rahmen von Deus loquens und homo audiens bewegt sich, was Luther zur Frage des Sprechens Gottes zu sagen wußte. Es ist nicht mehr als ein Nachsprechen dessen, was Gott offenbart hat. Was immer über das Sprechen Gottes gesagt werden kann, ist darum bleibend auf dieses Sprechen als auf seinen Ermöglichungsgrund bezogen.

2. Verbum aeternum

Vor dem Anfang von Zeit und Kreatur — über den hinauszudenken uns freilich verwehrt ist — war nichts als »nuda essentia divina et nudus Deus«[345]. Das Wort, von dem Johannes und Mose sagen, daß es im Anfang und vor aller Kreatur gewesen sei, ist darum immer schon »in Creatore et in nuda essentia Dei«[346] gewesen. An diesem Wort[347], meint Luther, in welchem Gott von Ewigkeit her die Welt beschlossen hat, möge man sich als Antwort auf die Frage nach dem Woher der Schöpfung genügen lassen[348].

---

menschen eingegeben, dann das wort war ist und die gedancken des menschen seind vergebens und eytel.

[343] WA 34,1; 4,10—12 (1531): Quando audis deum loqui, praecipere, tace et procide in genna, quia hats beschlossen, das omnes homines sunt stulti, caeci.

[344] WA 20; 91,13 (1526). — Vgl. WA 52; 77,16—19 (1531).

[345] WA 42; 14,29. — Ebd. 14,28—31: Extra illud initium creaturae nihil est quam nuda essentia divina et nudus Deus. Is autem quia est incomprehensibilis, illud etiam incomprehensibile est, quod fuit ante mundum, quia nihil est nisi Deus.

[346] Ebd. 14,32—36: Non possumus progredi ultra principium temporis. Sed quia Ioannes et Moses dicunt, esse Verbum in principio et ante omnem creaturam, necesse est, semper id fuisse in Creatore et in nuda essentia Dei. Ergo est verus Deus, sic tamen, ut Pater generet, et Filius generetur.

[347] Das verbum aeternum et incarnatum ist bereits Gegenstand des vorigen Paragraphen gewesen. Daran erinnernd, beschränken sich die Bemerkungen dieses Paragraphen auf das Nötigste.

[348] WA 24; 32,7—12 (1527): Moses indicare vult, quod non possit eloqui, quomodo creaturae creantur vel unde et ex quo fiant. Verba solum nominare possumus, ut illa Deus elocutus sit. ›Verbum erat apud Deum‹ et hoc Verbum creavit lucem. Ab aeterno conclusit Deus in Verbo suo et definivit in corde illius Verbi prodeundam lucem. Sequitur ergo, quod hoc Verbum, ex quo omnia sunt, non sit nisi Deus verus. — WA 42; 15,12—14.19 f. 24 f (1535): Instrumentum autem seu medium, quo Deus usus est, est eius omnipotens Verbum, quod cum Deo fuit ab initio, et sicut Paulus loquitur, ante constitu-

Das verbum Dei aeternum ist uns vor allem aus Gen 1 bekannt[349]. Für die Frage nach dem Sprechen Gottes ist dabei entscheidend, Gott als beides zu verstehen: als Sprecher wie als Spruch[350]. Wenn auch »der, so das wort redt, und das wort das geredt wird, zwo unterschidlich personen« sind, so muß doch »ein Gôttlichs wesen sein zwischen Gott und dem wort, Denn sie beyde ewig und almechtig sind«[351]. Nichts in der Welt ist höher als das Wort[352], das, ex substantia Patris geboren[353], Gott bei seinem Wesen benennt[354], weil Gott selbst, indem er es spricht, sein Wesen in das Wort hinüberströmen läßt[355].

Daß in dieser Weise von der Person des Sohnes gesprochen wird, muß, wie Luther einräumt, zunächst befremden[356]. In seiner Weihnachtspredigt über den Johannes-Prolog von 1532 hat er sich dieser Schwierigkeit denn auch gleich einleitend gestellt. »Es ist ein wenig hoch gepredigt«, heißt es da, indes »omnes articuli haben undeudtlich sprach«[357]. So müsse es auch fremd und

---

tionem mundi. . . . Id Verbum est Deus, et est omnipotens Verbum, prolatum in divina essentia. . . . Haec, inquam, nobis de modo creationis satis sunt.
[349] 182,6−185,11; vgl. dazu § 4 dieser Arbeit.
[350] WA 47; 629,24 f (1539): Ist inauditus sermo, quod Deus sprecher, wort vel spruch. − Vgl. überhaupt ebd. 629,9−25.
[351] WA 52; 338,35−38 (1535). − Vgl. WA 54; 55,34−37 (1543).
[352] WA 12; 107,27 f (1523).
[353] WA 42; 45,7 (1535).
[354] WA 36; 410,8 f (1532).
[355] WA 39,2; 322,14−18 (1544): Cum Pater dicit, transfundit suam essentiam in verbum. quod ab ipso dicitur ita, ut verbum, quod dicitur, sit distincta persona a Deo Patre dicente. Vnde et Iohannes quasi Mosen explicans inquit: In principio erat verbum et verbum erat apud Deum et Deus erat verbum. Et vocat verbum Filium Dei eo, quod dicendo gignitur a Patre.
[356] Ähnlich wie Zwingli (s. Anm. 188) verwahrt sich auch Calvin ganz entschieden gegen eine christologische Deutung des »In principio« von Gen 1 (Commentarius in Genesin, CR 51,14): Nomen principii de Christo exponere nimis frivolum est. Simpliciter enim hoc voluit Moses: non statim ab initio expolitum fuisse mundum, ut hodie cernitur, sed inane coeli et terrae chaos fuisse creatum. Itaque sic resolvi posset oratio: Quum Deus principio coelum et terram creavit, erat terra inanis et vacua. Porro creandi verbo factum esse docet quod prius non erat. − Dagegen versteht sich etwa für Thomas die Identität von Principium und Filius von selbst; vgl. Summa theol. p. I q. 46 a. 3 (»Utrum creatio rerum fuerit in principio temporis«): Illud verbum Gen 1, In principio creavit Deus caelum et terram, tripliciter exponitur, ad excludendum tres errores. . . . Quidam vero posuerunt duo esse creationis principia, unum bonorum, aliud malorum. Et ad hoc excludendum, exponitur: in principio, idest in Filio. Sicut enim principium effectivum appropriatur Patri, propter potentiam, ita principium exemplare appropriatur Filio, propter sapientiam: ut sicut dicitur (Ps 104,24), omnia in sapientia fecisti, ita intelligatur Deum omnia fecisse in principio, idest in Filio; secundum illud Apostoli ad Col 1,16: In ipso, scilicet Filio, condita sunt universa. − Entsprechend auch Augustin, De Genesi ad litteram I.6 (CSEL 28,I,10 = PL 34,248).
[357] WA 36; 412,9.12 f. − Ebd. 412,13 f: Sic hic faciendum, ut capiatur ratio et audiamus et occludamus oculos und lassen uns leiten ut caecos.

»undeudsch« klingen, wenn der Evangelist den wahren Gott »cum sinistro
verbo ›wort‹« bezeichne, weil man dabei die göttliche Majestät vergesse und
lediglich an das »verbum ex ore« denke[358]. Aber »Wort« bedeute doch ebenso
auch den »gedancken, quem homo beschlossen in corde«[359], und so sei es in
Joh 1,1 gemeint: »Das heist verbum cordis, non oris«[360]. Es sei erlaubt, aus der
genannten Predigt auch die Entfaltung dieses Gedankens zu zitieren:

> In aeternum hat Gott sich selber angesehen in seinem ewigen Gottlichen wesen und
> hat sich selber bildet und von sich selber sprochen, wer er were: Was bin ich denn? und
> das selbig aufmalen vel deuten ist filius dei, qui est deus in aeternum, nisi quod pater
> non est bild, sed filius. Ubi sic se ausgesprochen in ewigkeit, hat er ein wort gespro-
> chen, redt und lacht, et secutum gedancken, quod fuit spiritus sanctus.[361]

Nicht als protologische Spekulation, sondern lediglich im Sinne einer Fortführung des biblischen modus loquendi will es Luther darum verstanden wissen, wenn er immer wieder an das Gespräch erinnert, das Gott, bevor die Welt
erschaffen wurde, in und mit und von sich selbst geführt habe[362]. Schon Mose
hat dieses ewige Wort des Vaters zwar nicht »nach der Grammatica«, aber
doch der Sache nach als Sohn benannt und bekannt[363]. Und aus Joh 16 nimmt

---

[358] Ebd. 412,17−21.
[359] Ebd. 412,21 f.
[360] Ebd. 412,24.
[361] Ebd. 412,26−32. − Vgl. dazu aus der Genesis-Vorlesung von 1535 (WA 42;
17,26−28): Verbum autem increatum est divina cogitatio, iussio interna, manens in Deo,
et idem cum Deo, et tamen distincta Persona. − In dem Sermon von 1514 hat Luther die
Frage, weshalb Johannes den Sohn ›verbum‹ nenne, zunächst knapp unter Hinweis auf den
mit Gen 1 vorgegebenen biblischen modus loquendi beantwortet, um dann in die ausführliche Erörterung der Distinktion von verbum internum und externum einzutreten (WA 1;
22,37−28,24). − Vgl. dazu BAYER, Promissio (s. Anm. 302), 17−31. − Zwar wird sich,
wie Bayer gezeigt hat, Luthers Einschätzung dieser Distinktion nach 1514 in entscheidender, das soteriologische Gewicht ganz auf das verbum externum verlagernder Weise ver-
schieben. An der Bestimmung des verbum aeternum als verbum dei internum hat Luther
gleichwohl festgehalten, weil nur so zu gewährleisten ist, daß auch im verbum dei incarnatum sowie im verbum dei praedicatum ein Wort ex substantia patris begegnet und in
diesem Sinne Gott selbst (vgl. dazu den Fortgang dieser Arbeit).
[362] WA 9; 239,28−31 (1519/21): Querunt quidam, quid egerit deus ante creationem
rerum. Respondet Moses et Ioannes ›loquutus est‹, ehr hat gepredigt: verbum fuit in principio, secum locutus et se ipsum et in seipso, de seipso, sibi ipsi seipsum expressit et in-
dicavit, ergo tantum est verbum quantus est deus. − Vgl. z. B. WA 46; 546,23−30 (1537/
38). − Vgl. dazu GERBER (s. Anm. 302), 229 f, der diese Stelle auch hinsichtlich ihrer Nähe
und Ferne zu Thomas beleuchtet.
[363] WA 54; 67,31−38 (1543): Ob nu Mose nicht nennet den Son oder Christum nach der
Grammatica, So nennet und bekennet er doch den spruch oder wort, durch welchs alles
gemacht ist, damit er anzeigt, das in Gott Ein ander ist, der do spricht, und ein ander, der
das Wort ist, und doch ein einiger Schepffer aller Creaturn ist, Denn es muste dem newen
Testament auch ettwas furbehalten sein, darin der Vater, und der Son, und der Heilige
geist klerlicher genennet wurde, Welche im alten, Gott der sprecher, Das Wort und der

Luther zu diesem »gesprech, so gehalten wird in der Gottheit (ausser allen Creaturn)«[364] noch den »Zuhôrer«, den Heiligen Geist. In solcher Weise hat Luther die Teilnehmer des göttlichen Trialogs freilich nie unterschieden, ohne zugleich auch den exklusiv immanenten Charakter dieses Gesprächs zu betonen: »Dieses alles, sprechen, gesprochen werden und zu hôren geschicht alles jnnerthalb der Gôttlichen natur und bleibet auch allein jnn der selben, da gar keine Creatur nicht ist noch sein kan, sondern beide, sprecher und Wort und Hôrer, mus Gott selbs sein«[365]. Wenn demgegenüber das Sprechen Gottes zu den Menschen in den Blick kommt, kann Luther, wie er in einer Verknüpfung von 2 Sam 23,3 mit Gen 1,3 und Joh 1,3 gezeigt hat, durchaus von »drey redener« sprechen[366] — opera ad extra sunt indivisa: Dieser von Luther übernommene trinitarische Lehrsatz gilt auch hier[367].

Im Unterschied etwa zu Melanchthon mag sich Luther, wie Marc Lienhard gezeigt hat[368], mit ökonomischen Trinitätsaussagen nicht begnügen, weil er deren theologische Plausibilität nur von der immanenten Trinitätslehre her gewährleistet sieht: Erst so werde klar, »daß das heilsame Wirken Gottes nur zum Ausdruck bringt, was Gott von Ewigkeit her ist, nämlich eine Wechselwirkung zwischen Vater, Sohn und Heiligem Geist«[369]. Gleichwohl hat sich Luther niemals in bloße Gottesspekulationen verloren, weil er das Sein Gottes nie anders als von Gottes Wirken her zu denken vermochte[370]. So zielen auch die Äußerungen zum innertrinitarischen Gespräch letztlich darauf ab, die Dignität und Effizienz des Wortes, durch das Gott an uns handelt, zu untermauern. Das verbum Dei internum steht dafür gut, daß Gottes Wort an uns sub-

---

geist des HERRN genennet ist. — Bereits in der 1. Psalmenvorlesung setzt Luther das verbum increatum ganz selbstverständlich mit Christus ineins (z. B. zu Ps 44,2: WA 3; 261,19—32). — Vgl. GERBER (s. Anm. 302), 244—249 (»Trinitarische Sprachlichkeit Gottes pro nobis«). — LÖFGREN (s. Anm. 177), 34—37.167.180—182.

[364] WA 46; 59,17 f (1538). — Vgl. GENNRICH (s. Anm. 302), 23—34.

[365] WA 46; 59,35—60,1 (1538). — Vgl. ebd. 59,14—60,16. — WA 21; 379,4—19 (1544). — Vgl. insgesamt JANSEN (s. Anm. 177) sowie KOOPMANS (s. Anm. 261), 24—32.51—54.60—64.137—141.

[366] WA 54; 35,31—36,9 (1543).

[367] Vgl. z. B. WA 54; 19,17; 60,5; 63,27 u. ö.

[368] M. LIENHARD, Martin Luthers christologisches Zeugnis. Entwicklung und Grundzüge seiner Christologie, 1980, 237—244.

[369] Ebd. 239. — Ferner: E. HERMS, Luthers Auslegung des Dritten Artikels, 1987, 116—118.

[370] KINDER (s. Anm. 302) spricht in einem wenig glücklichen und recht frei geratenen Referat BRANDENBURGS (s. Anm. 302) von trinitarischem »Hintergrund« und heilsgeschichtlichem »Vordergrund«. — Zum Gesamtkomplex vgl. JOEST (s. Anm. 302) sowie das sich durch die gesamte Lutherdeutung GERHARD EBELINGS ziehende Interesse, die Struktur einer relationalen Ontologie bei Luther zu bestimmen.

stantialiter[371] ist und darum ewig[372] und verläßlich[373]. »Wo got in einem wort wurd erfunden unbestendig, szo gienge unter glaub, warheit, schrifft unnd got selbs (!)«[374].

Im verbum aeternum sieht Luther die systematische Gewähr dessen, daß es der homo audiens wirklich mit dem Deus loquens zu tun bekommt. »Ubi verbum, ibi Christus ipse«[375] — darauf läuft es am Ende hinaus. »Dancke du, das du mein wort hast und durchs wort mich selbs. ... Lieber, las dir mein wort als mich selber auch ein schatz, auch ein Kőnigreich, auch ein himelreich sein jnn deinem armut, elend und iamer. Mein wort bleibt ewig und du auch im wort«[376]. Inwiefern es Sinn macht, zu sagen, in dem Wort Gottes, das der Mensch sehen (verbum creatum) und hören kann (verbum prolatum), begegne das ewige Wort Gottes und also Gott selbst, ist nun zu fragen. Deutlich ist zunächst nur, daß das verbum Dei internum mit dem verbum oris jedenfalls anders zusammenhängen muß als in Gestalt einer bloßen Äquivokation.

3. Verbum creatum

a) Das schöpferische und erhaltende Wort

Die Entdeckung des worthaften Charakters, der allen Werken Gottes innewohnt, spielt bereits in Luthers erster akademischer Auslegung des Psalters eine wichtige Rolle. Es liegt darum nahe, vor einer knappen systematischen Übersicht den Blick zunächst auf jene frühe und entwicklungsgeschichtlich so bedeutsame Phase zu richten.

aa) Die Grundlegung in der 1. Psalmenvorlesung

Im Scholion zu Ps 49(50),1[377] — »Deus deorum, Dominus locutus est et vocavit terram a solis ortu usque ad occasum« — erinnert Luther an eine grundle-

---

[371] Dies unter Aufnahme eines augustinischen Gedankens aus De trinitate V,4f (PL 42,913f): WA 39,2; 20,5–8 (1539): Augustinus ait: Omnia, quae sunt in Deo, sunt substantialia, etiam, quae nobis sunt accidentia, ut loqui, sperare, intelligentia Dei est substantia. Ita quod apud philosophos est accidens, apud Deum est substantia.

[372] Z. B. WA 14; 104,13f (1523). — WA 15; 479,33f (vgl. ebd. 479,14–34) (1524). — WA 49; 583,38 (1544). — WA 51; 509,25–31 (1541).

[373] WA 8; 676,24–27 (1522). — WA 10,2; 152,3–6 (1522). — WA 10,2; 324,25–27 (1522).

[374] WA 6; 315,36f (1520).

[375] WA 12; 663,14 (1523). — WA 15; 436,14 (1524); vgl. ebd. 436,38: Ubi verbum dei non est, ibi neque deus.

[376] WA 31,1; 456,1f.6–9 (1532). — Umgekehrt gilt freilich auch (WA 31,1; 308,4f [1530]): Qui autem verbum negat, negat omnia, etiam Deum, cuius est verbum, das feilet nimer mehr.

gende, im Sprachgebrauch der Bibel vorausgesetzte terminologische Differenz[378]. Demnach meine »loqui« und »vocare« in bezug auf das Sprechen Gottes immer das Aussenden seines Wortes, welches von außen her an jemanden herantrete, ohne dabei die Erfüllung dessen, was es aussagt, notwendig mit sich zu führen. »Dicere« hingegen bedeute ein Wort, das, indem es hervorgebracht werde, eine bestimmte Anordnung aussage und zugleich zur Erfüllung bringe[379]: »Quecunque deus dixit, fiunt et facta sunt. Et sic verbum eius semper fit et factum est«[380]. Während das von Gott geäußerte Wort (locutio) von den Menschen oft nicht gehört wird und darum keine Wirkung zeitigen kann, ist das als internum verbum verstandene Dictum Gottes notwendig »omnipotens et efficax«. Daß Luther diese Unterscheidung sogleich an der Person Jesu Christi geltend macht, soll den Sachverhalt keineswegs nur exemplifizieren, ihn vielmehr auf seinen sachlichen Grund zurückführen: In Christus beziehe sich die locutio Gottes auf seine Menschheit[381], die dictio hingegen auf den filius dei. Der Sohn, der im Anfang beim Vater war, ist das Wort, in dem Gott sich selbst in Ewigkeit aussagt (dicit)[382] und durch das er all das spricht, was er, indem er es spricht, hervorbringt. Diese Deutung des Wortes »dicere« ist für Luther nicht mehr als eine Explikation der entsprechenden hebräischen Vokabel: »Dabar Dabarim in Hebr. verbum et factum significat«. So glossiert Luther seine knappe Erläuterung von Ps 64(65),4 (»Verba i. e. res vel opera gesta«[383]) und fährt fort: »Unde Luce 2 ›Videamus hoc verbum, quod fecit Dominus etc.‹ Teutonice: geschicht, geschefft, handel«[384].

Der Doppelsinn des hebräischen Dabar markiert die Grundstruktur dessen, was der frühe Luther als Sprechen Gottes im strengen Sinne verstanden hat. Sein oft zitierter Kommentar zu Ps 27(28),1 – »Ad te Domine clamabo Deus meus ne sileas a me« – faßt das in eine prägnante, auf Ps 33(34),9 anspielende Formulierung: »Silendo avertaris me non exaudiendo, sed respondeas ad me

---

[377] WA 3; 280,10–281,7 (1513/15).

[378] Zur Frage des Wort- und Sprachverständnisses in der 1. Psalmenvorlesung vgl. BRANDENBURG (s. Anm. 302), v. a. 82–85. – FÜHRER (s. Anm. 300), 23–26. – JUNGHANS (s. Anm. 302). – MEINHOLD (s. Anm. 300), 11–16.

[379] Entsprechendes notiert Zwingli zu Gen 1,6 f (CR 13; 8,33–9,4): »Et dixit deus.« Dicere dei velle dei est, operari est. Quasi dicat Moses: voluntatem suam deus externa operatione prodidit. Atque quae dixit, statim facta et dicto absoluta sunt. Nam mox sequitur: »Et factum est ita«. Ubi divini verbi potentiam ac virtutem videmus. Sic David canit: »Dixit et facta sunt.«

[380] WA 3; 381,1 f. – JUNGHANS (s. Anm. 302), 275, gibt die Unterscheidung von dictio und locutio mit Befehl und Anrede wieder.

[381] Ebd. 281,6 f: Locutio ergo est in dilectio filio secundum carnem eiusdem.

[382] Ebd. 303,25 f: Est autem nomen dei ipse Christus filius dei, verbum quo se dicit et nomen quo se nominat ipsum in eternitate.

[383] Ebd. 369,25 f.

[384] Ebd. 369,32–35. – Dagegen hat Augustin diesen Hebraismus zwar erkannt, aber nicht reflektiert (vgl. DUCHROW [s. Anm. 156], 173 Anm. 116).

verbo aucilii: quia opera dei sunt verba eius, ›Ipse enim dixit et facta sunt‹: quia idem est facere et dicere dei, sic idem est silere et non facere«[385]. Noch kürzer heißt es in Erläuterung des Bittrufs »Manda deus virtuti tuae« von Ps 67(68),29: »Manda i. e. dic verbo«[386]. Die Werke Gottes haben insofern als seine Worte zu gelten, als er, um zu wirken, sich allein seines Wortes bedient. So ist das Wort Gottes das eine und einzige Instrument[387] und Medium seines Handelns[388]. Die christologische Deutung dieses Wortes bildet freilich die sachlich unaufgebbare Voraussetzung dafür, daß sich das Wort Gottes (und also Gott selbst) nicht in die Vielfalt der Schöpfung verliert, sondern als einheitsstiftendes Moment von den Schöpfungswerken unterschieden bleibt. Was die ungezählten verba dei creata zu der einen Schöpfung zusammenschließt, ist das verbum dei increatum, dessen Mittlerschaft sie sich alle verdanken. Zu Ps 61(62),12a (»semel loquitur deus«) bemerkt Luther: »Omnia verba dei sunt unum, simplex, idem, verum, quia ad unum omnia tendunt, quantumvis multa sint. Et omnia verba, que in unum tendunt, unum verbum sunt«[389]. Die Ewigkeit der dictiones dei gründet in der Schöpfungsmittlerschaft des verbum aeternum[390].

Der Wortcharakter aller Kreaturen, dies also, daß sie dicta dei sind, rührt von ihrem Geschaffensein »per dicere seu verbum Dei«[391] her. Als dicta dei sind sie aber nicht nur gleichnisfähig, sondern gleichnishaft. In seinem grandiosen Corollarium zu Ps 77(78),2 hat dies Luther eindrücklich entwickelt: Der Vers »Aperiam in parabolis os meum« fasse mehr Weisheit und Philosophie in sich, als wenn Aristoteles tausend Metaphysiken geschrieben hätte. Denn hier könne gelernt werden, die Kreatur als eine Anschauungsform und ein Gleichnis für die Weisheit des Schöpfers zu verstehen. Wer die Geschöpfe

---

[385] WA 55,1,1; 248,2−4.18 f. − Vgl. dazu die Erläuterung (WA 55,1,1; 248,13−17): Deus enim per verbum suum omnia facit; Ideoque silentium eius est verbo suo nihil facere vel Iuuare. Vel est methaphora, quia qui non Iuuat aliquem nec verbo nec opere, vtique ›silet‹ et ›tacet‹ vtroque. Aliter etiam silet, quando intus in corde non loquitur illuminationem et consolationem, quod facit vtique verbo suo immediate et spiritu.

[386] WA 3; 389,10. − Ebd. 389,34−36: Quia deus omnia facit solo verbo, ideo dicit: Manda, i. e. dic vel verbo precipe, ut virtus tua, non virtus mundi, fiat.

[387] WA 4; 189,22 f: Verbum dei est instrumentum, quo operans efficit. − Vgl. ebd. 189,11−25.

[388] Ebd. 189,23−25: Sicut ait: ›Verbo domini coeli firmati sunt etc‹. Sicut et prima creatio verbo dei facta est velut medio actionis.

[389] WA 3; 356,35−37; vgl. ebd. 356,34−38. − Vgl. dazu BAYER, Promissio (s. Anm. 302), 26−29. Die von ihm ergänzend zitierte Stelle aus WA 4; 439,20−23 belegt freilich nicht, daß »dieses eine Wort Gottes ... seine Einheit in Christus« hat (ebd. 27 Anm. 74), sondern bezieht sich auf die Bitte von Ps 140 (141),3, der Herr möge meinen (!) Mund behüten und meine (!) Lippen bewahren.

[390] Vgl. z. B. WA 3; 261,19−36. − WA 4; 253,16−22. − WA 4; 341,34−36.

[391] WA 1; 23,2 f (1514).

in den Blick nimmt, kann in ihnen »locutiones dei«[392] erkennen. Als locutiones sind die res creatae aber signa, die allesamt auf die eine res verweisen und aus deren sichtbarer Gestalt darum das unsichtbare Wesen Gottes (Rö 1,20) zu ersehen ist[393].

bb) Die Entfaltung der späteren Jahre

Es führte zu weit und wäre wohl auch sachlich nicht allzu ergiebig, die einzelnen Stadien der Entwicklung, die Luthers Lehre von den verba creata nach der 1. Psalmenvorlesung genommen hat, nun jeweils gesondert zu rekonstruieren. Da Luther jedenfalls in dieser Frage kaum mehr wesentliche Korrekturen vorgenommen, sondern meist nur noch präzisiert und durch anschauliche Explikationen ergänzt hat, was schon früh gesagt worden war, mag an dieser Stelle eine knappe systematische Orientierung genügen[394].

Auf die dictiones dei ist Luther immer wieder einmal zurückgekommen. In diesem Sinn erläutert er etwa in seiner Enarratio Psalmi von 1532 den Vers »tunc loquetur ad eos in ira sua« (Ps 2,5), wobei er nun die starre Unterscheidung von loqui und dicere vollends aufgegeben zu haben scheint[395] und das »loqui« von Ps 2,5a ganz im Sinne des alten »dicere« und unter Verweis auf Ps 33,9 erklärt. »Unsers herr Gots sprach« ist nicht eine bloße Stimme oder die leere Luft eines klingenden Instruments[396], »sed dictum et factum ist eins; quando ein ding spricht, so stehts da«[397]. Alles, was entsteht und geschieht, ist

---

[392] Gemäß der in WA 3; 280,10−281,7 getroffenen terminologischen Unterscheidung müßte Luther hier statt locutiones ›dictiones‹ sagen. Daß er sich jedoch nicht pedantisch an die eigenen Sprachregelungen hält, sondern, wenn der Sinn aus dem Zusammenhang deutlich hervorgeht, sich in mitunter erstaunlicher Freiheit davon lösen kann, gehört zu den bei ihm von Anfang an bis zuletzt zu beobachtenden Eigenheiten.

[393] WA 3; 560,33−561,5: Plus philosophie et sapientie est in isto versu: ›Aperiam in parabolis os meum‹, quam si mille metaphysicas scripsisset Aristoteles. Quia hinc discitur, quod omnis creatura visibilis est parabola et plena mystica eruditione, secundum quod sapientia dei disponit omnia suaviter et omnia in sapientia facta sunt. Omnisque creatura dei verbum dei est: ›quia ipse dixit et facta sunt.‹ Ergo creaturas inspicere oportet tanquam locutiones dei. Atque ideo ponere cor in res creatas est in signum et non rem ponere, que est deus solus. Ex operibus enim istis invisibilia dei intellecta conspiciuntur Ro 1.

[394] Neben der Genesis-Vorlesung und den Predigten über Gen 1 und Joh 1 kommen dafür als Quelle v. a. Luthers Auslegungen des Psalters in Betracht.

[395] In der Genesis-Vorlesung wird sie auf den Unterschied von ›Amar‹ und ›Dabar‹ zurückverlagert (WA 42; 13,19−23): Notanda autem diligenter est differentia, quae apud Ebraeos est inter Amar et Dabar. Nos utrunque reddimus per verbum ›dicere‹ seu ›loqui‹, sed apud Ebraeos haec differentia est: Amar tantum et proprie significat verbum prolatum: Sed Dabar etiam rem significat, sicut cum Prophetae dicunt: Hoc est verbum Domini, utuntur Dabar, non Amar.

[396] WA 40,2; 230,3−5.27−29 (1532).

[397] Ebd. − Ebd. 231,27 f: Viderunt enim, quod dicere apud Deum sit facere et verbum sit factum.

darum als verbum dei zu verstehen. Das gilt aber nicht nur für die in Gen 1 beschriebenen Schöpfungswerke, auch nicht allein für den Bereich des Natürlichen, sondern ebenso für alles, was einem in politischer und gesellschaftlicher Hinsicht widerfährt. Wenn die Türken über Deutschland kommen, ist das als Gottes zürnendes Wort zu verstehen, so wie Gott einst die Römer gegen die Juden und gegen Jerusalem geschickt hat, die Vandalen und Goten gegen Rom, die Perser gegen Babylon und so fortan: »dixit in ira sua«[398]. Wenn Gott dagegen in seiner Gnade redet, so schenkt er Frieden, Wein und Frucht[399]. Dieser Gebrauch des Wortes »loqui« muß freilich, wie Luther einräumt, befremden — »totus mundus non intelligit«[400]. Er entspricht auch nicht dem deutschen Sprachgebrauch, ist vielmehr als eine »phrasis Ebraica«[401] zu verstehen. Dort sei es indes ganz geläufig, das Gott zugesprochene loqui und dicere als facere zu nehmen. Indem die Juden von diesem modus loquendi selbstverständlichen Gebrauch machen, ahmen sie eine Redensart nach, die sie aus Mose gelernt haben. Luther rühmt Mose denn auch als den Sprachlehrer seines Volkes: »Sicut enim Poetae graeci Homerum, latini Virgilium habent, ad cuius imitationem scribunt, ita sancti Prophetae ex Mose didicerunt recte loqui de Dei factis«[402].

Daß in bezug auf das Sprechen Gottes zu gelten hat: »dicere est verbum facere et verbo facere«[403], ist ein bei Luther allenthalben wiederkehrendes Grundmotiv seines Sprachverständnisses[404]. Unter seinen ungezählten Varianten finden sich immer wieder Wendungen, die den Sachverhalt formelhaft zuspitzen — wie etwa in einer Predigt von 1523, in der es zu der Weisung »Crescite et multiplicamini« von Gen 1,28 heißt: »Non sunt verba, sed das wesen

---

[398] Ebd. 230,8—10;231,7—233,2: ›In ira‹: non solum de ira praesentis vitae, sed quando venit cum Turca uber Deudschland, Welsch- etc. land, schickt hie her scharhansen, Eysenfresser, das heist: ›dixit in Ira sua‹. . . . Si Turca venit, tum est verbum i. e. factum dei. Das ist nu phrasis Ebraica, quam totus mundus non intelligit. . . . Hoc est valde terribile, quod hic dicit contra impios, quod deus loquetur, aget, dicet unum verbum et mittet Romanos, contra Iudaeos et vastabit per verbum suum eos, Et mittent tela, ignem in Civitatem sanctam. Postea venient Gotti, Vandali sunt verbum dei. Eorum tela, flammae sunt verbum dei contra Romanos, Persae sunt contra Babylonios, Babylonii contra Iudaeos.

[399] Ebd. 230,10—231,1: In gratia: quando pacem dat, dat vinum, frumentum. Emittit eloquium etc., so ghets wol. — Vgl. ebd. 231,15—19.

[400] Ebd. 231,2f.

[401] Ebd. — Ebd. 229,11: Ebraico more.

[402] Ebd. 231,25—27 (Dr). — Die abbreviaturhafte Version der Handschrift lautet (ebd. 231,3—5): Ex Mose fluit iste modus loquendi: ›ex principio: fiat lux, stella‹ etc. Ex isto poeta Virgilio didicerunt omnes prophetae loqui et usi hoc ›sermona dei‹.

[403] WA 9; 67,30f (1510/11).

[404] Daß Luther damit keine eigene sprachtheologische Erkenntnis formuliert, sondern lediglich den biblischen Sprachgebrauch aufnimmt und fortspinnt, ist ihm selbst durchaus bewußt; vgl. die häufige Zitation biblischer Belegstellen, allen voran Gen 1 und Ps 32 (33),9 (»ipse dixit et facta sunt, ipse mandavit et creata sunt«).

selbert. Ipse dixit et facta sunt, loqui et facere idem est deo ... Non verba sunt, sed facta, quae deus loquitur«[405]. Es mag indes sinnvoller sein, auf zwei in diesem Zusammenhang begegnende Argumentationsfiguren hinzuweisen, als sich in eine möglichst umfassende Sammlung der bei Luther begegnenden Variationen dieses Gedankens zu verlieren[406]. Zum einen hat Luther anläßlich der an Abraham ergehenden Verheißung von Gen 22,18 (»benedicentur in semine tuo omnes gentes terrae«) immer wieder verdeutlicht, was es heißt, von Gott gesegnet zu werden. Zwei Segensweisen, erläutert er in der Genesis-Vorlesung, seien zu unterscheiden: die benedictio verbalis und die benedictio realis. Der Segen Gottes ergeht ausnahmslos in der zweitgenannten Weise, folgt doch dabei dem Segenswort die Segenstat auf dem Fuße: »(Deus) est benedictor effectivus, qui facit omnia per suum dicere, Quia verbum eius est res ipsa, et benedicere ipsius est benefacere largiter tam corporaliter, quam spiritualiter«[407]. Eine kleine, polemisch zugespitzte Typologie des Segens hat Luther in den »Letzten Worten Davids« entwickelt. Das Phänomen selber erläutert er zunächst knapp am menschlichen Segen, der»ein blos ledig wort (ist), das uns guten morgen gibt oder wundscht, und nichts draus folget«[408]. Eine Galerie von Segensperversionen – vom »teuffelisschen« über »den jüdisschen« und »der Türcken segen« bis zum »Bepstlichen segen« – leitet zum göttlichen Segen über, der sich nicht auf ein bloßes Wort beschränke, sondern daraus auch das zugesagte Segenswerk folgen lasse: Es ist ein »thattlicher, wircklicher, lebendiger segen, der da schaffet, was er saget oder segenet«[409]. Zum andern

---

[405] WA 14; 306,9–11.29.

[406] In änigmatischer Verkürzung begegnet der Gedanke in einer Auslegung zu Gen 1,5 von 1519/21 (WA 9; 330,17–19): Quod dixit Moyses ›Et factum est Mane et Vespere dies unus‹, tum ad creaturarum perfectionem pertinet. Deus enim, quando dicit, facit, homo, quando facit, dicit. – Im übrigen seien nur ein paar markante Belegstellen genannt: WA 14; 268,8–17 (1523). – WA 16; 595,8 (1526). – WA 18; 711,10–19 (1525). – WA 25; 239,7–25; 288,18–25; 293,12–15 (1527/30). – WA 31,1; 544,34–545,7 (1530/32). – WA 31,2; 299,35–300,4; 304,17 (1527/30). – WA 42; 13,11–15,25 (1535). – WA 47; 433,21–42 (1537/40). – Vgl. auch die oft als Hendiadyoin gebrauchte Wendung »quod deus dicit et facit« (z. B. WA 5; 520–523. – WA 38; 208,22 u. ö.).

[407] WA 43; 247,24–26 (1535/45); vgl. ebd. 247,18–32. – In einer Predigt über Gen 22,18 hat es Luther etwas breiter entwickelt (WA 24; 397,33–398,22 [1527]). – Vgl. auch WA 23; 546,11–27 (1527).

[408] WA 54; 75,25–27.37 f (1543).

[409] Ebd. 76,9 f. – Vgl. insgesamt ebd. 75,12–76,7: Hie her gehőrt auch der spruch Mosi, Gen 22, da Gott Abraham mit einem Eide verheisst und spricht: ›Jn deinem Samen sollen alle Goym ... auff erden gesegnet werden.‹ ... Alle Heiden sollen in jm gesegnet werden, Wie denn bis her nu bey 1543 jaren geschehen, und noch bis in ewigkeit geschehen wird. Nu dieser segen ist nicht ein *Menschlicher Segen,* da man mit worten segenet, oder guten morgen oder abend wundscht, Denn anders vermag der Mensch nicht segenen. Auch ists nicht ein *Teuffelischer segen,* da mit die Zeuberinnen die Kinder, Viehe und der gleichen segenen, das es solle gedeien und fur ungluck behűtet werden, Auch nicht ein *Judisscher segen,* der durchs Schamhaperes und jre Zeuberey mit buchstaben und figuren

hat Luther gern das Beispiel weltlicher Herren herangezogen, um das Herr-
schaftswort Gottes zu verdeutlichen: »Das ist der grossen herrn und hoher
leute art, wenn sie recht erzürnen, so reden sie nicht viel wort, Was sie aber reden, da gilt ein wort ein zentner, Denn sie habens hefftiger jm synn zu thun,
denn sie reden können«[410]. Ganz anders, nämlich in einer trefflichen Verbindung von theologischer Erläuterung und politischem Spott, bringt Luther in
einem Kommentar zu Ps 147,15b (»emittit verbum suum et liquefaciet ea«)
seinen großen Widersacher, Herzog Georg von Sachsen, ins Spiel: »Deus
Verbo creat omnia. Er darff nicht mehr denn ein wort dazu. Das mag ein herr
sein. Wenn der furst von Sachssen etwas heisst, nulli sunt qui faciunt«[411].

Gottes Worte sind seine Werke. Seine Schöpfungswerke sind darum alle
durch das Wort erschaffen: »Deus non vult facere aliquam creaturam opus aliquod nisi per verbum eius«[412]. Als Gott die Kreaturen durch sein Wort ins Leben rief, »stunden sie da und sprachen, Hie sind wir«[413]. Die ganze Schöpfung
kostete Gott nicht mehr denn ein Wort. Er brauchte nicht Eisen, Hammer,
Amboß noch Zange, um die Erde zu gründen[414], er bedurfte keiner Frauen,

---

oder Gottes Namen tatragrammaton sol krefftig sein und wunder thun, Wie der *Türcken
segen,* auch des Teuffels segen und abgötterey ist, da sie sich mit Brieven und Worten segenen im streit, wider eisen und alle woffen. Ja es ist auch nicht ein *Bepstlicher segen,* der
das Wasser und Wachs bezaubert, das sie Weywasser und Agnus Dei werden und viel tugent, ubir jr naturliche tugent, kriegen sollen und helffen, Sondern es ist ein *Göttlicher Se-*
gen, den Gott allein geben kan und wil, Solcher segen ist nicht ein blos ledig wort, das uns
guten morgen gibt oder wundscht, und nichts draus folget, Sondern gibt und schaffet alles
das es spricht, Als Gen. i. [V.28] Segenet Gott alle Thier und Menschen und sprach: ›Pru
Urbu‹, ›Seid fruchtbar und mehret euch‹, Da bleibs nicht bey dem blossen wort, sondern
folget draus das werck, nemlich das Thier und Menschen fruchtbar wurden und sich meh-
reten, bis sie die Wellt erfulleten, Und solcher segen stehet und gehet noch jtzt, bis an der
Welt ende, Denn durch solchen sind wir, was wir sind und haben, an leib, seele, gut und
allem, was da ist oder wird.

[410] WA 41; 291,38−292,2 (1535). − WA 40,3; 288,11−13 (1532/33): Custos, Rex, princeps, magistratus parvo et exigno vocabulo res magnas exprimunt. Deus habet magnum
os, Uno parvo verbo multa loquitur et potest amplificare.

[411] WA 31,1; 545,19−21 (1530/32).

[412] WA 14; 199,21 f; vgl. ebd. 199,19−38. − Vgl. dazu neben WA 10,1,1; 182,6−185,11
v. a.: WA 12; 447−451 (1524). − WA 14; 68,20−69,9 (1523). − WA 46; 155,3−22 (1538).
− WA 47; 628,18−629,26 (1539). − WA 54; 55−57 (1543). − Im Blick auf das, was Augustin, die creatio ex nihilo per verbum betreffend, in seinem Kommentar zu Gen 1,3
erörtert (de Gen. ad litt. I.2: CSEL 28.I.5−7 = PL 34,247), versteht man Luthers Kritik
(WA 42; 4,27 f): Augustinus mirabiliter ludit in tractatione sex dierum.

[413] WA 48; 38,4 f (1547).

[414] WA 31,1; 445,1−14 (1532): Er sendet seine rede zur erden, Sein wort leufft schnel (Ps
147,15). Hie zeiget er an die gülden kunst, durch welche Got alle solche wolthat ausrichtet
und gibt, spricht: Es koste Gott nicht mehr denn ein wort, das heist ›Fiat‹, Gene. 1. Denn
er darff keiner essen (i. e. eisen), hamer, ambos noch zangen dazu, das er die riegel feste
mache. Er darff keines stein noch kalck dazu, das er frieden schaffe. Er darff auch keiner
frawen weder handels noch müntzers dazu, das er die kinder drinnen reich und glückselig

um die Kinder zu schaffen[415], und keines Samens, damit Gras und Getreide wüchse[416]. Ohne jede Mühe schuf Gott die Welt, nur durch sein ewiges Wort, so daß, wie Luther erläutert, ihn das Schaffen nicht schwerer ankam wie uns das Benennen[417].

Von diesem Ursprung aller Kreatur wissen die »stulti philosophi« nicht. Sie führen die Dinge vielmehr teils auf Feuer, teils auf die Erde, teils auf das Wasser zurück, wo doch in Wirklichkeit alles aus dem Wort Gottes hervorging[418]. Moderater hat sich Luther einige Jahre später in der Genesis-Vorlesung geäußert. Hier konstatiert er lediglich den Unterschied, indem er mahnt, wir Christen sollten von der prima causa rerum anders reden als die dem Aristoteles folgenden Philosophen, auch wenn das Bekenntnis, alles sei durch das Wort erschaffen, unser Verstehen übersteige[419]. Denn eben so folgten wir dem Sprachgebrauch des Heiligen Geistes. Daß wir uns an seine Rede gewöhnen müssen, erläutert Luther interessanterweise durch den Hinweis, auch in den andern drei Fakultäten hätte man sich schließlich in die jeweilige Fachsprache einzuüben. Die ihrem jeweiligen Gegenstand angemessenen Fachsprachen sollten einander nicht behindern, sondern achten[420]. In diesem Sinne ist denn auch zu verstehen, wenn wir mit dem Heiligen Geist sagen, »quod Deus di-

---

mache. Also darff er auch keines pfluges noch ege dazu, das er uns settige mit weitzen, sondern er spricht zun riegeln: seid feste, So sind sie feste. Und zun burgern: Seid reiche und glückselig, so sind sie reich und glückselig. Und zu den grentzen: der friede sey bey euch, So ist der friede da. Und zur erden: trage weitzen, So tregt sie weitzen, wie der 33. Psalm auch sagt: ›Wenn er spricht, so stehets da‹. Und Psal. 77 [78,45]: ›Er sprach, da kam unzifer‹.

[415] Ebd. 445,7f.

[416] WA 42; 27,33 (1535): Prima creatio sine semine simpliciter ex virtute verbi est facta; vgl. ebd. 27,31−28,10. − Vgl. WA 46; 790,5−7.

[417] WA 42; 17,28−31 (1535): Sic Deus se nobis revelat, quod sit Dictor, habens apud se Verbum increatum, per quod mundum et omnia creavit facilimo opere, dicendo scilicet, ut non plus negocii Deo sit in creatione quam nobis in appellatione.

[418] WA 14; 103,15−17 (1523/24): Stulti philosophi dixerunt alii omnia ex igne, alii ex terra, alii ex aqua, alii omnia ex sanguine orta, cum omnia sint vere ex verbo dei, et verbo dei agant. − Vgl. WA 42; 97,21−34 (1535).

[419] WA 42; 23,19−24 (1535): Ergo de causis istarum rerum nos Christiani aliter sentire debemus quam Philosophi, et si quaedam sunt supra captum nostrum (sicut ista hic de aquis supra coelos) ea potius sunt cum nostrae ignorantiae confessione credenda, quam aut impie neganda, aut arroganter pro nostro captu interpretanda. Oportet enim nos servare phrasin scripturae sanctae, et manere in verbis Spiritus sancti. − Vgl. ebd. 23,3−36.

[420] WA 42; 35,30−38 (1535): Sed hic repetendum duxi praeceptum, quod supra aliquoties proposui, quod scilicet assuescendum etiam est ad phrasin Spiritus sancti, Sicut etiam in aliis artibus nemo feliciter versabitur nisi prius recte cognitio genere sermonis. Sic Iureconsulti suos habent terminos ignotos medico et philosophis. Contra hi quoque habent suam quandam quasi linguam ignotam aliis professionibus. Iam non debet ars artem impedire, sed unaquaeque debet retinere suum quasi cursum et uti suis terminis. Ad hunc modum igitur videmus Spiritum sanctum suam habere linguam et phrasin. − Vgl. ebd. 26,29−36.

cendo creaverit omnia et per verbum operatus est, et omnia eius opera sunt verba quaedam Dei, per verbum increatum creata«[421]. Die Frage nach der prima causa ist also mit dem Hinweis auf das verbum increatum zu beantworten: Das Wort Gottes ist die vis gignendi[422] und producendi[423], der alles, was ist, sein Dasein verdankt[424].

Die Schöpfungsworte Gottes stehen bis heute in Kraft[425]. Am siebten Tag habe Gott zwar von der Erschaffung der Welt geruht, nicht aber, wie Luther anläßlich Gen 1,31–2,2 betont, von deren Erhaltung[426]. Denn die Schöpfungsworte dauern fort; mit ihnen erhält und regiert Gott die ganze Kreatur[427]. Was das für das Wort von Gen 1,26 (»Et dixit Deus: Faciamus hominem«) bedeutet, illustriert Luther am eigenen Beispiel. Er selbst sei, nach dem Urteil der Welt, noch vor 60 Jahren ein Nichts gewesen. Gott hingegen habe ihn samt allem, was er schaffen wollte, bereits damals erschaffen, auch wenn das erst nach und nach ans Licht getreten sei. Das in Gen 1 niedergelegte Schöpfungswort Gottes gleiche einem ins Ziel fliegenden Pfeil, dessen Flug die ganze Weltzeit von Anfang bis Ende durchmesse[428].

Diesen aktualen Grundzug seines Schöpfungsverständnisses hat Luther immer wieder in bunten Farben geschildert. Gott gleiche nicht einem Zimmermann, »welcher, wenn er ein haus, Schiff oder sonst ein werck, es sey auch, was es wolle, bereitet, vollendet und gerichtet hat, so lesst er das Haus seinem

---

[421] WA 42; 35,38–40 (1535).

[422] WA 14; 103,12 (1523/24).

[423] Ebd. 103,22.

[424] Vgl. WA 10,1,1; 159,21–160,1 (1522): Und alßdenn ist abermal hie die krafft und das wortt nit tzu scheyden, ßondernn das wort und die krafft ist eyn dinck, nit anderß denn ßo viel gesagt als eyn thettigs oder krefftigis wort, das die krafft sey das weßen und natur des worttis, das ynn allen dingen wirckt.

[425] WA 42; 57,6–14 (1535).

[426] Ebd. 57,15–20: Facilis itaque est solutio. Quievit Deus ab opere suo, hoc est, contentus fuit illo coelo et terra tum condita per verbum, non creavit novos coelos, non novam terram, non novas stellas, non arbores novas. Et tamen operatur Deus adhuc, si quidem semel, conditam naturam non deseruit, sed gubernat et conservat virtute verbi sui. Cessavit igitur a conditione, sed non cessavit a gubernatione.

[427] Ebd. 57,20–33.

[428] Ebd. 57,34–48,2: Ego, si meam personam spectes, sum quiddam novum, quia ante annos sexaginta nihil fui, sic mundus iudicat. Sed Dei aliud est iudicium, nam coram Deo sum generatus et multiplicatus statim in principio mundi, quia hoc verbum, ›Et dixit Deus: Faciamus hominem‹ me quoque creavit. Quidquid enim Deus voluit condere, hoc tum, cum diceret, condidit. Non subito nostris oculis apparuerunt omnia. Sicut enim sagitta, aut globus, qui ex bombarda mittitur (nam in hoc maior celeritas est), uno quasi momento ad metam dirigitur et tamen per certum intervallum mittitur: Ita Deus per verbum suum currit ab initio usque ad finem mundi. Non enim apud Deum sunt prius et posterius, citius aut tardius, sed omnia sunt eius oculis praesentia. Est enim simpliciter extra temporis rationem. – Vgl. dazu ALTHAUS (s. Anm. 302). – BAYER, Schöpfung als Anrede (s. Anm. 299), 80–108. – LÖFGREN (s. Anm. 300).

Herrn stehen, das er darinnen wone, oder befihlet das Schiff den Possknechten und Schiffleuten, das sie uber Meer darinnen faren, und gehet der Zimmermann davon, wohin er wil«[429]. Was wären die Gestirne, die Kreaturen, die Menschen, wenn Gott sie nicht täglich erhielte[430]? Das ist der eigentliche Skopus, auf den alles, was Luther zur creatio continua per verbum vorbringt, bezogen ist. Darum wird er auch nicht müde zu betonen, daß Gott die Welt keineswegs, wie Augustinus meinte, »auff ein huy geschaffen (hat), sondern zeit und weil dazu genomen und damit umbgangen ist«[431]. Denn wir sehen ja noch täglich vor Augen, wie immerdar etwas Neues erschaffen wird[432]. Es ist das Sprechen Gottes, das Feuer, Hagel, Sturm und Wind heraufbringt[433], das die Erde grünen und den Weizen wachsen macht[434], das die Kirschen reifen und die Henne brüten läßt[435] und mit dem Gott »den winter so verwandeln und weg thun (kann) und den sommer widderbringen, das man des winters gar vergessen mus«[436].

Und auch unter den Menschen gedeiht das Leben nur durch sein schöpferisches »Crescite« (Gen 1,26). Selbst wenn sich alle Menschen zusammenschlössen, brächten sie doch kein einziges Kind zustande. Es ist allein das Wort Gottes, das alles schwängert und ins Leben ruft[437]: »Omnes sumus verbo«[438]. Aber wir *sind* nicht nur durch Gottes Wort, wir *leben* auch von ihm[439]: In dieser Hinsicht sind wir nichts als Gottes Gefäße und Instrumente, durch die er selbst alles wirkt[440]. Ja, die gesamte Kreatur dient Gott als eine Larve, unter der er sich

---

[429] WA 46; 558,21−26 (1537).

[430] Ebd. 559,13−16: Die Sonne würde nicht lang am Himel hafften und leuchten, kein Kind würde geborn, kein körnlin, greslin noch jchts würde wachsen aus der Erden noch sich ernewern, wo Gott nicht fur und fur wircket. − Vgl. überhaupt ebd. 558,13−561,5; ferner meinen Aufsatz: Gottes irdische Gehilfen (s. Anm. 8), 168.

[431] WA 14; 106,25−29 (1524). − Vgl. WA 12; 440,3−6 (1524). − WA 42; 4,26−31; 52,23 f; 91,22−92,2 (1535).

[432] WA 24; 61,21 (1527).

[433] WA 31,1; 445,19−21 (1532).

[434] Ebd. 445,37−446,3: Aber wenn Gott zur erden spricht: Grüne, so grunet sie flugs daher. Las wachssen, so wechst der halm daher. Trage weitzen, so tregt sie weitzen, Und geschicht alles flugs und bald, wie wir fur augen sehen, das sein wort nicht kreucht, sondern leufft, ja es springet und thuts jnn einem sprung und mit einem Nu.

[435] WA 49; 433,19−39 (1544); vgl. ebd. 433,1−437,37. − WA 38; 49,26−32.

[436] WA 31,1; 447,30f (1532). − Vgl. überhaupt ebd. 445,1−451,23. − WA 16; 548,31−33 (1526).

[437] WA 20; 427,26−30 (1526).

[438] WA 45; 172,21 (1537). − Vgl. ebd. 171,36−172,6: Ubi illi, qui uber 100 jar an unser stat? nondum nati parentes. Wie ghets? per verbum: ›Crescite‹. Per verbum hoc omnes creati, per hoc omnes schwanger. Dic iam: sol das gering wort ›Crescite‹ einen menschen schaffen? Si tu diceres et ego, nihil. Sed deus loquitur, qui dicit ad omnes: ›Crescite‹. Ibi mundus plenus kinder, leute, thier. Sic inspiciendum dei opus et verbum.

[439] WA 24; 322,6−323,2 (1537).

[440] WA 5; 258,34.39−41 (1519/21): Ipse (i. e. Deus) est . . . qui loquitur et ipse est qui au-

verbirgt. Wenn die Frauen fruchtbar sind, wenn Schuhe und Kleider nicht zerreißen und die Soldaten mit der Lanze kämpfen: Immer ist es Gott selbst, der
zu ihnen sagt: »deckt ir schuch und zu reist nicht, kleider«, und zu der Lanze:
»triff«[441].

Daß Gott in dieser Weise *zu* der Kreatur und *durch* sie spricht, ist für Luther
nicht einfach eine erbauliche, aber theologisch unverbindliche Redensart, sondern der konsequente Ausdruck seiner Lehre vom Sprechen Gottes. Deren
Konsistenz hängt freilich daran, daß man die verschiedenen Wortgestalten, anstatt sie nur additiv zu verbinden, als Erscheinungsweisen des *einen* Wortes
Gottes versteht. Diesen Gesichtspunkt der Einheit hat Luther immer wieder
unterstrichen, indem er teils die Identität von schöpferischem und erhalten-
dem Wort in bezug auf ein einzelnes Schöpfungswerk betont[442], teils aber auch
die verschiedenen Werke des einen Wortes Gottes in einem Durchgang von
Anfang an bis heute zusammenstellt. In der Weihnachtspredigt über den Johannes-Prolog von 1532 findet sich dafür ein dichtes Beispiel. Das Wort, das
Gott ante mundum gesprochen habe, erläutert Luther, sei »ab isto momento,
quo deus incepit zu schaffen mundum . . ., fortan nie mussig gangen«[443]. In der
Kraft desselben Wortes habe etwa Mose das Meer zerteilt (Ex 14) und Elia das
Kind seiner Wirtin ins Leben zurückgerufen (1 Kön 17) und Petrus zu Tabea
gesagt »Stehe auf« (Act 9)[444]. In anderem Zusammenhang verwies Luther gern
auf Jona, den Gott allein durch sein Sprechen aus dem Bauch des Fisches be-
freite[445], aber auch auf das Beispiel der Maria[446]. Dieselbe Kraft des Wortes

---

dit et omnia in omnibus operatur. Nos vasa et instrumenta eius sumus, nec accipere nec
dare quicquam potentia, nisi ipse det et accipiat.

[441] WA 20; 273,37−274,9 (1526): Videte, cur mulieres quaedam portent foetus, quaedam non. Verbum Dei deest, non semen aut sanitas amborum. Ideo hoc facit, ut aperiat
per quid autem? per verbum. Quare utitur externa creatura deus, quare non nutrit absque
cibo? non vult, ita utitur creaturis ut larvis, sub illis est, ut discamus eius misericordiam.
Sic facit cum vestibus. Si omnibus vestibus utereris, non caletieres, sed tantum mandatum
dei, das dich das ding sol erwermen. Hoc factum in deserte, ubi erant Iudei 40 annis. Omnia manserunt inconsumpta, schuch musten selbst schuster werden etc. dixit deus ›deckt
ir schuch und zu reist nicht, kleider‹ etc. Invenimus quosdam multis vestibus indutos, qui
frigent. Econtra. Sic est cum bellatoribus. Non arma, lanceae thuns, sed dominus dicit ad
arma ›triff‹.

[442] WA 14; 107,6 f (1523/24): Hoc verbum per quod creavit solem, illud adhuc sustendat
solem in suo cursu, ut maneat. − Vgl. WA 43; 138,36−139,19 (1535/45).

[443] WA 36; 413,15.22 f; vgl. ebd. 413,14−39. − Ferner WA 14; 109,21 f (1523/24): Non
otiosum deum, postquam creavit, sed opus esse verbum dei quod creaturae multiplican-
tur. − WA 43; 117,30 f (1535/45): Non enim Deus est otiosus orator, quicquid dicit . . . et
fructuosum est.

[444] WA 36; 413,32−35.

[445] WA 19; 186,13−187,6; 218,31−219,6; 232,6−11. − Vgl. WA 13; 234,26−28 (1524).

[446] AWA 4; 211,4 (= WA 35; 432,11−14 [1524]): Das zuchtig haus des hertzen tzart /
gar baldt eyn Tempel Gottis wart; / die kein man ruret noch erkand / von gots wort sye
man schwanger fand. − WA 20; 368,10 f.

Gottes habe dann auch in Jesus[447] und dem Evangelium gewaltet[448] und sei bis heute am Wirken[449]. Durch sie hat uns Gott erschaffen, genährt und beschützt, und durch sie wird er uns dereinst ins ewige Leben führen[450]. So wenig darum Gottes Wesen aufhört, so wenig hört auch sein Sprechen auf[451]. Muß doch das Wort immer bleiben um derer willen, die hernach geboren werden und wachsen[452]. »Darůmb so lang ein Creatur weret, so lang weret das Wort auch, so lang die erde tregt odder vermag zu tragen, so gehet ymmer das sprechen on auffhôren«[453].

b) Die Worthaftigkeit der Kreatur

Wenn die Dinge dieser Welt als verba creata zu verstehen sind, dann kann Gott, der nur in seinem Wort zu erkennen ist, auch in der Schöpfung erkannt werden[454]. Schon früh war ja bei Luther von den Geschöpfen als von »locutiones dei« die Rede gewesen[455]. Das nimmt er in der Vorlesung zu Gen 1,3—5 wieder auf. Die Worte, erläutert Luther, mit denen Gott das, was nicht ist, ins Sein ruft, sind keine bloßen Vokabeln, sondern wirkliche, bestehende Dinge. So daß Sonne und Mond, Himmel und Erde, freilich auch Petrus, Paulus, ich

---

[447] WA 40,2; 231,5 f (1532): Christus ut homo loquitur ut nos, Maiestatis dicere est facere.

[448] WA 36; 413,34—37 (1532): Verbum fecit omnia, als durchs wort gangen. Ach zu wol durch menschen mund dazu. Etiam ad nos dixit in Euangelio. Si dixisset monti huic: versetze, far yhns meer. Tibi remissa peccata, celum apertum, Tu es filius. — WA 52; 453,8 f (1544). — WA 52; 541,33—35 (1544). — Vgl. dazu § 11 dieser Arbeit.

[449] Das gilt selbstredend für die verba creata *und* prolata (WA 36; 413,38 f): Ut etiam humanum verbum sol etiam krafft haben, quia das ist verbum dei.

[450] WA 5; 477,37—478,3 (1519/21): Verbum dei, quod Christus est praedicatus nobis, est, quo velut dextera invicta, petra immobili, fundamento inconcusso, lapide angulari, cornu victoriosissimo servamur, consistimus, aedificamur et copulamur, vincimus in omnibus et per omnia. Hoc semel pro omnibus de dextera dei dixtum sit, nec enim alio quopiam quam verbo suo nos vivificat, gignit, alit, educat, exercet, protegit, servat et triumphat in aeternam vitam. — Vgl. dazu § 15.1 dieser Arbeit. — In der hier zu Tage tretenden, unauflöslichen Verschränkung von Schöpfungslehre, Erhaltungslehre und Eschatologie wird deutlich, weshalb Luther die Schöpfung niemals nur als erstes Kapitel eines heilsgeschichtlichen Konstruktes traktiert, sondern immer in einer präsentischen, Glauben erheischenden Weise; vgl. dazu BAYER, Schöpfung als Anrede (s. Anm. 302), v. a. 80—108; sowie EBELING, Lutherstudien II/2 (s. Anm. 29), 393—395. — Eine entsprechende Verschränkung der Zeiten lehrt übrigens auch Melanchthon (Commentarius in Genesin, CR 13,767 f): Verbo Dei consistunt coeli . . ., et idem (!) verbum est, quod praedicatum est vobis, de die novissimo, de renovanda creatura.

[451] WA 24; 37,24 f (1527). — WA 31,1; 16,25—17,2 (1529).

[452] WA 37; 375,24 f (1534).

[453] WA 24; 37,27—29 (1527).

[454] WA 32; 327,12 f (1532).

[455] S. Anm. 392 u. 393.

und du als »vocabula Dei« zu verstehen sind, ja als bloße Silben oder Buchstaben, verglichen mit der gesamten Kreatur. Diese »grammatica divina« folgt nur einem einzigen Gesetz: »Verba Dei res sunt, non nuda vocabula«[456].

Daß wir diese vocabula dei, als welche die ganze Natur zu gelten hat, hören könnten, wenn wir nur wollten, hat Luther in einer Predigt über Mk 7,31–37 sehr eindringlich entwickelt[457]. Wollten wir nur Augen und Ohren aufsperren, so würde uns das Korn anreden: Sei fröhlich in Gott, iß, trink und gebrauche mich und diene mit mir deinem Nächsten[458]. In dieser Weise wollen alle Kreaturen mit uns reden und uns dienen. Aber anstatt auf die Natur zu hören und sie in rechter, nämlich den Schöpfer ehrender und dem Nächsten dienender Weise zu gebrauchen, vergeuden wir Gottes Gaben gedankenlos und haben nur uns selbst im Sinn. Darum sind wir nicht würdig, »ein vogel horen singen, saw gruntzen«[459], und darum hören wir auch nicht, wenn die ganze Welt und alle Kreatur uns ruft und durch sie Gott selbst sich uns zusagt[460]. Auf die vocabula dei hören hieße, die Dinge nicht nur als sie selbst zu nehmen, sondern immer auch als Allegorien und Larven des Schöpfers. Die Worthaftigkeit der Kreaturen macht sie gleichnisfähig, so daß wir in ihrer sichtbaren Gestalt das verborgene Wort Gottes wahrnehmen könnten. Wenn wir uns dieser grammatica divina öffneten, würden wir in allem, was wir haben, die Güte

---

[456] WA 42; 17,15–23 (1535): Sed monendum hic etiam illud est: Illa verba ›Fiat lux‹ Dei, non Mosi verba esse, hoc est, esse res. Deus enim vocat ea, quae non sunt, ut sint, et loquitur non grammatica vocabula, sed veras et subsistentes res, Ut quod apud nos vox sonat, id apud Deum res est. Sic Sol, Luna, Coelum, terra, Petrus, Paulus, Ego, tu, etc. sumus vocabula Dei, Imo una syllaba vel litera comparatione totius creaturae. Nos etiam loquimur, sed tantum grammatice, hoc est, iam creatis rebus tribuimus appellationes. Sed Grammatica divina est alia, nempe ut, cum dicit: Sol splende, statim adsit sol et splendeat. Sic verba Dei res sunt, non nuda vocabula. – Vgl. ebd. 37,1–9.

[457] WA 46; 493,14–495,40 (1538). – Zu dieser Predigt hat O. BAYER eine vorzügliche Interpretation vorgelegt: Tu dich auf! Verbum sanans et salvificans und das Problem der ›natürlichen‹ Theologie (in: DERS., Schöpfung als Anrede [s. Anm. 302], 62–79), deren Grundmotiv auch in den anderen Beiträgen dieses Buches wiederkehrt (vgl. dazu meine Besprechung in: ThR 56, 1991). – Den Beitrag des Mittelalters zur Frage einer »Zweiten Sprache« hat H. BRINKMANN bündig zusammengestellt (s. Anm. 302; 74–153). Daraus erhellt freilich auch, wie sehr die Themen, unter denen man sich im Horizont mittelalterlicher Hermeneutik der »Sprache der Natur« genähert hat, zu dem, was Luther daran interessierte, verschieden waren.

[458] WA 46; 494,15–17: Si oculos et aures, so wurde uns das korn anreden: Sis letus in deo, es trinck et utere me et servi proximo.

[459] Ebd. 494,35.

[460] Ebd. 495,5 f: Non audimus, etiamsi totus mundus et creaturae clament et deus promittat.

Gottes erkennen, und es darum nicht als Habe, sondern als Gabe achten[461]. Darum »las ein donum bleiben ..., schreib drann: ›Dedit‹«[462].

Es ist eine wenig beachtete, aber entscheidend wichtige Pointe in Luthers Schöpfungslehre, daß er immer wieder dazu anhält, auf die verba creata zu hören und diese Quelle des Wortes Gottes nicht vollends zu verschütten: »Stecket brillen auff die nasen und sehet Gottes wort an, was Gott in der ersten Schöpffung ... geredet hat«[463].

4. Verbum prolatum

Nicht nur im Rahmen einer Wortlehre, sondern im Horizont des Theologischen insgesamt hat Luther der Gestalt des äußeren, gepredigten Wortes eine alles entscheidende Bedeutung beigemessen. Dieser Satz ist in vielerlei Hinsicht erläuterungsfähig[464], erfreut sich aber in solcher Allgemeinheit einer wohl uneingeschränkten Zustimmung. So mag es für eine knappe Durchsicht der göttlichen Sprachgestalten Gottes erlaubt sein, sich hinsichtlich des verbum prolatum auf die Markierung einiger Hauptakzente zu beschränken[465]. Das verbum dei scriptum ist dabei selbstverständlich mit im Blick, ohne jedoch unter dem Aspekt des Sprechens Gottes einer eigenständigen Entfaltung notwendig zu bedürfen (vgl. dazu § 9.1).

---

[461] WA 31,1; 70,15−71,10 (1530): Was ist aller wellt gellt und gut gegen einem tage, den uns die liebe sonne macht teglich? Wenn die sonne einen tag nicht schiene, wer wolt nicht lieber tod sein? odder was hulffe yhn alle sein gut und herrschafft? Was were aller wein und malmasier ynn aller wellt, wenn wir sollten einen tag wassers mangeln? Was weren alle hubsche schlosser, heusser, sammet, seyden, purpur, gulden keten und edelgesteine, aller pracht, schmück und hoffart, wenn wir solten der lufft eines Vater unser lang emperen? Solche gueter Gottes sind die grossesten und die aller verachtetesten, und darumb das sie gemeine sind, dancket Gott niemand drumb, nemen sie und brauchen der selbigen teglich ymer so dahin. − Vgl. die konzise Darstellung dieser Frage bei Ebeling, Lutherstudien II/3 (s. Anm. 210), 513−519.

[462] WA 40,3; 250,1 f; 251,5 (1532/33). − Vgl. ebd. 250,1−253,9.

[463] WA 47; 315,12 f (1537/40). − Daß Luther hier den Stand der Ehe meint, den man aus der Schöpfungsordnung ablesen möge, scheint mir den allgemeineren Gebrauch des Zitats nicht zu verbieten: Auch den Ehestand zählt Luther zu den Sachen, die zugleich Wörter sind aus Gottes Grammatik.

[464] Vgl. §§ 12−15 dieser Arbeit.

[465] Um der gebotenen Kürze willen muß für den reformatorischen Luther auf entwicklungsgeschichtliche Differenzierungen − die ohnehin nur marginale Verschiebungen zu konstatieren hätten − ebenso verzichtet werden wie auf den Vergleich mit seinem frühen Wortverständnis; zu letzterem vgl. v. a. Bayer, Promissio (s. Anm. 302).

a) Die Einheit des Wortes

aa) Efficacitas verbi

In seinem Kommentar zu Gen 3,14 (»Et ait Dominus Deus ad serpentem: ...«) bedient sich Luther einer beiläufig eingeführten, aber wesentlichen Unterscheidung. Daß Gott mit der Schlange geredet habe, könne, wie Luther erläutert, nur figürlich gemeint sein. Denn Gott spreche hier ja keine verba creationis (wie etwa in dem ›Crescite‹ von Gen 1,22), vielmehr verba comminantia et promittentia. Mit diesen wende er sich jedoch nur an die verständige Natur, weshalb hier zwar die Schlange genannt, aber der Satan gemeint sei[466]. Luther unterscheidet also im Sprechen Gottes das Schöpfungswort einerseits, das Droh- und Verheißungswort andererseits. Während im ersten Fall Sagen und Geschehen praktisch ineins fallen, treten sie beim Droh- und Verheißungswort zeitlich auseinander: Das factum folgt dem dictum ebenso sicher, nicht aber ebenso schnell. Dieses den vernunftbegabten Wesen vorbehaltene Wort Gottes ergeht, von Figuren wie Gen 3,14 abgesehen, auf Erden nur durch Menschenmund, ohne damit jedoch seinen Charakter als Wort Gottes einzubüßen. Das hat Luther in der 2. Invokavitpredigt (10. März 1522) nachhaltig und unter Verweis auf das Beispiel, das Paulus in Athen gegeben habe (Act 17,16ff), bekräftigt, als er bei seinen Wittenbergern für die Einsicht warb, daß »got mit seinem wort meer (würckt) wenn wan du und ich allen gewalt auff einen haüffen schmeltzen«[467]. Dem Beispiel des Apostels folgend rät er, die Menschen mit dem Predigtwort von der Abgötterei zu befreien, anstatt sie gewaltsam an den Haaren davon zu reißen[468]. Interessanterweise begründet Luther das Vertrauen in die Wirkmächtigkeit des Predigtwortes mit dem Rekurs auf das Schöpfungswort Gottes, mit dem es identisch sei: Man möge »das wort lassen handlen ..., denn das wort hat hymel und erd geschaffen und alle ding, das müß es thůn und nit wir armen sünder«[469]. Auch sonst hat Luther die Dignität des verbum praedicatum gern mit dem Argument untermauert, das Wort Gottes ergehe zwar in verschiedener Gestalt, sei aber doch, wie auch Gott selbst, immer dasselbe[470]. Nicht zuletzt in der ihm aus dem Predigtamt

---

[466] WA 42; 137,15−23 (1535/45): Ac prior pars textus tota figurata est, loquitur enim Deus cum Serpente, et tamen certum est Serpentum haec verba non intelligere. Non enim sunt verba creationis, qualia illa supra, cum dixit bestiis: ›Crescite et multiplicamini‹. Cum terrae dixit: ›Producat terra omnis generis herbas et arbores‹, Sed sunt verba comminantia et promittentia, quae Deus non loquitur cum natura irrationali sed cum intelligente natura. Serpentem igitur nominat, sed cum Satana praecipue agit dominante Serpenti et per eum decipiente homines.

[467] WA 10,3; 16,11 (1522).

[468] Ebd. 17,11−18,7.

[469] Ebd. 18,8−10. − Vgl. die ganze Predigt: WA 10,3; 13−20.

[470] WA 40,2; 253,1 (1532): Deus est simplex, ergo verbum eius simplex. − WA 43; 661,34 (1535/45): Verbum Dei non mutatur, non pervertitur, est simplex et rectum. −

immer wieder erwachsenen Anfechtung hat Luther seine Hörer und auch sich
selbst daran aufgerichtet, daß das Wort Gottes

> nicht mein geticht (ist), sondern die warheit, so vom himel offenbart, und alle Engel
> on unterlas horen und daruber sich frewen, Ja und Amen dazu sagen, Und kan rhumen,
> das ichs nicht allein bin, so solchs leret oder sagt, sondern alle Creaturn beide, alles him-
> lische heer und auff erden alle Christen mit mir halten, Solchs gewiss sein hilffet aus der
> massen wol, getrost, keck und mütig zu werden widder allerley anfechtung dazu wider
> welt und Teuffel.[471]

So trägt Luthers fortwährendes Insistieren auf die simplicitas verbi denn
auch unverkennbar eine homiletische Pointe: Es ist ihm um die Vergewisserung von Prediger und Hörer zu tun, das äußere, mündliche Predigtwort
nicht nur als ein menschliches Reden über Gott verstehen zu müssen, vielmehr
als die eigentliche und unüberbietbare Gestalt, in der Gott selbst zu den Menschen spricht. Die Eigenschaften, die Luther dem ewigen Wort (Ewigkeit)
und dem schaffenden Wort (Verläßlichkeit, Wirksamkeit) zuschreibt, gelten
darum nicht minder für das verbum prolatum und sind ihm vor allem um dieser letzteren Sprachgestalt willen interessant. Die Ewigkeit des Wortes Gottes
etwa hat Luther allenthalben und unter häufiger Zitation des locus classicus
von Jes 40,8 und 1 Petr 1,25 (»Verbum dei manet in aeternum«) betont. Auch
in der öfter begegnenden Figur, die einzigartige Dauer des Wortes Gottes
durch die Abgrenzung vom ersten Schöpfungswerk zu unterstreichen[472], folgt
Luther zunächst einfach einer biblischen Kernaussage (Mk 13,31 parr). Die homiletische Pointe dieser Rede von der Ewigkeit des Wortes Gottes zielt indes
darauf, in der Beständigkeit dessen, was der Heilige Geist spricht, die sichere
Gewähr der Zuwendung Gottes zu sehen, auf die man jederzeit zurückkom-
men kann[473]. Auch die immer wiederkehrende, auf das verbum prolatum zielende Versicherung, daß Gott nicht lüge[474] und daß die Zunge des Heiligen

---

WA 20; 368,1−20 (1526). − WA 31,2; 336,1−22 (1527/30). − WA 36; 265,6−11.26−35
(1532).

[471] WA 45; 613,1−9 (1537). − Vgl. z. B. WA 2; 205,27−29 (1519). − WA 17,1;
223,33−224,24 (1525). − WA 45; 629,11−16 (1537).

[472] Z. B. WA 10,2; 157,25 (1522). − WA 30,2; 192,16 (1529). − WA 31,1; 135,33 u. ö.

[473] WA 26; 160,29−34 (1528): Da wurde mir ein seltzam wesen aus, das Gottes wort, so
ewiglich bleibt, muste so offt verwandelt und ein newes werden, so offt die menschen sich
wandeln und new werden, So es doch darumb bestendig und einig bleibt, auff das die, so
itzt nicht dran hangen oder davon fallen, einen gewissen, bestendigen fels haben widder zu
keren und sich dran zu halten. − Vgl. die Notiz zu WA 31,1; 558,24 (1530/32): De Cice-
rone et aliorum scriptis dicebat esse mortua et praeterita, Econtra spir. sancti verba sunt
viva et praesentia. − WA 31,1; 456,1−9 (1532).

[474] WA 10,2; 152,4−6 (1522): Got redet nit widder sich selb, lugenstrafft auch seynen
mund nit, wie das alle schrifft unnd vernunnft muß bekennen. − WA 25; 490,18 f (1528):
Quando enim deus loquitur verbum, bleibt er drauff, non mutat sententiam ut homo. −
WA 46; 519,11 f.14 (1538): Verbum dei non est stoppel und stro ut humana doctrina . . .
Est secare verbum. − Vgl. WA 8; 519,36 (1524). − WA 10,2; 324,25−27 (1522) u. ö.

Geistes ein Griffel sei, »quae nicht falsch schreibt«[475], untermauert Luther gern mit dem Hinweis auf die Verläßlichkeit des Schöpfungswortes[476]. Schließlich weist auch der von Luther unzählig oft erneuerte Hinweis auf die Wirksamkeit des Wortes in diese Richtung. »Gott wil sein wortt, Trost und Sacrament nicht vergebens gesprochen und gereicht haben«[477]. Darum läuft es niemals ins Leere, sondern trägt Frucht[478], indem es mit sich bringt, wovon es redet: »Quando ... deus tecum loquitur, bringts das mit, quia quando deus cum quo loquitur, verbum ghet an frucht nicht ab, quia non loquitur nisi cum fructu Esa. 55«[479]. Diese efficacitas verbi setzt das Predigtwort nicht nur in Analogie zum Schöpfungswort Gottes, sondern identifiziert es geradezu als das eine schöpferische Wort, durch das Gott alles wirkt[480].

---

[475] WA 41; 367,4 (1535).

[476] WA 52; 205,5–7 (1544): Denn es ist Gottes wort und kan nit liegen. Was er sagt, das soll ja sein und in ewigkeit nicht feylen, Eben so wenig es gefeylet hat, da Gott durch solches wort himel unnd erden auß nichts gemacht hat. – Vgl. WA 8; 676,25 (1522). – WA 28; 689,35 (1529). – Vgl. Bayer, Schöpfung (s. Anm. 302), 36–44.

[477] WA 47; 301,23 f (1537/40); damit begründet Luther an dieser Stelle die Gültigkeit der Nottaufe (vgl. ebd. 301,14–28).

[478] Diese sich an Jes 55,11 anlehnende Wendung kehrt bei Luther immer wieder; vgl. etwa WA 13; 518,35 (1525): Verbum dei non potest esse sine fructu. – WA 30,1; 146,33–37 (1529): Widderümb hat es die krafft, wo mans mit ernst betrachtet, höret und handlet, das es nimer on frucht abgehet, sondern allezeit newen verstand, lust und andacht erwecket, rein hertz und gedancken machet. Denn es sind nicht faule noch todte, sondern schefftige, lebendige wort. – WA 40,2; 438,5 (1538): Impossible, ut verbum gratiae sine fructu praedicetur. – WA 41; 564,11 f (1536): Meum verbum ghet nicht on frucht abe, non lere redit ad me. – WA 25; 313,32–36 (1527/30). – WA 29; 445,1–13 (1529). – WA 31,1; 418,29 (1530). – WA 31,2; 504,22–29 (1527/30). – WA 31,2; 767,28 (1530/31). – Vgl. die entsprechende Formel »Deus (bzw. spiritus sanctus) numquam loquitur frustra«; z. B. WA 25; 157,30 (1527/30). – WA 44; 5,9 (1535/45). – WA 46; 469,37; 470,9 (1538). – WA 47; 707,6–8 (1539). – WA 52; 811,34 (o. J.).

[479] WA 27; 11,29–31 (1528); vgl. ebd. 11,19–36. – WA 29; 426,5 f. 11–14 (1520): Verbum quando in spiritu her ghet, non est sine folg, sequitur efficacia ... Credentes scimus verbum quod vocetur geistlich und krefftig i. e. talis est praedicatio quae hominem docet veritatem sine omni larva. Deinde non lose faul erkentnis, sed schefftig, thetig, quae viel nutz und from schafft. Sic Paulus ad Colossenses ›et fructivicat‹ [1,6]. – Vgl. überhaupt ebd. 426,5–32.

[480] Daß sich in diesem Wortverständnis, das Luther in der allmählichen Abkehr von der augustinischen Signifikationshermeneutik entwickelt hat, das Proprium reformatorischer Theologie verdichtet, zeigt die kaum auszuschöpfende Studie von O. Bayer, Promissio (s. Anm. 302); vgl. auch dessen kurze Zusammenfassung in: Was ist das: Theologie? Eine Skizze, 1973, 27–29. – Ferner: B. Hamm, Was ist reformatorische Rechtfertigungslehre? (ZThK 83, 1986, 1–38), 35 f. – Metzke (s. Anm. 302), 177 f. – Für den Versuch, Luthers Auffassung des äußeren Wortes als verbum efficax in einen modernen sprachwissenschaftlichen Terminus zu fassen, scheint mir indessen der von Bayer gewählte Begriff der »performativen Sprachhandlung« (Was ist das: Theologie?, aaO.) wenig geeignet zu sein. Als brauchbar könnte sich dagegen die von J. Anderegg eingeführte Unterscheidung eines »medialen« von dem üblichen, »instrumentellen Sprachgebrauch« erweisen (Sprache und

bb) Gesetz und Evangelium

Nun gehört es freilich zu den hervorstechendsten Merkmalen von Luthers Theologie, daß dort stets von einem *zweifachen* Wort die Rede ist, durch das Gott den Menschen begegnet: »Duo enim sunt verba dei, alterum est praeceptum, alterum promissio«[481]. Recht verstanden, soll damit die eben skizzierte Einheit des Wortes Gottes jedoch nicht etwa relativiert, vielmehr überhaupt erst gewährleistet werden. Denn gerade um der Reinheit des Evangeliums willen ist es nötig, das verbum promissionis fortwährend vom Gesetzeswort zu unterscheiden. Im Horizont der Distinktion von Gesetz und Evangelium bewegt sich alles, was Luther über das äußere Wort zu sagen hatte. Diese für sein Denken schlechthin konstitutive Unterscheidung ist aber nicht dazu geeignet, gleichsam en passant erörtert zu werden. Da sie die zentrale Aufmerksamkeit, die ihr gebührte, im Duktus dieses Paragraphen nicht erwarten kann, muß die Erinnerung an das im übrigen stillschweigend Vorausgesetzte genügen. Zwei erläuternde Hinweise seien aber genannt.

Zum einen: An der grundlegenden Bedeutung, die der genannte Distinktion für Luthers Denken zukommt, kann kein Zweifel bestehen. »Schlechterdings die gesamte Schrift«, heißt es einmal bei ihm, »sowie alle theologische Erkenntnis hängen an der rechten Erkenntnis von Gesetz und Evangelium«[482]. Das darf jedoch nicht als ein Ordnungsprinzip mißverstanden werden, mit dessen Hilfe sich das Schrift gewordene Wort Gottes in eine dauerhafte Zweiteiligkeit aufgliedern ließe. Es ist Luther vielmehr um die Anleitung zu einem fortwährenden Unterscheidenkönnen zu tun, weil nur so das Evangelium in Reinheit erhalten und vor der jederzeit drohenden nomistischen oder auch antinomistischen Umdeutung bewahrt werden kann.

Das andere ergibt sich daraus: Gesetz und Evangelium sind als die beiden Wirkweisen zu unterscheiden, in denen Gott am Menschen handelt. Das Gesetz fordert den Menschen, das Evangelium beschenkt ihn. Insofern spricht das Gesetz den Menschen als einen Handelnden, das Evangelium dagegen auf den Glauben hin an[483]. Woraus erhellt, daß nur das Evangelium im strengen

---

Verwandlung. Zur literarischen Ästhetik, 1985); vgl. dazu meinen Aufsatz: Offene Predigt (s. Anm. 11), v. a. 530–537.

[481] WA 7; 120,9f (1520).

[482] WA 7; 502,34f (1521). – Anstelle weiterer Belege sei auf die vorzügliche Problemeinführung durch G. EBELING verwiesen: Luther. Einführung in sein Denken, 1981[4], 120–156. – Vgl. DERS., Das rechte Unterscheiden. Luthers Anleitung zu theologischer Urteilskraft (ZThK 85, 1988, 219–258). – Vgl. auch E. JÜNGEL, Evangelium und Gesetz. Zugleich zum Verhältnis von Dogmatik und Ethik (in: DERS., Barth-Studien [BTh 9], 1982, 180–209), 181–186.

[483] WA 49; 652,6–10 (1545): S. Paulus meinet, das Got zweierley weise mit uns handele und rede. Einmal per legem, da er gebeut, was wir thun sollen, 2. per promissionem, da er uns zusagt, quid velit facere sine nobis. Per legem loquitur, was wir thun sollen on in (!) et non possumus. Per Euangelium, quid ipse velit facere et potest.

Sinn Wort Gottes sein kann, da allein dieses, sofern es nur als solches gehört und also geglaubt wird, auch wirken kann, was es sagt. Das Gesetz hingegen birgt seine Erfüllung niemals in sich. Das ist ein — übrigens nicht immer genügend beachteter — Gesichtspunkt, der bei Luther teils ausdrücklich, teils auch mit Hilfe grammatischer Indizien hervortritt[484]. Die Einheit des Wortes Gottes hängt an dem unterschiedenen Beieinander von Gesetz und Evangelium. Nur wenn das verbum efficax als dasjenige Wort, *in* dem sich Gott zusagt, fortwährend von dem Gesetzeswort, *durch* das er zur Buße ruft und die Welt regiert, unterschieden wird, läßt sich sagen, daß, wo immer Gott gibt, er »eitel Gnadenwort« gibt[485].

b) Gottes Wort in der Geschichte

Im äußeren, mündlichen Wort ist Gott zu finden, weil er sich selbst ans Wort gebunden hat: »Scit nulla via uns zu helffen quam unico verbo«[486]. Darum sind auch alle Gaben Gottes an das Wort gebunden[487]. Um die Externität seines Wortes anschaulich zu machen, hat Gott zwar »von anfang der wellt neben seinem wortt Zeichen ... gegeben ..., auff das man auch mit leiblichen augen

---

[484] Vgl. schon die Wendung »das gewisse Gotteswort *und* Evangelium« (WA 22; 277,5 [1525?]). — Ferner z. B. WA 33; 149,22—26 (1530/32): Mit wem gott selbst redet, der kan anders nicht hören dan gnade undt alles gutts, es seindt veterliche, freundtliche reden, wie ehr den von natur gutig undt freundtlich ist. — WA 45; 472,4—8 (1537): Denn so ich ein Christen bin und mich zu jm halte, so weis ich je, das er mit mir redet, Nu höre ich ja hie (sc. Joh 14,1) und anderswo, das alle seine wort dahin gehen, das er mich tröste, ja alles, was er redet und thut oder gedencket, eitel freundliche, tröstliche wort und werck sind. — Interessant ist in folgender Formulierung der Subjektwechsel (WA 24; 578,12—14 [1527]): Gott hat der welt zweyerley wort gegeben, das gesetz, das (!) da zörnet und würget, und das Euangelion, damit er (!) tröstet und lebendig machet. Bereits in der 1. Psalmenvorlesung hatte Luther unterschieden: Lex est verbum Mosi ad nos, Euangelium autem verbum dei in nos (WA 4; 9,28 f [1513/15]). — Vgl. dazu etwa WA 8; 13,2—5 (1525). — Natürlich ist auch das Gesetz Gotteswort, so freilich, daß Gott sich darin unter der Maske des Menschenwortes, welches die Erfüllung dessen, was es sagt, schuldig bleibt (»Lex enim dicit et non fit«: WAB 7; 50,18 [1534]; vgl. ebd. 50,15—19), verbirgt. Zur Sache vgl. EBELING, Luther (s. Anm. 482), 132—134.

[485] WA 8; 13,3 (1521). — Entsprechend etwa auch WA 21; 233,6 (1534). — WA 36; 42,20 (1532). — WA 41; 638,20 (1536) u. ö.

[486] WA 17,1; 81,24 (1525); vgl. ebd. 81,15—34. — WA 31,1; 285,26 f (1530): Allein braucht er das maul: per linguam, per os, per solum verbum richt er seine gewalt aus. — Vgl. ferner WA 17,1; 46,7 f (1525): Deus hat verbunden sein eigen gewalt et praesens in verbis (vgl. ebd. 46,1—15). — WA 43; 179,11—33 (1535/45). — WA 47; 209,6—213,38 (1540). — Im übrigen vgl. den 1. Abschnitt dieses Paragraphen (»Deus loquens«).

[487] WA 16; 304,5—8 (1525): Sepe audivimus omnia miracula dei donaque si verbo non capiuntur et in verbo, nihil sunt. Wasser in der tauff, si verbum nit dabei, nihil est. Sic cum manna: nihil est, nisi verbum adsit. Ideo plures mortui, quia non acceperunt cum verbo. Sic omnes creaturae, quando capiuntur verbo dei, bene.

sehe, das ehr sein volck und kirche liebete und ihr gutts thun woltte«[488]. Aber auch die Zeichen setzen das Wort voraus und dienen lediglich der sichtbaren Bekräftigung dessen, was Gott gesagt hat[489].

Das verbum prolatum, durch das Gott mit den Menschen spricht und an ihnen handelt, bildet für Luther das eigentliche und entscheidende Kontinuum in der Geschichte des Wortes Gottes. Schon immer hat er sich nämlich durch Menschenmund verlauten lassen, und was die Propheten sagen, wiegt darum nicht weniger, als hätte es Gott selbst gesagt[490]. Es ist interessant zu sehen, wie selbstverständlich Luther diese Einsicht bereits bei der Erklärung der Frage Gottes an Kain von Gen 4,9 (»Ubi est Abel, frater tuus?«) voraussetzt: »Deus hoc locutus est per Adam ... Unser Herr Gott redet nicht wie die Menschen, hat kein Maul, sed loquitur per hominem«[491]. Zu einer grundsätzlichen Erklärung sieht sich Luther dann durch Gottes Wort an Noah (Gen 7,1: »Dixitque Dominus ad Noah: Ingredere tu et omnis domus tua in Arcam«) veranlaßt. Zwar könne Gott durchaus auch »per revelationem internam, hoc est per Spiritum sanctum« zu den Menschen sprechen. Aber das pflege er nur äußerst

---

[488] WA 47; 138,31–33 (1539); vgl. ebd. 138,25–38. – Der Zusammenhang von Wort und Zeichen bei Luther, der mit der hermeneutischen Frage nach signum und res zu tun hat, ohne jedoch mit ihr identisch zu sein, kann hier nicht erörtert werden. – Vgl. etwa WA 27; 386,14–19 (1528). – WA 42; 185,23–42 (1535). – WA 49; 74,35–75,15 (1540).

[489] WA 8; 452,37–453,1.4–8 (1521): Deus ipse sua signa nunquam sine verbo operatur. Primum enim loquitur, deinde addit signa. Et, ut Marcus ait, sermonem confirmat sequentibus signis, non utique praecedentibus aut solis venientibus. ... Signa enim divina sunt testimonia et robora verbi divini ceu sigilla et signaturae Epistolarum. Scilicet, ut his scripturae armis munitus non dubites ea signa, quae sine verbo sola veniunt aut ante verbum veniunt, esse certissimas operationes Satanae permittente deo tentari fidem tuam. – Vgl. ebd. 532,10–21.

[490] WA 13; 261,24–29 (1524) (zu Micha 1,2: »Et sit Dominus Dei vobis in testem«): Hoc quod loquor testis est deus, quod non ego loquor sed deus testificatur per me, lasst euch gesagt seyn, ac si deus ipse loqueretur. de rebus magnis locuturus sum. magnus est qui loquitur. Certus est propheta, quod non ipse sed dominus loquatur. Hunc dico, qui est in templo Hierosolymitano, hoc verbo prosternit omnem gloriam eorum. allego istum dominum, quem vos iactatis et de quo gloriamini. – WA 6; 516,30f (1520). – WA 16; 369,5–370,5 (1525). – WA 31,1; 57,23–34 (1530).

[491] WA 48; 688,2–4. – In der Genesis-Vorlesung hat Luther den Gedanken, daß Gott durch Adam gesprochen habe, szenisch ausgestaltet (WA 42; 202,11–17): Bone Deus, misera natura a Diabolo agitata quousque prolabitur? Parricidium iam perpetratum est et fortasse iacuit occisus Habel aliquot diebus inhumatus. Cum igitur Cain ad Parentes redit consueto tempore, Habel autem non redit, solliciti Parentes interrogant Cain: Te ades: At ubi est Habel? Tu redis domum: Habel non redit. Grex sine pastore est: Dic igitur, ubi sit? Hic Cain indignabundus parum reverenter respondet: Nescio; Num ego sum custos eius? – Vgl. z. B. auch WAT 3; 135,25–30 (Nr. 2994). – Daß Gott spätestens seit dem Sündenfall nur noch kreatürlich vermittelt zu den Menschen redete, hat Augustin schon für Adam und Eva herausgestrichen (De gen. ad litt. VIII.27) (CSEL 28.I.265–267 = PL 34,392). Zu einer prinzipiellen Aufwertung des gesprochenen Wortes und damit des Hörens konnte sich Augustin gleichwohl nicht verstehen (DUCHROW [s. Anm. 156], 149–159).

selten zu tun, und wenn es irgend angehe, möge man darum Gottes Wort als durch einen Menschen gesprochen verstehen. Im Falle Noahs sei eine Deutung im Sinne des Predigtamtes durchaus glaubhaft und nützlich obendrein[492]: Glaubhaft insofern, als Methuslah, der Großvater Noahs, im Jahr der Sintflut gestorben ist und darum die in Gen 7 überlieferte Weisung sehr wohl als testamentarisches Vermächtnis an den Enkel, womöglich auf dem Totenbett, gesagt haben kann[493]. Nützlich aber sei diese Deutung, weil sie dazu anhalte, das Wort Gottes nicht aus einer besonderen Offenbarung, sondern aus dem Munde der dazu bestellten Diener zu erwarten, nämlich der Eltern — so im Falle Noahs und Kains —, der Prediger sowie der Obrigkeit[494]. Entsprechend möchte Luther dann beispielsweise Gottes Wort an Jakob (Gen 35,1)[495] gedeutet wissen. Daß Gott auch durch einen schlechten Menschen Gutes reden[496] und selbst durch einen Esel sich Gehör zu schaffen vermag, bezeugt die Geschichte von Bileam (Num 22—24)[497].

---

[492] WA 42; 320,3—11 (1535/45): Retinet autem Moses hic quoque phrasin suam, quod dicit: ›Dominus dixit‹. Atque ego peculiariter ista cogitatione delector, ut statuam ista verba Dei non quidem de coelo sonuisse, sed per ministerium humanum ipsi Noah dicta esse. Quanquam enim non negem potuisse fieri, ut per Angelum haec revelarentur aut per ipsum Spiritum sanctum. Tamen, ubi commode dici potest, quod per homines Deus sit locutus, ibi ministerium honorandum est. Sic multa, quae Deum Moses locutum dixit, nos supra per Adamum dicta esse ostendimus. Nam verbum Dei etiam cum ab homine pronunciatur, vere est verbum Dei. — Vgl. ebd. 320,32 f.

[493] Ebd. 320,12—22: Quia autem Methusalah avus Noah in ipso Diluvii anno mortuus est, non ineptum fuerit, si sentiamus hanc Methusalae (nam Lamech, pater Noah, quinquennio ante Diluvium mortuus fuerat) ad nepotem ultimam fuisse vocem et quasi testamentum, ut moribundus diceret vale nepoti et adderet: Mi fili, sicut hactenus obedivisti Domino et expectasti illam iram in fide ac expertus es protectionem Dei et fidelem custodiam contra impios: Ita posthac quoque non dubites Deo te curae fore. Nunc enim instat finis, non meus tantum, qui est finis gratiae, sed totius humani generis, qui est finis irae. Nam post septem dies incipiet Diluvium, de quo tamdiu admonuisti Mundum, sed frustra. Ad hunc modum existimo haec verba ab ipso Methusalah dicta esse, tribuuntur autem Deo, quia Spiritus Dei per ipsum locutus est.

[494] Ebd. 320,39—321,2: Non enim debemus expectare revelationem vel internam, vel externam, ubi ministerium adest. Alioqui omnes ordines vitae turbarentur. In Ecclesia doceat minister, Rempublicam gubernet magistratus, Domum seu oeconomiam regant Parentes. Hominum enim haec sunt ministeria, instituta a Deo, itaque iis utendum, non ad alias revelationes respiciendum est.

[495] WA 44; 166,16—30 (1535/45).

[496] WA 49; 69,22—25 (1540): Unser herr Got kan per malum wol bonum reden, ut per Bileam. Sic ketzer konnen eitel gut wort reden und schrifft furen et tamen eitel gifft. Teuffel kan die kunst, ut bonum loquatur verbum, et tamen nicht meinet. Sic Deus per malum loquitur bonum.

[497] Z. B. WA 15; 796,12 (1524). — WA 29; 174,1.24 (1529). — In bezug auf Jona hat Luther eine interessante Analogie zwischen Schöpfungs- und Predigtwort formuliert (WA 19; 187,5—7): Gleych wie der walfisch durch gotts wort muste Jona ausspeyen, also hat auch Jona durchs wort Gotts die stad Nineve aus dem bauch und rachen des teuffels, das ist aus den sunden und tod gerissen.

Daß in den äußeren Worten eines Menschen Gott selbst zu uns sprechen kann, hat seinen unüberbietbaren Ausdruck freilich in der Gestalt Jesu Christi gefunden[498]. Indem die Worte Jesu mit sich bringen, was sie sagen, machen sie ihre Qualität als verbum dei offensichtlich (vgl. § 11.2). Das gilt dem Glauben zwar vor allem für die Einsetzungsworte[499], tritt aber, wie Luther meinte, in den Schau- und Heilungswundern auf eine schlechterdings unbestreitbare Weise zutage. So sei es etwa auf der Hochzeit zu Kana (Joh 2,1–11) dem durch Jesus wirkenden Wort Gottes zu danken, daß das Wasser zu Wein wurde und das Fest seinen Lauf nehmen konnte[500]. Die Geschichte von der Auferweckung des Jünglings schließlich (Lk 7,11–17) wird Luther zum Muster evangelischer Predigt schlechthin. So wenig sich der Knabe selbst aus dem Tod habe befreien können, so wenig könnten sich Vernunft und freier Wille aus der Verzweiflung retten[501]. Das Wort hingegen vermag es, und die Person Christi repräsentiert darum in dieser Geschichte das Predigtamt[502]. Das kleine Wörtlein ›Surge‹, mit dem Christus hier alles zum Guten wendet, ist für Luther der Inbegriff dessen, daß in dem gesprochenen äußeren Wort die Kraft des Wortes Gottes waltet: »Quae natura verbi sit hic videtis«[503].

c) Gottes Wort in der Gegenwart

In einer Vaterunser-Auslegung von 1519 hat Luther anläßlich der Brotbitte plastisch vor Augen gestellt, daß wir alle vom Wort Gottes leben. »Das heilige worth gottis« habe zwar viele Namen in der Schrift. Deren Aufzählung gipfelt

---

[498] Siehe dazu § 11.2 dieser Arbeit.

[499] WA 19; 491,13–16 (1526): So bald Christus spricht ›Das ist mein leib‹, so ist sein leib da durchs wort und krafft des heyligen geists. Wenn das wort nicht da ist, so ist es schlecht brod; aber so die wort da zu komen, bringen sie das mit, davon sie lauten. – Vgl. ebd. 501,6–16. – WA 23; 233,6–9 (1527) u. ö. – Interessant ist die frühe Stelle WA 4; 57,27–58,5 (1513/15).

[500] WA 17,2; 62,26–38 (1525). – Bekanntlich versteht Luther diese Verwandlung von Wasser zu Wein als eine Allegorie dessen, daß Gott »die saure ehe zur lust macht« – eine in der Auslegungsgeschichte von Joh 2,1–11 m. W. bis dahin nicht nachgewiesene Deutung.

[501] WA 11; 183,8–14 (1523): Christus ex mera misericordia accedit dicens ›State‹. Haec est Euangelica praedicatio, ipsius Euangelii In morte, in summa desperatione nos revocans. Hic vide, ubi maneat aut quid possit liberum arbitrium. Nihil potest adolescens, sic nec nostra ratio. Mortuus est, desperatus, darumb tregt man hinwegk. Sic nobiscum fit, cum nostris operibus voluerimus nos iuvare, semper longius in mortem gradimur, ut sentiat se non suis operibus, sed dei resuscitari.

[502] Ebd. 183,16–21: Praesentia Christi est officium praedicandi. Quod tangit etc. significat corda tangi praedicatione verbi. Cum attingit, sistunt pedes i. e. lex non ita me cruciat, omnia fiunt quietiora. Ipse autem clamat et audivit. Et loquitur in cor ipsius mortui, und den richt er sich auff. Quando cor sentit hoc, quod deus condonarit peccatum, mortem nihil posse, tum resuscitat i. e. ex summa desperatione ducit. – Vgl. ebd. 183,16–30.

[503] Ebd. 183,15.

jedoch in der Nennung des Brotes, das die Frucht des Wortes offenbar am besten zur Anschauung bringt: »Alszo heyst es auch ein broeth,. darumb das dye seel davon gespeyset, gestercket, gros und feth wirt«[504]. Nichts ist der Christenheit darum nötiger als das Wort[505], gibt es für sie doch kein Leben, wenn nicht in ihm[506]. Daß Gott zu uns redet, ist ein Zeichen seiner Gnade — selbst dann noch, wenn er im Zorn redet, weil sich die Menschen, solange er spricht, noch bessern können aus dem Wort[507]. Umgekehrt kann es nichts Schrecklicheres geben, als daß Gott das Wort in sein Schweigen zurückzieht. Selbst Pestilenz und Türken, meint Luther, wären noch der privatio verbi dei vorzuziehen[508], denn wenn die Predigt des Wortes Gottes erst einmal unterbunden ist, »so wird ein solcher jamer, trübsal und plage uber Deudschland komen, das man sagen wird: hie hat Deudschland gestanden«[509]. Diese Möglichkeit der privatio verbi dei hat Luther immer wieder herausgestrichen, um den Sinn zu schärfen für den Schatz, den wir *jetzt* im Worte Gottes haben[510], und für die Notwendigkeit, *jetzt* damit Ernst zu machen und darauf zu hören. Als Warnung davor, sich in falscher Sicherheit zu wiegen und die aeternitas verbi als Vorwand für die eigene Trägheit zu mißbrauchen, hat Luther, den Satz von der Ewigkeit auch des äußeren Wortes scheinbar zurücknehmend, in seiner Ratsherrenschrift von 1524 das Wort Gottes drastisch einen »farenden platz regen« genannt, »der nicht wider kompt, wo er eyn mal gewesen ist«[511].

---

[504] WA 2; 111,14f; vgl. ebd. 111,8−15.

[505] Ebd. 114,11−16. − Vgl. WA 7; 50,32−51,1 (1520).

[506] WA 47; 397,14 (1538). − WA 31,2; 255,5−17 (1527/30). − WA 54; 477,6 (1548). − Für Luthers Frühzeit vgl. Brandenburg (s. Anm. 302), 95−97. − Vgl. ferner die komprimierte Darstellung von O. Bayer, Oratio, Meditatio, Tentatio. Eine Besinnung auf Luthers Theologieverständnis (LuJ 55, 1988, 7−59), bes. 36−49 (»Meditatio«).

[507] WA 43; 117,26−31 (1535/45) (zu Gen 20,6f): Quid sic longa oratione cum Abimelech in somnis loquitur Deus, est singulare signum misericordiae et gratiae, sicut econtra cum tacet, certum irae signum est. Non etiamsi Deus in ira loquitur et obiurgat, tamen gratia adest, quod fieri non potest, quin homines verbo emendentur, et meliores fiant. Non enim Deus est otiosus orator, quicquid dicit, magnum est fructuosum est.

[508] WAT 3; 487,42−488,3 (Nr. 3651a): Es kan kein großer zorn Gottes kommen quam privatio verbi Dei. Wir sollen lieber alle plag, Turcken, pestilentz wunschen quam privari verbo Dei, ubi deinde tales infinitae captivitates in conscientiis hominum oriuntur, qualis fuit confessio in papatu. Gott behutt uns dafur! Wie wol die welt sehr darnach ringet, quia non vult veritatem. − Vgl. WAT 4; 509,1−15 (Nr. 4788).

[509] WA 46; 717,20−22 (1538).

[510] WA 54; 477,3−13 (Quellenwert unsicher).

[511] WA 15; 32,7f. − Vgl. ebd. 31,33−32,14: Last uns unsern vorigen jamer ansehen und die finsternis, darynnen wir gewest sind. Ich acht, das deutsch land noch nie so viel von Gottis wort gehöret habe als itzt. Man spürt yhe nichts ynn der historien davon. Lassen wyrs denn so hyn gehen on danck und ehre, so ists zu besorgen, wyr werden noch greulicher finsternis und plage leyden. Lieben deutschen, keufft, weyl der marck fur der thür ist, samlet eyn, weyl es scheynet und gutt wetter ist, braucht Gottis gnaden und wort, weyl es da ist. Denn das sollt yhr wissen, Gottis wort und gnade ist ein farender platz re-

Darum soll man das Predigtwort achten als eine Larve, unter der Gott selbst gegenwärtig ist[512]. In der Auslegung von Gen 2,3 (»Et benedixit diei septimo et sanctificavit illum«) legt Luther das ganze Gewicht auf die eschatologische Bedeutung des Wortes Gottes, das wir am Sabbat hören sollen. Wäre ein künftiges, ewiges Leben nicht zu erhoffen, sondern der Mensch, den Tieren gleich, nur für ein zeitliches und natürliches Leben geschaffen, so bedürfe es jedenfalls nicht dessen, daß Gott mit uns spricht[513]. Daß Gott indessen die Anordnung von Gen 2,3 für notwendig erachtet hat, verweist uns über das zeitliche hinaus aufs ewige Leben[514]. Diesen eschatologischen Charakter des Wortes erhellt Luther, indem er es immer wieder zu seinem eigentlichen Gegenspieler in Opposition setzt: dem Teufel. Nichts kann dem Teufel widerstehen noch sich seiner erwehren, nur Gottes Wort[515]. Der Kampf des Wortes Gottes gegen den Teufel[516] ist ein Kampf in letzter Instanz: »Da hebts sichs

---

gen, der nicht wider kompt, wo er eyn mal gewesen ist. Er ist bey den Juden gewest, aber hyn ist hyn, sie haben nu nichts. Paulus bracht yhn ynn kriechen land. Hyn ist auch hyn, nu haben sie den Türcken. Rom und latinisch land hat yhn auch gehabt, hyn ist hyn, sie haben nu den Bapst. Und yhr deutschen dürfft nicht dencken, das yhr yhn ewig haben werdet, Denn der undanck und verachtung wird yhn nicht lassen bleyben. Drumb greyff zu und hallt zu, wer greyffen und hallten kan, faule hende müssen eyn bösses jar haben.

[512] Vgl. Abschnitt 1.a dieses Paragraphen, insbes. Anm. 323.

[513] WA 42; 5−8.11−13.22−27 (1535): Quid enim necesse est, Deum per verbum suum nobiscum loqui, si non vivendum est in futura et eterna vita? Nam si non est speranda futura vita, cur non vivimus, sicut quibuscum Deus non loquitur, et qui Deum non agnoscunt? ... Nam haec temporalis et praesens vita est vita animalis, qualem vivunt omnes bestiae, quae verbum et Deum non norunt. ... Finge enim nullam esse vitam post hanc vitam, An non sequitur nos non opus habere Deo, non verbo eius? Nam hoc, quod in hac vita requirimus aut agimus, etiam sine verbo habere possumus. Sicut bestiae pascuntur, vivunt, saginantur, licet verbum Dei non habeant, nec audiant. Quid enim verbo ad cibum et potum iam antea creatum est opus?

[514] Ebd. 61,28−33: Quid igitur Deus dat verbum, quod praecipit exercitium verbi, quod mandat sabbati santificationem, et cultum suum, Haec omnia argunt, restare vitam post hanc vitam, et hominum esse conditum non ad corporalem tantum vitam sicut reliquias bestias, sed ad aeternam vitam, sicut Deus, qui haec mandat et instituit, aeternus est. − Iwand (s. Anm. 300), 205−209.

[515] WA 48; 92,3 f (1547). − WA 50; 630,3−7 (1539): Und dis (i. e. Gottes Wort) ist das stück, so alle wunder thut, alles zu recht bringt, alles erhelt, alles ausrichtet, alles thut, alle Teuffel austreibet, als Walfarts Teuffel, Ablas Teuffel, Bullen Teuffel, Bruderschaft Teuffel, Heiligen teuffel, Messe teuffel, Fegfeurs teuffel, Klöster teuffel, Pfaffen teuffel, Rotten teuffel, Auffrur Teuffel, Ketzer teuffel, alle Bapsts teuffel, auch Antinomer teuffel. − Vgl. WA 19; 321,37; 322,14.19.29.32 f; 323,6.27.29 u. ö. (1526). − WA 30,2; 621,13 f (1530). − Vgl. dazu Ebeling, Luthers Reden vom Teufel (in: Ders., Lutherstudien II/3 [s. Anm. 210], 246−271).

[516] In seiner Predigt vom 26. 12. 1533 über Lk 2,20 erläutert Luther (WA 37; 242,10−13): Deus verbo kund Teufel zeen (i. e. Zähne) ausschlagen et dicere: gib mir meos homines vel Christianos loss. Et hette kein ander weis da zu gedurfft quam in paradiso: stehe liecht, himmel, erden da, seid fruchtbar, et factum. − Stattdessen tut es Gott aber

denn, da gehts Plitz platz, wer da ligt, der ligt«[517]. Weil der Teufel »keinem ding ... so feind (ist) als dem lieben wort«[518], sucht er es umzustoßen, wo immer er kann[519]. Wer das Wort kennt, kennt darum auch ihn[520]. Denn die Anfechtung, die dem Wort Gottes notwendig folgt[521], ist der Ausdruck seines Zorns[522].

Der Satan weiß freilich auch, daß das Wort Gottes um so stärker wird, je mehr er es bedrängt[523]. Denn wo immer er dem Wort begegnet, hat er es mit Gott selbst zu tun. In seinem Wort hat Gott sein Haus und seinen Tempel[524]; wo sein Wort gepredigt wird, da ist das rechte Zion[525]. Darum soll der Glaube nicht zögern, das Wort zu predigen[526], denn die Kirche ist selbst durch das Wort Gottes erschaffen und wird durch dasselbe bewahrt[527]. Wer sich daran

---

durch das verbum prolatum, »ut eben suam omnipotentiam et sapientiam ostenderet contra omnes sapientes, diabolum et homines« (ebd. 242,13—15).

[517] WA 19; 159,17 (1525). − WA 30,3; 481,2−7 (1531).

[518] WA 32; 36,33 f (1530). − Ebd. 36,34−37,1: Und das darumb: er kan sich unter allen creaturn bergen, allein das wort deckt jn auff, das er sich nicht bergen kan, und weiset jederman, wie schwartz er ist. − Vgl. ebd. 36,21−37,9.

[519] WA 31,1; 305,26; 321,22−26 (1530).

[520] WA 17,1; 52,1−15 (1525).

[521] WA 13; 520,23 f (1525): Sic natura verbi dei, quando primum coepimus, mox sumus armati, sequetur tentatio. − Vgl. ebd. 520,17−521,12. − In einem Brief vom Juni 1530 an Melanchthon berichtet Luther, daß der Satz, wir müßten durch viel Trübsal in das Reich Gottes eingehen (Act 14,22), an ihm nun vom Wort ins Werk gekommen sei (WAB 5; 406,34−42): Er hat mir den Tod geschworn, das fühle ich wohl, hat auch kein Ruge, er habe mich denn gefressen. Wohlan, frißt er mich, so soll er (ob Gott will) ein Purgatorion fressen, die ihm Bauch und Ars zu enge machen soll. Was gilt's? Es will gelitten sein, wer den Christus haben will. Facile esset et nobis regnare, si vellemus eum negare et criminari. Es heißet: Per multas tribulationes etc. Das sind nu nicht mehr Wort, sondern sind ins Werk komen, da mügen wir uns nach richten. Est tamen, qui facit cum tribulatione proventum fidelibus (1 Kor f,6−13). − Vgl. WAB 2; 109 f,6−11 (1520).

[522] WA 42; 500,42 f (1535/45): Scimus naturam verbi esse talem, ut ubicunque docetur, irritetur princeps mundi. − WA 43; 3,42−4,1 (1535/45): Haec enim verbi Dei natura est, ubicunque sonat, commovet Satanem ad iram.

[523] WA 15; 211,5−7 (1524): Der Satan ... spůret und fůlet, das (wie Gottes wort art ist) yhe mehr mans druckt, yhe weytter es leufft und zunympt.

[524] WA 14; 384,7 (1523/24): Verbum dei ubi est, ibi templum dei. − Vgl. überhaupt ebd. 384,2−386,3. − WA 15; 784,6−10 (1524). − WA 37; 438,12−24 (1534). − WA 43; 601,32−602,5 (1535/45).

[525] WA 31,2; 37,12 (1527/30) (zu Jes 4,5): Necesse est, ut Zion hic pro ecclesia accipiatur, quae est nova Zion, ubique praedicatur verbum dei, ibi est Zion.

[526] WA 9; 375,24−26 (1519/21): Certum enim est, qui credit non cessat predicare verbum, id quod indicat psal. ›Credidi propter quod locutus sum.‹ Deinde ubicunque est verbum, sunt qui audiant verbum.

[527] WA 12; 191,16 f (1523). − WA 3; 259,18−21 (1513/15). − WA 17,1; 300,25−36 (1525). − Vgl. LÖFGREN (s. Anm. 300), 182; sowie § 15.1.b dieser Arbeit.

genügen läßt[528], dem werden daraus die Früchte des Wortes erwachsen: Glaube[529], Friede[530] und das ewige Leben.

Die Predigt des Wortes hat es freilich mit invisibilia zu tun und kann der Vernunft darum nicht einleuchten[531]. Bei den meisten Menschen stößt sie auf hochmütige Verachtung[532].

Denn Gottes wort ist ein ander Rede, und die heilige Schrifft ein ander Buch denn menschen rede und Schrifft, das wol S. Gregorius gesagt (wie er auch zu dem guten spruch komen ist), die Schrifft sey ein solch wasser, darin ein grosser Elephant schwimmen mus und ein Lemblin mit füssen dadurch gehen kan. Denn sie redet für die einfeltigen klar und helle gnug, Aber widerumb auch den klugen und hochverstendigen so hoch, das sie es nicht erlangen können.[533]

Für ein Wirksamwerden des Wortes ist diese Einfalt die notwendige, freilich noch nicht hinreichende Voraussetzung. Man muß an sich selbst verzweifelt sein, damit Gott, dessen Art es ist, aus dem Nichts alles zu schaffen, auch an uns durch sein Wort wirken kann[534]. Dieser bei Luther vielfältig wiederkeh-

---

[528] Daß das Wort Gottes in theologischen Dingen die einzig legitime causa efficiens darstellt, ergibt für Luther ein klares und eindeutig zu gebrauchendes Kriterium. Das kommt etwa in dem Brief an Melanchthon vom 4. 8. 1530 zum Ausdruck, wo Luther einen Gottesdienst nach der ordo Bernhardi ablehnt, weil dafür kein ausdrückliches Gebot Gottes vorliege (WAB 5; 526 f,57−65): Haec accipe a me, ut divinante de tua sententia magis quam perspiciente. Forte aliis sum distractus cogitationibus, ut tua minus videam. Alioqui mihi mirum est, cur talia quasi ignarus queras, cum sciam, te optime omnia nostra intellegere. Ego puto in omnibus his sufficere Causam efficientem, scilicet quod Bernhardus non debeat talem cultum eligere aut sequi, Quia non est ad hoc vocatus, nec habet Verbum Dei, per quod fiat efficiens Causa. Alioqui cultus ipse et finalis caussa per sese esset sancta, si Verbo Dei mandaretur, hoc est, mea opinione, fieret Causa efficiente vere sancta. − WA 30,2; 388,3−13 (1530), v. a. 388,11 f: Gott weis nichts drůmb (i. e. vom Fegefeuer), weil er ia kein wort davon jhemals gesagt hat. − WA 45; 529,21.32 (1537/38). − WA 50; 347,13−22 (1538).

[529] Das bedarf wohl keines Beleges; bereits in der 1. Psalmenvorlesung hat Luther zu Ps 103 (104),13 (»De fructu operum tuorum satiabitur terra«) erklärt: ›Fructus operum tuorum‹, id est incrementum et efficacia verbi et predicationis ... Quid est enim fructus verbi dei nisi multiplicatio fidelium extensive et intensive? (WA 4; 183,15 f.21 f).

[530] WA 1; 216,38 (1517). − WA 31,2; 765,1−10 (1534). − WA 46; 108,21−27 (1538).

[531] WA 48; 342,4−7 (1534): Hic primum disce eam verbi Dei esse naturam, quod non intelligitur, quia promittit invisibilia et rationi impossibilia. Ergo simplici fide credendum est. Ea fides postea experitur, quae credit. − WA 37; 295,16−18 (1534)): Damit ist angezeigt, das all Gottes wort die art haben, quando dicuntur ante factum, so sind sie nicht zu begreiffen, sed post factum sihet mans. − WA 24; 295,10−296,16 (1527). − WA 31,2; 549,38−460,31 (1527/30).

[532] WA 10,2; 54,2−5 (1522). − WA 13; 158,10−159,10 (1524/26). − WA 31,2; 51,15−23 (1527/30).

[533] WA 49; 256,35−257,15 (1542).

[534] Sehr schön kommt das immer wieder in Luthers Auslegung des Propheten Haggai zum Ausdruck; z. B. WA 13; 512,25−27 (1525): Verbum dei semper venit in summis difficultatibus, quia verbum dei est virtus omnipotens, quod tantum venit, cum videntur om-

rende Gedanke ist nicht etwa, wie es vielleicht scheinen könnte, eine lediglich poimenische Zuspitzung, vielmehr wiederum der Ausdruck dessen, wie ernst er die Einheit der Wortgestalten auch in concreto zu nehmen geneigt ist und wie konsequent er die Eigenschaften, die dem Schöpfungswort Gottes zukommen, auf das verbum prolatum hin pointiert[535].

Wer jedoch nichts von sich selbst, dagegen alles aus dem Wort erwartet, dem wird, indem er diesem Wort in sich Raum gibt, die Gnade Gottes zuteil[536]. Denn im verbum promissionis bewährt sich, was das verbum creatum als wichtigste Eigenschaft des Wortes Gottes anschaulich gemacht hat: seine Omnipotenz. Das Wort Gottes ist allmächtig, weil es die Macht hat, selbst noch die größte Anfechtung zu besiegen[537]. Wer darum das Wort in sich aufnimmt, hat nicht weniger als das ewige Leben gewonnen[538]: »Ein wort kans

---

nia desperata. — Ebd. 533,15—17: Verbum dei huiusmodi est, ut semper promulgetur et veniat in summa rerum omnium desperatione, cum nihil minus futurum putant homines, quam quod certissime futurum dicit dei verbum. — Vgl. ebd. 533,15—38. — Ebd. 540,1—5: Ratio non potest in verbum dei respicere, tantum habet defixos oculos in res praesentes, sicut hic egregie nobis proponitur, sed deus, cuius natura est ex nihilo facere omnia, propterea dat verbum plane contrarium praesenti operi, ut discamus magis intenti esse in ipsius verbum quam in res praesentes. — Vgl. ferner WA 3; 330,26—28 (1513/15). — WA 31,2; 128,34—129,7 (1527/30). — WA 43; 438,10—15 (1535/45). — WAT 6; 10,37—11,2 (Nr. 6515).

[535] In diesem Zusammenhang ist interessant, was Luther als Skopus der Erinnerung an die Manna-Speisung (Dtn 8,3) heraushebt (WA 14; 630,30—631,1): Igitur ostensio illa, quod homo non in solo pane vivat, pertinet non ad manna sed ad utrumque, scil. ad afflictionem famis et ad copiam mannae, ut sit sensus: Hanc bonitatem suam voluit deus per tuam experientiam tibi monstrare, ut in fame disceres fidere verbo promittentis, quo et in fame sustentareris nec perires, deinde fide hac tandem corporalem quoque saturitatem acciperes. — Vgl. überhaupt ebd. 630,17—631,30 (1525). — Ferner schon WA 3; 572,40; 573,4 (1513/15).

[536] WA 33; 149,22—26 (1531): Mit wem gott selbst redet, der kan anders nicht hören dan gnade undt alles gutts, es seindt veterliche, freundtliche reden, wie ehr den von natur gutig undt freundtlich ist. — Die in bezug auf das Wort Gottes geltend zu machende Fundamentalunterscheidung von Gesetz und Evangelium bedeutet keine Relativierung dieser Aussage, sondern bietet, wie hier nicht mehr zu zeigen ist, im Gegenteil die Gewähr, daß das verbum promissionis, indem es vom verbum legis unterschieden ist, die *ganze* Gnade zusagt und schenkt. (Inwiefern sich Luther mit dieser Exklusivität des verbum externum als einzigem medium salutis von Melanchthon, aber auch von Zwingli und Calvin unterscheidet, erörtert kurz HAMM [s. Anm. 481], 22 f).

[537] WA 40,3; 299,3 (1552): Verbum dei est omnipotentis, potentis vincere maximam tentationem. — WA 40,2; 363,36 f (1538).

[538] WA 34,2; 386,28—40 (1531). — WA 23; 517,11—14.18—22 (1527): Also spricht Gott hie auch, das er nicht aus hass und feindschafft sey zornig gewest über Jerusalem, sondern habe als ein vater geeyvert und aus liebe gezürnet, auff das er yhre untugent ausfegete und sie als seine kinder erhielte. ... Und fur war, wenn man sihet, wer der ist, der so redet, nemlich Gott selber, so sind es fur war susse wort, Ja, wort des lebens, freude und aller selickeit. Denn wenn einer gleich ym tod und ynn der helle were und höret solche wort von Gott, Er müste lebendig und frölich werden von den worten.

thun, da du ewig durch selig wirst, wenn unser herr Gott kompt und rurt dich
1 mal, tum eternum es genesen«[539].

5. Homo audiens

Das Sprechen Gottes ist kein deklaratorischer, sondern ein eminent kommunikativer Akt: Es ist die unmittelbarste Form seiner Zuwendung. Gottes Wort
erheischt denn auch eine Antwort des Menschen. Weil der deus loquens nur in
seiner Ausrichtung auf den homo audiens recht zu verstehen ist, kam notwendigerweise bei der Erörterung des verbum creatum, vor allem aber des verbum prolatum immer auch schon das Hören des Menschen in den Blick. Es
mag darum am Ende dieser Besinnung auf Gottes Sprechen, das schon Gesagte voraussetzend, genügen, drei von Luther als für den homo audiens wesentlich erachtete Gesichtspunkte noch knapp zu bedenken.

Zum einen: Der Mensch kann dem Sprechen Gottes nur entsprechen, indem
er glaubt, was gesagt ist[540]. Denn das Wort hat den Glauben, den es wirken
will, zu seinem Ziel[541]. Wollte der Mensch dem Wort, das er hört, den Glauben verweigern, so machte er Gott zum Lügner, verleugnete dessen Wahrheit
und sündigte damit gegen das erste Gebot[542]. Denn darin ist die Wahrheit Gottes von der philosophischen Wahrheit unterschieden, daß sie nur zu hören,
aber nicht zu sehen ist: Sie bedarf des Glaubens[543]. Erst der Glaube bringt das,
was Gott sagt, dann auch in die Erfahrung[544]. Darum soll man sich nicht an
das klammern, was man sieht, sondern ans Wort. Am Beispiel des Absolu-

---

[539] WA 41; 461,38−462,2 (1535); vgl. ebd. 461,25−462,13.

[540] WA 23; 267,20−22 (1527): Der glaube ynn Gotts wort ist uns von nôten, weil es darumb geredt wird, das wirs gleuben sollen, und Gott foddert und wil den glauben haben,
wo sein wort ist. − Vgl. EBELING, Lutherstudien III (s. Anm. 8), 212−219.

[541] AWA 2; 176, 24 f (1519/21): Ecce quanta vi verborum cogit nos deus noster ad fidem
sui, id est, ad salutem nostram. − WA 46; 219,2−14 (1538).

[542] WA 6; 88,31−89,4 (1520): Ubicunque est verbum Dei promittens aliquid homini, ibi
necessaria est fides hominis, qui credat hanc promissionem esse veram et implendam adeo
certe et firmiter, ut potius omnem sensum, omnem rationem, omnem scientiam, omnem
contradictionem, omnem creaturam deberet negare quam Dei verbo non credere. Quia
qui verbo Dei non credit, Deum facit mendacem et negat eius veritatem et peccat contra
primum praeceptum.

[543] WA 5; 544,35−545,2 (1519/21) (zu Ps 18[19],2: »Caeli enarrant gloriam Dei«): Quod
enim narratur non exhibetur visui, sed auditui, non ostenditur in re, sed in verbo. Ideo dicit Caelos enarrando non proferre rem, sed verbum, non indicat id, quod cognoscitur, sed
scientiam seu cogitationem, ut oculos effodiat, sensum captivet, stultos faciat et solo auditu fidei salvos faciat. Apud philosophos enim enarratores videntur sibi res ipsas indicare,
non verbum, cum scientia non indicetur, sed indicet rem, ideo stulti fiunt in his eloquiis
dei.

[544] WA 52; 165,21−29 (1534).

tionswortes hat Luther diesen Gedanken einmal in ein rührendes Bild gefaßt. Wer sich beim Hören des »Ego te absolvo« auf das fixiere, was vor Augen ist, sehe nur seine Sünde. Es bedarf darum des Glaubens an das Vergebungswort, damit man, den Horizont der eigenen Sünde transzendierend, spüren kann, daß Gott einen anlacht[545]. Dieser Erfahrung des Glaubens ist der Teufel feind, und er gibt sich alle Mühe, uns das Wort aus den Augen zu rücken[546]. Doch wer, was Gott spricht, fleißig hört und merkt, der soll, wie Luther 1532 anläßlich einer Predigt über Mt 22,2−14 formuliert hat, ein Herr des Teufels sein[547]. Denn Gott »hat ein sterckere, grossere sprach und stimme denn welt und Teuffel und wird sie uberschreyen«[548].

Zum andern: Der Glaube ist die dem Wort einzig angemessene Art des Hörens[549]. Das Wort zu hören, bedeutet darum bei Luther nichts anderes, als es zu glauben. Denn nur der Glaube läßt das Wort sein, was es ist − nämlich Wort Gottes −; nur er gibt ihm Raum, damit es wirken kann, was es verspricht. In diesem Sinne ist das verbum prolatum auf den auditus fidei bezogen: Erst der Glaube verifiziert das Wort, das gesagt ist, als eine Gestalt des Wortes Gottes. »Natura enim verbi est audiri«[550]: Das frühe, viel zitierte Dik-

---

[545] WA 37; 296,26;297,1−9 (1534): Si vero credideris, sols war werden. . . . Es heisst supra et contra racionem. Das ist Gottes worts art, Ego te absolvo, Ibi audis verbum, sihest sunde, absolutus etiam fulestu dennoch nicht, das dich Gott anlache und seine engel, weisst von der freundschafft nichts uberall, hast eben die hand post baptismum et absolutionem, die du zuvor gehabt hast. Ergo ists nichts. O nein, Sed dic: Gott hat mich getaufft, absolvirt, nu gleube ich, das Gott uber mich lache, die Engel freude uber mir haben, non video illa, sed ich sols gleuben. Angeli lachen uber mir, Gott heist mich seinen son, Christus seinen bruder, da hab keinen zweivel an.

[546] WA 32; 34,11−16 (1530).

[547] WA 52; 509,25−31 (1544): Wenn du mein wort fleyssig hörest und merckest es, solt du ein Herr des Teuffels sein, das er dich fliehen und zu dir nit schmecken darff, Denn wo mein wort ist, daselb bin ich auch. Wo aber ich bin, da wirdt der Teuffel sich nit dürffen finden lassen, er wirdt sich trollen müssen. Weytter solt du auch diß davon haben, das dir deine sünde vergeben unnd dein hertz zur waren andacht und rechtem gehorsam angezündet wirdt. In summa, Mein wort sol dich gen hymel unnd zum ewigen leben bringen.

[548] WA 45; 643,23 f (1537/38); interessant ist der Zusammenhang: ebd. 643,10−25 (zu Joh 15,1 f).

[549] JOEST (s. Anm. 302), 222−228. − LÖFGREN (s. Anm. 300), 175 f.263−266. − Für Luthers Frühzeit vgl. JUNGHANS (s. Anm. 302), 282−286. Junghans (ebd. 285 f) wirft den Lutherdeutungen von E. Bizer und O. Bayer für ihre These eines Bruches zwischen frühem und »reformatorischem« Luther mit einer einseitigen oder doch nicht wirklich repräsentativen Stellenauswahl aus den frühen Schriften erkauft zu haben. Nun wäre es zwar in der Tat interessant, wie Bizer oder Bayer die von Junghans zitierten Stellen kommentieren würden. Andererseits bleibt jedoch bei Junghans, der das Spätere als die Entfaltung dessen ansieht, was Luther bis 1517 erarbeitet hatte, ganz undeutlich, daß, jedenfalls beim »reformatorischen« Luther, das verbum internum nicht als ein anderes Wort neben dem verbum externum zu verstehen ist, vielmehr als dessen Wirksamwerden im hörenden Menschen.

[550] WA 4; 9,18−27 (1513/15) (zu Ps 84 [85],9: »Audiam quid loquatur Dominus Deus«): Quid loquatur: quia verbum dei non nisi auditu percipitur. Natura enim verbi est audiri.

tum Luthers ist eben so gemeint und formuliert damit eine von der 1. Psalmenvorlesung bis in die letzten Jahre sich durchziehende Konstante seines
Sprachverständnisses. Luther hat darum immer wieder gewarnt, das Hören
aufs Wort nur für ein unernstes Spiel zu halten[551]. »Verbum vult tractari et audiri trementi animo et honore accipi et timore: alias statim sequetur ein stoltzer
mut et abusus verbi«[552]. Dieser Mißbrauch des Wortes ist nichts anderes, als
daß man das Wort, das gesagt ist, nicht als Wort Gottes gelten läßt. Er ist die
größte Lästerung, die sich denken läßt[553]. Mit ihr hat Eva einst das Paradies
verspielt[554]. Nun ist jedoch interessant, daß Luther die Kraft des Wortes Gottes
sich auch an denen, die sie leugnen, verwirklichen sieht. Denn wer den göttlichen Charakter des Wortes nicht gelten lassen will, wer also bestreitet, daß
auf das »dictum« ein »factum« folgt, der wird diesen unauflösbaren Zusammenhang in letzter Konsequenz am eigenen Leib erfahren müssen, wenn Gott
über ihn das Urteil der Verdammnis und des ewigen Todes spricht (!)[555] und
ihm damit »den Himel zu schleusst und ab spricht (!)«[556]. Weil Luther dem
Hören des Wortes Gottes so oder so eschatologische Dignität beimißt, loziert
er dieses Hören dort, wo es im Menschen um das Letzte geht: im Gewissen[557].

Sed cum videbimus, quid formet et (ut ita dixerim) speciabit et imaginabit, aliter erit. Natura enim speciei et imaginis est videri et non audiri. Ergo loqui ipsius domini est verbum
suum edere et manifestare, sed auditui. Ita deus pater locutus est nobis, id est filium verbum suum ostendit nobis in auditu fidei. Et hoc est Euangelium dei, quod promiserat ante
per prophetas: quorum hic unus est dicens: ›Audiam quid loquatur‹. Et hoc loqui, hanc
verbi ostensionem, hanc euangelii editionem egit ministerio Apostolorum et eorum suc-
cessorum. Quia in illis loquutus est toti mundo. − Ein Zitationsverzeichnis des Spruches
»natura verbi est audiri« ist nicht beabsichtigt und ergäbe wohl auch wenig Sinn. Zur Sache vgl. EBELING, Luther (s. Anm. 482), 71−73. − DERS., Das Wesen des christlichen
Glaubens, 1985⁵, 178−187. − GERBER (s. Anm. 302), 226−229.
[551] WA 43; 125,23−25 (1535/45): Non enim ludus aut iocus est audire verbum Dei.
Cum enim tangit animum, est sicut fulmen, quod etiam munitissima loca sua vi deiicit:
sicut Pauli historia ostendit, cum in itinere ad Damascum prosterneretur.
[552] WA 17,1; 350,14−16 (1525). − Vgl. WAT 1; 447f (Nr. 901).
[553] WA 37; 297,27f (1529): Dicendum: Si deus dixit, fiet, Er ist so mechtig und verax,
das ers wol thun kan, was er sagt. Ideo ists die groste lesterung non credere. − Vgl. ebd.
297,14−34.
[554] WA 42; 12,31 (1535): Cum Heuam abduxit Satan a verbo, statim in peccatum pro-
lapsa est. − Entsprechend deutet Luther auch das Schicksal der gefallenen Engel (ebd.
18,32−35): Hinc sequitur necessario Malos Angelos esse lapsos et non stetisse in veritate.
Quomodo id sit factum, nescitur, verisimile tamen est, superbia esse lapsos, quod Verbum
seu Filium Dei contempserunt et se ei voluerunt anteferre; plura non habeo.
[555] WA 21; 357,35 (1544).
[556] WA 46; 42,8f (1538). − Darum gilt auch für die Verdammungsworte Gottes, daß sie
»res sunt, non nuda vocabula«.
[557] WA 47; 120,40f (1538): Das wortt Gottes und dein gewissen oder gehör lassen sich
nicht scheiden. − Ebd. 831,10f (1539): Per Christum bonam conscientiam per vocale verbum. − Aus der zahlreichen, wenn auch nicht immer reichen Literatur zu Luthers Gewis-

Was Gott spricht, ist wahr, ob man es glaubt oder nicht[558]. Doch wer es glaubt und das Wort Gottes in sich aufnimmt, der erfährt, indem das heilige Wort auch ihn heilig macht, an sich selbst dessen Wahrheit[559]. Die erste Antwort des auditus fidei ist darum das Danken: Im Glauben an das Wort erkennt der Mensch auch alles, was er ist und hat, als Gaben des Wortes[560]. Die Anfechtung kann der Glaube als eine notwendig sich einstellende Folge des Wortes verstehen[561]; und er besteht sie, indem er sich unbeirrt an das hält, was Gott verheißen hat[562]. Im übrigen wird der Glaube nicht müde werden, das Wort zu hören[563], zu lehren[564] und zu tun[565].

Schließlich: Das Wort wird den, der es recht hört und also glaubt, in Ewigkeit bewahren[566]. Darum soll man sich im Leben und erst recht im Sterben an das Wort halten[567], denn im Tod wird sich auch das letzte »Fiat« Gottes in ein

---

sensbegriff vgl. zuletzt G. EBELING, Das Gewissen in Luthers Verständnis. Leitsätze (1984) (in: DERS., Lutherstudien III [s. Anm. 8], 108−125).

[558] WA 30,2; 459,25 (1530). − WA 40,2; 403,3−6 (1532). − WA 49; 729,32 (1544/45). − Vgl. dazu die interessante Bemerkung Luthers zu Ps 91 (92),6 aus der 1. Psalmenvorlesung (WA 4; 511,11−13): Verbum Dei his qui timent, est terribile, qui ardent, est ignis, qui mites sunt, est oleum, qui devoti sunt, est oleum, et omnino: qualis tu es in dispositione, tale est tibi (ferner ebd. 511,6−26).

[559] WA 48; 67,1−10 (1547). − WA 2; 511,20 f (1519): Deus enim sicut diliget reipsa, non verbo tantum, ita et favet re praesente, non tantum verbo.

[560] WA 42; 516,33.36−40 (1535/45): Aetas, sexus, vocationes . . .: Si respicias ad verbum, ad illud caeleste ornamentum et gloriam divinam, cur non contra Satanam superbires, cur non gratias Deo de tantis donis ageres? Non enim nuda sunt opera, sed ornata verbo Dei: Sunt enim divinitus tibi iniuncta. − Vgl. dazu die nicht ganz deutliche, aber doch wohl in diese Richtung gehende Äußerung aus der Vorrede zum 4. Teil der Genesis-Vorlesung: WA 44; XXXII,16−23.

[561] S. den vorigen Abschnitt, v. a. Anm. 520−522.

[562] WA 24; 386,27−30 (1527): Wer ynn der anfechtung wil gelert sein, der ergreiffe die sprüche, das Gott nicht leugt noch wancket, was er ein mal sagt, Was aber darnach dawidder lautet, ist darauff zu weisen und deuten, das er den glauben versucht.

[563] WA 31,2; 625,32−34 (1530/31): Est enim verbum talis thesaurus, qui tractando crescit et distribuendo, servando autem perit. Oportet ut sit in assiduo usu, quo enim magis docetur, audetur, discitur, eo magis et clarius intelligitur. − WA 36; 219,10−24 (1532).

[564] WA 9; 375,24−26 (1519/21): Certum enim est, qui credit non cessat verbum, id quod indicat psal. [116,10] ›Credidi propter quod locutus sum‹. Deinde ubicunque est verbum, sunt qui audiant verbum.

[565] WA 36; 326,16 f (1532): Aller Schmuck, der Gottes ist, est verbum eius. Qui ergo facit, quod verbum iubet, ist ynn Gott selbst geschmuckt. − WA 13; 516,9−23 (1525). − WA 15; 504,2−4 (1524).

[566] Insofern besagen die beiden Formeln letztlich dasselbe: ›Natura verbi est audiri‹ (WA 4; 9,18 f). − ›Natura verbi est servare nos‹ (WA 31,1; 344,19).

[567] WA 49; 371,9−14 (1544): Deus non mendax. Quicquid loquitur, das mus geschehen, es stell sich so wunderlich, quia non mentitur. Dicit ad Iordanem: ›Audite filium‹. Habetis verbum pacis, salutis ob du stirbest peste, man kopfft dich, halt fest, sihe auff mich. Das wort ist mein, etsi moreris. Ego promitto tibi vitam, mors sol nur somnus sein. − Vgl. ebd. 371,9−372,19.

»Factum est« vollenden[568]. Es bedarf nur eines einzigen Wortes, damit die Toten wieder aus der Erde hervorkommen[569]. In diesem einen Wort aber spricht
Gott sein Wesen aus[570]. Und doch wird es kein anderes Wort sein als das, das
wir heute schon glauben[571]. In einem kurzen, die Genesis-Vorlesung unterbrechenden Exkurs über Jes 26,19 (»Wachet auf und rühmet, die ihr liegt unter
der Erde!«) hat Luther herausgestrichen, daß Gott mit den Toten nicht anders
redet, als lebten sie. Umgekehrt sieht er in dem Umstand, daß Gott zu *uns*
spricht, den sichersten Beweis unserer Unsterblichkeit auch im Tode. Denn
mit wem Gott redet − sei es im Zorn oder in Gnaden −, der ist gewiß unsterblich[572]. Nun *hat* uns Gott aber seines Wortes gewürdigt. Woraus erhellt,
daß er, wie Luther schließt, in Ewigkeit mit uns reden will[573].

Damit mag am Ende deutlich geworden sein, inwiefern die von Luther so
oft herausgestrichene Einheit des Wortes Gottes eine soteriologische Pointe
hat: Sie soll uns den Glauben stärken an die Auferstehung der Toten. Es ist das
eine Wort, durch das Gott Himmel und Erde erschaffen hat, das seitdem das
Korn auf dem Felde gedeihen läßt, mit dem er einst Lazarus aus dem Grabe
rief und in dem er schließlich auch mich verherrlichen wird[574]: »Durch sein
wort wirds geschehen . . ., durch sein sprechen wirds geschehen«[575]. Was übrigens jenes letzte, uns in die Ewigkeit rufende Wort betrifft, so wollte Luther
nicht ausschließen, daß Gott es dereinst auf Hebräisch sprechen wird[576].

---

[568] WA 36; 381,32−35 (1533); vgl. ebd. 681,6−682,6; 681,28−682,15.

[569] WA 36; 639,32−39 (1532).

[570] WA 41; 576,25 (1536): Ruffen ex morte eius opus proprium est. − WA 17,1;
219,33−39 (1525). − WA 44; 270,8−24 (1535/45).

[571] WA 6; 121,30f (1520): Habere . . . fidem est veritatem et verbum dei habere, Habere
verbum dei est deum omnium factorem habere. − WA 17,1; 46,1−15 (1525).

[572] WA 43; 481,24−34 (1535/45): Isaiae 26. Ibi loquitur Deus cum mortuis non aliter, ac
si viverent, atque hoc ipsum verbum est testimonium efficacissimum, quod non simus
mortales, sed immortales etiam in morte. Ratio est. Quia Deus nobiscum loquitur etiam
sermone nostro et lingua humana. Scit Deus hanc vitam momentaneam esse. Cur autem
loqueretur nobiscum, et sic quidem, ut nostra lingua utatur, si non in perpetuum vivere-
mus? Alioqui enim frustra ederet verbum suum propter momentum temporis tantum. Sed
non frustra loquitur. Nec vocam boum aut asinorum induit, non mugit cum eis. Cum solo
homine loquitur. Ubi igitur et cum quocunque loquitur Deus, sive in ira, sive in gratia loquitur, is certo est immortalis. − Vgl. dazu WA 14; 224,6 (1523): Si dominus loquitur de
musca, eternum verbum est. − WA B 5; 500,3−12. − Vgl. EBELING, Lutherstudien II/2 (s.
Anm. 29), 174−181, v. a. 175 f.

[573] WA 43; 481,34f: Persona Dei loquentis et verbum significant nos tales creaturas esse,
cum quibus velit loqui Deus usque in aeternum et immortaliter.

[574] WA 17,1; 223,33−224,24 (1525). − WA 34,2; 120,25−36 (1531). − WA 47;
619,21−27 (o. J.).

[575] WA 49; 413,3f (1544); vgl. die ganze, das wirkmächtige Sprechen Gottes betreffende
Predigt (ebd. 395−415).

[576] WA 36; 268,6f (1532): Es wird ein sprach sein, credo Ebraicam. − Luthers Bemerkung »Den Einfeltig leuten mus man so furbilden« (ebd. 268,6) bezieht sich m. E. auf die
Auslegung des endzeitlichen Getöses aus Feldgeschrei und himmlischem Posaunenchor
(1 Thess 4,16) (ebd. 268,1−6).

B. Der Vorrede zweiter Teil

War das Sprachproblem für den ersten Teil von Luthers Vorrede auf den Johannes-Prolog von eher peripherer Bedeutung, so avanciert es im zweiten Teil zum ausschließlichen Gegenstand des Interesses. Die Fundamentalunterscheidung zwischen dem Wort Gottes und dem Wort des Menschen sowie die dadurch nicht ausgeschlossene, begrenzte Analogiefähigkeit des menschlichen Wortes stehen im Zentrum der Erörterung, repräsentieren indes zugleich zwei wesentliche Aspekte in Luthers Sprachverständnis. Die Trennung von Texterklärung und systematischer Vertiefung, die sich beim ersten Teil von der Sache her ganz selbstverständlich nahelegte, kann hier nur aus sehr äußerlichen Gründen beibehalten werden. Es dürfte immerhin sinnvoll sein, zunächst wiederum mit einer knappen Rekonstruktion des betreffenden Teils der Vorrede zu beginnen. Dabei werden, die Bemerkungen zur Formstruktur (§ 2.2.c) voraussetzend, der Vergleich mit anderen Prolog-Auslegungen Luthers sowie gelegentliche auslegungsgeschichtliche Rückgriffe zur Profilierung beitragen können (§ 6). Die Frage nach dem Sprechen des Menschen soll dann, historisch diszipliniert, in ihrem sachlichen Zusammenhang exkursorisch vertieft werden (§ 7). Beide Paragraphen sind thematisch eng aufeinander bezogen und darum als komplementär zu verstehen.

§ 6: Wort Gottes — Wort des Menschen

1. Die prinzipielle Verschiedenheit des göttlichen Wortes vom menschlichen

Der Rekurs auf Gen 1 hatte Luther Anlaß gegeben, das Wort, das im Anfang war (Joh 1), von Gottes Schöpfungswort als seinem alttestamentlichen Wurzelgrund her zu erläutern. In dem zweiten, deutlich neu einsetzenden Teil der Vorrede (186,9 – 188,23) wendet sich Luther der Frage zu, wie dieses Wort zu verstehen sei. Entscheidend ist ihm zunächst, die als Konkretion der Fundamentalunterscheidung von Gott und Mensch fungierende, kategoriale Differenz von Gotteswort und Menschenwort herauszustreichen (186,9 – 187,8)[577].

a) Die Fundamentalunterscheidung

Um die Frage, welcher Art das Wort sei, das im Anfang war, zu beantworten, hat bereits Augustin in seiner Auslegung des Johannes-Prologs auf den Vergleich mit menschlichen Worten zurückgegriffen. Ganz ähnlich wie dann Luther setzt auch er mit einer deutlichen Antithese ein: »Magna res est«[578], heißt es in bezug auf das Wort von Joh 1,1. Unsere Worte dagegen sind erklungen und vergangen, sind durch den täglichen Gebrauch wertlos geworden, so daß sie nichts als Worte sind[579]. Dieser Gegensatz zwischen magna res und bloßem Wort wird nun aber nicht als Fundamentalunterscheidung von Gott und Mensch festgeschrieben, sondern sogleich in den Menschen selbst hineinverlegt: er wird als der zwischen innerem und äußerem Wort identifiziert (vgl. § 13.1.a). Denn auch beim Menschen, erläutert Augustin, gibt es ein Wort, das in ihm bleibt; nur der Schall tritt durch den Mund aus ihm heraus. Während das erschallende, äußere Wort vergeht, bleibt, was dieses bezeichnet, im In-

---

[577] Vgl. die Paraphrasen bei LOEWENICH (s. Anm. 252), 37f. — E. DE NEGRI, Offenbarung und Dialektik. Luthers Realtheologie (IdF 11), 1973, 69—71. — K. WEIMAR, Historische Einleitung zur literaturwissenschaftlichen Hermeneutik, 1975, 28f.

[578] In Iohannis Evangelium tractatus I.8, CChr.SL 36,5 (= PL 35, 1383).

[579] I.8, CChr.SL 36,4f (= PL 35, 1383). — Vgl. I.10, CChr.SL 36,6 (= PL 35, 1384).

nern bestehen[580]. In diesem Sinne — nämlich im Sinne des als Bedeutungsgehalt gefassten verbum internum — will Augustin das Wort von Joh 1,1 verstanden wissen[581].

Auch Thomas von Aquin wendet sich in seiner Auslegung von Joh 1,1 zunächst der Frage zu, »quid sit hoc quod dicitur Verbum«[582]. Die sprachlichen Zeichen, erläutert Thomas, Aristoteles referierend, bezeichnen die Eindrücke, die in der Seele sind. Weil es keinen besseren Ausdruck gibt, werden andererseits jedoch auch jene inneren Eindrücke »Wort« genannt. Daß diese Worte einen gegenüber den äußeren Worten höheren Rang bekleiden, ist gleichwohl offensichtlich, existieren sie doch als deren Ursache[583]. Da nun weiterhin das Wort immer »in actu existente« aus dem Geist hervorgeht und darin Begriff und Abbild (ratio et similitudo) des gedachten Gegenstandes ist, muß es in jedem geistigen Wesen vorausgesetzt werden[584]: in den Menschen, den Engeln — und in Gott[585]. Der auszulegende erste Vers des Johannes-Prologs spreche aber ausschließlich vom »Verbum Dei«. Das Wort der Engel übergehend, macht Thomas drei Hinsichten geltend, in denen sich dieses verbum dei von unserem Wort unterscheidet. Zum einen ist unser Wort eher bildbar als schon gebildet; es existiert darum früher als Möglichkeit denn als Wirklichkeit. Das Wort Gottes hingegen ist immer in der Wirklichkeit[586]. Zum andern ist unser Wort unvollkommen, das Wort Gottes aber vollkommen: Die diskursive Struktur menschlichen Sprechens läßt uns viele unvollkommene Worte bilden, die doch nur teilweise ausdrücken können, was in unserem Wissen ist. Das eine göttliche Wort dagegen ist der Inbegriff dessen, was in Gott ist[587]. Schließlich sieht Thomas unser Wort darin von Gottes Wort unterschieden, daß es nicht von unserem Wesen ist, sondern zu diesem hinzutritt, in Gott jedoch Denken und Sein identisch sind. Während unser Wort zu unserer Natur hinzukommt (accidens), gehört der göttlichen Natur das Wort wesenhaft an (subsistens)[588].

---

[580] I.8 (ebd.).

[581] Vgl. dazu die anschauliche Erläuterung in I.8—10, CChr.SL 36, 4—6 (= PL 35, 1383 f) sowie unten § 6.3.

[582] Super Evangelium S. Ioannis Lectura, Editio Marietti, Turin / Rom 1952, I.I.24, S. 7.

[583] I.I.25, S. 7.

[584] Eine ähnliche, wenn auch in eigener Weise akzentuierte Analogiebildung findet sich bei Meister Eckhart (Predigt über Lk 1,28, DW 1, Stuttgart 1958, 376, 6—11).

[585] I.I.25, S. 8.

[586] I.I.26, S. 8.

[587] I.I.27, S. 8.

[588] I.I.28, S. 8 f.

Vgl. dazu Nikolaus von Lyra (Textus biblie cum glossa ordinaria Nikolai de Lyra postilla, Moralitatibus eiusdem, Pauli Burgensis additionibus, Matthie Thoring replicis, Tom. V, Basel 1506), z. St.: Et ideo in ipso ponitur verbum, non tamen ad similitudinem verbi large dicti, quod est ipsa vox significativa: vel conceptus rei imperfectus, quia in Deo

Zu Beginn seines Nachdenkens über das Wort von Joh 1,1 macht Luther ebenfalls die Differenz zu menschlichen Worten stark — so freilich, daß das verbum divinum als ein vom verbum humanum zu Unterscheidendes, nicht jedoch als ein beziehungslos Anderes in den Blick kommt: an eine Äquivokation ist dabei nicht gedacht. Bereits die ersten Zeilen geben einmal mehr ein Beispiel dafür ab, wie sorgfältig Luther geschrieben hat und wie genau man ihn lesen muß. So bleibt etwa der Wechsel von dem Plural »einiß menschen geringe vorgencklich wortt« zu dem singularischen »seyn (i. e. Gottes) wort«[589] an dieser Stelle zwar ungedeutet[590], läßt jedoch, zumindest für kundige Ohren, eine nicht unwesentliche Differenzbestimmung anklingen, die Luther sonst durchaus zu erläutern wußte (vgl. §7.1.a). Bemerkenswert ist auch, daß Luther die zwei Gründe für die Unterschiedenheit des göttlichen Wortes jeweils antithetisch auf die beiden Epitheta der »menschen ... wortt« bezogen sein läßt: Gottes Wort ist nicht »gering«, »ßondernn alß groß der ist, der do spricht, ßo groß mussen wyr auch seyn wort achten«[591]. Und es ist nicht »vorgencklich«, sondern bleibt in ihm und wird »nymer von yhm gesundert«[592]. Als Zusammenfassung dieser fundamentalen Unterscheidung stellt Luther in ganz traditionell anmutender Formulierung das als »eyn lediger wind odder schall« verstandene und damit um das verbum internum reduzierte, äußere menschliche Wort dem Wort Gottes entgegen, welches »mit sich (bringt) das gantz weßen gotlicher natur«[593]. Nun könnte man immerhin

---

nihil est sensibile, nec etiam imperfectum et propter hoc vox significativa qua sensibilis est, et ipsa cogitatio, quae licet sit intellectualis, tamen quia imperfectionem implicat non habet ibi locum: sed ibi ponitur verbum inquantum importat conceptum rei perfectum, quia Deus unico actu intelligendi seipsum, et omnia alia concipit perfecte. Ex quo patet differentia verbi nostri ad verbum divinum, quia verbum nostrum in mente multiplicatur. Quod enim sunt ibi conceptus perfecti vel formati, tot sunt ibi verba, in Deo autem est verbum unicum: quia non potest ibi esse nisi unicus conceptus perfectissimum. Item verbum in nobis est accidens et quid transiens, quia non semper in actu intelligimus: sed in Deo idem est quod substantia divina, quia non patitur ad mitionem alicuius accidentis seu cuiuscumque naturae extraneae. Est etiam verbum semper actu permanens et aeternum.

[589] 186,10 f.

[590] Anders etwa bei Lyra; vgl. dazu Anm. 588.

[591] 186,10 f.

[592] 186,12 f.

[593] 186,13—16. — WA 27; 527,5 (1528): In verbo est wesen. — Bis zum Zerreißen spannt Luther diese Unterscheidung im IV. argumentum seiner Disputation »De divinitate et humanitate Christi« (1540), wobei freilich der christologisch orientierte Kontext wie auch die Ausrichtung auf den Personbegriff zu berücksichtigen sind (WA 39,2; 103,2—11): Verbum non est persona. Christus est verbum. Ergo Christus non est persona. Maiorem probo, quod verbum et persona differunt. Responsio: Est nova locutio, quae non est antea audita in mundo. Christus non est verbum mathematicum nec physicum, sed verbum divinum et increatum, quod significat substantiam et personam, quia verbum divinum est divinitas. Christus est verbum divinum. Ergo est divinitas, id est, ipsa substantia et persona. Philosophice heist verbum sonus aut vox, sed theologice loquendi verbum significat filium Dei.

einwenden, das menschliche Wort bringe ja insofern ebenfalls das Wesen des
Menschen mit sich, als es von Luther als gering und vergänglich definiert worden ist. An dieser Stelle liegt der Ton jedoch darauf, daß das Wort Gottes nicht
nur Wesenseigenschaften abbildet, sondern selbst sein Wesen ist (vgl. §6.2.b).
Diese kategoriale Differenz zwischen Gotteswort und Menschenwort darf
nicht durch andersgelagerte Entsprechungen verschleiert werden. Ihr kommt
vielmehr der Rang einer theologischen Fundamentalunterscheidung zu.

Dieser Gedanke hat in Luthers späteren Prolog-Predigten zwei interessante
Fortführungen erfahren. So verweist er 1524 anläßlich der Frage, weshalb Johannes für seinen »locus capitalis« gerade die Vokabel »Wort« gewählt
habe[594], auf die zentrale heilsmittlerische Funktion des »mundlichen wort«[595].
Die Vernunft, erläutert Luther, könne das nicht begreifen, halte sie sich doch
allein an das geäußerte und verklingende Wort[596]. Wer hingegen den Heiligen
Geist im Herzen hat, der sieht und weiß, »das, wo das můndliche wort gehŏ-
ret wird und yns hertz fellet, folget damit ein solche gewalt, die tod, sund,
helle und alle unglůck erseuffet und vertylget«[597]. Der Glaube, will das heißen,
hat der Vernunft die Erfahrung voraus, daß das Wort Gottes »das gantz weßen
gotlicher natur« mit sich bringt. Denn der Glaube ist ja selbst der sichtbare Erweis dessen, daß sich im Wort Gott selbst als mächtig erwiesen hat. Was in der
Wartburgpostille für das verbum aeternum herausgestellt worden ist, bringt
Luther nun, soteriologisch pointiert, auch für das verbum praedicatum in Anschlag[598].

In der Weihnachtspredigt von 1538 hat Luther dazu noch den Personbegriff
herangezogen, um die Prädikation des Sohnes als Wort zu verdeutlichen[599].
Daß bei Joh 1,1 nicht an das äußere, menschliche Wort zu denken ist, sondern
an das verbum aeternum, bildet hierbei ebenfalls den Einsatzpunkt der Über-

---

Das hette Aristoteles nicht zugelassen, verbum significare plenum Deum. − Vgl. R.
Schwarz, Gott ist Mensch. Zur Lehre von der Person Christi bei den Ockhamisten und
bei Luther (ZThK 63, 1966, 289−351), v. a. 307. − Zur Frage der nova locutio vgl.
§§ 11.1 u. 15.2 dieser Arbeit.

[594] 15; 799,13−800,16. − Vgl. WA 17,2; 315,22−38 (1527).

[595] WA 15; 800,5 f; in diesem durchweg lateinischen Abschnitt der Rörerschen Predigtnachschrift sind lediglich die Wendungen »durch das mundlich wort« und »thu den mund
weid auf, ich wil (erg.: ihn füllen; Ps 81,11)« (ebd. 800,11 f) auf deutsch überliefert.

[596] WA 17,2; 315,30−33: Die vernunfft kan sich nicht dahin erschwingen, Denn sie sihet
nur darnach, das ydermann das wort ym maul hat und yn ein stym gefasst ist, die bald vergehet.

[597] Ebd. 315,33−35.

[598] WA 15; 800,13−16: Qui capit, capiat; qui non intelligit, est stulta praedicatio et tamen vera: in morte videbimus verbum dare omnem virtutem quam habet, scilicet eternam
vitam, warheit, sapientiam.

[599] WA 46; 536,7−9: Homo non potest capere . . ., quod . . . filius vocatur verbum vel
persona. − Zu Luthers Personbegriff vgl. W. Joest (s. Anm. 302), v. a. 232−353. − G.
Ebeling, Lutherstudien II/3 (s. Anm. 210), 177−207.

legung[600]. Person, so erläutert Luther, bedeutet eine eigene, gesonderte Gestalt, die sich durch spezifische Eigenschaften von andern unterscheidet[601]:
»Person, wenn man ein(em) ding sein eigens zuschreibet, quod alteri non
competit«[602]. So ist es die Eigenschaft des Sohnes, vom Vater geboren zu sein.
Der Vergleich mit der natürlichen Kindschaft ist freilich, was den Sohn Gottes
angeht, nur von begrenzter Aussagekraft: »ein schwach und gering anzei-
gung«[603]. Denn ein Menschenkind gerät wohl »communiter nach den Eltern.
Es ist so viel gemalet, so viel es kan. Filius kriegt ein stück vom vater und
mutter. Dicitur: ist meines fleisches und bluts«[604]. Aber mit der Person des
Kindes wird auch sein Wesen von dem der Eltern abgetrennt: es ist »darnach
ein unterschieden wesen und person«[605]. In Gott führt dagegen die Unterscheidung der Personen keineswegs eine Trennung des einen göttlichen Wesens
mit sich. Darum: »Ne cogitemus humanum verbum esse, sed das wesen und
natur, quod pater habet et communicavit verbo ab aeterno«[606].

b) Wort und Bild (zu Hebr 1,3)

Die Wesenseinheit von Gott und Wort untermauert Luther durch einen Rückverweis auf die vorausgehende Postillenpredigt über Hebr 1,1—12[607]. Dieses
Verfahren begegnet in den ersten sechs Predigten der Wartburgpostille immer
wieder und kann als deutliches Indiz für deren sukzessive Entstehung gewertet
werden[608]. Der eindeutig subsidiäre Charakter des Verweises geht in unserem
Fall bereits aus seiner grammatischen Gestaltung hervor: »Wie droben … ge-

---

[600] WA 46; 536,10 f: Hie mustu ex mundo gehen, non cogitare, quod verbum sit, quod
egreditur ex ore, sed fuit in principio et tamen est verbum.
[601] Ebd. 536,15—18: Person heisst ein gestalt, ut dicitur: Ein Jurist füret ein person des
verklagten, Das etwas sonderlichs und eigens ist. Sic pater est persona, quae genuit filium,
Filius genitus. Sic mater, filia personae distinctae. Illa gestalt und ampt matris, filiae.
[602] Ebd. 536,22 f.
[603] WA 46; 537,9.
[604] Ebd. 537,5—7.
[605] Ebd. 537,20.
[606] Ebd. 537,12—14. — Vgl. dazu aus der Neujahrspredigt des Folgejahrs (1539): Dedi
crassam similitudinem. Filius accipit das wesen vom vater. Sed Creatura kans nicht erreichen mit irem gleichnis, kan nicht so volkomlich sein, ut est in maiestate divina, quia tantum anleitung. Ein gemalt wein non est vinum. Sicut ergo filius sein wesen, fleisch, blut
a patre habet, sic filius a patre genitus hat das wesen vom vater in divinitate. In natura pater
kan nicht das gantze wesen geben filio, sed nur ein stück nec mater. Das ist die ungleicheit.
Eim gemalt wasser feilet seer viel, quod vera aqua: habet quidem similitudinem, sed non
fluit, lavat. In divinitate tota essentia, natura gehet in Son, eandem naturam, maiestatem
habet filius et Spiritus sanctus, quam pater (WA 47; 628,5—14).
[607] WA 10,1,1; 142—180.
[608] W. KÖHLER, Einleitung zur Wartburgpostille, WA 10,1,2; XLIV. — Vgl. WIDMANN
(s. Anm. 49), 6—22.

sagt ist (Hebr 1), ... Dermassen alhie auch ... (Gen 1)«[609]. *Was* alles »droben
... gesagt ist«, referiert Luther in einem langen, aus zweimal zwei Teilen bestehenden und von der subordinierenden Konjunktion »daß« abhängigen
Gliedsatz[610]; er bezieht sich damit auf seine Auslegung von Hebr 1,3a: »Wil-
cher (sc. der Sohn Gottes) ist eyn glantz seyner klarheyt und eyn bildtzeychen
seynes weßens«[611]. Seine dortigen Erläuterungen »der Epistel vom scheyn
unnd bild« faßt Luther nun, chiastisch vertauscht[612], zusammen: »Die gottliche natur (wirt) alßo gepildet ..., das sie yns bilde gantz mit folget unnd sie
das bild selbs wirt und ist, unnd die klarheytt (lessit) auch alßo den scheyn auß
..., das sie ynn den scheyn weßenlich geht«[613]. In der Predigt über
Hebr 1,1—12 hat Luther diesen Gedanken sehr viel ausführlicher dargelegt[614],
ohne doch in der Sache nennenswert über das hier rückschauend Erinnerte
hinauszugehen. Interessant ist aber, daß er dort das Bild Gottes ebenfalls im
Kontrast zu dessen menschlichem Pendant erläutert: Wie das Wort, so bringt
auch das Bild eines Menschen nicht dessen Wesen oder Natur mit sich. Christus hingegen wird ein Bild Gottes des Vaters genannt, »darumb das er gantz
von gott und auß gott genaturt ist«[615].

Entsprechend sei, wie Luther nun fortfährt, auch das Wort von Gen 1 gemeint: Wie dort im Bild, so bleibe die ganze Gottheit hier »naturlich ... und
weßenlich« im Wort[616]. Im übrigen entnimmt Luther dieser Entsprechung,
»woher der Apostel seyne rede hatt«[617]: Auch Hebr 1,1—12 wurzele, wie der
Johannes-Prolog, in Gen 1. Ist doch das Wort, das Gott von sich spricht,
nichts anderes »denn eyn bild, das yhn tzeychent«[618]. Daß die Verbindung von

---

[609] 186,16 f. 20.

[610] 186,17—20.

[611] WA 10,1,1; 142,6 f.

[612] Die von Luther beiläufig und sicher unwillkürlich gebrauchten Figuren sind kaum
zu erschöpfen. In diesem Fall verstärkt der Chiasmus (»scheyn unnd bild ... bilde ...
scheyn ...«) die blockartige Einheitlichkeit des die frühere Auslegung zusammenfassenden
Gliedsatzes. Für die Erhellung der (oft beargwöhnten) rhetorischen Kompetenz Luthers
wäre die intensive rhetorische Interpretation begrenzter deutschsprachiger Textabschnitte
von großem Gewinn; vgl. bereits B. STOLT, Studien zu Luthers Freiheitstraktat mit besonderer Rücksicht auf das Verhältnis der lateinischen und der deutschen Fassung zueinander
und die Stilmittel der Rhetorik, Stockholm 1969. — DIES., Docere, delectare und movere.
Analysiert an der Predigt, daß man die Kinder zur Schulen halten solle (in: DIES., Wortkampf, 1974, 31—77).

[613] 186,17—20.

[614] WA 10,1,1; 155,7—157,22.

[615] Ebd. 157,7 f. — Die Vokabel „genaturt" ist übrigens eine bereits im Mittelhochdeut-
schen geläufige, dem scholastischen »naturatus« nachgebildete Wendung, die u. a. bei
Eckhart belegt und auch von Luther nicht selten gebraucht worden ist; vgl. J. u. W.
GRIMM (s. Anm. 272), Bd. 5, 3347 f. — PH. DIETZ (s. § 1, A. 38), II.75.

[616] 186,20—187,1.

[617] 187,1 f.

[618] 187,4 f.

Bild und Wort[619] sich allein schon von dem genannten Vers Hebr 1,3 her nahelegen könnte, hat Luther nicht erwähnt; vermutlich darum nicht, weil das
zwar für seine Übersetzungsversion (»bildtzeychen« — »wort«) ganz uneingeschränkt gilt, nicht aber für deren griechische (χαρακτὴρ — ῥῆμα) und nur eingeschränkt für die lateinische Vorlage (figura — verbum).

Nur noch verwiesen sei auf die fast gleichzeitige Prologauslegung Melanchthons, die bereits in den ersten Sätzen die Doppelung von Wort und Bild herausstreicht: »Filius a Ioanne Verbum dicitur, a Paulo Imago Dei«[620]. Die Wesensgleichheit von Sohn und Bild wird auch von ihm hervorgehoben, dazu die
prinzipielle Differenz zu menschlichen Verhältnissen: »In creaturis nullum simile exemplum est«[621]. Das Wort betreffend, unterscheidet sich Melanchthon
jedoch insofern von Luther, als er es dezidiert im Sinne der »cognitio repraes-
sentans aliquid« versteht. Zwar greift auch er zur Verdeutlichung des verbum
patris auf den allgemeinen Begriff des Wortes zurück. Die Fixierung auf das
als »consilium patris« verstandene verbum dei unterbindet aber jedweden auf
die an der Stimmlichkeit des äußeren Worts orientierte Sprachlichkeit des
Menschen gerichteten Blick[622].

c) Zeichen und Bezeichnetes

Was in der Fundamentalunterscheidung von Gottes Wort und menschlichem
Wort sowie im Rückgriff auf die Auslegung von Hebr 1,3 deutlich geworden
ist, faßt Luther in signifikationshermeneutischer Formalisierung zusammen[623].
Es sind drei unscheinbare, aber wesentliche Sätze, die in formelartiger Verkürzung festhalten, wie Luther das Wort Gottes im Unterschied zu den menschlichen Worten versteht.

---

[619] Das spannende Verhältnis von Wort und Bild bei Luther insgesamt kann hier unmöglich erörtert werden. Anstelle dieses wichtigen, noch zu schreibenden Kapitels der
Lutherdeutung sei lediglich auf folgende Arbeiten verwiesen: J. TONKIN, Word and Image.
Luther and the Arts (Coll 17, 1985, 45—54). — W. HOFMANN, Die Geburt der Moderne
aus dem Geist der Religion, (in: DERS. [Hg.], Luther und die Folgen für die Kunst, 1983,
23—71).

[620] Annotationes in Evangelium Ioannis (1523), CR 14,1050.

[621] Ebd.

[622] Ebd. — Eine entsprechende Verknüpfung von Joh 1 (verbum) und Hebr 1 (imago)
findet sich in Melanchthons »Ennaratio in Evangelium Ioannis« (1536 f), CR 15,9—11. —
Ebd. 10: Ut . . . filius vocatur fulgor paternae gloriae, et imago substantiae paternae, sic dicunt et verbum vocari. Verba enim sunt imagines rerum cogitarum, et radii sunt quaedam
imago lucis. . . . Verbum significat hoc loco filium aeterni patris, qui est eius imago, et persona genita ab aeterno patre. — Calvin (Commentarius in Evangelium Ioannis, CR 75,1)
will den Logos von Joh 1,1 als »Dei sapientia et voluntas« sowie als »consilii eius« verstanden wissen; andere Deutungn des griechischen ›logos‹ erscheinen ihm als für diesen Fall
nicht geeignet.

[623] »Sintemal . . . «: 187,5—8.

In denkbar weit gespannter Allgemeinheit nennt der erste Satz die Sententia: »Eyn iglich wort ist eyn tzeychen, das ettwas bedeutte«[624]. Der Rekurs auf die augustinische Zeichenlehre ist offensichtlich, auch wenn Luther hier natürlich eher theologisches Elementarwissen erinnert denn im strengen Sinne De doctrina christiana[625] zitiert[626]. Die augustinische Unterscheidung von signum und res sowie deren hermeneutische Entfaltung ist dabei jedenfalls anspielend vorausgesetzt. Von dem zitierten Grund-Satz her macht Luther dann die zwischen Gotteswort und Menschenwort waltende, spezifische Differenz geltend: »Aber hie ist das bedewt wirt naturlich ym tzeychen odder ym wort, wilchs ynn andernn tzeychen nit ist«[627]. Christus, das eine Wort Gottes, ist als dasjenige Zeichen gedacht, das an das Ziel aller Verweise verweist, indem es auf sich selbst verweist. Die res significans ist selbst die res significata, welche nicht mehr ihrerseits von sich weg auf anderes verweist, sondern den Menschen ans Ziel gekommen sein läßt. In solcher Zuspitzung wird deutlich, daß Luther den Horizont der augustinischen Hermeneutik transzendiert. Denn zum einen unterläuft Luther in gewisser Weise die erkenntnistheoretisch motivierte Unterscheidung von res und signa, wonach »res per signa discuntur«[628], indem die im verbum dei repräsentierte res sich selbst bekanntmacht und insofern res und signum in ihr ununterscheidbar werden. Zum andern konterkariert Luther die augustinische Bestimmung der res aeternae, wonach diese auf nichts mehr verweisen und darum nicht zu benutzen, sondern ausschließlich um ihrer selbst willen in Liebe zu genießen sind[629], durch das Postulat der Wesenseinheit von zu gebrauchendem Zeichen und zu genießender, ewiger Sache[630].

---

[624] 187,5 f.

[625] Grundlegend I.2.2, CChr.SL 32,7 f (= PL 34,19 f). – Vgl. dazu R. LORENZ, Die Wissenschaftslehre Augustins (ZKG 67, 1955/56, 29–60.213–251). – G. EBELING, Der hermeneutische Ort der Gotteslehre bei Petrus Lombardus und Thomas von Aquin (1964), (in: DERS., Wort und Glaube, Bd. 2, 1969, 209–256). – K.-H. ZUR MÜHLEN, Nos extra nos. Luthers Theologie zwischen Mystik und Scholastik (BHTh 46), 1972, 74–80. – E. JÜNGEL, Gott als Geheimnis der Welt, 1982[4], 3–9. – Zum sprachtheoretischen Kontext vgl. ferner DUCHROW (s. Anm. 156). – SCHINDLER (s. Anm. 286).

[626] DELIUS (s. Anm. 139), 68–73, verzeichnet für Luther vergleichsweise wenig direkte Gebrauchsspuren von De doctrina christiana, wenngleich ihm manche Anspielung entgangen sein mag; auch die hier zu bedenkende Stelle hat Delius nicht erfaßt.

[627] 187,6 f.

[628] I.2.2, CChr.SL 32,7 (= PL 34,19).

[629] I.2.2–5.5, CChr.SL 32,7–9 (= PL 34,19–21).

[630] Augustins Interesse in De doctrina christiana zielt nicht auf das Verbum aeternum, sondern auf die Heilige Schrift, wobei er zwar durchaus eigentümliche Affinitäten zwischen res und signum konstatiert – »tales res dicuntur, ut verba, quibus dicuntur, non a dicente adhibita, sed ipsis rebus velut sponte subiuncta videantur« (IV.10, CChr.SL 32,122 f = PL 34,93) (vgl. SCHINDLER [s. Anm. 626], 96) –, jedoch keinen Zweifel daran läßt, daß die Zeichen immer als über sich hinausweisend zu denken sind. Die Formulierung G. EBELINGS »Es ist das ›signum‹, in dem allein die ›res‹ sich gegenwärtig zeigt. Man

Dabei wird man Luther freilich kaum systemsprengende Intentionen unterstellen dürfen, sondern muß diese Äußerung als eine zwar pointierte, aber doch wohl aus dem Augenblick geborene Zusammenfassung dessen werten, was bislang gesagt worden ist. Vielleicht hat ihn auch erst die Schlußwendung des unmittelbar vorausgehenden Satzes: »eyn bild, das yhn tzeychent«[631], zu dieser Ergänzung angeregt. Indem Luther den signifikationshermeneutischen Einschub dazu mit einer erneuten Anspielung auf Hebr 1,3 — »drumb nennet er es recht eyn weßenlich bild odder tzeychenn seyner natur«[632] — beschließt, bindet er ihn deutlich an die eben dargelegte Entsprechung von Hebr 1 und Gen 1 zurück. Dafür, wie auch für das noch Folgende, ist jedenfalls zu beachten, daß das Wort bzw. Bild Gottes ein Zeichen ist, das nicht auf ein Anderes, sondern auf sich selbst verweist, weil es mit der Sache, auf die es deutet, wesenseins ist. Diese signifikationshermeneutisch formulierte Fundamentaldifferenz festhaltend, wird man die damit zusammenhängenden rezeptionsgeschichtlichen Fragen für diesmal wohl guten Gewissens zurückstellen dürfen.

2. Die begrenzte Analogiefähigkeit des menschlichen Wortes

Kein Zweifel also: Die Differenz zwischen Gottes Wort und Menschenwort ist fundamental. Dennoch sieht Luther beide Größen nicht zusammenhanglos. Um deutlich zu machen, daß die Vokabel »Wort« hier durchaus nicht einfach äquivok gebraucht ist, beeilt sich Luther, der Entfaltung der theologischen Fundamentalunterscheidung von Gottes Wort und Menschenwort sogleich den Aufweis der — wenn auch begrenzten — Analogiefähigkeit des menschlichen Wortes folgen zu lassen (187,9 — 188,17)[633]. Das darin sich abbildende Gefälle ist aber unumkehrbar: So gut das Wort des Menschen vom Worte Gottes her verstehbar gemacht werden kann, so wenig eignet es sich als Ausgangspunkt einer ableitenden Bestimmung des verbum divinum: Die Rede vom Wort Gottes ist nicht anthropomorph gemeint.

---

kann nicht anders bei der ›Sache‹ bleiben als bei ihrem ›Zeichen‹ zu bleiben« (Evangelische Evangelienauslegung [s. Anm. 49], 121) ist von U. DUCHROW (s. Anm. 625,157) zurecht problematisiert worden.

[631] 187,4f.

[632] 187,7f.

[633] Eine knappe Paraphrase dieses Abschnitts bietet B. HÄGGLUND, Martin Luther über die Sprache (NZSTh 26, 1984, 8–10).

a) Die Entsprechung

In thetischer Konzentration eröffnet Luther den der Entsprechung gewidmeten Abschnitt: »Es weyßet auch wol ettwas hievon das menschlich wort; denn ynn demselben erkennet man des menschen hertz«[634]. Die abschließende Bekräftigung knüpft daran unmittelbar an: »Alßo ists ynn gott auch . . ., wer das wortt hatt, der hatt die gantze gottheyt«[635]. Zwischen der eröffnenden und der abschließend zusammenfassenden These findet sich deren ausführliche, genau komponierte Begründung. Diese speist sich aus zwei Quellen: der Schrift und der Erfahrung[636]. Freilich stehen beide nicht etwa gleichrangig nebeneinander. Luther setzt vielmehr mit der sprichwörtlich erinnerten eigenen wie auch aus heidnischer Zeit überlieferten Erfahrung ein, die sich durch das Schriftzeugnis bestätigt findet[637], womit wiederum die allgemeine, zu Redensarten geronnene Erfahrung übereinstimmt. Der Schriftverweis steht hierbei zwar in der Mitte, doch den argumentativen Akzent trägt eindeutig der Verweis auf die allgemeine menschliche Evidenz des Gesagten: Der Glaube bestätigt an dieser Stelle eine Erfahrung, die sich vor ihm und außerhalb seiner eingestellt hat[638].

Das zeigt sich bereits daran, daß Luther den begründenden Teil mit einem Rekurs auf das eröffnet, was »man gemeyniglich spricht«. Die Redensart »Ich hab seyn hertz odder seyn meynung«[639] wird zuerst erläutert − »des hertzen meynung . . . (wirtt) durchs wortt erkennet«[640] −, sodann durch zwei Erfahrungssätze der Heiden ergänzt, die beidemale zitiert (»Qualis quisque est, talia loquitur« − »Oratio est character animi«[641]) und übersetzt, im zweiten Fall dazu noch paraphrasierend erläutert werden[642]. Das Evangelium, fährt Luther

---

[634] 178,9 f. − Das Wort »weyßet« ist nicht von ›wissen‹, sondern von ›(auf-)weisen‹ her zu deuten, was eine sublime Responsion zu der unmittelbar vorausgehenden signifikationshermeneutischen Erläuterung darstellt, derzufolge das menschliche Wort ein Zeichen für etwas außerhalb seiner selbst Liegendes ist.

[635] 188,6−8.

[636] Vgl. dazu den wichtigen, auch auf Luther eingehenden Aufsatz von G. Ebeling, Schrift und Erfahrung als Quelle theologischer Aussagen (ZThK 75, 1978, 99−116).

[637] 187,17 f: Und damit stympt das Euangelium, da Christus sagt . . .

[638] Zum Verhältnis von Glaube und Erfahrung bei Luther insgesamt vgl. U. Köpf, Art. Erfahrung III/1, TRE 10, 109−116. − Althaus (s. Anm. 49), 58−65. − H. M. Müller, Erfahrung und Glaube bei Luther, 1929.

[639] 187,10 f. − Vgl. E. Thiele u. O. Brunner, Luthers Sprichwörtersammlung, Nr. 412 (WA 51; 659,15): Das ist mein hertz.

[640] 187,11−13.

[641] 187,14.16. − Für den Quellennachweis vgl. den Kommentar M. Köhlers z. St.

[642] 187,10−17. − Zu der Verschiebung von »cultus animi« zu »character animi« dürfte Luther der kurz zuvor herangezogene Vers Hebr 1,3 veranlaßt haben. − Entsprechend äußert sich Erasmus in seiner »Paraphrasis in Euangelium secundum Ioannem« (Basel 1523, 499) zu Joh 1,1 f: Nec est alia res, quae plenius et evidentius exprimat occultam mentis imaginem, quam oratio non mendax. Haec enim vere speculum est animi, qui corporeis oculis cerni non potest. Quod si cui volumus animi nostri voluntatem esse cognitam, nulla re

fort, stimme damit überein. Daß er Christus (Mt 12,34) und den Täufer
(Joh 3,31) als Zeugen anführt, hat natürlich in der sachlichen Nähe der genannten Schriftstellen seinen Grund, mag aber doch auch dadurch begünstigt worden sein, daß die beiden Personen dann für den Fortgang der Prolog-Auslegung von entscheidender Bedeutung sein werden. Mit diesem doppelten
Schriftzitat ist der darauf folgende, abermalige Rekurs auf allgemeine Erfahrung feinsinnig verknüpft. Denn die Zitation von Mt 12,34 — übrigens in
Umkehrung der beiden Vershälften — übersetzt das ursprachlich vorgegebene
ἐκ τοῦ περισσεύματος τῆς καρδίας τὸ στόμα λαλεῖ — »ex abundantia cordis os
loquitur« mit »Auß ubirfluß des hertzen redet der mund«[643]. Eben diese Version ist es aber, die Luther dann in seinem »Sendbrief vom Dolmetschen ...«
als undeutsch verhöhnen wird[644]. Jene spätere, gegen Emser gerichtete Polemik[645] entbehrt indes jedes selbstkritischen Beiklangs. Denn die Übersetzung
des zur Wartburgpostille etwa zeitgleichen Septembertestaments verzeichnet
durchaus schon die freiere, aber bessere Wiedergabe »Wes das hertz voll ist,
des geht der mund vbir«[646], deren sich Luther im Sendbrief dann rühmen
wird. Zwei Gründe dürften ihn in der Vorrede zur Prolog-Auslegung veranlaßt haben, stattdessen holprig-korrekt zu übersetzen. Zum einen erfordert der
Argumentationsgang hier nicht eine möglichst elegante, sondern eine buch-
stabengetreue, die ursprachliche Vorlage für sprachenunkundige Leser abbildende Wiedergabe[647]. Zum andern benötigt Luther die Sentenz, mit der er die
Stelle im Septembertestament übersetzt, im jetzigen Kontext als Ausdruck der
zum Sprichwort geronnenen allgemeinen Erfahrung, deren Zitation das bibli-

---

certius id fit, aut celerius, quam oratione, quae ex intimis mentis arcanis depromta, per aures audientis, occulta quadam energia, animum loquentis transfert in animum auditoris.

[643] 187,18 f.

[644] WA 30,2; 637,17–33 (1530): Man mus nicht die buchstaben inn der lateinischen
sprachen fragen, wie man sol Deutsch reden, wie diese esel thun, sondern, man mus die
mutter jhm hause, die kinder auff der gassen, den gemeinen man auff dem marckt drumb
fragen, und den selbigen auff das maul sehen, wie sie reden, und darnach dolmetzschen,
so verstehen sie es den und mercken, das man Deutsch mit jn redet. Als wenn Christus
spricht: Ex abundantia cordis os loquitur. Wenn ich den Eseln sol folgen, die werden mir
die buchstaben furlegen, und also dolmetzschen: Auß dem ubirflus des hertzen redet der
mund. Sage mir, Ist das deutsch geredt? Welcher deutscher verstehet solchs? Was ist uberflus des hertzen fur ein ding? Das kan kein deutscher sagen, Er wolt denn sagen, es sey das
einer allzu ein gros hertz habe oder zu vil hertzes habe, wie wol das auch noch nicht recht
ist: denn uberflus des hertzen ist keyn deutsch, so wenig, als das deutsch ist, Uberflus des
hauses, uberflus des kacheloffens, uberflus der banck, sondern also redet die mütter ym
haus und der gemeine man: Wes das hertz vol ist, des gehet der mund uber, das heist gut
deutsch geredt.

[645] Vgl. dazu Martin Luther, Studienausgabe, hg. v. H.-U. DELIUS, Bd. 3, 1983, 486 f.,
Anm. 97.

[646] WADB 6; 58.

[647] Das entspricht der in § 1.3 erläuterten Differenz von Postillen- und Bibelübersetzung.

sche Zeugnis sogleich generalisiert: »Jtem das deutsch sprichwort: Weß das hertz voll ist, des geht der mund ubir«[648]. Ähnlich, nur nicht so offensichtlich läßt Luther auch das zweite Schriftzitat — »Wer von der erden ist, der redet von der erdenn«[649] — dann in eine denkbar allgemeine[650], sprichwörtliche Erfahrung einmünden: »Bey dem gesang kennet man den fogel, denn er singet, wie yhm seyn schnabel gewachsen ist«[651].

Was derart sich aus Schrift und Erfahrung erhärtet sieht, faßt Luther abschließend noch einmal thetisch zusammen. Dieses Fazit knüpft zwar, wie gesagt, unmittelbar an die den Abschnitt eröffnende These an, weist aber zugleich auch eine geschickt komponierte Verzahnung mit dem letztgenannten Sprichwort auf. Daß man den Vogel an seinem Gesang erkenne, hat Luther nämlich mit der kurzen Erläuterung versehen: »gleych alß were das hertz weßenlich ym wort«[652]. Diese Ergänzung ist für das Verstehen des Sprichworts weder nötig noch nützlich. Sie hat ihre Funktion aber darin, dem resümierenden Schlußsatz eine aus der sprichwörtlichen Erfahrung destillierte Vorlage zu bieten, an die er sich fugenlos anschließen kann: »Alßo ists ynn gott auch, da ist seyn wortt yhm ßo ebengleych, das die gottheyt gantz drynnen ist, unnd wer das wortt hatt, der hatt die gantze gottheyt«[653].

Bereits in seiner frühen Prolog-Auslegung von 1514 hatte sich Luther ausführlich der Analogiefähigkeit des menschlichen Wortes gewidmet. Im Unterschied zur Wartburgpostille bezieht er die Entsprechung dort jedoch nicht auf das äußere, sondern aufs innere Wort[654]; die mündliche Rede ist dabei »im strengen Sinne gar nicht ›Wort‹, sondern nur dessen defizienter Modus«[655]. Diese frühe Zuordnung von internem und externem Wort wird an anderer Stelle zu würdigen sein (vgl. § 13.1.b). Für eine Profilierung des betreffenden Abschnitts aus der Postillen-Predigt mag jetzt weniger die frühe Antithese als vielmehr der Blick auf die Vertiefungen und Fortführungen der späteren Prolog-Predigten von Nutzen sein. Drei Gesichtspunkte sind, in gebotener Kürze, geltend zu machen.

In der ersten auf die Wartburgpostille folgenden Prolog-Auslegung hat Luther großes Gewicht darauf gelegt, die abbildende Funktion des Wortes zu erläutern[656]. Die menschliche Entsprechung — »verba quae loquor, sunt sigillum

---

[648] 188,2f. — Vgl. H. Bluhm, Martin Luther. Creative Translator, St. Louis 1965, 138—151; dort auch die Nachweise für Wander und Grimm.

[649] 188,1f.

[650] 188,3: Alßo gar bekennet alle wellt.

[651] 188,4f. — Vgl. Thiele / Brunner (s. Anm. 639), Nr. 121 (649,28) u. Nr. 167 (651,11).

[652] 188,6.

[653] 188,6—8.

[654] WA 1; 23,21—24,20.

[655] Bayer, Promissio (s. Anm. 302), 18; vgl. ebd. 17—31.

[656] WA 11; 225,25—226,7 (1523).

cordis mei«[657] — nimmt dabei großen Raum ein, übrigens wiederum unter Berufung auf Mt 12,34. Dazu verweist Luther jedoch auch auf das Gloria der weihnachtlichen Engel (Lk 2,14): Die Worte ihres Lobgesangs schenken uns Einblick in ihr Herz[658]. Aus der Erfahrung mit Menschen und Engeln konkludiert Luther: »Verbum est optimum signum, quo cordis intentio significatur«[659]. Erst dann weitet sich der Blick auf das Wort Gottes und damit auch auf die Grenzen jener Analogie[660].

Auf eine andere Entsprechung greift Luther in der Weihnachtspredigt von 1528 zurück. Das Wort von Joh 1 sei nicht von dem Wort her, das ich mit meinem Munde spreche, zu verstehen. Vielmehr müsse man an Gen 1 denken, um die Macht des Wortes Gottes zu erfassen. Dafür eignet sich das äußere menschliche Wort nun aber doch als Gleichnis: Das aus dem Mund hervorgehende Wort ist nur eines und erschallt doch in den Ohren vieler Menschen[661]; und zumal das Wort eines Fürsten hat, obschon an sich bloßer Schall, »eynen nachdrugk«[662]: »Princeps verbo omnes suos subditos convocare et ad sua iussa capescenda adigere potest«[663].

Eine interessante Variante der in der Wartburgpostille herangezogenen Entsprechung verzeichnet die — in ihrem Quellenwert allerdings sehr beschränkte — Edition einer Predigt von 1537 durch Johannes Aurifaber. Dort wird das Wort, das in Gott ist, mit dem Wort im Menschen zwar nicht verglichen[664], aber doch in Entsprechung gebracht. Auch der Mensch habe in sich ein Wort oder einen Gedanken: »Er redet on unterlas mit sich selber, ist voller wort und ratschlege, was er thun oder lassen wolle, on aufhören redet und disputirt er mit jm selber davon«[665]. Bei heftigen Gemütsbewegungen könne es dann geschehen, daß ihm ein Wort »unversehens mit dem munde heraus feret«[666]. Eben darin aber hat das äußere Wort seinen Wert: daß es mit dem Gedanken des Herzens übereinstimmt[667]. Aber auch hier entfaltet Luther die Analogie-

---

[657] Ebd. 225,27.

[658] Ebd. 225,32—35: Angeli heri audistis canunt ›Gloria‹ etc. Haec est imago angelorum, per hoc video cor angelorum, nempe tales esse creaturas, quae optent deum laudari, homines pace vivere.

[659] Ebd. 225,35—226,1.

[660] Ebd. 226,1—7. — Vgl. WA 36; 413,1—19 (1532).

[661] WA 27; 525,12—526,14.

[662] Ebd. 526,21.

[663] Ebd. 526,26 f. — Vgl. WA 46; 546,6—15 (1537).

[664] Z. B. ebd. 543,24 f: nicht meinem oder deinem wort gleich. — Ebd. 544,21—24: Darûmb ist diese Gleichnis von unserm wort genomen seer tunckel und finster, aber gleichwol gibt unser wort, wiewol es nicht mit jenem wort zuvergleichen ist, einen kleinen bericht, ja ursache, der sachen nachzudencken und deste leichter zu fassen.

[665] Ebd. 543,35—37.

[666] Ebd. 543,38 f.

[667] Ebd. 543,39—544,3; vgl. überhaupt 543,23—546,22.

fähigkeit des menschlichen Wortes nicht, ohne zugleich auf die engen Grenzen zu verweisen, die ihr gesteckt sind.

b) Die Differenz

Als zureichender Vergleichsgegenstand für das Wort Gottes kommt menschliches Wort nicht in Betracht. Den analogischen Gesichtspunkt hatte Luther darum erst im Anschluß an die Erläuterung der Fundamentalunterscheidung von Gottes Wort und Menschenwort ins Spiel gebracht. Aber die Entsprechung bleibt auch nicht letztes Wort, wird vielmehr durch den Aufweis der Differenz sogleich wieder relativiert: die Analogiefähigkeit des menschlichen Wortes ist begrenzt.

Luther beginnt abermals thetisch: »Es feylet hie diß gleychniß auch«[668], was wiederum mit der abschließenden Bekräftigung korrespondiert: Das »Wort gottis (ist) ubir alle wort on gleychen ynn allen creaturn«[669]. Die dazwischen erbrachte, dreigliedrige Begründung ist in ihren ersten beiden Teilen als Parallelismus gestaltet: »Das menschlich wort bringt nit . . . mit sich, ßondern nur . . .« — »Ynn gott bringt das wortt nit alleyn . . ., ßondern auch . . . mit sich«[670]. Die beiderseits zweigliedrigen Bestimmungen dessen, was das Wort

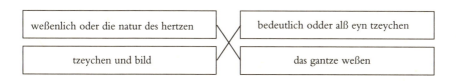

Abbildung 1

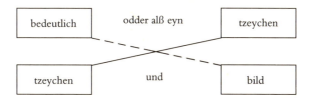

Abbildung 2

---

[668] 188,8 f.
[69] 188,16 f.
[670] 188,9–14.

jeweils mit sich bringt, sind dagegen in einer etwas komplizierten chiastischen Struktur miteinander verflochten. Denn einmal verschränken sich die Gliedpaare »nit weßenlich oder die natur des hertzen …, ßondernn nur bedeutlich, odder alß eyn tzyechen« sowie »nit alleyn das tzeychen und bild, ßondern auch das gantz weßen« ineinander (Abb. 1). Zum andern sind aber die respondierenden Teile »bedeutlich, odder alß eyn tzeychen« und »tzeychen und bild« noch einmal chiastisch verschlungen (Abb. 2). Daß diese sich aus antithetischem Parallelismus und chiastischer Verschränkung eigentümlich zusammensetzende Formstruktur zugleich als Denkstruktur verstanden sein will, dürfte schwerlich zu bestreiten sein.

Beide Perioden hat Luther mit einem Zusatz versehen. Im Falle des menschlichen Wortes ist es das an den Rekurs auf Hebr 1,3[671] erinnernde Beispiel eines hölzernen oder goldenen Bildnisses, welches, so wenig wie das Wort, das Bezeichnete selbst mit sich bringt[672]. Das Wort Gottes betreffend, kann es indes kein Beispiel geben. Luther fügt darum dem zweiten Satz nur die Erläuterung an, in diesem Fall sei das Wort »ebenßo voller gott, alß der, des bild oder wort es ist«[673].

Eine argumentatio per negationem oppositionis ergänzt die beiden Perioden. Die menschlichen Worte würden sich als Gleichnis uneingeschränkt eignen, wenn sie »eyttel hertz weren« oder umgekehrt das Wort des Herzens ganz ins äußere Wort eingehen könnte: »Aber das mag nit seyn«[674]. In genauer Entsprechung zum Aufbau des vorigen Abschnitts geht daraus die Schlußthese fugenlos hervor. Sie resümiert freilich wiederum zugleich auch den gesamten Abschnitt, ja sogar, genau besehen, den ganzen zweiten Teil der Vorrede auf den Johannes-Prolog: »Ditz wort gottis (ist) ubir alle wort on gleychen ynn allen creaturn«[675]. –

Der genannten, von Aurifaber edierten Prolog-Predigt zufolge hat Luther die negatio oppositionis 1537 auf anschauliche Weise entfaltet. Kein Mensch, heißt es da, kann die Gedanken seines Herzens ganz aussprechen: »Kŏndten wir einer dem andern in Hertz sehen, ich dir, du mir, so wŭrden wir entweder fŭr Liebe einer dem andern das Hertz im Leibe, wens mŭglich were, mitteilen oder fŭr zorn einer den andern fressen und wŭrgen, wie man saget«[676]. Bewegt sich diese Erläuterung aber noch ganz in dem mit der Postillenpredigt von 1522 abgesteckten Rahmen, so geht ein anderer von Aurifaber tradierter Gesichtspunkt doch eindeutig darüber hinaus. Denn in der Predigt von 1537 führt Luther die Fundamentalunterscheidung von Gottes Wort und Men-

---

[671] 186,16–187,5.
[672] 188,10f.
[673] 188,13f.
[674] 188,14–16.
[675] 188,16f.
[676] WA 46; 545,36–546,2.

schenwort unmittelbar auf die von Schöpfer und Geschöpf zurück: »Was ...
wir sind, das haben wir von jme, und nicht von uns, er aber, Gott, hat alles
von jme selber«[677]. Daß menschliches Wort in bezug auf das Wort Gottes
überhaupt als analogiefähig in Betracht kommt, ist mithin Ausdruck seiner
Geschöpflichkeit. Die Entsprechung von Gottes Wort und Menschenwort
steht bei Luther darum niemals in der Gefahr, sich als absolut mißzuverstehen.
Denn jeder analogische Gesichtspunkt führt notwendigerweise zugleich eine
viel größere Differenz mit sich, der er sich verdankt und von der her er darum
überhaupt erst zu denken ist. Die Entsprechungen, die Luther zwischen Geschöpf und Schöpfer notiert, haben in der zwischen ihnen theologisch geltend
zu machenden Fundamentaluntescheidung ihren Ermöglichungsgrund.

3. Das Wort im Herzen und das Evangelium

Damit ist der materiale Teil der Vorrede auf den Johannes-Prolog an sein Ende
gelangt. Eine knappe Erläuterung des weiteren Vorgehens schließt Luther
noch an[678]. Diese besteht im wesentlichen darin, die in der exegetischen Tradition an dieser Stelle mit Vorliebe angestellte Erörterung des »ynnwendigen
wortt(es) des hertzen ym menschen« als unsachgemäß zurückzustellen
(188,18−23). Es wäre mehr als vermessen, nun etwa die Geschichte dieser
Lehre vom verbum internum rekonstruieren zu wollen. Eher könnte man versucht sein, sich der Luther'schen Entledigung anzuschließen und mit ihm, die
Frage nach dem inneren Wort sistierend, sogleich zur Einzelversauslegung
voranzuschreiten. Zwei kurze Hinweise seien dennoch gegeben.
Augustin hat seine Sicht des verbum internum vor allem in De trinitate entwickelt. Das innere Wort des Menschen interessiert ihn dabei weniger hinsichtlich der Möglichkeit seiner Verlautbarung als wegen seiner Analogiefähigkeit für das verbum divinum. Im XV. Buch führt Augustin eine dreifache
trinitarische Analogie an. Zunächst: Daß das wahre innere Wort alles aus der
notitia hat, entspricht der Substanzgleichheit des Sohnes mit dem Vater[679].
Ferner: Durch das göttliche Wort ist alles gemacht (Joh 1,3), und auch den
menschlichen Taten geht immer ein im Inneren gesprochenes Wort voran[680].
Schließlich: Gleichwie unser inneres Wort unabhängig davon besteht, ob ihm
ein äußeres Werk folgt oder nicht, während umgekehrt ein solches Werk nie
ohne vorheriges verbum internum geschehen kann, so besteht zwar das Wort

---

[677] Ebd. 544,19f; vgl. ebd. 544,11−20.
[678] 188,18−23.
[679] XV.11.20, CChr.SL 50,488 (= PL 42,1072). − Augustin spricht freilich nie von
»verbum internum«, sondern von »verbum cordis«, »verbum intimum«, »verbum inte-
rior« etc. (vgl. dazu die Zusammenstellung hat SCHINDLER [s. Anm. 286] 250f).
[680] Ebd., CChr.SL 50,489 (= PL 42,1073).

Gottes im Anfang vor aller Kreatur, jedoch kein Geschöpf ohne jenes ursprüngliche Wort[681]. Aber auch in seiner Erklärung des Johannes-Prologs
kommt Augustin sogleich auf diese Frage zu sprechen. Das als Gedanke des
Herzens verstandene innere Wort erläutert er zunächst in anschaulicher Ausführlichkeit[682], um es dann analogisch auf das innertrinitarische verbum zu beziehen. Das innere Wort des Menschen sei wie ein im Geist geborener Entschluß. Der Entschluß, dieses Erzeugnis des Geistes, dieser Sohn des Herzens,
sei die notwendige Bedingung der Möglichkeit, ein äußeres Werk zu beginnen
und zu vollenden[683]. Eben darin aber entspricht das innere Wort des Menschen
dem Wort und Sohn Gottes, Jesus Christus: Das Werk des Weltgebäudes verweist zurück auf jenes Wort, durch das als durch Gottes schöpferischen Plan
schlechthin alles, was ist, geworden ist[684].
     Zur Frage des inneren Wortes hat sich auch Thomas verschiedentlich geäu-
ßert: so etwa in den Quaestiones Disputatae de Veritate[685], in der Summa
Theologiae[686], aber auch in seiner Erklärung des Johannes-Prologs. Gleich einleitend erörtert er dort, »quod sit hoc quod dicitur Verbum«[687]. Daß die Worte
im Innern der Seele einen höheren Rang bekleiden als die äußeren Worte, deren Ursache sie sind, ist schon erwähnt worden[688]. Im eigentlichen Sinne, lehrt
Thomas weiter, bezeichne ›verbum interius‹ dasjenige, was der Denkende im
Akt des Denkens bildet[689]. Das in der Seele Gebildete wird inneres Wort genannt: Es ist nicht Instrument, sondern Medium des Denkens. Damit, resümiert Thomas, haben wir die Bedeutung des Namens ›Wort‹ erfaßt[690]. Da nun
aber in *allen* geistigen Wesen, neben den Menschen also auch in den Engeln
und in Gott, das verbum interius vorauszusetzen ist, wendet sich Thomas der
Differenzbestimmung von menschlichem Wort und dem nach Joh 1 verstandenen Wort Gottes zu (vgl. §6.1.a). Die sich anschließende Explikation des
verbum dei internum, welches stets personhaft und als mit dem Vater wesens-

---

[681] Ebd. – DUCHROW (s. Anm. 156), 137–144. – Vgl. ferner SCHINDLER (s. Anm. 286),
97–104.217–222. – W. ECKERMANN, Wort und Wirklichkeit. Das Sprachverständnis in
der Theologie Gregors von Rimini und sein Weiterwirken in der Augustinerschule.
(Cass. 33), 1977, 106–108.
[682] I.8, CChr.SL 36,4f (= PL 35,1383).
[683] I.9, CChr.SL 36,5f (= PL 35,1483f).
[684] Ebd. – Vgl. I.10, CChr.SL 36,6 (= PL 35,1384).
[685] Quaestio IV, Editio Marietti, Turin/Rom 1964, 75–88. – Vgl. dazu L. SEPPÄNEN,
Das innere und äußere Wort Luthers (ZG 5, 1984, 133–143, bes. 135–138).
[686] V. a. I q. 27 a. 1; q. 28 a. 4; q. 34 a. 1–3; q. 107 a. 1. – Die von KÖHLER zur Stelle gegebenen Hinweise auf Thomas (WA 10,1,1; 188 Anm. 4) sind ganz unzureichend.
[687] S. Anm. 582.
[688] S. Anm. 583.
[689] I.1.25, Editio Marietti S. 7f.
[690] Ebd., S. 8.

und artgleich zu denken sei, macht die Grenzen der Analogiefähigkeit des verbum hominis internum vollends deutlich[691].

Die Erörterung des »ynnwendigen wortt(es) des hertzen ym menschen«[692]
hat dann namentlich auch die Deutsche Mystik bewegt[693]. Und noch der frühe
Luther kommt immer wieder einmal darauf zurück[694]. Entscheidend ist nun
aber, daß sich Luthers Interesse 1522 offenbar ganz von der herkömmlichen
Traktation des inneren Wortes gelöst hat. In strenger Antithetik setzt er diesen
›scharfen Disputationen‹[695] das Evangelium entgegen: Trotz aller menschlichen Mühen ist das innere Wort »ßo tieff und finster bißher blieben, wirt auch
wol bleyben«[696], während das Evangelium »nu von yhm selb klar und offen
ist«[697]. Ihm will sich Luther nun zuwenden, das nutzlose Disputieren über das
verbum internum hingegen fahren lassen[698]. In aller Beiläufigkeit hat Luther
damit eine prinzipielle Entscheidung erinnert, die eine wesentliche Differenz
zwischen der frühen und der spätestens seit Ende der 10er Jahre sich abzeichnenden reifen Gestalt seiner Theologie benennt[699] und die zugleich zu einem
Angelpunkt seines reformatorischen Wort- und Sprachverständnisses geworden ist (vgl. § 13).

---

[691] I.1.29, S. 9. − Vgl. dazu H.-G. GADAMER, Wahrheit und Methode. Grundzüge einer
philosophischen Hermeneutik, 1975[4], 395−404. − Zur Kritik vgl. DUCHROW (s.
Anm. 156), 144−148.

[692] 188,18f.

[693] Z. B. Johannes Tauler, Predigten, hg. v. F. VETTER (DTMA 9), 1910, 7−12 (Weih-
nachtspr.); 190−194 (Mk 7,31 f).

[694] Neben der Prologpredigt von 1514 ist dafür v. a. auf die erste Psalmenvorlesung
(1513/15) zu verweisen. − Vgl. ZUR MÜHLEN, Nos extra nos (s. Anm. 625), 66−90, bes.
80−90.

[695] 188,18−20: Sie haben wol scharff disputirt von dem ynnwendigen wortt des hertzen
ym menschen, wilchs da ynnen bleybt, daher der mensch nach gottis bilde geschaffen ist.

[696] 188,20f.

[697] 188,22f.

[698] 188,19f.

[699] Vgl. dazu insgesamt BAYER, Promissio (s. Anm. 302).

§ 7: Das Sprechen des Menschen

Was Luther in seiner Vorrede auf den Johannes-Prolog zum Sprechen des Menschen bemerkt hat, entsprang nicht etwa einem selbständigen Sachinteresse, sondern diente dem Zweck, das Wort, das im Anfang war, in größerer Tiefenschärfe aufleuchten zu lassen. Diesem Strukturprinzip entspricht indes fast jede der über das ganze Oeuvre verstreuten, zahlreichen Äußerungen zur Sprache des Menschen: Stets sind sie in einen konkreten theologischen Kontext eingebettet, um dessentwillen sie vor allem interessieren. Das würde eine monographische Behandlung des in Rede stehenden Aspekts methodisch erschweren und auch hinsichtlich des sachlichen Ertrags als wenig aussichtsreich erscheinen lassen. Dagegen mag der Versuch angängig sein, den sachlichen Zusammenhang dessen, was die Vorrede bezüglich des menschlichen Sprechens anklingen ließ, sichtbar zu machen. Es wäre schon viel, wenn es gelänge, das Thema sinnvoll zu strukturieren. Erschöpfen läßt es sich ohnehin nicht.

Will man Luthers Einschätzung des menschlichen Sprechens[700] auch nur in Umrissen kenntlich machen, so ist dafür ein Gesichtspunkt von ausschlagge-

---

[700] In der Lutherforschung wird dieses Thema allenthalben berührt. Erwähnt werden nur solche Arbeiten, die über das Niveau einer mehr oder minder geistvollen, paraphrasierenden Collage der bekanntesten Äußerungen Luthers hinausreichen:

K.-O. APEL, Die Idee der Sprache in der Tradition des Humanismus von Dante bis Vico (ABG 8), 1975. – ARNDT (s. Anm. 302) (Ob die Rede von »Krammatikern« und »freien Günsten« [aaO. 251] auf die sächsische Herkunft des Verfassers oder auf ein Versehen des Setzers zurückgeht, sei dahingestellt). – BAYER (s. Anm. 302). – BRINKMANN (s. Anm. 302). – EBELING, Lutherstudien I–III, Tübingen 1971 ff. – ECKERMANN (s. Anm. 681). – GERBER (s. Anm. 302). – HÄGGLUND (s. Anm. 633). – P. HANKAMER, Die Sprache. Ihr Begriff und ihre Deutung im sechzehnten und siebzehnten Jahrhundert, 1927, ND 1965, 1–81. – JOEST (s. Anm. 370). – W. LENK, Martin Luther und die Macht des Wortes (in: J. SCHILDT [Hg.], Luthers Sprachschaffen, Bd. 1, 1984, 134–153). – MEINHOLD (s. Anm. 300). – L. MEYER, Luthers Stellung zur Sprache, Diss. Hamburg 1930. – W. MOSTERT, Luthers Verhältnis zur theologischen und philosophischen Überlieferung (in: H. JUNGHANS [Hg.], Leben und Werk Martin Luthers von 1526 bis 1546, 1983, 347–368). – R. SAARINEN, Metapher und biblische Redefiguren als Elemente der Sprachphilosophie Luthers (NZSTh 30, 1988, 18–39). – SCHWARZ (s. Anm. 593). – SEPPÄNEN (s. Anm. 685). – G. WHITE, Luther's Views on Language (Literature & Theology 3, 1989, 188–218). – ZUCKER (s. Anm. 302).

Vgl. ferner E. ARNDT, Luthers deutsches Sprachschaffen, 1962. – DERS. / G. BRANDT,

bender Relevanz. Im Unterschied zur Scholastik hat Luther niemals eine − sozusagen − neutrale Anthropologie entworfen[701], die dann einer theologischen Soteriologie als Deutungsrahmen dienen könnte[702]. Vielmehr ist Luthers Anthropologie immer schon soteriologisch qualifiziert. Es ist darum das Sprechen Gottes, von dem her Luther sein Sprachverständnis entworfen hat[703]. Erst auf dem Hintergrund des Wortes Gottes kommt in der Figur einer Fundamentalunterscheidung (1) dann auch das menschliche Wort in den Blick (2)[704]. Luthers Äußerungen zum Wesen der Sprache schließlich (3) setzen stets − auch dort, wo sie in selbständiger Gestalt auftreten − diese hermeneutische Grundentscheidung voraus.

1. Menschenwort und Gotteswort

a) Die Fundamentalunterscheidung

In seiner Erklärung des 2. Psalms von 1532 bemerkt Luther zu der Wendung »loquetur ad eos« von V. 5: »Cum scriptura dicit loqui Deum, intelligit verbum reale, seu actionem, non sonum tantum, qualis noster est«[705]. Das ist eine der komprimiertesten Äußerungen unter den ungezählten, die es gibt, in denen Luther die Kraft des Wortes Gottes dadurch zu profilieren sucht, daß er sie zu menschlichen Worten in Opposition setzt. Wenn Luthers Interesse dabei

---

Luther und die deutsche Sprache, 1983. − H. ENDERMANN, Anmerkungen zu Luthers Sprachauffassung (in: J. SCHILDT [Hg.], Luthers Sprachschaffen, Bd. 1, 1984, 281−294). − DERS., Zu Martin Luthers Ansichten über die Sprache (WZ[J]GS 33, 1984, 305−313). − DE NEGRI (s. Anm. 577). − WEIMAR (s. Anm. 577).

[701] Welche Fülle an sprachtheoretischen Problemen Luther stillschweigend auf sich beruhen läßt, kann ein Blick auf seinen Erfurter Lehrer Usingen vor Augen führen; vgl. die Zusammenfassung bei ECKERMANN (s. Anm. 681), 303−315.

[702] EBELING, Lutherstudien I (s. Anm. 8), 284. − Vgl. MOSTERT (s. Anm. 700), 361−363.

[703] BAYER (s. Anm. 302), 37: »Gottes Zusage ist die Quelle von Luthers neuem Sprach- und Weltverständnis.«

[704] EBELING, Lutherstudien II/2 (s. Anm. 29), 278−284, bes. 283. − Entsprechend äußern sich: ENDERMANN, Zu Martin Luthers Ansichten über die Sprache (s. Anm. 700), 305. − GERBER (s. Anm. 302), 227. − HÄGGLUND (s. Anm. 700), 6f. − HANKAMER (s. Anm. 700), 41. − LENK (s. Anm. 700), 135f.

L. MEYER (s. Anm. 700) scheint zwar einerseits diese Auffassung zu teilen (aaO. 32f: »Aus der Sprache eines einzigen Werkes, der Bibel, wird ein ganz eigenartiger und persönlicher, religiöser Sprachbegriff abgeleitet«). Andererseits konstatiert er jedoch: »Daneben besteht im Bewußtsein Luthers eine andere Auffassung der Sprache« (aaO.). Meyer untersucht diese unter dem Titel »Luthers Stellung zur Sprache überhaupt« (aaO. 34−61), ohne die Frage nach dem Verhältnis beider Größen auch nur zu stellen.

[705] WA 40,2; 230,21f. − Vgl. den Fortgang (ebd. 230,22−25): Non enim os, non linguam habet Deus, est enim Spiritus. Igitur os et lingua Dei vocatur: ›Ipse dixit et facta sunt‹, et cum loquitur, tremunt montes, dissipantur regna, totus denique commovetur orbis. Hic est alius sermo, quam noster.

auch selbstredend auf das Wort Gottes zielt, so ist der Blick auf dessen Gegenteil für unsere Frage doch nicht minder interessant. Offenbar spielt die vom Wort Gottes her zu konstatierende Defizienz eine für das Verstehen des menschlichen Wortes nicht unerhebliche Rolle. Für Luther ist allein Gottes Wort ein wirkliches Wort — nämlich eine Tat (vgl. § 5.3). Die Worte der Menschen hingegen bleiben bloße Worte[706]; sie sind »eyttel sprew und stro«[707].

Diese Differenz wird näherhin so entfaltet, daß das Wort Gottes immer auch wirkt, was es sagt, das menschliche Wort aber nicht[708]. So ist etwa Gottes Barmherzigkeit darum nicht fiktiv, sondern wirklich, weil er an uns durch Taten handelt anstatt durch bloße Worte[709]. Diese »vis efficiendi«[710] ist die spezifische Differenz zu unserem menschlichen Wort: Gott redet nicht »uff die faßnacht«[711], er spricht keine »tabernen wortt«[712], vielmehr »veras et subsistentes res«, der Mensch hingegen nur nackte, grammatische Vokabeln[713]. Wenn

---

[706] Vgl. WA 47; 120,31−33 (1538). − WAB 1; 160,17−21 (1518). − Die in diesem Paragraphen gebotenen Nachweise verstehen sich jeweils als Beispiele für einen Zusammenhang, den sie repräsentieren, aber nicht erschöpfen können. − Die Äußerung E. ARNDTS ([s. Anm. 302], 257), Luther habe das schöpferische Element der Sprache verabsolutiert, geht insofern an der Sache vorbei, als er die an dieser Stelle unerläßliche Fundamentalunterscheidung ganz außer Acht läßt.

[707] WA 8; 523,29 (1521). − WA 46; 519,11 f (1538): Verbum dei non est stoppel und stro ut humana doctrina. − Eine sich aus Luther nährende, systematisch-theologische Interpretation dieser Frage findet sich bei G. EBELING, Wort und Glaube, Bd. 1, 1960, 340−348; vgl. auch DERS., Wort und Glaube, Bd. 2, 1968, 396−432. − Zur biblischen Gestalt der Frage vgl. R. HERMANN, Gotteswort und Menschenwort in der Bibel. Eine Untersuchung zu theologischen Grundfragen der Hermeneutik, 1956.

[708] WA 14; 302,15−18 (1523) (zu Gen 22,18): Iste locus servandus in suo ordine, schlechte wort sind das, sed dominus aliter loquitur quam homines: si unum verbum loquitur, oportet fiat, quod homines non faciunt, deus loquitur, obs ers fast und hat. − WA 31,2; 374,24 f (1527/30): Dicit: ego loquor et facio. Vos loquimini, sed non adducitis. Ego loquor et adduco. Ich redes und thues.

[709] WA 5; 476,31−34 (1519/21): Deus enim non fictos, sed veros peccatores salvat, quia non ficta, sed vera est eius misericordia, non agit nobiscum verbis, sed rebus.

[710] WA 20; 46,18−21 (1526/32): Deus quidem potest efficere sua sapientia quae vult, sed homo non efficit. Habet enim Deus non solum sapientiam sed etiam vim efficiendi, ut ea, quae dictavit, succedant, hoc homo non potest. − WA 25; 265,25−33 (1527/30).

[711] WA 14; 126,18 f (1523) (zu Gen 2,21): Die wort sein nitt menschen wort, unßer herre Gott redt nicht uff der faßnachht.

[712] WA 10,2; 142,6 (1522).

[713] WA 42; 17,15−23 (1535): Sed monendum hic etiam illud est: Illa verba ›Fiat lux‹ Dei, non Mosi verba esse, hoc est, esse res. Deus enim vocat ea, quae non sunt, ut sint, et loquitur non grammatica vocabula, sed veras et subsistentes res, Ut quod apud nos vox sonat, id apud Deum res est. Sic Sol, Luna, Coelum, terra, Petrus, Paulus, Ego, tu etc. sumus vocabula Dei, Imo una syllaba vel litera comparatione totius creaturae. Nos etiam loquimur, sed tantum grammatice, hoc est, iam creatis rebus tribuimus appellationes. Sed Grammatica divina est alia, nempe ut, cum dicit: Sol splende, statim adsit sol et splendeat. Sic verba Dei res sunt, non nuda vocabula. − WAB 4; 199,13 f (1527) (Nr. 1101): Hactenus putabam haec (sc. Joh 13,31) tantum esse verba, sed nunc video rem esse, et vere Diabo-

wir Menschen etwas anweisen, so muß man alle Mühe daran wenden, daß es auch geschehe, und doch hat man es nicht in der Hand[714]. In der von Luther unzählig oft gebrauchten Wendung »leicht gesagt, schwer getan«[715] hat sich die Einsicht in diese Defizienz sprichwörtlich verdichtet. Sie ist denn auch kein bloßes anthropologisches Konstrukt, sondern beschreibt eine reale, oft schmerzliche Erfahrung[716]. Aber eben so hat sie für Luther den Charakter einer conditio humana, und er kann darum, wenn ihm die Arbeit über den Kopf zu wachsen droht, auch geradezu entschuldigend auf sie verweisen[717].

Die damit angedeutete Fundamentalunterscheidung[718] begegnet bei Luther in vielfältiger Gestalt. Besonders wichtig ist ihm der Gesichtspunkt, daß Gottes Wort ewig gilt, während der Menschen Worte nur eine Zeitlang in Geltung stehen und dann vergehen: »verba viva et praesentia« auf der einen, »verba mortua et praeterita« auf der anderen Seite[719]. Gelegentlich kann sich die An-

---

lum in mundo regnare. – Interessant ist an der eben aus der Genesis-Vorlesung zitierten Stelle auch die Differenzbestimmung, wonach Gott schafft, was er nennt, wir dagegen nur bereits Erschaffenes bezeichnen können. – Vgl. WA 14; 306,29 (1523). – WA 49; 371,21–29 (1544).

[714] WA 37; 190,13–17 (1533): Est enim verbum dei aliud quam hominum, Wenn ein mensch etwas redet oder befilhet, das mus rennen und lauffen, reiten und reisen, und ist dennoch, das mans ausrichte. Sed verbum dei confestim efficit omnia, remissionem peccatorum, vitam. Es kostet nicht mehr, denn das du es gleubest. – WA 32; 317,16 f (1532): Was er (sc. Gott) sagt, das sol und mus geschehen, was wir sagen, das geschicht wenn es kan, odder bleibt wol gar nach.

[715] Z. B. WA 1; 124,9 (1517). – WA 10,3; 58,9 (1522). – WA 40,3; 186,5 (1532/33).

[716] WA 36; 420,6 f (1532): Ich fûle, das facere et dicere discreta sint, der nachtruck ... non sequitur. – Ebd. 420,20–23: Ich wolt wol gerne Christen sein und hôre das Euangelium und Gottes wort wol, aber es wil leider nicht so hernach gehen, und fûle, das die zwey, Reden und thun, Wort und leben, noch weit von einander sind.

[717] WAB 4; 57,11–13 (1526): Die Psalmen sind noch nicht fertig, denn ich habe ja zu viel zu tun. Es ist nicht Reden und Tun ein Ding.

[718] Ein entscheidender, hier aber nicht auszuführender Hinweis sei wenigstens genannt: Selbstredend ist in der Unterscheidung von Gottes Wort und Menschenwort das Erstere immer im Sinne des verbum promissionis gemeint. Nun darf freilich nicht übersehen werden, daß diese Unterscheidung zwischen Gottes Wort und Menschenwort der im Wort Gottes selbst geltend zu machende Unterscheidung von Gesetz und Evangelium entspricht: Denn wie vom Menschenwort, so gilt auch vom Gesetzeswort: »dicit et non fit« (WAB 7; 50,15–19 [1534]) (vgl. z. B. schon WA 4; 9,28 f [1513/15]: Lex est verbum Mosi ad nos, Euangelium autem verbum dei in nos). Diese Entsprechung bedürfte einer eindringenden, zugleich auch die Konsequenzen für die Lehre vom Wort Gottes wie für die Lehre vom Gesetz bei Luther bedenkenden Untersuchung, die in der dafür notwendigen Gründlichkeit hier nicht zu leisten ist. Der Hinweis auf den sachlichen Knotenpunkt muß darum genügen.

[719] WA 31,1; 558, zu 34 (1530/32). – WA 4; 57,32–58,5 (1513/15): ›Mane floreat et transeat‹: finita est gloria et decidit flos foeni. Et non solum transierunt, sed et nihil reliquerunt sui post se. Sicut sermo post finem sui nihil est in se, licet aliis, auditoribus scilicet, profuerit: sic Iudei sibi noxii gentibus profuerunt, dum verba legis transitorie habent, gentes autem vivum sensum et spiritum in illis, qui manet ineternum. Nam ut supra in quo-

tithese zur drastischen Verunglimpfung des menschlichen Redens steigern: »Menschen lehr ist eitel unflat, tod und teuffel«[720]. Gerade darin wird aber deutlich, daß Luther die Unterscheidung von Gottes Wort und Menschenwort nicht als neutrale Deskription eines objektiven Sachverhalts versteht, sondern durchgängig soteriologisch pointiert: Es ist ihm um ein Wort zu tun, »daran wir hangen und uns halten« können[721]. Die Frage, welches Wort ein verzagtes Herz zu trösten und einen in Trübsal erdrückten Geist wieder zu erwecken vermag[722], wird zum ausschlaggebenden Kriterium seiner auf das Wort bezogenen Fundamentalunterscheidung. Ein Wort, das Herz und Gewissen getrost machen kann, schenkt damit eine eschatologisch qualifizierte Erfahrung. Menschliches Wort indes »kan den stich nicht halten«; verläßt sich einer darauf, »so gehet ehr dohin«. »Den eines sterblichen Menschen wortt ist auch sterblich ... Gottes wortt bleibet ewig, aber menschen wortt gehet undter, man kan nicht drauff bauen, und wen man sterben sol, so hat man von menschlichen wortt, Regeln, wercken und lehre keinen trost noch behelff«[723].

Was die Unterscheidung von Wort Gottes und Menschenwort akut werden läßt, ist also die Sorge um das, was die Gewissen letztlich gewiß macht[724]. Das Wort eines Menschen kann nur ein furchtsames, unruhiges Gewissen machen[725]. Gottes Wort hingegen ist das »remedium salutis«, welches das Herz des Menschen reinigt und tröstet[726]. Zwischen Gotteswort und Menschenwort

---

dam loco dixi: Sicut rest significata transit: ita et verba eam significantia transire dicuntur. Verbum autem Christi non transit ineternum: quia rem significat non transeundem ineternum. – Vgl. WA 1; 545,19–26 (1518). – WA 4; 230,8–18 (1513/15). – WA 22; 310,35–311,4 (1536). – WA 25; 430,18 (1527). – WA 41; 571,14–19 (1536). – WA 48; 92,7 f (1547). – WA 48; 115,4–6 (1547). – WA 53; 368,24–369,10 (1542). – WAB 10; 492,124–134 (1543?).

[720] WA 48; 67,8 f; vgl. ebd. 67,1–10 (1547). – WA 7; 341,23–28 (1521).

[721] WA 48; 67,7 (1547).

[722] WA 31,1; 53,3–14 (1530). – WA 31,1; 108,26–31 (1530). – WA 43; 184,6 f (1535/45): Haec autem vis est verbi Dei, ut animos sic mortuos restituat vitae: verbum hominum hoc non potest. – Vgl. dazu auch den oft zitierten, aber kaum oft genug zu bedenkenden Satz (WAT 5; 290,14 f; Nr. 5644; o. J.): Non enim ex frequentia auditorum, sed ex approbatione afflictorum doctor ecclesiae iudicandus est.

[723] WA 33; 356,9 f.19–24.29 f (1531).

[724] WAB 6; 562,14–18 (1533): Omnino agendum est, ut Conscientiae sint in omnibus rebus certae et securae. Uno enim dubio relicto cetera omnia non firmari possunt. Quare ad liquidum est separandum verbum Dei a verbum hominum. Nam dies domini declarat, quid lignum, stipula, fenum, item quid aurum, argentum, gemmae sint. (1 Kor 3,12 f) – WA 10,3; 172,19–24 (1522). – Eine bündige Übersicht über »Das Gewissen in Luthers Verständnis« hat kürzlich G. EBELING gegeben: Lutherstudien III (s. Anm. 8), 108–125; seine Anm. 1 u. 11 bieten Hinweise zur Literatur.

[725] AWA 2; 643,18–20 (1519/21): Neque enim aliud potest verbum hominis quam scrupulosam, pavidam, inquietam, erroneam, deinde inutilem, vastam et sterilem conscientiam facere.

[726] WA 5; 379,15–20 (1519/21): Igitur remedium salutis adversus vastatores inopum et

unterscheiden zu können, ist für Luther darum von eschatologischer Relevanz[727]. Immer wieder schärft er ein: »Aliud verbum dei, aliud hominum«[728]. Selbst die größten Gelehrten scheitern freilich an dieser so einfachen Aufgabe[729]. Darum soll man mit der Arbeit daran immer auch die Bitte an Gott einhergehen lassen, daß *er* »unterscheid halte inter verbum suum et humanum«[730].

Nun ist das Wort Gottes in dieser Welt der latenten Gefahr ausgesetzt, in bloßes Menschenwort verkehrt und also verachtet zu werden[731]. Das hat zur Folge, daß man seiner müde wird und es weder hören noch behalten will[732], weil man glaubt, von ihm — als vermeintlichem Menschenwort — ja doch keine realen Folgen erhoffen zu können[733]. Eben damit aber, meint Luther, ist auch das größte Unglück angebrochen, das sich denken läßt. Denn wer das Wort Gottes, dies remedium salutis, für menschliches Wort hält und so in seinem eigentlichen Wesen verkennt, begibt sich jeder Heilsmöglichkeit. Handelt doch Gott nicht anders an uns denn durch sein Wort[734]. Wo dieses Wort verachtet wird, »da ists aus«[735].

Darum hängt für Luther alles davon ab, daß man das Göttliche nicht nach menschlichem Maß bemißt[736]. In der Auseinandersetzung mit Erasmus wird das für ihn zu einem entscheidenden Gesichtspunkt. Daß ein freier Wille, wie Luther, Erasmus referierend, ausführt, dem Menschen innewohne, sei dem

---

consumptores sanctorum in terra Est verbum dei contra verbum hominum suscitatum. Quod cum sit purissimum (sicut argentum defecatum, probatum et septies purificatum), purificat consolidatque ac probat cor hominis faciens sibi simile, ut nihil sapiat eorum, quae sua sunt et super terram, sed quae dei sunt et in coelis. — Vgl. ebd. 378,28−34.

[727] WA 49; 223,8−22 (o. J.). — Vgl. EBELING, Das rechte Unterscheiden (s. Anm. 13).

[728] Ebd. 223,22.

[729] WA 44; 778,34−36 (1545): Parisienses vero et Lovanienses asinos conculcabimus, quos tradidit Deus in reprobum sensum, ut nesciant differentiam verbi Dei et hominis. An non horribilis poena est, adeo stupidos et insensatos esse, ut haec ignorent?

[730] WA 49; 224,20 (1541).

[731] WA 16; 617,34 (1526): Mundus est contemptor verbi. — WA 48; 58,3 f (1524): Mundus facile credit verbum esse verbum, id est aliquem sermonem hominis, sed verbum Dei esse, id vero non credit. — Vgl. WA 1; 568,31 (1518). — WA 22; 48,30−35 (1528). — WA 54; 162,11 (1544).

[732] WA 48; 123,13 (1547).

[733] WA 16; 106,33−37 (1524). — Stattdessen, predigt Luther 1525, will das Wort »tractari et audiri trementi animo et honore accipi et timore: alias statim sequetur ein stoltzer mut et abusus verbi« (WA 17,1; 350,15 f).

[734] Freilich: »Es ist eyn thewres wort, werden wyrs verschlaffen und wôllen drob schnarchen und nicht wacker seyn, so last uns auch nicht zornen, wenn er uns eyns über die kôpff schlecht und falsche propheten zuschickt, gedenckt, das wyr es redlich verdienet haben« (WA 17,1; 359,19−23 [1525]; vgl. ebd. 359,2−5.14−23).

[735] WA 48; 124,9 (1547); vgl. ebd. 124,3−11. — WA 8; 144,28 (1521). — WA 36; 343,29−344,12 (1532). — WA 45; 716,15 (1537/38). — Vgl. ARNDT (s. Anm. 302), 256.

[736] WA 20; 91,10−13 (1526/32).

allgemeinen usus loquendi zu entnehmen, demgemäß man oft sage: »Wenn du willst, wenn du tust, wenn du hörst«. Mit dieser Argumentationsfigur, kontert Luther, habe sich Erasmus jedoch verraten, denn wer die göttlichen Sachen und Worte nach deren menschlichem Gebrauch bemesse, der offenbare, daß er von Gott nur menschlich denke[737]. Dem Wort Gottes kann aber in angemessener Weise nur so entsprochen werden, daß man, anstatt es dem menschlichen »forschen und klügeln« auszusetzen, in ihm den Grund und das Maß alles Menschlichen erkennt[738]. Gottes Worte sind, wie Luther in seiner »Assertio« von 1520 in ironischer Anspielung auf aristotelisches Bildungsgut zuspitzt, die »prima principia« der Christen[739].

Am Wort Gottes hat sich alles, was Menschen sagen, messen zu lassen[740]. Daß dies in rechter Weise geschehe, soll denn auch die vornehmste Sorge eines

---

[737] WA 18; 673,13−18 (1525): Si interrogem, unde probetur significari vel sequi voluntatem inesse liberam, quotidies dicitur: Si volueris, Si feceris, Si audieris? Dicet: quia sic videtur natura verborum et usus loquendi exigere inter homines. Ergo divinas res et metitur ex usu et rebus hominum, quo quid perversius, cum illa sint caelestia, haec terrena? Prodit igitur stulta seipsum, quam nihil de Deo nisi humanum cogitet. − Übrigens begnügt sich Luther nicht mit dieser prinzipiellen Kritik, sondern zeigt überdies, daß die von Erasmus gesetzte Prämisse nicht einmal in sich selbst stichhaltig ist − ihr empirischer Sachgehalt entspreche nicht der wirklichen Erfahrung (ebd. 673,18−28). − Vgl. ferner ebd. 748,22−35.

[738] WA 6; 356,7−10 (1520): (Das Wort Gottes) ist das erst, der grund, der felß, darauff sich ernoch alle werck, wort, gedancken des menschen bawen, wilchs wort der mensch muß danckbarlich auffnehmen und der gotlichen zusagung trewlich gleuben und yhe nit dran zweyffeln, es sey und gescheh also, wie er zusagt. − Vgl. WA 33; 120,42−121,8 (1531): Dis ist uns aber zur warnung furgeschrieben, das, wer do wil in den Artickeln Christliches glaubens handeln, der lasse sein forschen undt klugeln undt frage nicht, wie es sich reime, Sondern forsche nur, obe Christus gesagt habe oder nicht. Hat ehrs gesaget, so bleibe darbei, es klappe, laute oder klinge, wie es wolle, dan ich wil ihnen lassen kluger sein, den meine vernunfft oder ich bin.

[739] WA 7; 98,4−16 (1520): Sint ergo Christianorum prima principia non nisi verba divina, omnium autem hominum verba conclusiones hinc eductae et rursus illuc reducendae et probandae: illa primo omnium debent esse notissima cuilibet, non autem per homines quaeri et disci, sed homines per ipsa iudicari. Quod si non ita est, cur Augustinus et sancti patres, quoties vel pugnant vel docent, ad sacras literas ceu prima principia veritatis recurrunt et sua vel obscura vel infirma illarum luce et firmitate illustrant et confirmant? quo exemplo utique docent, verba divina esse apertiora et certiora omnium hominum, etiam suis propriis verbis, ut quae non per hominum verba, sed hominum verba per ipsa doceantur, probentur, aperiantur et firmentur. Nisi enim ea apertiora et certiora ducerent, ridicule sua obscura per obscuriora dei probare praesumerent, cum et Aristoteles istorum universusque naturae sensus id monstrent, quod ignota per notiora et obscura per manifesta demonstrari oporteat.

[740] WA 2; 225,27 f (1519): Volentes de verbis dei iudicare secundum verbum hominum, cum contra verba hominum iudicanda sunt secundum verbum dei. − WA 2; 263,35−39 (1519): Sed habete vobis hunc theologiae discendae morem, ut verba dei ad iudicium verborum hominum tractetis. Ego cum Paulo et Augustino verba hominum ad iudicium verborum dei tracto, malo a vobis accusari cunctator in verbis hominum quam vobiscum laudari contemptor verborum dei. − Vgl. WA 12; 235,8−36 (1532).

theologischen Lehrers sein: ist er doch »doctor sacrae theologiae« und also, wie Luther gegen Doktor Eck erläutert, »doctor ... verborum dei«[741]. Ein schiedlich-friedlicher Ausgleich zwischen Gottes Wort und Menschenwort ist für Luther nicht denkbar, weil nur eines von beiden »primum principium« sein kann und damit das andere als Prinzip notwendig außer Kraft setzt[742].

Aus dieser Unterscheidung gewinnt Luther dann auch die entscheidende ›nota ecclesiae‹[743]. Was immer die Kirche sagt und tut[744], muß ins Wort Gottes gefaßt sein, damit es heilsam wirken kann[745] und es nicht bloße Worte bleiben, von denen man hernach sagen müßte: sie »vergiengen mit dem hall, da der aus war«[746]. Von hier aus gewinnt Luther aber zugleich auch eine ›nota veritatis‹: Aus Gott zu reden heißt, die Wahrheit zu sagen[747]. Darum ist jeder, der nicht aus Gott und also nicht die Wahrheit spricht, ein Lügner[748]. In diesem Sinne

---

[741] WA 2; 649,15—19 (1519): Scriptura sancta est verbum dei quod si asina diceret, audiendum est etiam prae omnibus angelis, si verbum dei non haberent, nedum prae papa et concilio sine verbo dei agentibus. O furor! verbo dei non credendum sed humanis verbis, docet Eccius, doctor sacrae theologiae (id est verborum dei): docent idem sui discipuli, viperae viperina genimina.

[742] WA 10,1,1; 432,19—433,1 (1522): Gottis wort und menschen lere wollen sich aller ding nitt mitt eynander betragen ynn eynem hertzen. — Etwas drastischer hat es Luther 1539 in einer Predigt formuliert (WA 47; 583,30—36): Christus wil nicht ein harbreitt weichen, so ist das bette auch zu enge, Christus und der Teuffel konnen nicht zugleich drinnen liegen. Eben ein solch Dieng ist es auch umb die Concordia oder einigkeit Gottliches wortts und der menschen Satzungen. Es ist unmuglich, das sie sich mit einander vertragen, allein das die grosse narren und groben Esel ihnen von solchen grossen Sachen so susse treume und gedancken haben. — Vgl. WA 20; 317,4 (1526). — WA 47; 484,7f.30f. (o. J.).

[743] WA 21; 461,13—15 (1544): Das Wort, so da heisst Christi Wort, sol hie das Richtscheid und die Prob sein, dabey man die Kirche kenne und treffe und darnach sie sich richte. — Vgl. ebd. 461,3—31.

[744] Vgl. WA 13; 516,9—23 (1524/26). — Luther hat diesen Gedanken gern am Beispiel der Taufe verdeutlicht; vgl. z. B. WA 45; 170, 21—35 (1537).

[745] Am Beispiel von Gen 45 hat das Luther anschaulich exemplifiziert (WA 44; 600,25f): Terrena lingua est: Ioseph venditus periit. Sed illud ipsum vocatur lingua coelesti missio ad salutem et vitam. Das ist unser Herr Gott (vgl. ebd. 600,1—32).

[746] WA 30,3; 295,33 (1531).

[747] WA 5; 481,20—28 (1519/21). — Übrigens hat Luther dem Heiligen Geist nicht nur attestiert, die Wahrheit zu sagen, sondern auch, dieselbe kurz und bündig zu sagen — ein, zumal aus dem Munde Luthers, gewiß hintersinniger Gedanke (vgl. WA 12; 311,35 [1523]). — WA 24; 110,18f (1527). — Vgl. dazu SAARINEN (s. Anm. 700), 31.

[748] WA 34,1; 378,1 (1531) (zu Joh 16,12—15). — Entsprechend erläutert Luther auch, in welchem Sinne Salomo weise genannt werde (WADB 12; 54,8—17): Solchs habe ich deste lieber geredt, das man gemeiniglich das wort, Weisheit, anders vernimpt, denn es die schrifft braucht, Nemlich wenn mans höret, so feret man mit fliegenden gedancken dahin, und meinet, es sey nichts denn gedancken, so ynn der weisen leute hertzen verborgen ligen; Und helt die weil das eusserliche wort odder schrifft nicht fur weisheit, So doch aller menschen gedancken, on Gottes wort, eitel lügen und falsche trewme sind, Darumb weil dieses buchs name heisst, Die Weisheit Salomonis, ists gleich so viel gesagt, als spreche

deutet Luther die lapidare Formel des Psalters, wonach alle Menschen Lügner seien (Ps 116,11): Wer nicht an Gott glaubt, der ist auch ohne Gottes Wort; wenn aber ohne sein Wort, dann, da doch allein Gott die Wahrheit spricht, auch ohne Wahrheit[749]. Daß die Menschen Lügner sind, besagt darum für Luther präzise, daß sie den falschen »prima principia« folgen, von denen her alles, was sie reden und tun, vergiftet wird. Wenn man sich auch manchmal des Eindrucks nicht erwehren kann, daß Luther an solchen nach Konsequenzmacherei klingenden, kompromißlos scharfen Antithesen mehr Vergnügen hat, als nötig wäre, darf man doch nicht die poimenische Pointe übersehen, die er der Kehrseite des Satzes, daß alle Menschen Lügner seien, zu entnehmen weiß: Es ist die Gewißheit, dem Wort Gottes folgend in der Wahrheit zu stehen[750]. Gerade auch in seiner brieflich betriebenen Seelsorge hat Luther diese Figur gern als Trostgrund verwendet, um an die aus Gottes Wort erwachsende Gewissensgewißheit zu erinnern, die kein Mensch erschüttern kann[751].

b) Teufel und Papst

Daß Luther in ungewöhnlicher Häufung vom Teufel spricht, ist bereits den Zeitgenossen aufgefallen[752]. Bei ihm ist der Teufel nicht auf ein paar wenige theologische Loci — etwa die Sündenlehre — beschränkt, vielmehr überall präsent, wo von Theologischem die Rede ist. Wenn die Dichte der Belege auch spezifische, vom jeweiligen literarischen Genus abhängige Schwankungen aufweist, so läßt sich für Luther doch generell sagen: Der Teufel betrifft das Ganze der Theologie[753]. Von manichäisch-dualistischen Spekulationen hat sich Luther dennoch ferngehalten. Ihn interessiert der Teufel niemals in ontischer Hinsicht, sondern immer nur in der Konzentration auf das, was er tut: Luthers Reden vom Teufel ist durchgängig funktional bestimmt[754].

---

ich, Ein Buch Salomonis vom Wort Gottes, Und der geist der Weisheit nicht anders, denn der glaube odder verstand des selbigen worts, welchen doch der heilige geist gibt, Solcher glaube odder geist vermag alles.

[749] AWA 2; 178,30−179,6 (1519/21): ›Ego dixi in excessu meo: Omnis homo mendax‹. Cur mendax? Quia in exstasi passionis positus et sola dei fide vivens et fiducia rerum exutus, in qua omnes homines mersos vidit, secure pronunciat eorum affectus esse vanos et universa consilia ac studia eorum mendacia, quia sine fide dei sunt. Si autem sine fide, iam sine verbo dei, si sine verbo dei, iam sine veritate, atque ita vere mendacia et vana omnia, quae extra fidem sunt, quae veritas est propter verbum veritatis, in quod creditur et credendo haeretur.

[750] WA 38; 38,15−19 (1531/33).

[751] Z. B. WAB 3; 140,53−67 (1523).

[752] WA 26; 402,18 (1528).

[753] Vgl. G. EBELING, Lutherstudien II/3 (s. Anm. 210), 246−271. − H.-M. BARTH, Der Teufel und Jesus Christus in der Theologie Martin Luthers (FKDG 9), 1967, gibt eine breite Materialübersicht.

[754] Vgl. BEUTEL, Gottes irdische Gehilfen (s. Anm. 8), v. a. 173−175.

Daß auch die Explikationen der Fundamentalunterscheidung zwischen Menschenwort und Gotteswort von Hinweisen auf den Teufel durchtränkt sind, unterstreicht das eschatologische Gewicht dieser Distinktion. Das Wort Gottes betreffend, kann es eine Möglichkeit der distanzierten Erwägung nicht geben. Ob man die »prima principia« des eigenen Lebens in Gottes- oder in Menschenworten findet, ist keine Frage der Wahlfreiheit, vielmehr immer schon so oder so entschieden. Das im Streit mit Erasmus gebrauchte Bild des Reittiers, das entweder von Gott oder vom Teufel geritten werde[755], ist sinnenfälliger Ausdruck dieses Gedankens. Entsprechend heißt es bei Luther immer wieder, daß, wer nicht das Wort Gottes hören wolle, den Teufel hören müsse[756]. In dieser Hinsicht sei eine Entsprechung zwischen teuflischem und göttlichem Wort zu verzeichnen: der Teufel gleichsam als der Affe Gottes, wie Luther oft bemerkt[757]. Denn während das bloße Menschenwort lediglich bis in die Ohren dringe und darum dem Wort Gottes, das im Herzen wohnt, nichts anhaben könne, dringe das Wort des Teufels, darin dem Worte Gottes gleich, bis ins Innerste des Menschen vor, um ihn dort, ungeschützt, bis ins Mark zu erschüttern: »Der teüffel hat aine spitzige zunge, der dringts ins hertz und macht das hertz zytern und dir so angst, das du maynest, du seyst verlorn und verdorben, das wider dich stee hymel und erd gotes und alle engel«[758]. Zwischen diesem teuflischen Wort und dem Wort Gottes geht der Streit um den Menschen: Es ist ein fortwährender Streit, endlos bis an das Ende des Lebens, weil immer das eine von beiden notwendig auch das andere auf den Plan ruft[759].

Die teuflischen Einflüsterungen haben nur ein einziges Ziel: Sie wollen uns das Wort Gottes aus dem Herzen nehmen[760]. So daß wir, wenn es erneut ver-

---

[755] WA 18; 635,17−22 (1525).

[756] WA 25; 506,14 (1527/28): Cum de verbum nolumus audire, mussen wir des teuffels horen. − WA 20; 588,37 (1526). − WA 25; 423,23 (1527). − WA 42; 456,23 (1535/45). − WA 48; 195,4−7 (1545). − WA 49; 175,16 (1540). − WA 49; 730,1−4.20−30 (1545).

[757] Z. B. WA 34,1; 310,25−311,19 (1531): Der teuffel hat auch die arth, das er offentlich zw uns durchs worth odder heymlich durch gedancken zw uns kumme, uff das er uns yrre mache unter dem scheyn gotes, sicut est simia dei.

[758] WA 10,3; 149,18−20 (1522). − WA 25; 226,41−227,2 (1527/30): Prodest autem valde haec nosse in tentatione, ut sciamus, quae sit Sathanae lingua, qua loquitur in cor piorum ad eos subvertendos. − WA 45; 684,30 f (1537/38): Der Teuffel (scheusst) seine gifftige pfeile jns hertz. (Dabei kann das von Luther gebrauchte Verb so viel wie »schießt«, aber auch noch etwas anderes bedeuten). − WA 40,3; 291,1−3 (1551). − Vgl. Barth (s. Anm. 753), 123−152.

[759] WA 17,1; 54,19−33 (1525). − WA 18; 164,26 f (1525). − WA 19; 586,16−23 (1526). − WA 43; 3,14−26; 6,33−36 (1535/45).

[760] WA 9; 612,10−12 (1521): Der Teuffel thuet keinn grosserenn fleyß, dan das er uns gottis wordt nemhe, do schicket er vil Teuffel her. − WA 13; 164,15−22 (1524/26). − WA 28; 539,35 (1529). − WA 29; 330,1−9 (1529). − WA 31,1; 321,5−26 (1530). − WA 32; 65,9 (1530). − WA 32; 466,31−34 (1532). − WA 37; 142,1 f (1533). − WA 41; 709,11 f (1536). − WAB 6; 400,4−11 (1532). − WAB 7; 116 f,3−8 (1534).

kündigt wird, das Wort wohl hören, aber nicht mehr glauben und es damit nicht mehr als Wort Gottes ehren[761]. Das hat sich paradigmatisch schon im Paradies ereignet. Bei erster Gelegenheit schoß dort der Teufel seine giftigen Pfeile in Evas Herz: »Sie hatte Gottis wort, were sie daran hangen blyben, so were sie nicht gefallen. Da aber der teuffel sahe, das sie das wortt so lose hielt, da reyss er yhrs auss dem hertzen, das sie es liess gehen, und also hatt er gewonnen«[762]. Und selbst als dies geschehen und Adam mit hineingezogen worden war, verweigerte dieser trotzig jedes Schuldbekenntnis: Der Teufel hatte dem Urvater, auch dies paradigmatisch, die Zunge gebunden und den Mund verstopft[763].

Darin wird zugleich deutlich, wie sich Luther des Teufels Wirken an Gottes Wort vorstellt. Da er die Verlautbarung desselben nicht hindern kann, hat er seine ganze Kunst und Wissenschaft − »ars diaboli«, sagt Luther mehrfach![764] − daran gewandt, das Wort zu verkehren und zu verfälschen, indem er verhindert, daß es aus dem Ohr ins Herz fällt[765]. Damit ist das Wort Gottes seines Wesens beraubt, weil es nicht mehr wirken kann, was es sagt. So pervertiert der Teufel das Gute zum Bösen, die Barmherzigkeit zum Unheil[766], kurz: Gott

---

[761] WA 37; 294,10−12 (1534): Was sie guts horen, lest ihn der Teufel jnn ir hertz nicht komen, er frissts auff, Dis ist der groste hauffe, die verbum horen, und was man sie heisset, mit eim ohrn, zum andern etc. − Entsprechendes geschieht beim Abendmahl (WA 29; 447,2): Satan reist weck verbum ex Sacramento (vgl. ebd. 446,19−447,13). − WA 20; 260,10 (1526): Satan auffert verbum, i. e. audiunt verbum, sed non credunt. − Interessant ist in diesem Zusammenhang auch Luthers Auslegung von Gen 3,1: vgl. WA 14; 130,7−131,31 (1523).

[762] WA 12; 396,17−20 (1523). − WA 37; 454,5−455,1 (1534/35): Ubi Teufel kam, der zoge unserm herr Gott ein larven an ideo kerts verbum umb, malet unsern herr Gott so fur: putas eum patrem et tam amicum, ut se stelt, Si esset pater, lies dich ex arbore essen, timet, dw werst zw klug. Sic als ein feind und neidisch etc. Ibi amittit bild, quod deus ei creavit, und bildet sich jnn bild diaboli, qui ei horner und feuren augen gemacht. Iam non cogitat de eo ut prius, isst apffel und felt jnn tod et iam furchtet vor unserm herr Gott, quem prius dilexerat. Ibi audivit: ›Ubi es?‹ Paradis im zu enge, non potest audire eius. Prius eytel zucker, iam gifft. − WA 24; 93,28−32 (1527). − WA 42; 62,2−10 (1535).

[763] WA 44; 504,36−40 (1535/45). − So ist es bis heute, fährt Luther fort (ebd. 504,40−505,2): Interea manet vinculum linguae, quo obturavit Diabolus os, ut licet terreatur, tamen non quaerat remedium. Diabolus enim non sinit peccatorem ex animo dicere: Domine Deus tibi peccavi, ignosce mihi, poenitet me peccati.

[764] WA 36; 158,8 (1532). − WA 49; 69,24 (1540). − WAB 2; 143,21−23 (1520).

[765] WA 36; 158,8−10 (1532): Das ist ars diaboli: verba in ore lassen et dicendo et utendo verbis contrarium facere, et hoc novit Christus. Et nihil est cum Missis, wenn man nicht dabey predigt, cur fiat. − WA 49; 69,22−24 (1540): Unser herr Got kan per malum wol bonum reden, ut per Balaam. Sic ketzer konnen eitel gut wort reden et schrifft furen et tamen eitel gifft. Teuffel kan die kunst, ut bonum loquatur verbum, et tamen nicht meinet. − Vgl. WA 28; 49,15−29 (1528). − WA 33; 673,26−34 (1532). − WA 39,1; 349,5−8 (1538). − WA 39,1; 547,11−18 (1538). − WA 49; 511,6−26 (1544).

[766] WA 26; 112,29−113,2 (1528).

zum Lügner[767]. Das Teuflische am Teufel ist nun aber, daß er sich nicht als solcher erzeigt, sondern unter dem Anschein des Gegenteils sein Werk verrichtet. Er naht sich unter der Maske des Wortes Gottes, geschmückt mit Schriftkenntnis[768] und Eloquenz[769], und macht den Menschen glauben, es wäre Christus, der zu ihm spricht[770]. So klingen einem die schönsten Worte im Ohr »et stickt ja gleichwol der Teufel in corde«[771].

Luthers Rede vom Teufel zielt darum auf keine metaphysisch-spekulative Konstruktion, sondern auf die — freilich theologisch qualifizierte — Beschreibung unserer Wirklichkeit. Daß der Teufel bei Luther lediglich in seiner Funktion interessiert, nicht in seinem Wesen, wird vollends an der Frage deutlich, was das denn bedeute, einen Teufel zu haben: Nichts anderes, meint Luther, als von Christus und seinem heiligen Wort nichts zu wissen[772]. Indem uns der Teufel von dem göttlichen remedium salutis abführt, spricht er »wortt des ewigen todes und verdamnis«[773]. In der Hauspostille von 1544 hat sich Luther zugleich des Verdachts erwehrt, im Sinn des manichäischen Dualismus vom Teufel zu reden. Auf die Unterscheidung von »wesen« und »brauch« legt er das entscheidende Gewicht. So läßt sich das Wirken des Teufels dahin bestim-

---

[767] WA 51; 231,33f (1534/35): Was Gott (der die warheit ist) redet, das keret er umb und macht eine lugen draus.

[768] WA 34,2; 382,27−36 (1531): Denn hie ist er meister uber meister und von tausent kunsten, mit so mancherley gedancken und eingeben, so er dar gibt fur Gottes wort, durch welche er alle welt von anfang betrogen hat und allerley ketzerey mit gewalt jnn die Christenheit gefurt, Denn (wie ich gesagt habe) er kompt nicht daher getrollt jnn seiner scheuslichen schwartzen farbe, das er sage: Ich bin Satan, hute dich fur mir, sondern schleicht daher wie eine schlange und schmuckt sich auffs aller schonste mit Gottes wort und namen, bringet eben die Schrifft und sprüche, die wir furen, lieb haben und uns darauff grunden, Und gibt dazu trefflichen ernst und andacht fur als ein trewer, fromer prediger, der da nichts anders suche denn Gottes ehre und der seelen heil. − WA 16; 633,1−11 (1527). − WA 51; 231,1−233,38 (1534/35). − WA 52; 828,23−829,10 (1545). − Vgl. auch die böse Polemik aus einer der späten Judenschriften: WA 53; 442,29−37 (1543).

[769] WA 20; 537,37−39 (1526): Der teufel hat auch ein zungen. Non conveniunt pseudoprophetae nostri mit tolpischen wort, sed sapientibus. Si ego debuissem respondere, so het ich mich umb den hals geredt. − WA 38; 198,2−5 (1533): Der Teuffel weis seine argument wol an zusetzen und fort zu dringen, und hat eine schwere starcke sprache, Und gehen solche disputation nicht lang und viel bedencken zu, Sondern ein augen blick ist ein antwort umbs ander. − WA 29; 167,5−168,2 (1529).

[770] WA 29; 362,21−363,4 (1529): Talis magister diabolus: quando invenit hominum solum, tum putat homo Christum loqui, ut hodie Papistae et Rottenses. Sic loquitur in conscientia cum hominibus. Satan non venit ut Satan, aliqui hets nicht not. Sed dicit se Christum et spiritum sanctum, et si sic non possum discernere, vincor.

[771] WA 46; 491,8f (1538); vgl. ebd. 490,24−491,20.

[772] WA 29; 106,12−14 (1529): Demonium habere est nihil de Christo et verbo pio sentire. Nam sathan non potest de deo loqui, sed contraria. − WA 18; 115,5−7 (1525). − WA 33; 395,24−26 (1531). − WA 45; 629,17−24 (1537). − WA 47; 266,24 (1537/40). − WA 47; 866,18f (1539).

[773] WA 33; 312,6 (1531). − Vgl. WA 36; 219,25−220,6 (1532).

men, daß er nicht selbst das Böse schafft — wie ihm eine kreatorische Potenz
ja ohnehin nicht zukommt —, sondern zu einem abusus des von Gott Erschaffenen anstiftet und es damit verdirbt:

> Das ist das eine stuck, wer Gottes wort nit hôret, der selbe nit auß Gott sey, sonder
> auß dem Teuffel. Solchs soll aber nicht also verstanden werden, als hette der Teuffel sie
> geschaffen, jnen mund, augen, vernunfft und anders geben. Nein, Solches ist Gottes
> geschôpff und gabe. Derhalb muß man das wesen und den brauch unterscheiden. Ein
> mensch, der leugt und treugt, der hat ein gûtte zungen von Gott. Aber der brauch der
> zungen ist auß dem Teuffel, sintemal er die zung dem Teuffel zû dienst wider Gott miß-
> brauchet.[774]

Es ist ein wichtiger und jedenfalls nicht zu übersehender Gesichtspunkt in
Luthers Reden vom Teufel, daß alle hier gebrauchten Motive auch in seiner
Papstpolemik wiederkehren. Der Teufel rede und wirke alles durch den Papst,
kann Luther sagen[775]. Vor allem die Vermischung von Göttlichem und
Menschlichem wird ihm zum Kardinalvorwurf — übrigens nicht nur gegen
den römischen Stuhl als solchen, sondern auch gegen einzelne Papstgestal-
ten[776]. Der Papst, so lautet die zentrale, vielfältig wiederholte These, vertau-
sche Menschliches und Göttliches, Weltliches und Geistliches[777], indem er,
darin dem Teufel gleichend, zwar die göttlichen Worte belasse, jedoch ihren
Gebrauch pervertiere[778]. Die Folge sei eine zweite babylonische Sprachverwirrung, die nun auch in der Kirche wüte »mit unseglichem schaden der Christenheit«[779].

Gegen den päpstlichen abusus verbi dei weiß Luther nur einen Rat: Gottes
Wort selbst![780] Nichts anderes hilft indes auch gegen den Teufel, da doch sein
Wort ein Harnisch ist, den dieser nicht umstoßen kann[781]. Der Teufel haßt das

---

[774] WA 52; 200,33—201,1 (1544); vgl. überhaupt 199,1—205,10.

[775] WA 54; 234,1 (1545).

[776] WA 2; 199,41—200,3 (1519): Vere nimis nihil times, mi Leo, pronunciare, audens
humana statuta euangeliis aequare, et audacter satis affirmas, iis non servatis nec fidem catholicam servari. Si de contemptoribus et iis qui sub te sunt disceres, recte diceres: nunc
contra, quando mores et fidem, traditiones cum euangelio, verbum hominum cum verbum dei confundis, nonne homo es?

[777] WA 8; 484,28 f (1521). — WA 12; 105,23—26 (1523). — WA 51; 508,20—25 (1541).

[778] WA 40,3; 705,22—24 (1544): In papatu manserunt quidem verba ipsa, sed doctrinam
et usum huius articuli amisimus prorsus. — WA 49; 6,11—23 (1540). — WA 52; 593,34 f
(1544). — WA 53; 260,6—15 (1542). — WA 54; 212,10—22 (1545). — WA 54; 233,14—234,2
(1545). — Vgl. LENK (s. Anm. 700), 142 f, v. a. Anm. 22.

[779] WA 7; 447,8 (1521); vgl. ebd. 447,2—8.

[780] WA 10,3; 360,1—3 (1522). — Vgl. BARTH (s. Anm. 753), 112—122.

[781] WA 34,2; 382,12—17 (1531): Also das es gar bald mit uns verloren were und nicht
eine stunde fur seiner schalckeit bestehen kundten, wenn wir nicht uns des zu trosten hetten und gewis weren, das wir Gottes harnisch, das ist sein wort, lauter und rein haben,
welchs er nicht kan umbstossen, so fern wir uns dran halten und stets wacker damit ge-
rustet stehen und uns fur seiner schalckeit fursehen. — WA 10,3; 3,9 f (1522). — WA 17,1;

Wort Gottes wie nichts auf der Welt, weil dieses die Seelen aus *seinem* Wort,
will sagen: aus Sünde und Tod befreit und in das ewige Leben führt[782]. Darum
wird Luther nicht müde, für die einzig taugliche Waffe gegen den Teufel zu
werben: »Bene, ubi ... verbum dei est, ibi diabolus nihil efficit«[783] (vgl.
§ 13.2).

c) *Ineffabilität*

Ein erster Versuch der Klärung, was es um die Sprache des Menschen sei,
setzte mit der Fundamentalunterscheidung von Menschenwort und Gotteswort ein, von der her nach Luther das menschliche Sprechen überhaupt erst
angemessen — nämlich als defizienter Modus des wirklichen Sprechens — in
den Blick kommt. Die Einbeziehung des Teufels, der auch in dieser Distinktion sein diabolisches, Verwirrung stiftendes Wesen treibt, unterstrich sodann
den eschatologischen Ernst der genannten Unterscheidung. Ein weiterer Gesichtspunkt ist noch zu nennen. Er ergibt sich aus der Beobachtung, daß Luther in auffallender Häufigkeit von etwas sagt, es sei unaussprechlich, unsagbar oder unbeschreiblich. Das hat zwar an biblischer Sprache einen gewissen
Anhalt[784], begegnet infolgedessen mitunter auch in der traditionellen theologischen Terminologie, ist aber bei Luther als gelegentliche Aufnahme vor allem
des »unaussprechlichen Seufzens« von Rö 8,26 bei weitem nicht hinreichend

---

191,2 (1525). — WA 28; 132,10 f (1528). — WA 28; 134,5−12 (1528). — WA 48; 697,8 f
(o. J.).

[782] WA 28; 160,5 f (1528): Satan non potest videre verbum, quia destruit eius verbum,
liberat animas a morte, peccato et fert ad deum et vitam aeternam.

[783] WA 15; 505,29 f (1524). — WA 12; 363,21−24 (1523). — In seinem Brief an den
Komponisten Ludwig Senfl vom 1.(4.?) Oktober 1530 hat Luther übrigens der Musik eine
eschatologische Dignität eingeräumt, die der des Wortes Gottes kaum nachsteht (WAB 5;
639,12−17): Et plane iudicio, nec putet asserere, post theologiam esse nullam artem, quae
musica possit aequari, cum ipsa sola post theologiam id praestet, quod aliqui sola theologia
praestat, scilicet quietum et animum laetum, manifesto argumento, quod diabolus, cu-
rarum tristium et turbarum inquietarum autor, ad vocem musicae paene similiter fugiat,
sicut fugit ad verbum theologiae. — Diese Äußerung, die gelegentlich als erbauliche Illu-
stration von Luthers Liebe zur Musik herangezogen wird, verdiente es, auf ihr Verhältnis
zur Lehre vom Wort Gottes hin reflektiert zu werden. Es wäre jedenfalls interessant, wie
sich die Wahrheit dieses offenkundigen Erfahrungsbekenntnisses theologisch begründen
ließe.

[784] Zu berücksichtigen sind v. a. die folgenden Stellen (in der Übersetzung der »biblia
Deudsch« von 1545): Rö 8,26 (Wir wissen nicht / was wir beten sollen / wie sichs gebürt
/ Sondern der Geist selbs vertrit vns auffs beste / mit vnaussprechlichem seufftzen). −
2 Kor 9,15 (Gott aber sey dank / fur seine vnaussprechliche Gabe) − 2 Kor 12,4 (Er ward
entzücket in das Paradis / vnd höret vnaussprechliche wort / welche kein Mensch sagen
kan) − 1 Petr 1,8 (Welchen jr nicht gesehen / vnd doch lieb habt / vnd nu an jn gleubet
/ wiewol jr in nicht sehet / So werdet jr euch frewen mit vnaussprechlicher und herrlicher
freuden).

zu erklären. Ungleich seltener als die Prädikation »ineffabilis« findet sich bei Luther freilich eine Erläuterung des damit bezeichneten Sachverhalts. Wenn die Kategorie der Ineffabilität auch in erster Linie mit dem Verhältnis von verbum und res zu tun hat (vgl. § 7.3.c), so bedarf sie als ein wichtiger Aspekt der Unterscheidung von Gotteswort und Menschenwort doch auch an dieser Stelle schon der Erwähnung.

Die Bestandsaufnahme ergibt zunächst, daß Luther die Bezeichnung »ineffabilis« in großer, wenn auch keinesfalls beliebiger Vielfalt gebraucht. Unaussprechlich sind ihm vor allem Gott selbst[785], aber ebenso auch die proprietates dei: Gottes Gerechtigkeit etwa[786], seine Gnade und Güte[787], seine Barmherzigkeit[788] und Hilfe[789], Gottes Reichtum und Tiefe[790], seine Geduld mit der Welt[791]. Unaussprechlich ist Gottes Schöpfung[792], Gottes Segen[793], Gottes Zorn[794], seine Liebe[795] und Freundlichkeit[796]. Unsagbar sind seine Tröstungen[797], unsagbar die Fürsorge des Vaters[798], die humilitas Patris[799], der Schatz Gottes, nämlich Vergebung und ewiges Leben[800]. Unsagbar ist Gottes Name[801], sein Wille[802], sein Werk[803] und vor allem sein äußeres Wort[804]. Unsagbar ist desgleichen auch der Ratschluß Gottes, seinen Sohn zu senden[805], unsagbar ist Christus, dieses Geschenk Gottes[806]: unaussprechlich seine Ge-

---

[785] WA 1; 27,9−11 (1514). − Eine Vorwegnahme des entsprechenden Artikels im Sachregister der WA ist nicht beabsichtigt. Die folgenden Hinweise beschränken sich darum jeweils auf einen einzelnen, freilich niemals singulären Beleg.

[786] WA 6; 127,32−36 (1520).

[787] WA 2; 145,26 (1519).

[788] WA 8; 93,10 (1521).

[789] WA 5; 581,21−23 (1519/21).

[790] WA 21; 516,23 (1544).

[791] WA 41; 621,33 (1536).

[792] WA 24; 29,29 f (1527).

[793] WA 2; 145,26 (1519).

[794] WA 47; 402,4 (1538).

[795] WA 11; 112,16 (1523).

[796] WA 49; 641,8 f (1544).

[797] WA 31,2; 262,9 (1527/30).

[798] WA 38; 507,13−15 (1538).

[799] WA 40,2; 261,24 f (1532).

[800] WA 43; 587,24−27 (1535/45).

[801] WA 8; 10,33−35 (1521).

[802] WA 5; 86,41−87,2 (1519/21).

[803] WA 18; 709,5−9 (1525).

[804] WA 31,2; 601,15 f (1530/31).

[805] WA 40,3; 737,13−15 (1544).

[806] WA 40,3; 744,31−34 (1544).

burt[807], seine hypostatische Union[808], seine Person[809], sein Leiden[810], sein Sieg[811], seine Auferstehung[812], sein Reich[813] und die Güter, die er uns bringt[814]. Und auch der Geist Gottes ist eine ineffabilis res[815] sowie der articulus trinitatis[816]. Umgekehrt kann niemand sagen, wie groß die Dummheit der Welt[817] und die Greuel des Papstes sind[818], aber auch wie tief meine eigene Verzweiflung[819]. Wer wollte Adams Qual aussprechen[820], wer auch wieder die Freude der weihnachtlichen Engel[821], wer die Freude der Getrösteten[822], unsere also[823], der Christen Freude[824]? Wer könnte die Taufe erfassen[825], die Gemeinschaft in Christus[826], den Schatz des Evangeliums[827]? Wer wollte die »transmutatio peccati nostri in illius iustitiam« beschreiben[828], wer schließlich jene unaussprechliche Macht, in der ein Christ dem andern die Sünden vergibt, als spräche der Herr selbst aus ihm[829]?

Trotz dieser Fülle an Ineffabilitäten sagt Luther keineswegs von allen möglichen Dingen, die ein gewöhnliches Maß übersteigen, sie seien unaussprechlich. Es ist vielmehr deutlich — und die genannten Beispiele zeigen es zur Genüge —, daß alles, was Luther als »ineffabilis« prädiziert, das Gottesverhältnis des Menschen betrifft, sei es in Gestalt einer Gott zugeschriebenen Eigenschaft, sei es als Ausdruck der Erfahrung von Unheil und Heil. Daß es ineffabiles res gibt, hat offenbar in ursprünglicher Weise mit der Sprachsituation des Menschen coram Deo zu tun.

Inwiefern also sind die Dinge, die Luther ja genannt hat, unaussprechlich? Weshalb kann — beispielsweise — Lukas die Weihnachtsgeschichte nicht in ei-

---

807 WA 5; 549,1−6 (1519/21).
808 WA 43; 579,7−19 (1535/45).
809 WA 17,2; 243,24−26 (1525).
810 WA 1; 343,9−11 (1518).
811 WA 37; 31,16−22 (1533).
812 WA 49; 107,1 f (1540).
813 WA 49; 138,35 f (1540).
814 WA 5; 658,18−20 (1519/21).
815 WA 5; 208,21 (1519/21).
816 WA 21; 508,24−32 (1544).
817 WA 40,2; 210,11 (1532).
818 WA 49; 89,1 f (1540).
819 WA 40,3; 672,5 (1544).
820 WA 47; 849,15 (1539).
821 WA 49; 285,3 (1542).
822 WA 31,2; 417,21 (1527/30).
823 WA 3; 610,28 (1513/15).
824 WA 9; 453,36 (1520).
825 WA 36; 128,22−26 (1532).
826 WA 28; 27,26−33 (1528 f).
827 WA 29; 31,23 (1529).
828 WA 5; 311,12−17 (1519/21).
829 WA 41; 543,11−14 (1536); vgl. ebd. 543,5−24.

gener Sprache zu Ende erzählen, sondern bedarf dafür der Engel: »Es mussens angeli thun«[830]? Doch offenbar darum, weil »sprechen« für Luther nicht ein äußeres Daherreden bedeutet, sondern das verstehende Ergreifen des genannten Sachverhalts[831]. Die Sachen, die Gott redet, kann unsere Natur indes weder fassen noch verstehen[832]. Ist doch das Reich Christi allein ins Wort gefaßt, nicht aber, wie Luther in einer Predigt von 1524 hinzufügt, in menschliches Wort oder Vernunft[833]. Wenn Gott spricht, so bedeutet das ja gerade, daß unsere Vernunft das, was in Rede steht, nicht fassen kann. »Denn wo es unser vernunfft alles fassen und begreiffen kondt, so hett unser Herr Gott seinen mund wol kőnnen zůhalten«[834]. Mitunter erinnert Luther die sich über ihre Grenzen erhebende Vernunft auch daran, daß sie ja nicht einmal die Schöpfungswerke aussprechen kann, die sie am eigenen Leibe sieht: Wie untersteht sie sich also, »das zu wissen, das ausser und uber alle vernunnft ist, und da allein Gott selb von kan reden«[835]? Was Gott den Menschen sagt, kann die Vernunft nicht fassen. Darum will es geglaubt sein[836]. »Nisi fide credamus, eternitas est ineffabilis«[837].

Hieße das nun aber, daß der Glaube das Unsagbare sagen kann? Der Glaube des Herzens hat der Vernunft jedenfalls das eine voraus: Er kann das Wort

---

[830] WA 45; 348,6 (1537); vgl. ebd. 348,3−16. − Den Engelsgesang aus Lk 2 hat Luther übrigens gern als Beispiel für die Begrenztheit menschlichen Sprechens herangezogen; vgl. z. B. WA 11; 223,26−224,17 (1523). − WA 32; 268,4−8 (1530). − WA 37; 622,19−623,5 (1523).

[831] WA 20; 695,18 (1527). − Vgl. etwa die dreigliedrige Reihe in WA 1; 344,9 f (1518): Intellectus non potest capere nec lingua dicere nec littera scribere. − Vgl. WA 41; 618,38 (1536): Ego non possum aussprechen nec ausdencken ista verba, quia sind zu gros. − Ein interessantes Beispiel dafür bietet auch die Auslegung von Ps 8,3 von 1537. Während es in der Rörerschen Nachschrift heißt »dominus ita fundat regnum inenarrabile« (WA 45; 223,9), bietet die Druckfassung dafür »Der HERR ... (richtet sein) ewig Reich ... auff sőlche Weise zu ..., die fűr aller Vernunfft nerrisch scheinet (ebd. 223,28−30).

[832] WA 52; 165,25 f (1544).

[833] WA 15; 411,10−13 (1524): Hic (sc. Mt 2,6) unus est locus, de quo Paulus gloriatur in Ro. In quo est totum regnum Christi, si verbis dei wirt gefast; si ratione, non potes adsequi, ut in Genesi ›In semine tuo‹. Quare tractandus locus ut dei verba, non hominum. − WA 25; 242,31 f (1527/30).

[834] WA 52; 167,33−35 (1544); vgl. ebd. 167,35−168,11. − WA 11; 76,14−21 (1523). − WA 12; 469,30−470,2 (1523). − WA 41; 728,8−10 (1536).

[835] WA 41; 271,8 f (1535); vgl. ebd. 271,1−14. − WA 39,2; 375,10−18 (1545): Quis enim unquam enarrare potest, quomodo oculus videat, lingua loquatur? Omnia sunt inenarrabilia. Item quomodo homo nascitur ex semine. Et tamen haec aliquo modo cognoscenda sunt, in quantum humana ratio progredi potest, sed generationem divinam iudicamus non ex ratione, sed ex verbo. − WA 31,1; 407,17−23 (1530).

[836] WA 33; 253,26−29 (1531). − WA 37; 295,33−296,1 (1534): Ob man Gottes Wort noch so deudsch sagt, so gehen sie dennoch nicht in racionem.

[837] WA 31,2; 253,26−29 (1527/30). − WA 10,1,1; 728,11−18 (1522). − WA 25; 163,20−36 (1527/30).

Gottes fassen[838]. Diesen Vorrang profiliert Luther aber eben in Abgrenzung gegen die Sprache der Vernunft: Der Glaube faßt das Wort[839], aber er kann es nicht aussprechen[840]. Nun soll der Glaube nach Luther aber nicht schweigen, sondern reden. Wie das in Übereinstimmung mit dem eben Gesagten möglich ist, hat Luther auf zweifache Weise zu zeigen versucht. Die eine, vorwiegend in paränetischen Texten und Zusammenhängen bemühte Auskunft geht dahin, daß man sich nach Kräften bemühen solle, die res des Glaubens auch in Worte zu fassen[841]. Zwar könne er, gesteht Luther, in Sachen des Glaubens nicht einmal »das a. b. c.«[842]. Und doch sollten wir »anfahen und buchstaben lesen«[843] und »davon lallen, so viel wir konnen«[844]. Es werden freilich unbedarfte Sprechversuche bleiben[845], deren Sachgehalt nur aus dem Geist Gottes heraus erfühlt werden kann[846].

In anderen Zusammenhängen gebraucht Luther dagegen gern die Unterscheidung von nova und vetus lingua bzw. von »novae linguae usus« und »veteris linguae usus«[847]. Auch ohne diese Dinge jetzt weiter zu verfolgen, kann doch soviel gesagt werden: Die Sprache des Glaubens vermag die Sachen des Glaubens überhaupt erst eindeutig zu benennen. Sie gebraucht zwar die alten Vokabeln, und die Signifikate bleiben unaussprechlich. Die Gewähr, sich dennoch auf eben diese res zu beziehen, schöpft der Glaube jedoch aus dem Umstand, daß Christus selbst und mit ihm die Schrift sich der entsprechenden Vokabeln bedient. So ist die »nova lingua« im Grunde nichts anderes als die konsequent betriebene Einübung des »usus loquendi scripturae«[848]. Das ist freilich

---

[838] WA 12; 433,17f (1523). − WA 12; 454,6−32 (1523).

[839] WA 31,2; 57,31−34 (1527/30): Occulta quidem et non apparencia praedicat verbum dei, at fide tantum capiuntur. In aliis libris et artibus adhibendum est studium et probanda sunt omnia, ut intelligas et capias, quae traduntur. Hic satis est audire et credere.

[840] WA 5; 506,21−25 (1519/21). − WA 11; 191,9−11 (1523). − WA 14; 678,20−679,9 (1523/24).

[841] WA 36; 289,8−10.30−34 (1532).

[842] WA 29; 668,6 (1529).

[843] WA 37; 486,5f (1534).

[844] WA 49; 631,32 (1544).

[845] Daß Luther einmal sagen kann »Dort werden wir die sprach gar konnen« (WA 37; 485,6), ein andermal jedoch »(wir) konnen das nit gantz aus redden, auch wenn wir in himel komen« (WA 49; 631,24f), muß, im rechten Lichte besehen, kein Widerspruch sein, zumal der Ton in beiden Fällen auf dem ›hier noch nicht‹ liegt. Die Differenz erklärt sich teils aus dem jeweiligen Kontext − im ersten Fall ist es Mk 8,1−9, im andern die Geburt Christi −, teils auch daraus, daß Luthers bildgetränkte Sprache der Verkündigung ohnehin keine logische Konsistenz anstrebt, sondern − wenn man so will − eine theologische. − Vgl. dazu § 15.1 dieser Arbeit.

[846] WA 7; 571,19−27 (1521). − Vgl. WA 55,1,1; 28,2f (1513/15).

[847] Vgl. etwa die »Disputatio de divinitate et humanitate Christi« von 1540 (WA 39,2; 93−96). − Vgl. dazu SAARINEN (s. Anm. 700). − MOSTERT (s. Anm. 700), 353−365.

[848] Vgl. SAARINEN (s. Anm. 700), 27−38.

noch keine Erklärung, sondern erst die Erinnerung an ein vielschichtiges Problem, von dem bei anderer Gelegenheit (vgl. § 15.2) zu reden sein wird.

2. Zur Sprache des Menschen

»Es ist ia ein stummer mensch gegen einem redenden, schier als ein halb todter mensch zu achten, und kein krefftiger noch edler werck am menschen ist, denn reden. Sintemal der mensch durchs reden von andern thieren am meisten gescheiden wird, mehr denn durch die gestalt odder ander werck«[849].

a) Die Gabe: Das kennzeichnend Menschliche

Das ist gewiß die bekannteste Äußerung Luthers zur Sprache des Menschen. Sie entstammt seiner Vorrede auf den Psalter von 1528, wo sie freilich nicht als ein bloßes Bonmot erscheint, sondern in einen Kontext verwoben ist, der seinerseits Beachtung verdient. Luther rühmt dort am Psalter, daß er von den Heiligen nicht nur ihre Werke erzählt, sondern vor allem ihre Worte. Vergleiche man damit die anderen Bücher mit ihren Legenden und Exempeln, so scheine es, daß diese uns »schier eitel stumme heiligen furhalten, aber der Psalter rechte wacker, lebendige heiligen uns einbildet«[850]. Darauf folgt dann der einleitend gebotene Spruch.

Daß die Legenden die Heiligen nur *vorhalten*, der Psalter sie aber *einbildet*, deutet bereits auf die Pointe dieses Abschnitts voraus. Denn Luther präzisiert sogleich, der Psalter berichte nicht nur die »schlechte gemeine rede der heiligen ..., sondern die aller besten, so sie mit grossem ernst ynn den aller trefflichsten sachen mit Gott selber gered haben«[851]. Indem nun die Psalmen zeigen, wie die Heiligen *mit Gott* geredet und gebetet haben, ermöglichen sie zugleich, daß wir »ynn den grund und quelle yhrer wort und werck, das ist, ynn yhr hertz sehen können«[852]. In einem dichterisch gestalteten Bild vergleicht Luther das menschliche Herz sodann einem Schiff auf wildem Meer, das zwischen Furcht und Hoffnung, zwischen Traurigkeit und Freude als den vier Himmelsrichtungen hin- und hergeworfen wird[853]. In diesen Sturmwinden

---

[849] WADB 10,2; 100,10−14 (1528).

[850] Ebd. 100,3−10.

[851] Ebd. 100,18−20.

[852] Ebd. 100,22 f.

[853] Ebd. 100,33−37: Ein menschen hertz ist wie ein schiff auff eim wilden meer, welches die sturmwinde von den vier orten der welt treiben, Hie stösst her furcht unde sorge fur zukünfftigem unfal, Dort feret gremen her und traurigkeit von kegenwertigen ubel. Hie webt hoffnung und vermessenheit von zukunfftigem glück. Dort bleset her sicherheit und freude ynn gegenwertigen gütern. − Man beachte, wie genau Luther hier, gleichsam im

aber lerne man »mit ernst reden und das hertz öffenen, und den grund eraus schütten«[854]. Von diesem Ernst, meint Luther, ist der Psalter erfüllt. Denn er berichtet nicht nur die Werke oder das alltägliche Gerede der Heiligen, sondern ihre Gebetsworte, in denen sich die Affekte unmittelbar spiegeln und die das Innerste offenbar machen: »Da sihestu allen heiligen yns hertz«[855].

In diesem sprachlich und sachlich ungeheuer verdichteten Abschnitt aus der Psalter-Vorrede klingen fast alle Motive an, die für Luthers Auffassung von der Sprache des Menschen von Belang sind und die auch sonst, wenngleich nicht in solcher Verdichtung, begegnen und bisweilen vertieft worden sind. Entscheidend ist zunächst, die Sprache als eine Gabe Gottes zu verstehen, durch die er, wie Luther in einer Auslegung zu Ex 19 hinzufügt, zu den Menschen sprechen will[856]. Die Sprache ist das beste Werk am Menschen[857], ja ge-

---

Vorübergehen, formuliert: Er bezieht zunächst den zukünftigen Unfall und das zukünftige Glück aufeinander, deren erstes Furcht und Sorge, deren zweites Hoffnung und Vermessenheit auslöst. Das gegenwärtige Übel und die gegenwärtigen Güter rufen dagegen Grämen und Traurigkeit bzw. Sicherheit und Freude hervor.

[854] Ebd. 101,1 f.

[855] Ebd. 101,9. − Daß Luther den Herzens- und Gewissenserfahrungen eschatologisches Gewicht beimißt, zeigt der Fortgang der Stelle (ebd. 101,9−15): Da sihestu allen heiligen yns hertz, wie ynn schöne lüstige garten, ia wie ynn den hymel, wie feine hertzliche lüstige blumen darynnen auffgehen von allerley schönen frölichen gedancken gegen Gott und seine wolthat. Widderumb wo findestu tiefer, kleglicher, iemerlicher wort, von traurigkeit, denn die klage Psalmen haben? Da sihestu abermal allen heiligen yns hertz, wie ynn den tod, ia wie ynn die helle, wie finster und tunckel ists da von allerley betrübtem anblick des zorn Gottes.

[856] WA 16; 367,6−368,6; 367,31−369,19 (1525). Ganz zutreffend resümiert P. HANKAMER (s. Anm. 700), 41 f: »In der Sprache erscheint und wirkt Gott. Jeder Mensch kann ihn darin erkennen. Das ist Sinn und Bedeutung der Sprache überhaupt. . . . Wohl nur von dieser Seite aus hat Luther recht eigentlich die Sprache gesehen und gewertet. Was er sonst darüber zu sagen hat, ist hierfür unwichtiger, so feinsinnig seine philologischen Bemerkungen auch sind. Alle grundsätzliche Deutung bezieht sich auf die Tatsache, daß die Sprache die Vermittlerin göttlicher Offenbarung ist.« − Daß Luthers Sprachverständnis den humanistischen Sprachbegriff insofern überschreitet, als er die Kategorie des Offenbarmachens des Mental-Inneren aus der gesellschaftlichen und ästhetisch-literarischen Sphäre ins Religiöse umwendet, hat K.-O. APEL gezeigt ([s. Anm. 700], 254−258). − Im übrigen ist der Gesichtspunkt, daß die menschliche Sprache offenlegt, was sinnlicher Wahrnehmung entzogen ist, elementarer Bestandteil jeder sprachtheoretischen und -philosophischen Reflexion. Eine entsprechende Durchsicht der Geschichte der Sprachphilosophie ist an dieser Stelle nicht zu leisten. Verwiesen sei jedoch auf die sprachphilosophischen Implikationen der aristotelischen Definition des Menschen (vgl. EBELING, Lutherstudien II/1 [s. Anm. 8], 75−86) sowie auf Augustin (vgl. DUCHROW [s. Anm. 156], v. a. 56−59) und Thomas (vgl. GERBER [s. Anm. 302], 148−160.226−260). − Einen knappen allgemeinen Überblick bietet MEINHOLD (s. Anm. 300), 45−57.

[857] Vgl. etwa Luthers Lob des Schreibers (WA 30,2; 573,33−574,21 [1530]): Leicht ist die schreibfedder, das ist war, ist auch kein handzeug unter allen handwercken bas zu erzeugen denn der schreiberey, denn sie bedarff allein der gense fittich, der man umb sonst allent halben gnug findet, Aber es mus gleich wol das beste stücke (als der kopff) und das

radezu etwas Göttliches an ihm, ist sie es doch, die ihn auf das Wort Gottes achten läßt[858]. Daß Gott die Sprache erschaffen hat, zielt bei Luther fast immer auf die kreatürliche Fähigkeit des Sprechens. Obwohl er für protologische Spekulationen über den Ursprung der Sprache kein ernstes Interesse aufzubringen vermochte, konnte er jedoch, wenn es ihm nötig erschien, durchaus auch das Regelsystem Sprache als eine Schöpfung Gottes rühmen. Im Streit mit Erasmus erwächst ihm daraus ein wichtiges Argument. Man soll, erklärt Luther, in der Schriftauslegung keine Folgerungen und Bilder an die Schrift herantragen, sondern sich an die einfachen, reinen und natürlichen Bedeutungen der Worte halten, die der allgemeine Sprachgebrauch ihnen zuweist: Auch ihn hat Gott unter den Menschen geschaffen[859].

Die Sprache, dieses edelste Werk am Menschen, ist zugleich diejenige Gabe, die ihn als solchen kenntlich macht. Luther hat das auf zweierlei Weise erläutert. Deren erste klang in der genannten Äußerung aus der Psalter-Vorrede bereits an: Es ist das argumentum per negationem oppositionis. Ein stummer Mensch, hieß es dort, sei gegen einen Redenden »schier als ein halb todter mensch zu achten«[860]. Derselbe Gesichtspunkt bestimmt auch Luthers Kom-

---

edelste gelied (als die zunge) und das hohest werck (als die rede), so am menschen leibe sind, hie her halten und am meisten erbeiten, da sonst bey andern entweder die faust, fuss, rucken odder der gleichen glied allein erbeiten, und können da neben frölich singen und frey schertzen, das ein schreiber wol lassen mus, Drey finger thuns (sagt man von Schreibern), Aber gantz leib und seel erbeiten dran. − WA 34,1; 495,11 f. − WAT 1; 565 (Nr. 1148). −

Zu beachten sind auch Hervorhebungen wie »Creator ... dat lingua et omnia« (WA 46; 521,13 f [1538]) oder »Deus dedit corpus et animam: sein zung, sprach vernunfft, seel, haus, hof, weib, kind« (WA 45; 98,20 f [1537]; der Doppelpunkt soll die Satzstruktur verdeutlichen, die Rörersche Textfassung bietet ein Komma). − Wohl als Klimax ist die Aufzählung aus einer Predigt über Lk 7,11−17 zu lesen (WA 22; 290,19 f [1534]): Sein othem, blut, fülen, regen, sinne, sprache und alles, was zum leben gehöret. − Vgl. dagegen etwa WA 40,3; 250,4 f (1533/34): Quidquid incipis, teipsum, vitam, manum, linguam debes agnoscere esse donum Creatoris. − Zu Luthers Anthropologie vgl. G. Ebeling, Lutherstudien II/1−3, 1977/82/89. − B. Hägglund, Luthers Anthropologie (in: H. Junghans [Hg.], Leben und Werk Martin Luthers von 1526 bis 1546. Festgabe zu seinem 500. Geburtstag, 1983, 63−76). − M. Jacob, Homo huius vitae. Luthers Beitrag zu einer natürlichen Anthropologie (in: W. Hüffmeister / W. Krötke [Hg.], Freude an der Wahrheit. Freundesgabe zum 50. Geburtstag von Eberhard Jüngel am 5. 12. 1984, Tübingen 1984, 231−246). − Ferner: Jüngel (s. Anm. 625), 229−234.

[858] Ebeling, Lutherstudien II/2 (s. Anm. 29), 290.

[859] WA 18; 700,31−35 (1525): Sic potius sentiamus, neque sequelam neque tropum in ullo loco scripturae esse admittendum, nisi id cogat circumstantia verborum evidens et absurditas rei manifestae in aliquem fidei articulum peccans; sed ubique inhaerendum est simplici puraeque et naturali significationi verborum quam grammatica et usus loquendi habet, quem Deus creavit in hominibus. − Vgl. WAT 4; 176,19−26 (Nr. 4167).

[860] WADB 10,2; 100,10 f (1528). − Vgl. etwa WA 34,2; 147,8−13 (1531): Et hoc est ein sonderlich schad, quod aliquis non loquitur et mutus, non discere potest, praedicationes sind vergebens an yhm zu rechen. Non audit: kan man nicht leiten, furen, leren et post

mentar zu der Heilung des Stummen, welcher, als Jesus den Teufel aus ihm getrieben hatte, wieder reden konnte (Lk 11,14f): Er wurde wieder ein richtiger Mensch, sagt Luther lapidar[861]. Übrigens hat Luther die konstitutive Bedeutung des Sprechenkönnens für das Menschsein des Menschen gelegentlich auch am Phänomen der Trunkenheit erläutert. Zu Hab 2,5 (»Der wein betreugt einen stoltzen man, das er nicht bleiben kan«) bemerkt er: »Was solt ein voller mensch thun? Er kan widder reden noch schaffen, als der aller vernunft, syn, sprachen, witz und krafft beraubt ist; da liegt er als ein klotz«[862]. Auch er, der trunkene, des Sprechens nicht mehr mächtige Klotz ist darum »schier als ein halb todter mensch zu achten«.

Die andere Weise, in der Luther das Sprechen als das kennzeichnend Menschliche betont, ist die dezidierte Qualifizierung dieser Eigenschaft als differentia spezifica des Menschen[863]. Allein durch die Gabe des Redens, erläutert Luther einmal über Tisch, ist der Mensch von allen anderen Lebewesen unterschieden. Wohl gibt es Tiere, die ebenfalls sehen, hören oder riechen können, und wohl auch besser als der Mensch. Aber reden kann keines von ihnen. Woraus man, wie Luther hinzufügt, entnehmen möge, von welch hoher Art das Wort des Menschen ist[864]. Daß die Paradiesesschlange in vernünftigen

---

cum mutus, non potest loqui, docere nisi per signa. Ideo ij hinderlich schaden, am glauben, wort gots. Ideo furet er ein solchs sonderlich gespreng des selbig zu bezeichen, ut habet textus ordine (zu Mk 7,31 ff). – Vgl. ebd. 147,25 f: Ita singularis plaga et damnum est, das eyner nicht horet noch redet.

[861] WA 32; 19,11–13 (1530): Ubi est satan est aus, horet auff der stum et loquitur, tum fit verus homo, audit, loquitur, gratias agit, docet, quae omnia antea non potuit.

[862] WA 19; 397,20–22 (1526). – Interessanterweise spricht Luther in einer Predigt von 1544 von dem als (sozialen) Tod gedeuteten Verlust kommunikativer Kompetenz auch im Hinblick auf das Gesetz (WA 49; 558,15–18): Lex mus stum werden, non potest dicere: coram Deo es damnatus, so ferne du gleubest, tum Lex geschweigt, et radii legis stechen dich nicht in oculos, quia Christus pro te mortuus. – Vgl. ebd. 558,37–559,1: Das gesetz mus stum sein und nicht sagen: Du bist verdampt, Die Sprache hat ihm Christus genommen, Es heist: gesetz, schweige still, verdamp mir den Menschen nicht, Denn er ist kein Sunder, Ich bin hie und stehe für ihn.

[863] Die Gabe der Sprache galt der mittelalterlichen Anthropologie nur als eine von mehreren spezifischen Differenzen des Menschen. Daneben spielte auch die Fähigkeit zu schreiben, v. a. aber die aufrechte Haltung eine Rolle, die den Menschen zum Himmel emporschauen läßt (vgl. dazu BRINKMANN [s. Anm. 700], 52–73, v. a. 59–61).

[864] WAT 1; 565,22–26 (Nr. 1148): Inter omnia opera seu dona praestantissimum est loqui. Hoc enim solo opere homo differt ab omnibus animalibus, alioqui nonnulla hominem visu, aliqua odoratu, aliqua tactu etc. excellunt. Loquendi facultate omnia carent. Quare et hoc ipsum argumentum est, quod altissima natura est verbum. – WA 15; 38,16–21 (1524): Des last uns das elend grewlich exempel zur beweysung und warnung nemen, ynn den hohen schulen und klöstern, darynnen man nicht alleyn das Euangelion verlernt, sondern auch lateinische und deutsche sprache verderbet hat, das die elenden leut schier zu lautter bestien worden sind, wider deutsch noch lateinisch recht reden oder schreyben konnen. Und bey nahend auch die natürliche vernunfft verloren haben.

Worten mit Eva sprach, steht dem nicht entgegen, sondern indiziert für Luther im Gegenteil, daß nicht die Schlange selbst gesprochen haben kann, sondern der Teufel sich ihrer Zunge bedient hat[865]. Die bei Luther ebenfalls begegnenden Wendungen von der Sprache der Kreatur bzw. der Welt − »mundus plenus sprach«![866] − entstammen einem anderen Zusammenhang (vgl. § 5.3.b) und lassen sich jedenfalls nicht gegen sein Postulat des Redens als des kennzeichnend Menschlichen ins Feld führen. In Fortführung eines paulinischen Motivs aus Rö 8 kann Luther durchaus sagen, daß die Kreatur, obschon »nicht ein solch maul und sprach ... wie wir«, so doch auch eine Sprache hat, die Gott hört und versteht[867]. Im Horizont des *menschlichen* Sprechens gilt von dieser Sprache der Kreatur indes: ineffabilis est[868].

Versteht man die menschliche Sprache, die Fähigkeit also, das im Innern Verborgene kundzugeben, als eine Gabe Gottes, so ist klar, daß damit nicht eine ursprüngliche Potenz gemeint sein kann. Die Sprache des Menschen setzt vielmehr das Angesprochensein durch Gott notwendig voraus[869]: »Das Menschsein des Menschen besteht darin, daß er angeredet ist und *deshalb* hören, antworten und selbst reden kann«[870]. In der ersten Psalmenvorlesung hat Luther den Umstand, daß der Mensch zwei Ohren, aber nur eine Zunge hat, als Zeichen dafür gedeutet, daß wir stets lieber lernen als lehren sollen und lieber hören als uns hören lassen[871]. In dieser theologisch qualifizierten Prävalenz

---

[865] WA 24; 82,6−83,9 (1527): Verus igitur serpens manet, sed qui loquitur ex serpente, diabolus est, loqui enim hominum est, non serpentum, ergo sublimius quiddam erat in serpente, quod verba humana potuit imitari. Permittit autem Deus creaturae nobiliori uti creatura ignobiliori. Sic non prohibuit diabolum agere in serpente nec prohibet egentem in carne et sanguine. − WA 11; 316,5−15 (1523). − Ferner, unter ausdrücklichem Hinweis auf die Übereinstimmung mit Augustin: WA 20; 328,28−329,13 (1526).

[866] WA 46; 493,30 (1538). − Vgl. dazu neben § 5.3.b dieser Arbeit v. a. BAYER (s. Anm. 299), 62−79.

[867] WA 41; 307,38−308,3 (1535).

[868] Ebd. 308,12 f.

[869] Vgl. EBELING, Lutherstudien I (s. Anm. 8), 284. − DERS., Lutherstudien II/2 (s. Anm. 29), 278−294.

[870] BAYER (s. Anm. 299), 44; Hervorhebung von mir.

[871] WA 3; 227,30−228,3 (1513/15): Duas habemus aures, primo ut semper promptiores simus discere quam docere, audire quam audiri, loquenti cedere quam loqui. Quia unam tantum linguam habemus 28 dentibus et primis 4 acutis et insuper duobus labiis clausam, cum tamen aures sint patentes. − In anderer Weise und unter Aufnahme alter philosophischer Tradition hat Luther dasselbe Motiv 1516/17 gedeutet (WA 1; 475,29−36): Item id et philosophi viderunt, quod homini ideo sunt duae aures datae, sed una tantum lingua, atque aures ipsae non tantum patulae ac apertae foris, sed etiam auriculis circumamicientibus, ut facilius audiat, denique tortuosae et verbo quodammodo obiectae, ne facile verbum praetervolet, Lingua autem non tantum clausa et latens, verum etiam osseo muro circumclusa, scilicet dentibus, deinde vallum carneum, id est, labia, praeter hoc quod tantum a pulmone distat et corde, tot requirat instrumenta, cum aures nullo indigeant, adhuc ipsa velocior est omnibus sensibus.

des Hörens sieht Luther letztlich die Forderung begründet, daß man seine Zunge hüten[872] und es nicht den Marktweibern gleichtun soll, von denen eine jede reden und keine der andern zuhören will[873].

Daß der Mensch nur als Hörender dann auch sprechen und also Mensch sein kann, hat Luther aber nie bewogen, den Vorgang des Hörens und Sprechens nun auch physiologisch zu ergründen[874]. Im Gegenteil: Es ist eine von Luther bevorzugte Argumentationsfigur, die Warnung vor einem spekulativen Aufschwung zu Dingen, die die Kompetenz der ratio übersteigen, mit dem Hinweis zu versehen, wir wüßten ja nicht einmal zu sagen, wie das funktioniere, »darinn wir leben und teglich brauchen . . .: quod lingua in ore klappert, reget sich et fit 1 sprach draus«[875]. So wenig wir von den natürlichen Funktionsabläufen des Sprechens wissen, so genau ist uns jedoch andererseits die soziale Funktion der Sprache bekannt. Die ihr innewohnende Ambivalenz ist, ihrer Dignität als edelstes Werk am Menschen entsprechend, in beiderlei Hinsicht extrem: Die Sprache kann das höchste Gut bewirken, aber auch den schlimmsten Schaden anrichten[876]. So oder so, bewirken die Worte am meisten unter den Menschen[877]. Luther hat denn auch immer wieder gemahnt, die verhee-

---

[872] Vgl. dazu Luthers Auslegung von Ps 4,5b: AWA 2; 189,15−193,11 (1519/21).

[873] WA 10,3; 397,18 f (1522). − Interessant ist der Kontext dieses Zitats: Luther erläutert das Prinzip des allgemeinen Priestertums (ebd. 397,16−19): Wir haben alle gewalt zu predigen, aber wir sollen den nit alle gebrauchen. Wen wir alle wurden predigen, so wurdt es gleich werden, Als wen die weyber zum marckt gehen, so wil keine der andern zu horen und wollen alle reden.

[874] Die wenigen Äußerungen, die dem entgegenzustehen scheinen, sind jeweils deutlich einem anderen Interesse untergeordnet; vgl. z. B. WA 18; 83,6−12 (1525): So Weys ich auch gewiss, das Gott wil haben, man solle seyne werck horen und lesen, sonderlich das leyden Christi. Soll ichs aber horen odder gedencken, so ists myrs unmuglich, das ich nicht ynn meym hertzen sollt bilde davon machen, denn ich wolle, odder wolle nicht, wenn ich Christum hore, so entwirfft sich ynn meym hertzen eyn mans bilde, das am creutze henget, gleich als sich meyn andlitz naturlich entwirfft yns wasser, wenn ich dreyn sehe.

[875] WA 37; 348,31 f (1534); vgl. ebd. 348,32−349,5: Nemo potest dicere, quomodo ein har wechst, Es ist ein verdrieslich, quando in his operibus so wil handeln. Si ista non apprehendimus, in quibus leben und schweben, quomodo hoc, quod deus allein anzeigt und nicht drinnen? Ideo sinamus deum veracem. Potes iudicare, quod vacca hew und gras frisst, da hastu rationem druber, ut hoc iudicet, golt, silber, stein, korn. Sed quod deus facit, ut linguam, aures etc. ungedisputirt und ungefragt et tantum curare, an deus locutus vel homo, an dei vel hominis opus. Si est verbum et opus dei, claude oculos et noli disputare und nicht frage, wies zughet, Ich sol mich lassen teuffen und rein ab omnibus peccatis, est verbum eius. Sic veni, ede, hoc facite. − Vgl. u. a. WA 47; 25,21−24 (1538). − WA 47; 54,9−11 (1538). − WA 49; 647,22−648,8 (1544). − Vgl. auch WA 39,2; 375,25−29 (1545).

[876] WA 30,1; 174,21−23 (1529): Denn es ist nichts an und ym gantzen menschen, das mehr und weiter beide guts schaffen und schaden thuen kan ynn geistlichen und weltlichen sachen, denn die zunge, so doch das kleinste und schwechste glied ist.

[877] WA 7; 471,3−7 (1521) (zu Rö 13,12): Alterum malum, scilicet irae seu odii, nutritur

renden Wirkungen zu bedenken, die von der Zunge ausgehen können. Drei Schriftstellen sind es vor allem, die ihm dabei als Ausgangspunkt dienen. Als deren erste ist die paulinische Mahnung an die Korinther zu nennenen, man möge sich nicht verführen lassen: »Böse geschwetze verderben gute Sitten« (1 Kor 15,33). Das erinnere an eine allbekannte Erfahrung, führt Luther aus. Gerade an jungen Menschen könne man immer wieder sehen, wie eine böse Zunge in *einem* Augenblick verderben kann, was Vater und Mutter in fünfzehn Jahren erzogen haben[878]. Übrigens hat Luther aus diesem Grund das Tötungsverbot des Dekalogs ausdrücklich auch auf den Rufmord bezogen: »Non occidere est si neque lingua, manu, signo, corde occideris«[879]. Zum andern hat sich Luther durch Jak 3,1–12 zu einer breiten, paraphrasierenden Erörterung der Gefahr bewegen lassen, die uns in Gestalt unserer Zunge bedroht: Unser größter Feind ist die eigene Zunge, weil sie das Gewissen am meisten zu schädigen vermag[880]. Schließlich greift Luther gern das aus verschiedenen Psalmworten[881] gespeiste und zur sprichwörtlichen Redensart geronnene Gleichnis von Pfeil und Bogen auf, um die von der Sprache ausgehende Bedrohung ins Bild zu fassen: Die Sprache gleiche einem Bogen, der scharfe Pfeile – nämlich

---

contentione et aemulatione. Contendere quid sit, notum est, tamen pro rudioribus exemplis potius demonstremus utrunque. Contendunt, qui litigant super re quapiam obtinenda defendendave, et proprie verbis agitur. Verba enim inter homines maxime valent seu linguae, ut quidam sensit, in utranque partem.

[878] WA 36; 620,1–6 (1532): Hoc experti gentiles et nos. Ein hur mit eim wort. Sic lingua auff ein augenblick, tantz verderben, daran pater et mater gezogen 15 jar. Ideo scripserunt gentiles poetae, ut caveat quisque bos geschwetz et apud suos. Et tamen kan mans nicht verhuten, quia absentibus parentibus adest familia. Ideo hut dich fur bos geschwetz, quia thut grossen schaden, quia, was wol erzogen, wird dadurch verderbt. – Vgl. die Druckbearbeitung der Rörerschen Vorlage (ebd. 620,12–22).

[879] WA 30,1; 74,9 f (1528). – WA 30,1; 36,29 f (1528). – Vgl. etwa auch WA 25; 427,20–428,34 (1527) (zu Lev 19,16). – Bereits in der 1. Psalmenvorlesung (1513/15) findet sich mehrfach der Hinweis: »Pilatus manu, Iudei lingua Christum occiderunt« (WA 3; 363,11 f; vgl. ebd. 363,10–364,9.33–37). – Vgl. WA 4; 222,3–5.

[880] WA 1; 475,20 f (1516/17): Maximus hostis noster est lingua propria atque ab ea non minus cavendum quam ab inimico maximo. – Ebd. 475,22 f: Nihil enim facilius laedit conscientiam quam lingua. – Vgl. ebd. 477,14–20: Omnis enim natura bestiarum et voluerum et serpentium et caeterorum domantur et domita sunt a natura, Linguam autem nullus hominum domare potest (Jac 3,7 f). vide, quantis verbis et sensibus linguam incessat, ut eam igni inferno similem ac feris inferiorem ponat. Quia a seipso non timeat, qui nocentiorem et feriorem bestiam apud se habet quam totus mundus? quis non odiat linguam suam? quis non vereatur loqui, qui tantis nominibus foedari audiat suam linguam? – Vgl. überhaupt ebd. 474,15–477,29.

[881] V. a. Ps 11,2 (»Denn sihe / die Gottlosen spannen den Bogen / und legen jre Pfeile auff die sehnen / Damit heimlich zu schiessen die Fromen«) – Ps 45,6 (»SCharff sind deine Pfeile / das die Völcker fur dir niderfallen / Mitten unter den Feinden des Königes«) – Ps 120,3 f (»Was kan dir falsche Zunge thun? Und was kan sie ausrichten. Sie ist wie scharffe Pfeile eines Starcken«) (zitiert nach der »biblia ... Deudsch« von 1545). – Vgl. ferner Ps 27,12; 109,2 f.

böse Worte – in die Herzen schießen kann[882]: »Das ist ein stich, der nicht blut«[883].

Diese unüberbietbare, die Gewissen bedrohende Gefahr, die von der Sprache ausgeht, ändert nichts daran, daß sie das edelste Werk am Menschen ist. Man muß auch hier »das wesen und den brauch« zu unterscheiden wissen[884]. Denn wie allen Menschen, so hat Gott auch den Schwärmern[885] und Lügnern eine »bona lingua« gegeben: »Sed usus linguae est ex diabolo«[886]. Darum »sollen wir ... vleissig achtung darauff geben, das wir die ohren und zungen so behalten, wie ers uns gegeben hat, und uns fur dem Teufel und menschen fursehen, das sie uns die zung und ohren nicht umbkeren«[887].

b) Die Aufgabe: Das Gott Entsprechende

aa) Die Bestimmung

Will man derart Ohr und Zunge, »wie ers uns gegeben hat«, bewahren und sich vor dem abusus linguae des Teufels in Acht nehmen, so liegt die Frage nahe, was denn der rechte, nämlich Gott entsprechende Gebrauch der Sprache sei. In grandioser Monotonie antwortet Luther darauf immer nur das Eine: wir sollen ohne Unterlaß Gott loben und ehren – »wotzu ist die tzung, stym, sprach und der mundt anders geschaffen?«[888] Daß die Sprachlichkeit des Menschen auch noch in anderen Zusammenhängen nötig und nützlich ist, ja daß

---

[882] WA 5; 355,17–21 (1519/21) (zu Ps 11,2): Celeberrima est allegoria ista arcus et sagittarum non modo in sacris literis, sed et quottidianis vulgi proverbiis: Arcum scilicet esse linguam seu oratorem seu orandi artificum, sagittas verba, suggestiones et similia. Itaque impii linguam suam eo instituunt et verba impii dogmatis eo dirigunt, tantum ut noceant et perdant. – WA 40,2; 508,8–509,5; 508,29–509,20 (1533/34). – WA 40,3; 29,10–33,4 (1532/33). – WA 51; 247,17–21 (1534).

[883] WA 51; 247,23 (1534). – WA 40,2; 508,31 (1533/34).

[884] WA 52; 200,36 f (1544).

[885] WA 27; 39,26–33 (1528): Dominus oportet det quibusdam bona, aliis non, es ist muhe und arbeit, ut bene utamur. Ideo stehts ubeler mit den qui dona habent quam illi etc. quia greulich sunt, quae dicitur vermessenheit. Schwermeri sind trefflich feine leut, dominus hat sie fein herlich geschmuck, haben scientiam, sprach und gnad und bonam vitam. Sie werden so steiff, sicher, ut nemo posset eos beugen. Quicquid illis scribitur, fit, ut in incudem percuteretur. Adeo fiunt praesumptuosi: quicquid dicitur, ist erlogen. Den wer besser, ut essent in ignorantia.

[886] WA 37; 19,18 f (1533); vgl. ebd. 19,16–24. – Vgl. WA 52; 199,1–205,10; v. a. 200,33–201,5.

[887] WA 37; 517,30–34 (1534). – In der Nachschrift Rörers lautet die Stelle (ebd. 517,10–13): Hat de privatio gestanden, ut discamus diligentius ..., ut zung und orhen behalten, ut dedit, ut zung non audiat et praedicet nihil aliud, et proximo mitteilen und fursehen fur Teufel und menschen, ne nobis verkeren.

[888] WA 6; 218,14–17 (1520); vgl. ebd. 218,8–28. – Vgl. bereits WA 3; 531,10–12 (1513/15). – WA 4; 162,9–11 (1513/15). – Vgl. auch WA 13; 138,8–11 (1524/26).

sie beispielsweise seine Sozialität überhaupt erst ermöglicht, hat Luther weder problematisiert noch bestritten – es hat ihn nur nicht interessiert[889]. Einzig das Gotteslob ist es, das für ihn als Aufgabe menschlichen Sprechens in Betracht kommt.

Der Mensch lobt Gott darin, daß er in einer ihm gemäßen Weise redet. So gesehen, ist das Lob nun aber nicht auf die Sprachsituation coram Deo beschränkt. Denn redend kann der Mensch Gott nur entsprechen, wenn Gott ihm die »erudita lingua« schenkt, von der Jesaia sprach (Jes 50,4): Was des Menschen Zunge spricht, ist ihr von Gott gegeben[890]. So findet die Aufgabe der Homologie nicht nur in der Gebetssituation ihre Erfüllung, sondern hat zugleich auch in der Sprachsituation coram mundo einen Ort. In abbreviaturhafter Deutlichkeit hat es Luther in einer Pfingstpredigt von 1531 formuliert: »Optimum membrum lingua, ut deum lobe et homines, per linguam bringt Christus totum mundum zw sich«[891]. Gott hat die Sprache des Menschen auch darin zu seinem Lob erschaffen, daß er sie ein Vehikel seines Geistes sein läßt[892] und das Rohr, durch das der Geist gegeben wird[893]. Diese exklusive Instrumentalität des Menschenwortes als medium salutis hat Luther immer wieder auch anschaulich gemacht. Sein bekanntester und zugleich kräftigster Vergleich ist das – in seinem Sachgehalt mit CA 5 nahtlos übereinstimmende – Bild des Bechers, der mir zum Trinken unerläßlich ist und den ich dennoch nicht mit aufnehme, wenn ich den Wein in mich hineintrinke[894].

---

[889] S. die in Anm. 856 zitierte Äußerung von P. HANKAMER.

[890] WA 25; 313,29–31 (1527/30): Epitatis est in nomine ›eruditam linguam‹ quasi dicas linguam discipulatam, quae nihil loquitur, nisi quod a Deo didicit. Non est lingua magistri sed lingua discipuli.

[891] WA 34,1; 495,13 f.

[892] WA 20; 790,24–27 (1527): Ante omnia audiendum et legendum verbum, quod vehiculum Spiritus Sancti est. Lecto verbo adest Spiritus Sanctus et sic impossibile est vel audire vel legere Scripturas sine fructu.

[893] WA 13; 686,6–12 (1524/26) (zu Mal 2,7: »Labia enim sacerdotis custodient scientiam«): Verbum canalis est, per quod datur spiritus sanctus. Locus est contra contemptores verbi vocales. Labia sunt receptacula publica ecclesiae, in quibus solis reservatur verbum dei. Nisi enim publice praedicetur, dilabitur et quo magis praedicatur, eo fortius retinetur. Lectio non proficit tantum, quantum auditio. Viva vox docet, hortatur, defendit, resistit spiritui erroris. Et satan nihil moratur verbum dei scriptum, ad eloquium verbi vero fugit. Hoc enim penetrat corda et reducit errantes. – Vgl. WA 29; 349,12–350,8 (1529). – Ferner WA 16; 367,6–368,6; 367,31–369,19 (1525). – Vgl. dazu ZUCKER (s. Anm. 302) sowie ENDERMANN, Zu Martin Luthers Ansichten über die Sprache (s. Anm. 700), 305.

[894] WA 12; 300,15–21 (1523) (zu Rö 1,16): Das wort ist eyn gotlich und ewig krafft, denn wie wol die stym oder rede bald verschwindt, so bleybt doch der kern, das ist, der verstand, die warheyt, so ynn die stym verfasset wirtt. Als wenn ich eyn becher an mund stos, ynn wilchem der weyn gefasst ist, so trinck ich den weyn hyneyn, Wie wol ich den becher nit mit ynn halß stosse. Also ist auch das wort, das die stym bringt, es fellet yns hertz und wirt lebendig, so doch die stym er aussen bleybt und vergehet.

Durch unser Wort kommt Gott zu den Menschen. Darin nimmt es teil an seiner Macht, und wenn es auch an sich so gering ist wie der Speichel, mit dem Jesus den Teufel ausgetrieben hat (Mk 7,31−37), so kann es doch ebenso den »leidigen Teufel« in die Flucht schlagen[895]. Insofern gleicht das Wort des Menschen einer Larve, in der Gott selbst, sich verbergend, am Werk ist[896]. Indem das Wort zu einem Instrument bestimmt ist, durch das sich Gott den Menschen kundgibt, gilt nun freilich auch für uns, was Luther einmal zu den homiletischen Skrupeln des Moses (Ex 4,10f) bemerkte: »*Gott* machet beredte und stumme . . . (Wir) meinen, es sey die sprache uns angeboren, Aber es ist niemands auff erden, der ein wort reden kônt, wenn es nicht Gott gebe«[897].

bb) Die Verwirrung (Gen 11)

Was Luther der menschlichen Sprache als Aufgabe zugewiesen sieht, ist durchweg postlapsarisch bestimmt. Spekulationen über den Ursprung der Sprache oder über ihre Beschaffenheit in statu integritatis waren für ihn kein Thema. Lediglich zwei Bemerkungen aus Gen 2 haben ihn zu knappen, diesbezüglichen Äußerungen veranlaßt. So kommentiert er in der Genesis-Vorlesung die in Gen 2,19f überlieferte Notiz, Gott habe die Tiere zu Adam gebracht, daß er sähe, wie er sie nennte, dies sei ein Hinweis auf die Unversehrtheit von Adams Natur: Mit *einem* Wort habe er die wilden Tiere regieren und bezwingen können, das ihrer Natur Gemäße zu tun[898] — so wie wir einem zahmen Hund befehlen[899]. Doch die Sünde habe diese ursprüngliche Sprachkraft zerstört[900]. Und wenn Adam nach der Erschaffung seiner Gehilfin konstatiert,

---

[895] WA 34,2; 155,12−156,3 (1531).

[896] WA 45; 522,7−13 (1537).

[897] WA 16; 58,17f.29f (1524); Hervorhebung von mir. Vgl. ebd. 58,11−31. − Vgl. auch WA 7; 550,1−11 (1521).

[898] WA 42; 90,16−24 (1535): Atque hic iterum admonemur de insigni cognitione et sapientia, quae in Adam fuit, qui creatus in innocentia et iusticia, sine aliqua nova illuminatione, tantum naturae suae bonitate, intuetur omnia animalia et sic habet eorum cognitam naturam, ut singulis aptum et naturae ipsorum conveniens nomen indat. Hanc lucem merito etiam dominium in omnes animantes secutum est, quod hic quoque ostenditur, cum ad arbitrium Adae vocantur. Uno verbo itaque leones, ursos, apros, tygrides, et quicquid est praestantiorum animalium, cogere potuit ad quaevis efficienda, quae naturae eius conveniebant.

[899] So in Auslegung von Gen 1,26 (WA 42; 47,40−48,2): Maxime cum addas etiam imperium in creaturas, ut sicut Adam et Heua Deum agnoverunt Dominum, ita postea ipsi reliquis creaturis in aëre, aqua, terra dominati sunt. Hanc maiestatem quis poterit verbis assequi? Nam ego credo Adam ita potuisse uno verbo imperare Leoni, sicut nos imperamus assuefacto cani.

[900] WA 42; 90,24: Haec . . . per peccatum amisimus. − In anderer Weise ist die Sünde Adams bei Tauler gedeutet (s. Anm. 693) (191,6−16): Kinder, dis ist also sere ze merkende das man prûve was das si das den menschen alsus tôb machet. Von dem das unser

dies sei Bein von seinem Bein und Fleisch von seinem Fleisch, und hinzufügt, darum werde ein Mann seinen Vater und seine Mutter verlassen und seinem Weibe anhangen (Gen 2,23f), so betont Luther, daß Christus diese Worte Adams zurecht als von Gott selbst geredet zitiert habe (Mt 19,5): In statu innocentiae waren alle Worte und Werke Adams wahrhaftig Gottes Wort und Werk[901]. Doch damit steht Luther durchaus im Rahmen der traditionellen Auslegung von Gen 2, und was ihn in beiden Fällen bewegt, ist überdies kein sprachtheoretisches Interesse, sondern die Frage, inwiefern die Sünde die Gottebenbildlichkeit des Menschen lädiert hat.

Im übrigen kommt die Sprachlichkeit des Menschen bei Luther immer nur unter postlapsarischem Aspekt in den Blick. Besonderes Gewicht fällt dabei auf die sprachgeschichtliche Version des Sündenfalls: den Turmbau zu Babel (Gen 11,1−9). Als Quelle haben dafür vor allem die entsprechenden Passagen aus der Genesis-Vorlesung[902] zu gelten, daneben jedoch auch zwei Predigten von 1523[903] bzw. 1527[904], die allerdings weitgehende Übereinstimmung aufweisen und darum den Verdacht literarischer Abhängigkeit nahelegen. Die Verwirrung der Sprachen, beginnt Luther, ist ein »singulare stuck dei«[905], das noch heute fortwirkt[906] und bis ans Ende der Welt andauern wird[907]. Was vorher war, streift Luther wiederum nur kurz[908]. Auch der gemeinhin herrschenden Auffassung, es seien damals 72 Sprachen entstanden, mag er nicht beipflichten. Es stehe jedenfalls nicht im Text, meint Luther nur, sondern sei eine wohl von den zweiundsiebzig Enkeln Noahs abgeleitete Glosse[909]. Daß es sehr

---

vettere, der erste mensche, ire oren erbuttent dem insprechende des vijendes, von der gehôrde sint si tôb worden vor und wir alle nach in, also das wir die minneklichen insprachen des ewigen wortes nút gehôren enmúgen noch verston, und wissent doch das das ewig wort uns also unsprechlichen nach und inwendig ist in unserem grunde das der mensche im selber und sine eigene nature noch sin gedank noch alles das man genemmen oder gesagen mag oder verston mag, das enist alles nút als nach noch inwendig als das ewig wort in dem menschen, und spricht ane alle underlos in dem menschen, und der mensche enhôrt dis alles nút von grosser tôpheit die den menschen besessen hat.

[901] WA 42; 101,34−41: »Dixitque Adam: Hoc tandem os ex ossibus meis, et caro de carne mea. Haec vocabitur Virago, quoniam de Viro sumpta est« (Gen 2,23). Sententia, quae paulo post sequetur: ›Ideo derelinquet homo patrem et matrem‹ et a Christo citatur, quod ab ipso Deo dicta sit et non ab Adam. Sed in ea re nihil est difficultatis; quia enim Adam purus et sanctus est, recte eius vox dicitur divina vox. Nam Deus per eum locutus est et in statu illo innocentiae verba et opera Adae omnia sunt vere Dei verba et opera. − Vgl. WA 47; 315,28−38 (o. J.).

[902] V. a. WA 42; 413,3−414,5 (1535/45). − Vgl. WIKERSTÅL (s. Anm. 49), 321 f.

[903] WA 14; 211−215 (1523).

[904] WA 24; 226−242 (1527).

[905] WA 14; 211,16. − WA 24, 227,15: Ein sonderlich stücke Gôttlichs wercks.

[906] WA 14; 211,16 f. − WA 24; 227,15−17.

[907] WA 42; 414,11 f.

[908] WA 24; 227,18. − Vgl. WAT 5; 492,13−16 (Nr. 6108).

[909] WA 14; 211,17−212,5. − WA 24; 227,19−35.

viele Sprachen gebe, lehre schließlich jede Erfahrung, zumal ja allein das Deutsche an die hundert Dialekte kenne[910]. »Das wissen wir, das yhr viel sind: wie viel yhr aber ist, kůnnen wir nicht sagen«[911]. Ungleich wichtiger ist für Luther die zweifache Perspektive jenes einzigartigen Werkes Gottes. Denn was sich äußerlich als die Verwirrung der Sprachen kenntlich macht, das gibt sich zugleich innerlich so zu erkennen, daß es die Gewissen ängstigt und die Herzen erschreckt[912]. Beides wirkt indes dasselbe: Es läßt Groll und Feindschaft wachsen unter den Menschen, es schürt den Haß und sät Zwietracht allenthalben[913]. Die Eindeutigkeit der Sprache, fährt Luther fort, war darum gegeben, »das man sich freuntlich zu samen halte«[914]. Wird sie zerstört, so tritt damit die Ursache aller Übel[915] auf den Plan: Die Zerteilung der Sprache und Herzen stürzt häusliches, weltliches und geistliches Regiment in Unordnung; die Verwirrung ist universal[916].

Während Luther die Zerstreuung der Sprachen in den beiden Predigten allegorisierend auf die in der Kirche zu beklagende Verwirrung bezieht[917], dient im das kirchliche Unheil in der Vorlesung lediglich als bevorzugtes Exempel. Schonungslos ist die Kritik in beiden Fällen. Die ungläubigen Prediger machten sich zwar einen Namen, aber sie wirkten nur Zerstreuung und Sektiererei:

---

[910] WA 24; 227,24—28.

[911] Ebd. 227,34 f.

[912] WA 14; 214,1—5: Ita hic intellige: deus descendit per manifestum opus, quod divisit linguas, ut alter ab altero non intelligeretur, nec hoc tantum, sed eciam terruit conscientias eorum, quod dominus hoc noluit. Ita dispersi sunt per internum terrorem cordis et externum opus in universum mundum. Ita actum cum Adam, Cain, verzagt sein worden in cordibus, et externo opere divisi sunt. — WA 24; 231,25—33.

[913] WA 42; 413,8—12: Germanus libenter cum suae gentis homine colloquitur et conversatur. Ubi autem linguae diversae sunt, ibi non solum nulla commercia intercedunt, sed etiam in animis odium nascitur eius gentis, cuius tu linguam non intelligis. Sic Gallus odit et contemnit Germanos, Itali oderunt et contemnunt prae se omnes Nationes. — Vgl. ebd. 414,1 f: Ego Italum non intelligo, nec Italus me, itaque naturalis quasi occasio irae et inimiciciae inter nos est. — Neben den aktuellen Sprachproblemen hat Luther gern die Gestalt des jungen Joseph als Exempel herangezogen: er »kômpt ynn ein land, da er die sprach nicht kan, schweige, das er einen freund solt wissen, zu den er sich guts versehe« (WA 24; 632,14—16 [1527]). — Vgl. WA 14; 473,31—474,3 (1523/24). — Vgl. ferner WA 3; 615,41—616,35 (1513/15).

[914] WA 24; 231,33 f.

[915] WA 42; 413,14 f: Seminarium omnium malorum. — Ebd. 213,32: Origo et seminarium omnium malorum et discordiarum.

[916] Ebd. 413,13—18: Apparet igitur ex ista linguarum divisione, dissociatos animos, mutatos mores, mutata ingenia et studia, ut vere eam appellare possis seminarium omnium malorum, Nam et Politiae et Oeconomiae turbationem excitavit. Haec etsi gravissima incommoda sunt, nihil tamen ad hoc sunt, quod etiam Ecclesias turbavit haec linguarum diviso, et occasionem dedit in infinitum patentis idolatriae et superstitionis. — Vgl. BAYER, Schöpfung als Anrede (s. Anm. 299), 19 sowie insges. 9—32.

[917] WA 14; 215,35—216,28. — WA 24; 234,35—235,26.

»Da ist keines mit dem andern eins, wil yglichs das beste sein und mus eins dem andern feind werden ... Daraus folget auch ein zurtrennet wesen, das sich keiner des andern annimpt, keiner dem andern liebe erzeiget«[918]. Diese päpstliche Sprachverwirrung[919] wirft ihren Schatten auch auf die Schrift: Obwohl »optimum in seipso«, wird sie unter den Menschen konträr gedeutet[920]. Es ist von geradezu bewegender Einfalt, wie Luther demgegenüber die »wahrhafftigen Christen« beschreibt: Wo sie sind, herrscht Eintracht in allen Dingen, Konsens der Lehre und darum die Einheit »ynnwendig ym hertzen und eusserlich ym leben«[921]. Diese wunderbare Eintracht ist das Werk des Geistes. Denn wenn auch die verschiedenen Sprachen bestehen bleiben, so reißt Christus doch die Trennwände nieder: In allen Menschensprachen ist die »nova lingua Christi« zu verstehen. In ihr ruft Christus alle in *einen* Glauben zusammen, und durch sie stiftet er auch äußerlich Frieden[922]. Indem Luther, darin durchaus traditionell[923], die Sprachverwirrung von Gen 11 derart auf die Ausgießung des Geistes (Act 2) bezieht (vgl. § 13.3), kann er die »usque ad finem mundi« fortdauernde Defizienz der menschlichen Sprache festhalten und zugleich zeigen, daß diese Gestalt der Erbsünde zwar nicht in ihrem äußeren Folgezusammenhang, aber doch in ihrer inneren Unerbittlichkeit sistiert werden kann: Der Glaube an Christus hebt die Grenzen nicht auf, aber er vereint über alle Grenzen hinweg.

Mit diesem inneren Gefälle der Zuordnung von Gen 11 und Act 2[924] ist überdies entschieden, daß sie nicht als abstrakte heilsgeschichtliche Konstruktion, sondern einzig um ihrer soteriologischen Pointe willen interessiert: als die

---

[918] WA 24; 235,13 f.20 f; vgl. ebd. 235,11−26. − WA 14; 215,35−216,28. − WA 42; 413,16−21.

[919] Vgl. zudem WA 7; 447,2−8 (1521). − WA 54; 217,9−13 (1545). − Vgl. ferner § 7.1.b dieser Arbeit.

[920] WA 56; 428,18 f (1515/16): Verbum Dei in seipso est optimum, Sed diffusum ad homines fit varium et patitur differentiam ipsum indifferens. − Vgl. ebd. 428,15−25.

[921] WA 24; 234,6−10. − Vgl. WA 14; 217,6−8: Ubi Christiani sunt, nulla est divisio: quod alius sentit, alter sic quoque sentit et externa conversatio una est.

[922] WA 42; 413,22−30: Magnum igitur novi Testamenti beneficium et singulare miraculum est, quod Spiritus sanctus in die pentecostes per varietatem linguarum, omnium nationum homines, in unum corpus unius Christi capitis redigit. Christus enim coagmentat et coniungit omnes in unam fidem per Euangelium, manentibus tamen diversis linguis, destruens maceriam, non tantum reconciliando nos per suam mortem Deo, et loquendo ad nos nova lingua, Sed etiam foris faciendo concordiam, ut quasi diversi greges, socientur sub uno Pastore et colligantur ad unum ovile. Hoc Christi beneficium est, quod cum sit commune omnibus, nihil offendit dissimilitudo, quae est in externa vita.

[923] Vgl. Duchrow (s. Anm. 156), 183. − Schindler (s. Anm. 286), 80. − Apel (s. Anm. 700), 111−115. − Meinhold (s. Anm. 300), 19 f (zu Luther), 49 (zu Thomas), 55 f (zu Augustin) sowie allg. 45−57. − Ferner H. Dempe, Bemerkungen zur christlichen Anthropologie der Sprache (ZRGG 36, 1984, 305−312), 310.

[924] Vgl. auch WAT 5; 492,13−35 (Nr. 6108).

Mahnung nämlich, nicht abzufallen vom »mediator Christus« und von seinem Wort[925].

cc) Die Analogiefähigkeit

Seit die menschliche Sprache ihre ursprüngliche Ähnlichkeit mit der Sprache Gottes verloren hat und also die Dinge nicht mehr eindeutig, will sagen: in ihrer wirklichen Natur zu benennen vermag, gehört das Strukturprinzip der Defizienz zu ihrem Wesen. Dennoch hat der Fall nicht jede Entsprechung zwischen Gotteswort und Menschenwort zunichte gemacht. Gerade weil Luther diese beiden Wortgestalten nicht als eine bloße Äquivokation auffaßt, vielmehr die eine nur von der andern her verstehen kann, ist menschliche Sprache, obschon defizitären Charakters, im Hinblick auf das Sprechen Gottes durchaus analogiefähig. Das hat Luther teils ausdrücklich dargelegt, teils auch durch einen entsprechenden, aber wohl nicht reflektierten Sprachgebrauch bekräftigt.

Zunächst erinnert Luther mehrfach an die Entsprechungen, die zwischen menschlichem Wort und der Macht desjenigen Wortes herrschen, durch das Gott alles wirkt. »Gerings Wort, riesige Wirkung«, heißt es bei ihm oft in sprichwörtlicher Verdichtung[926]. Wenn unser Wort auch nur ein vergänglicher Hauch ist, so kann ich doch damit ein ganzes Land regieren[927]. Und wenn zumal die großen Herren reden, »da gilt ein wort ein zentner«[928]. Als biblischer Gewährsmann für diese Argumentationsfigur darf der Hauptmann von Kapernaum gelten (Mt 8,5–13). Luther hat denn auch in der Auslegung dieser Perikope immer wieder das Argument des Hauptmanns paraphrasierend erweitert. »Ein feiner starcker man« ist ihm der »ungelerte Heidnische kriegsman«, aus dem doch solche Weisheit spricht[929]. Denn es sei ein überaus tref-

---

[925] WA 42; 413,34; 414,7 f; vgl. ebd. 414,7–15. – Vgl. BAYER (s. Anm. 299), 76–79.

[926] Z. B. WA 45; 379,12. – WA 45; 419,20 u. ö.

[927] WA 19; 500,2–8 (1526): Si tantum unam creaturam dei respicerent, non mirarentur super verbis. Exemplum in verbis meis habes. Loquor verbo meo. Vox est fragilis creatura, quia non stat, quando os cessit, nihil dicit vox. Ista voce fragili possum commovere multa millia hominum. Ego habeo unam vocem. Vox aliquot 1000 aurium est et tamen omnes audiunt et capiunt totam vocem. Hoc est maximum miraculum, et tamen non habetur pro miraculo. – Vgl. WA 19; 488,17–26 (1526). – WA 49; 647,22–648,3 (1544).

[928] WA 41; 291,38–292,2 (1535): Denn das ist der grossen herrn und hoher leute art, wenn sie recht erzůrnen, so reden sie nicht viel wort, Was sie aber reden, da gilt ein wort ein zentner.

[929] WA 29; 24,3–9 (1529): Et est so ein feiner starcker man, das ers mit eim exempel beweist und helt sich gegen Christo: Ego peccator et non habeo magnam potestatem, sed sub Rhomanis qui hielten mit grossem zwang illam regionem, legten in omnes civitates praesidia. Non sum Landpfleger ut Cyrenios vel Pilatus. Thu das, ghe hin, kom her, haec verba gentilis. Si hoc potest homo sedens sub mensa et reget nur die zungen ein wenig: qui tu non posses, si etiam hic non esses? – WA 41; 26,23 f (1534/35).

fendes Gleichnis, wenn der Centurio die Macht des Wortes Gottes − »Sprich nur ein Wort, so wird mein Knecht gesund« (Mt 8,8) − zu den Worten menschlicher Machthaber in Entsprechung setze: Auch der Mensch kann durch ein einziges Wort wohl hundert, der Kaiser gar hunderttausend Menschen in Bewegung setzen[930]. Neben dieser von Luther bevorzugten Analogie hat er aber gelegentlich auch in anderen Zusammenhängen auf eine Entsprechung von menschlichem und göttlichem Wort verwiesen. So kann er etwa den Satz, das Wort sei auf Glauben hin angelegt, daran verdeutlichen, daß ja auch das menschliche Zusammenleben nicht ohne Treu und Glauben funktioniere: »Wo man mit worten und zusagung handelt, da musz glawben sein auch unter den menschenn auff erdenn. Es möcht sunst kein handel noch kein gemein lange bestahen, wo niemant des anderen wortten odder briefen glawbete«[931]. Und in einer späten Disputation findet sich die Unterschiedenheit des Sohnes vom Vater einmal mit der eines menschlichen Wortes von dem Mund, der es spricht, verglichen[932].

Die These von der Analogiefähigkeit des menschlichen Wortes läßt sich daneben aber auch an einem interessanten sprachlichen Phänomen festmachen, das bei Luther in großer Häufung begegnet, von ihm aber m. W. nie reflektiert worden ist. Es geht dabei um die vielfältigen Formen aktionaler Differenzierung, die die mit einem Präfix verbundenen deutschsprachigen Verben ›sprechen‹, ›sagen‹ und ›reden‹ bei Luther aufweisen[933]. Daß es sich zumeist um alltägliche und darum beiläufig gebrauchte Wendungen handelt, spricht für die Selbstverständlichkeit des in diesen Sprachformen sich abbildenden Gedankens einer dem menschlichen Sprechen innewohnenden Gleichnisfähigkeit. Denn gleichwie Gott einem Menschen den Himmel *absprechen*[934] und Christus

---

[930] WA 41; 26,5−8 (1534/35): Quis dedit ei hanc similitudinem? Omnes Iudei non potuissent ergreiffen. Unico verbo homo potest hundert menschen. Et Cesar hundert tausent menschen. Si homo uno verbo regen machen, ut lauffen und ghen. − Vgl. ebd. 26,23−31. − Daß Luther an anderer Stelle der Allmacht des Wortes Gottes die Ohnmacht des Herzogs von Sachsen entgegenstellt (WA 31,1; 545,19−21 [1530/32]): Verbo creat omnia. Er darff nicht mehr denn ein wort dazu. Das mag ein herr sein. Wenn der furst von Sachssen etwas heisst, nulli sunt qui faciunt), will die Entsprechung von menschlichem und göttlichem Befehlswort nicht etwa relativieren oder gar zurücknehmen, sondern bedeutet eine auf die Figur Georgs des Bärtigen zielende, polemische Bosheit, die die genannte Entsprechung gerade voraussetzt.

[931] WA 7; 322,36−323,3 (1521).

[932] WA 39,2; 256,24−26 (1543): Non dicimus, quod sit verbum prolatum, sicut verbum nostrum est res distincta ab ore. Ita enim verbum Filius est prolatum a Patre, et tamen manet in eadem substantia Deus.

[933] Zum grammatischen Phänomen vgl. J. ERBEN, Deutsche Grammatik. Ein Abriß, 1972[11], 70−72.

[934] WA 41; 429,6 f (1535).

einem denselben zuschließen und *absagen* kann[935], so haben auch die Apostel Gewalt, die Sünde *weg-* oder *zuzusprechen*[936], so kann auch ein Prediger dem Gottlosen die Gnade Gottes *entsagen*[937], ja ein jeder Christ dem Teufel[938], dem gleißenden Leben[939] oder seinen eigenen Werken *entsagen*[940], aber beispielsweise auch »die ehe gar *absagen*«[941], desgleichen einem andern guten Morgen wünschen und ihm die Gnade Gottes *zusagen*[942]. Ob man uns darum das Wort Gottes *absprechen*[943] oder einen andern Gott *einreden* will[944], ob der Richter einem Angeklagten das Leben *abspricht*[945] oder das eigene Herz uns *absagt* und in die Hölle verdammt[946], ob wir uns *bereden*[947] und *überreden* lassen[948], ob man sich eine Überzeugung *ausreden* läßt[949], dem Glauben *versagt*[950] oder schließlich einem andern die Schrift[951], die Taufe[952], das Erbe[953] oder sonst etwas *versagt*[954]: Immer ist darin die reale Macht abgebildet, die von menschlichen Worten ausgehen kann und die sie zum kreatürlichen Gleichnis für die Allmacht des Wortes Gottes tauglich sein läßt. Mit dieser Kraft menschlichen Wortes soll man rechnen, auf sie kann man bauen. Wenn einer *gerufen* ist — sei es vom Rat, um zu predigen[955], sei es von Christus in die Kreuzesnachfolge[956] —, so wohnt diesem Ruf, der doch in menschlichen Worten ergeht, unbedingte Verbindlichkeit inne: In ihm sind wir nicht nur beredet, sondern

---

[935] WA 21; 529,36−530,2 (1526). − Vgl. WA 21; 357,34−38 (1526). − WA 37; 316,7−9 (1534).

[936] WA 34,1; 321,9 (1531).

[937] WA 51; 55,33−36 (1545).

[938] WA 12; 44,15−19 (1523); vgl. ebd. 45,20−23. − WA 21; 299,29f (1523). − WA 34,2; 396,31f.

[939] WA 21; 94,29−34 (1528).

[940] WA 10,3; 378,6f (1522).

[941] WA 15; 168,21f (1524).

[942] WA 4; 658,14.23 (1517?).

[943] WA 38; 38,15−19 (1531/33).

[944] WA 33; 192,12−14 (1531).

[945] WA 32; 328,14f (1532). − Vgl. WA 49; 207,21f (1541).

[946] WA 36; 689,36−38 (1532).

[947] Das Wort ›bereden‹ gebraucht Luther meist im positiven Sinn: WA 22; 34,26−31 (1544). − WA 28; 711,20−25 (1529). − WA 53; 510,1−4 (1543). − Gelegentlich verwendet er es aber auch pejorativ: z. B. WA 8; 200,12 (1521). − WA 21; 421,7.

[948] Das Wort ›überreden‹ gebraucht Luther fast immer, dem heutigen Gebrauch entsprechend, negativ, selten aber auch positiv (z. B. WA 28; 684,20).

[949] WA 21; 25,6−9 (1528).

[950] WA 12; 601,11−13 (1523).

[951] WA 49; 565,24−27 (1544).

[952] WA 52; 575,22 (1544).

[953] WA 46; 129,11 (1538).

[954] WA 12; 595,29 (1523). − WA 41; 193,31 (1535).

[955] WA 10,3; 10,13 (1522). − WA 17,2; 262,17 (1527).

[956] WA 10,3; 369,25 (1522).

verläßlich *berufen*[957]. Darum soll man es sich *gesagt sein lassen*, als sagte es Gott selbst[958]. Denn wer sich das Evangelium gesagt sein läßt, der wird es am Ende gewahren[959].

c) Herz und Mund

In der diesen Abschnitt einleitenden Passage der Psalter-Vorrede von 1528 hatte Luther die Psalmen dafür gerühmt, daß sie nicht allein die Werke, sondern auch die Worte der Heiligen berichteten und uns damit in deren Herz sehen ließen (vgl. §7.2.a). Dieser Gesichtspunkt spielte zugleich im zweiten Teil der Vorrede auf den Johannes-Prolog von 1522 eine entscheidende Rolle für die Begründung der begrenzten Analogiefähigkeit, die dem menschlichen Wort im Hinblick auf das Wort Gottes zukommt (vgl. §6.2.a). Was dort erarbeitet worden ist, bedarf keiner Wiederholung. Daran erinnernd, wird es nur noch darum gehen, die Grundlinien dieser für das Sprechen des Menschen konstitutiven Relation von Herz und Mund sichtbar zu machen.

Daß es für das Herz des Menschen kein besseres Spiegelbild gibt als die Worte, die er spricht, ist ein bei Luther vielfach wiederkehrender Gedanke, der ihn freilich immer nur um eines konkreten theologischen Zusammenhangs willen interessiert[960]. Erfährt ein Mensch etwa, daß ihm ein Haus oder ein Vermögen übereignet wird: »statim ghet das maul hernach«[961]. Und wenn eines Menschen Seele betrübt ist, dann wird ihm auch seine Zunge dürr[962]. Wie deutlich derlei Erfahrungen nun aber stets auf einen theologischen Sachverhalt bezogen sind, von dem her sie überhaupt erst ins Gewicht fallen, zeigt beispielsweise die Erläuterung, die Luther der Abfolge der ersten beiden Gebote des Dekalogs im Großen Katechismus gibt: »Gleich wie das erste gepot das hertz und den glauben geleret hat, also fûret uns dis (sc. das zweite) gepot eraus und richtet den mund und die zunge gegen Gott. Denn das erste so aus dem hertzen bricht und sich erzeigt, sind die wort«[963]. Aber auch in anderen biblischen Zusammenhängen kommt Luther darauf zu sprechen, so bereits in der ganz frühen Auslegung von Ps 44(45), 2b (»Lingua mea calamus scribae Velociter scribentis«), wo er in einem gedrängten und für sein Wortverständnis

---

[957] WA 18; 97,10—16 (1525).

[958] WA 13; 302, App. 9. — WA 12; 521,24 f (1523). — WA 49; 536,22 (1544) u. ö.

[959] WA 17,2; 267,28—30 (1527).

[960] WA 11; 225,25—226,1 (1523): Verbum est optimum signum, quo cordis intentio significatur. — Vgl. ebd. 225,15—226,7. — WA 37; 420,31—421,2 (1534): Experientia nostra dicimus: quod aliquis in corde non habet, hoc non loquitur. ... Ut cor est, ita loquitur os. — Vgl. WA 40,2; 492,12—493,4 (1532).

[961] WA 37; 421,5 f (1534).

[962] WA 45; 226,11 (1537).

[963] WA 30,1; 139,15—18 (1528).

nis entscheidend wichtigen Scholion[964] das Wort des Menschen als eine Tür nach draußen darstellt, welche »vocaliter« hervorgehen läßt, was im Herzen »vitaliter« enthalten ist[965]. Und auch später hat Luther diese Spiegelfunktion der menschlichen Zunge oftmals erläutert, mit Vorliebe übrigens in der Auslegung von kirchenjahreszeitlich exponierten Perikopen wie etwa Lk 2 (Weihnachten)[966] oder Act 2 (Pfingsten)[967].

Nun sind freilich die Worte immer nur ein unvollständiges Abbild dessen, was ein Mensch in seinem Herzen bewegt. Diese Differenz spielte zwar in den ersten Vorlesungen eine besondere Rolle, weil Luther dort noch deutlich die Prävalenz des Herzens vor der Zunge und damit des inneren Wortes vor dem gesprochenen, äußeren Wort hervorgehoben hatte[968]. Aber auch später legt Luther noch großen Wert auf die Feststellung, daß der Mensch weder die volle Wirklichkeit in sein Herz aufnehmen[969] noch sein Herz ganz in Worte fassen kann[970]. Könnte er es, so unterläge die Analogiefähigkeit des menschlichen Wortes keiner Beschränkung, wie Luther im zweiten Teil seiner Prolog-Vorrede ausgeführt hatte[971]. Diese Einschränkung ist jedoch für das, was Luther an der Spiegelfunktion des menschlichen Wortes interessiert, ohne Belang. Denn wenn sich auch nicht alles, was das Herz bewegt, in Worte fassen läßt, so steht doch hinter jedem gesprochenen Wort ein inneres Bild.

Die damit angedeutete Übereinstimmung von Mund und Herz, die den Menschen nicht nur gleichnisfähig, sondern auch wahrheitsfähig macht, ist

---

[964] WA 3; 253−264. − Vgl. dazu G. EBELING, Das rechte Unterscheiden (s. Anm. 13), 242 f, v. a. Anm. 75 (dort auch weitere Literatur).

[965] WA 3; 255,5 f; 256,21−26. − Vgl. ferner ebd. 349,23−28.

[966] Z. B. WA 41; 488,16−24 (1535): Eius (sc. dei) cogitatio nunc revelata, quid faciat, quomodo affectus et quid in corde habeat ex suo cnatico, Ut habeo ex verbis, cantico, sunt mihi certa testimonia, quid homo in synn hat, si etiam neget et mentiatur, quia wort und zung ist gewis anzeigen, quid in corde stecke, Sicut cor sthet, so verba lauten, das mundlich wort, dixerunt gentiles, est ebenbild cordis, quod loquitur in ore, habet in corde, quanquam modo non loquatur alias cogitationes. Sicut cor gedenckt, ita loquitur os, ut Christianus mag schweigen sein heimlich tücke, quas im synn, doch gleichwol verba, quae loquitur, ex corde proficiscuntur.

[967] Z. B. WA 34,1; 494,10−495,8; 494,23−495,22 (1531). − Daß auch die *Perzeption* des Menschen als Spiegelung verstanden werden kann, hat Luther dagegen nur selten geäußert; für die einzige mir bekannte Stelle (WA 18; 83,6−12) vgl. Anm. 874.

[968] Vgl. etwa aus dem Sermon über den Johannes-Prolog von 1514: WA 1; 30,4−26 (vgl. dazu BAYER, Promissio [s. Anm. 302], 17−31). − Ferner WA 55,1,1; 28,1−3 (1513/ 15). − WA 55,2,1; 86,1−25 (1513/15). − WA 4; 373,36−374,7 (1513/15). − WAB 1; 23,31 f (1514).

[969] WA 12; 469,32−34 (1523): Das (sc. die Menschwerdung Gottes) sind solche wortt, die kains menschen hertz aussprechen noch begreyffen kan. Ja wenns recht jnns hertz gieng, wer es nicht wunder, das zů sprůng fur freyden.

[970] Z. B. WA 1; 61,4−11 (1516). − WA 17,1; 132,12 (1525). − WA 40,1; 183,5 (1531). − WA 52; 665,23 f (1544).

[971] WA 10,1,1; 188,8−16 (1522); vgl. dazu § 6.2.a dieser Arbeit.

Teil der Schöpfungsgabe, mit der Gott den Menschen als Sprachwesen ausgezeichnet hat. Doch auch von dieser guten Gabe Gottes kann der Mensch einen ihr nicht gemäßen und darum bösen Gebrauch machen[972]. Die Wahrheitsfähigkeit des Menschen impliziert, daß er auch zur Lüge fähig ist. Es ist nun interessant, wie Luther das Phänomen der Lüge, dem er in diesem Zusammenhang große Aufmerksamkeit schenkt, gedeutet wissen will. Denn die Lüge wird bei ihm nicht — wie man in Umkehrung der klassischen Wahrheitsdefinition sagen könnte — als Divergenz von intellectus und res, von Auffassung und äußerer Wirklichkeit, bestimmt, sondern als Divergenz von Wissen und Sagen, von Herz und Mund. Insofern muß auch *der* als Lügner gelten, der in verleumderischer Absicht eine Wahrheit sagt[973]. Erst recht ist der Schönredner ein Lügner, weil er nicht allein anders redet, als er handelt[974], sondern dazu auch anders redet, als er denkt und fühlt[975]: Weil sein Inneres davon unberührt bleibt, kleben ihm seine Worte auf der Zunge wie der Schaum auf dem Bier[976]. Es sind tote Worte, die er spricht[977] — sie »stüncken ... vor lugen«[978].

In dieser Bestimmung der Lüge — daß sie die gottgewollte Konvergenz von Herz und Mund verweigert — fand Luther ein wichtiges, oft gebrauchtes Instrument für die theologische Auseinandersetzung. Was mit der Figur des Pharisäers aus Lk 18,9—14 urbildhaft vorgegeben ist[979], findet Luther in dem »schwetzigen wortler Thomas Murner«[980] ebenso erneuert wie in den Schwärmern, die die »dulcissima verba« von Lk 2 für bloße Worte nehmen und darum nicht auch ins Herz einlassen[981]. Vor allem aber gebraucht er diese Fi-

---

[972] Vgl. WA 37; 19,16—24 (1533). — WA 38; 469,1—16 (1538).

[973] WA 1; 472,40—473,11 (1516/17). — Vgl. WA 4; 508,12 (1513 ff).

[974] Vgl. WA 22; 249,35 (1529) sowie § 7.1.a dieser Arbeit.

[975] WA 43; 681,20—22 (1535/45) (zu Gen 30,27): Tales vero sunt homines fallaces et bilingues: qui aliud sonant, aliud sentiunt, qualis species est linguae serpentis bifidae. — Vgl. ebd. 501,13—25. — Ferner AWA 2; 591,11—15 (1519/21).

[976] WA 10,3; 154,4 (1522). — WA 10,3; 261,12 f (1522). — WA 11; 174,39 (1523). — WA 36; 211,29 f (1532). — Vgl. WA 3; 353,26—30 (1513/15). — Umgekehrt sagt Luther zum Lobgesang der Maria (Lk 1,46—55): Hoc indicat suum Magnificat, non schaum in lingua, sed ein grundlich fülen und schmack in corde virginis, das ir cor jnn einem triumph herghet, ut vox exultat (WA 37; 474,30—32).

[977] WA 12; 562,15 f (1523).

[978] WA 15; 767,23 (1524).

[979] WA 36; 235,13 f (1532): Dicit ›Gratias ago‹, Ja das hertz ist stoltz, lingua demutig, quia contemnit illum. — Vgl. ebd. 235,3—23.

[980] WA 7; 682,28 (1521).

[981] WA 32; 265,10—266,4 (1530): Hanc fidem nos praedicamus de qua Turca, papa nihil noverunt et omnes sectarii. Rotten arripiunt sibi verba angeli. Aber wies ein ernst etc. quia verbum non aliter suscipiunt quam papyrum. Sicut kelch und corporal nehmen den leib und blut Christi an. Das papir thut nicht mher quam quod fasst et dat aliis auch. Sic ex una papyro legis in ein anders, ex mea lingua in suam, gehet nicht yhns hertz, Sic suscipiunt istum maximum thesaurum, zu yhrem grossen schaden putantes se Christianos, ut si velit papyrus dicere: Certe in me habeo scripturam, ideo salvabor. — Vgl. ebd. 265,21—266,19.

gur gegen die römische Kirche: Der Papst lehrt zwar Gottes Gebot mit Worten, aber er tritt es mit Füßen[982]. Und auch die Priester glauben nicht, was sie sagen[983], sondern sprechen das Vaterunser für Geld, ohne Herz und Verstand[984]. So werden die Worte, die sie sprechen, stets durch die »gegenwortte« ihres Herzens und ganzen Wesens konterkariert[985].

Der Lügner vermag die Menschen über sein wahres Denken und Fühlen zu täuschen, weil diese ihm nicht ins Herz, sondern nur auf dessen sprachliche Manifestation sehen können[986]. Gott dagegen läßt sich nicht belügen. Er sieht dem Lügner ins Herz[987] und weiß darum, daß dessen Wort, das gegenüber den Menschen eine Lüge ist, eben darin die Wahrheit sagt über ihn selbst[988]. Denn auch das Wort des Lügners stimmt ja insofern mit seinem Innern überein, als es einem lügnerischen Herzen entspringt: »Noch ists offinbar, das er (sc. ein lügner) durch die wort nicht ein lügner wirt, sonder fur hyn eyn lügner worden ist, ehe er eyn lügen sagt, denn die lügen muß auß dem hertzen ynn mund komen«[989]. Eben so ist das Gericht nach den Worten (Mt 12,37) gemeint: Die Gottlosen offenbaren in ihren bösen Worten ihr Herz, und indem sie ihr Wesen zu rechtfertigen suchen, verdammen sie sich selbst[990]. In diesem Sinne wird sie Gott dereinst *zur Rede stellen*[991].

Auf dem damit skizzierten Hintergrund muß man verstehen, wenn Luther immer wieder dazu anhält, man möge Herz und Mund in Übereinstimmung

---

[982] WA 8; 549,23 (1524).

[983] WA 39,1; 24,21−23 (1535).

[984] WA 32; 414,5−7 (1532). − Vgl. WA 8; 547,12 (1521). − WA 43; 135,13−136,12 (1535/36).

[985] WA 10,1,1; 722,5.7−10 (1522): Die Herodisten aber und papisten ... bekennen mitt wortten, das Christus fur konig, priester und fur uns gestorben sey, aber mit andern gegenwortten, mit dem hertzen und gantzen weßen leucken sie das alles unnd vordamnen es auffs aller grewlichst. − Luther warnt freilich auch die eigene Gemeinde vor dieser Gefahr (WA 34,2; 336,21−25 [1531]) (zu Mt 9,8: »glorificaverunt deum«): Quanquam scis verbatim catechismum, tamen cor nondum calidum est, imo si hodie calidum, cras frigidum erit. Ergo semper exerce te in verbo, quia Satan semper conatur extinguere. Verbum econtra calefacit et accendit.

[986] WA 3; 247,15−17 (1513/15). − Vgl. dazu WA 46; 545,36−546,2 (1537/38): Köndten wir einer dem andern ins Hertz sehen, ich dir, du mir, so würden wir entweder für Liebe einer dem andern das Hertz im Leibe, wens müglich were, mitteilen oder für zorn einer den andern fressen und würgen, wie man saget.

[987] Ebd. − Vgl. 1 Sam 16,7.

[988] WA 55,2,1; 153,14−20 (1513/15).

[989] WA 12; 290,3−5 (1523).

[990] WA 38; 551,3−11; 551,29−42 (1538).

[991] WA 52; 526,18 (1544). − Vgl. WA 19; 559,27−31 (1526): Aber yhr schwerd wird ynn yhr hertz gehen und yhr bogen wird zubrechen (Ps 37,15). Das ist: yhr bose wort mussen sie widder fressen und ewiglich dran erwurgen, das yhr gewissen, ym sterben damit durch stochen, ewiglich wird gepeinigt.

halten[992]. Das kann zunächst in Gestalt einer simplen ethischen Unterweisung erfolgen: etwa dergestalt, daß man mit dem Herzen reden und also seine Worte wohl bedenken möge[993]; desgleichen, daß man in der Messe mit Verstand und also nicht nur mit der Zunge singen möge[994]; schließlich, daß man das Gute zunächst tun und dann erst davon reden soll[995]. Luther weiß freilich auch, daß die Beschaffenheit des Herzens keine Frage der menschlichen Wahlfreiheit ist. Zwar lassen, wie er in Anlehnung an das Gleichnis vom guten Baum (Mt 12,33) erläutert, eine gute oder böse Rede durchaus auf ein gutes oder böses Herz schließen. Böse ist ein Herz jedoch, wenn der Teufel in ihm wohnt, gut dagegen, wenn es Gott regiert[996]. Darum soll man Christus nicht nur dem Munde nach zum Herrn haben[997], sondern, wie Luther im strengen — nämlich an Rö 10,9 orientierten — Sinn des Wortes sagt, *von Herzen* an Gott glauben[998]. In einer Predigt über 1 Petr 3,11 (»Quaerat pacem«) bemerkt Luther: Wer glaubend den Frieden sucht, der wird ihn innen und außen, in Herz und Mund, erfahren: »Das ist consolatio maior, quam opes mundi«[999].

3. Zum Wesen der Sprache

Philologische und sprachphilosophische Probleme haben Luther niemals um ihrer selbst willen interessiert. Sofern er daran Interesse zeigte, war dieses durchweg theologisch motiviert — was selbst für die oft ohne ihren ursprüng-

---

[992] WA 19; 317,1 f (1526): Quando lingua et cor conveniunt, bonum est. Si non, nihil est.

[993] WA 5; 113,17—114,2 (1519/21) (zu Ps 4,5: »loquimini in cordibus vestris«). — Vgl. WA 5; 432,28—33 (1519/21).

[994] WA 12; 219,22 f (1523): Hic vero, quod alias egi, agendum est, ut isto cantus non sit tantum lingua loqui, vel potius tantum sicut sonus fistulae aut cytharae, sine sensu.

[995] WA 29; 497,7 (1529).

[996] WA 38; 548,34—549,4 (1538): Est igitur et tamen certa conclusio, quod malus neque loqui neque facere bene potest, etiam dum optime facit et loquitur. Nam corde existente malo, et voluntate mala, impossibile est cogitationes, dicta, facta esse bona. Et haec est illa pugna in mundo inter Deum et diabolum, et utriusque regnum. Nam diabolus loquitur et agit male etiam de bonis tam verbis et factis, imo ipse cum suis solus maxime iactat bona et verba et facta, qui allegat verba et opera Dei mendaciter ad perniciem. Christus cum suis loquitur et agit de bonis verbis et factis veraciter et ad salutem. Sic diabolus iactat opera singularia vestium, ciborum, austeritatis, non, ut prosit, sed, ut perdat istis speciosis operibus. Allegat dicta scripturae mendaciter pro istis statuendis. Sed omnia sunt mala, propter malum cor et voluntatem.

[997] WA 11; 191,9—11 (1523).

[998] WA 5; 506,21—25 (1519/21).

[999] WA 45; 104,21 (1537); vgl. ebd. 104,19—21: Si hoc potes credere, quod dei oculi non schlaffen, schlumern, sed super eos respiciunt, qui externe ore, lingua frid halten et intus in corde. Non avertit vultum deus ut iratus.

lichen Gesprächszusammenhang überlieferten Bemerkungen bei Tisch noch zutreffen dürfte. Daß Luthers Fragen nach den Erscheinungsformen menschlichen Sprechens jedes professionellen Gewandes entbehrte, könnte nicht zuletzt ein Vergleich mit den herkömmlich traktierten Themen der Sprachlogik vor Augen führen: Es ist verblüffend, wieviele traditionelle Problemstellungen er schlicht übergangen hat[1000]. Gelegentliche Äußerungen zu Fragen der Sprachgestalt gibt es bei Luther gleichwohl. Aus ihnen läßt sich keine Sprachlehre destillieren, erst recht nicht eine Sprachphilosophie[1001]. Sinnvoll ist aber, den Horizont abzustecken, in dem sich diese Äußerungen bewegen. In holzschnittartiger Verkürzung soll dies auf den folgenden Seiten − mehr andeutend als ausführend − versucht werden.

Dabei hat die Wendung »Zum Wesen der Sprache« insofern einen gewissen Anhalt an Luther, als dieser durchaus von der »natura verbi« und von der »art der sprachen« zu reden pflegte. Ganz offenkundig ist jedoch, daß Luther die Sprache niemals als ein immer schon in Geltung stehendes System verstanden hat, aus dem sich dann die Sprache Gottes und die Sprache des Menschen deduzieren ließen. Es dürfte vielmehr deutlich geworden sein, daß sein Interesse ganz eindeutig auf das Wort Gottes zielte, von dem her ihm das menschliche Sprechen überhaupt erst in den Blick kam. Was er zum Wesen der Sprache gelegentlich bemerkt hat, ist nur als Ableitung aus dem eigentlichen − nämlich göttlichen − Sprechen sowie dessen defizienten − nämlich menschlichen − Erscheinungsweisen recht zu verstehen[1002].

[1000] Vgl. etwa BRINKMANN (s. Anm. 302). − ECKERMANN (s. Anm. 681), v. a. 303−315. − M. GRABMANN, Die Entwicklung der mittelalterlichen Sprachlogik (in: DERS., Mittelalterliches Geistesleben. Abhandlungen zur Geschichte der Scholastik und Mystik, 1926, 104−146). − W. JOEST, Fundamentaltheologie. Theologische Grundlagen- und Methodenprobleme (ThW 11), 1981², 214−222. − J. PINBORG, Die Entwicklung der Sprachtheorie im Mittelalter (BGThMA 42,2), 1985². − DERS., Logik und Semantik im Mittelalter. Ein Überblick, 1972.

[1001] Was MEINHOLD (s. Anm. 300) unter diesem Titel veröffentlicht hat, ist kaum mehr als eine (vor-)schnelle Systematisierung einiger der bekanntesten einschlägigen Äußerungen Luthers. Daß »Luthers Sprachphilosophie ... allen seinen Bemühungen um die Übersetzung der Bibel oder den gottesdienstlichen Gebrauch der Volkssprachen vorausliegt« (aaO. 10), ist die − zumindest − mißverständliche Verkürzung eines komplexen und vielschichtigen Sachverhalts. Die Bedeutung der Arbeit Meinholds scheint mir mehr darin zu liegen, auf ein zentrales und in der Tat bislang vernachlässigtes Problem der Lutherforschung verwiesen, als dieses schon hinreichend erhellt zu haben.

[1002] Vgl. etwa APEL (s. Anm. 700), 82 f. 254−258. − ARNDT / BRANDT (s. Anm. 700), 13−20. − EBELING, Lutherstudien II/1 (s. Anm. 8), 51−71. − MEINHOLD (s. Anm. 300), 39−44.

a) Sprachbeobachtung und Sprachenvergleich

Um mit dem natürlichen usus loquendi zu beginnen: Auf ihn beruft sich Luther mit Vorliebe in polemischer Absicht. In der theologischen Auseinandersetzung soll der Rekurs auf die »art der sprache« den Wahrheitsanspruch der eigenen Deutung objektivieren und überdies den Gegner in seiner theologischen Seriosität diskreditieren, da der ja offenbar nicht einmal die eigene Sprache beherrscht. Am Ende eines »Wider die himmlischen Propheten« gerichteten, die Übersetzung des griechischen τοῦτο (Mk 14,22 parr) betreffenden Argumentationsganges schreibt Luther: »Hie beruffe ich mich auff alle Deutschen, ob ich auch Deutsch rede. Es ist ye die rechte mutter sprache, und so redet der gemeyne man ynn Deutschen landen«[1003]. Noch ätzender wird der Spott, wenn Luther ausgerechnet gegen Erasmus darauf hinweist, es wüßten ja selbst die Kinder auf der Straße, daß imperativische Worte stets sagen, was man tun muß[1004].

Auch andersartige Sprachbeobachtungen hat Luther mitunter notiert, wenngleich stets beiläufig und in anderem Zusammenhang. So erklärt er zu Gen 1,14−19 einmal, die Gleichzeitigkeit, in der der Himmel und die Gestirne erschaffen worden seien, könne nur als ein Nacheinander ausgedrückt werden, weil es die diskursive Struktur der menschlichen Sprache nicht anders zu sagen erlaube[1005]. Auch daß man dunkel oder gar fremdsprachig Formuliertes besonders gut im Gedächtnis behalte, hebt er gelegentlich hervor[1006], desgleichen

---

[1003] WA 18; 154,19−21 (1525). − Aus derselben Schrift vgl. z. B. noch 151,14.17; 155,4 f; 158,15−18; 159,10−18; 160,16−20; 164,7−15; 174,4−15; 177,22−32; 183,11−16; 188,12−17. −
In seiner Schrift »Vom Abendmahl Christi. Bekenntnis« von 1528 (WA 26; 261−509) ist dies ebenfalls eine durchgängig gebrauchte Argumentationsfigur; vgl. z. B. 264,22−27; 271,20−25; 273,18−27; 274,22−27; 275,31−34; 278,33−279,8; 355,4−8; 356, 31−358,20; 360,25 f; 383,14−21; 384,18; 386,19−21; 403,31−404,20; 417,30; 444,3.40; 479,21.23; 488,25; 490,25 u. ö. −
Vgl. ferner etwa WA 23; 241,30−34 (1527). − WA 23; 534,22 (1527). − WA 26; 527,14 (1528). − WA 27; 28,27−32 (1528). − WA 30,2; 369,2−13 (1530). − WA 49; 62,5 (1540).

[1004] WA 18; 677,21−27 (1525): Congere igitur, vel ex concordantiis maioribus, omnia verba imperativa in unum cahos, modo non fuerint promissionis sed exactionis et legis verba, mox dicam, semper illis significari, quid debeant, non quid possint aut faciant homines. Atque id etiam grammatici et pueri in triviis sciunt, verbis imperativi modi nihil amplius significari, quam id quod debeat fieri. Quid autem fiat vel possit fieri, verbi indicativis oportet disseri. Qui fit igitur, ut vos Theologi sic ineptiatis velut bis pueri. − Vgl. z. B. WA 23; 93,3−17 (1527). − WA 26; 575,23−33 (1528). − WA 30,2; 436,7−23; 473,25−474,2 (1530).

[1005] WA 24; 40,27−41,9 (1527).

[1006] WA 49; 256,21−25 (1542): Der HErr redet alhie zu seinen Jůngern mit tunckeln und verdeckten worten, die sie nicht verstehen, On zweivel allermeist darůmb, das er sie damit vermane und solche wort wol einbilde, weil sie so seltzam lauten, damit sie jr nicht vergessen, Denn man behelt viel bas ein wort, das etwas seltzam geredt wird, denn wie der

dies, daß ein einzelnes Wort in keiner Sprache »zugleich zween widderwärtigen verstand und deutunge« haben könne[1007].

Eine buchenswerte Rolle spielt schließlich auch der Sprachenvergleich[1008]. Manchmal verweist Luther auf Reimwörter und andere rhetorische Phänomene, die allen Sprachen gemeinsam seien[1009]. Wichtiger ist jedoch, was Luther zur deutschen Sprache notiert, deren Eigenheiten er teils im Vergleich mit dem Französischen, Italienischen oder Englischen[1010], teils auch durch den Verweis auf die Vielzahl ihrer Dialekte zu profilieren sucht. So beklagt er etwa, daß man sich in Deutschland oft schon auf eine Entfernung von 30 Meilen hin nicht mehr verstehen könne[1011]. Unter den deutschen Dialekten hebt er abwechselnd den sächsischen[1012], hessischen[1013] und märkischen[1014] hervor. Die oberdeutschen Dialekte klingen ihm dagegen hart, weil sie sämtliche Diphthonge verschmähten[1015]. Schlechter noch als das Schwäbische, Schweizerische oder Österreichische schneidet indes das Bayerische ab: »Bavari sunt inter se barbari, qui se mutuo non intelligunt«[1016]. Andere Eigenheiten des Deutschen hat Luther im Vergleich mit den biblischen Sprachen herausgearbeitet. So sei das Hebräische eine reiche und differenzierte Sprache, wogegen das Deutsche seine relative Wortarmut durch eine ausgeprägte Neigung zu Kom-

---

gemeine brauch ist zu reden. − WA 27; 343,5 (1528): Quod dicitur aliena lingua, behelt man eher.

[1007] WA 26; 264,2−4 (1528); vgl. ebd. 264,19−24. − Vgl. auch WA 39,1; 130,25 f (1535).

[1008] Demgegenüber verweist GRABMANN (s. Anm. 1000) darauf, daß die Auffassung der mittelalterlichen Sprachlogik, es gebe für alle Sprachen nur eine Grammatik, den Grund dafür gelegt habe, »daß philosophische Orientierung, Rücksichtnahme auf den Sprachcharakter oder auf die Originalsprache ... keine sonderliche Rolle spielt« (aaO. 143). Allerdings habe beispielsweise schon Thomas auch ein einzelsprachliches Interesse entwickelt (aaO. 143 f.).

[1009] WA 53; 497,11 (1543). − WA 18; 187,14.33; 188,12 (1525); vgl. WA 26,444,3. − WA 10,1,1; 23,2 (1522). − WA 53; 639,35 (1543).

[1010] Vgl. etwa WAT 4; 78,17−80,14 (1538) (Nr. 4018). − WAT 5; 511,18−512,19 (o. J.) (Nr. 6146).

[1011] WAT 5; 511,25 f (o. J.) (Nr. 6146): Germania tot habet dialectos, ut in triginta miliaribus homines se mutuo non intelligant.

[1012] Ebd. 511,22−25: Danica et Anglica linguae sunt Saxoniae, quae vere est Germanica ... Saxonica lingua est facillima, fere pressis labiis pronuntiatur. − Vgl. dagegen WAT 4; 78,17−80,14 (1538) (Nr. 4018).

[1013] WAT 2; 417,17−24 (1532) (Nr. 2646). − WAT 3; 331,15−18 (o. J.) (Nr. 3464k).

[1014] WAT 2; 640,4 f (1532) (Nr. 2758b): Marchionica lingua facilis est, vix labra moventur, et excellit Saxonicam (vgl. die Doublette in WAT 1; 525,3 f [Nr. 1040]).

[1015] WAT 5; 511,26−28 (o. J.) (Nr. 6146): Austri et Bavari nullas servant diphthongos, dicunt enim e ur, fe ur, bro edt pro feuer, euer, brodt.

[1016] WAT 4; 78,28 f (1538) (Nr. 4018); das Wortspiel geht in der Aurifaberschen Übersetzung verloren (ebd. 79,27 f).

posita ausgleichen müsse[1017]. Ein weiterer Anlaß, sich zu derlei Unterschieden
zu äußern, boten allerhand Fragen aus dem Umkreis der Bibelübersetzung[1018].
Daneben hat sich Luther aber auch für Unterschiede zwischen den biblischen
Sprachen interessiert: Das Hebräische bevorzuge die figürliche, das Griechische die eigentliche Redeweise, konstatiert er etwa[1019]. Die Hauptdifferenz beider Sprachen bestimmt er jedoch als das Auseinandertreten von Affekt und Intellekt[1020], von Frömmigkeit und Weisheit: »Alßo ist auch In der Judischen
sprach lautter Pietas . . . Ihre sprach ist nichts denn heiligkeyt, Wie In der Grie-
chischn sprach ist nichts denn lautter weyßheyt«[1021].

b) Sprache als Kommunikation

Zu den hervorstechendsten Merkmalen von Luthers gestalterischem Umgang
mit Sprache gehört zweifellos die von ihm durchgängig beachtete Prävalenz
des Sprechens. Luthers Stil orientiert sich ganz an der jeweiligen Kommunikationssituation, und der sprechsprachliche Duktus seiner Schriften und Briefe
ist darum nicht zu überhören. Dieser Grundzug seines schriftstellerischen
Werkes ist oft bemerkt und mitunter − freilich längst nicht erschöpfend −
sprachwissenschaftlich untersucht[1022] worden. Obschon bei Luther von einer

---

[1017] Den Wort- und Bilderreichtum des Hebräischen hat Luther unzählig oft gerühmt;
vgl. etwa WA 2; 462,6 f (1519). − WA 13; 7,14 f (1524). − WA 13; 90,28 f (1524/26). −
WA 24; 278,16−18 (1527). − WA 24; 366,24−26 (1527). − WAT 1; 586,28−587,14 (30er
Jahre) (Nr. 1183). − WAT 2; 657,1−20 (1532) (Nr. 2782). − WAT 4; 479,8−13 (30er
Jahre) (Nr. 4766). − WAT 1; 525,42−526,3 (30er Jahre) (Nr. 1041): Lingua Ebraica est omnium optima ac in thematibus omnium copiosissima ac purissima, quia ab aliis linguis nihil
prorsus mendicat. Sie hat ir eigen farb. Graeci, Latini, Germani multum mendicant mul-
tisque se tegunt compositionibus seu compositis. Nam Germani ubi unum habent thema
simplex, ex eo multa faciunt composita, ut a verbo lauffen, entlauffen, anlauffen, weglauf-
fen, verlauffen; ista singula Ebraeus singulis suis et propriis verbis effert. − Vgl. WAT 1;
524,21−30 (30er Jahre) (Nr. 1040). − WAT 5; 61,11−14 (1540) (Nr. 5328). − Ferner WA
17,2; 366,24 (1527). − WA 45; 228,10; 235,9 (1537). − WA 53; 598,13−38 (1543).
[1018] Vgl. z. B. WAT 5; 60,23−61,8 (1540) (Nr. 5327). − WAT 5; 212,1−26 (o. J.)
(Nr. 5521). − S. dazu § 9.2 dieser Arbeit.
[1019] WAT 1; 586,28−32 (o. J.) (Nr. 1183): Nulla lingua tam est figurata ut Ebraea. In epi-
stola Petri nullum est fere simplex verbum; Moses et Dauid simpliciter scripserunt. Salomo ist gar anders. Graeci multum habent propriorum verborum. Proprietas habet sum-
mam laudem. Es ist auch ein eigen donum, quia figurae debent esse rarae et molles. − Vgl.
WAT 4; 176,19−26 (1538) (Nr. 4167).
[1020] WAT 4; 479,8−13 (30er Jahre) (Nr. 4766).
[1021] WA 45; 393,6−8 (1537).
[1022] Einen knappen Überblick bietet WOLF (s. Anm. 11), 51−53. − Vgl. z. B. J.
SCHILDT, Zur Sprachform der Predigten und Tischreden Luthers (BGDS[H] 92, 1970,
137−150). − Ferner ARNDT (s. Anm. 302), v. a. 252 f. − LENK (s. Anm. 700), v. a.
145−148. − SEPPÄNEN (s. Anm. 685), v. a. 141−143. − Vgl. auch den sehr bemerkenswerten Essay »Luther lesen« von W. SPARN (in: DERS. [Hg.], Martin Luther. Aus rechter Muttersprache [Insel-Almanach auf das Jahr 1983], 1983, 9−19).

zusammenhängenden Reflexion des eigenen Umgangs mit Sprache nicht ernstlich die Rede sein kann, gibt es doch eine Reihe von Äußerungen, die einen insgeheim waltenden Zusammenhang zwischen Sprachauffassung und Sprachgestaltung wahrscheinlich machen.

Die hinter der berühmten Formel aus der 1. Psalmenvorlesung »Natura enim verbi est audiri«[1023] stehende Auffassung klingt auch später immer wieder an. Das Wort, schreibt Luther etwa in einer Auslegung von Sach 5,9−11, hat zwischen Redendem und Hörendem seinen Ort[1024]. Daß das Wesen des Wortes nicht abstrakt-substantial, sondern von der Kommunikationsstruktur her zu bestimmen sei, kann Luther beispielsweise auch mit Hilfe der Materia-forma-Relation zum Ausdruck bringen: Die Materie ist stets geformt erschaffen, so wie das Wort stets durch die Stimme gebildet wird[1025]. Bildkräftiger, aber im Sachgehalt übereinstimmend bringen es Wendungen zum Ausdruck, die Luther dem Psalter entlehnt: Die Stimme ist der Fuß des Wortes, heißt es im Scholion zu Ps 109(110),1[1026]. Und anläßlich einer Auslegung von Ps 11,7 (»Eloquia domini casta«) weist Luther darauf hin, daß damit eher die Reden Gottes gemeint seien als die Schrift, da doch der stimmliche Klang die Seele des Wortes sei[1027]. Die Abgrenzung gegen das geschriebene Wort bezeichnet indes nur die eine Frontstellung, in der die von Luther betonte Prävalenz des Sprechens steht. Die andere ist in der Unterscheidung vom internum verbum zu sehen: Nicht das verbum cordis, sondern das verbum prolatum entspricht der Natur des Wortes[1028] (vgl. § 13.2).

Daß die gesprochene Sprache dem Wesen des Wortes in vorzüglicher Weise entspreche, hat Luther auch in pädagogischer Hinsicht fruchtbar gemacht[1029].

[1023] WA 4; 8,18f (1513/15); der Text ist in seinem Zusammenhang zitiert in Anm. 550.

[1024] WA 13; 601,14 (1525): Verbum est inter loquentem et audientem. − Vgl. insges. ebd. 601,11−602,7 sowie den App. zu 600,27. − Vgl. GERBER (s. Anm. 302), 226−229.

[1025] WA 9; 65,29−32 (1510/11): Materiam non esse informem creatam, sed formatam ... sicut ex voce verbum. − Vgl. WA 9; 21,20 (1509): Verbum non est nisi dicentis.

[1026] WA 4; 229;40−230,3 (1513/15): Unde et verbum de ore dicitur exire et egredi, cum tamen alios pedes non habeat nisi vocem illam et syllabas, que sunt materialiter verbum, in quibus formale verbum, idest sensus vadit ad cor audientis. − Vgl. jedoch ebd. 229,38f: Verba enim sunt vehiculum et pedes, per que in nos et super nos veritas venit.

[1027] WA 5; 379,5−14 (1519/21): Non scripturam dei, sed aloquia dei potissimum casta vocat. Non enim tantum nocet aut prodest scriptura quantum eloquium, cum vox sit anima verbi. Nec est necesse, Eloquia domini tantum ea intelligi, quae de scripturis in vocem assumuntur, sed quaecunque deus per hominem loquitur sive idiotam sive eruditum, etiam citra scripturae usum, sicut in Apostolis locutus est et adhuc loquitur in suis. Quare eloquia domini sunt, quando dominus loquitur in nobis, non autem quando scripturam quilibet adducit, quod etiam daemones et impii possunt, in quibus tamen deus non loquitur, nec iam sunt eloquia dei, sed spuma eloquiorum dei sicut scoria argenti.

[1028] Für die damit gesetzte Differenz zur (vornehmlich augustinischen) Tradition vgl. ZUR MÜHLEN (s. Anm. 625), 18−24.

[1029] Vgl. W. H. STRAUSS, Luthers Ansichten zum Sprachunterricht (in: J. SCHILDT [Hg.],

Was er an seiner Tochter Magdalena beobachtete, hat paradigmatischen Charakter: Sie vermochte, obwohl noch nicht einmal vierjährig, die Dinge ihres täglichen Umgangs souverän zu bezeichnen, was doch ein Kind selbst in zehn Jahren nicht aus den Büchern hätte lernen können[1030]. Entsprechend, urteilt Luther noch 1543, sei beim Erlernen einer Sprache zwischen dem wirklichen und dem nur grammatischen Reden zu unterscheiden:

> Es lernet ein jderman gar viel besser Deudsch oder ander sprachen aus der mundlichen rede, im Hause, auff dem marckt und in der Predigt (!), denn aus den Büchern, Die buchstaben sind todte wörter, die mundliche rede sind lebendige wörter, die geben sich nicht so eigentlich und gut in die schrifft, als sie der Geist oder Seele des Menschen durch den mund gibt.[1031]

In einem Brief an Spalatin vom 8. Dezember 1519 beschließt Luther den Bericht über gewisse Gerüchte in der Stadt mit der Wendung, darüber wolle er mit ihm lieber reden als schreiben[1032]. Wo es auf nuancierendes Verstehen und persönliche Verständigung ankommt, ist die mündliche Rede offenbar durch nichts zu ersetzen. Eben darin wird das menschliche Sprechen nun aber wiederum zum Gleichnis für das Sprechen Gottes. Denn Gottes Wort an den Menschen ergeht ja nicht etwa zufällig in Gestalt menschlicher Rede, sondern ist untrennbar an diese Form der Mitteilung gebunden: Das Evangelium ist, seinem Wortsinn gemäß, »eyn rede und vorkundigung des zugesagten heyls und selikeyt«[1033]; es ist »ain güt geschray, ain gütt geructh, das nit auff bapir geschriben, sonder in der welt, in lebendiger stimm berüfft unnd bekent wirt«[1034]. Nur in der Form der Proklamation, gleichsam im Aggregatszustand der Mündlichkeit, ist das Evangelium *Wort* Gottes im strengen Sinn; nur wenn es *gesagt* wird, kann es mit letzter Verbindlichkeit darauf dringen, als solches *gehört* zu werden[1035]. Es ist denn auch kein Zufall, daß der Teufel zwar nicht

---

Luthers Sprachschaffen. Gesellschaftliche Grundlagen − geschichtliche Wirkungen, Bd. 1, 1984, 273−280). − Zu Augustin vgl. Duchrow (s. Anm. 156), 118−122.

[1030] WAT 3; 49,1−5 (1533) (Nr. 2882): Imitatione sermonis res facilius discitur quam studio et libris. Quod animadvertitur in filiola mea (sc. Magdalena Luther, geb. 1529), quae, cum non sit quatuor annorum, optime loqui novit et quidem signanter de oeconomia. In decennio puer linguam discere non potest ex grammatica seu lectione, quam infans discit in biennio. Tanta est vis sermonis et imitationis.

[1031] WA 54; 74,15−19; vgl. ebd. 74,11−75,11. − Ferner WA 42; 272,13−28 (1526). − WA 44; 38,23−29 (1543). − Andererseits warnt Luther aber auch einmal davor, die Kinder zu viele Sprachen lernen zu lassen: das würden die Lehrer nur aus Eitelkeit tun (WA 26; 236,41 f [1528]).

[1032] WAB 1; 570,22: De his voluissem tecum loqui potius quam scribere. − Vgl. dazu auch den Vorwurf an Ockham, er beherrsche wohl die Kunst des Definierens und Differenzierens, aber nicht die Kunst des Sprechens: WAT 1; 85,27−86,2 (1532) (Nr. 193). − WAT 2; 516,6−8 (1532) (Nr. 2544a). − Vgl. dazu Mostert (s. Anm. 700), 364.

[1033] WA 10,3; 368,20 f (1522); vgl. ebd. 368,13−33.

[1034] WA 10,3; 305,2−4 (1522).

[1035] Vgl. z. B. auch WA 12; 556,9−17 (1523): Alßo haben wir vorhin offt gesagt, das das

das in Büchern versteckte Wort fürchtet, wohl aber das mündlich ergehende und darin unabweisbar aktuale Wort[1036]. Das äußere Wort Gottes betreffend, diesen Kanal des Heiligen Geistes[1037], hat Luther übrigens auch einige über die Mündlichkeit hinausgehende Stilmerkmale notiert. So gehört es zu den Kennzeichen des Geistes, daß er das Seine kurz und bündig sagt: »Der heylig geyst hat seyn weyse, das er mit kurtzen wortten viel redet«[1038]. Diese sich in äußerster simplicitas und humilitas kundgebende rhetorische Kompetenz des Geistes hat Luther immer auch als für christliche Reden normativ erachtet. Wenn er auch oft beklagt, dahinter schmerzlich weit zurückzubleiben[1039], so sieht er darin doch stets eine verbindliche Stilvorgabe, der man folgen soll[1040].

Zu diesem am gesprochenen Wort sich orientierenden Sprachverständnis gehört auch, daß Luther die Bedeutung eines Wortes nicht zuletzt von der Kommunikationssituation abhängig sein läßt, in der es ergeht. In der alltäglichen Beobachtung, daß Kinder die Stimme ihrer Eltern erkennen und ihr darum folgen (vgl. Joh 10,3)[1041], sieht Luther das kommunikationstheoretische Gesetz veranschaulicht, wonach die Person des Sprechenden darüber entscheidet, wie das Gesagte zu verstehen ist[1042]. Es gehört darum zu rechtem Hören, daß man immer auch auf die Person dessen achtet, der da spricht: »Den sprecher mustu nicht außn augen thun«[1043]. Auf das Wort Gottes bezogen heißt das, sich gar nicht erst auf den Versuch einzulassen, das Gesagte verstehend zu

---

Euangelion eygentlich sey nit das geschriben ist ynn bûchern, ßondern eyn leybliche predig, die da erschallen sol und gehôrt werden ynn aller wellt und ßo frey auß geruffen werden für allen creaturen, das sie es alle hören mochten, wenn sie ôren hetten, das ist, man sol es ßo offentlich predigen, das es nicht kund offentlicher gepredigt werden. Denn das alt gesetz und was die Propheten geprediget haben, ist nit erschollen ynn die gantze welt für allen creaturen, ßondern bey den Juden ynn yhren schulen gepredigt, Aber das Euangelion sol nit alßo enge gespannet seyn, ßondern sol frey außgehen ynn alle wellt. − Vgl. insges. ebd. 556,1−24. − S. auch WA 10,1,1; 17,4−12 (1522). − Ebd. 81,20−23.

[1036] WA 13; 686,31−33 (1524/26): Si non verbo vivo sive viva voce tennerimus homines, restiterimus sectis, nulla spes salutis est. Diabolus non curat verbum quod iacet sub scamno sed vocale timet, ad quod commovetur cum toto regno.

[1037] Ebd. 686,6: Verbum canalis est, per quod datur spiritus sanctus.

[1038] WA 12; 311,34f (1523). − WA 15; 724,7 (1524): Remissio peccatorum: Verbum breve est, sed omnia complectitur quae in celo et terra sunt. − WA 5; 464,2−5 (1519/21). − WA 18; 101,17−102,2 (1525). − WA 41; 618,20f (1536). − Vgl. ferner WA 39,2; 112,32−113,1 (1540).

[1039] AWA 2; 273,3f (1519/21): Displicet mihi ipsi prolixa ista mea verbositas et incomposita saliva, quod tot verbis inculco brevissima verba spiritus.

[1040] Vgl. WA 46; 421,5 (1538). − WA 46; 305,8f (1538).

[1041] Vgl. WA 47; 259,34−36 (1537/38).

[1042] WA 46; 705,14f (1537/38): Darnach die person ist, darnach lauten auch jre wort und darnach verstehet man auch jre reden.

[1043] WA 49; 405,5f (1544) (Obwohl der Satz an seinem Ort exklusiv christologisch gemeint ist, dürfte die hier gebrauchte, allgemeine Verwendung seiner Intention nicht zuwiderlaufen). − Vgl. den ganzen Zusammenhang ebd. 404,7−406,37 (zu 1 Kor 15,35−38).

fassen, sondern es allein auf die Person des Redenden hin zu glauben: »Er hats gesagt, da las ichs bey bleiben, verfüret er mich, so bin ich seliglich verfüret«[1044]. Schlagen wir jedoch das Evangelium leichtfertig in den Wind, so verachten wir Gott eben darin, daß wir so tun, als hätte es irgendein Schuster geredet[1045]. Darum gilt für das Wort Gottes am Ende stets, was Luther in der Form der Gottesrede als beschwerliche Lehre aus Jes 40,28 (»Numquit nescis aut non audisti?«) zieht: »Das soldestw (be-)dencken, wer ich byn, der ich rede«[1046].

Wenn sich der Sinn eines Wortes dergestalt aus der jeweiligen Kommunikationssituation ergibt, bedarf die Frage nach seinem Sprecher jedoch notwendig einer Ergänzung. Denn nicht nur er, sondern ebenso auch der von ihm angesprochene Hörer entscheidet über das, was gesagt ist. In dieser Frage hat Luther niemals abstrakt philosophiert, sondern sich stets auf das Problem des Verstehens von alttestamentlichen Texten bezogen (vgl. §3.3). Denn nicht beim Evangelium, wohl aber bei den Gesetzesworten des Alten Bundes wird die Frage akut, auf wen das Wort zielt. »Darumb müssen wyr nicht darnach fragen, obs Gotts wort sey, sondern ob uns dasselbige sey gesagt odder nicht, und als denn desselbigen uns annemen odder nicht«[1047].

c) Sprache und Sache

Im Umgang mit biblischen Texten hat Luther oft auf den modus loquendi verwiesen, aus dem man den jeweiligen Schriftsteller erkennen könne wie die Nachtigall aus ihrem Gesang[1048]. Das gilt ihm für die ganze Schrift[1049], auch für Mose[1050], vor allem jedoch für die profiliertesten Gewährsmänner des Neuen Testaments: für Johannes[1051], Paulus[1052], Petrus[1053], ja für Christus[1054] selbst.

[1044] WA 54; 157,14f (1544). – WA 37; 39,16f (1533). – WA 33; 120,40–121,4 (1530/ 32). – WA 41; 274,4f (1535). – WA 52; 168,35f (1534) u. ö.

[1045] WA 32; 305,23–25 (1530/32).

[1046] WA 31,2; 283,2f (1527/30). – Vgl. ebd. 283,2–6: Ardua est sentencia. Das solestw dencken, wer ich byn, der ich rede. Verbum credere facile est. Sed Verbum dei credere, ibi caro focillat. Hoc facile credi potest, quod sit veritas, hoc gentes credebant olim, Sed Credere verbum esse dei, hoc onus et labor est. – Vgl. ferner ebd. 283,6–17.

[1047] WA 19; 195,10–12 (1526). – WA 16; 386,29–32 (1525). – WA 16; 430,2–4.20–32 (1525) u. ö.

[1048] WA 49; 380,4f (1544): Ist sonderlich S. Iohannis sprach. Ut man die Nachtigal, sic erkennet man Johannes bey den worten. – Vgl. ebd. 380,23f.

[1049] WA 46; 536,9f (1529).

[1050] Z. B. WA 15; 467,24f (1524). – Wichtig ist ferner, daß Luther Mose aufgrund seines usus loquendi als evangelisch identifiziert: WA 54; 85,1–5 (1543). – Vgl. ferner WA 30,3; 576,19 (1532) u. ö.

[1051] WA 33; 71,39 (1530). – WA 49; 380,4f.23f (1544).

[1052] WA 10,1,1; 369,12 (1522). – WA 36; 694,12–14 (1527). – WA 51; 57,13 (1545).

[1053] WA 12; 381,4 (1523).

[1054] WA 21; 246,30 (1531).

Sie alle bedienen sich einer Sprache, deren man sich gewöhnen und die man erst noch erlernen muß. Wenn Luther es der Grammatik zur Aufgabe macht, auch den modus und die norma loquendi zu beachten[1055], so tritt darin abermals die für sein Sprachverständnis konstitutive Ausrichtung auf die Kommunikationssituation zutage. Und doch verdankt sich dieses Achthaben auf die individuelle Redeweise nicht nur einem Interesse an den stilistischen Besonderheiten der jeweiligen Autoren. Vielmehr ist für Luther eine ungewöhnliche Sprache immer auch das Abbild einer ungewöhnlichen Sache. In der oft erneuerten Mahnung, sich an die Sprache des Neuen Testaments zu gewöhnen und diese zu erlernen[1056], ist darum stets auch die Aufforderung enthalten, die Redeweise als Denkweise zu verstehen[1057] und sich in dem sprachlich Fremden auch das sachlich Fremde anzueignen. So gesehen, umschließt die Frage nach dem usus loquendi immer auch die nach dem Verhältnis von *verbum und res*.

Der damit berührte Zusammenhang gehört zu den zentralen Themen der abendländischen Sprachphilosophie. Auch für die Erhellung von Luthers Denken kommt ihm eine Schlüsselfunktion zu. Trotz wertvoller Einzelarbeiten[1058] hat die Relation von Wort und Wirklichkeit bei Luther aber noch immer nicht die monographische Aufarbeitung erfahren, die sie erforderte. Die Größe und Schwere der Aufgabe mag freilich zugleich das Verständnis dafür erleichtern, daß sie an *dieser* Stelle unmöglich erfüllt werden kann. Das Problem des Verhältnisses von Sprache und Sache muß aber immerhin erwähnt werden, wenn der Horizont dessen, was Luther zur Sprache des Menschen zu sagen hatte, abgesteckt werden soll. In diesem Sinn — nämlich als der bloße Verweis auf einen hier nicht zu erschöpfenden Zusammenhang — ist, was noch folgt, zu verstehen.

[1055] WA 26; 38,12—14 (1528): In rebus omnibus est spectandus modus loquendi. Grammatica debet tradere normam loquendi. — Vgl. Seppänen (s. Anm. 685), v. a. 140—143. — Hägglund (s. Anm. 633), v. a. 3—5.

[1056] WA 41; 658,27—30 (1536): Das ist 1 scharff und hohe Epistel, quam gemein man nicht wol kan verstehen, quia laut, als wenn 1 frembde sprach hŏret. Hoc inde, quod scriptura sancta unter der banck et non getrieben und geubet, ideo non intellexus. Qui non discit linguam, kans nicht. — WA 15; 467,24 (1524). — WA 21; 246,30 (1531). — WA 33; 71,39 (1530). — WA 36; 694,12—14 (1527). — WA 46; 536,9f (1538).

[1057] WA 29; 401,3f (1529) (zu Lk 15,1—10): Verba sunt facilia, sed pauci qui intelligunt et intellegere debent.

[1058] Z. B. R. Grosse, Das wirksame Wort bei Luther und seinen Zeitgenossen (in: J. Schildt [Hg.], Luthers Sprachschaffen. Gesellschaftliche Grundlagen — geschichtliche Wirkungen, Bd. 1, 1984, 77—95). — G. Krause, Studien zur Auslegung der Kleinen Propheten (BHTh 33), 1962, 223—241. — Metzke (s. Anm. 302). — Mostert (s. Anm. 700). — I. Nöther, Luthers Übersetzungen des zweiten Psalms. Ihre Beziehungen zur Übersetzungs- und Auslegungstradition, zur Theologie Luthers und zur Zeitgeschichte (HPhSt 41), 1976, 1—18.

Vgl. ferner W. Bauer-Wabnegg / H.-H. Hiebel, Das »sola sancta scriptura« und die Mittel der Schrift (in: H. L. Arnold [Hg.], Martin Luther [edition text & kritik, Sonderband], 1983, 33—58) sowie die in Anm. 1094 u. 1096 genannten Arbeiten.

Gerade in solcher Bescheidung ist nun aber nicht zu übersehen, daß Luther das Verhältnis von verbum und res eindeutig zugunsten des letzteren gewichtet. Wohl erkennt man die Sachen nur über die Worte: »Wer die sprache nicht verstehet, der mus des verstands feilen«[1059]. Dennoch liegt der Akzent ganz auf der cognitio rerum. Denn wenn man die Sachen verwechselt, so ändert sich auch die Bedeutung der Worte, und es entsteht eine ganz neue – nämlich falsche – Grammatik daraus[1060]. Obwohl man sich also vor allem auf den gemeinten Sinn verstehen muß[1061], ist es doch gerade um seiner willen nötig, zuerst auf die Grammatik zu achten[1062]. Die Worte, erklärt Luther in ausdrücklicher Übereinstimmung mit Schöpfungsordnung[1063] und philosophischer Einsicht, haben dem Sinn zu dienen, nicht aber der Sinn den Worten[1064].

[1059] WA 45; 632,15 f (1537). – Vgl. dazu WA 25; 361,31 (1527/30) (zu Jes 59,21: »Spiritus meus, qui est in te«): Spiritus prior est in docente, Verbum autem prius est in audiente.

[1060] WA 42; 194,18–21 (1535): Re igitur non cogita impossibile est, ut verba possint recte intelligi. Etsi enim verborum cognitio ordine prior est, tamen rerum cognitio est potior. Nam mutatis rebus etiam verba mutantur in alium sensum et fit plane nova Grammatica.

[1061] WA 34,1; 348,6–8 (1531): Ita non solum, ut aliquis sciat loqui de re, sed cum ad rem ventum, ut kunnen sich stercken istis verbis und kunnen die verba und sach zu samen reimen. – Vgl. ebd. 348,19–21.

[1062] WA 42; 358,33–37 (1536): Verba debere servire rebus, et non e contra res verbis. Itaque eorum iudicia nihil moror, qui verba interpretantur pro suo affectu et volunt ea servire cogitationibus, quas ipsi ad lectionem afferunt, Primum igitur Grammaticam videamus. – WA 45; 632,15–22 (1537): Aber es gehet, wie man spricht: wer die sprache nicht verstehet, der mus des verstands feilen und nimpt wol eine kwe fur ein pferd, Also auch widderumb, ob einer gleich die sprach weis und doch die sache nicht verstehet, davon man redet, so mus er abermal feilen. Daher denn allerley jrrthumb und fallaciae komen, das man itzt nicht verstehet, was die wort heissen, itzt, was die sache sey, Gleich wie es jnn andern kûnsten auch zugehet, Darumb ist das beste und gewissest, das man allerzeit ansehe materiam subiectam, wie und wovon und aus was ursachen etwas geredt wird. – Vgl. WA 8; 118,6–9 (1521). – Hierher gehört auch, daß Luther einmal dazu anhält, von den Juden zwar die Sprache zu lernen, nicht aber die Sache – nämlich »unsern glauben und verstand der schrifft«: WA 53; 645,8–18 (1543). – Vgl. jedoch WA 43; 132,28–36; 142,30–36 (1539).

[1063] So wird man die den Philosophen als Autorität vorangestellte »natura« deuten können (s. Anm. 1064).

[1064] WA 42; 195,3–9 (1535): Natura sic ordinatum est, ut verba testante etiam Philosopho debeant servire rebus, non res verbis. Et nota est Hilarii sententia, quam etiam Magister in sententiis citat quod verba intelligi debeant secundum materiam subiectam. Igitur in omni expositione primo subiectum considerari debet, hoc est, videndum est, de qua re agatur. Hoc postquam factum est, deinde verba, si ita fert grammatices ratio, ad rem ducenda sunt, et non res ad verba. – Für den problemgeschichtlichen Hintergrund vgl. etwa ECKERMANN (s. Anm. 681), 50–53. – Der Grundsatz, daß sich die Worte nach dem Sinn richten sollen, hat Luther letzten Endes sogar zu der Änderung seines Namens von ›Luder‹ über ›Eleutherius‹ zu ›Luther‹ bewogen; vgl. die gelehrte Studie von B. MOELLER u. K. STACKMANN, Luder – Luther – Eleutherius. Erwägungen zu Luthers Namen. (NAWG.PH 7/1981), 1981.

Den sich aus der eindeutigen Prävalenz der res ergebenden subsidiären Charakter der verba hat Luther auch sonst gern als deren dienende Ausrichtung auf einen Sinngehalt definiert. In der Auseinandersetzung mit Erasmus demonstriert er es am Gegenstand des Streits: dem Begriff des liberum arbitrium. Wenn Erasmus den freien Willen, der doch »plane divinum nomen« sei[1065], auch den Menschen zusprechen wolle, so führe er damit einen neuen, das Volk bewußt irreführenden usus vocabuli und modus loquendi ein[1066], welcher ebenso unsinnig sei, als wollte man einen Bettler reich nennen, nur weil ihn irgend jemand beschenken könnte[1067]. Solchem abusus loquendi, der, wie Luther hinzufügt, allenfalls unter Schauspielern und Aufschneidern angängig sei, stellt er den einem Theologen einzig geziemenden Wortgebrauch entgegen: »Nostra verba debent esse propria, pura, sobria, et, ut Paulus dicit, sana et irreprehensibilia«[1068]. Die Klarheit des Wortes ist gewährleistet, wenn es der res entspricht, auf die es verweist[1069]. Ein durch die Sache nicht gedecktes Wort ist dagegen nichtig: »inane vocabulum«[1070]. Wenn Luther die Präferenz der res auch vorwiegend in theologischen Zusammenhängen betont hat, sah er darin dennoch nicht ein spezielles exegetisches Hilfsmittel, vielmehr ein Strukturprinzip von Sprache überhaupt, das beispielsweise am Vorgang des Lesens zu studieren sei. Denn nur wer sich auf rechtes Lesen nicht versteht, wird einen Text von Wort zu Wort fortschreitend buchstabieren. Der Kundige überliest den Text, um den Sinn zu fassen, ohne dabei jeden Buchstaben oder auch nur jedes Wort für sich anzusehen[1071].

Wird das Verhältnis von Sprache und Sache in dieser Weise bestimmt, so ist klar, daß das Wort im Konfliktfall zurücktreten muß und das sachlich Wahre stets gegenüber dem grammatisch Richtigen den Vorrang hat[1072]. Umgekehrt,

---

[1065] WA 18; 636,27−29 (1525).

[1066] Ebd. 637,24−27: At hic periculum salutis et illusio nocentissima est. Quis non rideat vel odio potius habeat intempestivum illum vocabulorum innovatorem, qui contra omnium usum inducere tentet eum modum loquendi. − Vgl. ebd. 636,32−637,10.

[1067] Ebd. 637,25−33.

[1068] Ebd. 638,2f. − Vgl. ebd. 637,33−638,2: Hoc abusu loquendi quilibet de quolibet sese iactare posset, Ut: ille est dominus coeli et terrae, si Deus hoc ei donaret. At hoc non est Theologorum, sed Histrionum et quadruplatorum.

[1069] Problematisch ist darum für Luther beispielsweise die Äquivokationsbreite der hebräischen Wörter (WA 44; 415,30−416,2 [1544]).

[1070] WA 18; 637,19. − Vgl. die Interpretation dieses Textabschnitts von J. BAUR, Luther und die Philosophie (NZSTh 26, 1984, 13−28).

[1071] WA 54; 30,8−12 (1543): Wer ... des lesens leufftig und fertig ist, der leufft ubir hin, fasset den synn, ungeacht ob er etliche buchstaben oder wort nicht eigentlich ansihet, Ehe der ander ein wort buchstabet, hat er den gantzen brieff ausgelesen. Also ein Musicus hat ein lied ausgesungen, ehe der ander sucht und findet, obs ein Sol oder Fa im clave sey. − Nebenbei bemerkt, ist das eine für Luthers Zeit erstaunliche Einsicht, deren pädagogische Applikation sich erst in unserem Jahrhundert durchsetzen konnte.

[1072] WA 5; 634,14−16 (1519/21): Sola ergo superest grammatica, quam decet Theolo-

schreibt Luther »Wider die himmlischen Propheten«, ist es jedoch auch schimpflich, sich über Worte zu zanken, solange man in der Sache übereinstimmt[1073]. Denn wohl soll sich jedes verbum eindeutig auf eine res beziehen. Aber eine res muß durchaus nicht immer nur von *einem* Wort proprie ausgesagt werden können. Vielmehr kann man auf vielerlei Weise dasselbe sagen[1074]. Diese an sich triviale Erkenntnis bekommt für Luther etwa in der Frage des rechten Betens theologisches Gewicht. Für das Beispiel des Vaterunsers hat er mehrfach unterstrichen, daß ihm nicht am bloßen Nachsprechen des korrekten Wortlauts gelegen sei, sondern einzig daran, daß das Herz die im Vaterunser enthaltenen Gebetsgedanken erfasse[1075]. Ihn selbst betreffend, erläutert Luther in seiner »Einfältigen Weise zu beten für einen guten Freund«, daß er sich auch nicht an die Worte binde, »sondern heute so, morgen sonst die Wort spreche, darnach ich warm und lüstig bin, Bleibe doch, so nahe ich jmer kan, gleich wol bey den selben gedancken und sinn«[1076]. Hat einer nur

---

giae cedere, cum non res verbis, sed verba rebus subiecta sint et cedant, et vox merito sensum sequatur et litera spiritum. − Vgl. ebd. 634,24−27. − Vgl. ferner die Bemerkung zu der Zitationsweise von Jes 6,10 in Rö 11,7f (WA 57,1; 96,17.19f [1515/16]): Apostolus . . . non verba, sed sensus ex verbis accepit.

[1073] WA 18; 103,4−7 (1525): Nu ists auch fur der welt, eyn schimpfflich, kindisch, weybisch ding, wenn man der sachen sonst eyns ist und doch sich uber den worten zanckt, wilchs Paulus verbeut und heysst sie logomachos, wort krieger und zenckerissche etc. − In diesem Sinn, verschärft freilich durch das Übersetzungsproblem, hat sich Luther auch mit den Waldensern in einer strittigen Sakramentsfrage zu verständigen gesucht (WA 11; 455,19f [1529]): Es mag aber auch wol seyn, wie die ewern sagen, das ewr ding gar viel bas ynn ewer Behemischer sprach lautte denn yhrs zu latin geben kundet. − Vgl. auch den Fortgang der Stelle (ebd. 455,19−26)! − Zu der Entsprechung bei Augustin vgl. SCHINDLER (s. Anm. 286), 84f (v. a. Anm. 68). − Ferner G. STRAUSS, Schriftgebrauch, Schriftauslegung und Schriftbeweis bei Augustin (BGH 1), 1959, 74−108.

[1074] WA 34,1; 373,19 (1531). − WA 40,3; 737,16−20 (1544): Est enim Propheta Esaias hoc in loco (sc. 53,11) valde eloquens, qui potest eandem rem aliis atque aliis verbis et modis eloqui. Hi sunt veri Rhetores, qui eandem rem dicere norunt aliis atque aliis verbis subinde et modis ac semper tamen aliquid addere significantius. Hoc possunt summa ingenia et summae eloquentiae viri. − Daß ein Sinngehalt nicht nur in verschiedenen sprachlichen, sondern etwa auch in künstlerischen Gestalten bezeichnet werden kann, hat TONKIN (s. Anm. 619) gezeigt. − Vgl. dazu E. ISERLOH, Bildfeindlichkeit des Nominalismus und Bildersturm im 16. Jahrhundert (in: W. HEINEN [Hg.], Bild − Wort − Symbol in der Theologie, 1969, 119−138, v. a. 135).

[1075] WA 38; 362,37−363,6 (1535): Auch soltu wissen, das ich nicht wil diese wort alle im gebet gesprochen haben, Denn da würde doch zu letzt ein geplepper und eitel ledig gewesch aus, aus dem buch oder buchstaben daher gelesen wie die Rosen krentze bey den Leien und die gebet der Pfaffen und Mönche gewest sind, Sondern ich wil das hertz damit gereitzt und unterricht haben, was es fur gedancken im Vater unser fassen sol, solche gedancken aber kan das hertz (wenns recht erwarmet und zu beten lüstig ist) wol mit viel andern worten, auch wol mit wenigern oder mehr worten aussprechen. − WA 9; 125,21−23 (1518).

[1076] WA 38; 363,6−9 (1535). − Vgl. den Fortgang (ebd. 363,9−16): Kompt wol offt, das ich jnn einem stücke oder bitte jnn so reiche gedancken spacieren kome, das ich die an-

erst den Sinn des Vaterunsers in sich aufgenommen, so kann er auch den Psalter als eine unübertroffene Sammlung von Gebeten verstehen, die zwar anders lauten, aber doch dasselbe meinen wie das Paternoster[1077]. Denn nur auf die von den Worten bezeichnete Sache kommt es an[1078]. Daß die Glaubensaussagen keine leeren Wortspiele sind, sondern sich immer auf einen entsprechenden Sachgehalt beziehen, hat Luther in seinem Anti-Latomus am Beispiel der translatio peccati gezeigt: »In hac translatione non solum est verborum, set et rerum metaphora. Nam vere peccata nostra a nobis translata sunt et posita super ipsum (sc. Christum), ut omnis qui hoc ipsum credit, vere nulla peccata habeat, sed translata super Christum, absorpta in ipso, eum amplius non damnent«[1079].

Von daher gewinnt Luther dann auch die traditionelle Auffassung zurück, wonach Häresie niemals eine Frage der Wortwahl ist, sondern eine Frage der Bedeutung, die man den Worten gibt. In den letzten Thesen seiner »Disputatio de divinitate et humanitate Christi« von 1540 verweist Luther auf Mose: Käme es nur auf den Wortlaut an, so wäre dieser der größte Häretiker, da er doch selbst den Dekalog in verschiedenen Fassungen wiedergibt[1080]. Darum schließt umgekehrt auch eine schriftgemäße Formulierung nicht aus, daß mit ihr etwas Schriftwidriges intendiert wird, wie ja auch Christus die Teufel, obwohl sie ihn als Sohn Gottes bezeugten, nicht reden ließ[1081]. Es ist das Werk des Heiligen Geistes, daß er die Seinen, selbst wenn sie grammatisch Falsches reden, dem Sinne nach das Wahre sagen läßt. Wer dagegen dem Teufel unter-

---

dern Sechse lasse alle anstehen, Und wenn auch solche reiche gute gedancken komen, so sol man die andern gebete faren lassen und solchen gedancken raum geben und mit stille zuhören und bey leibe nicht hindern, Denn da predigt der Heilige geist selber, Und seiner predigt ein wort ist besser denn unser gebet tausent, Und ich hab auch also offt mehr gelernet jnn einem gebet, weder ich aus viel lesen und tichten hette kriegen können.

[1077] WA 11; 55,9–14 (1523): In pater noster ›dimitte nobis‹ etc. Sensus est, ut mihi remittat peccata, non opus est, quod alia verba usurpare non possim. ›Dilige proximum‹, multa in eo comprehenduntur. Quando habeo sensum, possum vel his vel aliis uti. Christianus oportet, ut sciat et sensum verborum habeat. Inde iudicare potestis psalmos esse orationes optimas, qui alia verba habent quam pater noster et tamen eadem sunt in iis, quae in pater sunt. – Vgl. inges. ebd. 55,2–19.

[1078] WA 38; 144,36 f (1533): Ich fechte nicht hart umb die wort, sondern umb die sache. Wenn die gewis wird, ligt nicht so gros an den worten, wenn gleich darinn geirret wird. – Der *ausdrückliche* Bezug auf die augustinische Signifikationshermeneutik, die in derlei Formulierungen ja stets anklingt, tritt bei Luther zunehmend zurück.

[1079] WA 8; 87,6–10 (1521).

[1080] WA 39,2; 96,23–26 (Th 57 f): In sensu, non in verbis est haeresis, ut dixit recte S. Hieronymus a suis calumniatoribus exagitatus. Alioqui maximus sit haereticus Moses, qui decalogum ipsum diversa forma recitat Exod. 20 et Deut. 5.

[1081] Ebd. 96,27–30 (Th 59 f): E contra, si quis reprobus sensu etiam commode locutus fuerit ipsamque scripturam iactarit, tolerandus non est. Christus enim nec daemonia sinebat loqui, cum testarentur ipsum esse filium Dei, ut transfigurantia sese in angelos lucis.

steht, den macht er selbst bei tadelloser Sprache doch in theologischer Hinsicht zum Lügner[1082].

Die unbedingte Priorität des Sachgegenstands vor seiner sprachlichen Bezeichnung läßt jeden Versuch, sich einer Sache zu vergewissern, indem man den ihr entsprechenden modus loquendi imitiert, zum Scheitern verurteilt sein. Der sachliche Vorrang der res ist vielmehr insofern auch ein zeitlicher, als wir zwar nur durch Worte von ihnen Kenntnis erhalten, aber doch erst über die Sachkenntnis zu einem ihnen angemessenen Reden befähigt werden[1083]. In seiner Auslegung von Tit 1,9 hat Luther diesen Zusammenhang in lapidarer Deutlichkeit formuliert: »Qui bene scit aliquid, bene potest docere. Verba non iniustam rem sequentur. Eloquentia coniuncta est cum sapientia. Deus, qui dat sapientiam, dat et verbum, ut loqui possimus«[1084]. Am Beispiel des Lehrens, das Tit 1,9 zu den vornehmsten Bischofspflichten zählt, macht Luther klar, daß erst der Sachverstand zu authentischem Reden instandsetzt. Die Schwärmer hingegen wüßten zwar viel zu schnarren, aber sie hätten nichts zu sagen und zu lehren[1085]. Daß das Redenkönnen ein Zeichen des Wissens ist — worin er sich übrigens mit Aristoteles durchaus einig wußte[1086] —, hat Luther anläßlich einer Predigt über Lk 1,5—25 abermals ausführlich entwickelt. Wer etwa über den Krieg reden wolle, jedoch in der Sache unerfahren sei: »Quid loqueretur?«[1087]. Jedoch dient ihm der Krieg hier nur als Beispiel. So wie man diesen erlebt haben muß, um recht von ihm zu reden, so könne von den geistlichen Dingen allein der Glaube recht reden. Die Erfahrung des Glaubens lehrt

---

[1082] Ebd. 96,31—35 (Th 61 f): Tanta est simplicitas et bonitas Spiritus sancti, ut homines sui, dum falsa loquuntur grammatice, vera loquuntur sensu. Tanta est versutia et malitia sathanae, ut homines sui, dum vera loquuntur grammatice, id est, verbis, mendacia loquuntur theologice, id est, sensu. — Vgl. auch die Äußerung aus der 2. Antinomer-Disputation (WA 39,1; 437,9—11 [1537]): Scholastici doctores habent hic subtilem distinctionem de charitate servili et filiali. Sed facilius verbis, quam re possunt separari. — Vgl. ebd. 437,25—27.

[1083] B. STOLT hat unlängst an die dem älteren Cato zugeschriebene Sentenz »Rem tene, verba sequentur« erinnert, die *die* Grundregel der im Trivium gelehrten Rhetorik, mithin eine klassische Schulweisheit gewesen sei und der Luther gerade auch in seiner Applikation auf die res der Theologie bzw. der Schrift bewußt gefolgt sei: B. STOLT, Luthers Übersetzungstheorie und Übersetzungspraxis (in: H. JUNGHANS [Hg.], Leben und Werk Martin Luthers von 1526 bis 1546. Festgabe zu seinem 500. Geburtstag, 1983, 241—252), 244.

[1084] WA 25; 27,15—18 (1527).

[1085] Ebd. 17—20: Qui non intelligunt, non possunt de hoc loqui. Sic et Schwermeri nostri nihil docent, quia vagantur in cordibus, cogitationibus. Schwermeri multa sciunt garrire sed nihil dicere et docere.

[1086] WA 20; 199,18—21 (1526): Signum enim scientis est posse recte docere, ait Aristoteles. Et Demosthenes interrogatus, quomodo quis recte seu bene diceret, respondit: Si nihil diceret, nisi quod bene sciret. Qui enim bene intelligit, potest etiam bene dicere. — Vgl. ebd. 199,3—6. — Von hier aus wird verständlich, weshalb Luther die Sprachkritik gern als Mittel der konfessionellen Polemik gebrauchte; vgl. z. B. WA 11; 356,17—24 (1523).

[1087] WA 27; 218,1 f (1528). — Vgl. ebd. 218,1—22.

reden, der Unglaube hingegen macht stumm[1088]. Für den Ausleger der Schrift heißt das, daß die Kenntnis der biblischen Sprachen allein noch nicht zum Theologen macht: Erst die Kenntnis der res scripturae läßt ihn dann auch deren verba recht verstehen und gebrauchen[1089]. Wobei Luther immer wieder daran erinnert hat, daß die Sachen, um die es der Schrift zu tun ist, keine res praesentes sind wie die Gegenstände, auf die sich die Philosophen beziehen. Die res scripturae sind vielmehr res futurae, auf die wir hoffen, weil sie uns im Wort versprochen sind: verbum promissionis[1090]. Für *alle* Sätze des Glaubens gilt darum, was Luther einmal zu dem Gebetsruf »Rex meus et deus meus« (Ps 5,3) bemerkte: »Tunc diceretur ... in re, quod nunc in spe dicitur«[1091]. Aus dieser Einsicht des Glaubens in die res scripturae erhellt dann auch, weshalb der biblische usus loquendi in seiner Sachnähe unübertroffen ist. Kann doch niemand von einer Sache besser reden als der, der sich am besten auf sie versteht. In diesem Sinn bekennt der Glaube, was er erfahren hat: »Gott ... allein weis, wie von Gott recht zu reden sey«[1092]. —

[1088] Ebd. 217,31−218,1: Fides facit homines qui loqui norunt, qui se alioqui non norunt loqui, tamen in necessitate linguas infantium disertas facit, quando venit spiritus sanctus et incendit, ut intelligat, qui alioqui non potest loqui, sciat loqui et bene de re loqui. Fides docet loqui, Infidelitas macht stum. − Bekannt ist das (selbst-)ironisch zugespitzte, höchst instruktive Bonmot Luthers (WAT 3; 460,38−40 [1537]; Nr. 3619): Res et verba Philippus, verba sine re Erasmus, res sine Verbis Lutherus, nec res nec verba Carolostadius. − Vgl. dazu WAT 4; 595,7−9 (1540) (Nr. 4967): Literas scribere possum, sed non Ciceronianas et oratorias ut Grickell (i. e. Johannes Agricola), sed res habeo, etiamsi verba Latina et elegantia non habeo.

[1089] WA 42; 144,7−14 (1539) (zu Gen 21,7): Particula sequens: ›Quis diceret Abrahamo?‹ etiam varie exponitur, Grammaticos iterum video multos hic, sed Hebraeos nullos. Igitur summo iure usurpamus nobis magisterium super omnes Rabinos. Non enim ex verbis nascitur res, sed verba ex rebus. Sicut Demosthenes cuidam interroganti, quomodo recte dicendum esset, respondit: si nihil dixeris, nisi quod bene sciveris. Re enim bene praevisa et recte intellecta, etiam verba apta et declarandam rem se offenderet. Igitur hic quoque ex usu rerum sententia querenda est. − WAT 3; 243,1−244,30 (1532) (Nr. 3271).

[1090] WA 5; 543,35−544,2 (1519/21) (zu Ps 19,2f): Quod enim narratur non exhibetur visui, sed auditui, non ostenditur in re, sed in verbo. Ideo dicit Caelos enarrando non proferre rem, sed verbum, non indicat id, quod cognoscitur, sed scientiam seu cognitionem, ut oculos effodiat, sensum captavet, stultos faciat et solo auditu fidei salvos daciat. Apud philosophos enim enarratores videntur sibi res ipsas indicare, non verbum cum scientia non indicetur, sed indicet rem, ideo stulti fiunt in his eloquiis dei. − WA 40,3; 623,31−33 (1546): Verbum quod loquimur, tantum signum est, rem tamen in verbo promissam expectamus. − WA 43; 567,19−35 (1542).

[1091] AWA 2; 227,3f (1519/21). − Vgl. dazu C. A. Aurelius, Verborgene Kirche. Luthers Kirchenverständnis in Streitschriften und Exegese 1519−1521 (AGTL NF 4), 1983, 121−123.

[1092] WA 41; 275,3f (1535). − WA 8; 118,6−9 (1521): Qui verba dei non intelligit in rebus dei per se loquentis, non credat se intellecturum verba hominis de rebus alienis loquentis. Nemo melius loquitur, quam qui optime intelligit. Quis autem res dei intelligat melius quam deus ipse? imo quantum est id, quod homo intelligit de rebus dei?

Bei diesen Andeutungen mag der Versuch, ein paar Grundlinien des komplexen Zusammenhangs von Sprache und Sache bei Luther zu beleuchten, sein Bewenden haben. Von dem Problemknoten »res et verbum« ausgehend, wäre nun eine Reihe von Aspekten der Sprachauffassung Luthers zu erörtern. Das wird zum Teil in späteren Paragraphen geschehen, liegt jedoch andernteils auch jenseits des Rahmens, den sich diese Arbeit gesteckt hat. Vier der wichtigsten Fragenkreise seien immerhin genannt.

Abgesehen von der Aufgabe, Luthers Äußerungen zu Sprache und Sache in problemgeschichtlicher Perspektive zu erörtern – ein kaum erschöpfbares Unternehmen! –, wäre zunächst nach der Relevanz zu fragen, die der angedeuteten Verhältnisbestimmung von res und verbum in übersetzungstheoretischer und -praktischer Hinsicht zukommt[1093] (vgl. § 9.2). Zum andern bedürfte das Äquivokationsproblem, zumal in seiner christologischen Zuspitzung[1094], einer erneuten, die von Reinhard Schwarz vor mehr als zwanzig Jahren vorgelegte Studie[1095] fortführenden Bemühung. Ferner wäre zu fragen, wie die »lingua nova« des Glaubens, von der Luther bisweilen handelt, sprachtheoretisch zu bestimmen ist und welche Konsequenzen sich daraus für eine christliche Sprachgestaltung ergeben[1096] (vgl. § 15.2). Im Gefolge dieser Frage müßte schließlich geprüft werden, wie die Funktion der metaphorischen und überhaupt der tropischen Redeweise bei Luther, um deren Erhellung sich

---

[1093] Vorläufig sei nur auf die wichtige Bemerkung bei Tisch verwiesen (WAT 5; 212,8–10.13f.19–26 [1542/43]; Nr. 5521): Man kan nicht uberal in Hebreo die wort geben, wie sie sthehen, der sprach nach; denn ein ittliche sprag hatt ir eigen art, und ist ein wort so latum, das man im nicht kan genug thun ... Wir haben einen grossen vleis bei der bibel gethan und auff den sententz gesehen, quae congruit cum grammatica ... Sie (sc. Hebrei) hengen schlecht in verbis; non considerant figuras verborum, quae tamen in omni sermone non sunt negligendae. Als wenn ich in Germanico sprech: Er wendet den mantell nach dem winde; si quis vult tantum inhaerere nudis verbis et non considerare figuram, der wirt ein seltzamen sententzen colligirn, haec in Latino dare verba etc. Drumb haben wir verba, figuras und rem zugleich angesehen. Die drei stuck mussen bei einander sein. Iudaei non intelligunt biblia, quia rem non intelligunt.

[1094] Vgl. z. B. WA 44; 722,3–24 (1545). – Zum traditionsgeschichtlichen Hintergrund vgl. EBELING, Lutherstudien II/1 (s. Anm. 8), 102–112 und II/2 (s. Anm. 29), 24–29. – Vgl. auch DE NEGRI (s. Anm. 577) sowie zuletzt SAARINEN (s. Anm. 700).

[1095] S. Anm. 593. – Welche Fragen bei ihm offen bleiben, stellt SCHWARZ ebd. 344 f zusammen.

[1096] MEINHOLD (s. Anm. 300), 39–44. – SCHWARZ (s. Anm. 593), v. a. 334–345. – BEUTEL, Offene Predigt (s. Anm. 11). – Vgl. auch die in Anm. 1058 genannten Arbeiten. Eine bibliographische Zusammenstellung aller Arbeiten, die sich mit der »lingua nova« bei Luther befassen, erübrigt sich hier; ob sie in der Sache sehr ergiebig sein würde, wäre ohnehin zu fragen. – Vgl. aber § 15.2.a dieser Arbeit.

bereits eine Reihe von beachtlichen Einzelstudien verdient gemacht haben[1097],
in den Horizont des nicht zuletzt durch die Relation von res und verbum bestimmten lutherischen Sprachverständnisses sachlogisch verflochten ist.

[1097] H. HILGENFELD, Mittelalterlich-traditionelle Elemente in Luthers Abendmahls-
schriften (SDGSTh 29), 1971, 60–78.150–173. – E. JÜNGEL, Metaphorische Wahrheit.
Erwägungen zur theologischen Relevanz der Metapher als Beitrag zur Hermeneutik einer
narrativen Theologie (in: P. RICOEUR / E. JÜNGEL, Metapher. Zur Hermeneutik religiöser
Sprache, EvTh 1974 [Sonderheft], 71–122,102–104). – DERS., Zur Freiheit eines Chri-
stenmenschen. Eine Erinnerung an Luthers Schrift (KT 30), 1978, 40–49. – KRAUSE (s.
Anm. 1058), 171–281. – METZKE (s. Anm. 302). – SAARINEN (s. Anm. 700). – Zur
Orientierung vgl. WOLF (s. Anm. 11), 97–99; dort weitere Literatur.

Zweites Kapitel

Gotteswort als Menschenwort —
Luthers Auslegung von Joh 1,1—5

In Übereinstimmung mit der exegetischen Tradition hat Luther den Johannes-Prolog in zwei Hälften unterteilt. Die Zäsur verläuft nach Vers 5 und trennt den »hohe(n) artickel von der gottheyt Christi«[1], welchen allein Johannes bietet, von dem »recht(en) anfang des Euangelij«[2], mit dem die andern Evangelisten einsetzen. Beide Teile sieht Luther jeweils noch einmal unterteilt: Die Trennlinien verlaufen, wenn auch nicht mehr so scharf, zwischen Joh 1,1−3 und 1,5f sowie zwischen 1,6−9 und 1,10−14. Der Aufriß dieser Untersuchung hat sich daraus zwanglos ergeben.

Nun weist Luthers Erklärung der vier Textteile durchaus gewisse Unterschiede auf. Diese betreffen nicht allein den äußeren Umfang[3], sondern auch die Konzentration, mit der er bei der Sache ist. Während sich Luther beispielsweise im ersten Teil (zu Joh 1,1−3) auf einige der textlich vorgegebenen und von der Tradition erörterten Themen beschränkt, unterbricht er den vierten Teil (zu Joh 1,10−14) durch einen exkursorischen Einschub, der weder vom Text noch von dessen Auslegungsgeschichte her geboten erscheint[4]. Auch ist der Text in keinem Abschnitt mehr so feinsinnig disponiert, wie dies bei der Vorrede auf den Johannes-Prolog zu beobachten war (vgl. § 2). Aus diesen Gründen − und weil das Sprachthema nun nicht mehr im Zentrum der Erörterung steht − wird die Untersuchung im folgenden von einer ins Einzelne gehenden Kommentierung abrücken und sich mit dem Versuch begnügen, lediglich die Hauptlinien von Luthers Auslegung sichtbar zu machen. Das soll einmal im knappen Vergleich mit der Auslegung vor und neben Luther, zum andern auch im Vergleich mit den übrigen Prolog-Predigten Luthers geschehen (§§ 8, 10, 12 und 14). Den textorientierten Abschnitten schließt sich jeweils die exkursorische Vertiefung einer allgemeineren, das Sprachverständnis Luthers tangierenden Frage an, die zwar aus der zuvor bedachten Prologexegese erwachsen und darum auch in deren Gefolge zu erörtern ist, sich aber gleichwohl einem eigenen, über den Horizont der bloßen Texterklärung hinausführenden Interesse verpflichtet weiß. In diesem Sinne wird das zweite, Joh 1,1−5 betreffende Kapitel »Gottes geschriebenes Wort« (§ 9) und »Christus das Wort Gottes« (§ 11) zu bedenken haben.

---

[1] 181,8.

[2] 214,5.

[3] Luthers Auslegung umfaßt für V. 1−3 146 WA-Druckzeilen, für V. 4f 433 Zeilen, für V. 6−9 258 Zeilen, für V. 10−14 471 Zeilen.

[4] 236,12−243,5.

§ 8: Gottes ursprüngliches Wort (Joh 1,1−3)

Daß sich Luther gerade bei den ersten drei Versen des Johannes-Prolog um so vieles kürzer faßt als bei den darauf folgenden Versen (s. Anm. 3), hängt schlechtweg damit zusammen, daß er zwei wesentliche Verstehensvoraussetzungen, nämlich die Verwurzelung von Joh 1,1−3 in Gen 1 sowie den die Profilierung des »verbum« von V. 1 befördernden Vergleich mit dem Wort des Menschen, bereits in der Vorrede auf den Johannes-Prolog entwickelt hat. Was im übrigen die Auslegung vor und neben Luther angeht, so mag es einer Untersuchung, deren Intentionen erklärtermaßen nicht auf eine auslegungsgeschichtliche Erhellung des Prologs zielen, erlaubt sein, sich mit wenigen, wichtigen Zeugen der Tradition zu begnügen[5].

1. Das Wort im Anfang (Joh 1,1a)

a) In der Auslegung vor und neben Luther

Die Prolog-Exegese der griechischen Väter, in der weithin die spekulative Entfaltung des λόγος dominierte[6], ist Luther allenfalls indirekt, nämlich über Hieronymus und die Glossa ordinaria, zur Kenntnis gelangt. Auch der an sich gewichtige Kommentar des Origenes[7] blieb für ihn ohne nennenswerte Bedeutung[8]. Dagegen hat Luther die Johannes-Vorträge Augustins gekannt und

---

[5] W. v. Loewenich, Die Eigenart von Luthers Auslegung des Johannes-Prologes (SBAW.PPH 1960, 8), 1960, 9 f: »Eine vollständige Monographie über die Geschichte der Johannes-Prolog-Exegese bis hin zu Luther ... lohnt sich wohl auch nicht, da sie unzählige Wiederholungen derselben Argumente vorführen müßte.«

[6] Vgl. W. v. Loewenich, Das Johannesverständnis im 2. Jahrhundert, 1932. − Vgl. dazu B. Jendorff, Der Logosbegriff. Seine philosophische Grundlegung bei Heraklit von Ephesos und seine theologische Indienstnahme durch Johannes den Evangelisten (EHS.Ph 19), 1976.

[7] Commentaria in Evangelium Joannis, PG 14,21−830. − Vgl. dazu H. Dembowski, Das Johannesverständnis des Origenes, Diss. (masch.), Göttingen 1953.

[8] G. Ebeling, Evangelische Evangelienauslegung. Eine Untersuchung zu Luthers Hermeneutik (FGLP X,1), 1942, 1991³, 146 f.

geschätzt[9], die freilich eher erbaulichen Charakters sind und apologetische Motive darum fast ganz zurücktreten lassen. Hingegen setzen sie das trinitarische Dogma bereits selbstverständlich voraus[10].

Augustin setzt mit einem breiten, panegyrisch anmutenden Loblied auf den Evangelisten Johannes ein[11]. Er zählt ihn zu den Bergen, von denen Ps 71,3 spricht, ja er rühmt ihn als den höchsten der Berge, weil Johannes alles Geschaffene überstiegen habe, um zum Schöpfer und zu der Gottheit des Wortes zu gelangen[12]. Und dennoch sagte er uns nicht alles, was ist, sondern nur, was ein Mensch zu sagen vermag: Es sind Worte, die er darbietet; das Verstehen muß uns von oben geschenkt werden[13]. Gleich zu Beginn der eigentlichen Auslegung von Joh 1,1 zieht Augustin sodann den Vergleich mit menschlichen Worten heran (s. dazu § 6.1.a u. 6.3). Das innere Wort des Menschen wird ihm zum Gleichnis für das Wort, das im Anfang war: Einem Baumeister erwachse zuerst der Plan in seinem Herzen, der dann zur Ausführung gelange; die anderen Menschen sähen jedoch nicht jenen Entwurf, sondern nur das ausgeführte Bauwerk, von dem aus sie dann allerdings den ursprünglichen Plan erschließen könnten. Entsprechend sei das Wort Gottes, nämlich Christus, als der Plan Gottes zu verstehen, an den uns das Werk des Weltgebäudes verweise[14].

Thomas von Aquin beginnt seine scholastisch-wissenschaftliche, von Väterzitaten durchtränkte Auslegung des Johannes-Prologs[15] mit einem vielgliedrigen Dispositionsentwurf, an dessen Ende er für Joh 1,1f eine vierfache Unterteilung festhält: Hier gehe es um das Wann (1,1a), das Wo (1,1b), das

---

[9] Ebd. 150f. — H.-U. DELIUS, Augustin als Quelle Luthers. Eine Materialsammlung, 1984, 94—112.

[10] LOEWENICH (s. Anm. 5), 12; vgl. ebd. 9—12.

[11] In Iohannis Evangelium tractatus I.1—7, CChr.SL 36,1—4 (= PL 35, 1379—1383).

[12] I.5, CChr.SL 36,2f (= PL 35, 1381).

[13] I.1, CChr.SL 36,1 (= PL 35, 1379f). — I.7, CChr.SL 36,4 (= PL 35, 1382). — Eine ähnlich rühmende Einleitung bieten beispielsweise auch: Meister Eckhart, Expositio sancti Evangelii secundum Iohannem, Die lateinischen Werke, Bd. 3, Stuttgart/Berlin 1936, 3f. — Faber Stapulensis, Comentarii Initiatorii in quatuor Euangelia, Köln 1522, 124ᵛ.

[14] I.9, CChr.SL 36,5f (= PL 35,1383f).

[15] Super Evangelium S. Ioannis Lectura I.1.23—I.18.222, Editio Marietti, Turin/Rom 1952, 7—44. — Vgl. C. C. BLACK II, St. Thomas's Commentary on the Johannine Prologue: Some reflections on Its Character and Implications (CBQ 48, 1986, 681—698).

Was (1,1c) und das Wie (1,2) des Wortes[16]. Was aber ist nun mit »verbum« gemeint? Thomas verweist zunächst auf das innere Wort, welches einen höheren
Rang bekleide als das äußere, dessen Ursache es sei. Das innere Wort bezeichne das, was in der Tätigkeit des Geistes – dem Denken – gebildet wird,
und komme darum jedem geistigen Wesen zu[17]. Thomas macht dann drei Unterschiede zwischen göttlichem und menschlichem Wort geltend[18] (vgl. (6.1.a
u. 6.3) und profiliert das erstere noch durch die Beantwortung von vier aus der

---

[16] I.1.23, S. 7. Was Thomas ausführt, läßt sich schematisch verdeutlichen:

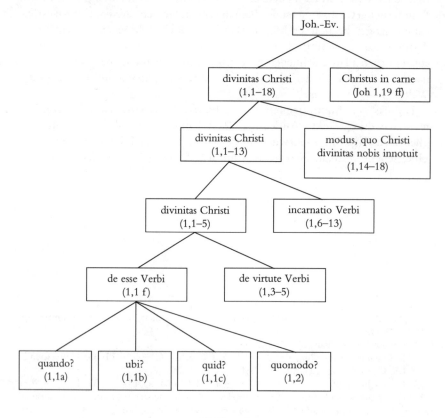

Abbildung 3

[17] I.1.25, S. 7 f.
[18] I.1.26–28, S. 8 f.

Väterexegese überkommenen Fragen[19]. Interessant ist dabei vor allem die Frage Augustins, weshalb das griechische λόγος mit »verbum«, nicht mit »ratio« wiedergegeben worden sei: Der Evangelist, antwortet Thomas, habe den göttlichen λόγος nicht nur als ein conceptum mentis, sondern zugleich auch als potentia operativa verstanden, was in der Übersetzung durch »verbum« weit besser als durch »ratio« zum Ausdruck komme[20]. Übrigens hatte Rupert von Deutz das »verbum« als immerwährende Weisheit und Wahrheit gedeutet, das keinesfalls im Sinne von »verbare« zu verstehen sei[21], während dann etwa Nikolaus von Cues gerade diese etymologische Herkunft hervorheben wird, die den Wesensgehalt des »verbum« immer auch das zeugende Hervorbringen umfassen lasse[22]. Nur kurz geht Thomas auf die andern beiden Vokabeln von Joh 1,1a ein: »In principio« bedeute die causalitas des Wortes sowie seine consubstantialitas und coaeternitas mit dem Vater[23], und »erat« verweise auf die Ewigkeit des Bezeichneten, wogegen »fuit« (Joh 1,6) immer ein in der Zeit Vergehendes bezeichne[24].

Die Auslegung der Deutschen Mystik bewegt sich weitgehend in den von Thomas, aber auch von Augustin gewiesenen Bahnen. Dabei fällt bei Meister Eckhart jedoch nicht nur die Tendenz zu einer — über Augustin noch hinausgehenden — platonisierenden Prologdeutung auf [25], sondern vor allem auch die gewandelte Funktion der endlosen und bei ihm nicht immer ganz deutlichen Distinktionsreihen: Während die Unterteilungen bei Thomas stets logischen Charakters sind und einer lückenlosen Erfassung aller Textaspekte dienen sollen, versteht Eckhart solche Vielfalt als das Angebot an den Leser, sich das ihm Gemäße auszuwählen[26]. Was Glossa ordinaria und Nikolaus von Lyra zu Joh 1,1a bieten, war Luther zwar mit Sicherheit bekannt[27], ist aber, da es den überkommenen exegetischen Rahmen nirgendwo überschreitet, an dieser Stelle ohne Belang.

---

[19] I.1.30−33, S. 9.

[20] I.1.32, S. 9.

[21] Commentaria in Evangelium Sancti Iohannis, CChr.CM 9,9−11. − Entsprechend äußert sich etwa auch Jean Gerson, Oeuvres complètes, hg. v. Mgr. Glorieux, Vol. V (L'oeuvre oratoire), Tournai 1963, 598.

[22] Predigten 1430−1441, Schriften des Nikolaus von Cues, im Auftrag der Heidelberger Akad. d. Wiss. hg. v. E. Hoffmann, Heidelberg 1952, 86 f.

[23] I.1.34−38, S. 9 f.

[24] I.1.39 f, S. 10 f. − Vgl. ferner I.1.41 f, S. 11.

[25] Eckhart (s. Anm. 13), I.4−52, S. 5−43.

[26] I.39, S. 33: Notandum autem quod verba praemissa ad hoc multis modis sunt exposita, ut ex ipsis lector nunc unum, nunc alium pro libito accipiat, prout ipsi videbitur expedire. Quem etiam modum exponendi idem multis modis teneo in multis nostris expositionibus.

[27] Loewenich (s. Anm. 5), 26, v. a. Anm. 6.

Dagegen bemühen sich die Zeitgenossen Luthers wieder um eine eigene, philologisch orientierte[28] Deutung des λόγος von Joh 1,1. In der zweiten Auflage seiner mit »Annotationes« versehenen griechisch-lateinischen Ausgabe des Neuen Testaments von 1519 hat Erasmus seine Übersetzung der ersten Auflage (1516) revidiert: Nun gibt er λόγος nicht mehr mit »verbum« wieder, sondern mit »sermo«, weil darin die verschiedenen Bedeutungsgehalte der griechischen Vokabel zusammengefaßt seien und es damit dem ursprünglichen Sinn näher stehe, während »vebum« eher als Äquivalent für ῥῆμα oder λέξις in Betracht komme[29]. Luther hat diese Übersetzungsversion, der dann auch Calvin gefolgt ist[30], übrigens ausdrücklich verworfen[31].

Melanchthon deutet das verbum patris von der »paulinischen« imago dei her (Kol 1,15) als den Ratschluß des Vaters, der diesen in Vollkommenheit repräsentiere[32]. Zwingli hingegen reiht, da doch kein einzelnes lateinisches Wort den Bedeutungsgehalt von λόγος zu umfassen imstande sei, zunächst alle Vokabeln aneinander, die einen Aspekt des griechischen λόγος repräsentierten. Sie alle, erklärt er sodann, träfen im Sohn Gottes zusammen: Das Wort λόγος von Joh 1,1 »significat den gantzen handel«[33]. Demgegenüber will Calvin lediglich die Deutung als Ratschlag und Gesinnung gelten lassen: Andere Äquivalente passten hier nicht, wie man überhaupt in den großen Geheimnis-

---

[28] Erasmus erläutert beispielsweise ausführlich, weshalb λόγος in Joh 1,1a unabdingbar den bestimmten Artikel bei sich führe: In Novum Testamentum Annotationes, Basel 1519, 164. — Vgl. F. Krüger, Humanistische Evangelienauslegung. Desiderius Erasmus von Rotterdam als Ausleger der Evangelien in seinen Paraphrasen (BHTh 68), 1986, v. a. 47—60.

[29] Ebd.: Miror autem cur verbum magis placuerit latinis quam sermo, in quo genus convenisset, et sermo magis exprimit graecam vocem quam verbum, quod graecis ῥῆμα seu λέξις potius diceretur. Certe Cyprianus et Hilarius non verentur dei filium sermonem patris vocare. — Vgl. dazu die 1. Aufl.: Novum Testamentum, Faks.-Neudr. d. Ausg. Basel 1516, Stuttgart-Bad Cannstatt 1986, 352. — Während Erasmus das johanneische ›Verbum‹ eindeutig von Gen 1 her verstanden wissen will (aaO.), ist bei Melanchthon in dieser Frage ein gewisses Schwanken zu konstatieren (s. Anm. 32). Faber Stapulensis verweist dagegen nur auf Ps 44 und Jes 2, läßt aber Gen 1 gänzlich unerwähnt: S. Anm. 13, 124ᵛ—125ʳ.

[30] Commentarius in Evangelium Ioannis (1553), CR 75,1

[31] WAT 3; 46,21—23 (1533) (Nr. 2876): Erasmus male transtulit in Iohanne sermonem pro verbo, den es ist ein groß unterschied unter reden und sprechen, et Iohannes respicit in Mosen etc.

[32] Annotationes in Evangelium Ioannis (1523), CR 14,1050. — Dagegen leitet Melanchthon das ›verbum‹ in Joh 1,1 1536 ausdrücklich von Gen 1 her: CR 15,9f. — Ähnlich wie Melanchthon 1523 deutet beispielsweise Johannes Brenz, In D. Iohannis Evangelion Exegesis, Hagenau 1529, 2ʳ-3ᵛ.

[33] Annotationes in Evangelium Ioannis (1528), in: Opera, ed. M. Schuler u. J. Schulthess, Vol. VI, Tom. 1, Zürich 1836, 682.

sen Gottes nicht über das hinaus, was dem Glauben zugänglich ist, spitzfindig philosophieren solle[34].

Das vordringliche Interesse an der philologisch-exegetischen Deutung des »verbum« von Joh 1,1a läßt die Erörterung der andern beiden Satzglieder — »in principio« und »erat« — allenthalben zurücktreten.

b) In der Auslegung Luthers

Die Frage, wie λόγος in Joh 1,1a zu übersetzen und in seinem Bedeutungsgehalt zu bestimmen sei, spielt in den 38 WA-Druckzeilen, die Luther diesem ersten Teilvers in seiner Prolog-Auslegung der Wartburgpostille widmet, keine nennenswerte Rolle. Das liegt zunächst gewiß daran, daß sich die verhältnismäßig umfangreiche Vorrede auf den Johannes-Prolog (175 WA-Druckzeilen) fast ausschließlich mit jenem »verbum« beschäftigt hat: zuerst im Rekurs auf dessen alttestamentlichen Wurzelgrund (vgl. §4), sodann im Vergleich mit dem Wort des Menschen (vgl. §6). Hinzu kommt freilich auch das generelle Desinteresse an jedweder philosophischen Logosspekulation; weder deren griechische noch deren humanistische Spielart hat Luther als förderlich, ja auch nur als theologisch legitim angesehen[35]. Desgleichen enthält er sich jeder Erörterung, wie λόγος adäquat zu übersetzen sei. Unterliegt doch die Sache, die damit bezeichnet ist, keinem Zweifel: Es ist der Sohn, von dem Johannes im ersten Vers seines Evangeliums spricht. Noch bevor Luther diesen Sachverhalt formuliert[36], setzt er ihn bereits als selbstverständlich voraus. Das ist nicht zuletzt aus dem von Anfang an zu beobachtenden Schwanken des sich auf »das wort« zurückbeziehenden Personalpronomens zu ersehen, das einmal »es«[37], ein andermal

---

[34] CR 75,1.

[35] WA 36; 408,11−14; 408,29−409,2 (1532) (Predigt Joh 1): Das ist nicht kunst speculari ex capite, sed Gots wort fassen und gleuben. ... Es heisst hie: stulti hic docti, qui simplici corde verbo dei und bleiben und kleben dran, fragen nicht viel ... Hoc in articulo claude oculos et dic: sapientia, hore auff. Ibi nec sapientia, intellectus, ratio ichts gilt, es mus hie finster werden, Et schlechts dich gehalten und gehort sapientem deum. Sed non intelligo etc. Du solts nicht verstehen nec begreiffen, sed credere. − Vgl. Loewenich (s. Anm. 5), 38. − Zum allgemeinen Hintergrund vgl. J. Atkinson, Luthers Einschätzung des Johannesevangeliums. Erwägungen zu Luthers Schriftverständnis (in: Lutherforschung heute, hg. v. V. Vajta, 1958, 49−56). − W. v. Loewenich, Luther und das Johanneische Christentum (FGLP VII/4), 1935.

[36] 190,15−191,16. − Der Sermon von 1514 stellt es gleich im ersten materialen Satz fest (WA 1; 20,8−10): At praenotandum est ante omnia, quod Iohannes in hoc loco per ›verbum‹ intelligat Filium Dei. − Vgl. dazu K.-H. zur Mühlen, Nos extra nos. Luthers Theologie zwischen Mystik und Scholastik (BHTh 46), 1972, 80−90. − WA 49; 234,3 (1541): Ubi audis vocem hanc: ›Wort‹, intellige: ›Son‹; vgl. ebd. 233,7−236,9. − Vgl. WA 46; 533,16−534,18 (1538).

[37] 189,6 (2x).7.8 (2x).10.11.19; 190,9.10.13.

»er«[38] lautet und somit ›das Wort‹ und ›den Sohn‹ als austauschbar zu erkennen gibt. Übrigens hat Luther ja bereits in der vorangestellten Übersetzung auf »das wortt« nur noch mit dem maskulinen Pronomen zurückverwiesen (vgl. § 1.2.c)[39]. Daß Johannes den Sohn zunächst »Wort« nenne, »ßo er (ihn) doch woll eyn liecht, leben, oder anderß hett můgen nennen, wie er hernach thut«, gründe schlicht darin, daß er seiner alttestamentlichen Vorlage so treu wie möglich habe folgen wollen: »denn Moses schreybt von eynem wortt«[40]. Inwiefern durch diesen Verweis bereits der wesentliche Bedeutungsgehalt jenes Wortes kenntlich gemacht ist, bedarf hier keiner weiteren Erörterung, weil davon schon in der Vorrede ausführlich die Rede war. In späteren Prolog-Predigten hat Luther die Rückbindung an Gen 1 dagegen meist im Zusammenhang mit der Auslegung von Joh 1,1a erläutert[41].

An dieser Stelle interessiert Luther im Grunde allein die Frage, was mit dem »anfang«, in dem das Wort war, gemeint ist. Natürlich ziele auch das auf Gen 1, wo Mose von dem Anfang berichte, »da die creatur yhr weßen angefangen haben«[42]. In diesem Anfang war schon das Wort: »Es war dabey, da aller dinger weßen angieng«[43]. Zwei Weihnachtspredigten des Jahres 1532 geben dann Gelegenheit, präzisierend noch darüber hinauszugehen. Indem der Evangelist, heißt es da, mit dem »Anfang« einsetze, habe er Gott bei seinem Wesen benannt. Was Gott vor der Erschaffung von Himmel und Erde gemacht hat, läßt sich nicht sagen, weil er nichts erschaffen hat. Als Gott jedoch »ein schöpffer werden und ein geschöpff anheben« wollte, da hatte er bereits »sein wesen«[44]. Entsprechend war auch das Wort im Anfang »bereit(s) da in sua substantia«[45]. Auf diese Weise gelingt es Luther, die prinzipielle Vorgängigkeit Gottes sicherzustellen und zugleich jeder protologischen Spekulation zu wehren. Nicht für Gott selbst, wohl aber für die Gotteskenntnis des Menschen steht der Schöpfer »im Anfang«.

Auch das »erat«, fährt Luther in der Wartburgpostille fort, ist von Johannes mit Bedacht gewählt worden, denn es erinnert daran, daß das Wort, als alle Schöpfung anfing, nicht ward, sondern war: »Es hatt eyn andernn ursprung

---

[38] 189,12.13 (2x).15; 190,6.

[39] 180,6−10.

[40] 190,5−7.

[41] Vgl. z. B. WA 27; 525,10−526,3 (1528): ›Omnia per‹. Es klingt aufdermassen lecherlich apud nos, quod Christus vocatur verbum, quasi diceretur: Christus ist ein strohalm. Illud primum expediam, drumb ist das ein wenig hoch. Quando audis Iohannem in principio loqui de verbo, noli cogitare verbum quod ego ore spreche, sed quod verbum quod fuit ante conditum mundum et accipe 1. cap. Gene. Das hilfft dazu.

[42] 189,3f.

[43] 189,8f.

[44] WA 36; 410,6−11; vgl. ebd. 410,12−20.

[45] Ebd. 412,15f.

seyneß weßenß, denn werden odder anfahen«[46]. Indes verdankt sich die Umsicht dieser johanneischen Formulierung wiederum der alttestamentlichen Vorlage, in der sie gründet (Gen 1,3)[47].

Nun ist freilich nicht zu übersehen, daß Paulus durchaus auch von der Zeit »fur der wellt beschaffunge« gesprochen hat (z. B. Eph 1,4). Wäre es darum bei Johannes nicht ebenfalls der Klarheit dienlich gewesen, wenn er nicht mit dem Wort »ym anfang«, sondern »fur dem anfang« eingesetzt hätte?[48] Während Luther dies in dem frühen Sermon von 1514 noch mit einem subtilen und recht gekünstelt wirkenden Argumentationsgang zu entkräften suchte[49], räumt er nun freimütig ein, »das es gleych viel ist, ym anfang und fur dem anfang seyn, eynß folgt doch auß dem andernn auch«[50]. Was den Evangelisten zu seiner Wahl bewogen habe, sei wiederum die Treue zu seiner Vorlage gewesen, mit der er übereinstimmen und die er als seinen Grund anzeigen wollte[51]. Diese exegetisch-traditionsgeschichtliche Erklärung wird aber sogleich durch das argumentum per negationem oppositionis ergänzt. Wäre »ym anfang seyn« nicht dasselbe wie »fur dem anfang seyn«, so müßte es einen Anfang vor dem Anfang geben und so könnte der Anfang nicht der Anfang sein: »das were widdernander«[52]. Darum bezeugen exegetische Erhellung und vernünftiges Nachbuchstabieren des Textes gleichermaßen, daß es »meysterlich gesagt (ist): ym anfang war das wortt«[53].

2. Unvermischte Personen, unzerteilte Natur (Joh 1,1b–2)

a) In der Auslegung vor und neben Luther

Während sich Augustin in seiner Auslegung von Joh 1,1f ganz auf den ersten Teilvers konzentriert und der ausführlichen Entfaltung des »verbum« darum gleich die Erläuterung von V. 3 folgen läßt, hat Thomas auch den hier in Rede

---

[46] 189,9–12.

[47] 189,15–20.

[48] 189,21–23.

[49] WA 1; 20,19–28.

[50] 189,23 f.

[51] 189,24–190,2: Szo wollt S. Johannes alß eyn Euangelist mit der schrifft Mosi stymmen und dieselben auffthun, seynen grund tzeygen; vgl. ebd. 190,2–7. – Vgl. ebd. 182,6–9: Das nu ditz Euangelium auch klerer und liechter werde, mussen wyr hynder unß ynß alte testament lauffen, an die ortt, da ditz Euangelium sich auff grundet. Und das ist Moses am ersten capitel und anfang seyniß buchs Genesis.

[52] 190,8–12: Nu ist nit anfahen und ym anfang seyn eben ßo viel alß fur dem anfang seyn. Solt es aber ym anfang und nit fur dem anfang seyn geweßen, ßo must es fur dem anfang angefangen haben zu seyn, ßo were der anfang fur dem anfang geweßen, das were widdernander unnd alßo viel, alß das der anfang nit der anfang were.

[53] 190,12 f.

stehenden drei Teilversen eine detaillierte und in ihrer Weise beeindruckend textnahe Erklärung zuteil werden lassen. Sieht man einmal von gewissen Fortführungen ab, die Joh 1,1b–2 in der Interpretation der Deutschen Mystik erfahren hat, so finden sich im Kommentar des Aquinaten wohl alle Motive und Gesichtspunkte versammelt, die in der Geschichte der Auslegung dieses Textes vor und neben Luther eine buchenswerte Rolle spielen. Die Grundlinien seiner Deutung lassen sich rasch in Erinnerung rufen.

Thomas wendet sich zunächst der Erklärung der in V. 1a noch nicht genannten Worte »apud« und »Deus« (V. 1b) zu. Letzteres bezeichne das Göttliche als ein Einzelnes und Konkretes, wogegen »deitas« das abstrakt und absolut verstandene Göttliche meine. Aus diesem Grund stehe »Gott« üblicherweise für eine göttliche Person, und Johannes bezeichne damit denn auch die Person des Vaters, der somit als Person, nicht aber dem Wesen nach, vom Sohn unterschieden sei[54]. Auf diese personale Unterschiedenheit verweise im übrigen auch die Präposition »apud«, die stets eine gleichsam äußere Verbindung zweier Größen anzeige[55]. Unter Hinweis auf vier semantische Implikationen präzisiert Thomas den Bedeutungsgehalt des Wörtchens »bei« in Joh 1,1b: Zum einen sei damit die Subsistenz des Wortes angezeigt, zum andern dessen Zuordnung zu Gott – also nicht etwa die Zuordnung Gottes zum Wort! –, ferner die Unterschiedenheit sowie, viertens, eine gewisse Verbindung und Gemeinschaft von Wort und Gott[56]. Der Aufzählung von vier möglichen, durch den genannten vierfachen Bedeutungsgehalt jedoch entkräfteten Einwänden[57] fügt Thomas schließlich den knappen Hinweis auf die von Origenes festgehaltene Bemerkung an, die Formulierung von Joh 1,1b bezeuge auch, daß der Sohn in fortwährender Dauer beim Vater gewesen sei[58].

Nachdem Johannes das Wann (1,1a) und das Wo des Wortes (1,1b) erläutert habe, sei ihm noch die Frage nach dem Was des Wortes geblieben; die Antwort gebe V. 1c: Das Wort (Subjekt) war Gott (Prädikatsnomen). Thomas erläutert die Reihenfolge der Fragen, Origenes folgend, als sachnotwendig[59] und benennt zwei Einwände, die sich durch V. 1c beantwortet sehen. Denn einmal könne »verbum« hier nicht, wie sonst wohl üblich, nur als eine lauthafte Äußerung verstanden werden, da es nicht etwas Vergängliches, sondern etwas Göttliches ist[60]. Und auch die Auffassung, das Wort sei vom Vater hinsichtlich seines Wesens unterschieden, werde durch V. 1c in hinreichender Klarheit ent-

---

[54] Super Evangelium S. Ioannis Lectura (s. Anm. 15) I.1.44, S. 11.
[55] I.1.45, S. 11 f. – Entsprechend z. B. auch Melanchthon, Annotationes in Evangelium Ioannis (1523), CR 14, 1052.
[56] I.1.46, S. 12.
[57] I.1.46–51, S. 12.
[58] I.1.52, S. 12 f.
[59] I.1.53 f, S. 13.
[60] I.1.55, S. 13.

kräftet[61]. In feinsinniger, exegetisch gestützter Argumentation erläutert Thomas sodann, weshalb Johannes das Wort Gott in V. 1c »absolute« — das heißt ohne erläuternde Bestimmung — und ohne den in V. 1a.b hinzugefügten Artikel gebrauche[62]. Das Fehlen des Artikels, das Origenes zu einem schändlichen Irrtum verführt habe[63], erklärt Thomas schlicht unter Hinweis auf den allgemeinen Sprachgebrauch, demzufolge das Prädikatsnomen im Griechischen immer ohne den Artikel zu stehen komme. Fungierte das Wort Gott in V. 1c als grammatisches Subjekt, so hätte Johannes unzweifelhaft den Artikel vorangestellt[64]. Entsprechend hat sich dann übrigens auch Erasmus geäußert[65].

Mit Joh 1,2, fährt Thomas fort, habe der Evangelist nicht einen weiteren Fortschritt des Gedankens formulieren, sondern der Abwehr dreier Mißverständnisse dienen wollen. Denn die Formulierung »Hoc erat in principio apud Deum« vermöge sowohl die heidnische Auffassung einer Mehrzahl und Verschiedenheit der Götter wie den Verdacht eines divergierenden Willens von Wort und Gott wie auch die arianische Irrlehre, der Sohn sei geringer als der Vater, eindeutig auszuschließen[66]. Insofern unterscheide sich V. 2 nicht von dem bereits in V. 1a—c Gesagten, sondern bilde, wie Thomas in Übereinstimmung mit Origenes feststellt, gleichsam deren Epilog[67]. Denn auch das Motiv der Abwehr von Fehldeutungen sieht Thomas nicht auf V. 2 beschränkt, vielmehr in allen vier Sätzen der ersten beiden Prologverse gegeben. Mit ihnen habe Johannes sämtliche Irrlehren der Häretiker und Philosophen vernichtend getroffen[68]. Es ist nicht uninteressant, daß Thomas hier die zwei genannten Ketzereien — die Bestreitung der Präexistenz Christi sowie die sabellianische Vermischung der Personen[69] — durch eine Liste von vier philosophischen Irrtümern ergänzt, die der Evangelist ebenfalls widerlege: die Auffassung der Naturphilosophen, die Welt sei ohne vernünftige Ursache aus einem Zufall entstanden, ferner die Lehre Platons von der Subsistenz der Ideen, sodann die von den Platonikern behauptete Unterordnung eines Geistes, in dem die Urbilder und Ideen aller Dinge versammelt sind, unter den Vatergott, schließlich

---

[61] I.1.56, S. 13.

[62] I.1.57—59, S. 13 f.

[63] I.1.58, S. 13.

[64] I.1.59, S. 13 f. — Auf elegante Weise verbessert Thomas hier eine aus der Frontstellung gegen Origenes stammende, zumindest undeutliche Erläuterung des Chrysostomus zu der eigenen Deutung.

[65] Novum instrumentum, 1516 (s. Anm. 29), 352 f (= 1519[2] [s. Anm. 28], 163).

[66] I.2.60 f, S. 14.

[67] I.2.63, S. 14. — Von der conclusio eines Syllogismus spricht Melanchthon (s. Anm. 55): Finierat syllogismum primum de divinitate filii, et cum in conclusione posuisset: Deus erat verbum, statim, ne quis unam personam aut nihil a patre distinctum esset verbum iudicaret, addit: Hoc erat apud Deum.

[68] I.2.64, S. 14.

[69] I.2.64, S. 14 f.

die aristotelische Behauptung der Gleichewigkeit von Gott und Welt[70]. Indem
sich Johannes derart auf den präexistenten Christus beziehe und nicht wie die
andern Evangelisten nur Christus als den in der Zeit geborenen Sohn Gottes
verkündige, überrage sein Evangelium alle andern durch die Würde, in der es
beginnt[71].

In diesem von Thomas abgesteckten Rahmen bewegt sich auch die entsprechende Passage bei Meister Eckhart. Seine der exegetischen Tradition und zumal der Auslegung des Aquinaten stark verpflichtete Erklärung von
Joh 1,1b–2[72] hat vor allem in gewissen platonisierenden Tendenzen sowie
darin, daß sie die verschiedenen Deutungen nicht auf ihren Wahrheitsgehalt
hin taxiert, sondern als prinzipiell gleichberechtigte, dem Belieben der Rezipienten anheimgestellte Möglichkeiten aneinanderreiht[73], ihre eigenen Akzente. Dagegen tritt in seinen deutschen Predigten ein einzelner Gesichtspunkt
beherrschend hervor: die Deutung des Hervortretens des Wortes aus Gott als
fortwährende Gottesgeburt in der Seele des Menschen[74], die dem Gerechten an
der Seligkeit Gottes teilgibt und ihn insofern Gott gleich werden läßt[75]. Auch
in den Predigten Johannes Taulers werden die ersten beiden Verse des Johannes-Prologs ganz überwiegend tropologisch als die Geburt Gottes in der gläubigen Seele gedeutet[76].

Im übrigen finden sich alle wichtigen Gesichtspunkte der Auslegung von
Joh 1,1b–2 vor und neben Luther bei Thomas genannt. Es ist vor allem der
Hinweis auf die Abwehr christologischer Irrlehren, der die Auslegungsgeschichte dieses Textstückes wie ein roter Faden durchzieht. Johannes wehre einer Vermischung der Personen ebenso wie einem Zerteilen der göttlichen We-
senheit, heißt es einhellig bei Rupert von Deutz[77] und Nikolaus von Cues[78],
bei Nikolaus von Lyra und in der Glossa ordinaria[79]. Und auch noch die Deutungen von Luthers Zeitgenossen werden von dem Gesichtspunkt der doppel-

---

[70] I.2.65, S. 15.

[71] I.2.66f, S. 15.

[72] Expositio sancti Evangelii secundum Iohannem (s. Anm. 13), I.28–51, S. 22–43
(vgl. v. a. den reichen quellenkritischen Apparat).

[73] S. Anm. 26.

[74] Deutsche Werke, Bd. I, 154,7–155,1 (vgl. auch den Fortgang der Predigt!).

[75] Ebd., Bd. II, 257,1–6.

[76] Predigten. Nach den besten Aussagen und in unverändertem Text in die jetzige
Schriftsprache übertragen, 1. Teil: Von Advent bis Ostern, Frankfurt 1826, 95–98. – Vgl.
dazu die bei VETTER gebotene Weihnachtspredigt ([DTMA 11], 1910, ND 1968, 7–12), zu
deren wichtigsten Aussagen es mancherlei Entsprechungen bei Tauler gibt (vgl. z. B. ebd.
181,21–26; 191,6–16).

[77] S. Anm. 21, z. St.

[78] S. Anm. 22, 86–89.

[79] Textus biblie cum glossa ordinaria Nicolai de Lyra postilla, Moralitatibus eiusdem,
Pauli Burgensis additionibus, Matthie Thoring replicis, Tom. V, Basel 1506, z. St.

ten Frontstellung beherrscht, die Joh 1,1b—2 gegen die durch Sabellius und Arius repräsentierten Ketzereien errichtet habe[80].

Die bei Thomas ebenfalls erwähnte Frontstellung gegen die Irrtümer der Philosophen ist dagegen vergleichsweise selten beachtet worden. Zu den wenigen, die Joh 1,1f auch nach dieser Richtung hin auslegten, zählt Jean Gerson. In einer Weihnachtspredigt über Joh 1,14 greift er zunächst auf die ersten Verse des Prologs zurück, die von der Präexistenz des ewigen Wortes handeln. Dieses unaussprechliche, mit dem Vater wesensgleiche Wort (V. 1) habe durch die Geburt in der Zeit (V. 14) weder eine Verkürzung noch einen Verlust erlitten, sondern sei in die Gemeinschaft von göttlicher und menschlicher Natur eingetreten[81]. Dies könne freilich keiner der Philosophen verstehen: Nicht der gelehrte Platon und auch der beredte Demosthenes nicht. Wollte man die menschlichen Wissenschaften über das Mysterium, daß das Wort und also Gott selbst Fleisch wurde, befragen, so könnten sie nur zweifelhafte oder falsche oder auch gar keine Antworten geben[82]. Um diese globale Auskunft nun auch im einzelnen zu belegen, folgt Gerson dem witzig und geistreich durchgeführten Gedanken, die sieben klassischen philosophischen Disziplinen (Grammatik, Logik, Rhetorik, Arithmetik, Geometrie, Musik, Astronomie), vermehrt durch Naturphilosophie und Metaphysik, aufmarschieren zu lassen, damit sie, eine nach der andern, ihre der Fleischwerdung des Wortes geltenden Zweifel und Einsprüche vortragen könnten[83]. Diesen Reigen scharfsinniger philosophischer Gelehrsamkeit beschließt Gerson mit dem Eingeständnis, das in Joh 1,1—14 niedergelegte Geheimnis übersteige die Grenzen der natürlichen Erkenntnis: Anstatt zu verstehen, könnten wir es nur staunend verehren[84].

b) In der Auslegung Luthers

aa) Wahrheit und Ketzerei

»Das sind die spruch, darynnen unßer glawb gegrundett ist«[85], bemerkt Luther 1522 zu den ersten vier Sätzen des Johannes-Prologs (V. 1f). Die innere Konsistenz dieser trinitarischen Grundlegung entwickelt er in durchgängiger

---

[80] Vgl. z. B. Faber Stapulensis (s. Anm. 13), 124ᵛ—125ʳ. — Melanchthon (s. Anm. 55), 1051 f. — Johannes Brenz, In D. Iohannis Evangelion Exegesis, Hagenau 1529, 1ᵛ—3ᵛ. — Calvin (s. Anm. 30), 3 f.

[81] Oeuvres complètes (s. Anm. 21), Vol. V, Tournai 1963, 598 f.

[82] Ebd. 599.

[83] Ebd. 599 f.

[84] Ebd. 600: Sed fateamur, magistri et fratres in Christo carissimi, hoc esse supra naturalem investigationis modum quod agitur. Neque Dei potentiam aut sapientiam adeo coarctemus ut infra angustos nostrae perscrutationis limites positam arbitremur. Miraris hanc nativitatem fieri potuisse; nativitatis hujus effectricem potentiam considera, evolabit admiratio. Miraris tantem Dei erga homines benevolentiam.

[85] 193,6. — Zum Thema insges. vgl. R. Jansen, Studien zu Luthers Trinitätslehre

Frontstellung gegen die einschlägigen Irrlehren der Alten Kirche. Johannes selbst, meint Luther, habe sich hier klarer ausgedrückt als eigentlich nötig, weil er das Aufkeimen der – zumal sabellianischen und arianischen – Ketzerei noch selbst erlebte und sich darum, anders als Petrus und Paulus, zu deren Abwehr herausgefordert sah[86]. Im Streit gegen die sich abzeichnenden alten wie gegen mögliche neue Irrlehren[87] habe Johannes die Wahrheit des Evangeliums profiliert.

»Wo sollt es sonst seyn?«, kommentiert Luther zunächst die Auskunft von V. 1b: »Und das wort war bey gott«[88]. In abermaliger Übereinstimmung mit Mose habe Johannes hier die göttlichen Personen »klerlich« geschieden[89]. Besonderes Gewicht mißt Luther dem Wörtlein »bei« zu, das der Evangelist hier und dann noch einmal in V. 2 gebrauche, um die personale Unterschiedenheit von Wort und Gott in größtmöglicher Klarheit auszusagen[90]. Denn während es die Vernunft wohl leichter begreife, daß nur ein Gott sei – wofür es auch eine Vielfalt von bekräftigenden Schriftworten gebe –, so widerstrebe sie doch hart der Auffassung, daß mehrere Personen derselbe Gott sein sollten[91].

(BSHST 26), 1976 (bes. 159 f). – A. Peters, Die Trinitätslehre in der reformatorischen Christenheit (ThLZ 94, 1969, 561–570). – Ders., Verborgener Gott – Dreieiniger Gott. Beobachtungen und Überlegungen zum Gottesverständnis Martin Luthers (in: P. Manns [Hg.], Martin Luther »Reformator und Vater im Glauben« [VIES.B 18], 1985, 74–105). – R. Schwarz, Gott ist Mensch. Zur Lehre von der Person Christi bei den Ockhamisten und bei Luther (ZThK 63, 1966, 289–351, v. a. 293–313). – D. Vorländer, Deus incarnatus. Die Zweinaturenchristologie Luthers bis 1521 (UKG 9), 1974. – Noch immer erhellend: J. Koopmans, Das altkirchliche Dogma in der Reformation (BevTh 22), 1955, v. a. 24–32.51–54.60–64.137–141.

[86] WA 47; 634,18–635,1 (1539): Ostendit ... Dominum nostrum verum Deum cum patre in ewigkeit. Nullus Euangelista tam potenter urget hunc articulum ut Johannes, quia er hat am lengsten gelebt, und die Ketzerey ist unter im auffgestanden, quae non sub Petro et Paulo. Iohannes hat den ersten Ketzer Cerinthum erlebet. Ideo schreibet ehr, quod fuerit Iohannes in balneo Ephesi. Ubi er sein gewar ist worden, venite, dixit ad discipulos, ne das ungluck uns auch treffe etc. Ideo hat er ursach gehabt zu schreiben, quod alii non, hat auch viel mehr gelidden quam alii Apostoli.

[87] WA 37; 1,2–10 (1533): Praedicare incepimus Euangelium Iohannis de domino nostro Iesu Christo, de sua Gottliche majestat, ut homines certi fiant propter futuras sectas, qui vertunckeln hunc articulum, anfechtung, ut anfechten ist a principio Christianitatis, quia diabolus solet hoc: quando deus ein warheit offenbart, macht er ein lugen draus. Sic isti articulo factum. Si Iohannem non audissent loqui sec de divinitate, nunquam tales cogitationes gescheppft.

[88] 190,15 f.

[89] 190,16–23.

[90] 190,23–191,2: Und ist wol drauff tzu mercken, das der Euangelist hart dringet auff das worttlin: bey, denn er wirts noch eynmal sagen, das er yhe klar außdrucke die personlich unterscheyd, tzu begegnen der naturlichen vornunfft und tzukunfftigen ketzernn.

[91] 191,2–5. – In einer Prologpredigt des Jahres 1532 erläutert Luther dieses Unvermögen der Vernunft recht anschaulich (WA 36; 410,26–411,7): Ego quoque dicere possem:

Mit einem breiten Strom der Auslegungsgeschichte übereinstimmend, exemplifiziert Luther diesen Widerstreit an den Ketzereien des Sabellius und des Arius, deren Auffassungen er, bündig zugespitzt, erinnert: Der eine habe eine zu große Einfalt in Gott gelehrt und die Personen vermischt, der andere dagegen eine zu große Vielfalt, indem er die göttliche Natur zerteilte[92]. »Aber die warheyt Christlichs glawbens geht mitten hyndurch, leret und bekennet unuormisschte person und untzurteylete natur. Eyn ander person ist der vatter denn der ßon, aber er ist nit eyn anderer gott«[93].

Joh 1,1c betreffend (»und gott war das wort«), lehnt Luther die gelegentlich — beispielsweise bei Thomas[94] oder in der Glossa ordinaria[95] — vorgenommene Umkehrung zu dem Satz »unnd das wortt war gott« ausdrücklich ab: Johannes werde schon gewußt haben, warum er seine Worte nicht so, sondern in der gegebenen Weise gesetzt habe[96]. Die andere Version beschwört für Luther das Mißverständnis herauf, als sei die Gottheit nur eine dem Wort zugesprochene Prädikation, nicht aber dessen Natur[97]. Eben dies habe jedoch der Evangelist sagen wollen: »Sintemal keyn ander gott ist denn nur der eynige, ßo ist derselbige got gantz weßenlich dasselb wortt, dauon er redet, unnd ist nichts ynn gottlicher natur, das ynn dem wort nit sey«[98]. Indem Johannes dem Wort derart entschieden »die ware naturliche gottheyt« zuspreche, habe er der arianischen Irrlehre den Boden entzogen[99]. Gleichzeitig scheine es jedoch, als

---

non possum comprehendere, quod 2 personae et unus deus. Juden und Turcken spotten unser. In 1 domo tantum unus economus, princeps, auff 1 mist zwen han vergehen sich nicht. Ein hohe doctorey, quod unus hospes in domo etc. Hoc norunt feminae, pueri et vaccae, und das ist Turcarum scientia. Christiani credunt unicum deum esse in celo et terra, et quod unus hospes. Sed quare dicis 3? Non, sed dicimus: der Einige Gott, der hat 3 unterschiedlich person, ita ut, ubi pater, ibi filius et spiritus sanctus, quia hoc dicit scriptura: Gott ist da wesentlich und ist bey Gott gewesen, dicit patrem et wort filium. Das heist unterschieden person inn der Gottheit, et tamen manet die 1 naturlich Gottheit. Non praedicamus alium deum Christum, quando de eo praedicamus, quam patrem et spiritum sanctum. Sed Turca dicit: es ist nerrisch. Nolumus tuam rationem, sapientiam et Iudeorum klugkeit und verstand doctorum. Lauts nerrisch in tuo capite, bene, sed in meo lauts herrlich.

[92] 191,8—10.
[93] 191,11—13.
[94] S. Anm. 15, I.1.53 f, S. 13.
[95] S. Anm. 79, z. St.
[96] 191,19—192,3. — Vgl. WA 1; 20,20—21,8 (1514).
[97] 192,15—19: Ich spreche nit: das wort ist gott, wilche rede mocht vorstanden werden, alß wurde die gottheyt nur von yhm gesagt und wereß nit weßenlich, wie du, Arrius, sagist, ßondernn ßo sag ich: Und gott war das wortt, das mag nit anderß vorstanden werden denn alßo: dasihenige, das yderman got heysset und acht, dasselb ist diß wort.
[98] 192,3—5.
[99] 192,7f: Dißer spruch, ßo hartt er dringet widder den Arrium, der do leret, das wortt were nit gott ... — 192,13: Drumb stößt er hie den Arrius tzu podenn ...; vgl. ebd. 192,13—19. — Vgl. dazu WA 15; 789,4—799,15 (1524). — WA 36; 415,13—40 (1532).

sei damit die Auffassung des Sabellius gestärkt worden. Um diesem Eindruck zu wehren, habe sich Johannes, der doch »*alle* ketzer nydderleg(en«)[100] wollte, beeilt, durch den Folgesatz (V. 2) seine Abwehr auch des Sabellius zu bekräftigen[101].

Mit der geradezu emphatischen Betonung der Präposition »bei«[102] in Joh 1,2 unterstreicht Luther die antisabellianische Stoßrichtung dieses Verses. So habe Johannes auf beiden Seiten gefochten und durch die Betonung der Einheit des göttlichen Wesens und der Unterschiedenheit der göttlichen Personen zugleich der arianischen Irrlehre von der Subordination des Logos wie der sabellianischen Leugnung der personalen Unterschiedenheit Gottes gewehrt[103]. »Das sind die spruch«, resümiert Luther, »darynnen unßer glawb gegrundett ist, daran wyr unß auch hallten mussen«[104].

bb) Schriftgemäßer Glaube und natürliche Vernunft

Daß Luther die Wahrheit der trinitarischen Grundlegung von Joh 1,1f in scharfer Antithese zu den arianischen und sabellianischen Ketzereien herausarbeitet, dient freilich nicht allein dem Zweck, eine in der Auslegungsgeschichte dieser beiden Verse üblich gewordene Abgrenzung fortzuschreiben. Das dogmengeschichtliche Interesse, das bei ihm gewiß auch eine Rolle spielt, wird vielmehr durchgängig von einem aktuellen theologischen Anliegen überlagert: der Frage nach dem Verhältnis von Glaube und Vernunft. Es ist die natürliche Vernunft, die einst in Sabellius und Arius am Werke war[105] und die jederzeit aufs neue der geglaubten Wahrheit ketzerisch gefährlich werden kann[106]. Daß Luthers eigentliches Interesse dieser — bleibend aktuellen — Frontstellung von schriftgemäßem Glauben und natürlicher Vernunft gilt, hat in seiner Schlußbemerkung zu V. 1b einen sehr komprimierten Ausdruck gefunden: »Ob das naturlich vernunfft nit begreyfft, das ist recht, der glawb solls alleyn begrey-

---

[100] 192,12; Hervorhebung von mir.

[101] 192,19–193,1: Widderumb, das hie der Sabellius und vornunfft nit meyne, ich halts mit yhm und menge die person ynn eynander und widderruff, was ich dauon gesagt habe, ßo sag ichs noch eynmal und sprech: Das war ym anfang bey got. — Vgl. schon WA 1; 22,22–28 (1514).

[102] 193,2: Bey gott, bey gott war es.

[103] 193,2–6. — Vgl. etwa die ausführliche Darlegung in einer Prologpredigt von 1538: WA 46; 531,3–533,1.

[104] 193,6f.

[105] Z. B. 192,19f: Widderumb, das hie der Sabellius und vornunfft nit meyne, ich halts mit yhm ...

[106] 190,23–191,2. — WA 27; 522,10–12 (1528): Si ille error veniret, wir wûsten nicht, wie wir uns weren solten. Habemus quidem scripturam, qua uns weren kunden ut tempore Arii.

ffen, naturlich vernunfft macht ketzerey und yrthumb, glawb leret unnd hellt die warheytt; denn er haftet an der schrifft, die treugt noch leugt nit«[107].

Die Vernunft des Menschen[108] ruft dadurch Ketzerei und Irrtum hervor, daß sie begreifen will, was doch nicht zu begreifen ist. Statt daß sie »hafftet an der schrifft«, treibt sie vom biblischen Text und folgt ihren »eygen subtilitaten«[109]. So macht die Vernunft »gloßen«, wo man doch nur aufs Wort hören müßte[110], und will mit ihrem »klugelln, dunkelln« und mit »großen subtiliteten«[111] das Wort, anstatt es zu glauben, »begriffig« machen[112]. Indem die natürliche Vernunft den Bereich ihrer Zuständigkeit derart überschreitet, tritt sie, wie Luther die Antithese von Menschenwort und Gotteswort (vgl. §7.1) polemisch zuspitzt, als »menschen geschwetz« in schärfsten Gegensatz zum Wort der Schrift[113].

Dieses Beharren auf dem Wort der Schrift wider aller Einwände der Vernunft darf nun aber nicht als die Forderung eines sacrificium intellectus sowie eines »biblizistischen Glaubenspositivismus«[114] gedeutet werden. Denn vernünftiges Reden hat ja durchaus auch innerhalb des Glaubens einen Ort. Das zeigt sich nicht nur in der gelegentlichen − und beispielsweise an der Frage der

---

[107] 191,13−16. − Vgl. O. Bayer, Oratio, Meditatio, Tentatio. Eine Besinnung auf Luthers Theologieverständnis (LuJ 55, 1988, 7−59, bes. 23−36).

[108] M. Jacob, Homo huius vitae. Luthers Beitrag zu einer natürlichen Anthropologie (in: W. Hüffmeier / W. Krötke [Hg.], Freude an der Wahrheit. Freundesgabe zum 50. Geburtstag von Eberhard Jüngel am 5. 12. 1984, Tübingen 1984, 231−246). − R. Kuhn, Luthers Lehre von der ratio, Diss. (masch.), Erlangen 1957. − H.-W. Krumwiede, Martin Luther: Die Kompetenz der Vernunft (JGNKG 83, 1985, 55−75). − K.-H. zur Mühlen, RATIO. Probeartikel zum Sachregister der Weimarer Lutherausgabe (ABG 14), 1971, 192−265. − Ders., Reformatorische Vernunftkritik und neuzeitliches Denken. Dargestellt am Werk M. Luthers und Fr. Gogartens (BHTh 59), 1980, 67−158 (dort auch weitere Lit.). − Ders., Luthers Kritik der Vernunft im mittelalterlichen und neuzeitlichen Kontext (in: Lutheriana. Zum 500. Geburtstag M. Luthers von den Mitarbeitern der Weimarer Ausgabe, hg. v. G. Hammer und K.-H. zur Mühlen [AWA 5], 1984, 3−16). − M. Seils, Die vernunftsbezogene Welt. Ein Kapitel aus Luthers Theologie (in: Themen Luthers als Fragen der Kirche heute. Beiträge zur gegenwärtigen Lutherforschung, hg. v. J. Rogge und G. Schille, 1982, 29−40).

[109] 192,1f.

[110] 195,1−3; diese Stelle ist sicher, wie der Hg. vermutet, nicht nur auf die Glossa ordinaria bezogen.

[111] 193,12. − Von »subtiliteten« spricht Luther in diesem kurzen Textabschnitt viermal: 192,1; 193,10.12.22.

[112] 193,11.

[113] 193,11−16: Aber wiltu dem bösen feynd nit ynß netze fallen, ßo laß yhr klugelln, dunckelln und subtiliteten faren und hallt dich an diße gotliche wort, da kreuch eyn und bleyb drynnen wie eyn haß ynn seyner steynritzen; spatzirstu erauß unnd gibst dich auff yhr menschen geschwetz, ßo soll dich der feynd furen unnd tzuletzt stortzen, das du nit wissest, wo vornunfft, glawb, gott unnd du selbst bleybst.

[114] G. Ebeling, Lutherstudien II. Disputatio de homine, Bd. 3: Die theologische Definition des Menschen. Kommentar zu These 20−40, 1989, 221−224.

Einheit Gottes zu belegenden[115] — Koinzidenz von Schriftzeugnis und Vernunfterkenntnis, sondern vor allem auch daran, daß Luther sich bei der Entfaltung von Glaubensartikeln gern einer argumentierenden Erhellung befleissigt. Anläßlich einer Prolog-Predigt des Jahres 1532 hat er in diesem Kontext ausdrücklich zu einem der Vernunft gemäßen Gebrauch ihrer selbst ermuntert und sich sogar anheischig gemacht, wenn es denn zum Streit »ratione contra rationem« käme, gehörig mitzuhalten: »Nichts ist so scharff, ich wil da widder bellen«[116]. Den Gegenstand der beiden ersten Prologverse betreffend ist jedoch der Glaube gefordert. Die Vernunft kann das Geheimnis der Trinität nicht fassen noch verstehen; man muß es einfältigen Herzens glauben: »Hoc in articulo claude oculos et dic: Sapientia, hore auff«[117]. Was darin anklingt, ist eine die Gewißheitsfrage durchziehende fundamentale Differenz, die Gerhard Ebeling formelhaft zu der Unterscheidung von Wissensgewißheit und Gewissensgewißheit verdichtet hat und die ihrerseits als Ausdruck der zweigestaltigen forensischen Situation des Menschen — seinem Sein coram mundo und coram Deo — zu verstehen ist[118].

Im Wort der Schrift sieht Luther den Grund des Glaubens vorgegeben[119]. In Sachen des Glaubens möge man sich darum an die Schrift halten, nicht an die Vernunft[120]. Denn die Schrift ist uns nicht umsonst gegeben: Würde das natürliche Vermögen der ratio genügen, so wäre uns die Schrift nicht not gewesen[121]. So aber müssen wir uns nicht nur *an* die Schrift *halten*, sondern, wie Luther in mehrfach wiederholter Ausdrücklichkeit präzisiert[122], *in* der Schrift *bleiben*. Dieses Sein *in* der Schrift hat Luther in ein Bild gefaßt, das das Verste-

---

[115] 191,2—4.

[116] WA 36; 408,11—23: Das ist nicht kunst speculari ex capite, sed Gots wort fassen und gleuben. Hoc non possunt illi. Es heisst hie: stulti hic docti, qui simplice corde verbo dei und bleiben und kleben dran, fragen nicht viel etc. Wens da hin kompt, so ghets ut karlstad, Munzer, ratione contra rationem, nichts ist so scharff, ich wil da widder bellen, quando haben ein guten kopff et eruditi und kleffer, imponit. Ich bin ihn feind, quod exhibent suam artem, da man nicht glert kan sein. Sis Iurista, poeta etc. brauch da kein kunst, weisheit, witze, speculationes, quomodo surrant stellae. Hic sol man die kunst er aus lassen, Captivantes omnem intellectum, quia praedicamus, ut omnem sapientiam, weisheit simpliciter gefangen nhemen, q.d. quando de Gotlichen rebus praedicamus, da gilts nicht kunst, weisheit, rationem suchen, quia ist zu hoch. Et jhe serer annimpt, jhe scheuslicher laufft sie an.

[117] WA 36; 408,29 f (1532). — Vgl. dazu aus Calvins Kommentar zu Joh 1,1 (CR 75,1): Nolo supra fidei meae saptum argute philosophari. Et videmus Dei spiritum adeo eiusmodi argutias non probare, ut nobiscum balbutiens, quam sobrie de tantis arcanis sapiendum sit, tacendo clamet. — Vgl. auch die Entsprechungen in Luthers späteren Prologpredigten, z. B. WA 46; 533,1—15 (1538). — WA 46; 535,19—536,14 (1538).

[118] S. Anm. 114.

[119] 193,6. — Vgl. z. B. WA 46; 541,4—542,24 (1537/38).

[120] 191,13—16; 192,1 f; 193,6—8; 193,19—22.

[121] 193,17 f. — Vgl. z. B. WA 47; 628,15—18 (1539). — Ferner WA 29; 11,2—7 (1529).

[122] Vgl. z. B. 185,4 f; 193,13.19.22.

hen dieser offenbar mit Bedacht gewählten Präposition auf die Spur bringen kann und darum ungekürzt zitiert sei:

Aber wiltu dem bôsen feynd nit ynß netze fallen, ßo laß yhr klugelln, dunkelln und subtiliteten faren und hallt dich an diße gotliche wort, da kreuch eyn und bleyb drynnen wie eyn haß ynn seyner steynritzen; spatzirstu erauß unnd gibst dich auff yhr menschen geschwetz, ßo soll dich der feynd furen unnd tzuletzt stortzen, das du nit wissest, wo vernunfft, glawb, gott unnd du selbst bleybst.[123]

Dieses Bild vom Hasen und der Steinritze macht zweierlei deutlich. Einmal: Das Wort der Schrift ist für Luther nicht nur irgendein autoritativer Text, auf den man sich beziehen, sondern ein Raum, in dem man leben kann. Und: Was Luther mit dem Wort der Schrift im Blick hat, ist keine Frage der Erkenntnis, sondern der Existenz — nicht nur der Irrtum droht hier, sondern der Verlust des Lebens. Die Rede vom Hineinkriechen in das Wort als in einen schützenden Lebensraum korrespondiert zudem mit einem Abschnitt aus der Erklärung von Joh 1,13d[124], der das hier gewählte Bild zu weiterer Klarheit bringen kann und darum schon jetzt vorausgreifend erwähnt werden soll.

Die göttliche Geburt von Joh 1,13d, heißt es dort, meine nichts andereres als den Glauben. Das Gnadenlicht des Evangeliums, erläutert Luther, will den Menschen dazu ermutigen, das natürliche Licht der Vernunft zu verwerfen. Überläßt er sich dem Evangelium, so geht er damit aus seinem alten Licht heraus in ein neues hinein: den Glauben. Nichts anderes meine indes die Rede von der göttlichen Geburt[125]. Um diese Deutung von Joh 1,13d als sachgemäß auszuweisen, bekräftigt sie Luther mit vier Schriftzitaten. Die ersten drei sind aus dem Neuen Testament genommen und handeln von der Geburt durch das Wort (1 Kor 4,15; Jak 1,18; 1 Petr 2,2)[126]. Dem fügt sich noch der Hinweis auf Jes 46,1 an, wo »das Euangelium (!) gottis uter genennet« werde[127]: In ihm werden wir empfangen, genährt und geboren wie ein Kind im Schoß seiner Mutter. Aber erst in Anfechtung und Tod werde sich diese Geburt recht erweisen, denn dann erst zeige sich, daß die Vernunft sich an alles Alte klammere, der Glaube es hingegen fahren lasse und dem Zeugnis des Evangeliums traue[128]. Dieser Wechsel vom Licht der Vernunft zu dem des Glaubens, fährt Luther fort, betreffe jedoch das ganze Leben des Menschen: »Der gantz mensch (muß) ynn das Euangelium kriechen« wie die Schlange, wenn sie sich häuten will, in ein enges Felsenloch. »Da kreucht sie hynndurch und tzeucht ab yhr hawt selbs unnd lest sie haussen fur dem loch. Alßo der mensch auch

---

123 193,11—16.
124 231,16—234,11.
125 231,16—232,9.
126 232,9—12.
127 232,13—16.
128 232,16—233,6.

ynn (!) das Euangelium und gottis wortt sich begeben muß, getrost folgen seyner tzusagung, er wirt nit liegen«[129].

Wenn Luther in der Erklärung von Joh 1,1b−2 das Bild vom Hasen und der Steinritze entwirft, so steht dahinter eben jenes alte prophetische Bild vom uterus dei (Jes 44,2.24; 46,3; vgl. 49,1.5), auf den hin Luther das Wort des Evangeliums deutet. Daß es sich dabei nicht nur um eine vage biblische Assoziation handelt, sondern um einen bei Luther durchgängig zu beobachtenden metaphorischen Zusammenhang, ergibt sich nicht zuletzt aus der stattlichen Zahl von Stellen, an denen Luther in diesem Sinne von uterus (dei) spricht[130]. Übrigens hat Melanchthon an entsprechender Stelle auch ausdrücklich auf jenes prophetische Bild verwiesen[131].

So wird man das »in der Schrift bleiben«, von dem Luther mit Nachdruck spricht, als Hinweis auf jenes organische Bild eines Lebens-Raumes zu verstehen haben: Gemeint ist nicht nur der geschützte, sondern der schützende Raum; nicht nur das geschonte, sondern das gedeihende Leben. In diesem Sinne ist das Wort der Schrift für Luther der Nährboden des Glaubens, den Gott auch unter dem »verfluchten Regiment« des Papsttums erhalten habe[132]. In das Bild eines bergenden und nährenden Lebensraumes hat Luther die hinter der Antithese von schriftgemäßem Glauben und natürlicher Vernunft stehende Unterscheidung zwischen Wissensgewißheit und Gewissensgewißheit zusammengefaßt: Wir leben allein aus dem Glauben an das Wort Gottes. Die Vernunft vermag uns zu lehren, aber sie kann uns nicht nähren. −

Es ist im übrigen nicht uninteressant, wie selbstverständlich Luther in dieser Erklärung von Joh 1,1b−2 »Wort Gottes«, »Evangelium« und »Schrift« ineins gesetzt hat. Von hier aus mag es sich denn auch naheliegen, die in § 5 bewußt zurückgestellte Frage nach Gottes geschriebenem Wort aufzugreifen und exkursorisch zu vertiefen (vgl. § 9). Daß Luthers Auffassung und Lehre von der Schrift dabei nicht insgesamt rekonstruiert, sondern lediglich auf ein paar für das Sprachverständnis besonders virulente Problemfelder hin befragt werden kann, bedarf kaum der Erwähnung.

---

[129] 233,11−17.
[130] Beispielsweise WA 3; 323,36f (1513/15). − Ebd. 243,31. − WA 4; 234,6 (1513/15). − WA 5; 551,13f.21.26 (1519/21). − WA 9; 360,26 (1519/21). − Ebd. 376,33. − Ebd. 400,31. − WA 9; 483,12−14 (1520). − Ebd. 484,26. − WA 13; 478,12 (1525). − WA 14; 326,13 (1523/24). − WA 17,1; 99,6.7.22 (1525). − WA 20,283,22 (1526). − WA 24; 324,10 (1527). − WA 25; 295,18.28.38 (1527/30). − WA 25; 398,15 (1527/30). − WA 27; 52,6 (1528). − WA 31,2; 334,34 (1527/30). − WA 31,2; 370,14.21.26.32f (1527/30). − WA 31,2; 394,1 (1527/30). − WA 31,2; 577,14f (1527/30). − WA 40,1; 597,7 (1531). − WA 40,3; 386,34 (1532/33). − WA 42; 667,9 (1535/45).
[131] Commentarius in Genesin, CR 13,763 (zu Gen 1,1).
[132] WA 46; 624,23−625,10 (1537/38) (zu Joh 1,13d).

3. Schaffend, nicht geschaffen (Joh 1,3)

a) In der Auslegung vor und neben Luther

Die Geschichte der Auslegung von Joh 1,3 ist im wesentlichen durch drei Gesichtspunkte bestimmt, die alle bereits von Augustin diskutiert worden sind. Das erste Interesse geht dahin, die Universalität des dem verbum von Joh 1,1f zugeschriebenen Schöpfungswerkes zu betonen, jenes Wort selbst jedoch davon auszunehmen: »Haltet nicht das für geschaffen, wodurch alles geschaffen ist!«[133]. Augustin führt den Kampf gegen die Arianer vor allem von diesem dritten Prologvers aus: Wäre das Wort Gottes geschaffen worden, wodurch dann anders als durch − das Wort?[134] Er bemüht sich zwar, die Darlegung des Evangelisten auch argumentierend plausibel zu machen. Wer es dennoch nicht erfassen kann, der möge, wie Augustin in Anspielung auf Hebr 5,12−14 schließt, sich vorerst mit Milch begnügen und im übrigen warten, bis er heranwachse[135]. Ganz entsprechend hat sich dann etwa auch Thomas von Aquin geäußert[136], desgleichen die Zeitgenossen Luthers[137] und auch Luther selbst[138]. Dabei ist gelegentlich noch eigens betont worden, was bei Augustin durch den Kontext ohnehin vorausgesetzt war: daß sich auch der dritte Vers des Johannes-Prologs noch ganz in den von Gen 1 gespurten Bahnen bewegt[139].

Zum andern hat sich die Auslegung immer auch auf die Deutung des »nihil« von Joh 1,3b konzentriert. In deutlich antimanichäischer Stoßrichtung[140] schärft Augustin ein, es keinesfalls als ein aliquid aufzufassen: Die Sünde sei

---

[133] I.12, CChr.SL 36,6 (= PL 35,1385): Noli ergo credere factum, per quod facta sunt omnia. − Vgl. insges. I.9.11f, CChr.SL 36,5−7 (= PL 35, 1383−1385). − Wenn Meister Eckhart das auf das Subjekt von Joh 1,3 verweisende »ipsum« nicht auf das − freilich mit Gott wesenseine − Wort, sondern direkt auf Gott selbst bezieht, so ist darin zwar kaum eine nennenswerte theologische, aber doch eine exegetisch-philologische Besonderheit zu sehen (s. Anm. 13, I.52f, S. 43f).

[134] I.11, CChr.SL 36,6 (= PL 35,1384): Exeat nunc nescio quis infidelis Arianus, et dicat quia Verbum Dei factum est. Quomodo potest fieri ut Verbum Dei factum sit, quando Deus per Verbum fecit omnia? Si et Verbum Dei ipsum factum est, per quod aliud Verbum factum est? Si hoc dicis, quia est Verbum Verbi, per quod factum est illud, ipsum dico ego unicum Filium Dei. Si autem non dicis Verbum Verbi, concede non factum per quod facta sunt omnia. Non enim per seipsum fieri potuit, per quod facta sunt omnia: crede ergo euangelistae.

[135] I.12, CChr.SL 36,7 (= PL 35,1385).

[136] I.3.68−72, S. 15f.

[137] Vgl. stellvertretend etwa Brenz (s. Anm. 32), 3ᵛ−5ʳ.

[138] Vgl. Abschnitt 3.b dieses Paragraphen.

[139] So etwa Eckhart (s. Anm. 13), I.56−58, S. 46−48. − Brenz (s. Anm. 137). − Melanchthon, CR 14,1053; CR 15,11f. − Dagegen verweist Rupert von Deutz (s. Anm. 21), z. St., zunächst auf Ps 33,9 u. 148,2−9, erst dann auch auf Gen 1.

[140] So auch LOEWENICH (s. Anm. 5), 13f. − Rupert von Deutz vermerkt dies ausdrücklich (s. Anm. 21), 13 (zu Joh 1,3b).

nicht etwas, sondern nichts; ihr komme kein eigenes Sein zu, wie auch die Menschen, die sündigten, in diesem Sinne zunichte würden[141]. Entsprechendes gelte übrigens auch für das idolum, das man zwar wegen des darauf folgenden Pauluswortes (1 Kor 8,4) als Götzenbild wird übersetzen müssen, das in der Bedeutung des Schattenbildes die ontologische Defizienz der Sünde jedoch mindestens ebensogut veranschaulichen könnte[142]. Was immer sich dagegen an kreatürlichen Geschöpfen findet – vom Engel bis zum Würmchen! –: Es ist alles durch das Wort geschaffen[143]. Wobei dieses Schaffen, wie Augustin sogleich präzisiert, nicht nur das Hervorbringen der einzelnen Arten bedeute, sondern dazu auch deren genaue Lozierung in dem umfassenden Rahmen einer Schöpfungsordnung[144]. Die Ausleger nach Augustin haben immer wieder – und mitunter recht ausführlich – bekräftigt, daß es eine Quelle der Irrtümer und Irrlehren wäre, wenn man jenes »nihil« affirmativ anstatt, wie von Johannes gemeint, negativ auffassen wollte[145].

Das dritte Problem, das zu erwähnen wohl keine Auslegung vor und neben Luther versäumte, ist die Frage, wie Joh 1,3f zu interpunktieren sei. Genau genommen sind damit zwei Probleme verbunden. Denn zunächst war strittig, ob sich der Satzteil »ὃ γέγονεν / quod factum est« noch auf »καὶ χωρὶς αὐτοῦ ἐγένετο οὐδὲ ἕν / et sine ipso factum est nihil« (V. 3b) oder bereits auf »ἐν αὐτῷ ζωὴ ἦν / in ipso vita erat« (V. 4a) bezieht. Entschied man sich für die zweite Möglichkeit, so ergab sich daraus die weitere Frage, ob man die erste Zäsur von V. 4 nach »γέγονεν / factum est« oder erst nach »ἐν αὐτῷ / in ipso« ansetzen wollte. Eine überwiegende Zahl der ältesten Handschriften setzt die starke Interpunktion in Joh 1,3f nach »οὐδε ἕν / nihil«, und auch die Gnostiker des 2. Jahrhunderts vertreten diese Version. Die Lesart, erst nach »ὃ γέγονεν / quod factum est« zu interpunktieren, diesen Teil mithin noch zu V. 3 zu rechnen, läßt sich erstmals um 300 n. Chr. belegen und ist damit zwar nicht im arianischen Streit entstanden, aber doch dort erst zu einer wichtigen exegetischen Waffe – etwa für Chrysostomus – geworden[146]. Anders als Chrysostomus

---

[141] I.13, CChr.SL 36,7 (= PL 35,1385).

[142] Ebd. – Zum ›idolum‹ vgl. auch Hieronymus, Expositio quatuor Evangeliorum, PL 30,531–668, z. St.

[143] I.13, CChr.SL 36,7 f (= PL 35,1385 f). – Vgl. I.14, CChr.SL 36,8 (= PL 35,1386).

[144] I.15, CChr.SL 36,8 f (= PL 35,1386).

[145] Z. B. Thomas I.3.80–84, S. 17 f. – Eckhart (s. Anm. 13), I.52, S. 43 f. – Glossa ordinaria (s. Anm. 79), z. St. – Melanchthon, CR 15,11–15.

[146] R. SCHNACKENBURG, Das Johannesevangelium (HThK IV/1), 1981⁵, 215 f. – Vgl. auch E. HAENCHEN, Probleme des johanneischen »Prologs« (ZThK 60, 1963, 305–334), 318–320. – Die Frage ist übrigens bis heute umstritten. Während die Mehrzahl der Exegeten die in den heutigen Bibelausgaben üblich gewordene Lesart vertritt (etwa SCHNAKKENBURG, aaO.; HAENCHEN, aaO.; zuletzt O. HOFIUS, Struktur und Gedankengang des Logos-Hymnus in Joh 1,1–18 [ZNW 78, 1987, 1–25], 4–8), wird die Auffassung BULTMANNS, die ὃ γέγονεν auf das Nachfolgende bezieht (Das Evangelium nach Johannes [KEK 2]

setzt Augustin die Hauptzäsur bereits nach »οὐδὲ ἕν / nihil«[147]. Thomas, der die verschiedenen Versionen nebeneinanderstellt, läßt dies zwar unwidersprochen, scheint jedoch selbst eher der von Chrysostomus vertretenen Lesart zuzuneigen[148]. Meister Eckhart folgt dann wieder der Auffassung Augustins[149]. Dagegen beziehen Luthers Zeitgenossen, wie übrigens bereits Lyra, den Satzteil »ὃ γέγονεν / quod factum est« auf das Folgende, wobei Erasmus diese Entscheidung interessanterweise nicht theologisch, sondern stilkritisch begründet[150].

Was das Folgeproblem, ob vor oder nach »ἐν αὐτῷ / in ipso« zu interpunktieren sei, angeht, so vertrat Augustin allerdings eine deutlich antignostische bzw. antimanichäische Lösung: »Quod factum est, in illo vita est«, solle man lesen[151]. Denn die Weisheit Gottes enthalte der Idee nach bereits alles, bevor sie alles verwirkliche, so wie auch ein Tischler den Kasten, den er anfertigen will, zuerst als künstlerische Idee in sich habe[152]. In ähnlicher, antimanichäisch pointierter Entschiedenheit äußern sich auch Thomas[153] und Eckhart[154]. Dagegen ist das Problem für Luthers Zeitgenossen, die »ὃ γέγονεν / quod factum est« durchweg auf V. 3 beziehen, gegenstandslos geworden.

Diesen drei herkömmlichen Problemkreisen hat die mittelalterliche Auslegung von Joh 1,3 keine wesentlichen Gesichtspunkte mehr hinzugefügt. Was an ihr neu war, beschränkte sich auf die besondere Betonung einiger Nebenaspekte, so wenn etwa Thomas zu der Präposition »per« (V. 3a) bemerkt, dies indiziere nicht, wie Origenes meinte, die Abwertung des Sohnes zum bloßen Instrument des Vaters, sondern bezeichne lediglich ein Ursachenverhältnis im Hinblick auf das Werk, durch das die Wesenseinheit des Sohnes mit dem Vater in keiner Weise beeinträchtigt werde[155].

Dagegen läßt sich zu Beginn des 16. Jahrhunderts in der Auslegung von Joh 1,3 eine bemerkenswerte Gewichtsverlagerung ausmachen. Zwar ist die

---

1978[20], 19–22), doch nach wie vor diskutiert und vertreten (z. B. von H. GESE, Der Johannesprolog. In: DERS., Zur biblischen Theologie. Alttestamentliche Vorträge [BevTh 78], 1977, 152–201, 162 f). – Der Vorschlag E. HIRSCHS (Studien zum vierten Evangelium [BHTh 11], 1936, 44), ὃ γέγονεν als den Zusatz eines späteren Redaktors zu deuten, ist meist übergangen, gelegentlich (z. B. von E. HAENCHEN, aaO.) bestritten, aber m. W. nie ernstlich diskutiert worden.

[147] I.13–16, CChr.SL 36,7–10 (= PL 35,1385–87).
[148] I.3.89–94, S. 19 f.
[149] I.52–69, S. 43–58.
[150] Vgl. jeweils z. St.: Glossa ordinaria (s. Anm. 79). – Faber Stapulensis (s. Anm. 13). – Melanchthon (s. Anm. 32). – Erasmus, Annotationes in Novum Testamentum, Opera omnia, Tom. VI, Leyden 1705, 339. – Calvin (s. Anm. 30).
[151] I.16, CChr.SL 36,9 f (= PL 35,1387).
[152] I.17, CChr.SL 36,10 (= PL 35,1387).
[153] I.3.89–94, S. 19 f.
[154] I.52–69, S. 43–58.
[155] I.3.75–77, S. 16 f.

von Brenz vorgeschlagene Unterscheidung der die natura verbi betreffenden Verse 1f von V. 3ff, die das opus verbi zum Gegenstand hätten, durchaus traditionell[156]. Anders als in der altkirchlichen und scholastischen Exegese gilt das Hauptinteresse der Ausleger nun aber nicht mehr dem ersten, sondern dem zweiten Aspekt[157]. Wichtiger noch, wenngleich damit zusammenhängend, ist jedoch dies, daß das »γίγνομαι / facere« von V. 3 nun nicht mehr nur als das Hervorbringen und ursprüngliche Ordnen der Kreatur gedeutet wird, sondern zugleich auch als die Führung der Gläubigen und der Ungläubigen durch Gott − diese durch das Wort im Herzen, jene durch den verborgenen Ratschluß Gottes, der ebenfalls das Wort Gottes ist − [158], die »gubernatio et defensio Ecclesiae omnium temporum«[159] sowie das eschatologische Zurechtbringen der Menschen[160]. Am Rande wenigstens sei zudem notiert, daß Johannes von Staupitz, die Verse 1 und 14 des Prologs verknüpfend, dem Wort zugleich die natürliche wie die sittliche Erschaffung aller Kreaturen zugesprochen hat: »Und zugleicherweis alle dingk geschaffen sein im natürlichen wesen durch das ewig wort, also sein sie im sitlichen wesen gemacht durch dasselb gemenschet wort«[161].

b) In der Auslegung Luthers

Nach allem, was Luther bereits zu den ersten beiden Prolog-Versen gesagt hat, kann er sich nun auf zwei knappe Hinweise beschränken. Deren erster gilt dem Wort »alle« (V. 3a), dessen universale Geltung er gegen die arianische Irrlehre emphatisch herausstreicht. Zwar ließen die Arianer gelten, daß alles durch das Wort gemacht sei. Aber sie deuteten das Wort seinerseits als auf einen ursprünglichen Schöpfungsakt Gottes zurückgehend, der dann auch die Erschaffung der Kreatur ermöglicht habe. Wer wollte es indes klarer ausdrükken als Johannes? Doch »die eygensynnigen (lassen) sich nit ... yhris yrthumbs bereden, wie klar und grob man yhn die warheytt sage«[162]. Daß das Pronomen »alle« semantisch jede Einschränkung ausschließt, hebt Luther zunächst unter Hinweis auf den allgemeinen Sprachgebrauch hervor − »wer alleß nennet, schleußt nichts auß«[163] − und erhärtet es sodann mit Hilfe zweier Paulusverse, die diese Vokabel ebenfalls unstrittig in einem umfassenden

---

[156] Brenz (s. Anm. 32), 3ᵛ. − Vgl. z. B. Thomas I.1.1 f, S. 1.
[157] Z. B. Brenz (s. Anm. 32), z. St.
[158] Melanchthon, CR 14,1053.
[159] Melanchthon, CR 15,14.
[160] Zwingli, CR 90,681 f (De vera et falsa religione).
[161] Johann von Staupitz, Sämtliche Schriften 2/II (Libellus de exsecutione aeternae praedestinationis, Berlin / New York 1979, 213.
[162] 194,1−7. − Vgl. WA 46; 534,19−535,18 (1538).
[163] 194,8 f.

Sinne gebrauchen (1 Kor 15,27 sowie die von Luther für paulinisch gehaltene Stelle Hebr 2,8)[164]. Die logische Struktur von 1 Kor 15,27 wird dabei von Luther als Deutemuster für Joh 1,3 herangezogen: »1. Cor. 15: Er hat yhm alliß unterworffen, on tzweyffel außgenommen den, der yhm allis unterworffen hatt. Alßo muß auch hie vorstanden werden: alle ding sind durch yhn gemacht, on tzweyffel außgenommen den, durch wilchen alle ding gemacht seyn, und on yhn nichts sey, das nit gemacht sey«[165]. Auch diesen dritten Vers des Prologs habe Johannes wieder aus Gen 1 geschöpft, wo nicht allein die Universalität des Schöpfungswerkes Gottes vorgezeichnet sei, sondern ebenso dies, daß »sie seyen alle durch das wort gemacht«[166]. Luthers Kommentar zu Joh 1,3b fügt dem nichts Neues mehr hinzu, sondern unterstreicht lediglich die antiarianische Stoßrichtung dieses ganzen Verses – »wiewol es nichts geholffen hatt«[167], wie er abermals hinzufügt. Die Frage nach der Bedeutung des »nihil« im V. 3b mitsamt ihren antimanichäischen und überhaupt hamartologischen Implikationen erwähnt er dagegen mit keiner Silbe.

Luthers zweite Bemerkung betrifft die strittige Interpunktion von Joh 1,3f. Er referiert zunächst, daß etliche, so etwa Augustin, den Satzteil »das gemacht ist« dem nachfolgenden Text zurechneten. Es mag die Autorität Augustins gewesen sein, die Luther die gegenteilige Auffassung nur sehr behutsam vertreten ließ: »Mich dunckt, es gehőre tzu dem vorigen text«[168]. Der Sinn dieser Lesart sei: »Der dinger, die gemacht sind, ist keynß on yhm gemacht«, womit Johannes das vere deus habe betonen wollen, so freilich, daß der Sohn »warer gott sey … nit von yhm selb, ßondernn von dem vater«[169].

Unter allen späteren Prolog-Predigten hat sich Luther in derjenigen vom 5. Januar 1533[170] am ausführlichsten zu V. 3 geäußert[171]. Dort findet sich eine längere, breit angelegte Passage, in der Luther die Universalität des »omnia« und die damit verbundene Abweisung des Arianismus herausstreicht. Als Fazit dieses Textteils, der nicht etwa einen Gedanken*gang* entwickelt, sondern den *einzelnen* Gedanken in einer immer wieder erneuerten Bewegung unterstreicht – was ja ohnehin als ein Charakteristikum für Luthers Predigen gelten kann –, faßt dieser bekenntnisartig zusammen: »Iesus Christus, meus dominus secundum humanitatem est verus homo, natus ex Maria virgine, ibi est

---

[164] 194,9–13.

[165] 194,12–15. – Daß Luther wie selbstverständlich auf das Wort mit maskulinem Pronomen zurückverweist und damit ›Wort‹ und ›Sohn‹ ganz ineins setzt, ist schon anläßlich seines Kommentars zu Joh 1,1a bemerkt worden (s. § 8.1.b). Es dürfte sich erübrigen, dies auch für seine Auslegung der folgenden Verse noch statistisch auszuweisen.

[166] 194,16–18.

[167] 194,20–195,3.

[168] 195,3–7.

[169] 195,8–12.

[170] WA 37; 1,1–4,39.

[171] Ebd. 1,16–3,15.

factus, sed secundum naturam maiestatis et naturam non est geschaffen vel creatur, sed creator in eternum«[172]. Die darin anklingende Zweinaturenlehre dient zugleich als der dogmatische Skopus seines gesamten Kommentars zu Joh 1,3, ist freilich ihrerseits wiederum soteriologisch pointiert. Wäre Christus bloßer Mensch gewesen, fährt Luther nämlich fort, »non posset ex morte reissen et resuscitare«[173]. Den Fortgang des Zitats wird man unter dem Eindruck der Themen, die derzeit in modischer Aufgeregtheit das offizielle theologische Gespräch bestimmen, nicht ohne Schmunzeln zur Kenntnis nehmen: »Sed quia habemus creatorem coeli et terrae, qui frater et suscepit carnem nostram et factus frater et soror nostra, is liberat nos a morte«[174].

---

[172] Ebd. 2,18–20.
[173] Ebd. 2,33 f; vgl. ebd. 2,26–34.
[174] Ebd. 2,34–36; vgl. den Fortgang bis ebd. 3,15. – Vgl. dazu etwa auch WA 10,1,1; 240,13 f (1522). – Ferner WA 15; 697,31–33 (1524): Diese wort (sc. Mt 9,2) zeygen an und haben kurtzlich verfast, was do sey das reych Christi, nemlich ynn welchem diese süsse stym, diese mütterliche und vetterliche wort ynnen gehen ›dyr sind deyne sund vergeben‹.

§ 9: Gottes geschriebenes Wort

Die Antithese von schriftgemäßem Glauben und natürlicher Vernunft, die Luthers Auslegung von Joh 1,1b–2 bestimmt hat (vgl. § 8.2.b), läßt es als nützlich erscheinen, seine Auffassung der Bibel als der schriftlichen Gestalt des Wortes Gottes nun auch exkursorisch zu vertiefen. Die Frage nach Luthers Schriftverständnis betrifft freilich nicht nur irgendein Lehrstück seiner Theologie, sondern gewissermaßen deren Struktur: Luthers ganze Theologie hat in eminentem Sinne den Charakter der Schriftauslegung. Das ist nicht so sehr eine absichtslose Konsequenz aus der ihm zugefallenen biblischen Professur an der Wittenberger Universität als vielmehr genuiner Ausdruck seines theologischen Denkens überhaupt. Der schlechthin universale Horizont des Themas ›Luther und die Bibel‹ stand im übrigen niemals ernstlich in Frage.

Insofern dürfte das Verständnis dafür gegeben sein, daß eine monographische Behandlung hier nicht erwartet werden kann. Das Augenmerk richtet sich vielmehr, von dem Interesse an Luthers Sprachverständnis geleitet, vor allem auf zwei Gesichtspunkte, nämlich die Frage nach Praxis und Theorie seiner Dolmetschung (2) sowie seine Einschätzung des Zusammenhangs von Heiligen Sprachen und Sprachenheiligung (3). Beides setzt jedoch eine – wenn auch skizzenhaft verkürzte – Erinnerung an die Grundlinien von Luthers Schriftverständnis voraus (1).

1. Zu Luthers Schriftverständnis

Die Frage nach Luthers Schriftverständnis benennt nichts weniger als ein Desiderat der Lutherforschung. Eher könnte man sich veranlaßt sehen, die fast nicht mehr zu überschauende Fülle der einschlägigen Sekundärliteratur[175] zu

---

[175] Eine vollständige bibliographische Erfassung ist nicht möglich und wäre auch kaum nützlich. Weitgehende Hilfe leistet die »Lutherbibliographie« des LuJ unter der Ruprik B.2.i (»Wort Gottes, Bibel, Predigt, Sprache«). Nachstehend wird eine Auswahl der wichtigsten Titel geboten, in der Beiträge zu den vier Aspekten dieses Abschnitts vereinigt sind.

P. Althaus, Der Geist der Lutherbibel (LuJ 16, 1934, 1–26). – Ders., Die Theologie Martin Luthers, 1962, 17–21.71–96. – W. Bauer-Wabnegg / H.-H. Hiebel, Das »sola sancta scriptura« und die Mittel der Schrift (in: H. L. Arnold [Hg.], Martin Luther [edi-

beklagen, die paradoxerweise nun doch wieder zu einer gewissen Orientie-
rungslosigkeit geführt hat[176]. An dieser Stelle wird es genügen, die vier we-

tion text & kritik, Sonderband], 1983, 33—58). — J. Beckmann, Die Bedeutung der reformatorischen Entdeckung des Evangeliums für die Auslegung der Heiligen Schrift (Luther 34, 1963, 20—30). — H. Beintker, Verbum Domini manet in Aeternum. Eine Skizze
zum Schriftverständnis der Reformation (ThLZ 107, 1982, 161—176). — F. Beisser, Claritas scripturae bei Martin Luther (FKDG 18), 1966. — Ders., Luthers Schriftverständnis
(in: P. Manns [Hg.], Martin Luther »Reformator und Vater im Glauben« [VIEG.B 18],
1985, 25—37). — H. Bornkamm, Luther und das Alte Testament, 1948. — Ders., Das
Wort Gottes bei Luther (in: Ders., Luther — Gestalt und Wirkungen. Ges. Aufsätze, 1975,
147—186). — M. Brecht, Zu Luthers Schriftverständnis (in: K. Kertelge [Hg.], Die Autorität der Schrift im ökumenischen Gespräch. Beiheft zur Ökumen. Rundschau 50, 1985,
9—29). — Ders., Zur Typologie in Luthers Schriftauslegung (in: Schrift und Schriftauslegung, LAR 10, 1987, 55—68). — R. Bring, Luthers Anschauung von der Bibel (Luthertum 3), 1951. — G. Ebeling, Evangelische Evangelienauslegung (s. Anm. 8). — Ders.,
Die Geschichtlichkeit der Kirche und ihrer Verkündigung als theologisches Problem (SGV
207/208), 1954, v. a. 55—57. — Ders., Luther. Einführung in sein Denken, 1981[4],
100—119. — Ders., »Sola scriptura« und das Problem der Tradition (in: Ders., Wort Gottes und Tradition. Studien zu einer Hermeneutik der Konfessionen [KiKonf 7], 1964,
91—143). — Ders., Die Anfänge von Luthers Hermeneutik (in: Ders., Lutherstudien,
Bd. I, 1971, 1—68). — Ders., Luther und die Bibel, ebd. 286—301. — Ders., Umgang mit
Luther, 1983, 16—38. — Ders., Befreiende Autorität. Schrift, Wort und Geist im Sinne der
Reformation (NZZ v. 6./7. 7. 1987 [Nr. 129], 65). — H. Echternach, Studien zur Ontologie des Wortes, I. Der reformatorische Schriftbegriff. Seine ontologischen Wurzeln und
sein Zerfall, 1931. — W. Führer, Das Wort Gottes in Luthers Theologie (GthA 30), 1984,
105—115. — B. A. Gerrish, The word of God and the words of Scripture (in: Ders., The
old protestantism and the new. Essays on the Reformation heritage, Chicago 1982,
51—68). — G. Gloege, Zur Geschichte des Schriftverständnisses (in: Ders., Verkündigung
und Verantwortung. Theologische Traktate, Bd. 2, 1967, 263—292). — Ders., Freiheit
und Bindung im Umgang mit der heiligen Schrift nach Luther (KuD 22, 1976, 237—249).
— F. Gogarten, Luthers Theologie, 1967, 228—250. — J. Goldingay, Luther and the
Bible (SJTh 35, 1982, 33—58). — L. Grane, Modus loquendi theologicus. Luthers Kampf
um die Erneuerung der Theologie (1515—1518) (AThD 12), Leiden 1975, 174—182. — F.
Grünagel, Was Christum treibet! Zum rechten Verständnis des Wortes Gottes nach
Luthers Schriftauffassung (KBE 33), 1936. — B. Hägglund, Evidentia sacrae scripturae.
Bemerkungen zum »Schriftprinzip« bei Luther (in: Vierhundertfünfzig Jahre lutherische
Reformation 1517—1967, hg. v. I. Asheim, 1967, 116—125). — Ders., Martin Luther über
die Sprache (NZSTh 26, 1984, 1—12). — R. Hermann, Von der Klarheit der Heiligen
Schrift (in: Ders., Studien zur Theologie Luthers und des Luthertums. Gesammelte und
nachgelassene Werke, Bd. 2, hg. v. H. Beintker, 1981, 170—225). — J. Hilburg, Luther
und das Wort Gottes in seiner Exegese und Theologie dargestellt auf Grund seiner Operationes in psalmos 1519/21 in Verbindung mit seinen früheren Vorlesungen, Diss. Marburg 1948, 17—131. — H. Hilgenfeld, Mittelalterlich-traditionelle Elemente in Luthers
Abendmahlsschriften (SDGSTh 29), 1971, 60—78.150—173. — E. Hirsch, Lutherstudien 1, 1954, v. a. 183—204. — K. Holl, Luthers Bedeutung für den Fortschritt der Auslegungskunst (in: Ders., Ges. Aufsätze zur Kirchengeschichte, Bd. I: Luther, 1932[6],
544—582). — H. J. Iwand, Luthers Theologie, hg. v. J. Haar, NW 5, 1974,
110—117.203—225. — F. W. Kantzenbach, Der argumentative Schriftgebrauch in der reformatorischen Theologie des Heils (in: J. Track [Hg.], Lebendiger Umgang mit Schrift
und Bekenntnis, 1980, 85—125). — E. Kinder, Was bedeutet »Wort Gottes« nach dem

sentlichen Aspekte knapp zu umreißen. Es sind dies die Frage nach dem spezifischen Aggregatzustand der als Wort Gottes verstandenen Heiligen Schrift
(a), sodann die gleichermaßen gegen das römisch-katholische Traditions- wie
gegen das schwärmerische Geistprinzip gerichtete Betonung des reformatorischen Schriftprinzips (»sola scriptura«), das freilich Tradition und Geist nicht
einfach auszublenden, vielmehr an der ihnen zukommenden Stelle zu lozieren

---

Verständnis der Reformation? (KuD 12, 1966, 14−26). − E.-W. KOHLS, Luthers Aussa-
gen über die Mitte, Klarheit und Selbsttätigkeit der Heiligen Schrift (LuJ 40, 1973,
46−75). − F. KROPATSCHEK, Das Schriftprinzip der lutherischen Kirche, Bd. 1, 1904. − O.
KUSS, Über die Klarheit der Schrift. Historische und hermeneutische Überlegungen zu der
Kontroverse des Erasmus und des Luther über den freien oder versklavten Willen (in: J.
ERNST [Hg.], Schriftauslegung. Beiträge zur Hermeneutik des Neuen Testaments und im
Neuen Testament, 1972, 89−149). − H. LIEBING, Sola scriptura − die reformatorische
Antwort auf das Problem der Tradition (in: C.-H. RATSCHOW [Hg.], Sola scriptura. Ring-
vorlesung der Theol. Fakultät der Philipps-Universität Marburg, 1977, 81−95). − R.
MAU, Klarheit der Schrift und Evangelium. Zum Ansatz des lutherischen Gedankens der
claritas scripturae (ThV 6, 1972, 129−143). − P. MEINHOLD, Luthers Sprachphilosophie,
1958, v. a. 31−35. − L. MEYER, Luthers Stellung zur Sprache, Diss. Hamburg 1930, 3−33.
− W. MOSTERT, Scriptura sacra sui ipsius interpres. Bemerkungen zum Verständnis der
Heiligen Schrift durch Luther (LuJ 46, 1979, 60−96). − K.-H. ZUR MÜHLEN, Nos extra
nos (s. Anm. 36), 235−243. − DERS., Gotteslehre und Schriftverständnis in Martin Luthers Schrift »De servo arbitrio« (JBTh 2, 1987, 210−229). − G. MÜLLER, Luthers Bibelkritik (in: H. HIRSCHLER u. a. [Hg.], Die Bibel weckt Gemeinde, 1984, 93−103). − H. M.
MÜLLER, Die Figuraldeutung und die Anfänge der Geschichtstheologie Luthers (KuD 7,
1961, 221−236). − DERS., Die Bibelinterpretation Martin Luthers (BiKi 38, 1983, 11−18).
− E. DE NEGRI, Offenbarung und Dialektik. Luthers Realtheologie (IdF 11), 1973. − P.
NEUNER / F. SCHRÖGER, Luthers These von der Klarheit der Schrift (ThGl 74, 1984,
39−58). − M. NICOL, Meditation bei Luther (FKDG 34), 1984, v. a. 167−182. − W. M.
OESCH, Luthers Grundeinstellung zur Heiligen Schrift (in: Solus Christus, LRb 19, 1971
[Sonderband], 38−72). − H. ØSTERGAARD-NIELSEN, Scriptura sacra et viva vox. Eine Lu-
therstudie (FGLP X,10), 1957. − J. PELIKAN, The Bible and the Word of God (in: Luther's
Works. Luther the Expositor. Introduction to the Reformer's Exegetical Writings, Saint
Louis 1959, 48−70). − S. RAEDER, Luther als Ausleger und Übersetzer der Heiligen Schrift
(in: H. JUNGHANS [Hg.], Leben und Werk Martin Luthers von 1526 bis 1546, 1983,
243−278). − H. SASSE, Sacra scriptura. Studien zur Lehre von der Heiligen Schrift, hg. v.
F. W. HOPF, 1981, v. a. 291−350. − P. SCHEMPP, Luthers Stellung zur Heiligen Schrift
(FGLP II,3), 1929. − H. SCHUSTER, Luther und das Wort-Gottes-Problem (ZThK 19,
1938, 129−154). − K. G. STECK, Lehre und Kirche bei Luther, (FGLP X,27), 1963, v. a.
44−62. − G. STRAUSS, Schriftgebrauch, Schriftauslegung und Schriftbeweis bei Augustin
(BGH 1), 1959. − K. THIMME, Luthers Stellung zur Heiligen Schrift, Diss. Gütersloh
1903. − S. WIDMANN, Die Wartburgpostille. Untersuchungen zu ihrer Entstehung und zu
Luthers Umgang mit dem Text, Diss. (masch.), Tübingen 1969, 243−336. − A. WIKER-
STÅL, Verbum och Filius incarnandus. En studie i Luthers utläggningar av Genesis
(STL 31), Lund 1969, v. a. 333−336. − E. WOLF, Über »Klarheit der Heiligen Schrift«
nach Luthers »De servo arbitrio« (ThLZ 92, 1967, 721−730). − G. ZWEYNERT, Der Sinn
der Formel sola scriptura (in: Verantwortung. FS für Landesbischof D. Gottfried Noth,
1964, 291−306).

[176] So gesehen, ist die Sekundärliteratur − jedenfalls zu Teilen − ihrerseits ein Symptom
jener Unübersichtlichkeit, der abhelfen zu wollen sie überhaupt erst auf den Plan rief.

beansprucht (b), ferner das Problem der Klarheit der Schrift (»sui ipsius interpres«) (c) sowie, schließlich, der Blick auf Christus als die einheitsstiftende Mitte der Schrift, von der her biblische Sachkritik nicht nur möglich, sondern auch geboten erscheint (d). Da es sich dabei nicht um Teilstücke, sondern um verschiedene Hinsichten auf ein ungeteiltes Ganzes handelt, wäre immer auch ein anderer modus procedendi möglich gewesen. Was den Aspekt der Schrift-*auslegung* betrifft, so ist ihm darum nicht ein gesonderter Abschnitt zugedacht worden, weil die hermeneutische Frage für Luther keine selbständige Bedeutung hat, sondern, recht verstanden, mit den Sachfragen identisch und also in jedem der vier Aspekte präsent ist[177].

a) Die Schriftlichkeit der Schrift

Der spezifische Aggregatzustand der Bibel als der schriftlichen Gestalt des Wortes Gottes ist Luther insofern zum Problem geworden, als darin nur eine der beiden Weisen, in denen Gott den Menschen begegnet[178], adäquat erfaßt werden kann. Denn das Gesetz hat darin sein Wesen, daß es auf Tafeln geschrieben und also nur von sehr eingeschränkter Wirkmächtigkeit ist: scriptura mortua[179]. Das Evangelium hingegen erklingt mit lebendiger und freier Stimme[180]; es ist seinem Wesen nach eine »gute botschafft, gute meher, gutte newzeytung, gutt geschrey, dauon man singet, saget und frolich ist«[181]. Das Evangelium, dieses »gut gerucht, rede, geschrey von Christo«[182], soll darum nicht in die Schulen der Schriftgelehrten eingezwängt, sondern frei hinausge-

---

[177] G. EBELING, Wort Gottes und Hermeneutik, in: DERS., Wort und Glaube 1, 1960, 321: »Zum reformatorischen Schriftprinzip gesellte sich nicht etwa ein hermeneutisches Prinzip, vielmehr ist das reformatorische Schriftprinzip, recht verstanden, nichts anderes als ein hermeneutisches Prinzip.« – Vgl. DERS., Art. Hermeneutik, RGG³, III (242–262), 251 f. – H.-W. EROMS, Text und Sinn bei Martin Luther. Bemerkungen zu den Verstehensprinzipien in seinem Werk (in: P. WIESINGER [Hg.], Studien zum Frühneuhochdeutschen, 1988, 325–342).

[178] WA 7; 120,9 f (1520): Duo enim sunt verba dei, alterum est praeceptum, alterum promissio. – Vgl. dazu § 5.4.a.bb dieser Arbeit.

[179] WA 7; 526,12–16 (1521): Longe alia debet esse praedicatio Euangelii quam legis. Lex in tabulis scribebatur et erat scriptura mortua, limitibus tabulae clausa, ideo parum efficax. At Euangelium vivae et liberrimae voci in auras effusae committitur, ideo plus energiae habet ad convertendum.

[180] Ebd.

[181] WADB 6; 2,23–25 (1522).

[182] WA 17,2; 73,34 f (1525). – WA 12; 259,8–13 (1523): Evangelion aber heysset nichts anders, denn ein predig und geschrey von der genad und barmhertzikeytt Gottis, durch den herren Christum mit seynem todt verdienet und erworben, Und ist eygentlich nicht das, das ynn büchern stehet und ynn buchstaben verfasset wirtt, sondernn mehr eyn mundliche predig und lebendig wortt, und eyn stym, die da ynn die gantze wellt erschallet und offentlich wirt außgeschryen, das mans uberal höret. – Vgl. WA 10,1,1; 9,11–20 (1522).

rufen werden in alle Welt[183]. Diese Wesensdifferenz ist nun aber mit der von Altem und Neuem Testament nicht einfach identisch, wird doch das Evangelium von *beiden* biblischen Schriftensammlungen bezeugt (vgl. § 3.3). Und doch sieht Luther insofern einen kategorialen Unterschied, als Mose und die Propheten das Evangelium »dem buchstaben nach« verkündigt und also nur »auff papyr geschrieben« hatten[184], während es im Neuen Testament, obschon ebenfalls geschrieben, dazu bestimmt ist, in lebendige Stimme gefaßt und überall in der Welt gepredigt und gehört zu werden[185].

Die Kategorie der Mündlichkeit ist für Luthers Verständnis des Evangeliums schlechthin konstitutiv. Das hat natürlich auch mit der primären Rezeptionsweise der Bibel im Mittelalter und bis ins 16. Jahrhundert zu tun, an die vor allem F. Beisser nachdrücklich erinnert hat[186]. Ihren eigentlichen Grund findet sie aber nicht schon in den fast unerschwinglich hohen Bibelpreisen der Lutherzeit, die das Wort der Heiligen Schrift oft nur in mündlicher Gestalt bekannt werden ließen. Die Mündlichkeit des Evangeliums ist für Luther Ausdruck dessen, daß es überhaupt erst im strengen Sinn als Wort − nämlich als Wort Gottes − laut werden kann. Weil das Wort Gottes darin sein Wesen hat, auf eine ihm entsprechende Weise gehört und also geglaubt zu werden (vgl. §§ 5.5 und 15.1), ist das Evangelium »eygentlich« allein in mündlicher Gestalt, was es ist: ein Wort, das den Menschen aus der gleichsam neutralen Rolle eines Interpreten von − wenn auch heiligen − Texten herausnötigt und, ihn anredend, selbst zum Hörer macht und damit zu einer Antwort auf das Wort, das er gehört hat, herausgefordert sein läßt[187]. Diese Grundstruktur des Evangeliums sieht Luther im Wirken Christi urbildhaft und auch in dem der Apostel noch der Tendenz nach vorgezeichnet: »Christus ipse nihil scripsit, sed omnia

---

[183] WA 12; 556,9−17 (1523): Alßo haben wir vorhin offt gesagt, das das Euangelion eygentlich sey nit das geschriben ist ynn büchern, ßondern eyn leybliche predig, die da erschallen sol und gehört werden ynn aller wellt und ßo frey auß geruffen wird fur allen creaturen, das sie es alle hören mochten, wenn sie ören hetten, das ist, man sol es ßo offentlich predigen, das es nicht kund offentlicher gepredigt werden. Denn das alt gesetz und was die Propheten geprediget haben, ist nit erschollen ynn die gantze welt fur allen creaturen, ßondern bey den Juden ynn yhren schulen gepredigt, Aber das Euangelion sol nit alßo enge gespannet seyn, ßondern sol frey außgehen ynn alle wellt. − Vgl. z. B. WA 49; 246,20−27 (1541).

[184] WA 12; 275,5−11 (1523): Also sind die bücher Mosi und die propheten auch Evangelium, syntemal sie eben das zuvor verkundiget und beschrieben haben von Christo, das die Apostel hernach gepredigt odder geschrieben haben. Doch ist eyn unterscheyd da zwisschen. Denn wie wol beydes dem buchstaben nach ist auff papyr geschrieben, so soll doch das Evangelion odder das new Testament eygentlich nicht geschrieben, sondern ynn die lebendige stym gefasset werden, die da erschalle und uberal gehört werde ynn der wellt. − WA 10,1,2; 48,1−7 (1522).

[185] Ebd.; vgl. den Fortgang bis 275,15.

[186] *Claritas scripturae bei Martin Luther* (s. Anm. 175), 83. − Ders., *Luthers Schriftverständnis* (s. Anm. 175), 26 f.

[187] Vgl. dazu den feinsinnigen Aufsatz von W. Mostert (s. Anm. 175), v. a. 62−69.

vocaliter dixit. Apostoli parum scripserunt, plurimum autem locuti sunt«[188]. In der von ihm gern geübten Allegorese des Namens ›Bethphage‹ (Mk 11,1 parr) zu ›Mundhaus‹ meinte Luther die Grundstruktur des Evangeliums abbilden zu können: »Die kirch (ist) eyn mundhawß, nit eyn fedderhawß«. Denn seit dem Kommen Christi werde das zuvor in den Büchern verborgene Evangelium mündlich gepredigt, wie es »des newen testaments und Euangeli artt« sei und wie »auch Christus selbs nichts geschrieben, auch nitt befolhen hatt tzu schreyben, ßondern mundlich tzu predigen«[189].

Daß die Christusoffenbarung dennoch auch in schriftlicher Gestalt tradiert worden ist, war für Luther dagegen ein vergleichsweise seltener Gegenstand des Nachdenkens[190]. In der Wartburgpostille hat er sich dazu geäußert, und zwar in der Auslegung von Mt 2,1–12, die, dem Widmannschen Kalendarium[191] folgend, etwa zwei Monate nach der Erklärung des Johannes-Prologs zu datieren ist. Auch hier schärft Luther zunächst ein, daß es »gar nicht new testamentisch (ist), bucher schreyben«, und daß Christus seine Lehre mündlich ausgerichtet und sie weder, »wie Moses die seyne«, geschrieben noch aufzuschreiben befohlen habe. Auch die Apostel hätten nur das wenigste aufgezeichnet, und selbst dies gelte nicht für sie alle[192]. Gleichwie es ihres Amtes war, daß sie »das lebendige wortt auß der allten schrifft tzogen und on unterlaß dem volck furbleweten«[193], so würde, wie Luther fortfährt, auch die

---

[188] WA 7; 526,16 f (1521). – WA 5; 537,11 f (1519/21): Christus nihil scripsit, sed omnia dixit, Apostoli pauci scripserunt, sed plurima dixerunt. – WA 10,1,1; 17,7–10 (1522): Euangeli eygentlich nitt schrifft, ßondern mundlich wort seyn solt, das die schrifft erfur truge, wie Christus und die Apostel than haben; Darumb auch Christus selbs nichts geschrieben, ßondern nur geredet hatt. – WA 10,1,1; 626,6–10 (1522): Darumb hatt auch Christus selbs seyn lere nitt geschrieben, wie Moses die seyne, ßondern hatt sie mundlich than, auch mundlich befollhen tzu thun und keynen befehlh geben sie tzu schreyben. Item die Aposteln haben auch wenig geschrieben, datzu sie nit alle, ßondern alleyn Petrus, Paulus, Johannes und Mattheus. – Vgl. WA 5; 542,7–14 (1519/21) (zu Ps 19,1 f): Offitium vero est, enarrare gloriam dei et annuntiare opera manuum eius. Id quod puris citra figuram verbis describitur, quo et cogimur coelos intelligere quosdam homines, cum enarrare et annuntiare coeli visibiles non possint, neque enim os, linguam aut vocem habent, nisi allegorisare vellemus. Quare vides, Apostolis apostolicisque viris non scripturas, sed voces vivas in Ecclesia sonandas mandari atque hoc ratione Episcopus et sacerdotes non esse, qui hodie sic vocantur, etiam si una die omnes praeculas et omnes missas absolverint.
[189] WA 10,1,2; 48,1–15 (1522). – Ähnlich WA 7; 475,12–20 (1521). – Vgl. EBELING, Evangelische Evangelienauslegung (s. Anm. 8), 160–162.
[190] Vgl. etwa die bemerkenswerte und m. W. ohne Parallele gebliebene Bibeleinzeichnung zu Ps 22,7 (»Ich aber bin ein Wurm und kein Mensch«) (WA 48; 31,4–8): Die heilige Schrifft ist Gottes wort, geschrieben und (das ich so rede) gebuchstabet und in buchstaben gebildet, Gleich wie Christus ist das ewige Gottes wort, in die menschheit verhullet, Und gleich wie Christus in der Welt gehalten und gehandelt ist, so gehets dem schrifftlichen Gottes wort auch. Es ist ein wurm und kein Buch, gegen ander Bucher gerechnet.
[191] WIDMANN (s. Anm. 175), 19 f.
[192] WA 10,1,1; 626,6–10 (1522) (s. Anm. 188). – Vgl. ebd. 625,19–626,23.
[193] Ebd. 626,15–21.

Kirche weniger die Bücher als vielmehr »gutte, gelerte, geystliche, vleissige prediger« brauchen, die dem Neuen Testament, das doch »nichts anders ist ... denn eyn auffthun und offenbarung des alten«, eben darin die Ehre gäben, daß sie »mitt leyplicher stymme« den Menschen die Christusoffenbarung verkündigten[194]. Daß man das Evangelium gleichwohl schon in apostolischer Zeit auch schriftlich zu fixieren suchte, wertet Luther als einen durch die Not erzwungenen »grosse(n) abbruch und eyn geprech des geystis«, sucht diese jedoch zugleich aus der spezifischen historischen Konstellation, die zur Kanonisierung des Evangeliums genötigt hatte, verständlich zu machen. Da die apostolische Predigt durch allerlei Ketzereien und Irrlehren gefährdet und somit die christliche Herde zutiefst verunsichert worden sei, habe man als ultima ratio — »da must man das letzt vorsuchen«[195] — zu schreiben begonnen, um die Schafe Christi »durch schrifft ... ynn die Schrifft tzu furen« und so den verwirrten Gewissen eine authentische Richtschnur zu geben, die sie zu eigener Gewissensentscheidung befreien sollte, so daß, um mit Luther im Bilde zu reden, »die schaff sich selb weyden mochten und fur den wolffen bewaren«[196]. Den apostolischen Notbehelf, durch Schrift in die Schrift zu führen und also das Neue Testament als den verbindlichen Hermeneuten des Alten an die Hand zu geben, hat Luther gelegentlich auch als Ausdruck des Überflusses sowie der »mira dignatio Dei« gedeutet[197].

Aber dies letztere sind nicht mehr als ein paar beiläufig gefallene Äußerungen, durch die Luther die prinzipielle Subsidiarität der Schriftlichkeit des Evangeliums in keiner Weise beeinträchtigt wissen wollte. Dem Wesen des Evangeliums kann nach wie vor nur die mündliche Predigt von Christus ent-

---

[194] Ebd. 626,16f.2.19f. — Vgl. dazu WA 10,1,2; 34,27—35,2 (1522): Alßo sehen wyr auch, das aller Apostel und Euangelisten ym gantzen newen testament meynung ist, das sie uns iagen und treyben ynn das alte testament, wilch sie auch alleyne nennen die heylige schrifft; denn das newe testament solt eygentlich nur leyplich lebendige wort seyn und nitt schrifft, derhalben auch Christus nichts geschrieben hatt.

[195] WA 10,1,1; 627,5.

[196] Ebd. 627,1—10: Das man aber hatt mussen bucher schreyben, ist schon eyn grosser abbruch und ein geprechen des geystis, das es die nott ertzwungen hatt, und nit die artt ist des newen testaments; denn da an statt der frummen prediger auffstunden ketzer, falsche lerer und mangerley yrthum, die den schaffen Christi gifft fur weyde gaben, Da must man das letzt (!) vorsuchen, das tzu thun unnd nott war, auff das doch etlich schaff fur den wolffen erredtet wurden: da fieng man an zu schreyben, und doch durch schrifft, ßo viell es muglich war, die scheffle Christi ynn die schrifft tzu furen und damit vorschaffen, das doch die schaff sich selb weyden mochten und fur den wolffen bewaren, wo yhr hyrtten nit weyden odder tzu wolffen werden wolten.

[197] WA 12; 275,5—15 (1523) (für Z. 5—11 s. Anm. 184; der Fortgang lautet): Das es (i. e. das Neue Testament) aber auch geschrieben ist, ist auss uberfluß geschehen. Aber das alte Testament ist nur ynn die schrifft verfasset ... Das Evangelion aber ist eyn lebendige predig von Christo, der da kommen ist. — WA 56; 166,5—7 (1515/16): Mira dignatio Dei, Quod etiam vltra promissionem eternam in humanis verbis promittit, Et non solum vocalibus, sed etiam scriptis. — Vgl. WA 47; 184,14—20 (1539).

sprechen. Das hat Luther oft genug so gesagt, weit öfter jedoch durch ein bei-
gefügtes »eygentlich« bzw. »proprie« angezeigt, das nahezu jede der einschlägigen Äußerungen Luthers begleitet[198]. Dieses Wesen des Evangeliums muß
durch schriftliche Fixierung allein noch nicht verlorengehen. Es wird aber ver-
schüttet, wenn man Gottes Wort, wie Luther in einer knapp angedeuteten,
ebenso pointierten wie kühnen Geschichtskonstruktion bemerkt, aus dem
Rede- und Lehrwort, das es doch sein will, auf ein bloßes Lesewort reduziert,
wie es unter dem römischen Papsttum geschehen sei. Aber nun indiziere die
reformatorische Erneuerung ja eben dies, daß das biblische Wort Gottes wieder streitbar geworden sei und seinem aktualen Wesen damit aufs neue entspreche[199].

   Während es darum der Art des Gesetzes gemäß ist, auf steinerne Tafeln geschrieben zu werden, ist die Schriftlichkeit des biblischen Evangeliums niemals ein Ausdruck seines Wesens. Sie wird dem Wesen des Evangeliums vielmehr gerade darin gerecht, daß sie sich, ihrer wesenhaft subsidiären Funktion
entsprechend, als improprie zu erkennen gibt. Denn das geschriebene Wort
Gottes will nicht gelesen, sondern gelebt werden; es will nicht der Spekulation[200], sondern der Meditation[201] dienen und so der Praxis des Lebens zugute
kommen. Darum sind die papiernen Buchstaben der Heiligen Schrift durch-

---

[198] Z. B. WA 10,1,1; 17,8 (1522). − Ebd. 626,20. − WA 10,1,2; 35,1 (1522). − WA 12;
259,10 (1523). − Ebd. 275,9. − WA 12; 556,9 (1523) u. ö.

[199] WAT 2; 352,16−18 (1531) (Nr. 2185b): Euangelium sub Christo fuit audibile seu
doctrinale, sub papatu legibile, nunc autem pugnax factum est, den es wil sein feind nicht
lenger leiden. − Vgl. auch die ausführlichere deutsche Version (ebd. 352,20−25). − WA
7; 526,16−34 (1521): Christus ipse nihil scripsit, sed omnia vocaliter dixit. Apostoli parum
scripserunt, plurimum autem locuti sunt, et crevit successu temporis, ut faciendi libros
nullus sit finis, donec eo venerit res, ut qui optime doceant hodie in Ecclesia tantum scri-
bant: vox rarissime sonat Episcoporum et eorum, qui debent, quin et insaniam addiderunt
ingentem dicentes, oportere in vulgum non seminare mysteria nostra et (ut vocant) secreta
Ecclesiae, quod non capiantur a vulgo, scilicet quasi spiritus sanctus ignorarit, cum praedicare praeciperet, vulgum non capturum, aut quasi nostrae virtutis sit capere quae praedicantur. − Vgl. auch WA 5; 537,10−17 (1519/21). − WA 10,1,2; 48,1−15 (1522).

[200] WA 31,1; 67,24−27 (1530): Und es sind doch ja nicht Lesewort, wie sie meinen,
Sondern eitel Lebewort drinnen (sc. in der Schrift), die nicht zum speculiren und hoch zu
tichten, sondern zum leben und thun dargesetzt sind.

[201] WA 50; 659,22−29 (1539): Zum andern soltu meditirn, das ist: Nicht allein im hertzen, sondern auch eusserlich die mündliche rede und buchstabische wort im Buch jmer
treiben und reiben, lesen und widerlesen, mit vleissigem auffmercken und nachdencken,
was der heilige Geist damit meinet. Und hüte dich, das du nicht uberdrussig werdest oder
denckest, du habest es ein mal oder zwey gnug gelesen, gehöret, gesagt, und verstehest es
alles zu grund, Denn da wird kein sonderlicher Theologus nimer mehr aus, Und sind wie
das unzeitig Obs, das abfellet, ehe es halb reiff wird. − Vgl. dazu Bayer (s. Anm. 107),
36−49. − Vgl. ferner Nicol (s. Anm. 175). − Interessant ist zudem die bei Luther häufig
begegnende Aufforderung, sich sprachlich und sachlich in das einzuüben, was die Schrift
uns vorsagt; z. B. WA 52; 336,17−22; 342,28−37; 610,26−28; 808,10−12 (1544/45).

aus nicht einfach tot. Können doch gerade sie, recht gebraucht, dazu helfen, das Evangelium »mit gůlden buchstaben ... ins hertz zu schreiben«[202].

b) Die Autorität der Schrift

In der damit angedeuteten »innerbiblische(n) Kehre vom Buchstaben zum Geist«[203] sieht Luther den ausschließlichen Geltungsanspruch der Bibel hinreichend begründet. Pointiert gesagt: Die exklusive Autorität der *Schrift* beruht gerade auf der *Mündlichkeit* des Evangeliums. Das reformatorische Schriftprinzip des »sola scriptura« muß darum nicht etwa durch eine reformatorische Verstehenslehre ergänzt werden, stellt vielmehr, recht verstanden, selbst schon eine prinzipielle hermeneutische Anleitung dar: Es dient dazu, die wesenhafte Mündlichkeit des schriftlich fixierten Evangeliums zu erfassen. Indem das Schriftprinzip derart an das »gut ... geschrey von Christo«, von dem die Schrift herkommt, erinnert, weist es zugleich in das Verkündigungsgeschehen hinein, in das die Schrift wiederum eingehen will[204].

Insofern zielt diese Hermeneutik weniger auf die Schrift als auf deren Ausleger: Ihre Kunstregeln wollen nicht dazu anleiten, den Text zu erschließen, sondern durch diesen sich selbst erschließen zu lassen. Daß das Problem des Verstehens für Luther ganz eindeutig auf Seiten des Rezipienten seinen Ort hat, ist im übrigen bereits in der antithetisch anmutenden Verknüpfung von Schrift und Vernunft angeklungen (vgl. § 8.2.b). In Wirklichkeit sollte damit die Vernunft durchaus nicht als solche diskreditiert, vielmehr in die Grenzen zurückgeführt werden, die ihr in der Aufgabe der Schriftauslegung gesteckt sind. Ginge es dabei nur um die gedankliche − Luther würde sagen: spekulative − Rekonstruktion eines Sachverhalts, so wäre ihre Kompetenz allerdings universal. Die Sache des biblischen Textes wird aber gerade verdeckt, wenn man diesen zu einem Gegenstand der Auslegung macht. Zielt doch die Intention der Schrift umgekehrt darauf, den Rezipienten zum Gegenstand des Textes werden zu lassen[205].

---

[202] WA 21; 479,19−26 (1544).

[203] G. Ebeling, Umgang mit Luther, 1983, 44−48.

[204] Ebeling, »Sola scriptura« und das Problem der Tradition (s. Anm. 175), 102. − In diesem Sinn scheint mir übrigens der oft, wenn auch vielleicht nicht immer treffend zitierte Satz von E. Fuchs gemeint zu sein: »Die historisch-kritische Methode der Auslegung neutestamentlicher Texte hat ihren Dienst getan, wenn sich aus dem Text die Nötigung zur Predigt ergibt« (Ges. Aufsätze 2, 1960, 226). Damit wird durchaus nicht einer dogmatistischen Entmündigung der exegetischen Arbeit das Wort geredet, sondern im Gegenteil zu einem prinzipiellen Unterscheiden von exegetischem und homiletischem Skopus eines Textabschnitts angeleitet. Wie über einen konkreten Textteil zu predigen ist, kann jedenfalls nicht dem Text selbst, sondern nur dem Geist, dem man jenen Text und diese Predigt verpflichtet weiß, entnommen werden.

[205] WA 7; 98,6 f (1520): Illa (sc. verba divina) primo omnium debent esse notissima cui-

Eine komprimierte Stellungnahme zur Frage der Schriftautorität findet sich erstmals in der Einleitung zur »Assertio omnium articulorum M. Lutheri per bullam Leonis X. novissimam damnatorum« von 1520[206], die als ein durch den aktuellen Konflikt erzwungener, zusammenfassender Rückblick Luthers auf die längst vollzogene Ausformung seines Schriftverständnisses gelten kann[207]. Gleich zu Beginn zitiert Luther die hermeneutische Regel, die man, wie er glaubt, gegen ihn ins Feld führen wird: »Non esse scripturas sanctas proprio spiritu interpretandas«[208]. Auf ihn bezogen, ist damit der Vorwurf einer subjektivistischen Auslegungsweise gemeint, die die Schrift dem eigenen Geist unterwirft und sie nach eigenem Gutdünken interpretiert. Nun bestreitet Luther die Gefahren des proprius spiritus ebensowenig wie dies, daß man durchaus »im Zeichen des ›sola scriptura‹ zum Häretiker werden kann«[209]. Nur deutet er es als ein verhängnisvolles Mißverständnis, diesen allbekannten, wenn auch nur von wenigen wirklich verstandenen hermeneutischen Grundsatz[210] als Einwand gegen das reformatorische Schriftprinzip aufzufassen, da er doch umgekehrt gerade die Intention des »sola scriptura« auf den Punkt bringe und darum in Wahrheit das herrschende kirchliche Auslegungsverständnis prinzipiell problematisiere. Denn um die Schrift vor dem proprius spiritus ihrer Ausleger zu schützen, habe man sie mit einer Ansammlung von Auslegungsmeinungen umgeben, die das exegetische Interesse von der Schrift weg auf sich selbst lenkten, und dazu noch den Bischof von Rom mit dem letztinstanzlichen »ius interpretandae scripturae sanctae« ausgestattet[211]. Am Beispiel

---

libet, non autem per homines quaeri et disci, sed homines per ipsa iudicari. – Vgl. WA 10,1,1; 62,5−14 (1522) sowie den in Anm. 175 genannten Aufsatz von W. Mostert.

[206] WA 7; 95,10−101,9. – Vgl. dazu H.-Ch. Daniel, Luthers Ansatz der claritas scripturae in den Schriften »Assertio omnium articulorum« und »Grund und Ursach aller Artikel« (1520/21) (in: T. Mannermaa u. a. [Hg.], Thesaurus Lutheri, Helsinki 1987, 279−290).

[207] Ebeling (s. Anm. 204), 121 f.

[208] WA 7; 96,10 f.

[209] Ebeling (s. Anm. 204), 122, in Anspielung auf WA 7; 97,36−98,3: Hoc sane verum est, superbis et impiis scripturam sanctam semper esse maioris caecitatis occasionem, sed quae hominum scripta superbis etiam non sunt occasio maiorum tenebrarum? aut quae res quamlibet optima superbis et immundis non cooperatur in malum? Hos fieri in scripturis haereticos, nihil mirum, verum eosdem in humanis scriptis plus etiam quam bestiae fieri, nihil novum.

[210] WA 7; 96,9 f.

[211] Ebd. 11−20: Cuius verbi perversissima intelligentia eo processerunt, ut scripturas non nisi proprio spiritu interpretarentur ipsi contra suam ipsorummet sentantiam. Nam hinc, sepositis sacris literis, solis commentariis hominum immersi sunt, non quid sacrae literae, sed quid illi in sacris literis sentirent, quaerentes, donec uni homini, Romano pontifici, non nisi indoctissimis Sophistis circumvallato, soli tribuerent ius interpretandae scripturae sanctae, etiam de sola potestatis et sublimitatis maiestate, citra omnem intelligentiam et eruditionem, presumenti, fabulantes, Ecclesiam (id est Papam) non posse errare in fide. Quare super hac re utile fuerit pauca conferre. – Vgl. dazu etwa WA 5; 280,34−39 (1519/21).

Augustins macht Luther die Aporie deutlich, in die eine Verknüpfung der traditionellen Schriftauslegung mit der Weisung, die Schrift gerade nicht proprio spiritu zu interpretieren, notwendig führen muß. Wie sollte man der Gefahr des proprius spiritus entgehen können, wenn man die Schrift etwa von Augustinus her versteht, anstatt auch diesen von der Schrift her zu lesen?[212] Und selbst wenn man die Verbindlichkeit der augustinischen Auslegung einmal konzedierte: Wie könnte dann gewährleistet werden, daß man nicht wiederum Augustin proprio spiritu interpretierte? Sollte die richtige Deutung der Schrift nur durch die autoritative Deutung eines anderen verifiziert werden können, so bedürfte es für die richtige Deutung dieser hermeneutischen Autorität wiederum eines autoritativen Interpreten, für diesen zweiten eines dritten, für den eines vierten und so fort »usque in infinitum«[213]. Eine vollständige Destruktion des sensus proprius, meint Luther, ist darum allein durch das Prinzip des »sola scriptura« zu gewährleisten. Denn durch das Heranziehen schriftfremder Kriterien — wozu Luther übrigens nicht nur den römisch-katholischen Traditionsbegriff, sondern auch den schwärmerischen Geistbegriff zählte — wird die Autorität der Schrift untergraben und so erst die ihr innewohnende Klarheit verschattet[214].

Darum ist die Bibel allein durch den Geist zu verstehen, durch den sie geschrieben ist und den man nirgendwo gegenwärtiger und lebendiger findet als in ihr selbst[215]. Der proprius spiritus kann aber nicht besser ausgeschlossen

---

[212] WA 7; 96,21—25: Primum, si nulli licet sacras literas suo spiritu interpretari, Cur ergo non observant, nec Augustino nec ulli alii patrum idem licuisse? et qui scripturas sanctas secundum Augustinum et non Augustinum potius secundum scripturas sanctas intelligit, sine dubio secundum hominem et spiritum proprium intelligit.

[213] Ebd. 96,25—34: Si autem scripturas non licebit secundum proprium spiritum intelligere, multo minus licebit Augustinum secundum proprium spiritum intelligere: quis enim nos certos faciet, an recte Augustinum intelligas? Dandus ergo erit alius interpres Augustino quoque, ne proprius spiritus nos fallat in illius libris. Quod si ita fieri oportet, dandus est et tertio quartus interpres, et quarto quintus usque in infinitum, et coget nos proprii spiritus periculum nihil unquam discere aut legere, id quod certe impletum est, dum primo neglectis sacris literis soli Augustino insudatum est, post et hoc non intellecto et neglecto Thomas Aquinas regnavit, Et hunc alii sine fide interpretes secuti sunt.

[214] Vgl. MOSTERT (s. Anm. 175), 72—76. — Vgl. dazu beispielsweise aus einer Predigt von 1529 (WA 28; 397,39—398,6): Sie wandeln die Schrifft aus den natürlichen Worten und Sinn in jre Wort und Sinn, Das die Schrifft nicht mehr Christus Wort und Sinn sey, Sondern der Ketzer Wort und Sinn. Denn sie fallen mit jrer Vernunfft in die Schrifft, Schepffen vorhin einen Dunckel, Und wenn jnen gefellet, So unterstehen sie sich die Schrifft auch darauff zu zwingen, Und weil sie von jrer gefasten Meinung ein gemalet Glas haben für Augen, so müssen denn die Wort der Schrifft auch heissen, was die gedencken.

[215] WA 7; 97,1—3: Scripturas non nisi eo spiritu intelligendas esse, quo scriptae sunt, qui spiritus nusquam praesentius et vivacius quam in ipsis sacris suis, quas scripsit, literis inveniri potest. — Vgl. WA 53; 644,25—29 (1543): Die heilige Schrifft ist . . . allein Gottes, der hat sie allein gesprochen und geschrieben, der sol sie auch allein deuten und auslegen, wo es not ist, Teufel und menschen sollen Schüler und zuhörer sein.

werden als so, daß man sich von allen menschlichen Schriften fort allein der Heiligen Schrift zuwendet[216]. Wenn die herkömmliche Auslegungstradition die von ihr herangezogenen Texte darin als autoritativ erwiesen sieht, daß diese von demselben Geist des Glaubens durchweht sind, der auch am Anfang der Kirche geherrscht hat, so hält Luther dem schlicht entgegen, daß man diesen Geist nirgendwo besser schöpfen könne als in seinem ersten Zeugnis: der Heiligen Schrift[217]. Die eigentliche Aufgabe der Schriftauslegung besteht denn auch darin, den eigenen Geist wie den Geist anderer Exegeten abzuwehren und eben dadurch den Geist des Textes hörbar zu machen. Diese Aufgabe ist erfüllt, wenn die Schrift für sich selbst zu sprechen beginnt[218]. Von zwei Versen des 119. Psalms[219] ausgehend, erläutert Luther noch einmal, daß die hermeneutische Bemühung nicht dahin zielen kann, die Dunkelheit des Textes zu erhellen, vielmehr umgekehrt die auf Seiten des Rezipienten liegenden Hemmnisse ausräumen muß, damit auch er von der überwältigenden Macht des Wortes Gottes erleuchtet werde[220]. Diese ganzen Überlegungen zur Autorität der Schrift faßt Luther schließlich in die Formel zusammen, die Schrift selbst sei »per sese certissima, facillima, apertissima, sui ipsius interpres, omnium omnia probans, iudicans et illuminans«[221].

c) Die Klarheit der Schrift

Dieser knappe Rekurs auf das reformatorische Schriftprinzip hat gezeigt, daß die Formel »sola scriptura« nicht etwa einer dann noch hinzutretenden Verstehenslehre bedarf, sondern selbst bereits die hinreichende hermeneutische An-

---

[216] Ebd. 5—9: Primum, sepositis omnium hominum scriptis, tanto magis et pertinacius insudandum erat solis sacris, quo praesentius periculum est, ne quis proprio spiritu eas intelligat, ut usus assidui studii victo periculo eiusmodi tandem certum nobis faceret spiritum scripturae, qui nisi in scriptura prorsus non invenitur.

[217] Ebd. 97,11—13.16—22: Hinc enim hausto spiritu iuditium suum quisque formabit non modo super omnia gentium sed et sanctorum patrum scripta. ... Praeterea cum credamus Ecclesiam sanctam catholicam habere eundem spiritum fidei, quem in sui principio semel accepit, cur non liceat hodie aut solum aut primum sacris literis studere, sicut licuit primitativae Ecclesiae? Neque enim illi Augustinum aut Thomam legerunt. Aut dic, si potes, quo iudice finietur quaestio, si patrum dicta sibi pugnaverint. Oportet enim scriptura iudice hic sententiam ferre, quod fieri non potest, nisi scripturae dederimus principem locum in omnibus quae tribuuntur patribus.

[218] Vgl. MOSTERT (s. Anm. 175), 62—67.

[219] Vgl. BAYER (s. Anm. 107), 18—22.

[220] WA 7; 97,24—35.

[221] Ebd. 97,23 f. — WA 10,3; 238,6—11 (1522): Wenn sy sagen, die våter Augustinus, Ambro.Hiero. etc. Haben die schrifft erleücht, da liegen sy an, dann sy habens nit erleücht, sonder die schrifft mit irem aigen liecht klar gemacht und ainn spruch zum andern gehalten, das ainer den andern fein klar gemacht hat. Also ist die schrifft jr selbs ain aigen liecht. Das ist dann fein, wenn sich die schrifft selbs auslegt.

leitung darstellt[222]. Was Luther in seiner »Assertio . . .« zur Klarheit der Schrift bemerkt, geht darum kaum über das Bisherige hinaus. Denn das Wesentliche ist schon gesagt: »Scriptura . . . sui ipsius interpres«. Der Ausleger, will das heißen, entspricht seiner Aufgabe darin, daß er der Selbstauslegung der Schrift ungehindert Raum gibt. Damit wird nicht etwa die Überflüssigkeit jeder exegetischen und hermeneutischen Anstrengung proklamiert, sondern im Gegenteil daran erinnert, daß das eigentliche Geschäft der Auslegung darin besteht, sich auf den Vollzug der Selbstauslegung der Schrift nicht nur noetisch, sondern in seiner ganzen Existenz einzulassen, damit der eigene Geist mitsamt seiner Neigung, die Schrift proprio spiritu zu glossieren[223], vom Geist der Schrift überwunden werden kann. Daß die Schrift »sui ipsius interpres« ist, stellt insofern »die Grundanweisung zu sachgemäßer Auslegung dar, explizirt also den hermeneutischen Sinn des ›sola scriptura‹«[224].

Doch darin ist die Heilige Schrift von anderen Schriften zunächst in nichts unterschieden. Denn für alle Bücher gilt ja nach Luther die Regel, daß sie im Geist des Autors auszulegen sind[225]. Und auch die Mahnung, daß man nicht ein einzelnes Wort »heraus zwacken«, sondern jeden Text aus seinem Kontext verstehen sollte[226], gilt für die Bibel so gut wie für jedes Buch. Vor allem aber gilt es hinsichtlich der für Luther entscheidend wichtig gewordenen Regel, die Worte stets in ihrem einfachen, natürlichen Sinn zu verstehen[227]:

---

[222] S. Anm. 177; ferner Mostert (s. Anm. 175), 72 f.

[223] WAB 1; 330,114—116 (1519): Vides, quam Evangelii verba seipsa exponant, suasque glosas secum habent, ut nihil necesse sit aliena et humana miscere.

[224] Ebeling (s. Anm. 204), 125.

[225] Althaus, Die Theologie Martin Luthers (s. Anm. 175), 75. — Mostert (s. Anm. 175), 64.

[226] WA 18; 69,9—11 (1525): Es gillt aber nicht, eyn wort eraus zwacken und drauff pochen, man mus die meynung des gantzen texts, wie er an eynander hangt, an sehen. — WA 30,2; 464,8; 466,2.7 (1530) u. ö.

[227] Z.B. WA 7; 650,21—30 (1521): Der heylig geyst ist der aller eynfeltigst schreyber und rether, der ynn hymell und erden ist, drumb auch seyne wortt nit mehr denn eynen einfeltigsten synn haben kunden, wilchen wir den schrifftlichen odder buchstabischen tzungen synn nennen. Das aber die ding, durch seyne eynfeltig wort einfeltiglich bedeuttet, ettwas weytter und ander ding und also ein ding das ander bedeuttet, da seyn die wort auß und hören die tzungen auff. Thun doch das auch alle andere ding, die nit ynn der schrifft genennet werden, Seyntemal alle gottis werck und creaturn eitel lebendig tzeychen und wort gottis sein, wie Augustinus sagt und alle lerer. Aber darumb soll man nit sagen, das die schrifft odder gottis wort mehr denn eynen synn haben (vgl. auch den Fortgang der Stelle). —

Auf die damit berührte Frage des vierfachen Schriftsinns und seine schrittweise Überwindung durch Luther kann hier nicht eingegangen werden. Die einschlägigen Forschungen, zumal von G. Ebeling (Evangelische Evangelienauslegung [s. Anm. 8]. — Die Anfänge von Luthers Hermeneutik, in: Ders., Lutherstudien 1, [s. Anm. 175], 1—68) sind hierbei vielmehr vorausgesetzt. — Instruktiv, weil über den binnentheologischen Aspekt hinausführend, ist übrigens noch immer: F. Ohly, Vom geistigen Sinn des Wortes im

»Man soll«, betont er 1527 »wider die Schwärmgeister«, »die wort lassen gelten was sie lauten nach der sprachen art«[228].

Aber derlei hermeneutische Trivialitäten kommen bei Luther immer nur beiläufig in den Blick. Was ihn wirklich interessiert, ist nicht die Auslegung von Texten, sondern die Auslegung der Schrift, die er als Selbstauslegung bestimmt hat. Eben dies hat nun aber zur Voraussetzung, daß der biblische Text in sich selbst klar und gewiß[229] ist. Den Gedanken der claritas scripturae[230] hat Luther nach den Andeutungen seiner »Assertio ...« vor allem in der Schrift »De servo arbitrio« entfaltet[231]. Noch bevor er dort auf die eigentliche Streitfrage zu sprechen kommt, wendet er sich einer von Erasmus vorausgesetzten Distinktion zu. Dieser hatte in der Heiligen Schrift die verständlichen Stellen von einigen unzugänglichen unterschieden, in die uns Gott nicht tiefer eindringen lassen wollte und die uns, sofern wir sie doch zu bewältigen suchen, nur immer tiefer in die Finsternis hineinziehen[232]. Nach einem kurzen ironisch-polemischen Geplänkel[223] führt Luther den entscheidenden Einwand ins Feld: Erasmus habe die Unterscheidung von Gott und der Schrift Gottes, die

---

Mittelalter (in: DERS., Schriften zur mittelalterlichen Bedeutungsforschung, 1977, 1–31). –

Die Anmerkung sei erlaubt, daß es ein lohnendes, wenn auch mühevolles Geschäft wäre, die hermeneutischen Konsequenzen aus Luthers Eintreten für den ›einfältigen Sinn‹ einmal in ihrer ganzen Breite (und also nicht nur in bezug auf die Frage der Schriftauslegung im engeren Sinn) aufzuspüren. Dabei wären beispielsweise auch so peripher anmutende Dinge wie Luthers Fabeldichtung zu beachten, die eine durchaus einschlägige Differenz zur mittelalterlichen Bispel-Dichtung aufweist (vgl. vorläufig meine Problemskizze: Offene Predigt. Homiletische Bemerkungen zu Sprache und Sache [PTh 77, 1988, 518–537], 523 f).

[228] WA 23; 241,30 f (1527). – Vgl. dazu z. B. WA 8; 345,1–7 (1521). – WA 10,3; 144,29–31 (1522). – WA 11; 436,21–29 (1523). – WA 12; 312,33–35 (1523). – WA 12; 440,7–12 (1523). – WA 17,2; 76,26–77,3 (1525). – WA 17,2; 134,19–29 (1525). – WA 18; 718,31–719,3 (1525). – WA 24; 19,7–20,2 (1527). – WA 26; 403,26–31 (1528). – WA 54; 79,24–31 (1543).

[229] WA 26; 263,1 f (1528): Ungewisser text ist eben als kein text.

[230] Vgl. auch WA 11; 321,22–24 (1523). – WA 12; 646,13–15 (1523). – WA 34,2; 538,1 f (1531). – WA 43; 39,31–34 (1535/45).

[231] WA 18; 606,1–609,14 (1525).

[232] Erasmus von Rotterdam, De libero arbitrio diatribe. Ausgew. Schriften, hg. v. W. WELZIG, Bd. 4, 1969, 10 (I.a.7): Sunt enim in divinis literis adyta quaedam, in quae deus noluit nos altius penetrare, et si penetrare conemur, quo fuerimus altius ingressi, hoc magis ac magis caligamus, quo vel sic agnosceremus et divinae sapientiae maiestatem impervestigabilem et humanae mentis imbecillitatem.

[233] WA 18; 606,1–10 (1525). – Luther referiert Erasmus unkorrekt, wenn er ihm unterstellt, auch die »dogmata Christiana« in verschlossene und zugängliche unterschieden zu haben. Erasmus hat sich im Ersten Buch seines »Hyperaspistes« zurecht gegen diese Unterstellung verwahrt (Hyperaspistes diatribae adversus servum arbitrium Martini Lutheri. Liber primus. Ausgew. Schriften, hg. v. W. WELZIG, Bd. 4, 1969, 276).

gleichbedeutend sei mit der von Schöpfer und Geschöpf Gottes, verwischt[234].
Was Gott betrifft, so räumt Luther durchaus ein, daß uns viele Dinge in ihm
verborgen sind. In der Schrift gebe es jedoch schlechterdings nichts, das uns
unzugänglich und verschlossen sei[235]. Die Unklarheiten, die es in ihr freilich
gibt, sind für Luther ein grammatisches Problem, nicht aber ein sachliches.
Hat man sich erst der biblischen Sprachen kundig gemacht — eine für Luther
nicht zu ermäßigende Voraussetzung verantwortlicher Exegese![236] —, so liegen
alle Sachen, um die es der Schrift zu tun ist, in vollkommener Klarheit vor Augen[237]. Diese Klarheit sieht Luther christologisch verankert: Christus hat die
Siegel gebrochen und die Geheimnisse offenbart. Damit hat er die Frage der
claritas scripturae zu einer Prinzipienfrage erster Ordnung gemacht. Denn wer
nun die Klarheit der Schrift auch nur zu Teilen beschneiden wollte, der be-

---

[234] WA 18; 606,11 f: Duae res sunt Deus et Scriptura Dei, non minus quam duae res sunt
Creator et creatura Dei. — Diese Unterscheidung hat Erasmus als sophistische Ausflucht
getadelt ([s. Anm. 233], 286): Non admodum excutiam hic distinctionem tuam, qua dis-
cernis Deum a Scriptura, quemadmodum creatorem a creatura: quam propositurus, nescio
quamobrem profitearis te velle rhetoricari aut dialecticari: aptius erat si dixisses sophisti-
cari. Nam illi distinctionibus solent elabi, quod tu nihilo rarius neque verecundius facis
quam illi, quoties tibi commodum est. Scriptura nobis Deum depingit, ac de divinae naturae mysteriis loquitur. Proinde sermo de re ut est incomprehensibili, et ipse aliqua ex
parte incomprehensibilis sit oportet.
[235] WA 18; 606,12 f.16—19: In Deo esse multa abscondita, quae ignoremus, nemo dubitat. ... Sed esse in scriptura quaedam abstrusa et non omnia exposita, invulgatum est quidem per impios Sophistas, quorum ore et tu loqueris his, Erasme, sed nunquam unum articulum produxerunt, nec producere possunt, quo suam hanc insaniam probarent.
[236] Z. B. WA 13; 265,4 (1524): Oportet interpretem bibliae linguarum esse scientem. —
WA 15; 40,30—41,16 (1524). — WADB 7; 2,17—19 (1522): Auffs erst mussen wyr der
sprach kundig werden, und wissen, was sanct Paulus meynet durch dise wort, Gesetz,
Sund, Gnad, Glawb, Gerechtigkeyt, Fleysch, Geyst, und der gleychen, sonst ist keyn lesen
nutz daran.
[237] WA 18; 606,22—24.30: Hoc sane fateor, esse multa loca in scripturis obscura et abstrusa, non ob maiestatem rerum, sed ob ignorantiam vocabulorum et grammaticae, sed
quae nihil impediant scientiam omnium rerum in scripturis. ... Res igitur in scripturis
contentae omnes sunt proditae. — Vgl. etwa WADB 10,2; 4,2 f: DAs buch Hiob ist nicht
eyn schweer buch des synnes halben, sondern alleyn der sprachen halben. — Erasmus läßt
die Distinktion von sprachlicher und sachlicher Unklarheit nicht gelten. In kluger Argumentation fragt er zunächst, weshalb, wenn die Kenntnis der Grammatik alle Dunkelheit
der Schrift entferne, etwa Hieronymus und Augustinus sich bei der Auslegung der Propheten so quälten, um dann mit verhaltenem, aber treffsicherem Spott auf Luthers eigene,
offen eingestandene Schwierigkeiten in der Psalter-Exegese sowie auf die divergierenden
Exegesen von Luthers Freunden und Weggefährten zu verweisen, die doch alle dieselbe
Schrift hätten und denselben Geist in Anspruch nähmen: »Cur inter tuos fratres adeo male
convenit?« (Hyperaspistes, s. Anm. 233, 278; vgl. 276—286). — Es ist hier nicht der Ort,
wäre aber sinnvoll und nötig, von diesen ernstzunehmenden Einwänden des Erasmus ausgehend Luthers These von der *duplex claritas scripturae* noch einmal kritisch zu reflektie-
ren. Das Buch von F. BEISSER (s. Anm. 175) bleibt, jedenfalls in dieser Hinsicht, vieles
schuldig.

schnitte ja damit zugleich die Universalität der Christusoffenbarung: »Tolle Christum e scripturis, quid amplius in illis invenies?«[238]. Darum kann Luther nur davor warnen, den Schatten, den die Finsternis und Dunkelheit der elenden Menschen auf die gänzlich klare Schrift wirft, in blasphemischer Verdrehung der Schrift selbst anzulasten[239].

Von dieser uneingeschränkten äußeren Klarheit der Schrift unterscheidet Luther die claritas interna, die ihren Ort in der Erkenntnis des Herzens hat: Kein Mensch kann auch nur ein Jota in der Schrift wahrnehmen, wenn er nicht den Geist Gottes hat[240]: »Spiritus enim requiritur ad totam scripturam, et ad quamlibet eius partem intelligendam«[241]. Damit hat sich die doppelte Frontstellung, in der Luther seine Auffassung von der Autorität der Schrift zu entfalten sich genötigt sah, erneuert. Denn der die claritas interna schenkende Geist ist weder aus der Tradition der Kirche noch aus einer inneren Erleuchtung zu schöpfen, vielmehr einzig dort, wo er sich in ursprünglicher Weise gezeigt hat: aus der Heiligen Schrift.

d) Die Sache der Schrift

Man mag die Entschiedenheit, mit der Luther die Klarheit der Schrift *christologisch* fundiert hat, als überraschend empfinden. Doch der Anschein des Überzogenen — als hätte sich Luther in der Begründung dieser vermeintlich so peripheren Detailfrage eines ganz und gar unverhältnismäßigen Mittels bedient — schwindet, wenn man den inneren Zusammenhang bedenkt, den Luther in dieser Hinsicht walten sah. Die Frage der Klarheit der Schrift zielt für ihn schlechterdings auf den Nerv der Sache. In ihr steht die Schrift selbst auf dem Spiel. Ist doch, worum es der Schrift zu tun ist, ein unteilbar Ganzes: Christus. Er ist, sozusagen, die Sache der Schrift in Person. Zwar hat Luther für die thematische, spirituelle, sprachliche, stilistische und gattungsspezifische Vielfalt der Bibel ein fein differenziertes Gespür, und die innerbiblische Dualität von Altem und Neuem Testament sowie — was, obschon damit zusammenhängend, nicht dasselbe ist — von Gesetz und Evangelium (vgl. § 3)

---

[238] WA 18; 606,29.

[239] Ebd. 607,16f: Desinant ergo miseri homines, tenebras et obscuritatem cordis sui blasphema perversitate scripturis Dei clarissmis imputare.

[240] Ebd. 609,4—7: Duplex est claritas scripturae, sicut et duplex obscuritas, Une externa in verbi ministerio posita, altera in cordis cognitione sita. Si de interna claritate dixeris, nullus homo unum iota in scripturis videt, nisi qui spiritum Dei habet. — Vgl. etwa WA 40,1; 449,12—450,3 (1531) (zu Gal 3,13): Sic homo sine spiritu sancto non posset loqui de scriptura, totam legem greiffen et promissionem. Iudei non admittunt hanc expositionem, sed ipsi ne unam literam legis intelligunt. Ideo argumentum sumptum ex universis legibus.

[241] WA 18; 609,11f.

hebt er stets, oft mit äußerstem Nachdruck, hervor[242]. Das hat ihn freilich niemals in der Überzeugung irre werden lassen, daß die beiden biblischen Testamente gleichermaßen, wenn auch nicht in gleicher Weise[243], allein Christus zu ihrem Gegenstand haben[244]. Er ist das einheitsstiftende Band, das alle Bücher der Bibel zu einer Heiligen Schrift zusammenschließt: Christus als der principalis sensus scripturae[245].

Die Frage der Einheit der Schrift hat Luther darum weder zu harmonisierenden Verflachungen noch zu spekulativen Uniformitätskonstruktionen verleiten können. Für ihn ist die Einheit keine Summe, zu der man die einzelnen Schriften addiert, sondern »die Spitze, in der alles zusammentrifft, das Ziel, auf das alles hinausläuft«[246]. Ein jedes Wort der Schrift hat seinen Skopus darin, auf Christus zu zeigen und also zum Glauben zu reizen. In dieser Einheit gründet die Klarheit der Schrift. Denn jeder Text, der seine Ausrichtung auf Christus nicht klar zu erkennen gibt, verdunkelt eben damit die Einheit der Schrift.

Wird Christus derart als die res scripturae bestimmt, so ist klar, daß die Autorität der Schrift für Luther niemals formaler, sondern immer nur sachlicher Natur sein kann[247]. Auf Christus als die sachliche Mitte der Schrift ist alles, was die Schrift sagt, zu beziehen. Mit diesem exegetischen Prinzip hat Luther zugleich auch das Kriterium benannt, von dem aus eine biblische Sachkritik nicht nur möglich, sondern auch nötig erscheint. Welche Konsequenzen der Prüfstein, »ob sie Christum treiben oder nicht«[248], in Luthers Beurteilung der einzelnen biblischen Schriften und Schriftsteller gezeitigt hat, ist vor allem in seinen Vorreden zur Bibel[249] dokumentiert und weithin bekannt[250]. Ungleich nützlicher als die verselbständigte Zitation einzelner Verdikte[251] wäre es frei-

---

[242] ALTHAUS (s. Anm. 225), 73.

[243] Neben den in § 5 genannten Stellen vgl. beispielsweise WA 48; 701,20−22: Hebrea lingua hat keine vocales. Das ist ein signum, quod ista lingua sit per se muta, sed Christus in novo testamento est vocalis. Wenn man den hat, so versteht man sie. Ideo Iudei hanc linguam non intelligunt, quia non habent vocales, id est, non habent Christum.

[244] WA 10,2; 73,15 f (1522): Das ist ungetzweyffelt, das die gantze schrifft auff Christum allein ist gericht. − WA 18; 606,29 (1525): Tolle Christum e scripturis, quid amplius in illis invenies?

[245] So bereits in der 1. Psalmenvorlesung (1513/15); vgl. dazu (mitsamt den Stellennachweisen) G. EBELING, Die Anfänge von Luthers Hermeneutik (in: DERS., Lutherstudien I, 1971, 1−68), v. a. 60 f.

[246] G. EBELING, Luther und die Bibel (in: DERS., Lutherstudien I [s. Anm. 245], 286−301), 293.

[247] MOSTERT (s. Anm. 175), 77−85.

[248] WADB 7; 384,27 (1522).

[249] Gesammelt bei H. BORNKAMM (Hg.), Luthers Vorreden zur Bibel (it 677), 1983.

[250] Vgl. etwa die Übersicht bei ALTHAUS (s. Anm. 225), 79−83.

[251] Am geläufigsten dürfte die Rede vom Jakobusbrief als einer »rechte stroern Epistel« (WADB 6; 10,33 f [1522]) sein, weit weniger hingegen deren theologische Begründung

lich, mit der Einsicht ernst zu machen, daß Luther gerade durch sein christo-
zentrisches[252] Schriftverständnis davor bewahrt worden ist, dem Schematis-
mus einer Berufung auf ein zur Formalautorität entleertes Schriftprinzip zu er-
liegen[253]. Wo es ihm nötig erschien, sah sich Luther im Gegenteil zu einem erstaunlich freien Umgang mit dem Text der Bibel autorisiert. Zwar gründet
für Luther die Möglichkeit, seines Glaubens gewiß zu sein, geradezu darin,
daß »ein Christ ... fest und steiff auff den worten Christi bleiben und gleuben
(kann), das, wie die wort an jnen selbst lauten«[254]. Wenn Christus das Ziel ist,
auf das jeder Text hinausläuft[255], kann es aber durchaus geboten sein, daß man
gerade um der Reinheit des gemeinsamen Glaubens willen einmal von der natürlichen Bedeutung der Worte abweichen muß[256]. Denn wie für Sabbat und
Gesetz, so gilt auch in bezug auf die Schrift: »Christus est dominus, non servus«[257]. Darum ist die Schrift nach der Maßgabe Christi zu verstehen und also
entweder auf ihn zu beziehen oder nicht für wahre Schrift zu halten[258]. Es liegt
denn auch ganz in der Konsequenz von Luthers Schriftverständnis, ja bringt
dieses gewissermaßen auf den Punkt, daß man gegebenenfalls sogar genötigt
sein kann, Christus *gegen* die Schrift ins Feld zu führen[259].

(WADB 7; 384,3−385,21 [1522]) sowie deren Abmilderung in den Bibelausgaben ab 1530.
− Vgl. z. B. G. MÜLLER, Luthers Bibelkritik (s. Anm. 175), v. a. 99−101.

[252] Es wäre sprachlich unbefriedigend, aber in der Sache wohl ebenso treffend, von Luthers »evangeliozentrischem« Schriftverständnis zu sprechen: so etwa ALTHAUS (s.
Anm. 225), 78, oder RAEDER (s. Anm. 175), 261.

[253] ALTHAUS (s. Anm. 175), 82 f: »Daß man späterhin in den deutschen Bibeln Luthers
Vorreden mit seinen ganz persönlichen kritischen Urteilen nicht mehr abdruckte, läßt sich
gewiß verstehen. Aber es bedeutet doch eine verhängnisvolle Einbuße an Erziehung zur
rechten Freiheit im Verständnis und Gebrauch der Schrift. Die Überfremdung des Luthertums durch eine gesetzliche Theorie der Schrift wäre schwerlich so weit gegangen, wenn
Luthers Vorreden noch in den Bibeln gestanden hätten − oder wenn man sie durch eine
Anleitung zum rechten Schriftgebrauch in seinem Geist ersetzt hätte.«

[254] WA 30,3; 563,34−36 (1533).

[255] Vgl. auch WADB 10; 561,11−16 (1543).

[256] Das hat Luther unzählig oft − und meist formelhaft verkürzt − wiederholt; z. B.
WA 11; 436,21 f (1523): Eyn iglich wortt soll man lassen stehen ynn seyner natürlichen bedeuttung und nicht davon lassen, es zwinge denn der glawbe davon. − WA 17,2;
76,27−77,3 (1525). − WA 18; 147,23−27 (1525). − WA 18; 180,17−20 (1525). − WA 24;
19,7−20,2; 19,26−20,15 (1527). − WA 26; 403,26−29 (1528) u. ö.

[257] WA 39,1; 47,1 f (1535).

[258] Ebd. 47,3 f: Et Scriptura est, non contra, sed pro Christo intelligenda, ideo vel ad
eum referenda, vel pro vera Scriptura non habenda.

[259] Ebd. 47,19 f: Quod si adversarii scripturam urserint contra Christum, urgemus Christum contra scripturam. − Die hier gewählte Übersetzung von ›urgere‹ entspricht einem
Vorschlag G. EBELINGS (Lutherstudien I, 1971, 297). ALTHAUS (s. Anm. 175, S. 78) gibt es
schärfer mit ›ausspielen‹ wieder.

2. Zu Theorie und Praxis von Luthers Dolmetschung

Das literarische und theologische Hauptwerk Luthers ist eine Übersetzung: seine »Biblia / das ist / die gantze Heilige Schrifft Deudsch«. Mit diesem Werk, das eine in Jahrhunderten zu bemessende und von keinem anderen deutschen Buch je eingeholte kirchen- und frömmigkeitsgeschichtliche Wirkung gezeitigt hat, ist Luther zugleich auch außerhalb von Theologie und Kirche am stärksten und nachhaltigsten hervorgetreten. Die bekannten, oft zitierten Äußerungen etwa von Goethe[260] oder Nietzsche[261] ließen sich mit geringer Mühe bis ins Unüberschaubare ergänzen: Es gibt schlechterdings niemanden, der der »Lutherbibel« seinen Respekt verweigert und sie nicht als eine Kulturleistung erster Ordnung anerkannt hätte. Entsprechend groß ist auch die fachwissenschaftliche Aufmerksamkeit, die Luthers Übersetzungsarbeit gefunden hat. Seit Jahrzehnten zählt deren sprach-, literatur- und theologiegeschichtliche Erforschung zu den klassischen Aufgaben der jeweiligen Disziplinen. Andererseits ist die Einschätzung, die Heinz Bluhm seinen Studien zu Luthers Übersetzungsarbeit von mehr als zwanzig Jahren vorangestellt hat, im Prinzip noch immer nicht überholt: Luthers Deutsche Bibel, schrieb er 1965, sei eine unermeßliche terra incognita, über die man bis auf weiteres keine bilanzierenden Urteile fällen, sondern erst einmal eine hinreichende Zahl von minutiösen Einzeluntersuchungen anstellen sollte[262]. Die Detailforschungen, die weiterhin nötig sind, werden zwar kaum zu spektakulären Revisionen der Grundlinien

---

[260] Da begann Goethe, so berichtet Schütze, »Luthers Riesenwerk anzustaunen und zu bewundern, und merkwürdig war mir seine Äußerung: nur das Zarte unterstehe ich mich hin und wieder besser zu machen« (zitiert nach K. STACKMANN, Probleme germanistischer Lutherforschung [ARG 75, 1984, 7–31], 16). – Vgl. auch aus ›Dichtung und Wahrheit‹, III.11: »Nur will ich noch ... an Luthers Bibelübersetzung erinnern: denn daß dieser treffliche Mann ein in dem verschiedensten Stile verfaßtes Werk und dessen dichterischen, geschichtlichen, gebietenden, lehrenden Ton uns in der Muttersprache, wie aus Einem Gusse überlieferte, hat die Religion mehr gefördert, als wenn er die Eigenthümlichkeiten des Originals im Einzelnen hätte nachbilden wollen« (Weimarer Ausgabe I.28, 1890, ND 1987, 74).

[261] »Das Meisterstück der deutschen Prosa ist ... das Meisterstück ihres größten Predigers: die *Bibel* war bisher das beste deutsche Buch. Gegen Luthers Bibel gehalten ist fast alles übrige nur ›Literatur‹« (Jenseits von Gut und Böse [KTA 76], 1976, 181).

[262] H. BLUHM, Martin Luther. Creative Translator, St. Louis 1965, XV: »These essays are a beginning, with the end not even in sight. We are but on the threshold of an immense terra incognita: Luther's German Bible. May many cross it and stand amazed. I cannot say too often that the time for generalization has not yet arrived. All we can do at present and in the foreseeable future is to keep on analyzing individual passages of the Bible. This is admittedly a slow process. But no one who has ever really tried his hand at it can ever weary of it. ... More than one lifetime and many investigators are needed to bring a project of such magnitude to completion. The task is well worth all the tremendous effort it will require.«

führen, die sich inzwischen herauskristallisiert haben. Sie sind aber unentbehrlich, um von Luthers Dolmetschung ein fundiertes und differenziertes, über die bloße Rezitation der einschlägigen Formeln hinausgehendes Bild zu gewinnen.

Luthers Übersetzungsarbeit steht mit seinem Sprachverständnis in einem engen, kaum lösbaren Zusammenhang. Nötigt doch keine andere Form der Verlautbarung so sehr zur Reflexion des eigenen Umgangs mit Sprache wie die Arbeit des Übersetzens. Freilich sind die Möglichkeiten, im Rahmen einer skizzenhaften Rekonstruktion der Grundstruktur von Luthers Sprachverständnis insgesamt auch auf die Frage seiner Dolmetschung einzugehen, empfindlich begrenzt. So kann es hier lediglich darum gehen, das genannte Problemfeld knapp zu konturieren sowie die Einsatzpunkte der notwendigen weiteren Forschungsarbeit noch ein wenig deutlicher zu markieren.

Daß in diesem Abschnitt statt von Übersetzen meist — wie bereits in der Überschrift — von Dolmetschen die Rede ist, hat seinen Grund. Luther selbst spricht durchgehend nur vom Dolmetschen und verwendet die Vokabel ›übersetzen‹, die er freilich kennt, ausnahmslos im Sinne von ›übervorteilen‹[263]. Als hinreichende Legitimation eines heute geübten Sprachgebrauchs reicht das selbstverständlich nicht aus, wie man sich denn etwa des Wortes ›verdeutschen‹, das doch bei Luther oft genug belegt ist, aus manchen Gründen enthalten wird. Das Wort ›dolmetschen‹ betreffend, kommt aber insofern ein sachlicher Gesichtspunkt hinzu, als es zwar nach Auskunft umgangssprachlicher Wörterbücher als Äquivalent zu ›übersetzen‹ dient, davon aber doch durch eine wichtige Nuance unterschieden ist. Denn während letzteres die gleichsam mechanische, einmalige Bewegung von der einen Sprache zur andern suggeriert (»über-setzen«), vollzieht sich das Dolmetschen als ein fortwährendes Hin und Her, das mit der zielsprachlichen Wiedergabe immer auch die Verantwortung für die Optimierung des Verstehens verbunden weiß[264]. Die hermeneutischen Implikationen des Übersetzens, das stets auch ein Auslegen und Interpretieren ist, bringt, so verstanden, die Rede vom ›Dolmetschen‹ zum Ausdruck.

---

[263] Das Lutherregister des Tübinger Instituts für Spätmittelalter und Reformation verzeichnet für diese Vokabel 79 Belege; vgl. z. B. WA 6; 7,16 (1519). — WA 6; 59,8 (1520). — WA 13; 151,25 (1524/25). — WA 15; 295,32 (1524). — WA 16; 519,24 (1525). — WA 21; 280,27 (1544). — WA 22; 414,35 (1544). — WA 28; 631,5.20 (1529). — WA 28; 651,22 (1529). — WA 29; 53,6 (1529). — WA 30,1; 164,27 (1529). — WA 30,1; 165,6 (1529). — WA 30,1; 166,32 (1529). — WA 30,2; 181,20–26 (1529) etc. — Das Substantiv ›Übersetzung‹ (im Sinne von ›Übervorteilung‹) ist nur ein einziges Mal belegt: WA 50; 196,5 (1538).

Gleichwohl wird die Vokabel ›übersetzen‹ seit dem 15. Jahrhundert auch schon in dem heute üblichen Sinn gebraucht; vgl. J. u. W. GRIMM, Deutsches Wörterbuch, Bd. 23, 1936, ND 1984, 545.

[264] GRIMM (s. Anm. 263), Bd. 2, 1860, ND 1984, 1231 f.

a) Das Material

Mindestens 72 (Teil-)Übersetzungen der Bibel ins Deutsche sind der Luther-bibel vorausgegangen[265]. Luther weiß darum[266], wenn auch nicht deutlich ist, wieviel er davon im einzelnen gekannt hat. Eine literarische Abhängigkeit von vorausgegangenen Übersetzungen – etwa dem Zainerplenar von 1474 – läßt sich jedenfalls nicht belegen[267]. Als Quellen für die Frage nach Luthers Dol-metschungsarbeit stehen uns zwei zusammenhängende und ein paar sporadi-sche Zeugnisse einer reflektierenden Rechenschaft sowie das reiche Material seiner Tätigkeit als Übersetzer der Bibel, aber auch anderer Texte, zur Verfü-gung.

aa) Zur Theorie

Die Bedeutung des »Sendbrief(s) vom Dolmetschen«, den Luther 1530 von der Veste Coburg aus zum Druck befördert hat[268], sollte man nicht überschät-zen. Diese erste zusammenhängende Äußerung zu Fragen des Dolmetschens ist weder als ein theoretischer Traktat über das Übersetzen noch als allgemeine Grundlegung der eigenen Übersetzungsarbeit – gewissermaßen als deren

---

[265] H. Volz, Die mittelalterlichen deutschen Bibelübersetzungen (in: D. Martin Luthers Biblia. Das ist die gantze Heilige Schrifft Deudsch auffs new zugericht, Wittenberg 1545, hg. v. H. Volz, Bd. 3 [dtv 6033], 1974, 33*–41*). – Raeder (s. Anm. 175), 269 f. – W. I. Sauer-Geppert, Art. Bibelübersetzungen III. Mittelalterliche und reformationszeitliche Bibelübersetzungen, 1. Übersetzungen ins Deutsche (TRE 6, 1980, 228–246). – H. Walz, Deutsche Literatur der Reformationszeit. Eine Einführung, 1988, 9–29. – E. Arndt erinnert zu Recht daran, daß mit der Übersetzung des Alten Testaments ins Grie-chische sowie der ganzen Bibel ins Lateinische bereits weiterwirkende Vorbilder geschaf-fen worden sind (E. Arndt / G. Brandt, Luther und die deutsche Sprache. Wie redet der Deudsche man jnn solchem fall?, 1983, 134).

[266] Z. B. WA 30,2; 640,28–32 (1530). – WADB 12; 148,1–4 (1533).

[267] Dafür kommen zwei Arten des Nachweises in Frage. Zum einen kann man den Ver-dacht einer Benutzung deutschsprachiger Ausgaben durch methodisches Vorgehen falsifi-zieren, wie das etwa S. Widmann (s. Anm. 175), 42 f. für die Wartburgpostille getan hat. Zum andern kann man die Voraussetzungen formulieren, die ein Vorgänger erfüllen müßte, um als Quelle in Frage zu kommen. Am Beispiel der Übersetzung des Römer-briefs hat S. Hahn (Luthers Übersetzungsweise im Septembertestament von 1522. Unter-suchungen zu Luthers Übersetzung des Römerbriefs im Vergleich mit Übersetzungen vor ihm [HPhSt 29], 1973) ausführlich gezeigt, daß Luthers Dolmetschung *theologisch* moti-viert und orientiert ist und sich darin von allen bekannt gewordenen Vorgängern unter-scheidet, die durchweg eine *philologisch* motivierte und orientierte Übersetzung geboten haben: »Da Luthers Theologisierungen über den Quellentext hinausgehen und seine ge-nuin reformatorischen Gedanken erkennen lassen, müßte eine Übersetzungsvorlage Lu-thers Theologie vorweggenommen haben. Weder als theologische Tradition noch als Übersetzung ist solch ein Vorgänger bisher bekannt« (aaO. 230).

[268] WA 30,2; 632–646.

Prolegomena — zu verstehen[269]. Sie ist nicht mehr als die polemisch zugespitzte Reaktion auf Hieronymus Emser, der Luthers Übersetzung des Neuen
Testaments ausführlich kritisiert[270] und diese dann mit sehr geringen Änderungen, jedoch unter eigenem Namen und auf Anraten Herzog Georgs von
Sachsen auch selbst herausgegeben hatte[271]. Genau besehen, enthält der »Sendbrief vom Dolmetschen« lediglich die ausführliche Erläuterung einer einzigen
Übersetzungsentscheidung — nämlich der Wiedergabe von »Arbitramur hominem iustificari ex fide« (Rö 3,28) mit »Wir halten, das der mensch gerecht
werde ... *allein* durch den glauben«[272] —, die Luther allerdings anhand weiterer Übersetzungsbeispiele erläutert, durch gegenläufige Exempel profiliert sowie mit einigen — stilistisch grandiosen! — apologetischen und polemischen
Passagen allgemeiner Art umschlossen hat. Die beiden wichtigsten Übersetzungsregeln lassen sich daraus immerhin entnehmen, desgleichen auch eine
andeutende Einweisung in deren sachgemäßen Gebrauch (vgl. § 9.2.b).

Als zweiter zusammenhängender Text ist die den »Summarien über die
Psalmen und Ursachen des Dolmetschens« vorangestellte Rechenschaft zu
nennen[273], in der Luther wiederum nicht eine allgemeine Theorie des Übersetzens entwickelt, sondern den auf Ostern 1531 datierten Abschluß der Revisionsarbeit an seinem »Deudsch Psalterlin« zum Anlaß nimmt, einige Übersetzungsentscheidungen, an denen sich gutwillige und des Hebräischen kundige Leser vielleicht stoßen könnten, zu erläutern. Die zwei Schriften sind
darin auffällig verbunden, daß Luther für die übersetzungspraktische Rechenschaft beidemale eine äußere Perspektive von der inneren unterscheidet. An einer Rechtfertigung gegenüber den Anwürfen der Papisten, erklärt er im
»Sendbrief vom Dolmetschen«, liege ihm nichts: »Ich will sie hinfürt schlecht
verachten«[274]. Ihrer besserwisserischen Kritik soll man lediglich die Legitimation bestreiten: »Ich (wil) die Papisten nicht zu richter leiden, denn sie haben
noch zur zeit zu lange ohren dazu, und yhr ycka ycka ist zu schwach, mein

---

[269] H. REINITZER, Wort und Bild. Zu Übersetzungsprinzipien und Illustrationsweisen
der Luther-Bibel (Septembertestament) (in: H. L. ARNOLD [Hg.], Martin Luther [text &
kritik Sonderband], 1983, 62–74, 65).

[270] Auß was grund vnnd ursach Luthers dolmatschung / uber das nawe testament / dem
gemeinen man billich vorbotten worden sey. Mit scheynbarlicher anzeygung / wie / wo
/ vnd an wölchen stellen / Luther den text vorkert / vnd vngetrewlich gehandelt / oder mit
falschen glosen vnd vorreden auß der alten Christelichen ban / auff seyn vorteyl vnd whan
gefurt hab, Leipzig 1523 (zitiert nach: H. VOLZ, Martin Luthers deutsche Bibel. Entstehung und Geschichte der Lutherbibel, 1978, 323).

[271] Das new Testament nach lawt der Christlichen kirchen bewertem text, corrigirt und
widerumb zurecht gebracht, Dresden 1527 (zitiert nach: H. VOLZ [s. Anm. 270]). — Vgl.
dazu M. BRECHT, Martin Luther, Bd. 3: Die Erhaltung der Kirche 1532–1546, 1987, 113 f.

[272] WA 30,2; 632,28–30; Hervorhebung von mir.

[273] WA 38; 9,1–17,23 (1531/33).

[274] WA 30,2; 636,3.

verdolmetschen zu urteilen«[275]. Was Luther dennoch zu der zweifachen Rechenschaft bewegen konnte, war allein die Rücksicht auf mögliche Irritationen unter »den unsern«[276]. Allein den Gutwilligen zuliebe will Luther die »ursachen« seiner Dolmetschung »anzeigen und mit etlichen Exempeln verkleren«[277].

Diese beiden Schriften sind schließlich durch eine Reihe von einzelnen, oft nur ganz knappen Äußerungen zu ergänzen. Diese betreffen entweder ein spezielles Übersetzungsproblem, das sie, meist einen größeren, ganz anders orientierten Kontext unterbrechend, erläutern, oder sie formulieren einen allgemeinen Grundsatz des Dolmetschens, ohne sich dabei auf konkrete Fallbeispiele zu beziehen. Letzteres begegnet vor allem in einigen Bibelvorreden — zumal in der aufs Alte Testament von 1523[278] —, aber auch in Briefen und gelegentlichen Äußerungen über Tisch[279].

bb) *Zur Praxis*

Für die Frage nach Luthers Übersetzungspraxis steht ein ungleich reicheres und vorerst nicht auszulotendes Material zur Verfügung. Dazu zählt vor allem die Dolmetschung des Neuen und Alten Testaments, und zwar nicht nur — wie in der Wiedergabe der Weimarer Ausgabe — als Zeugnisse erster und letzter Hand, sondern auch unter Einschluß sämtlicher Zwischenstufen des von Luther bis zuletzt betriebenen Prozesses der Selbstrevision[280]. Will man dieses Material sachgemäß auswerten, so ist dafür die Rekonstruktion und Kenntnisnahme der von Luther benutzten Vorlagen und Hilfsmittel unentbehrlich[281]. Ebenso muß auch die Entwicklung von Luthers altsprachlicher Kompetenz[282]

---

[275] Ebd. 633,27−29. − Vgl. insges. ebd. 632,25−636,10.

[276] Ebd. 636,11.

[277] WA 38; 9,11 f. − Ebd. 9,5−14: Wie nu der selbige Psalter meister klüglinge gefallen werde, da ligt nichts an. Aber weil villeicht etliche zu unser zeit und noch mehr, so nach uns komen werden, gute frume hertzen, die auch der sprachen kündig und doch des dolmetschen ungeübt, sich möchten stossen und ergern, das wir so frey an vielen orten von den buchstaben gangen sind, zu weilen auch anderm verstand gefolget denn der Juden Rabini und Grammatici leren, Wollen wir hiemit ursachen anzeigen und mit etlichen Exempeln verkleren, auff das sie sehen, wie wir nicht aus unverstand der sprachen noch aus unwissen der Rabinen glosen sondern wissentlich und williglich so zu dolmetschen furgenomen haben.

[278] WADB 8; 30,29−32,35.

[279] Z. B. WAT 2; 648,16 f (1532) (Nr. 2771a): Vere transferre est aliam linguam dictum applicare suae linguae. − Vgl. insges. ebd. 648,3−649,8.

[280] H. Volz, Luthers deutsche Bibelübersetzung (in: D. Martin Luther, Biblia [s. Anm. 265], 41★−137★, 83★−118★).

[281] Ebd. 41★−45★.

[282] Vgl. die Zusammenfassung von S. Raeder (s. Anm. 265), 270. − Vgl. ferner dessen drei monographische Vertiefungen: Das Hebräische bei Luther untersucht bis zum Ende der ersten Psalmenvorlesung (BHTh 31), 1961. − Die Bedeutung des masoretischen Tex-

wie seiner theologischen Reflexion und Produktion[283] durchgehend berücksichtigt werden, desgleichen die von Rörer überlieferten Revisionsprotokolle[284]. Eine wichtige und bislang nicht immer gebührend beachtete Quelle steht überdies in den vielen deutschsprachigen Bibelzitaten bereit, die Luther allenthalben in seine Schriften eingestreut hat und die trotz mancher Hilfsmittel[285] noch längst nicht zufriedenstellend registriert worden sind[286]. Welche Bedeutung insbesondere den frühen, in unmittelbarer Nähe zum Septembertestament stehenden Perikopenübersetzungen der Wartburgpostille zukommt, ist in der Untersuchung zu Joh 1,1–14 bereits exemplarisch gezeigt worden (vgl. § 1). Erst deren breitangelegte Fortsetzung würde es dann auch erlauben, stichhaltige Forschungsergebnisse zu formulieren.

Daneben verdienen die nichtbiblischen Texte Beachtung, die Luther übersetzt bzw. nachgedichtet hat. Während etwa seine Fabel- und Hymnennachdichtungen[287] von einem recht freien Umgang mit den Vorlagen zeugen, bietet die Dolmetschung eigener lateinischer Texte ins Deutsche der Übersetzungsforschung ein besonders interessantes Feld[288]. Ob und, wenn ja, worin sich Luthers biblische Übersetzungsarbeit von seiner nichtbiblischen unterscheidet, läßt sich auf dem gegenwärtigen Kenntnisstand nicht zuverlässig beantworten.

---

tes bei Luther in der Zeit zwischen der ersten und zweiten Psalmenvorlesung (1515–1518) (BHTh 38), 1967. – Grammatica Theologica. Studien zu Luthers Operationes in Psalmos (BHTh 51), 1977.

[283] Diesen Aspekt vernachlässigt zu haben, ist einer der Einwände, die B. LOHSE gegen die Arbeit von H. BLUHM (s. Anm. 262) geltend gemacht hat (Die Aktualisierung der christlichen Botschaft in Luthers Bibelübersetzung [Luther 51, 1980, 9–25], 11).

[284] WADB 3 und 4.

[285] Z. B. H. BLUHM, Die Indicees zu Werken Martin Luthers im Boston College, Chestnut Hill, Massachusetts (LuJ 51, 1984, 96–98). – L. PINOMAA, Register der Bibelzitate in Luthers Schriften in den Jahren 1509–1519, masch., Helsinki o.J. (um 1956).

[286] Dringend zu wünschen wäre ein ausführliches Bibelstellenregister der WA, das freilich nicht nur die – in ihrer Dichte und Zuverlässigkeit sehr verschiedenen – Randnachweise der einzelnen Bände zusammenfassen dürfte, sondern eine erneute, zuverlässige Durchsicht erforderte.

[287] Für die Fabeln vgl. WA 50; 432–460 sowie die bei H. WOLF (Martin Luther. Eine Einführung in germanistische Luther-Studien, 1980), 147f genannte Literatur. – Ferner K. DÜWEL / J. OHLEMACHER, »das ist der wellt lauf«. Zugänge zu Luthers Fabelbearbeitung (in: H. L. ARNOLD [Hg.] [s. Anm. 269], 121–143).

Für die Hymnen und Lieder vgl. AWA 4 sowie die bei WOLF (aaO. 143) genannte Literatur. – Ferner: E. ARFKEN, »Etliche geistliche Lieder zusammengebracht«. Luther als Kirchenliederdichter (in: H. E. ARNOLD [Hg.] [s. Anm. 269], 105–120). – M. JENNY, Luthers Gesangbuch (in: H. JUNGHANS [Hg.], Leben und Werk Martin Luthers von 1526 bis 1546, 1983, 303–321).

[288] Vgl. dazu B. STOLT, Luthers Übersetzungstheorie und Übersetzungspraxis (in: H. JUNGHANS [Hg.] [s. Anm. 287], 241–252, 251f). – DIES., Studien zu Luthers Freiheitstraktat mit besonderer Rücksicht auf das Verhältnis der lateinischen und der deutschen Fassung zueinander und die Stilmittel der Rhetorik, Stockholm 1969.

Die Erforschung von Luthers Dolmetschung hat inzwischen eine ganze Reihe beachtlicher Einzelstudien hervorgebracht[289]. Um die noch immer bestehenden Wissenslücken zu verkleinern, wäre es sinnvoll, die weiteren Untersuchungen weniger an einzelnen Wörtern oder Versen als an zusammenhängenden Textabschnitten zu orientieren[290]. Und doch kann von einer methodisch verfahrenden Erschließung der Übersetzungsarbeit Luthers nur ein begrenzter Erkenntnisgewinn erhofft werden. In besonderem Maße ist dieses Feld der Forschung darauf angewiesen, daß die planmäßige Arbeit immer wieder auch durch Phantasie und Innovation, durch Einfälle und Zufälle befördert wird[291].

---

[289] Z. B. I. Becker, Luthers Evangelienübersetzung von 1522 und 1546, Diss. Köln 1935. − Bluhm (s. Anm. 262). − Ders., Studies in Luther − Luther Studien, Bern / Frankfurt / New York / Paris 1987. − G. Bruchmann, Luther als Bibelverdeutscher in seinen Wartburgpostillen (LuJ 17, 1935, 111−131). − Ders., Luthers Bibelverdeutschung auf der Wartburg in ihrem Verhältnis zu den mittelalterlichen Übersetzungen (LuJ 18, 1936, 47−82). − S. Hahn (s. Anm. 267). − E. Hirsch, Lutherstudien 2, 1954, 207−273. − W. Kolb, Die Bibelübersetzung Luthers und ihre mittelalterlichen deutschen Vorgänger im Urteil der deutschen Geistesgeschichte von der Reformation bis zur Gegenwart. Ein Beitrag zur Wirkungsgeschichte Luthers, Diss. Saarbrücken 1972, 14−50. − O. J. Mehl, Luthers Übersetzung der Synonyma im Neuen Testament und Psalter (LuJ 29, 1962, 77−91). − I. Nöther, Luthers Übersetzungen des zweiten Psalms. Ihre Beziehungen zur Übersetzungs- und Auslegungstradition, zur Theologie Luthers und zur Zeitgeschichte (HPhSt 41), 1976. − S. Sonderegger, Martin Luthers Ringen um den deutschen Vaterunser-Text. Eine philologische Studie, mit einem Vergleich zwischen Notker von St. Gallen und Luther (in: FS für G. Cordes, Bd. 2, 1976, 403−425). − H. G. Streubel, Sprechsprachlich-kommunikative Wirkungen durch Luthers Septembertestament (1522) (WZ[J]GS 32, 1983, 65−84).
[290] So etwa auch Lohse (s. Anm. 283), 10, in Aufnahme einer Formulierung von H. Bluhm.
[291] Die genannte Schwierigkeit sei mit zwei Beispielen illustriert:
1. In seinem breit angelegten Kommentar zu Luthers »Disputatio de homine« widmet sich G. Ebeling anläßlich der Erklärung der Thesen 13 u. 14 auch Luthers Kritik am philosophischen Verständnis der causa finalis des Menschen und kommt dabei auf ›Die pax huius vitae und den antiken Eudämoniegedanken‹ zu sprechen (Lutherstudien II/2, 1982, 374−384). Die wortgeschichtlichen Erörterungen zu εὐδαιμονία und μακάριος sowie zu deren lateinischen Äquivalenten lenken die Aufmerksamkeit schließlich auf Luthers Gebrauch der Worte ›selig‹ und ›Seligkeit‹ in der Bibelübersetzung. Die durch die angedeuteten begriffs- und problemgeschichtlichen Erwägungen erzeugte Sensibilität vertieft die Bemerkung, daß Luther weit öfter ›selig‹ und ›Seligkeit‹ setzt, als die Vulgata ›beatus‹ und ›beatitudo‹ bietet, nach den nötigen interpretatorischen Beobachtungen an den einzelnen exegetischen Entscheidungen zu der zusammenfassenden Einsicht, »daß Luther die Worte selig und Seligkeit ... dem eschatologisch verstandenen Heil vorbehält, während er dort, wo dieses Verständnis nicht oder nicht eindeutig vorliegt, andere Wendungen zur Umschreibung benutzt wie z. B. ›Wohl dem ...‹ ... oder ›helfen‹, ›erhalten‹ usw.« (aaO. 383 f). Daß eine mechanisch verfahrende Durchforstung der Lutherbibel diese wortstatistische Differenz entdecken würde, ist zu vermuten; ob sie ihr aber auch entsprechend gerecht werden könnte, darf gefragt werden.
2. Das Wort ἰδού übersetzt Luther im Neuen Testament seit 1533 durchgängig mit

Wichtige Forschungsimpulse sind nicht zuletzt den Debatten um Revision
und Revidierbarkeit der Lutherbibel zu danken, die zu einer verstärkten Beschäftigung mit Luthers Arbeit als Übersetzer und Selbstrevisor genötigt haben. Das gilt nicht erst für den Streit um das »Luthertestament 1975«, aber für
dieses doch in besonderem Maße[292]. Wenn darum auch der Entstehungsanlaß
der Stellungnahme zu aktuellen Revisionsfragen — seien sie apologetisch, polemisch oder vermittelnd motiviert — meist rasch nur noch historisch interessant ist, verdienen diese Arbeiten wegen ihrer durch den Vergleich geschärften
Wahrnehmung von Luthertexten doch nicht selten eine fortdauernde Beachtung.

b) Die Regeln

Als sich Luther anschickte, die Bibel ins Deutsche zu übertragen, konnte von
einer einheitlichen Übersetzungstheorie in Deutschland keine Rede sein. Die
Auffassungen bewegten sich zwischen dem strengen »Wort uß Wort« eines
Nikolaus von Wyle und einer freien, verständlichen Wiedergabe »sin uß sin«,

---

›Siehe‹, obwohl es, genau genommen, ›Sehet‹ heißen müßte (vgl. dazu die einleuchtende
Erklärung von B. STOLT, [s. Anm. 288],249 f). Interessant ist nun, daß Luther im Falle der
dritten Leidensankündigung Jesu das in allen drei synoptischen Versionen belegte ἰδού
(Mk 10,33; Mt 20,18; Lk 18,31) bei Mk und Mt mit dem üblichen ›Siehe‹, bei Lk dagegen
mit ›Sehet‹ wiedergibt. Eine wort- bzw. versspezifische Untersuchung könnte diese Differenz kaum erklären. Erst der Blick auf den Kontext zeigt, daß das ›Sehet‹ bei Lk mit dem
›Und alsobald ward er sehend‹ aus dem Schlußvers der nur von Lk in unmittelbarem Anschluß berichteten Blindenheilung (Lk 18,35−43) korrespondiert. Mit dieser formalen
Verklammerung der beiden Perikopen (die bei Mk und Mt jeweils durch Zwischentexte
getrennt sind) hat Luther zugleich auch den thematischen Rahmen von Lk 18,31−43 genannt, in dem er diese beiden Stücke ausgelegt wissen wollte. (Vgl. dazu meine Predigtstudie zu Lk 18,31−43, in: Predigtstudien, Bd. V/1, 1988, 120−123).
[292] Für die Zeit vor 1975 ist v. a. zu nennen: E. HIRSCH, Luthers deutsche Bibel. Ein Beitrag zur Frage ihrer Durchsicht, 1928. − H. SCHUSTER, Luthers Bibel einst und jetzt, 1941.
− F. TSCHIRCH, Spiegelungen. Untersuchungen vom Grenzrain zwischen Germanistik
und Theologie, 1966.
   An neueren Arbeiten sind zu nennen: S. MEURER (Hg.), Verrat an Luther? Bilanz einer
Bibelrevision (BiWe 17), 1977. − J. ANDEREGG, Zur Revision der Lutherbibel (»NT 75«).
Eine Kritik der sprach- und literaturwissenschaftlichen Leitlinien für die Revisionsarbeit.
Mit einer Einführung in die Vorgeschichte des »NT 75« von W. MÜLLER (ZThK 76, 1979,
241−260). − DERS., Sprache und Verwandlung. Zur literarischen Ästhetik, 1985, 81−91
(s. auch die ebd. 81, Anm. 1 genannte weitere Literatur des Vf.). − L. SCHMIDT, Das Neue
Testament der Lutherbibel in der Fassung von 1975. Notwendige Bemerkungen zur Bibelrevision (ZThK 77, 1980, 345−380). − E. JÜNGEL (Hg.), Das Neue Testament heute.
Zur Frage der Revidierbarkeit von Luthers Übersetzung (ZThK Beiheft 5, 1981 [darin
v. a. der Beitrag von G. KRAUSE sowie die Bibliographie von U. STRÄTER]). − R. FRETT
LÖH, Die Revisionen der Lutherbibel in wortgeschichtlicher Sicht (Göppinger Arbeiten zur
Germanistik 434), 1986.

für die etwa Heinrich Steinhöwel eintrat[293]. Interessanterweise haben sich beide Richtungen nicht nur auf die Autorität des Hieronymus, sondern dabei auch auf denselben Text — seinen im ausgehenden Mittelalter viel gelesenen Brief an Pammachius »Über die beste Art zu übersetzen« — berufen[294]. Die Bandbreite erweitert sich noch, wenn man bedenkt, daß Erzbischof Berthold von Mainz in einem Zensuredikt von 1485 konstatierte, die Armut der deutschen Sprache lasse jeden Versuch, die Bibel in die Landessprache zu übersetzen, zum Scheitern verurteilt sein[295].

aa) Freiheit vom Buchstaben

In einem Brief an Spalatin hat Luther Ende 1523 seine Auffassung von der den biblischen Texten angemessenen Übersetzungsweise[296] in eine knappe Formel verdichtet: »Libere ... hic agendum & accepto sensu, verbis relictis, per alia

---

[293] H.-O. Burger, Luther als Ereignis der Literaturgeschichte (LuJ 24, 1957, 86—101), 87—89. — Vgl. H. Grundmann, Übersetzungsprobleme im Spätmittelalter (in: Ders., Ausgewählte Aufsätze, Teil 3: Bildung und Sprache [SMGH 25,3], 1978, 163—195). — D. Kartschoke, Biblia versificata. Bibeldichtung als Übersetzungsliteratur betrachtet (Vestigia Bibliae 4), 1982, 23—41. — W. Schwarz, Schriften zur Bibelübersetzung und mittelalterlichen Übersetzungstheorie (Vestigia Bibliae 7), 1985, v. a. 11—35.42—53.100—126.

[294] B. Stolt, Luthers Übersetzungstheorie und Übersetzungspraxis (s. Anm. 288), 241 f.

[295] Vgl. dazu Raeder (s. Anm. 265), 269, der auch den Quellennachweis bietet (ebd. Anm. 131).

[296] Vgl. dazu neben der in Anm. 260—293 genannten Literatur noch die folgenden Arbeiten: E. Arndt, Luthers deutsches Sprachschaffen. Ein Kapitel aus der Vorgeschichte der deutschen Nationalsprache und ihrer Ausdrucksformen, 1962. — Ders., Luthers Bibelübersetzung und ihre Bedeutung für die Entwicklung der deutschen Sprache (in: Weltwirkung der Reformation, hg. v. M. Steinmetz / G. Brendler, Bd. 2, 1969, 416—422). — Ders., Sprachgeographische und sprachsoziologische Voraussetzungen für Luthers Übersetzungsleistung (in: Wiss. Konferenz »Kommunikation und Sprache in ihrer geschichtlichen Entwicklung bis zum Neuhochdeutschen«, hg. im Auftrag des Direktors des Zentralinstituts für Sprachwissenschaft der Akad. d. Wiss. der DDR, 1981, 96—112). — R. Bartelmus, Das Alte Testament — deutsch. Luthers Beitrag zu Theorie und Praxis der Übersetzung religiöser Texte (BiN 22, 1983, 70—90). — G. Bebermeyer, Luthersprache und Lutherbibel. Ein Literatur- und Forschungsbericht (ZDB 6, 1930, 537 ff). — Ders., Stand und Aufgaben der sprachgeschichtlichen Lutherforschung (LuJ 13, 1931, 69—82). — A. E. Berger, Luther und die deutsche Sprache (in: Von deutscher Sprache und Art, hg. v. M. Preitz, 1925, 8—25). — W. Bondzio, Hermeneutik und Übersetzung bei Martin Luther (in: Luthers Sprachschaffen. Gesellschaftliche Grundlagen — geschichtliche Wirkungen, hg. v. J. Schildt, Bd. 1, 1984, 260—272). — M. Brecht, Luthers Bibelübersetzung (in: H. Bartels u. a. [Hg.], Martin Luther: Leistung und Erbe, 1986, 118—125). — K. Brinkel, Luthers Hermeneutik in seiner Übersetzung des Alten Testaments und die gegenwärtige Revision der Lutherbibel (Lutherthum 24), 1960. — A. Dix, Die Sprache Luthers (Luther 1, 1919, 85 f). — H. Ebert, Alltagssprache und Religiöse Sprache in Luthers Briefen und in seiner Bibelübersetzung. Eine satzsemantische Untersuchung am Beispiel von Aufforderungssätzen und Fragesätzen (EHS.DSL 929), 1986. — F. Hahn, Zur Ver-

verba comoda vertendum«[297]. Dahinter steht die aus der Reflexion des Verhältnisses von Sprache und Sache (vgl. §7.3.c) geborene Einsicht, daß es mitunter geboten sein kann, die Worte eines fremdsprachigen Textes fahren zu
lassen, um dolmetschend deren Sinn zu erneuern[298]. Luther weiß sich mit der
klassischen Bildungstradition in Übereinstimmung, wenn er diese Prioritäten-
folge in eindeutiger Klarheit festhält: »Nicht der sinn den worten, sondern die
wort dem sinn dienen und folgen sollen«[299]. Die Übersetzung des Alten Testaments betreffend, führt Luther dazu noch einen theologischen Grund ins Feld.

---

christlichung der Psalmen durch Luthers Übersetzung (ThStKr 106, 1934/35 173–203). –
M. HAMBURGER, Anmerkungen zur gestischen Sprache in der Luther-Bibel (ShJ 120, 1984,
138–142). – W. JENS, Martin Luther. Die Deutsche Bibel einst und jetzt (in: DERS., Ort
der Handlung ist Deutschland. Reden in erinnerungsfeindlicher Zeit [Knaur 3731], 1981,
147–164). – F. W. KANTZENBACH, Luthers Sprache der Bibel (in: H. VOLZ, Martin Luthers deutsche Bibel, 1978, 7–18). – W. KILLY, Die Bibel als Sprache (in: DERS., Schreibweisen – Leseweisen, 1982, 84–97). – F. KLUGE, Von Luther bis Lessing. Aufsätze und
Vorträge zur Geschichte unserer Schriftsprache, 1918[5], 1–26.38–67. – G. KOETHE, Luthers Septemberbibel (LuJ 5, 1923, 1–21). – D. LEHMANN, Der Übersetzer und Sprachschöpfer (in: J. JUNKER [Hg.], Luther heute – bei Gott ist viel mehr Gnade, 1983, 59–61).
– B. LOHSE, Entstehungsgeschichte und hermeneutische Prinzipien der Lutherbibel (in: J.
GNILKA / H. P. RÜGER [Hg.], Die Übersetzung der Bibel – Aufgabe der Theologie, 1984,
133–148). – F. MELZER, Evangelische Verkündigung und Deutsche Sprache. Ausgew.
Vorträge und Aufsätze, 1970, 56–60. – MEYER (s. Anm. 175), v. a. 41–61. – H. PREUSS,
Luther und die deutsche Sprache (in: DERS., Martin Luther. Der Deutsche, 1934, 52–61.
– S. RAEDER, Voraussetzungen und Methode von Luthers Bibelübersetzung (in: Geist und
Geschichte der Reformation. Festgabe H. Rückert zum 65. Geburtstag [AKG 38], 1966,
152–178). – O. REICHERT, Der Deudsch Psalter D. Luthers zu Wittenberg 1531–1931
(LuJ 13, 1931, 29–68). – F. ROSENZWEIG, Die Schrift und Luther (in: M. BUBER / F. RO-
SENZWEIG, Die Schrift und ihre Verdeutschung, 1936, 88–129). – S. SONDEREGGER, Die
Reformatoren als Sprachgestalter (Reformatio 23, 1974, 94–108). – STACKMANN (s.
Anm. 260), 16–22. – B. STOLT, Neue Aspekte der sprachwissenschaftlichen Luther-For-
schung (in: H. L. ARNOLD [Hg.], Martin Luther [edition text & kritik Sonderband], 1983,
6–16).

[297] WAB 3; 220,10 f (Nr. 698). – Luther fügt freilich sogleich hinzu (ebd. 220,11 f): Ego
non habeo tantum gratiae, vt tale quid possem, quale vellem.

[298] Das hat in ursprünglicher Weise mit dem sinnstiftenden (»medialen«) Gebrauch von
Sprache zu tun, den J. ANDEREGG unlängst kategorial erläutert und dann auch für das Beispiel der Luthersprache aufgezeigt hat (Sprache und Verwandlung. Zur literarischen Ästhetik, 1985, v. a. 81–91).

[299] WA 38; 11,15–17 (1531/33). – Für die »Schulmeister«, auf die Luther an dieser
Stelle verweist, hat B. STOLT an die bereits im Trivium gelehrte, Cato d. Ä. zugeschriebene rhetorische Grundregel erinnert: »Rem tene, verba sequuntur« (s. Anm. 294, S. 244).
Vgl. ferner WA 38; 14,28–32: Ob nu das Meister klüglug villeicht nicht wird gefallen,
der nicht darnach fragt, wie ein Deudscher müsse den text verstehen, sondern die wort
steiff und genaw behellt, das jn niemand verstehen kan, das ficht uns nicht an, Wir haben
dem sinn nichts genomen, und die wort deudlich gegeben. – Vgl. ferner WADB 10,1;
590,39–48 (1531).
Bereits in der Römerbriefvorlesung von 1515/16 hatte Luther festgehalten (WA 56;
169,10): Melius sensum ex sensu quam verbum ex verbo transferendum putamus.

Denn wenn die jüdischen Exegeten und Dolmetscher für eine am Wortlaut haftende Wiedergabe plädierten, so bezeugten sie damit die Decke vor ihren Herzen, die ihnen den Blick auf Mose (2 Kor 3,14f) und die Propheten verwehrt[300]. Das oberste Ziel *seines* Dolmetschens, erläutert Luther, sei es, »das ich rein und klar teutsch geben möchte«[301]. Man möge sich von der flüssigen Lesbarkeit des fertigen Textes freilich nicht den Sinn dafür trüben lassen, wieviel Mühe und Schweiß das alles gekostet hat. Oft habe man drei, vier Wochen lang ein einziges Wort gesucht, und während der Übersetzung des Hiob seien in vier Tagen zuweilen kaum drei Zeilen fertig geworden[302].

Um derart »rein und klar teutsch« zu reden, bedarf es einer sensiblen Wahrnehmung der zielsprachlichen Besonderheiten. Die »art unser deutschen sprache«[303] wird für Luther zum entscheidenden Prüfstein einzelner Dolmetschungen, und die Kritik an allzu wortgebundenen Wiedergaben lautet denn auch stereotyp: »Ist das deutsch geredt? Welcher deutscher verstehet solchs? ... Das kan kein deutscher sagen«[304]. Zu dieser Orientierung gehört für Luther freilich auch, daß ein Übersetzer alle modischen und zumal bei Hof gepflogenen Neologismen meidet[305] und sich stattdessen bewußt eines populären Wortschatzes befleißigt[306]. Eben darin entspricht er zugleich dem Sprachgestus der Heiligen Schrift: »Scriptura et verba dei gebrauchen der sprach, ut homines inter se loquuntur, yha wie man uff der gaßen redt, ut mater cum puero etc.«[307]. Wie der Mann auf der Straße und die Mutter mit ihrem Kinde spricht, wird darum

---

[300] WA 38; 11,17—19.

[301] WA 30,2; 636,15f. — Vgl. dazu auch WA 18; 123,19—29 (1525).

[302] WA 30,2; 636,16—20. — Ebd. 636,20—26: Lieber, nu es verdeutscht und bereit ist, kans ein yeder lesen und meistern, Laufft einer ytzt mit den augen durch drey, vier bletter und stost nicht ein mal an, wird aber nicht gewar, welche wacken und klötze da gelegen sind, da er ytzt uber hin gehet, wie uber ein gehoffelt bret, da wir haben müssen schwitzen und uns engsten, ehe den wir solche wacken und klotze aus dem wege reümeten, auff das man kündte so fein daher gehen. Es ist gut pflugen, wenn der acker gereinigt ist.

[303] WA 30,2; 637,4f.

[304] Ebd. 637,26f. — Ebd. 638,1f: Was ist aber das fur deutsch? Welcher deutscher redet also? — Vgl. die Entsprechungen in den »Summarien ...«. — H.-U. Delius, ... und merken, daß man deutsch redet. Germanistische Anmerkungen eines Theologen (Luther 61, 1990, 91—105).

[305] WADB 8; 32,19—23 (1523): Es achtet auch niemant recht deutsch zu reden, sonderlich der herrn Canceleyen und die lumpen prediger, und puppen schreyber, die sich lassen duncken, sie haben macht deutsche sprach zu endern und tichten uns teglich newe wortter, Behertzigen, behendigen, erspriesslich, erschieslich und der gleichen, ia lieber man, es ist wol bethoret und ernarret dazu.

[306] WAB 3; 220,7—10 (1523): Velim autem nouas & aulicas voculas omitti, quo pro captu vulgi quam simplicissima vulgatissimaque, tamen munda simul & apta verba canerentur, deinde sententia perspicua & psalmis quam proxima redderetur. — Vgl. dazu Volz (s. Anm. 265), 118★—131★.

[307] WA 12; 646,14f (1523). — Vgl. die Entsprechung in WA 11; 157,12f: Scriptura utitur sermone sicut homines utuntur, et in sermone hominum scripta est communissimo, quem omnis intelligit. — Ferner WA 34,2; 538,1f (1531): Scriptura hat die weise zu reden,

zum ausschlaggebenden Kriterium einer Übersetzung, die ihrer biblischen Vorlage und dem muttersprachlichen modus loquendi gleichermaßen gerecht werden will. Die einschlägigen Äußerungen Luthers sind bekannt. »Lieber, wie redet der Deudsche man jnn solchem fall?«[308], hat er als Leitfrage seines Dolmetschens formuliert. Und im »Sendbrief vom Dolmetschen« lautet die klassische Passage:

> Man mus nicht die buchstaben inn der lateinischen sprachen fragen, wie man sol Deutsch reden, wie diese esel thun, sondern, man mus die mutter jhm hause, die kinder auff der gassen, den gemeinen man auff dem marckt drumb fragen, und den selbigen auff das maul sehen, wie sie reden, und darnach dolmetschen, so verstehen sie es den und mercken, das man Deutsch mit jn redet.[309]

Man wird nicht sagen können, daß diese Sätze, die, jedenfalls was das »auff das maul sehen« betrifft, in aller Munde sind, auch allenthalben verstanden werden. Daß man Luthers Bibelidiom als einen von »bäurischem Sprachschatz« geprägten und mit »plebejischen Elementen« durchsetzten »Pöbeljargon« denunziert hat[310], ist nur die akademische Variante jener allgemeinen Verwechslung, dergemäß man das »Aufs-Maul-Sehen« mit einem »Nach-dem-Munde-Reden« ineinssetzt. Luthers Bemerkung aus dem »Sendbrief ...« macht hingegen deutlich, daß es ihm keineswegs um eine Grobianisierung des Deutschen zu tun ist[311], sondern darum, die Menschen in ihren originären Sprachsituationen aufzusuchen und *davon* zu lernen. Denn die Mutter, die Kinder und der gemeine Mann sind ja jeweils in Bereichen erwähnt, für die ihnen Luther eine unbestrittene sprachliche Kompetenz einräumt: Wer wüßte die Gegenstände und Verrichtungen eines Haushalts treffender zu benennen als die Mutter, wer die Spiele in den Gassen besser als die Kinder, wer schließlich die kleinen und großen Angelegenheiten des öffentlichen Interesses authentischer als der »gemeine man auff dem marckt«? Daß Luther mit der An-

---

ut die leute reden. — WA 43; 39,32 f (1535/45): Scriptura accomodat modum loquendi ad morem humanum.

[308] WA 38; 11,29 f (1531/33); vgl. den Zusammenhang (ebd. 11,27−32): Wer Deudsch reden wil, der mus nicht der Ebreischen wort weise fůren, Sondern mus Darauff sehen, wenn er den Ebreischen man verstehet, das er den sinn fasse und dencke also: Lieber, wie redet der Deudsche man jnn solchem fall? Wenn er nu die Deutsche wort hat, die hiezu dienen, so lasse er die Ebreischen wort faren und sprech frey den sinn eraus auffs beste Deudsch, so er kan. — Ferner WAT 2; 648,11−15 (1532) (Nr. 2771a): Man mus alßo reden, wie man auff dem marckt redt. Ideo libri didactici, philosophici et sententiosi difficulter transferuntur; historici facilis sunt translationis. Si nunc a me Moses transferendus esset, wolt ich yhn wol deutsch machen, quia vellem ei exuere Hebraismos, et ita, ut nemo diceret Hebraeum esse Mosen.

[309] WA 30,2; 637,17−22 (1530).

[310] A. SCHIROKAUER, Frühneuhochdeutsch (in: W. STAMMLER [Hg.], Deutsche Philologie im Aufriß, Bd. 1, 1957², 855−930, v. a. 899 f.903.908).

[311] Daß das bereits von Luthers Zeitgenossen so verstanden worden ist, hebt B. STOLT hervor: Luthers Übersetzungstheorie und Übersetzungspraxis (s. Anm. 288), 246.

weisung, den Leuten »auff das maul (zu) sehen«, nicht zu möglichst ordinärem, sondern zu möglichst kompetentem Reden anleiten will, macht der Fortgang der Argumentation vollends deutlich. Denn wenn Luther in der Erläuterung seiner Wiedergabe von »Ave Maria gratia plena« (Lk 1,28) mit »Gegrü
ßest seist du, Holdselige« einräumt, noch besser wäre es gewesen, stattdessen
schlicht »Gott grusse dich, du liebe Maria« zu sagen, so begründet er dies wiederum unter Hinweis auf den, der die entsprechende Sprechsituation konstituiert hat: »So vil wil der Engel sagen, und so wurde er geredt haben, wan er
hette wollen sie deutsch grussen«[312].

Die für das Dolmetschen unabdingbare sprachliche Kompetenz setzt darum
nicht zuletzt einen »grosse(n) vorrath von worten« voraus[313], aus dem schöpfend man dann mit dem nötigen, feinen Gespür die jeweils gebotene sachliche,
semantische und stilistische Nuance zum Ausdruck bringen kann[314]. Nicht selten hat Luther dafur auch den Rat der Experten eingeholt[315], so etwa in der
Frage, wie man die Einzelteile eines Opfertiers sachgemäß wiederzugeben
habe[316]. Große Mühe bereiteten ihm ferner die alttestamentlichen Tiernamen[317] sowie die verschiedenen in Apk 21 erwähnten Edelsteine, für deren Namen und Farbbezeichnungen er die Auskünfte Spalatins wie auch das in der
kurfürstlichen Schatzkammer verwahrte Anschauungsmaterial zu Rate zog[318].

Im übrigen machen die genannten Äußerungen zu dem »Aufs-Maul-Sehen«
noch einmal deutlich, wie stark Luthers Reflexion des Dolmetschens — wie
der Sprache überhaupt (vgl. §7.3.b) — an der mündlichen Rede orientiert ist.
Die Sprechsituation der Kanzel und der damit gesetzte Bezug auf einen konkreten Hörer kennzeichnet für Luther nicht einen rhetorischen Sonderfall,
sondern läßt das Wesen des Wortes anschaulich werden: Das frühe »Natura
... verbi est audiri«[319] gilt auch hier. Weil der Sprecher in diesem Sinn für die
Verständlichkeit seiner Worte haftbar ist, hat sich Luther offenbar auch ganz

---

[312] WA 30,2; 638,23—25.

[313] Ebd. 639,21—23.

[314] Vgl. WOLF (s. Anm. 287), 107 f; dort auch weitere Beispiele.

[315] WAT 1; 486,19—23 (30er Jahre) (Nr. 961): S. Hieronymus hat fur ein person gnug
gethan. Nulla enim privata persona tantum efficere potuisset. Si unum atque alterum coniunxisset sibi, Spiritus Sanctus affuisset illis iuxta illud: Ubi duo vel tres etc. Nec translatores debent esse soli, denn eim einigen fallen nicht allzeit gut et propria verba zu.

[316] Vgl. VOLZ (s. Anm. 265), 122.

[317] WAB 2; 630,13—631,46 (1522) (Nr. 556).

[318] WAB 2; 490,13—15 (1522) (Nr. 470). — Ebd. 524,6 f (Nr. 488). — Ebd. 527,39
(Nr. 490).

[319] WA 4; 9,18 f (1513/15). — Über den sprechsprachlichen Duktus von Luthers Sprachgestaltung besteht in der Forschung weitgehende Einigkeit; bestätigende Einzelzitate erübrigen sich daher (vgl. schon das in Anm. 261 gebotene Diktum Nietzsches). Was allerdings
noch aussteht, ist eine breitangelegte sprachanalytische Verifikation, die v. a. die spezifischen Differenzen von Sprech- und Schreibsprache sowie zwischen Luthers deutscher und
lateinischer Sprachgestaltung herauszuarbeiten hätte.

bewußt für diejenige Sprachform entschieden, die die in Dialekte zersplitterte
deutsche Sprachlandschaft am ehesten zu übergreifen imstande war: »Ego
communem quandam linguam scio et nullam certam, ideo intelligi possum in
inferiori et superiori Germania. Ich rede nach der Sechsischen cantzlei, quam
mutuantur (lies: imitantur?) omnes principes Germaniae«[320].

Daß man in einer Übersetzung den gemeinten Sinn oft nur dann wiedergeben kann, wenn man auf eine Wiedergabe der Wörter, in die er ursprachlich
gefaßt ist, verzichtet, ist eine Erfahrung, die sich Luther in der Arbeit am Alten Testament noch stärker aufdrängte als in der am Neuen. Für die hebräische
Sprache, die im Vergleich zum Deutschen ungleich nuancierter und vielfältiger sei[321], verbiete sich eine strenge, wortgebundene Dolmetschung daher oft
von selbst. Wenn die »Hebraici« von der Art ihrer Sprache nicht lassen wollten[322], so stünden sie sich, die Aufgabe einer Dolmetschung ins Deutsche betreffend, selbst im Wege[323]. Zumal im Fall des Buches Hiob hat Luther ausdrücklich betont, daß, »so mans solte allenthalben von wort zu wort, und
nicht das mehr mal nach dem synn verdolmetschen (wie die iuden und unver-
stendige dolmetscher wöllen), ... es niemant (wurde) verstehen mugen«[324].

Die Plausibilität einer Dolmetschung, die gerade in der Freiheit vom Buchstaben den gemeinten Sinn zu bewahren weiß, hat Luther in seinen beiden
Schriften zur Sache mit einer stattlichen Zahl von Beispielen untermauert. So
vermag es in der Tat »kein Deudscher« zu verstehen, wenn Ps 63,6 mit »Las
meine seele vol werden wie mit schmaltz und fettem« gedolmetscht wird, wo
man doch, um »Davids meinung« zu treffen, sagen müßte »Das were meines
hertzen freude und wonne ...«[325]. Und daß man statt »Ein gehügelt berg, ein
fetter berg« (Ps 68,16) besser »Ein gros berg« sagte, ist ebenfalls evident[326].
Bekannter sind dennoch die Beispiele aus dem »Sendbrief vom Dolmet-

---

[320] WAT 2; 639,16−18 (1532); vgl. den Fortgang (ebd. 639,18−20): Maximilianus et
Fridericus totum imperium ita ad certam formam loquendi perduxerunt, haben alle sprache alßo in einander gezogen. −
Dennoch mußte Luthers Neues Testament in Oberdeutschland teilweise glossiert werden, was entweder durch eine beigefügte Liste von Äquivalenten für dort unverständliche
Wörter (so verfuhr etwa der Basler Drucker Adam Petri) oder auch durch direkte Textein-
griffe erreicht wurde (vgl. dazu VOLZ [s. Anm. 265], 121*).
[321] Z. B. WA 10,1,2; 200,13−20 (1522). − Vgl. WA 5; 328,33−36 (1519/21). − Vgl.
ferner die in § 7 Anm. 1017 genannten Stellen.
[322] WAB 4; 484,14−18 (1528) (Nr. 1285).
[323] Vgl. neben der Vorbemerkung zu den »Summarien ...« u. a. WA 31,1; 231,20−26
(1530), wo Luther das Problem am Beispiel des Wortes ›Goim‹ verdeutlicht. − Ferner WA
11; 321,18−24 (1523). − WA 44; 415,30−416,2 (1544). − WAT 5; 60,23−61,8 (1540)
(Nr. 5327).
[324] WADB 10,2; 6,2−4 (1534); vgl. insges. ebd. 4,2−4; 5,1−13. − Vgl. etwa auch WA
21; 290,34 f (1523). − WAT 5; 212,1−26 (Nr. 5521).
[325] WA 38; 10,21−32 (1531/33).
[326] WA 38; 12,19−30. − Vgl. auch die übrigen Beispiele aus den »Summarien ...«:
Ebd. 9,15−11,10; 11,33−13,2; 14,33−15,10.

schen«. Daß man den Satz »Ex abundantia cordis os loquitur« (Mt 12,34; Lk 6,45) nicht wörtlich, sondern in Gestalt des deutschen Sprichworts »Wes das hertz vol ist, des gehet der mund uber« dolmetschen soll, macht Luther in einer knappen, polemisch gewürzten Passage deutlich[327]. Zustimmung darf er auch für das Beispiel »Ut quid perditio hec« (Mt 26,8) erwarten, das, wörtlich übertragen, zu der unmöglichen Wendung führen würde »Warumb ist dise verlierung ... geschehen?«[328] Sehr viel ausführlicher widmet sich Luther dem Engelsgruß aus Lk 1,28, dessen »gratia plena« mit »vol gnaden« zu übersetzen an »ein vas vol bier, oder beutel vol geldes« erinnern würde. Besser noch als die von ihm gewählte Übersetzung wäre freilich, wie gesagt, ein schlichtes »Du liebe Maria« gewesen, womit der affektive Gehalt der Vorlage zumindest ebenbürtig wiedergegeben wäre – »ich weis nicht, ob man das wort ›liebe‹ auch so hertzlich und gnugsam in Lateinischer oder andern sprachen reden mŭg, das also dringe und klinge ynns hertz, durch alle sinne, wie es thut in unser sprache«[329] – und was sich im Rekurs auf des Engels Gruß an Daniel (Dan 3,23; 10,11.19) zudem auch philologisch als sachgemäß hätte erweisen lassen. Ohne recht deutlich zu machen, weshalb er in seiner Bibelübersetzung dennoch nicht »du liebe Maria« gedolmetscht hat, zieht sich Luther hinter die parodistisch gebrauchte Begründung zurück, er habe es aus Rücksicht auf seine Gegner unterlassen: »Ich halt, sie solten sich wol selbs erhenckt haben fur grosser andacht, zu der lieben Maria, das ich den grus so zu nichte gemacht hette«[330].

Die Beispiele für Luthers Freiheit im Umgang mit dem biblischen Buchstaben[331] beschränken sich nicht auf den lexischen Bereich, sondern umfassen auch gelegentliche Eingriffe in die grammatische Struktur des ursprachlichen Textes[332]. Das wichtigste Übersetzungsproblem betrifft gleichwohl nicht eine lexische oder grammatische Variante, sondern die Einführung einer weder ursprachlich noch in der Vulgata belegten Vokabel: »*Allein* durch den Glauben«, hat Luther in Rö 3,28 übersetzt, obwohl es doch nur »per fidem« heißt. Luther argumentiert hier wiederum zweifach: Zunächst beruft er sich auf »die art unser deutschen sprache«, die, anders als das Griechische und Lateinische, in der Verknüpfung einer negativen und einer positiven Aussage die letztere stets

---

[327] WA 30,2; 637,23−25 (1530). − Obwohl für Luther hier wörtlich übersetzen »den Eseln ... folgen« hieße, lassen sich sachliche Gründe dafür geltend machen, daß er in seiner Vorrede auf den Johannes-Prolog von 1522 den Vers selbst so übersetzt hat; vgl. dazu § 6.2.a dieser Arbeit.

[328] Ebd. 637,36−638,12.

[329] Ebd. 638,35−639,3. − Vgl. dazu B. STOLT, Luther, die Bibel und das menschliche Herz. Stil- und Übersetzungsprobleme der Lutherbibel damals und heute (in: J. SCHILDT [Hg.], Luthers Sprachschaffen. Gesellschaftliche Grundlagen − geschichtliche Wirkungen, Bd. 1, 1984, 154−177).

[330] WA 30,2; 638,25f. − Vgl. insges. ebd. 638,13−639,23.

[331] H. GERDES, Überraschende Freiheiten in Luthers Bibelübersetzung, (Luther 27, 1956, 71−80).

[332] Vgl. etwa die Änderung des Personalpronomens in WA 38; 14,18−32 (1531/33).

durch ein »allein« profiliere[333]. So habe er gerade in der Abweichung vom Wortbestand des Textes dessen Bedeutung bewahrt[334]. Nach einigen weiteren, den Primat des Sinns betreffenden Exempeln fügt Luther dem sprachlichen Grund dann noch einen sachlichen hinzu: In knappem Rekurs auf »das hauptstück Christlicher lere« zeigt er, daß ihn neben dem muttersprachlichen modus loquendi auch »der text und die meinung S. Pauli« zu seiner Überzeugung genötigt hat[335]. Darin wird bereits das Prinzip deutlich, das all seine Dolmetschungsregeln bestimmt: Übersetzen heißt Auslegen. Ob eine Stelle richtig übersetzt worden ist, läßt sich darum letztlich nur von den Sachen her entscheiden, auf die die Worte verweisen. Am Beispiel des »sola fide« aus Rö 3,28 stellt Luther klar, daß sich die sprachliche Kompetenz, die das Geschäft des Dolmetschens allerdings erfordert, gerade darin erweist, daß sie sich zugleich als eine sachliche − will sagen: theologische − kenntlich macht. Weil darum die Frage der Rechtfertigung allein aus Glauben das »hauptstück« betrifft, steht seine Übersetzung nicht zur Disposition: »Wer S. Paulum lesen und verstehen sol, der mus wol so sagen, und kan nit anders«[336].

bb) Treue zum Buchstaben

Den Sinn des ursprachlichen Textes in ein möglichst gutes, am allgemeinen Sprachgebrauch orientiertes Deutsch zu fassen, ist dennoch nicht die einzige Norm, der sich Luther in seinem Dolmetschen verpflichtet weiß. Sie wird vielmehr durch die gegenläufige Regel begrenzt, daß es um der Treue zum biblischen Wortlaut willen mitunter geboten sein kann, nicht gefällig, sondern wörtlich zu übersetzen. In beiden Schriften zur Dolmetschung entfaltet Luther diese Regel, wenn auch jeweils kürzer als die erste, den Sinnprimat betreffende, als deren adversative Ergänzung[337] sie beidemale formuliert ist.

So führt Luther im »Sendbrief vom Dolmetschen«, diese Selbstbeschränkung der Freiheit vom Buchstaben erläuternd, aus, daß er, »wo etwa an einem

---

[333] WA 30,2; 637,4−17 (1530). − Vgl. etwa die Predigt vom 18. 3. 1525, wo die Druckbearbeitung ebenfalls ein in der lateinischen Nachschrift nicht belegtes »allein« einfügt (WA 17,1; 126,3.16).

[334] WA 30,2; 636,31−637,4: Also habe ich hie Roma.3. fast wol gewist, das ym Lateinischen und krigischen text das wort ›solum‹ nicht stehet, und hetten mich solchs die papisten nicht dürffen leren. War ists. Dise vier buchstaben sola stehen nicht drinnen, welche buchstaben die Eselsköpff ansehen, wie die kue ein new thor, Sehen aber nicht, das gleichwol die meinung des text ynn sich hat, und wo mans wil klar und gewaltiglich verteutschen, so gehoret es hinein, denn ich habe deutsch, nicht lateinisch noch kriegisch reden wöllen, da ich teutsch zu reden ym dolmetzschen furgenomen hatte.

[335] WA 30,2; 640,33−641,1; vgl. insges. ebd. 640,33−642,37.

[336] Ebd. 642,28 f.

[337] Mit »wid(d)erumb« beginnt Luther in beiden Fällen: WA 30,2; 640,19 (1530). − WA 38; 13,3 (1531/33).

ort gelegen ist«, mit großer Umsicht den Buchstaben gefolgt sei[338]. Als Beispiel dient ihm die Wendung »Disen hat Got der vatter versiegelt« aus Joh 6,27. Daß er hier die Wiedergabe mit »gezeichent« oder »meinet« trotz ihrer offenkundigen sprachlichen Überlegenheit verwirft[339], wird ohne nähere Begründung notiert und entspringt offenbar einer theologischen Gewichtung, der die sprachliche Gestalt fraglos, aber energisch untergeordnet wird: »Ich habe ehe wöllen der deutschen sprache abbrechen, denn von dem wort weichen«[340].

In nahezu wörtlicher Übereinstimmung halten auch die »Summarien …« fest, daß Luther und seine Helfer zuweilen eine muttersprachlich überlegene Formulierung verworfen und stattdessen »stracks den worten nach gedolmetscht« hätten, sofern nur »an den selben worten etwa gelegen ist«[341]. Die beiden Beispiele, die Luther dafür bietet, übertreffen das im Sendbrief genannte, was die Deutlichkeit anlangt, bei weitem. Deren erstes bezieht sich auf Ps 68,19. Obwohl es kein sonderlich elegantes Deutsch ergibt, hat Luther hier die hebräische figura etymologica nachgebildet: »Du bist jnn die höhe gefaren und hast das gefengnis gefangen«[342]. Nur so lasse sich der »feine reiche sinn« des Hebräischen wiedergeben, den Luther in selbstverständlicher Beziehung auf Christus nicht nur als die Befreiung der Gefangenen versteht, sondern so, daß Christus zugleich »auch das gefengnis … weggefurt und gefangen« und damit »eine ewige erlösung« bewirkt habe[343]. Derart gedeutet, steht der betreffende Psalmvers in vollkommener Übereinstimmung mit entsprechenden Aussagen des Paulus, wonach Christus uns nicht nur aus dem Gefängnis von Gesetz, Sünde und Tod befreit, sondern dieses selbst für uns »gefangen und weg gethan hat«[344]. Dieser »reiche(n), herrliche(n), tröstliche(n) lere … zu ehren« muß man die eigenen Sprachgewohnheiten zurückstellen, um stattdessen den biblischen modus loquendi zu bewahren und in ihn sich einzuüben[345]. Ge-

---

[338] WA 30,2; 640,19−22.

[339] Ebd. 640,22−24.

[340] Ebd. 640,24 f.

[341] WA 38; 13,3−5.

[342] WA 38; 13,5−7.

[343] Ebd. 13,7−12.

[344] Ebd. 13,12−17: Auff solche weise hat Sanct Paulus lust zu reden, Wenn er spricht: ›Ich bin durchs gesetzt dem gesetzt gestorben‹. Item ›Christus hat die sunde durch sunde verdampt‹. Item ›Der tod ist durch Christus getödtet‹. Das sind die gefengnis, die Christus gefangen und weg gethan hat, das uns der tod nicht mehr das gewissen straffen kan.

[345] WA 38; 13,17−21. − Vgl. dazu etwa auch WA 33; 25,35−41 (1530/32) (zu Joh 6,29: Das ist gottes werck, das ihr an den Gleubet, Den Ehr gesanth hatt): Gottes werck wircken ist nicht gutt deutsch geredet, aber wir mussens also stehen lassen umb des wortts Operemini, das ist: wircken willen, undt drumb mussen wir unsere sprache nach der Haebreischen lencken. − WA 54; 32,15−18 (1543): Das wort Ebreisch: »Hukam« (2 Sam 23,1) ist nicht wol zu geben mit einem wort, »Constitutum est« sagt S. Hieronymus, ist nahe gnug dabey, Stabilitus, certificatus, firmatus, gefestiget, wolt ich gern sagen. Aber ich bin ne-

rade diese letzte Bemerkung macht deutlich, daß Luther die Grenzen der muttersprachlichen Elastizität durchaus gesehen hat. In einem Brief an Wenzeslaus
Link hatte er bereits 1528 über die Beschwerlichkeiten geklagt, die ihm die
Aufgabe, hebräische Wendungen in das grobe Deutsch einzufassen, bereite; es
sei, schrieb Luther, als ob man eine Nachtigall zwingen wollte, ihren melodi-
schen Klang aufzugeben und stattdessen den Kuckuck nachzuahmen, dessen
eintönige Stimme ihr doch zuwider sei[346]. Daß Luthers Sprache infolgedessen
von einer beträchtlichen Zahl an Hebraismen durchzogen ist, die – vor allem
über seine Bibelübersetzung – dann auch in den allgemeinen deutschen
Sprachbestand eingeflossen sind, ist zwar im Prinzip bekannt, harrt indes noch
immer einer detaillierten, der Differenziertheit ihres Gegenstandes entsprechenden Untersuchung[347].

Das andere Beispiel, das Luther in den »Summarien ...« gibt, bezieht sich
auf die in Ps 91,5f genannten vier Plagen. Diese seien »tunckel und mit verdeckten worten gered« und darum für unterschiedliche Deutungen offen.
Zwar hat Luther dazu durchaus eine eigene Meinung[348], aber er weiß auch,
daß andere, etwa der heilige Bernhard, anders darüber denken[349]. Darum
zieht er sich an dieser Stelle bewußt auf eine wörtliche, die ursprachliche
Dunkelheit abbildende Dolmetschung zurück, damit nicht durch eine deut-
lichere Wiedergabe die eigene Deutung dominiere. Wo Eindeutigkeit weder
durch den Text gegeben noch durch die Lehre geboten ist, sieht sich Luther
– was allzu gern übersehen wird[350] – sehr wohl in der Lage, durch eine ent-

---

wen wörtern gram, so lauts auch hie nicht wol: Gefestigt vom Messia etc. – WAT 2;
656,7–32 (1532) (Nr. 2781).

[346] WAB 4; 484,14–18 (1528) (Nr. 1285): Nos iam in prophetis vernacule donandis su-
damus. Deus, quantum et quam molestum opus Hebraicos scriptores cogere Germanice
loqui, qui resistunt, quam suam Hebraicitatem relinquere nolunt et barbariem Germani-
cam imitari, tantum si philomela cuculum cogatur deserta elegantissima melodia uniso-
nam illius vocem detestans imitari. – Die oben gebotene Paraphrase lehnt sich eng an die
Übersetzung von S. RAEDER an (s. Anm. 265, S. 275 f).

[347] Vgl. etwa RAEDER, Voraussetzungen ... (s. Anm. 296), 163–170. – DERS., Luther
als Ausleger ... (s. Anm. 265), 275 f. – STOLT, Luthers Übersetzungstheorie ... (s.
Anm. 288), 248–250. – Instruktiv sind ferner die in Anm. 282 genannten drei Monographien von S. RAEDER.

[348] WA 38; 13,29–14,8; 14,13–17.

[349] Ebd. 14,8–13.

[350] In den analytischen Studien zu Luthers Dolmetschung spielt dieser Gesichtspunkt jedenfalls keine erwähnenswerte Rolle. Ob Luthers Sprachgestaltung nicht weit öfter als angenommen von einer so verstandenen Offenheit geprägt ist, wäre dringend zu prüfen. Für
das Beispiel seiner Predigtsprache gibt es dafür erste Untersuchungen (z. B. R. LISCHER,
Die Funktion des Narrativen in Luthers Predigt. Der Zusammenhang von Rhetorik und
Anthropologie, in: A. Beutel, V, Drehsen u. H. M. Müller [Hg.], Homiletisches Lesebuch. Texte zur heutigen Predigtlehre, 1989², 308–329. – Vgl. dazu G. EBELING, Des Todes Tod. Luthers Theologie der Konfrontation mit dem Tode [ZThK 84, 1987, 162–194,
v. a. 182–187]).

sprechende Übersetzung den Geistesgaben und dem Verstand eines jeden Raum zu geben[351].

cc) Die Kunst des Dolmetschens

Da Luther die Grundregel seines Dolmetschens, zu der sich der Sinnprimat – »die wort dem sinn dienen ... sollen«[352] – und das Streben, »das ich rein und klar teutsch geben möchte«[353], verbinden, durch die gegenläufige, zu buchstäblicher Treue verpflichtende Regel ergänzt hat, wird die Frage, wie er das Verhältnis der beiden Regeln zueinander bestimmt hat, unabweislich. Die Auskunft Luthers, wonach er und seine Helfer *»zu weilen* die wort steiff behalten, *zu weilen* allein den sinn gegeben«[354] hätten, ist nur eine Deskription des Problems, keine Erklärung. Offenbar hat es Luther nicht etwa versäumt, die spezifische Anwendungsweise der beiden Regeln ihrerseits in Regeln zu fassen, sah sich dazu vielmehr aus sachlichen Gründen außerstande. Obwohl ihm sehr wohl bewußt war, daß er mit dieser Unbestimmtheit die Kritik geradezu herausfordern würde[355], hat er sich nicht zur Formulierung einer mechanischen Applikationsregel, sondern immer nur zu einer auf konkrete Übersetzungsentscheidungen bezogenen Rechenschaft bewegen lassen. Was »hie« zu tun war[356], interessiert ihn allein. Das naive Staunen darüber, daß »Luther sich kein Verzeichnis angefertigt hat, wie er allemal wichtige Wörter von ähnlicher Bedeutung wiedergeben soll«[357], verkennt offensichtlich, daß es geradezu im Wesen der beiden Übersetzungsregeln Luthers liegt, eine Applikationsanleitung nicht schon mit sich zu führen[358]. Denn die Grundsätze, denen Luther in

---

[351] WA 38; 13,25–30: Diese vier plage oder unglück so ein gerechter leiden mus umb Gottes willen, weil sie tunckel und mit verdeckten worten gered sind, möchte sie einer wol anders deuten denn ein ander, Darumb haben wir einem jglichen wollen raum lassen nach seines geists gaben und masse, die selbigen zu verstehen, Sonst hetten wir sie wol also verdeutscht, damit unser verstand hette erkand mügen werden.

[352] Ebd. 11,16 f.

[353] WA 30,2; 636,15 f.

[354] WA 38; 17,7 f; Hervorhebungen von mir.

[355] Ebd. 17,6–11: Also werden sie jre kunst on zweivel auch jnn dem versuchen, da wir die regel gerhümet haben, das wir zu weilen die wort steiff behalten, zu weilen allein den sinn gegeben haben, Hie werden sie aller erst klügeln und haddern, wie wir solcher regel nicht recht noch zur rechten zeit gebraucht haben, wie wol sie vorhin von solcher regel nichts gewust haben, Sondern wie jr art ist, Was sie hören, das können sie flugs besser denn jederman.

[356] WA 30,2; 639,17.

[357] Mehl (s. Anm. 289), 91.

[358] Wolf (s. Anm. 287), 109, erinnert zurecht daran, daß Luther sich trotz der Devise, dem gemeinen Mann aufs Maul zu sehen, niemals zu Mißtönen hat hinreißen lassen. Vielmehr zeichne sich Luthers Bibelübersetzung nicht zuletzt durch eine stilistische Differenzierungskunst aus, die den verschiedenen literarischen Höhenlagen des biblischen Textes möglichst adäquat zu entsprechen suchte. Wolf verweist v. a. auf die Stilmittel der unter-

seinem Dolmetschen gefolgt ist, wollen nicht als mechanische Regeln, sondern, wie man in Aufnahme einer von Schleiermacher explizierten Kategorie
wird sagen können, als Kunstregeln gebraucht werden[359]. Insofern erfordert
»das richtige Handeln in Gemäßheit der Regeln immer noch ein besonderes
Talent ..., wonach das rechte gefunden werden muß«[360]. Eben dies − daß es
für das Dolmetschen eines besonderen Talentes bedarf, um im einzelnen Fall
von der richtigen Regel den richtigen Gebrauch zu machen − scheint Luther
gewissermaßen auf den Punkt zu bringen, wenn er das Dolmetschen ausdrücklich als eine »kunst« bezeichnet, die nicht jedermann gegeben sei[361]. Aber
Luther begnügt sich nicht mit dem formalen und unbestimmt bleibenden Hinweis auf das Talent, das für die Kunst des Dolmetschens erforderlich ist. Indem er damit vielmehr den ausdrücklichen Hinweis auf die Voraussetzung
verbindet, unter der eine kunstvolle Anwendung der beiden Dolmetschungsregeln überhaupt erst möglich wird, gewinnt auch das Prinzip, das seine gesamte Dolmetschung bestimmt, an Profil.

c) Das Prinzip

Worauf soeben angespielt wurde, lautet im »Sendbrief vom Dolmetschen«
wie folgt: »Ah es ist dolmetzschen ja nicht eines iglichen kunst, wie die tollen
Heiligen meinen, Es gehöret dazu ein recht, frum, trew, vleissig, forchtsam,
Christlich, geleret, erfarn, geübet hertz, Darumb halt ich, das kein falscher
Christ noch rottengeist trewlich dolmetzschen könne«[362]. An dieser Aussage
ist mehreres bemerkenswert. Zunächst: Die Arbeit der Bibelübersetzung erfordert nicht nur ein Höchstmaß an sprachlicher Kompetenz, sondern dazu
den Einsatz der ganzen Person. Das »hertz«, das Luther als Voraussetzung
rechten Dolmetschens nennt, bezeichnet bei ihm gewissermaßen den Schnitt-
punkt aller intellektuellen und affektiven Qualitäten des Menschen. In seinem
Herzen bewegt der Mensch seine geheimsten Regungen, und das Herz

---

schiedlichen Stellung von Subjekt oder Genitiv sowie auf die eurhythmischen und lautma-
lerischen Ausdrucksfähigkeiten durch Reim, Alliteration oder Wortwiederholung, ferner
auf die Stilmittel der hinzugefügten Interjektion, der Steigerung und dergleichen mehr.

[359] F. Schleiermacher, Kurze Darstellung des theologischen Studiums zum Behuf einleitender Vorlesungen, hg. v. H. Scholz, 1977⁴, §§ 132 u. 265 (S. 53 u. 102).

[360] Ebd. § 265 (S. 102).

[361] WA 30,2; 640,25 f: Ah es ist dolmetzschen ja nicht eines iglichen kunst, wie die tollen
Heiligen meinen. − WA 38; 17,13−18: Sie nemen das einige und doch fast gemeine wort
›Chen‹ fur sich und geben mir gut Deudsch drauff: Funffzig gulden wil ich dem verschaf-
fen, der mir solch wort durch und durch jnn der schrifft eigentlich und gewis verdeudscht,
und last alle meister und klüglinge alle jre kunst zu samen thun, auff das sie doch sehen,
wie selb dolmetschen gar viel ein andere kunst und erbeit ist denn eins andern dolmetschen
taddeln und meistern. − WA 15; 609,8.20 (1524).

[362] WA 30,2; 640,25−29.

− oder, wie Luther öfter, aber weithin synonym sagt: das Gewissen[363] − ist zugleich der anthropologische Ort, an dem der Streit von Glaube und Unglaube zur Entscheidung kommt[364]. Wird das Dolmetschen derart als Arbeit des Herzens verstanden, so kann es nicht auf den Bereich mechanischer Äußerlichkeit beschränkt bleiben, involviert vielmehr immer auch den Existenzgrund dessen, der sich dieser Arbeit unterzieht. Recht verstanden, ist das Dolmetschen für Luther darum Herzenssache.

Zum andern führt das »hertz«, auf das Luther als Voraussetzung der Übersetzungskunst verweist, eine Reihe von Epitheta mit sich, die − scheinbar ungeordnet, in Wahrheit jedoch von hochreflektierter, filigraner Struktur![365] −

---

[363] Vgl. neben den klassischen, älteren Arbeiten zu Luthers Gewissensbegriff (K. HOLL / G. JACOB / E. HIRSCH) v. a. G. EBELING: Das Gewissen in Luthers Verständnis. Leitsätze (in: DERS., Lutherstudien, Bd. III: Begriffsuntersuchungen − Textinterpretationen − Wirkungsgeschichtliches, 1985, 108−125).

[364] Z. B. WA 7; 26,16−21 (1520). − WA 10,2; 23,6−11 (1522). − WADB 7; 8,30−10,5 (1522). − Vgl. dazu insbes. STOLT (s. Anm. 329).

[365] Ohne sich in strukturale Spekulationen zu verlieren, lassen sich Rhythmus und Responsionen dieser Aufzählungsreihe bestimmen:

1. Rhythmisch zerfällt die Reihe in drei Gruppen von jeweils drei Gliedern. Deren erste enthält einsilbige Wörter, die zweite zweisilbige (wobei der Ton jeweils auf der ersten Silbe liegt), die dritte dreisilbige (jeweils mit Auftakt und betonter zweiter Silbe) (vgl. Abb. 1). Die formale Klimax ist unübersehbar.

recht,	frum,	trew,	x́	/	x́	/	x́
vleissig,	forchtsam,	Christlich,	x́ x	/	x́ x	/	x́ x
geleret,	erfarn,	geůbet	x x́ x	/	x x́ o	/	x x́ x

Abbildung 1

2. In allen drei Gruppen ist jeweils das erste und dritte Glied durch Lautgleichheit bzw. -ähnlichkeit verknüpft; sie umschließen damit formal das mittlere Glied und akzentuieren so noch einmal die rhythmische Struktur (s. Abb. 2).

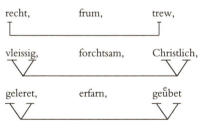

Abbildung 2

neun der für das Dolmetschen vorauszusetzenden Herzensqualitäten näher bestimmen. Wenn diese Reihe auch nicht als abgeschlossen zu denken ist[366], formuliert sie doch einen repräsentativen Tugendkatalog, in dem Menschliches und Christliches eigentümlich ineinander verflochten ist.

Dennoch läßt die ergänzende Auskunft, wonach »kein falscher Christ ... trewlich dolmetzschen« könne, den eigentlichen Skopus des Ganzen in aller Deutlichkeit hervortreten: Dolmetschen ist Glaubenssache. Daß nur der rechte Glaube dann auch zu rechtem Übersetzen instandsetzt, läßt sich nun aber unschwer als die übersetzungstheoretische Applikation jener allgemeinen sprachtheoretischen Einsicht in das unumkehrbare Gefälle von res und verbum (vgl. §7.3.c) erkennen. Weil Luther die Sache der Schrift in Christus vollgültig repräsentiert sieht, weiß er allein den Glauben an Christus zu einer ihrer Sache entsprechenden muttersprachlichen Reformulierung der Schrift ermächtigt. Am Beispiel des im deutschen Text eingefügten »allein« aus Rö 3,28 erläutert Luther das Verhältnis von Sache und Sprache ausführlich[367]. Was sich dabei als Ergebnis einstellt — die »unser deutschen sprachen art« folgende Übersetzungsweise ist letztlich nur darin legitimiert, daß »die sache (sie) ym

---

3. Die drei Gruppen sind untereinander zweifach verbunden: durch Gleichheit des betonten Vokals im jeweils ersten Glied sowie durch das alliterative ›f‹ der ersten betonten Silbe im jeweils zweiten Glied (s. Abb. 3). Die dritten Glieder sind untereinander unverbunden.

r	e	cht,		f	rum,	trew,
vl	e	issig,		f	orchtsam,	Christlich,
gel	e	ret,	er	f	arn,	geůbet

Abbildung 3

4. Die inhaltliche Gliederung ist nicht ganz so evident. Man könnte aber fragen, ob sich nicht folgende Dreiteilung erwägen ließe:

recht, frum, trew:	Was man ist (»natürliche« Tugenden)
vleissig, forchtsam, Christlich:	Was man sein soll (fortdauernd zu bewährende Tugenden)
geleret, erfarn, geůbet:	Was man geworden ist (erworbene Tugenden)

5. Inwiefern die hier ansatzweise analysierte Formstruktur auch inhaltlich von Bedeutung ist, kann zuverlässig erst dann beantwortet werden, wenn eine breite Basis sprach- und strukturanalytischer Erhebungen zur Luthersprache erarbeitet worden ist. Vorläufig sind derlei Einzelanalysen darum lediglich Bausteine für eine künftige Theorie zu Luthers Rhetorik.

[366] Da vorletztes und letztes Glied nicht durch ein ›und‹ verbunden sind, gilt die Aufzählung rhetorisch als unabgeschlossen.
[367] WA 30,2; 640,33–643,13.

grund selbs (er-)fordert«[368] −, läßt sich zugleich als das Prinzip festhalten, das alle seine Übersetzungsentscheidungen, wenn auch fast immer stillschweigend, bestimmt hat[369].

Dieses hermeneutische Prinzip ist für den alttestamentlichen Teil von Luthers Bibelübersetzung in besonderer Weise wichtig geworden. So selbstverständlich, wie er Christus als Sache der *ganzen* Schrift reklamierte, hatte auch sein Dolmetschen eine vielfältig aufweisbare Verchristlichung des Alten Testaments[370] zur Folge. Diese interpretatorischen Implikationen seines Übersetzens, für deren genauere Rekonstruktion hier nicht der Ort sein kann, waren Luther nicht nur bewußt, sondern von ihm ausdrücklich beabsichtigt. Bereits 1523 konstatiert er in seiner Vorrede auf das Alte Testament, die hebräische Sprache liege »leyder zu gar darnidder, das auch die Juden selb weniggnug davon wissen, und yhren glosen und deuten (das ich versucht habe) nicht zu trawen ist«. Soll darum das Alte Testament angemessen ins Deutsche gebracht werden, dann, meint Luther, »mussen wyrs thun, die Christen sind, als die den verstand Christi haben, on wilchen auch die kunst der sprache nichts ist«[371] − selbst Hieronymus, fügt er hinzu, habe sich darum des öfteren geirrt[372]. Weil er sich des »verstand(s) Christi« sicher war, konnte Luther in der Erläuterung einzelner Übersetzungsentscheidungen immer wieder in unerschütterlicher Gewißheit der Willkür der jüdischen Übersetzer das eigene »wissen« entgegenstellen[373]. Daß Luther darum den rabbinischen Exegeten eine massive theologische Voreingenommenheit attestiert, derentwegen sie die Texte »allenthalben, wo sie kõnnen«, umdeuteten, mag im Horizont heutiger theologischer Reflexion als absonderliche Verdrehung erscheinen, ist aber im Rahmen von Luthers Schriftverständnis durchaus als folgerichtig zu respektieren.

Man wird, was die Frage nach Luthers Dolmetschung angeht, ohnehin darauf achten müssen, daß nicht einzelne, oft polemisch zugespitzte exegetische Entscheidungen den Blick auf das übersetzungstheoretische Prinzip verstellen, das ihnen zugrundeliegt. Denn stets ist es die − durch den »verstand Christi« garantierte − sachliche Gewißheit, die dann auch zu der angemessenen Formulierung ermächtigt. Da nun aber der »verstand Christi« nirgendwo sonst bezeugt ist als in der Schrift, wird man auch für deren *dolmetschende* Auslegung auf die hermeneutische Suffizienz der Schrift verweisen können: sacra scrip-

---

[368] Ebd. 643,1−3.

[369] Dem entspricht, was S. Hahn als Ergebnis seiner Untersuchung von Luthers Übersetzungsweise festhält (s. Anm. 267), 226−230.

[370] Bartelmus (s. Anm. 296). − Bornkamm (s. Anm. 175). − F. Hahn (s. Anm. 296). − E. Hirsch, Die Verdeutschung der Propheten (in: Ders., Lutherstudien 2, 1954, 207−227). − Lohse (s. Anm. 283).

[371] WADB 8; 30,29−36.

[372] Ebd. 30,36 f.

[373] Z. B. WA 38; 15,14−22.

tura sui ipsius interpres. Dennoch hat Luther das Dolmetschen nie als eine sich gleichsam automatisch ergebende Folge des rechten Glaubens verharmlost. Auch in dieser Hinsicht »ist dolmetzschen ja nicht eines iglichen kunst«[374]. Das »Christlich ... hertz«[375] bringt nicht als solches auch schon die − Talent erfordernde − Kunst des Dolmetschens mit sich, ist vielmehr, wie man nicht zuletzt der von Luther lebenslang betriebenen Arbeit als Selbstrevisor[376] entnehmen könnte, lediglich deren Voraussetzung; es ist die notwendige, aber noch nicht hinreichende Bedingung der Möglichkeit eines Dolmetschens, das seinem Gegenstand zu entsprechen vermag.

d) Luthers Selbsteinschätzung

Luthers Bibel war von Anfang an ein Erfolg[377]. Allein in Wittenberg sind bis zu seinem Tod zehn Vollbibeln und über 80 Teil- und Separatausgaben erschienen, und die auswärtigen Drucke übersteigen diese Zahlen noch um ein Vielfaches. Ungezählt sind die Äußerungen, die Luthers Dolmetschung rühmten, ihm Dank sagten[378] und fachliche Anerkennung zollten[379]. Selbst Luthers Gegner konnten nicht umhin, ihm ein gefälliges, das Volk zum Lesen verführendes Deutsch zu attestieren[380]. Nicht nur von der inneren Bedeutung, auch von der äußeren Wirkung seiner Bibelübersetzung muß Luther gewußt haben. Gleichwohl hat er sich dazu nur selten geäußert, und wenn er es tat, so war er dazu meist durch massive Kritik von außen provoziert worden. Solchen Widerspruch nahm er gelegentlich auch zum Anlaß, in unverhohlenem Selbstbewußtsein dafür zu sorgen, daß sein Licht als Dolmetscher nicht unter den Scheffel geriet.

Luther hat sich vor allem daran geärgert, daß eine so immense Arbeit wie seine Bibelübersetzung sogleich in großer Zahl leichtfertige, besserwisserische »Klüglinge« auf den Plan rief[381]: »Darumb gehöret grosse gedult dazu, so yemand etwas offentlich guts thun will, denn die wellt wil meister klüglin blei-

---

[374] WA 30,2; 640,26.

[375] WA 30,2; 640,27f.

[376] Eine erste Übersicht bietet WOLF (s. Anm. 287), 109−111.

[377] Vgl. VOLZ (s. Anm. 280), 131−134.

[378] Z. B. WAB 7; 119,4−6 (1534) (Nr. 2148).

[379] Z. B. Melanchthon: CR 6,169 (1546).

[380] Vgl. die Nachweise bei VOLZ (s. Anm. 280), 132f, und RAEDER (s. Anm. 265), 278 (v. a. Anm. 184).

[381] WA 30,2; 639,26−28. − WA 38; 16,23−29: Es ist ein schendlicher, verdrieslicher man, Meister klüglig: Wenn er ein wortlin finden kan, das wir versehen hetten (Denn wer wil so vermessen sein, das er, gleich als were er Christus und der heilige geist selbs, kein wort, wolt gefeilet haben?), da ist er meister und Lux mundi, ob er wol weis, das wir den gantzen Psalter sonst wol gedeudscht hetten, und er nicht einen vers im gantzen Psalter recht verdeudschen künde, Es sind Schendler und Calumniatores, das bleiben sie. − WA 38; 17,1−4: Es ist die leidige hoffart und der grosse neid Meister klüglings, weil der selbige

ben«[382]. Weil ihm dieser Ärger aber nicht als persönlich verschuldet, sondern als zur Sache gehörig erschien, hat er ihn zum einen oft in sprichwörtlich objektivierter Form geäußert: »Wer am wege bawet, der hat viel meister« und »Es ist gut pflugen, wenn der acker gereinigt ist«, heißt es etwa im »Sendbrief«[383], und die Vorrede auf das Alte Testament von 1523 erwartet in illusionsloser Drastik, daß sich »nu ... auch der kot an das rad hengen (wirt)«[384]. Dazu verweist Luther auch auf Andere, Größere, die den Undank der Welt ebenso schmerzlich zu erfahren hatten. Ausdrücklich hebt er den Übersetzer der Vulgata hervor[385], und er scheut sich nicht, auch auf Gott selbst zu verweisen, der mit der Sonne, mit Himmel und Erde, ja sogar mit dem Tod seines Sohnes nichts als Undank geerntet habe bei der Welt[386].

Besonders die indirekt bezeugte Hochschätzung seines Dolmetschens durch Emser hat Luther mit spöttischem Vergnügen erfüllt. Daß der »Sudler zu Dresen« das lutherische Neue Testament unter eigenem Namen nahezu unverändert veröffentlicht habe, sei von jedermann durch einen Vergleich der beiden Ausgaben unschwer zu verifizieren und schließe ihn, Luther, insofern mit Paulus zusammen, als seine Arbeit selbst durch seine Feinde noch gefördert werde (vgl. Phil 1,18): »Des Luthers bůch (wird) on Luthers namen, unter seiner feinde namen gelesen ..., Wie kůnd ich mich bas rechen?«[387]

Im übrigen sei ja niemand gezwungen, sich seiner Dolmetschung zu bedienen. Wer glaubt, es besser machen zu können, der möge es tun[388]. Erst dann

---

sihet, das er nichts guts machen kan, wil er doch damit ehre eriagen und meister sein, das er frembde gute erbeit lestern und schenden kan.

[382] WA 30,2; 634,5 f.

[383] Ebd. 633,23; 636,25 f.

[384] WADB 8; 32,6.

[385] WA 30,2; 634,1−5: Also gieng es S. Hieronymo auch, da er die Biblia dolmetscht, da war alle welt sein meister, Er allein war es, der nichts kunte. Und urteileten dem guten man sein werck, die jhenigen, so ym nicht gnug gewest weren, das sie ym die schuch hetten sollen wischen.

[386] Ebd. 636,27−30: Es ist bey der welt keyn danck zu verdienen, Kan doch Got selbs mit der sonnen, ja mit himel und erden, noch mit seines eigen sons tod keinen danck verdienen, sie sey und bleibt welt deß teuffels namen, weil sie ja nicht anders will. − Interessant ist, daß Luther den Undank gegenüber dem Versöhnungswerk für verwunderlicher hält als den gegenüber dem Werk der Schöpfung!

[387] WA 30,2; 635,4−7; vgl. insges. ebd. 634,9−635,7. − Vgl. ebd. 633, 13−18: Das merckt man aber wol, das sie aus meinem dolmetschen und teutsch, lernen teutsch reden und schreiben, und stelen mir also meine sprache, davon sie zuvor wenig gewist, dancken mir aber nicht dafur, sondern brauchen sie viel lieber wider mich. Aber ich gan (i. e. gönne) es jn wol, den es thut mir doch sanfft, das ich auch meine undanckbare jünger, dazu meine feinde reden gelert habe.

[388] Ebd. 633,19−24: Zum andern mügt yhr sagen, das ich das Newe Testament verdeutscht habe, auff mein bestes vermügen und auff mein gewissen, habe damit niemand gezwungen, das ers lese, sondern frey gelasen, und allein zu dienst gethan denen, die es nicht besser machen kônnen, Ist niemand verboten ein bessers zu machen. Wers nicht le-

würde er in Luthers Augen auch zur Kritik an *seiner* Übersetzungsversion ermächtigt sein[389]. Doch eben dies — die Befähigung zu kompetenter Kritik —
bestreitet Luther einstweilen nicht nur dem »Sudler zu Dresen«, sondern den
Kritikern insgesamt: Von ihnen wisse keiner, »wie man dolmetschen, odder
teutsch reden soll«[390]. Wären sie auch nur in der Lage, ein Kapitel recht zu
übersetzen, so wollte er demütig bei ihnen in die Lehre gehen[391]. Aber Luther
traut ihnen nicht einmal zu, daß sie auch nur die ersten zwei Worte des Mat-
thäusevangeliums recht übersetzen können[392]. Und das Wort »Chen« betreffend, lobt er für eine brauchbare Dolmetschung gar fünfzig Gulden aus[393].

   Seine Kritiker hält Luther allesamt für unfähig. Um so deutlicher treten ihm
in der Auseinandersetzung mit ihnen die eigenen Fähigkeiten hervor. Zu den
glänzendsten Beispielen für Luthers grandiose polemische Rhetorik zählt jene
Passage aus dem »Sendbrief«, in der die Kritik an den Papisten und zumal an
Emser in ein selbstbewußtes Vergleichen mündet, welches in einem kunstvoll
komponierten Crescendo zuerst die vermeintlichen Vorzüge der »Papisten«
Schritt für Schritt demontiert, sodann die Talente aufführt, die Luther ihnen
voraus hat — vom Exegesieren, Dolmetschen und Lesen der Schrift bis hin
zum Beten! — und ihnen schließlich gar die philosophischen Voraussetzungen
bestreitet, auf die sie sich berufen. Ein wenig mag diesem furiosen Text[394]

---

sen wil, der las es ligen, ich bite und feyre niemandt drumb. — WA 38; 16,18 f: Wers besser
machen kan, dem ists wol gegőnnet.

[389] WADB 8; 32,6–10.12–15: Nu wirt sich auch der kot an das rad hengen, und wirt
keyner so grob seyn, der hie nicht wolle meyster uber mich seyn, und mich hie und da taddeln, Wolan die las ich faren, Ich habs von anfang wol bedacht, das ich ehe zehen tausent
finden wolt, die meyne erbeyt taddeln, ehe ich eynen funde, der myr das zwenzigst teyl
nach thett ... Ist nu ymand so fast uber mich gelert, der neme yhm die Bibel gantz fur zu-
verdeutschen, und sage myr darnach wider, was er kan, Macht ers besser, warumb solt
man yhn nicht myr furzihen? — Vgl. WA 30,2; 639,24–33.

[390] WA 30,2; 633,12.

[391] Ebd. 633,7–13: Wenn ich D. Luther mich hette můgen des versehen, das die Papisten alle auff einen hauffen so geschickt weren, das sie ein Capitel yn der schrifft kůndten
recht und wol verteutschen, So wolt ich furwar mich der demut haben finden lassen, und
sie umb hilff und beystand gebeten, das Newe Testament zuverteutschen. Aber die weil
ich gewůst, und noch vor augen sihe, das yhr keiner recht weiß, wie man dolmetschen,
odder teutsch reden sol, hab ich sie und mich solcher műhe uberhaben. — Vgl. ebd.
634,9–12.

[392] Ebd. 633,35–634,1: Wenn ich sie hette sollen fragen, wie man die ersten zwey wort
Matthei 1. ›Liber Generationis‹ solte verdeutschen, so hette yhr keiner gewist gack dazu zu
sagen, Und urteilen mir nu das gantze werck, die feinen gesellen.

[393] WA 38; 17,11–18.

[394] Die unbestreitbare rhetorische Suggestion des Textes legt es nahe, ihn ungekürzt in
Erinnerung zu rufen (WA 30,2; 635,11–27): Wir wőllen nicht der Papisten schuler noch
jünger, sondern yhre meister und richter sein, Wőllen auch ein mal stoltziern und pochen
mit den Esels kőpffen, und wie Paulus wider seine tollen Heiligen sich rhůmet, so wil ich
mich auch widder diese meine Esel rhůmen. Sie sind doctores? Ich auch. Sie sind gelert?
Ich auch. Sie sind Prediger? Ich auch. Sie sind Theologi? Ich auch. Sie sind Disputatores?

auch abzuspüren sein, wie sehr Luther gerade den Vorwurf philosophischer Unbildung als kränkend empfand. In starken, die innere Erregung kaum verbergenden Sätzen verbittet er sich, »als . . . ein gast jnn yhrer kunst« behandelt zu werden, wo er doch in ihr »erzogen und erfaren (ist) von jugent auff«[395]. Was seine Bibelübersetzung angeht, lädt Luther denn auch ausdrücklich dazu ein, sich vergleichend von ihrer konkurrenzlosen Qualität zu überzeugen: Keine andere deutsche Übersetzung, ja nicht einmal die lateinische Vulgata kann ihr das Wasser reichen[396]. Man möge nur, schreibt Luther in der Vorrede auf Jesus Sirach, sein Deutsch »gegen ander exemplar halten, beide, Griechischer, Latinischer und Deudscher sprachen, sie sind allt odder newe, so sol das werck den meistern wol zeugnis geben«[397].

Das alles ist nicht einfach Ausdruck eitler Selbstgefälligkeit. Daß er die Bibel nach bestem Wissen und Gewissen gedolmetscht habe, hebt Luther mehrfach hervor[398]. Und nicht um Geld oder um die eigene Ehre sei es ihm dabei zu tun gewesen − »das weis Gott mein Herr« −, sondern allein um Gottes Ehre und den Nutzen der »lieben Christen«[399]. Damit einher geht freilich das ganz unverkrampfte Bewußtsein, mit seiner Dolmetschung etwas unverwechselbar Eigenes geschaffen zu haben, das sich »biß an den Jüngsten tag« mit seinem Namen verbindet[400]. Luthers Selbsteinschätzung als Dolmetscher der Heiligen

---

Ich auch. Sie sind Philosophi? Ich auch. Sie sind Dialectici? Ich auch. Sie sind Legenten? Ich auch. Sie schreiben bücher? Ich auch.

Und wil weiter rhůmen: Ich kan Psalmen und Propheten außlegen, Das kůnnen sie nicht. Ich kan dolmetzschen, Das kônnen sie nicht. Ich kan die heiligen schrifft lesen, Das kônnen sie nicht. Ich kan biten, Das kônnen sie nicht. Und das ich herunter kome, Ich kan yhr eygen Dialectica und Philosophia bas, denn sie selbs allesampt. Und weiß dazu fur war, das yhr keiner yhren Aristotelem verstehet. Unnd ist einer unter yn allen, der ein proemium odder Capittel ym Aristotele recht verstehet, so wil ich mich lassen prellen.

[395] WA 30,2; 635,30.27f; vgl. insges. ebd. 635,27−35.

[396] WADB 8; 30,37−32,5 (1523): Ich aber, wie wol ich mich nicht rhumen kan, das ich alles erlanget habe, thar ich doch das sagen, das disse deutsche Bibel, liechter und gewisser ist an vielen ortten denn die latinische, das es war ist, wo die drucker sie mit yhrem unvleis (wie sie pflegen) nicht verderben, hat gewislich hie die deutsche sprach eyn bessere Bibel denn die latinische sprache, des beruff ich mich auff die leser. − WADB 12; 48,7−11 (1529): (Ich habe) das buch von der Weisheit, mit hülff meiner guten freunde verdeudscht, und so viel uns Got verlihen, aus dem finstern latinischen und Griechischen, ynn das deudsche liecht gebracht, Und obs wol von andern zuuor verdeudscht ist, Acht ich doch, iheer deudsch solt unser deudsch, wol neben sich leiden, odder auch wol schier bedürffen.

[397] WADB 12; 148,1−4 (1533).

[398] WA 30,2; 633,19f: Zum andern mügt yhr sagen, das ich das Newe Testament verdeutscht habe, auff mein bestes vermügen und auff mein gewissen. − Ebd. 640,1f: Das kan ich mit gutem gewissen zeugen, das ich meine hôchste trew und vleiß drinnen erzeigt, und nye kein falsche gedancken gehabt habe.

[399] Ebd. 640,2−6: Ich habe keinen heller da fur genomen noch gesůcht, noch damit gewonnen, So hab ich meine ehre drinnen nicht gemeinet, das weis Gott mein Herr, sondern habs zu dienst gethan den lieben Christen, unnd zu ehren einem, der droben sitzet.

[400] Ebd. 633,24f: Es ist mein testament und mein dolmetschung, und sol mein bleiben

Schrift ist ein unscheinbares, aber musterhaftes Beispiel für die forensische Struktur seiner Lehre von der Gerechtigkeit des Menschen. Denn was nach unauflöslichem Widerspruch aussehen könnte − hier das ungeniert geäußerte Wissen um den eigenen Wert, dort die demütig bezeugte Selbstbescheidung −, erklärt sich aus der Unterscheidung der beiden Fundamentalrelationen, in denen der Mensch theologisch zu verstehen ist: Mit seinen Talenten soll man wuchern und doch wissen, daß sie einem anvertraut sind. So rühmt sich Luther im »Sendbrief vom Dolmetschen« nicht nur seiner Kunst, sondern bekennt zugleich auch, »das, wenn ich tausent mal so vil und vleissig gedolmetzscht, dennoch nicht eine stunde verdienet hette zu leben, odder ein gesundt auge zu haben, Es ist alles seiner gnaden und barmhertzigkeit, was ich bin und habe«[401].

Und doch klingt es am Ende nach übertriebener und unaufrichtiger Bescheidenheit, mag indes auch nur einem literarischen Topos entsprechen, wenn Luther 1530, als die ungeheure allgemeine Resonanz seiner Bibelübersetzung auch in Wittenberg längst unübersehbar geworden war, seiner Erinnerung an die Gnade Gottes, der er alles verdanke, hinzufügt, er sei »allzu reichlich belohnet, wo mich nůr ein einiger Christ fur einen trewen arbeiter erkennet«[402].

3. Heilige Sprachen und Sprachenheiligung

Daß die Schrift, wenn sie aus den biblischen in nichtbiblische Sprachen übertragen wird, in ihrer Heiligkeit keinen Schaden leidet, dessen war sich Luther gewiß. Diese Gewißheit fortwährend zu bezeugen, sah er keinen Anlaß. Er hat sich darum auch nur an einer Stelle − nämlich in der »Ratsherrenschrift« von 1524[403] − zusammenhängend dazu geäußert. Einige meist knapp gehaltene, nicht selten aus seinem Bemühen um die »Deutsche Messe« geborene Bemerkungen treten aber hinzu[404].

---

unnd sein. − Ebd. 640,14−18: Ich frag nach Bapsteseln nichts, sie sind nicht werd, das sie meine erbeit sollen erkennen, und solt mir ym grund meins hertzen leid sein, das sie mich lobetenn. Ihr lestern ist mein hŏhester rhům und ehr, Ich will doch ein Doctor, ja auch ein ausbůndiger Doctor sein, und sie sollen mir den namen nicht nemen, biß an den Jůngsten tag, das weiß ich furwar.

[401] Ebd. 640,6−9; vgl. ebd. 640,9−12. − In den »Summarien« begründet Luther die Gewißheit, daß seine Arbeit vor der Welt bestehen kann, mit dem Hinweis auf ihr eigentliches Subjekt (WA 38; 17,4f): Die zeit wirds bringen und, Was Gott pflantzt, wird bleiben.

[402] WA 30,2; 640,12−14.

[403] An die Ratsherren aller Städte deutschen Lands, daß sie christliche Schulen aufrichten und halten sollen: WA 15; 27−53.

[404] Vgl. dazu E. Benz, Die Sprachtheologie der Reformationszeit (StGen 4, 1951, 204−213). − Meinhold (s. Anm. 175), 17−20.

a) Biblische Sprachen

Das Hebräische gilt Luther ganz selbstverständlich als »sacra lingua«[405]. Auch wenn er gegenüber sprachgeschichtlichen Konstruktionen weithin zurückhaltend bleibt und etwa die Auffassung des Hieronymus, die hebräische Sprache sei die Mutter aller Sprachen, nur referiert[406], weiß er den Vorrang des Hebräischen durchaus zu begründen. Zum einen erinnert er an den immensen und zumal »ynn gôttlichen heyligen sachen« uneingeholten Reichtum dieser Sprache, die beispielsweise zehn Gottesnamen kenne, wofür es im Deutschen lediglich das Wort Gott gebe: Darum »(mag) sie wol billich eyn heylige sprache heyssen«[407]. Zum andern ergänzt Luther diese analytische Begründung durch einige exegetische Gründe. Denn wenn es Gott gefallen habe, sein Wort Jakob und seine Gebote und Rechte Israel zu verkündigen (Ps 149,19), so liege darin die Heiligkeit der hebräischen Sprache begründet[408]. Interessanterweise hat Luther auch die paulinische Rede von dem Vorteil, den die Juden an der Beschneidung hätten (Rö 3,1f), einmal in diesem Sinn gedeutet[409]. Wie das Hebräische, ist im übrigen auch das Griechische für Luther darin geheiligt, daß Gott es »zu seynem wort erwelet hat fur allen andern«[410].

Mit allem Nachdruck hält Luther dazu an, diese beiden biblischen Sprachen zu lernen. Wenn einst das Evangelium nur dadurch vor ketzerischer Verfälschung bewahrt werden konnte, daß die Apostel das Christuszeugnis »ynn die Kriechische sprache fasseten und anbůnden«[411], so dürfen auch heute die biblischen Sprachen nicht verachtet, müssen vielmehr von allen, die die Schrift

---

[405] Z. B. WA 5; 145,2 (1519/21). − WA 5; 347,24 (1519/21) u. ö. − Vgl. auch die Bemerkung zu der Stimme des Erzengels (1 Thess 4,16): Es wird ein sprach sein, credo Ebraicam (WA 36; 268,6f [1532]).

[406] WA 13; 477,15−28 (1525) (zu Zeph 3,18); zu Augustin vgl. De civitate Dei 18,39. − Vgl. aber etwa WA 31,2; 116,4−20 (1527/30) (zu Jes 19,19), wo Luther auch selbst eine spekulative Genealogie der Sprachen andeutet.

[407] WADB 10,2; 94,7 (1524); vgl. ebd. 94,2−10.

[408] WA 15; 37,25−38,1 (1524): Das rhůmet auch der kônig David Psalm 147. ›Er verkúndigt seyn wort Jacob und seyne gepott und rechte Israel‹. Er hat keynem volck also gethan noch seyne rechte yhnen offinbart. Daher auch die Ebreische sprach heylig heysset.

[409] WA 15; 37,22−25 (1524): S. Paulus rhůmet das fur eyn sonderliche ehre und vorteyl der Ebreischen sprach, das Gottis wort drynnen geben ist, da er sprach Rôm 3. ›Was hat die beschneyttung vorteyls odder nutzes? Fast viel, auffs erst, so sind yhn Gottis rede befolhen‹.

[410] Ebd. 20f. − Ebd. 38,3−5: Also mag auch die Kriechische sprach wol heylig heyssen, das die selb fur andern dazu erwelet ist, das das newe testament drinnen geschriben wůrde.

[411] Ebd. 38,22−31: Darumb habens die Apostel auch selbs fur nôtig an gesehen, das sie das newe testament ynn die Kriechische sprache fasseten und anbůnden, on zweyffel, das sie es uns daselbs sicher und gewis verwareten wie ynn eyner heyligen laden. Denn sie haben gesehen all das iehige, das zukunfftig war und nu also ergangen ist: wo es alleyn ynn die kôpff gefasset wůrde, wie manche wilde, wůste unordnung und gemenge, so mancherley synnen, dunckel und leren sich erheben wůrden ynn der Christenheyt, wilchen ynn keynen weg zu weren noch die eynfelltigen zu schůtzen weren, wo nicht das newe te-

verstehen und predigen wollen, gewissenhaft erlernt werden[412], damit sie nicht »gar manchen schonen feylgriff thun«[413]. Es beschneidet nicht die Vollmacht des Geistes, sondern bezeugt sie gerade, daß er sich unwiderruflich an das »instrumentum linguarum« gebunden hat[414]: Allein die biblischen Sprachen bewahren und gewähren die Reinheit des Evangeliums. In diesem Sinne ist das oft, wenn auch meist nur verkürzt zitierte Diktum aus der »Ratsherrenschrift« zu verstehen: »Die sprachen sind die scheyden, darynn dis messer des geysts stickt. Sie sind der schreyn, darynnen man die kleinod tregt. Sie sind das gefess, darynnen man disen tranck fasset. Sie sind die kemnot, darynnen dise speyse ligt. Und wie das Euangelion selbs zeygt, Sie sind die körbe, darynnen man dise brot und fische und brocken behellt«[415].

Besonderes Gewicht legt Luther auf die Kenntnis des Hebräischen, ohne die das Alte Testament weder zu verstehen[416] noch zu predigen ist[417]. Anläßlich der Auslegung von Ps 45,1 hat Luther das Studium der hebräischen Sprache geradezu als Gottesdienst bezeichnet: Sie lehrt, was es überhaupt an Göttlichem gibt, und in ihr hört man Gott selber reden. Da die Mißachtung dieser Sprache einer großen Undankbarkeit gegen Gott gleichkäme, wäre zu befürchten, daß er uns dann nicht nur der Kenntnis dieser heiligen Sprache, sondern dazu auch der griechischen und lateinischen beraubte — und damit der ganzen Religion[418]. Daß es zu dieser Befürchtung hinreichend Anlaß gibt,

---

stament gewis ynn schrifft und sprache gefasset were. Darumb ists gewis, wo nicht die sprachen bleyben, da mus zu letzt das Euangelion unter gehen.

[412] Ebd. 37,17 f: So lieb nu alls uns das Euangelion ist, so hart last uns uber den sprachen hallten. — WA 42; 316,33—317,2 (1536). — WA 48; 700,2—17 (o. J.).

[413] WA 11; 455,27—34 (1523): Und tzwar, wenn ichs bey euch erlangen kundt, wolt ich bitten, das yhr die sprachen nicht alßo verachtet, ßondern, weyl yhr wol kundtet, ewre prediger unnd geschickte knaben altz mal liesset gutt latinisch, Kriechisch unnd Ebreisch lernen. Ich weyß auch furwar, das, wer die schrifft predigen soll und außlegen und hatt nicht hülffe auß latinischer, Krichischer und Ebreischer sprach unnd solls alleyne auß seyner mutter sprach thun, der wirt gar manchen schonen feylgriff thun. Denn ich erfare, wie die sprachen uber die maß helffen tzum lauttern verstandt gotlicher schrifft. — WA 12; 279,13—21 (1523). — WA 22; 184,4 (1535). — WA 24; 187,32 (1527). — Dagegen hat Luther in der Ratsherrenschrift die Kenntnis der biblischen Sprachen nur den Exegeten, nicht aber den einfachen Predigern zur Pflicht gemacht (WA 15; 40,14—26 [1524]).

[414] WA 15; 37,3—6 (1524): Das konnen wir nicht leucken, das, wie wol das Euangelion alleyn durch den heyligen geyst ist komen und teglich kompt, so ists doch durch mittel der sprachen komen und hat auch dadurch zugenomen, mus auch da durch behallten werden.

[415] Ebd. 38,8—12. — Vgl. den Fortgang (ebd. 38,12—15): Ja wo wyrs versehen, das wyr (da Gott fur sey) die sprachen faren lassen, so werden wir nicht alleyn das Euangelion verlieren, sondern wird auch endlich dahyn geratten, das wir wider lateinisch noch deutsch recht reden odder schreyben künden.

[416] Für das Beispiel von Ps 127,3 vgl. WA 40,3; 254,3—10 (1533).

[417] WA 30,3; 13 (1532). — WA 30,1; 101,1 (1528). — WA 36; 659,21 (1532). — WA 47; 370,10 (1537).

[418] Die Paraphrase folgt hier ausnahmsweise der Dietrich'schen Druckbearbeitung (WA 40,2; 474,17—28 [1533/34]): Quare saepe monui, ut Hebraeam linguam disceretis nec

lehrt, wie Luther in der »Ratsherrenschrift« ausführt, die Erfahrung der Geschichte. In den Klöstern, die die biblischen Sprachen vernachlässigt hätten, seien die »elenden leut schier zu lautter bestien worden«, welche »wider deutsch noch lateinisch recht reden oder schreyben konnen, Und bey nahend auch die natürliche vernunfft verloren haben«[419]. Und bereits in der nachapostolischen Zeit konstatiert Luther einen Verfall der Sprachenkenntnis, der das Evangelium immer mehr verdunkelt und so das Heraufkommen des Papsttums erst ermöglicht habe[420]. Wer, der alten Sprachen nicht mächtig, den Väterexegesen folgt, der wird die Finsternis der Sprache der Schrift selbst zur Last legen und darum, den Vätern gleich, oft »wie ein blinder an der wand (tappen)«[421]. Darum mißt Luther der Kenntnis der biblischen Sprachen eine geradezu eschatologische Dignität bei: Allein sie vermögen die Wahrheit der Theologie gegen deren Widersacher zu behaupten[422] und damit sicherzustellen, daß unser Glaube nicht zuschanden wird[423].

---

eam ita negligeretis. Etsi enim eius linguae nullus alius esset usus, tamen pro graciarum actione discenda erat, quod pars quaedam religionis et cultus Dei est, eam linguam docere vel discere, quae sola, quicquid usquam divini est, docet. Auditur enim in ea Deus loqui, audiuntur sancti invocantes et maximas res gerentes, ut studium, quod in hanc linguam discendam collocatur, Missa quaedam seu cultus Dei merito vocari posset. Quare serio vos hortor, ne eam negligatis. Periculum enim est, ne Deus hac ingratitudine offensus privet nos non solum cognitione huius sanctae linguae, sed et graecae ac latinae et tocius religionis. Quam facile enim ei est excitare barbarum aliquem populum, ut hae linguae una intereant? – Vgl. ebd. 474,1–9.

[419] WA 15; 38,16–21 (1524).

[420] Ebd. 38,32–39,4: Das hat auch beweysset und zeygt noch an die erfarung. Denn so bald nach der Apostel zeyt, da die sprachen auff höreten, nam auch das Euangelion und der glawbe und gantze Christenheyt yhe mehr und mehr ab, bis das sie unter dem Bapst gar versuncken ist. Und ist, synter zeyt die sprachen gefallen sind, nicht viel besonders ynn der Christenheit ersehen, aber gar viel grewlicher grewel aus unwissenheyt der sprachen geschehen.

[421] Ebd. 40,3–7. – Vgl. insges. ebd. 38,32–43,18; v. a. auch 41,15–22: Denn wie die sonne gegen dem schatten ist, so ist die sprache gegen aller veter glosen. Weyl denn nu den Christen gepürt, die heyligen schrifft zu uben alls yhr eygen eyniges buch, und eyn sunde und schande ist, das wyr unser eygen buch nicht wissen noch unsers Gottis sprach und wort nicht kennen, so ists noch viel mehr sunde und schaden, das wyr nicht sprachen leren, sonderlich so uns itzt Gott dar beut und gibt leute und bücher und allerley, was dazu dienet, und uns gleich dazu reitzt und seyn buch gern wollt offen haben.

[422] WA 40,2; 474,29–36 (1533/34): Si enim aliqui futuri sunt Theologi, sicut necesse est, neque enim omnes iura aut medicinam discemus, oportet esse eos munitos contra Papatum et aliud odiosum hominum vulgus, qui, cum unam hebraeam vocem sonare didicerunt, statim putant se magistros huius sacrae linguae. Ibi nisi nos eam tenuerimus, tanquam asinis illudent et insultabunt. Sin autem nos quoque muniti fuerimus cognitione huius linguae, poterimus eis impudens os obstruere. Sic enim diabolo et eis ministris resistendum est.

[423] WA 15; 39,30–32 (1524): Wes ist nu die schuld, das unser glaube so zu schanden wird? nemlich, das wyr der sprachen nicht wissen, und ist hie keyn hülffe, denn die sprachen wissen.

b) Heilige Sprachen

Indem Luther auf jede sprachgenetische Konstruktion verzichtet und die Besonderheit zumal des Hebräischen auch nicht mit protologischen Spekulationen zu beweisen sucht, wird deutlich, daß die Heiligkeit der hebräischen und griechischen Sprache für ihn nicht eine substantiale, sondern eine funktionale Bestimmung ist: Sie sind heilig, weil Gott sie für sein Wort auserwählt, weil der Heilige Geist in ihnen geschrieben hat[424]. Nicht weil das Hebräische und Griechische heilige Sprachen wären, ist die Bibel in ihnen verfaßt worden, sondern weil umgekehrt die Heilige Schrift in ihnen verfaßt worden ist, dürfen auch sie heilig genannt werden. Insofern gibt es zwischen biblischen und nichtbiblischen Sprachen zwar einen historischen, jedoch keinen prinzipiellen Unterschied. Denn wie das Lateinische, so wird jede Sprache, in die die Schrift gedolmetscht wird, eben dadurch geheiligt[425]. Damit hat Luther der Emanzipation der Volkssprachen die Bahn gebrochen, ohne doch — wie etwa die Böhmen, die er darob tadelte — den historisch begründeten Vorrang der biblischen Ursprachen zu verkennen.

Besonders deutlich wird dieses Nebeneinander von geheiligter Volkssprache und biblischen Sprachen in Luthers Arbeit für einen deutschsprachigen Gottesdienst. Bereits 1520 hatte er in Analogie zu dem Emporheben des Sakraments gefordert, der Priester solle auch das Wort in dieser Weise allen hörbar machen und also volkssprachlich predigen[426]. Sei doch das Gotteswort, das man der Gemeinde auf Deutsch zuspreche, nicht minder heilig als die lateinisch formulierte promissio dei[427]. In der Vorrede zur »Deutschen Messe« von 1526 verbindet Luther seine Forderung nach der dem Öffentlichkeitscharakter des Gottesdiensts entsprechenden Volkssprachigkeit aber sogleich mit dem nachdrücklichen Plädoyer, die lateinische Messe beizubehalten und sie, wenn es möglich wäre, auch noch auf Griechisch und Hebräisch zu installieren: »Ich halte es gar nichts mit denen, die nur auff eyne sprache sich so gar geben und

---

[424] WA 11; 456,2f (1523): Der heylig geyst hatt ynn dißen zwo sprachen das allt und new testament geschrieben. — WA 15; 38,3—5 (1524) (s. Anm. 425). — Vgl. dazu BENZ (s. Anm. 404), 205.

[425] WA 15; 38,3—6 (1524): Also mag ... die Kriechische sprach wol heylig heyssen, das die selb für andern dazu erwelet ist, das das newe testament drinnen geschriben wůrde, Und aus der selben alls aus eym brunnen ynn andere sprach durchs dolmetschen geflossen und sie auch geheyligt hat. — Vgl. etwa auch WA 21; 200,15—23 (1544).

[426] WA 6; 524,29—35 (1520): Fidem enim in nobis sacerdos excitare debet ipso elevandi ritu. Atque utinam, ut in oculis nostris manifeste elevat signum seu sacramentum, ita simul auribus nostris aperta altaque voce pronunciaret et verbum seu testamentum, idque in qualibet populorum lingua, quo fides excitaretur efficatius. Cur enim liceat Graece et latine et hebraice Missam perficere, et non etiam Alemanice aut alia quacunque lingua?

[427] WA 6; 362,29—31 (1520): Warumb solten wir Deutschen nit meß leßen auff unser sprach, ßo die Latinischen, Kriechen und vil andere (!) auff yhre sprach meß halten?

alle andere verachten«[428]. Diese pädagogisch motivierte Anregung[429] unterstreicht Luther noch, indem er an den Nutzen erinnert, der aus einer allgemeinen Kenntnis der alten Sprachen[430] für die Verständigung zwischen den Ländern und Völkern erwächst[431].

Für die theologische Legitimität einer volkssprachlichen Bibelübersetzung kennt Luther eine Reihe von Begründungsfiguren. Neben gelegentlichen Hinweisen auf den polyglott verfaßten Titulus des Kreuzes[432] sowie das Tetragramm, das als Figuration der Trinität inzwischen von der in alle Sprachen ergangenen Offenbarung überholt worden sei[433], sind es vor allem einzelne Schriftworte, die er heranzieht. So deutet er etwa das Gleichnis von den bösen Weingärtnern (Mt 21,33–46) auf das Evangelium, das, anders als das »Gesetz Mosi, welches in Hebreisscher sprache den kindern von Israel gegeben war«, in allen Sprachen verbreitet und auch den Juden verkündigt worden ist; diese freilich hätten trotz des lateinisch, griechisch und hebräisch bezeugten Evangeliums, dem Gleichnis entsprechend, Christus gekreuzigt und die Apostel erschlagen[434]. Auch Ps 19 (»Die Himmel erzählen die Ehre Gottes . . .«) deutet

---

[428] WA 19; 74,10 f (1526). – Vgl. BENZ (s. Anm. 404), 206 f.

[429] WA 19; 74,4–9 (1526): Denn ich ynn keynen weg wil die latinische sprache aus dem Gottis dienst lassen gar weg komen, denn es ist myr alles umb die jugent zu thun. Und wenn ichs vermôcht und die Kriechsche und Ebreische sprach were uns so gemeyn als die latinische und hette so viel feyner musica und gesangs, als die latinische hat, so solte man eynen sontag umb den andern yn allen vieren sprachen, Deutsch, Latinisch, Kriechisch, Ebreisch messe halten, singen und lesen.

[430] MEINHOLD (s. Anm. 175), 19, deutet diese Stelle als die Aufforderung zum Erlernen von modernen Fremdsprachen, während Luther hier doch offensichtlich den Nutzen einer interkulturellen Kenntnis der *alten* Sprachen im Blick hat.

[431] WA 19; 74,11–13 (1526): Ich wolte gerne solche jugent und leute auffzihen, die auch ynn frembden landen kunden Christo nûtze seyn und mit den leuten reden. – Der Fortgang des Zitats scheint mir deutlich zu machen, daß Luther hier nicht die Möglichkeit einer allgemeinen Verständigung im Blick hat, sondern allein die Befähigung zum *theologischen* Gespräch (ebd. 74,13–16): . . . das nicht uns gienge wie den Waldenser ynn Behemen, die yhren glauben ynn yhre eygene sprach so gefangen haben, das sie mit niemand konnen verstendlich und deutlich reden, er lerne denn zuvor yhre sprache.

[432] WA 45; 67,13 (1537): In tribus linguis causa scripta, ut ab omnibus legi posset.

[433] AWA 2; 334,18–337,3 (1519/21) (zu Ps 5,12).

[434] WA 47; 523,42–524,11 (1539): . . . wie der herr des Weinbergs den in der Parabel des Euangelij saget, do die baurn die knecht hôneten und tôdten, welche die fruchte des Weinberges ablesen solten. Ei, sprach ehr, ich, der Vater, wil meinen Sohn zu ihnen schicken, fur dem werden sie villeicht eine scheue haben. Der bringet dan mit sich einen neuen Hauffen Propheten und Aposteln, welche nicht allein in einer sprache, als auff Hebreisch, sondern in allerlej sprachen mit ihnen reden solten. Den das Evangelium ist in die welt ausgebreittet worden durch allerlei sprachen, nicht wie das Gesetz Mosi, welches in Hebreisscher sprache den kindern von Israel gegeben war, sondern die Juden haben das Euangelium gehört in Lateinisscher, Griechisscher und Hebreisscher sprache, Aber sie haben eben also gethan, wie Christus allhier saget, nemlich, das sie Christum creutzigen und die Aposteln alle erschlagen. – Vgl. dazu Jes 28,11, was Luther an dieser Stelle ebenfalls heranzieht. – Vgl. ferner WA 21; 408,26 (1544).

Luther als eine Weissagung auf das Evangelium, das in allen Sprachen ausgehen wird in alle Welt[435].

Vor allem aber[436] ist es die Pfingstgeschichte (Act 2, 1ff), die Luther immer
wieder als biblischen Legitimationsgrund herangezogen hat. In der Vorrede
zur »Deutschen Messe« bekennt er ausdrücklich, diesem Beispiel folgen zu
wollen. Denn der Heilige Geist »harret nicht, bis alle welt gen Jerusalem keme
und lernet Ebreisch, sondern gab allerley zungen zum predig ampt, das die
Apostel reden kunden, wo sie hyn kamen«[437]. Seit Pfingsten habe der Geist
sein Wirken an das »mittel der sprachen« gebunden[438]. Darum bedeutet es für
Luther keine gewagte Entfremdung, zieht vielmehr aus dem Pfingstgeschehen
die direkte Konsequenz, wenn man das Schrift gewordene Wort Gottes immer auch in volkssprachliche Gestalt überträgt. In der Befähigung, das Wort
Gottes vollgültig auszusagen, gründet denn auch die prinzipielle Gleichheit aller irdischen Sprachen, die mit dem Fall des Menschen (Gen 11) verloren ging
(vgl. § 7.2. b. bb) und an Pfingsten neu gestiftet wurde. Hat doch das Pfingstwunder die Gabe des Geistes unwiderruflich an das »mittel der sprachen« gebunden (vgl. § 13.3).

Und doch hat Luther die Deutsche Bibel niemals als einen Ersatz für das hebräische Alte und griechische Neue Testament angesehen. Deren Vorrang ist
vielmehr historisch uneinholbar. Für die Notwendigkeit, nach wie vor — vielmehr: nun erst recht! — die biblischen Sprachen zu erlernen, macht Luther
aber nicht nur theologische, sondern auch pädagogische Gründe geltend. Was
die ersteren betrifft, so ist auf die untrennbare Verbindung des Evangeliums
mit den Sprachen, in die es ursprünglich gefaßt worden ist, schon verwiesen

---

[435] WA 38; 24,15–20 (1531/33): Ist eine weissagung vom Euangelio, wie das solte ausgehen jnn alle welt, so weit der himel ist, Und alle tage und nacht getrieben werden, Dazu
nicht allein jnn der Judischen sondern jnn allen sprachen, gleich wie die sonne (die er zum
gleichnis einfüret) an alle ort scheinet und wermet umb und umb, Eben so solle auch das
newe gesetz des Euangelij leuchten, alles allerley leren, erleuchten, trösten, reinigen etc.

[436] Erwähnenswert ist ferner die Differenz zum Islam, die Luther 1542 herausgearbeitet
hat: Während das Evangelium in allen Sprachen bekannt gemacht und gepredigt worden
sei, gelte der Koran allein in arabischer Sprache als von Gott gegeben. Da nun aber, wie
Luther fortfährt, unmöglich alle Welt Arabisch lernen könne, stelle sich die Frage, »warumb Gott allein die Sarracenen, oder so Arabisch können, selig wil haben, so der Christen
Gesetz in allen sprachen geschrieben ist, leret, das Gott wölle, das alle Menschen selig werden« (WA 53; 380,17–19). — Vgl. insges. ebd. 380,2–19. — Entsprechend auch WA 53;
340,21–28 (1542).

[437] WA 19; 74,16–19 (1526).

[438] WA 15; 37,3–10 (1524): Denn das konnen wir nicht leucken, das, wie wol das Euangelion alleyn durch den heyligen geyst ist komen und teglich kompt, so ists doch durch
mittel der sprachen komen und hat auch dadurch zugenomen, mus auch da durch behallten werden. Denn gleich alls da Gott durch die Apostel wollt ynn alle wellt das Euangelion
lassen komen, gab er die zungen dazu. Und hatte auch zuvor durch der Römer regiment
die kriechische und lateynische sprach so weyt ynn alle land ausgebreyttet, auff das seyn
Euangelion yhe bald fern und weyt frucht brechte.

worden (§ 9.3.a): Für die Identifikation des reinen, von keiner Interpretation verfälschten Evangeliums ist die Kenntnis der Sprachen, in die es ursprünglich gefaßt worden ist, schlechterdings unentbehrlich[439]. Hinzu kommt aber, daß Luther auch der humanistischen Wiederentdeckung der alten Sprachen einen geradezu heilsgeschichtlichen Rang beigemessen hat. Das Wiederaufblühen des Interesses an der griechischen und hebräischen Sprache deutet er als die unbeabsichtigte, aber geistgewirkte Voraussetzung dafür, daß auch das reine Evangelium wieder neu entdeckt werden konnte[440], das, von Wittenberg aus[441], nun erneut seinen Lauf durch die Völker beginnt[442].

Das pädagogische Motiv in Luthers Hochschätzung der alten Sprachen klang ebenfalls bereits an, so wenn er in der Vorrede zur »Deutschen Messe« den Vorschlag, abwechselnd eine deutsche, lateinische, griechische und hebräische Messe zu halten, damit begründet, daß er »gerne solche iugent und leute auffzihen (wolte), die auch ynn frembden landen kunden Christo nutze seyn, und mit den leuten reden«[443]. In dieser Hinsicht vermischen sich bei Luther ohnehin die theologischen Gründe mit pädagogischen und lernpsychologischen Einsichten ganz allgemeiner Art[444].

---

[439] Vgl. nur WA 15; 38,7−12 (1524): Und last uns das gesagt seyn, Das wyr das Euangelion nicht wol werden erhallten on die sprachen. Die sprachen sind die scheyden, darynn dis messer des geysts stickt. Sie sind der schreyn, darynnen man dis kleinod tregt. Sie sind das gefess, darynnen man disen tranck fasset. Sie sind die kemnot, darynnen dise speyse ligt. Und wie das Euangelion selbs zeygt, Sie sind die kőrbe, darynnen man dise brot und fische und brocken gehellt.

[440] Ebd. 39,2−9: Und ist, synter zeyt die sprachen gefallen sind, nicht viel besonders ynn der Christenheyt ersehen, aber gar viel grewlicher grewel aus unwissenheyt der sprachen geschehen. Also widderumb, weyl itzt die sprachen erfur komen sind, bringen sie eyn solich liecht mit sich und thun solch grosse ding, das sich alle wellt verwundert und mus bekennen, das wir das Euangelion so lauter und rein haben, fast als die Apostel gehabt haben, und gantz ynn seyne erste reynigkeit kommen ist, und gar viel reyner, denn es zur zeyt sanct Hieronymi odder Augustini gewesen ist. − Ebd. 37,11−14: Niemant hat gewust, warumb Gott die sprachen erfúr lies komen, bis das man nu allererst sihet, das es umb des Euangelio willen geschehen ist, wilchs er hernach hat wőllen offinbarn und da durch des Endchrists regiment auff decken und zu stőren. − Vgl. auch Luthers Empfehlung, wie eine theologische Bibliothek zu bestücken sei: WA 15; 51,23−52,24 (1524). − Vgl. ferner WAB 3; 49,1−50,38 (1523) (Nr. 596).

[441] Mit ehrfürchtigem, von leiser Ironie durchzogenem Staunen stellt Luther fest, daß die Orte rund um Wittenberg, ja zum Teil selbst deren Bewohner hebräische Namen haben und darum als Zeichen dafür zu deuten sind, »daß gott ynn dyßen verachten ortt der wellt hatt seyn wortt erwecken wollen« (WA 8; 562,11−26 [1521]).

[442] Z. B. WAB 5; 237,15 (1530) (Nr. 1527).

[443] WA 19; 74,4−13 (1526). − Vgl. dagegen WA 26; 236,37−237,2 (1528).

[444] Vgl. etwa WA 27; 343,5f (1528): Quod dicitur aliena lingua, behelt man eher.

c) Volkssprache

Mit seinem massiven, wenn auch exklusiv theologisch begründeten Eintreten
für die deutsche Sprache hat Luther neben den angedeuteten inneren Konsequenzen auch eine immense kulturgeschichtliche Wirkung hervorgerufen. Ihr
nachzuspüren, würde, obwohl an sich gewiß nicht ohne Reiz, die hier gesteckten Grenzen sprengen[445]. Man wird immerhin einschränkend anfügen
dürfen, daß sich die Emanzipation der Volkssprache bereits längst vor Luther
– man denke nur an Meister Eckhart oder Tauler – abzuzeichnen begann.
Luther wußte um diese Vorgänger, wenn er im Vorwort zu der von ihm besorgten zweiten Ausgabe der anonymen »Deutsch Theologia« von 1518
schrieb: »Ich danck Gott, das ich yn deutscher zungen meynen gott alßo hôre
und finde, als ich und sie mit myr alher nit funden haben«; und er wünschte,
»das dißer puchleyn mehr an tag kumen, ßo werden wyr finden, das die Deutschen Theologen an zweyffel die beßten Theologen seyn«[446]. Im übrigen muß
alles, was hier zu bedenken wäre: Luthers Bedeutung für die verstärkte Eta-
blierung der deutschen sowie die Erweckung anderer Sprachen als Literatursprachen[447], seine eigene volkssprachliche Publikationstätigkeit, seine den aka-
demischen Gepflogenheiten widerstreitende Aufweichung der lateinischen
Vorlesungssprache durch deutsche Einsprengsel[448], schließlich sein direkter
und indirekter Einfluß auf die Geschichte des volkssprachlichen Schulunter-
richts – das alles, wie gesagt, muß einstweilen in das Pflichtenheft einer dem
Zusammenhang von Sprache und Religion nachspürenden Theologiege-
schichtsschreibung zurückgegeben werden.

---

[445] Vgl. die Zusammenfassung bei WOLF (s. Anm. 287), 23–27.

[446] WA 1; 379,8–12 (1518).

[447] BENZ (s. Anm. 404), 204.

[448] Z. B. WA 42; 1,27–29 (1535) (Vorrede zur Genesis-Vorlesung): Extemporaliter
enim et populariter omnia dicta sunt, prout in buccam venerunt verba, credo et *mixtim
etiam Germanica*, verbosius certe, quam vellem (Hervorhebung von mir).

§ 10: Das Wort als Leben und Licht (Joh 1,4f)

Luthers Auslegung von Joh 1,4f steht durchweg im Zeichen der antithetisch zugespitzten Spannung von Philosophie und Theologie. Während sich die herkömmliche Exegese an dieser Stelle in platonisch-protologischen Spekulationen ergehe, will er die beiden Verse biblisch-soteriologisch gedeutet wissen. In der Tat ist die traditionelle Auslegung der Verse 4f weithin von einem Interesse an der Präexistenz der Schöpfungswerke bestimmt, ohne sich doch in diesem einen Aspekt zu erschöpfen. Die wesentlichen Konturen des auslegungsgeschichtlichen Horizonts, vor dem Luther die beiden Verse gedeutet hat, lassen sich mit wenigen Strichen skizzieren. Luthers eigene Auslegung ist für die Frage nach seinem Verständnis von Sprache nur mittelbar von Interesse. Auch für sie mag darum eine holzschnittartige Überschau genügen, deren wesentlichste Akzente bereits aus der Gliederung des Paragraphen zu ersehen sind. Die Zeitgenossen Luthers, deren Auslegung bisweilen – und im Falle von Johannes Brenz ganz entscheidend – von ihm beeinflußt ist, sind jeweils noch den traditionsgeschichtlichen Skizzen zugeordnet worden. Was schließlich die Überschrift des Paragraphen angeht, so will die Anspielung auf Joh 1,4 zugleich als deutliche Selbstbeschränkung verstanden sein: Mehr als die knappe Erinnerung an Luthers Exegese von Joh 1,4f ist nicht zu erwarten.

1. Christus vere deus (Joh 1,4a)

a) In der Auslegung vor und neben Luther

Die weithin vorherrschende platonisierende Deutung dieses Teilverses war stets mit der Entscheidung verbunden, die strittige Frage der Interpunktion von Joh 1,3f zugunsten einer Hauptzäsur nach V. 4a zu beantworten: Quod factum est, in illo vita est (vgl. § 8.3.a). Augustin begründet diese Lesart ausdrücklich als eine Abwehr des manichäischen Schmutzes[449]: Bezieht man V. 4a noch auf V. 3, so ist damit eindeutig klargestellt, daß das Seiende nicht in sich

---

[449] In Iohannis Evangelium tractatus I.16, CChr.SL 36,9f (= PL 35,1387): Sordissima secta Manichaeorum. – Vgl. LOEWENICH, Die Eigenart von Luthers Auslegung des Johannes-Prologes (s. Anm. 5), 14.

selbst schon Leben ist, sondern nur in seiner geistigen Form als Idee[450]. Am Beispiel des Tischlers verdeutlicht Augustin, daß etwa ein Kasten nicht als Artefakt das Leben hat — denn was an ihm sichtbar ist, kann vergehen —, sondern nur in der unsichtbaren und unvergänglichen Idee des Künstlers[451]. So habe auch die Weisheit Gottes der Idee nach bereits alles enthalten, was dann geworden ist. Nicht als körperlicher Gegenstand, sondern als vorgängige Idee in Gott könne man von Erde, Himmel, Sonne, Mond und allem Geschaffenen sagen, daß es Leben ist[452]. Augustin rechnet freilich auch damit, daß nicht jedermann seine Deutung zu fassen vermag: Wer mit diesem philosophischen Interpretament nicht zurechtkomme, räumt er ein, der möge sich einstweilen getrost an den im Fleisch geborenen Christus halten[453].

Thomas von Aquin stellt die verschiedenen Interpunktionsmöglichkeiten nebeneinander, wobei er der von Chrysostomus vertretenen Auffassung zuzuneigen scheint[454]; ein auslegungsgeschichtlicher Fortschritt für Joh 1,4a ist damit nicht verbunden. Auch Meister Eckhart bleibt einer stark platonisierenden Deutung des Teilverses verhaftet, folgt jedoch wieder der von Augustin vertretenen Lesart[455]. Allerdings fügt er eine dreigliedrige tropologische Deutung hinzu, die das Kriterium benennt, von dem her sich entscheiden läßt, ob ein menschliches Werk in Gott getan ist: Man möge prüfen, ob das Werk lebendig ist. Ein lebendiges Werk sei aber im Sinne des »quod factum est, in ipso vita erat« dahin bestimmt, daß es außer und neben Gott weder einen Beweggrund habe noch ein Ziel[456].

Aus dem platonisierenden Unisono der Auslegungsgeschichte von Joh 1,4a[457] verdient die Stimme des Nikolaus von Lyra besonderes Interesse, weil Luther sie mit Sicherheit gekannt hat[458]. Gerade in der Auslegung des Johannes-Evangeliums ist Lyra sehr stark den Traktaten Augustins verpflichtet. Auch er versteht das durch Joh 1,3c—4a näher bestimmte verbum als die causa productiva rerum[459] bzw. creaturarum[460]. Das Thema seiner Erklärung ist

---

[450] Ebd.

[451] I.17, CChr.SL 36,10 (= PL 35,1387f).

[452] Ebd.

[453] Ebd.

[454] Super Evangelium S. Ioannis Lectura I.3.89—94, Editio Marietti S. 19f.

[455] Expositio sancti Evangelii secundum Iohannem I.52—69, Lateinische Werke III, 43—58.

[456] I.68, S. 57.

[457] Vgl. etwa Nikolaus von Cues, der sich ganz der augustinischen Deutung anschließt: Predigten 1430—1441 (s. Anm. 22), 88—90.

[458] Vgl. dazu EBELING, Evangelische Evangelienauslegung (s. Anm. 8), 143—145 u. 154 Anm. 163f. — B. SMALLEY, Art. Glossa ordinaria, TRE 13, 452—457. — R. SCHMID, Art. Lyranus, RE³, 12, 28—30.

[459] Textus biblie cum glossa ordinaria Nicolai de Lyra postilla, Moralitatibus eiusdem, Pauli Burgensis additionibus, Matthie Thoring replicis, Tom. V, Basel 1506, fol. 186ʳ. — Lyra verweist dabei auf das zweite Buch von Aristoteles' De anima.

[460] Ebd. fol. 186ᵛ.

denn auch die Präexistenz der Schöpfungswerke: »Quod factum est in re extra, prius erat in verbo per ideam: quae idem est quod essentia divina et vita«[461].

Was Faber Stapulensis in seinem 1522 erschienenen Evangelienkommentar zur Stelle bemerkt, stimmt mit der Intention der etwa zeitgleichen Auslegung Luthers weithin überein; eine literarische Abhängigkeit ist freilich bislang nicht nachgewiesen worden und wäre in diesem Fall auch kaum zu vermuten. Faber referiert zunächst das einschlägige Interpunktionsproblem, in dem er selbst für die in den griechischen Handschriften bezeugte, der heutigen Verseinteilung entsprechende Zäsur eintritt. Interessanterweise verbindet er diese Entscheidung mit einer Alternative, die keinen Raum für unterschiedliche Lesarten läßt, sondern nur ein kategorisches Richtig oder Falsch erlaubt: »Christiana prosequimur, non Platonica«[462]. Faber sucht dann allerdings auch die Absurdität der »platonischen« Lesart[463] zu erweisen: Die Vorstellung einer ideenhaften Präexistenz aller Dinge im Wort sei mit dem trinitarischen Dogma nicht zu vereinbaren, da ja der Vater und der Geist nicht minder als der Sohn das Leben seien[464]. Darum habe man sich zwischen philosophischer und biblischer Auffassung zu entscheiden: »Certe omnia supereminenter sunt in patre, et in verbo, et in spiritu sancto, ut in omnium causa: non ut in idea Platonica«[465]. Keineswegs liege im Wort die Erkenntnis aller Dinge offen wie in einem Spiegel. Was der Mensch von sich selbst, aber auch von Gott wissen kann, verdankt er vielmehr, wie Faber in deutlicher Anspielung auf 1 Kor 2,11 ausführt, allein der göttlichen Offenbarung[466]. In ähnlicher Entschiedenheit hat auch Luther den »platonischen philosophi«[467] die schlichte Meinung des Evangelisten entgegengestellt.

Von den Mitreformatoren hat keiner mehr das »Leben in ihm« (Joh 1,4a) als Hinweis auf die ideenhafte Präexistenz der Dinge gedeutet. Während aber Calvin in V. 4a den Blickwinkel von der creatio zur conservatio per sermonem dei, die alle Kreatur betreffe, geweitet sieht[468], legt Melanchthon das ganze Gewicht seiner Erklärung auf das *ewige* Leben, welches der Sohn darstelle und

---

[461] Ebd. – Selbst der Vergleich mit Handwerker und Artefakt findet sich hier, wenngleich unter Verweis auf Boethius (De consolatione philosophiae III).

[462] Jakob Faber Stapulensis, Commentarii Initiatorii in quatuor Euangelia, Köln 1522, fol. 125ʳ.

[463] Übrigens hat auch Erasmus die platonisierende Interpretation Augustins gerügt (Novum Instrumentum, Basel 1516, ND Stuttgart-Bad Cannstatt 1986, 353): Augustinus intelligit omnem creaturam in deo vitam esse suo more non illibenter πλατωνίζων. – LOEWENICH (s. Anm. 5) zitiert diese Stelle sinnentstellend (ebd. 28 Anm. 2).

[464] S. Anm. 462, fol. 125ᵛ.

[465] Ebd.

[466] Ebd.

[467] WA 10,1,1; 195,15 (1522).

[468] Commentarius in Evangelium Ioannis (1553), CR 75,5.

zugleich auch in uns wirke[469]. Besonders ausführlich hat sich Johannes Brenz zu V. 4a erklärt[470]. Die gute, durch das Wort ins Leben gerufene Schöpfung, von der V. 3 gehandelt hatte, ist im Sündenfall lädiert, die »ad imaginem et similitudinem Dei« geschaffenen Menschen in »Sathanae imagines« pervertiert worden. Da indes alle Werke Gottes durch das Wort geschehen, muß das Wort, das im Anfang alles gut geschaffen hat, nun auch die gefallene Schöpfung erneuern[471]. Von dieser sub cruce verborgenen recreatio und salvatio handle nun aber V. 4. Das Leben, von dem hier die Rede ist, will Brenz also nicht als das geschaffene, natürliche Leben verstanden wissen, sondern als das ewige Leben, das die Glaubenden im alten Leben erneuert und von Sünden, Tod und Teufel befreit[472]. Diese dezidierte Bezugnahme auf das Leben des Glaubens sowie der mit der eindeutigen Abzielung auf den Christus incarnatus verbundene Verzicht auf jedwede protologische Spekulation zählen aber nicht mehr zu den Voraussetzungen von Luthers Exegese, sondern stehen bereits ganz in deren Spur.

b) In der Auslegung Luthers

Die drei Schritte, in denen Luther Joh 1,4f erklärt hat (V. 4a, V. 4b, V. 5), stimmen strukturell in hohem Maß überein. Immer referiert er zunächst den Tenor der exegetischen Tradition, die er als sachwidrig empfindet und der er darum die eigene Deutung entgegenstellt[473]. Luther beeilt sich jedoch, die dezidierte Verwerfung der überkommenen Auslegung sogleich zu modifizieren: Sie ist, wie er hinzufügt, nicht schlechterdings falsch, sondern wirkt nur zu weit hergeholt[474], hat an anderer Stelle durchaus ihr Recht[475] oder formuliert doch zumindest einen Teil der Wahrheit[476]. Um den anfänglich erweckten Eindruck einer antithetischen Zuspitzung vollends zu entkräften, räumt Luther ein, daß die konstatierten exegetischen Skopoi einander nicht einfach ausschließen, sondern durchaus in einem gewissen Zusammenhang stehen; dessen differenzierende Erörterung verleiht sodann der eigenen Interpretation Profil[477]. Schließlich widmet sich Luther den spezifischen Fragen und Problemen des jeweiligen (Teil-)Verses[478]. Eine genauere Analyse der Form- und

---

[469] Annotationes in Evangelia. Enarratio in Evangelium Ioannis (1536 f), CR 15,15 f.
[470] In D. Iohannis Evangelion Exegesis, Hagenau 1529, fol. 5ʳ−6ᵛ.
[471] Ebd. fol. 5ʳ−6ʳ.
[472] Ebd. fol. 6ʳ⁻ᵛ.
[473] Zu V. 4a: 195,14−196,12; 197,16−199,16. − Zu V. 4b: 202,2−203,2. − Zu V. 5: 209,18−210,17.
[474] Zu V. 4a: 196,13−197,15.
[475] Zu V. 4b: 203,3−204,8.
[476] Zu V. 5: 210,18−211,9.
[477] Zu V. 4a: 199,17−200,12. − Zu V. 4b: 204,9−207,11. − Zu V. 5: 211,10−213,19.
[478] Zu V. 4a: 200,13−201,24. − Zu V. 4b: 207,12−209,15. − Zu V. 5: 213,19−214,3.

Denkstrukturen vorzunehmen, ist hier nicht der Ort. Andererseits kann, was Luther zu Joh 1,4a bemerkt hat, auch nicht in einen Satz gebündelt werden: Der Weg, den seine Gedanken nehmen, läßt sich von diesen nicht trennen. Eine knappe Rekonstruktion des Denkweges ist darum nicht zu erlassen.

Die Auslegung von Joh 1,4a[479] (195,13 – 201,24) beginnt, dem eben skizzierten Schema entsprechend, mit dem Referat der die Auslegungsgeschichte dominierenden Interpretation: »Dißen spruch tzihen sie gemeyniglich ynn das hohe speculirn unnd schweren vorstand von dem tzweyerley weßen der creatur, da die platonischen philosophi von berůmet sind«[480]. Alle Kreatur lebe demnach sowohl in ihrer eigenen, geschaffenen Natur wie auch »ynn der gotlichen vorsehung von ewigkeyt«[481] Ausdrücklich verweist Luther auf Augustin, der das »Wort« von Joh 1 in diesem Sinn als eine Schatzkammer gedeutet habe, in der die Urbilder oder Ideen aller Kreatur bewahrt sind[482]. Auch die von seiner eigenen Lesart abweichende Interpunktion der Verse 3f, die sich daraus notwendig ergebe, ruft Luther noch einmal in Erinnerung[483] (vgl. § 8.3. b).

Dennoch mag er diese Auffassung nicht einfach verwerfen. Was er gegen sie ins Feld führt, ist, daß sie ihm gesucht und »an dißem ort« gezwungen erscheint, da doch Johannes hier »gar eynfellig unnd schlecht« rede und uns durchaus nicht »ynn solche spitzige und subtile betrachtung tzu furen« gedenke[484]. Was sich als Modifikation der einleitenden Antithese ausgibt, scheint diese jedoch im Gegenteil noch zu unterstreichen. Denn eben dieser Gegensatz von einfältiger Schlichtheit und spitzigen Subtilitäten hatte ja, einem Leitmotiv gleichend, Luthers Vorrede auf den Johannes-Prolog umrahmt und die Interpretation vor eine hermeneutische Alternative gestellt, die keine vermittelnde Differenzierung duldete[485]. Indem jene Antithese nicht nur an dieser Stelle wieder anklingt, sondern die gesamte Auslegung von Joh 1,4f durch-

---

[479] Vgl. die Paraphrasen bei U. Asendorf, Die Theologie Martin Luthers nach seinen Predigten, 1988, 40–42. – Ebeling, Evangelische Evangelienauslegung (s. Anm. 8), 250–254. – Jansen (s. Anm. 85), 160 f. – Loewenich (s. Anm. 5), 39–41.

[480] 195,14–16.

[481] 196,1 f.

[482] 196,6–10. – Die deutliche Abgrenzung gegen Augustin findet sich auch in späteren Prolog-Predigten; z. B. WA 11; 227,28 (1523): Augustinus hic erravit (vgl. überhaupt ebd. 227,18–32). – Entsprechend WA 27; 529,9–530,12 (1528). – Unter dem Vorbehalt unsicherer Überlieferung oder späterer Bearbeitung scheint sich jedoch seit den 30er Jahren ein Wandel abzuzeichnen. 1533 überliefert Rörer (WA 37; 4,32 f): Den scharffen verstand, quam Augustinus furt, non ruren. – Die Reihenpredigten von 1537 unterlassen, obwohl insgesamt sehr ausführlich, an dieser Stelle (WA 46; 561,6–562,3) jede Erwähnung Augustins, was freilich mit anderen Abmilderungen des 1522 Gesagten zusammengeht und vielleicht auch dem Herausgeber Aurifaber anzulasten ist.

[483] 196,10–12.

[484] 196,13–16.

[485] 181,10–13; 188,18–23 (vgl. dazu die Einleitung zu § 3 dieser Arbeit).

zieht[486], gibt der Text unausgesprochen zu verstehen, daß es ihm mit der versöhnlichen Geste gegenüber einer platonisierenden Deutung — »ich (vorwirff) diß nit«[487] — so ernst nicht ist.

Gleichwohl äußert sich Luther moderat: Es sei ihm »nit kund noch tzur tzeyt«, ob die Schrift überhaupt in der genannten Weise von einer Präexistenz der Kreatur spreche[488]. In Abwägung einschlägiger Schriftworte (Lk 20,38; Joh 14,6; Joh 11,25; 1 Joh 1,1) neigt er der Ansicht zu, daß Christus von sich immer nur »auff(s) aller einfelltigst« als dem Ursprung alles Lebens spreche[489], »unnd ßonderlich redet er von dem leben, das die menschen auß yhm haben, das ist, das ewige leben«[490]. Von diesem seligmachenden Leben, meint Luther, spricht auch Joh 1,4. Das bezeuge im übrigen nicht zuletzt die »eynfelltiglich(e) und schlecht(e)« Christuspredigt des Täufers, den der Evangelist kurz darauf einführen wird (Joh 1,7)[491].

Um das Leben, das in Christus »allen menschen tzur selickeyt« erschienen ist, recht zu verstehen, liegt nun aber alles daran, daß man V. 4a wie überhaupt Joh 1,1—4a exklusiv auf den Christus vere deus bezieht. Darin, »das er schier ynn allen buchstaben Christus gottheyt predigt«, unterscheide sich Johannes von den andern Evangelisten[492]. Luther erklärt es aus der spezifischen Entstehungssituation des Johannes-Evangeliums, das zur Abwehr des Gnostikers Kerinth, welcher aus Christus »eynen lautter menschen odder creatur« gemacht habe, geschrieben worden sei[493]. Neben die beiden als Beleg zitierten Worte Christi an seine Mutter (Joh 2,4; 13,26)[494] stellt Luther die alte, von ihm jedoch weitergesponnene Legende, wonach Johannes, als er einmal den Kerinthos in einem Badehaus bemerkt hatte, dieses mit seinen Jüngern sogleich verließ, das Haus aber kurz darauf einstürzte und den Ketzer unter sich begrub[495].

---

[486] 195,14f; 196,13—16; 197,12—15; 198,17; 199,17—21; 201,5—10; 202,3.7; 209,18; 210,14—17; 212,6f.

[487] 196,13.

[488] 196,16f.

[489] 196,17—197,5.

[490] 197,5f.

[491] 197,7—15. — Ebd. 197,12—15: Nu ists yhe offinbar, wie der teuffer Johannes habe gepredigt . . ., wie Christus eyn liecht unnd leben sey allen menschen tzur selickeyt. — Dagegen deutet Luther 1537 den Vers, ähnlich wie Calvin, als eine Ausweitung des Schöpfungsgedankens auf den der gubernatio (WA 46; 561,15—32). Es ist jedoch wiederum nicht auszuschließen, daß der Herausgeber Aurifaber diese — an sich gut lutherische — Äußerung hier eingefügt hat, zumal die unmittelbar vorausgehende Auslegung von Joh 1,3 durchweg vom Gedanken der creatio continua bestimmt ist (ebd. 558,13—561,5).

[492] 197,20—22.

[493] 197,16—22. — Vgl. bereits die Berichte von Irenäus, Adversus haereses I,26,1 und Hippolyt, Refutatio VII,33.

[494] 197,22—198,5. — Für die erste Stelle nennt Luther irrtümlich »Johan. 3« (197,23).

[495] 198,6—9; vgl. die Quellenhinweise W. KÖHLERS z. St. — Vgl. ferner 213,3—5.

Das alles erweise den antikerinthischen Impetus[496], den Johannes in seiner dezidierten Betonung der Gottheit Christi zum Ausdruck bringe[497].

Entsprechend will Luther auch Joh 1,4a verstanden wissen: »Es ist keyn leben außer dißem wort und ßon gottis«[498]. An diesem Leben teilzuhaben, setzt den Glauben an den Gottessohn voraus. Denn gleichwie das Abendmahl nur den recht nähren kann, der es im Glauben an den Christus vere deus genießt, so ist auch das Leben von V. 4a nicht »der menscheyt Christi«, sondern dem ins Fleisch gekommenen Wort zuzuschreiben, das sich allen, die daran glauben, mitteilt und sie »durchs fleysch ... lebend macht«[499].

Diese Deutung des Teilverses schmückt Luther mit zwei bemerkenswerten Epitheta: Sie ist ihm »eynfelltig und besserlich«[500]. Deren erstes ruft abermals die als fundamental eingeführte Unterscheidung der evangelischen Schlichtheit von der Finsternis der »subtile(n) schwetzer« in Erinnerung. Daß die einfältige Deutung aber auch »besserlich« ist, läßt sie mit der paulinischen Rede vom Evangelium als einer »doctrina pietatis« verbunden sein, was Luther als »lere, die den menschen *gnadenreych* machet«[501], wiedergibt. Damit ist der entscheidende Differenzpunkt erreicht: Die platonisierende Deutung von Joh 1,4 hält Luther für sachwidrig, weil sie soteriologisch irrelevant ist – sie »leret ... nichts von der gnade, macht auch keyn gnadreiche menschen«[502].

Darum soll man die Stelle nicht »auff philosophisch«[503] als von dem Leben der Kreatur in Gott handelnd verstehen, da sie doch umgekehrt von dem Leben Gottes handelt, dessen er uns teilhaftig macht[504]. Luther räumt durchaus ein, daß zwischen dem natürlichen Leben, auf das die herkömmliche Exegese abzielte, und dem gnadenhaften Leben ein Zusammenhang waltet: Beides kommt ja von Gott, wie denn das natürliche Leben bereits »eyn stuck vom ewigen leben und eyn anfang« ist[505]. Und doch bilden Stück und Ganzes, An

---

[496] 198,9f.14f: Darumb scherfft unnd richtet er alle seyne wort widder den yrthumb des Cerinthi ..., schlegt mit eytell donnerschlegen auff den Cherinthum.

[497] 198,9–15. – Ebenso z.B. auch WA 15; 800,7–16 (1524).

[498] 198,22f.

[499] 199,14–16; vgl. insges. 198,16–199,16. – Entsprechend etwa auch WA 15; 802,3–15 (1524).

[500] 199,17.

[501] 199,17–19; Hervorhebung von mir. – Vgl. aus der Prolog-Predigt von 1533 (WA 37; 3,16–20): ›In ipso vita erat‹. Descriptum, qualis Christus persona, quod mit schepfer vel rechtschepffer omnium creaturarum. Iam indicat, quomodo regnat in creaturis, quas creavit. Iam setzt hin da Engel, celum, terram et omnia creata, Et furt yhn ein, ut faciat zum helfer und heiland eorum, qui gefallen sind.

[502] 199,19–23.

[503] 199,25. – Vgl. dazu den Luthers »Absage an die natürliche Theologie« betreffenden, auf unserem Text fußenden Abschnitt bei EBELING, Evangelische Evangelienauslegung (s. Anm. 8), 250–254.

[504] 199,23–27.

[505] 199,27–200,4.

fang und Fülle kein organisches Verhältnis, sind vielmehr durch eine entscheidende Brechung getrennt: den Tod. Indem das natürliche Leben seinem Ursprung die Ehre, will sagen: den Glauben verweigert, schneidet es sich durch
diese Ursünde selbst von seinem Ursprung ab, »das es muß sterben ewiglich«.
Dieser elementaren Sündenfolge kann der Mensch nur im Glauben an den entgehen, von dem er lebt. Wer aber glaubt, der ist dem ewigen Tod bereits enthoben; ihm wird, wie Luther in Anspielung auf Joh 8,52 und 11,25 hinzufügt,
»das naturlich leben ... gestreckt ynß ewige leben«[506]. So sieht Luther in
Joh 1,4a nicht das natürliche Leben angesprochen, sondern, obschon damit zusammenhängend, das geglaubte, ewige Leben.

Nachdem er die Differenz der im Streit stehenden Auslegungen derart auf
den soteriologischen Punkt gebracht hat, wendet sich Luther, gleichsam in einem Postskriptum, der gewählten Zeitform des Versteiles zu. Wenn Johannes
imperfektisch sagt »ynn yhm *war* das leben«[507], so werde damit vollends deutlich, daß er es hier nicht auf das Wort im Anfang (Joh 1,1) beziehe, sondern auf
den »wandel Christi auff erden«. Allein im fleischgewordenen Wort soll man
das Leben suchen[508]. Indem Luther das Leben von V. 4a auf den inkarnierten
Christus bezieht, beschneidet er nicht etwa die Allgegenwart Christi, sondern
unterstreicht nur die Endgültigkeit dessen, was das Wort im Fleisch gewirkt
hat. Luther hebt das eindeutig hervor[509], faßt es dazu aber auch in eine Formulierung, deren Ambiguität den Doppelcharakter des irdischen Wirkens Christi
— sein Heils*werk* und seine *Predigt* vom Heil — auf eine vielleicht nicht beab-
sichtigte, aber doch treffende Weise zum Ausdruck bringt: »Der Euangelist
gedenckt von Christo und seynem leben tzu schreyben, ynn wilchem er hatt
alliß *außgericht*, was unß tzu dem leben nodt ist«[510].

---

[506] 200,4–10.

[507] 200,13f; Hervorhebung von mir.

[508] 200,13–201,24. – 201,7–15: Ditz Euangelium ist nit ßo schwer alß man es acht, sie
habenß schwer gemacht mit yhrem hohen tieffen unnd gewaltigem suchen. Er hatts allen
Christen, wie eynfelltig sie sind, geschrieben und seyn wort gantz vorstendtlich gesetzt;
denn wer do Christus leben und wandel ließe faren und wollt yhn itzt auff eyn eygen
weyße suchen, wie er ym hymel sitzt, der wurd abermal feylen. Er muß yhn suchen, wie
er geweßen und gewandellt hatt auff erdenn, da wirt er das leben finden, das ist er unß
tzum leben, liecht und selickeyt kommen, da ist allis geschehen, das wyr gleuben sollen
von yhm, das es gar auß der massen eygentlich gesagt ist: Jnn yhm war das leben.

[509] 201,15–17: Nit das er nu nicht sey unßer leben, ßondernn das er nu nit thu, das er
datzumal thett.

[510] 200,19–21; Hervorhebung von mir. – Zu ›ausrichten‹ vgl. J. u. W. GRIMM, Deutsches Wörterbuch, Bd. 1, 1854, ND 1984, 935–938.

2. Christus vere homo (Joh 1,4b)

a) In der Auslegung vor und neben Luther

Die exegetische Tradition hat diesen Teilvers keineswegs so ausschließlich mit dem lumen rationis verknüpft, wie man, dem Referat Luthers folgend, vermuten könnte. Natürlich bezieht Augustin, der sich zu Joh 1,4b nur sehr knapp äußert, das »Licht« auf die rationalis mens, durch die der als Ebenbild Gottes erschaffene Mensch die sapientia erfassen könne; eben dadurch sei dieser ja von den Tieren, die einer vernünftigen Seele entbehrten, unterschieden[511]. Als Beispiel für die Erleuchtung der menschlichen Vernunft nennt Augustin jedoch den Täufer und den Evangelisten Johannes, und beide unter ausdrücklichem Hinweis auf ihre Christuspredigt, zu der sie das in V. 4b erwähnte Licht erleuchtet habe[512]. Darin scheint sich eine Spezifizierung anzudeuten, die freilich unausgesprochen bleibt. Denn wenn Augustin auch ganz offenkundig das lumen naturale im Blick hat, das *allen* Menschen eignet, so ist doch gleichwohl deutlich, daß er damit nicht auf eine allgemeine anthropologische oder psychologische Theorie abzielt, sondern auf die Erkenntnis Gottes in Christus.

Die Zweischichtigkeit, die sich darin abzuzeichnen beginnt, ist bei Thomas ausdrücklich geworden. Man könne, wie er lapidar feststellt, Joh 1,4b in zweifacher Weise auslegen: einmal im Blick auf das Einströmen der natürlichen Erkenntnis, zum andern hinsichtlich der Teilgabe an der Gnade[513]. Was das erste betrifft, so zielt der Satz »et vita erat lux hominum« auf die den Menschen als vernunftbegabten Wesen innewohnende Fähigkeit, nicht nur das Wahre, sondern auch den Begriff der Wahrheit zu erkennen, da das »Licht«, auf den Menschen bezogen, ihm die Wahrheit selbst offenbar machen kann[514]. Die lux hominum kann insofern als eine Teilhabe verstanden werden, als die Menschen mit dem oberen Teil ihrer Seele, der lux intellectiva, das Wort und das Licht erkennen, sofern sie an ihm teilhaben[515]. Auf die Frage, weshalb Johannes das Wort hier nur auf die Menschen und nicht auch auf die Engel bezieht, erinnert Thomas zunächst an die Auskunft des Chrysostomus, der dies mit der soteriologischen Intention des Evangelisten begründet hatte, fügt freilich die Auffassung des Origenes hinzu, wonach Johannes in V. 4b das Licht der *gesamten* vernünftigen Natur habe aussagen wollen[516]. Jedenfalls konstatiert Thomas, daß sich, sofern man den Teilvers auf die natürliche Erkenntnis beziehe, in den

---

[511] I.18, CChr.SL 36,10 (= PL 35,1388).
[512] I.18, CChr.SL 36,10f (= PL 35,1388), unter Zitation von Joh 1,9.20.27.
[513] I.4.95.
[514] I.4.96f.
[515] I.4.101.
[516] I.4.98.

ersten Versen des Evangeliums eine sinnvolle, dem natürlichen ordo rerum entsprechende Reihenfolge ergebe, da Johannes zuerst das Sein benenne (1,1), sodann das Leben (1,4a), schließlich das Denken (1,4b)[517].

Nun hatte Thomas aber noch eine zweite Auslegung von Joh 1,4b für möglich erachtet. Könne der Satz »et vita erat lux hominum« doch ebensogut auch in Hinsicht auf das Einströmen der Gnade verstanden werden. So gesehen, würde er die in Joh 1,1–3 berichtete creatio rerum durch den Hinweis auf die restauratio rationalis creaturae ergänzen[518]. Es ist nicht ohne Interesse, daß Thomas diese Auffassung des »Gnadenlichts« nun mit Schriftzitaten belegt und nicht mehr, wie im Falle des »Naturlichts«, mit Väterzitaten: Neben drei Worten des Johannes-Evangeliums (18,37; 9,5; 1,17) ist es auch Jes 49,6, worin Thomas die Heilsbedeutung des fleischgewordenen Wortes bekundet sieht[519]. Man wird sich also hüten müssen, von der oft drastischen Antithetik, mit der Luther seine eigene Auslegung und Auffassung herausstreicht und die bei ihm durchaus eine sinnvolle, spezifische Funktion hat, sich die differenzierende Sorgfalt der eigenen (auslegungs-)geschichtlichen Wahrnehmung korrumpieren zu lassen[520].

Die Glossa mitsamt der ihr beigegebenen Deutung Lyras betreffend, ist die Interpretation von Joh 1,4b an Eindeutigkeit allerdings nicht mehr zu steigern. Zwar erwähnt Lyra die Gotteserkenntnis des als imago dei erschaffenen Menschen, verbleibt damit aber ganz in dem von Augustin gesteckten Rahmen und der damit gegebenen eindeutigen Beziehung auf das lumen rationis. Nach dem, was das Wort an der Kreatur im allgemeinen gewirkt habe, so Lyra, werde nun sein spezielles Werk an den Menschen berichtet[521]. Von einem Gedanken an die heilsrelevante, das Werk des fleischgewordenen Wortes betreffende Deutung des »Lichts« findet sich hier keine Spur.

Bei Luthers Zeitgenossen tritt der soteriologische Bezug dagegen offen zutage. Erasmus bringt das »Licht« von V. 4b ganz unmittelbar mit der restitutio mortuorum in Verbindung[522]. Auch Melanchthon spricht von der renovatio humana, der sich Johannes mit diesem Vers nähere, erwähnt freilich zugleich das Licht der Vernunft, das wir dem Wort verdankten[523]. Dagegen hat

---

[517] I.4.100.

[518] I.4.104.

[519] Ebd.

[520] LOEWENICH (s. Anm. 5) erwähnt in seinem Thomas-Referat zur Stelle den von diesem erwogenen Bezug auf das lumen gratiae überhaupt nicht (ebd. 21).

[521] Lyra (s. Anm. 459), fol. 186ᵛ: ET VITA ERAT LUX HOMINUM. Ostenso qualiter verbum se habet ad omnes creaturas in generali: hic consequenter ostenditur qualiter se habet ad homines in speciali. ... Natura humana super alias creaturas inferiores est a verbo specialiter illustrans. Et hoc est quod dicitur: ET VITA.

[522] Paraphrasis in Euangelium secundum Ioannem, ad illustrissimum principem Ferdinandum nunc primum excusa, Basel 1523, 500.

[523] CR 14,1053.

Zwingli die lux hominum einmal predigend auf die Klarheit der Schrift bezogen, deren Licht sie den Menschen ohne fremde Anleitung verständlich mache[524]. Calvin will den Versteil auf die spezifisch menschliche Erkenntnisfähigkeit bezogen wissen, in der die Sonderstellung des Menschen ihren Grund habe. Aber auch bei ihm findet sich ein Hinweis auf den gnadenhaften Charakter jenes Lichtes, in dem wir, als in einem Spiegel, die göttliche Kraft des Wortes erkennen[525]. Was schließlich Brenz angeht, so nimmt es nicht wunder, daß diesem jedwedes Interesse an dem natürlichen Licht abgeht und er den Versteil exklusiv auf die Heilsbedeutung des Christus in carne bezieht: Wer Christus, dieses Licht der Welt, im Glauben ergreift, der findet sich darin erleuchtet[526].

b) In der Auslegung Luthers

In der Prolog-Auslegung der Wartburgpostille beginnt Luther seinen Kommentar zu Joh 1,4b (202,1 – 209,15) wieder mit einer harschen Zurückweisung der traditionellen Exegese. Sein Vorwurf lautet, der Kritik zur ersten Vershälfte entsprechend, dahin, daß man auch die Interpretation des Lichtes auf »menschlich, platonissche und philosophissche dancken« gegründet und darum als das natürliche Licht gedeutet habe, welches allen Menschen, auch den Heiden, zu eigen sei[527]. Die Differenz zur eigenen Auslegung faßt Luther in die griffige Formel, daß die »platonici« »unß auß Christo ynn uns füren, ßo doch der Euangelist unß will auß uns ynn Christum furen«[528]. Während die philosophischen Interpreten uns in die Kreatur zerstreuten, damit wir, von den Geschöpfen ausgehend, den, durch den sie geschaffen sind, suchen und spekulativ erschwingen, wolle uns Johannes »auß denselben weyttleufftigen, spatzierfluchtigen gedancken« in Christus versammeln: »Ynn Christus, dem menschen, ists alliß«[529]. Nicht im Himmel, nicht in den Geschöpfen: Nur in seiner menschlichen Gestalt will Christus gesucht werden und sich finden lassen. Bezieht man darum V. 4b auf den Christus in carne – wofür im übrigen auch das Zeugnis des Täufers spreche –, so kann, meint Luther, kein Zwei-

---

[524] Hauptschriften, hg. v. F. BLANKE / O. FARNER u. R. PFISTER. Bd. 1: Der Prediger, 1. Teil, 1940, 94 (= CR 88,365). – Vgl. dazu CR 93,1; 270,18–31, wo Zwingli unter Berufung auf Joh 1,4b das menschliche Licht, aber auch das der Apostel, als von Christus, dem wahren und eigentlichen Licht, abgeleitet zu verstehen gibt.

[525] Calvin (s. Anm. 468),5.

[526] BRENZ (s. Anm. 470), fol. 6ᵛ.

[527] 202,1–7.

[528] 202,7–11.

[529] 202,11–18.

fel sein, daß dieser Satz das »ware liecht der gnaden«, nicht aber das »naturliche liecht«[530] im Auge habe[531].

Mit großem Nachdruck verwahrt sich Luther gegen den Verdacht, er sei
mit dieser Deutung in einen Widerspruch zu Augustin geraten. Dessen Auslassungen über das natürliche Licht verwerfe er durchaus nicht, wo doch das
Licht der Vernunft, wie Luther in Analogie zu der kontroversen Deutung des
Lebens von V. 4a erläutert, wiederum »ein stuck ... und anfang« des wahren
Lichtes sei, wenn auch von diesem durch den Tod getrennt. Denn das natürliche Licht wird, da es seinem Ursprung die Ehre verweigert und in solcher
Verkrümmtheit auf sich selbst alle Dinge pervertiert, verlöschen und vergehen
müssen[532]. Dennoch will Luther das natürliche Licht keineswegs verworfen
wissen! Daß es beispielsweise in wissenschaftlicher[533] und moralischer Hinsicht unentbehrlich ist, werde von dem Licht der Gnade gesehen und respektiert[534]. Seine Grenze glaubt Luther jedoch darin erreicht, daß es die Unterscheidung von Gut und Böse zwar kennt, zu einer konkreten Applikation jedoch außerstande ist: Die Vernunft weiß zwar, *daß* man das Gute tun soll, aber
sie weiß nicht *wie*; sie weiß, daß man den rechten Weg gehen soll, aber sie
kennt nicht den Weg zu Gott[535]. Wieder ist es der Vorwurf soteriologischer
Blindheit, den Luther gegen das natürliche Licht erhebt: Weil ihm das Licht
der Gnade abgeht, verwechselt es fortwährend, was böse ist und was gut[536].

---

[530] Das Thema des lumen rationis hat Luther gelegentlich noch um das des liberum arbitrium erweitert; vgl. z. B. WA 15; 802,16−27 (1524). − WA 27; 530,12−531,10 (1528).

[531] 203,1 f.

[532] 203,3−12.

[533] 203,12 f: Der gnaden liecht vortilgt das naturlich liecht nit, alß das drey und tzwey
machen funff, ist gantz helle ym liecht der natur. − In dieser trivialisierten, pars pro toto
zu verstehenden Form bezieht sich Luther auf das gesamte regnum rationis; vgl. etwa aus
der Disputatio de homine (Th. 4.5.7) (WA 39,1; 175,9−13.16 f [1536]): Et sane verum est,
quod ratio omnium rerum res et caput et prae caeteris rebus huius vitae optimum et divinum quiddam sit. Quae est inventrix et gubernatrix omnium Artium, Medicinarum, Iu-
rium, et quidquid in hac vita sapientiae, potentiae, virtutis et gloriae ab hominibus possi-
detur. ... Quam et scriptura sancta constituit talem dominam super terram, volucres, pis-
ces, pecora, dicens: Dominamini.

[534] 203,13−15: ... und das guttis tzu thun bőßes tzu meyden sey, ist auch helle, unnd
der gnaden liecht lesschit dasselb nit auß. − In der Prologpredigt von 1524 sah sich Luther
von V. 4b aus ebenfalls zu einer positiven Würdigung des natürlichen Lichts veranlaßt
(WA 15; 802,16−27).

[535] 203,15−204,1: Aber dahyn mag das naturlich liecht nit reychen, das es mocht sagen,
wilchs gutt und bőße ding sey, und geschicht yhm eben alß dem, der da sollte gen Rom
gehen und gienge hynder sich; denn derselb wißte wol, das man sollte die rechte straß gehen, wer gen Rom wolte, er wißte aber nit, wilche dieselb rechte straß were. Alßo thut das
naturlich liecht auch, geht kein rechte straß zu got, es weyß und kennet sie auch nit, wiewol es gnugsam weyß, man sollt die rechte straß gehen.

[536] 204,1−4. − Daß darin ein zentrales Motiv von Luthers Vernunftkritik anklingt,
kann hier nur konstatiert, aber nicht entfaltet werden. Vgl. nur WA 19; 207,3−6.11−13

Wenn Luther darum Joh 1,4b auf das Licht der Gnade bezieht, bestreitet er nicht etwa das natürliche Licht als solches, sondern stellt lediglich fest, daß »solch vorstand untzeytig (ist) an dißem ortt des Euangelij«[537]. Übrigens findet sich dazu in den von Aurifaber editierten Reihenpredigten des Jahres 1537 wieder eine bemerkenswerte Differenz: Dort glaubte Luther, der Druckbearbeitung zufolge, beide: das gnadenhafte und das natürliche Licht, in Joh 1,4b erwähnt zu finden[538].

Diese differenzierende Abgrenzung gegenüber Augustin nimmt Luther, »dieweyl es der rawm gibt«[539], zum Anlaß einer das natürliche Licht betreffenden exkursorischen Vertiefung[540]. Mit den anderen Schöpfungsgaben habe dieses gemeinsam, daß es, obschon gut erschaffen, nach dem Bösen trachte und darum nicht das Gute tue, sondern das, was ihm gefällt[541]. Luther erläutert dies am Beispiel wahrer und falscher Frömmigkeit[542]: *Daß* man fromm sein und Gott dienen soll, wisse die Vernunft wohl. Aber in der Frage, wie das zu geschehen habe, erweise sie sich als »stockblind«, da sie nur Gesetzeswerke anzugeben wisse und dabei über an sich ehrenwerte Vorschläge sich immer

---

(1526): Also spielt auch die vernunfft der blinden kue mit Gott und thut eytel feyl griffe und schlecht ymer neben hin, das sie das Gott heysst das nicht Gott ist, und widderumb nicht Gott heysst das Gott ist ... Darumb ists gar eyn gros unterscheyd, wissen, das eyn Gott ist, und wissen, was odder wer Gott ist. Das erste weys die natur und ist ynn allen hertzen geschrieben. Das ander leret alleyne der heylige geyst. − Vgl. insges. ebd. 206,7−207,13. − Die wichtigste Literatur dazu ist in Anm. 108 genannt; vgl. dazu den großen Kommentar G. Ebelings zu Luthers Disputationsthesen De homine (Lutherstudien II/1−3, 1977/82/89).

[537] 204,4−8. − Vgl. die Entsprechungen zu V. 4a (196,13 f) sowie zu V. 5 (210,1 f): Nit das er (sc. dißer vorstandt) falsch oder unrecht sey, ßondern das er auff disem ortt des Euangelij uneben und untzeyttig ist.

[538] WA 46; 562,22−33. − Eine gewisse Diskrepanz dieses Textes zu den sonstigen Prologauslegungen Luthers ist bereits Anm. 491 erwähnt worden. Sie mildert sich freilich, wenn man dreierlei bedenkt: 1. Das natürliche Licht hat Luther in keiner Prologexegese generell verworfen, sondern immer nur als hier nicht betroffen zurückgestellt − 2. Auch in der Predigt von 1537 fällt die Erläuterung des Gnadenlichts ungleich ausführlicher aus (WA 46; 562,25−563,32) als die des lumen rationis (ebd. 562,21−25). − 3. Ein direkter Widerspruch findet sich zu Beginn der Auslegung von V. 5, wo Luther, V. 4 rekapitulierend, festhält: »Das sind eitel Donnerschlege wider das Liecht der Vernunfft, Freien willen, Menschliche kreffte etc.« (ebd. 563,37−39).

[539] 204,9.

[540] 204,9−206,16.

[541] 204,9−205,3. − Ebd. 204,20−205,3: Das naturlich liecht, wie wol es weßenlich ßo hell ist, das es weyß, es soll nur guttis gethan werden, ßo ists doch ßo vorkeret, das es nymmer recht trifft, was do gutt ist, ßondernn was yhm gefellt, das heyst es gutt und fellt denn darauff, schleußt freuelich, seyn erwelltiß gutt sey tzu thun, ßo feret es eynhynn und folgt ymer dem bösen fur das gutt.

[542] 204,4−21. − Obwohl hier von »exempelln« die Rede ist, bleibt dies das einzige Beispiel.

tiefer in den blinden Irrtum der Werkgerechtigkeit verrenne[543]. Das Licht der Gnade bestärke die Vernunft durchaus in der Erkenntnis, daß man fromm sein solle. Doch in der Frage des Wie stellt es ihr den Glauben entgegen, aus dem dann erst die Werke folgen und ohne den kein Werk wahrhaft gut sein kann[544]. Der Streit zwischen Glaube und Vernunft geht darum nicht um das Ziel, sondern um den rechten Weg dorthin:

> Es ist alleß tzu thun umb den halßstarcken, eygensynnigen dunkel und meynung der naturlichen vornunfft, die sich darauff vorleßt unnd sich auffblessit, das sie weyß, man soll frum seyn und gott dienen, daruber will sie keynen meyster mehr hôren noch leyden, meynet, sie wisse nu gnug, wolle nu wol selb finden, was und wie man frum seyn soll und gott dienen. ... Da geht denn der hadder und das kreutz an.[545]

Damit ist Luther bis auf den Grund des Streites vorgedrungen: Die Vernunft ist solange gut — »helles naturliecht«[546] —, als sie sich auf den ihr zugewiesenen Bereich beschränkt. Sie pervertiert sich jedoch zum »falschen liecht«[547], sobald sie sich eine Kompetenz anmaßt, die ihr faktisch nicht zusteht. Denn um zu erfahren, worin das Gute besteht, das man tun soll, muß man, wie Luther es später einmal ausdrückt, »yn eynen andern kreyß tretten ...: fide, non racione insistamus«[548].

Durch diese grundsätzliche Besinnung sieht sich Luther in seiner Deutung von Joh 1,4b bestätigt. Hier sei, wie er resümierend festhält, nicht vom hellen Licht der Natur, erst recht nicht vom falschen die Rede, sondern einzig und ausschließlich von Christus, welcher gekommen sei, das Licht der Gnade, den Glauben, zu bringen und an deren Stelle zu setzen[549]. Diese aus der Grunddif-

---

[543] 205,4−15: Das wollen wyr auch mit exempelln beweyßen. Die vornunfft weyß wol, das man frum seyn soll und gott dienen, da kan sie viel von schwetzen und meynet alle wellt tzu meysternn. Wolan, das ist war und wol geredt, aber wenß nu tzum treffen geht, unnd sie soll antzeygen, wie unnd warynn man soll frum werden odder gott dienen, da kan sie gar nichts, da ist sie stockblind und hebt an und spricht: man soll fasten, beten, singen und die werck der gesetz thun, unnd narret alßo fortan mit den wercken, biß das sie ßo tieff kompt, das sie meynett, man diene gott mit kirchen bawen, glocken leutten, reuchernn, plerren, singen, kappen tragen, platten haben, kertzle brennen und des untzehlichen narrnwercks, des itzt alle wellt voll unnd uber voll ist; ynn solchem grossen, blinden yrthum feret sie eynher und bleybt doch ymer das helle liecht: Man sol frum seyn unnd gott dienen.

[544] 205,15−21. − Vgl. z. B. AWA 2; 204,2−5 (1519/21): Fides est primum principium omnium bonorum operum, atque haec adeo incognita, ut omnis ratio summe eam exhorreat. Ratio in summis suis viribus constituta dicit: Quis ostendit nobis bona? Multi enim sic dicunt, id est, omnes, qui ratione ducuntur.

[545] 206,9−17. − Vgl. 205,22−206,17.

[546] 206,18.

[547] Ebd. − Vgl. 204,9: falsch naturlich liecht.

[548] WA 34,2; 152,18−24 (1531). − Vgl. etwa WA 40,1; 376,23−25 (1535): Fidem nihil aliud ... quam veritatem cordis, hoc est, rectam cogitationem cordis de Deo. Recta autem de Deo cogitare non ratio, sed sola fides potest.

[549] 206,17−21.

ferenz von Vernunft und Glaube bezogene Einsicht deckt sich für Luther mit dem philologischen Bestand. Denn mit »lux hominum« könne unmöglich ein Licht gemeint sein, das der Mensch von Natur aus — »Vornunfftig thier«, sagt Luther: animal rationale![550] — bereits habe. So ist denn dieses Licht als das zu verstehen, was »ynn Christo auff erden der wellt offinbart ist«[551].

Luther beschließt den Joh 1,4b gewidmeten Abschnitt mit einem kurzen Blick auf »die ordnung der wort: er setzt tzum ersten das leben, darnach das liecht«[552]. Diese Reihenfolge entspreche einer strengen Logik der Sache. Denn das Leben hat Johannes nur dem Christus vere deus zugesprochen: Wenn Christus auch als Mensch gestorben ist, so blieb er als das ewige Wort doch allzeit im Leben. Dieses unüberwindliche Leben hat selbst den Tod »erstickt und ubirwundenn«, so daß auch die Menschheit Christi alsbald wieder ins Leben kehrte[553]. Dagegen zielt die Bestimmung des ewigen Wortes als lux hominum auf »Christum, gottis ßon, ynn der menscheyt«[554]. Erst von dem Leben her (V. 4a) ist dieses Licht (V. 4b) recht zu verstehen. Diese sachlogische Reihenfolge kehrt sich für die Menschen jedoch um: Für sie steht das Licht an erster Stelle; nur in ihm, der menschlichen Gestalt Christi, will das ewige Wort sich finden lassen[555]. Wer sich von dem Licht erleuchten läßt — und das heißt, wie sich zeigen wird (vgl. § 12.1.b), nichts anderes als: Wer der Christuspredigt glaubt[556] —, der gewinnt dann allerdings auch teil am Leben, gleichwie das Licht, das Christus ist, an der Ewigkeit seines Lebens teilhat[557]. Die Doppelgestalt dieser Teilhabe des Menschen hat bei Luther ein hübsches, wenn auch vielleicht nicht beabsichtigtes[558] sprachliches Abbild gefunden: »Das liecht«, heißt es zweimal, »erhel(l)t yhn«[559] — es erleuchtet ihn und es hält ihn am Leben. Wie schon in der Erklärung zu Joh 1,4a, so wird auch hier

---

[550] 207,4 f. — Einer der wichtigsten Texte für Luthers Verständnis dieser traditionellen Formel findet sich in der ersten Hälfte seiner Disputationsthesen De homine von 1536 (WA 39,1; 175,3—177,14); vgl. dazu den Kommentar von EBELING (s. Anm. 536).

[551] 207,10 f. — Vgl. insges. 206,22—207,11.

[552] 207,12 f. — Vgl. 207,12—209,15.

[553] 208,6—11.

[554] 207,23 f.

[555] 202,15—22.

[556] Daß sich das Licht Christi den Menschen in der präzis bestimmten Gestalt des äußeren Wortes »vermittelt«, ist ein wesentlicher Themenstrang von Luthers Erläuterung zu Joh 1,6—14 (s. das dritte Kapitel dieser Arbeit); vgl. vorläufig nur 216,5—10 (zu V. 6): Nu sehen wyr, das durchs Euangelium dasselb liecht nit wirt von fernn herbracht, wyr auch nit fern darnach lauffen durffen, ßondernn es ist auffs nehist bey unß und scheynett auch ynn unßer hertz, darff nitt mehr, denn das es tzeygtt unnd predigt werde, unnd wer es hortt predigenn unnd glewbt, der findt es ynn seynem hertzen; denn der glawb mag nit seyn denn ym hertzen, ßo mag ditz liecht nit seyn denn ym glawben.

[557] 207,24—208,5.

[558] Die lateinische Fassung bietet das einsinnige »servat«.

[559] 208,2.14.

der Tod zum Gegenstand ausschlaggebender Verifikation. Während dem, der, vom Licht erleuchtet, an Christus glaubt, der Leib zwar abstirbt und verwest, die Seele aber, die »durch das liecht ynn dem leben Christi gantz begriffenn« ist, den Tod nicht fühlt[560], schmeckt die Seele des Ungläubigen, selbst wenn der Leib ihm bliebe, doch den Tod »und stirbt alßo ewiglich«[561].

Das christologische Thema der Zweinaturenlehre und insbesondere die Idiomenkommunikation, für die man bei Luther 1522 selbstverständlich schon längst eine differenzierte Reflexionsgestalt voraussetzen kann[562], klingt nur an[563]; der dogmatische Lehrbestand bleibt auf das kerygmatisch-homiletisch Unentbehrliche beschränkt. Doch auch in der Gestalt muttersprachlicher Verkündigung nimmt Luther die Dogmatik sehr genau. Das zeigt sich nicht zuletzt in seinem präzisen Umgang mit der »ordnung der wortt«: Wo er von Christus spricht, heißt es, dem ordo rerum gemäß, immer »leben und liecht«[564]. Dagegen spricht er im Blick auf den Menschen, der daran teilhat, mit Bedacht stets von »liecht und leben«[565].

Noch einmal faßt Luther zusammen. Die philosophische, auf das lumen rationis abzielende Deutung zerstreue uns in die Kreatur, die dem Evangelium gemäße konzentriere dagegen auf das ins Fleisch gekommene Wort: »Hyneyn ynn Christum mußen wyr faren!«[566] (vgl. dazu § 8.2.b.bb). Wieder ist es die soteriologische Relevanz, die am Ende entscheidet: Die Deutung der Väter »bessert niemant«, während die von Luther erneuerte Meinung des Evangelisten »besserlich ist tzur selickeyt«[567].

---

[560] Vgl. dazu EBELING, Lutherstudien II/2 (s. Anm. 291), 145–183.

[561] 208,12–20.

[562] VORLÄNDER (s. Anm. 85).

[563] In zwei Prolog-Predigten vom Januar 1539 hat Luther diese Themen dagegen in schier endloser Breite entfaltet und dabei die »regula de communicatione Idiomatum« anhand der Analogie der zu einer Person verbundenen zwei Naturen des Menschen (Leib und Seele) erläutert (WA 47; 629,28–638,15) (vgl. dazu § 11.1 dieser Arbeit).

[564] Z. B. 209,6.

[565] 209,5. – 214,17.

[566] 209,11–15: Hyneyn ynn Christum mußen wyr faren und nit sehen ynn die liechter, die auß yhm kummen, ßondernn ynn seyn liecht, darauß die liechter kommen, nit mussen wyr den fliessen des brunnen von dem brunnen, ßondernn tzu dem brunnen alleyn trachten.

[567] 209,8–11.

3. Unglaube und Glaube (Joh 1,5)

a) In der Auslegung vor und neben Luther

In der Geschichte der Auslegung des Johannes-Prologs genoß V. 5 niemals ein besonderes Interesse, weshalb sich hier wohl auch eine relative Breite der Interpretationsmöglichkeiten ergeben hat. Wirklich strittig war im Grunde nur die Frage, was mit der Finsternis, die das Licht, obwohl es in ihr scheint, nicht begriffen hat, gemeint ist. Die Juden!, antwortet Hieronymus, haben sie doch den, der durch Gesetz und Propheten verkündet worden ist, nicht erkannt[568]. Augustin entscheidet anders und sieht, den Tenor der Auslegungsgeschichte vorwegnehmend, in der Finsternis von V. 5 die Sünde genannt: Wer durch seine Sünden verfinstert ist, der möge nicht glauben, das Licht leuchtete nicht. Denn er verhält sich zu diesem wie der Blinde zur Sonne: Sie scheint ihm, doch er sieht sie nicht[569]. Diese Erklärung der Finsternis verbindet Augustin jedoch mit der Weisung, wie ihr zu entrinnen sei. Gleichwie einer, dessen Augen durch Schmutz und Rauch verschlossen sind, das Schädliche aus ihnen entfernt, um wieder sehen zu können, so, rät Augustin, möge man sein Herz von Sünden reinigen, auf daß man zu denen zähle, denen in der Bergpredigt die Gottesschau verheißen ist (Mt 5,8)[570]. Auch wenn an dieser Stelle ungesagt bleibt, worin eine solche Reinigung des Herzens besteht, ist Luther − nicht nur wegen des Beispiels vom Blinden und der Sonne, das er übernimmt − in seiner Auslegung von Joh 1,5 Augustin näher, als daß dieser ihm gegenüber zur Antithese taugte.

Trotz ihrer starken Differenziertheit verbleibt die Deutung Thomas' von Aquin dagegen in unverbindlicher Beliebigkeit[571]. Gemäß der zu V. 4b eingeführten Unterscheidung von natürlicher und gnadenhafter Erkenntnis könnte V. 5 in der ersten Hinsicht einen natürlichen Mangel des Geistes[572], aber auch ein Beraubtsein desselben bedeuten[573]. Versteht man hingegen das »Licht« als das Einströmen der Gnade, so könnten mit »Finsternis« drei verdunkelnde Faktoren gemeint sein: die Melancholie (tristitia cordis); die Dämonen, in deren Finsternis Christus hinabstieg; oder aber Irrtum und Unwissenheit, die vor dem Advent Christi die Erde erfüllten[574]. Ähnlich additiv und für die Auslegungsspur, in der Luther steht, ohne Belang[575] ist auch die Prolog-Ausle-

[568] Expositio quatuor Evangeliorum, PL 30,578.
[569] I.19, CChr.SL 36,11 (= PL 35,1388).
[570] Ebd.
[571] »Exponi potest«, heißt es mehrfach zu diesem Vers (I.4.102−107).
[572] I.4.102.
[573] I.4.103.
[574] I.4.105−107.
[575] Interessant, aber ohne Einfluß auf Luther ist etwa auch die breite Entfaltung eines

gung Meister Eckharts[576]. Interessant ist aber, daß Eckhart in einer deutschen Predigt Joh 1,5a (»got ist ein wâr lieht, daz dâ liuhtet in der vinsternisse«) als die Aufforderung deutet, der Mensch möge sich alles Wissens um die Kreatur begeben: »Swer got sehen wil, der muoz blint sîn«[577].

Dagegen kannte Luther die Deutung des Nikolaus von Lyra sehr genau; sie entspricht exakt dem, wovon er sich abgrenzte. Lyra hat, wenn auch aus Väterquellen schöpfend, Joh 1,5 eindeutig dahin erklärt, daß das natürliche Licht, das Gott im Menschen entzündet habe, zu einer Erkenntnis desselben aus eigener Kraft nicht fähig sei[578]. Freilich deutet auch er die Möglichkeit an, wie aus dieser Finsternis der Natur zu entkommen sei: Wenn der Mensch, so gut er nur kann, sich mit Herz und Verstand zu Gott wendet, wird dieser, was der Natur fehlt, durch seine Gnade ergänzen; im Sinne dieser gnadenhaften Erleuchtung der natürlichen Vernunft sei ja V. 4b zu verstehen[579].

Unter Luthers Zeitgenossen wird die Finsternis einhellig als Hinweis auf die Sünde gedeutet. Seit dem Fall, lehrt Faber Stapulensis, sei es den Menschen verwehrt, das heilige und göttliche Licht zu perzipieren[580]. Auch Erasmus sieht den menschlichen Verstand durch die Sünde verfinstert, woraus ihn das Licht des Glaubens erretten kann, und dieses nicht etwa als eine Vollendung dessen, was der Mensch von sich aus tun kann, vielmehr in umfassender Ausschließlichkeit[581]. Melanchthon deutet Joh 1,5 ganz entsprechend[582], ergänzt aber die Finsternis des Menschen dahin, daß diesem nicht nur das Licht, sondern auch dessen Strahlen — will heißen: nicht nur Christus, sondern auch die Predigt von Christus — verborgen bleibt[583]. Wo dagegen das Licht leuchtet, hat es durch die Predigt als durch seine Strahlen die Menschen erreicht[584].

---

himmlischen Rechtsstreits, den Nikolaus von Cues zu Joh 1,5 inszeniert: Predigten (s. Anm. 22), 456—463.

[576] Meister Eckhart (s. Anm. 455), I.20—22 (LW III,17—19) und I.70—84 (LW III,58—72).

[577] DW III; 250,34—38; vgl. ebd. 251,41—46.

[578] Lyra (s. Anm. 459), fol. 186ᵛ: Hoc modo lux divina in tenebris lucet, in quantum natura humana de se est quaedam tenebra, quia ex se lumen non habet, sed a verbo illustratur: eo quod luce ab ipso derivata ... informatur. Verumtamen quia talis cognitio dei, quae habetur ex naturalibus, est defectiva, ideo sequitur: ET TENEBRAE EAM NON COMPREHENDERUNT, quia lux divina sive verbum quod idem est, cognitione naturali per essentiam non videtur.

[579] Ebd.: Si homo faciat quod in se est: convertendo se ad deum per cognitionem et amorem, ... ut potest ex naturalibus haberi: deus supplet residuum addendo naturae perfectionem gratiae illustrans eum supernaturali illustratione. et hoc est quod dicitur: ET VITA ERAT LUX HOMINUM et ipsum verbum non deficit illustrando homines per gratiam in cognitione supernaturalium.

[580] Faber Stapulensis (s. Anm. 462), fol. 125ᵛ.

[581] Erasmus, Paraphrasis (s. Anm. 522), 500.

[582] CR 15,17.

[583] CR 14,1054.

[584] Ebd.

Während Brenz in seiner Zuspitzung auf den Widerstreit von Unglaube und Glaube[585] wie auch in seinem die Zäsur zwischen V. 5 und V. 6 betreffenden Dispositionsvorschlag[586] ganz offenkundig von Luther abhängt, mag ein Ausblick auf Calvin insofern von Interesse sein, als dieser Joh 1,5 dezidiert auf die Erschaffung und Erhaltung der Welt bezogen sieht, nicht aber auf die Gnade, von der erst die folgenden Verse handelten[587]. Was nun das Licht der Vernunft angeht, so ist dieses in bezug auf die Erkenntnis Gottes seit dem Sündenfall in Finsternis verkehrt[588]. Obwohl auch Calvin den Menschen für verloren hält, wenn Gott ihm nicht erneut zu Hilfe käme[589], mag er die Verfinsterung des Menschen jedoch nur unter einer zweifachen Einschränkung gelten lassen. Denn was er bei aller Verderbtheit des Menschen noch immer leuchten sieht, ist zum einen ein gewisser religiöser Samen, der dem Menschen von Geburt an eigne, zum andern aber das Vermögen, im Gewissen zwischen Gut und Böse zu unterscheiden[590]. In dieser Hinsicht steht Calvin etwa der scholastischen Anthropologie[591] sehr viel näher als dem, was dazu in Wittenberg gelehrt worden ist.

b) In der Auslegung Luthers

Die Antithese von platonisierender Spekulation und biblischer Wahrheit hat bei Luther auch die Auslegung dieses Verses geprägt (209,16 – 214,3). Wieder umreißt er in knappen Zügen die spekulative Verirrung der exegetischen Tradition. Das natürliche Licht der Vernunft, heißt es gemeinhin, sei, obschon von Gott im Menschen entzündet, außerstande, seinen Schöpfer aus eigener Kraft zu erkennen[592]. Diese exegetische Generallinie hätten »die Platonici« zuerst Augustin eingeredet, der damit die ganze auf ihn folgende Auslegungsge-

---

[585] Brenz (s. Anm. 470), fol. 6ᵛ–7ʳ.

[586] Ebd. fol. 7ʳ. – In Joh 1,1–5 sieht er die expositio creationis (per divinitatem Christi) et recreationis (per humanitatem eius), in Joh 1,6 ff dagegen die historiae recreationis narratio, qua usque ad finem libri docemur, quo ordine restauratio hominis gesta fit, quid Christus egerit, quid docuerit etc.

[587] Calvin (s. Anm. 468), 7.

[588] Ebd. 5 f.

[589] Ebd. 6: Unde sequitur de hominum salute actum esse, nisi novo auxilio Deus succurrat.

[590] Ebd.: Duae sunt praecipuae luminis partes, quod adhuc in corrupta natura residet. Nam omnibus ingentium est aliquod religionis semen: deinde insculptum est eorum conscientiis boni et mali discrimen.

[591] Anstelle eines allgemeinen Überblicks sei nur daran erinnert, was Thomas zu Joh 1,5 bemerkt hat (I.4.103): Licet autem aliquae mentes sint tenebrosae, idest sapida et lucide sapientia privatae, nulla tamen adeo tenebrosa est quin aliquid veritatis a quocumque cognoscitur, totum est ex participatione istius lucis, quae in tenebris lucet, quia omne verum, a quocumque dicatur, a Spiritu sancto est.

[592] 209,18–23.

schichte bestimmt habe: Er »hatt . . . unß alle mit yhm dreyn tzogen«[593]. Auch
in ihn selbst, bekennt Luther, habe sich diese selbstverständlich gewordene
Tendenz der Auslegung tief eingefressen — »o das dißer vorstandt auß meynem hertzen gerodtet were«[594] —, so daß es ihn entsprechend große Mühe kosten werde, dagegen anzugehen[595].

Luther hält der Deutung auf das lumen rationis jedoch nicht entgegen, daß
sie schlechterdings die Wahrheit verfehle, sondern nur, daß sie diese verkürze.
Denn was darin von der Vernunft gesagt ist — daß sie den, der sie erleuchtet
hat, nicht sieht —, gilt ja nicht minder von dem Leben, der Kraft, dem Willen,
kurz: von *allen* natürlichen Gaben: Sie alle sind von Gott gegeben und taugen
dennoch nicht, ihn zu begreifen[596]. Aber selbst in solcher Ergänzung wäre die
überkommene Deutung von Joh 1,5 »auff dißem ortt des Euangelij uneben
und untzeyttig«[597], weil sie das, was Johannes »eynfelltig« lehrt, mit ihrem
»unnutzen und unuerstendigen geschwetz«[598] philosophisch vernebelt. Erneut
klingt darin die fast leitmotivisch wiederkehrende Antithese an, in der Luther
die einfältige, aber rettende Wahrheit des Evangeliums einer dunklen und soteriologisch blinden Spekulation entgegenstellt.

Die von Luther konstatierte Unzeitigkeit der abgewehrten Deutung ergibt
sich für ihn aus deren gedanklicher Inkonsistenz. Denn anders als die Finsternis, von der V. 5 redet, ist das natürliche Licht durchaus erleuchtet! Von einem
erleuchteten Licht aber zu sagen, es erkenne nicht, sei ebenso widersinnig, als
würde man sagen: »das leben macht lebendig die todten, und die todten be-
greyffens nit«[599]. Dem lumen rationis vorzuwerfen, daß es Gott nicht erkennt,
hieße, ihm vorzuwerfen, daß es ist, was es ist. Doch nicht von dieser natürlichen Begrenztheit der Vernunft handle V. 5, vielmehr, wie schon zu V. 4 bemerkt, vom lumen gratiae. Denn das Licht der Gnade leuchtet wirklich — »das
liecht leucht (phaenei) das ist: es ist offinbar odder kegenwertig für augen«[600] —, aber es *er*leuchtet nicht, die sich ihm verschließen. Zweimal gebraucht Luther dafür das Bild vom Blinden und der Sonne[601], verschweigt
freilich an dieser Stelle, woraus es geschöpft ist, obwohl er darin Augustin ungleich näher kommt als in dem oben erwähnten Versuch, diesen als Ausgangspunkt jener unseligen Fehldeutung von Joh 1,5 zu behaften[602].

---

[593] 210,14—17.
[594] 209,23—210,1.
[595] 212,4: Sihe, wz wort muß ich vorschutten, das ich dißen frembden vorstand auß-
hebe.
[596] 210,1—211,7.
[597] 210,1 f.
[598] 210,15 f.
[599] 210,6—10.
[600] 213,9 f.
[601] 212,3 f. — 213,11 f.
[602] Vgl. dazu den vorausgehenden Abschnitt, der für diese Konstruktion wenig Anlaß

Was nun den »eynfelltigen vorstandt« betrifft, »den die wort ungetzwungen geben«[603], so bezeichnet dieser, Luther zufolge, die Menschen durchaus, wenn auch einen jeden nach seinem Maß, als mit natürlicher Vernunft erleuchtet, nicht jedoch mit dem Licht der Gnade. Von diesem aber sage V. 5, daß es unter den blinden — nämlich »gnadloßen« — Menschen leuchte, während die Menschen es nicht annähmen, ja es sogar verfolgten[604]. Daß Joh 1,5 auf die Ignoranz gegenüber dem in Christus erschienenen Heil abzielt, untermauert Luther sodann mit entsprechenden Worten des Evangelisten Johannes (Joh 3,19), des Täufers (Joh 1,10) sowie des Apostels Paulus (1 Kor 2,8)[605]. Indes herrscht solche Blindheit, wie Luther in einem kurzen, aber aufschlußreichen Einwurf hinzufügt, nicht erst seit Christi Geburt, vielmehr »von anbegynn und biß anß end«: *immer* sei Christus ein Leben und Licht[606]. Es mag überraschen, entspricht freilich durchaus seiner auch sonst vertretenen Lehre von der Schöpfung[607], wenn Luther hier als Quelle des Gnadenlichts zuerst auf »alle creatur« verweist (vgl. § 5.3), sodann erst auf die Schrift und die »heyligen menschen, propheten und prediger« Gottes[608]. Dennoch: »Es ist alliß finster, da er hyn leucht, und die finsterniß begreyffen yhn nit . . . Alßo gehts alltzeytt, auch itzt«[609]. In zwei Prolog-Predigten des Jahres 1533 hat sich Luther noch sehr viel ausführlicher als in der Wartburgpostille der Geschichte dieses *lumen gratiae* gewidmet. Seit dem ersten Gnadenwort an Adam (Gen 3,15) habe es unter den Menschen geleuchtet: »Hae promissiones sind herdurch gangen . . . Es hat an liecht und offenbarung nicht gemangelt, Et hat geleucht per promissiones, ist praedicatum per Adam, Abel, Enoch, Noe etc.«[610]. Die Liste derer, die sich erleuchten ließen und also glaubten[611], führt freilich immer auch eine Genealogie des Unglaubens mit sich, an deren Anfang Kain steht, der den Bruder erschlug[612]. Denn wenn das Licht auch zu allen Zeiten den Menschen

---

bietet und stattdessen ergeben hat, daß v. a. Lyra der von Luther inkriminierten Deutung sehr genau entspricht.

[603] 212,6 f.

[604] 212,7−11.

[605] 212,11−20.

[606] 212,20−22.

[607] Vgl. dazu O. BAYER, Schöpfung als Anrede. Zu einer Hermeneutik der Schöpfung, 1986, 33−108.

[608] 212,22−213,1.

[609] 213,1 f. 5.

[610] WA 37; 4,12.16 f. − Vgl. insges. ebd. 3,16−4,39; 5,2−23. − Noch ausführlicher, aber in der Sache nicht weiterführend handelt davon eine der Reihenpredigten von 1537 (WA 46; 563,33−567,32).

[611] WA 37; 4,28 f: Adam, Eva, Abel susceperunt, liessen sich erleuchten et acceperunt per fidem.

[612] Ebd. 4,17−19. − Vgl. WA 46; 564,36 f (1537): Der köstliche Prediger Adam predigte vergebens seinem Sone Chain und allen seinen Nachkomen.

geleuchtet hat − nämlich: gepredigt wurde[613] −, blieben doch die meisten in der Finsternis; sie »schnarckten, theten die augen zu, non audiebant«[614].

Auch ohne derlei geschichtliche Vertiefungen spitzt sich in der Prolog-Predigt der Wartburgpostille am Ende alles auf die Dichotomie von Glaube und Unglaube zu. Eben darin sieht Luther den »eynfelltigen«, »ungetzwungen(en)« Sinn des Verses getroffen, daß man die Finsternis als den Unglauben versteht: Das Licht ist gegenwärtig, aber die Finsternis sieht und hört es nicht. Dem Unglauben, diesem Inbegriff menschlicher Sünde, bleibt das Licht der Wahrheit verstellt[615]. Es gibt denn auch nichts, was aus dieser Blindheit herausführen könnte − keine noch so gut gemeinten Mühen des Herzens und des Verstandes[616] −, als den Glauben allein. Die aber der Predigt von Christus glauben, denen wird er »das liecht und leben«; er erleuchtet sie nicht nur, sondern »macht sie durchleuchtig«[617], weil das Licht in ihnen lebt und so den Satz zu seinem Recht bringt: »das leben ist (!) eyn liecht der menschen«[618]. −

Den Übergang zu V. 6 markiert Luther durch den knappen Rückblick auf die ersten fünf Verse des Prologs, in denen Johannes, dem Beispiel des Paulus (Rö 1,1−6) entsprechend, »eyne vorrhede und eyngang seyniß Euangeli« gegeben habe. Recht verstanden, titulieren diese Verse die Hoheit Christi − »nemlich, das er sey warer gott und mensch« − und enthalten damit schon den ganzen Begriff des Evangeliums[619]. Weil dieses aber, derart begriffen, seinen Lauf nehmen will, läßt Johannes nun den »recht anfang des Euangelij«[620] folgen.

---

[613] Ebd. 4,19f: Lucebat hominibus, i. e. praedicabatur hominibus.

[614] Ebd. 4,18−21. − Die selbstverständliche Gleichsetzung von ›lucere‹ und ›praedicari‹ findet sich allenthalben; vgl. nur WA 37; 5,19f: Hoc verbum ist hell liecht worden, hat sich lassen predigen. − Vgl. dazu §§ 12 u. 14 dieser Arbeit.

[615] 213,11−14.

[616] So lautete die Empfehlung Lyras (s. Anm. 579).

[617] 213,15; die lateinische Übersetzung bietet »lumine gratiae plenos«.

[618] 213,14−16; ebd. 213,16−19: Widderumb: das liecht on leben ist eyn scheyn der finsternisse; darumb hilfft keyn scheynen bey den unglewbigen, wie hell man yhn die warheytt tzeygt unnd furhellt, ßo bleyben sie doch finster.

[619] 213,19−214,1: Szo wollen wyr nu alle diße vorigen spruche des Euangelisten vorstehen alß gemeyne eygenschafft und titell Christi, das er damit alß ynn eyner vorrhede und eyngang seyniß Euangeli wolle ynn der gemeyn angetzeygt haben, was von Christo ym gantzen Euangelio tzu schreyben sey, Nemlich, das er sey warer gott und mensch, der alle ding geschaffen hab, unnd er sey den menschen tzu eynem leben und liecht geben, wiewol yhn wenig auffnehmen unter allen, den er offinbart wirt.

[620] 214,3.

§ 11: Christus das Wort Gottes

Wieder scheint es geraten, zu Beginn einer exkursorischen Vertiefung auf deren selbstgesteckte Grenze zu verweisen. Die Begrenzung ihrer Zuständigkeit läßt zugleich auch den Erkenntnisgewinn, der von ihr zu erwarten ist, beschränkt sein. Und selbst der so begrenzte Nutzen hat noch zur Voraussetzung, daß man die Grenze respektiert und also die thematischen und kritischen Erwartungen, die die Überschrift des Paragraphen erwecken könnte, auf das darin gesetzte Maß reduziert.

Luthers Kommentar zu Joh 1,1–5 ist, was weder in exegetischer noch in auslegungsgeschichtlicher Hinsicht überraschen kann, dezidiert christologisch bestimmt. Das gibt zu einer knappen, den Auslegungszusammenhang unterbrechenden Besinnung auf einige christologische Aspekte Anlaß, die für die Frage nach Luthers Sprachverständnis von hervorgehobenem Interesse sind. Woraus erhellt, daß weder an eine Übersicht zu Luthers Christologie[621] noch

---

[621] Neben der in Anm. 626, 627, 631 u. 632 genannten Literatur vgl. v. a. die folgenden Arbeiten:

H.-M. BARTH, Der Teufel und Jesus Christus in der Theologie Martin Luthers (FKDG 19), 1967, v. a. 35–81. – O. BAYER, Tu dich auf! (in: DERS., Schöpfung als Anrede [s. Anm. 607], 62–79). – BORNKAMM (s. Anm. 175), v. a. 157–166. – K. BURBA, Die Christologie in Luthers Liedern (SVRG 175), 1956. – G. EBELING, Wort Gottes und Hermeneutik (in: DERS., Wort und Glaube, Bd. 1, 1960, 319–348, v. a. 341). – DERS., Das rechte Unterscheiden. Luthers Anleitung zu theologischer Urteilskraft (ZThK 85, 1988, 219–258, v. a. 225–230). – E. ELLWEIN, Die Christusverkündigung in Luthers Auslegung des Johannesevangeliums (in: DERS., Summus Evangelista. Die Botschaft des Johannesevangeliums in der Auslegung Luthers, 1960, 92–135). – M. FEREL, Gepredigte Taufe. Eine homiletische Untersuchung zur Taufpredigt bei Luther (HUTh 10), 1969, 153–191. – G. W. FRANK / R. SEEBERG, Art. Communicatio idiomatum, RE³, 4, 254–261. – P.-W. GENNRICH, Die Christologie Luthers im Abendmahlsstreit 1524–1529, Diss. Königsberg 1929. – U. GERBER, Disputatio als Sprache des Glaubens (BSHST 15), 1970, v. a. 243–260. – TH. HARNACK, Luthers Theologie mit besonderer Beziehung auf seine Versöhnungs- und Erlösungslehre, Bd. 2 (1886), Neue Ausgabe 1927, v. a. 89–194. – GOGARTEN (s. Anm. 175), 63–110. – E. ISERLOH, Luther und die Mystik (in: Kirche, Mystik, Heiligung und das Natürliche bei Luther. Vorträge des 3. Intern. Kongresses für Lutherforschung, hg. v. I. ASHEIM, 1967, 60–83). – IWAND (s. Anm. 175), 118–131.203–225. – JANSEN (s. Anm. 85). – W. JOEST, Ontologie der Person bei Luther, 1967, 354–394. – E. JÜNGEL, Zur Freiheit eines Christenmenschen. Eine Erinnerung an Luthers Schrift (KT 30), 1978, v. a. 54–115. – KINDER (s. Anm. 175). – G. MÜLLER, Luthers Christus-

auch nur zu seiner Auffassung der Zweinaturenlehre zu denken ist. Luthers
Lehre von der Idiomenkommunikation erfährt nur als Folie dessen, was zu
dem damit verbundenen sprachlichen Phänomen zu sagen ist, eine knappe Erwähnung (1). Und auch die Vereinung von Gotteswort und Menschenwort in
Christus (2) kann hier nicht in jeder Hinsicht, schon gar nicht unter Zitation
jedes einschlägigen Lutherwortes bedacht werden. Worum es allein gehen
kann, ist der Versuch, die thematischen Grundstrukturen bündig zu rekonstruieren. Für das Thema der Sprache bei Luther ist diese Frage insofern von
zentraler Bedeutung, als in ihr alle wesentlichen Linien zusammenlaufen und
sich in Christus, wie man sagen könnte, die dichotomischen Bestimmungen
von Gotteswort und Menschenwort *kreuzen*. Zu dieser Mittelstellung gehört
freilich, daß man die Lehre von Leben, Sterben und Auferstehen Jesu Christi
nicht in einen gleichsam historischen Rahmen presst, sondern immer in ihrer
soteriologischen Pointierung versteht, ohne die sie für Luther niemals ein selb-
ständiges Thema sein konnte.

Im übrigen ist das Thema dieses Paragraphen schon mehrfach berührt worden. Was zu Luthers christozentrischem Schriftverständnis (§§ 3.2 u. 9.1),
dem verbum aeternum (§§ 4.1 u. 5.2) und prolatum (§ 5.4), der Mündlichkeit
des Evangeliums (§§ 7.3.b u. 9.1.a) sowie zu der Auslegung von Joh 1,1−5
(§§ 8 u. 10) bereits gesagt worden ist, soll hier nicht wiederholt, sondern stillschweigend vorausgesetzt werden.

---

zeugnis (in: Jesus Christus. Das Christusverständnis im Wandel der Zeiten, 1963, 41−57).
− De Negri (s. Anm. 175), 76−87. − K. O. Nilsson, Simul. Das Miteinander von Gött-
lichem und Menschlichem in Luthers Theologie (FKDG 17), 1966. − A. Peters, Luthers
Christuszeugnis als Zusammenfassung der Christusbotschaft der Kirche (KuD 13, 1967,
1−26.73−98). − Ders., Verborgener Gott − Dreieiniger Gott (s. Anm. 85). − F. W.
Schmidt, Art. Wort Gottes II. Dogmatisch, RGG², V, 2022−2024. − C. Stange, Die
Person Jesu Christi in der Theologie Luthers (ZSTh 6, 1929, 449−483). − E. Vogelsang,
Die Anfänge von Luthers Christologie nach der ersten Psalmenvorlesung (AKG 15), 1929.
− Ders., Der angefochtene Christus bei Luther (AKG 21), 1932. − E. Wolf, Die Chri-
stusverkündigung bei Luther (in: Ders., Peregrinatio. Studien zur reformatorischen Theo-
logie und zum Kirchenproblem, 1954, 30−80).
    Für den biblischen Hintergrund vgl. G. Bornkamm, Gotteswort und Menschenwort im
Neuen Testament (in: Ders., Studien zu Antike und Urchristentum, Ges. Aufsätze, Bd. 2
[BevTh 28], 1970, 223−236). − R. Hermann, Gotteswort und Menschenwort in der Bibel. Eine Untersuchung zu theologischen Grundfragen der Hermeneutik, 1956.
    Ferner: Ph. Kaiser, Die Gott-menschliche Einigung als Problem der spekulativen Theo-
logie seit der Scholastik (MThS.S 36), 1968.

1. Die Lehre von der communicatio idiomatum als Sprachproblem

a) Die hypostatische Union

Der Gedanke, daß in Christus die göttliche und die menschliche Natur zu einer Person vereinigt sind, hatte Luthers Auslegung der ersten fünf Prologverse wie ein roter Faden durchzogen. In der dogmatischen Formel der Zweinaturenlehre sah er das Anliegen des Evangelisten denn auch auf seinen Begriff gebracht: Dieser habe in Joh 1,1–5, einer Vorrede gleich, anzeigen wollen, »was von Christo ym gantzen Euangelio tzu schreyben sey, Nemlich, das er sey warer gott und mensch«[622]. Auch sonst hat Luther die Auslegung des Johannes-Prologs immer wieder, mitunter in ermüdender Ausführlichkeit, zum Anlaß genommen, seine Predigthörer in die Lehre von den zwei Naturen Christi einzuüben[623].

Luthers christologische Reflexion steht ganz auf dem Boden des altkirchlichen Dogmas. Auch wo er den überkommenen Lehrbestand spezifisch akzentuiert (wie etwa in seinem Eintreten für die An- bzw. Enhypostasie[624]) oder erweitert (wie etwa in seiner soteriologischen Pointierung der Christologie, derentwegen er »mit einer in der Theologie vorher nicht erhörten Kühnheit … die Gottheit in die Menschheit hineingezogen«[625] hat[626]), setzt er das alte Dogma uneingeschränkt voraus[627]. In Hinsicht auf Luthers Rezeption der Zweinaturenlehre hat die Forschung Beachtliches geleistet: Während D. Vorländer die Lehrgestalt bis zum Vorabend von Luthers Wartburgaufenthalt in einer detaillierten Studie rekonstruiert hat[628], unterzog R. Schwarz die wohl pointierteste Ausformung von Luthers Zweinaturenlehre in seinen Disputationen »De divinitate et humanitate Christi« (1540)[629] und »De sentencia: Ver-

---

[622] 213,19–23.

[623] Vgl. etwa WA 47; 629,28–638,15 (1539).

[624] Vgl. WA 39,2; 93,10–94,2 (Disputatio de divinitate et humanitate Christi, Th 5–12) (1540).

[625] ALTHAUS (s. Anm. 175), 169.

[626] Vgl. dazu ALTHAUS (s. Anm. 175), 161–171. – C. H. RATSCHOW, Jesus Christus (HSTh 5), 1982, 21–37. – VORLÄNDER (s. Anm. 85), v. a. 231 ff.

[627] ALTHAUS (s. Anm. 175), 159–175. – KOOPMANS (s. Anm. 85), v. a. 80–86. – M. LIENHARD, Martin Luthers christologisches Zeugnis. Entwicklung und Grundzüge seiner Christologie, 1980, 115–145.

[628] S. Anm. 626.

[629] WA 39,2; 92–121. – Diesen zentralen Text hat W. FÜHRER trotz des enzyklopädischen Anspruchs seiner Arbeit (s. Anm. 175) nicht berücksichtigt. Wie unzulänglich seine Darstellung der Christologie bei Luther ist, mag allein schon aus dem folgenden Zitat zu ersehen sein (aaO. 83 f): »Mit dem Imputationsgedanken stellt er (sc. Luther) die Verbindung zwischen Christologie und Wortlehre her und legt dar, daß das Wort Gottes im höchsten Maße christologisiert (!) ist.«

bum caro factum est« (1539)[630] einer eingehenden, im Vergleich mit der ockhamistischen Tradition geschärften und seit ihrem Erscheinen viel gerühmten
Interpretation[631]. Selbst wenn Luther die einzelnen Gesichtspunkte zu verschiedenen Zeiten unterschiedlich gewichtet haben mag[632], hält er doch stets
mit Nachdruck an der Doppelthese fest, wonach weder die Betonung der personalen Einheit Christi zu einer Vermischung der Naturen führen dürfe noch
das Unterscheiden der zwei Naturen zu der Annahme zweier Personen in
Christus. Bei allen kontextuell bedingten Nuancierungen ist ihm beides wesentlich: das Festhalten an der einen Person gegenüber allen doketistischen Ab-
schwächungen[633] wie auch die Notwendigkeit, die zwei Naturen deutlich zu
unterscheiden[634].

Mit dem Hinweis auf die fides catholica, die sich in dieser Auffassung for-
muliere, beginnt Luther seine »Disputatio de divinitate et humanitate Christi«[635]. Gleichwohl hat er, was als Ausdruck eines umfassenden Konsenses auf
den Plan tritt, sogleich spezifisch nuanciert: Das mehrfach und ausdrücklich
betonte »unitum esse« der beiden Naturen in der einen Person sowie die bevorzugt gebrauchten Worte coniungi und coniunctio deutet Schwarz als Ausdruck einer bewußten Frontstellung gegen die ockhamistische Reduktion der
personalen (hypostatischen) auf eine die menschliche Natur nur emporhal-
tende (suppositale) Union[636]. Für die Person Christi läßt Luther keine Einschränkung gelten: Das mit der göttlichen Natur wesensgleiche Wort nimmt
die menschliche Natur an, und dies nicht etwa in suppositaler Abhängigkeit,
sondern in der Einheit der Person[637]. In der Frage des Leidens und Sterbens

---

[630] WA 39,2; 1−33.

[631] R. SCHWARZ, Gott ist Mensch. Zur Lehre von der Person Jesu Christi bei den Ockhamisten und bei Luther (ZThK 63, 1966,289−351). − Es wäre nicht schwer, dürfte aber
wenig sinnvoll sein, eine umfangreiche Liste von (zumeist lobenden) Erwähnungen dieser
Studie zu erstellen. Gleichwohl würde ich eine differenzierte Rezeption dieser Arbeit oder
gar die Fortführung der von SCHWARZ als noch unbeantwortet deklarierten Fragen
(S. 350 f), wenn es sie denn gibt, übersehen haben.

[632] M. LIENHARD meint etwa, daß Luther seit dem Abendmahlsstreit die Einheit zwischen den zwei Naturen Christi stärker als zuvor unterstrichen habe (s. Anm. 627; v. a. in
der Zusammenfassung aaO. 279); vgl. ferner DERS., Luthers Christuszeugnis (in: H. JUNG-
HANS [Hg.], Leben und Werk Martin Luthers von 1526 bis 1546. Festgabe zu seinem
500. Geburtstag, 1983, 77−92).

[633] Für die Disputationen vgl. SCHWARZ (s. Anm. 631), 301 f. − Für die Wartburgpostille vgl. etwa WA 10,1,1; 150,21 f (»Obwol die tzwo natur unterschieden sind, ßo ists
doch eyne person«) sowie die knappe Skizze bei LIENHARD (s. Anm. 627), 129 f.

[634] WA 39,2; 97,9−14.

[635] Ebd. 93,2 f (Th 1): Fides catholica haec est, ut unum dominum Christum confitea-
mur verum Deum et hominem.

[636] SCHWARZ (s. Anm. 631), 303−305; zum ockhamistischen Hintergrund vgl. ebd.
293−301.

[637] WA 39,2; 117,22−27: Si diceretur: Persona divina suscepit humanam naturam, id
est, personam, tunc essent duae personae, quod non concedimus. Non enim sunt duae

Christi am Kreuz erwächst dem Gedanken einer hypostatischen Union die äußerste Herausforderung: Hat also auch Gott selbst gelitten, ist auch er gestorben? Indes sieht Luther die personale Einheit Christi gerade hierin als unaufgebbar an. Gerade um der unio personalis willen könne man nicht umhin zu sagen, daß Christus als wahrer Gott und wahrer Mensch für uns gelitten habe und die ganze Person für uns gestorben sei[638]. »Da gehets ineinander humanitas et divinitas ... Deus et homo crucifigitur sub Pontio Pilato«[639]. In dem unbeirrten Festhalten an dieser deipassianischen Auffassung – wie man sie in Unterscheidung zum Patripassianismus der Modalisten zu nennen pflegt – hat sich für Luther der Gedanke der hypostatischen Union letztlich zu bewähren[640].

Von dem gegen die personale unio von Gott und Mensch in Christus geltend zu machenden Einwand »nulla est proportio finiti et infiniti« läßt sich Luther nicht beirren. Formuliert dieser doch ein philosophisches und also unangemessenes Argument. Was sich vernünftiger Einsicht entzieht[641] und nicht einmal den Engeln begreiflich ist[642], bildet das Fundament der Theologie[643] – so freilich, daß zwischen Endlichem und Unendlichem, zwischen Geschöpf

---

substantiae etc. (vgl. ebd. 117,32–118,4). – Vgl. dazu aus einer Predigt über Joh 1 von 1539 (WA 47; 636,17–637,11): Er wil personam unzertrennet haben, ut Maria non solum humanitatem, sed etiam divinitatem pepererit. Das von ir geborn wird filius Dei, quando vidit filium suum suis oculis, vidit Dei filium, quia duae istae naturae una persona. Si etiam oculi nicht reichen an die Gotheit, tamen an die person. Ut si video hominem latentem sub veste, nihil video nisi tunicam, et tamen adest vere. Si do loculum cum aureis, non video florenos, sed tantum loculum. Quanto plus hic, ubi Deus et homo una persona. Datur similitudo de ferro ignito, qui attingit ferrum, et ignem attingit. Verbum, quod factum caro, habitavit inter nos, ist unser mitburger worden, hat gethan ut alius homo, kind existens hat er die axt Joseph nachgetragen, matri wasser geholet. Iudaei cum crucifixerunt eum, non tantum carnem vel hominem, sed etiam Deum, quia est una persona in zweien naturn. Ista omnia scribuntur ad confirmationem fidei nostrae, ne naturae zertrennet werden. Non tantum habitavit inter nos homo, sed verbum, qui est filius Dei et factus homo inter nos habitavit. Sic dic: Dei filius in cunis, in sinu matris sugit lac, leit im bette auff der Erden, holet der Mutter spehn, fiesch, kees, brot, ut istum articulum gewaltig fassen mogen propter istos, qui volunt istam personam zertrennen.

[638] WA 39,2; 21,1–4: Quia una persona Deus et homo non possint separari, cogimus dicere, quod Christus vere Deus et vere homo passus sit pro nobis, et dicitur tota persona pro nobis mortua.

[639] WA 39,2; 101,28–102,1.5f. – Vgl. WA 10,3; 73,23 (1522): Nu hatt es unser gott für unns gelitten ...

[640] LIENHARD (s. Anm. 627), 129f. – Vgl. ferner E. JÜNGEL, Vom Tod des lebendigen Gottes (in: DERS., Unterwegs zur Sache. Theologische Bemerkungen [BevTh 61], 1972, 105–125, v. a. 111–116).

[641] Vgl. die Nachweise bei SCHWARZ (s. Anm. 631), 308.

[642] WA 39,2; 98,13–15: Est res incomprehensibilis, sicut etiam ipsi angeli non possint sapere et comprehendere, quod duae naturae in una persona unitae sunt.

[643] WA 39,2; 8,21f.

und Schöpfer nicht nur eine proportio, sondern eine unitas behauptet wird[644]:
»Nos distinctas naturas coniungimus vel unimus in unam personam«[645].

b) Die Idiomenkommunikation

In dieser personalen Einheit von Gott und Mensch gründet die communicatio
idiomatum[646]. Sie besagt, daß die beiden in Christus vereinten Naturen wech-
selseitig an dem eigentümlichen Sein der Naturen teilhaben. Darin formuliert
sich für Luther jedoch nicht ein spekulatives Problem, sondern die spezifische
Sprachaufgabe, zu der sich die Theologie bleibend herausgefordert sieht. Die
Einheit der beiden Naturen in der Person Christi sachgemäß auszusagen,
transzendiert die Möglichkeiten der gewohnten, philosophischen Sprache.
Die Theologie ist darum an die formulae loquendi verwiesen, die Gott uns gegeben hat[647]. Die Idiomenkommunikation fungiert denn auch als Grundregel
der vom heiligen Geist gelehrten »Grammatik«, in der allein ein seinem Gegenstand entsprechendes christologisches Reden möglich ist[648]. So gesehen,
liegt in dieser Lehre für Luther der Skopus der gesamten Christologie, und der
Terminus »communicatio idiomatum« kann insofern durchaus, wie J. Koopmans bemerkt hat, als deren Zusammenfassung gelten[649].

Das Prinzip der communicatio idiomatum hat Luther dahin definiert, daß,
was immer vom Christus vere homo ausgesagt ist, auch für den Christus vere

---

[644] WA 39,2; 112,15−21: Est philosophicum argumentum. Nulla est proportio creaturae et creatoris, finiti et infiniti. Nos tamen non tantum facimus proportionem, sed unitatem finiti et infiniti. Aristoteles, si hoc audisset vel legisset, nunquam factus esset christianus, quia ipse non concessisset illam propositionem, quod eadem proportio sit finiti et
infiniti.

[645] Ebd. 121,3 f. − Vgl. dazu SCHWARZ (s. Anm. 631), 308 f.

[646] Ebd. 93,4 f (Th 2): Et hac veritate geminae substantiae et unitate personae sequitur
illa, quae dicitur, communicatio idiomatum.

[647] Ebd. 98,12−20: Nos igitur iam disputamus ideo, ut discatis res et phrases scripturae
et patrum. Est res incomprehensibilis, sicut etiam ipsi angeli non possint capere et comprehendere, quod duae naturae in uns persona unitae sunt. Ideo ut capere aliquomodo possimus, dedit Deus nobis formulas loquendi, quod Christus sit Deus et homo in una persona,
et non sunt duae personae, sed duae naturae unitae sunt in una persona sic, ut, quod ab humana natura fit, dicatur etiam fieri a divina, et e contra. Sic filius Dei est mortuus et sepultus in arenis ut omnes alii, et filius Mariae ascendit in coelos, sedet ad dextram patris etc.
− Vgl. dazu SCHWARZ (s. Anm. 631), 309 sowie 291 f. Anm. 16.

[648] WA 39,2; 104,24: Spiritus sanctus habet suam grammaticam (vgl. ebd.
104,24−105,2).

[649] KOOPMANS (s. Anm. 85), 80. − Die Idiomenkommunikation gar als »das Herzstück
der Theologie Luthers« zu bezeichnen (so NILSSON [s. Anm. 621], 228), scheint mir jedoch
eine unzulässige Übertreibung zu sein: Wäre sie es, nur weil sie, wie Nilsson richtig feststellt, für die Konsistenz von Luthers Denken unentbehrlich ist, so würde dessen Theologie eine Vielzahl von Herzen haben.

deus gilt, und umgekehrt[650]. So entspricht es theologisch der Wahrheit, vom Menschen Christus zu sagen, er habe die Welt erschaffen, von Christus als Gott hingegen, er habe gelitten und sei gestorben und begraben worden[651]. Nicht in der akademisch-disputativen, wohl aber in verschiedenen homiletischen Gestalten seiner Schriftauslegung hat Luther diese regula loquendi, auch darin der Tradition entsprechend[652], am Beispiel der dichotomischen Struktur des Menschen verdeutlicht. Denn auch dem Menschen — wiewohl er nur »zum groben gleichnis« dienen kann[653] — werden Eigenschaften und Tätigkeiten prädiziert, die doch nur dessen Leib oder nur dessen Seele betreffen.

Also redet man von einem jglichen menschen: Der mensch isset und trincket, dewet, schlefft, wachet, gehet und stehet, erbeitet etc., welcher er doch nach der seele keines thut, sondern allein der leib, Und doch von der gantzen person, so leib und seel hat, gesagt wird, Denn er ist ein mensch nicht allein des leibs, sondern beide, des leibs und der seel halben, Widerûmb sagt man auch von jm: Der mensch dencket, tichtet, lernet, Denn nach der vernunfft oder seelen kan er werden ein Lerer oder Meister, Richter, Rat, Regent, welchs jm der leib noch des leibs gliedmas keines gibt, Und dennoch spricht man: Das ist ein geschickter kopff, vernûnfftig, geleret, weise, wol beredt, kûnstreich. Also sagt man von einem weib: Die mutter tregt, gebirt oder seuget das kind, So sie doch nicht nach der seele, sondern allein nach dem leib eine mutter heisst, Doch gibt man solchs der gantzen weiblichen person. Item, wenn einer einen menschen fur den kopff schlegt, so spricht man: Dieser hat Hansen oder Greta geschlagen, Also wenn ein glied verletzet oder verwundet wird, so heisst es den gantzen menschen verwundet.[654]

Die Idiomenkommunikation betreffend, hebt Luther nun aber mit Nachdruck hervor, daß sie nur in konkreter, auf die Person Christi bezogener Rede sinnvoll sein kann. »Iste Deus«, »iste homo«, heißt es immer wieder: In »diesem Gott« erfährt die göttliche Natur ihre personale Konkretion, in »diesem Menschen«, dem filius Mariae, zugleich die menschliche Natur. Beides verweist auf die eine Person Christi[655], in der allein Gott und Mensch dieselben Prädi-

---

[650] WA 39,2; 93,6f (Th 3): Ea, quae sunt hominis, recte de Deo et e contra, quae Dei sunt, de homine dicantur.

[651] Ebd. 93,8f (Th 4): Vere dicitur: Iste homo creavit mundum et Deus iste est passus, mortuus, sepultus etc.

[652] Vgl. nur die Nachweise bei KOOPMANS (s. Anm. 85), 81. Anm. 23.

[653] WA 45; 558,14 (1537).

[654] Ebd. 557,39—558,13. — WA 10,1,1; 150,3 (1522): Alß ym gleychniß: Wenn ich sage von eynem vorwundten beyn eynß menschen, sprech ich: der mensch ist wund, ßo doch seyn seel odder der gantz mensch nit wund ist, ßondernn eyn stuck seynß leybs, darumb das leyb und seel eyn ding ist. Wie ich nu von leyb und seel reden muß unterschiedlich, alßo auch von Christo. — Vgl. WA 47; 631,18—632,5 (1539).

[655] Luther differenziert dies freilich dahingehend, daß die göttliche Natur auch in abstracto von Christus ausgesagt werden kann, während die Idiomata der menschlichen Natur nur in concreto von Christus prädiziert werden dürfen: WA 39,2; 93,10—17 (Th 5—9). — Vgl. SCHWARZ (s. Anm. 631), 309f.

kate haben[656]. Darum muß — was für Luther nicht zuletzt in der Abendmahls-
frage virulent geworden ist[657] — jede Eigentümlichkeit der einen Natur immer
auch der andern zugeschrieben werden. So gilt, daß der Sohn Gottes gestorben und begraben worden ist, ebenso wie dies, daß der Sohn Mariens, gen
Himmel aufgefahren, zur Rechten Gottes, des Vaters, sitzt[658]. Daß die Schrift
mitunter von Christus allein nach seiner göttlichen oder allein nach seiner
menschlichen Natur redet (vgl. § 11.2.a), hebt für Luther die communicatio
idiomatum nicht auf, sondern setzt sie gerade voraus[659].

Mit dieser Lehre von der Idiomenkommunikation sieht Luther ein spezifi-
sches Sprachproblem verbunden, das er zunächst thetisch umreißt: »Omnia
vocabula in Christo novam significationem accipere in eadem re significata«[660]. Demzufolge werden Worte wie homo, humanitas, passus etc. zu
neuen Worten, wenn man sie von Christus aussagt. Sie bezeichnen zwar keine
neuen oder anderen Sachen wie sonst, aber diese doch, auf Christus bezogen,
in einer neuen, anderen Weise[661]. Luther erläutert diese nova lingua mit Hilfe
des Satzes »Christus est creatura«. In der vetus lingua, der Sprache der alltäglichen wie der philosophisch reflektierenden Vernunft, gilt die creatura als das
vom Schöpfer Geschaffene und darum von ihm unendlich Getrennte[662].
Würde man in diesem Sinne von Christus sagen, er sei Geschöpf, so machte
man sich der arianischen Ketzerei schuldig[663]. Denn Christus ist, obschon
creatus, nicht von Gott getrennt. Da der Satz »Christus est creatura« aber trotz
der Möglichkeit einer arianischen Fehldeutung in Geltung steht, bleibt es der
Theologie aufgetragen, in einer nova lingua zwar nicht die Prädikation, wohl
aber die Bedeutung derselben zu erneuern. Auf Christus bezogen, bedeutet
demnach creatura nicht ein von Gott Getrenntes, sondern die untrennbar,
freilich auf nicht zu sagende Weise verbundene Einheit von Geschöpf und
Schöpfer in derselben Person[664]. In Christus »creator et creatura unus et idem

---

[656] WA 39,2; 101,27 f: Sunt eadem praedicata Dei et hominis.

[657] Vgl. etwa VORLÄNDER (s. Anm. 85), 220 f.

[658] Für die Nachweise vgl. SCHWARZ (s. Anm. 631), 310 f.

[659] WA 39,2; 111,14−16: Maxima est illa unitas duarum naturarum in una persona, ut
pares sint in praedicatione, communicant sibi idiomata, quasi vel solum esset Deus vel solum homo.

[660] Ebd. 94,17 f (Th 20).

[661] Ebd. 94,23−26 (Th 23 f): Ita necesse est, vocabula: homo, humanitas, passus etc. et
omnia de Christo dicta nova esse vocabula. Non quod novam seu aliam rem, sed nova et
aliter significe(n)t, nisi id quoque novam rem dicere velis. − Vgl. dazu WA 39,2; 30,18 f;
19,7.34 f.

[662] Ebd. 105,4 f: Creatura est in veteri lingua id, quod creator creavit et a se separavit.

[663] Ebd. 94,31−34 (Th 27 f): Qui enim dicunt, Christum esse creaturam, veteris linguae
usu, id est separatam, nulli unquam fuerunt christiani. Quin omnes hoc modo acerrime
impugnant, Christum esse creaturam, quod Ariani docuerunt.

[664] Ebd. 94,19−22 (Th 21 f): Creatura veteris linguae usu et in aliis rebus significat rem
a divinitate separatam infinitis modis. Novae linguae usu significat rem cum divinitate in-
separabiliter in eandem personam ineffabilius modis coniunctam.

est«[665]. Eben darin besteht denn auch die der Theologie anvertraute Sprachaufgabe[666]: mit Hilfe der von Gott eingeführten formulae loquendi Schöpfer und Geschöpf in Christus zu einer personalen Einheit zusammenzusprechen[667]. Ein analoger Sprachgebrauch ist der nova lingua theologiae auch in bezug auf andere Christusprädikationen aufgegeben, von denen Luther die Vokabeln »homo«[668], »caro«[669], »verbum«[670] sowie — für die beata virgo — das Wort »mater«[671] ausdrücklich nennt.

Mit der Unterscheidung einer nova von der vetus lingua entgeht Luther der Nötigung, alle auf Christus bezogenen Worte als Äquivokationen zu verstehen, da sich ja lediglich deren Gebrauch verändert, nicht jedoch die damit bezeichneten Sachen. Die fundamentalen Distinktionen der philosophischen Sprache — wie etwa Geschöpf und Schöpfer, Fleisch und Wort, Mensch und Gott — behalten auch in Christus ihre Gültigkeit, werden aber von der personalen Identität Christi umschlossen, so daß mit dem einen immer zugleich

---

[665] Ebd. 105,6 f.

[666] Vgl. dazu auch WA 39,2; 303,23—304,9 (1544): Oportet hic etiam grammaticam totam induere novas voces, cum loqui vult de Deo. Cessat etiam numeri ordo: unus, duo, tres. In creaturis quidem valet, sed hic nullus numeri ordo, loci et temporis est. Drumb muß mans hie gar anderst machen et constituere aliam formam loquendi, quam est illa naturalis. Hic nullus ordo, sed coaeternitas, coaequalitas, imago, natura muß gar neue sein. Multi disputarunt de hominis vocabulo, an unitatem in Christo significet. Es mus nova res sein. Christus est homo, Filius Dei est indutus humanitate, das kann man von keinem menschen reden. Homo est animal rationale, loquens, sedens, stans, et recte dicuntur secundum sua praedicamenta et ordinem naturae. In Christo autem habent novam grammaticam et dialecticam, novam linguam et novam cogitationem et sapientiam, das heist: nova facit omnia. Drumb muß man hie originem, imaginem, similitudinem alles anderst verstehn.

[667] WA 39,2; 120,14: Nos coniungimus creatorem et creaturam in unitate personae. — Ebd. 121,3 f: Nos distinctas naturas coniungimus vel unimus in unam personam. — Vgl. ferner die Nachweise bei SCHWARZ (s. Anm. 631), 335 f. Anm. 156.

[668] WA 39,2; 19,7 f: Vox philosophica in theologia plane fit nova, ut homo in philosophia est persona subsistens, sed in theologia est quaedam divinitas in Christo. — Ebd. 19,31 f: Homo quando est in philosophia, significat substantiam, in theologia in Christo etiam significat substantiam existentem, sed ita, quae sit simul Deus.

[669] Ebd. 30,18 f: Hominem, carnem etc. fieri nova vocabula, quando referuntur ad Christum.

[670] Ebd. 19,17—19: Verbum est nova et alia vox in theologia et significat divinam personam. Non significat verbum. Carum factum est, id est, promissio Dei est impleta. Haec eius interpretatio est violenta. — WA 39,2; 103,5—11: (Christus est verbum). Est nova locutio, quae non est antea audita in mundo. Christus non est verbum mathematicum nec physicum, sed verbum divinum et increatum, quod significat substantiam et personam, quia verbum divinum est divinitas. Christus est verbum divinum. Ergo est divinitas, id est, ipsa substantia et persona. Philosophice heist verbum sonus aut vox, sed theologice loquendo verbum significat filium Dei. Das hette Aristoteles nicht zugelassen, verbum significare plenum Deum.

[671] WA 39,2; 19,9—11: Item in beata virgine matre. Mater aliud est in philosophia, quam in hac propositione de virgine Maria.

auch das andere gesagt ist. Indem die Eigentümlichkeiten der in Christus unterschiedenen Naturen in der unauflöslichen Einheit seiner Person der communicatio idiomatum unterliegen, stellt sich der Theologie die Aufgabe einer
nova lingua. Wer die auf Christus bezogenen Worte dagegen nicht in dieser
Weise kommunikativ versteht, sondern sie − wie Luther es etwa den Ockhamisten vorhält − als Äquivokationen gebraucht, der hat, auch wenn er die
Einheit von Philosophie und Theologie zu wahren vorgibt, faktisch beide
Sphären um ihre Wahrheit gebracht: »Aequivocatio est erroris mater«[672].
Demgegenüber will Luther den philosophischen vom theologischen Bereich
unterschieden wissen[673]. Was hier als unmöglich und absurd erscheint − daß
das Wort Fleisch geworden ist −, kann dort als Wahrheit gelten[674]. Wie die
daraus resultierende, der communicatio idiomatum entspringende nova lingua
theologiae in Abgrenzung zu der vetus lingua rationis sachgemäß zu bestimmen ist, hat Luther in der Disputation über Joh 1,14 (1539) programmatisch
entfaltet[675].

2. Die Vereinung von Gotteswort und Menschenwort in Christus

Um das Gewicht zu ermessen, das der communicatio idiomatum in Luthers
theologischem Denken zukommt, bedarf nicht nur die innere Konsistenz dieser Lehre, sondern vor allem auch deren funktionale Relevanz der Aufmerksamkeit. Dieses Lehrstück ist für Luther nichts weniger als ein apriorisch in
Geltung stehender dogmatischer Grundsatz. Es ist ihm vielmehr die reflek-
tierte Verdichtung eines exegetischen Befundes, der zu Fehldeutungen Anlaß
geben könnte und darum einer konsequenten Auslegung bedürftig ist. Denn
der Blick auf den in den Evangelien und zumal von Johannes bezeugten Chri-

---

[672] Ebd. 28,10.

[673] Ebd. 3,1 f (Th 1): Etsi tendendum est, quod dicitur: Omne verum vero consonat, tamen idem non est verum in diversis professionibus. − Das darin anklingende Problem der
doppelten Wahrheit steht hier nicht zur Erörterung an.

[674] Ebd. 3,3 f (Th 2): In theologia verum est, verbum esse carnem factum, in philosophia simpliciter impossibile et absurdum. − Ebd. 4,36−5,12 (Th 22−28): Ista syllogismus: Quidquid factum est caro, factum est creatura. Filius Dei est factus caro. Ergo filius
Dei est factus creatura, est bonus in philosophia. Ac si possit subtilibus kenophoniis sophi-
starum defendi, tamen non debet tolerari in ecclesia Dei. Multo minus ista ferenda est:
Omnis caro est creatura. Verbum est caro. Ergo verbum est creatura. Nec ista: Omnis
caro est creatura. Verbum non est creatura. Ergo verbum non est caro. In his et similibus
syllogismus est forma optima, sed nihil ad materiam. Eundem ergo est ad aliam dialectiam
et philosophicam in articulis fidei, quae vocatur verbum Dei et fides. Hic sistendum est,
et disputationes philosophiae contrarium concludentes pro ranarum coaxatione habendae.

[675] SCHWARZ (s. Anm. 631), v. a. 337−339.

stus gibt zunächst einen duplex modus loquendi zu erkennen: Neben Worten, die Christus unzweifelhaft als Gott erscheinen lassen, stehen solche, in denen er durch nichts von menschlichen Sprechern unterschieden ist. Luther hat diese Dichotomie etwa am Beispiel zweier Verse aus Joh 14 (V. 14: »Was jr bittet jnn meinem namen, das wil Ich thun« und V. 16: »Ich wil den vater bitten«)[676] erläutert: Der zweite Satz könnte im Licht der Vernunft gelesen werden, als enthielte er »nicht Gottes, sondern eines lautern menschen wort«[677]. Sobald man jedoch auch den Kontext dieses Textes beachte, fänden sich genügend Stellen, die dasselbe redende Subjekt eindeutig als Gott auswiesen.

Diesen exegetischen Befund − »das Christus redet beide, Gottes und menschen wort«[678] − hat, wie Luther fortfährt, »unser lere und glauben« in die Lehre von den zwei Naturen verdichtet, die in der personalen Einheit Christi unterschieden und in einem wechselseitigen Austausch ihrer Eigentümlichkeiten begriffen sind. Daß die Schrift einmal so und einmal so von Christus spricht, deutet er als Ausdruck ihrer diskursiven Struktur, die die beiden Naturen Christi nicht »jnn einerley rede und worte« zu fassen erlaube[679]. Entsprechend hat Luther auch in der Wartburgpostille die Zweinaturenlehre als Erklärungsmodell für schwierige und auslegungsgeschichtlich umstrittene Stellen herangezogen. So weist er für den Satz »Wie offt habe ich deyn kynder wollt samlen und du hast nit gewollet« (Mt 23,37) alle herkömmlichen Deutungsversuche als gewaltsam zurück, da sich dieser »eynfelltige spruch … viel leychter« unter Hinweis auf die in Christus zu unterscheidenden Naturen erklären lasse[680]. Vernachlässigte man diesen Bezug auf den konkreten Sprachgebrauch Christi, so verblassten die christologischen Lehraussagen zu abstrakter Theorie. Für Luthers Reden von Christus ist das exegetische Fundament darum stets konstitutiv − selbst dort, wo es nicht ausdrücklich erläutert, sondern, wie in manchen Disputationsthesen (vgl. dazu § 11.1), stillschweigend vorausgesetzt wird.

Eine zweite Vorbemerkung mag angezeigt sein. Sie betrifft das Material dieses Abschnitts, dessen am Credo sich orientierende Disposition als Aus-

---

[676] WA 45; 555,7−556,2 (1537).

[677] Ebd. 555,16f.

[678] Ebd. 555,33f.

[679] Ebd. 555,32−556,2: Es heisst aber also: Sihe diesen Text gantz an beide, mit dem, so nach und vor gehet, so wirstu finden, das Christus redet beide, Gottes und menschen wort, daraus gewaltiglich bewiesen wird, wie unser lere und glauben helt, das er beide, warhafftiger mensch und auch warhafftiger Gott ist, Denn wie kan man das jnn einerley rede und worten fassen, das er zu gleich solt reden wie ein Gott und wie ein mensch? weil es zweierley unterschiedene naturn sind, Wenn er uberal redete als Gott, so künd man nicht beweisen, das er ein warhafftiger mensch were, So er aber uberall redete als ein mensch, so würde man nicht gewar, das er auch warhafftiger Gott were. − Vgl. dazu WA 10,3; 237,5−12 (1522).

[680] WA 10,1,1; 278,10−279,5 (1522). − Vgl. dazu LIENHARD (s. Anm. 627), 129f. − DERS. (s. Anm. 632), 80−83.

druck einer sachlichen, nicht einer chronologischen Ordnung verstanden sein will. Eine gleichsam objektive, »geschichtliche« Darstellung des Christusgeschehens wäre für Luther niemals in Betracht gekommen. Insofern ist es selbst unter pragmatischen Gesichtspunkten nicht unproblematisch, bei ihm Christologie und Soteriologie getrennt zu verhandeln. Das »pro nobis« muß, sozusagen, alle Sätze über Christus begleiten können. Sind diese doch immer zugleich auch Aussagen über die, die an ihn glauben[681]. Diese unauflösliche sprachliche Verschränkung von Christus und den Christen hat in der erst auf dem Boden der Zweinaturenlehre möglich werdenden[682] Rede vom »fröhlichen Wechsel« ihr vielleicht bekanntestes Motiv gefunden[683]. Wobei sich versteht, daß Luther in den darin ausgewechselten Worten immer auch die Sachen transportiert sah, die sie meinen[684]. Dies vorausgeschickt, mag es im folgenden angehen, den soteriologischen Aspekt dessen, was Luther zu dem in Christus Mensch gewordenen, erniedrigten und erhöhten Wort Gottes bemerkte, nicht immer ausdrücklich gemacht zu haben.

a) Das Mensch gewordene Wort Gottes

aa) Der duplex modus loquendi Christi

Die Zweinaturenlehre ist für Luther ein unentbehrliches exegetisches Deutungsmuster. Nur mit ihr läßt sich der aus den Evangelien zu erhebende Befund, demzufolge Christus auf zweifache Weise geredet hat, befriedigend er-

---

[681] Diese Einsicht, über deren prinzipielle Geltung in der Lutherforschung kein Dissens besteht, hat G. EBELING in der eingehenden Interpretation eines kleinen Textabschnitts aus Luthers Freiheitsschrift exemplarisch herausgearbeitet: Die königlich-priesterliche Freiheit (in: DERS., Lutherstudien III [s. Anm. 363], 157—180).

[682] U. ASENDORF, Die Grundzüge der Theologie Luthers im Lichte seines Ansatzes vom »admirabile commercium« (in: P. MANNS [Hg.], Martin Luther »Reformator und Vater im Glauben« [VIEG.B 18], 1985, 262—279).

[683] Die wichtigsten Stellen nennt LIENHARD (s. Anm. 627), 103—108. — Vgl. dazu W. ALLGAIER, Der »fröhliche Wechsel« bei Martin Luther. Eine Untersuchung zu Christologie und Soteriologie bei Luther unter besonderer Berücksichtigung der Schriften bis 1521, Diss. Erlangen / Nürnberg 1966. — ASENDORF (s. Anm. 682). — TH. BEER, Der fröhliche Wechsel und Streit. Grundzüge der Theologie Martin Luthers, 2 Bde., 1974. — JOEST (s. Anm. 621), 370—382. — JÜNGEL (s. Anm. 621). — F. W. KANTZENBACH, Christusgemeinschaft und Rechtfertigung. Luthers Gedanke vom fröhlichen Wechsel (Luther 35, 1964, 34—45). — W. MAURER, Von der Freiheit eines Christenmenschen. Zwei Untersuchungen zu Luthers Reformationsschriften 1520/21, 1949. — NILSSON (s. Anm. 621). — R. SCHWAGER, Der fröhliche Wechsel und Streit. Zur Erlösungs- und Rechtfertigungslehre Martin Luthers (ZKTh 106, 1984, 27—66).

[684] WA 8; 87,6—10 (1521): In hac translatione non solum est verborum, sed et rerum metaphora. Nam vere peccata nostra a nobis translata sunt et posita super ipsum, ut omnis qui hoc ipsum credit, vere nulla peccata habeat, sed translata super Christum, absorpta in ipso, eum amplius non damnent.

klären. Entsprechend oft hat Luther in seiner Evangelienauslegung darauf verwiesen, nicht zuletzt auch in den Predigten der Wartburgpostille. So bemerkt er anläßlich der Auslegung von Hebr 1,1–12 — der von ihm unmittelbar vor dem Johannes-Prolog erklärten Perikope —, daß es, die Worte Christi betreffend, der größten Aufmerksamkeit bedürfe, sie jeweils der göttlichen oder menschlichen Natur zuzuordnen; gelinge dies aber, »ßo sind sie alle leycht und klar«[685]. Daß Christus in der Schrift »tzuweylen ... alß eyn pur mensch, tzuweylen alß eyn pur gott« redet, beeilt sich Luther sodann mit einer Reihe von Textstellen zu belegen, in denen einmal die Gottheit, einmal die Menschheit Christi ausgesagt und durch ihn selbst bezeugt wird[686]. Wie eng die exegetisch applizierte Figur der Zweinaturenlehre und die These von der claritas scripturae aufeinander bezogen sind, ist beispielhaft aus seiner in diesen Zusammenhang eingebundenen, knappen Bemerkung zu Mk 13,23 (»Von dem tage weyß niemand, widder die Engel noch der ßon, ßondernn alleyn der vater«) ersichtlich. Dieser Satz bedarf, wie Luther in deutlicher, wenn auch nicht ausschließlicher Abgrenzung gegen die Glossa ordinaria hervorhebt, durchaus nicht der glossierenden Ergänzung, sondern ist, sofern man ihn nur auf »die menscheyt Christi« bezieht, von eindeutigem, klarem Sinn[687]. Die personale Einheit Christi ist dabei freilich unabdingbar vorausgesetzt[688].

In der auf die Prologauslegung folgenden Postillenpredigt hat sich Luther erneut zu dieser Frage geäußert. Nun ist es Mt 23,37 (»Wie offt habe ich deyn kynder wollt samlen und du hast nicht gewollet«), woran sich sein Interesse entzündet. Wieder mahnt Luther, sich vor diesem Spruch nicht in glossierende Vervielfältigungen zu flüchten, sondern ihn ganz einfältig in der am nächsten liegenden Weise zu verstehen: Christus hat »hie alß eyn mensch geredt«[689]. Interessant ist nun aber die — bei Luther m. W. singuläre — Begründung, die er sogleich anfügt. Was die Schrift vom Willen Gottes aussage, das müsse generell »auffs aller schlechts und eynfeltigst vorstanden werden«, da sie in Rücksicht auf die Menschen von Gott oft anthropomorph zu reden pflege: Die Schrift »(redet) von Gott ... alß von einem menschen umb der eynfelltigen willen«[690]. Ob es nun heißt, es habe Gott gereut, die Menschen erschaffen zu haben (Gen 6,6), ob von seinem Zorn die Rede ist, von seinem neugierigen Herabsteigen aus dem Himmel (Gen 11,5), von seinem Liegen und Schlafen (Ps 44,24) oder auch davon, daß er, wie Luther übersetzt, von dem Weg der Unrechten nichts wisse (Ps 1,6): Stets ist dies »secundum nostrum sensum et

---

[685] WA 10,1,1; 147,10–12 (1522): Ynn Christus wortten ist das grost auffsehen, wilche der gottlichen, wilche der menschlichen natur tzustehen, ßo sind sie alle leycht und klar.

[686] Ebd. 148,20–149,9; vgl. ebd. 149,2.4 f.7 f: Das ist von der gottheyt gesagt ... das ist von der pur menscheyt geredt ... Also ist das auch der mensch Christus, das er sagt: ...

[687] Ebd. 149,9–150,10.

[688] Ebd. 150,21 f: Obwol die tzwo natur unterschieden sind, ßo ists doch eyne person.

[689] WA 10,1,1; 278,19 f (1522); vgl. ebd. 278,10–279,11.

[690] Ebd. 279,12–14.

captum«[691] gesagt und nicht nach dem »weßentlichen stand gottlicher natur«[692]. Darum möge man auch den in Rede stehenden Vers aus Mt 23 nicht zum Anlaß einer hochfahrenden Gottesspekulation nehmen, sondern ihn schlicht dahin verstehen, daß er von Christus nach der menschlichen Natur gesagt ist: »Laß hoch faren unnd bleyb bey der milch und eynfeltigen synn der schrifft«[693].

In einer Predigt desselben Jahres geht Luther abermals auf diesen Problemkreis ein. Wenn Christus von etwas sage, es stünde nicht in seiner Macht (Mt 20,23), so dürfe das wiederum nicht als Widerspruch zu dem »Christus vere deus« verstanden werden, da es ja von seiner menschlichen Natur geredet sei. Durch den Vergleich mit anderen Stellen, die von Christus nach seiner göttlichen Natur reden, sieht Luther diese Deutung hinreichend belegt. Das ist insofern bemerkenswert, als er eben diese exegetische Operation als die Selbstmitteilung der claritas scripturae (vgl. §9.1) ausgibt: Indem man die rechten Sprüche nebeneinander hält und derart die im Sprachgebrauch Christi gründende Zweinaturenlehre synoptisch aufleuchten läßt, zeigt sich, daß »sich die schrifft selbs außlegt«[694].

Für beide modi loquendi Christi hat Luther eine hinreichende Zahl von Beispielsätzen genannt. Viele von ihnen sind in den Zusammenhang seiner Mahnung eingebunden, im Sprachverhalten Christi einen zweifachen usus verborum zu unterscheiden; für die der *menschlichen Natur* zugeschriebenen Äußerungen gilt das sogar nahezu ausschließlich. Was Luther diesbezüglich anführt, läßt sich bei weitem nicht vollständig erfassen – was ja, wenn es gelänge, nur den Umfang steigerte, nicht den Erkenntnisgewinn –, soll aber wenigstens knapp und exemplarisch umrissen sein. Zu den bereits genannten Beispielen (Mk 13,23[695], Mt 20,23[696] und Mt 23,37[697]) gesellt Luther etwa solche Stellen, in denen sich Christus dem Vater unterordnet (Joh 14,28: »Der vatter ist grosser denn ich«)[698] und sich selbst den Menschen gegenüber zum Knecht (Mt 20,28: »Ich bin komen, nicht das ich mir dienen lasse, sondern das ich diene«)[699] und Sünder macht (wofür Luther übrigens ausdrücklich auf Ps 41 verweist, wo Christus sage, »er werde umb der sunde willen gestrafft«[700]). Neben solcherlei Beispielen macht Luther unter den Äußerungen Christi vor

---

[691] Ebd. 279,22 (Anm.).

[692] Ebd. 280,1.

[693] Ebd. 280,9 f; vgl. ebd. 280,1–10.

[694] WA 10,3; 238,11 (1522); vgl. ebd. 236,6–238,14. – Vgl. ferner z. B. WA 33; 116,31–39 (1530/32). – WA 45; 555,7–560,28 (1537).

[695] WA 10,1,1; 149,9–150,10 (1522).

[696] WA 10,3; 236,6–238,14 (1522).

[697] WA 10,1,1; 278,10–280,10 (1522).

[698] WA 10,1,1; 149,8 (1522).

[699] WA 45; 556,40 f (1537).

[700] Ebd. 557,1–3.

allem *eine* Sprachform geltend, die sich, die Fundamentalunterscheidung von göttlichem und menschlichem Wort voraussetzend, unschwer als spezifisch menschlich bestimmen läßt: das Beten und Bitten. Wenn es denn für die Sprache Gottes konstitutiv ist, daß sie das Gesagte, indem sie es sagt, immer auch wirkt (vgl. § 5), so ist in ihr, wie es scheint, der Gestus des Bittens nicht zu denken. Luther erinnert dafür nicht nur an die Gebetspraxis Jesu — »saepe oravit et tamen non semper exauditus«[701] —, sondern hat die Frage einmal auch in bezug auf Joh 14,16 (»Ich wil den Vater bitten«) erörtert: »Wie kan solchs von dem, so warhafftiger Gott ist, gesagt werden? das er sol etwas von einem andern bitten? Denn das gehôrt ja nicht Gott zu, das er einem andern unterthan sey und von jm etwas nemen müsse, sondern das er selbs alles vermôge, geben und thun kônne«[702]. Auch hier antwortet Luther wieder unter Hinweis auf die synoptisch erschlossene Zweinaturenlehre: Es ist nach seiner menschlichen Natur geredet[703]. Daß Christus in dem Sprachgestus des Bittens und Betens nicht nur eine rhetorische Figur vollzieht, sondern seine wirkliche Menschwerdung bezeugt und sich eben darin als unser Bruder erweist, ist für Luther das unaufgebbare christologische Fundament. Denn in der Gestalt des bittenden Christus (vgl. § 11.2.b) offenbart sich seine wahre menschliche Natur. Sie ist es, die ihn dann auch im Angesichts des Todes — oder, wie Luther in einer von ihm als sachnotwendig empfundenen Drastik formuliert, als er »dem todt in die freß hienein (sicht)«[704] — in wirkliche Todesangst stürzen[705], an »todt,

---

[701] WA 15; 432,32 (1524).

[702] WA 45; 555,11−14 (1537); vgl. ebd. 555,7−556,38.

[703] Ebd.

[704] WA 10,3; 73,8 (1522).

[705] Es sei erlaubt, diesen grandiosen Text, den auszulegen hier nicht der Ort ist, wenigstens in einer gewissen Ausführlichkeit wiederzugeben (ebd. 72,32−73,19): Nu wôllen wir sehen was das sey, das der Ewangelist sagt, er hab angefangen zů trawren und zů zagen. Secht, da myest ir Christum hye ain feyn pur lautter menschen ... bleyben lassen. Darumb hatt er auch hie in des todes engsten so getrawret und zagt. Nu wie die angst hie gewesen ist, das künnen wir nicht sagen. Wenn wir ain wenig versůcht hetten und in des todts nôtten gestanden, so môchtten wir ettwas darvon wissen. Die angst aber ist ee ainer stirbt, ain stund oder vier vor dem tod, wenn ainer den todt vor augen sicht, sicht dem todt in die freß hienein, sicht das der todt seinen rachen auffsperret unnd auff in zůfallen will. Da geet dann ain sollich nott und angst an, ain sollich zagen und trawren, das es jm durch alle sein glydmaß geet, durch leyb und leben, durch marck und all gebayn, das kain glydmaß ist, sy ist auffs grôst betrüebt. Gleych wie man ainen yetz und außfieren soll, das er seinen todt vor seynen augen sicht, dem ist also angst und wee, und wenn aller der welt lust da were, so künd man jm nit ain trôpflin frewd machen. Secht die angst und trawren hat hie Christus auch gehapt, und vil harter dann sy ettwan ain mensch versůcht hat, dann das ist jm vorbehalten, das er nitt wansynnig worden ist, sein vernunfft ist in jm lautter, klar und rayn blyben und ye clerer die vernunfft den todt ansicht, ye schrôcklicher er ist, ye meer angst er auch macht.

hell, sünd mit jren machten« ausgeliefert sein und nicht nur leiblich, sondern auch in seinem Geist Blut schwitzen ließ[706].

Ungleich häufiger verweist Luther jedoch auf Worte, in denen er die *göttliche* Natur Christi bezeugt sieht. Dabei verzichtet er zumeist auf die Möglichkeit, sie durch synoptische Ergänzungen zu dem Nachweis des duplex modus loquendi Christi, in welchem die Zweinaturenlehre gründet, zu erweitern. Auch hier muß ein grober Überblick genügen. Indes bewegt sich alles, was zum Erweis des göttlichen modus loquendi genannt werden könnte, in dem mit der Taufe Jesu gesteckten Rahmen. Denn das Verklärungswort Gottes »Das ist mein lieber son« (Mt 3,17)[707] ergeht nicht um Christi, sondern um der Christen willen: Christus hat sein göttliches Wesen von Ewigkeit her. Dagegen bedürfen *wir* dieses Wortes, damit wir Christus erkennen[708]. In der Autorität des aus dem Himmel ergangenen göttlichen Wortes liegt denn auch die Gewißheit begründet, »das alles, was dieser mensch redet und thut, das ist eytel liebes sons wort und werck«[709]. Von jenem Taufwort her sollen wir darum alles verstehen, was wir Christus sagen hören; in ihm ist alles, was er sagt und tut, als von Gott gewirkt und darum Gott gefällig ausgewiesen[710].

---

[706] Ebd. 75,3–10: Jr myessen hye Christum ainen puren menschen bleyben lassen, auff den der todt, hell, sünd, mit jren machten gefallen seind. Aber Christus durch gôtliche hilff und tugent hat er sy uberwunden und der kampff ist weytt der grôst gewesen, dann weder gayßel noch krônen, noch Creütz hat jn machen blût schwitzen, wie der kampff, dann hindennach am leyb ist er leicht gestorben, aber da am gayst hat er angst gehapt, das er jn hatt uberwinden myessen. Dise gaystlich fülung sehe (halt ich) nyemandt dann die verdampten, wenn sich leyb und seel geschayden hat.

[707] WA 20; 228,3–229,15 (1526).

[708] Ebd. 228,19–24: Er bedarffs nicht, das mans yhm sage, wie er Gottis son sey, Er weys es vorhyn wol, und hats schon bereyt von natur ewiglich. Darumb weyl solchs ynn die stymm und wort gefasset wird, so gillts uns und nicht Christo. Christus hat das wesen fur sich on wort. Wyr haben das Wort davon on wesen. Darumb mussen wyr uns der wort annemen on wesen, gleich wie er sich des wesens annympt on wort.

[709] Ebd. 228,33f. – Vgl. ebd. 228,28–229,1: Mit den worten macht Gott aller wellt hertz lachend und frolich und durchgeusst alle creatur mit eyttel gottlicher sussickeyt und trost. Wie so? Ey wenn ich das weys und gewis byn, das der mensch Christus Gotts son ist und wol gefellet, wie ich denn mus gewis sein, weyl die Gottliche Maiestet selbs von hymel solchs redet, die nicht liegen kan, so bin ich auch gewis, das alles was dieser mensch redt und thut, das ist eytel liebes sons wort und werck, das auffs aller beste Gott mus gefallen.

[710] Ebd. 229,1–10: Wolan das mercke ich und fasse es wol. Wo ich denn nu hynfurder Christum hore reden odder sihe thun etwas, das er myr zu gut thut, wie er denn allenthalben thut, da er spricht, Er thu und leyde alles umb meynen willen, Er sey komen zu dienen etc. So gedencke ich an diese wort des vaters, das er der liebe son ist, so mus myr denn einfallen, das solchs reden, thun und leyden Christi, so fur mich geschicht, wie er sagt, musse Gotte hertzlich wolgefallen. Nu wie kund sich Gott mehr ausschutten und lieblicher odder susser dargeben, denn das er spreche, Es gefalle yhm von hertzen wol, das sein son Christus so freundlich mit myr redet, so hertzlich mich meynet und so mit grosser liebe fur mich leydet, stirbt und alles thut.

Luther führt zunächst diejenigen Worte Christi ins Feld, deren Wortlaut den Sprecher eindeutig als Gott erweist, so etwa den Satz Christi, er wolle Propheten senden (Mt 23,34 par) — »denn propheten senden gehörtt alleyn gotte tzu«[711] —, aber auch Aussagen wie »Ehe Abraham wartt, byn ich« (Joh 8,58)[712] oder wie die, daß er Macht habe, das Leben hinzugeben und wieder anzunehmen (Joh 10,18)[713]. Besonderes Gewicht legt Luther sodann auf die Worte, mit denen Christus das Abendmahl eingesetzt hat (1 Kor 11,23—25; Mk 14,22—24 parr): Paradigmatisch repräsentieren sie die Struktur des göttlichen Sprechens. Denn mit dem Wort, das Christus redet, macht er aus Brot und Wein sein Leib und Blut[714]. In dieser Identität von Wort und Tat hat das kompromißlose Festhalten Luthers am Wortsinn des »est« seine sprachlogische Wurzel: dictum est factum. In ihm steht, so gesehen, nicht weniger als die Gottheit Christi auf dem Spiel. Da nun aber Gott selbst diese Worte Christi gesprochen hat[715], sind sie von unbedingter Verlässlichkeit und können darum auch unser Gewissen, der ganzen Welt zum Trotz, getrost und sicher machen[716].

Vor allem aber sind es die von seinen Werken begleiteten Worte Christi, die seine Gottheit offenbar machen und auf die Luther oft einfach summarisch verweist[717]. Der ganze irdische Heilsweg Christi von der Versuchung in der Wüste (Mt 4,1—11)[718] und der Berufung der ersten Jünger (Mt 4,18—22)[719] bis

---

[711] WA 10,1,1; 279,6 f (1522).

[712] Ebd. 149,1 f.

[713] WA 10,3; 237,8—10 (1522).

[714] WA 8; 509,34—39 (1521).

[715] WA 26; 446,1—6 (1528): Weistu und solt ia wissen, das unser text ›Das ist mein leib‹ etc. ist nicht von menschen sondern von Gott selbst aus seinem eigen munde mit solchen buchstaben und worten gesprochen und gesetzt. Aber der schwermer text ›das bedeut meinen leib‹ odder ›das ist meines leibs zeichen‹ etc. ist nicht von Gott selbst mit solchen worten und buchstaben gesprochen, sondern von menschen allein. — Vgl. ebd. 448,31—33.

[716] WA 8; 515,3—5 (1521): Es sind wortt, die nit liegen noch betriegen, kůnnen auch unßer gewissen sicher machen, wenn du yhn anhangst, glewbst und nachfolgest, ob wol die gantze wellt do widder redt und hellt.

[717] Z. B. WA 28; 238,20.32; 240,10; 242,9; 244,33; 245,16 (1528). — WA 40,2; 230,10—231,6 (1532). — WA 45; 527,15—22 (1537). — WA 52; 453,8 f (1544).

[718] 15; 450,4—25 (1524); vgl. ebd. 450,13—17: Vide quomodo Christus pugnet contra diabolum, non operibus, sed verbo dei. ... Christus nulla re pellit eum neque oratione, ieiundo etc. sed solo verbo. Non dat ei verbum humanum ...

[719] WA 17,2; 261,1—21 (1519); vgl. ebd. 261,1 f.5—15: Darumb haben dise Apostel hie dem Herren leichtlich nachgefolget und alles lassen ligen, was sie gehabt haben. ... Es ist sich auch hie zů verwunndern, das sie so bald auff seind gewesen und Christo nachgefolget on verhaissung unnd zůsage, allain das sie fischer der mennschen seyn solten, Aber was richt Christus wort nicht aus, wo es jnns herz kompt? Es ist ein lebenndig thettig fewrig wort, es kompt one frommen und nutz nicht wider. Darnach ist das auch etwas, das sie keine entschuldigung fürwenden, sondern lassen frey stehen unnd ligen, was sie haben, unnd auff diß ainige wort ›folget mir nach‹ folgen sie von stund an dem Herren nach, Summa Summarum, es ist die krafft des worts Christi, wenn der yns hertz redet, so ists

hin zur Festnahme in Gethsemane (Mt 26)[720] ist von Manifestationen jener Wortstruktur durchzogen. Besonders augenfällig wird dies in den Wunderwerken Christi wie etwa der Sturmstillung (Mk 4,36—41 parr), in der er sich mit einem Wort des Windes — oder vielmehr, wie Luther auslegt, des Teufels selbst — erwehrt[721], oder der Speisung der Viertausend (Mk 8,1—9 par), bei der er alles mit einem Wort ins Werk setzt[722]. Noch bemerkenswerter sind für Luther die Heilungswunder, in denen die Wirkmächtigkeit des Wortes Gottes — »verba dei res sunt, non nuda vocabula«[723] — leibhaftig erfahrbar ist. Das ist der Tochter der Syrophönizierin (Mk 7,24—30 par)[724] ebenso widerfahren wie dem Taubstummen (Mk 7,31—37 par), dessen Heilung Luther in einer zwischen literalem und metaphorischem Sinngehalt oszillierenden Weise interpretiert: Mit der Zunge hat ihm das Machtwort Christi auch das Herz gelöst[725]. Indem dieser Kranke weder hören noch reden kann, steht in seiner Krankheit zugleich das, was ihn als einen Menschen kenntlich macht (vgl. §7.2.a), auf dem Spiel. So deutet Luther die Heilung des Taubstummen immer auch als ein Symbol für das, was das Menschsein des Menschen begründet. In diesem Sinne hat er den Speichel, den Christus dem Kranken auf die Zunge legt, gern als das Wort Gottes verstanden: »Der spaichel, das ist gottes wort, welches ain eckel ding ist dem alten Adam, darnach so sy bekant seind, geen sy daher und preysen got und loben jn«[726]. Historischer und geistlicher Sinn dieser Geschichte kommen für Luther darin überein, daß sie das Gotteslob als diejenige Sprachform ausweisen, in der allein der Mensch seinem Schöpfer zu entsprechen vermag (vgl. §7.2.b)[727].

Noch pointierter kommt die in Christus waltende Kraft des Wortes Gottes in jenen Geschichten zum Ausdruck, die eine Errettung aus dem Tod berich-

---

schon gethan. Wo er aber yns hertz nit redet, da mag man leycht eine entschuldigung finden.

[720] WA 52; 749,1—21 (1545); der Quellenwert dieses Textes ist freilich umstritten.

[721] WA 51; 153,32—38 (1546).

[722] WA 22; 120,18—32 (1544); v. a. ebd. 120,25 f.

[723] WA 42; 17,22 f (1535) (vgl. dazu § 5.3 dieser Arbeit).

[724] WA 37; 510,14—511,1 (1534).

[725] WA 17,1; 408,27—35 (1525): Nemo acquirit gratiam nisi per hunc hominem. Et tum dicit: ›Aperi‹. Uno verbo aperit linguam, cor, et non frustra hebraice possuit Euangelista. Es laut wie ein donnerschlag. Quando dicit: ›uff‹, in momento fit homo illuminatus, ut omnia agnoscat: se, Sathanam, deum. Sic ipse loquitur, da ist khein uffhalten nit, dum homo est sanus et loquitur i. e. potest alios docere, non errare, sed furet ein unstrefflich wort. Cum homo hoc audit, laudat deum, quod talis sit Christus, qui mutos i. e. qui corda fideles faciat, et haec praedicatio de Christo, quod talis sit, qui per Euangelium nos salvet et Euangelium praedicet.

[726] WA 10,3; 312,9—11 (1522); vgl. ebd. 304,1—312,15.

[727] Ebd. 312,12—15: So habt jr nun in baiden verstanden, in der historien unnd gaistlichen verstand, das wir vorhin müssen gottes wort hörn und also durch die fürbit Christi zů ainem aigen glauben kommen, und darnach brechen wir herauß, bekennen got und loben und preysen jn.

ten. Was Christus an der Tochter des Jairus (Mk 5,21—24.35—43 parr) erwiesen hat — daß es ihm »mer nit denn umb ein wort zuthun (ist), so muß sünd, tod, kranckheyt weychen«[728] —, das bekräftigt die Auferweckung des Jünglings von Nain (Lk 7,11—17)[729] ebenso wie die des Lazarus, den er nach vier Tagen, uns zum Trost[730], durch ein einziges Wort ins Leben gerufen hat (Joh 11,1—44)[731]. Vor allem aber ist es die Geschichte vom Hauptmann zu Kapernaum (Mt 8,5—13 par) bzw. vom königlichen Beamten (Joh 4,43—53), die Luther immer wieder zu einschlägigen Ausführungen veranlaßt. Dieser Perikope kommt geradezu der Rang eines Musterbeispiels zu, weil sie nicht nur die Kraft des Wortes Gottes bezeugt, sondern zugleich auch vor Augen führt, worin die einzige Reaktion des Menschen, die dem Gotteswort angemessen ist, bestehen kann. Selten ist die Transparenz einer biblischen Geschichte auf unsere eigene Lebensgeschichte[732] so deutlich wie hier, und Luther verzahnt denn auch beides ganz eng ineinander: »Do spricht Christus eyn wortt, ßo wirte der kranck gesundt: wen man die predige horett und das wortt gottes, so kummet der geist«[733]. Das Vertrauen des Centurio erwächst aus der Erfahrung seines eigenen Lebens, die sich ihm in der Not des Todes zu einem argumentum a minore verdichtet[734]. Entsprechend will die biblische Geschichte uns mit dieser erzählten Erfahrung zu dem Glauben bewegen, »quod habemus Salvatorem, qui uno brevi verbo helffen kan und wil ex omnibus periculis«[735]. Der Skopus von Luthers Auslegung ist freilich erst in der vorauslaufenden

---

[728] WA 52; 541,33 f (1544).

[729] WA 22; 290,13—15 (1544): Und folget solchen worten flugs die krafft und werck, das der todte nicht mehr da ligt wie zuvor, sondern richtet sich auff.

[730] WA 49; 54,19—25 (1540): Nihil facit, nisi clamat alta voce: ›Lazare veni‹. Ibi verbum eius verum factum: ›Ego resurrectio et vita‹. Quis clamat? Vita. Cui mortuo resurrectio? Sepulto. Ubi resurrectio et vita clamat, prodit mortuus. Das ist zum Exempel angefangen, was er wil thun am Creutz, ut credant circumstantes, ut non sic timeant mortem et impatienter moriantur et ut von tag zu tag lernen mortem contemnere, quod dixit in principio: ut gloria Dei palam fieret.

[731] Ebd. 54,5—25. — Vgl. WA 17,1; 224,19—24 (1525): Er richtet alles dadurch aus, Da er Lazarum, der vier tage im Grabe gelegen war, wolt aufferwecken, thet er nichts, saget allein: ›Lazare, kom erfür‹, da geschachs. So that er auch mit den andern Todten, die er lebendig, und mit den Krancken, die er gesund machte, Und, wie gesagt, Himel und Erden hat er durch ein wort gemacht, schlecht gesaget: ›Es werde liecht‹ etc.

[732] Zu diesem generell zu beobachtenden Grundzug von Luthers Predigen vgl. LISCHER (s. Anm. 350). — Vgl. ferner BEUTEL (s. Anm. 227), v. a. 523—532.

[733] WA 9; 558,13—15 (1521).

[734] Ebd. 556,19—22: Das der Centurio glewbe also, daß Christus seinen knecht mug mitt eynnem wortt gesundt machenn, declariert er selbs argumento a Minore: Ich kann mit eynnem wortt außriechten, waß ich will. wie viel meher kann ers thun. — Vgl. z. B. WA 49; 326,14—20 (1544).

[735] WA 45; 189,2 f (1537). — WA 52; 121,14—16 (1544): Darumb wer es wol zů wünschen, das wir an Christum dermassen auch kóndten glauben, der durch sein wort so reychlich bey uns wonet, ob wir gleich sein person nicht sehen.

Applikation auf die nahe Stunde des eigenen Todes erreicht, in der uns nichts
als der Glaube an das Wort Gottes wird helfen können, das auch uns ins Leben
ruft[736]. »Das ist unser kunst bene discenda, Ut credamus: sicut verbum sonat,
so sols geschehen«[737]. Zu dieser homiletischen Pointe gehört jedoch auch, daß
man sich vom Hauptmann zu Kapernaum dazu anhalten läßt, das Wort Gottes
in der Gestalt zu achten, in der es uns trifft: als verbum externum (vgl. dazu
§ 13.2). Gerade das von Menschen gesprochene, äußere Wort ist es, das Himmel und Erde erfüllt und die Hölle verstopft[738]. Wobei Luther neben dem li-
turgischen Tauf- und Vergebungswort ausdrücklich auch auf das Wort der Eltern und Nachbarn verweist, durch die Gott zu uns spricht[739]. So mag, was er
1537 als Schlußsatz einer Predigt über Joh 4,47−53 formuliert hat, zugleich geeignet sein, diese knappe Übersicht zu dem der göttlichen Natur eigenen modus loquendi zu resümieren: »Christus est potens per suum verbum«[740].

bb) Das verbum revelationis Dei

In der Person Jesu Christi offenbart sich das göttliche Wort authentisch und
letztgültig. Diesen christologischen Angelpunkt hat Luther nicht nur ausdrücklich formuliert, sondern mindestens ebenso oft durch entsprechende, auf
das Wort Christi bezogene Epitheta kenntlich gemacht, von denen nur ein
paar der wichtigsten genannt seien. Daß die Sprache Christi süß ist, mag un-
scheinbar klingen, spielt indes auf Hhld 5,13 an[741] und gewinnt durch pointie-

---

[736] WA 27; 399,1−4 (1528): In morte wirts auch so mussen ghen: non videtur vita,
quorsum eundum. Ibi nullum auxilium nisi ut credatur verbo. Si fit perfecta fides, adeo
dulcior mors. Si econtra: amarior. Vera fides quae blos henget in verbo. − WA 45;
186,1−11 (1537): Ista exempla multa in scriptura, quae semper inculcanda et discenda, quia
in hora mortis etc. Ideo kan unausprechlich opera thun und so leicht, ut nicht geringer verstanden werden tantum vocali verbo oris, et tamen tam potens operatur, ut ex etc. Das
heisst ein macht geben domino, quod tam excellentia opera per verbum oris expediat. Sic
legimus in sacra scriptura, quod tantum verbo creata, sey gemacht, lebendig, nasceris,
conciperis tu, homo tantum verbo. Hoc necessarium non tantum pro nostra persona zu
wissen in necessitate mortis, quod sciamus dominum potentissimum, qui leicht uno verbo
kan helffen. Veteri Adam unmüglich zw gleuben, quod so leichtlich kan helffen. Nos sta-
mus hic et brevi omnes moriemur et resuscitabimur und sollen schoner, quam lux, et nihil
faciet, nisi verbum dicet.

[737] WA 27; 400,6f (1528).

[738] WA 45; 189,23f (1537): Das wort klingt, erfult himel, erden und stoppft die hell.
Quanquam ergo homo dicit verba, tamen potentia.

[739] Ebd. 189,24−27: Item quando audis parentes, audis deum, quia in illis vult audiri.
Item quando audis vicinum, audis eius verbum, non ut hominis, sed dei, quando cogitare
potes. Deus loquitur per hunc hominem.

[740] Ebd. 190,10.

[741] WA 6; 117,37−118,5 (1520). − WA 9; 589,35−590,2 (1521). − Die in
Anm. 741−757 angegebenen Belegstellen sind selbstredend nur als exemplarisch zu verstehen.

rende Antithetik — etwa duch die Konfrontation mit dem harten Wort des Gesetzes[742] oder dem opus alienum Christi (!)[743] — an Gewicht. Deutlicher klingt, wenn Luther den Worten Christi Klarheit und unbedingte Verläßlichkeit attestiert, derzufolge »eyn iglicher wysse, wie er dran sey mit yhm«[744]. Dazu gehört ferner, daß diese — anders als die Worte der spekulierenden Vernunft — rund[745] und eindeutig sind[746]. Noch evidenter wird es, wenn Luther den Worten Christi Lebendigkeit[747] und Ewigkeit[748] prädiziert und sie als Ausdruck eines neuen modus loquendi deutet[749], der das, was Christus spricht, in allen genera dicendi »salutaria verba« sein läßt[750]. Vor allem aber hat Luther die Kraft, die diese Worte durchwaltet, vielfach variierend beschrieben: Die Worte Christi sind efficax[751], je efficacissima, sie »haben hend und fuß«[752]; seine Worte tragen viel in sich[753] und gelten etwas: »Sua verba haben ein hinderhalt«[754]. Gelegentlich hat sich Luther auch neuer Komposita bedient und spricht dann etwa summarisch von »Christi officium, wortwerck«[755] oder nennt diesen den Wortbringer, Wortträger und Wortprediger[756]. Bemerkenswert ist schließlich eine Predigt von 1519, in der Luther die spezifische Struktur des in Christus laut werdenden Wortes Gottes, der gemäß es immer auch wirkt, was es sagt,

---

[742] WA 4; 565,18 f (1516/17): Sicut lex peccatum facit et durior est, sic verbum Christi remissionem confert et dulcior est. — Vgl. ebd. 565,5—21.

[743] WA 40,2; 491,33—492,19 (1532).

[744] WA 8; 159,33 f (1521); vgl. ebd. 159,31—35. — Vgl. ferner WA 1; 577,15 f (1518). — WA 10,2; 86,18 f (1522).

[745] WA 52; 640,32 (1544).

[746] WA 1; 577,15 f (1518). — WA 5; 439,27 (1519/21). — WA 33; 579,23—27 (1530/32). — WA 34,1; 191,12 (1531).

[747] WA 2; 523,34—38 (1519). — WA 6; 361,9 (1520). — WA 10,3; 217,3 f (1522). — WA 33; 9,39 (1530).

[748] WA 4; 57,34—58,5 (1513/15): Sicut sermo post finem sui nihil est in se, licet aliis, auditoribus scilicet, profuerit: Sic Iudei sibi noxii gentibus profuerunt, dum verba legis transitorie habent, gentes autem vivum sensum et spiritum in illis, qui manet ineternum. Nam ut supra in quodam loco dixi: Sicut res significata transit: ita et verba eam significantia transire dicuntur. Verbum autem Christi non transit ineternem; quia rem significat non transeundum ineternum. — WA 12; 37,34 f (1523).

[749] WA 21; 460,4—14 (1544).

[750] WA 47; 732,6 f (1539): Iste autem (sc. Christus) hat eitel guts gethan et tantum salutaria verba, sive docuerit, increpaverit, admonuerit. — Vgl. ebd. 734,5.

[751] WA 31,1; 567,16 f (1530/32).

[752] WAT 2; 51,25 f (1532) (Nr. 1330).

[753] WA 33; 69,15 (1530).

[754] WA 17,1; 359,7 (1525); vgl. ebd. 359,23—32.

[755] WA 29; 398,4 (1529). — Da diese Nachschrift von Rörer stammt und die deutsche Vokabel in einem größtenteils lateinischen Umfeld steht, liegt die Vermutung, darin gewissermaßen die ipsissima vox Lutheri bewahrt zu finden, recht nahe.

[756] WA 49; 372,22.31 f (1544).

zum Anlaß nimmt, den Worten Christi sakramentalen Charakter zuzusprechen: »Verba Christi sunt sacramenta, per que operatur salutem nostram«[757].

Für den Offenbarungscharakter des verbum incarnatum ist nun aber nicht
nur die göttliche, sondern gerade auch die menschliche Natur Christi konstitutiv. Denn die Süße der vox Christi ist das Gewand, in dem wir das Wort
Gottes überhaupt nur zu ertragen vermögen: »Wenn Gott redt inn der sprach
seiner Maiestet, die kan kein mensch horen und leben. Christus als ein mensch
redet noch leidlich«[758]. Wenn Luther darum immer wieder hervorhebt, daß
Gott sein Wort in den Mund Christi gelegt habe, damit dieser *freundlich* mit
uns rede[759], so ist damit keine bloß äußerliche Gefälligkeit, sondern die für den
Erhalt des Lebens notwendige Bedingung genannt. Aus eben diesem Grund
hatte Gott bereits am Sinai darauf verzichtet, mit den Israeliten in maiestate zu
reden, und sich stattdessen aus ihnen einen Menschen erwählt, durch den er zu
ihnen reden und in dessen Mund er ihnen sein Wort »lieblich und susse (!) machen«[760] wollte. Dennoch hat Mose die Sprachmittlerschaft Christi − sozusagen − nur präfiguriert, indem er »fert verba populi ad deum et dei ad populum«[761]. In Christus ist hingegen Gott selbst zum Mittler geworden
(Gal 3,19f)[762].

Daß Christus süß und freundlich mit uns spricht, ist darum von der Opposition des göttlichen Redens in maiestate her zu verstehen. Diese lebenswich-
tige Freundlichkeit des Wortes Gottes in Christus kündigt sich für Luther bereits in den Worten der Engel an, die die Geburt Christi begleiten und deuten
(Lk 2). Man darf, was Luther zur Sprache der Engel gelegentlich bemerkt hat,
nicht einfach als erbauliche Idylle abtun. Gerade im Bereich der Angelologie
besteht für die Lutherforschung, wie mir scheint, ein erheblicher Nachholbe-
darf: Es käme darauf an, die − oft legendenhaft eingefassten − Aussagen Luthers einer konsequenten theologischen Lektüre zu unterziehen, die Funktion
und systematischen Ort seiner Rede von den Engeln erhellen und in eingehen-

---

[757] WA 9; 440,9f (1519); vgl. ebd. 440,6−16: Hec verba (sc. Mt 1,1ff) sacramentum
quoddam sunt, per quod, si quis credat, et nos regeneramur. Sicut baptismus est sacramentum quoddam, per quod deus instaurat hominem etc., Sicut absolutio est sacramentum, per quod deus dimittit peccata, Ita verba Christi sunt sacramenta, per que operatur
salutem nostram. Itaque sacramentaliter notandum est Euangelium, idest verba Christi
sunt meditanda tamquam symbola, per que detur illa ipsa iusticia, virtus, salus, quam ipsa
verba pre se ferunt. Iam intelliges discrimen Euangelii et humanarum historiarum. Liviane
historie exhibent, virtutum spectra quedam sive simulachra, que ipse in aliis efficere non
possunt. Euangelium vero exhibet virtutum spectra, ut simul sit instrumentum, quo deus
immutet nos, innovet nos etc.

[758] WA 49; 737,8−10 (1545).

[759] Z. B. WA 47; 37,30f (1538); vgl. ebd. 37,18−38,9. − WA 33; 136,31−38 (1530/32).

[760] WA 47; 209,38−210,2 (1540); vgl. ebd. 209,22−213,38.

[761] WA 16; 401,5 (1524/27).

[762] Ebd. 401,5−7; vgl. ebd. 401,20−25.

dem Vergleich mit der angelologischen Tradition profilieren könnte[763]. An dieser Stelle muß es freilich genügen, ein paar Akzente knapp zu markieren.

In einer Predigt des Jahres 1537 erläutert Luther, der Evangelist Lukas habe zunächst die historischen und sozialen Umstände der Geburt Jesu geschildert, für die Beschreibung der Geburt selber dann aber die Hilfe der Engel beansprucht: »Nu füret er die Engel ein, non vult eam (?, sc. matrem?) describere suis verbis, quia sind zu gering, es mussens angeli thun«[764]. Die »angelica praedicatio« ist darin vorbildlich, daß sie Glauben fordert, damit die große Freude, die sie verkündigt (Lk 2,10), wahr werden kann[765]. Nun hätten, wie Luther andernorts ergänzt, die Engel jene große Freude am liebsten in ihrer eigenen Sprache bezeugt, doch wenn sie in ihr, die »ein ewige sprach« ist, und nach ihrer Grammatik geredet hätten, so »legen wir (!) hie tod«[766]. Da die Engel jedoch nicht darauf verzichten mochten, uns an der großen Freude teilzugeben, sind sie »nostri lantzleut« geworden und haben unsere Sprache erlernt, um in ihr die Geburt des Herrn zu verkündigen[767]. Eben darin ist der Verkündigungsengel[768] denn auch zu einem »novus praedicator« geworden: daß in ihm das Wort Gottes eine freundliche Gestalt angenommen und sich, bedenkt man es recht, durch sein »Nolite timere« (Lk 2,10) bereits ganz offenbar gemacht

---

[763] Einen kleinen Baustein habe ich in dem Aufsatz »Gottes irdische Gehilfen. Luthers Auslegung von Sach 1,7 als angelologische Variante seiner Regimentenlehre« (in: Spuren. FS für Theo Schumacher, hg. v. H. Colberg u. D. Petersen, 1986, 157–190) beizutragen versucht, der einen wenig beachteten Textabschnitt Luthers interpretiert, in dem die von diesem üblicherweise unterschiedenen zwei Reiche noch um das Reich der Engel erweitert werden.

[764] WA 45; 348,3–6 (1537).

[765] Ebd. 348,8–13: Ista vera praedicatio, ut cor nostrum schmeck et dulcedinem gustemus. Iam quae sit persona nata von dem armen megdlin, das sol sagen der Engel, et iacet in praesepio. ›Ne timeatis‹. Ista est praedicatio, quae hodie audienda. Prior pars geschicht, wie sie ergangen. Ista verba fordern fidem. Est certe angelica praedicatio, quam Christiani magno gaudio suscipere, ut vocant: ›quia vobis‹, ›Heute‹, quia nox initium diei.

[766] WA 49; 282,9–13 (1543): Certa magnum gaudium Angeli libenter sua Angelica voce testantur. Sed wir konnen da nicht mehr reden cum Angelis. Jr sprach ist ein ewige sprach. Si nobiscum loquerentur Angeli secundum suam Grammaticam, legen wir hie tod. Sed libenter vellent, ut sic acciperemus et amplecteremur ut ipsi.

[767] WA 36; 392,32–35 (1532): Fiunt (sc. angeli) nostri lantzleut, loquuntur cum hominibus und lernen unser sprach, cum dominum praedicant. Sed hic: ›Nolite timere‹. Da die predigt aus war, gieng das Sanctus an, et tum deum laudant und der gantz Chor angelorum mit. – Ebd. 393,37–39: Deus proponit suum proprium filium in sinum matris und lest angelos unser landsleut werden, nostra lingua loqui, et ego sol ein stock, klotz sein et praeterire? – WA 45; 351,22–24 (1537): Seipsos revelant non in sua angelica substantia et voce, sed in menschlicher sprach, rede, gesang, et tamen nobis revelant per hoc, quid sint.

[768] Luther hat auch die Zahl der zu den himmlischen Heerscharen versammelten Engel erörtert und sich der Auskunft des Evangelisten angeschlossen: »Lucas ... fasset in ein kurtze rechnung et dicit: ›multitudo‹« (WA 46; 525,5–7 [1538]). Wenn aber die ganze Menge der Engel geredet hätte, wäre es nicht zu verstehen gewesen. Darum: »Unus loquitur, et alii adsunt, ut significent se omnes hanc doctrinam approbare« (ebd. 525,27–29).

hat[769]. Auch der Sohn Gottes ist, den Engeln darin gleichend, vom Himmel herabgestiegen, um das Wort Gottes freundlich zu predigen: »Er ... lisbelt mit unser sprach«. Von der Sprache der Engel ist die unsere jedoch (sit venia verbo) himmelweit unterschieden — es ist, wie wenn mit uns die Gänse reden[770]. In der Sprache der Engel, räumt Luther ein, beherrsche er noch nicht einmal das Alphabet. Indes hat dieses Bild einen genau bestimmten Sinngehalt und ist nicht einfach nur als unverbindliche Erbaulichkeit dahergeredet. Denn die Sprache der Engel zu kennen bedeutet, wie Luther sogleich fortfährt, die von ihnen verkündigte Freude wahrhaft zu glauben. Glaubten wir sie, so würden wir wohl fröhlicher, demütiger, freundlicher sein und — nicht so faul[771].

Was sich in der Mittlerschaft des Mose ankündigte und in den Weihnachtsengeln widerspiegelte — daß Gott auf menschliche Weise mit uns reden will —, hat sich in *Christus* vollendet: *In ihm ist Gottes Wort unüberbietbar und letztgültig laut geworden.* In diesem summarisch formulierten Satz lassen sich fünf Aspekte unterscheiden, die sich, als Hinsichten auf dieselbe Sache, natürlich vielfältig berühren und überschneiden. Zum einen: Christus spricht von Gott in absoluter Verbindlichkeit. Er ist von Ewigkeit bei ihm gewesen und weiß von ihm zu reden[772]. Darum repräsentiert sich in ihm auch die Einheit des göttlichen Wortes[773]. Weil alles, was Christus redet, ihm vom Vater befohlen ist[774], muß ein jedes freundliche Wort aus seinem Munde von Gott, Welt und Teufel, von Himmel und Hölle bejaht werden[775].

---

[769] WA 36; 392,35−393,15 (1532).

[770] WA 49; 282,13f (1543): Ideo filius Dei descendit et loquitur nostra lingua. Angelorum lingua longe superat omnium oratorum linguas. — Ebd. 282,33−35: Drumb lest Er sich herab und lisbelt mit unser sprach, unser sprach ist gegen Engel sprach, wie die gense mit uns reden.

[771] WA 29; 668,4−9 (1529): Verba (sc. Lk 2,10f) statim audiuntur, dicuntur. Sed quando indigemus iis verbis, videbis, quam ardua scientia. Ego certo das a.b.c. kan ich nicht de istis verbis. Ich kan da von wol plaudern et sapienter, Ut quisque dicere posset me posse sapienter loqui. Si hieltens da fur, quod verum, essemus frolicher, demutiger, freundlicher. Die lieb und freude quam adderet istud gaudium, non esset so faul. — Ebd. 668,22−26: Tu paucis verbis angelorum crede firmiter. Wyr lassens duncken, eyr konnes. Ego M. Luther profiteor me alphabetarium in hac fide illorum verborum. Nam si vere crederemus haec, so wurden frolicher, frummer, nicht so stolze boeße lewthe seyn. Experiencia videmus nos nihil illorum credere.

[772] WA 33; 141,33f (1531). − Vgl. ebd. 142,1−3.

[773] WA 29; 130,11−131,1 (1529) (zu Joh 8,51): Qui meum verbum audit, audit illud quod Abraham audivit, idem verbum, nisi quod alio tempore dicitur, einerley rede und mundlich wort.

[774] WA 10,1,2; 283,26f (1522).

[775] WA 36; 179,26f (1532). − WA 45; 589,25−32 (1537): Das ist der erste heubtpunct und fürnemeste Artikel, wie Christus im Vater ist, das man keinen zweivel habe, was der man redet und thut, das das geredet und gethan heisst und heissen mus im Himel fur allen Engeln, jnn der welt fur allen tyrannen, jnn der Helle fur allen Teuffeln, im hertzen fur allen bösen gewissen und eigen gedancken, Denn so man des gewis ist, das, was er dencket,

Zum andern: Es ist Gott selbst, der in Christus redet[776]. Luther kann dafür auf die göttliche Natur Christi verweisen, derentwegen man ihn »verbum dei, id est perfecta divinitas« nennt − »ynn der gotheit ... ist ein horen, da durch er sein wesen hat«[777] −, oder auch an das Wort bei Jesu Taufe erinnern (Mt 3,17), seit dem Gott nicht aufgehört hat, durch Christus mit uns zu reden: »Durch Christum und in Christo ist der Himel wider auffgesperret, und sehen die Christen den Himel nu offen und hören Gott, den Himlischen Vater, stets mit jnen reden ... Der Himlische Vater (redet) noch jmer mit uns, höret nicht auff bis an den Jüngsten tag solches zureden, und wird der Himel nicht zugesperret«[778].

Sodann: In Christus hat Gott sein unwiderruflich letztes Wort gesprochen. Das Evangelium, das aller Welt gepredigt wurde, ist »das letzte wort und leer ..., das die welt beschließ(t)«[779]. Darum darf man weder mit den Juden an einem vorletzten Wort Gottes festhalten, als ob es das letzte sei[780], noch auf ein neues, gleichsam privates Gotteswort spekulieren, wie Luther gegen Müntzer und die Wiedertäufer herausstreicht: »Denn er (sc. Gott) ist nicht der man, der jm wil lassen jnn bart greiffen und einem jglichen ein sonderlichs anrichten oder umb deinen willen ein new Euangelium, Tauffe, predigt oder offenba-

---

redet und wil, der Vater auch wil, so kan ich alle dem trotz bieten, was da wil zörnen und böse sein, Denn da habe ich des Vaters hertz und wille jnn Christo. − Vgl. WA 32; 344,2−8 (1530/32).

[776] WA 28; 169,30−170,18 (1528) (zu Joh 17,18 f): Denn was ists, das jemand höher begeren köndte, wenn wir selbs wundschen solten, denn das er möchte ein mal Gott selbs mündlich reden hören? und ist niemand wo es jhm widderfaren möchte, er würde gerne bis ans end der wellt darnach lauffen. Nu hastu hie ein gewis zeugnis, das wer Christus mund und wort horet, der horet des wort und mund, der himel und erden mit einem odem geschaffen und mit einem finger tregt und hellt, Und ein solch wort, darinn er dir alle sein hertz und willen zeigt und offenbaret, dazu alle seine gnade und güte anbeut und gibt, kurtz darinn alle unser heil und seligkeit, hülffe, trost, schutz und sieg jnn allen noten und anfechtungen stehet, Als dem weichen müssen himel und erde, Teuffel und wellt mit allen creaturn. − Vgl. WA 54; 92,17 f (1543): Gott und Mensch ist eine Person, was der Mensch hie thut, leidet und redet, das thut, leidet und redet Gott. − Vgl. ferner z. B. WA 28; 116,1−9.14−29 (1528) (zu Joh 17,4−6). − WA 28; 124,1−128,23 (1528) (zu Joh 17,6−8). − WA 32; 340,10−16 (1530/32). − WA 33; 145,3−10 (1530/32). − Ebd. 149,31−150,2. − WA 40,2; 255,25−38 (1532). − WA 45; 511,29−37 (1537) (zu Joh 14,24). − WAT 5; 48,17−24 (1540) (Nr. 5294).

[777] WA 28; 51,26 f (1528).

[778] WA 46; 712,8−10.12 f (1537/38).

[779] WA 12; 598,19 f.21 f (1522); vgl. ebd. 598,6−24.

[780] WA 10,1,1; 146,1−9 (1522): Denn die Juden hallten gar fest an den vetern, propheten und gott, der vor tzeytten tzu yhnen gered hatt. Wollen aber yhm nu nit glewben und nit tzu hertzen nemen, das gott nit eyn mal, ßondernn viel mal, nit eyner weyße, ßondernn mancher weyße gered hatt den vettern, wie sie wol wissen und bekennen mussen. Aber nu er aber eyn ander mal und auch auff eyn ander weyße redet, wollen sie nit glawben. Auff diße weyße hatt er tzuuor nie gered, wirt auch nymer der weyß reden. Drumb die weyße tzu reden, die sie gern hetten, wirt nymer geschehen.

rung geben«[781]. Darum gilt, was Luther in einer fortführenden Paraphrase von Joh 8,28 Christus in den Mund gelegt hat: »Der beider eines mus geschehen, Entweder ihr musset mich horen oder musset Zu grunde gehen«[782].

Ferner: Gott redet nur in Christus. Das stimmt mit dem eben genannten Aspekt zwar weitgehend überein, verleiht der Sache aber doch einen eigenen Akzent. Denn die Exklusivität, in der das Wort Gottes in Christus laut wird, sieht Luther wiederum trinitarisch begründet: »Wenn man eine person horet, so horet man die gantze Gottheit«[783]. Darin gründet die Gewißheit, daß auch im Himmel kein anderes Wort über mich gesprochen wird als das, das mir Christus freundlich zusagt[784]. Das richtet sich vor allem gegen die forschende Vernunft des Menschen, die auf *ihren* Wegen nach dem Willen Gottes sucht: »Ohne gottes wortt sitzen und harren, bis das sie (sc. die eigen vernunfft) gottes willen erkennen, da wirstu den hals brechen«[785]. Immer wieder streicht Luther gegen alle schwärmerischen Neigungen heraus, daß Gott allein durch Christus mit uns reden und uns durchaus nicht einen neuen Christus machen will[786]. Wie sehr er den Glauben von derlei Tendenzen bedroht sieht, wird nicht zuletzt an der Drastik deutlich, in der er jede Möglichkeit einer an Christus vorbei ergehenden Offenbarung Gottes zurückweist: »Und wen gleich got selbst mit mihr redete, jha alle engel mit mihr redeten, wie Muntzer rhumete, das gott mit ihme redete, so wolt ich doch in dieser sachen meine seligkeit belangendt nicht ein wort horen und wolte die ohren mit plei vergissen«[787].

Und schließlich: Indem mir Christus das Wort Gottes zuspricht, zeigt er mir den Weg zum Vater. Luther hat sich dafür oft des Motivs der Leiter bedient, die von dem Christus vere homo aus bis in den Himmel reicht: »Gott hat uns kein andere treppen geben noch einen andern weg gewisen, darauff wir gen hymel gehen kőnnen, denn sein liebes wort, das heylig Euangelion«[788]. Wer

---

[781] WA 45; 523,29–32 (1537).

[782] WA 33; 624,33–35 (1531). – WA 33; 597,9–16 (1530/32) (zu Joh 8,25): Es ist gnug gesaget, das ihr wisset wer ich (sc. Christus) sej. Das ihr nun weiter fraget, wer ich sej, so sage ich: Ich bin Euer prediger, wen ihr mich nicht horen wolt, so lassets. Man mus mich horen oder ihr seid des teuffels.

[783] WA 45; 612,27 f (1537).

[784] Ebd. 612,28–34 (1544) (zu Joh 14,24).

[785] WA 33; 139,23–33 (1530/32).

[786] WA 33; 562,29–34 (1530/32).

[787] Ebd. 561,35–562,2. – Vgl. ebd. 562,4–13. – In dieser Exklusivität des in Christus laut werdenden Wortes Gottes liegt für Luther begründet, daß Christus nur geredet und nichts geschrieben hat: Das Evangelium ist seinem Wesen nach aktuales Wort, das sich erst im rechten – nämlich: glaubenden – Hören vollendet (vgl. dazu § 9.1.a).

[788] WA 52; 452,16–18 (1544). – WA 10,1,2; 297,5–10 (1522): Die schrifft hebet feyn sanfft an und füret uns zů Christo wie zů einem menschen und darnach zů einem herren über alle Creatur, dernach zů einem Got. Also komme ich fein hinein und lerne Got erkennen. Die Philosophi aber und die weltweysen leütt haben wőllen oben anheben, da sein sie

darum einen andern Weg gen Himmel sucht, am Wort vorbei, der kommt, weil er doch nur in die Luft steigt, unweigerlich zu Fall[789].

Daß das äußere, gepredigte Wort nicht einen defizienten Modus des in Christus erklingenden Gotteswortes darstellt, sondern eine authentische Gestalt desselben − »vera res«![790] −, ist für alles Reden vom Wort Christi die selbstverständliche und darum von Luther oft gar nicht mehr ausdrücklich erinnerte Voraussetzung.

b) Die Ohnmacht des Wortes Gottes in Christus

Mit dem Aufweis eines duplex modus loquendi läßt sich der Sprachgebrauch Christi noch nicht hinreichend erklären. Denn es gibt eine Reihe von Phänomenen, die nicht schon dadurch zu bestimmen sind, daß man sie auf eine der beiden in der Person Christi vereinten Naturen bezieht. In diesen Phänomenen macht sich eine eigentümliche Ohnmacht des Wortes bemerkbar. Sie besteht nicht nur darin, daß ein von Christus gesprochenes Wort nicht zugleich auch die dadurch bezeichnete Sache mit sich bringt − das entspräche jener defizitären Struktur, die Luther für das Sprechen des Menschen konstitutiv sein läßt (vgl. § 7) und an der darum auch Christus nach seiner Menschheit partizipiert. Aus manchen Worten Christi ist vielmehr zu ersehen, daß *die* Ohnmacht, die sich am Kreuz vollendet hat, auf sie einen Schatten wirft: In ihnen hat sich die Kraft des Wortes Gottes unter seinem Gegenteil verborgen.

---

zů narren worden. Man můß von unten anheben und darnach hinauff komen. − WA 40,3; 656,21−28 (1546): Hic ordo diligenter servandus est. Non ascendendum ad maiestatis divinae inquisitionem, antequam Infantulum hunc bene comprehenderimus; sed ascendendum est in coelum illa scala, quae nobis proposita est, his gradibus utendum, quos Deus ad eum ascensum paravit et applicavit. Noluit Filius Dei videri et inveniri in coelo. Atque ideo descendit e coelis ad haec infima venitque ad nos in carnem nostram et posuit se in gremium matris, in praesepe et in crucem. Hanc ›scalam‹ posuit in his terris, qua ad Deum ascenderemus. − Vgl. dazu ALTHAUS (s. Anm. 175), 165−169.

[789] WA 47; 34,36−38 (1538): In Christo ist uns der weg gehn Himmel allein furgestellet, welcher durch das Gottliche wortt uns wirt furgehalten, sonst steigestu in die lufft, so fellestu.

[790] WAT 5; 48,21−24 (1540) (Nr. 5294): Wer Christum horet, der höret Gott selbst; wer S. Peter oder ein prediger höRett, der höRett Christum und Gott selbst mit uns reden. Wie er sagt: Qui vos audit, me audit. Und Paulus ad Galathas: Accepistis verbum meum ut verbum Dei. Sicut re vera est. − WA 47; 213,17−25 (1540): Sihe nicht nach der person, sondern hore, was man sage, nicht wer do redet, sihe, obs gott durch sie redet oder thut. Ists also, das Gott redet, so tucke dich, und wen ein burger oder Baur einen prediger hôret, solt ehr sagen: Ich hore wohl und erkenne die stimme des pfarherrs, aber die wortt, so ehr redet, sind nicht seiner person, seine person ist zu schwach darzu, sondern die hohe maiestet Gottes redet durch ihnen. Also wen ein armer Prediger mich trostet, so sol ich so klugk sein, das ich gedencke: Du redest nicht mit mir, deine stimme ists wohl, aber gott redet durch dich. − Im übrigen vgl. § 5.4 und § 13.2.

Das zeigt sich zunächst in der verdrießlichen[791] und, mehr noch, in der seltsam neuen[792], unbekannten[793], dunklen[794] und verdeckten Sprache[795], deren sich Christus vor allem in seinen Gleichnissen[796] sowie der Ankündigung seines eigenen Leidens[797] bedient. Was darin auf besondere Weise deutlich wird, ist jedoch eine dem Wort Gottes in Christus strukturell anhaftende Eigenart. Indem Gott alles, was er uns geben will, in bloßes, nacktes Wort gefaßt hat, läßt er seine »opulentes promissiones« in der unscheinbarsten Gestalt ergehen[798], die denn auch anstatt dankbarer Aufmerksamkeit nur Verachtung auf sich zieht: »Nostra infirmitas haec est, quod non dedit hunc thesaurum palpabilem. Sed gefasst in verbum«[799]. Darum kann und will die Welt nicht hören, was Gott redet[800]. Es ist geradezu eine nota verbi dei, daß es wegen seiner ohnmächtig erscheinenden Gestalt verachtet wird[801]: »Suum verbum mus das geringst sein«[802]. In dieser Geringschätzung des in Christus laut gewordenen Wortes Gottes geschieht aber, wie Luther oft genug betont hat, nichts anderes, als daß man den Sohn Gottes wahrhaftig ans Kreuz schlägt[803]. Wer das Wort verachtet, gleicht darum den Juden, die Christus nicht mit der Hand — das war Pilatus —, wohl aber mit der Zunge gekreuzigt haben[804].

---

[791] Z. B. WA 33; 67,6 (1530).

[792] Z. B. WA 21; 460,5 (1544).

[793] Z. B. WA 52; 305,2 (1544). — WA 32; 165,11 (1544).

[794] Z. B. WA 49; 256,21—25 (1542). — Hier erklärt Luther die sprachliche Dunkelheit allerdings pädagogisch (ebd.): Der HErr redet alhie zu seinen jůngern mit tunckeln und verdeckten worten, die sie nicht verstehen, On zweivel allermeist darůmb, das er sie damit vermane und solche wort wol einbilde, weil sie so seltzam lauten, damit sie jr nicht vergessen, Denn man behelt viel bas ein wort, das etwas seltzam geredt wird, denn wie der gemeine brauch ist zu reden.

[795] Z. B. WA 45; 510,24 (1537).

[796] Z. B. ebd. 510,23—30. — WA 52; 304,35—305,15 (1544).

[797] Z. B. WA 32; 164,34—165,20 (1544).

[798] WA 25; 369,17f (1527/30): Quia enim Deus has opulentas promissiones in nudum verbum conclusit, non creditur ab infirmis animis tempore crucis.

[799] WA 46; 526,14f (1538); vgl. 526,10—528,1; 526,28—527,39.

[800] WA 10,3; 151,22f (1522). — WA 23; 722,4f (1527).

[801] WA 15; 705,2—6 (1524): Naturam habet verbum dei verum, quod blasphemetur a dextera et sinistra et eciam a toto mundo, ut tempore apostolorum persequutus est mundus. Ut hodie secunda periculosior inter nos, ut tempore apostolorum, ex quo Apostoli blasphemabantur, passi sunt. — Vgl. ebd. 705,10—15.19—24.

[802] WA 37; 258,12 (1534); vgl. den Fortgang des Zitats (ebd. 258,13—15): Quod diabolus redt und thut, das ist coram mundo kostlich. Hoc fit in omnibus verbis et factis dei, quod gering angesehen und veracht. Sed quod loquitur diabolus, servamus. — Vgl. inges. ebd. 258,7—259,7.

[803] WA 10,2; 213,12—14 (1522): Qui verbum dei pervertit et extinguit, is vere crucifigit filium dei, id quod faciunt omnes, qui ex promissione opus faciunt, cum hoc vere sit veritatem dei mutare in mendacium. — WA 17,1; 350,29 (1525): Quando damnatur verbum Christi, Christus crucifigitur.

[804] Vgl. schon WA 3; 363,11f (1513/15): Pilatus manu, Iudei lingua Christum occide-

So liegt es für Luther geradezu in der natura verbi begründet, daß es geschwächt werden muß, um seine göttliche Kraft zu erweisen[805]. Aber die Kraft des Wortes tritt nicht unter der Maske einer nur unbestimmten Kraftlosigkeit auf den Plan, sondern ist von Luther präzise dahin bestimmt, daß sie sich unter ihrem genauen Gegenteil − »spetie contraria« − verbirgt[806]. Dieser prinzipiellen Bestimmung hat Luther zugleich die konkrete hermeneutische Anleitung entnommen, wie, von Joh 16,33 ausgehend, die Sprache Christi zu deuten sei:

> Wenn ich solchs zu euch rede, wie jr sollet friden haben, so verstehets also, das jr in der welt werdet mussen Angst haben, Das friden heisst auff deudsch Angst in der Welt, Das ist meine sprach: Friden heisst unfride, glück heisst unglück, freud heisst angst, Leben heisst tod in der welt, Und widerumb was in der welt heisst Unfried, angst, tod, Das heisse ich fride, trost und leben.[807]

Zu dieser Verborgenheit des Wortes Gottes gehört für Luther desgleichen, daß der, der glaubend an ihm teilhat, auch die Larve der Ohnmacht mit ihm teilt, darum notwendig in Gefahr und Unglück gerät und so mit seinem eigenen Leben das Wort Christi als ein Wort des Kreuzes (1 Kor 1,18) verifiziert[808].

Die Ohnmacht des Wortes Gottes hat Luther anläßlich der Auslegung von Lk 23,34 (»Pater, dimitte illis«) auf zugespitzte Weise herausgestrichen. Dem

---

runt. − WA 4; 222,3−5 (1513/15): Sicut Iudei non manu, sed lingua Christum occidunt: ita detractor, filius Iude et Iudeorum, est homicida verbo lingue sue. − Daß Luther der Verachtung des Wortes auch andere, irdisch-reale Konsequenzen zuschreibt, geht beispielsweise aus einer Passionspredigt des Jahres 1538 hervor (WA 46; 263,2−4): Wenn ein land sol untergehen, So mus man nicht allein wild, frech leben, sed etiam contemnere verbum. Das verbum war da hin ut Christus cap. 23 (sc. Mt 23,37).

[805] WA 16; 93,4−7 (1524): Videtis, quae natura sit verbi: quando vult incipere, prius fit infirmum. Et vocat Paulus dei infirmitatem et stulticiam, et tamen dicit: sapientior est omnibus etc. et infirmitas est fortior, quod est contemptum, est pretiosius. Hoc exigit fidem. − Vgl. ebd. 93,26−34. − Ebd. 96,24−32 (zu Ex 6,1): S. Petrus war (gleich wie auch Moses alhie ist) Gottes schwachheit und torheit und muste den kopff und sein leben herstrecken, Aber gleichwol hat er mit dem Euangelio das Rômische Reich erseuft. Denn dis ist die Natur des Gôttlichen Worts, so wir wol lernen sollen, das wenn Pharao stoltz ist, pochet, tobet und wutet, so stellet sich Gott und sein Wort gar schwach, mat und kranck, gleich als lege es gar zu boden, Aber es wird wider starck, reisset hindurch und ubirwindet alles, wie denn auch folgen wird, das die Kinder von Israel werden dûrchs Rote Meer gefûret und Pharao darinnen erseufft.

[806] WA 56; 446,31−447,1 (1515/16): Sicut ... Dei Sapientia abscondita est Sub spetie stultitie et veritas sub forma mendacii − Ita enim verbum Dei, quotidies venit, venit in spetie contraria menti nostre, que sibi vera sapere videtur; ideo verbum contrarium sibi mendacium Iudicat adeo, ut Christus Verbum suum appellaverit adversarium nostrum.

[807] WA 46; 108,38−109,3 (1537).

[808] WAB 4; 560,8−12 (1528) (Nr. 1323): Ihr wisset aber ohn Zweifel, daß unser Sache, so das Wort Christi haben, nicht anderst stehen kann, denn das wir Fahr und Unglück drüber leiden müssen. Es ist ein Wort des Kreuzes, es bleibt auch wohl ein Wort des Kreuzes; darumb heißet's auch ein Wort des Kreuzes. − WA 28; 146,33−147,13 (1528). − WA 40,2; 495,3−13 (1532).

Kreuzeswort verleiht er zunächst dadurch Profil, daß er es dem, was Gott dereinst »in sua maiestate und sprach« sagen wird, kontrastiert: Alsdann wird Gott reden »in seiner Göttlichen Maiestet und unleidlichen Sprache, mit Donner und Blitz, Pummerle pum, Kir, Kir, Schlag tod, Dazu denn alle Creaturn schreien werden Amen und Ja«[809]. Bis dahin aber, fährt Luther fort, wird die Welt durch jenes Wort erhalten, mit dem der Gekreuzigte Gottes Zorn gestillt hat[810]. In einer Predigt des Jahres 1539 deutet Luther das »Pater, remitte« als Ausweis des priesterlichen Amtes Christi: Mit diesem Wort habe sich Christus zwischen uns und den Zorn Gottes gestellt und so die Vergebung der Sünden und die Erlösung vom Tode erwirkt − »Er wolte patrem reconciliare. Das ist geschehen«[811]. In diesem Sinn weist Luther jenem Kreuzeswort Christi eine schlechthin zentrale Bedeutung zu: »Das ist das recht heubtwort, darumb er auch ans Creutz gestiegen. Et hoc caput nostrae doctrinae«[812]. Daß Christus in der äußersten Niedrigkeit des Kreuzes das größte Werk vollbracht hat − die Versöhnung mit Gott −, findet darum in jenem »recht heubtwort« sein exemplarisches sprachliches Abbild. Denn das Wort Christi, das den Vater versöhnte und darum zum »caput nostrae doctrinae« geworden ist, entspricht in seiner grammatischen Struktur der Ohnmacht des Kreuzes: Es ist in Gestalt einer *Bitte* formuliert. Gleichwie das Kreuz, dieses Zeichen des Scheiterns, in Wahrheit ein Siegeszeichen ist, liegt in dem Bittwort Christi das göttliche Machtwort präzise − nämlich: »spetie contraria« − verborgen. Das Wort Gottes, das sich gerade in der äußersten Machtlosigkeit als allmächtig erweist, hat sich in der Gestalt des bittenden Christus[813] symbolisch verdichtet.

c) Die Vollmacht des Wortes Gottes in Christus

In der Wendung ›Vollmacht des Wortes Gottes‹ drückt sich für Luther eine tautologische Verdopplung aus. Hat doch das Wort, das Gott spricht, eben darin sein Wesen, daß es immer zugleich auch wirkt, was es sagt: »dictum et factum ist eins«[814]. Daß diese Kraft des Wortes Gottes in Christus wirksam ist, hat bereits der Abschnitt über »Das Mensch gewordene Wort Gottes« (§ 11.2.a) herauszuarbeiten gesucht. Während dort aber trotz der bei Luther unauflösbaren Verflechtung von christologischen und soteriologischen Motiven das Gewicht vor allem auf dem in den Evangelien bezeugten Erdenwandel Christi lag, soll das Christusgeschehen nun in Hinsicht auf das pro nobis noch einmal knapp

---

[809] WA 49; 741,29−31 (1545).

[810] Ebd. 741,26−29: Gott wird als denn reden in seiner Maiestet und Herrligkeit, Nicht, Wie Christus am Creutz redet, da er spricht: ›Vater, vergib jnen, denn sie wissen nicht, was sie thun‹, Welche Stimme Gottes zorn stillet und die Welt noch heutigs tags erhelt.

[811] WA 47; 720,2−9 (1539).

[812] Ebd. 720,6f.

[813] Vgl. dazu E. JÜNGEL, Die Autorität des bittenden Christus (in: DERS., Unterwegs zur Sache [s. Anm. 640], 179−188).

[814] WA 40,2; 230,3−5 (1532). − Vgl. dazu § 5.3 dieser Arbeit.

in den Blick kommen. Bedenkt man die Weite, die diesem Thema generell und zumal in der Theologie Luthers eignet, so wird man hier eine umfassende Übersicht kaum erwarten wollen. Es muß vielmehr genügen, ein paar der wichtigsten Aspekte zu erwähnen und so, wenn es hoch kommt, den Horizont anzudeuten, von dem her die Frage nach der Vollmacht des Wortes Gottes in Christus definiert ist.

Wenn sich in Christus die Kraft des göttlichen Wortes unter ihrem Gegenteil verbirgt, ist damit nicht etwa eine − sozusagen − biographische Episode, sondern ein Strukturmoment bezeichnet. Gerade weil die Herrschaft Christi nicht offen vor Augen liegt, bedarf es ja des Glaubens. Luther kann das am Beispiel des Königtums Christi erläutern. Ein irdischer König, konstatiert er, flößt, solange er lebt, Furcht und Respekt ein: »Man gibt Rennt und Zinße und lebt Nach seynem gehorßam«. Doch wenn er gestorben ist, schert sich niemand mehr um ihn[815]. Entsprechend habe es, als Christus sterbend verstummte − »Am Crewcz ist rwhe und Sabbath«[816] −, ausgesehen, als sei er gegen »Juden und Heyden, Sunde, Teuffel, Tod und helle« unterlegen[817]. Doch in der Stille seines Todes hat Gott das Wort ergriffen und Christus, dem Augenschein zum Trotz, in sein Reich erst eingesetzt[818]. Christus mußte sterben[819] und auferstehen, damit sein Reich anfange durch das Wort[820]. Was die Auferstehung Christi angeht, spricht Luther dem Wort in zweifacher Hinsicht eine schlechthin konstitutive Bedeutung zu: Es ist ein Wort aus dem Munde Gottes, das ihn wiederkehren läßt. Und: Was darin geschehen ist, hat Gott uns ins Wort gefaßt. Natürlich zweifelt Luther nicht an der historischen Faktizität der Auferstehung Christi. Aber gerade dies ist ihm das wenigste: bloße Geschichte. Wer dagegen verstehen will, was in der Auferstehung Christi geschehen ist, bedarf des deutenden Wortes: »Historia simpliciter narrat rem gestam. Verba indicant usum et finem«[821]. Denn bis heute will Christus keinem Menschen nahekommen, dem er nicht zuvor durchs Wort verkündigt worden ist. Wer ihn hingegen selber sucht, am Wort vorbei, wird nichts anderes finden können als einst die Frauen und Schüler: ein leeres Grab[822].

---

[815] WA 45; 374,21−23 (1537).

[816] Ebd. 374,28 f.

[817] Ebd. 374,26 f.

[818] Ebd. 374,28−32: Am Crewcz ist rwhe und Sabbath, Weyl er aber und der heilig Geist still schweigt, muß Got Reden unnd wircken, auf daß seyne Rwhe herlich seye. Wenn ein konig stirbt, So dracht man Nach Einem Newen. Aber Christus hebt aller Erst an, wenn er Todt ist, und Besiczt gewaltig sein Reich.

[819] WA 32; 436,19−22 (1530/32): Also ist es Christo auch selbs gangen, da sie jn unter die erden bracht hatten und meineten, sie hetten jn nun so tieff verscharret, das niemand mehr von jm singen noch sagen solt, da blitzet er erfur und leuchtet durch sein wort so starck, das sie alle drůber musten ewiglich zu boden gehen. − Vgl. ebd. 436,19−37.

[820] WA 21; 237,27−29 (1544).

[821] WA 46; 325,12 f (1538); vgl. ebd. 325,5−18.

[822] WA 29; 274,1−7 (1529): Deus fecit nobis hanc gratiam, quod sua opera et thesaurum

Darum liegt, wie Luther zu betonen nicht müde wird, das Reich Christi im Wort verborgen[823]. Er ist denn auch ein »rex verbalis«[824], sein Reich ein »regnum verbale«[825], »ein hôr Reich, nicht ein sehe Reich«[826]: unsichtbar zwar, doch höchst real[827]. Wenn darum Christus auch überall ist − im Himmel wie auf Erden[828] −, so will er doch nur im Wort erkannt sein und sich finden lassen[829]. Jeder andere Versuch, sich des Reiches Christi zu versichern, ist, da er seine Weisung mißachtet, des Teufels[830]. Insofern kann es keine verläßlichere nota ecclesiae geben als die Christuspredigt: »Verbum est das heubtstuck in Ecclesia Christiana, Ubi est vera Ecclesia, quae est Euangelio«[831]. Durch die antithetische, Wort und Schwert gegenüberstellende Unterscheidung der beiden (bzw. der drei[832]) Reiche und Regimente Gottes[833] hat Luther die exklusive Verbalität des Reiches Christi gern noch pointiert[834].

quod diaboli domini sumus, hoc hat er uns gefast ins wort hin ein. Qui aliter quaeret sine verbo, idem inveniet quod mulieres et discipuli, vacuum sepulchrum, adhuc mortuus esset et ablatus et ineternum non inveniemus, non videbimus ineternum. Ideo honora scripturam sacram. Christus resurgens nemini voluit apparere, ante omnia must her ghen die sprach des mundlichen worts und ehe es on wort geschehen, ehe musten die angeli e coelo komen. − Vgl. etwa auch die Kurzformel in WA 10,1,1; 173,6 f (1522): Er ist darnach ynn seyner aufferstehung und durchs wortt widder kommen.

[823] Belege erübrigen sich. Stattdessen sei lediglich eine kleine Auswahl bemerkenswerter Stellen angefügt: WA 11; 98,24 f (1523). − WA 15; 697,31−33 (1524). − WA 15; 709,2 (1524). − WA 23; 541,22−31 (1527). − WA 27; 351,15−352,3 (1528). − WA 31,1; 532,9 f (1530/32). − WA 31,2; 19,2−22 (1527/30). − WA 31,2; 394,10−28 (1527/30). − WA 40,3; 688,34−689,2 (1544). − Ebd. 693,25−32. − WA 41; 196,9 f (1535). − WA 44; 777,24−778,4 (1545). − WA 45; 213,4−7.26−39 (1537).

[824] WA 31,1; 362,2 (1530); vgl. ebd. 361,34−362,4: Laudare significat predigen et confiteri, quod sumus salvi gratia non meritis, sicut Paulus ait. Das ist nu das predigampt et hoc est regnum Christi, qui est rex, qui regnat per externum et vocale verbum, quod qui admittunt, sunt fratres. Christus igitur ist ein prediger et rex verbalis sed in eo verbo est inclusa universa salus. Sunt autem signanda haec loca contra eos, qui rident externum verbum.

[825] WA 40,3; 693,31 (1544).

[826] WA 51; 11,29 f (1545).

[827] Z. B. WA 10,1,2; 260,18 f (1522).

[828] WA 19; 492,19−26 (1526). − WA 36; 45,3−28 (1532).

[829] Z. B. WA 10,3; 210,11 f (1522). − WA 12; 414,12 (1523).

[830] WA 52; 89,26−28 (1544); vgl. ebd. 52,19−53,5.

[831] WA 41; 77,22 f (1535); vgl. ebd. 77,8−30.

[832] WA 23; 511,33−515,11 (1527). − Vgl. dazu meine Interpretation dieses Textes (s. Anm. 763).

[833] Vgl. dazu grundlegend: Von weltlicher Oberkeit, wie weit man ihr Gehorsam schuldig sei (1523) (WA 11; 245−281). − Zur Einführung vgl. A. BEUTEL, Christsein vor Gott und der Welt. Luthers Lehre von den zwei Reichen (in: D. R. BAUER [Hg.], Mystik und Politik. Entwürfe christlicher Existenz [in Vorbereitung]). − Eine Auswahl der wichtigsten neueren Forschungsliteratur bietet BEUTEL (s. Anm. 763), 179 f, Anm. 1−9.

[834] Wieder kann nur eine kleine Auswahl bemerkenswerter Stellen geboten werden: WA 10,3; 175,30−32 (1522). − Ebd. 252,5−7. − WA 16; 260,19 f (1525). − WA 17,1; 148,12−149,9 (1525). − WA 19; 629,17−24 (1526). − WA 51; 11−22 (1545).

Die Verborgenheit des Reiches Christi, dergemäß es nur zu hören, nicht zu sehen ist, hat nun aber zur Folge, daß es uns nicht nur äußerlich angeht, sondern sich in unserem Innersten verwirklicht. Wie sich einst die Kraft des Wortes Gottes an Thomas darin erwiesen hat, daß es die verschlossenen Türen seines Herzens zu durchdringen vermochte (Joh 20,24–29)[835], so kommt auch heute Christus durch das Wort in unser Herz, damit er uns darin regiere[836] und zu der äußeren Klarheit des Verstehens auch die innere Klarheit des Glaubens gebe[837]. Wie sehr es Luther immer wieder verstanden hat, selbst noch die subtilsten theologischen Überlegungen in ein schlichtes, der Alltagserfahrung entlehntes Bild zu fassen, ist etwa der Predigt vom 3. Dezember 1530 zu entnehmen, wo er von Christus sagt, er sei »dir durch sein Wort näher, denn wenn du deinen Sohn am Halse trägst«[838].

Indem das Wort Christi in unserem Innersten wirkt, gibt es uns, seinem Wesen entsprechend, an allem teil, was es ist[839]. Das gilt zumal für das Leben, diesen Inbegriff Christi (vgl. Joh 1,4): »Lex ... Christi proprie non est docere, sec vivere, non verbum, sed res, non signum, sed plenitudo. Verbum autem Euangelii est huius vitae, rei, plenitudinis ministerium et vehiculum ad cor nostrum«[840]. Die Worte Christi sind Worte des Lebens, weil sie jedem, der an ihn glaubt, zu diesem Leben verhelfen[841]. So trägt und nährt uns Christus durch sein Wort, wie Luther, Hebr 1,3 erinnernd, immer wieder unterstreicht[842]: In diesem Wort schafft er uns Frieden[843] und Trost[844]. Denn selbst wenn mir die Not der Sünde unerträglich wird, ist es ihm nur um ein Wort zu tun, und alle Last muß von mir weichen: »Verbum breve est, sed omnia complectitur quae in celo et terra sunt«[845]. Diese Vergebungserfahrung hat für Luther eschatologische Qualität[846]. Ist doch das Wort, durch das uns Christus im Gewissen trö-

---

[835] WA 11; 95,16–23 (1523); vgl. dazu WA 12; 518,27–519,5 (1523).

[836] Z. B. WA 15; 745,14f (1524).

[837] WA 28; 65,13f (1528): Coram auribus sunt clara verba, sed non in corde. Qui credit habet, qui non credit, non intelligit, quanquam sint clarissima verba. – Vgl. ebd. 63,1–65,39.

[838] WA 33; 60,1–3 (1530/32).

[839] WA 17,2; 234,1–19 (1525). – Vgl. WA 8; 482,8f (1521).

[840] WA 8; 458,38–40 (1521); vgl. dazu WA 8; 540,1–4 (1521).

[841] WA 10,1,1; 266,21–267,4 (1522).

[842] Z. B. WA 4; 284,32–39 (1513/15). – WA 8; 449,26f (1521). – WA 10,1,1; 440,4–12 (1522).

[843] WA 5; 63,29–33 (1519/21).

[844] WA B 6; 104,36–45 (1522).

[845] WA 15; 724,7f (1524).

[846] WA 34,2; 213,3–7.10–12 (1531): Sic fides mea sit affecta, es ghe mir, wie es wil, et cogitare debeo: not, quam sentio, ist mir ein schwer und untreglich, praesertim quando sentio peccatum. Sed yhm ists nicht mehr zu thun quam umb ein wort ... Sic fiet in novissimo die: mit eim wort sol wir da sthen und leuchten ut sol, et tamen da haben hecket die kroten etc. ... Sed ipse kans thun verbo, cui sol weichen tod, teuffel, hell, wurm, kroten. Et plus potentiae in dem wort quam in omni creatura.

stet, wesenseins mit dem, das uns am Ende aus dem Tod ins Leben ruft[847] und mit uns »widder aus der erden bringen (wird) alles, was von Adam her komen und jhe auff erden geboren ist«[848].

Gleich zu Beginn der sogenannten Invocavitpredigten hat Luther seine Wittenberger Gemeinde ermahnt, mit der untrennbaren Verbundenheit von Glaube und Liebe ernst zu machen. In diesem Zusammenhang heißt es:

Ich sihe wol, das jr vil wyst von lere zureden eüch gepredigt, von dem glauben und liebe, und ist nit wunder: kan doch schier ein esell lection singen, solt jr dann nit die lere oder wörtlin reden und leren? Also lieben freündt, das reich gottes, das wir sein, steet nit in der rede oder worten, sonder in der thåttigkeit, das ist in der that, in den wercken und ubungen. Got wil nit zuhörer oder nachreder haben, sonder nachvölger und uber. Und das in dem glauben durch die liebe.[849]

Das widerspricht durchaus nicht der eben skizzierten Bestimmung, wonach das Reich Christi allein im Wort sein Wesen hat, verhilft dieser vielmehr erst zu völliger Klarheit. Denn wollte man es, das Reich Christi betreffend, bei bloßen Worten belassen, so verfälschte man sein Wort, den Schwärmern gleich[850], zu bloßem Menschenwort. Aber Christus spricht in der Vollmacht des Wortes Gottes. Darum kommt der Glaube an ihn erst darin zu seiner Wahrheit, daß er den Worten, die er spricht, auch Taten folgen läßt. Indem der Glaube in der Liebe Gestalt annimmt, bezeugt er die Kraft des Wortes Gottes, aus dem er lebt[851].

---

[847] WA 36; 300,26−29 (1532): Also auch wir können uns weder helffen noch raten, das wir zu ruge und fride des gewissens komen möchten und dem Teufel, tod und helle entlauffen, wo uns nicht Christus selbs durch sein wort widder holet und zu sich rüffet. − Vgl. etwa WA 37; 452,6−8 (1534): Mein wort ist da, sicut mea facies und bild und wie du mich von angesicht sehen, so ist mein wort. Sicut me horst hie auff erden in verbo, sic in Maiestate est mea bild gestalt, gesinnet und hertz hab.

[848] WA 37; 36,9f (1533).

[849] WA 10,3; 4,3−10 (1522).

[850] WA 23; 83,24−30 (1527).

[851] Vgl. G. EBELING, Einfalt des Glaubens und Vielfalt der Liebe. Das Herz von Luthers Theologie (in: DERS., Lutherstudien III [s. Anm. 363], 126−153).

Drittes Kapitel

Gotteswort in Menschenwort –
Luthers Auslegung von Joh 1,6–14

Auch für den dritten und vierten Teil von Luthers Prolog-Predigt aus der Wartburgpostille sind sowohl die Auslegung vor und neben ihm wie auch die anderen Prolog-Auslegungen Luthers berücksichtigt worden. Wieder schließt sich an die beiden textorientierten Abschnitte – zur Auslegung von Joh 1,6–9 (§ 12) und Joh 1,10–14 (§ 14) – jeweils eine exkursorische Vertiefung an. Diese gilt einmal dem Verhältnis von äußerem und innerem Wort (§ 13), zum anderen aber der Frage nach dem Zusammenhang von Wort Gottes und der Sprache der Christen. Die notwendige Selbstbeschränkung, die in der gewählten Überschrift »Wort und Antwort. Ein Prospekt« (§ 15) zum Ausdruck kommt, ist durchaus ernst gemeint. Weshalb die Arbeit dann ohne einen zusammenfassenden Rückblick endet, ist den einleitenden Bemerkungen des letzten Paragraphen zu entnehmen.

§ 12: Johannes und Christus (Joh 1,6−9)

Luthers Auslegung von Joh 1,6−9 bewegt sich weithin im Rahmen dessen, was man im Zusammenhang dieser Verse herkömmlich an Problemen zu diskutieren und an Lösungen zu erwägen pflegte. Die angedeutete Einschränkung ist freilich entscheidend: Sie betrifft das Hauptmotiv in Luthers Erklärung. Denn die Pointe jener Verse liegt für ihn darin, daß sie den Täufer als die symbolische Personifikation des verbum externum praedicatum auftreten lassen: »Johannes ... mitt seynem ampt bedeut die mundlich predigt des Euangelij«[1]. Das widerspricht der Auslegungsgeschichte zwar nicht ausdrücklich, ist in ihr aber doch ohne Beispiel oder Entsprechung. Allenfalls von einer leisen tendenziellen Vorbereitung wird man hie und da vielleicht sprechen wollen. Erneut mag es genügen, die Geschichte der Auslegung von Joh 1,6−9 vor und neben Luther mit wenigen Hinweisen knapp zu umreißen. Was Luther selbst in der Wartburgpostille dazu bemerkt hat, wird sich auf diesem Hintergrund profilierter nachzeichnen lassen. Wo es sinnvoll erschien, sind überdies auch seine späteren Prolog-Predigten berücksichtigt worden.

1. Das Amt des Täufers (Joh 1,6)

a) In der Auslegung vor und neben Luther

Erstaunlicherweise hat Joh 1,6 nur wenig exegetische Aufmerksamkeit gefunden. Meist gab dieser Vers den Anlaß, lediglich den Neueinsatz zu erläutern, den er markiert und der alles folgende − nicht nur des Prologs, sondern des ganzen Evangeliums − von Joh 1,1−5 geschieden sein läßt. So beginnt auch Augustin den zweiten seiner Johannes-Traktate mit einer längeren, grundsätzlichen Bemerkung zu Grund und Zweck der Menschwerdung Christi. Die ersten fünf Prologverse haben, wie Augustin erinnert, von der unaussprechlichen Gottheit Christi gehandelt[2]: Er ist in Ewigkeit dasselbe, unveränderte Wort[3]. Wie sollten darum die Sterblichen dies begreifen und erlangen können?

---

[1] 215,26−216,1.
[2] In Iohannis Evangelium tractatus II.1, CChr.SL 36,11 f (= PL 35,1388 f).
[3] II.2, CChr.SL 36,12 (= PL 35,1389).

Daß es vom Endlichen keinen Weg zum Unendlichen gibt, läßt Augustin in einem schlichten Bild anschaulich werden: Es ist, als sehe einer von fern das Vaterland, zwischen diesem aber und sich das Meer. So habe er wohl das Ziel vor Augen, aber keinen Weg, den er gehen könnte[4]. In Fortführung dieses Bildes verweist Augustin auf Christus als jenes Ziel, dem wir zustrebten: Christus ist uns über das Meer entgegengekommen und hat uns ein Holz bereitet, auf dem wir gehen können. Anders aber und ohne sein Kreuz vermag niemand das Meer dieser Welt zu überqueren[5]. Augustin faßt darum alles in die Mahnung zusammen, man möge sich an den *gekommenen* Christus halten und von seinem Kreuz nicht weichen. Während die großen Geister wohl in der Lage seien, zugleich auf den Weg zu achten und auf das Ziel, genüge es für die Kleineren vollauf, den Weg — das Kreuz Christi — zu sehen. Auch sie werden so zu der unaussprechlichen Gottheit Christi gelangen, die ihnen jetzt noch verborgen ist[6]. Mit dieser fundamentaltheologischen Notiz hat Augustin zugleich auch die entscheidende hermeneutische Weisung gegeben: Wer aus seinem ersten, Joh 1,1−5 gewidmeten Traktat nicht klug werden konnte, sieht sich entlastet. Erst jetzt, in dem mit Joh 1,6 beginnenden Teil des Evangeliums, geht es um den, der uns zum Weg geworden ist; erst jetzt muß darum jeder verstehen, wenn er ans Ziel kommen will[7]. Im übrigen ist es eine die ganze Auslegungsgeschichte durchziehende Konstante, die ersten fünf Prologverse auf das ewige Wort, alles folgende aber auf das Wort in der Zeit zu deuten; sie begegnet bei Rupert von Deutz[8], in der Glossa ordinaria und bei Nikolaus von Lyra[9] ebenso wie auch bei Luther (vgl. § 12.1.b), Melanchthon[10] oder Calvin[11].

Dagegen hat Thomas von Aquin auch diesen Vers des Johannes-Prologs mit einem Netz feingliedriger Distinktionen überzogen. Nach einer knappen Übersicht zur Struktur von Joh 1,1−9[12] wendet er sich der Person des Täufers zu, den er in vierfacher Hinsicht beschrieben sieht: bezüglich seiner natürlichen Wesensart (V. 6a), seiner Vollmacht (V. 6b), seiner Befähigung (V. 6c) sowie der Würde seiner Aufgabe (V. 7). Was den ersten Teilvers (»Fuit

---

[4] Ebd.

[5] Ebd.

[6] II.3, CChr.SL 36,13 (= PL 35,1390).

[7] II.4, CChr.SL 36,13 f (= PL 35,1390 f).

[8] Commentaria in Evangelium Sancti Iohannis, CChr.CM 9,18 f (= PL 170,214).

[9] Textus biblie cum glossa ordinaria Nicolai de Lyra postilla, Moralitatibus eiusdem, Pauli Burgensis additionibus, Matthie Thoring replicis, Tom V, Basel 1506, fol. 186[v]−187[r].

[10] Annotationes in Evangelium Ioannis (1523), CR 14,1054 f. − Ennaratio in Evangelium Ioannis (1536 f), CR 15,17 f.

[11] Commentarius in Evangelium Ioannis (1553), CR 75,7 f.

[12] Super Evangelium S. Ioannis Lectura I.4.108, Editio Marietti S. 23. − Vgl. dazu C. C. Black II, St. Thomas's Commentary on the Johannine Prologue: Some Reflections on Its Character and Implications (CBQ 48, 1986, 681−698).

homo«) angeht, so trügen hier beide Vokabeln einen spezifischen Akzent: Mit der perfektischen Verbform habe der Evangelist deutlich gemacht, daß er nun nicht mehr — wie in V. 1 (»erat«) — vom unbegrenzt Ewigen spricht, sondern von etwas, das zeitlich ist und daher begrenzt. Und das »homo« widerstreite der häretischen Auffassung, der Täufer sei ein Engel gewesen — ein Hinweis im übrigen, der mit Joh 1,6a fast allenthalben einhergeht. Obwohl Gott die Menschen auch durch die Engel hätte führen können, habe er es doch vorgezogen, sie durch Menschen zu leiten: »Convenienter ... homo ad homines mittitur, per quem homines magis alliciuntur, utpote per sibi similem«[13]. Während der Täufer in seiner Natur von den Engeln geschieden ist, kommt er jedoch in seiner Aufgabe sowie in der Vollmacht, sie zu erfüllen, ganz mit ihnen überein: Wie die Engel, so ist auch der Täufer »missus a Deo« (V. 6b) und insofern beauftragt, ausschließlich Göttliches und nichts Menschliches zu verkündigen[14]. Von den drei Weisen, auf die man von Gott gesandt sein kann — per internam inspirationem, per expressam et apertam iussionem sive corporalem, sive imaginariam, per praelati iniunctionem[15] —, zieht Thomas, den Täufer betreffend, vor allem die erste in Betracht, obschon er auch eine exterior iussio für möglich hält[16]. Daß der Evangelist dazu noch den Namen des Täufers erwähnt (V. 6c), gilt dem Aquinaten als Ausweis einer hinreichenden Befähigung zur Zeugenschaft. Wird doch der Name Johannes, den der Täufer aufgrund einer göttlichen Vorbestimmung erhalten hat, gemeinhin als »in gratia est« gedeutet[17].

Auf diesem Hintergrund gewinnen die Neuerungen, die unter den Zeitgenossen Luthers zu verzeichnen sind, an Profil. So hat sich etwa Erasmus in der Erklärung von Joh 1,6 ganz auf einige philologische Notizen beschränkt: Er möchte das »fuit« (V. 6a) durch ein »erat« ersetzt wissen, erläutert ferner, weshalb hier »homo« ohne Artikel steht, und versieht das Wort »missus« (V. 6b) mit einer etymologischen Erklärung[18]. Dagegen steht, was Faber Stapulensis zur Stelle bemerkt hat, bereits in großer, wenn auch unerkannter[19] Nachbarschaft zu Luther: Für ihn liegt der Ton auf dem verbum dei, das durch das Zeugnis des Täufers den Glauben wirkte. Die sachliche Nähe zu Luther wird

---

[13] Ebd. I.4.109 f, S. 23. — Entsprechend etwa auch Erasmus, Paraphrasis in Euangelium secundum Ioannem, Basel 1523, 502.

[14] Ebd. I.4.111, S. 23.

[15] Ebd. I.4.112, S. 23.

[16] Ebd.

[17] Ebd. I.4.114, S. 24. — Die ohnehin große Nähe Lyras zu Thomas (vgl. G. Ebeling, Evangelische Evangelienauslegung. Eine Untersuchung zu Luthers Hermeneutik [FGLP X,1], 1942, 1991³, 131. Anm. 81) ist im Falle von Joh 1,6 besonders deutlich (s. Anm. 9, z. St.).

[18] Novum testamentum (Annotationes), Basel 1516, 353 f. — Die Ausgabe von 1519 ist dann freilich um ein paar theologische Anmerkungen vermehrt worden.

[19] Vgl. dazu § 10.1.a dieser Arbeit.

vollends deutlich, wenn Faber dafür auf Rö 10,17 verweist: Fides ex auditu, auditus autem per verbum Christi[20]. Zwar hat Luther dieses Pauluswort nicht ausdrücklich herangezogen. Gleichwohl entspricht es seiner Intention, den Täufer als Inbegriff des verbum externum praedicatum zu deuten, welches dem internum verbum notwendig vorausgehen muß. Anders liegt es bei Brenz: Seine Deutung zielt, auch wenn sie gut lutherisch klingt, an der Pointe des Wittenbergers vorbei. Denn während Luther das Verhältnis von Täufer und Christus zu dem von äußerem und innerem Wort in Entsprechung sieht, versteht es Brenz als einen Ausdruck der Dichotomie von Gesetz (Täufer) und Evangelium (Christus): »Non enim creditur in Christum, nisi officio Ioannis legem praedicantis, territa et confusa conscientia, auxilium et liberationem spiret«[21]. In dem, was Calvin dann zur Stelle notieren wird, fehlen diese neuen Töne jedoch ganz; über die Wiederholung einiger althergebrachter Gesichtspunkte kommt es bei ihm nicht hinaus[22].

b) In der Auslegung Luthers

aa) Wartburgpostille

Auch Luther bedenkt in seiner Erklärung von Joh 1,6 (214,4–217,16)[23] zunächst die Zäsur, die diesen Vers von den fünf vorausgehenden scheidet: »Nu, meyn ich, sind wyr durch das schwerist und hohist stuck diß Euangelij; denn was nu hynfurt gesagt wirt, ist leycht und eben«[24]. Das könnte die entsprechenden Auslassungen Augustins in Erinnerung rufen, wird von Luther aber sogleich dahin korrigiert, daß das in Joh 1,1–5 niedergelegte Zeugnis der Gottheit Christi an sich durchaus nicht schwierig, sondern nur durch »natürliche und menschliche gloßen« in seiner Klarheit getrübt worden ist[25]. Doch nun, von V. 6 an, geht Johannes mit den anderen Evangelisten parallel[26]: Auch sie beginnen ihr Evangelium, der von Jesus selbst vollzogenen Datierung (Mt 11,12) entsprechend, mit der Figur des Täufers[27]. Dieser Einsatz schließe sich bei Johannes harmonisch an das Vorausgehende an, da doch der Täufer gekommen sei, um den Menschen die Augen zu öffnen für das Licht, das sie, obschon es in der Welt war, nicht erkannt hatten (Joh 1,5)[28]. Daß das Evange-

---

[20] Comentarii Initiatorii in quatuor Euangelia, Köln 1522, fol. 125ᵛ.

[21] In D. Iohannis Evangelion Exegesis, Hagenau 1529, fol. 7ᵛ.

[22] S. Anm. 11,7f.

[23] Was W. v. LOEWENICH (Die Eigenart von Luthers Auslegung des Johannes-Prologes [SBAW.PPH 1960, 8], 1960) zu Joh 1,6–9 notiert (ebd. 43), ist besonders dürftig.

[24] 215,7f.

[25] 215,9–15. – Vgl. dazu bereits 181,7–14.

[26] 215,8f.

[27] 214,5–13.

[28] 215,2–6.

lium mit der Taufe Jesu seinen Anfang nimmt, unterstreicht Luther durch die
Zitation der einschlägigen Schriftstellen, deren Sinngehalt er in die Formel
verdichtet, allda — nämlich in seiner Taufe — sei »Christus tzum doctor gemacht«[29]: »Denn es sollt niemant anfahen das hohe, selige, trostliche wortt,
denn alleyn Christus«[30]. Damit die Menschen diese Predigt *durch* Christus aber
überhaupt zu hören vermögen, habe sie der Täufer mit seiner Predigt *von*
Christus erst dazu bereiten müssen[31].

Eben darin aber wird der Täufer zum Gleichnis für das äußere Predigtwort.
Vor allem die Mündlichkeit dieses Wortes streicht Luther hier mehrfach heraus: Das Amt des Täufers bedeute »die mundlich predigt des Euangelij«[32].
Gleichwie die Finsternis das Licht, das doch da war, nicht begreifen konnte,
vermag auch heute die natürliche Vernunft jenes allgegenwärtige Licht — den
Christus vere deus — nicht zu erlangen: Wie einst von Johannes, muß es heute
erst im mündlichen Predigtwort offenbart und gezeigt werden[33]. Die von Luther zwischen dem Amt des Täufers und dem Predigtamt konstatierte Entsprechung impliziert ferner, daß auch unsere Predigt den, den sie zeigen soll,
nicht in irgendeiner Ferne ausmacht, aus der er kommen würde oder in die wir
zu gehen hätten, sondern, dem Lichte gleich, in unmittelbarer Nähe: »Wer es
hortt predigenn unnd glewbt, der findt es ynn seynem hertzen«[34]. Wer einst
der Täuferpredigt glaubte, der sah, was jener bezeugte, leibhaftig vor sich:
Christus, wahrer Mensch und wahrer Gott. Näher noch wird, wer dem verbum externum praedicatum glaubt, den darin bezeugten Christus vorfinden:
in der unüberbietbaren Nähe des eigenen Herzens. Denn hier, im Zentrum der
Person[35], hat der Glaube seinen Ort; hier erweist sich, was das äußere Wort

---

[29] 214,13; vgl. dazu § 12.2.b.

[30] 214,4f.

[31] 214,15—215,2: Umb deswillen must Johannes tzuuor komen unnd tzu solcher predigt
das volck bereytten, das sie das liecht und leben auffnehmen. Denn alß wyr gehôrt haben:
Christus, wiewol allenthalben eyn liecht ist, das ynn die finsterniß scheynet unnd nit begriffen wirtt, ßo ist er doch unter den Juden ynn seyner menscheytt ßonderlich und leyplich durch die menscheyt kegenwertig gewest, erschynen unt nit erkennet, darumb ist
auch alleyn daselb seyn vorlauffer Johannes kommen, und von yhm predigt, auff das er
bekandt und angenommen wurde.

[32] 215,27—216,1. — Ferner 215,24; 216,4.8f.12.

[33] 216,1—5: Alß nu ditz liecht die finsternisse auß yhn selb nit begreyffen mochten, obs
wol kegenwerttig war, Johannes must es yhn offinbarn unnd tzeygen, Alßo auch noch
mag keyn naturlich vornunfft dasselb von yhr selb begreyffen, obs wol ynn aller wellt gegenwerttig ist, das mundlich wortt des Euangelij muß es offinbarn und tzeygen.

[34] 216,8f; vgl. 216,5—10.

[35] Die Bedeutung des Wortes ›Herz‹ bzw. ›cor‹ bei Luther kann hier nicht entfaltet werden; sie ist m. W. auch noch nie im Zusammenhang untersucht worden. Da ›cor‹ bei Luther jedoch weithin synonym zu ›conscientia‹ begegnet, kann zunächst auf die reiche Literatur zu Luthers Begriff und Verständnis des Gewissens verwiesen werden, von der nur
die wichtigsten Titel genannt seien: G. JACOB, Der Gewissensbegriff in der Theologie Luthers, BHTh 4, 1929. — E. WOLF, Vom Problem des Gewissens in reformato-

bezeichnet, als wahr. Damit hat Luther das Verhältnis von Täufer und Christus faktisch, wenn auch an dieser Stelle nicht ausdrücklich, als das von externum und internum verbum (vgl. § 13) gedeutet. Ein Verweis auf Rö 10,6–8, wo Paulus seinerseits Dtn 30,12–14 zitiert, soll die genannte anthropologische Lozierung bekräftigen: Der Glaube »wandellt ... widder tzeyt, stett, person, noch allter, ßondernn alleyn das hertz«[36].

Aber darin hat sich für Luther die Analogie von Täuferamt und Predigtwort noch nicht erschöpft: Auch Joh 1,6b (»missus a Deo«) wird ihm zum Gleichnis. Denn die Predigt des Evangeliums entspringt nicht aus eigenem, vernunftgeleitetem Antrieb, sondern muß, dem Täufer gleich, von Gott gesandt sein[37]. In ihm ist ihr zudem ein unfehlbares Kriterium dafür erwachsen, wie zwischen »menschenlere« und Christuspredigt recht zu unterscheiden sei: Was, wie einst der Täufer, »Christum tzeygt, das ist gewißlich von gott gesand und nit von menschen erfunden«[38] (vgl. dazu § 12.2.b). Zu verifizierender Bestätigung verweist auch Luther auf die ausdrückliche Einführung des Täufernamens (Joh 1,6c), womit der Evangelist an das ›sola gratia‹ erinnert habe, dem sich unsere Predigt verdankt und das sie mit sich bringt[39]. In Rö 10,15 sieht er diesen johanneischen Gedanken überdies paulinisch bestätigt[40].

Am Ende seines Kommentars zu Joh 1,6 unterstreicht Luther noch einmal die in der Lichtmetapher von Joh 1,4f vorausgesetzte Ubiquität, derentwegen das, was das Licht bezeichnet, »gewißlich gott seyn (muß)«[41]: Das Licht scheint allenthalben in die Finsternis und ist »an allen ortten kegenwertig«; um es zu sehen, bedarf es darum nicht mehr, als daß es durch das Wort gezeigt und im Herzen glaubend erkannt werde[42].

---

rischer Sicht (1942) (in: Ders., Peregrinatio, 1, 1954, 81–112). – E. Hirsch, Lutherstudien 1, 1954. – M. G. Baylor, Action and Person. Conscience in Late Scholasticism and the Young Luther (SMRT 20), 1977. – K.-H. zur Mühlen, Reformatorische Vernunftkritik und neuzeitliches Denken. Dargestellt am Werk M. Luthers und Fr. Gogartens (BHTh 59), 1980, 93–115. – G. Ebeling, Das Gewissen in Luthers Verständnis. Leitsätze (1984) (in: Ders., Lutherstudien, Bd. III: Begriffsuntersuchungen – Textinterpretationen – Wirkungsgeschichtliches, 1985, 108–125). – Für ›Herz und Gewissen‹ bei Luther vgl. ferner W. Joest, Ontologie der Person bei Luther, 1967, 212–232.

[36] 216,12–19.
[37] 216,20–22.
[38] 217,1–4.
[39] 217,5–8: Johannes aber auff hebreisch heyst gnade odder gunst, tzu bedeuten, das solch predigt und bottschafft auß keynem unßern vordienst, ßondern auß lautterm gnaden und gunst gottis außgesand wirtt, bringt auch eyttel gnade unnd gunst gottis.
[40] 217,8–10.
[41] 217,13f.
[42] 217,11–16.

bb) Spätere Prolog-Predigten

In seiner Auslegung von Joh 1,6 hat Luther 1522 einen gegenüber der ganzen Auslegungsgeschichte neuen, die einzelnen Motive bündelnden Akzent gesetzt: Der Täufer gilt ihm hier als Urbild des evangelischen Predigers und − sozusagen − als das personifizierte Predigtamt. Auch seine späteren Prolog-Predigten sind, soweit sie Joh 1,6 betreffen, davon bestimmt und lassen, wohl als Reaktion auf die Erfahrungen der auf 1522 folgenden Jahre, sogar noch eine gewisse antischwärmerische Zuspitzung erkennen. Von den vielen späteren Variationen[43] seien nur die drei wichtigsten kurz beleuchtet.

In der Predigt vom 27. Dezember 1528 deutet Luther Joh 1,6 als einen Donnerschlag gegen die Schwärmerei: Um den Mensch gewordenen Gottessohn zu erkennen, sei es schlechterdings notwendig gewesen, »ut veniret externum verbum et Iohannes Baptista«[44]. Da der Täufer nicht als Person, sondern allein um seines Amtes willen von Interesse ist, kann Luther hier wie auch im folgenden für den einen Sachverhalt wechselweise ›externum verbum‹ oder ›Iohannes Baptista‹ sagen. Gegen allen Einspruch der Vernunft streicht er das Amt des Täufers als die Bedingung der Möglichkeit heraus, im Menschen Christus, der einherging »wie ein zimerknecht« und am Kreuz endete, den Schöpfer von Himmel und Erde und also Gott selbst zu erkennen[45]. Die Botschaft des Täufers läßt sich dabei in eine Geste, ja in eines seiner Glieder zusammenfassen: den ausgestreckten Zeigefinger. »(Es) must einer komen, Johannes, mit einem eusserlichen wort, zeugnis, und den finger ausrecken et dicere: Da gehet er«[46]. Wenn die Schwärmer das äußere Wort als bloßen »brotem« verachteten und stattdessen eine innere Erleuchtung propagierten − »der geist, geist muss thun«[47] −, so hält Luther ihnen das Zeugnis der Schrift entgegen, demzufolge die Predigt des Täufers, die nichts anderes war als das Zeigen auf Christus, unabdingbar ist für den Glauben[48]: »Nemo sol gleuben et potest nisi per Iohannis testimonium«[49]. Im Täufer sieht Luther darum die Aufgabe evangelischer Predigt hinreichend bestimmt: »Quid nos praedicamus hodie aliud quam Iohannis testimonium? ... Omnes praedicatores furen

---

[43] WA 11; 227,30−228,6 (1523). − WA 15; 800,5−7 (1524). − WA 17,2; 322,16−323,14 (1524). − WA 27; 531,10−540,8 (1528). − WA 37; 5,24−7,40 (1533). − WA 45; 413,19−414,21 (1537). − WA 46; 568,30−574,36; 577,9−578,19 (1537). − WA 49; 246,2−247,10 (1541).

[44] WA 27; 531,11 f (1528); der Fortgang des Zitats lautet: Ibi iterum tonitru contra Schwermer.

[45] Ebd. 533,4−8.

[46] Ebd. 532,4−7.

[47] Ebd. 535,2.

[48] Ebd. 535,5−13. − Wenn Rörer hier festhält »Et hoc ostendit experientia«, so ist aus dem Kontext jedenfalls nicht eindeutig zu ersehen, ob Luther damit auf eine in der Schrift niedergelegte oder eine gegenwärtig zu machende Erfahrung abheben wollte.

[49] Ebd. 536,9 f.

Iohannis testimonium: Entwedder Iohannis testimonium gehoret vel nunquam veniet fides«[50]. Von dem Einwand, daß in Wittenberg trotz aller Predigt des Wortes der Glaube ausbleibe[51], läßt sich Luther nicht entmutigen. Denn zum einen hält er es durchaus nicht für entschieden, daß man die Folgen der Evangeliumspredigt immer auch sehen kann[52]. Zum andern aber habe der Umstand, daß nicht alle dem Wort glaubten, noch nie zum Einwand gegen die Wahrheit des Evangeliums getaugt — selbst Christus sei es nicht anders ergangen[53]. An dem Predigtwort, das in Wittenberg verkündigt wird, kann es darum nicht liegen: »Ich lass mich duncken, quod dei verbum sey nostro tempore wol so starck ut illorum tempore«[54].

Vergleicht man damit, wie Luther vier Jahre später über denselben Text gepredigt hat, so läßt sich unschwer eine weitere, durch den polemischen Druck entstandene Zuspitzung der Dinge erkennen. Zwar sind die einzelnen Motive, deren sich Luther bedient, geblieben, desgleichen auch die Anschaulichkeit, in der er etwa die Menschheit Christi, die keiner von sich aus als Gestalt des göttlichen Wortes erkannt haben würde, erläutert[55]. Die auffälligste Pointierung dieser Predigt besteht jedoch darin, daß die Tätigkeit des Täufers — »Iohannes est ... zeiger«[56] — und die des evangelischen Predigers nun auch lexisch austauschbar sind: »Eius officium testari i. e. Praedicare. ... Des testimonii ampt nihil quam praedicatio, quae vadit super omnes und locket sie zu gleuben an Christum Jesum«[57]. So ist der Täufer zum ersten Prediger der Kirche geworden, und alle, die seitdem folgten, treten mit derselben — nämlich: seiner — Predigt vor die Menschen[58]. Interessant ist ferner, daß sich nun auch die Erfahrung des Scheiterns, von der 1522 noch gar nicht und auch 1528 noch längst nicht so bedrängt die Rede war, in die Analogie von Täufer und Predigt eingefügt hat. Denn selbst dies, daß die Predigt des Evangeliums bei den Papisten auf taube Ohren stößt, hat in des Täufers Scheitern an den Juden seine unein-

---

[50] Ebd. 536,10−13.

[51] Ebd. 537,5−8: Quando veniunt Schwermer et dicunt: Wittenbergae praedicatur verbum, sed non venit fides inde, ergo non est verum, nos spiritum etc. Ipsi superbissimi et zu richten parati omnes. Est spiritus ex grund der helle, kere dich nicht dran.

[52] Ebd. 537,8−10: Si verbum non omnes illuminat qui audiunt, tamen quosdam: wie wenn besserung draus folget, die du nicht sehest?

[53] Ebd. 537,10−538,2.

[54] Ebd. 538,2f.

[55] WA 37; 5,24−36 (6. 1. 1533).

[56] Ebd. 7,22.

[57] Ebd. 6,9.15−17. − Auch sonst fällt in diesem Predigtabschnitt (ebd. 6,7−7,29) das gehäufte Auftreten der teils auf den Täufer, teils auf die eigene Gegenwart bezogenen Wendungen ›externum verbum‹, ›mundlich wort‹, ›praedicatio‹ und ›predigtampt‹ auf.

[58] Ebd. 6,17−19: Ista praedicatio fuit 1. Johannis, quod Gottes son venerit in terras und mensch worden. Ab isto tempore praedicamus idem omnibus hominibus, quod Salvator, lux eterna, creator factus homo.

geholte[59] Entsprechung: »Iohannes mus yme (sc. sich) den kopff lassen ab-
hauen«[60].

Demgegenüber bieten die Reihenpredigten von 1537 nichts wesentlich
Neues — noch dazu, wo sie nicht in einer zuverlässigen Rörer'schen Nachschrift vorliegen, sondern nur in der Druckbearbeitung Aurifabers. Immerhin
ist hier von Interesse, wie stark Luther nun das *Amt* des Täufers herausstreicht:
Allein darum sei es dem Evangelist zu tun gewesen, weshalb er im Unterschied zu den andern Evangelisten auch die Lebensgeschichte des Täufers ganz
zurückgestellt habe[61]. Indem sich jedoch Christus taufen ließ, trat zu seiner inneren Berufung die äußere, sichtbare Berufung hinzu. Damit begann der neue
Bund, dessen erster Prediger Johannes kraft seines göttlichen Auftrags geworden ist[62]. Zum Namen des Täufers (Joh 1,6c) bemerkt Luther, daß dieser ihm
nicht einfach zugefallen, sondern von Gott gegeben worden sei und auch für
ihn darum gilt, was von jedem Namen, den Gott macht, gesagt werden kann:
daß er »das, das er lautet, mit sich brechte«[63]. Aber auch der Name zielt auf das
Amt des Täufers, nicht auf seine Person: »Gnadenreich« heißt er, weil er »solte
nicht von jm selber ..., sondern von Christo zeugen und predigen ... (und)
mit den fingern auff in (weisen)«[64]. Erneut hebt Luther auf die Mühe ab, die
die von Gott für den Glauben verordneten »mittel« kosten, was er freilich
ebenfalls im Täufer präfiguriert findet: »So kondte es Johannes dahin auch
nicht bringen, das alle, die jn hõreten, seinem zeugnis gegleubt, Christum angenomen und erkant hetten. ... Auch sind nicht alle, die Johannis zeugnis ge-
hõrt haben und sich von jm teuffen lassen, bestendig blieben«[65]. Im übrigen
zieht Luther aus der Beobachtung, daß der Täufer im Johannes-Evangelium
allein um seines Amtes willen geehrt wird, eine doppelte Konsequenz[66]. Zum
einen würden sich die Väter, hätten sie nur das *Amt* des Täufers recht gewürdigt, nicht in eine so unselige, kultische Überhöhung der Heiligen verrannt
haben, weil sie auch diese dann nur wegen ihres Amtes — der Christuspredigt
— geehrt hätten, nicht aber nach ihrer Person und ihrem Leben[67]. Zum andern
sieht Luther in jener Hochschätzung des Täuferamtes zugleich die Aufforderung enthalten, ein jedes Amt, das Gott gegegen hat, in Ehren zu halten:
»Umbd seines ampts willen ehren und loben wir Johannem den Teuffer. ...
Also ehren wir noch das Predigtampt, die Tauffe, das Abendmal des HERRN

---

[59] Ebd. 6,17—28.
[60] Ebd. 6,25 f. — Vgl. insges. ebd. 5,24—7,40.
[61] WA 46; 568,30—569,11 (1537).
[62] Ebd. 569,12—570,19.
[63] Ebd. 573,39—574,2.
[64] Ebd. 574,2—8; vgl. dazu ebd. 574,13—36.
[65] Ebd. 577,33—35; 578,4 f.
[66] Ebd. 590,25—591,38. — Dieser Text findet sich zwar erst in der Auslegung von Joh
1,8b, gehört aber sachlich gleichwohl hierher.
[67] Ebd. 591,1—592,19.

und die Absolution etc., denn es sind Empter, von Gott dazu geordnet, das sie uns zum Liecht weisen«[68].

2. Der Zeuge des Lichts (Joh 1,7f)

a) In der Auslegung vor und neben Luther

Die Frage nach Person und Amt des Täufers ist für Augustin von untergeordneter Bedeutung. Seine Aufmerksamkeit gilt auch in Joh 1,7f vor allem dem Licht selbst, das Johannes bezeugte: Christus. Zur Zeugenfunktion des Täufers bemerkt Augustin nur, daß er die Gottheit Christi, die in dessen menschlicher Gestalt verborgen lag, erhellen und eben so dem Sinngehalt seines Namens entsprechen sollte[69]. Die klärende Rede von der »lux vera« (Joh 1,9a) ist nötig, weil ja auch ein davon erleuchteter Mensch (Joh 1,9b) ›Licht‹ genannt werden kann. Insofern war auch Johannes ein Licht, freilich ein erleuchtetes, nicht aber ein aus sich selbst leuchtendes Licht[70], und dies, wie Joh 1,7f festhält, um der Schwachen, Kranken und Blinden willen. Denn diese gleichen den Menschen, die zwar die Sonne selbst noch nicht zu sehen vermögen, wohl aber, was von dieser beschienen wird: eine Wand, einen Berg, einen Baum und dergleichen[71]. So haben die Schwachen in dem erleuchteten Zeugen das Licht selbst erkannt[72]. Daß die Schwachen − und also, wie Augustin sogleich präzisiert: wir alle − mit einer Leuchte nach dem Tag suchen, will sagen: eines Menschen bedürfen, um Gott zu finden[73], ist unserer Sünde zuzuschreiben: Sie ist es, die willentliche Abkehr von Gott, die uns derart geschwächt und geblendet hat, daß wir jenes Licht nicht sehen konnten, bis es in menschlicher Gestalt zu uns kam[74].

Ähnlich wie Rupert von Deutz fragt dann auch Thomas von Aquin nach der spezifischen Differenz, die Johannes unter den vielen Zeugen, die Gott sich erschaffen hat, kenntlich macht. Während jedoch Rupert den Unterschied dahin bestimmt, daß der Täufer, anders als die Propheten, auf den *sichtbar lebendigen* Christus deuten konnte[75], sieht Thomas nicht nur einzelne Auserwählte, sondern ein jedes Geschöpf zum Zeugen bestimmt: »Fit ... quaelibet creatura in testimonium Dei, inquantum quaelibet creatura est testimonium quoddam di-

---

[68] Ebd. 592,34−38.
[69] II.5, CChr.SL 36,14 (= PL 35,1391).
[70] II.6, CChr.SL 36,14f (= PL 35,1391).
[71] II.7, CChr.SL 36,15 (= PL 35,1391f).
[72] Ebd.
[73] I.8, CChr.SL 36,16 (= PL 35,1392).
[74] I.7−9, CChr.SL 36,15f (= PL 35,1391−1393).
[75] CChr.CM 9,19f (= PL 170,214f).

vinae bonitatis«[76]. Aus dieser kreatürlichen Zeugenschaft wähle sich Gott aber
auch einzelne Menschen aus, die nicht allein naturaliter – durch ihr Sein –,
sondern ebenso spiritualiter – durch gutes Wirken – Zeugnis ablegten. Unter
diesen wiederum ragten jene hervor, die ihr gutes Handeln zugleich auch
durch deutliche Worte verbreiteten[77]. Zu ihnen gehörte der Täufer, da er das
göttliche Licht, an dem er teilhatte, unter den Menschen austeilte[78]. Diese Aufgabe (V. 7a), die dem Zweck diente, Zeugnis zu geben (V. 7b), ist freilich
nicht wegen einer Unklarheit des zu bezeugenden Gegenstandes nötig geworden, sondern wegen der Menschen, die in ihren Herzen verhärtet und träge
sind und darum nicht von sich aus glauben können[79]. Die Frage, weshalb das
Licht es überhaupt nötig hatte, bezeugt zu werden, identifiziert Thomas als
manichäischen Einwand gegen die Kanonizität des Alten Testaments, beläßt
es dann allerdings bei dem Referat von vier überkommenen Gegengründen,
ohne sich selbst zu einem weiteren Kommentar veranlaßt zu sehen[80]. Zu
Joh 1,8a (»Non erat ille lux«) bemerkt er schließlich, daß darin durchaus kein
Widerspruch zu jenen Stellen liege, die die Apostel und alle guten Menschen
ausdrücklich als ein Licht bezeichneten (Mt 5,14: Vos estis lux mundi. –
Eph 5,8: Eratis aliquando tenebrae, nunc autem lux in Domino). Denn während Christus in seinem Wesen das Licht ist, sind es die Heiligen nur insofern,
als sie daran teilhaben[81]. Zum selben Teilvers ergänzt Lyra, daß Johannes mit
ihm der Gefahr eines Irrtums habe begegnen wollen. Könnte doch jemand
glauben, das Kommen des Täufers, von dem der Evangelist so großartig gesprochen habe, genüge bereits zum Heil, weshalb ihn denn auch nicht wenige
für den Christus gehalten hätten[82].

Eine neue, für Luther an dieser Stelle jedoch folgenlos gebliebene Perspektive hat Johannes Tauler eingebracht: In einer Predigt über Joh 1,7 fragt er zunächst, wie sich der Mensch zu dem Zeugnis stellen solle, damit er das Licht,
das darin bezeugt wird, empfange, und entfaltet sodann seine thetisch vorweggenommene Antwort, »das der mensche sich ab scheide von allem dem
das zitlich und zergengklich ist«[83].

---

[76] I.4.116, Editio Marietti S. 24.

[77] Ebd.

[78] I.4.117, S. 24.

[79] I.4.118, S. 24.

[80] I.4.119, S. 24f.

[81] I.4.123, S. 26: Filius Dei est lux per essentiam, Ioannes vero et omnes sancti per par-
ticipationem.

[82] Lyra (s. Anm. 9), fol. 186ʳ: NON ERAT ILLE LUX. Hic tollitur occasio erroris. Ex
hoc enim quod evangelista dixerat de johanne tot magnifica: posset aliquis credere quod
eius adventus sufficeret ad salutem generis humani sicut et de ipso multi sunt opinati ipsum
esse Christum, propter excellentiam suae sanctitatis: propter quod sacerdotes iudeorum
miserunt ad hierosolymis interrogantes si ipse esset Christus.

[83] Johannes Tauler, Predigten. Aus der Engelberger und der Freiburger Handschrift so-

Unter Luthers Zeitgenossen ist auch die Auslegung von Joh 1,7f wieder durch eine Reihe eigener, neuer Akzente bestimmt. Während sich Erasmus abermals auf ein paar philologische Anmerkungen beschränkt[84], bietet Melanchthon zwei interessante theologische Notizen. Zum einen will er ›lux‹ hier nicht im Sinne von ›doctus‹ verstanden wissen, da sonst auch Johannes unbeschränkt als Licht gelten könnte. Vielmehr sei ›lux‹ an dieser Stelle als ›fons et author luminis‹ zu lesen[85] — eine Deutung, der sich dann auch Calvin angeschlossen hat, dessen Kommentar zu Joh 1,7f im übrigen kaum darüber hinausgeht[86]. Zum andern identifiziert Melanchthon die Aufgabe des Täufers, um des Glaubens willen Zeuge zu sein, als spezifisch evangelisch: Wäre Christus nur für das Gesetz gekommen, hätte es eines Zeugen nicht bedurft. Das Evangelium hingegen wird nicht durch Vernunft, sondern allein im Glauben ergriffen[87]. Die schon bei Thomas angesprochene Spannung zwischen Joh 1,8a und Mt 5,14 sucht Melanchthon durch die Unterscheidung von ›doctrina‹ und ›creatio‹ zu lösen: »Non doctor sed effector salutis est Christus, quod si doctor tantum esset, et Ioannes et omnes alii Prophetae lux essent. Nunc, cum Ioannes non illuminet, qui tamen docet, novo certe lumine opus habemus, quod non doctrina sed creatio novi cordis sit«[88]. Zur selben Frage bemerkt Brenz, daß Mt 5,14 von Joh 1,8 aus zu lesen sei und Matthäus die Apostel demzufolge nicht als »vera lux«, sondern als »lucis testes et praedicatores« bezeichnet habe[89]. Das Stichwort der ›praedicatio‹ rückt auch bei Zwingli ins Zentrum seines knappen Kommentars: Wenn das Licht nur durch die Predigt des Täufers erkannt worden sei, so ergebe sich daraus als die eigentliche Pflicht des Pastors, desgleichen auf Christus zu zeigen, damit man an ihn glaube[90]. In dieser Hinsicht ist die große Nähe zu Luther nicht zu übersehen.

b) In der Auslegung Luthers

aa) Wartburgpostille

Was Luther in der Wartburgpostille zu Joh 1,7 notiert, steht abermals ganz im Banne das Antagonismus von Glaube und Vernunft (vgl. z. B. schon § 8.2.b). Der Sachverhalt wird nun nicht mehr linear entwickelt, sondern erinnernd umkreist; ein weiterer Fortschritt des Gedankens ist nicht zu erwarten. »Sihe,

---

wie aus Schmidts Abschriften der ehem. Straßburger Handschriften hg. v. F. Vetter (DTMA 11), 1910, ND 1968, 329,34−330,1; vgl. ebd. 328−335.

[84] S. Anm. 19, 354.
[85] CR 14,1055.
[86] CR 75,8.
[87] CR 14,1055 f.
[88] CR 14,1057.
[89] S. Anm. 21, fol. 8ʳᵛ.
[90] Annotationes in Evangelium Ioannis (1528), in: Opera, ed. M. Schuler / J. Schulthess, VI, 1, 1836, 683.

das ist nu klar«, setzt Luther darum ein: Das Licht soll begriffen werden, »doch nit durch vornunfft odder empfindung, ßondernn durch den glawben«[91]. Eben darum ist ja auch das Zeugnis, das der Täufer ablegt, nötig geworden. Hat doch das Zeugnis darin sein Wesen, daß die Sache, von der es redet, sich natürlicher Wahrnehmung entzieht, weshalb man dem Zeugen *glauben* muß[92]. Entsprechendes gilt für das Evangelium: Es »foddert ... auch nit vornunfftig beschluß unnd tzufall, ßondernn eyn ubirvornunfftigen glawben«[93]. Neben die bestätigende Erinnerung an Joh 1,5[94] tritt nun jedoch ein Prophetenwort (Jes 60,19f), das ganz von Joh 1 her gedeutet wird: Die Wolke, von der Jes 60,19 spricht, deutet Luther als das Evangelium oder das Zeugnis des Johannes, und die Sonne, die jene Wolke decken werde, als die menschliche Vernunft. Durch den Fortgang des Prophetenworts (Jes 60,20: Es soll dyr deyne Sonne nit mehr leuchten, und das liecht deyniß Mondiß soll nit mehr seyn ynn dyr, ßondern deyn gott soll dyr seyn eyn ewiges liecht) sieht sich Luther bestätigt. Denn das Ziel der Täuferpredigt ist ja, daß die Vernunft sich selbst verläßt und, dem Zeugnis folgend, im Glauben jenes Licht begreift, das ihre Finsternis erleuchten wird[95]. Nichts anderes, faßt Luther zusammen, will das Evangelium sein als ein Zeugnis für die »eygensynnige, blinde, halstarcke vornunfft«: Ihrem Eigensinn will es wehren, indem es sie von sich selbst weg in den Glauben führt, ihrer Blindheit aufhelfen, indem es sie an das lebendige, ewige Licht verweist, ihrer Halsstarrigkeit schließlich, indem es sie dazu einlädt, im Glauben jenes Licht zu ergreifen[96].

Wenn daraufhin Joh 1,8 den Täufer erneut als einen Zeugen des Lichts zur Sprache bringt, so sieht Luther zwei Gründe, die diese Wiederholung nötig erscheinen lassen[97]. Der eine ist, daß Johannes damit, der Intention seines ganzen Evangeliums entsprechend, die Gottheit Christi untermauern will. Denn da der Täufer, obschon ein »groß heilig(er)«, doch nicht das Licht ist, muß dieses Licht notwendig mehr sein als alles Heilige, als Menschen und Engel[98]. Der andere Grund, den Luther nennt, liegt ihm nun jedoch näher am Herzen. Wieder nimmt er, was sogleich zu entfalten ist, thetisch vorweg: Der in Rede stehende Vers sei nötig, sagt er, »tzu weren den freuel menschenpredigern, die

---

[91] 217,20−23.
[92] 217,24−218,3.
[93] 218,3f.
[94] 218,5−9.
[95] 218,9−18.
[96] 218,18−22: Alßo ist das Euangelium nur dahyn gericht, das es eyn tzeugniß sey umb der eygensynnigen, blinden, halstarcken vornunfft willen, derselben tzu weren und sie von yhrem eygen liecht unnd dunckel tzufuren ynn den glawben, durch wilchen sie ergreyff ditz lebendige und ewigs liecht.
[97] 219,3−5.
[98] 219,5−12.

nit Christum, das liecht, betzeugen, ßondernn sich selbs«[99]. Wobei sich die »menschenprediger« darin kenntlich machen, daß sie einen Menschen zum Licht erheben und damit sich selbst an die Stelle Christi setzen. Um ein Exempel ist Luther nicht verlegen. Gilt ihm doch der Papst als exponiertestes Beispiel eines »menschenprediger(s)«, weshalb er in diesem auch den End- und Antichrist sieht[100]. Doch das Evangelium trägt schlechthin exklusiven Charakter und kann darum keine weitere Lehre neben sich dulden. So führt alles andere, da es den Glauben nicht zu lehren vermag, notwendig in den Abgrund der Hölle[101]. Daß damit nicht nur eine exegetische Klärung versucht, sondern zugleich auch der Nerv einer immer akuten Bedrohung berührt ist, zeigt die Bewegtheit, mit der Luther in Gestalt einer Invokation − »o herr gott«, ruft er aus − die entscheidende Bedeutung jenes Verses herausstreicht: »Die wort: Er war nit das liecht, weren wol wirdig mit grossen buchstaben tzu schreyben und vleyssig tzu mercken«[102].

Da jedoch, um dieses weite Feld − »ach, dauon were viel tzu sagen!«[103] − recht auszuloten, nun nicht die Zeit ist, beschränkt sich Luther darauf, noch »kurtzlich« die applikative Konsequenz zu ziehen. In der wiederholt gebrauchten Form direkter Anrede[104] gibt er dem Leser ein Kriterium an die Hand, wie das Evangelium von menschlicher Lehre eindeutig zu unterscheiden sei: »Der predigt … das Euangelium, der dich leret Christo glewben und trawen dem ewigen liecht unnd auff keyn deyne werck bawen«[105]. Alles andere hingegen ist, da »außer dem Euangelio dyr gesagt«, zu verwerfen oder, wie Luther sich sogleich präzisiert, mit Vorsicht zu genießen und darf jedenfalls nicht für ein Licht gehalten werden, das die Seele erleuchtet[106]. Das erlaubt durchaus einen adiaphorischen Gebrauch, setzt darum freilich zugleich voraus, es »nit alß zu deyner selickeyt« tauglich anzusehen[107]. Mit ähnlichem Pathos, wie er zuvor Gott angerufen hat, verwirft Luther am Ende noch einmal alles, was uns, indem es für sich selbst Aufmerksamkeit erheischt, das wahre Licht verstellt:

---

[99] 219,12f.
[100] 219,13−17: Das ist eygentlich war: Alle, die do menschenlere predigen, die machen eynen menschen tzu eynem liecht und furen die leutt von dißem liecht zu sich selb und setzen sich an statt dißes waren liechts, wie der Bapst und die seynen thun; drumb ist er auch der Endchrist, das ist eyn widderchrist und widder ditz ware liecht.
[101] 219,18−220,2.
[102] 219,20f.
[103] 220,2.
[104] Zehnmal gebraucht Luther in 220,3−10 ein singularisches Personalpronomen der 2. Person.
[105] 220,4f.
[106] 220,3−8.
[107] 220,8−11.

O des grewlichen weßens der menschenleren, die itzt regirn und ditz liecht so gar vortrieben haben! Sie wollen alle das liecht selber seyn und nit getzeugen des liechts, leren sich selb und yhr ding, schweygen von dißem liecht still, odder lerenß alßo, das sie sich daneben auch leren, das ist noch erger denn gar schweygen.[108]

bb) Spätere Prolog-Predigten

Soweit sich Luther auch in späteren Prolog-Predigten auf die Verse 7f bezogen hat[109], galt sein Interesse vor allem dem für die Predigt des Täufers schlechthin konstitutiven Verweis auf Christus, als dessen Zeuge sich dieser berufen wußte, sowie dem klaren Kriterium einer rechten evangelischen Predigt, das daraus erwächst. Wieder sollen dafür nur die drei bemerkenswertesten Beispiele in zusammenfassender Kürze beleuchtet werden.

In der schon erwähnten Predigt vom 27. Dezember 1528 (vgl. § 12.1.b.bb) hat Luther die Zurückhaltung des Evangelisten gewürdigt, dem der Täufer allein um seines Amtes willen wichtig ist[110]. In dieser bewußten Beschränkung auf die Zeugenfunktion − »offitium eius est, ut digito monstret et testetur de eo qui lux etc«[111] − stehe er jeder Verehrung der Heiligen entgegen, da doch der Täufer nicht selbst gepredigt habe, sondern Christus[112]. Dagegen nennt Luther ausdrücklich Dominikus und Franziskus, letzteren sogar in zweifacher Erwähnung, die durch ihre Regeln die Menschen hätten erlösen wollen[113]. Aber der Täufer legte weder von einer Regel noch von seinem eigenen Leben Zeugnis ab, sondern allein von dem Licht: Er »weist uns von sich und uns ad Christum«[114]. Am Ende der Predigt geht Luther dann erneut auf diesen Zusammenhang ein. Mit Joh 1,8, heißt es dort, habe der Evangelist einen Stich gegen Ketzer und Rottengeister geführt[115]. Denn unbeschadet aller individuellen Unterschiede stimmten diese doch strukturell insofern überein, als sie alle ein heiliges Leben propagierten, das man führen müsse, damit dann der Glaube an Christus folgen könne[116]: »Fides sol der schwantz am reige sein«[117]. Demgegenüber verweist der Täufer von allem Eigenen weg auf Christus, dem

---

[108] 220,11−17.

[109] Vgl. v. a. WA 27; 533,8−535,1; 538,9−540,8 (1528). − WA 29; 9,6−15,4 (1529). − WA 37; 7,3−40 (1533). − WA 45; 414,1−21 (1537). − WA 46; 576,27−581,12; 584,11−592,38 (1537).

[110] WA 27; 533,8−534,1.

[111] Ebd. 534,2f.

[112] Ebd. 534,7−9: Servit is textus contra omnes laudationes Sanctorum. Iohannis testimonium: Non vita est mihi commissa. Non praedicat seipsum, sed Christum.

[113] Ebd. 534,3−7.9f.

[114] Ebd. 534,10f.

[115] Ebd. 538,9−539,6.

[116] Ebd. 539,8f: Impii Rottengeister: du must vor heilig sein, milt, postea sequetur fides ad Christum.

[117] Ebd. 540,2f.

man voraussetzungslos glauben soll. Luther sieht sich somit von Joh 1,7f geradewegs ins Zentrum des Evangeliums geführt. Denn gegen alle häretischen Verkehrungen dienen jene Worte der Gerechtigkeit, die sich nicht unseren Werken, sondern allein dem Glauben verdankt[118]. Darum: »Ade mit deiner regel et cappa«[119].

Am 10. Januar 1529 setzt Luther seine Prologdeutung fort. In knapper Wiederholung dessen, was er am 26. und 27. Dezember des Vorjahres gepredigt hatte[120], rühmt er Joh 1,8 als ein nicht zu bezahlendes Wort, das den Täufer gegen alle scheinheilige Selbstgerechtigkeit − neben Franziskus nennt Luther nun auch noch Benedikt, Bernhard, Hieronymus und »multi papae«[121] − ins Feld führt[122]. Die Botschaft jenes Verses lasse sich dahin zusammenfassen, daß »kein ler, gesetz, mediator, doctor nicht gelten (sol) nisi de quo Iohannes testatur«[123]. Denn darin hat die rechte evangelische Lehre ihren Prüfstein, daß sie allein auf die Stimme Christi hört und keinen Lehrer neben ihm duldet. Das widerstreite freilich einer − gleichsam natürlichen − Neigung, sich selbst zum Lehrer aufzuwerfen, wie Luther im Blick auf die Zeit des Täufers, aber auch auf das Papsttum herausstreicht: »Nemo tam stultus, qui non volebat esse magister«[124]. Dagegen, mahnt Luther, möge man sich von Joh 1,8 an den »unicus doctor« erinnern lassen, der allein die Menschen zu lehren vermag: Christus[125]. Wer darum, dem Aussendungsbefehl Christi (Mt 28,19f) entsprechend, selbst die Menschen lehren will, der muß, um in der »doctrina Christi« zu bleiben, all sein Lehren von der Bitte begleitet sein lassen: »Tu, meister Christe, doce me«[126]. Eine Predigt, die in dieser Weise, dem Zeugnis des Täufers folgend, Christus zum Meister hat, verdient überhaupt erst, als *schriftgemäß* bezeichnet zu werden. Heißt doch die Schrift verkündigen nichts anderes, als von Christus zu zeugen[127]. Insofern ist alles, was durch die Schrift nicht ge-

---

[118] Ebd. 540,3−8.

[119] Ebd. 540,6. − Vgl. ebd. 540,15−17 (N): Valeat Franciscus cum sua regula, fune et Cappa, qui me non testimonio verbi ad Christum duxerit, sed dic: Ade zw gutter nacht myt deyner kapp.

[120] WA 27; 518−540.

[121] WA 29; 10,14−11,2.

[122] Ebd. 9,6−10,1.

[123] Ebd. 10,1 f.

[124] Ebd. 12,3−7: Vidit iam multos doctores et magistros: Arrius, Cherinthus, praesertim dum vixit Iohannes, plenus mundus doctoribus, ut iam et in papatu: hic docuit invocare Christophorum, alius Barbaram, nemo tam stultus, qui non volebant esse magister. So ist gangen illo tempore et dicit: Ibi tales meister, alibi alius, sed hic unicus doctor, es mussen alle zu ruck ghen doctorem.

[125] Ebd. 13,4−6 (zu Joh 1,9): Christus est vera lux i. e. rectus doctor et magister qui docet omnes homines qui auff erden i. e. non est alius magister in terris qui docere possit vel scire, quid sit ad salutem opus nisi per Christum.

[126] Ebd. 14,8−13.

[127] Ebd. 11,5−7: Non mihi crede nec ulli doctori in mundo etc. es sey den sach, quod meam doctrinam bezeug scriptura i. e. de Christo testificer.

deckt ist — es sei Ablaß, Fegefeuer oder anderes —, auch als der Lehre Christi widerstreitend zu verwerfen[128].

In den von Aurifaber edierten Reihenpredigten des Jahres 1537 sind die herkömmlichen Gesichtspunkte auf eine bisweilen nicht uninteressante Weise akzentuiert worden. So findet sich dort etwa der Hinweis entfaltet, daß Johannes keine ethische Forderung erhoben, erst recht nicht das eigene, karge Leben als exemplarisch herausgestellt, sondern einzig mit dem Finger auf Christus gedeutet habe, »als wolt er sagen: ich bin nicht Christus, ich bin nicht das Liecht, ich kan euch nicht erleuchten noch das leben geben, sondern gleubet deme und richtet euch nach jme, des Zeuge ich bin«[129]. Für eine kultische Verehrung der Heiligen gibt es darum, wie Luther, Aurifaber zufolge, fortfährt, keinerlei Anlaß. Was etwa Franziskus oder Dominikus angeht, so war Luther nun — anders offenbar als 1528! — durchaus zu unterstellen geneigt, daß auch sie, dem Täufer entsprechend, von sich weg auf Christus verwiesen haben[130]. Täuschte er sich jedoch, so, schließt Luther, »wolte ich nicht gern in den Himel faren, dahin sie gefaren sind«[131]. Auch die Frage, wie die Einschränkung von Joh 1,8a (»Non erat ille lux«) mit Worten wie Joh 5,35 oder Mt 5,14 zu vereinbaren sei, wird hier in gewisser Ausführlichkeit erörtert[132]. Aber wenn diese Bemerkungen auch teilweise breiter und farbiger ausfallen als das, was sich sonst zu Joh 1,7f von Luther überliefert hat, verbleiben sie ihrem Sachgehalt nach doch ganz in den bis dahin gesteckten Bahnen. Aufs Ganze gesehen, sind sie daher kaum von Belang.

3. Das bezeugte Licht (Joh 1,9)

a) In der Auslegung vor und neben Luther

Die Geschichte der Auslegung von Joh 1,9 ist im wesentlichen von zwei Fragen bestimmt worden: Einer präzisierenden Klärung schien zum einen die »lux vera«, zum andern aber die Wendung »illuminat omnem hominem« zu bedürfen. Während Hieronymus die das wahre Licht betreffende Streitfrage gar nicht gelten läßt, sondern dieses sowohl naturhaft wie auch in der Gnade

---

[128] Ebd. 14,15—15,4 (zu Joh 1,9): Qui vult ergo Christianus, discat hunc magistrum agnoscere et audiat, quid dicat. Si veniunt novi magistri, audiat ut ego ein geuckler. Ideo non credimus ans ablas, fegfewer, missas, vigilias, quia vera lux non haec docuit quae illuminat omnes etc. Si haberet glantz de hac luce, wolt ich mich dazu halten. Sed quia non, dico: mein not und selickeit sol sthen am rechten waren liecht. Wie ghets denn dem lieben Christo?

[129] WA 46; 578,32—34; vgl. ebd. 578,20—581,12.

[130] Vgl. ebd. 579,32—581,2.

[131] Ebd. 581,3f.

[132] Ebd. 588,34—590,25; vgl. bereits ebd. 584,11—588,33.

des Geistes am Werke sieht[133], hat Augustin den in Rede stehenden Prologvers kaum mehr eines eigenen Kommentars gewürdigt: Was zu Joh 1,1—5 bereits gesagt worden war, schien ihm für Joh 1,9 offenbar zu genügen. Zu der »lux vera« verweist er lediglich auf die Differenz zum Täufer, der nur ein erleuchtetes, nicht aber ein aus sich selbst leuchtendes Licht gewesen ist[134]. Und was die Allaussage von V. 9b betrifft (illuminat omnem hominem), so zielt sie, wie gesagt, auf das durch die Sünde geschwächte Menschengeschlecht, das nun eines Menschen bedarf, um Gott zu finden[135]. Darin erschöpft sich bereits, was Augustin zu Joh 1,9 erinnernd bemerkt, und der ausdrückliche Bezug, den Luther während seiner Erläuterung dieses Verses in der Wartburgpostille herstellt[136], hat die einschlägige Passage des zweiten Johannes-Traktats jedenfalls nicht im Blick.

Interessanter ist, was Thomas von Aquin anläßlich Joh 1,9 erörtert hat. In dem hochdifferenzierten Geflecht von Gesichtspunkten, mit dem er auch diesen Vers überzogen hat, läßt sich als Leitfaden die Sorge erkennen, daß man den Mangel an Gotteserkenntnis, der das Kommen des Wortes notwendig machte, weder Gott noch dem Wort zur Last legen möge[137]. Die »lux vera« betreffend, hält Thomas eine dreifache Opposition für denkbar. Gleichwie dem Wahren dreierlei entgegenstehen könne: das Falsche, das Figürliche, das Teilhabende, so habe der Evangelist mit seiner Rede vom wahren Licht eine dreifache Abgrenzung intendiert: gegen das falsche Licht — das lumen rationis der Philosophen —, gegen das figürliche Licht — die lux figuralis des jüdischen Gesetzes —, schließlich gegen das teilhabende Licht — die lux participata der Heiligen und der Engel. Denn allein das Wort Gottes ist seinem Wesen nach das wahre Licht[138]. Zu der Frage, wie das Erleuchtetwerden durchs Wort (V. 9b) zu deuten sei, schickt Thomas zunächst die Distinktion von natürlichem und gnadenhaftem Licht voraus[139]. Hinsichtlich der natürlichen Erkenntnis — worauf übrigens Lyra in seinem stark an Thomas orientierten Kommentar den Vers ausschließlich bezieht[140] — hält der Aquinate sogleich die Klärung für angezeigt, das »venientem in hunc mundum« indiziere nicht etwa, daß die Menschen irgendwann auch extra mundum gelebt hätten, sondern bedeute, daß die Menschen, insofern sie in die Welt kommen, von Gott

---

[133] Expositio quatuor Evangelorium, PL 30,578: Erat lux vera, quae illuminat omnem hominem, et reliqua: lux vera illuminat nascendo, nutriendo, vivendo, et per gratiam baptismi Spiritus sancti, illuminat scientiam.

[134] II.6, CChr.SL 36,14f (= PL 35,1391).

[135] I.7—9, CChr.SL 36,15f (= PL 35,1391—1393). — Vgl. dazu Abschnitt 2.a dieses Paragraphen.

[136] 221,9—15; vgl. dazu Abschnitt 3.b dieses Paragraphen.

[137] I.5.124, Editio Marietti S. 26.

[138] I.5.125, S. 26.

[139] I.5.128, S. 27.

[140] S. Anm. 9, fol. 187ʳ.

erleuchtet werden. Denn während der Mensch in bezug auf seine körperliche Natur von einem körperlichen und sinnenfälligen Licht erleuchtet werde, verdanke sich seine geistige Natur der Erleuchtung durch ein vernünftiges und geistiges Licht. Darum gilt hinsichtlich seiner körperlichen Natur, daß er nicht in die Welt kommt, sondern aus ihr ist. Hinsichtlich seiner geistigen Natur jedoch, die von außen stammt, leitet er sich durch die Schöpfung von Gott her[141]. Beziehe man Joh 1,9b hingegen auf die Erleuchtung durch das lumen gratiae, so könne damit entweder die vollendete Welt oder die erschaffene Welt gemeint sein, oder aber man deute jenen Versteil, Augustin folgend, dahin, daß gesagt sein soll: »Nullus illuminatur nisi a Verbo«[142]. Daß das wirkmächtige Wort Gottes an dem Erkenntnismangel der Menschen nicht Schuld tragen kann, sieht Thomas damit als erwiesen an; durch die Ortsangabe des folgenden Teilverses (Joh 1,10a: In mundo erat) werde es vollends erhärtet[143].

Auch in der Auslegung *neben* Luther sind die an Joh 1,9 gestellten Fragen unverändert geblieben. Zwar geht Erasmus in seinen Annotationes auch hier nicht über ein paar philologische Bemerkungen hinaus[144]. Dagegen äußert sich Melanchthon sowohl zu der »lux vera« wie auch zu der Allaussage des zweiten Versteils. Das erste betreffend, notiert er bündig, daß der Sohn Gottes insofern Licht genannt werde, als er in uns die Erkenntnis Gottes, Gerechtigkeit sowie das ewige Leben wirke[145]. Und was die »particula universalis« angeht, so will damit, wie Melanchthon in völliger Übereinstimmung mit Luther deutet, nicht gesagt sein, daß jeder Mensch erleuchtet werde, vielmehr dies, daß, wer immer erleuchtet wird, durch jenes Licht erleuchtet wird — eine Deutung, die sich überdies in Joh 1,12 und 1,16 bestätigt finde[146]. Zwingli hat sich zu Joh 1,9 ebenfalls in diesem Sinn geäußert[147], desgleichen auch Brenz, der sich noch dahin präzisiert, daß jener Vers von der Voraussetzung des ganzen Evangeliums her zu lesen und darum, wie alles bei Johannes, im Sinne der »regeneratio, quae facta est per Christum« zu verstehen sei[148], weshalb sich

---

[141] I.5.129, S. 27.

[142] I.5.130, S. 27.

[143] I.5.132, S. 28. — Meister Eckhart erklärt sich zu Joh 1,9 unter ausdrücklichem Anschluß an Thomas (Expositio sancti Evangelii secundum Iohannem, LW III,88, S. 76), dessen Kommentar er in Gestalt weiterer Differenzierungen fortführt. Interessant ist dabei, daß Eckhart für viele Probleme im Umgang mit Joh 1,9b die falsche Voraussetzung verantwortlich macht, wonach man jenes Licht allein auf die Gnade bezogen glaubte, während es doch die Wurzel *jeder* Vollkommenheit sei (ebd. 94, S. 81 f).

[144] S. Anm. 18, 354.

[145] CR 15,19. — Vgl. CR 14,1057 f.

[146] Ebd.

[147] S. Anm. 90, 683: Quidquid illuminatur, per hanc lucem illuminatur … Quidquid lucet in coelis, in terris, lucem ab illa luce recipit.

[148] S. Anm. 21, fol. 8ᵛ–9ʳ: Porro, quod ait, illuminat omnem hominem venientem in hunc mundum: non intelligas, omnes homines quotquot sunt, fuerunt, aut erunt, a Christo illuminari: non enim omnium est fides, pauci sunt electi, et reliquiae solum saluatur.

auch von dieser Stelle her ermessen lasse, welche Blasphemie darin liege, in rebus divinis einen freien Willen zu postulieren[149]. Dagegen möchte Calvin die
Wendung »illuminat omnen hominem venientem in hunc mundum« nicht nur
– wie etwa Augustin, der seither oft als Kronzeuge genannt werde – auf die
regeniti beschränkt wissen, sondern in strengem Festhalten an der uneingeschränkten Allaussage des Verses im Sinne der rationis lux verstehen, die jeden
Menschen für eine gewisse, wenn auch nicht bei jedem gleich bemessene
Empfindung des ewigen Lichtes empfänglich gemacht habe[150].

b) In der Auslegung Luthers

Zu Joh 1,9 hat Luther im Kommentar der Wartburgpostille drei Gesichtspunkte hervorgehoben. Diese lassen sich in thetischer Vorwegnahme so formulieren: Wenn der Evangelist sagt, das wahre Licht erleuchte einen jeglichen
Menschen, so heißt das, daß niemand erleuchtet wird, es sei denn durch dieses
Licht[151]. Und: Das Licht erleuchtet die Menschen nur in *dieser* Welt, da es in *jener* zu ewiger Klarheit verwandelt sein wird[152]. Und: Das Licht, das einen jeglichen Menschen erleuchtet, könnte auch die Predigt des Evangeliums bedeuten, welche in aller Welt ergangen ist[153].

Zum einen: Luther beginnt seinen Kommentar zu Joh 1,9 mit dem Resü-
mee, es sei von dem Licht, das der Täufer und, wie er nun in beiläufiger
Selbstverständlichkeit hinzufügt, »alle Euangelissche prediger« bezeugten[154],
jetzt zur Genüge die Rede gewesen[155]. Was allein noch der Klärung bedarf, ist
die Frage, weshalb der Evangelist jenem Licht die Erleuchtung *aller* Menschen

---

Sed hic sermo, intelligendus est, de argumento pro posito. Nam scribit Ioannes de regeneratione, quae facta est per Christum. Cum itaque ait, omnes homines illuminari per
Christum, comprehendit eos solum, qui regenerantur per spiritum, et credunt: ut postea
seipsum exponet, dicens: dedit potestatem filios Dei fieri, uidelicet his, qui credidissent in
nomen eius, non incredulis. Est autem harum locutionum, frequens usus in scriptura. . . .
Ita et hoc loco, Iohannes de regeneratione scribit: proinde, cum ait, Christus illuminat omnem hominem, uenientem in hunc mundum, de regeneratione intelligit, non de impiis,
Christum contemnentibus. Et est sensus, quotquot in hunc mundum uenientes, illuminantur, hi per solum Christum, quae est vera lux, illuminantur.

[149] Ebd. fol. 9[rv].
[150] CR 75,9. – Vgl. die Bemerkungen zu Joh 1,5, auf die Calvin anspielt: CR 75,5–7.
[151] 220,18–222,11.
[152] 222,12–224,8.
[153] 224,9–225,5. – LOEWENICH ([s. Anm. 23], 43) hat Luthers Auslegung von Joh 1,9 in
acht Druckzeilen zusammengefaßt. – Vgl. ferner DERS., Luther und das Johanneische
Christentum (FGLP VII,4), 1935, 53 f.
[154] Vgl. dazu die in einer Prologpredigt des Jahres 1533 festgehaltene Gleichsetzung von
›lucere‹ und ›praedicari‹ (WA 37; 4,19–21) (zu Joh 1,4): Tum lucebat hominibus i. e. praedicabatur hominibus, sed schnarckten, theten augen zu, non audiebant.
[155] 220,20–23: Johannes noch keyn heylig ist das liecht, es ist aber eyn war liecht, das
Johannes betzugt und alle Euangelissche prediger. Nu von dem liecht was es sey, ist gnug

zugerechnet habe[156]. Daß es nicht angeht, jenes Licht als lumen naturale zu deuten, wird aus den beiden Nachbarversen, die unzweifelhaft vom lumen gratiae handeln (Joh 1,5.10), hinreichend deutlich[157]. Aber auch der Bezug auf das Licht der Gnade ist problematisch, da sich Joh 1,9 doch ausdrücklich auf alle Menschen, die geboren werden, bezogen hat[158]. Luther behilft sich zunächst mit dem Verweis auf die von Augustin gebrauchte Erklärungsfigur, derzufolge V. 9b »alßo tzuuorstehen (sey), das keyn mensch erleuchtet werde denn von dißem liecht«[159]. Diese seitdem immer wieder erneuerte Deutung Augustins faßt Luther sodann in ein Bild: Es sei, fährt er fort, wie wenn man von einem Lehrer, der der einzige ist in einer Stadt, sagte, er lehre sie alle in der Stadt, was nichts anderes bedeute, als daß jeder, der überhaupt gelehrt worden ist in dieser Stadt, von ihm gelehrt worden ist[160]. Daß man eben so den in Rede stehenden Prologvers auffassen könne[161], sieht Luther überdies durch die paulinische Parallele bekräftigt, wonach »durch eyniß menschen gerechtickeytt ynn alle menschen die rechtfertigung ist komen« (Rö 5,18): Zwar werden durchaus nicht alle Menschen der Rechtfertigung durch Christus teilhaftig, aber wer immer es wird, der wird es durch ihn[162]. Immerhin scheint Luther die Figur, deren sich der Evangelist in Joh 1,9b bediente, für gewagt zu halten, hebt er doch ausdrücklich hervor, daß dieser die Möglichkeit, es könnten sich etliche hieran stoßen, durchaus gesehen habe und ihr mit den Klärungen der Verse 5 und 10 darum deutlich begegnet sei[163].

Zum andern: Um das Demonstrativpronomen von Joh 1,9 (»ynn diße wellt«) zu erläutern, kommt Luther noch einmal auf das lumen naturale rationis zurück. Neben den bereits genannten Gründen scheide dieses Licht hier auch darum aus, weil sein Wirkungsfeld gerade nicht auf »diße wellt« be-

---

gesagt ditz mal, wie es durch den glawben erkant, unß erhellt ym leben unnd sterben ewiglich, das unß nymmer keyn finsterniß mag schaden.

[156] 220,24–221,1. – Während Luther in der Auslegung der Wartburgpostille wie dann auch im Septembertestament von »allen menschen« spricht, hat er in der Postille beidemale – am Anfang wie auch vor dem Verskommentar – »eynen iglichen menschen« übersetzt (vgl. dazu § 1 dieser Arbeit).

[157] 221,1–6.

[158] 221,7–9.

[159] 221,9f. – So interpretiert Augustin allerdings nicht, wie W. KÖHLER, der Bearbeiter von WA 10,1,1, zur Stelle notiert, im entsprechenden Passus der Johannes-Traktate, sondern, worauf bereits LOEWENICH aufmerksam gemacht hat ([s. Anm. 23], 43), im ›Enchiridion ... de fide et spe et caritate‹ XXVII.103 (CChr.SL 46,104f = PL 40,280): Sic enim intelligimus et quod in evangelio scriptum est: qui illuminat omnem hominem, non quia nullus est hominum qui non illuminetur, sed quia nisi ab ipso nullus illuminatur.

[160] 221,9–15. – Vgl. die ausführliche Darstellung dieses Bildes in WA 46; 594,23–595,5 (1537).

[161] Wie bedeckt Luther hier spricht, zeigen Wendungen wie »dießen vorstand weyß ich nit tzuuorwerffen« (221,19) u. ä.

[162] 221,10–222,1.

[163] 222,3–11.

schränkt sei, es vielmehr auch in den Verdammten noch leuchte: »Ynn den todten (,) teuffeln und vordampten bleybt dasselb vornunfftig liecht, ia, es wirt nur heller, das sie mehr dauon gequellet werden (!)«[164]. Die Begrenzung, die Joh 1,9c vornimmt, spricht darum abermals für eine Deutung im Sinne des lumen gratiae: Nach dem Tod wird es dieses Lichts nicht länger bedürfen, weil wir dann Gott nicht mehr nur »durch die menscheyt unnd ym glawben, ßondernn an yhr selb die bloß gottheyt sehen« werden[165]. Aber um *dieses* Lebens willen habe der Evangelist mit solchem Nachdruck die menschliche Gestalt, die Gott in Christus annahm, unterstrichen, als deren »vorleuffer und getzeugen« die Prediger — vom Täufer ist nun gar nicht mehr eigens die Rede! — dienen sollen[166]. Insofern fungiert V. 9c als notwendige Einschränkung des vorausgehenden Versteils[167]. Luther erläutert abermals: In jener Welt wird Christus wie sein Reich (1 Kor 15,24), so auch das Licht dem Vater übergeben, damit es in die ewige Klarheit verwandelt werde. Zwar werden wir dort nicht etwas anderes sehen als hier, aber dasselbe doch dort in anderer Weise: »Itzt sehen wyr yhn (sc. gott) ym glawben vorporgen, Denn werden wyr yhn sehen unuorporgen«[168]. So gleicht Christus, den Johannes in seiner Menschheit als ein Licht der Menschen bestimmt, einer Wolke, durch die die Sonne hindurchscheint, oder auch, wie Luther in Anspielung auf 1 Kor 13,12 hinzufügt, einem Spiegel, in welchem wir Gottes ansichtig werden. Wenn aber die Wolke abgezogen und uns statt des Spiegelbildes Gott selbst vor Augen sein wird, wird es des Glaubenslichts nicht mehr bedürfen und darum auch nicht mehr des Worts, mit dem uns in dieser Welt die Prediger an jenes Licht verweisen (vgl. dazu § 15.1.c)[169]. An dieser Stelle scheint es Luther geraten, noch einmal an die prinzipielle, der ganzen Prologauslegung vorangestellte hermeneutische

---

[164] 222,12−16.

[165] 222,16−22. − Vgl. dazu bereits WA 1; 24,13−20 (1514): Speramus autem in futuro inspicere in istud verbum, cum Deus cor suum aperuerit, imo cum non effuderit verbum, sed nos introducet in cor suum, ut videamus bona Domini in terra viventium, cum puram veritatem et sapientiam videbimus: interim enim manus et pedes, oculos quoque et aures ostendit et latus. Sed tunc cor quoque introspiciemus cum omnibus beatis. Non erit autem angustum hoc verbum, sicut nostri cordis, sed infinitum et aeternum, laetissimum praebens omnibus spectaculum et gaudium. − Vgl. ferner aus den von Aurifaber edierten Reihenpredigten des Jahres 1537 (WA 46; 674,7−11): Solchs ist gar ein trefflichs zeugnis und predigt, die wir in diesem leben nicht gnugsam erforschen können, aber mit dem Glauben fassen, bis wirs in jenem leben volkömlich verstehen und auch sehen werden, es sind wol kurtze, kurtze wort, aber darinnen ist der gantze inhalt der Christlichen lere und lebens begriffen.

[166] 222,22−223,6.

[167] 223,7−9: Sihe darumb, alß er hatt gesagt: Er erleucht alle menschen, sah er, das tzu weytt gesagt war, unnd thet datzu: die ynn diße wellt kommen, das er syn liecht auß Christo mecht yn dißer wellt.

[168] 223,9−17.

[169] 223,17−224,1.

Maßgabe zu erinnern: »Das ist yhe klar gnug geredt, und wer den glawben hatt, vorsteht ditz alleß woll ... Wer aber nit glewbt, der vorsteht es nit«[170]. Wie die ganze Schrift (vgl. § 9.1.c), so ist auch der Johannes-Prolog für den Glauben verständlich und klar, weil dieser die Worte nimmt, wie sie gemeint sind, und nicht, sein eigenes Licht (sensus proprius!) mit dem der Schrift verwechselnd, deren klaren Sinn verfinstert und somit sich und jeden, der ihm folgt, verführt[171]. So führt denn der Prolog für Luther zugleich auch den rechten hermeneutischen Schlüssel mit sich: »Denn ditz liecht leucht ynn die finsternis, wirtt aber vonn yhn nitt begriffen« (Joh 1,5)[172].

Zum dritten: Bei der von Augustin entlehnten Deutung der Allaussage im zweiten sowie der Erklärung des Demonstrativums im dritten Versteil mag es Luther nicht bewenden lassen. Behutsam − »est mocht ... dißer spruch die meynung haben«[173] − fügt er vielmehr die Erwägung an, das Licht, das, der Sonne gleich, über allen Menschen dieser Welt aufgegangen ist (Joh 1,9), könnte auch bedeuten, daß das Evangelium in aller Welt gepredigt worden ist[174]. Wieder führt Luther einige sinnstützende Schriftstellen an: neben dem streng parallelen Apostelwort aus Kol 1,23 (»das Euangelium ist predigt ynn aller creatur unter dem hymel«) und dem nach Markus zitierten Aussendungsbefehl Christi (Mk 16,15) auch noch deren in Ps 18(19),7 niedergelegten alttestamentlichen Wurzelgrund[175]. So gesehen, würde sich für Joh 1,9 »eyn liechter, eynfelltiger vorstandt« ergeben haben[176] − und also das, was Luther eingangs für den Johannes-Prolog so gut wie für die ganze Schrift reklamiert hatte[177]. Dieser einfältige, der Schrift gemäße Sinn geht aber dahin, die öffentliche Verkündigung des äußeren, auf Christus weisenden Predigtwortes die schlechthin notwendige Voraussetzung dafür sein zu lassen, daß Christus selbst den Menschen ein Licht werden kann[178].

Es scheint, als habe Luther die ersten beiden Gesichtspunkte vor allem um der auslegungsgeschichtlichen Verortung willen für nötig erachtet. Dagegen formuliert der dritte, an die Unterscheidung von äußerem und innerem Wort (vgl. § 13) gemahnende Aspekt die für Luther entscheidende exegetisch-homiletische Pointe. Daß gerade dieser letzte Aspekt nur so zögerlich und knapp

---

[170] 224,1−3.
[171] 224,3−7.
[172] 224,7f.
[173] 224,8.
[174] 224,9−12.
[175] 224,12−17.
[176] 224,17−225,1.
[177] 181,7−14; 184,19−185,7; 188,18−23.
[178] 224,20−225,4: Dißer vorstand follgt wol auff den vorigen text. Denn ehe das liecht wirtt durch Johannem und das Euangelium betzeugt, ßo leuchts ynn die finsternis unnd wirtt nit begriffen. Aber darnach es vorkundigt unnd betzeugt wirtt offenlich, so leucht es alß weyt die wellt ist ubir alle menschen, obs wol nit alle auffnehmen.

entfaltet wird, hat darin seinen Grund, daß er, indem er die Erläuterung von
Joh 1,6—9 gewissermaßen auf den Punkt bringt, zugleich für alles, was Luther
nun zu Joh 1,10—14 ausführen wird (vgl. § 14), als präludierender Auftakt
dient.

In den späteren Prolog-Predigten Luthers findet sich, von einzelnen ausma-
lenden Ergänzungen abgesehen[179], zu Joh 1,9 nichts, was, über das hier Darge-
stellte hinausgehend, der Erwähnung bedürfte.

---

[179] So hat Luther, Aurifaber zufolge, etwa den Satz, daß es nicht der Sonne Schuld sein
kann, wenn die Menschen vor ihr die Augen verschließen (WA 46; 595,20—596,2 [1537]),
an seiner eigenen Wittenberger Predigttätigkeit exemplifiziert (ebd. 596,3—10): Ich predige euch allen, so hie zu Witenberg sind, wieviel sind aber unter euch, die sich aus meiner
Predigt bessern und das selige liecht mit glauben annemen, das sie dadurch erleuchtet werden? Warlich, das weniger teil gleubet meiner Predigt, dennoch bin und bleibe ich ewr aller Lerer und Prediger. Also obwol nicht alle gleuben CHRJSTJ Predigt, das nimet Christo sein Ampt nicht, er ist gleich wol und bleibet das Liecht, welches alle Menschen erleuchtet, so in die Welt komen, Er ist das rechte Liecht, vom anfang bis zum ende der
Welt.

§ 13: Äußeres und inneres Wort

Luthers Auslegung von Joh 1,6—9 ist der alles zentrierenden Einsicht verpflichtet, die notwendige Vorordnung des Täufers, dessen Zeugnis ein Erleuchtetwerden durch das wahre Licht erst möglich macht, weise diesen als Inbegriff des äußeren, mündlichen Predigtwortes aus, das schlechterdings nicht
zu entbehren sei, wenn anders das Wort Gottes im Herzen gehört und also geglaubt werden soll[180]. Das damit berührte Problem der Unterscheidung von
verbum externum (bzw. verbum oris) und verbum internum (bzw. verbum
cordis) hat die philosophische und theologische Wortreflexion fast von Anfang an begleitet. Und auch bei Luther würde man den Horizont der Frage
nach seinem Sprachverständnis unzulässig verkürzen, wenn man diese Distinktion von äußerem und innerem Wort zu erwähnen versäumte. Andererseits wiederholt sich hier das Dilemma vorausgegangener exkursorischer Vertiefungen nicht nur, sondern spitzt sich noch zu: Das Thema ist in der gebotenen Kürze nicht nur nicht zu erschöpfen, sondern auch kaum sinnvoll zu
strukturieren. Im folgenden ist darum jedweder Anspruch auf eine umfassende, das Ganze repräsentierende Orientierung konsequent vermieden worden. Stattdessen begnügt sich das nachfolgend Notierte damit, drei Aspekte
des Problems schlaglichtartig zu erhellen. Es sind dies die Frage nach verbum
internum und externum beim frühen Luther (1), der Blick auf das zur Zeit der
Wartburgpostille sich massiv verstärkende Interesse am äußeren Wort (2) sowie die Auslegung der Pfingstgeschichte (Act 2), in der sich Luthers Auffassung von äußerem und innerem Wort exemplarisch manifestiert hat (3).

---

[180] Für die Nachweise vgl. § 12. — Vgl. ferner WA 46; 581,13—584,10 (Predigt über
Joh 1) (1537).

1. Zur Zeit von Luthers erster Predigt über den Johannes-Prolog (1514)

a) Zur Tradition

Die Unterscheidung des λόγος ἐνδιάθετος vom λόγος προφορικός dürfte in ihrem Sachgehalt stoischen Ursprungs sein[181], ist aber terminologisch zuerst bei Philo von Alexandria belegt[182]. Wenn für Augustin ein stoischer Einfluß selbstverständlich nicht auszuschließen ist, wird ihm die Unterscheidung der zwei λόγοι doch höchstwahrscheinlich aus der theologischen Tradition bekannt gewesen sein. Genauere traditionsgeschichtliche Überprüfungen sehen sich freilich dadurch erschwert, daß sowohl Augustin wie auch die ihm vorausgehende Diskussion die beiden λόγοι, anstatt sie terminologisch streng zu fixieren, mit einer ganzen Reihe lateinischer Umschreibungen wiedergeben konnte[183]. Daß für Augustin in dieser Frage vor allem Tertullian zu einem wichtigen Zeugen der Tradition geworden ist, steht jedenfalls fest[184].

Die theologische Erörterung hat sich für die Distinktion der beiden verba nicht nur in anthropologischer Hinsicht (verbum cordis und verbum foris auditum), sondern auch trinitätstheologisch interessiert (verbum aeternum und verbum incarnatum). Jedoch stehen — bei Augustin wie auch sonst — die beiden Hinsichten nicht unverbunden nebeneinander, da doch die anthropologische Unterscheidung vor allem insofern von Belang ist, als sie den Menschen hinsichtlich des innertrinitarischen Geschehens als analogiefähig ausweist. Für Augustin läßt sich zusammenfassend sagen, daß er das äußere, gesprochene Wort gegenüber dem inneren Wort des Herzens stets als ontologisch defizient versteht[185]. Die Grundlinien seines Verständnisses finden sich bereits in seinem Dialog De magistro von 389 ausgebildet, wo er die beiden Worte auf dem Hintergrund der Distinktion von signum und res unterscheidet: Wie das gesprochene Wort, so ist jedes Zeichen der Sache gegenüber defizient[186]. Darum

---

[181] M. MÜHL, Der λόγος ἐνδιάθετος und προφορικός von der älteren Stoa bis zur Synode von Sirmium (ABG 7, 1962, 7–56). – Vgl. ferner A. SCHINDLER, Wort und Analogie in Augustins Trinitätslehre (HUTh 4), 1965, 104–115. – Zu erster Orientierung vgl. etwa E. BISER, Art. Wort, HPhG, Bd. 6, 1974, 1764–1775.

[182] Für die Nachweise vgl. SCHINDLER (s. Anm. 181), 104. Anm. 192.

[183] SCHINDLER (s. Anm. 181), 106–108. – In welcher sprachlichen Vielfalt Augustin den λόγος ἐνδιάθετος wiedergeben kann, hat SCHINDLER in Anhang II seines Buches zusammengestellt (ebd. 250 f).

[184] SCHINDLER (s. Anm. 181), 109 f. 112 f.

[185] Vgl. hierzu wie zum folgenden die knappe Übersicht bei K.-H. zur MÜHLEN, Nos extra nos. Luthers Theologie zwischen Mystik und Scholastik (BHTh 46), 1972, 73–79; ferner die beiden Monographien von SCHINDLER (s. Anm. 181) und U. DUCHROW (Sprachverständnis und biblisches Hören bei Augustin [HUTh 5], 1965).

[186] De magistro 9.25, CChr.SL 29, 184 f (= PL 32, 1209 f): Quicquid enim propter aliud est, vilius sit necesse est quam id, propter quod est.

können wir die Bedeutung eines erklingenden Wortes auch erst dann recht erfassen, wenn uns die damit bezeichnete Sache schon bekannt ist[187]. Insofern
wird eher das Zeichen durch die Sache erhellt als diese durch das Zeichen:
»Magis signum re cognita quam signo dato ipsa res discitur«[188]. Wenn es auch
nützlich sein kann, den Worten, da sie uns den Weg nach innen weisen, Glauben zu schenken, so wird die Erkenntnis zumal der geistlichen Dinge doch
letztlich nur durch die Dinge selbst ermöglicht, die Gott uns innerlich enthüllt,
nicht aber durch die äußeren Worte, die darauf nur zeigen[189]. Diese eindeutige,
signifikationshermeneutisch begründete Vorordnung des inneren Wortes hat
Augustin niemals revidiert, aber doch verschiedentlich modifiziert. Während
er in De spiritu et littera die alte Distinktion in Gestalt der paulinischen Unterscheidung von Buchstabe und Geist erörtert hat[190], waren es vor allem kate-
chetisch-pädagogische Rücksichten[191] sowie notwendig gewordene soteriologische Präzisierungen[192], die Augustin zu einer gewissen Aufwertung des äußeren, gesprochenen Wortes bewegten. Gleichwohl ist dadurch die prinzipielle Vorordnung des verbum cordis niemals erschüttert worden. Im übrigen
hat Augustin zwar die beiden verba des Menschen analogisch auf Gott bezogen, um so das Ereignis der Inkarnation zu erläutern[193], jedoch für innertrinitarische Erörterungen sich niemals der Unterscheidung von innerem und äußerem Wort bedient[194]. Dieser knappen Erinnerung an Augustin entspricht,
was schon bei früherer Gelegenheit zu der in De trinitate[195] und den Johannes-
Traktaten niedergelegten Auffassung des verbum cordis gesagt worden ist
(vgl. §6.1.a und 6.3).

Auch Thomas von Aquin hat sich für den anthropologischen Aspekt der
Unterscheidung von innerem und äußerem Wort in erster Linie wegen der
ihm hinsichtlich der Gotteslehre zukommenden Analogiefähigkeit interessiert.
Den Ausgangspunkt seiner Erörterungen bildet die Frage, »utrum verbum

---

[187] Ebd. 10.34, CChr.SL 29,193 (= PL 32,1214 f): Per ea signa, quae verba appellantur,
nos nihil discere; potius enim, ut dixi, vim verbi, id est significationem quae latet in sono,
re ipsa, quae significatur, cognita discimus.

[188] Ebd. 10.33, CChr.SL 29,192 (= PL 32,1214).

[189] Ebd. 10.40 u. 46, CChr.SL 29,197−199.202f (= PL 32,1217f.1220).

[190] De spiritu et littera, CSEL 60,153−229 (= PL 44,199−246). − Vgl. dazu DUCHROW
(s. Anm. 185), 195−205.

[191] De catechizandis rudibus, CChr.SL 46,121−178 (= PL 40,309−348). − Vgl. dazu
DUCHROW (s. Anm. 185), 167−171.

[192] De correptione et gratia, PL 44,915−946. − De doctrina christiana. Prooemium,
CChr.SL 32,1−6 (= PL 34,15−20). − Vgl. dazu DUCHROW (s. Anm. 185), 205−213.

[193] Vgl. etwa De doctrina christiana I.12, CChr.SL 32,13 (= PL 34,24). − Vgl. dazu
DUCHROW (s. Anm. 185), 151−159.

[194] Vgl. dazu ZUR MÜHLEN (s. Anm. 185), 81.

[195] Vgl. dazu das wichtige Buch von SCHINDLER (s. Anm. 181); ferner DUCHROW (s.
Anm. 185), 101−148.

proprie dicatur in divinis«[196]. Thomas greift zunächst die genannte Unterscheidung der zwei Worte auf: Während uns das sinnenfällige äußere Wort nä-
herliegend und bekannter sei, gehe das innere Wort doch natürlicherweise
dem äußeren voraus, als dessen causa efficiens et finalis es zu gelten habe[197].
Das Beispiel des Künstlers, in dessen Geist stets ein Urbild dem dann hervor-
tretenden äußeren Werk vorausgeht, zieht Thomas überdies für die Unterscheidung eines dreifachen Wortes heran: Bei ihm folgt auf die Absicht eines
Werkes zunächst dessen ausgedachte Form, dann die hervorgebrachte Gestalt.
Entsprechendes sei auch für das Wort geltend zu machen, womit zunächst das,
was der Verstand innerlich aufnimmt, gemeint sei (verbum cordis), ferner das
innere Urbild des äußeren Wortes (verbum interius), schließlich das lauthaft
ausgedrückte Wort selbst (verbum vocis)[198]. Während dieses äußere Wort von
Gott allenfalls metaphorice auszusagen ist, wird ihm das verbum cordis im eigentlichen Sinne zugesprochen[199]. Dieses proprie prädizierte Wort ist nun aber
nicht als göttliche Wesensaussage zu verstehen, vielmehr als der Name einer
Person[200]. Denn wenn das verbum cordis darin sein Wesen hat, daß es aus etwas anderem hervorgeht — nämlich aus dem Wissen dessen, der diesen inneren Gedanken faßt —, kann es nicht auf das göttliche Wesen, sondern allein auf
dessen zweite Person bezogen werden, die aus der ersten hervorgeht[201].

Nicht in der innertrinitarischen Erörterung, wohl aber für das verbum incarnatum greift Thomas dann auch auf das vom inneren Wort unterschiedene
äußere Wort zurück. Zwischen beiden — dem verbum incarnatum und dem
verbum vocis — sei durchaus eine gewisse Ähnlichkeit zu konstatieren, insofern durch beide Worte etwas Inneres offenbar werde: durch das inkarnierte
das ewige Wort gleichwie durch das gesprochene das innere Wort. Andererseits gebe es zwischen beiden Worten aber auch eine Unähnlichkeit, denn
während man die Verlautbarung des inneren Wortes ebenfalls als Wort be-

---

[196] Quaestiones disputatae, De Veritate q. 4 a. 1, Editio Marietti, Turin / Rom 1964,
75–78.

[197] Ebd. q. 4 a. 1 crp: Et ideo, quia verbum exterius, cum sit sensibile, est magis notum
nobis quam interius secundum nominis impositionem, per prius vocale verbum dicitur
verbum quam verbum interius, quamvis verbum interius naturaliter sit prius, utpote, exterioris causa efficiens et finalis.

[198] Ebd.: Et ideo, sicut in artifice *tria* consideramus, scilicet *finem* artificii, et *exemplar* ipsius, et *ipsum artificium* iam productum, ita etiam in loquente *triplex* verbum invenitur: scilicet *id quod* per intellectum *concipitur,* ad quod significandum verbum exterius profertur:
et hoc est *verbum cordis* sine voce prolatum; item *exemplar* exterioris verbi, et hoc dicitur
verbum interius quod habet imaginem vocis; et *verbum exterius expressum,* quod dicitur *verbum vocis.* Et sicut in artifice praecedit intentio finis, et deinde sequitur excogitatio formae
artificati, et ultimo artificiatum in esse producit; ita verbum cordis in loquente est prius
verbo quod habet imaginem vocis, et postremum est verbum vocis.

[199] Ebd.

[200] Ebd. q. 4 a. 2. — Vgl. Summa theol. I q. 34 a. 1.

[201] Ebd.

zeichne, könne das für die fleischliche Gestalt, die das ewige Wort angenommen hat, nicht gelten[202].

So finden sich die zwei bei Augustin als wesentlich festzuhaltenden Gesichtspunkte durch den Aquinaten bestätigt: Auch er ist am inneren und äußeren Wort des Menschen nicht so sehr hinsichtlich ihrer spezifischen Worthaftigkeit als vielmehr um ihrer Analogiefähigkeit willen interessiert. Und trotz der von Thomas betonten noetischen Vorordnung der nomina vor den res significatae kommt doch in ontologischer Hinsicht das verbum externum auch für ihn nur als das defiziente signum der inneren, unaussprechlichen res in Betracht[203].

b) Zu Luther

aa) Der Sermon von 1514

Die erste Prolog-Auslegung, die sich von Luther überliefert hat, ist eine am 25. Dezember 1514 in Wittenberg – wahrscheinlich in der Kirche der Augustiner – gehaltene Predigt[204]. Dieser Text ist noch sehr deutlich von überkommenen Fragestellungen und Gesichtspunkten bestimmt. Gleichwohl beginnt sich bereits hier ein eigenes, über die gewohnten Bahnen hinausreichendes theologisches Interesse zu regen.

Luther setzt hier mit einer recht breiten Erörterung der ersten zwei Prologverse ein, die zunächst ganz im Rahmen der exegetischen und trinitätstheologischen Tradition verhandelt werden (vgl. §8.1.a und 2.a)[205]. Erst danach wendet er sich der Frage zu, die ihn vor allem interessiert: Weshalb hat der Evangelist den Sohn ›verbum‹ genannt?[206] Luther führt dafür zwei Gründe ins Feld. Der eine ist – was hier nur beiläufig Erwähnung findet – die darin ausdrücklich gemachte Rückbindung an Gen 1 (vgl. §4.1), woraus Johannes seine ersten Sätze geschöpft und so den Anfang der Genesis auf seine Weise erhellt

---

[202] De Veritate q. 4 a. 1 ad 6: Ad sextum dicendum, quod Verbum incarnatum habet aliquid simile cum verbo vocis, et aliquid dissimile. Hoc quidem simile est in utroque, ratione cuius unum alteri comparatur: quod sicut vox manifestat verbum interius, ita per carnem manifestatum est Verbum aeternum. Sed quantum ad hoc est dissimile: quia ipsa caro assumpta a Verbo aeterno, non dicitur Verbum, sed ipsa vox quae assumiter ad manifestationem verbi interioris, dicitur verbum; et ideo verbum vocis est aliud a verbum cordis; sed Verbum incarnatum est idem quod Verbum aeternum, sicut et verbum significatum per vocem, est idem quod verbum cordis.

[203] Vgl. dazu ZUR MÜHLEN (s. Anm. 185), 82–84.

[204] BoA 5; 406,1–417,25 (= WA 1; 20,1–29,31). – Vgl. dazu ZUR MÜHLEN (s. Anm. 186), 84–90. – O. BAYER, Promissio. Geschichte der reformatorischen Wende in Luthers Theologie (FKDG 24), 1971, 17–31.

[205] BoA 5; 406,1–409,4 (= WA 1; 20,1–22,28).

[206] BoA 5; 409,4f (= WA 1; 22,29f).

habe[207]. Als zweiten Grund nennt Luther den Gesichtspunkt, der die Predigt dann bis zu ihrem Ende bestimmen wird: Der Evangelist, faßt er zunächst thetisch zusammen, hat uns damit einen bequemeren und vollkommeneren Weg bereitet, um die Gottheit des Sohnes und die Mehrzahl der Personen in der Einheit der Natur zu verstehen und in sie aufzusteigen[208].

Zur Erläuterung dieses vorweggenommenen Fazits greift auch Luther auf die Unterscheidung des verbum internum vom verbum externum zurück, die sich nun allerdings *beide* in bezug auf Gott als analogiefähig erweisen werden. Der herkömmlichen Rangfolge entsprechend, beginnt Luther ebenfalls mit dem inneren Wort, welches das vollkommenste sei und darum »propriissime« Wort genannt werde, überdies auch nur in der vollkommensten, nämlich: der vernünftigen Natur zu finden sei[209]. Für diese Vollkommenheit des inneren Wortes erinnert Luther an die zum Sprichwort geronnene Lebenserfahrung, die sich in dem Satz ausdrücke »Mein Hertz sagt mir das«, wogegen man die Defizienz des äußeren Wortes aus der Wendung »Es geht ihm nit zu Hertzen« entnehmen könne, mit der das Scheitern eines äußeren Wortes, zu einem inneren zu werden, bezeichnet sei[210]. Diese durch die alltägliche Erfahrung verifizierte Bestimmung des verbum internum als des perfectissimum verbum ergänzt Luther durch vier weitere proprietates: Es verbleibt im Innern, ist nur dem bekannt, der es bei sich hat, ist insofern des Menschen Ratschluß, Denken, Weisheit, Urteil, Wahrheit und Vernunft und kann, schließlich, nicht besser offenbart werden als durch das Wort des Mundes oder ein anderes leibliches Werk[211]. In strenger Entsprechung zeigt Luther dann, daß diese fünf Gesichtspunkte auch für das Wort, das Gott in seinem Herzen spricht, zu gelten haben: Auch das Dei verbum cordis ist das vollkommenste, bleibt in ihm, ist nur dem Vater bekannt, heißt Weisheit und Wahrheit und gelangt nicht anders nach außen als mit dem Fleisch und der Menschheit vereinigt, welche gleichsam ein sichtbares Wort oder Werk Gottes ist[212]. Damit hat Luther die Selbst-

---

[207] BoA 5; 409,6–35 (= WA 1; 22,31–23,18).

[208] BoA 5; 409,35–37 (= WA 1; 23,18–20): Secunda, quod sic aptiorem et perfectiorem viam intelligendi et ascendendi in Deitatem Filii et pluralitatem Personarum cum identitate naturae nobis paravit.

[209] BoA 5; 410,1–4 (= WA 1; 23,21–24).

[210] BoA 5; 410,5–18 (= WA 1; 23,24–36); die beiden Sprichwörter sind in der sonst lateinischen Predigtnachschrift auf deutsch überliefert.

[211] BoA 5; 410,18–23 (= WA 1; 23,36–40): Secundo, quod manet intus nec potest perfundi foras, tertio, quod nemo ipsum novit nisi ipse qui habet, quarto, quod hoc verbum est consilium, cogitatio, sapientia, iudicium, veritas, intellectus ipsius hominis, quinto, quod hoc verbum non citius foras mittitur seu manifestatur melius quam per verbum oris vel opus aliud corporis.

[212] BoA 5; 410,23–411,1 (= WA 1; 23,40–24,13): Sic nunc cogita de Deo, quod et ipse solus secum loquitur et dicit in corde suo (primo) quod est verbum omnium perfectissimum, de quo hic Iohannes loquitur, (secundo) quod manet in Deo nec potest effundi foras et extra Deum, sed manet apud Deum et est Deus. Si enim non esset Deus, posset foras

mitteilung des inneren Wortes im Herzen ganz herkömmlich als Analogie für das innertrinitarische Hervorgehen des ewigen Wortes gedeutet. Interessant ist jedoch, daß er die Prävalenz dieses Wortes nicht mehr ontologisch oder signi-fikationshermeneutisch bestimmt, sondern aus der Beschreibung des — sozu-sagen — empirisch wahrnehmbaren Verhältnisses eines äußeren Wortes zum inneren Wort. In einem die Darlegung unterbrechenden Corollarium hebt Lu-ther zudem hervor, daß sich die Macht des äußeren Wortes nicht etwa onto-logisch von seinem Modus als bloßes signum her bestimmen läßt, sondern entscheidend davon abhängt, wer über das verbum cordis, von dem her es er-geht, die Macht hat: der Teufel, der uns mit großer Verschlagenheit täuschen kann, oder aber das sanfte Reden Gottes in Christus[213].

Indem sich Luther nun ausdrücklich dem verbum externum zuwendet, ohne doch dessen ontologischer Defizienz besondere Aufmerksamkeit zu schenken, tritt die sich anbahnende Differenz zur Tradition noch deutlicher hervor. War Augustin einst daran gelegen, von der Unterscheidung der zwei verba her das verbum aeternum auch im verbum incarnatum als vom Fleisch geschieden deuten zu können — gleichwie die innere res vom äußeren Zei-chen —, so macht Luther umgekehrt das verbum incarnatum geradezu als Ver-stehensbedingung des ewigen Logos geltend. Anders als Augustin und Tho-mas, zielt Luther bereits hier auf die geschichtliche Gestalt der Selbstmitte-lung Gottes im verbum audibile ab, ohne das der dem verbum incarnatum einwohnende ewige Logos nicht zugänglich ist[214]. Für das äußere Wort, mit dem wir nicht zu uns selbst, sondern zu anderen sprechen[215], macht Luther wiederum eine Reihe von Gesichtspunkten geltend, die es hinsichtlich des ver-bum incarnatum als analogiefähig ausweisen. So kommen beide darin über-ein, daß sie, da vom verbum internum herkommend, Weisheit und Wahrheit sind, in ihrem Hervorgehen unbegreiflich bleiben, sinnlich wahrnehmbar und insofern unter viele zerstreut sind, weshalb auch der größte Teil des laut wer-

---

effundi et separari ac aliis misceri: Sed hoc non potest, sicut nec hominis verbum hoc pot-est, tertio, quod nemo ipsum novit nisi ipse Pater, sicut in Euangelio dicitur: ›nemo novit filium nisi pater‹. quarto, quod hoc verbum est consilium, sapientia, veritas, iudicium, co-gitatio Dei, unde Christus vocatur sapientia et veritas Dei. quinto, quod hoc verbum non aliter mittitur foras nisi unitum carni seu humanitati, quae est velut verbum visibile vel opus Dei, in quo ostendit Deus, quid Christus sentiat et cogitet, unde et incarnatio Christi singulariter vocatur opus Dei. Habac. 3 ›Domine, opus tuum in medio annorum‹, est ›ver-bum abbreviatum et consummatum‹. Es. 10.

[213] BoA 5; 411,10−412,4 (= WA 1; 24,21−25,9). − Die letzte Wendung »in Christus« ist eine interpretierende Ergänzung des Textes, die, darin ZUR MÜHLEN folgend (s. Anm. 185, 87) sich auf das Scholion zu Ps 84(85),9 aus der 1. Psalmenvorlesung (1513/15) bezieht (WA 4; 9,18−27).

[214] S. dazu ZUR MÜHLEN (s. Anm. 185), 87 f.

[215] BoA 5; 412,9−11 (= WA 1; 25,14−16): Secundum verbum est externum, sed hoc est propter aliud, internum autem propter nos ipsos; nam per internum nobis, per externum aliis loquimur.

denden Wortes in der Luft verschallt, anstatt in die Ohren zu gelangen[216], und es selbst dann, wenn es ein Ohr trifft, nicht notwendig auch Gehör findet[217]. Gerade diesen letzten Punkt betreffend, verdient die christologische Entsprechung noch besondere Aufmerksamkeit: Luther führt hier aus, daß das verbum incarnatum, wenn es auch größtenteils auf Ungläubige trifft, sich dennoch zu Gehör bringen kann, indem es den Glauben gewährt und damit im Innern Erziehung und Heil bewirkt; jedenfalls, resümiert er, steige Christus durch die Predigten (!) so auf alle Völker herab wie der Regen oder die Gnade: sine meritis[218].

So läßt sich für diese erste überlieferte Prolog-Predigt festhalten, daß Luther, obschon noch ganz in traditionellen Schemata verhaftet, bereits ein anderes, eigenes Interesse zu verfolgen beginnt. Zwar wird die Prävalenz des verbum internum noch mit großer Selbstverständlichkeit bestätigt. Sie hat ihn jedoch, das äußere Wort betreffend, offenbar nicht daran hindern können, eine erstaunliche Aufwertung vorzubereiten. Denn im Unterschied zu Thomas will Luther gerade auch das verbum incarnatum als Wort bezeichnet wissen. Darüber hinaus ist es vor allem das zuletzt ins Spiel gebrachte Predigtwort, das keimhaft, wenn auch noch nicht in reflektierter Gestalt auf den Skopus der späteren Prolog-Auslegung vorausweist. Immerhin hat Luther bereits hier die an alle Völker ergehende Christuspredigt als die Bedingung der Möglichkeit ausgewiesen, daß man — mit der Eingangsthese zu reden[219] — in die Gottheit des Sohnes aufsteigen kann[220].

bb) *Die Dictata super Psalterium von 1513/15*

Was sich aus der ersten Prolog-Predigt Luthers für die Verhältnisbestimmung von innerem und äußerem Wort ergeben hat, stimmt erwartungsgemäß weithin mit den entsprechenden Äußerungen der Dictata super Psalterium überein, die sich an dieser Stelle selbstverständlich weder erschöpfend noch auch

---

[216] Man beachte das Wortspiel, dessen sich Luther hier bedient (BoA 5; 412,17f = WA 1; 25,21f): Quinto, maxima pars eius (sc. verbi externi) non venit in aures, sed in auras, ubi non percipitur ab ullo, quia aura non habet aures.

[217] BoA 5; 412,11−34 (= WA 1; 25,16−36).

[218] BoA 5; 412,26−34 (= WA 1; 25,29−36): Quinto, maior pars venit in auras, quia multi increduli et pauci fideles. sexto, ad auditum tamen venit et facit se solum audiri, i. e. solam fidem, nondum speciem exhibet, sed tamen in isto auditu intus efficaciter operatur eruditionem et salutem, sicut dictum Ps. 71. ›descendet sicut pluvia in vellus et sicut stillicidia stillantia super terram‹, quod proprium est verbi: hoc enim sic cadit super homines et utique Christus sic descendit per praedicationes in populos quoscunque, uti sine opere manuum pluvia, et sine meritis gratia Christi descendit.

[219] S. Anm. 208.

[220] Der Fortgang der Predigt (BoA 5; 412,34−417,25 = WA 1; 25,36−29,31) kann für die hier verhandelte Frage außer Betracht bleiben.

nur in repräsentativer Raffung rekonstruieren lassen[221]. Jedenfalls ist auch aus der ersten Psalmenvorlesung zu ersehen, daß trotz der noch uneingeschränkt vorausgesetzten Prävalenz des inneren Wortes[222] das äußere Wort für Luther als Medium des göttlichen Heils doch immer mehr an Bedeutung gewinnt, wofür jetzt nur an ein paar wenige, exemplarische Texte erinnert werden kann.

Zu den beherrschenden Themen der ersten Psalmenvorlesung zählt der Gedanke der Buße, auf die das über den Menschen ergehende Gericht Gottes abzielt. Dieses in Gestalt eines Urteilsspruchs ergehende Gericht begegnet dem Menschen als das verbum crucis, das darin richtet, daß es das Fleisch tötet, und darin rechtfertigt, daß es den Geist lebendig macht[223]. Dabei ist zunächst von Interesse, daß Luther für dieses Gerichtswort Gottes — wie übrigens auch für das Wort des Menschen! — die Unterscheidung von einem Innen- und einem Außenaspekt geltend macht. Was das Wort Gottes angeht, so begegnet uns dieses immer als »adversarius noster«, weil es immer zuerst auf das fleischliche Leben trifft. Darum entspricht es in dieser Hinsicht derjenigen Gegnerschaft, die in bezug auf unser geistliches Leben dem Teufel zukommt[224]. Wenn und insofern einer secundum carnem lebt, erfährt er das Wort Gottes als rauhes, abstoßendes Wort. Denen aber, die nach dem Geist leben, ist es sanft und süß[225]. Darum betrifft auch die Rauhigkeit des Wortes Gottes, die sich auf Zeitliches bezieht, dessen Äußeres, während es im Innern, wo es um das Geistliche und Ewige geht, voller Süße ist[226]. Diese Erscheinungsweise sub contrario — der süße Kern in einer rauhen Schale[227] — kommt nun aber nicht allein dem Wort Gottes zu, sondern ebenso, obschon in spiegelbildlicher Verkehrung, dem menschlichen Wort. Denn dieses ist, auch wenn es außen

---

[221] Vgl. dazu BAYER (s. Anm. 204). — A. BRANDENBURG, Gericht und Evangelium. Zur Worttheologie in Luthers erster Psalmenvorlesung (KKTS 4), 1960. — G. EBELING, Die Anfänge von Luthers Hermeneutik (1951) (in: DERS., Lutherstudien I, 1971, 1—68). — H. JUNGHANS, Das Wort Gottes bei Luther während seiner ersten Psalmenvorlesung (1975) (in: DERS., Der junge Luther und die Humanisten, 1984, 274—287). — G. KOLUMBE, Studien zur Theologie des Wortes beim vorreformatorischen Luther, Diss. (masch.), Kiel 1958. — P. MEINHOLD, Luthers Sprachphilosophie, 1958, 11—16. — ZUR MÜHLEN (s. Anm. 185), 66—73.

[222] Zu der Kontroverse JUNGHANS / BAYER vgl. § 5. Anm. 549 dieser Arbeit.

[223] S. dazu ZUR MÜHLEN (s. Anm. 185), 66—68.

[224] WA 3; 574,10—14 (Scholion zu Ps 78,27): Quia sic Euangelium habet nomen et verbum dei, quod sit adversarius noster. Quare omni adversario nostro in via consentiendum est. Adversatur enim nobis secundum carnem viventibus et volentibus et sapientibus: sicut Diabolus est adversarius noster secundum spiritum viventibus et sapientibus.

[225] WA 4; 62,39f (Glossa zu Ps 90,3).

[226] WA 4; 230,24f (Scholion zu Ps 109,3).

[227] Vgl. dazu, was Luther in der Praefatio seines Psalterdrucks von 1513, bezogen freilich auf den biblischen Text, als hermeneutisches Prinzip formuliert hat (WA 55,1,1; 6,29—34): Ego autem quandocunque habeo aliquem textum nuceum, cuius cortex mihi durus est, allido eum mox ad petram (sc. Christum) et invenio nucleum suavissimum.

schmeichelhaft erscheint, in seinem Innern hart und rauh, verweist es doch allein an das, was äußerlich und zeitlich ist, und hält die Menschen so vom Geistlichen und Ewigen entfernt[228]. So gesehen, hält auch das menschliche Wort sein Wesen sub contrario verborgen.

Wichtiger ist indes, wie Luther das innere Wort, das Gott zu uns spricht, ans äußere Wort gebunden sieht. Im Scholion zu Ps 84(85),8f hat er dazu Entscheidendes notiert. Dem Hören, heißt es da, werde Gottes Barmherzigkeit und heilsame Gabe kundgetan, nicht aber dem Schauen[229]. Darum hat Gott, der Vater, zu uns gesprochen, will sagen: er hat uns den Sohn, das Wort, im Hören des Glaubens gezeigt[230]. Eben dies aber ist das Evangelium Gottes, das er durch die Propheten verheißen und durch den Dienst der Apostel und ihrer Nachfolger offenbart hat[231]. Das Evangelium hat seine spezifische Differenz nun aber darin, daß es nicht nur, wie das Gesetz, als verbum *ad* nos erscheint, sondern als verbum *in* nos[232]. Denn während das Gesetz, indem es nur von den Schatten redet, die das künftige Heil vorausgeworfen hat, uns äußerlich bleibt und darum nur das Fleisch erziehen und heiligen kann, dringt das Evangelium, das über innere, geistliche und wahre Dinge redet, wie ein zweischneidiges Schwert in uns ein und erzieht so und heiligt den Geist[233]. In diesem Zusammenhang macht Luther den Unterschied von Innen und Außen sogar in zweifacher Hinsicht geltend: Zum einen hat der Gegenstand des göttlichen Redens insofern einen Außen- wie einen Innenaspekt, als es einmal von äußeren, zeitlichen Dingen spricht – mithin als Gesetzeswort –, zum andern von inneren, ewigen Dingen – mithin als Evangelium. Daneben ist aber für dieses Reden selbst noch einmal zwischen dem verbum spirituale, das allein Gott im Innern spricht, und dem verbum externum zu unterscheiden, welches nicht etwa nur als die spezifische Verlautbarungsform des Gesetzeswortes, sondern gerade auch als die Erscheinungsweise des Evangeliums identifiziert wird[234]. Darin ist offenbar ein für die erste Psalmenvorlesung charakteristischer Be-

---

[228] WA 4; 62,34f (Glossa zu Ps 90,3). – WA 4; 230,22–24 (Scholion zu Ps 109,3). – Vgl. ferner WA 3; 347,10–14 (Scholion zu Ps 59,8). – Vgl. dazu Zur Mühlen (s. Anm. 185), 67, der die entsprechende Feststellung allerdings mit einer Reihe irreführender Stellenangaben belegt (ebd. Anm. 215).

[229] WA 4; 9,14f.

[230] Ebd. 9,22f.

[231] Ebd. 9,23–27.

[232] Ebd. 9,28; Hervorhebung von mir.

[233] Ebd. 9,28–35: ›In me‹. In hoc tangitur differentia euangelii et legis. Quia lex est verbum Mosi ad nos, Euangelium autem verbum dei in nos. Quia illud foris manet, de figuris loquitur et umbris futurorum visibilibus: istud autem intus accedit et de internis, spiritualibus et veris loquitur. Aliud enim est in nos, aliud ad nos loqui. In nos enim efficax est et capit nos, ad nos autem nequaquam. Ita verbum fidei penetrat ut gladius anceps in interiora et spiritum erudit et sanctificat. Verbum autem legis tantum carnem erudit et sanctificat.

[234] Ebd. 10,3–9.

fund formuliert worden: Das Evangelium ist, obwohl allein auf die res spirituales zielend, doch an das Medium des äußeren Wortes gebunden; die äußerlich ergehenden Worte sind, wie Luther gerne und in leiser Anlehnung an die
Sprache des Psalters (z. B. Ps 110,1) formulierte, die Füße der Wahrheit und
das Schuhwerk des Geistes, der eben so in die Seele gelangt[235].

Nun darf freilich nicht übersehen werden, daß diese ganzen Erwägungen
zu innerem und äußerem Wort für Luther im Horizont der Fundamentalunterscheidung von litera und spiritus stehen, die, ohne etwa mit der von Gesetz und Evangelium einfach identisch zu sein, die beiden aufeinander bezogenen Geschehensweisen des Wortes Gottes betrifft: Gott lehrt den Menschen außen durch den Dienst des Wortes, im Innern aber durch den Geist[236],
wobei er sein lebendiges, uns ins Herz geschriebenes Wort an das medial gebrauchte, äußere, gesprochene Wort gebunden hat[237]. Die damit zusammenhängende Frage der Suffizienz der litera ist vor allem im Scholion zu
Ps 44(45),2 — »Eructavit cor meum verbum bonum« — erörtert worden[238].
Luther deutet zunächst die Vokabel ›eructare‹ als Ausdruck einer nur unvollkommenen Entäußerung dessen, was der Prophet als Wahrheit in seinem
Herzen weiß: Sein Wort ist nur ein ›Ausstoßen‹ — genauer müßte man sagen:
ein ›Ausrülpsen‹ —, nicht aber ein ›Ausgießen‹, weshalb es hinter der Wirklichkeit, die es bezeichnen soll, notwendig zurückbleibt[239]. Nun läßt Luther
den Propheten aber von sich weg auf den Heiligen Geist verweisen, der sich
durch die Unzulänglichkeit des prophetischen Wortes offenbar nicht darin
gehindert sieht, dieses als einen Griffel zu gebrauchen, um so das Wort
schnell in unser Herz zu schreiben[240]. In dieser Erwartung soll man darum die

---

[235] WA 3; 350,17−19 (Scholion zu Ps 59,9): Sicut secundum S. Gregorium humanitas
gratiosa Christi est calciamentum divinitatis eius benedicte: ita verbum vocis est calciamentum spiritus, qui per ipsum intrat in animam et in ipso tanquam per clauditur. − WA
4; 229,36−40 (Scholion zu Ps 109,1): Sunt autem pedes eius ipsa verba veritatis: illis enim
conculcat et subiectos habet omnes fideles. Quia veritas quomodo potest aliis pedibus am-
bulare, quam verbis? Verba enim sunt vehiculum et pedes, per que in nos et super nos veritas venit. Unde frequenter in Scriptura predicatores sicut leones conculcare dicuntur bestias, sed pedibus veritatis et iustitie.

[236] WA 4; 282,15 f (Scholion zu Ps 118,12).

[237] WA 3; 256,9−11 (Scholion zu Ps 44,2) (s. Anm. 242).

[238] WA 3; 255,15−258,12. − Vgl. dazu G. EBELING, Luthers Auslegung des 44.(45.)
Psalms (1959), in: DERS., Lutherstudien I (s. Anm. 221), 196−220.

[239] WA 3; 255,20−28.

[240] Ebd. 255,28−37: Quod si dixerit quis: Ergo quid prodest, quod eructes tantum, si
non effundas? ex ructu nos non percipiemus, quod tu sentis, quia non effundis, quod sentis: respondet et remittit ad eum, ex quo et ipse hausit, ac si dicat: ad me os tuum non ape-
rias, sed scias, quoniam lingua mea, per quam eructat cor meum tibi, est calamus scribe
velociter scribentis: si ergo paraveris te ad scripturam dei, lingua mea et ructus meus, verbum quod foris loquor, ipse spiritus sanctus in te scribet per linguam meam velociter, ut
non sit necesse multa me verba facere, sed solus ructus sufficiet illi scriptori, ut te in illo
et per illum informet. Quia ex unico verbo potest totum cor tuum replere.

Schrift hören und lesen[241]: daß Gott sich der menschlichen Worte gleichsam als Werkzeuge bedient, um lebendige Worte in unser Herz zu schreiben[242]

Diese Defizienz des prophetischen Wortes sucht Luther nun aber nicht signifikationshermeneutisch oder ontologisch zu erklären, versteht sie vielmehr als Ausdruck einer theologischen Ortsbestimmung, für die die Unterscheidung der beiden biblischen Testamente (vgl. § 3) den Rahmen abgibt. Zu Zeiten des Gesetzes konnte es dem Propheten gar nicht möglich sein, das verbum bonum anders als in Gestalt eines unvollkommenen Ausstoßens laut werden zu lassen. Nun aber, unter der Herrschaft des Evangeliums, gießen, den Evangelisten und Aposteln gleich, die Priester über allen das Wort der Gnade aus[243]. Die in der Unterscheidung von Gesetz und Evangelium angezeigte Differenz der Zeiten qualifiziert bis heute, wie K.-H. zur Mühlen treffend resümiert, »die Defizienz des Wortes als verbum legis und die Suffizienz des Wortes als verbum euangelii«[244].

2. Zur Zeit der Wartburgpostille (1522)

a) Die neuerwachte Konzentration auf das äußere Wort

Nur wenige Jahre nach dem Prolog-Sermon von 1514 hat sich Luthers Auffassung der Dichotomie von innerem und äußerem Wort bereits entscheidend und bleibend gewandelt[245].

aa) In anthropologischer Hinsicht

Augenfällig wird diese zur Zeit der Wartburgpostille offenbar längst etablierte Neueinschätzung darin, daß die beiden am Menschen zu unterscheidenden Worte, die Luther bislang als Analogate für das trinitarische und christologi-

---

[241] Ebd. 255,39–256,18.

[242] Ebd. 256,5–11: Lingua mea, verbum meum foris prolatum, ructus meus non est illud, quo es erudiendus intus: sed est calamus et instrumentum illius, qui intus velocissime docet. Ipse formabit vivas literas in te, ego autem per verbum meum mortuum mortuas in te formo. Nam sicut homo lingua utitur velut instrumento, quo fundat et formet verba, ita Deus utitur verbis nostris, sive sint Euangelia sive prophetie, tanquam instrumentis, in quibus ipse viva verba in cordibus scribit.

[243] Ebd. 256,30–38. – Vgl. WA 4; 165,36–39 (Glossa zu Ps 103,20): Verbum Dei, quod est Euangelium, olim promissum fuit per prophetas, sed nunc fit et exhibetur in facto per ministros Christi. Olim enim non fiebat verbum Domini ad populum, sed ad prophetas tantum, nunc autem ad omnes per predicatores. – Vgl. dazu Junghans (s. Anm. 221), 277–282.

[244] Zur Mühlen (s. Anm. 185), 73.

[245] Die »Zeit der Wartburgpostille«, auf die sich § 13.2 begrenzt hat, soll die Jahre 1515 (bzw. 1518) bis 1521 umfassen; das entspricht in etwa WA 1–18.

sche Geschehen wichtig waren, nun fast ganz an Interesse verloren haben.
Programmatisch kommt diese Abkehr von der überkommenen Problemstel-
lung am Ende von Luthers Vorrede auf den Johannes-Prolog zum Ausdruck,
wo er die ganze bisherige Erörterung des verbum hominis internum bzw. des
verbum cordis mit dem lapidaren Fazit vom Tisch fegt, trotz scharfen Dispu-
tierens sei es in dieser Frage »ßo tieff und finster bißher blieben, wirt auch wol
bleyben, das sie selb nit wissen, wie es drumb gethan sey«[246]. Anstatt darum
die alte Erörterung fortzusetzen, will Luther sich nun allein an das Evangelium
halten, das er dem unergründeten inneren Wort des Menschen antithetisch ge-
genüberstellt: Das Evangelium, genauer: der Johannes-Prolog, den auszulegen
Luther eben im Begriffe ist, liegt, als ein äußeres Wort, »nu von yhm selb klar
und offen«[247] zutage (vgl. §6.3).

Diese Äußerung ist darin symptomatisch, daß Luther nun auch sonst jedes
Interesse an dem anthropologischen Aspekt der Unterscheidung von innerem
und äußerem Wort verloren hat. Was dennoch in dieser Hinsicht gelegentlich
anklingt, beschränkt sich zumeist auf allgemeine oder auch biblisch vorge-
prägte Redensarten wie etwa die Mahnung, man möge sich das Wort der
Schrift zu Herzen gehen lassen[248], oder den 1 Kön 3,9 paraphrasierenden Ge-
betswunsch Salomos, Gott möge ihm »geben ein horend (das yhm lest sagen
und gehorcht) hertz«[249]. Daneben kann Luther, zumal im Kontext seiner Prolog-Auslegung, auch erinnern, daß das äußere, gesprochene Wort einem –
wenn auch unvollkommenen – Spiegel des Herzens gleiche, obschon er sich
auch hier mit Vorliebe sprichwörtlich verdichteter Formen bedient: »Bey dem
gesang kennet man den fogel«, heißt es etwa in der Prolog-Predigt der Wartburgpostille[250], und seine Übersetzung von Mt 12,34 hat er auch sonst gern als
einen Ausdruck allgemeiner Erfahrung herangezogen: »Weß das hertz voll ist,
des geht der mund ubir«[251] (vgl. dazu §6.2.a). Aber selbst diese nach wie vor
begegnenden Bemerkungen zum inneren und äußeren Wort des Menschen
entspringen nicht einem genuin anthropologischen Interesse, sondern sind
nun ganz aus der soteriologischen Akzentuierung genährt, aus der ihnen mitunter eine analogische Bedeutung erwächst.

Eine gewisse Ausnahme dazu könnte man in jener Passage einer Prolog-
Predigt von 1537 sehen, wo Luther das verbum cordis des Menschen ausführlich erläutert:

> Er redet on unterlas mit sich selber, ist voller wort und ratschlege, was er thun oder
> lassen wolle, on auffhören redet und disputirt er mit jm selber davon. Und sonderlich,

---

[246] WA 10,1,1; 188,18−21 (1522).
[247] Ebd. 188,21−23.
[248] WA 6; 45,17f (1520).
[249] WA 7; 603,29−32 (1521). − Vgl. z. B. WA 10,1,2; 220,17f (1522).
[250] WA 10,1,1; 188,4f (1522).
[251] Ebd. 188,2f.

wenn jm etwas angelegen ist, das er zůrnet oder frölich ist, so ist das Hertz voller zorns und voller freude, das es auch unversehens mit dem munde heraus feret, denn ein wort heisset nicht allein, das der mund redet, sondern viel mehr der gedancke im Hertzen, on welchen das eusserliche wort nicht geredet wird, oder wird es geredet, so gilts nicht, denn wenn Mund und Hertz zusamen stimet, als denn gilt das eusserliche wort etwas, sonst ists nichts wert.[252]

Aber auch diese Äußerung, die übrigens nur in einer von Aurifaber besorgten Edition vorliegt und in ihrem Quellenwert darum sehr beschränkt ist, zielt ja auf die am *äußeren* Wort geltend zu machende Unterscheidung, ob dieses nur ein leeres Gerede oder aber ein authentisches, wirklichkeitshaltiges Wort sei.

bb) In soteriologischer Hinsicht

Daß Gott seinen Geist nicht ohne sein Wort geben will und darum sein inneres, auf Herz und Gewissen zielendes Wirken exklusiv an die Gestalt eines äußerlich ergehenden Wortes gebunden hat, formuliert den Kerngedanken von Luthers geradezu emphatischer Betonung des verbum externum, die zur Zeit der Wartburgpostille bereits uneingeschränkt, wenn auch noch nicht umfassend expliziert, in Geltung steht. Die Lehre von der Wortbindung des Geistes ist also nicht erst als Reaktion aus der um 1521 einsetzenden Auseinandersetzung mit den Schwärmern sowie den in den Folgejahren ausgetragenen Differenzen mit Karlstadt und Müntzer hervorgegangen, sondern lag als ein längst ausgebildetes Werkzeug bereit, das sich in den genannten Streitigkeiten dann allerdings als die entscheidende theologische Waffe bewähren sollte[253]. Das ist an dieser Stelle insofern von Belang, als eine − noch dazu derart knappe − Übersicht zu Luthers Konzentration auf das äußere Wort darum nicht notwendig aus jenen antischwärmerischen Frontstellungen heraus entwickelt zu werden braucht. Es mag stattdessen angehen, ein paar der wichtigsten Aspekte rasch in sachlicher Ordnung hervorzuheben[254].

---

[252] WA 46; 543,35−544,3 (1537).

[253] Vgl. nur die entwicklungsperspektivisch angelegten Untersuchungen von K.-H. ZUR MÜHLEN (s. Anm. 185), 161−174.227−264.

[254] Folgende Arbeiten sind für die hier berührte Frage von besonderem Interesse: P. ALTHAUS, Die Theologie Martin Luthers, 1962, 42−47. − E. ARNDT, Sprache und Sprachverständnis bei Luther (ZPhSK 36, 1983, 251−264). − H.-M. BARTH, Das Wirken des heiligen Geistes durch Wort und Sakrament. Zur Pneumatologie der Confessio Augustana (Luther 58, 1987, 85−98). − H. BEINTKER, Luthers theologische Begründung der Wortverkündigung. Eine Anregung für die Verkündigung heute (in: Wort und Welt. FS f. E. Hertzsch, hg. v. M. WEISE, 1968, 19−27). − DERS., Verbum Domini manet in aeternum. Eine Skizze zum Schriftverständnis der Reformation (ThLZ 107, 1982, 161−176). − DERS., Geist und Wort bei Luther. Seminarbericht vom 6. Int. Lutherkongreß, Erfurt 1983 (LuJ 52, 1985, 284−286). − F. BEISSER, Claritas scripturae bei Martin Luther (FKDG 18), 1966, 160−173. − K.-H. BIERITZ, Verbum facit fidem. Homiletische Anmer-

In seiner Schrift »Wider die himmlischen Propheten ...« von 1525 schickt
Luther der Auseinandersetzung mit Karlstadt zunächst eine knappe Skizze der
von diesem attackierten »meynung« voraus[255]. In einer fast nicht zu übertref-
fenden, gedrängten Klarheit ist hier das Wesentliche zusammengefaßt. Das
Evangelium, beginnt Luther, hat uns Gott aus großer Güte gegeben als den
Schatz unseres Heils. Aus ihm folgt dann auch die innere, im Gewissen zu er-
fahrene Gabe Gottes: »der glaube und geyst«[256]. Auf die zwei biblischen Belege – je einer aus den beiden Testamenten: Jes 55,11 und Rö 10,17 – und den
Hinweis auf die Feindschaft des Teufels[257] läßt Luther jene klassisch gewordene Passage folgen, die im Zusammenhang zu zitieren an dieser Stelle erlaubt
sei:

> So nu Gott seyn heyliges Euangelion hat auslassen gehen, handelt er mit uns auff
> zweyerley weyse. Eyn mal eusserlich, das ander mal ynnerlich. Eusserlich handelt er
> mit uns durchs mündliche wort des Euangelij und durch leypliche zeychen, alls do ist
> Tauffe und Sacrament. Ynnerlich handelt er mit uns durch den heyligen geyst und
> glauben sampt andern gaben. Aber das alles, der massen und der ordenung, das die eus-
> serlichen stucke sollen und müssen vorgehen. Und die ynnerlichen hernach und durch
> die eusserlichen komen, also das ers beschlossen hat, keinem menschen die ynnerlichen

---

kungen zu einer Lutherpredigt (ThLZ 109, 1984, 481–494). – H. Bornkamm, Äußeres
und inneres Wort in der reformatorischen Theologie (Deutsche Theologie 3, 1931,
30–45). – Ders., Das Wort Gottes bei Luther (in: Ders., Luther – Gestalt und Wirkungen. Ges. Aufsätze, 1975, 147–186, v. a. 150–157). – M. Doerne, Predigtamt und Prediger bei Luther (in: Wort und Gemeinde. FS f. E. Schott [AVTRW 42], 1967, 43–55). –
G. Ebeling, Luthers Ortsbestimmung der Lehre vom heiligen Geist (in: Ders., Wort und
Glaube, Bd. 3, 1975, 316–348). – W. Führer, Das Wort Gottes in Luthers Theologie
(GthA 30), 1984, 116–120. – B. Hägglund, Martin Luther über die Sprache
(NZSTh 26, 1984, 1–12). – E. Herms, Luthers Auslegung des Dritten Artikels, Tübingen 1987. – H. T. Lehmann, Sprachen, Wort und Geist in Anlehnung an Luthers Schrift
»Wider die himmlischen Propheten, von den Bildern und Sakramenten« (Luther 55, 1984,
128–136). – D. Löfgren, Die Theologie der Schöpfung bei Luther (FKDG 10), 1960,
v. a. 163–193. – Meinhold (s. Anm. 221), 21–27. – E. Metzke, Sakrament und Metaphysik. Eine Lutherstudie über das Verhältnis des christlichen Denkens zum Leiblich-
Materiellen (1948) (in: Ders., Coincidentia oppositorum. Ges. Studien zur Philosophiegeschichte, hg. v. K. Gründer [FBESG 19], 1961, 158–204). – H. Ph. Meyer, Luther über
das »äußerliche Wort, das Kirche schafft« (in: Die Bibel weckt Gemeinde, hg. v. H.
Hirschler / G. Linnenbrink, 1984, 86–92). – Zur Mühlen (s. Anm. 252). – Ders., Mystik des Wortes. Über die Bedeutung mystischen Denkens für Luthers Lehre von der
Rechtfertigung des Sünders (in: Von Eckhart bis Luther. Über mystischen Glauben, Her-
renalber Texte 31, 1981, 33–52). – R. Prenter, Spiritus Creator. Studien zu Luthers
Theologie (FGLP X,6), 1954, v. a. 107–132.254–284. – L. Seppänen, Das innere und äußere Wort Luthers (ZG 5, 1984, 133–143).

[255] WA 18; 135,28–31 (1525): Und will zu erst den grund und meynung, dahyn sich all
seyn toben lendet, ausstreychen, da mit der leser eyn liecht habe diesen geyst durch und
durch recht anzusehen und zuerkennen. Die meynung ist aber diese ...

[256] Ebd. 135,32–34.

[257] Ebd. 135,34–136,8.

stuck zu geben on durch die eusserlichen stucke. Denn er will niemant den geyst noch glauben geben on das eusserliche wort und zeychen, so er dazu eyngesetzt hat.[258]

Diese exklusive Bindung des Heils an das äußere Wort wird für Luther zum Angelpunkt seiner Soteriologie[259]. Das äußere Wort – nun freilich des Evangeliums, nicht des Gesetzes! – dient, wie Luther mehrfach hervorhebt, als das »vehiculum gratiae dei« »ad cor nostrum«[260]. Allein durch dieses Gefährt kommen Geist[261] und Glaube in unser Herz[262], allein so zieht uns der Vater zu Christus (Joh 6,44)[263]. Auf diese Ordnung des Heils[264], derzufolge das Wort des Evangeliums zuerst mit dem Munde gepredigt, dann im Herzen geglaubt werden soll, habe im übrigen schon Mose vorausgedeutet, indem er für das Wort, das ganz nahe bei dir ist (Dtn 5,14), eindeutig den Mund dem Herzen vorgeordnet habe[265]. Wenn darum das geringe, äußerliche Wort auch selbstverständlich noch keine hinreichende Gewähr dessen bietet, daß der Geist in die Herzen kommt, so bildet es für Gottes Wirken in uns doch die schlechterdings notwendige Voraussetzung[266]. Wo immer das Wort Jesu an den Gichtbrüchigen »Sei getrost . . ., dir sind deine Sünden vergeben« (Mt 9,2) erneuert wird, redet Gott seinem Volk den Frieden ins Herz[267].

Daß das äußere, von Menschen gepredigte Wort der einzige Ort ist, an dem sich Gott »hören, sehen, greiffen, fassen und erkennen« lassen will[268], bildet für Luther denn auch das nicht zu ermäßigende Prinzip seiner Lehre von der Selbstmitteilung Gottes. Der Mund des Nächsten[269] ist die Tür, durch die das Licht des Geistes allein in das Herz kommen will[270]. In einer bemerkenswerten

---

[258] Ebd. 136,9–18.

[259] Die Stellenverweise sind hier wiederum nur als exemplarisch zu verstehen: Vgl. z. B. WA 13; 633,11–22 (1525). – WA 14; 681,14–27 (1525).

[260] WA 2; 509,13–15 (1519) (zu Gal 3,3): Si vis gratiam consequi, id age, ut verbum dei vel audias intente vel recorderis diligenter: verbum, inquam, et solum verbum est vehiculum gratiae dei. – WA 8; 458,38–40 (1521): Lex . . . Christi proprie non est docere, sed vivere, non verbum, sed res, non signum, sed plenitudo. Verbum autem Euangelii est huius vitae, rei, plenitudinis ministerium et vehiculum ad cor nostrum. – Vgl. WA 2; 518,22 f u. ö. (1519).

[261] WA 8; 541,8 f (1521). – WA 8; 552,31–553,6 (1521). – WA 17,2; 135,21 f (1525).

[262] WA 17,1; 405,12–26 (1525) (zu Rö 10,5–17).

[263] WA 4; 652,3–5 (o. J.).

[264] Z. B. WA 18; 136,14.24 (1525).

[265] WA 14; 729,22–730,11 (1525).

[266] WA 11; 85,1–5 (1523) (vgl. WA 12; 503,33–504,11). – WA 15; 622,4–6 (1524). – WA 16; 333,11–13 (1525).

[267] WA 1; 216,37–39 (1517).

[268] WA 28; 612,12–15 (1529).

[269] WA 9; 350,38 (1519/21). – WA 17,1; 329,14–21 (1525). – Daß Gott sehr wohl durch einen Menschen sprechen kann, belegt Luther gern durch den Hinweis auf Num 22,28, wo Gott selbst durch einen Esel gesprochen habe: WA 10,3; 383,11 f u. ö. (1522). – WA 17,1; 34,24–28 (1525).

[270] WA 20; 451,5–12 (1526): Hoc quidem verum, quod spiritus sanctus non tangit om-

Passage zu Ps 17(18),11 (»Ascendit super cherubim et volavit super pinnas ventorum«) aus den Operationes in Psalmos (1519/21) hat Luther die zweifache Nennung des Wortes ›fliegen‹ als Hinweis darauf gedeutet, daß der Geist des Herrn nur diejenigen regiere, die durch das äußere Wort unterwiesen werden[271]. Da das Wort des Geistes nun aber schnell wie der Wind komme, von dem es heiße, »er weht, wo er will, und du hörst sein Sausen wohl; aber du weißt nicht, von wannen er kommt und wohin er fährt« (Joh 3,8), seien die Fittiche der Winde, von denen der Psalmvers spricht, als die verba vocalia zu deuten, in denen der Geist des Glaubens zu uns komme[272]. Es ist nicht ohne Interesse, daß Luther hier auf eine entsprechende Erdichtung der Heiden verweist: In der Gestalt des Mercurius[273] hätten sie sich ein Sinnbild der göttlichen Rede erschaffen und ihm darum ebenfalls geflügelte Füße gegeben[274]. Was jedoch das ›Fliegen‹ von Ps 17(18),11 angehe, so könne man darin eine Vorausdeutung auf das Wort des Evangeliums erblicken, das durch die ganze Welt fliegen und in dem Gott darum überall gegenwärtig sein würde[275].

Die exklusive Heilsbedeutung des äußeren Wortes sieht Luther nicht zuletzt in der zentralen Aufmerksamkeit bezeugt, die es beim Teufel hervorruft. Denn der Teufel weiß wohl, weshalb er den größten Fleiß daran wendet, uns das Wort zu nehmen und stattdessen eine neue Spekulation in die Herzen zu geben[276]. Da aber allein die viva vox Euangelii dem Geist des Irrtums standzuhalten vermag, läßt sich der Teufel nicht anders denn durch das gesprochene Gotteswort in die Flucht jagen[277]. An dieses äußere Wort, das sogar des Teufels mächtig ist, hat Gott die Gabe seines Geistes unwiderruflich gebunden – nicht weil er es nicht anders könnte, sondern weil er es nicht anders will[278].

---

nes, ut vox, sed tamen conclusum, si vis particeps fieri spiritus sancti, non fit aliter quam per verbum, quod est ianua et fenestra spiritus sancti, fenestrae sunt in domo, ut lux intret. Si velles claudere, deus non dabit spiritum specialem etc. sed utetur ista ianua, quae est verbum sive scriptum sive dictum, quod est fortius, per hoc vult illustrare cor tuum. Si aliter vis facere, claudis fenestram et Satan veniet in cor tuum et iactabis spiritum, qui est Satan. – Vgl. hierzu, wie überhaupt zu diesem Abschnitt, was bereits in § 5.4 dieser Arbeit entfaltet worden ist.

[271] WA 5; 505,35–39 (1519/21): Quare non sperendum est, quod volandi verbum geminavit, ut nos erudiret spiritum domini non ferri super aquas populorum nec praesenti numine regere nisi eos, qui verbo catechisantur, ut destrueretur praesumptio humanae virtutis et liberi arbitrii, commendareturque gratia et humanitas salvatoris nostri dei in eos, qui audiunt verbum dei et custodiunt illud.

[272] Ebd. 505,9–19.

[273] Vgl. dazu: Der Kleine PAULY. Lexikon der Antike, 1979 (dtv 5963), Bd. 3, 1229 f (Mercurius) bzw. Bd. 2, 1069–1076 (Hermes).

[274] WA 5; 505,14 f (1519/21).

[275] Ebd. 505,20–34.

[276] WA 20; 386,1–3 (1526): Satan leyt all macht dran, ut cor a verbo trahat et faciat novam speculationem in cordibus. – WA 9; 612,10–16 (1521).

[277] WA 13; 686,3–11 (1524). – WA 17,1; 191,2 f (1525).

[278] WA 13; 686,3–5 (1524). – WA 16; 270,4 f (1524/27): Deus vult dare spiritum per

Das an das Wort gebundene Wirken des Geistes bestimmt Luther nun näherhin so, daß, was den Menschen als äußeres Wort in den Ohren klingt, durch diesen in ihr Inneres eingeht. So daß, beispielsweise, der Friede, den das verbum promissionis zusagt, in unserem Herzen und Gewissen Wirklichkeit wird. Diese Kraft des Geistes transzendiert jede menschliche Möglichkeit. Wir können wohl predigen und hören, vermögen aber nicht, das Wort »mit aim ernst ins hertz hinein« zu geben[279]. Darum muß der Geist Gottes die Predigt ins Herz drücken, daß sie darin haftet und lebt[280]: »Spiritus sanctus truckt das wort in cor. Ad hoc est necessarius spiritus sanctus. Si etiam hundert tausent verbum praedicatur, nihil facit, cum spiritus sanctus hoc suum officium facit, tum ghet es fort«[281]. Für dieses Wirken des Geistes hat Luther gern an die von Johannes überlieferte Szene erinnert, in der der Auferstandene durch die verschlossenen Türen in den Kreis der Jünger tritt (Joh 20,19—29). Wie damals Christus selbst durch die Tür trat, ohne etwas zu versehren, so sende er heute durch das äußere Predigtwort den Glauben uns ins Herz, ohne dabei dem Gewissen, dem »verstand des hertzens« und den Sinnen Schaden zu tun[282].

In diesem Sinn ist auch zu verstehen, wenn Luther immer wieder hervorhebt, es bedürfe des Geistes, damit das gepredigte und geschriebene Wort recht zu verstehen sei: Das zielt auf die claritas interna (vgl. §9.1.c), um derentwillen uns der Geist das gepredigte Wort Christi mit Feuer ins Herz schreiben muß[283]. Wer das Wort verstehen will, bedarf dazu geistlicher Augen (!) und Ohren[284], damit das Wort des Evangeliums in ihm Frucht zu tragen — nämlich: den Glauben zu wirken — vermag[285]. Wenn nicht neben dem äußeren Wort zugleich Gott selbst im Herzen redet und lehrt, so ist, was gesprochen wird, vergeblich gehört: »Das wort kan man mir wol predigen, aber

---

verbum, et sine eo non vult, potuisset quidem. — Vgl. ebd. 270,19—25. — Ferner WA 18; 695,22—36 (1525).

[279] WA 17,2; 305,15 (1527).

[280] WA 12; 571,20 f (1523). — WA 11; 53,2 f (1523): Audis ... verbum, sed spiritus sanctus oportet ut adsit, qui incendit cor et fit vita. — WA 12; 454,6—32 (1522). — WA 12; 588,31—589,12 (1523). — WA 13; 519,19—520,4 (1525).

[281] WA 15; 565,34—36 (1524); vgl. ebd. 565,27—566,10. — Vgl. ferner WA 17,2; 87,27—33 (1525). — WAB 1; 328,24—26 (1519) (Nr. 145).

[282] WA 11; 95,16—23 (1523): Id fit per praedicationem, quae non est negligenda hominibus mortalibus, non enim expectandum e coelis verbum, quia quos vocat, illos per praedicationem mortalis hominis vel eciam peccatoris vocat. Verbum portat Christum in cor nostrum et nihil aperit. Quomodo venit verbum? non laedit conscientias, hoc est non falsas conscientias facit, ut pseudoapostoli faciunt, qui ianuas et fenestras rumpunt. Id verbum suum non facit, sed ingreditur per ianuam clausam. Adventus est praedicatio, statio est fides. — Vgl. dazu WA 12; 518,28—519,5 (1523). — Ferner WA 19; 490,18—23 (1526).

[283] WA 8; 539,27—540,4 (1521).

[284] WA 17,1; 306,31 f (1525). — WA 17,2; 161,1 f (1525). — Ferner WA 7; 546,21—29 (1521).

[285] WA 10,1,2; 30,6—8 (1522).

jns hertz geben kan mirs niemant denn allain Got, der mŭs im hertzen reden,
sunst wirt nichts draus, denn wenn der schweyget, so ist es ungesprochen«[286].
Diese innere Beglaubigung des gehörten äußeren Wortes können wir weder
anbahnen noch herbeizwingen — wir können sie nur erbitten[287]. Solches Bitten
aber entspringt, sofern es aufrichtig ist, einem armen (Mt 11,5), nämlich: be-
trübten und angefochtenen Herzen[288]. Wenn solches Herz »seyn jamer fŭlet,
da ist es begyrig darnach (sc. nach der lauteren Milch von 1 Petr 2,2f) und
reucht den braten fern«[289].

Die exklusive Bindung des inneren Wirkens des Geistes an das äußere Wort
bietet für Luther die Gewähr, daß das, was Gott im Herzen spricht, nicht als
ein *anderes* Wort zu verstehen ist, vielmehr als das *Wirksamwerden* des einen,
geäußerten Wortes. Der Geist schenkt weder ein neues Wort noch eine neue
Offenbarung. Sein Wirken besteht einzig darin, daß er eben dies, was im äußeren Predigtwort mein Ohr erreicht, innerlich mächtig werden läßt. Allein
in dieser Wortbindung des Geistes sieht Luther die Verläßlichkeit und Eindeutigkeit dessen, was Gott in uns redet, garantiert. Damit ist zugleich auch
sichergestellt, daß das Wort des Evangeliums keiner äußeren — etwa kirchlichen — Autorisierung bedarf, sondern selbst im Herzen der Menschen seine
Wahrheit erweist: »Das wortt fur sich selbs ... muß dem hertzen gnugthun,
den menschen beschliessen und begreyffen, das er gleych drynn gefangen fulet, wie war und recht es sey«[290]. Insofern bilden Wort und Geist für Luther
eine in sich unterschiedene, aber eben so untrennbare Einheit. Diese Einheit
hat er gern in naturhaften Entsprechungen veranschaulicht: Wort und Geist,
erläutert Luther, gehören zusammen wie Glanz und Hitze der Sonne, von denen es das eine nicht ohne das andere gibt, oder wie Stimme und Atem, die
sich im natürlichen Wort eines Menschen nicht scheiden lassen[291]. Derlei Vergleiche setzen freilich voraus, daß man sie auf das intendierte tertium hin
versteht. Sie wären mißverstanden, wollte man aus ihnen gewissermaßen einen Automatismus ableiten. Denn wohl wirkt der Geist niemals ohne das
Wort. Aber das Wort ist darum doch nicht notwendig stets und sogleich von
Gott begleitet. Dieser kann sich vielmehr verziehen[292] oder auch ganz aus-

---

[286] WA 10,1,2; 335,34—36 (1522); vgl. dazu WA 10,3; 260,14—22 (1522). — WA 18;
781,29—782,11 (1525).
[287] Z. B. WA 10,1,2; 381,35—38 (1522).
[288] WA 9; 627,27—628,1 (1521).
[289] WA 12; 304,26—28 (1523).
[290] WA 10,1,1; 130,14—16 (1522).
[291] WA 9; 632,25—633,19 (1519/21). — Vgl. dazu ALTHAUS (s. Anm. 254).
[292] Ebd. 632,32—34 (Hervorhebung von mir): Goth gibt uns von ersten das worth, damit er uns erleuchtet, *darnach* den H. Geyst, der in uns wircket unnd den glawben an-
zcundt. — WA 17,2; 460,1—6 (1527) (Hervorhebungen von mir): Also mŭß man *vorhin* das
eusserliche wort hŏren und dasselbige nicht verachten, wie etlich mainen. Denn Gott wirt
nicht zŭ dir in dein kemerlein kommen unnd mit dyr reden. Es ist also beschlossen, das

bleiben[293]. Der in CA 5 gesetzte Vorbehalt, demgemäß der durch Wort und Sakramente geschenkte heilige Geist den Glauben wirkt, »ubi et quando visum est Deo«[294], steht jedenfalls auch für Luther hinter allem, was über das wortgebundene Wirken des Geistes zu sagen ist[295].

Während die beiden auf Glanz und Hitze der Sonne sowie auf Atem und Stimme des äußeren Wortes zielenden Vergleiche allein die untrennbare Verbundenheit von Wort und Geist Gottes anzeigen sollen, hat Luther auch für die mediale Funktion des äußeren Wortes — dafür also, daß es für das innere Wirken Gottes die notwendige, aber noch nicht hinreichende Bedingung abgibt — eine Vielzahl von schlichten, aus dem Lebensalltag gegriffenen und eben darum höchst eingängigen Bildern gefunden. Zwei davon sind schon genannt worden: das Wort als *vehiculum* gratiae dei ad cor nostrum[296], ferner die in Ps 17(18),11 erwähnten, auf die vocalia verba gedeuteten *Fittiche der Winde*[297]. Während in der Rede vom *Mittel*, welches das Wort für den Geist sei, der Bildgehalt stark verblaßt ist[298], kommt er in dem Vergleich mit einem *Instrument*, dessen sprachliche Gestalt des Jahres 1523 bereits auf die entsprechende Formulierung aus CA 5 vorauszuweisen scheint, deutlich zum Ausdruck: »Verbum est instrumentum, quo exequitur spiritus meritum Christi, similiter et sacramentum et praedicator (!)«[299]. Daneben kann Luther das äußere Wort auch als *Brücke und Pfad*[300], als *Tür und Fenster*[301], als *Kanal*[302] und als *Rohr*[303] bezeichnen, mittels derer der Geist zu uns kommt. Vielleicht am sinnenfälligsten aber ist der Vergleich eines *Bechers*, in dem Luther das Verhältnis von Wort und Geist anschaulich macht: In einer Predigt des Jahres 1523 erläu-

---

eusserliche wort müß gepredigt seyn und *vorher* gehen, *darnach* wenn man das wort in die oren und zů hertzen gefasset hat, als denn so kompt der heylige geyst, der rechte schůlmeyster und gibt dem wort krafft, das er bekleybet (sic!).

[293] Diesen Gesichtspunkt hat Luther v. a. nach 1525 hervorgehoben; vgl. dazu Abschnitt 2.b dieses Paragraphen.

[294] BSLK 58,1−8.

[295] Z. B. WA 18; 695,28−31 (1525). − Vgl. für die Jahre nach 1525 die bei ALTHAUS (s. Anm. 254), 45. Anm. 15 genannten Stellen.

[296] S. Anm. 260.

[297] S. Anm. 271−275.

[298] WA 12; 518,34−36 (1523). − WA 15; 622,4−6 (1524).

[299] WA 11; 302,26 f (1523).

[300] WA 17,1; 125,13−126,1 (1525): Hoc verbum est pons et semita, per quam venit ad nos spiritus sanctus.

[301] WA 20; 451,7 (1526): Verbum, quod est ianua et fenestra spiritus sancti.

[302] WA 13; 686,6 (1524): Verbum canalis est, per quod datur spiritus sanctus.

[303] WA 17,2; 460,15−18 (1527): Darumb müssen wir dem Ewangelio die eere geben unnd jm dysen preyß lassen, das es sey eyn mittel und weg und gleych wie ein rhor, durch welchs der hailig geyst einfleust und in unser hertzen kompt. − Ebd. 460,37 f: Der heylige Gayst wirckt nyrgendt, wo er nicht zůvor durch das wort als durch ein ror in das hertz kompt.

tert er die von Paulus bezeugte Kraft des Wortes Gottes (Rö 1,16) dahin, daß, wiewohl die Stimme bald verschwindet, doch die in ihr laut gewordene Wahrheit bestehen bleibt[304]. Das Wort gleiche darin einem Trinkgefäß: »Als wenn ich eyn becher an mund stos, ynn welchem der weyn gefasst ist, so trinck ich den weyn hyneyn, Wie wol ich den becher nit mit ynn halß stosse. Also ist auch das wort, das die stym bringt, es fellt yns hertz und wirt lebendig, so doch die stym er aussen bleybt und vergehet«[305].

Da Gott das innere Wirken des Geistes derart ans Wort gebunden hat, ist nun auch deutlich, daß sein äußerlich ergehendes Wort nicht auf Äußeres abzielt, sondern auf das Herz: Nur dort, im Grunde des Herzens, will sich das Wort fangen und fassen lassen[306], weil es allein um dieser inneren Wirkung, will sagen: um des Glaubens willen ergangen ist[307]. Gerade an der Person Jesu Christi macht Luther immer wieder deutlich, daß wir an allem, was er, uns zugut, erworben hat, allein kraft des Wortes teilhaben können, das davon spricht[308]. In dem der Wartburgpostille vorangestellten »Kleyn unterricht« hat Luther die Predigt des Evangeliums geradezu als Christuskommunikation erläutert: »Euangeli predigen ist nichts anders, denn Christum tzu uns komen odder uns tzu yhm bringen«[309]. Gerade auch in seiner Auseinandersetzung mit den Schwärmern hat Luther die soteriologisch konstitutive Bedeutung der Christuspredigt exemplarisch herausgestrichen:

> Christus am creutze mit alle seynem leyden und todt hilfft nichts, wenns auch auffs aller ›brünstigest, hitzigest, hertzlichst erkant und bedacht‹ wird, wie du lerest, Es mus alles noch eyn anders da seyn. Was denn? Das wort, das wort, das wort, hörestu lügen geyst auch, das wort thuts, Denn ob Christus tausentmal fur uns gegeben und gecreutzigt würde, were es alles umb sonst, wenn nicht das wort Gottes keme, und teylets aus und schencket myrs und spreche, das soll deyn seyn, nym hyn und habe dyrs.[310].

---

[304] WA 12; 300,13−17 (1523): Also spricht S. Paulus auch zum Römern am ersten: ›Ich scheme mich des Evangeliums nicht . . .‹. Das wort ist eyn gotlich und ewig krafft, denn wie wol die stym oder rede bald verschwindt, so bleybt doch der kern, das ist, der verstand, die warheyt, so ynn die stym verfasset wirtt.

[305] Ebd. 300,17−21.

[306] WA 10,3; 271,35−272,1 (1522): Nun das wort kan man mit kainem ding fahen weder mit henden noch mit füssen noch mit dem gantzen leib, sonder allain mit dem hertzen, mit dem glauben. − WA 11; 35,19f (1523): Verbum est in corde, quia Euangelium non potest gfassen werden in pera, labro, sed in corde.

[307] WA 17,2; 261,7−9.13−16 (1527) (zu Mt 4,18−22): Was richt Christus wort nicht aus, wo es jnns hertz kompt? Es ist ein lebenndig thettig fewrig wort, es kompt one frommen und nutz nicht widder. . . . Summa Summarum, es ist die krafft des worts Christi, wenn der yns hertz redet, so ists schon gethan. Wo er aber yns hertz nit redet, da mag man leycht eine entschuldigung finden, Wie yhener jm Matheo, den der Herr jm hiesse nachfolgen. − WA 10,1,1; 20,4−6 (1522).

[308] WA 10,3; 171,28f (1522). − WA 11; 302,26f (1523).

[309] WA 10,1,1; 13,22−14,1 (1522); vgl. auch den Kontext! − Ferner WA 10,3; 349,17−25 (1522).

[310] WA 18; 202,34−203,2 (1525).

Erst von diesem Hintergrund her wird dann auch vollends klar, weshalb Luther derart massiv auf die Mündlichkeit des Evangeliums pocht[311]: Es ist die unmittelbare Gegenwart des mündlichen, lauthaften Wortes, in der sich Gott selbst — sofern es ihm gefällt — gegenwärtig macht, indem er uns, wovon der Geist spricht, ins Herz gibt[312]. Eben darin liegt denn auch die spezifische, das Evangelium vom Gesetzeswort scheidende Differenz: Während das Gesetz nur lehrt, was zu tun ist, führt das Evangelium den Geist mit sich, der auch wirkt, was gesagt ist[313].

So ist es am Ende von soteriologischer Relevanz, zwischen Gesetz und Evangelium recht unterscheiden zu können. Daß die Schwärmer in dieser Hinsicht alles verkehren, indem sie das Innere nach außen und das Äußere nach innen wenden, wird für Luther zum Schlüssel seiner Kritik. Neben Karlstadt, dessen Auffassungen er in der »Wider die himmlischen Propheten ...« gerichteten Schrift ausführlich, aber pointiert erörtert, findet sich die Prävalenz der unmittelbaren inneren Geisterfahrung vor dem bloß noch bestätigenden äußeren Zeugnis der Schrift vor allem von Thomas Müntzer vertreten. Müntzers Vorwurf lautet dahin, daß Luther den ganzen Christus auf dessen honigsüße Hälfte reduziert, den bitteren Christus hingegen unterschlagen habe[314]. Dieser bittere Christus aber sei der Gekreuzigte, dessen Kreuz man nun jedoch nicht im bloßen Wort vom Kreuz teilhaftig werde, sondern erst in der mystisch verstandenen Abkehr von allem welthaft Äußeren, weil das ewige Wort erst dann die Seele erleuchte: Erst wer sich durch Leiden und Kreuz leer gemacht hat, kann dann auch mit den ewigen, göttlichen Gütern erfüllt werden[315]. Eine Seele, die dergestalt das ewige Wort in sich vernimmt, hat den Glauben gefunden. Das äußere Wort der Schrift und der Predigt ist dafür nicht nur nicht konstitutiv, sondern, wie Müntzer hinzufügt, geradezu

---

[311] Vgl. dazu schon § 9.1.a, wo sich auch die wichtigsten Nachweise finden.

[312] WA 15; 467,24—31 (1524).

[313] Ebd. 467,32—468,6.

[314] Thomas Müntzer, Von dem gedichteten Glauben (in: Ders., Schriften und Briefe. Kritische Gesamtausgabe, unter Mitarbeit von P. Kirn hg. v. G. Franz [QFRG 33], 1968, 222,21—24): Man sol nit zum fenster hyneyn steigen, einen andern grund des glawbens dan den gantzen Cristum und nicht den halben haben. Wer den bittern Cristum nicht wil haben, wird sich am honig todfressen. Cristus ist ein eckstein.

[315] Thomas Müntzer, Ausgedrückte Entblößung (ebd. 298,8—27): Sol anderst yemant mit den ewigen, götlichen gütern erfüllet werden, so er nach langer zucht darzů leer gemacht durch seyn leyden und creütz, auff das im seyn maß des glaubens erfüllet müge werden mit den höchsten schetzen christlicher weyßheyt, 2. Coloss., Ephe 4. Es müs yeder die kunst Gotes, den rechten christenglauben nit durch stinckenden athem teüfflischer schrifftgelerten überkummen, sonder durchs ewige, krefftig wort des vatters im sün mit erleütherung des heyligen geysts und also erfüllet werden in seyner selen in die lenge, in die weyte, in die dreyte, in die tieffe, in die höhe, Ephe. 3. cap. — Entsprechende Äußerungen Sebastian Francks hat P. Meinhold referiert (s. Anm. 254, 21—25).

entbehrlich[316]. Demgegenüber hat sich Luther in aller Schärfe gegen jedwede mystische und spiritualistische Spielart des Versuchs gewehrt, den Geistempfang an meditative, auf unmittelbare innere Erleuchtung abzielende Übungen zu binden, anstatt, wie es doch göttlicher Ordnung entspreche, an das äußere Wort:

> Wenn man sie aber fragt, wie kompt man denn zu den selbigen hohen geyst hyneyn? So weysen sie dich nicht auffs eusserliche Euangelion sondern ynns schlauraffen land und sagen: Stehe ynn der lang weyle, wie ich gestanden byn, so wirstu es auch erfaren, Da wirt die hymlische stymme komen, und Gott selbst mit dyr reden. Fragstu weyter nach der langweyl, so wissen sie eben so viel davon alls D. Carlstad von Kriechischer und Ebreischer sprache. Sihestu da den teuffel, den feynd göttlicher ordenung? wie er dyr mit den worten geyst, geyst, geyst das maul auff sperret und doch die weyl, beyde brucken, steg und weg, leytter und alles umbreysst, dadurch der geyst zu dyr kommen soll.[317]

Seine ganze antischwärmerische Kritik kann Luther, was diese Frage angeht, in den Vorwurf bündeln, die Schwärmer pervertierten, indem sie Innen und Außen vertauschten, die göttliche Ordnung. Denn das äußere Wort, das uns fordert (Gesetz) und beschenkt (Evangelium), machen sie zu einer Sache des inneren, unvermittelten Geistes[318]. Was Gott dagegen an das Innere gebunden hat – den worthaft vermittelten, Glauben wirkenden Geist –, verkehren sie zu einem äußeren Werk, indem sie das, was die Schrift als die *Frucht* des Geistes gelehrt hat, zu dessen *Voraussetzung* erheben und somit das Evangelium gesetzhaft verkehren[319]. Denn allein die Wortbindung des Geistes bietet, recht verstanden, die Gewähr, daß das Wort Gottes *voraussetzungslos* wirken kann, was es verspricht[320].

---

[316] Ebd. 276,34–277,5.25–33: Der sun Gottes hat gesagt: die schrifft gibt gezeugnuß. Da sagen die schrifftgelerten: sie gibt den glauben. O neyn, allerliebsten, sehet euch vil weyter umb, ir habt anderst den allertörlichsten glauben, der auff erden ist, wie die affen. ... Wenn eyner nu seyn leben lang die biblien wider gehöret het, kündt er woll für sich durch die gerechten lere des geystes eynen unbetrieglichen christenglauben haben, wie alle die gehabt, die one alle bücher die heylige schrifft besschriben (i. e. geschrieben) haben.

[317] WA 18; 137,5–14.

[318] Ebd. 137,20–138,2.

[319] Ebd. 138,10–15. – Vgl. zusammenfassend ebd. 139,1–8: Jtzt sey so viel gesagt zum anzeygen, das du wissest, wie dieses geysts art sey, stracks eyne verkerte weyse widder Gottes ordenung zu treyben, Das, was Gott vom ynnerlichen glauben und geyst ordenet, da machen sie eyn menschlich werck aus. Widerumb, was Gott von eusserlichen wort und zeychen und wercken ordenet, da machen sie eynen ynnerlichen geyst aus Und setzen die tödtung des fleyschs forn an zu erst fur den glauben, Ja fur das wort, faren also (wie denn des teuffels art ist) eraus, wo Gott yhneyn will, und hyneyn, wo Gott eraus will.

[320] Luthers Streit mit Karlstadt um das rechte Außen und Innen galt neben dem Wort vor allem auch dem Verständnis des Sakraments; vgl. dazu insgesamt die Schrift »Widder die himmlischen Propheten ...« (WA 18; 37–214) sowie ZUR MÜHLEN (s. Anm. 185), 244–258.

cc) In homiletischer und poimenischer Hinsicht

In der medialen Funktion des äußeren Wortes sieht Luther ein Grunddatum evangelischer Soteriologie. Was er dazu in homiletischer und poimenischer Hinsicht bemerkt hat, setzt diese soteriologische Bedeutung des verbum externum durchgängig voraus. Weit davon entfernt, von hier aus etwa eine homiletische oder poimenische Theorie zu entwickeln, beschränken sich seine gelegentlichen Äußerungen im Grunde auf die Mahnung, man möge im Predigen wie im Hören des Wortes nicht müde werden.

Dabei steht für Luther selbstverständlich außer Frage, daß man, wenn Gott den Geist nicht geben will, noch so oft predigen könnte, ohne daß es in geistlicher Hinsicht irgend Wirkung zeitigte[321]. Dennoch hat Gott die Wirkung des Geistes an das dem Prediger aufgetragene äußere Wort gebunden: »Verbum vult praedicari«[322]. Die Prediger sind damit nicht Herren, sondern Knechte, und ihr Dienst besteht darin, daß sie »die leut zum glawben reytzen«[323]. Als Prediger sind wir »unsers herren Christi mund ... und seyn rusttzeug, da durch er leyblich das wort prediget«[324]. Insofern kann Luther die Diener des Worts, anspielend freilich auf 1 Kor 3,9, auch geradezu als Mitarbeiter und Gehilfen Gottes bezeichnen: »Sic placitum est Deo, ut non sine verbo, sed per verbum tribuat spiritum, ut nos habeat suos cooperatores, dum foris sonamus, quod intus ipse solus spirat«[325]. Diese Mitarbeit erschöpft sich jedoch nicht schon in der einmaligen Predigt des Evangeliums. Denn wenn das Predigtwort auch nicht aufgrund unserer Beharrlichkeit, sondern allein kraft des Geistes zu Herzen geht, sind wir als die cooperatores dei doch dazu gehalten, das Wort im Schwange zu halten[326]: Es ist »nicht gnug, das man ein mal das

---

[321] WA 15; 565,34−36 (1524) (s. Anm. 281).

[322] WA 14; 262,18 (1523).

[323] WA 12; 523,36−39 (1523); vgl. ebd. 523,27−39 sowie WA 11; 97,15−20 (1523).

[324] WA 12; 531,8 f (1523); vgl. dazu WA 11; 99,2 f (1524): Praedicatores sunt instrumenta et os dei, qui verbum praedicant etc.

[325] WA 18; 695,28−30 (1525). − WA 17,2; 179,20−27 (1525). − Vgl. ferner den wichtigen Text aus WA 23; 509,1−515,11 (1527) (Der Prophet Sacharja ...); vgl. dazu A. BEUTEL, Gottes irdische Gehilfen. Luthers Auslegung von Sach 1,7 als angelologische Variante seiner Regimentslehre (in: Spuren. FS f. Th. Schumacher, hg. v. H. COLBERG u. D. PETERSEN, Stuttgarter Arbeiten zur Germanistik 184, 1986, 157−190). − Zur Sache ferner: M. SEILS, Der Gedanke vom Zusammenwirken Gottes und des Menschen in Luthers Theologie, 1962. − JOEST (s. Anm. 35), 310−320. − M. PLATHOW, Das Cooperatio-Verständnis M. Luthers im Gnaden- und Schöpfungsbereich. Zur Frage nach dem Verhältnis von Mensch und Schöpfung (Luther 56, 1985, 28−46).

[326] WA 5; 505,29−31 (1519/21): Non enim cessandum est unquam a verbo, sed semper in usu, motu, volatu esse debet, ut dominus ipse semper volare movereque in nobis fidem possit. − Vgl. etwa WA 17,2; 87,27−39 (1525). − Dagegen kann Luther (in Auslegung von 1 Kor 7) auch sagen (WA 12; 142,5−7 [1523]): Es ist gnug gesagt denen, die yhn sagen lassen. Die aber nicht hören, was soll man yhn mehr sagen? Gott erleuchte sie odder were yhn, das sie die seelen nicht so würgen! Amen.

Evangelium predige odder höre, Sondern man muss ymmer nach drucken und fort faren. Denn solche gnade hat das wortt: yhe mehr mans handelt, yhe süsser es wirtt«[327].

Was schließlich den Weg zum Glauben angeht, so weiß Luther dafür nur einen einzigen Rat: das Evangelium zu hören![328]. Anstatt darum auf eine besondere Offenbarung des Geistes zu spekulieren – sei es in der Einsamkeit deines Kämmerleins oder indem du erwartungsvoll »gen hymel gaffist« –, soll man das Predigtwort hören, da der Geist nun einmal allein durch die Ohren in unser Herz kommen will[329]. Das ist alles, was wir für unser Heil zu tun vermögen: daß wir fleißig mit dem Wort umgehen[330], mit »innerlicher herzlicher Begier« darauf achten, »was die wortlein in sich haben«[331], und so das Evangelium unverfälscht in Reinheit wirken lassen[332]. Dabei weiß Luther durchaus um die Gefahr, die von der Person des Predigers für das Wort, das er predigt, ausgehen kann. Am Beispiel der weihnachtlichen Hirten (Lk 2,15–20) erläutert er in einer Weihnachtspredigt der Wartburgpostille, daß der Glaube das Wort nicht um der Person willen annimmt, die es verkündigt, sondern umgekehrt den Prediger allein um seines Amtes willen ehrt, so daß, selbst wenn der Prediger vom Glauben fiele, er doch das Wort nicht fahren läßt[333]. Darin liegt für Luther zugleich auch das Spezifikum des geistgewirkten Glaubens, das ihn von allen Spielarten menschlich erzeugten Glaubens unterschieden sein läßt:

---

[327] WA 12; 296,18–20 (1523).

[328] WA 10,3; 389,19 f (1522). – WA 11; 198,16–22 (1523).

[329] WA 17,1; 125,11–13 (1525): Exerceri debemus in verbo Christi, donec veniat spiritus sanctus. Non est via alia, non e celis expectandus, ergo unicus modus audiendi verbum. – Ebd. 125, 30–34: Das wort (gehet) nicht on frucht abe, Derhalben man dasselb ymmer dar predigen, hören, handlen und treiben mus, bis der heilige geist ein mal kome, sonst ist kein ander weg da zu, Das du allein ym winckel sitzest, gen hymel gaffist und wartest, wenn du yhn sehest komen, ist eitel gauckelwerck. – WA 17,2; 460,2–6 (1527).

[330] WA 16; 271,12 f (1525).

[331] WA 9; 126,8 f (1519); vgl. ebd. 127,31.

[332] WA 10,3; 15,3.19 (1527) u. ö.

[333] Der betreffende Passus verdiente es, der eisernen Ration eines jeden homiletischen Elementarunterrichts zugeschlagen zu werden (WA 10,1,1; 129,7–22 [1522]): Das erste und das hewbt=stuck ist der glawbe; denn wo diße hirtten nitt hetten dem Engel glewbt, weren sie nit gen Bethlehem gangen, hetten auch der dinger keyniß than, die von yhn ym Euangelio erzelet werden. Das aber yemand mocht sagen: Jha, ich wollt auch wol glewben, wenn myrß eyn engel alßo vom hymel vorkundiget, ist nichts geredt; denn wer das wortt an yhm selb nit auffnympt, der nympts nymmer mehr auff umb der prediger willen, wenn yhm gleych alle engel predigten. Und wer eß auffnympt umb des predigerß willen, der glewbt nit dem wortt, auch nit ynn gott durchs wortt, ßondernn er glewbt dem prediger unnd ynn den prediger. Drumb bestehet seyn glawb auch nit lange. Wer aber dem wort glewbt, der achtet nit, wer die person ist, die das wort sagt, unnd ehret auch nitt das wortt umb der person willen, ßondern widderumb die person ehret er umb des wortts willen, setzt ymer die person ubir das wortt, und ob die person untergienge odder gleych vom glawben viele und anderß predigete, ßo lest er ehe die person, denn das wortt faren, bleybt auff dem, das er gehort hatt. Es sey person, es kumme person, es gehe person, wie und wenn es mag und will.

Der menschliche glawbe hafftet auff der person, glewbt, trawt und ehret das wortt umb des willen, der es sagt. Aber der gottlich glawb widderumb hafftet auff dem wortt, das gott selber ist, glewbt, trawt und ehret das wortt nitt umb des willen, der es gesagt hatt, ßondern er fulet, das ßo gewiß war ist, das yhn niemant davon mehr reyssen kan, wenß gleych derselb prediger thett.[334]

b) Die Zeit nach 1525

Durchmustert man die fast nicht zu zählenden Stellen, an denen Luther nach 1525 auf das Verhältnis von Wort und Geist bzw. von verbum externum und verbum internum zu sprechen kommt, so wird rasch deutlich, daß sich an der soteriologisch begründeten Konzentration auf das äußere, mündliche Wort im Wesentlichen nichts mehr geändert hat. Was in den Jahren um 1522 als oft un-mittelbare Reaktion auf die aktuellen römischen und − häufiger − schwärme-rischen Herausforderungen entwickelt und entfaltet worden ist, begegnet nun freilich nicht selten in bekenntnishaft abgerundeten, selbstverständlich gewor-denen Formulierungen, deren Höhepunkte sicher in den entsprechenden Pas-sagen der Schwabacher[335] und der Schmalkaldischen Artikel[336] zu sehen sind. Unschwer läßt sich zudem eine Reihe von neuen Akzenten ausmachen, mit denen Luther, offenbar unter dem Eindruck wachsender Erfahrung, nun ein-zelne Aspekte seiner Konzeption versehen hat.

Im Verlauf der zunehmend lehrhaft geschliffenen Ausformung[337] hat sich Luther auch darum bemüht, das exklusive Gebundensein des Geistes an das äußere Wort auf seinen breiten biblischen Grund zurückzuführen. So habe etwa Gott den siebten Tag eigens darum erschaffen, daß wir von unseren Wer-ken ablassen und stattdessen in Stille das gepredigte Wort Gottes hören kön-nen[338]. Vor allem aber habe Christus das Wirken des Geistes präzise dahin de-finiert, daß es an *seinen* Mund und auf *sein* Wort verpflichtet sei (Joh 14,26)[339]. Entsprechend habe der Auferstandene dann auch selbst gezeigt, daß er nie-mandem erscheinen will, dem er nicht zuvor durchs Wort verkündigt worden

---

[334] WA 10,1,1; 130,2−7 (1522); vgl. ebd. 129,7−131,22.

[335] WA 30,3; 88,23−31 (1529).

[336] WA 50; 245,1−247,4 (1538).

[337] Neben den im folgenden genannten Stellen sind fürs erste zu vergleichen: WA 27; 75,21−76,1 (1528). − WA 27; 141,22−142,26 (1528). − WA 28; 107,16 f (1528). − WA 29; 362,18−363,9 (1529). − WA 29; 385,7−21 (1529). − WA 43; 70,4−71,6 (1535/45). − WA 46; 334,1−5 (1538). − WA 48; 281,1−8 (1547). − WA 52; 308,28−309,5 (1544). − WAT 3; 669,37−674,29 (1538) (Nr. 3868). − WAT 4; 131,21−133,18 (1538) (Nr. 4094).

[338] WA 34,2; 292,9−13 (1531): Nos servamus dominicam, ut praedicemus de dei ope-ribus et eius verbis, ut discamus eius verbum et opus i. e. ut discamus eum agnoscere i. e. sabbatum dicitur dies, da wir still sein und feyern ab operibus, ut vacui ad audiendum ver-bum Dei, ut habeat ipse deus discipulos, quibus praedicet et cum eis handel. Das sol unser feyertag sein.

[339] WA 21; 468,35−469,21 (1544).

ist[340]. Daneben steht bei Luther eine ganze Reihe prägnanter Formulierungen, die es einem mitunter schwer machen, der Versuchung einer umfassenden Dokumentation zu widerstehen. Indes bedeutet hier der formale nur selten auch einen gedanklichen Fortschritt: Es läuft, wenn auch neu gewendet, doch auf das Bekannte hinaus, wenn Luther etwa die »vera natura fidei« dahin bestimmt, sie sei »ein hertzlich anhengen auffs allereinfeltigest ann dem Wort quod sonat in aures«[341], oder wenn er das äußere, vom inneren Wirken des Geistes gefolgte Predigtwort als das »principium salutis nostrae« ausmacht[342]. Daß der Geist Gottes im Prediger wie im Hörer am Werk sein muß[343], hat Luther übrigens immer wieder auch in praktischer Hinsicht betont und darum die Mahnung zu rechtem Hören[344] durch den pastoraltheologischen Hinweis ergänzt, der Prediger könne, nachdem er gepredigt hat, nur eines noch tun: das Wirken des Geistes erbitten[345].

Vor allem aber ist an dieser Stelle jener klassisch gewordene – und nur im Urdruck, nicht aber in Luthers Manuskript überlieferte –, einschlägige Passus aus den Schmalkaldischen Artikeln zu nennen: »In diesen stǔcken«, heißt es da, »so das mǔndlich, eusserlich wort betreffen, ist fest darauff zu bleiben, das Gott niemand seinen Geist oder gnade gibt on durch oder mit dem vorgehend eusserlichem wort«[346]. Die verschiedenen Gegnerschaften, die Luther hier im Blick hat, fallen für ihn im Vorwurf des »enthusiasmus« zusammen: Sie alle rühmten sich, den Geist bereits vor und außer dem Wort zu haben, von dem aus sie dann beanspruchten, Schrift und Predigt zu richten. Dazu zählt Luther nicht nur Müntzer mitsamt den Schülern, die dieser »noch ... heutigs tages« hat, sondern ebenso auch das Papsttum, das in seiner Weise ebenfalls eine der Schrift vorgeordnete Autorität beanspruche[347]. Indes nahm dieser Irrweg seinen Ausgang bereits im Paradies, als der Teufel Adam und Eva »vom eusserlichen wort Gotts auff geisterey und eigen dǔnckel fǔret« und sie so »zu Enthusiasten machte«[348]. Luther kann sich denn auch am Ende dahin zusammenfassen, daß der Enthusiasmus, dieser Ursprung aller Ketzerei, auch der päpstlichen, auch der mohammedanischen, »sticket jnn Adam und seinen Kindern

---

[340] WA 29; 274,1−7 (1523); vgl. ebd. 273,19−274,17.

[341] WA 27; 74,26 f (1528); vgl. ebd. 73,1−77,27.

[342] WA 29; 338,9−11 (1529). − Vgl. z. B. noch: WA 46; 476,1 f (1538): Ego de nullo deo, dic, scio, nisi qui loquitur per vocale verbum. − Vgl. ebd. 475,35 f.

[343] WA 33; 611,34−40 (1530/32).

[344] WA 33; 236,42−237,8 (1530/32): Du solt von ihm hören das Euangelium undt dich lehren undt unterrichten lassen undt nicht der predigt widerstreben, auff das der heilige geist durch das wortt komme undt dir Christum ins hertz bildet undt sencket undt du dan anders predigest, gleubest, redest, leidest undt andere gute werck thust.

[345] WA 28; 73,19−21 (1528).

[346] WA 50; 245,1−4 (1538).

[347] Ebd. 245,5−18.

[348] Ebd. 245,18−21.

von anfang bis ende der welt«[349]. Demgegenüber gelte es, unbeirrt darauf zu beharren, daß Gott nicht anders denn durch Wort und Sakrament mit uns verkehren will[350].

Neben diesen formelhaft verdichteten Konzentraten ist überdies auffallend, daß Luther nach 1525 eine Reihe von Gesichtspunkten weit stärker als zuvor akzentuiert. Das gilt nicht zuletzt für den Zusammenhang der Konzentration aufs äußere Wort mit Joh 1, worauf an anderer Stelle schon verwiesen worden ist (vgl. § 12)[351]. Daneben hat Luther die bis 1525 für das Verhältnis von Wort und Geist gebrauchten Bilder nicht nur fortgeführt[352], sondern um einige bemerkenswerte Exemplare erweitert. So läßt er etwa den Geist unsere Ohren, die der Teufel durch die Sünde verstopft hat, wieder öffnen, damit wir Gottes Wort richtig − nämlich im Herzen − zu hören vermögen[353]. Hinzu treten für das äußere Wort das Bild des Schatzes, welcher in das Kästlein des Herzens geschlossen wird[354], ferner der Feder, mit der uns Christus das Wort ins Herz schreibt[355], schließlich gar der Himmelsleiter: »Gott hat uns kein andere treppen geben noch einen andern weg gewisen, darauff wir gen hymel gehen können, denn sein liebes wort, das heylig Euangelion. Wer das selb gern hôret, mit fleyß mercket und lust und liebe dran hat, dem ist geholffen«[356].

Eine Reihe der späteren Akzentuierungen ist zudem unschwer als Reaktion auf die Erfahrungen der auf 1525 folgenden reformatorischen Bewährungsjahre zu verstehen. Das gilt für das in bezug auf die Gotteskindschaft formulierte Verifikationskriterium[357] nicht minder wie für das immer stärker hervortretende Bemühen, das Hören aufs Wort von jeder synergistischen Verdäch-

---

[349] Ebd. 246,20−24.

[350] Ebd. 246,24−29.

[351] Vgl. nur − als pars pro toto −: WA 46; 581,13−584,10 (1537). − Vgl. ferner WA 37; 6,30−7,12 (1533).

[352] Z. B. WA 27; 154,12 f (1528).

[353] WA 52; 452,14−22 (1544). − WA 37; 294,7−13 (1534).

[354] WA 28; 478,25−34 (1529).

[355] WA 41; 411,20−23 (1535): Audi verba mea et scribe in corde tuo ut in buch vel tafel. Sic cor nostrum est briff, tafel, buch, in quod scribitur verbum, quod praedicatur und wird gestifft spiritu sancto. − WA 47; 183,8−31 (1539). − Der biblische Nährboden dieses Bildes ist offensichtlich.

[356] WA 52; 452,16−19 (1544).

[357] WA 22; 139,1−11 (1544): Solch zeugnis (sc. daß wir Gottes Kinder sind: Rö 8,16) gehet also zu, das wir die krafft des heiligen Geistes, so er durch Wort in uns wircket, auch fülen und empfinden, und unser erfarung mit dem Wort oder der Predigt uberein stimmet, Denn das kanstu je bey dir fülen, wo du in not und angst trost empfehest aus dem Euangelio und damit solchen zweivel und schrecken uberwindest, das dein hertz festiglich schliessen kan, du habest einen gnedigen Gott, und nu nicht mehr fur jm fleuhest, sondern in solchem Glauben jn frölich anruffen kanst und hülffe von jm gewarten, Und wo solcher Glaube bestehet, so folget auch die erfarung, das dir geholffen wird, Wie S. Paulus Rom. V [V. 4] sagt: ›Gedult bringet erfarung, Erfarung bringet hoffnung, Hoffnung aber lesst nicht zu schanden werden‹.

tigung freizuhalten[358]. Weiterhin legt Luther nun großen Wert darauf, daß
man des Wortes, an das Gott den Geist gebunden hat, nicht allein bei dem dafür bestallten Prediger gewärtig ist, sondern ebenso auch bei Eltern, Nachbarn, kurz: bei einem jeden »Christlichen bruder«[359]. Wer immer mir das rettende Wort zusagt: »Persona loquens est persona mensch, sihe darauff nicht,
den armen anblick las dich nit betrigen, si dicit, quod deus dixit, noli inspicere
parentes, Sed accipe, ac e celo, quia ex eorum ore audis deum tuum loqui, est
verbum celeste, schallet ex ore eorum i. e. celo«[360]. Ein wichtiger Reflex der
ihm mit den Jahren zugewachsenen pastoralen Erfahrung ist dazu auch die immer deutlicher wiederholte Mahnung, im Predigen wie im Hören — und also
in der Meditation[361] — des Wortes nicht müde zu werden, sondern täglich
darin zu bleiben[362].

Die vielleicht wichtigste, seit 1525 zunehmend hervortretende Akzentuierung betrifft jedoch die Souveränität des Geistes, der in seinem Wirken zwar
unwiderruflich an das äußere Wort gebunden ist, diesem Wort aber durchaus
nicht auf dem Fuße folgen muß. Dieses Phänomen des Geistverzugs, das Luther übrigens ganz direkt in den Leidensankündigungen[363] und den Reden des
johanneischen Christus angelegt sieht[364], interessiert ihn freilich nicht als Gegenstand abstrakt-spekulativer Erörterung, sondern einzig in seiner konkreten
poimenisch-praktischen Gestalt. Zweierlei ist ihm dabei wichtig. Zum einen
hält er immer wieder dazu an, man möge an der Verzögerung des Geistes
nicht verzweifeln, da doch Gott die Gabe seines Geistes zugesagt hat[365] und
dieser darum auch später noch — und sei es nach zehn Jahren! — zum äußeren
Wort hinzutreten kann[366]. Zum andern aber ist Luther daran gelegen, daß man
rechtzeitig Vorsorge treffen möge für den Ernstfall: wenn der Teufel einen zur

---

[358] WA 34,2; 351,28 f (1531): Horen ist nicht eyn werck, nihil facimus, sed audiendo accipimus. — Vgl. ebd. 351,14 f. — WA 39,1; 90,11—91,11 (1536).

[359] WA 33; 438,1—35 (1530/32). — WA 31,2; 692,11—14.23—28 (1530/31). — WA 45;
189,25—27 (1537).

[360] Ebd. 189,35—190,3.

[361] WA 50; 659,22—29 (1539): Zum andern soltu meditirn, das ist: Nicht allein im hertzen, sondern auch eusserlich die mündliche rede und buchstabische wort im Buch jmer
treiben und reiben, lesen und widerlesen, mit vleissigem auffmercken und nachdencken,
was der heilige Geist damit meinet. Und hüte dich, das du nicht uberdrussig werdest oder
denckest, du habest es ein mal oder zwey gnug gelesen, gehöret, gesagt, und verstehest es
alles zu grund, Denn da wird kein sonderlicher Theologus nimer mehr aus, Und sind wie
das unzeitige Obs, das abfellet, ehe es halb reiff wird. — Vgl. dazu O. BAYER, Oratio, Meditatio, Tentatio. Eine Besinnung auf Luthers Theologieverständnis, LuJ 55, 1988, 7—59,
bes. 36—49.

[362] WA 30,1; 146,27—33 (1529). — WA 31,1; 425,24—33 (1530). — WA 33; 141,9—15
(1530/32). — Vgl. ferner die pointierte Äußerung in WA 28; 76,22—26; 77,26—35 (1528).

[363] WA 27; 54,25—31 (1528).

[364] WA 46; 49,33—50,5 (1537).

[365] Z. B. WAB 6; 423,44—48 (1533) (Nr. 1995).

[366] WA 31,1; 100,1—3 (1530).

Verzweiflung treibt. Wer, in solcher Not, der Hilfe von oben bedarf, muß dafür ein zugesagtes äußeres Wort haben, damit der Geist in ihm wirken kann. Das setzt nun aber nicht notwendig voraus, daß »ein bruder bey dir sey mit einem eusserlichen wort Gottes«. Vielmehr kann es, wie Luther ergänzend fortfährt, geschehen, daß der heilige Geist von sich aus tätig wird, indem er die *Erinnerung* an ein solches äußeres Wort im Herzen wachruft[367]. Um dieser Stunde willen, in der wir »nach dem trost uns umbsehen und seuffzen« werden, soll man sich das äußere Wort fortwährend angelegen sein lassen: »Da kan denn der heilige Geist sein Ampt und krafft uben ... und *erinnern* des gepredigten worts«[368].

3. In Luthers Auslegung der Pfingstgeschichte

Die Dichotomie von innerem und äußerem Wort bzw. von Wort und Geist ist in Luthers Auslegung der Pfingstgeschichte[369] ein wichtiges, wenn auch keineswegs dominierendes Thema[370]. Was Luther darin zu der Wortbindung des Geistes ausführt, bewegt sich zwar ganz in dem soeben abgesteckten Rahmen, dürfte aber wegen der besonderen Bedeutung des für den 1. Pfingsttag vorgesehenen, altkirchlichen Episteltextes Act 2,1–13 — oder vielmehr: wegen des von Luther meist insgesamt herangezogenen Kapitels Act 2 — doch von Interesse sein.

Mit großem Nachdruck hat sich Luther immer wieder um eine anschauliche und plausible Rekonstruktion der in Act 2 erzählten Geschehnisse bemüht.

---

[367] WA 38; 205,17–19 (1533).

[368] WA 21; 469,32 f (1544): Hervorhebung von mir. — Ebd. 469,34–470,4: Darumb ist das Wort der halben gut und nütz, jmerdar zu hören und handlen, obs nicht allzeit trifft, das dennoch etwo auff eine stund und zur zeit, wenn es uns von nöten, unser hertz des, so es gehöret, erinnert, das selb als denn beginnet recht zu verstehen und seine krafft und trost zu fülen, Gleich wie die Amern (i. e. Funken), so ein zeitlang unter der Asschen gelegen, dennoch wider fewr geben und anzünden, so man sie rüret und auff bleset, Das man darumb nicht das Wort fur unkrefftig und vergeblich gepredigt halten sol oder ein anders suchen, ob so bald nicht die frucht des selben befunden wird.

[369] Es wäre nicht schwer, würde aber auch wenig nützen, die Predigten, die sich zu einem Text aus Act 2 von Luther erhalten haben, zusammenzustellen. Denn auch andere Perikopentexte haben Luther nicht daran gehindert, in der Pfingstpredigt auf die Pfingstgeschichte einzugehen. Hinzu kommen die vielen, über Schriften, Briefe und Tischreden verstreuten Äußerungen, die sich ebenfalls auf Act 2 beziehen. So gibt es abermals Anlaß, das Fehlen eines umfassenden Bibelstellenregisters für die WA zu beklagen.

[370] Vgl. dazu: G. Heintze, Luthers Pfingstpredigten (LuJ 34, 1967, 117–140). — W. v. Loewenich, Luthers Auslegung der Pfingstgeschichte (in: Vierhundertfünfzig Jahre lutherische Reformation 1517–1967, FS f. Franz Lau, 1967, 181–190). — Vgl. ferner das noch immer grundlegende Buch von Prenter (s. Anm. 254), der allerdings auf Luthers Predigten über Act 2 nicht näher eingeht.

Das Sprachenwunder als Glossolalie zu deuten, lehnt er ebenso ab[371] wie die spiritualisierende Reduktion seines Realgehalts auf ein bloßes Hörwunder. Gerade an dieser zweitgenannten Abgrenzung ist Luther sehr gelegen, da doch der biblische Text ganz eindeutig ein *Sprachen*wunder berichtet: »Non enim dicit: audierunt linguam suam, sed ›unusquisque audiebat eos lingua sua loquentes‹, idest quod loquerentur, non tantum audirentur lingua sua«[372]. Andernfalls hätten die Apostel der griechischen Sprache durchaus nicht mächtig sein müssen, und das Wunder würde dann nicht in den Zungen der Prediger, sondern in den Ohren der Hörer gelegen haben[373]. Während aber Luther, was den konkreten Verlauf des Pfingstwunders angeht, in seiner 2. Psalmenvorlesung (1519/21) noch der Meinung war, die Apostel hätten tatsächlich − und offenbar nebeneinander − in den verschiedenen Sprachen gepredigt, die Hörer hingegen mit Gottes Hilfe nur ihre je eigene Sprache herausgehört[374], gehen seine späteren Erklärungen dahin, daß die in Jerusalem versammelten Juden in ethnisch getrennten Quartieren gewohnt und die mit dem Geist begabten Jünger, anstatt durcheinanderzuschreien, sich auf die verschiedenen Sprachgruppen aufgeteilt hätten[375]. Eben dies, meint Luther, ist ja das größte Wunder: daß »die armen, verzagten, ungelerten, ungeweiheten Fischer, die jre eigen Sprache nicht wol kundten ..., predigten mit aller Welt Zungen«[376]. Um die Größe dieses pfingstlichen Sprachenwunders − das, wie Luther einfühlsam hinzufügt, die Apostel wohl selbst verwundert haben wird[377] − noch deutlicher hervortreten zu lassen, bezieht er in einer Predigt des Jahres 1544 die wundersame Polyglottie der Apostel nicht nur auf die einzelnen Sprachen, sondern dazu auch auf deren verschiedene Dialekte[378]. Die Petruspredigt

---

[371] WA 41; 253,28−254,2 (1535).

[372] WA 5; 546,35−37 (1519/21).

[373] Ebd. 546,37−547,2. − WAT 5; 261,10−262,2 (1543) (Nr. 5581).

[374] WA 5; 546,29−35.

[375] WA 46; 404,4−17 (1538). − WA 49; 749,10−750,8 (1545). − Ferner WA 29; 349,1−12 (1529).

[376] WA 53; 534,30−38 (1543). − WA 41; 252,2−4 (1535): Maximum miraculum, quod piscatores so weis, gelart, ut omnia noverint in caelo et terra et omnium gentium linguas. Ideo weit ubertrifft mit gloria et wunder, quae unquam Iudeorum. − WA 27; 148,10−13 (1528). − WA 49; 90,15−19 (1540). − WA 52; 315,20−27 (1544).

[377] WA 34,1; 461,21 f (1531).

[378] WA 49; 444,3−5 (1544): Sic invenerunt allerley sprach, ut hic, et non solum linguas an in selbs, sed etiam die unterschiedlichen sprachen kund er reden, schwebisch, sechsisch. − Ebd. 444,19−21: Drumb funden sie hie viel sprachen, item Dialecticos und untherschid. Apostel konth nit allein einerlei sprach als deutsch, sondern auch Sechsisch, Schwebisch, Reinlendisch, Beierisch. − Ob Luther damit auch als Urvater der heute offenbar immer attraktiver werdenden Dialektpredigt gelten kann, mag dahingestellt bleiben. Wobei man, was die von Luther vielleicht nicht ohne Grund genannten Mundarten betrifft, noch fragen könnte, inwiefern der Ruf nach Dialektpredigt nur als neue Tugend proklamiert, was man als alte Not nicht länger zu beklagen wagt. − Jedenfalls hat HEINTZE (s. Anm. 370, 126) diese Stelle falsch − nämlich als eine aktuelle Anregung Luthers − gedeutet.

(Act 2,14—36) denkt sich Luther dagegen »sine dubio an eim freien platz«[379], wo Petrus, da er zu *allen* Juden spricht, sich des Hebräischen bedient[380] und nicht ohne Grund zunächst die »mutwillige lûgen« zurückweist, »die Apostel seien vol Mosts (!)«, da es doch erst die dritte Stunde ist (Act 2,15)[381] und man überdies »frembde, unbekandte sprachen beim volsauffen nit lernen kan«[382].

Seit dem Sprachenwunder, diesem »initium Ecclesiae apostolis«[383], hat der Geist die Kirche ins Leben gerufen. Seit er den Aposteln die Sprachen in den Mund und ihren Hörern das Verstehen ins Herz gegeben hat, nimmt die Kirche ihren Lauf bis ans Ende der Welt[384]. In diesem kirchengründenden und -erhaltenden Wirken des Geistes, der das Evangelium in alle Sprachen bringt[385], erfüllt sich, was Luther in den Schriften des Alten Bundes, vor allem aber im Psalter vielfältig verheißen findet. Als locus classicus hat er dafür gern auf Ps 19,4 verwiesen, wo es von den Himmeln heißt: »Es ist keine sprache noch rede, da man nicht ihre stimme hôre«[386]. Diese Verheißung hat sich im Sprachenwunder von Jerusalem erfüllt und erfüllt sich noch immer: Seit Pfingsten erschallt das Evangelium in allen Sprachen der Welt[387]. Während das Gesetz

---

[379] WA 46; 405,4 (1538).

[380] WA 49; 758,1—6 (1545). — WAT 5; 261,30—262,2 (1543) (Nr. 5581).

[381] Wie eng bei Luther Texterklärung und Zeitkritik mitunter ineinandergehen, zeigt eine Predigt des Jahres 1538 (WA 46; 405,21—24): Petrus ... thutt diese rede: Es ist noch nicht umb 9, sondern die dritte stunde, Es ist nicht muglich, das itzundt einer solt truncken sein, spricht Petrus, Aber inn Sachßen seufft man frue. — Ebd. 405,6—8: Wil euch die recht warheit sagen i. e. nondum est 9. quia valde sobrius populus ut adhuc Itali et Turca, seuffen sich nicht. Es ist der Teufel mit uns deudschen.

[382] WA 52; 316,20—22 (1544).

[383] WA 41; 601,6f (1536).

[384] Ebd. 601,9—13: Externe magnum, quod ora videbantur quasi plena flammis, et intus pleni spiritu sancto, et cor stickt vol zungen und verstand. Sic incepit Ecclesiam, et sic hodie, quanquam non sint linguae, sed plenum esse spiritu sancto et habere internas linguas durat ad finem mundi. — WA 34,1; 463, 1—9 (1531): Disce regnum Christi non habere gladium, sed spiritus sanctus implevit domum etc. et linguas feurig i. e. zungen befolhen et dedit dazu mut. Das ist Christiana ecclesia, quae nihil habet quam mut contra omnia terribilia et nihil facit, quam loquitur linguis. Da bey soltu sprach mercken und zungen. Ideo papatus, qui gladio, non habet linguam, ideo greiffens an gladio. Qui vero linguas und mut etc. et quotidie nobiscum halten. Das ist regnum, quod solum linguam handelt und bringt da mit zusamen die heilige Christliche kirche. — Vgl. WA 20; 394,21—29 (1526).

[385] WA 35; 446,14—17 (1524) (Aus Luthers Nachdichtung des Hymnus ›Veni creator spiritus‹): Du bist mit gaben siebenfallt / der finger an Gotts rechter hand, / Des vaters wort gibstu gar bald / mit zungen ynn alle land.

[386] WA 31,1; 581,19f (1531).

[387] WA 5; 546,8—15 (1519/21) (zu Ps 19,4: Non sunt loquelae neque sermones, quorum non audiantur voces eorum): Quorum ›eorum‹? Coelorum, dierum et noctium, qui enarrant gloriam dei et opera manum eius. Sed ubi istos celos audiemus? aut in qua gente? aut quibus linguis loquentur? Respondet: omnium gentium linguis loquentur et in omni terra, ut sequens versus dicet. Id impletum est, ubi Apostoli loquebantur variis linguis magnalia dei, et adhuc impletur in orbe terrarum, quia Euangelium per Apostolos variis linguis

des Mose auf Volk und Sprache der Juden beschränkt geblieben ist, ist es ein
Wesensmerkmal des Evangeliums, daß es der ganzen Welt bekannt werden
will. Diese ›nota euangelii‹, bemerkt Luther in einer Passionspredigt des Jahres
1537, habe sich erstmals in dem polyglott verfaßten Titulus des Kreuzes zu erkennen gegeben: In drei Sprachen habe Pilatus dort die causa angezeigt, damit
es *alle* lesen könnten[388].

Das pfingstliche Wirken des Geistes bringt aus allen Sprachen der Welt die
eine heilige Kirche zusammen. In ihr sind die Sprachgrenzen zwar nicht aufgehoben, wohl aber ihrer trennenden Funktion enthoben. Denn der Geist hat
»allerley sprach in die eynickeit des glauben vorsamlet«[389]. Indem der Geist die
Christen unbeschadet ihrer sprachlichen Vielfalt doch »*gleichsinnig* (machet)
jnn einem glauben«[390], hat er − sozusagen − die sprachgeschichtliche Manifestation des Falls (Gen 11,1−9) für den Glauben revoziert (vgl. § 7.2.b.bb)[391].
Wenn man schon in den Sprachen nicht zusammenkomme, schreibt Luther im
Blick auf die Brüder in Böhmen und Mähren, so wollte er doch »zum wenig-
sten . . ., das alle welt mit uns und wir mit aller welt eintrechtig wůrden jnn
einerley glauben Christi«[392].

Auch das Sprachenwunder hat Luther stets als einen Ausdruck dessen erachtet, daß der Geist Gottes an das vorgängige äußere Wort gebunden ist: Wenn
das Predigtwort laut wird, berührt Er im Innern das Herz und wird den Christen so zum inneren Magister[393]. Insofern hat sich an Pfingsten gezeigt: »Lingua externa bringt fidem in cor«[394]. Daß der Geist aber nicht notwendig dem
Wort zu folgen brauche, sei dagegen am Teufel zu studieren, der täglich das
Evangelium höre und dennoch im Herzen verstockt sei[395]. Bei den Christen
finden die Wunderzeichen von Pfingsten dagegen ihre bleibende Entspre-

---

evulgatum adhuc sonat in eisdem linguis usque in finem mundi, licet non omnes variis linguis loquantur, nec est necesse. − WA 31,1; 340,20 f (1530). − WA 31,1; 581,19−23
(1531). − WA 52; 315,20−27 (1544). − Auch Ps 87,3 hat Luther in diesem Sinn gedeutet:
WA 38; 48,2−6 (1531/33).

[388] WA 45; 67,13 f (1537).

[389] WA 6; 293,5−9 (1520).

[390] WA 41; 276,33−38 (1535) (Hervorhebung von mir); vgl. WA 52; 343,37−344,2
(1544). − WA 49; 33,41−34,17 (1540).

[391] Eine typologische Verbindung von Gen 11 und Act 2 ist mir in Luthers Pfingstpredigten allerdings nicht begegnet. Die einzige mir bekannte Stelle, die man in diesem Sinne
lesen könnte und auf die schon MEINHOLD (s. Anm. 221, 19 f) hingewiesen hat, findet sich
in Luthers Vorrede zur Deutschen Messe von 1526 (WA 19; 74,10−21 = BoA 3;
296,13−24).

[392] WA 38; 79,3−5 (1533).

[393] WA 41; 601,18−24 (1536).

[394] WA 46; 422,1 (1538); vgl. ebd. 421,9−422,26.

[395] WA 41; 601,20−22 (1536): Diabolus audit Euangelium quotidie, Episcopi et omnes
papistae tam potenter in auribus. Ibi rausch und zungen da, intus verstockt et persequun-
tur, quod audiunt.

chung in Wort und Sakrament[396]: »So gering gehets zu . . .: intus per fidem, foris per verbum et Sacramenta«[397]. In derselben Predigt hat Luther für die körperhaft-reale Einbindung des Geistes in das äußere Wort eine nicht zu überbietende Entsprechung bemüht: Der Geist, sagt er, kommt nicht ins Herz[398], er sei denn zuvor ins Wort eingegangen wie Christus einst in den Schoß der Jungfrau[399].

Und auch was die Petruspredigt betrifft, sieht Luther die Wortbindung des Geistes in jeder Hinsicht bekräftigt. Das gilt schon für Petrus selbst, der zunächst, wie Luther vermutet, den Text des Propheten Joel gelesen haben wird, worauf dann der Geist über ihn kam[400]. Desgleichen hat auch er selbst das Evangelium in äußerlichen Worten gepredigt, denen das innere Wirken des Geistes − »quod corde acceperunt per verbum« − gefolgt ist[401]. Der Geist, der die Menschen derart im Inneren anspricht[402], entzündet ihre Herzen zur Christusliebe[403], wobei er sie nicht, wie das Feuer von Welt und Hölle, verzehrt oder schwarz werden läßt, vielmehr reinigt und stärkt: Das Feuer des Geistes macht die Herzen nicht schwarz, sondern weiß[404]. Das heißt nun aber nichts anderes, als daß der Geist die Herzen, was gepredigt worden ist, verstehen lehrt und damit das Wort Gottes, das wirken will, was es sagt, in sein Wesen

---

[396] WA 46; 423,1−424,21 (1538).

[397] Ebd. 425,11−16.

[398] Diese antischwärmerische Front ist auch in Luthers Pfingstpredigten durchgängig zu finden (vgl. z. B. WA 46; 409,12−413,12 von 1538). Besonders vergnüglich ist dabei − zumal für einen Schwaben −, daß Luther hier, jedenfalls nach der Nachschrift von Johann Stoltz (S), wohl einen *schwäbischen* Schwärmer parodiert hat (ebd. 412,28−413,25) (Hervorhebungen von mir): Es sindt kinder predigten wie die Munch unnd Schwermer, die Enthusiasten: Es mus der *gaischt, gaischt* thun, Das du es ohne buchstaben lernest, unnd brauchen also schrifft fur sich, die doch wider sie sindt, wie Muntzer, welcher ist ein stuck des Bapsts, der Bapst ists gar, Welche sollen nach uns predigenn, die lernen erkennen solche Enthusiasten, die *gaischt,* die da sagen: Ich hab den geist, Die schrifft mus sich nach meinem *gaischt* richten, sie mus also verstanden werden, Also wil Er meister sein, unnd die Bibel sol Jaherr unnd knecht sein.

[399] WA 46; 427,12 f (1538): Spiritus sanctus non venit in cor nostrum, sed prius in carnem ut Christus in uterum virginis.

[400] WA 46; 405,15 f (1538): Ich halt, quod Petrus istum textum Ioel legerit et quod wird druber bekomen haben spiritum sanctum.

[401] WA 41; 605,15−26 (1536). − WA 9; 633,3−5 (1519/21).

[402] WA 41; 250,17−19 (1535); vgl. auch den Kontext der Stelle.

[403] WA 15; 563,26−31 (1524).

[404] WA 41; 244,12−18 (1535): Ego wil ein ander Tauffe anrichten quam Mose, qui tantum externe. Sed sol heissen feur tauffe, ubi nicht verzert, sed schon, starck, getrost. Sic spiritus sanctus pingitur als ein lieplich, frölich, suss feür, quod an schaden ist und bringt mit sich sterck, leben. Hellisch und weltlich feur verzert, macht schwartz, dis cor rein, weis, ut schon coram deo und lenger, stercker, donec veniat tempus, ubi suam vim werden fülen. − Auch diese Stelle interpretiert HEINTZE (s. Anm. 370, 128) mit irritierender Ungenauigkeit.

bringt[405]: Im Glauben schafft der Geist der Predigt Gehör. Die pfingstliche Predigt der Apostel erheischt freilich nicht schon wegen des mit ihr verbundenen Sprachenwunders den Glauben der Hörer. Es sind vielmehr die gepredigten nova res, die das natürliche Reden und Denken übersteigen und darum den Glauben fordern, in welchem Luther die einzig angemessene Weise sieht, der neuen, alles erneuernden Weisheit des Himmels zu entsprechen[406].

Wenn Luther gelegentlich von einem Fortdauern des Pfingstwunders spricht[407], so meint er damit nicht die Perpetuierung des apostolischen Sprachenwunders, vielmehr dies, daß das Evangelium selbst in allen Sprachen laut werden will und der Geist heute auch auf Deutsch, Italienisch und Ungarisch zu reden weiß[408]. Denn der Geist will sich jeweils derjenigen Sprache bedienen, die in einem Volk gebräuchlich ist[409]. Weshalb denn auch ein Prediger dem Pfingstwunder nicht etwa durch das Bemühen um polyglotte Kompetenz, sondern gerade in der Konzentration auf die muttersprachliche Predigt des Evangeliums in rechter Weise zu entsprechen vermag[410].

---

[405] WA 34,1; 337,12–15 (1531).

[406] WA 39,1; 262,21–27 (1537): Audit enim unusquisque apostolos loquentes non solum aliis linguis, sed et alias et novas res significantibus et praedicantibus, quas naturale os et lingua orationis neque cogitarat neque audierat antea. Hic scinditur incertum in studia contraria vulgus: numeros tenet, sed verba hominum non intelligit, rem non novit. Sapientia enim nova verba facit ex veteribus, quia non est nata ex nobis, sed donata e coelo sapientia, innovans omnia, immutans omnia.

[407] Z. B. WA 5; 546,8–15 (1519/21).

[408] WA 41; 252,4–6 (1535): Iam spiritus sanctus germanice loquitur germanis, Italicae, Hungariae. Ubi Christus est, loquitur. Isti omnes germani, was solt man hie latinisch reden?

[409] Ebd. 254,1f.

[410] WA 9; 469,11f (1519/21). – WA 10,3; 146,3–22 (1522).

§ 14: Wort und Glaube (Joh 1,10–14)

In der zweiten Hälfte der Prolog-Predigt aus der Wartburgpostille und zumal in deren Bemerkungen zu Joh 1,10–14 (225,6–247,3) macht sich eine gewisse Weitschweifigkeit bemerkbar, die, vergleicht man sie mit den vorausgehenden Teilen, den Anschein erweckt, als sei Luther nicht mehr in ungeteilter Konzentration bei der Sache: Das Anschwellen des äußeren Umfangs[411] hat eine entsprechende Steigerung des sachlichen Gehalts offenbar nicht zur Folge gehabt. Gerade auch die den Kommentar zu Joh 1,14 unterbrechende, exkursartige Einschaltung zu ›Glaube und Vernunft‹[412] ist zu einem Gutteil aus Überlegungen gespeist, die in derselben Predigt schon einmal angestellt worden sind. Gleichwohl tritt das dominierende, über die Akzentuierungen der exegetischen Tradition deutlich hinausreichende Leitinteresse Luthers hier unübersehbar hervor: die Relation von Wort und Glaube.

Um den Hauptlinien seiner Auslegung von Joh 1,10–14, die in Kürze rekonstruiert werden sollen, die nötige Tiefenschärfe zu geben, treten wiederum ein Überblick über die Auslegung vor und neben Luther sowie ein knapper Ausblick auf die späteren Prolog-Predigten Luthers hinzu.

1. Die Ankunft Christi im Wort (Joh 1,10f)

a) In der Auslegung vor und neben Luther

Die herkömmliche Kommentierung der beiden Verse Joh 1,10f hat sich zumeist auf die Erläuterung einiger Wörter und Wendungen beschränkt, von denen vor allem die drei nachfolgend genannten von Interesse sind.

Das Augenmerk der meisten Ausleger hat sich zunächst auf die Frage konzentriert, wie sich das *Sein* von V. 10a (ἐν τῷ κόσμῳ ἦν / In mundo erat) zu dem in V. 11a prädizierten *Kommen* (εἰς τὰ ἴδια ἦλθεν / In propria venit) verhalte. Während Augustin lediglich zur ersten Aussage bemerkt, man dürfe das In-der-Welt-Sein Gottes weder nach Art der darein erschaffenen Werke noch in Entsprechung zu dem Verhältnis eines Zimmermanns zu dem von ihm gefer-

---

[411] Vgl. dazu in dieser Arbeit § 8 Anm. 3.
[412] 236,12–243,5.

tigten Kasten verstehen, da doch Gott, einem Künstler gleich, die Welt einwohnend erbaut – »Deus ... mundo infusus fabricat, ubique positus fabricat«[413] –, hat sich ansonsten weithin als Konsens die Auskunft herausgebildet,
die Seinsaussage beziehe sich auf den Christus vere deus, die Rede vom Kommen dagegen auf den Christus vere homo[414]. Die jeweiligen Spezifizierungen
fallen demgegenüber kaum ins Gewicht: So hebt etwa Rupert von Deutz das
Kommen von V. 11a ausdrücklich als einen Hinweis auf die *Geburt* Christi –
und nicht, wie dann Luther, auf den Beginn seines Wirkens – hervor[415]. Dagegen hat Thomas von Aquin das als causa efficiens et conservans verstandene
In-der-Welt-Sein von V. 10a ausführlich erörtert[416], um schließlich die Differenz der beiden Teilverse dahin zu bestimmen, daß der Sohn »per essentiam,
potentiam et praesentiam« bereits in der Welt war (V. 10a), jedoch »per carnis
assumptionem ..., ut esset visibilis«, dorthin kam (V. 11a)[417]. Es mag ferner
von Interesse sein, daß Johannes Brenz für V. 10a dann eine zweifache Deutung erwogen hat: So könne man das »In mundo erat« auf das Schöpfungswort beziehen, dem die Welt bleibend ihr Dasein verdanke, aber ebenso auch
auf das allgegenwärtige, im Glauben zu erkennende »Verbum semper praedicatum«[418]. In dem Kommen von V. 11a sieht dann auch er – anders als Luther!
– einen Hinweis auf die Inkarnation[419].

Die Wendung ὁ κόσμος αὐτὸν οὐκ ἔγνω (mundus eum non cognovit)
(V. 10c) hat ebenfalls die Aufmerksamkeit der Exegeten gefunden. In großer
Einhelligkeit pflegte man dabei allenthalben fortzuschreiben, was bereits Augustin bemerkt hatte: Die »Welt« ist als Inbegriff derjenigen Menschen zu verstehen, die die Welt lieben und also nach dem Wohnort ihrer Herzen benannt
werden. Wer dagegen die Welt nicht liebe, der wohne nur dem Fleische nach
in der Welt, mit seinem Herzen jedoch – gemäß der apostolischen Auskunft
von Phil 3,20 – im Himmel[420]. Diese die Welt liebenden[421] und nach der Welt
lebenden Sünder[422] vermögen lediglich »carnalia« zu erkennen, nicht aber das
Wort, das in der Welt war und durch das diese gemacht ist[423]. Übrigens hat

---

[413] In Iohannis Evangelium tractatus II.10, CChr.SL 36,16 (= PL 35,1392f).

[414] Z. B. Rupert von Deutz (s. Anm. 8), I.1.11, CChr.CM 9,24 (= PL 170,218f). –
Thomas von Aquin (s. Anm. 12) I.5.133–I.6.144, Editio Marietti S. 28–30. – Meister
Eckhart, Expositio sancti Evangelii secundum Iohannem I.96–105 (LW III, 83–90). –
Glossa ordinaria (s. Anm. 9), fol. 187^(r–v). – Jacob Faber Stapulensis, Comentarii Initiatorii
in quatuor Euangelia, Köln 1522, fol. 126^r. – Johannes Calvin (s. Anm. 11), 9f.

[415] I.1.11, CChr.CM 9,24 (= PL 170,218f).

[416] I.15.133–136, S. 28.

[417] I.6.144, S. 30.

[418] Brenz (s. Anm. 21), fol. 9^v–10^r.

[419] Ebd. fol. 10^(r–v).

[420] II.11, CChr.SL 36,17 (= PL 35,1393f).

[421] Thomas (s. Anm. 12) I.5.138, S. 29. – Glossa ordinaria (s. Anm. 9), fol. 187^v.

[422] Lyra (s. Anm. 9), fol. 187^v.

[423] Melanchthon, Annotationes in Evangelium Ioannis (1523), CR 14,1059.

dann Calvin mit großem Nachdruck erklärt, daß man die der Inkarnation vorausliegende Unkenntnis der »Welt« nicht mit Unwissenheit exkulpieren könne, sondern durchaus als schuldhaft anzusehen habe[424].

Schließlich galt den Auslegern der Klärung bedürftig, was in V. 11 mit »seinem Eigentum« (τὰ ἴδια – propria) und »den Seinen« (οἱ ἴδιοι – sui) gemeint sei. Die differenzierende Auskunft Augustins, wonach diese Wendungen auf alle Menschen, jedoch vorzugsweise auf die Juden zielten[425], hat die ganze mittelalterliche Exegese dominiert bis hin zu jener Unterscheidung Meister Eckharts, der die auf die Juden bezogene Lesart als Literalsinn deutet, während er das »sui« moraliter auf die Menschen insgesamt versteht: auf die, die aus Gott leben, so gut wie auf diejenigen, die er in einem kaum übersetzbaren Wortspiel als »quaerentes quae sua sunt« bestimmt[426]. Demgegenüber haben Luthers Zeitgenossen — wie schon Hieronymus![427] — die »sui« übereinstimmend allein auf die Juden gedeutet, deren in V. 11 offenbar gemachte und gerade von Calvin pointiert herausgestrichene Undankbarkeit bei diesem nun doch wieder als die exemplarische Manifestation der »hominum caecitas« in den Blick kommt[428].

b) In der Auslegung Luthers

aa) Wartburgpostille

Was Luther in der Wartburgpostille zu Joh 1,10 bemerkt, ist von ungewöhnlicher, ganz aus der Reihe fallender Kürze. Sein nur fünf WA-Druckzeilen umfassender Kommentar (225,8–12) ist darum so knapp geraten, weil er in V. 10a.c — mit der Mehrzahl der Exegeten ist auch ihm V. 10b keines Wortes wert — nichts anderes ausgesagt sieht wie in V. 11, weshalb die kurze Glosse denn auch mit dem ausdrücklichen Hinweis auf den Folgevers schließt. Die Seinsaussage von Joh 1,10a (ἐν τῷ κόσμῳ ἦν / in mundo erat) deutet Luther nicht im Sinne einer Weltimmanenz des Schöpfers, sondern von Joh 1,11a her: »Das ist alles von Christo dem menschen gesagt, und sonderlich nach seyner tauff«[429]. Die der ganzen Predigt vorangestellte Übersetzung gibt folgerichtig, freilich im Unterschied zum Septembertestament wie auch, was merkwürdig

---

[424] Calvin (s. Anm. 11), 9 f.

[425] II. 12, CChr. SL 36,17 (= PL 35,1394).

[426] Eckhart (s. Anm. 414) I.104 f (LW III,89 f). – Vgl. ferner Thomas (s. Anm. 12) I.6.145, S. 30. – Glossa ordinaria (s. Anm. 9), fol. 187ᵛ. – Faber (s. Anm. 414), fol. 126ʳ.

[427] Expositio quatuor Evangeliorum, PL 30,578.

[428] Calvin (s. Anm. 11), 10. – Vgl. ferner Brenz (s. Anm. 21), fol. 10ʳ⁻ᵛ. – Melanchthon (s. Anm. 423), 1059. – Ders., Enarratio in Evangelium Ioannis (1536f), CR 15,19 f. – Zwingli (s. Anm. 90), 683.

[429] 225,8 f.

anmutet, zu der wiederholenden Einzelversauslegung der Postille[430], das ἦν bzw. *erat* perfektisch wieder: »Er ist ... geweßen«[431].

Was die Tradition in den beiden Teilversen Joh 1,10a und 11a nahezu einmütig unterschieden hat, sieht Luther darum übereinstimmend auf die Menschheit Christi bezogen, jedoch nicht schon, wie der überkommene exegetische Konsens zu V. 11a lautet, auf Christi Geburt, vielmehr erst auf die Zeit seines heilsamen Wirkens: »Das ist ... gesagt von dem komen seyner predigt«, »da er anfieng tzu leuchten nach dem tzeugniß Johannis ..., Denn seyn komen heyßt seyn predigen und leuchten«[432]. Luther beruft sich dafür auf die durchweg mit der Taufe Jesu einsetzenden biblischen Evangelien[433]. Diese exegetische Verifikation ergänzt er durch ein argumentum per negationem oppositionis: Bezöge sich V. 10f *nicht* auf das »komen durch seyn predigen und leuchten«, so könnten die Menschen ihn nicht kennen, wären mithin für ihre Ignoranz auch nicht haftbar zu machen[434]. In deutlichem Gegensatz etwa zu Calvin sieht Luther die in V. 10c und 11b indizierte Schuld der Menschen erst dadurch ermöglicht, daß ihnen die Gegenwart Gottes in Christus offenbar gemacht worden ist, wie denn auch die beiden absichernd zitierten Worte Joh 1,31 und Joh 5,43 »klerlich« auf die im Wort der Predigt sich vollziehende Offenbarung Christi vorausdeuteten[435]. Mit dieser Pointe, wonach die Ubiquität Christi in der überall ergehenden Christuspredigt ihren Ort hat, greift Luther die am Ende seines Kommentars zu Joh 1,9 angestellte Erwägung[436] sowie den bereits zu Joh 1,6 entfalteten Hinweis auf die heilsmittlerische Funktion der »mundlich predigt«[437] wieder auf. In dieser exklusiv auf das verbum prolatum bezogenen Deutung unterscheidet sich Luther von allen Auslegern vor und neben ihm.

Was dagegen »sein Eigentum« und »die Seinen« von V. 11 betrifft, so sieht darin auch Luther, dem exegetischen Unisono entsprechend, zunächst die Juden bezeichnet, da doch sie »auß aller wellt erwellet waren zu seynem volck«[438]. Die Universalisierung, die Luther gleichwohl vornimmt, ist aber nicht als die tropologische Erweiterung des Literalsinns auf *alle Menschen* gemeint, vielmehr als die soteriologisch qualifizierte Spitze des Evangeliums: Auch *wir* sind sein Eigentum, auch *uns* hat Christus »auß lautter gnaden auffgenommen«[439]. Eben darum gilt dann freilich auch das andere für uns: »Die

[430] 225,6: »Es war ...«. − Vgl. dazu § 1 dieser Arbeit.

[431] 180,15 f.

[432] 225,9.15 f.

[433] 225,16—24; Luther verweist auf Mt 3,11; Mk 1,7; Lk 3,16; 1,17; Joh 1,27.

[434] 225,24—226,5.

[435] 226,5—10.

[436] 224,9—225,4. − Vgl. dazu § 12.3.b dieser Arbeit.

[437] 215,22—216,19. − Vgl. dazu § 12.1.b dieser Arbeit.

[438] 226,11—14.

[439] 226,14 f.

Seinen nahmen ihn nicht auf« (V. 11b). In konsequenter Ausrichtung auf die
Predigt als den Ort des Kommens Christi erläutert Luther, daß »leyder auch
(wyr) yhn noch teglich lassen komen durch seyn Euangelium und vorachten
yhn«[440]. Wieviel in dieser Frage auf dem Spiel steht, verdeutlicht er in krasser
Antithetik: Wenn wir nicht unserem Gott dienen wollten, so müßten wir
»dem bôsen feynd« dienen. Dieser aber ist kein anderer als der Papst, der denen, die der Christuspredigt nicht glauben, an Gottes Statt gekommen ist[441].

Luther beschließt seinen Kommentar zu Joh 1,10f mit einer erneuten Wendung ins Grundsätzliche. Wie die meisten der Exegeten vor und neben ihm, so
sieht auch er in diesem Verspaar die Gottheit Christi angezeigt, freilich nicht,
wie sonst stets, in V. 10a, sondern — wozu mir keine Parallele begegnet ist —
in V. 11a. Zweimal, resümiert Luther, indiziere der Evangelist das ›Christus
vere deus‹: zunächst in V. 3, dann noch einmal in V. 11a[442]. Während das im
ersten Fall keines Kommentars bedarf, verweist Luther für den zweiten Fall
überraschend auf die Wendung τὰ ἴδια (»propria«): Eben dies nämlich, »eyn
eygen volck tzu haben, gehôrt tzu einem waren got«[443]. Da nun, wie die
Schrift vielfach bezeuge, die Juden Gottes Volk sind, muß Christus, der sie als
sein Volk bezeichnet, unzweifelhaft Gott sein[444]. Insofern liegt in der Verstocktheit dieses Volkes, sich der Einsicht in die Schöpfermacht Gottes in
Christus zu verweigern — eine Verstocktheit freilich, die Luther als exemplarisch versteht —, eine unüberbietbare Brüskierung Gottes[445].

Davon habe der Evangelist jedoch nicht weiter gehandelt, vielmehr, was es
bedeutet, dem Nachdenken eines jeden anbefohlen sein lassen. Nur kurz deutet Luther an, wohin *ihn* dieses »bedencken« geführt hat. Diese auch rhetorisch
bemerkenswerte Passage[446] beginnt mit zwei Fragepaaren, die im ersten Fall
grammatisch verbunden sind — »Wie mocht man die wellt hoher schellten,
denn das sie yhren schepffer nit erkennet? Was bôßer untugent unnd namen
folgen auß dißem eynigen stuck«?[447] —, im zweiten Fall dagegen einen strengen Parallelismus bilden: »Was mag gutts da seyn, da eyttel unwissen, finsterniß, blindheyt ist? was bôßes sollt da nit seyn, da gottis erkenntniß nit ist?«[448].
Die rhetorische Fragenreihe läßt Luther in den bilanzierenden Schreckensruf

---

[440] 226,15−17.
[441] 226,17−19: Darumb mussen wyr auch leyden, das eyn ander an seyner stett kome,
der Pabst, unnd werde von unß angenommen, das wyr dem bôßen feynd dienen mussen,
dieweyl wyr unßerm gott nit dienen wollenn. − Vgl. auch § 7.1.b dieser Arbeit.
[442] 226,20−22.
[443] 226,22−227,1.
[444] 227,1−3.
[445] 227,4f.
[446] 227,4−12.
[447] 227,6−8.
[448] 227,8−10.

münden: »O wehe, wilch eyn grewlich, erschrecklich ding ist die wellt!«[449] Daß wir zu einer vollständigen Erkenntnis des so beschworenen Schreckens gar nicht imstande sind, scheint Luther nun aber als die Gnade zu verstehen, die uns überhaupt noch leben läßt. Denn nur im Modus des Irrealis deutet er die Konsequenzen jener äußersten Schreckenserkenntnis an: »Wer sie erkennt und ditz stuck recht bedecht, der sollt ßo mehr ynn der helle seyn. Er kund nit frolich yn dissem leben seyn, da eyn solch bôß tittel von geschrieben ist«[450].

bb) Spätere Prolog-Predigten

Die späteren Prolog-Predigten Luthers stehen, was die Verse 10f angeht, ganz in der durch die Auslegung von 1522 vorgezeichneten Linie. Alle wichtigen Aspekte sehen sich, wenn auch in wechselnder Gewichtung, in ihnen erneuert, so etwa die Deutung des ἐν τῷ κόσμῳ ἦν (»in mundo erat«) von V. 10a[451], die auf V. 3 zurückbezogene Erwähnung des ›vere deus‹[452] oder die in bezug auf das Kommen Christi auszumachende Ignoranz der menschlichen Vernunft[453]. Auffallend ist jedoch, daß der Hinweis auf die evangelische Predigt als dem eigentlichen Ankunftsort Christi, der schon in der Predigt von 1522 verschiedentlich und mit Nachdruck unterstrichen worden ist, in den folgenden Predigten dann immer noch stärker, dazu auch in vielfältiger Gestalt, hervortritt. Drei Beispiele mögen dies knapp illustrieren.

In einer Predigt vom 10. Januar 1529 hat Luther Joh 1,11 in durchgehender Verschränkung von erzählter und eigener Zeitebene, von Text und Situation, ausgelegt: »Sic Christus ... praedicabat, sinebat se videre ..., Sic hodie vident Euangelium«[454]. »Sic praedicatio war vorhanden et adhuc hodie est in mundo«[455]. Da nun aber die Zeiten auch hinsichtlich der im zweiten Versteil festgehaltenen Ablehnung der Person bzw. der Predigt Christi verschränkt sind, glaubt Luther einem »maximus jamer« entgegenzugehen, der ihn zu der Bitte veranlaßt, Gott möge ihm und seinen Predigthörern »mit gnad und fried unter die erden« helfen, bevor jene letzten Übel über die Welt kommen[456]. Aber selbst noch angesichts dieser letzten Bedrohung hält Luther an der Bestimmung der äußerlich ergehenden Predigt als einer authentischen Gestalt des

---

[449] 227,10.

[450] 227,10—12.

[451] Z. B. WA 15; 802,37—40 (1524); vgl. ebd. 802,5—16.

[452] Z. B. WA 46; 556,30—40 (1537/38).

[453] Z. B. WA 37; 8,1—9,17 (1533).

[454] WA 29; 15,10f.13f.

[455] Ebd. 15,7f.

[456] Ebd. 15,18—21: Quid futurum? Maximus jamer vel terra dehiscet vel extremus dies veniet etc. so sol got trotz bieten, Gott helff uns mit gnad und fried unter die erden, antequam haec mala veniant super illos, inter quos est lux et tamen etc.

Wortes Gottes uneingeschränkt fest: »Verbum praedicatur, sed so ghets, man wils nicht horen, achten. ... Dennoch sols on frucht nicht abgehn«[457].

Vier Jahre später nimmt Luther denselben Vers zum Anlaß einer leidenschaftlichen Mahnung, das Predigtamt, diese einzige Hilfe gegen die Anfechtungen des Teufels, zu achten und zu erhalten[458]. Daß das Wort derzeit so reichlich ergehe, hänge zwar nicht an seiner Person – »quanquam ego morior, tamen praedicatores, qui erhalten«[459] –, dürfe aber gleichwohl nicht als eine fraglos fortdauernde Selbstverständlichkeit mißachtet werden. Denn sobald man in einer daraus sich nährenden Sorglosigkeit die evangelische Predigt und Lehre vernachlässige, handle man sich Falschprediger ein, die sich vom Wort der Schrift – und also von Christus! (vgl. §9.1.d) – entfernten und das Heil verkehrten[460]. Selbst wenn er bis ans Ende der Welt leben sollte, meint Luther, so wollte er nicht müde werden, Gottes Wort zu predigen und zu erhalten[461]. Zu solcher unmittelbaren Enderwartung sieht er jedoch keinen Anlaß[462]. Darum läßt er seinen Kommentar zu Joh 1,11 an dieser Stelle in die Hoffnung münden, es möge zu allen Zeiten Prediger geben, die uns retten und schützen[463].

Besonders breit ist die genannte, auf die Christuspredigt zielende Akzentuierung in den von Aurifaber besorgten, in ihrem Quellenwert darum sehr beschränkten Reihenpredigten über Joh 1 und 2 entfaltet worden. Auch hier liegt der Gedanke einer durchgehenden Verschränkung von apostolischer und eigener Zeit zugrunde[464]. Die in Joh 1,11b angezeigte fortdauernde Mißachtung Christi dient Luther, Aurifaber zufolge, als Hinweis auf die wahren Feinde des Wortes, die nicht in den »offentliche(n) feinde(n) Christliches Namens« zu sehen, sondern unter den »Brüder(n), die da Christen heissen und ... die aller-

---

[457] Ebd. 16,5–7. – Vgl. WA 17,2; 316,1–33 (1527).

[458] WA 37; 2,33–3,15 (5. 1. 1533).

[459] Ebd. 3,1f.

[460] Ebd. 3,3–5.

[461] Ebd. 3,8f.

[462] Die gelegentlich auftauchende Rede von der endzeitlichen Grundhaltung Luthers bedürfte einer gründlichen, die verschiedenen Motivstränge unterscheidenden Überprüfung. Das berühmte, ihm freilich unterschobene Dictum vom Apfelbäumchen scheint jedenfalls keine schlechte Erfindung zu sein.

[463] WA 37; 3,3–6.

[464] WA 46; 604,20–25.27–30 (1537/38): Ich sehe aber, leider, das zu unser zeit eben so gehet als zur zeit Johannis, der Aposteln und hernach, wo das Euangelium seinen lauff gehabt hat, nemlich, das der HERR zu uns kômet, uns gnediglich besuchet, und doch gar ein wenig jn auffnemen. Wir sind itzt Gott lob unsers Herrn Christi eigenthum, an stat der Jûden angenomen, darumb betreffen uns diese wort auch, wir zeugen jtzt auch von jm. ... Er kômet zu uns so freundlich durch sein Wort und liebes Euangelium und wil uns fur seine eigene Christen halten. Was geschihet? wir stellen uns eben dazu wie die Jûden, die sahen, das er Mirakel thet, die nie keiner gethan hatte, noch wolten sie seiner nicht.

heiligsten und besten sein wollen«, zu suchen sind[465]: In »seinem Eigentum«
und unter »den Seinen« sind sie vesteckt. Den Kampf gegen die Türken zu
propagieren heiße darum gerade, von den eigentlichen Feinden Christi abzu-
lenken. »Also mus man wider den Tŭrcken nicht kriegen«[466], da doch »wir
viel ergere, grimmigere Feinde des Herrn Christi sind, den die Tŭrcken«[467].
Hier läuft die Auslegung von Joh 1,11 denn auch darauf hinaus, den Sinn für
die wahre Frontstellung dieses Verses zu schärfen. Denn die Unterscheidung
von Unglaube und Glaube zielt nicht auf die Diastase von heidnischen und
christlichen Völkern, ist vielmehr *innerhalb* des Heiligen Römischen Reiches
Deutscher Nation geltend zu machen: »Er kŏmet zu uns Deudschen, besucht
uns gnediglich durch sein wort des friedes, lebens und heils, so schlagen unsere Geistliche und Weltliche Regenten jn auffs maul, sagen, wie jene Lucae
am neunzehenden Capitel: ›Wir wollen nicht, das dieser uber uns herrsche‹«[468].
Darum: »Dieweil unsere Fŭrsten es mit dem Bapst halten, so haben sie kein
glŭck wider den Tŭrcken«[469].

2. Die Gotteskindschaft aus Glauben (Joh 1,12f)

a) In der Auslegung vor und neben Luther

Die Geschichte der Auslegung von Joh 1,12f ist im wesentlichen durch folgende drei Fragen bestimmt worden: Was bedeutet die Rede von einem »filii
Dei fieri« (V. 12b)? Was ist mit den drei Geburten »ex sanguinibus«, »ex voluntate carnis«, »ex voluntate viri« (V. 13a−c) gemeint? Und schließlich: Was
meint die Wendung »qui ... ex Deo nati sunt« (V. 13d)?

Was zunächst V. 12 angeht, so deutet Augustin die Sohnschaft derer, die das
Licht aufnahmen, dahin, daß sie zwar nicht von Gott *geboren* − das kommt allein Christus zu, dem ›unigenitus filius‹ (Joh 1,18) −, jedoch von Gott durch
seine Gnade *adoptiert* worden sind[470]. Diese Annahme an Kindes Statt hat Christus in denen, die ihn aufnahmen, ins Werk gesetzt: Er kam, damit er uns aus
den Sünden löste, derentwegen uns die Gotteskindschaft verwehrt gewesen
ist[471]. Indem der Sohn Gottes, da er nicht länger allein bleiben sollte, uns zu
Miterben einsetzte, schmälerte sich sein Erbteil durchaus nicht. Besitzt doch er
uns als der Herr, hingegen wir ihn als unser Heil und unser Licht[472]. Demge-

---

[465] Ebd. 605,28−606,9.
[466] Ebd. 607,22.
[467] Ebd. 605,14f.
[468] Ebd. 608,11−14.
[469] Ebd. 608,26f. − Vgl. insges. ebd. 598,22−610,10.
[470] Augustin (s. Anm. 413) II.13, CChr.SL 36,17 (= PL 35,1394).
[471] Ebd.
[472] Ebd. 18.

genüber setzt Thomas von Aquin nach einer knappen Dispositionsskizze der beiden Verse 12f[473], die die aus der Ankunft des Wortes (V. 11a) erwachsende Frucht beträfen[474], zunächst mit der Unterscheidung einer dreifachen ›assimilatio‹ ein, durch die die Menschen Kinder Gottes werden können: erstens »per gratiam infusionem«, zweitens »per operum perfectionem«, drittens »per gloriae adeptionem«[475]. Die erste, auf die infusio gratiae zielende Möglichkeit hält er aber für problematisch, da es doch nicht in unserer Macht liegen kann, die Gnade zu besitzen[476]. Dagegen scheint ihm eine Deutung in der zweit- und drittgenannten Weise ohne Schwierigkeit möglich zu sein[477]. Was die dem Menschen übereignete ›potestas‹ angeht, ist es allerdings an ihm, in die verliehene Rechtfertigungsgnade durch einen Entschluß des freien Willens einzustimmen[478]: Nur so macht es Sinn, in bezug auf die Kinder Gottes von einem ›fieri‹ statt von einem ›esse‹ zu reden[479]. Gleichwohl bedarf auch der freie Wille der göttlichen Gnade, mit deren Hilfe er zur Annahme der Gnade bewegt werden muß[480]. Die Wendung ›credere in‹ des dritten Versteils (V. 11c: »his, qui credunt in nomine eius«) liest Thomas als eine Auslegung des ›recipere eum‹ von V. 12a[481]. Ungleich stärker heben dann die reformatorischen Zeitgenossen Luthers auf das *Verbum* ab, dem allein die Menschen ihre Macht, Kinder Gottes zu werden, verdankten[482]. Melanchthon sieht in Joh 1,12 gar die Summe des gesamten Evangeliums: Christus ist in die Welt gekommen, damit er uns Macht gebe, Söhne Gottes zu werden[483]. In der mit Bedacht gewählten Titulierung als ›filii‹ sieht er viele Motive vereinigt, nicht zuletzt übrigens dies, daß sie ohne Werke und Verdienste, aus lauter Gnade angenommen sind[484].

Die Frage, was mit den drei in V. 13 ausgeschlossenen Geburten »ex sanguinibus«, »ex voluntate carnis« und »ex voluntate viri« gemeint sei, hat in der Auslegungsgeschichte des Verses meist sehr ausführliche Interpretationsversu-

---

[473] Thomas (s. Anm. 12) I.6.148 f, S. 30 f.

[474] Ebd.

[475] I.6.150, S. 31.

[476] I.6.152, S. 31.

[477] I.6.151, S. 31.

[478] I.6.153, S. 31.

[479] I.6.152, S. 31.

[480] I.6.154, S. 31.

[481] I.6.157–159, S. 31 f. – Diese Deutung entspricht einem weitgehenden Konsens der Exegeten vor und neben Luther. – LOEWENICH (s. Anm. 23) gibt diese Stelle übrigens in irreführender Verkürzung wieder (ebd. 22 f).

[482] Z. B. BRENZ (s. Anm. 21), fol. 11ʳ: Per potentiam Verbi nascuntur (so und ähnlich oft zu Joh 1,12f: ebd. fol. 10ᵛ–11ᵛ). – Vgl. schon RUPERT VON DEUTZ (s. Anm. 8) I.1.12, CChr.CM 9,25 (= PL 170,219): His ergo qui sic *receperunt eum,* quomodo recipiendum est Verbum Dei, *dedit potestatem filios Dei fieri,* id est *his qui credunt in nomine eius.* Credere namque est semen uerbi Dei cum amore susceptum impraegnata mente portare.

[483] Melanchthon (s. Anm. 423), CR 14,1059 f.

[484] Ebd. 1060.

che ausgelöst. Die einzelnen Differenzierungen, Erwägungen und Spekulationen aufzuführen, kann hier, zumal im Blick auf die Auslegung Luthers, nicht sinnvoll sein. Interessant ist immerhin, daß der dem Griechischen nachgebildete, im Lateinischen unkorrekte Plural »ex sanguinibus« von Augustin und, ihm folgend, einem guten Teil der mittelalterlichen Exegeten als ein Ausdruck dessen gewertet wird, daß um der Wahrheit willen selbst die Grammatik bisweilen zurückstehen muß[485]. Ein weitgehender Konsens besteht auch hinsichtlich der Wendung »ex voluntate carnis«, die nicht nur unter Hinweis auf den biblischen usus loquendi, sondern auch auf die bei Johannes unmittelbar folgende maskuline Ergänzung (»ex voluntate viri«) fast immer auf den ›Willen der Frau‹ bezogen wird[486]. Es scheint, als habe Faber Stapulensis lediglich die darin angelegten Konsequenzen gezogen, wenn er den Dreischritt von V. 13a–c auflöst und das zweite und dritte Glied als Näherbestimmungen des ersten interpretiert: Die natürliche Geburt ›ex sanguinibus‹ setzt sich ›ex voluntate carnis (sc. mulieris)‹ und ›ex voluntate viri‹ zusammen, wie denn überhaupt aus materia (sanguis vel semina), forma (mulier) und nexus (vir) sich die ›naturalis generatio‹ zusammensetzt[487]. Ganz anders hatte dagegen Meister Eckhart – wie übrigens auch die Glossa ordinaria[488] – jenen Dreischritt gedeutet: Für ihn ist darin die Trias der menschlichen Vermögen abgebildet, die entweder unvernünftig oder begehrend oder aber wesenhaft vernünftig sind[489]. Davon wiederum abweichend, erläutert Melanchthon jene drei Negationen ausführlich als die vollständige Aufzählung der möglichen Stufen einer Abstammung: Einmal »carnali generatione«, sodann »per adoptionem vel electionem«, schließlich »per imitationem«[490].

Die Auskunft von V. 13d (»qui … ex Deo nati sunt«) hat dann allenthalben Gelegenheit gegeben, den Blick wieder auf die Gotteskindschaft derer, die das Licht aufnahmen, zurückzulenken. Augustin begnügt sich an dieser Stelle damit, die christologische Implikation der beiden soteriologisch pointierten Verse herauszustreichen: Damit die Menschen aus Gott geboren würden, ist Gott zuerst aus ihnen geboren[491]. Indem Christus neben seinem himmlischen

---

[485] Augustin (s. Anm. 413) II.14, CChr.SL 36,18 (= PL 35,1394 f). – Entsprechend etwa auch Thomas (s. Anm. 12) I.6.160, S. 32. – Meister Eckhart (s. Anm. 414) I.111 (LW III,96).

[486] II.14, CChr.SL 36,18 (= PL 35,1394 f). – Vgl. z. B. RUPERT VON DEUTZ (s. Anm. 8) I.1.13, CChr.CM 9,25 f (= PL 170,219 f). – Thomas (s. Anm. 12) I.6.160, S. 32.

[487] Faber Stapulensis (s. Anm. 414), fol. 126ʳ⁻ᵛ.

[488] Glossa ordinaria (s. Anm. 9), fol. 187ʳ⁻ᵛ.

[489] Meister Eckhart (s. Anm. 414) I.111 f (LW III,95 f). – Vgl. Ders., Daz buoch der götlichen troestunge (DW V; 10,17–11,10).

[490] Melanchthon (s. Anm. 428) CR 15,22–24. – Interessant ist ferner, daß Calvin (s. Anm. 11) seine Auslegung von Joh 1,13 wieder durch einen starken antijudaistischen Akzent bestimmt sein läßt (ebd. 12 f).

[491] Augustin (s. Anm. 413) II.15, CChr.SL 36,18 f (= PL 35,1395): Vt autem homines

Vater wenigstens eine Mutter auf Erden begehrte, hielt er mich für wert, unsterblich zu werden[492]. Denn dem aus Gott Geborenen danken wir, daß wir geschaffen, dem ex femina Geborenen aber, daß wir neuerschaffen werden sollten[493]. Für Thomas ist in V. 13d vor allem die gewählte Präposition von Interesse: Während »de« stets auf die Trias von causa materialis, causa efficiens und causa consubstantialis verweise, bezeichne »a« die causa movens, »ex« dagegen nur die causa materialis und causa efficiens, nicht aber die der Wesensgleichheit. Darum wird an dieser Stelle deutlich, daß allein der Sohn Gottes wesensgleich ist mit dem Vater (»*de* substantia Patris«), alle anderen Kinder Gottes aber nicht aus seinem Wesen stammen, sondern adoptiert sind (»*ex* Deo«)[494]. Nur kurz erwägt Thomas noch, daß, sofern V. 12b auf die Taufe zielte, in V. 13d der ›ordo baptismi‹ zu erkennen wäre: zunächst der Glaube (V. 12), dann die Wiedergeburt (V. 13); darum zunächst der Taufunterricht, dann erst die Taufe[495]. Auch Luthers Zeitgenossen haben sich verschiedentlich zu der gewählten Präposition geäußert. Allerdings sieht Melanchthon in der Wendung ›natus *ex* Deo‹, die das Werk der ›renovatio creaturae‹ anzeige, gerade eine Teilhabe an der Natur Gottes ausgedrückt[496]. Fünf Jahre später hält Zwingli zwar in wörtlicher Entsprechung fest: »Solius dei opus est renovatio creaturae«, legt das Gewicht dann aber nicht auf den Aspekt der naturhaften Teilhabe, sondern auf den der durch die Gnade ins Werk gesetzten Annahme an Kindes Statt[497]. Dagegen hat sich Calvin ganz darauf konzentriert, das Entstehen des Glaubens zu erörtern, den er als Teil unserer Wiedergeburt und als Eintritt in das Reich Gottes, jedenfalls aber als den Beginn unserer Gotteskindschaft versteht[498].

b) In der Auslegung Luthers

aa) Wartburgpostille

Auf dem eben skizzierten traditionsgeschichtlichen Hintergrund ist die Eigenständigkeit, in der Luther in der Wartburgpostille Joh 1,12 kommentiert hat, nicht zu übersehen. Die überkommene Leitfrage, wie die Art der hier genann-

---

nascerentur ex Deo, primo ex ipsis natus est Deus. Christus enim Deus, et Christus natus ex hominibus.

[492] Ebd.: Non sine causa Deus nasci ex homine uoluit, nisi quia alicuius momenti me existimauit, ut immortalem me faceret, et pro me mortaliter nasceretur.

[493] Ebd.: Non quaesiuit quidem nisi matrem in terra, quia iam patrem habebat in caelo: natus ex Deo, per quem efficeremur; et natus ex femina, per quam reficeremur.

[494] Thomas (s. Anm. 12) I.6.162f, S. 32.

[495] I.6.164, S. 32.

[496] Melanchthon (s. Anm. 423) CR 14,1061f.

[497] Zwingli (s. Anm. 90), 684. – Vgl. Ders., Anleitung für Prediger (1523), Hauptschriften I/1, 262f.

[498] Calvin (s. Anm. 11), 12f.

ten Gotteskindschaft zu bestimmen sei, wird dabei im Grunde gar nicht berührt. Stattdessen begnügt sich Luther in der Auslegung des Verses mit zwei knappen, jeweils das Ganze betreffenden Resümees. Deren erstes gilt der schon mehrfach traktierten Unterscheidung von natürlichem bzw. vernünftigem und gnadenhaftem Licht[499]. Was sich, zumal in den Erörterungen zu Joh 1,4f (vgl. § 10), bereits abgezeichnet hat, gelangt nun vollends zur Klarheit: Als Subjekt dieses Verses kommt, wie schon für die vorausgegangenen, nicht das lumen naturale rationis in Betracht, sondern allein »das trostlich gnadenliecht«: Christus[500]. »Denn Johannes eyn Euangelist, nitt eyn Platonist ist«[501]. Dafür formuliert V. 12 das letztlich ausschlaggebende Kriterium: Nicht das natürliche Licht, sondern allein Christus kann den Menschen Macht geben, Kinder Gottes zu werden; allein von ihm ist darum »ynn dißem Euangelio« die Rede[502].

Damit ist für Luther jedoch die Pointe des Evangeliums erreicht. Was vor und neben ihm als exegetisches Spezialproblem erörtert worden ist, rückt für Luther in den Rang einer formelhaft verdichteten Zusammenfassung des ganzen Evangeliums: Der Glaube macht Gottes Kinder[503]. Nur kurz profiliert er diesen evangelischen Grundsatz durch den Aufweis seiner Antipoden, der »werckmeyster und gesetzlerer«[504]. In abbreviaturhafter Elementarisierung erinnert er an die fundamentaltheologische Unterscheidung von Glaube und Werken[505]: Während die Werke zwar das Erscheinungsbild eines Menschen verändern können, nicht aber seine Person[506], vermag allein der Glaube die Person zu wandeln, ohne daß dies etwa äußerlich erkennbar sein müßte[507]. Indem der Glaube zu Kindern Gottes macht, führt er bereits das ganze Erbe mit sich, so daß die Werke des Glaubens, da jeder soteriologischen Last enthoben, nun »frey umbsonst geschehen« können, »alleyn gott tzu ehren«[508]. Dieses

---

[499] Dieses Thema ist bei Luther nicht auf die Auslegung von Joh 1,4f beschränkt, sondern zieht sich als ein roter Faden durch seine ganze Prologexegese; vgl. darum insges. §§ 8, 10 u. 12 dieser Arbeit.

[500] 227,16–18.

[501] 227,18f.

[502] 227,19–228,3.

[503] 228,3f: Nu ist hynfurtt das Euangelium wol bekandt. Denn es sagt vom glawben ynn Christus namen; Das derselb gottis kinder mache.

[504] 228,4f.

[505] Dazu noch immer grundlegend: G. EBELING, Luther. Einführung in sein Denken (1964), 1981⁴, 157–197. – DERS., Einfalt des Glaubens und Vielfalt der Liebe. Das Herz von Luthers Theologie (in: DERS., Lutherstudien III [s. Anm. 35], 126–153). – A. PETERS, Glaube und Werk. Luthers Rechtfertigungslehre im Lichte der heiligen Schrift (AGTL 8), 1967². – Vgl. zuletzt R. SCHÄFER, Glaube und Werke nach Luther (Luther 58, 1987, 75–85).

[506] Vgl. G. EBELING, Lutherstudien II/3, 1989, 177–207.

[507] 228,6–11.

[508] 228,11–19.

knappe Summar dient hier zugleich als die thetische Vorwegnahme dessen, was Luther dann im Anschluß an Joh 1,13d zur Gotteskindschaft aus Glauben entfaltet wird.

Zuvor widmet sich aber auch Luther einer wenigstens knappen Erörterung der drei in Joh 1,13 exkludierten Geburtsarten. Worauf dieser Vers insgesamt abzielt, unterliegt ihm keiner Frage: Es ist »gar allis kein nutz, was außer dem glawben ist«[509]. Während ihm jedoch die erstgenannte Kindschaft keine Verständnisschwierigkeiten bereitet, räumt er, was die zweit- und drittgenannte betrifft, ganz freimütig seine Unentschiedenheit ein[510]. Ähnlich wie dann etwa Calvin, sieht auch Luther die abgewiesene Geburt »auß dem gebluette« gegen das jüdische Mißverständnis gerichtet, wonach die Verheißung an Abraham sich auf die »naturlich blutsipschafft« der Juden erstreckt habe: Auch »alle böße Juden« wie Judas oder Kaiphas hätten ja dann an jenem Erbe teil[511]. Dagegen schärfe V. 13a ein, daß man, um in Wahrheit Kind Gottes zu sein, nicht aus dem jüdischen Geschlecht geboren sein müsse, sondern aus Gott[512].

Die Erörterung der andern beiden Kindschaften, die »myr selb noch nit gnugsam klar« sind[513], ist entsprechend ausführlicher geraten. Seine Erwägungen sind aber von der zusammenfassenden Einsicht umrahmt, daß der Evangelist damit schlechterdings jede naturhafte Mitwirkung an der Gotteskindschaft exkludiert wissen will[514]: Es ist »allis kein nutz, was außer der gepurtt gottis ist«[515]. Wer hieran festhält, mag die Geburten ›ex voluntate carnis‹ und ›ex voluntate viri‹ deuten, wie immer er will[516]: Die generelle Intention des Verses vorausgesetzt, »ists ane fahr, wie wyr diße tzwey stuck orterrn unnd teylen«[517]. Luther selbst referiert zunächst, daß »ettlich« — eine exegetische Quelle offenbar, die ich nicht zu identifizieren vermochte — die Geburt aus dem Willen des Fleisches als Stiefkindschaft deuten, die aus dem Willen des Mannes hingegen als Adoption[518]. Die eine, auf das »stieffgebluett« zielende Deutung scheint sich aus der entsprechenden mosaischen Weisung zu nähren (Dtn 25,5f; vgl. Mk 12,18f parr), wird aber von Luther aus exegetischen Gründen problematisiert, da doch Joh 1,13b nicht allein den »blutstam«, sondern

---

[509] 228,23 f.

[510] 229,5 f.19 f: Die erste kindschafft auß dem gebluette ist leychtlich zuuorstehen ... Die andernn tzwo sipschafft oder kindschafft, auß dem willen des fleyschs und auß dem willen des mannes, sind myr selb noch nitt gnugsam klar.

[511] 229,5–17.

[512] 229,17 f.

[513] 229,20.

[514] 229,21 f.

[515] 231,13.

[516] 231,12 f.

[517] 229,23.

[518] 230,1–15.

die fleischlich-natürliche Fortpflanzung überhaupt meine[519]. Dennoch faßt er zunächst, dieser Deutung folgend, den Sinn von V. 13 zusammen: »Wenn du nu gleych Abrahamß, Dauid recht kind, stieffkind, oder erwelet kind . . . werist, ßo hilfft dichs nit, du must auß gott geporn seyn«[520]. Daneben erörtert Luther dann aber noch eine zweite Möglichkeit, derzufolge die Trias der ausgeschlossenen Kindschaften die natürliche Nachkommenschaft insgesamt betreffe (›ex sanguinibus‹), ferner die Adoption (›ex voluntate carnis‹) sowie die »geystlichen kind(er)« (›ex voluntate viri‹) wie beispielsweise die Jünger eines Lehrers[521]. Doch wie auch immer: Entscheidend ist ihm allein, daß V. 13 jedwede Geburt, die nicht aus Gott ist, für unnütz erklärt. »Denn were ettwas nutzs gewest, der Euangelist, sintemal er so genaw sucht, wurdiß on zweyffel neben die gepurtt gottis gesetzt und sie nitt alleyn preysset haben«[522].

Nach diesen weithin unentschieden abwägenden Erläuterungen zu V. 13a—c kommt Luther wieder auf jene summarische Auskunft zu V. 12 zurück, die er nun mit V. 13d zu der zentralen, beide Verse umgreifenden These verbindet: »Die gotliche gepurt ist . . . nichts anderß, denn der glaub«[523]. Was darauf folgt, ist die knappe und unerhört dichte Entfaltung dieser Geburt. Als Leitfaden dient ihm dabei die zentrale Relation von Wort und Glaube: Im Glauben an das Wort des Evangeliums wird der ganze Mensch erneuert. Darin ist zugleich ein Fluchtpunkt von Luthers Sprachverständnis erreicht: Indem der Mensch in dem bergenden Raum des Evangeliums verwandelt wird, erhält er auch in seinem Sprechen teil am göttlichen Erbe. Diese in die Relation von Wort und Glaube eingeflochtene Verschränkung von göttlichem und dem im Glauben erneuerten, menschlichen Sprechen soll der letzte Paragraph dieser Arbeit wenigstens in den Grundlinien noch knapp rekonstruieren (§ 15). So mag es vorläufig genügen, die Denkspur, die Luthers Auslegung von Joh 1,13d durchzieht, in gebotener Kürze nachzuzeichnen.

Auf das — gewissermaßen als Überschrift — vorweggenommene Fazit, wonach die göttliche Geburt nichts anderes als der Glaube sei, folgt dessen dreigliedrige, durch ein knappes »Wie geht das tzu?« eingeleitete Entfaltung[524]. Zunächst knüpft Luther abermals an die Antinomie der beiden Lichter an: Wenn das Evangelium kommt und also das Licht der Gnade bezeugt wird, übergibt der Mensch, sofern er dem Zeugnis glaubt, sein natürliches Licht, damit er durch das Licht der Gnade erleuchtet werde[525]. Die von Luther gewählte Formulierung läßt klar erkennen, daß dabei nicht etwa an eine Verabschie-

---

[519] 230,8—13.
[520] 230,15—17.
[521] 230,19—231,12.
[522] 231,13—15.
[523] 231,16.
[524] 231,16—233,6; 233,7—234,11; 234,12—235,14.
[525] 231,16—232,4.

dung des lumen naturale gedacht ist, vielmehr an einen Herrschaftswechsel: »Der mensch ... gibt uber seynn liecht unnd dunckel (i. e. Denken), will gernn ... sich furenn, leren unnd erleuchten lassenn«[526]. Der nachfolgende Satz scheint diesen Aspekt des Herrschaftswechsels unterstreichen zu wollen, ist freilich grammatisch nicht ganz deutlich. Luther schreibt: »Da geht auß seyn alltis liecht, unnd geht ynn eyn newes liecht, der glawbe«. Während es für den ersten Satzteil auf der Hand liegt, daß damit nicht ein Erlöschen, sondern ein Herausgehen des alten Lichtes gemeint ist, stellt sich für den zweiten Satzteil die Frage nach dem grammatischen Subjekt. Dieses könnte zwar auch in dem ›neuen Licht‹ gesehen werden – wobei dann freilich das »ynn« hier als ›hinein‹ zu lesen wäre –, scheint jedoch eher in einem zu ergänzenden »er (sc. der mensch)« zu liegen, wofür nicht zuletzt der Fortgang des Satzes spricht, der dieses Subjekt dann mehrfach auch ausdrücklich macht[527]. Jedenfalls sieht Luther den Menschen darin »new gepornn auß gott durch das Euangelium«, daß sich hinsichtlich seines natürlichen Lichtes ein Herrschaftswechsel vollzieht: Er läßt sein altes Licht fahren – das Adjektiv ›alt‹ scheint ja anzudeuten, daß Luther nicht an die Verabschiedung der natürlichen Gabe der Vernunft denkt, sondern an deren sich absolut gebärdende und darin durch den Glauben überwundene, monistische Überschätzung – und hängt stattdessen dem Evangelium an[528]. Dabei verdient besonderes Interesse, wie häufig sich Luther in diesem Abschnitt der Präposition »ynn« bedient[529]: Das Evangelium, das Luther in Aufnahme von Jes 46,3 ausdrücklich »gottis uter« nennt[530], ist nicht nur eine Autorität, der man folgen, sondern ein Raum, in dem man leben kann; ein Raum mithin, der einen nicht nur birgt, sondern auch nährt (vgl. dazu die vorausgreifende Interpretation in §8.2.b.bb). Ihren Prüfstein findet diese neue, aus dem Evangelium empfangene Geburt in Anfechtung und Tod, wo sie sich erst recht zu bewähren hat[531]: Im Angesicht dieser umfassenden Infragestellung der eigenen Person muß sich entscheiden, ob man alles klam-

---

[526] 232,1–3.

[527] 232,4–7: Da ghet auß seyn alltis liecht, unnd geht ynn eyn newes liecht, der glawbe, demselben folgt er durch sterben und leben, hangt nur an dem getzeugniß Johannis odder des Euangelij, und sollt er alliß drob lassen, was er hat und vormag.

[528] 232,4–9.

[529] 232,3 (2x). 5.8.9.13.14.16.

[530] 232,13–16: Daher wirt das Euangelium gottis uter genennet, das er darynnen unß empfehet, tregt und gepiertt, wie eyn weyb eyn kind ynn yhrem uter empfeht, tregt und gepiertt. Jsaie 46: Hôret mich, yhr ubriges arm hewffleyn; Die ich trage ynn meynem uter etc.

[531] 232,5.16f.

mernd festhalten will oder aber, allein auf das Evangelium trauend, es fahren läßt[532] und so, »alß die rechten kinder . . ., auch tzum ewigen erbe« kommt[533].

Was Luther derart für die Antinomie der beiden Lichter herausgestellt hat, gilt nun aber für das Leben insgesamt. »Denn wo die vornunnft hyngeht, da folget der wille hynnach; wo der wille hyngeht, da folget die lieb, lust hynnach. Unnd muß alßo der gantz mensch ynn das Euangelium kriechen unnd alda new werden«[534]. Für diese durch die anthropologische bzw. psychologische Trichotomie aus ratio, voluntas und affectus repräsentierte Ganzheit des Menschen wählt Luther als Vergleich eine Schlange: Wie diese, wenn es Zeit ist, durch ein enges Felsloch kriecht und sich ihrer ganzen alten Haut entledigt, so muß sich auch der *ganze* Mensch in das Wort Gottes begeben, auf daß er daraus erneuert hervorgehe[535]. In zwei vielgliedrigen Reihen führt Luther auf, was alles der Mensch als seine alte Haut abstreift und inwiefern er »gantz ein ander new mensch« wird. Diese beiden Reihen sind insofern bemerkenswert, als Luther die zwischen ihnen auszumachende Parallelstruktur nur in einem einzigen Glied unterbrochen hat: Allein das ›Reden‹ des Menschen fällt aus der Reihe und avanciert rhetorisch von einem nachgeordneten Faktor das alten Menschen zur zentralen Qualität des im Wort Gottes erneuerten Menschen[536] (vgl. § 15.2). Dieser neue Mensch zeichnet sich für Luther vor allem dadurch aus, daß er in unbestechlicher Klarsicht erkennt, welche Narrheit darin liegt, hinsichtlich der Gotteskindschaft auf eigene Werke vertrauen zu wollen: Er gäbe »nit eyn heller umb aller Pfaffen, Munch, Bischoff, Bapst, platten, knappen, reuchernn, leutten, kertzen brennen, singen, orgelln, beten mit allem yh-

---

[532] 232,16–233,6: Diße gepurt ertzeygt sich recht, wenn die anfechtung und der todt hergeht, da empfindt man, wer da new odder allt geporn sey, da ringet und windet die vornunfft, das alte liecht, und lest nit gernn was sie dunckt und will, mag sich nit erwegen und begeben auff das Euangelium und yhr liecht faren lassen. Wilch aber new geporn synd oder daselbs new geporn werden, die faren und folgen, lassen faren liecht, leben, gut, ehre und was sie haben, trawen und hafften an dem tzeugnis Johannis.

[533] 233,6.

[534] 233,10–12.

[535] 233,11–17.

[536] 233,15.17–234,1: Alßo der mensch . . . tzeucht . . . ab seyn allte heutt, lest haussen seyn liecht, seyn dunckel, seyn willen, seyn liebe, seyn lust, seyn reden, seyn wircken, und wirt alßo gantz eyn ander new mensch, der alle dinck anderß ansihet denn vorhynn, anderß richtet, anderß urteylt, anderß dunckt, anderß will, anderß redt, anderß liebt, anderß lust, anderß wirckt unnd feret denn vorhynn. –
Für diese Sequenz könnte man folgende Strukturskizze zumindest in Erwägung ziehen:

rem eußerlichen weßen«[537]. Denn sofern die Vernunft den *geistlichen* Menschen befördern zu können glaubt, erhebt sie sich über sich selbst und wird »eygensynnig«, »narrisch«, »selbdunckend«, kurz: ein »alltes liecht«[538].

Gerade um dieser bleibend aktuellen Frontstellung zwischen Glaubens- und Werkgerechtigkeit willen wird schließlich auch deutlich, weshalb die Exklusionen von Joh 1,13a−c für ein rechtes Verständnis derer, »qui . . . ex Deo nati sunt« (V. 13d), unverzichtbar sind. Die Monotonie ist durchaus rhetorisch kalkuliert, wenn Luther einschärft, daß »tzu dißer kindschafft gottis keyn geblůtt, keyn frundschafft, keyn gepott, keyn lere, keyn vornunfft, keyn frey wille, keyn gutte werck, keyn gutt leben, keyn Carthuser orden, keyn geystlich standt, wenn er gleych englisch were, nutzlich odder hulfflich, ia nur hynderlich sey«[539]. Dies alles faßt Luther dahin zusammen, daß die Vernunft, sofern sie nicht erneuert wird und in ein neues Wesen gerät, sich notwendig auf derlei Dinge versteife, aus denen ihr dann kaum noch herauszuhelfen sei[540]. Darum sollen wir an allem verzagen, was uns »das falsch, eygensynnig, ey-

Er tzeucht ab seyn allte heutt − und sihet alle dinck anderß an denn vorhynn

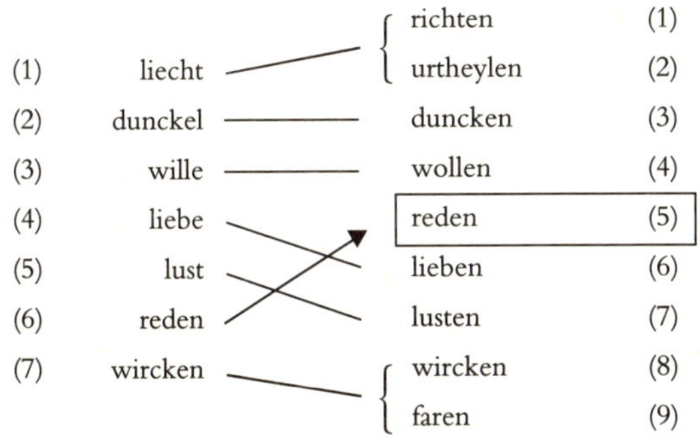

Abbildung 4

Es wäre überdies zu erwägen, ob der Wechsel von substantialen (alter Mensch) zu verbalen Bestimmungen (neuer Mensch) nicht ebenfalls von materialer Relevanz sein könnte. Unübersehbar ist jedenfalls, daß das ›reden‹ beim neuen Menschen aus der Peripherie ins Zentrum gerückt ist.

[537] 234,3−7.
[538] 234,1−11.
[539] 234,12−15.
[540] 234,15−235,3: Wo die vornunfft nit wirt tzuuor verneweret und ynn dißer weßen eyniß geredt, ßo fellt sie drauff, vorhartet und vorblendt sich drynn, das yhr nymmer oder gar schwerlich eraußtzuhelfffen ist, und meynet, yhr weßen und standt sey recht und gutt, tobet darnach und wuetedt widder alle, die solchs yhr weßen vorachten unnd furwerffen; alßo muß sie denn bleyben der allte mensch, gottis und seyner gnaden, Christus und seyniß liechts feynd, Johanni seynem tzeugen, das ist dem Euangelio, den kopff abschlahen und eygen menschenlere dafur auffrichten.

gensuchtig liecht der vornunfft vorgifft« hat[541]. Daß uns das wahre Licht, Christus, Macht gibt, Kinder Gottes zu werden, ist nicht anders zu erlangen als so, daß wir den, der von ihm zeugt, hören, ihm glauben und folgen[542]. Ist doch eben darum, daß uns das Licht erleuchte und in die Gotteskindschaft erneuere, Christus gekommen und Mensch geworden[543]. So ist Luther mit diesem bündigen Ende seines Kommentars zu Joh 1,12f zugleich auch der nahtlose Anschluß an den letzten Vers des alten Weihnachtsevangeliums (Joh 1,14) gelungen.

bb) Spätere Prolog-Predigten

Während in den späteren Prolog-Predigten Luthers für Joh 1,10f das immer stärkere Hervortreten eines einzelnen Gesichtspunktes — nämlich der Hochschätzung des Predigtamtes — zu beobachten war (vgl. § 14.1.b.bb), läßt sich für Joh 1,12f eine entsprechende Tendenz nicht festhalten. Was Luther nach 1522 zu diesen beiden Versen ausgeführt hat, ist eine vielfältige, da unterschiedlich gewichtende Variation der bereits in der Kirchenpostille traktierten Themen und Motive. Ein paar der späteren Akzentuierungen sind immerhin der Erwähnung wert.

In einer Weihnachtspredigt von 1528 hat Luther für die Zentralrelation von Wort und Glaube nachhaltig einen Kontingenzvorbehalt reklamiert. Zwar komme der Glaube niemals anders denn durch das Hören auf das Zeugnis des Worts. Dennoch lasse sich dafür kein zwingender Folgezusammenhang aufweisen. Luther denkt dabei ebenso an die verborgenen Früchte des Glaubens — »wie wenn besserung draus folget, die du nicht sehest?«[544] — wie an die seit den Tagen Christi und der Apostel sich einstellende Erfahrung, daß es immer nur wenige gewesen sind, die dem Evangelium anhingen[545]. Auch die für V. 12 ausgemachte Frontstellung gegen die »werckmeyster und gesetzlerer«[546] sieht sich später insofern modifiziert, als Luther nun gerade auch hinsichtlich der kirchlichen Amtsträger die Gewichte zurechtrückt. Wenn die Bischöfe nicht nur Zeugen, sondern »auch meister« sein und die Lehre Christi durch eigene Lehren ergänzen wollen, so hält ihnen Luther, da sich ihre Zusätze in der Schrift nicht finden lassen[547], schroff entgegen: »Euangelium fecit ecclesiam, non econtra«[548]. Um die Unumkehrbarkeit dieses eindeutig bestimmten Verhältnisses auf den Punkt zu bringen, verweist er gewissermaßen an den Ur-

---

[541] 235,9—11.
[542] 235,11—13.
[543] 235,12—14.
[544] WA 27; 537,9f.
[545] Ebd. 536,2—538,3.
[546] 228,4f.
[547] WA 29; 16,23 (1529): Non invenio in Euangelio scriptum.
[548] Ebd. 17,1.

sprungsort des Evangeliums: »Ubi erat christiana ecclesia, ubi latro pendebat in cruce? Ecclesia non facit Euangelium, sed econtra et ecclesia nams an und gleubts«[549].

Besonderes Interesse verdient jedoch die Nachmittagspredigt vom 17. Januar 1529, in der sich Luther ausführlich den beiden Versen Joh 1,12f gewidmet hat[550]. Breiten Raum nimmt dabei die Abwehr der Auffassung ein, V. 12 handle von der Gabe des liberum arbitrium (vgl. dazu § 14.2.a). Kein Spruch, meint Luther, rede so deutlich *gegen* den freien Willen wie dieser[551]. Mit gehörigem Spott quittiert er die philologische Gewaltsamkeit, die für eine Deutung auf das liberum arbitrium nötig sei, da man dann ja ›dedit‹ als ›creavit‹ lesen müsse: »Die grammaticos sol man zur schulen furen«[552]. Denn da V. 12 von bereits erschaffenen Menschen spreche, sei bei ihnen selbstverständlich auch der freie Wille schon vorauszusetzen[553]. Wovon dieser Vers vielmehr handle, sei allein jener unaussprechliche Schatz, daß wir Kinder Gottes werden sollen[554]. So verstanden, ist der Vers »der pesten Text einer in scriptura«, der sich unmöglich »aus predigen« lasse: Um zu sagen, was das bedeute: ein Kind Gottes werden, bräuchte er wohl zwanzig Predigten, meint Luther[555]. Das große Thema von V. 12 bilde darum die Antinomie von Vernunft bzw. freiem Willen und Glauben, was Luther auch im Folgevers sich fortsetzen sieht[556]. Gegen alle synergistischen Neigungen das ›sola fide‹ festzuhalten, gilt ihm als der Skopus beider Verse. In diesem Sinn resümiert er am Ende: »Summa: entwedder gegleubt ynn Christum odder verloren«[557].

In den von Aurifaber edierten Reihenpredigten findet sich eine verhältnismäßig breite Erörterung von Joh 1,13[558]. Zunächst wird auch hier als Tenor des an eine Confutatio gemahnenden Verses[559] das ›sola fide‹ bestimmt: Allein

---

[549] Ebd. 17,1−3; vgl. ebd. 16,8−17,7. − Bemerkenswert ist ferner, daß Luther in einer Predigt vom Januar 1533 als Ort der Gegenwart des Lichts nicht allein die Predigt, sondern − wovon jedenfalls 1522 noch nicht die Rede war − auch die Sakramente nennt (WA 37; 8,34−9,1). Daraus jedoch weitergehende Schlüsse zu ziehen, setzte eine sehr viel breiter fundierte, auf die Entwicklung des Verhältnisses von Predigt und Sakrament bei Luther abzielende Untersuchung voraus.

[550] WA 29; 28,10−36,13. − ALAND gibt für diese Predigt fälschlich Joh 1,8 ff als Textgrundlage an (Hilfsbuch zum Lutherstudium, 1970³, 233).

[551] Ebd. 33,11−13.

[552] Ebd. 30,12 f; vgl. ebd. 30,4−15.

[553] Ebd. 30,8−11; vgl. ebd. 32,1 f.

[554] Ebd. 31,17−32,9.

[555] Ebd. 33,6−8.

[556] Ebd. 34,1−36,12.

[557] Ebd. 36,12 f.

[558] WA 46; 614,2−624,16 (1537/38). − Vgl. bereits WA 29; 34,1−36,12 (1529).

[559] Ebd. 614,5−10: Das ist nu wie eine Confutatio, damit der Euangelist antwortet alle denen, in welchen etwas ist, das sie rhůmen kǒnnen, es sey so gut und so kǒstlich und so viel es jmermehr wolle, so hilffts doch nicht, Gottes Kind zuwerden. Dagegen zeiget er mit diesen worten klar und deutlich an, welche warhafftige Gottes kinder und Erben sind, die da gewalt haben, Gott zunennen jren Vater.

im Glauben vermag man ein Kind Gottes zu werden. Die drei exkludierten Geburten interpretiert Luther, Aurifaber zufolge, als die natürliche Geschlechterfolge des jüdischen Volkes (›ex sanguinibus‹)[560], ferner als die adoptive Aufnahme der aus den Heiden Geborenen in die Gemeinschaft der Juden (›ex voluntate carnis‹)[561], schließlich als die ehrenhalber erfolgende Titulierung eines Lehrers — oder auch Pfarrers — als Vater (›ex voluntate viri‹)[562]. Luther will nun diese drei Geburten durchaus als »gute, nůtzliche, ehrliche, Gôttliche werck« verstanden wissen: die natürliche — nämlich eheliche — Fortpflanzung, die Adoption von Waisen durch kinderlose Eheleute sowie der ehrenvolle Umgang mit allen Arten von »Oberheiten«[563]. Nur haben diese Werke im Reich zur Linken ihren Ort, nicht aber, wie Joh 1,13 deutlich mache, in dem zur Rechten. Darum mündet die Auslegung dieses Verses hier in die Mahnung, sich in das rechte Unterscheiden von Schöpfungsordnung und neuer Geburt einzuüben, weil sich nur so die Reinheit des ›sola fide‹ bewahren lasse:

> So unterscheide man nu vleissig unter der schôpffung, die erst geschehen, und unter der newen geburt, die uns widerbringt, was wir nach der schôpffung verlorn haben, hie sind wir an einem andern ort, wenn wir lesen diesen Text hie, und wenn man von der schôpffung redet. Das bleibt stehen: ein Fůrst ist besser denn ein Unterthan, ein Vater besser denn der Son, ein Herr besser denn der knecht, diesen unterscheid hat Gott also geschaffen und wil jn als ein geschôpff (!) und ordnung gehalten haben, aber solcher unterscheid machet nicht Gottes kinder. Dieser unterscheid hôret mit diesem leben auff, unsern hohen Stand oder Adel fressen Wůrme und Schlangen hinweg, werden aber kinder Gottes allein daher, das wir an Christus gleuben.[564]

3. Das Fleisch gewordene Wort (Joh 1,14)

a) In der Auslegung vor und neben Luther

Bei den meisten Prolog-Auslegungen vor und neben Luther, auch übrigens bei diesem selbst, geht die Exegese von Joh 1,14 in Gewicht und Umfang durchaus nicht, wie man vielleicht hätte vermuten wollen, über die anderen Einzelversauslegungen hinaus. Als bedeutende Ausnahme ist freilich Thomas von Aquin zu nennen. Aber auch für dessen ausführliche Kommentierung gilt, was sich über die Exegese von Joh 1,14 generell sagen läßt: Hier gibt es weder einen Streit um Grundthesen, noch werden umfassende Zusammenhänge entworfen. Vielmehr besteht die Exegese des Verses durchweg, auch

---

[560] Ebd. 614,20–619,19.
[561] Ebd. 619,20–621,2.
[562] Ebd. 621,3–622,2.
[563] Ebd. 622,3–29.
[564] Ebd. 622,38–623,7. — Zur Auslegung von Joh 1,13d vgl. ebd. 623,8–624,16.

bei Thomas, aus der additiv verbundenen Kommentierung einzelner Wörter und Wendungen. Das legt nahe, die knappe Übersicht in diesem Fall nicht primär chronologisch zu orientieren, sondern den Satzteilen entlang. Daß dafür der lateinische, nicht der griechische Text den Leitfaden abgibt, liegt auf der Hand.

Verbum caro factum est (V. 14a). Anknüpfend an seine auf V. 13 gemünzte Bemerkung, damit die Menschen aus Gott geboren würden, sei zuerst Gott aus ihnen geboren[565], beschränkt sich Augustin für V. 14 auf das Bild von Auge und Salbe. Das Wort, erläutert er, ist Fleisch geworden, damit es, einer heilenden Salbe gleich, unsere durch die Begierden des Fleisches verblendeten Augen wieder öffne für die Herrlichkeit des Lichts: »De puluere caecatus es, de puluere sanaris; ergo caro te caecauerat, caro te sanat«[566]. Allenthalben wird die Vokabel ›caro‹ als der — hebraisierende[567] — Inbegriff des ›totus homo‹ gedeutet, womit freilich, wie vor allem die Zeitgenossen Luthers, aber etwa auch schon Meister Eckhart, betonen, die elende Niedrigkeit akzentuiert werde, in die der Sohn Gottes herabgestiegen sei[568]. In der Auslegung des Aquinaten hat V. 14 eine besonders feingliedrige Deutung erfahren, die im Grunde jedes einzelne Wort als die Confutatio einer Irrlehre versteht[569]. Vor allem drei Gesichtspunkte sind dabei, V. 14a betreffend, der Erwähnung wert. Zum einen unterstreicht Thomas, daß das ›factum est‹ nicht eine ›conversio in carnem‹ bedeute, in der sich die beiden Naturen Christi vermischten, sondern eine die Unterscheidung der Naturen wahrende ›assumptio carnis‹[570]. Zum andern sieht er entgegen arianischer Irrtümer darin zugleich enthalten, daß das Wort nicht seelenloses, sondern ›beseeltes Fleisch‹ (caro animata) angenommen habe. Wenn jedoch der Evangelist nur die ›caro‹, nicht aber die ›anima rationalis‹ erwähne, so habe er ein Vierfaches bezweckt: Er wollte damit den manichäischen Doketismus abwehren, die Größe der Güte Gottes herausstreichen, die Einzigartigkeit der unio in Christus betonen und — was schon Augustin hervorgehoben hatte — die Kongruenz zu der Erneuerung des Menschen aufweisen, da doch die ›caro infirma‹ durch die ›caro Verbi‹ wiederher-

---

[565] S. Anm. 491.

[566] Augustin (s. Anm. 413) II.16, CChr.SL 36,19 (= PL 35,1395 f). — Vgl. ferner z. B. JEAN GERSON, Oeuvres complètes, hg. v. MGR. GLORIEUX, Vol V (L'oeuvre oratoire), Tournai 1963, 600—603.

[567] So beispielsweise Erasmus, In Novum Testamentum Annotationes, Basel 1519, 165 f. — Zwingli (s. Anm. 90), 684 f.

[568] Meister Eckhart (s. Anm. 414) I.116 (LW III,101). — Erasmus (s. Anm. 567). — Melanchthon (s. Anm. 428) CR 15,24—26. — Calvin (s. Anm. 11) CR 75,13 f. — Ohne die genannte Akzentuierung etwa RUPERT VON DEUTZ (s. Anm. 8) I.1.14, CChr.CM 9,26—28 (= PL 170,220 f). — Glossa ordinaria (s. Anm. 9) fol. 187^v–188^r. — Zwingli (s. Anm. 90), 684 f.

[569] Thomas (s. Anm. 12) I.7.165—8.190, S. 33—38. — Vgl. dazu C. C. BLACK II (s. Anm. 12). — Ferner LOEWENICH (s. Anm. 23), 23 f.

[570] I.7.166, S. 33.

gestellt worden ist[571]. Schließlich deutet Thomas das ›factum est‹ als die gezielte Abwehr des nestorianischen Irrtums, demzufolge in Christus zwei Personen und zwei Söhne gewesen seien, weshalb denn auch die selige Jungfrau
nicht die Mutter Gottes sei[572]. Übrigens hat dann Melanchthon zu Beginn seiner Einzelversauslegung kurz die Frage erörtert, warum der Evangelist die
Aussage von V. 14 nicht schon an früherer Stelle gemacht habe: Weil es diesem, wie Melanchthon sogleich zur Antwort gibt, zunächst auf die göttliche
Kraft des Wortes angekommen sei, während das Fleisch Christi weder erleuchte noch lebendig mache noch das Leben erneuere[573].

Et habitavit in nobis (V. 14b). Für Thomas läßt sich dieser Satz in zweifacher
Weise verstehen: zunächst so, daß man ihn als die Näherbestimmung der in
V. 14a genannten Fleischwerdung liest. So wäre der ›modus incarnationis‹ dahin bestimmt, daß Christus »in nostra natura« gewohnt hat und also »naturaliter« von dieser verschieden ist. Denn in dem Wort ›habitare‹ klinge immer
zugleich auch der Unterschied an zwischen Bewohner und Wohnung[574]. Jedoch lasse sich, wie Thomas fortfährt, V. 14b auch als Hinweis auf den irdischen Lebenswandel Christi deuten. So gesehen, hätte der Evangelist damit
die Wahrhaftigkeit seines Zeugnisses beglaubigt, als hätte er – wie dann in
1 Joh 1,1 – sagen wollen: Ich kann sehr wohl über ihn Zeugnis ablegen, denn
ich habe mit ihm gelebt[575]. Demgegenüber deutet Faber Stapulensis diesen
Versteil einerseits auf den Erdenwandel Christi, andererseits jedoch auf die gegenwärtige, aus Gnade ins Werk gesetzte Einwohnung Gottes in allen Heiligen, von der dann auch Joh 14 spreche[576]. Calvin hat dagegen, wiewohl unter
Vorbehalten, erwogen, ob sich das »habitavit in nobis« auf die Menschen insgesamt oder nicht doch nur auf die Jünger beziehe[577].

Et vidimus gloriam eius (V. 14c). In diesem Versteil hat die Exegeten weniger
den Vorgang des Sehens[578] als vielmehr dessen Gegenstand beschäftigt. Wäh-

---

[571] I.7.167–169, S. 33 f.

[572] I.7.170, S. 34.

[573] Melanchthon (s. Anm. 423) CR 14,1062 f. – Bemerkenswert ist auch, daß Tauler
(Predigten, hg. v. F. VETTER [DTMA 9], 1910, ND 1968) in einer Weihnachtspredigt die
Geburt Christi, in der er »unser brůder ist worden« (ebd. 11,1–3), zum Anlaß nahm, ausschließlich von der Vorbildhaftigkeit der Mutter Maria zu reden, »daz wir wore geistliche
můter werden« (ebd. 12,15; vgl. ebd. 11,1–12,15).

[574] Thomas I.7.173.

[575] I.7.177 f, S. 35.

[576] Faber Stapulensis (s. Anm. 414), fol. 126ᵛ: Habitauit etiam in nobis, id est inter nos,
quando in terris, qui dominus omnium erat, uisus est, & cum hominibus conuersatus est.
Nunc autem habitat in omnibus sanctis & per gratiam, & per diuinam praesentiam: sicut
ipse alio loco testatur, dicens: Si quis diligit me, sermonem meum seruabit, & pater meus
dililiget (!) eum: & ad eum ueniemus, & mansionem apud eum faciemus.

[577] Calvin (s. Anm. 11) CR 75,15.

[578] So etwa Melanchthon (s. Anm. 423) CR 14,1063: *Vidimus,* non oculis tantum carnis,
sed fide credentes, et sententies, peccatum et mortem deleta esse.

rend Augustin die ›gloria‹ unter ausdrücklicher Exklusion der humilitas Christi allein auf die Herrlichkeit des ewigen Wortes bezieht[579], verweisen die meisten Ausleger dafür auf die Wunder Jesu, unter Einschluß freilich seiner Auferstehung und Himmelfahrt sowie der Ausgießung des Geistes[580]. Hingegen zieht Thomas beides in Betracht: die Wohltaten des fleischgewordenen Wortes wie die Wohltat der Gnade, auf die es Augustin gedeutet habe[581]. Interessant ist auch, daß Calvin diesen Vers dann abermals zum Anlaß nimmt, für die Herrlichkeit Christi herauszustreichen, sie hätte allen, die ihm auf Erden begegnet sind, sichtbar sein können[582].

Gloriam quasi unigeniti a patre (V. 14d). Von den verschiedenen Kommentaren braucht an dieser Stelle lediglich der Hinweis des Thomas erwähnt zu werden, der, seinerseits auf Gregor verweisend, das ›quasi‹ nicht einschränkend, vielmehr gerade als die ausdrückliche Beglaubigung der ›singularitas gloriae eius‹ verstanden wissen will[583].

Plenum gratiae et veritatis (V. 14e). Für Thomas ist darin in Hinsicht auf Christus ein Dreifaches ausgesagt. Einmal die unio betreffend: Christus ist auf vollkommenste Weise mit Gott vereint[584]. Zweitens die ›perfectio animae‹ betreffend: In der Seele Christi ist die unbegrenzte Fülle aller Gnaden gewesen[585]. Schließlich die Würde des Hauptes betreffend: Als das caput ecclesiae obliegt es Christus, die Gnade und Wahrheit an andere weiterzugeben[586]. Bemerkenswert ist ferner, daß die Glossa interlinearis ›gratia‹ der Menschheit Christi, ›veritas‹ hingegen der Gottheit Christi zugeordnet hatte[587]. Für Calvin fallen ›gratia‹ und ›veritas‹ dann ineins: Beide verwiesen sie darauf, daß Christus in seinem Erdenwandel von den Aposteln als Sohn Gottes habe erkannt werden können[588].

---

[579] Augustin (s. Anm. 413) II.16, CChr.SL 36,19 (= PL 35,1395 f.).

[580] RUPERT VON DEUTZ (s. Anm. 8) I.1.14, CChr.CM 9,29 f (= PL 170, 223). − Erasmus (s. Anm. 567). − Melanchthon (s. Anm. 428) CR 15,27.

[581] Thomas (s. Anm. 12) I.8.179−183, S. 36.

[582] Calvin (s. Anm. 11) CR 75,15.

[583] Thomas (s. Anm. 12) I.8.184 f, S. 36 f: Consequenter eum dicit *Gloriam quasi unigeniti,* ostendit gloriae eius singularitatem ... Hoc autem quod dicit *quasi* est expressivum veritatis, secundum Gregorium ... − Vgl. ebd. I.8.186 f, S. 37.

[584] I.8.188, S. 37 f.

[585] I.8.189, S. 38.

[586] I.8.190, S. 38.

[587] Glossa interlinearis (s. Anm. 9), fol. 188ᵛ.

[588] Calvin (s. Anm. 11) CR 75,15 f.

b) In der Auslegung Luthers

aa) Wartburgpostille

Man lasse sich durch den ungewöhnlich großen Umfang von Luthers Kommentar zu Joh 1,14[589] nicht darin täuschen, daß der Kulminationspunkt seiner Prolog-Auslegung bereits in der Erklärung von V. 13d erreicht worden war: Auf die Fundamentalrelation von bezeugtem Licht und Erleuchtung, von Evangelium und Gotteskindschaft, kurz: von Wort und Glaube lief alles hinaus. Die darauf noch folgende Auslegung von Joh 1,14 ist allein wegen des exkursartigen Einschubs so ausführlich geraten, der, von V. 14a ausgehend, die Antinomie von dünkelhafter Vernunft und schriftgemäßem Glauben ganz allgemein zum Thema hat. Stellt man diesen Einschub, der weit mehr als die Hälfte des Kommentars zu V. 14 ausmacht[590], in Rechnung, so bleibt die eigentliche Texterklärung durchaus in einem üblichen Rahmen; sie ist zudem, darin den Auslegungen vor und neben Luther gleichend, fast ganz auf die Erläuterung der wichtigsten Wörter beschränkt.

Luthers Kommentar zu V. 14a erschöpft sich in der Anleitung, man möge ›fleysch‹ hier im Sinne des *ganzen*, nun freilich dichotomisch als »leyb unnd seel« bestimmten Menschen verstehen[591]. Diese schlichte Erklärung hat Luther allerdings stark untermauert. Daß der gebrauchte modus loquendi sich »nach der schrifft gewonheyt« ausrichte, sollen gleich vier Schriftstellen belegen: zunächst der vorausgehende Vers des Johannes-Prologs (Joh 1,13b), dann zwei Worte Christi (Mt 24,22 u. Joh 17,2), die ihrerseits einen einschlägigen Vers aus dem Psalter (Ps 78,39) umschließen[592]. Dazu verweist Luther auf die entsprechende Wendung des Bekenntnisses, das von der »aufferstehung des fleyschs, das ist: aller menschen« handle[593]. Diese starke gesamtbiblische Absicherung, meint Luther, sei nötig, da gerade V. 14a eine große Zahl ketzerischer Fehldeutungen auf sich gezogen habe, von denen er die Photinus von Sirmium und Apollinaris von Laodicea zugeschriebene Irrlehre, Christus sei ein Mensch ohne Seele, sowie den manichäischen Doketismus ausdrücklich hervorhebt[594]. Um sich solcherlei Ketzereien zu erwehren, habe der Evangelist

---

[589] 235,15—247,3. Dieser Teil macht nahezu ein Fünftel der gesamten Prolog-Auslegung aus (248 von 1307 WA-Druckzeilen).

[590] 236,10—243,5; das sind 147 von 248 WA-Druckzeilen.

[591] 235,18f. — Vgl. E. Schott, Fleisch und Geist nach Luthers Lehre unter besonderer Berücksichtigung des Begriffs »totus homo«, 1928, ND 1969. — Vgl. ferner W. Strolz, Das Schöpfungswort im Anfang (Gen 1,1—31) und das fleischgewordene Wort (Joh 1,14). Eine sprachtheologische Besinnung (in: W. Strolz/H. Waldenfels [Hg.], Christliche Grundlagen des Dialogs mit den Weltreligionen, 1983, 98—126). — E. Lippold, »Das Wort ward Fleisch« oder »Das Wort wurde Mensch«? (ZDZ 37, 1983, 77f).

[592] 235,19—236,3.

[593] 235,20f.

[594] 236,3—10.

das »begreyfflich wortt« gebraucht, Christus »sey fleysch worden, das ist: eyn mensch, wie eyn ander mensche, der fleysch und blutt, leyb und seel habe«[595].

Mit dieser Frontstellung des Evangelisten sieht Luther einen Prozeß zunehmender Schriftvergessenheit in Gang gesetzt, der nun an sein Ende gelangt sei. Eben dies aber wertet er als ein eschatologisches Zeichen: Es gehört »tzu des Endchrists tzeyt«, daß er die Schrift »nit stucklich, ßondernn semptlich unterdruckt« und somit alle Ketzereien »ynn eine *grundsuppe*« vermengt[596]. Diese häretische ›grundsuppe‹ aber, meint Luther, habe der Papst angerichtet, indem durch diesen die *ganze* Schrift niedergelegt und stattdessen ein eigenes Gesetz errichtet worden sei[597]. So leitet Luther von der Einzelauslegung zu V. 14a zu seinem exkursartigen Einschub über, der die genannte Antinomie von maßloser Vernunft und schriftgemäßem Glauben in denkbar allgemein gehaltenen Zügen skizziert, sich dabei jedoch weithin aus Motiven speist, die im Zuge der Prolog-Auslegung schon einmal begegnet sind. Da dieser Einschub weder für Luthers Prologexegese noch für die Frage nach seinem Sprachverständnis von besonderem Interesse ist, mag es erlaubt sein, unter Verzicht auf eine detaillierte, rückbindende Entfaltung der einzelnen Sätze und Gedanken lediglich die Grundlinie in Kürze anzudeuten.

»Vor tzeytten«, beginnt Luther, hätten die Ketzer wenigstens einige Lehren der Schrift noch stehen lassen. Heute jedoch hätten sie den Glauben ganz und gar gegen »eyttel menschengesetz und (-)werck« eingetauscht[598]. Diese prinzipielle Abkehr von der Schrift lasse nun aber jede differenzierende Abstufung innerhalb der Ketzerei hinfällig erscheinen, da doch, sofern ich durch eigene Werke die Gnade Gottes erlangen kann — denn eben darin stimmten alle Ketzereien zusammen —, die Person Christi insgesamt, erst recht aber alle christologischen Differenzen, obsolet geworden seien[599]. Indem die Ketzer sich gleichwohl christlich gebärden, machen sie, da Herz und Mund auseinanderklaffen, sich selbst zu Lügnern (vgl. §7.2.c): Sie nennen »Christum mit dem mund unnd fedder . . . tzum deckel und scheyn«[600]. Darum sind denn auch der Papst und die Seinen »die grundsuppe aller ketzereyen«, da doch sie in Wahr-

---

[595] 236,10−12.

[596] 236,12−16; Hervorhebung von mir.

[597] 236,17 f.

[598] 237,4−7: Vor tzeytten wie bóß die ketzer waren, blieben sie doch ynn der schrifft unnd ließen ettlich stuck gantz, aber itzt, was ist ubir bliebenn? dieweyl diß gottis gepurt und der glawb nit mehr erkennet noch predigt wirtt, ßondern eyttel menschengesetz und werck getrieben werdenn? — Insofern, meint Luther, sei sogar deren Titulierung als Ketzer überholt (ebd. 236,18−237,3): Drumb sind itzt die Bischoff nit mehr ketzer, konden auch nit ketzer werden, denn sie haben des buchs keyn stuck, darynnen ketzer werden, das ist, die Euangelia, und haben alle ketzerey auff eynen hawffen zu sich bracht.

[599] 237,7−238,9.

[600] 237,15 f; 237,22−238,2.

heit, freilich unter dem Anschein des Gegenteils, Christus und das Wort Gottes ganz erdrücken[601].

In dieser »ergisten Endchristischen tzeyt«, fährt Luther fort, gelte es, weise zu sein und dem Evangelium anzuhängen, welches nicht unsere menschliche Vernunft, sondern allein Christus als Licht und Leben der Menschen bezeuge[602]. Um aber den Menschen ein Licht zu werden, ist Christus Mensch geworden, auf daß er, wie Luther in einem geradezu rührenden Bild ausführt, in dem gesamten Weltgebäude, einer Laterne gleich, nach den Menschen suchen könnte bis an den Jüngsten Tag[603]. Eben dies aber, daß Gott Mensch geworden ist und darum die beiden Naturen in Christus vereinigt sind, macht den »hohe(n) artickell« aus, den der Johannes-Prolog bezeugt und den, wie Luther in deutlicher Anspielung auf die Rahmenteile der Vorrede[604] hinzufügt, der Glaube ganz und gar verstehen könne, nicht jedoch die Vernunft[605]. Zwar widerstrebe dieser Artikel nicht der Vernunft, sofern diese zum Glauben an Gott anhalte. Nur belasse es die Vernunft dabei, anstatt auch bekennen zu können, wer dieser Gott wirklich ist; es ist der »dunckel« der Vernunft, der sie vor der biblischen Auskunft, das Wort sei Gott, zurückschrecken läßt, weil sie sich zu der Selbstbegrenzung, die daraus notwendig folgen müßte, nicht entschließen kann[606]. Denn die Vernunft »will got richten ynn alle seynen wercken und wortten und will von yhm ungerichtet seyn. Es soll ynn yhrem wilkore stehen, was got sey odder nitt sey«[607]. Darum lehre auch die derart entschränkte

---

[601] 238,9–18: Drumb hab ich gesagt, Bapst, Bischoff und hohen schulen sind nit gutt gnug, das sie ketzer mochten seyn, ßondernn sie ubirtreffen alle ketzer und sind die grundsuppe aller ketzereyen, yrthumb unnd abtgottereyen, die von anbegynn geweßen, damit das sie Christum gantz, gottis wort auch gantz vordrucken und nur die namen dauon tzum scheyn behalten, wilchs noch nie keyn abtgottere, nie keyn ketzer, nie kein Juden than haben, der Turck auch nit ßo ßere dasselb thut. Und ob die heyden fur Christus gepurt auch wol on Christo und schrifft gewest sind, haben die doch nitt widder die schrifft und Christum gehandellt, wie diße thun. Drumb sind sie on gleychen besser geweßen, denn die Papistenn.

[602] 238,19–239,2.

[603] 239,3–14; vgl. ebd. 239,7–14: Unnd auff das er eyn liecht der menschen wurd, das ist: das er bekand wurd, ist er komen, hatt sich unter sie leyplich und personlich ertzeygt und ist mensch worden, da ist das liecht ynn die latern gesetzt, und nit der vorlorn pfennig durch seyn werck und liecht der latern nachlauffen und sie gesucht, ßondernn die latern hatt den pfennig gesucht und funden mit yhrem liecht, hat drob das gantz hawß dißer wellt mit dem rechten keerbeßen gekeret und ynn allen wincklen sucht, sucht, keeret, und findt auch noch biß an Jungisten tag.

[604] 181,7–14; 188,18–23. – Vgl. dazu die in § 2 dieser Arbeit vorgeschlagene Gliederung.

[605] 239,15–20.

[606] 239,20–240,10.

[607] 240,10–12.

Vernunft nicht Christus, sondern die Gerechtigkeit aus den Werken: »das sie nur alleyn gott und recht were«[608].

So wird die entgrenzte ratio trotz ihrer Einsicht, daß man Gott ehren müsse, genötigt, sich Abgötter zu machen[609]. Dem hält Luther mit großem Nachdruck die Unteilbarkeit des Gottesglaubens entgegen: Hätte Abraham sich dem Befehl, seinen Sohn zu opfern, aus Gründen der Vernunft entzogen, im übrigen aber sich zu Gott, dem Schöpfer Himmels und der Erde, bekannt — »er hett gelogen«[610]. Darum können Gottesglaube und der »dunckel« der Vernunft einander nicht dulden: Die wirklich an einen Schöpfergott glaubten, wüßten zugleich, »das derselb got auch eyn scheppfer ubir yhren dunckel were und denselben machen, brechen, richten sollt wie er wollt«[611]. Gegen allen Dünkel der Vernunft predigt Luther darum allein den Glauben. Gibt es doch für den Willen Gottes kein gewisseres Zeichen als dies, daß er »widder und ubir den dunckel ist« und so die sich absolut gebärdende Vernunft — »die dunckeler«[612], sagt Luther, die »gottmecher und gotmeyster«[613] — in die Irre führt[614]. —

Als hätte er plötzlich bemerkt, wie weit damit die Exegese von Joh 1,14 aus dem Blick geraten ist, unterbricht Luther seinen nicht sehr stringent disponierten und darum innerlich keineswegs deutlich abgeschlossenen Einschub mit der Selbstermahnung: »Das sey dauon itzt gnug, komen widder auff das Euangelium«[615]. Was darauf noch folgt, sind lediglich ein paar Erläuterungen zu den ausstehenden Versteilen von V. 14 sowie eine überraschend knappe Schlußbemerkung. Was zunächst das »habitavit in nobis« (V. 14b) angeht, so deutet Luther diese Wendung uneingeschränkt auf den Erdenwandel Christi, der in nichts von dem der anderen Menschen unterschieden sei — denn er hat »essen, trincken, schlaffen, wachen, erbeytt, ruge, hawß und stadt, gehn und stehen, kleyd und gewant, und alle menschliche wandell und geperden auch gefurt«[616] —, so daß niemand diesen Menschen als einen Gott erkannt hätte, wenn es ihm nicht verkündigt worden wäre[617]. Abermals streicht Luther damit die für den Christusglauben schlechthin konstitutive Bedeutung der Evangeliumspredigt heraus[618].

---

[608] 240,19f; vgl. ebd. 240,12−21.
[609] 240,22−241,6.
[610] 241,6−17.
[611] 241,20−242,1; vgl. ebd. 241,17−242,3.
[612] 242,11.16.
[613] 242,17.
[614] 242,4−243,5.
[615] 243,6.
[616] 243,19−21.
[617] 243,6−22. − Der Gegensatz zu Calvin ist offenkundig; vgl. dazu Anm. 582.
[618] 243,21f.

Der Kommentar zu V. 14c (»vidimus gloriam eius«) beschränkt sich darauf, die gewählte Übersetzung für ›gloria‹ zu begründen: »Wenn ich«, erläutert Luther, diese die Gottheit Christi bezeichnende Vokabel »auff recht deutsch sagen sollt, sprech ich, das dieselbe ehre, die auff hebreisch: Cabod, auff kriechisch: Doxa und auff latinisch: gloria heyßt, auff deutsch hieße: herlikkeyt«[619]. Für diese Übersetzungsentscheidung kann er sich ebenso auf den allgemeinen[620] wie auf den biblischen Sprachgebrauch berufen[621], desgleichen auf die in der vorausgehenden Postillenpredigt daraus bereits abgeleitete Dolmetschung von Hebr 1,3[622]. Das »unigenitus« von V. 14d deutet Luther als Ausdruck der innerhalb der Gotteskinder anzusetzenden spezifischen Differenz: Christus ist der »eynige, eingeporne« Sohn Gottes und also wahrer Gott[623], alle andern hingegen, denen er ein Bruder ist, sind »erwelete kinder auß gnaden, nit geporn auß natur«[624]. Das die letzten drei Versteile (V. 14c—e) regierende »vidimus« beziehe sich, wie Luther fortfährt, nicht allein auf das leiblich-äußerliche Sehen, das ja, wie das Beispiel der Juden belege, durchaus ambivalent sei, sondern vor allem auf das Sehen des Glaubens: Sie vor allem, die Gläubigen, seien gemeint, die die Herrlichkeit des eingeborenen Sohnes Gottes mit den Augen gesehen hätten und mit dem Herzen geglaubt[625]. Schließlich erläutert Luther die beiden in der Bibel meist gemeinsam begegnenden Wörter ›gnade‹ und ›warheytt‹ (V. 14e): »Gnade bedeutt, das es allis angenehm ist fur gott, was er ist und thutt. Warheytt bedeutt, das es allis grundgůt unnd recht ist ynn yhm selb, was er ist unnd thutt«[626]. In strenger Antithetik setzt Luther diesen Gottesprädikationen deren menschliche Opposition entgegen: »Ynn den menschenn, da ist eyttel ungnad und falscheytt«[627]. Wieder soll diese Antithese nicht als die generelle Disqualifizierung der ratio verstanden sein, der Luther keineswegs absprechen will, daß an ihr »ettlich ding war unnd angenehm« seien[628]. Indes gilt die hier gleichwohl uneingeschränkte Verwerfung des natürlichen Lichts nicht diesen »ettlich ding«, sondern dem unangemessenen Gebrauch, den der Mensch von ihnen macht: Indem er ihren Kompetenzbereich transzendiert, kann der Mensch sich des natürlichen Lichts gar nicht anders bedienen »denn nur gott zuwidder«[629].

---

[619] 244,1—7.

[620] 244,7—12.

[621] 244,12—17.

[622] 244,17—245,5.

[623] 245,6—14.

[624] 245,14—16.

[625] 245,16—23.

[626] 246,1—4.

[627] 246,5 f.

[628] 246,11—13: Wie droben gesagt, ist wol war, das ettlich ding war unnd angenehm seyn, Alß des naturlich licht, das da sagt: drey unnd tzwey sind funffe, Gott ist zu ehren etc. — Vgl. schon 204,9—206,16 sowie dazu § 10.2.b dieser Arbeit.

[629] 246,17—19; vgl. ebd. 246,1—19.

Es mag überraschen, wie beiläufig Luther seine große Auslegung des Johannes-Prologs beschließt: ohne Rückblick und Zusammenfassung, ohne Schlußthese und letzte Pointe, hört er einfach auf. Das entspricht freilich den Gepflogenheiten des Predigers Luther, der auf die ›peroratio‹ — Kernelement einer jeden der rhetorischen Tradition verpflichteten Rede[630] — zumeist verzichtet hat. Immerhin scheint er am Ende seiner Prolog-Auslegung selbst darauf einzugehen: In diesem Evangelium, schreibt er zuletzt, sei es nicht nötig, »den harnisch« zu suchen, da es doch »eyttel harnisch und hawbtstuck« sei: Als ein Ganzes bildet der Johannes-Prolog den Schriftgrund für die Lehre — Luther sagt lieber: für »den artickel des glawbens« — von den zwei Naturen Christi. Als wollte er noch einmal die antithetische Grundstruktur seines Denkens erinnern, fügt Luther im Nachsatz noch die Verwerfung der gegenteiligen, die Verbindung von Natur und Gnade propagierenden Auffassung an, nicht scheuend, daß so, entgegen der rhetorischen Regel, das letzte Wort den abgewiesenen »Papisten und Pelagianer(n)« gilt[631].

bb) Spätere Prolog-Predigten

Schon die Weihnachtspredigt von 1514 hatte sich in ihrem tropologischen Schlußteil[632] auf Joh 1,14 bezogen. Als Leitsatz hatte Luther, ähnlich wie bereits Augustinus[633], in Anlehnung an die bekannte Sentenz des Athanasius[634] formuliert: »Ideo verbum fit caro, ut caro fiat homo. Ideo Deus fit homo, ut homo fiat Deus«[635]. Gleichwie jedoch das Wort nicht in das Fleisch verwandelt worden ist, sondern es angenommen und mit sich vereint hat, werden auch wir nicht ›substantialiter‹ in das Wort verwandelt, sondern nehmen es an und werden durch den Glauben mit ihm vereint: so freilich, daß wir dann, wie man sagen muß, das Wort nicht nur haben, sondern auch sind[636]. Freilich bewegt sich diese interessante Entfaltung des Leitsatzes noch weithin in den tra-

---

[630] G. Ueding / B. Steinbrink, Grundriß der Rhetorik. Geschichte, Technik, Methode, 1986², 255—257.

[631] 246,20—247,3: Auß dissem Euangelio ist nit nodt den harnisch zu suchen, es ist eyttel harnisch und hawbtstuck, die da gründen den artickel des glawbens, das Christus war gott und mensch sey. Und das on gnade die natur, frey wille und werck nichts sein denn lugen, sund, yrthumb und ketzerey, widder die Papisten und Pelagianer.

[632] BoA 5; 416,9—417,25 (= WA 1; 28,25—29,31).

[633] S. Anm. 565.

[634] De incarnatione verbi, c. 54: ὁ τοῦ θεοῦ λόγος ἐνανθρώπησεν ἵνα ἡμεῖς θεοποιηθῶμεν (zitiert nach BoA 5; 416,11 f. Anm.).

[635] BoA 5; 416,9—12 (= WA 1; 28,25—28).

[636] BoA 5; 416,22—27 (= WA 1; 28,36—41): Nec verbum ita factum est caro, quod se deseruerit et in carnem mutatum sit, sed quod assumsit et sibi univit carnem, qua unione non tantum habere dicitur carnem, sed etiam esse caro. Ita nec nos qui sumus caro sic efficimur verbum, quod in verbum substantialiter mutemur, sed quod assumimus et per fidem ipsum nobis unimus, qua unione non tantum habere verbum sed etiam esse dicimur.

ditionellen, aristotelisch-scholastischen Denkformen. Die Frage, wie sich dieser frühe Entwurf einer soteriologischen unio zu der späteren Zentralrelation
von Wort und Glaube fortentwickelt hat, formuliert eine gewichtige, jedoch
ungemein diffizile und darum hier nicht zu leistende Forschungsaufgabe[637].

Die auf die Wartburgpostille dann noch folgenden Prolog-Predigten bewegen sich, was Joh 1,14 angeht, im wesentlichen innerhalb des dort gezogenen
Rahmens. Gelegentliche Pointierungen lassen sich dennoch verzeichnen. So
bringt Luther in einer Predigt vom 1. Januar 1539 die unter den ›filii Dei‹ anzusetzende Fundamentalunterscheidung auf die Formel, das Fleisch gewordene Wort[638] sei, als der »unigenitus filius a patre«, aus einer ›interna generatio‹, wir hingegen aus der ›externa generatio‹ hervorgegangen, wofür Luther
hier allerdings nicht auf den Glauben an das Wort, sondern allein auf die Taufe
verweist[639]. Interessant ist ferner, daß er das »habitavit in nobis« (V. 14b) in einer Weihnachtspredigt von 1541 ›corporaliter‹ auf den Erdenwandel Christi
unter den Juden deutet, ›geistlich‹ aber auf die Kirche, in der Christus bis heute
wohne und predigend, taufend und vergebend am Werke sei[640].

In den von Aurifaber edierten Reihenpredigten hat V. 14 eine sehr breite
Kommentierung erfahren[641]. Dennoch ist hier, verglichen mit der Auslegung
von 1522, nichts substantiell Neues zu verbuchen – mit einer Ausnahme.
Diese betrifft einige Bemerkungen zum Sprechen Christi, die hier in die Exegese des Verses eingeflochten sind. Der in bezug auf das ›vere homo‹ ange-
meldete Vorbehalt der Sündlosigkeit Christi wird von Luther dahin präzisiert,
daß »kein betrug in seinem Munde ist erfunden worden«[642], sodaß, wenn anders es zum Menschsein des Menschen gehört, daß er Herz und Mund nicht
in Übereinstimmung halten kann und also, mit Ps 116,11 zu reden, ein Lügner
ist (vgl. §7.2.c), schon darin die Gottheit Christi erscheint. Entsprechend

---

[637] Vgl. BAYER, Promissio (s. Anm. 204), 24–31. – LOEWENICH (s. Anm. 23), 34 f.

[638] Vgl. dazu z. B. WA 36; 409,28–410,5 (1532).

[639] WA 47; 638,20–640,3 (1539).

[640] WA 49; 249,4–251,2 (1541): *Et habitavit etc.* Imo adhuc inter nos. Inter Iudeos habi-
tans as er, tranck, gieng in die heuser, war, wo andere leute etc. Et adhuc inter nos habitat.
Sein wonung ist Christiana Ecclesia, in his habitat, qui baptisati, qui adorant, adscribun-
tur. Nobiscum loquitur. Jtzt audimus eum loqui, videmus baptisare, peccata remittere per
totum mundum. Cum apud Iudeos habitabat, tantum pauci videbant in Iuda. Nos eius kirchen, hûten, wonung. Sic factus homo, ut apud nos wone, er helt sein kamer und kirchen
auff erden, loquitur nobiscum und thuts gewaltiger quam tunc inter Iudeos. Iam plures
convertit, cum est geistlich apud nos per spiritum sanctum, quam olim, cum corporaliter.
Omnes peccatores excitat a morte et surdos audire, mutos loqui etc. facit. Ideo miracula
sind itzt viel stercker etc.

[641] WA 46; 624,17–644,23 (1537/38). – Der Auslegung der einzelnen Versteile ist hier
sogar eine Anleitung vorgeschaltet, wie mit diesem Kernwort des christlichen Glaubens
recht umzugehen und wie es als Waffe gegen den Teufel zu gebrauchen sei (ebd.
624,17–631,16).

[642] Ebd. 634,17–20.

führt dann Luther, ›seine Herrlichkeit‹ (V. 14c) erläuternd, auch aus, daß man in vielen Worten, die Christus auf Erden sprach, die schöpferische Kraft des göttlichen Sprechens habe walten sehen[643] (vgl. § 11.2.a).

Die Disputation »De Sententia: Verbum caro factum est« (1539)[644] hat die Frage einer doppelten Wahrheit sowie die daraus entspringende Unterscheidung von vetus lingua rationis und nova lingua theologiae zu ihrem Gegenstand und kann an dieser Stelle außer Betracht bleiben (vgl. § 11.1).

---

[643] Ebd. 635,1−3.9−20: Seine herligkeit und krafft, das er Gott sey, das haben ausgeweiset seine Lere, Predigt, Mirakel und Wunderthaten. ... Also das, gleich wie Gott durchs Wort, das ist (durch jn), Himel und Erden geschaffen, eben so hat er, was er gewolt, ausgericht und gethan, nur ein wort gesprochen, als: ›Megdlin, stehe auff‹, item: ›Jüngling, stehe auff‹, ›Lasare, kom heraus‹, zum Gichtbrüchtigen: ›stehe auff, nim dein Bette und gehe hin‹, sey los von deiner Kranckheit, item zu den Aussetzigen: seid gereiniget, item mit fünff Broten und zweien Fischen gespeiset fünff tausent Man etc., das die, so solch zeichen sahen, sprachen: dieser ist warlich der Prophet, der in die Welt komen sol. Also auch, da grosse ungestüme im Meer sich erhub, und der Herr das Meer bedrawete, und es stille ward, da verwunderten sich, die im Schiff waren, und sprachen: ›Wer ist dieser, dem Wind und Meer gehorsam sind?‹ Item, er gebot den Teufeln, so musten sie ausfaren. Das kondte er alles durch ein einig wort ausrichten. − Vgl. ebd. 639,25−36. − Ebd. 643,18−21: Wir (haben) ... an seinen worten und wercken erkant, das er das Wort des Lebens ... ist.

[644] WA 39,2; 1−33. − Vgl. dazu B. Hägglund, Theologie und Philosophie bei Luther und in der occhamistischen Tradition. Luthers Stellung zur Theorie von der doppelten Wahrheit, 1955. − R. Schwarz, Gott ist Mensch. Zur Lehre von der Person Christi bei den Ockhamisten und bei Luther (ZThK 63, 1966, 289−351). − R. Työrinoja, Proprietas verbi. Luther's conception of Philosophical and Theological Language in the Disputation »Verbum caro factum est« (Joh 1,14), 1539 (in: Faith, Will and Grammar [PLAS 15], Helsinki 1986, 141−178).

§ 15: Wort und Antwort. Ein Prospekt

Es hat sich gezeigt: Luthers Auslegung des Johannes-Prologs von 1522 ist in bemerkenswerter Weise von einem Interesse am Thema der Sprache begleitet. Das hatte zwanglos eine Reihe exkursorischer Vertiefungen nahegelegt, die — freilich nicht in mosaikartiger Addierung, sondern als komplementäre Aspektierungen des Ganzen — die Umrisse von Luthers Sprachverständnis sichtbar zu machen suchten.

Der Argumentationsgang des Kommentars zum vierten Prologteil (Joh 1, 10—14), ja in gewisser Hinsicht auch zum ganzen Prolog kulminierte in der von V. 12 und V. 13d aus erreichten reformatorischen Zentralrelation von Wort und Glaube: Aus dem Glauben an das in Christus Fleisch gewordene Wort erwächst uns die Macht, Kinder Gottes zu werden (vgl. § 14). Diese soteriologische Pointierung des Sprachthemas läßt sich nun aber nicht mehr in gewohnter Weise exkursorisch vertiefen: Es zu versuchen, hieße, Luthers Theologie als Ganze rekonstruieren zu wollen. Vielmehr liefert dieser letzte Paragraph die Gelegenheit einer Übersicht, die nicht Rückblick, sondern Ausblick sein will. Denn in der Relation von Wort und Glaube ist für die Frage nach Luthers Sprachverständnis ein hochspannender Angelpunkt erreicht: *Inwiefern erwächst aus dem Wort, in dem der ganze Mensch, wenn er nur glaubt, erneuert wird, eine Konsequenz für seinen eigenen Gebrauch von Sprache und Wort?* Dieser sachliche Kern des Sprachproblems bei Luther entzieht sich jeder exkursorischen Klärung, bedürfte vielmehr einer monographischen Entfaltung, die freilich nicht nur wegen der großen materialen Vielfalt, sondern auch wegen der erforderlichen sprachanalytischen Vorarbeiten einen unvermeidlich großen Umfang erreichte.

Nichts wollen die noch folgenden, letzten Seiten weniger sein als ein Summar dieser ungeschriebenen Monographie. Nicht nur, weil man diese, um summiert zu werden, ja erst hätte schreiben müssen, sondern auch wegen des prinzipiellen Vorbehalts, den man in der Lutherforschung gegenüber dem Hang zu summarischen Überblicken geltend machen muß. Stärker noch als bei anderen theologischen Denkern entzieht sich die Theologie Luthers jedem Versuch, sie auf den Begriff bringen zu wollen. Geht doch ihr Spezifikum — daß sie eine ständig zu erneuernde Bewegung des Denkens einüben will — gerade verloren, wenn man sie in lehrhafte Formeln destilliert. Einem wirklichen Verständnis von Luthers theologischem Denken ist darum das geduldige

Nachdenken eines einzelnen Denkwegs ungleich zuträglicher als die weithin anzutreffende abstrakte Paraphrase einzelner Passagen, die, meist ohne Rücksicht auf Redeanlaß und Duktus des Textganzen, sich auf eine am klassischen Aufriß der Dogmatik orientierte Lozierung einzelner dogmatischer Inhalte reduziert[645].

Nicht zuletzt darum ist auf eine Zusammenfassung dieser Arbeit bewußt verzichtet worden. Wie sollte sie auch möglich sein, da doch die diskursive Struktur derjenigen Teile, die der Textinterpretation gewidmet sind (§§ 1–4, 6, 8, 10, 12 u. 14), zu ihrem Wesen gehört, die exkursorischen Vertiefungen (§§ 5, 7, 9, 11 u. 13) jedoch selbst schon eine jeweils stark verkürzende Überschau bieten. Gleichwohl könnte dieser letzte Paragraph insofern als Ersatz eines allgemeinen Fazits angesehen werden, als hier die meisten der bisher aufgegriffenen Fäden immerhin sich berühren.

Es ist das Ziel des Paragraphen, durch ein paar Hinweise auf wichtige Aspekte ein erstes Bild von der Aufgabe zu vermitteln, deren zureichende Bewältigung bei weitem noch aussteht. Denn eben darin ist er Prospekt: eine – mit den Gebrüdern Grimm zu reden – »vorläufige anzeige, übersicht, darlegung des plans . . . einer sache, eines werkes«[646]. Daß darum weder die wichtigsten Quellentexte noch die relevanten Problemstellungen vollständig erfasst werden konnten, liegt auf der Hand. Wenn die Literaturhinweise dennoch verhältnismäßig umfangreich ausfallen, so will dies nicht bibliographische Vollständigkeit vortäuschen, sondern dazu helfen, daß man in dem kaum noch zu durchdringenden Dickicht der Sekundärliteratur den Weg zu einigen anregenden Gesprächspartnern finde.

Diese Einschränkungen vorausgesetzt, sei noch ein Wort zum Aufriß erlaubt. Die beiden Grundmotive: die Teilgabe Gottes und die Teilhabe des Menschen, bilden weder eine starre, unumkehrbare Reihe, noch stehen sie sich antipodisch gegenüber. Vielmehr sind sie untrennbar – wenn auch nicht ununterscheidbar! – ineinander verschränkt. Denn selbstverständlich ist der Glaube beides: das reine Empfangen wie das freie Gestalten dessen, was er empfangen hat. Im Wissen um diese Verschränkung mag es gleichwohl ange-

---

[645] Als neuestes Beispiel kann die Arbeit von U. Asendorf (Die Theologie Martin Luthers nach seinen Predigten, 1988) genannt werden. Der immense Fleiß, der hier am Werke war, sieht sich durch ein paar verhängnisvolle methodische Kurzschlüsse um seinen Lohn gebracht. Denn auch abgesehen davon, daß sich das Predigtkorpus durchaus nicht, wie Asendorf unterstellt, aus dem gesamten Oeuvre Luthers als eigenständige Quelle einfach herauslösen läßt, geht die der Loci-Methode folgende Aufteilung des Textmaterials am eigentlichen theologischen Charakter von Luthers Predigten gerade vorbei, indem sie die beiden elementaren homiletischen Relationen: den Bezug auf einen bestimmten biblischen Text sowie den Bezug auf eine bestimmte Gemeindesituation, außer Acht läßt und so den Anschein erweckt, als handle es sich bei den Predigten Luthers – sozusagen – um bloße, formlose Materie. – Vgl. meine Rezension des Buchs (LuJ 57, 1990, 288–290).

[646] J. u. W. Grimm, Deutsches Wörterbuch, Bd. 13, 1889, ND 1984, 2173.

hen, den Blick zunächst auf die Teilgabe Gottes zu lenken (1) und erst dann
auch auf das, woran der Glaube in sprachlicher Hinsicht teilhat (2). Sieht doch
Luther eben in der Sprache — genauer: im Gebrauch der Sprache — die spezifische Differenz zwischen Christen und anderen Menschen (2.a). Neben dem
paradigmatischen Ort der Glaubenssprache (2.b) soll schließlich auch die
Frage nach den Konsequenzen berührt werden, die sich daraus für eine verant-
wortliche Gestaltung von Sprache nahelegen (2.c).

1. Die Teilgabe Gottes

a) Das geglaubte Wort

Den schlechthin fundamentalen Charakter der Relation von Wort[647] und Glaube[648] hat Luther gern durch den Hinweis auf deren Unauflöslichkeit unterstrichen: »Jhene haben glawben on wort, das gillt nicht, diße haben wort on
glawben, das hilfft nicht«[649]. Das erstgenannte Defizit — ein an der Schrift vor-
beizielender Glaube — gilt Luther als Inbegriff des Schwärmertums, das zweite
als der des Unglaubens, da doch das Wort nur für den Glauben wirksam, will
sagen: Wort Gottes sein kann. »Sic mus verbum et fides bey samen sen. Al-

---

[647] Daß dabei stets an das verbum promissionis gedacht und also die Unterscheidung
von Gesetz und Evangelium immer schon vorausgesetzt ist, liegt auf der Hand; vgl. etwa
die breite Auslegung von 2 Kor 3,6 in Crucigers Sommerpostille: WA 22; 217,16—230,36
(1535/44).

[648] Vgl. v. a. P. ALTHAUS, Das Wort Gottes und der Glaube bei Martin Luther (US 14,
1959, 142—155). — DERS., Die Theologie Martin Luthers, 1962, 48—56. — A. BEUTEL,
Christenlehre und Gewissenstrost. Bemerkungen zu Luthers Sendbrief an die Gemeinde
der Stadt Esslingen (ESSt 22, 1983, 107—136). — E. BIZER, Fides ex auditu. Eine Untersuchung über die Entdeckung der Gerechtigkeit Gottes durch Martin Luther, 1966³. —
BORNKAMM (s. Anm. 254), v. a. 167—177. — K. BORNKAMM, Wort und Glaube bei Luther
(in: H. KITTEL / H. WETTERLING [Hg.], Behauptung der Person. FS für H. Bohnenkamp,
1963, 37—56). — G. EBELING, Martin Luthers Weg und Wort (it 439), 1983, 68—79. —
DERS., Lutherstudien II/3 (s. Anm. 506), 435—471. — E. HIRSCH, Lutherstudien 2, 1954,
93—98. — E. ISERLOH, Luther und die Mystik (in: Kirche, Mystik, Heiligung und das Natürliche bei Luther. Vorträge des 3. Intern. Kongresses für Lutherforschung, hg. v. I. Asheim, 1967, 60—83). — E. JÜNGEL, Zur Freiheit eines Christenmenschen. Eine Erinnerung
an Luthers Schrift (KT 30), 1978, 54—116. — LÖFGREN (s. Anm. 254), 163—193. — K. O.
NILSSON, Simul. Das Miteinander von Göttlichem und Menschlichem in Luthers Theologie (FKDG 17), 1966, 261—412. — O. TARVAINEN, Der Gedanke der Conformitas Christi
in Luthers Theologie (ZSTh 22, 1953, 26—43). — E. THAIDIGSMANN, Gottes schöpferisches Sehen. Elemente einer theologischen Sehschule im Anschluß an Luthers Auslegung
des Magnificat (NZSTh 29, 1987, 19—39). — S. WIDMANN, Die Wartburgpostille. Untersuchungen zu ihrer Entstehung und zu Luthers Umgang mit dem Text, Diss. (masch.),
Tübingen 1969, v. a. 243—337.

[649] WA 10,1,1; 618,11 f (1522).

terum sine altero non valet ... Die zwey, verbum et fides, sind zur ehe zu samen geben«[650]. Kein äußeres Organ des Menschen kann das Wort fassen, nur
der Glaube des Herzens[651]. Ist doch dem Wort gerade dies wesentlich, daß man
die Sache, von der es spricht, nicht sehen, sondern allein hören und glauben
kann. So daß, wie Luther in einer Osterpredigt des Jahres 1544 zuspitzt, der
Glaube, was ihm zugesagt ist, »sehen (kann) mit dem ghôr«[652].

Das Wort Gottes verlangt notwendig nach dem Glauben des Menschen.
Glaubte man dem Wort nicht, so machte man Gott zum Lügner und sündigte
so gegen das Erste Gebot[653]. Darum hat der Mensch jedoch auch umgekehrt
die Gewißheit: »Habere ... fidem est veritatem et verbum dei habere, Habere
verbum dei est deum omnium factorem habere«[654]. »Denn die zwey gehören
zuhauffe, glaube und Gott«[655]. In diese bekannte Wendung aus dem Großen
Katechismus hat Luther die Einsicht verdichtet, daß, da doch Gott die ganze
Macht seines Reiches ins Wort gefaßt hat, der Mensch, indem er dem Wort
Gottes glaubt, ein Bürger seines Reiches *ist*[656]. Darin liegt ja eben die kategoriale
Differenz von Gottes Wort und Menschenwort: Während beim Men-
schen verbum und res auseinandertreten, ist das Wort Gottes stets ein verbum
efficax, das immer zugleich auch die ausgesagte res mit sich führt (vgl. §§ 6 u.
7.1). »Verbum dei confestim efficit omnia ... Es kostet nicht mehr, denn das
du es gleubest. Si credis, so hastus on alle muhe, verzug und beschwerung«[657].
Zu dieser Wirksamkeit des Gotteswortes gehört für Luther freilich auch, daß
der *ganze* Mensch erneuert wird und also das Sein coram Deo in dem Sein coram mundo seine Entsprechung findet, indem der Glaube in der Liebe Gestalt

[650] WA 37; 175,25−28 (1533); vgl. ebd. 175,25−179,28. − WA 52; 498,16−499,27
(1544). − WA 38; 587,25−28 (1538) (zu Mt 15,9): Ex his verbis Christi conclude fortiter:
1. Omne, quod extra Dei verbum fit, est idolatria. 2. Omne, quod fit in verbo Dei, est cultus verus. Sicut, 3. Omne, quod fit sine fide, est peccatum. 4. Omne, quod fit in fide, est
bonum opus, Quia verbum et fides est coniugium indissolubile.

[651] WA 10,3; 271,35−272,20 (1522). − WA 28; 478,32−34 (1529): Der Glaub ists der
das Wort fasset, und das Hertz ist das Kestlin, darein sich dieser Schatz durchs gehôr des
Worts und durch Krafft des heiligen Geistes schliessen lesst.

[652] WA 49; 360,28 f (1544) (N); vgl. aber ebd. 360,13 (R): Etsi non vides secundum vaccae aures, tamen secundum auditum.

[653] WA 6; 88,31−89,4 (1520): Ubicunque est verbum Dei promittens aliquid homini, ibi
necessaria est fides hominis, qui credat hanc promissionem esse veram et implendam adeo
certe et firmiter, ut potius omnem sensum, omnem rationem, omnem scientiam, omnem
contradictionem, omnem creaturam deberet negare quam Dei verbo non credere. Quia
qui verbo Dei non credit, Deum facit mendacem et negat eius veritatem et peccat contra
primum praeceptum.

[654] WA 6; 121,30 f (1520).

[655] WA 30,1; 133,7 (1528).

[656] WA 11; 98,24 f (1523).

[657] WA 37; 190,15−17 (1533). − WA 52; 518,5−22 (1544). − In einem Brief an Spalatin
hat Luther die unverzügliche, reale Geltung des verbum promissionis an einem ganz pro-
fanen Beispiel demonstriert: dem Eheversprechen: WAB 4; 154,37−53 (1527) (Nr. 1069).

annimmt. Denn die Liebe ist der Leib des Glaubens[658]. Es genügt darum nicht, wenn wir das Wort nachsprechen können »wie die Nonnen den Psalter«: das vermag auch der Teufel, noch dazu besser als wir![659] Vielmehr will das Evangelium in der Tat lebendig werden[660], damit Gott, jener berühmten Wendung aus der 1. Invocavitpredigt folgend, nicht Zuhörer und Nachredner an uns habe, »sonder nachvôlger und uber«[661].

Allein glaubend vermag der Mensch dem Wort zu entsprechen. Das gilt indes für den ganzen Menschen. Die von Luther als herzliches, allereinfältigstes Anhängen an das Wort bestimmte »vera natura fidei«[662] erheischt denn auch, daß man Vernunft und alle Sinne ruhen läßt[663] und sich ganz ins Wort wickelt[664], damit das Herz — und also der ganze Mensch[665] — neu werde[666]. Nur wer den universalen Geltungsanspruch menschlicher Vernunft und Weisheit suspendiert[667], kann, ohne das Reich der Welt zu verlieren, Bürger des Reiches Gottes werden[668]. Nach dem Wort, das er glaubt, soll darum ein Christenmensch beurteilt werden, nicht aber nach seinem Wandel und Werk[669]. Wenn Luther auch immer wieder dazu anhält, man möge dem Wort nicht mit Vernunft, sondern allein im Glauben zu entsprechen suchen, so hat er doch, was jeder synergistischen Verdächtigung den Boden entzieht, durchgängig und

---

[658] Vgl. dazu BEUTEL (s. Anm. 648), v. a. 112—115.122—124.

[659] WA 10,1,2; 371,14—22 (1522). — WA 33; 651,35—652,3 (1531).

[660] WA 10,1,2; 371,14—22 (1522).

[661] WA 10,3; 4,6—12 (1522): Also lieben freündt, das reich gottes, das wir sein (!), steet nit in der rede oder worten, sondern in der thâttigkeit, das ist in der that, in den wercken und ubungen. Got wil nit zuhôrer oder nachreder haben, sonder nachvôlger und uber. Und das in dem glauben durch die liebe. Dann der glaub on die liebe ist nit gnugsam, ja ist nit ein glaub, sonder ein schein des glaubens, wie ein angesicht im spiegel gesehen ist nicht ein warhafftigs angesicht, sondern nûr ein scheyn des angesichts. — Vgl. z. B. WA 10,1,2; 224,26—28 (1522). — WA 10,3; 295,12—14 (1522).

[662] WA 27; 74,26 f (1528).

[663] WA 19; 499,23—25 (1526): Quando dicit aliquid dominus, claudam omnes sensus, si non intelligo, non habebo eum pro stulto, sed potius habebo me pro stulto, qui non intelligam.

[664] WA 19; 485,9—11 (1526).

[665] S. Anm. 35 (§ 12).

[666] WA 41; 612,37—39 (1536). — WA 33; 236,42—237,12 (1530/32).

[667] WA 33; 280,31—37 (1530/32): Die wortt seind zu hoch undt uber die vernunfft, sol man sie erlangen, so mus man die hautt auszihen undt tretten aus der vernunfft undt menschlichen weisheit undt sich in den glauben begeben.

[668] Daß es gerade die reformatorische Zweireichelehre ist, die mit ihrer Unterscheidung von Vernunft und Glaube das aus einem unkritischen (nämlich: nicht unterscheidenden) Gebrauch der Vernunft resultierende monistisch verengte Wirklichkeitsverständnis zu transzendieren und aus der partiellen Wirklichkeitsblindheit dieser Ein-Reiche-Lehre zu befreien vermag, hat G. EBELING in einer aktuellen, freilich ganz aus reformatorischem Denken gespeisten Kritik an Hans Albert exemplarisch gezeigt (G. EBELING, Kritischer Rationalismus? Zu Hans Alberts »Traktat über kritische Vernunft«, 1973, v. a. 56—114).

[669] WA 15; 508,20—30 (1524).

unmißverständlich betont, daß der Glaube sich nicht der Kraft des Menschen, sondern allein der Gnade Gottes verdankt, die das Evangelium in ihm fruchtbar sein läßt[670]. Darin erweist sich das verbum promissionis ja gerade als Wort Gottes, daß es schenkt, was es sagt[671]. Darum: »Horen ist nicht eyn werck, nihil facimus, sed audiendo accipimus«[672]. Indem der Mensch das Wort glaubend in sich wirken läßt[673], erfährt er sich als ein Kind Gottes. Diese eschatologische Qualität der Rechtfertigungserfahrung[674] hat Luther gern in das Bild des offenen Himmels gefaßt: »Wo der Glaube ist, und man das Göttliche Wort gros achtet, so gibts einen solchen glantz ins hertz, das ich gewis sehe, Gott sey mein Vater, und das der Himel offen stehe, und die lieben Engel bey uns sind«[675]. Als eschatologisch qualifizierte Erfahrung bewährt sich der Glaube gerade in der Anfechtungssituation: Wo alle Strategien menschlicher Selbstermächtigung scheitern, erwächst aus ihm eine nicht zu erschütternde Gewißheit, die ihren Ort nicht im *Wissen* des Menschen hat, sondern in seinem *Gewissen*. Eben so aber, als die »allergewisseste Gewißheit«, hat Luther den Glauben bestimmt: »Fides igitur«, definiert er, Jes 37,22 auslegend, »est certitudo certissima, quae apprehendit verbum et in verbo haeret non considerata externa facie rerum«[676].

Die Relation von Glaube und Wort begegnet bei Luther in vielgestaltiger Reflexion. Ihre größte sachliche Verdichtung erreicht sie jedoch in der Rede von der conformitas des Glaubenden mit dem Gotteswort[677]. Dieser Gedanke der Gleichförmigkeit beschränkt sich bei ihm durchaus nicht auf die ersten

---

[670] WA 10,1,2; 30,5−7 (1522): Das du aber solchs horist und auffnympst, ist auch deyner krafft nicht, ßondern gottis gnaden, die das Euangelium ynn dyr fruchtpar macht, das du yhm glewbist. − Vgl. z. B. WA 10,3; 260,21 f (1522).

[671] WA 14; 269,16 (1523) (zu Gen 17,19): Non sunt verba, quae iubent aliquid, sed donant. − Vgl. ebd. 268,8−269,31.

[672] WA 34,2; 351,28 f (1531). − Vgl. z. B. auch WA 33; 136,31−38 (1530/32). − WA 46; 219,2−14 (1538). − WA 39,1; 332,11−13 (1537): Verbum est causa fidei, hoc est certum. Verbum non est opus nostrum, sed regnum Dei efficax et potens in cordibus nostris (.) Auditus autem est passio et materia iustificationis.

[673] WA 14; 625,3 f (1525): Verbum dei sit formator tuus, non tu forma verbum secundum affectum tuum. − In diesem Zusammenhang verdient Beachtung, daß Luther einmal predigend geraten hat, man möge in der Anfechtung nichts weiter tun, als immerfort zu Gott zu schreien, damit dieser − nun freilich nicht, wie man erwarten könnte, den Glauben, vielmehr: − sein Wort (!) in uns stärke (WA 32; 490,5−7 [1530/32]).

[674] Z. B. WA 49; 95,7 f (1540): Remissio peccatorum fit in momento, quando fide arripis verbum, nimpt nicht zeit und weile, si credis, es beatus.

[675] WA 46; 720,31−33 (1537/38). − Vgl. z. B. WA 15; 720,35 f (1524). − WA 17,2; 244,27 (1525). − Der Anklang biblischer Sprache (z. B. Joh 1,51; Act 7,55) ist darin nicht zu überhören.

[676] WA 25; 238,29−31 (1527/30).

[677] EBELING, Lutherstudien II/3 (s. Anm. 506), 500−507. − R. SCHWARZ, »... mit Christus zusammengeschweißt«. Vom Einssein des Christen mit Christus bei Martin Luther (ZW 60, 1989, 95−103).

Jahre, ist vielmehr, wenn auch wohl — was einer eingehenden Prüfung bedürfte — in zunehmender Differenziertheit, bis in die spätesten Schriften hinein zu verfolgen. Wie auch sonst, hat Luther den Gedanken vor einer terminologischen Fixierung bewahrt. So kann er die Verbindung von Glaubendem
(bzw. von Herz, Seele oder Mensch) und Wort etwa als ›participatio‹[678], als
›copulatio‹[679] oder auch als ›unum fieri‹[680] bezeichnen. Gern hat er das ›una res
fieri‹[681] auch bildhaft anschaulich gemacht, was, stärker als in der Wendung, es
sei »*ein kůchen worden* auß dem Wort und glauben«[682], im Gleichnis der
Schwangerschaft[683] oder der unio von Mann und Frau[684] zum Ausdruck
kommt. Luther scheut sich nicht, selbst die Vereinung der zwei Naturen in der
Person Christi zum Gleichnis zu machen: »Sicut Deus et homo una persona,
sic homo et verbum, quod audit, wird ein kuchen, das das hertz wil, was das
wort wil, econtra. Sic homo mutatur in verbum, verbum non in hominem,
sed das hertz spricht: Das ist die warheit«[685].

Die Struktur dieses vielgestaltigen conformitas-Gedankens steht in unverkennbar großer Nähe zu mystischer Denktradition[686]. Gleichwohl ist der spezifische Gebrauch, den Luther davon macht, nur dann recht erfaßt, wenn auch
die Differenz, die ihn von mystischer unio-Spekulation, erst recht aber von

---

[678] Z. B. WA 6; 95,12 f (1520): Fides . . . (est) non nisi divini verbi participatio. — Dieser
wie auch die folgenden Belege sind lediglich als Stellvertreter einer großen Zahl entsprechender Äußerungen zu verstehen.

[679] Z. B. WA 57,3; 156,20—157,3 (1517/18): Ex his enim tribus fit unum: fide, verbo,
corde. Fides est glutinum seu copula, verbum et cor sunt extrema, sed per fidem unus spiritus, sicut vir et mulier ›una caro‹.

[680] Z. B. WA 4; 695,34—36 (1516?): Si cor hominis et adheserit, participat et fit unum
cum ipso. Adheret autem per fidem, fides enim copulat cor et verbum Dei.

[681] Z. B. ebd.

[682] WA 10,3; 271,28—32 (1522) (Hervorhebung von mir). — WA 49; 381,8—11 (1544).

[683] Z. B. WA 9; 572,2—5 (1521). — WA 23; 185,18—22 (1527): Was empfieng sie (sc.
Maria) ynn yhrem hertzen? Nichts anders denn das des Engels wort geben, nemlich: Du
solt mit Gotts son schwanger sein. Da sie das wort fasset und durch den glauben damit ym
hertzen schwanger ward, ward sie auch leiblich schwanger mit dem, das das wort ym
hertzen yhr sagte.

[684] S. Anm. 679. — WA 11; 199,8.20—22 (1523): Fides et verbum dei hengen unteylich
aneinander. . . . Primum accipit verbum, man muß nichts in die augen bilden quam unicum verbum. Sic ubique glaub und wort mussen mit einander bulen, sic fit sponsus et
sponsa.

[685] WA 49; 381,8—11 (1544). — WA 10,1,1; 618,11—14 (1522).

[686] Nur als Erinnerung an ein in den Texten der Deutschen Mystik allenthalben begeg-
nendes Motiv sei aus einer Tauler-Predigt über Joh 1,7 zitiert (Predigten [s. Anm. 573],
334,13—18): Sant Dyonisius sprach: ›wenne das ewig wort wirt gesprochen in den grunt
der selen, und der grunt als vil bereitschaft und enphenglicheit hat das er das wort mag en-
phahen in siner allikeit und geberlichen, nút teilhafteklich, sunder gentzlich: do wirt der
grunt ein mit dem worte unde wirt das selbe selb in dem worte, allein doch der grunt sine
geschaffenheit behalte in der weslicheit, mer in der vereinunge.‹ (Vgl. auch den Kontext
der Stelle!).

der Vorstellung eines konturlosen Verschmelzens trennt, klar vor Augen tritt. Die gewählten Beispiele der ehelichen sowie der christologischen unio machen ohnedies deutlich, daß Luther die beiden untrennbar gewordenen Teile durchaus für unterscheidbar, ja geradezu — vor allem im Fall der Zweinaturenlehre — für unterscheidungspflichtig hält. Die genannte Differenz besteht nun aber darin, daß der conformitas-Gedanke bei Luther nur von seiner soteriologischen Pointe her recht zu verstehen ist. Weit entfernt von jedem mystisch-spekulativen Interesse, zielt er allein auf jene Gewißheit, in der das Gewissen darauf vertrauen kann, daß es im Glauben an das Wort Gott selbst begegnet[687] und so in ihm bewahrt wird[688] (vgl. § 15.1.c). Hinzu kommt, daß Luther diese conformitas gerade auch für die Figur der absconditas sub contrario in Anschlag bringt: Noch nie, erklärt er zu Beginn des Galaterbrief-Kommentars von 1519, habe das Wort Gottes ohne Blut oder Gefahr gehandelt werden können, sondern, wie es (!) für uns gestorben sei, so wolle es, daß auch wir bekennend für dasselbe stürben[689]. Dem Gnadenwort folgen darum notwendig Kreuz und Anfechtung[690]. Aber gerade um der Anfechtung, dieses Ernstfalls des Glaubens willen ist es, wie Luther in einer Predigt des Jahres 1530 erklärt, nötig, »ut verbum dei cum omni diligentia lernet, meditemini et in cor hin ein bildet, quasi *ex verbo dei et corde tuo una res fiat,* ut der sache viel gewisser seyest quam deins eigen lebens«[691].

Diese soteriologische Pointe ist es am Ende auch, die Luther mit geradezu eschatologischem Pathos darauf dringen läßt, den Glauben des Einzelnen als unvertretbar ernstzunehmen: Nur wenn aus *meinem* Herzen und dem Wort Gottes »quasi ... una res fiat«, kann ich meines eigenen Lebens letztlich gewiß sein[692].

---

[687] Z. B. WA 51; 87,21—23 (1545).

[688] Z. B. WA 10,3; 271,19—34 (1522).

[689] WA 2; 449,11—13 (1519): Nunquam sine sanguine aut periculo verbum dei tractari potuit: sed, sicut pro nobis mortuum est, ita vicissim sui confessione et nos pro se mori exigit. — Vgl. etwa ebd. 601,25—29 u. ö.

[690] Z. B. WA 31,2; 117,12 (1527/30) u. ö.

[691] WA 32; 151,18—20 (1530) (Hervorhebung von mir).

[692] Die entsprechende, grandiose Eröffnung der 1. Invocacit-Predigt ist bekannt (BoA 7; 363,15—21 = WA 10,3; 1,7—2,3) (1522). Stattdessen sei auf eine briefliche Bemerkung Luthers an Johann Agricola verwiesen, dessen Frau er mit dem Wort Gottes zu trösten versucht hatte, ohne offenbar ein offenes Ohr zu finden (WAB 4; 219f,10—15; Nr. 1119 [1527]): Sic sunt uxores nostrae, ut verbum non ad se, sed ad nos maritos, quasi sui defensores et tutores, pertinere arbitrentur. Quare, sive absens sive coram, ne desine ei inculcare, ut discat et rem suam agi, dum verbum Dei docetur. Hoc enim agone et cum mea Ketha assidue pugno, ne, ubi tandem usus venerit verbi, sibi tum defuisse sentiant suo incommodo.

b) Das heilige Wort

Die unter den Stichworten des ›heiligen‹ (b) sowie des ›ewigen Wortes‹ (c) rubrizierten Zusätze sollen den mit der Fundamentalrelation von Wort und Glaube abgesteckten Horizont nicht etwa transzendieren, sind vielmehr als zwei spezifisch aspektierte Explikationen dieser zentralen Relation zu verstehen. Das gilt zunächst für den Gedanken der conformitas: Indem Gott, wie Luther schon 1515/16 anläßlich der Erklärung von Rö 3,4 bemerkte, »nos tales facit, quale est verbum suum ... et ita nos in verbum suum ... mutat«[693], gibt er uns auch die Tugenden des Wortes zueigen, vor allem aber deren Inbegriff: die Heiligkeit, und macht uns eben so zu wahrhaftigen Kindern Gottes[694]. Wollte man darum — was an Luthers eigenem Sprachgebrauch ja durchaus einen gewissen Anhalt fände — von einem sakramentalen Wortverständnis reden[695], so müßte man, um dem Verdacht einer sakramentalen Überhöhung des Wortes zu wehren, jedenfalls immer hinzufügen, daß Luther auch das Sakrament als eine ›creatura verbi‹ versteht[696]. Denn gerade was die Heiligkeit des Wortes Gottes angeht — daß es heilig ist und heilig macht —, duldet Luther keinen Zweifel an dessen uneingeschränkter Exklusivität: Gottes Wort ist das *alleinige* Heiligtum, das allein alle Dinge heiligt[697]. Begibt man sich des Wortes, so ist man, ungeachtet jedes eigenen Wandels und Werks, »schon nimer heilig«[698]. So ist es denn auch allein diese exklusive Heiligkeit des Wortes Gottes[699] — nichts ist vor Gott heilig ohne das Wort, wie auch umgekehrt nichts so unheilig ist, daß es durch sein Wort nicht könnte geheiligt werden[700] —, der etwa die Stände, die Gott geordnet hat, ihre von dem jeweiligen Inhaber ganz unabhängige Heiligkeit verdanken[701]. Erst wenn der Glaube einen Christenmenschen dem Gotteswort »konform« werden läßt, gewinnt er auch als Person an dessen Heiligkeit teil: Seine natürlichen Kräfte werden nun gewissermaßen zu Larven Gottes[702], und sein ganzes Leben ist, obschon in Sünden, geheiligt, da doch das Wort alle Sünden verschlingt[703]. Von der exklusiven Hei-

---

[693] WA 56; 227,3—5 (1515/16).

[694] WA 7; 24,22—29 (1520); vgl. ebd. 53,15—23.

[695] WA 9; 440,9—12 (1519): Verba Christi sunt sacramenta, per que operatur salutem nostram. Itaque sacramentaliter notandum est Euangelium, idest verba Christi sunt meditanda tamquam symbola, per que detur illa ipsa iusticia, virtus, salus, quam ipsa verba pre se ferunt.

[696] WA 10,3; 70,28—71,1 (1522).

[697] WA 1; 387,24 (1518).

[698] WA 28; 146,16—18 (1528).

[699] Z. B. WA 16; 39,8—40,2; 39,30—40,14 (1524). — Ebd. 105,3—9.15—28. — WA 26; 505,9—11 (1528). — WA 31,1; 263,2—16 (1530) (zu Ps 1,1a)(!). — WA 52; 397,7 f (1544).

[700] WA 48; 194,4 ff (1547).

[701] WA 31,1; 217,9—17 (1530).

[702] WA 14; 577,34—37 (1525); vgl. ebd. 478,21.

[703] WA 43; 431,22—24.34 f (1535/45): Verbum Dei omnia sanctificat. Siquidem Est

ligkeit des Wortes Gottes her versteht Luther übrigens auch das 3. Gebot: Da, was auch immer geheiligt wird, »mus per verbum heilig werden«, vermag, wie er einer Adventspredigt des Jahres 1532 vorausschickt, der Feiertag nicht anders geheiligt werden als so, daß man an ihm das heilige Wort Christi predigt und hört[704].

So ist es wiederum das Wort Gottes, das die Christen von allen andern Kindern Adams unterschieden sein läßt: »Welche Gottes wort haben, die heissen und sind nicht schlecht (i. e. schlichte) Menschen, sondern heilige menschen, Gottes kinder, Christen«[705]. Die aus dem Wort erwachsende Heiligkeit ist denn auch von diesem selbst nicht zu trennen: Indem ich dem Wort glaube, bin ich geheiligt[706]. Lasse ich jedoch das Wort fahren, so ist es, ungeachtet aller meiner Werke, mit der Heiligkeit vorbei[707]. Nicht die Toten will Luther darum als heilig verehrt wissen, da sie doch in ihrem Schlaf das Wort *jetzt* nicht hören (vgl. § 15.1.c), vielmehr, dem biblischen usus loquendi folgend, allein die, »welche das wort hören und annemen, ob sie gleich noch im fleisch und blut sind«[708]. Darum kann, wie Luther zu Beginn der Freiheitsschrift zusammenfaßt, die Seele aller Dinge entbehren, nur nicht des Wortes Gottes, in welchem sie »allis gutt überschwenglich (hat)«[709].

Von hier aus tritt nun auch der Angelpunkt von Luthers Ekklesiologie[710] in

---

sanctum, imo sanctitas, veritas, sapientia ipsa. Atque ea vita, quae, regitur verbo, haec verax vita est, iusta, sapiens et aeterna. ... Nemo sine peccatis vivit. Sed tanta vis verbi est, ut ista omnia absorbeat. – Vgl. ebd. 431,1–432,30. – Vgl. ferner WA 45; 653,5–655,8 (1537).

[704] WA 36; 383,2–7 (1532): Das man unserm herr Gott seinen Gottesdienst auch volbringe auff den heiligen Sontag, wie er denn haben wil, das man im dienen sol, und hat den dienst so genennet: Man sol den feiertag heiligen i. e. Christi verbum audire. Quicquid enim sanctificatur, mus per verbum heilig werden, Quia das ist allein heilig. Ideo nos quoque volumus loqui et audire sanctum verbum. – Vgl. dazu die bekannten Erklärungen des Kleinen (WA 30,1; 357,5 f = BSLK 508,14–17) und Großen Katechismus (WA 30,1; 143,15–147,3 = BSLK 580,10–586,33).

[705] WA 31,1; 217,28–30 (1530); vgl. ebd. 217,21–34.

[706] Z. B. WA 30,1; 145,20–24 (1524). – WA 45; 616,5–8 (1537).

[707] S. Anm. 698.

[708] WA 28; 176,35–177,15 (1528); vgl. ebd. 176,12–177,5; 176,31–177,22. – Vgl. dazu den materialreichen Abschnitt bei ALTHAUS (s. Anm. 254), 254–262.

[709] WA 7; 22,3–14 (1520). – In diesem Sinn zieht jene bekannte, letzte Strophe des Reformationschorals ›Ein feste Burg ist unser Gott‹ aus dem Glauben, allein im Wort der heiligen Gegenwart Gottes gewiß zu sein, die harte, aber strenge Konsequenz (AWA 4; 248,4): Das wort sie sollen lassen stahn / unnd kein danck dazu haben. / Er ist bey unns wol auff dem plan / mit seinem geist und gaben. / Nemen sie den leib, / gut, ehre, kindt unnd weib, / las faren dahin; / sie habens kein gewin; / das reich mus uns doch bleiben.

[710] Vgl. v. a. ALTHAUS (s. Anm. 254), 248–296. – U. ASENDORF, Eschatologie bei Luther, 1967, 129–242. – C. A. AURELIUS, Verborgene Kirche. Luthers Kirchenverständnis in Streitschriften und Exegese 1519–1521, 1983. – H. BEINTKER, Zur Beachtung von Luthers Kirchenverständnis (in: Vierhundertfünfzig Jahre lutherische Reformation 1517–1967. FS f. Franz Lau, 1967, 43–58). – DERS., Wort – Geist – Kirche. Zur Frage

den Blick: Indem wir das Wort Christi hören, »fit communio Sancta«[711]. Was ist darum Kirche[712] anderes als dies: eine »congregatio herens in verbo«[713]. Bei allen Differenzierungen, die für die verschiedenen Schriften und Reflexions-

---

der pneumatischen Leiblichkeit der Kirche (in: DERS., Wort − Geist − Kirche. Ausgew. Aufsätze zur Theologie Luthers, 1983, 32−58). − M. BEYER, Luthers Ekklesiologie (in: H. JUNGHANS [Hg.], Leben und Werk Martin Luthers von 1526 bis 1546, 1983, 93−118). − J. DANTINE, Luthers Kirchenverständnis (Martin Luther 17, 1981, 3−13). − M. DOERNE, Gottes Volk und Gottes Wort. Zur Einführung in Luthers Theologie (LuJ 14, 1932, 61−98). − DERS., Luthers Kirchenverständnis (in: DERS., Fragen zur Kirchenreform, 1964, 10−41). − G. EBELING, Die Geschichtlichkeit der Kirche und ihrer Verkündigung als theologisches Problem (SGV 207/208), 1954, v. a. 66 ff. − DERS., »Sola scriptura« und das Problem der Tradition (in: DERS., Wort Gottes und Tradition. Studien zu einer Hermeneutik der Konfessionen [KiKonf 7], 1966², 91−143. − DERS., Luthers Ortsbestimmung der Lehre vom heiligen Geist (in: DERS., Wort und Glaube, Bd. 3 [s. Anm. 254], 316−348). − FÜHRER (s. Anm. 254), 133−143. − F. GOGARTEN, Luthers Theologie, 1967, 213−227. − J. HAAR, Das Wort der Wahrheit. Ein Sermon D. Martin Luthers, entworfen (praescriptus) für den Propsten in Leitzkau (1512), über die Worte des Johannes: Alles, was aus Gott geboren ist, überwindet die Welt usw. (Luther 47, 1976,5−22). − K. HOLL, Die Entstehung von Luthers Kirchenbegriff (1915) (in: DERS., Ges. Aufsätze zur Kirchengeschichte, Bd. I: Luther 1932⁶, 288−325. − H. J. IWAND, Luthers Theologie, hg. v. J. HAAR, NW 5, 1974, 226−308. − DERS., Zur Entstehung von Luthers Kirchenbegriff. Ein kritischer Beitrag zu dem gleichnamigen Aufsatz von Karl Holl (in: DERS., Glaubensgerechtigkeit, hg. v. G. SAUTER [ThB 64], 1980, 198−239. − G. JACOB, Luthers Kirchenbegriff (ZThK 15, 1934, 16−32). − E. JÜNGEL, Die Kirche als Sakrament? (ZThK 80, 1983, 432−457). − F. W. KANTZENBACH, Strukturen in der Ekklesiologie des älteren Luther (LuJ 35, 1968, 48−77). − DERS., Jesus Christus Haupt der Kirche. Erwägungen zu Ansatz und Einheit der Kirchenanschauung Martin Luthers (LuJ 41, 1974, 7−44). − F. KATTENBUSCH, Die Doppelschichtigkeit in Luthers Kirchenbegriff (ThStKr 100, 1927/28, 1928, 197−347). − B. LOHSE, Die Einheit der Kirche bei Luther (Luther 50, 1979, 10−24). − I. LØNNING / O. H. PESCH, Luther und die Kirche. Mit Korreferaten von S. H. HENDRIX / B. LOHSE u. D. OLIVIER (LuJ 52, 1985, 94−151). − W. MAURER, Luthers Anschauungen über die Kontinuität der Kirche (in: Kirche, Mystik, Heiligung und das Natürliche bei Luther. Vorträge des 3. Intern. Kongresses f. Lutherforschung, hg. v. I. ASHEIM, 1967, 95−121). − MEYER (s. Anm. 254). − H. OLSSON, Sichtbarkeit und Verborgenheit der Kirche nach Luther (in: Ein Buch von der Kirche, hg. v. G. AULÉN et al., 1951, 338−360). − H.-J. PRIEN, Grundgedanken der Ekklesiologie beim jungen Luther (ARG 76, 1985, 96−119). − M. SCHLOEMANN, »Sie ist mir lieb, die werte Magd ...«. Was ist nach Luther von der Kirche zu halten und zu erwarten? (Luther 58, 1987, 99−114). − K. G. STECK, Lehre und Kirche bei Luther (FGLP X,27), 1963. − W. STEIN, Das kirchliche Amt bei Luther (VIEG 73), 1974, v. a. 106−130. − NILSSON (s. Anm. 648), 261−433.

[711] WA 29; 365,1−3 (1529).

[712] Daß Luther die Vokabel ›Kirche‹ nicht geschätzt hat, wird − meist unter Hinweis auf die zwei klassischen Belegstellen (WA 30,1; 189,6−22 = BSLK 655,44−656,26 [1529] sowie WA 50; 624,18−20 [1539]) − allenthalben betont (z. B. ALTHAUS [s. Anm. 254], 249 f). Es wäre dennoch aufschlußreich, mit Hilfe des Tübinger WA-Sachregisters dem Sprachgebrauch bei Luther einmal intensiv nachzuspüren. Als vorläufiger Eindruck legt sich jedenfalls nahe, daß Luther offenbar sehr viel öfter von ›Kirche‹ spricht, als man dies aufgrund der beiden genannten kritischen Äußerungen vermuten würde.

[713] WA 31,2; 453,2 f (1527/30). − Vgl. auch die frühe Bemerkung zu Ps 104,13 (WA 4;

phasen bei Luther durchaus angezeigt sind, hält er doch stets an der entscheidenden nota ecclesiae fest: »Vera igitur Ecclesia est, quae heret in verbo et fide, non nititur operibus, sed audit et sequitur vocantem Deum«[714]. Solange das Wort Gottes Glauben findet und insofern, wie Luther sagt, in seinem Wesen steht, kann die Christenheit gedeihen[715], weil sie eben darin, daß in ihr das Wort gepredigt und die Sakramente gereicht werden, geheiligt ist[716]. Darum kann Luther die lapidare Formel, daß, wo das Wort sei, die Kirche sei[717], auch in das Gewand aristotelisch-scholastischer Fachsprache kleiden, wonach das Wort Gottes als die »causa finalis et formalis (ecclesiae)« zu gelten habe[718]. Darin ist freilich die ekklesiologisch aspektierte theologische Fundamentalunterscheidung vorausgesetzt, und dies nicht etwa nur als die Prämisse jener das Wesen der Kirche bestimmenden Lehrformel, vielmehr als das fortwährend zu erneuernde Unterscheiden zwischen dem Wort Gottes und den Worten (!) und Werken der Menschen[719]. Indem die Kirche zwischen Gott und Mensch recht zu unterscheiden weiß, zeigt sich in ihr die Kraft des Wortes Gottes am Werk. Denn »ubi est verbum dei, ibi est recta cognicio nostri et dei«[720].

Da nun aber die Kirche, darin den Menschen gleichend, die zu ihr versammelt sind, allein aus dem Wort, dem sie anhängt, ihre Heiligkeit schöpft, kann es hinsichtlich der Frage ihrer hierarchischen Zuordnung einen Zweifel nicht geben. In deutlich antirömischer Abgrenzung streicht Luther immer wieder heraus, daß zwar das Wort des Evangeliums sehr wohl ohne die Kirche sein könne — denn auch die impii hielten ja in der Bibel das wahre Evangelium in Händen —, nicht aber die Kirche ohne das Wort[721]. Darum habe, wie Luther,

---

183,21 f [1513/15]): Quid enim est fructus verbi dei nisi multiplicatio fidelium extensive et intensive?

[714] WA 43; 388,7 f (1540). — Als Entsprechung zu CA 7 vgl. etwa WA 25; 306,33 f (1527/30).

[715] WA 2; 114,13—15 (1519): Dan szo der Priesterliche standt und das wort gottis yn seinem wesen stehet, szo gruneth und blueth die Christenheit. — Vgl. WA 30,1; 127,21—25 (1530): Wo ich allen nutz und frucht solt erzelen, so Gottes wort wirckt, wo wolt ich papyr und zeit gnug nemen? Den Teuffel heist man tausentkünstiger, wie wil man aber Gottes wort heissen, das solchen tausentkünstler mit aller seiner kunst und macht veriagt und zu nichte macht? Es mus freylich mehr denn hundert tausentkünstiger sein.

[716] WA 16; 41,15 f (1524); vgl. ebd. 40,29.

[717] Z. B. WA 39,2; 176,9 (1542): Ubi est verbum, ibi est Ecclesia.

[718] WA 47; 536,29 (1539); vgl. ebd. 536,9—29.

[719] WA 6; 561,3 f (1520): Hoc sane habet Ecclesia, quod potest discernere verbum dei a verbis hominum. — WA 43; 588,26—36 (1542).

[720] WA 31,2; 557,21 f (1527/30). — Vgl. dazu G. EBELING, Cognitio Dei et hominis (in: DERS., Lutherstudien I, 1971, 221—272).

[721] WA 30,2; 682,10—12 (1530). — WA 17,1; 99,7—9; 100,13 f (1525): Dic mihi, an verbum sit uber Christenheit an econtra? muss verbum an die Christenheit glauben vel econtra? Verbum potest esse sine ecclesia, non econtra. ... Verbum facit ecclesiam et non ecclesia ordinat verbum.

mitunter auf Jes 49,1 verweisend, oft resümiert, die Kirche als filia statt als mater verbi zu gelten: »nata ex verbo«[722]. Was darin anklingt, hat sich in der Wendung, die Kirche gelte Luther als »creatura verbi«, formelhaft verdichtet. Wenn sich diese definitorische Auskunft bei Luther bislang auch nicht wortgetreu nachweisen ließ, so trifft sie doch sehr genau den Punkt, von dem aus er sein Verständnis von Kirche entfaltet hat. Zudem findet sich bei ihm eine ganze Reihe von Formulierungen, die jener Wendung ›ecclesia est creatura verbi‹ erstaunlich nahe kommen; näher noch als alles, was man m. W. aus dem Corpus der Schriften Luthers anführen könnte[723], reicht eine briefliche Äußerung des Jahres 1530 heran, in der Luther »die Christenheit als eine Creatur, durch Gotts wort geschaffen«, verstanden wissen will, die »unter und geringer ist denn Gottes wort, durch welches als einen schepffer sie geschaffen ist«[724].

Daß es allein das Wort Gottes ist, welches die Kirche hervorruft, impliziert schließlich auch, wo Gott in dieser Welt zu Hause sein kann. Weit davon entfernt, ihn etwa an ein bestimmtes Gebäude zu binden, hat Luther in ungezählter Wiederholung betont: »Wu Gott redt, do wohnt ehr«[725]. Selbst »eine gülden kirche . . ., von allen Bisschoven gesegenet«, hat, sofern das Wort nicht in ihr ist, den Teufel zu Gast[726]. Wo hingegen das Wort Gottes gepredigt wird — und sei es »uff dem dach«[727], ja selbst »unter einer grünen Linde oder Weiden«[728] oder »uff der elbbruckenn«[729], da ist in Wahrheit sein Haus und sein Tempel[730]. So daß auch umgekehrt, wenn einer die Kinder Gottes auf-

---

[722] WA 42; 334,12 (1536): Ecclesia enim est filia, nata ex verbo, non est mater verbi. — WA 17,1; 99,4—7 (1525): Ecclesia credit in verbum, quia ideo dicitur ecclesia, quod credit in verbum. Hoc nemo negare potest. Nemo fit Christianus, nisi credat in verbum. Verbum ergo est mater, ut dicit in Esaia. Sicut mater fert in utero, sic deus in utero suo i. e. verbo.

[723] Neben den bei PESCH (s. Anm. 710), 127. Anm. 28 unter Hinweis auf eine Auskunft des WA-Registers im Institut für Spätmittelalter und Reformation (Tübingen) genannten Stellen wäre etwa noch zu vgl.: WA 2; 111,4—7 (1519): Die christenheit und ein igliche Christen sele ist geborn yn und durch das wort gottis. Darumb mus sie auch durch dasselb erneret, enthalden und beschutzt werden ader mus vorterben vill cleglicher, dan der leyb vortirbet, so er seins brottis nit braucht. — WA 7; 130,29 f (1528). — WA 8; 419,28—420,7 (1521) (= ebd. 491,28—492,11).

[724] WA B 5; 591,55—57 (1530) (Nr. 1707).

[725] WA 14; 386,28 f (1523/24).

[726] WA 31,1; 179,5—10 (1530); vgl. ebd. 179,5—21.

[727] WA 14; 386,31 (1523/24).

[728] WA 16; 105,19—21 (1524). — Ob Luther damit als Inaugurator des heute mancherorts so beliebten »Gottesdiensts im Grünen« gelten kann, mag dahingestellt bleiben.

[729] S. Anm. 727.

[730] Z. B. WA 14; 384,2—386,7; 384,11—387,11 (1524). — WA 14; 392,30 — 393,31 (1524). — WA 14; 458,17—459,4 (1524). — WA 15; 785,6—10 (1524). — WA 14; 792,12 f (1524). — WA 16; 39,8—40,2; 39,10—40,28 (1524). — WA 20; 472,37—473,23 (1526). — WA 24; 597,26 (1527). — WA 31,1; 179,5—21 (1522) u. ö.

nimmt, es nicht anders ist, als sei »Gott selbs ... (sein) täglicher Gast und Mündlin«[731].

c) Das ewige Wort

Die Aspektierung des ›ewigen Wortes‹ schließlich (vgl. schon § 5) mag noch einmal die soteriologische Pointe in Erinnerung rufen, auf die Luthers Reden von der conformitas verbi, in die der Glaube das Herz des Menschen versetzt, am Ende hinausläuft. Denn wer sich an dieses Wort hält, von dem Luther in unermüdlicher Wiederholung des Prophetenworts (Jes 40,8) einschärft, daß es in Ewigkeit bleiben wird, der muß auch selbst bleiben, wo das lebendige und ewige Wort bleibt[732]. Was die Schrift von denen bezeugt, die zu ihrer Zeit dem verbum promissionis glaubend anhängen − daß jenes Wort sie gerechtfertigt und selig gemacht hat[733] −, soll darum jedem, der das Wort hört, zum Vorbild gereichen: »Lieber, las dir mein (sc. Gottes) wort als mich selber auch ein schatz, auch ein Königreich, auch ein himelreich sein jnn deinem armut, elend und iamer. Mein wort bleibt ewig und du auch im wort«[734]. Denn seit jenem Machtwort, das Gott einst über der Taufe seines Sohnes gesprochen hat[735], steht der Himmel offen, so daß wir, wenn auch zunächst »nur mit Geistlichen augen«, ihn offen und Gott selbst mit uns reden sehen[736]. So ist der Glaube zwar die reale und aktuale Teilhabe an der dem Wort prädizierten Ewigkeit − »das wortt, das wir haben, ist schon das ewige leben«[737] −, und doch ist er nur erst »ein stuck der aufferstehung und anfang des newen lebens«[738], da er den Tod, obschon er »durch diesen ... hindurch kan sehen«[739], noch vor sich hat. So steht Luther niemals in der Gefahr, die Wirklichkeit des Todes schwärmerisch zu überspielen. Denn auch wer glaubt, muß sterben. Nur daß in diesem Fall der Tod eine andere Bedeutung gewinnt: Für eine dem Worte Gottes »konform« gewordene Seele ist er nicht das Ende, sondern ein Durchgang zu ewigem Leben − »verbum transfert nos de mundo in eternam vitam«[740]. Die-

---

[731] So Luther in einem auch insgesamt lesenswerten Trostbrief an Kurfürst Johann: WAB 5; 326,52−57 (1530) (Nr. 1572); vgl. ebd. 325,1−327,123.
[732] WA 10,3; 424,3f (1522). − WA 25; 254,35f (1527/30): Verbum autem Domini et omnes, qui verbo credunt, manebunt in aeternum. − Vgl. WA 31,2; 244,1−14 (1527/30). − Vgl. dazu ALTHAUS (s. Anm. 254), 339−354. − ASENDORF (s. Anm. 710), v. a. 243−294. − G. EBELING, Lutherstudien II/2, 1982, 145−183.
[733] WA 23; 609,3−5 (1527).
[734] WA 31,1; 456,6−8 (1532).
[735] WA 36; 130,3−8.21f (1532).
[736] WA 46; 711,39−712,7 (1537/38).
[737] WA 33; 202,23f (1530/32). − Ebd. 160,40−161,9. − Vgl. auch WA 48; 153,1−164,7.
[738] WA 37; 69,33−70,4 (1533).
[739] Ebd. 69,34.
[740] WA 40,3; 81,1 (1532/33). − Vgl. WA 10,1,1; 266,21−267,4 (1522). − WA 10,3;

ses letztliche Bewahrtwerden des Glaubens hat Luther, darin nicht nur dem speziellen Gegenstand, sondern auch seiner generellen rhetorischen Neigung entsprechend, in eine Reihe von Bildern gefaßt, nicht selten übrigens im Zusammenhang der Auslegung von Joh 8,51 (bzw. 8,46−59). So spricht er gern von der ›Brücke‹, die der Glaube an Gottes Wort findet: »Das worth ist die bruck von dißem leben in gehnes (!): das wirth den menschen, ßo er daran hangeth, ubertragen, ehres einer merckt«[741]. In einer Predigt des Jahres 1533 hat Luther die Kraft des Wortes, die uns den Tod als einen bloßen Schlaf erfahren läßt, einem »dicken nebel« verglichen: Wer in ihn eintaucht, den kann kein Mörder mehr erschießen[742]. Das kurz darauf angedeutete Motiv, wonach man im Tod einen Harnisch habe an Gottes Wort[743], ist in der Bearbeitung der Dietrich'schen Hauspostille von 1544[744] zur »haubtlehr auß dem heuttigen Euangelio (sc. Joh 8,46−59)« verdichtet worden:

> Jhr (solt) euch fleissig zům wort halten, es gern hôren und mit glauben annemen ... Thůt jr das, so solt jr Herren sein uber sünde, tod und hell. Ob gleich der tod euch auch fressen wirdt, das jr doch seine zeen nicht solt fůlen. Denn das wort ist so ein harnisch, dadurch man ein sichers leben und einen růgigen tod unnd das ewige leben haben soll.[745]

Diese lebenspendende Kraft des ewigen Wortes Gottes wirkt nun freilich beides: dort die Auferstehung des Leibes, bereits hier die durch den Zuspruch der Sündenvergebung ins Werk gesetzte Erweckung der Seele[746]. Es ist das *eine* Wort, das einen Traurigen trösten und einen Toten lebendig machen kann[747]. Darum findet der Glaube an die Auferstehung der Toten einen realen Anhalt an der Erfahrung eines jeden getrösteten Gewissens[748]: Wer den Zuspruch der remissio peccatorum glaubt, wird darin einer eschatologischen Erfahrung teilhaftig − in aller Anfechtung sieht er sich paradiesisch getröstet[749]. Denn »ubi verbum, ibi paradisus et omnia«[750]. Weshalb, wie Luther in gera-

---

162,32 f (1522). − WA 17,2; 234,1−19 (1525). − Ebd. 235,39 f. − WA 20; 301,29−302,13 (1526). − WA 27; 278,8−279,1 (1528). − WA 29; 276,14−277,9 (1529). − WA 52; 478,8−480,28 (1544).

[741] WA 9; 622,1−3 (1521). − Vgl. WA 33; 62,3−22 (1530).

[742] WA 37; 20,31−34 (1533): Das sol ewr trost sein, das ir solt des worts krafft fůlen im leben hie et praesertim in morte, quae erit sicut somnus, als wenn einer inn einen dicken nebel reitt, der sihet keinen môrder, qui kan einen tod schiessen, ehe ers sihet.

[743] Ebd. 21,12−14.

[744] B. KLAUS, Die Lutherüberlieferung Veit Dietrichs und ihre Problematik (ZBKG 53, 1984, 33−48).

[745] WA 52; 203,24−29 (1544).

[746] WA 15; 480,9−15 (1524).

[747] WA 21; 479,19−26 (1544). − WA 22; 227,35−229,2 (1535).

[748] WA 21; 495,4−12 (1544). − Ebd. 503,14−17.

[749] WA 31,1; 525,6 f (1530/32).

[750] WA 43; 673,33 (1535/45).

dezu absurder Hyperbolik zuspitzt, er denn auch lieber mit Gott in der Hölle sein wollte als ohne ihn im Himmel[751].

Was wir im Trost des Gewissens erfahren, wird sich dereinst auch in der leiblichen Auferstehung erfüllen: das Wort Gottes nämlich, dessen Natur es ist, uns zu bewahren[752], und in dem sich, während es uns aus dem Tod ins Leben ruft, das opus dei proprium ereignet[753]. Indem wir nun in Gottes Wort ruhen als in Abrahams Schoß[754] – »uterus Dei est Verbum promissionis divinae«[755] (vgl. §8.2.b.bb) –, will uns Gott bewahren und formen zu ewigem Leben[756]. In jener »futura forma«, zu der, wie Luther in den Disputationsthesen De homine formuliert, der »homo huius vitae est pura materia Dei«[757], werden wir auf Gottes Wort hin hervorgehen. Wie sehr das ewige Wort darin in sein Wesen tritt, hat Luther nicht nur durch den biblisch genährten Hinweis unterstrichen, es werde – wie einst beim Jüngling zu Nain (Lk 7,11–17)[758] (vgl. §11.2.a.aa) – nur eines einzigen Wortes bedürfen, daß Christus aus der Erde wieder hervorbringt, was von Adam her auf ihr geboren ist[759]. In einer ganz unbefangenen, freilich theologisch gedeckten Erbaulichkeit hat Luther dazu auch den Todesschlaf derer, die im Glauben an das Wort entschlafen sind, als denkbar leicht geschildert:

Weyl wir aber sehen (sc. in Lk 7,11–17), das Christus uns so leicht kan auß dem todt reyssen und zum leben bringen . . ., Da muß auß folgen, das, die auff dem Kirchoff und unter der erden ligen, vil leyser schlaffen denn wir in unserm bett. Denn das kan wol geschehen, das du so hart schlaffest, das man dir zehenmal rüffet, ee du ein mal hörest. Die todten aber hören von einem eynigen wort Christi und wachen wider auff.[760]

---

[751] Ebd. 673,27–29.

[752] WA 31,1; 344,19 (1530): Scio naturam verbi esse servare nos.

[753] WA 41; 576,25 (1536): Ruffen ex morte eius opus proprium est. – Vgl. ebd. 576,13–577,10. – WA 11; 193,25 (1523): Quae natura verbi sit, hic (sc. in Lk 7,11–17) videtis. – Vgl. ebd. 183,18–40.

[754] WA 10,3; 191,11–23 (1522).

[755] WA 25; 295,28 (1532/34) (zu Jes 46,1).

[756] Ebd. 295,28 f.

[757] WA 39,1; 177,3–10 (1536) (Th 35–38): 35. Quare homo huius vitae est pura materia Dei ad futurae formae suae vitam.
36. Sicut et tota creatura, nunc subiecta vanitati, materia Deo est ad gloriosam futuram suam formam.
37. Et qualis fuit terra et coelum in principio ad formam post sex dies completam, id est, materia sui,
38. Talis est homo in hac vita ad futuram suam, cum reformata et perfecta fuerit imago Dei.
– Vgl. dazu G. Ebeling, Lutherstudien II/3, 1989, 472–506.

[758] WA 34,2; 213,3–12 (1534).

[759] WA 37; 37,9 f (1537); vgl. ebd. 36,39–40,30. – Vgl. WA 17,1; 219,33–39 (1525). – WA 23; 517,11–24 (1527). – WA 36; 639,9–18.32–39 (1532). – WA 43; 184,4–12 (1539).

[760] WA 52; 479,29 f; 480,2–6 (1544). – Ebd. 481,3–8: Darumb, ob gleich der Jüngste

So wird das prophetische ›Verbum Dei manet in aeternum‹[761] für Luther zum Inbegriff der christlichen Hoffnung: Wer glaubend dem Worte anhängt, der wird, wie dieses selbst, in Ewigkeit bleiben, wenn auch Himmel und Erde vergehen[762]. Diese eschatologische Grundmelodie scheint nun aber von einem anderen Motiv durchgängig kontrapunktiert zu werden. In Anspielung auf die paulinische Rede vom dunklen Wort, das dort dem Sehen von Angesicht zu Angesicht weichen wird (1 Kor 13,12), sowie davon, daß wir hier noch, fern vom Herrn, im Glauben wandeln, nicht im Schauen (2 Kor 5,6f), hat Luther nämlich ebenso oft auch die eschatologische Spielart der theologischen Fundamentalunterscheidung zur Geltung gebracht: »Itzt hören wirs im Wort, Dort werden wirs haben im Schawen. Itzt gleuben und hoffen wirs . . ., Dort werden wirs besitzen«[763]. Oder, wie Luther in chiastischer Verschränkung pointiert: Dort wird »das Reich des Worts und Glaubens auff hören . . . und anfahen das Reich der Offenbarung und Anschawung«[764]. Mit dem geistlichen Regiment wird freilich auch das weltliche an sein Ende gelangen, weil Gott dort alle Stände und Ämter in sich vereinen wird: »Nur das eine (mus) bleiben, welchs wird Gottes heissen, Der wirds gar selbs sein, prediger, tröster, vater, mutter, Herr und Keiser«[765]. Denn das Wort, an das Gott seine irdische Gegenwart gebunden hat«[766], wird, wenn wir ihn gegenwärtig sehen[767], nicht

---

tag herein breche oder ich sonst sterbe, da ligt nicht an, Mein Herr Jesus Christus sihet dem todt ein kleine weyl zu, wie er mich würget, unnd wenn er meynt, es sey mit mir gar auß, ich sey gar gestorben, so schlaffe ich nur und schlaff so leyß, das der Herr Christus den mundt nicht kan auff thun, ich höre es unnd stehe auff zum ewigen leben. — Entsprechend schildert Luther dann auch den Leib eines Auferstandenen (WA 49; 430,19−21 [1544]): Wird scharffe Augen haben, die durch ein Berg sehen, Und leise Ohren haben, die von einem ende der Welt bis zum andern hören können.

[761] Jes 40,8 (vgl. etwa Ps 119,89). Die Vulgata übersetzt »Verbum . . . Dei nostrum stabit in aeternum«. − Für die endlos wiederholte Zitation dieses Prophetenspruchs bei Luther (z. B. WA 43; 178,30) bedarf es jetzt keines weiteren Belegs.

[762] WA 10,2; 157,25 f (1522). − WA 12; 604,16 f (1523). − WA 15; 479,32 f (1524). − WA 17,1; 288,3−8.16−32 (1525). − WA 21; 490,11−33 (1544).

[763] WA 45; 230,14−16 (1537).

[764] Ebd. 230,32 f. − WA 49; 573,9−11 (1544): Haec audimus, credimus, sed non videmus. Ideo regnum verbi cessabit i. e. man wird nicht mehr predigen horen, gleuben, sed videbimus patrem, filium, Spiritum sanctum ut sancti Angeli, ut in Euangelio. − Vgl. ebd. 573,29−35. − Vgl. ferner WA 5; 129,6 f (1519/21) (= AWA 2; 227,3 f). − WA 17,1; 94,11 f (1525). − WA 17,1; 207,36−38 (1525). − WA 28; 194,11−195,6; 194,29−195,25 (1528). − WA 36; 591,10−592,3; 591,29−592,25 (1532). − WA 36; 681,6−682,6; 681,28−682,15 (1532). − WA 37; 496,5−11 (1534). − WA 41; 318,18 f (1535). − WA 47; 47,18−48,4 (1538). − WA 49; 583,20 f (1544).

[765] WA 36; 571,38 f (1532); vgl. ebd. 571,9−14.30−39.

[766] WA 45; 269,34−38 (1537): Bey dem Wort Gehör und Glauben wirds in diesem Leben wol bleiben, Wir werdens nicht weiter bringen können, denn das wir hören und gleuben, was die Apostel, durch den Heiligen Geist vom Himel gesand, Davon geredt, verkündiget und uns für geschrieben haben.

[767] WA 14; 28,5−10 (1523/24).

länger nötig sein, so wie man auch das Licht zu löschen pflegt, sobald der Tag anbricht[768].

Der Schein des Widersprüchlichen, der davon ausgehen mag, daß Luther einerseits vom ewigen Wort spricht, andererseits aber auch die Begrenztheit von Wort und Glaube auf *dieses* Leben hervorhebt, war ihm selbst durchaus gewärtig. Ausdrücklich erläutert er darum 1525 in der Fastenpostille, was eine sorgfältige Lektüre der entsprechenden, konträr erscheinenden Stellen ohnedies ergeben hätte. Ob wir, resümiert Luther »die meynunge« von 1 Kor 13,12, hier glauben oder dort beschauen: »es ist *eyn ding*, das wyr hie ynn diesem leben und ynn ihenem leben haben«[769]. Die in eschatologischer Hinsicht allerdings geltend zu machende Fundamentalunterscheidung betrifft darum nicht die Gegenstände des Glaubens und Schauens, vielmehr allein die Art und Weise, in der sich diese zu erkennen geben. In holzschnittartiger Klarheit hält Luther fest: »Es ist derselbe Gott und alles gut, das wir hie gleuben und dort sehen werden, daran ist keyn unterscheyd. Aber die unterscheyd ist ym erkentnis, Das wyr den eyn andere weyse ynn ihenem leben haben«[770]. Wenn Luther darum von einem Aufhören des Wortes spricht, so gilt das selbstverständlich nicht für das Wort, das im Anfang war und durch das alle Dinge gemacht sind (Joh 1,1–3): dieses ist ewig wie Gott. Sondern es gilt für die *Gestalten*, in denen uns das ewige Wort auf Erden begegnet: für das geschriebene und gepredigte Wort. So wird zwar »das eusserlich ampt und schall des ewigen worts«[771] aufhören, nicht aber Gott selbst (Joh 1,1c). In der Selbigkeit Gottes findet darum der Glaube seinen archimedischen Punkt: Er ist dessen gewiß, daß sich in der Gestalt des äußeren Wortes Gott selbst verbirgt[772], ja daß er schon jetzt durch das äußere Wort ihm ins Herz sehen kann[773]. Ist doch, wie Luther sich nicht scheut zu vergleichen, auch ein Kaufmann, der Brief und Siegel hat, sich seines Geldes ebenso gewiß, als hätte er es schon in der Tasche[774].

---

[768] Ebd. 30,23–25.

[769] WA 17,2; 169,16f (1525); Hervorhebung von mir.

[770] Ebd. 169,17–20. – Vgl. ebd. 169,14–27.

[771] Ebd. 172,25f; vgl. ebd. 172,20–31.

[772] WA 45; 522,5–13 (1537).

[773] WA 37; 452,6–8 (1534): Mein wort ist da, sicut mea facies und bild und wie du mich von angesicht sehen, so ist mein wort. Sicut me horst hie auff erden in verbo, sic in Maiestate est mea bild gestalt, gesinnet und hertz hab. – Vgl. WA 36; 570,10–571,2 (1532).

[774] WA 36; 570,2f (1532): Sic in mundo agitur per contractum. Accipit Siegel und brieff, ergo so gwis habet, ac si in loculo. – Ebd. 570,16–18: Doch haben wir nichts deste weniger den selben schatz gewis gleich wie ein kauffman, wenn er siegel und brieffe hat, seines gelts eben so gewis ist, als hette ers jnn der taschen. – Vgl. ebd. 570,2–10.16–30.

2. Die Teilhabe des Menschen

Die Frage nach der Teilhabe des Menschen ist schon zweimal berührt worden: zunächst in Erörterung dessen, daß Gott sein Heilshandeln exklusiv an das äußere Wort gebunden hat und darum allein in der Gestalt menschlichen Sprechens zu uns reden will (vgl. §§ 5.4 u. 13)[775], sodann mit dem Hinweis auf die conformitas verbi, in die der Glaube den ganzen Menschen versetzt (vgl. § 15.1) und die darum gerade auch in seinem Sprechen kenntlich sein muß.

a) Die Sprache des Glaubens

Wenn Luther die menschliche Zunge immer wieder als das Spiegelbild des Herzens gedeutet hat (vgl. § 6.2)[776], so liegt nahe, daß er in ihr nicht nur die einzelnen affektiven Regungen[777], sondern erst recht auch eine Erneuerung des *ganzen* Herzens zum Ausdruck gebracht sieht. Das Wort Christi läßt darum, sofern es »ernstlich und grundtlich (!) ym hertzen wone«[778], dasselbe überfließen mit Worten[779], da doch das Wort dem Glaubenden »seyne art antzogen« hat und also ihn »gar freydig und unscheuchter macht, dasselbig tzu preyssen und tzubekennen«[780]. Ein bloßes, nämlich folgenloses Hören des Wortes zeigt nur, daß der Glaube nicht ins Herz gekommen ist. Denn wer dem Worte glaubt, der kann, wie Luther das paulinische Psalmzitat »Ich glaube, darum rede ich« (2 Kor 4,13) gern expliziert, gar nicht umhin, davon zu reden[781], da

---

[775] Neben den dort genannten Stellen vgl. etwa noch WA 43; 478,8−15 (1542): Deus nobiscum loquitur, et agit per ministros verbi, per parentes, per magistratus, ne circumferamur quovis vento doctrinae. Liberi audiant parentes, cives audiant Magistratum, Christianus Parochum et ministros verbi, discipulus praeceptorum. Extra hoc verbum omnis vita damnata est, et omnes sectae perditae. Sin adest verbum, tum habeo certam consolationem: Sive sum pater, sive mater, sive filius, audio verbum, et scio, quid credere et quid facere debeam. Deus enim mecum quoque loquitur in ipso statu vitae, in quo vivo. − Ferner WA 12; 461,11 f (1523). − WA 47; 298,23−299,1 (1537). − WAT 4; 121,13−123,26 (1538) (Nr. 4082).

[776] WA 41; 488,17−24 (1535): Habeo ex verbis, cantico, sunt mihi certa testimonia, quid homo im synn hat, si etiam neget et mentiatur, quia wort und zung ist gewis anzeigen, quid in corde stecke, Sicut cor sthet, so verba lauten, das mundlich wort, dixerunt gentiles, est ebenbild cordis, quod loquitur in ore, habet in corde, quanquam modo non loquatur alias cogitationes. Sicut cor gedenckt, ita loquitur os, ut Christianus mag schweigen sein heimlich tücke, quas im synn, doch gleichwol verba, quae loquitur, ex corde proficiscuntur. − Ferner z. B. WA 27; 301,10−18 (1528).

[777] WA 34,1; 494,10−495,8 (1531).

[778] WA 10,2; 53,13−15 (1522).

[779] Ebd. 60,1−3.

[780] Ebd. 53,15 f.

[781] WA 10,1,1; 86,16−21 (1522). − Ebd. 135,12−16. − WA 17,1; 458,16−18 (1525). − WA 17,2; 279,1 f (1527). − WA 52; 452,23−38 (1544).

doch die Worte aus dem Herzen quellen wie aus einem Faß der übergärende Most[782]; im Lobgesang der Maria habe sich dies, meint Luther, exemplarisch manifestiert: »Die wort selb fliessend ... erausz brechen, das gleich der geist mit erausz schewmet und die wort leben, hend und fuesz haben, ja das zugleich der gantz leyp und alles leben, und alle gelid gern reden wolten; das heyst recht ausz dem geist und in der warheit got loben, da sind die wort eytel feur, licht und leben«[783].

Luther warnt freilich auch davor, daß man derlei herausragende Äußerungen des Glaubens zu Glaubensartikeln hypostasiert und damit zur Schrift, die doch allein zu glauben ist, in Konkurrenz treten läßt[784]. Die in der Schrift bezeugten Heilsgüter sind vielmehr ›unaussprechlich‹ (vgl. § 7.1.c); kein menschliches Wort vermag sie zu erschöpfen[785]. Darum sollen wir, unserer Bestimmung gemäß (vgl. § 7.2.b), bis in Ewigkeit Gott loben und unseren Glauben bekennen[786]. Eben darin nämlich, in Wort und Gebet, sieht Luther die beiden Opfer der Christen, mit denen allein sie Gott in Wahrheit zu entsprechen vermögen[787]: Im Wort des Glaubens erhält das Wort Gottes die Antwort, die ihm einzig angemessen ist und die es erheischt[788].

In diesem Sinne ist zu verstehen, wenn Luther die spezifische Differenz, die einen Christenmenschen kenntlich macht, oft genug — meist freilich in konkreten exegetisch-homiletischen Zusammenhängen — in der Zunge bzw. Sprache (lingua) gesehen hat. Wenn wir, heißt es einmal in Auslegung von

---

[782] WA 16; 203,3f.17–19 (1524).

[783] WA 7; 572,14–18 (1521).

[784] WA 43; 145,19–24 (1539).

[785] Neben den in § 7.1.c genannten Stellen vgl. z. B. WA 12; 273,27–32 (1523) (zu 1 Petr 1,8f).

[786] WA 31,1; 407,17–21 (1530) (zu Ps 111,2): Wer kans alles erzelen? Es lesst sich nicht anders noch besser reden denn mit diesen kurtzen worten: Gros sind die werck des HERRN. Und kan nicht gnugsam geredt werden bis jnn ewigkeit, wenn gleich laub und gras eitel zungen weren.

[787] WA 13; 682,1–14 (1524/26) (zu Mal 1,11).

[788] Vgl. dazu neben den in Anm. 820 genannten Arbeiten v. a.: J. BAUR, Luther und die Philosophie (NZSTh 26, 1984, 13–28). – O. BAYER, Was ist das: Theologie? Eine Skizze, 1973, 27–30. – A. BRANDENBURG, Solae aures sunt organa Christiani hominis. Zu Luthers Exegese von Hebr 10,5f (in: Einsicht und Glaube. FS für G. Söhngen, hg. v. J. RATZINGER u. H. FRIES, 1962, 401–404). – G. EBELING, Einführung in theologische Sprachlehre, 1971. – DERS., Lutherstudien II/3, 1989, 513–520. – W. MOSTERT, Luthers Verhältnis zur theologischen und philosophischen Überlieferung (in: H. JUNGHANS [Hg.], Leben und Werk Martin Luthers von 1526 bis 1546, 1983, 347–368, v. a. 359–368). – K.-H. ZUR MÜHLEN, Nos extra nos (s. Anm. 185), 223–226.274f. – E. DE NEGRI, Offenbarung und Dialektik. Luthers Realtheologie (IdF 11), 1973, 207–223. – THAIDIGSMANN (s. Anm. 648). – Vgl. dazu etwa auch JOHANN VON STAUPITZ: Libellus de exsecutione aeternae praedestinationis XXI (De lingua christiana), Sämtliche Schriften 2/II, hg. v. L. GRAF ZU DOHNA u. R. WETZEL (Spätmittelalter und Reformation. Texte und Untersuchungen 14), 1979, 256–266.

Lk 7, 11−19, die Güter unseres Glaubens, nämlich »das ewige leben, ewige ge-
rechtickeit, hülff trost«[789], allein im Wort haben, sie aber nicht sehen können,
so ist es nur folgerichtig, daß man auch einen Christen nicht an seinem Aussehen oder anderen äußeren Dingen − zu denen Luther auch das »leyden und
sterben müssen« zählt![790] − erkennt, sondern allein »aus der rede«. Indes gleiche er darin dem Wind, den man, dem Worte Christi (Joh 3,8) folgend, zwar
rauschen höre, dessen Woher und Wohin jedoch verborgen sei. Allein im Reden gibt sich ein Christ zu erkennen[791]. Besonders eindrücklich hat Luther
diese Frage der spezifischen Differenz des Christenmenschen in einer Predigt
des Jahres 1534 über Mk 7,31−37 traktiert, von der sich neben der von Rörer
besorgten Nachschrift auch eine Druckbearbeitung überliefert hat[792]. In einem
exkursartigen Einschub ruft Luther hier seinen Hörern in Erinnerung − »denn
jr wisset«[793] −, daß das Reich Christi, da aufs Wort gegründet, nur mit Ohr
und Zunge zu fassen ist: »Das wort fassen die ohren, und das hertz gleubets,
Die zunge aber redets oder bekennets, wie das hertz gleubet«[794]. Während ein
Christ in allen äußeren Vollzügen des Lebens von einem Ungläubigen nicht zu
unterscheiden ist[795], machen »allein diese zwey gliedmas . . . einen unterscheid
unter Christen und unchristen, das ein Christ anderst redet und höret«[796].
Denn der Christ hat eine Zunge, die Gottes Gnade preist, während seine Ohren dasselbe Wort, das ihn zu Gotteslob und Christuspredigt instandsetzt, auf
rechte Weise gehört und also im Herzen geglaubt haben[797].

---

[789] WA 32; 123,26 f (1530).

[790] WA 52; 282,13−23 (1544).

[791] WA 32; 123,25−40 (1530). − Vgl. auch WA 37; 538,21−25 (1534).

[792] WA 37; 506−520.

[793] Ebd. 512,37 (Dr).

[794] Ebd. 513,19 f (Dr). − Vgl. ebd. 512,17−513,2 (R): Et praecipue ista 2 gelid accepit,
orhen und zunge, quia regnum Christi est grundet in ista 2, non potest capi, quam istis
duobus membris, zunge und orhen, quia sic descriptum est, quod Christus regat suum
Regnum per solum verbum, postea per fidem.

[795] Ebd. 513,2−5 (R): Si verbum aufertis et orhen i. e. fidem, tum non est discrimen inter Christi et mundi regnum, quia Christianus incedit sive sit masculus etc. Et infidelis tam
homo et vivit ut Sanctissimus homo in terris. Ibi nullum discrimen. − Ebd. 513,20−25
(Dr): Wenn man die zungen und ohren hinweg thut, so bleibt kein merckliche unterscheid
zwischen dem Reich Christi und der welt. Denn ein Christ gehet jnn eusserlichem leben
daher wie ein ungleubiger, er bawet, ackert, pflüget eben wie andere, nimpt kein sonder
thun noch werck fur, weder jnn essen, trincken, erbeiten, schlaffen noch anderm.

[796] Ebd. 513,25 f (Dr); vgl. ebd. 513,5 f (R).

[797] Ebd. 513,10−14 (R): Ista lingua preiset et praedicat Christum, quod sit Salvator
mundi, da bey kennet man, ubi Christi regnum, ubi non. Item orhen habent, idem verbum, quod ista lingua loquitur. Mundus audit honorem libentius, geitz. Sed Christiana
auris audit illam linguam, da bey bleibt et da bey agnoscitur et discernitur ab aliis omnibus
auribus. − Ebd. 513,26−34 (Dr): Ein Christ . . . hat eine zunge, die Gottes gnade preiset,
die von dem Herrn Christo predigt, das er allein sey der Seligmacher etc. Das thut die welt
nicht, die redet von geitz und andern lastern, predigt und preiset jren pracht, Dagen sind
nu auch zu beiden teilen sonderliche ohren, Der Christen ohren haben eben dasselbige

Daß ein Christenmensch allein in seinem Sprechen zu erkennen ist — womit Luther selbstverständlich kein abstraktes Postulat, sondern eine vielgestaltige Erfahrung formuliert wußte[798] —, müßte nun vor allem in dreifacher Hinsicht vertieft werden, um der darin gesetzten Sprachvollmacht, also der Partizipation an der Kraft des Wortes Gottes[799], ferner der damit gewährten Sprachkompetenz in geistlicher Hinsicht sowie dem hochkomplexen Zusammenhang dessen, worauf Luthers Rede von der ›neuen Sprache‹ zielte, auf den Grund zu kommen. Der prospektiven Beschränkung des Paragraphen entsprechend, müssen jeweils erste Hinweise genügen.

Zum einen: Um der soteriologischen Verbindlichkeit willen lag Luther daran, in dem Gedanken, daß Gott allein in menschlichen Worten zur Sprache kommen will, *Gott selbst* als das Subjekt dieses Sprechens herauszustreichen. Nur dann hat ja das predigende, tröstende und ermahnende Wort des Glaubens Gewicht, wenn dabei feststeht: »Sein mund und zunge, damit er Gottes wort handlet oder bekennet, ist nicht sein, sondern Christi mund und zunge«[800]. Gegen jede schwärmerische Verflüchtigung hält Luther andererseits aber auch, gewissermaßen als Kehrseite desselben Satzes, mit Nachdruck daran fest, daß es wirklich *unser* Wort ist, durch das Gott allein an uns handelt. Auch diese Teilhabe an der Sprachvollmacht Gottes ist nämlich als Konsequenz der conformitas unseres Herzens mit dem Wort Gottes ernstzunehmen: Es ist *unser* Wort, durch das Gott in den Herzen der Glaubenden, was gesagt ist, auch wirkt. Luther kann diese unüberbietbare Aufwertung des menschlichen Sprechens etwa dahin zuspitzen, daß er ihm geradewegs die zentrale proprietas verbi dei zuspricht — »verbum hominis efficit hoc, quod dicit« —, nicht ohne freilich hinzuzufügen, es sei Gott selbst, der diese Kraft übe, nicht aber die menschliche Person[801]. Oder er kann, wiederum in kühnster Pointierung,

---

wort, das die zunge redet und das hertz gleubet, Die welt aber hôret lieber, wenn man redet von jrer weisheit, vernunfft, ehre und pracht. Also sind ohren und zungen der Christen unterschieden von der welt ohren und unchristen ohren und zungen. — Vgl. auch den Fortgang der Predigt. — Vgl. ferner WA 10,1,2; 34,3−11 (1522). — WA 31,2; 596,27 (1530/31): Verbum enim est, quod pios ab impiis discernit. — WA 36; 255,7−9 (1532): Christianus debet esse nova creatura und ein neugeschaffen werck, qui aliter loquatur, cogitet de allen stücken, quam die welt von judicirt.

[798] Z. B. WAT 3; 104,24−107,15 (1533) (Nr. 2938).

[799] Vgl. etwa WA 46; 629,1−3 (1537/38): Bruder, du machest ein werck draus one Glauben, eines Gleubigen und ungleubigen sprechen sind gar ungleich, es ist keine krafft in den worten, es sey denn der Glaube da.

[800] WA 45; 667,36−668,1 (1537); vgl. ebd. 667,32−668,3. — Ferner z. B. WA 14; 17,15 f (1523/24). — WA 15; 534,16 (1524). — WA 16; 111,27 f (1524). — WA 40,3; 124,23 (1532/33). − WA B 3; 284,10−13 (1524) (Nr. 739).

[801] WA 49; 170,14−20 (1540): Discamus verbum honorare non propter personam, sed Deum, qui talem potestatem ubet, ut verbum hominis efficiat hoc, quod dicit. Ut si dico: Remitto tibi peccata in nomine Iesu Christi, ex lingua gehets in cor, comprehendit et empfehet ein fewrige gedancken und buchstaben, nempe quod peccatum remissum. Dazu

sagen, ein Christ, der das Wort Gottes lehre, sei »quasi Deus in orbe terrarum«[802]. Daß ein Christ, derart an der Kraft Gottes partizipierend, alles wirken kann — indes: non vi, sed verbo[803] —, ist bei Luther jedoch ganz auf den
soteriologischen Ernstfall ausgerichtet. »Wen das treffen dahehr gehet«, erläutert er, chiastisch verschränkend, so rede und handle ein Christenmensch nicht
anders denn Christus: »Das ist nun ein höher reden undt thun den ein menschlich werck und krafft«[804]. Es ist das Reich des Teufels, das der Glaube, wie
einst die Apostel[805], zu stürmen vermag: ›Christiana sum‹, ›Christianus sum‹
— auf dieses Wort hin muß der Teufel weichen[806]. Wenn die Welt diese geistliche Sprachvollmacht nur glauben könnte: wie würde sie, heißt es in Crucigers Sommerpostille zu Mk 16,16, »Gott loben und dancken, das sie selbst erlebt hette, einen Christen zu hören«[807].

Zum andern: In geistlicher Hinsicht weiß Luther nur den Glauben zu kompetentem Reden ermächtigt. Das ist für ihn die selbstverständliche Konsequenz aus der allgemeinen rhetorischen Regel, wonach die rechte cognitio
verbi allein aus der cognitio rerum hervorgehen kann (vgl. § 7.3.c)[808]. Diese
dem Glauben vorbehaltene Sprachkompetenz sieht Luther in der biblischen
Gestalt des Zacharias (Lk 1) präfiguriert: Während ihn der Unglaube verstum-
men machte (Lk 1,20—22), löste der heilige Geist ihm die Zunge, sodaß er
wieder reden, Gott loben und weissagen konnte (Lk 1,57—79). Darin sei, predigt Luther 1528, zeichenhaft[809] sichtbar geworden, was den Glauben vom
Unglauben unterschieden sein läßt: »Fides docet loqui, Infidelitas macht
stum«[810]. Das schließt nicht aus, daß gerade die im Unglauben Befangenen

---

mus ja sagen Deus et omnes Creaturae. Et fit per nos, qui tuchtig für uns. Sed quia treiben
da verbum lingua et offitium manu, ideo fecit tüchtig etc.

[802] WA 20; 688,23f (1527) (zu 1 Joh 2,27); vgl. ebd. 687,27—688,28. — WA 16; 109,1—5
(1524): Si habet verbum et fides est recta, potest Christianus facere omnia, excitare mortuos etc. quia verbum dei in eo est et potest omnia per deum, qui per se facit, Christianus
per deum, sed plus et incomprehensibilius miraculum est, quod mortem subigamus, quod
non videtur, ideo non ducitur magnum. — WA 40,2; 545,17—27 (1533/34); vgl. dazu WA
40,2; 544,14—545,3 (1532). — WA 41; 246,26f (1535). — WA 45; 251,2—15 (1537).

[803] Z. B. WA 10,3; 174,9f (1522). — WA 15; 218,17—219,18 (1522). — Vgl. auch die
Applikation in WAB 2; 474,1—475,38 (1522) (Nr. 459).

[804] WA 33; 227,12—17 (1530/32).

[805] WA 45; 221,25—222,11 (1537).

[806] WA 46; 629,33—630,3 (1537/38) (zu Joh 1,14).

[807] WA 21; 391,2—6 (1544) (zu Mk 16,16): Wenn es die Welt köndte gleuben, würde sie
(halte ich) die Prediger des Euangelij (sonderlich die Aposteln) fur liebe gefressen haben
und noch mit hauffen zulauffen und jnen mit allen freuden die Füsse küssen und die Hende
unterlegen, Gott loben und dancken, das sie erlebt hette, einen Christen zu hören.

[808] So etwa in dieser Arbeit § 7. Anm. 1062 u. 1064.

[809] WA 29; 429,10 (1529).

[810] WA 27; 217,34—218,1 (1528); für den Kontext vgl. oben § 7. Anm. 1088. — Vgl.
ebd. 219,14f.

viele Worte machen[811]. Aber nur der Glaube öffnet den Mund derart, »das man reden kan, das reden heist«[812]: Ein geisterfülltes Herz »sciat loqui et bene de re loqui«[813]. Während der Unglaube vagiert[814] und die ratio das Rechte verfehlt[815], vermag allein das Wort des Glaubens die geistlichen Dinge treffend zu lehren. Diese Sprachkompetenz des Glaubens hat Luther in einer Predigt über Tit 1,9 — was noch einmal (vgl. §7.3.c) zu zitieren erlaubt sei — gewissermaßen auf ihren rhetorischen Punkt gebracht: »Qui bene scit aliquid, bene potest docere. Verba non iniustam rem sequentur. Eloquentia coniuncta est cum sapientia. Deus, qui dat sapientiam, dat et verbum, ut loqui possimus«[816].

Und schließlich: Die Bestimmung der Glaubenssprache als nota Christiani mündet bei Luther in jenen Zusammenhang, der sich mit der biblischen Wendung des ›novis linguis loqui‹ (Mk 16,17) mehr umschreiben denn bestimmen läßt[817]. Für dieses nicht nur weite, sondern auch weithin unbeackerte Feld wäre eine monographische, die betroffenen — übrigens gar nicht so zahlreichen — Luthertexte und deren Traditionshintergrund intensiv ausleuchtende Studie dringend zu wünschen. Immerhin sind zu zwei der wichtigsten Problemaspekte bereits beachtliche Vorarbeiten geleistet worden. Das betrifft zum einen das mit der Lehre von der Idiomenkommunikation verbundene Sprachproblem, demzufolge die Christusprädikationen (z. B. ›homo‹, ›caro‹, ›creatura‹, ›verbum‹) zwar keine neuen res, aber diese doch auf eine neue Weise aussagen, weshalb denn auch die Unterscheidung einer nova von der vetus lingua christologisch unabdingbar wird (vgl. §11.1.b)[818]. Der andere Aspekt betrifft Luthers Äußerungen zur metaphorischen (bzw. tropischen) Rede, die, wenn

---

[811] WA 25; 27,19–21 (1527). – WA 29; 429,8 (1529).

[812] WA 29; 429,6–11 (1529): Zacharias bonus non credit. Ideo wird er gestrafft, ut incredulus sol etc. et fit stum, et bene: qui est incredulus, non kan reden. Die besessenen homines multa quidem loquuntur, sed non docent. Sic fides aperit os, das man reden kan, das reden heist, Sic infidelitas claudit zum zeichen, ut omnes infideles mussen stum sein. Iam sequitur alter textus, qui natus sit.

[813] WA 27; 217,33 f (1528). – Vgl. z. B. WA 31,2; 663,4–6 (1530/31) (zu Hhld 2,14). – WA 43; 553,3–6 (1542); vgl. ebd. 553,1–14.

[814] WA 25; 27,18 f (1527).

[815] Z. B. WA 39,2; 340,11–13 (1545).

[816] WA 25; 27,15–17 (1527). – Ebd. 27,17–24: Qui non intelligunt, non possunt de hoc loqui. Sic et Schwermeri nostri nihil docent, quia vagantur in cordibus, cogitationibus. Schwermeri multa sciunt garrire sed nihil dicere et docere. Dabo, Christus inquit, vobis os et sapientiam. Ubi sapientia, ibi loquantur etiam Schwermeri, waschen wol sed non dicunt. Ut ergo scivi, darauff wil ich sterben. Et deinde qui valeat ad docendum, debet esse doctivus i. e. non solum ut sit diligens ad docendum sed etiam potens. Sed non potest, nisi sit certus.

[817] Z. B. WA 3; 497,19 f (1513/15). – WA 21; 277,4 f (1537). – WA 39,2; 5,35 f (1539). – WA 45; 68,9–19 (1537).

[818] Vgl. neben den dort zitierten und erwähnten Stellen etwa noch WA 39,2; 103,2–11 (1540) sowie die (öfter zitierte als verstandene) Wendung, man müsse die philosophischen Begriffe, damit sie theologisch brauchbar würden, »zum Bade führen« (WA 39,1;

auch zumeist von einer Interpretation der Kopula der Einsetzungsworte ausgehend[819], doch zu ganz allgemeinen Sprachreflexionen vorstoßen und jedenfalls wieder das Phänomen berühren, daß die ›neuen Worte‹ nichts anderes
sind als die alten Worte in einem neuen, metaphorischen Gebrauch[820].

Eine weitere Aspektierung dieses drittgenannten Problemfeldes sei noch erwähnt. Sie gilt dem sich vor allem homiletisch manifestierenden Bemühen Luthers, in das den Christen zugemutete, biblische ›novis linguis loqui‹ einzü-
ben. Denn immer wieder begegnet in der Schrift das Phänomen, daß sich hier
Worte und Sachverhalte anders — nämlich konträr — gedeutet finden, als dies
nach dem allgemeinen usus loquendi der Fall wäre. So würde etwa, daß Joseph verkauft worden ist, eine »terrena lingua« als dessen Verderbnis deuten,
während es der Schrift eine Sendung zum Heil ist (Gen 45)[821]. Entsprechend
redet Mose in einer »nova rhetorica« vom Tod als dem Zorne Gottes
(Ps 90)[822], desgleichen auch Christus von den Schrecken der Endzeit als von
ausschlagenden Bäumen (Lk 21,28)[823], ferner von Friede, Freude, Glück und
Leben als von Unfriede, Unglück, Angst und Tod (Joh 16)[824], schließlich auch
Paulus vom Begraben eines Menschen als von seinem Pflanzen und Aussäen
(1 Kor 15,42)[825]. Diese wenigen Beispiele mögen bereits hinreichend deutlich
gemacht haben, daß für Luther als Maßgabe des neuen Sprechens[826] allein die

---

229,6−26 [1537]). − Vgl. dazu R. Schwarz, Gott ist Mensch (s. Anm. 644) sowie die übrige in § 11.1 genannte Forschungsliteratur.

[819] Vgl. v. a. die Schrift ›Vom Abendmahl Christi. Bekenntnis‹: WA 26; 261−509
(1528).

[820] Z. B. ebd. 277,1−14. − Vgl. dazu H. Hilgenfeld, Mittelalterlich-traditionelle Elemente in Luthers Abendmahlsschriften (SDGSTh 29), 1971, 60−78.150−173. − E. Jüngel, Metaphorische Wahrheit. Erwägungen zur theologischen Relevanz der Metapher als
Beitrag zur Hermeneutik einer narrativen Theologie (in: P. Ricoeur / E. Jüngel, Meta-
pher. Zur Hermeneutik religiöser Sprache, EvTh 1974 [Sonderheft], 71−122, 102−104).
− Ders., Zur Freiheit eines Christenmenschen (s. Anm. 648), 40−50. − G. Krause, Stu-
dien zu Luthers Auslegung der Kleinen Propheten (BHTh 33), 1962, 126−280. − R.
Saarinen, Metapher und biblische Redefiguren als Elemente der Sprachphilosophie
Luthers (NZSTh 30, 1988, 18−39). − R. Työrinoja, Proprietas verbi (s. Anm. 644). −
Ders., Nova vocabula et nova lingua. Luther's conception of doctrinal formulas (in: The-
saurus Lutheri. Auf der Suche nach neuen Paradigmen der Lutherforschung, hg. v. T.
Mannermaa u. a., Helsinki 1987, 221−236).

[821] WA 44; 600,1−26 (1545) (zu Gen 45,5b).

[822] WA 40,3; 487,2−4.13−15 (1544).

[823] WA 34,2; 480,1−481,4 (1531).

[824] WA 46; 108,38−109,9 (1538).

[825] Z. B. WA 49; 726,11−15 (1545); vgl. dazu den Fortgang dieses Abschnitts. − Vgl.
ferner WA 22; 280,36−281,5 (1544). − WA 33; 64,40−65,4 (1530/32). − WA 39,1;
69,10−32 (1535). − WA 39,1; 231,14−232,17 (1537). − WA 39,1; 262,15−27 (1537).

[826] Ganz unbeachtet muß hier bleiben, daß Luther die Rede von einer neuen Sprache
oder Grammatik natürlich auch pejorativ gebrauchen kann; sie dient dann zumeist als Ausdruck des Spotts gegenüber der sprachlichen Unzulänglichkeit seiner Gegner: z. B. WA
18; 774,2−7 (1525). − WA 42; 195,3−21 (1535/45).

Bibel in Frage kommt: An ihre »seltzam rede und grammatica« sollen wir uns gewöhnen[827], damit wir nicht »von Gottis sachen anders reden odder mit andern worten, denn Gott selbs bracht«[828]. Der normativen Funktion der Bibelsprache — daß wir »unserm Herrn Jhesu Christo ... nachreden, wie er uns vorredet«[829] — kommt so für Luther, wie Gerhard Ebeling einmal formuliert hat[830], geradezu der Rang eines hermeneutischen Urschlüssels zu.

Wie Luther dieses Nachsprechen der biblischen Sprache homiletisch einzuüben suchte, läßt sich anhand seiner 13. Reihenpredigt über 1 Kor 15 vom 22. Dezember 1532 exemplarisch illustrieren[831]. In den beiden Versen, die der Predigt zugrunde liegen, hat Paulus das leibliche Sterben des Menschen mit dem Aussäen eines Samens verglichen[832]. Diese gleichnishafte Veranschaulichung eines Glaubensartikels greift Luther auf und spinnt sie noch fort. Nun kann, betont er, das Gleichnis den Artikel nicht etwa begründen, setzt diesen als Verstehensbedingung vielmehr voraus: Wer die Auferstehung der Toten nicht glaubt, dem wird auch das Gleichnis nichts sagen[833]. Die Gleichnisrede dient aber dazu, den geistlichen Sinn der knappen Glaubensaussage[834] ausmalend zu veranschaulichen und so zu einem konkreten, auf das eigene Leben bezogenen Umgang mit dem Auferstehungsglauben anzuleiten. Der sprachliche Reichtum dieser gleichnishaften Rede ist nun aber eine Frucht des Glaubens[835]: »Christiani sollen ihre zungen anders schaben«[836]; sie sollen »novam sprach, celeste deudsch«[837] reden. Das Neue an dieser »nova sprach« sind freilich wie-

---

[827] WA 34,2; 481,1−4 (1531); vgl. ebd. 479,1−481,24. − WA 46; 499,23 f (1538). − WA 46; 665,36 f (1537/38).

[828] WA 15; 43,12 f (1524). − Vgl. etwa WA 54; 32,18 f (1543).

[829] WA 45; 205,31 f (1537). − Vgl. ebd. 209,24 f; 213,26−31. − Ferner z. B. WA 21; 487,26 f (1544).

[830] In einem Diskussionsvotum vor dem Löwensteiner Kreis am 30. 3. 1989.

[831] WA 36; 638,21−648,22. − Die folgenden Sätze sind in enger Anlehnung an eine entsprechende Passage meines Aufsatzes »Offene Predigt. Homiletische Bemerkungen zu Sprache und Sache« (PTh 77, 1988, 526−528) formuliert werden.

[832] 1 Kor 15,36 f (WADB 7; 132,4−7 [1522]): Du narr, das du seest, wirt nicht lebendig gemacht, es sterbe denn, und wilchs seestu? nicht den leyb seestu, der werden sol, sondern eyn bloß korn, nemlich, weytzen odder der eynes von den andern.

[833] WA 36; 639,22−640,3 (1532): Qui prius non credit per gwaltigen locos scripturae, quod sit resurrectio mortuorum, haec non movebit similitudo et pictura, quam Paulus einfuret. Sed qui jens credit, quod sit resurrectio mortuorum, et non dubitat am verbo dei et credit Christum resurrexisse, dem ist haec gemeld ut scharnitzel etc. ut deste baß da bey fassen kan et in cor bild.

[834] Ebd. 641,2: Resurrectio mortuorum ist mit brevibus verbis gered.

[835] WA 21; 233,28 f (1534): Der heilige Geist ... weis die wort recht zu kewen und zu keltern, das sie safft und krafft haben und geben.

[836] WA 36; 644,3−6 (1532): Sed apud nos Christianos kentlich und gengig sey sprach, quod non heisse gestorben, begraben, sed auff himlich deudsch und recht geseet. Sic deus, Angeli loquuntur, et Christiani sollen die zungen anders schaben et oculos leuchtern, quia est nova sprach in Paulo. Deus sic loquitur, ideo et nos sic.

[837] Ebd. 646,8 f.

derum nicht ihre Vokabeln, sondern der Gebrauch, den sie von diesen macht.
Die Wörter verändern ihren Sinn, wenn man die Dinge gleichnishaft sieht«[838];
sie überspringen nicht die Wirklichkeit, sondern nehmen sie ernst, sprechen
ihr aber ein anderes Telos zu[839].

Luther erweitert noch das paulinische Bild von der Saat, indem er Gott als
Subjekt des Säens in dessen Mitte rückt. Das dürfte der ursprünglichen Intention entsprechen, kommt aber bei Paulus allenfalls andeutungsweise zur Geltung. Nun aber wird Gott zum Säemann, der die Menschen in den Ackerbo-
den wirft: »Sic ipse (sc. dominus) greifft in sack, dich, me bey kopff, den ins
wasser, galgen etc. Nos sein kornlin, quando me heut, morgen ergreift, so ghe
ich hin ut priores et sequentes«[840]. Die Predigthörer sehen sich in dieses Bild
hineinversetzt: Sie lernen, sich selbst als Saatgut Gottes zu verstehen, und werden so genötigt, mit der Einübung in die ›nova sprach‹ sogleich zu beginnen.
Wird der *eigene* Tod als Saatwurf Gottes gedeutet, so lernt man auch, in der
scheinbaren Verwesung des Saatkorns die göttliche Verheißung zu sehen. Der
neue usus vocabuli, den Luther den Christen zumutet, speist sich aus der
neuen Perspektive, an der ein dem Wort Gottes gleichförmig gewordener
Mensch teilhat. Denn der Glaube beurteilt die Dinge nicht mehr im Horizont
natürlich-rationaler Weltdeutung, sondern sieht sie − was nun nicht zufällig
nur im Bilde so kurz gesagt werden kann − mit den Augen Gottes an. In der
conformitas seines Herzens mit dem Wort weiß sich der Glaubende sogleich in

---

[838] Diese »nova sprach« nicht zu verstehen, wird für Luther bereits 1518 zum General-
vorwurf gegen Erasmus: WAB 1; 133,1 ff (1518) (Nr. 57). − Das Unvermögen, die »nova
sprach« zu gebrauchen, den Dingen also eine andere als die natürlich-vernünftige Bedeutung zuzusprechen, sieht Luther vom Teufel gewirkt; vgl. etwa Th 62 seiner Disputation
›De divinitate et humanitate Christi‹ von 1540 (WA 39,2; 96,33−35): Tanta est versutia et
malitia sathanae, ut homines sui, dum vera loquuntur grammatice, id est, verbis, mendacia
loquantur theologice, id est, sensu. − Aus entsprechendem Grund hat Luther 1518 übrigens die brieflich vorgebrachte Frage Spalatins, ob die Dialektik einem Theologen nützlich
sein könne, schlankweg verneint (WAB 1; 150,21−28; Nr. 61): Scripsi denique ad d. Isen-
nacensem, nostra etate (ut videtur) principem dialecticorum, in eandem rem, potissimum
allegans id, quod negari non potest, videlicet ideo non posse Dialecticen prodesse Theologie, sed magis obesse, Quod eisdem vocabulis grammaticis longe aliter utatur Theologia
quam Dialectica. Quomodo ergo, inquam, prodest Dialectica, cum, postquam accessero
ad Theologiam, id vocabuli, quod in Dialectica sic significabat, cogar reiicere & aliam eius
significationem accipere? − Vgl. auch den hochinteressanten Kontext dieser Stelle (ebd.
149,9−150,52).

[839] So formulierte GERHARD EBELING in seiner eindrücklichen Interpretation dieser Predigt, die er am 3. 4. 1986 dem Löwensteiner Kreis vorgetragen und später zum dritten Abschnitt seines Aufsatzes »Des Todes Tod. Luthers Theologie der Konfrontation mit dem
Tode« (ZThK 84, 1987, 162−194, 179−187) verdichtet hat; die zitierte Wendung findet
sich dort aber nicht mehr. Im Anhang dieses Aufsatzes hat Ebeling die abgekürzte deutsch-
lateinische Predigtnachschrift Georg Rörers in eine lesbare Gestalt gebracht (ebd.
189−194).

[840] WA 36; 642,1−3.

den Prozeß eines allumfassenden Umdenkens versetzt. Indem er dabei das Urteil Gottes übernimmt, gebraucht er »novam Grammaticam«[841], »novam rhetoricam«[842], »novam sprach«[843]: Weil die Christen »ander leut sind, die nicht mehr jrdisch leben noch reden, sondern himlisch als Gottes kinder und der Engel gesellen, so mussen sie auch andere sprache füren. Darumb haben sie auch einen andern meister, den Heiligen geist, der sie durch Gottes wort leret diese sprache verstehen und reden, die man jm himel redet«[844]. Das bedeutet, auf das Gleichnis von der Saat bezogen, daß wir die Menschen, die wir begraben, nicht als ein »stinckend, verfaulet ass oder todten bein« verstehen, sondern als »eitel kőrnlin, die da bald sollen daher wachsen, unsterblich un unverweslich, viel schőner denn die grüne saat auff dem felde, wenn es somer wird«[845]: »Das ist nova sprach de resurrectione mortuorum«[846].

Diese ›nova sprach‹, das Vermögen also, derart »auff recht himlisch deudsch«[847] zu reden, ist eine Frucht des Glaubens. Solche Teilhabe an der Sprache Gottes bedarf jedoch einer lebenslangen Übung und Pflege, weil sie sich ein Leben lang gegen den von der Sprache der Vernunft ausgehenden Sog vordergründiger Plausibilität behaupten muß. In seinem fast zeitlebens wahrgenommenen Predigtamt sah Luther die beste Möglichkeit, seine Hörer immer wieder in die himmlische Sprache einzuüben, will sagen: sie zu dem zu machen, was sie sein sollen: zu Theologen in des Wortes eminenter Bedeutung; zu Menschen also, die nicht nur *von* Gott, sondern auch *wie* Gott zu reden wissen. »Omnes sumus Theologi, heisst ein iglicher Christ. Theologia: Gottes wort, Theologus: Gottes worter redet. Das sollen alle Christen sein«[848]. So wird die gottesdienstliche Kanzelrede für Luther zur Sprachschule des Glaubens.

b) *Der paradigmatische Ort der Glaubenssprache*

Natürlich hat die neue Sprache des Glaubens nicht nur in wenigen, besonderen Situationen einen Ort. Vielmehr stellt sie das *gesamte* Selbst- und Weltverhältnis des Menschen in einen neuen, alles umfassenden Horizont. Und doch lassen sich darin einige Sprechsituationen aufzeigen, in denen sich der spezifische Charakter der Glaubenssprache exemplarisch manifestiert[849].

---

[841] Z. B. WA 42; 195,21 (1535/45).
[842] Z. B. WA 40,3; 487,2 (1534/35).
[843] Z. B. WA 36; 646,8 f.
[844] Ebd. 644,15−19.
[845] Ebd. 644,21−25.
[846] Ebd. 647,2 f.
[847] Ebd. 644,25 f.
[848] WA 41; 11,9−11 (1535); vgl. ebd. 11,1−19.
[849] Es mag kein Fehler sein, an dieser Stelle die drastische Selbstbeschränkung des Paragraphen auf einen bloßen Prospekt abermals in Erinnerung zu rufen.

aa) Gebet

Auf das Wort Gottes kann es — wie gesagt — nur eine angemessene Antwort geben: das Gebet[850]. Indem wir betend in unserem Geist zu Gott emporsteigen[851], treten wir, unserer Bestimmung gemäß, in »ein ewig gespräch zwischen Gott und dem menschen«[852]. Von diesem Gesprächsmodell her versteht Luther das christliche Beten sowie die Frage der Gebetserhörung. Abermals tritt hier das Motiv des Wechsels in Erscheinung: Unser Gebet ist gewiß erhört, sofern wir zuvor auch Gott gehört haben, »und ist fur war ein Schőner wechsel / Hőrestu mich, so hőre ich dich / Hőrestu mich nicht, So hore ich dich wider nicht / Eins umbs ander«[853]. Da nun aber das rechte Hören des Wortes Gottes allein der Glaube ist, sieht Luther damit zugleich auch die einzige Bedingung genannt, an die Gott die Zusage seiner Erhörung geknüpft hat[854]. Ein rechtes, aus einem im Glauben erneuerten Herzen kommendes Gebet trägt darum die Gewißheit seiner Erhörung immer schon in sich, weshalb es sich denn auch getrost kurz fassen mag: Selbst noch in einen Seufzer kann ein glaubendes Herz, was es begehrt, zusammenfassen (vgl. Rö 8,26), während es sich, der Weisung Jesu (Mt 6,7f) folgend, hüten wird, viele Worte zu machen[855]. Dagegen soll man nicht müde werden, nach dem Beispiel der

---

[850] Vgl. dazu etwa BAYER, Promissio (s. Anm. 204), 319–337. — DERS., Oratio, Meditatio, Tentatio (s. Anm. 361), v. a. 23–36. — H. BEINTKER, Zu Luthers Verständnis vom geistlichen Leben des Christen im Gebet (LuJ 31, 1964, 47–68).

[851] WA 1; 445,37 f (1518): Oratio enim est ascensio mentis in deum: verba sunt scalae, Sed vox est apparatus scalarum. — Vgl. ebd. 445,35–446,6. — Vgl. ferner WAT 4; 253,17–255,12 (1539) (Nr. 4356).

[852] WA 47; 758,19–26 (1539): Dann das seind die zwayerlay wehre und waffen, damit der Teüffel geschlagen wirdt unnd dafür er sich auch fürchtet, fleyssig Gottes wort hőren lernen unnd üben, sich damit zů unterrichten, trősten unnd stercken und zům andern, wenn die anfechtung unnd streitt angehn, das hertz empor heben (auff das selbige wort) und zů Got schreyen und růffen umb hülffe, also, das der bayder aines ymmerdar gehe als ein ewig gespräch zwischen Gott und dem menschen, aintweder, das er mit uns rede, da wir still sitzen und jm zů hőren oder das er uns hőre mit jm reden unnd bitten, was wir bedürffen. — Dieses Gesprächsmotiv begegnet bei Luther oft; vgl. z. B. WA 45; 21,22–22,2 (1537). — Vgl. dazu die berühmten ersten Sätze aus Luthers Predigt zur Einweihung der Torgauer Schloßkirche vom 5. 10. 1544 (WA 49; 588,2–5): Mei amici, wollen itzt dis new hause einsegenen und weihen unserm herrn Jhesu, welchs mir nicht allein geburt, sed solt auch an sprengel und Reuchfas, ut da hin gericht, ut nihil in ea fiat quam ut ipse nobiscum loquatur per verbum et nos per orationem et lobgesang. — Vgl. ebd. 588,12–18.

[853] WA 48; 148,5–10 (1547) (zu Joh 15,7). — Vgl. etwa WA 47; 592,10–12 (1539). — Vgl. dazu NILSSON (s. Anm. 648), 341–357.

[854] WA 13; 232,15 f (1524/26): Qui non credit exauditum, non est exauditus. — Vgl. WA 24; 341,27 f (1527). — WA 30,1; 211,15–21 (1529).

[855] WA 6; 239,31–37 (1520). — WA 10,3; 195,25–27 (1522). — WA 11; 55,19–28 (1523). — WA 32; 417,35–418,1 (1530/32).

bittenden Witwe (Lk 18,1−8) immer wieder zu beten[856], begleitet freilich von der Bereitschaft, dann auch, was Gott sendet, zu empfangen: »Er wil haben, ut ores et certus sis te exaudiri und das du deine schos auffhaltest, das er dir geben kunn«[857].

So hat das Gebetswort des Glaubenden teil an der Kraft des göttlichen Wortes: verbum efficax[858]. Das gilt für den Kampf gegen Teufel und Hölle − darin von Luther ausdrücklich dem ministerium verbi gleichgestellt![859] −, vor allem aber in bezug auf Gott selbst, der, daß er erhören wird, uns zugesagt hat[860]: »Impossibile est, ut non exaudiamur, cum habeamus promissionem dei et necessitatem«[861]. Wieder ist es die Situation der äußersten Anfechtung: die Sterbensangst, in der sich diese Gewißheit bewährt[862]. Denn die dem Gebetswort verliehene Kraft reicht über den Tod hinaus; selbst vor den Pforten der Hölle macht sie nicht halt: »Kanstu ruffen und schreyen, so hats freylich keyne not mehr. Denn auch die helle nicht helle were noch helle bliebe, wo man drynnen rieffe und schrye zu Gott«[863]. Indes hebt auch das Beten die Kontingenz der Gnade Gottes nicht auf. Gegen jeden Versuch einer magisch-mechanischen Pervertierung des Gebetsverständnisses betont Luther, daß die zugesagte Erhörung eines Gebetswunsches keineswegs schon dessen Erfüllung bedeutet[864]. Neben der *Art*, in der Gott unser Gebet erhört, ist aber vor allem auch die *Zeit* der Erhörung unserer Einsicht entzogen[865]. Darum »sollen wir anhallten am gepet (Rö 12,12), das ist, nicht ablassen noch faul werden, obs nicht so bald kompt, das wyr bitten«[866]. Andererseits wirkt dann freilich unser Gebetswort

---

[856] WA 19; 557,22 f (1526). − WA 37; 298,31−34 (1534).

[857] WA 30,1; 97,5 f (1528).

[858] WA 46; 164,38 f (1538); hier auf die Urform des christlichen Gebets bezogen: ›Abba pater‹ ... parva quidem vox et brevis, sed valde efficax. − Vgl. etwa WA 24; 282,7−13 (1527).

[859] Ebd. 164,23−25; vgl. ebd. 163,8−166,19. − WAB 9; 512,57−62 (1541) (Nr. 3665).

[860] Z. B. WA 5; 498,10−19 (1519/21). − Ebd. 101,36; 109,19 u. ö. − WA 10,2; 265,23.29 u. ö. (1522). − WA 13; 12 App II (1524/26). − WA 43; 395,26−33 (1535/45).

[861] WA 14; 442,22 f (1524), so ungezählt oft; vgl. etwa WA 44; 118,20 (1535/45).

[862] WA 10,2; 457,3−6 (1527?) (Lu?): Wo der sterbende geengstigt wirdt, So schrey man ym trewlich eyn, das er zu Got rüffe unnd schrey jn der nott. Der kan auch nicht lassen, er muß antworten und erhörn. Es wirdt auch aller schmertz leydlich, wenn man zu Gott rüffet.

[863] WA 19; 222,15−17 (1526) (zu Jon 2,3).

[864] Z. B. WA 13; 229,14−16 (1524/26). − In diesem Sinn ist auch der Hinweis auf die Gebetspraxis Jesu zu verstehen; z. B. WA 15; 432,32 (1524): ... (Christus), qui saepe oravit et tamen non semper exauditus.

[865] WA 15; 720,1 f (1524): Si oro, exauditus sum, sed tamen modum et tempus non scio. − Vgl. WA 20; 721,29−34 (1527).

[866] WA 17,2; 49,20 f (1525); vgl. ebd. 49,13−29. − WA 1; 584,31−33 (1518): Natura deus sic agit, ut cito exaudiat, tardet autem dare, ut patet in omnium sanctorum orationibus et doctrinis, ut probet perseverantiam. Ideo longe distant suffragium, exauditio executioque eiusdem. − WA 24; 638,14−30 (1527). − WA 37; 315,27−316,12 (1534).

auch unendlich viel mehr, als wir mit ihm gesagt zu haben glauben. Denn Gott erhört viel tiefer[867], auch übrigens viel bereitwilliger, als wir ihn bitten[868]. Ja, er kommt, wie Luther in Anlehnung an Jes 65,24 gern formuliert, unserem Bitten zuvor[869], so daß ihm mitunter bereits ein verzweifeltes Herz als ein Gebetsruf erscheint: »Deus hort leis«[870].

bb) Predigt

Zum Modell des Gesprächs, von dem her Luther seine Gebetsauffassung entfaltet, gehört auch, daß Gott zu *uns* redet[871]. Er tut dies allein im Medium des äußeren Wortes (vgl. §§ 5.4 u. 13.2), als dessen vornehmste – freilich keineswegs einzige – Gestalt Luther die gottesdienstliche Predigt bestimmt[872]. Auch

---

[867] WA 14; 606,14 (1525).

[868] WA 25; 238,6 f (1527/30): Paratior enim est Deus ad exaudiendum quam nos ad orandum. (Vgl. WA 31,2; 237,20 f: Facilius est deo exaudire quam nobis orare). – WA 48; 42,4–7 (1542) (zu Ps 34,18): Eine grosse sicherheit ist das, so wir ruffen, wil er horen, Und wil lieber und viel mehr horen, denn wir ruffen konnen, Er schilt uns hiemit, das wir so faul sind zu ruffen. O Ruffe und schreye, wer da kan. Es feylet am horen nicht. – WA 48; 84,1 f (1547).

[869] WA 31,2; 566,23 (1527/30) (zu Jes 65,24): Oracio iusti est exaudita, antequam finita (vgl. ebd. 566,6–27).

[870] WA 16; 183,3 f (1525): Et deus dicit ad eum: ›Cur clamas?‹ (Ex 14,13) Non clamabat, sed cor erat plenum tribulatione, Deus hort leis. – WA 22; 70,5–9 (1544). – WA 49; 468,18–469,4 (1544); vgl. ebd. 468,25–469,24.

[871] Vgl. etwa noch WA 34,1; 395,15 f; 441,4–13 (1531).

[872] Vgl. dazu v. a.: P. ALTHAUS, Luther auf der Kanzel. Beobachtungen über die Form seiner Predigt (Luther 3, 1921, 17–24). – U. ASENDORF, Die Bedeutung der Predigt für Luthers Theologie, in: Luther als Prediger (LAR 9, 1986, 89–101). – H.-M. BARTH, Luthers Predigt von der Predigt (PTh 56, 1967, 481–489). – BEINTKER (s. Anm. 254). – BIERITZ (s. Anm. 254). – DOERNE (s. Anm. 254). – U. DUCHROW, Christenheit und Weltverantwortung. Traditionsgeschichte und systematische Struktur der Zweireichelehre (FBESG 25), 1983², 552–574. – H. FONTIUS, Martin Luthers Predigt in aktuellen Notsituationen der Kirche. Die Invokavitpredigten von 1522 (in: Luther als Prediger, LAR 9, 1986, 77–88). – G. HEINTZE, Luthers Predigt von Gesetz und Evangelium (FGLP X,21), 1958. – E. HERMS, Das Evangelium für das Volk. Praxis und Theorie der Predigt bei Luther (LuJ 57, 1990, 19–56). – E. HIRSCH, Gesetz und Evangelium in Luthers Predigt (Luther 25, 1954, 49–60). – DERS., Luthers Predigtweise (Luther 25, 1954, 1–23). – D. LEHMANN, Luther als Prediger (Oberurseler Hefte 17, 1983, 5–23). – R. LISCHER, Die Funktion des Narrativen in Luthers Predigt. Der Zusammenhang von Rhetorik und Anthropologie (in: A. BEUTEL / V. DREHSEN / H. M. MÜLLER [Hg.], Homiletisches Lesebuch. Texte zur heutigen Predigtlehre, 1989², 308–329. – J. F. McCUE, Luther and the Problem of Popular Preaching (SiCJ 16, 1985, 33–45). – F. W. MEUSER, Luther the Preacher, Minneapolis 1983. – E. MÜLHAUPT, Martin Luther, der Prediger (in: DERS., Luther im 20. Jahrhundert, 1982, 246–250). – H. M. MÜLLER, Luthers Kreuzesmeditation und die Christuspredigt der Kirche, (KuD 15, 1969, 35–49). – U. NEMBACH, Predigt des Evangeliums. Luther als Prediger, Pädagoge und Rhetor, 1972. – A. NIEBERGALL, Luthers Auffassung von der Predigt (in: Reformation und Gegenwart, hg. v. H. GRASS / W. G.

hier kann Luther beide Aspekte: daß *Gott* uns an seiner Fülle teil*gibt* und daß *wir* an ihr teil*haben*, jeweils bis zum Anschein monistischer Verabsolutierung hervorheben.

So wird Luther einerseits nicht müde, die schiere Instrumentalität unseres menschlichen Redens zu erinnern: Den Aposteln gleich[873], reden wir nicht eigene Worte, sondern das Wort Christi[874]. Die Zunge des Predigers[875] dient dabei als ein − sterbliches[876] − Mittel, durch das Christus seine Macht üben will[877]; sie ist gleichsam »ein griffel, quo (Christus) scribit in corda hominum«[878]. Darum sollen auch die Hörer der Predigt wissen, daß nicht ihr Pfarrer, sondern in diesem Gott selbst zu ihnen spricht:

> Lieber, lass das ein schatz sein, das gott mit dir in dein leiblich ohr redet, und fheilet allein doran, das wir diese Gabe nicht erkennen. Dan ich hore wohl die predigt, aber wer redet? Der pfarherr? Nicht also, du horest nicht den pfarherr. Die stimme ist wohl sein, aber das wortt, das ehr fhuret oder redet, das redet mein Gott. ... Das haben wir angefangen zu erkennen, das wir und unsere Zuhorer wissen, sie horen nicht einen menschen, sondern gott, der solche dieng mit uns redet.[879]

Eben darin aber, daß sich die Prediger als die Diener Gottes verstehen, welcher selbst »der Redener und Teuffer« ist[880], entsprechen sie ihrem von Gott gestif-

---

Kümmel, 1968, 83−109). − R. Prenter, Die göttliche Einsetzung des Predigtamtes und das allgemeine Priestertum bei Luther (ThLZ 86, 1961, 321−332). − D. Rössler, Beispiel und Erfahrung. Zu Luthers Homiletik (in: Reformation und Praktische Theologie. FS f. W. Jetter, hg. v. H. M. Müller / D. Rössler, 1983, 202−215). − M. Schoch, Verbi divini ministerium, Bd. 1, 1968. − H. Thimme, Martin Luther als Prediger (in: Luther und der Pietismus. An alle, die mit Ernst Christen sein wollen, hg. v. K. Heimbucher, 1983, 23−56). − V. Vajta, Die Theologie des Gottesdienstes bei Luther (FKDG 1), 1959³. − E. Winkler, Luther als Seelsorger und Prediger (in: H. Junghans [Hg.], Leben und Werk Martin Luthers von 1526 bis 1546, 1983, 225−240). − Ders., Impulse Luthers für die heutige Gemeindepraxis, 1983.

[873] WA 8; 254,6 f (1521). − WA 10,1,2; 335,28−37 (1522).

[874] Z. B. AWA 2; 464,25 f (1519/21). − WA 8; 683,13−17 (1521). − WA 37; 533,7−12 (1534).

[875] Entsprechendes gilt natürlich auch für die Amtsträger der andern beiden Stände (z. B. WA 52; 454,1−3 [1544]): Darumb so du wilt Gottes wort hören, so höre, was dein Vatter unnd Mütter, dein Prediger und Pfarrherr unnd letzlich auch dein Fürst, Burgermeyster und Richter dir sagt. − Vgl. ebd. 454,1−17. − WAT 4; 531,12−25 (Nr. 4812) (1539).

[876] WA 40,3; 631,33−36 (1543/44).

[877] Ebd. − AWA 2; 458,25−461,23 (1519/21). − WA 23; 748,31−749,10 (1527).

[878] WA 27; 155,1−3 (1528); vgl. ebd. 155,1−12.

[879] WA 47; 229,28−33.12−14 (1538/40). − Ebd. 211,9−14: Wenn ich dich schlechts höret predigen, so gebe ich nicht einen Strohalm fur deine Predigt. Aber Gott redet da, ehr teuffet und wircket und ist selbst gegenwerttig da. Derhalben so hat der prediger nicht für sein person gepredigt, sondern gott, der himlissche vater, und du soltest sagen: Ich hab gott selbst gesehen teuffen und das Sacrament des altars reichen und das wort hören predigen.

[880] WA 47; 304,1 f (1537); vgl. ebd. 303,29−304,7.

teten *Amt*[881]. Aus dem Wissen, ein »organum Dei« zu sein, erwächst ihnen
nicht allein Ehre und Trost[882], sondern auch der Mut, die eigene Stimme, wo
es not tut, selbst gegenüber dem Landesherrn zu erheben[883].

Andererseits wäre es ein fatales Mißverständnis, das Bild des Werkzeugs
etwa mechanistisch deuten zu wollen. Das kommt zunächst schon darin zum
Ausdruck, daß sich Luther dem Eindruck des Automatismus − der durch die
Rede vom ›organum‹ und ›instrumentum‹ ja immerhin erweckt werden
könnte − beharrlich entgegenstellt. Daß Gott wirklich aus dem Prediger
spricht, ist nämlich nicht schon damit gegeben, daß dieser seines Amtes waltet. Erst wenn das Wort, das dieser spricht, »schneidt und trifft und das hertz
erwecket, so ist es von got außgesandt«[884]. Diese Hör-Erfahrung hat Luther
schon früh zum Kriterium dafür erklärt, ob Gott selbst in einem Prediger redet[885] und so zu dem ›ius verbi‹ des Predigers auch das ihm selbst vorbehaltene
›ius executionis‹ gibt[886]. Wer dergestalt das ministerium verbi versieht, erhält
dann freilich auch auf eigentümliche Weise teil an jenem Wort, das Gott durch
ihn spricht. Wichtiger als die Ehre, die darin liegt[887], ist die reale Sukzession,
in die wir dadurch gestellt sind: Es ist dieselbe Predigt, die Gott über der Taufe
Jesu begonnen[888], die Christus als Amt des äußeren Wortes befestigt und auch
selbst repräsentiert hat[889], die dann die Apostel gehört und gepredigt haben[890]
und die auch in unseren Zungen, obschon »variis verbis«, als dieselbe Lehre
wieder laut werden will[891]. Daraus ergibt sich die geradezu eschatologische
Verantwortung, die ein Prediger trägt[892]: daß er von sich selbst weg auf Chri-

---

[881] Vgl. etwa die späte Äußerung WA 47; 191,25−196,40 (1538/40). Zu Luthers Amts-
verständnis vgl. H. FAGERBERG, Art. Amt / Ämter / Amtsverständnis VI., TRE 2,
(552−574), 552−562. − Ferner J. AARTS, Die Lehre Martin Luthers über das Amt in der
Kirche. Eine genetisch-systematische Untersuchung seiner Schriften von 1512 bis 1525
(SLAG 15), Helsinki 1972. − W. BRUNOTTE, Das geistliche Amt bei Luther, 1959. − H.
LIEBERG, Amt und Ordination bei Luther und Melanchthon (FKDG 11), 1962. − STEIN (s.
Anm. 710).

[882] WA 38; 514,25−32 (1538).

[883] Vgl. etwa WAB 10; 33,17−27 (1542) (Nr. 3733).

[884] WA 1; 695,33−35 (1518) (zu Ps 110,2).

[885] Ebd. 695,30−41.

[886] WA 10,3; 15,10−12 (1522): Wir haben wol jus verbi aber nicht executionem. Das
wort soll wir predigen, aber die volge sol got alleyn in seim gefallen sein. − WA 10,1,2;
335,34−36 (1522): Das wort kan man mir wol predigen, aber jns hertz geben kan mirs niemant denn allain Got, der muß im hertzen reden, sunst wirt nichts draus, denn wenn der
schweyget, so ist es ungesprochen. − WA 12; 368,20−27 (1523). − WA 29; 363,5−8
(1529). − WA 45; 310,6−311,4; 310,35−311,14 (1537). − WA 45; 412,21−39 (1537) (Lu?).
− Vgl. auch WA 15; 535,7 (1524). − WA 16; 406,19 u. ö. (1524/27).

[887] WA 38; 514,25−515,4 (1538). − Vgl. etwa WAB 11; 120,22−24 (1545) (Nr. 4125).

[888] WA 37; 650,33−651,4 (1534).

[889] WA 12; 521,23f (1523). − Vgl. etwa WA 7; 22,19f (1520).

[890] WA 32; 536,27f (1530/32).

[891] WA 16; 286,10f (1524/27). − Vgl. WA 41; 651,30f (1536).

[892] WA 32; 347,5−10 (1530/32).

stus weisen muß[893] und sich nicht von der Neigung der Menschen, sich an Person und Leben ihres Predigers zu halten[894], betören läßt[895]. Zu der Teilhabe an Gottes Wort gehört ferner, daß er die Macht, die seinem Wort eignet, an sein eigenes Wort gebunden weiß: In den Worten des Predigers waltet — indes: ubi et quando visum est Deo — die unwiderstehliche Kraft Gottes[896]. In ihr können wir dem Teufel die Herzen, die er gefangen hält, entreißen[897]. Was Luther bildhaft dem Apostel zuspricht — »Hic (sc. in Phil 2,5—12) schleusst S. Paulus mit eym wort den hymel auff«[898] —, gilt unvermindert auch für das Wort unserer Predigt: »Per hoc verbum aperitur coelum, remissio peccatorum consequitur«[899]. So ist das Wort, das wir sprechen, ein »verbum effective«: obzwar nicht »substantialiter Deus« — das kommt allein dem verbum incarnatum zu —, sondern »potentia Dei et virtus«, wirkt es doch alles, was es sagt[900]. Insofern hat Gott dieselbe Kraft, die er in Christus übte, auch in uns erweckt[901]: Zwar sind wir nicht Götter[902], aber wir haben doch teil an »gottlicher gestalt«[903].

So läuft es auch, was das Predigtamt angeht, am Ende darauf hinaus, daß man im rechten Unterscheiden — nämlich: zwischen Gabe und Aufgabe — sich als Theologe erweist. Hinsichtlich der uns aufgetragenen homiletischen Sorgfalt macht Luther eine unbedingte, über den Tod hinausreichende Verantwortung geltend. Doch wer sich darin als »ein rechter prediger« erwiesen

---

[893] Z. B. WA 45; 521,8—522,33 (1537).

[894] WA 48; 126,1—9 (1547).

[895] WA 46; 580,13—23 (1537/38). — WA 51; 15,11—37 (1545). — WAT 1; 229,1—231,25 (1533) (Nr. 505). — Vgl. dazu WA 26; 164,7—15 (1528): Es ist nicht ein geringe gnade, das Gott sein wort auch durch böse buben und gottlosen gibt, Ja es ist etlicher massen ferlicher, wenn ers durch heilige leute gibt, denn so ers durch unheilige gibt, Darumb das die unverstendigen drauff fallen und hangen mehr an der menschen heilickeit denn am wort Gottes, Dadurch geschicht denn grösser ehre den menschen denn Gott und seinem wort, welche fahr nicht ist, wo Judas, Caiphas und Herodes predigen, wie wol damit niemand entschuldigt ist yn seinem bösen leben, ob Gott desselbigen wol brauchen kan.

[896] WA 14; 482,33—36 (1524). — WA 16; 307,12—308,6; 307,19—308,22 (1524/27). — WA 45; 189,11—27 (1537).

[897] WA 10,2; 167,22—26 (1522). — WA 32; 37,10—28 (1530). — WA 37; 390,2—21 (1534). — WA 52; 51,13—52,30 (1544).

[898] WA 17,2; 244,27 f (1525).

[899] WA 15; 720,35 f (1524); vgl. ebd. 720,13—721,18. — Vgl. dazu Beutel, Offene Predigt (s. Anm. 831).

[900] WAT 4; 695,12—696,2 (1540) (Nr. 5177).

[901] WA 12; 523,1—11 (1523) (vgl. WA 11; 97,4—9).

[902] Vgl. aber WA 38; 514,37—40 (1538): Summa summarum: Haec est inaestimabilis gloria conscientiae nostrae, contra omnem contemptum in mundo, quod Christus suos praedicatores plane deos creat ac sibi equat.

[903] WA 27; 94,15—18 (1528): Sumus instrumentum per linguam, per quam deus praedicat. Sic omnia officia in mundo ghen in gotlicher gestalt. Nos non sumus deus ut Christus, sed tantum particulam acquirimus gotlicher gstalt, da ghet die lere an, ut sue forma fiat servus. — Vgl. ebd. 94,12—30.

hat[904], der braucht, nachdem er gepredigt hat, »nicht das Vater unser beten, noch vergebung der sunden suchen«, sondern kann getrost sagen: »Haec dixit Dominus«[905].

cc) Sakramente

Wie das Predigtwort, so gelten Luther auch die Sakramentsworte als exemplarische Manifestationen dessen, daß der Glaube an der Kraft des Wortes realen Anteil hat. Ohne das vielschichtige Problemfeld der Sakramentsauffassung Luthers[906] jetzt auch nur in Ansätzen sichtbar zu machen, müssen wiederum

---

[904] Das oft zitierte »Haec dixit Dominus« wird meist ohne diesen sachnotwendigen Zusatz angeführt (WA 51; 517,5−16 [1541]).

[905] Ebd. 517,5−10. − WA 13; 15,13 (1524): Certus esse debet, qui praedicat, se loqui verbum domini, ut semper possit dicere: haec dicit dominus. − WA 54; 162,29 f (1544) u. ö.

[906] Vgl. dazu v. a.: ALTHAUS (s. Anm. 254), 297−338. − O. BAYER, Die reformatorische Wende in Luthers Theologie (ZThK 66, 1969, 115−150). − DERS., Promissio (s. Anm. 204), v. a. 226−273. − DERS., Natur und Institution. Eine Besinnung auf Luthers Dreiständelehre (ZThK 81, 1984, 352−382, v. a. 373 f). − H. BEINTKER, Wort − Geist − Kirche. Ausgew. Aufsätze zur Theologie Luthers, 1983, v. a. 88−120. − K. R. CRAY-CRAFT, Sign and Words: Martin Luther's Theology of the Sacraments (RestQ 32, 1990, 143−164). − M. FEREL, Gepredigte Taufe. Eine homiletische Untersuchung zur Taufpredigt bei Luther (HUTh 10), 1969. − U. GÄBLER, Luther und Zwingli. Eine Skizze (Luther 55, 1984, 105−112). − P.-W. GENNRICH, Die Christologie Luthers im Abendmahlsstreit 1524−1529, Diss. Königsberg 1929, v. a. 129 ff. − B. A. GERRISH, Discerning the Body. Sign and Reality in Luther's Controversy with the Swiss (JR 68, 1988, 377−396). − GOGARTEN (s. Anm. 710), 111−127. − H. GRASS, Die Abendmahlslehre bei Luther und Calvin. Eine kritische Untersuchung (BFCHTh 2,47), 1954². − L. GRÖNVIK, Die Taufe in der Theologie Martin Luthers (AAAbo H 36I), 1968. − E. GRÖTZINGER, Luther und Zwingli. Die Kritik an der mittelalterlichen Lehre von der Messe − als Wurzel des Abendmahlsstreites, ÖTh 5, Gütersloh 1980. − S. HAUSAMMANN, Realpräsenz in Luthers Abendmahlslehre (in: Studien zur Geschichte und Theologie der Reformation. FS f. E. Bizer, hg. v. L. ABRAMOWSKI / J. F. G. GOETERS, 1969, 157−173). − HILGENFELD (s. Anm. 820). − W. JETTER, Die Taufe beim jungen Luther. Eine Untersuchung über das Werden der reformatorischen Sakraments- und Taufanschauung (BHTh 18), 1954. − JOEST (s. Anm. 35), 395−436. − R. JOSEFSON, Lutherisches Abendmahlsverständnis (in: G. AULÉN u. a. [Hg.], Ein Buch von der Kirche, 1951, 373−385). − M. LIENHARD, Martin Luthers christologisches Zeugnis. Entwicklung und Grundzüge seiner Christologie, 1980. − DERS., Luthers Christuszeugnis (in: H. JUNGHANS [Hg.], Leben und Werk Martin Luthers von 1526 bis 1546, 1983, 77−92). − DERS., Luthers Abendmahlslehre im Kontext seiner Christologie und Ekklesiologie (in: P. MANNS [Hg.], Martin Luther »Reformator und Vater im Glauben« [VIEG.B 18], 1985, 154−169). − CH. LINK, Die Entscheidung der Christologie Calvins und ihre theologische Bedeutung. Das sogenannte Extra-Calvinisticum (EvTh 47, 1987, 97−120). − F. MANN, Das Abendmahl beim jungen Luther (BÖT 5), 1971. − MEINHOLD (s. Anm. 221), 39−44. − METZKE (s. Anm. 254). − DE NEGRI (s. Anm. 788), 160−173.184−198. − A. PETERS, Realpräsenz. Luthers Zeugnis von Christi Gegenwart im Abendmahl (AGTL 5), 1960. − PRENTER (s. Anm. 254),

ein paar knappe Hinweise genügen; ohnehin ist ja mit den Bemerkungen zur ›Predigt‹ das meiste schon gesagt.

Die beiden Sakramente der Taufe und des Abendmahls[907] versteht Luther nicht etwa als selbständige, das verbum prolatum ergänzende Mittel des Heils. Sind sie doch vom Wort Gottes her, als dessen »zeichen odder sygel« er sie einmal gedeutet hat[908], überhaupt erst recht zu erfassen: creaturae verbi auch sie![909] Die Kraft, die den Sakramenten innewohnt, verdanken sie dem Wort, weshalb man denn auch der Sakramente zur Seligkeit entbehren kann, nicht aber des äußeren Worts[910]. Da die Einsetzungsworte, wie Luther drastisch vor Augen stellt, »freylich niemand durch den hals ynn den bauch jagen (kan), sondern mus sie durch die oren yns hertz fassen«[911], sind die sakramentalen Zeichen ohne das Wort nichts nütze[912], ja sogar schädlich (1 Kor 11,27)[913]. Erst wenn Gottes Wort zu den Elementen hinzutritt — auch hier spricht Luther übrigens von einem ›una res fieri‹![914] (vgl. § 15.1.a) —, entsteht ja überhaupt erst das Sakrament: »Accedit verbum ad elementum, et fit sacramentum« — diese bekannte Forme Augustins[915] hat Luther überaus geschätzt[916] und immer wieder beifällig zitiert[917]. Die darin ausgesagte Verwandlung der Elemente in Sa-

---

133—172.266 ff. — R. Schäfer, Zum Problem der Gegenwart Christi im Abendmahl (ZThK 84, 1987, 195—214). — Vajta (s. Anm. 872), v. a. 157—195.

[907] Die von Luther zunächst ebenfalls noch den Sakramenten zugerechnete Beichte muß hier unberücksichtigt bleiben; vgl. aber die Bemerkungen zum Vergebungswort (§ 15.2.b.dd).

[908] WA 7; 323,3—5 (1521); vgl. ebd. 323,3—37. — Vgl. WA 2; 692,35—693,3 (1519).

[909] Vgl. WA 10,3; 70,28—30 (1522).

[910] WA 11; 433,18—20 (1523): Das ist yhe war, das du on das sacrament leben, frum und selig werden kanst, aber on das wort kanstu nicht leben, frum noch selig werden. — Vgl. WA 10,3; 68,28—69,29 (1522). — WA 15; 396,14 f (1524). — Vgl. WA 6; 518,14—23 (1520).

[911] WA 23; 179,27 f (1527).

[912] WA 15; 490,24—26 (1524) (Lu?). — WA 17,2; 132,1—134,29 (1525). — WA 20; 386,15—389,22 (1526). — WA 23; 259,2—265,2 (1527).

[913] WA 23; 179,30—34 (1527).

[914] WA 30,1; 112,12—14 (1528): Nos non docemus fidendum aqua, sed sic docemus, quod aqua, si cum verbo dei fit una res etc. das aqua thuts umb seinet willen nicht, sed propter verbum adiunctum.

[915] Tractatus in Iohannis Evangelium 80,3 (CChr.SL 36,529,5 f = PL 35,1840).

[916] Vgl. etwa WA 30,1; 223,28—34 (1529): Das wort (sage ich) ist das, das die Sakrament machet und unterscheidet, das nicht lauter brod und wein sondern Christus leib und blut ist und heisset. Denn es heisset: Accedat verbum ad elementum et fit sacramentum, Wenn das wort zum eusserlichen ding kompt, so wirds ein Sacrament. Dieser spruch S. Augustin ist so eigentlich und wol gered, das er kaum ein bessern gesagt hat. Das Wort mus das element zum Sakrament machen, wo nicht, so bleibts ein lauter element. — Vgl. dazu K.-H. zur Mühlen, Zur Rezeption der Augustinischen Sakramentsformel »Accedit verbum ad elementum et fit sacramentum« in der Theologie Luthers (ZThK 70, 1973, 50—76).

[917] Z. B. WA 30,1; 214,16 (1529).

kramente sieht er präzise darin begründet, daß in Christus, während er die Einsetzungsworte sprach, die Kraft des göttlichen Wortes waltete, dessen Wesen es ist, immer auch, was gesagt wird, zu wirken (vgl. §5)[918]. Es ist dasselbe Wort, durch das Gott Himmel und Erde erschaffen hat[919] und dessen Wirken im Sakrament ebenso unbestreitbar, freilich auch ebenso undurchschaubar ist wie im Falle der Empfängnis Mariä[920]. Darum bedürfen die Elemente, um heilsam zu werden, notwendig des Worts: »Wasser thuts freilich nicht, Sondern das wort Gottes, so mit und bey dem wasser ist, und der glaube, so solchem wort Gottes jm wasser trawet«[921]. Und: »Essen und trincken thuts freilich nicht, Sondern die Wort, so da stehen: Fur euch gegeben und vergossen zur vergebung der sunden. ... Und wer den selbigen worten gleubt, der hat was sie sagen, und wie sie lauten, Nemlich Vergebung der sunden«[922].

Auch auf die Sakramentsworte gibt es also nur *eine* angemessene Antwort: den Glauben[923]. Indem sie glaubend gehört werden, kann das Sakrament an uns wirken, weshalb es denn auch dem Teufel darum zu tun ist, daß er das Wort vom Sakrament trenne und so, was Gott zu unserem Heil geordnet hat, pervertiere[924]. Nun ergehen die Sakramentsworte aber wiederum allein in unseren menschlichen Worten: Wenn *wir* die Worte Gottes sprechen, wirkt Gott durch sie das Sakrament[925]. Entsprechend mahnt Luther auch hier, sich, wie im Falle der Evangeliumspredigt, nicht an die Person des Pfarrherrn zu halten, damit wir in diesem Gott selbst mit uns reden hören[926] und taufen sehen[927]. So gilt es abermals zu unterscheiden: Nicht dem menschlichen Instrument soll unsere Aufmerksamkeit gelten, erst recht nicht dessen sittlicher Beschaffenheit[928], sondern allein dem Sprechen Gottes, der uns durch »eine sündliche Hand die sünde vergeben« will[929].

---

[918] WA 8; 509,37−39 (1521). − Vgl. WA 25; 64,9−18 (1527).

[919] WA 23; 233,2−9 (1527).

[920] WA 19; 501,6−9 (1526): Hic non aliter possum dicere quam gracidam factam per verbum. Sicut hic non potes negare per verbum tantum concepisse, sic hic, quando dicitur ›Hoc est‹, adest ex vi verborum. Si verbum adest, so ist bald da, wie die wort lautten. − Vgl. ebd. 490,34−491,16.

[921] WA 30,1; 381,7f (1529).

[922] Ebd. 390,10−391,3. − Vgl. WA 30,1; 112,10−34 (1528).

[923] WA 30,1; 54,36−55,2 (1528): Rottenses ex isto sacramento wollen machen ein schlechts essen und trincken. Sed verba werden gesprochen, wenn sie nu gesprochen werden, so gehort ein glaube drauff. Est ergo institutam hoc Sacramentum ad confirmandam fidem tuam, ut apprehendas verba, quae tibi dant remissionem peccatorum.

[924] WA 29; 446,19−447,4 (1529). − WA 37; 311,1−312,29 (1534).

[925] WA 10,2; 252,9−16 (1522).

[926] Z. B. WA 38; 240,18−23 (1532).

[927] Z. B. WA 45; 170,26f (1537): Gott der Herr nimpt das wasser durch dein hand und wort per linguam et dicit: Ego baptiso.

[928] Vgl. WAB 3; 451,1−452,36 (1525) (Nr. 839).

[929] WA 49; 406,16f (1544). − Ebd. 405,6−406,3: Das sprechen thuts, wenn ers wil haben, so mus geschehen, was ist die sundliche hand in Baptismo, im Sacrament? aber, da

dd) Vergebung

Als ein paradigmatischer Ort der Glaubenssprache ist schließlich das Vergebungswort zu nennen, das jedoch mit dem Predigt- und Sakramentswort strukturell in hohem Maß übereinstimmt. Auch hier betont Luther durchgängig, man solle sich nicht auf die menschlich-äußerliche Gestalt dieses Wortes fixieren, sondern es als ein Wort Gottes nehmen und also »nicht zweiueln, Es sey gewis, was dir die schlussel sagen und was die Absolutio gibt, nicht anders denn als rede es Gott selbs, wie ers denn gewislich selbs redet, denn es ist sein wort und befelh, und nicht eins menschen wort, noch befelh«[930]. Auch im Falle des Vergebungszuspruchs ist der Mensch nicht ›auctor‹, sondern ›ministrator verbi‹[931]; das Wort, das er redet, steht in Gottes Gebrauch[932]. Ist doch allein das Wort Gottes imstande, ein betrübtes, angefochtenes Herz zu trösten und zu erhalten[933].

Doch auch hier streicht Luther zugleich den komplementären Aspekt der menschlichen Teilhabe heraus: Das Vergebungswort eines Christen hat teil an der Kraft Gottes[934], in der es dem erschrockenen Sünder die Vergebung zusagen kann, als sagte es Gott selbst[935]. So reduzieren sich »alle Teuffel und sünde« für die Vollmacht, in der ein Christenmensch die Vergebungszusage spricht, auf ein bloßes »fůncklin«[936]. Denn unbeschadet seiner menschlichen Gestalt wirkt dieses Wort, was es sagt[937], und wiegt darum ebenso viel, als hätte es Gott im Himmel gesprochen[938]. Im Falle des Vergebungswortes ist diese dem Menschen verliehene[939] Macht nun aber nicht an ein äußeres Amt gebunden, sondern kann und soll von jedem Christen wahrgenommen wer-

---

heists also: ›Nemet hin den heiligen geist, welchen ihr die sunde verlaßet‹ etc. Gott braucht der handt zum Instrument und werckzeug, wie du auch teuffest nicht inn deinem namen, sondern im namen Jhesu Christi. – Vgl. ebd. 405,38–406,19.

[930] WA 30,2; 454,1–4 (1530). – Entsprechend z. B. WA 11; 97,3–5 (1523). – WA 21; 296,10–37 (1544). – WA 27; 97,16–23 (1528). – WA 30,2; 496,26–40 (1530). – WA 37; 381,8–10 (1534). – WA 47; 299,1 f. 18 f (1537/40).

[931] WA 1; 631,33–36 (1518).

[932] WA 20; 367,30–368,1 (1526).

[933] WA 10,1,2; 74,32–75,1 (1522). – WA 31,1; 108,26–31 (1530).

[934] WA 15; 711,3–11 (1524); vgl. ebd. 711,14–18.25–35.

[935] WA 20; 367,30–33 (1526).

[936] WA 29; 576,2–4 (1529); vgl. ebd. 575,8–576,11.

[937] WA 49; 170,14–19 (1540): Discamus verbum honorare non propter personam, sed Deum, qui talem potestatem ubet, ut verbum hominis efficit hoc, quod dicit. Ut si dico: Remitto tibi peccata in nomine Iesu Christi, ex lingua gehets in cor, comprehendit et empfehet ein fewrige gedancken und buchstaben, nempe quod peccatum remissum. Dazu mus ja sagen Deus et omnes Creaturae. Et fit per nos.

[938] WA 11; 96,28–36 (1523); vgl. WA 12; 522,5–18 (1523).

[939] WA 18; 228,22–25 (1525): Es můssen die gottlosen zur helle gekert werden, Alle Heyden, die Gottes vergessen. So sollen wyr widder sie bitten, das sie Gott ym gewissen růre, und durch unser wort erschrecke, das sie erzu komen.

den[940]: Es ist mein *Nächster*, der mich »frey spricht an Gottes stat, das gleich also viel ist, als (spreche) Gott selbs«[941]. In Auslegung des 118. Psalms hatte Luther 1518 ausdrücklich zu der Freiheit geraten, sich als Beichtiger einen Menschen zu suchen, dem man − »er sey ley odder priester« − vertrauen kann und dessen Rat und Trost man dann als von Gott selbst gesagt annehmen soll[942]. Entscheidend ist dabei nur, daß man nicht in der eigenen Zerknir-schung befangen bleibt, sondern sich ganz auf das Vergebungswort hin aus-richtet[943]: »Remissa sunt tibi peccata; si credis, hastu gott gehort«[944]. Für ein angefochtenes Herz hat Luther darum keinen besseren Rat, als daß es seine ganze Aufmerksamkeit auf das zugesagte Wort der Vergebung richte: »O mein lieber freund, hie ists hoch zeit, das yhr ewrn gedancken ia nicht trawet noch folget, Sondern horet andere leute, die solcher anfechtung frey sind. Ja bindet ewer ohren feste an unsern mund und lasst unser wort ynn ewr hertz gehen, So wird Gott durch unser wort euch trosten und stercken«[945].

Wieder bündelt Luther die darin sich manifestierende Teilhabe an der Kraft des Wortes Gottes in das (Joh 1,51 entlehnte) Bild des offenen Himmels: Wer würde, heißt es in einer Predigt des Jahres 1540, dies aussprechen können, daß du mit einem im Namen Christi gesprochenen ›remitto tibi peccata‹, »uno verbo potes aperire coelum et claudere inferos«[946].

---

[940] Z. B. WA 37; 181,8−10 (1533). − WA 47; 299,1 f. 18 f (1537/40). − WA 52; 500,25−501,12 (1544).

[941] WA 19; 520,17−23 (1526); vgl. ebd. 520,5−8.

[942] WA 8; 182,23−28 (1521): Die drytte freyheyt: wo du nit mochtist eynem pfaffen od-der Munich beychten, ßo nym fur dich eynen man, er sey ley odder priester, tzu dem du dich gutts vorsihest, und thu nit anderß, denn alß wollistu trewen radt und trost deyner seelen holen, wartten, was got dyr durch yhn sagen wollt, und wie dyr der sagt ynn gottis namen, ßo folge und laß dyrß eyn absolution seyn und bleyb drauff, such keyn ander ab-solution.

[943] WA 47; 219,18−21 (1538/40).

[944] WA 15; 712,15 f (1524); vgl. ebd. 712,5−7: Remissa sunt tibi peccata ... Si potes cre-dere quod dico, habes. − Vgl. etwa WAB 6; 104,36−45.52 (1531) (Nr. 1820).

[945] WAB 6; 386,5−9 (1532) (Nr. 1974).

[946] WA 49; 138,35−139,1 (1540); vgl. ebd. 138,32−139,18. − Ebd. 145,35−37 (1540). − WA 46; 712,19−25 (1537/38): Und ob gleich eiserne und stehlene wolcken uber uns we-ren und den Himel gar bedeckten, so hinderts uns doch nichts, wir hören dennoch Gott von Himel mit uns reden und wir schreien und ruffen zu jm, da erhöret und antwortet er uns und wir hören jn wider, wenn er mit uns redet in der Tauffe, im Abendmal, in der Beicht und in seinem Wort durch derer mund, die das Wort dem Volck verkündigen, und stehet der Himel uber uns offen, wie auch Sanct Stephan den Himel offen sihet in den Ge-schichten der Aposteln (sc. Act 7,55).

c) Die Frage nach dem Zusammenhang von Sprachverständnis und Sprachgestaltung

Der Weg ist zu Ende. Er war lang genug. Sollte er zugleich am Ziel sein, so könnte dieses nur die Gestalt einer Frage haben. Dabei an jenes gern zitierte Wort aus dem Epilog zu Brechts »Der gute Mensch von Sezuan« zu denken, ginge freilich an der Sache vorbei: nicht *alle* Fragen wird man, wenn der Vorhang fällt, mehr offen sehen. Und doch: Die verbleibende Frage könnte, ernst genommen, das Erarbeitete zur Vorarbeit machen. Immerhin mögen die Strukturen von Luthers Sprachverständnis, wenn sie denn sichtbar geworden sind, die Frage nach dem Zusammenhang, der bei Luther zwischen seinem Verständnis und seiner Gestaltung von Sprache waltet, profilieren helfen.

Während das schriftstellerische Wirken Luthers ein vergleichsweise prominenter Gegenstand einschlägiger Forschung ist[947], hat man sich fast

---

[947] Dazu bündig H. Wolf, Martin Luther. Eine Einführung in germanistische Luther-Studien, 1980, 112–151.
Vgl. dazu v. a. J. Anderegg, Über Instrumentalität und Medialität, oder: Sprache im religiösen Bezug (in: Ders., Sprache und Verwandlung. Zur literarischen Ästhetik, 1985, 81–91). – E. Arfken, »Etliche geistliche Lieder zusammengebracht«. Luther als Kirchenlieddichter (in: H. L. Arnold [Hg.], Martin Luther [edition text & kritik Sonderband], 1983, 105–120). – O. Bayer, Schöpfung als Anrede, 1986, 80–108. – A. E. Berger, Luther und die deutsche Sprache (in: M. Preitz [Hg.], Von deutscher Sprache und Art, 1925, 8–25). – P. Böckmann, Formengeschichte der deutschen Dichtung, Bd. 1, 1949, 247–260. – H. Bornkamm, Luther als Schriftsteller (SHAW.PH 1965,1), 1965. – M. Brecht, Luther als Schriftsteller. Zeugnisse seines dichterischen Gestaltens, 1990. – H.-O. Burger, Luther als Ereignis der Literaturgeschichte (LuJ 24, 1957, 86–101). – H. Dannenbauer, Luther als religiöser Volksschriftsteller 1517 bis 1520. Ein Beitrag zu der Frage nach den Ursachen der Reformation (SGV 145), 1930. – F. Depken, Martin Luther und die deutsche Sprache. Zum 450jährigen Gedächtnis an den Tag der Reformation (Muttersprache 77, 1967, 321–332). – A. Dix, Die Sprache Luthers (Luther 1, 1919, 85 f.). – K. Düwel / J. Ohlemacher, »das ist der wellt lauf«. Zugänge zu Luthers Fabelbearbeitung (in: H. L. Arnold [Hg.], Martin Luther [edition text & kritik Sonderband], 1983, 121–143). – G. Ebeling, Lutherstudien III (s. Anm. 35), 223–226.375. – (Zum Hintergrund vgl. Ders., Einführung in theologische Sprachlehre, 1971). – L. v. Eltz, Luthersprache und Schriftsprache (in: Möglichkeiten und Grenzen einer Revision des Luthertextes, LAR 1, 1981², 22–40). – U. Gerber, Disputatio als Sprache des Glaubens. Eine Einführung in das theologische Verständnis der Sprache an Hand einer entwicklungsgeschichtlichen Untersuchung der Disputatio und ihres Sprachvollzuges (BSHST 15), 1970, 260–296. – L. Grane, Luther und der deutsche Humanismus (in: P. Manns [Hg.], Martin Luther »Reformator und Vater im Glauben« [VIEG.B 18], 1985, 106–117). – R. Grosse, Das wirksame Wort bei Luther und seinen Zeitgenossen (in: J. Schildt [Hg.], Luthers Sprachschaffen. Gesellschaftliche Grundlagen – geschichtliche Wirkungen, Bd. 1, 1984, 77–95). – Th. Harnack, Luthers Theologie mit besonderer Beziehung auf seine Versöhnungs- und Erlösungslehre, Bd. 1, 1862, Neuausgabe 1927, 4–14. – E. Hirsch, Luthers deutsche Bibel. Ein Beitrag zur Frage ihrer Durchsicht, 1928. – W. Jens, Martin Luther: Die Deutsche Bibel einst und jetzt (in: Ders., Ort der Handlung ist Deutschland. Reden in erinnerungsfeindlicher Zeit [Knaur 3731], 1981, 147–164). – Ders., Martin

nie[948] der Frage gestellt, inwiefern sich für die bei Luther unschwer auszuma-
chenden stilistischen Eigenheiten auch genuin theologische Gründe ins Feld
führen lassen. Drei Hauptaspekte ließen sich dabei unterscheiden.

Das eine ist der *Sprachstil* Luthers: Bei aller Varianz der Formulierung, deren
er fähig war − wozu übrigens nicht zuletzt auch der gezielte Einsatz emotio-
naler Mittel gehört! −, wußte sich Luther stets der von Quintilian[949] heraus-
gestrichenen Tugend der ›perspicuitas‹ verpflichtet[950]. Wenn darin auch ein

---

Luther. Prediger, Poet und Publizist (in: Ders., Kanzel und Katheder. Reden, 1984,
163−189). − F. W. Kantzenbach, Martin Luther, (in: Deutsche Dichter. Bd. 2: Reforma-
tion, Renaissance und Barock, hg. v. G. E. Grimm / F. R. Max, 1988, 33−52). − W.
Killy, Die Bibel als Sprache (in: Ders., Schreibweisen − Leseweisen, 1982, 84−97). −
Ders., Der Dichter (in: H. J. Schultz [Hg.], Luther kontrovers, 1983, 146−161). − F.
Kluge, Von Luther bis Lessing. Aufsätze und Vorträge zur Geschichte unserer Schrift-
sprache, 1918⁵, 1−67. − W. Kohlschmidt, Luther und unsere deutsche Sprache
(ZfDk 49, 1935, 165−177). − D. Lehmann, Der Übersetzer und Sprachschöpfer (in: J.
Junker [Hg.], Luther heute − bei Gott ist viel mehr Gnade, 1983, 59−61). − W. Lenk,
Martin Luther und die Macht des Wortes (in: J. Schildt [Hg.], Luthers Sprachschaffen.
Gesellschaftliche Grundlagen − geschichtliche Wirkungen, Bd. 1, 1984, 134−153). − B.
Lohse, Luthers Selbsteinschätzung (in: P. Manns [Hg.], Martin Luther »Reformator und
Vater im Glauben« [VIEG.B 18], 1985, 118−133). − G. Otto, Auf der Kanzel (in: H. J.
Schultz [Hg.], Luther kontrovers, 1983, 136−145). − R. Petsch, Martin Luther als Mei-
ster der deutschen Sprache (LuJ 17, 1935, 87−110). − H. Preuss, Martin Luther. Der
Künstler, 1931, 145−281. − Ders., Luther und die deutsche Sprache (in: Ders., Martin
Luther. Der Deutsche, 1934, 52−61). − G. Ritter, Die Weltwirkung der Reformation,
o. J., 87−89. − H.-G. Roloff, »... lernen teutsch reden und schreiben«. Luthers literarische Leistung (in: Gott kumm mir zu Hilf. Martin Luther in der Zeitenwende, hg. v. H.-
D. Look, 1984, 129−154). − W. Schenker, Die Sprache Huldrych Zwinglis im Kontrast
zur Sprache Luthers (StLGe 14), New York 1977. − S. Sonderegger, Die Reformatoren
als Sprachgestalter (Reformatio 23, 1974, 94−108). − K. Stackmann, Probleme germanistischer Lutherforschung (ARG 75, 1984, 7−31, v. a. 22−31). − B. Stolt, Die Sprachmischung in Luthers Tischreden. Studien zum Problem der Zweisprachigkeit, Diss.
Stockholm 1964. − Dies., Luther sprach »mixtim vernacula lingua« (ZDP 88, 1969,
432−435). − Dies., Luthers Zweisprachigkeit (in: Acta Conventus Neo-Latini Lovaniensis, hg. v. J. I. Ijlsewijn u. E. Lessler, 1973, 639−645). − W. Westphal, Anmerkungen
zur Inhalt-Form-Beziehung im Sprachschaffen Martin Luthers (in: Der Ginkgo Baum.
Germanistisches Jahrbuch für Nordeuropa, hg. v. d. Deutschlektoraten bei den DDR-
Kulturzentren in Helsinki und Stockholm, Folge 2, Helsinki 1983, 52−58).
[948] Als bemerkenswerte Ausnahme wäre etwa zu nennen: H. A. Oberman, »Immo«.
Luthers reformatorische Entdeckungen im Spiegel der Rhetorik (in: Lutheriana. Zum
500. Geburtstag M. Luthers von den Mitarbeitern der Weimarer Ausgabe, hg. v. G. Hammer / K.-H. zur Mühlen [AWA 5], 1984, 17−38).
[949] Z. B. WAT 2; 411,19−21 (1531) (Nr. 2299).
[950] Dazu bündig Wolf (s. Anm. 947).
Vgl. dazu v. a.: E. Arndt, Luthers deutsches Sprachschaffen. Ein Kapitel aus der Vorgeschichte der deutschen Nationalsprache und ihrer Ausdrucksformen, 1962, 182−214. −
Ders. u. G. Brandt, Luther und die deutsche Sprache. Wie redet der Deudsche man jnn
solchem fall?, 1983, 77−95. − H. Ebert, Alltagssprache und Religiöse Sprache in Luthers
Briefen und in seiner Bibelübersetzung. Eine satzsemantische Untersuchung am Beispiel

unzweifelhaft humanistischer Impetus sichtbar wird, ist der überragende Einfluß von Luthers individuellem Stilempfinden doch kaum zu überschätzen; die daraus resultierende stilistische Kenntlichkeit war ihm durchaus bewußt: »Wehr es lieset«, bemerkt Luther mit Blick auf einen der anonymen Drucke seiner Schriften, »so Jhmands meyne fheder vnd gedancken gesehen, muss sagen: Das ist der Luther«[951]. Ungeachtet seines großen Talents zu stilistischer Nuancierung und Differenzierung war Luther durchgängig, vor allem aber in seinen deutschen Schriften und Äußerungen, bestrebt, der Stilebene des *genus humile* zu entsprechen. Weitreichende theoretische Begründungen hielt er nicht für nötig; ihm genügte, auf Christus zu verweisen, der die Tugend der schlichten, unprätentiösen Rede selbst meisterhaft beherrscht habe: »Christus hat am aller einfeltigsten geredt vnd war doch eloquentia selbst. ... Drumb ists am besten vnd die hochste eloquentia simpliciter dicere«[952]. In solcher Weise angemessen von Gott zu reden, galt Luther freilich nicht als eine zwar angenehme, ihren Inhalt aber nicht tangierende Form, vielmehr als der authentische Ausdruck dessen, daß man überhaupt erst bei der Sache ist. Das fleischgewordene Wort Gottes ist für Luther immer auch normatives Exempel dafür, wie man in menschlichen Worten das Wort Gottes angemessen zur Sprache bringen kann.

Bei aller Schlichtheit des Stils wird man jedoch die *rhetorische Kompetenz* Luthers[953] nicht unterschätzen dürfen: Seine fachspezifische Ausbildung war fundiert, seine selbständigen Urteile zur rhetorischen Tradition sind bekannt[954].

---

von Aufforderungssätzen und Fragesätzen (EHS.DSL 929), 1986. − H. Fritzsche, Gott als Quelle des Guten. Sprachanalytische und ethische Überlegungen zu einem Diktum in Luthers Großem Katechismus (ZEE 29, 1985, 8−29). − F. W. Kantzenbach, Luthers Sprache der Bibel (in: H. Volz, Martin Luthers deutsche Bibel, 1978, 7−18). − O. Lorenz, »Spes correctionis«. Anmerkungen zum reformatorischen Sprachgestus (in: H. L. Arnold [Hg.], Martin Luther [text & kritik Sonderband], 1983, 75−85). − R. Mayr, »Einfeltig zu predigen, ist eine große kunst«. Zu Luthers Sprache in seinen Predigten (in: J. Mehlhausen [Hg.], Reformationsgedenken. Beiträge zum Lutherjahr 1983 aus der Evangelischen Kirche im Rheinland, 1985, 83−100). − J. F. McCue, Luther and the Problem of Popular Preaching (SiCJ 16, 1985, 33−45). − W. G. Moore, The Literary Quality of Luther's Style (MLR 28, 1933, 338−351). − G. Stötzel, D. Martin Luther und die deutsche Sprache. Luthers Sprachmeisterschaft in biblischen, grobianischen und zarten Texten (SLWU 15, 1984, 1−17). − B. Stolt, Lieblichkeit und Zier, Ungestüm und Donner. Martin Luther im Spiegel seiner Sprache (ZThK 86, 1989, 282−305). − K. Strunck, Überlegungen zur Sprache Luthers (in: Anstösse 30, 1983, 92−94). − R. Wellmer, Sprache und Stil in Luthers reformatorischen Schriften, Diss. (masch.), Berlin 1954.

[951] WAB 10; 175,3f (1542) (Nr. 3807).

[952] WAT 4; 664,22−24 (1540) (Nr. 5099).

[953] Dazu bündig H. Wolf (s. Anm. 947), 95−101.

[954] Vgl. dazu v. a. K. Alfsvåg, Language and Reality. Luther's Relation to classical rhetoric in Rationis Latomianae confutatio (1521) (StTh 41, 1987, 85−126). − Bieritz (s. Anm. 254). − R. Breymayer, Bibliographie zum Thema Luther und die Rhetorik (LiB

Aufs Ganze gesehen, fand Luther sein eigenes Sprachempfinden vor allem in der klassischen Forderung des ›aptum dicendi genus‹, also der Angemessenheit von Mittel und Gegenstand, von verbum und res (vgl. § 7.3.c), repräsentiert[955]. Zwar wird man bei nahezu allen Schriften Luthers einen immensen Zeitdruck und darum eine notgedrungen unausgewogene sprachliche Gestalt in Rechnung stellen müssen. Dennoch wäre es von großem sachlichen Belang, die signifikantesten Merkmale von Luthers Rhetorik einmal als Ausdruck seines Bemühens um das ›aptum‹ zu deuten. Die Neigung zum genus humile müßte dabei ebenso auf mögliche theologische Entsprechungen hin geprüft werden wie seine stark ausgeprägte Vorliebe für tropisches und überhaupt für bildhaftes Reden, auch übrigens sein bemerkenswert facettenreicher Einsatz von humoristischen, ironischen, sarkastischen und zynischen Stilmitteln. Die bei Luther ebenfalls durchgängig zu beobachtende Neigung zu Klang-, Wort- und Satzfiguren läßt überdies den wesenhaft hörerbezogenen, sprechsprachlichen Duktus seines Schreibens und Redens sinnenfällig hervortreten (vgl. § 7.3.b).

Schließlich vermag gerade auch Luthers *Arbeit als Übersetzer*[956] wertvolle Einsichten in die theologischen Gründe seiner Sprachgestaltung zu eröffnen (vgl. § 9.2). Der von ihm postulierte Primat des Sinns wäre dabei nicht minder von Belang wie seine weitgehende Rücksichtnahme auf zielsprachliche Eigenheiten oder seine Neigung, einzelne Übersetzungsfragen nicht von einem generellen Prinzip ausgehend, sondern aufgrund der konkreten Erfordernisse zu entscheiden. Erfordert doch nicht allein das Übersetzen, sondern auch überhaupt das Schreiben und Reden nicht zuletzt das eine: Talent, weshalb Luther dafür auch nicht mechanische Regeln, sondern — ohne selbstverständlich des

---

21/22, 1973, 39—44). — K. Dockhorn, Luthers Glaubensbegriff und die Rhetorik (LiB 21/22, 1973, 19—39). — M. Hamburger, Anmerkungen zur gestischen Sprache in der Luther-Bibel, (ShJ 120, 1984, 138—142). — H. Junghans, Rhetorische Bemerkungen Luthers in seinen Dictata super Psalterium (in: Ders., Der junge Luther und die Humanisten [s. Anm. 221], 240—273). – Lischer (s. Anm. 872). – Nembach (s. Anm. 872), v. a. 117—174. — E. Ockel, Martin Luther und die rhetorische Tradition (Muttersprache 94, 1983/84, 114—126). — B. Stolt, Studien zu Luthers Freiheitstraktat mit besonderer Rücksicht auf das Verhältnis der lateinischen und der deutschen Fassung zueinander und die Stilmittel der Rhetorik, Stockholm 1969. — Dies., Docere, delectare und movere. Analysiert an der Predigt, daß man die Kinder zur Schulen halten solle (in: Dies., Wortkampf. Frühneuhochdeutsche Beispiele zur rhetorischen Praxis [Respublica literaria 8], 1974, 31—77). — Dies., Revisionen und Rückrevisionen des Luther-NT aus rhetorisch-stilistischer Sicht (in: B. Sandig [Hg.], Stilistisch-rhetorische Diskursanalyse [Forum Angewandte Linguistik 14], 1988, 13—40). — H. G. Streubel, Sprechsprachlich-kommunikative Wirkungen durch Luthers Septembertestament (1522) (in: Martin Luther und das Erbe der frühbürgerlichen Revolution. WZ(J)GS 32, 1983, 65—84).

[955] Wolf (s. Anm. 947), 96 f.

[956] Dazu bündig Wolf (s. Anm. 947), 101—111; für weitere Literatur vgl. § 9.2 dieser Arbeit.

Wortes zu gebrauchen – nur Kunstregeln aufzustellen für möglich erachtete (vgl. § 9.2.b).

Damit mögen die ersten Umrisse einer Aufgabe sichtbar geworden sein, deren Bewältigung gleichermaßen eine theologische wie philologische wie literarhistorische Kompetenz erforderte und die trotz aller Forschungsarbeit, die dazu schon erbracht worden ist, zunächst eigene, breitangelegte sprachanalytische Untersuchungen notwendig machte. Der Einblick in die Grundlinien von Luthers Sprachverständnis mag aber gezeigt haben, daß der Entschluß, die so skizzierte Aufgabe in Angriff zu nehmen, nicht nur sinnvoll, sondern auch aussichtsreich sein würde. Der in Luthers Schriften niedergelegte phänomenale Bestand ist jedenfalls reich genug.

Indes: »Zwar ist es leicht, doch ist das Leichte schwer. / Es liegt schon da, doch um es zu erlangen, / Das ist die Kunst! Wer weiß es anzufangen?«[957]

---

[957] Goethe, Faust II.4928–4930 (Mephistopheles zum Kaiser), Weimarer Ausgabe I.15.1, Weimar 1888, ND München 1987, 16 (Interpunktion geringfügig modernisiert).

Quellen- und Literaturverzeichnis

1. Quellen

ALTENSTAIG, JOHANNES: Vocabularius theologiae, Hagenau 1517.
AURELIUS AUGUSTINUS: De catechizandis rudibus, CChr.SL 46,121−128 (= PL 40,309−348).
− De correptione et gratia, PL 44,915−946.
− De doctrina christiana, CChr.SL 32,1−167 (= PL 34,15−122).
− Enchiridion ad Laurentium, seu de fide et spe et caritate, CChr.SL 46,49−114 (= PL 40,231−290).
− De genesi ad litteram, CSEL 28,I,1−435 (= PL 34,245−486).
− De magistro, CChr.SL 29,157−203 (= PL 32,1193−1220).
− De spiritu et littera, CSEL 60,153−229 (= PL 44,199−246).
− Tractatus in evangelium Iohannis, CChr.SL 36 (= PL 35,1379−1976).
− De trinitate, CChr.SL 50 (= PL 42,819−1098).
Die Bekenntnisschriften der evangelisch-lutherischen Kirche (1930), Göttingen 1976[7] (= BSLK).
BIBLIA: Textus biblie cum glossa ordinaria [et interlineari] Nicolai de Lyra postilla, Moralitatibus eiusdem, Pauli Burgensis additionibus, Matthie Thoring replicis, Tom 5, Basel 1506.
BONAVENTURA: Expositionis in Evangelium Sancti Joannis, in: Opera omnia. Editio accurate recognita. Cura et studio A. C. Peltier, Tom 11, Paris 1867, 240−529.
BRENZ, JOHANNES: In D. Iohannis Evangelion Exegesis, per autorem iam primum reuisa, ac multis in locis locupleta, Hagenau 1529.
CALVIN, JOHANNES: Commentarius in Genesin (1550), CR 51,5−622.
− Commentarius in Evangelium Ioannis (1553), CR 75,1−458.
MEISTER ECKHART: Die deutschen und lateinischen Werke, hg. im Auftrag der deutschen Forschungsgemeinschaft.
Die lateinischen Werke (LW):
− Expositio libri Genesis (Bd. 1, Stuttgart 1964, 185−444).
− Expositio sancti Evangelii secundum Iohannem (Bd. 3, Stuttgart/Berlin 1936).
Die deutschen Werke (DW):
− Predigten (Bde. 1−3, Stuttgart 1958 ff).
− Traktate (Bd. 5, Stuttgart 1963).
− Hg. v. FRANZ PFEIFFER, Göttingen 1924[6] (= Photomechan. ND der Ausgabe von 1857).
ERASMUS VON ROTTERDAM, DESIDERIUS: Novum instrumentum. Faks.-ND [d. Ausg.] Basel 1516, mit einer histor., textkrit. u. bibliogr. Einl. von HEINZ HOLECZEK, Stuttgart-Bad Cannstatt 1986.
− In Novum Testamentum Annotationes, Basel 1519.
− Paraphrasis in Euangelium secundum Ioannem, Basel 1523.

- De libero arbitrio diatribe sive collatio (1524), in: Ausgew. Schriften, hg. v. W. Welzig, Bd. 4, Darmstadt 1969, 1–194.
- Hyperaspistes diatribae adversus servum arbitrium Martini Lutheri. Liber primum (1526), in: Ausgew. Schriften, hg. v. W. Welzig, Bd. 4, Darmstadt 1969, 197–674.
- Opera omnia, ed. J. Clericus, Tom 6, Leiden 1705.

Faber Stapulensis, Jakob: Commentarii Jnitiatorii in quatuor Euangelia, Köln 1522.

Gerson, Jean: Oeuvres complètes, hg. v. Mgr. Glorieux, Vol 5 (L'oeuvre oratoire), Tournai 1963.

Goethe, Johann Wolfgang von: Werke, hg. im Auftrag der Großherzogin Sophie von Sachsen (Weimarer Ausgabe), Weimar 1887–1919, ND München 1987.

Hieronymus: Expositio quatuor Evangeliorum, PL 30,531–668.

Jordanus von Quedlinburg: Sermones de Tempore, Opus postillarum de euangeliis dominicalibus, Tom 1, Straßburg 1483.

Kleist, Heinrich von: Sämtliche Werke und Briefe, hg. v. H. Sembdner, Darmstadt 1983[7].

Luther, Martin: Werke. Kritische Gesamtausgabe, Weimar 1883 ff.
- Werke in Auswahl, hg. v. Otto Clemen (Bonner Ausgabe), Berlin (1912) 1955 ff.
- Studienausgabe, hg. v. Hans-Ulrich Delius, Berlin 1979 ff.
- Operationes in Psalmos 1519–1521, Teil II (Ps 1–10), hg. v. G. Hammer u. M. Biersack (AWA 2), Köln / Wien 1981.
- Luthers Vorreden zur Bibel, hg. v. H. Bornkamm (it 677), Frankfurt 1983.
- Luthers geistliche Lieder und Kirchengesänge. Vollst. Neuedition in Erg. zu Bd. 35 der Weimarer Ausgabe, bearb. v. M. Jenny (AWA 4), Köln / Wien 1985.

Melanchthon, Philipp: Commentarius in Genesin (1523), CR 13,761–792.
- Annotationes in Evangelium Ioannis (1523), CR 14,1043–1220.
- Annotationes in Evangelia. Enarratio in Evangelium Ioannis (1536 f), CR 15,1–440.

Müntzer, Thomas: Schriften und Briefe. Kritische Gesamtausgabe, unter Mitarbeit von P. Kirn u. G. Franz (QFRG 33), Gütersloh 1968.

Nietzsche, Friedrich: Jenseits von Gut und Böse. Zur Genealogie der Moral (KTA 76), Stuttgart 1976[10].

Nikolaus von Cues: Predigten 1430–1441, Schriften des Nikolaus von Cues, im Auftrag der Heidelberger Akad. d. Wiss. hg. v. E. Hoffmann, Heidelberg 1952.

Nikolaus von Lyra: s. Biblia.

Origenes: Commentaria in Evangelium Joannis, PG 14,21–830.

Rupert von Deutz: Commentaria in Evangelium Sancti Iohannis, CChr.CM 9 (= PL 170,201–823).

Schleiermacher, Friedrich: Kurze Darstellung des theologischen Studiums zum Behuf einleitender Vorlesungen, hg. v. H. Scholz, Leipzig 1910[3], ND Darmstadt 1977.

Staupitz, Johann von: Libellus de exsecutione aeternae praedestinationis. Sämtliche Schriften 2/II, hg. v. L. Graf zu Dohna u. R. Wetzel (Spätmittelalter und Reformation. Texte und Untersuchungen, hg. v. H. A. Oberman, Bd. 14), Berlin /New York 1979.

Tauler, Johannes: Predigten. Nach den besten Ausgaben und in unverändertem Text in die jetzige Schriftsprache übertragen, 1. Teil: Von Advent bis Ostern, Frankfurt 1826.
- Predigten auf alle Sonn- und Festtage im Jahr. Nach den Ausgaben von J. Arndt u. Ph. J. Spener aufs Neue hg. v. E. Kuntze u. J. H. R. Biesenthal, 1. Teil: Von Advent bis Ostern, Berlin 1841.
- Predigten. Aus der Engelberger und der Freiburger Handschrift sowie aus Schmidts Abschriften der ehem. Straßburger Handschriften, hg. v. F. Vetter (DTMA 9), Berlin 1910, ND Frankfurt 1968.

Thomas von Aquin: Catena Aurea in quattuor Evangelia, Bd. 6: Expositio in Lucam et Ioannem, Editio Marietti 1953.
- Quaestiones Disputatae I. De Veritate, Editio Marietti 1964.

- Summa Theologiae. Bibliotheca de Autores Cristianos, Madrid 1956–1961.
- Super Evangelium S. Ioannis Lectura, Editio Marietti 1952.
ZWINGLI, HULDRYCH: Farrago annotationum in Genesim (1527), CR 100,1–290.
- Annotationes in Evangelium Ioannis (1528). In: Opera, ed. M. SCHULER u. J. SCHULTHESS, Vol 6, Tom 1, Zürich 1836, 682–766.
- De vera et falsa religione commentarius, CR 90,590–912.
- Hauptschriften, hg. v. F. BLANKE, O. FARNER u. R. PFISTER, Zürich 1940 ff.

2. Hilfsmittel

ALAND, KURT: Hilfsbuch zum Lutherstudium. Bearbeitet in Verb. mit E. O. REICHERT und G. JORDAN, 3., neubearb. u. erw. Aufl., Witten 1970.
BACH, ADOLF: Geschichte der deutschen Sprache, 9., durchges. Aufl., Wiesbaden o. J.
BREYMAYER, REINHARDT: Bibliographie zum Thema Luther und die Rhetorik (LiB 21/22, 1973, 39–44).
DELIUS, HANS-ULRICH: Augustin als Quelle Luthers. Eine Materialsammlung, Berlin 1984.
DIETZ, PH.: Wörterbuch zu Dr. Martin Luthers Deutschen Schriften, Bd. 1 und 2/1 (A-Hals), Leipzig 1870–72, Hildesheim 1961².
ERBEN, JOHANNES: Deutsche Grammatik. Ein Abriß, München 1972¹¹.
GRIMM, JAKOB UND WILHELM: Deutsches Wörterbuch, 33 Bde., Leipzig 1854–1971, ND München 1984.
PAUL, HERMANN: Deutsches Wörterbuch, bearb. v. WERNER BETZ, 7., durchges. Aufl., Tübingen 1976.
PINOMAA, LENNART: Register der Bibelzitate in Luthers Schriften in den Jahren 1509–1519, masch., Helsinki o. J. [um 1956].
SCHILLING, JOHANNES: Latinistische Hilfsmittel zum Lutherstudium (LuJ 55, 1988, 83–101).
STOLT, BIRGIT: Germanistische Hilfsmittel zum Lutherstudium (LuJ 46, 1979, 120–135).
UEDING, GERT U. BERND STEINBRINK: Grundriß der Rhetorik. Geschichte, Technik, Methode, Stuttgart 1986².
WANDER, KARL FRIEDRICH WILHELM (Hg.): Deutsches Sprichwörter-Lexikon. Ein Hausschatz für das deutsche Volk, 5 Bde., Leipzig 1867, ND Augsburg 1987.
WOLF, HERBERT: Martin Luther. Eine Einführung in germanistische Luther-Studien, Stuttgart 1980.

3. Sekundärliteratur

AARTS, JAN: Die Lehre Martin Luthers über das Amt in der Kirche. Eine genetisch-systematische Untersuchung seiner Schriften von 1512 bis 1525 (SLAG 15), Helsinki 1972.
ALFSVÅG, KNUT: Language and Reality. Luther's relation to classical rhetoric in Rationis Latomianae confutatio (1521) (StTh 41, 1987, 85–126).
ALLGAIER, WALTER: Der »fröhliche Wechsel« bei Martin Luther. Eine Untersuchung zu Christologie und Soteriologie bei Luther unter besonderer Berücksichtigung seiner Schriften bis 1521, Diss. Erlangen-Nürnberg 1966.
ALTHAUS, PAUL: Luther auf der Kanzel. Beobachtungen über die Form seiner Predigt (Luther 3, 1921, 17–24).
- Der Geist der Lutherbibel (LuJ 16, 1934, 1–26).
- Das Wort Gottes und der Glaube bei Martin Luther (US 14, 1959, 142–155).
- Die Theologie Martin Luthers, Gütersloh 1962.

ANDEREGG, JOHANNES: Zur Revision der Lutherbibel (»NT 75«). Eine Kritik der sprach- und literaturwissenschaftlichen Leitlinien für die Revisionsarbeit. Mit einer Einführung in die Vorgeschichte des »NT 75« von W. MÜLLER (ZThK 76, 1979, 241–260).
– Über Instrumentalität und Medialität, oder: Sprache im religiösen Bezug (in: DERS., Sprache und Verwandlung. Zur literarischen Ästhetik, Göttingen 1985, 81–91).
ANDRESEN, CARL: Art. Wort Gottes III. Dogmengeschichtlich, RGG³ VI, 1812–1817.
ANER, KARL: Art. Wort Gottes I. Dogmengeschichtlich, RGG² V, 2018–2022.
APEL, KARL-OTTO: Die Idee der Sprache in der Tradition des Humanismus von Dante bis Vico (ABG 8), Bonn 1975.
ARFKEN, ERNST: »Etliche geistliche Lieder zusammengebracht«. Luther als Kirchenlieder-dichter (in: H. L. ARNOLD [Hg.], Martin Luther [edition text & kritik Sonderband], München 1983, 105–120).
ARNDT, ERWIN: Luthers deutsches Sprachschaffen. Ein Kapitel aus der Vorgeschichte der deutschen Nationalsprache und ihrer Ausdrucksformen, Berlin 1962.
– Luthers Bibelübersetzung und ihre Bedeutung für die Entwicklung der deutschen Spra-che (in: Weltwirkung der Reformation, hg. v. MAX STEINMETZ und GERHARD BRENDLER, Bd. 2, Berlin 1969, 416–422).
– Sprachgeographische und sprachsoziologische Voraussetzungen für Luthers Übersetzungsleistung (in: Wissenschaftliche Konferenz »Kommunikation und Sprache in ihrer geschichtlichen Entwicklung bis zum Neuhochdeutschen«, hg. im Auftrag des Direktors des Zentralinstituts für Sprachwissenschaft der Akad. d. Wiss. der DDR, Berlin 1981, 96–112).
– Sprache und Sprachverständnis bei Luther (ZPhSK 36, 1983, 251–264).
ARNDT, ERWIN ET AL.: Luthers Stellung in der Geschichte der deutschen Nationalsprache (BGDS[H] 92, 1970, 1–136).
ARNDT, ERWIN und GISELA BRANDT: Luther und die deutsche Sprache. Wie redet der Deud-sche man jnn solchem fall?, Leipzig 1983.
ASENDORF, ULRICH: Eschatologie bei Luther, Göttingen 1967.
– Die Grundzüge der Theologie Luthers im Lichte seines Ansatzes vom »admirabile com-mercium« (in: PETER MANNS [Hg.], Martin Luther »Reformator und Vater im Glauben« [VIEG.B 18], Wiesbaden 1985, 262–279).
– Die Bedeutung der Predigt für Luthers Theologie (in: Luther als Prediger [LAR 9], Er-langen 1986, 89–101).
– Die Theologie Martin Luthers nach seinen Predigten, Göttingen 1988.
ATKINSON, JAMES: Luthers Einschätzung des Johannes-Evangeliums. Erwägungen zu Lu-thers Schriftverständnis (in: V. VAJTA [Hg.], Lutherforschung heute, Berlin 1958, 49–56).
AURELIUS, CARL AXEL: Verborgene Kirche. Luthers Kirchenverständnis in Streitschriften und Exegese 1519–1521 (AGTL NF 4), Hannover 1983.
BACH, HEINRICH: Laut- und Formenlehre der Sprache Luthers, Kopenhagen 1934.
– Handbuch der Luthersprache. Laut- und Formenlehre in Luthers Wittenberger Drucken bis 1545. Bd. 1: Vokalismus, Kopenhagen 1974. – Bd. 2: Druckschwache Silben. Kon-sonantismus, Kopenhagen 1985.
BARTELMUS, RÜDIGER: Das Alte Testament – deutsch. Luthers Beitrag zu Theorie und Pra-xis der Übersetzung religiöser Texte (BiN 22, 1983, 70–90).
BARTH, HANS-MARTIN: Der Teufel und Jesus Christus in der Theologie Martin Luthers (FKDG 19), Göttingen 1967.
– Luthers Predigt von der Predigt (PTh 56, 1967, 481–489).
– Das Wirken des heiligen Geistes durch Wort und Sakrament. Zur Pneumatologie der Confessio Augustana (Luther 58, 1987, 85–98).
BAUER-WABNEGG, WALTER und HANS-HELMUT HIEBEL: Das »sola sancta scriptura« und die Mittel der Schrift (in: H. L. ARNOLD [Hg.], Martin Luther [edition text & kritik Sonder-band], München 1983, 33–58).

BAUR, JÖRG: Luther und die Philosophie (NZSTh 26, 1984, 13–28).

BAYER, OSWALD: Die reformatorische Wende in Luthers Theologie (ZThK 66, 1969, 115–150).

– Promissio. Geschichte der reformatorischen Wende in Luthers Theologie (FKDG 24), Göttingen 1971.

– Performatives Wort als Sache der Theologie (in: DERS., Was ist das: Theologie? Eine Skizze, Stuttgart 1973, 24–39).

– Natur und Institution. Eine Besinnung auf Luthers Dreiständelehre (ZThK 81, 1984, 352–382).

– Schöpfung als Anrede. Zu einer Hermeneutik der Schöpfung, Tübingen (1986) 1990².

– Oratio, Meditatio, Tentatio. Eine Besinnung auf Luthers Theologieverständnis (LuJ 55, 1988, 7–59).

BAYLOR, MICHAEL G.: Action and Person. Conscience in Late Scholasticism and the Young Luther (SMRT 20), Leiden 1977.

BEBERMEYER, GUSTAV: Luthersprache und Lutherbibel. Ein Literatur- und Forschungsbericht (ZDB 6, 1930, 537–544).

– Stand und Aufgaben der sprachgeschichtlichen Lutherforschung (LuJ 13, 1931, 69–82).

BECKER, ILSE: Luthers Evangelienübersetzung von 1522 und 1546, Diss. Köln 1935.

BEER, THEOBALD: Der fröhliche Wechsel und Streit. Grundzüge der Theologie Martin Luthers, 2 Bde., Leipzig 1974.

BEINTKER, HORST: Zu Luthers Verständnis vom geistlichen Leben des Christen im Gebet (LuJ 31, 1964, 47–68).

– Zur Beachtung von Luthers Kirchenverständnis (in: Vierhundertfünfzig Jahre lutherische Reformation 1517–1967. FS f. Franz Lau, Berlin 1967, 43–58).

– Luthers theologische Begründung der Wortverkündigung. Eine Anregung für die Verkündigung heute (in: M. WEISE [Hg.], Wort und Welt. FS f. Erich Hertzsch, Berlin 1968, 19–27).

– Verbum Domini manet in Aeternum. Eine Skizze zum Schriftverständnis der Reformation (ThLZ 107, 1982, 161–176).

– Wort – Geist – Kirche. Ausgewählte Aufsätze zur Theologie Luthers, Berlin 1983.

– Geist und Wort bei Luther. Seminarbericht vom 6. Internationalen Lutherkongreß, Erfurt 1983 (LuJ 52, 1985, 284–286).

BEISSER, FRIEDRICH: Claritas scripturae bei Martin Luther (FKDG 18), Göttingen 1966.

– Luthers Schriftverständnis (in: P. MANNS [Hg.], Martin Luther »Reformator und Vater im Glauben« [VIEG.B 18], Wiesbaden 1985, 25–37).

– Wort Gottes und Heilige Schrift bei Luther (in: Schrift und Schriftauslegung [LAR 10], Erlangen 1987, 15–29).

BENZ, ERNST: Die Sprachtheologie der Reformationszeit (StGen 4, 1951, 204–213).

BERGER, ARNOLD E.: Luther und die deutsche Sprache (in: M. PREITZ [Hg.], Von deutscher Sprache und Art, Frankfurt 1925, 8–25).

BEUTEL, ALBRECHT: Christenlehre und Gewissenstrost. Bemerkungen zu Luthers Sendbrief an die Gemeinde der Stadt Esslingen (ESSt 22, 1983, 107–136).

– Gottes irdische Gehilfen. Luthers Auslegung von Sach 1,7 als angelologische Variante seiner Regimentenlehre (in: H. COLBERG u. D. PETERSEN [Hg.], Spuren. FS f. Theo Schumacher [Stuttgarter Arbeiten zur Germanistik 184], Stuttgart 1986, 157–190).

– Offene Predigt. Homiletische Bemerkungen zu Sprache und Sache (PTh 77, 1988, 518–537).

– Art. Luther, Martin (in: Metzler-Philosophen-Lexikon. Dreihundert biographisch-werkgeschichtliche Portraits von den Vorsokratikern bis zu den Neuen Philosophen, hg. v. B. LUTZ, Stuttgart 1989, 479–483).

– Christsein vor Gott und der Welt. Luthers Lehre von den zwei Reichen (in: D. R. BAUER [Hg.], Mystik und Politik. Entwürfe christlicher Existenz, Stuttgart [in Vorbereitung]).

BEYER, MICHAEL: Luthers Ekklesiologie (in: H. JUNGHANS [Hg.], Leben und Werk Martin Luthers von 1526 bis 1546. Festgabe zu seinem 500. Geburtstag, Göttingen 1983, 93–118).

BIERITZ, KARL-HEINZ: Verbum facit fidem. Homiletische Anmerkungen zu einer Luther-Predigt (ThLZ 109, 1984, 481–494).

BISER, EUGEN: Art. Wort, HPhG 6, München 1974, 1764–1775.

BIZER, ERNST: Fides ex auditu. Eine Untersuchung über die Entdeckung der Gerechtigkeit Gottes durch Martin Luther, 3., erw. Aufl., Neukirchen 1966.

BLACK, C. CLIFTON: St. Thomas's Commentary on the Johannine Prologue: some Reflections on Its Character and Implications (CBQ 48, 1986, 681–698).

BLANKE, HEINZ: Zum Verständnis der Luthersprache (in: D. Martin Luther: Biblia. Das ist die gantze Heilige Schrifft Deudsch auffs new zugericht, Wittenberg 1545, hg. v. H. VOLZ, Bd. 3 [dtv 6033], München 1974, 292*–298*).

BLUHM, HEINZ: Martin Luther. Creative Translator, St. Louis 1965.

– Die Indices zu Werken Martin Luthers im Boston College, Chestnut Hill, Massachusetts (LuJ 51, 1984, 96–98).

– Studies in Luther – Luther Studien, Bern / Frankfurt / New York / Paris 1987.

BÖCKMANN, PAUL: Formengeschichte der deutschen Dichtung, Bd. 1, Hamburg 1949.

BONDZIO, WILHELM: Hermeneutik und Übersetzung bei Martin Luther (in: J. SCHILDT [Hg.], Luthers Sprachschaffen. Gesellschaftliche Grundlagen – geschichtliche Wirkungen, Bd. 1, Berlin 1984, 260–272).

BORNKAMM, GÜNTHER: Gotteswort und Menschenwort im Neuen Testament (in: DERS., Studien zu Antike und Urchristentum, Ges. Aufsätze, Bd. 2 [BevTh 28], München 1970, 223–236).

BORNKAMM, HEINRICH: Äußeres und inneres Wort in der reformatorischen Theologie (in: Deutsche Theologie 3, hg. v. E. LOHMEYER, Göttingen 1931, 30–45).

– Luther und das Alte Testament, Tübingen 1948.

– Luther als Schriftsteller (SHAW.PH 1965,1), Heidelberg 1965.

– Die Vorlagen zu Luthers Übersetzung des Neuen Testaments (in: DERS., Luther – Gestalt und Wirkungen. Ges. Aufsätze, Gütersloh 1975, 65–73).

– Das Wort Gottes bei Luther (in: DERS., Luther – Gestalt und Wirkungen. Ges. Aufsätze, Gütersloh 1975, 147–186).

– Martin Luther in der Mitte seines Lebens. Das Jahrzehnt zwischen dem Wormser und dem Augsburger Reichstag, aus dem Nachlaß hg. v. K. BORNKAMM, Gütersloh 1979.

BORNKAMM, KARIN: Wort und Glaube bei Luther (in: H. KNITTEL / H. WETTERLING [Hg.], Behauptung der Person. FS f. H. Bohnenkamp, Weinheim 1963, 37–56).

BRANDENBURG, ALBERT: Gericht und Evangelium. Zur Worttheologie in Luthers erster Psalmenvorlesung (KKTS 4), Paderborn 1960.

– Solae aures sunt organa Christiani hominis. Zu Luthers Exegese von Hebr 10,5f (in: J. RATZINGER / H. FRIES [Hg.], Einsicht und Glaube. FS f. G. Söhngen, Freiburg / Basel / Wien 1962, 401–404).

BRECHT, MARTIN: Zu Luthers Schriftverständnis (in: K. KERTELGE [Hg.], Die Autorität der Schrift im ökumenischen Gespräch, Beiheft zur ökumen. Rundschau 50, Frankfurt 1985, 9–29).

– Martin Luther. Bd. 2: Ordnung und Abgrenzung der Reformation 1521–1532, Stuttgart 1986. – Bd. 3: Die Erhaltung der Kirche 1532–1546, Stuttgart 1987.

– Luthers Bibelübersetzung (in: H. BARTELS ET AL. [Hg.], Martin Luther. Leistung und Erbe, Berlin 1986, 118–125).

– Zur Typologie in Luthers Schriftauslegung (in: Schrift und Schriftauslegung [LAR 10], Erlangen 1987, 55–68).

– Luther als Schriftsteller. Zeugnisse seines dichterischen Gestaltens, Stuttgart 1990.

BRING, RAGNAR: Luthers Anschauung von der Bibel (Luthertum 3), Berlin 1951.

BRINKEL, KARL: Luthers Hermeneutik in seiner Übersetzung des Alten Testaments und die gegenwärtige Revision der Lutherbibel (Luthertum 24), Berlin 1960.

BRINKMANN, HENNIG: Mittelalterliche Hermeneutik, Darmstadt 1980.

BRUCHMANN, GERHARD: Luther als Bibelverdeutscher in seinen Wartburgpostillen (LuJ 17, 1935, 111–131).
– Luthers Bibelverdeutschung auf der Wartburg in ihrem Verhältnis zu den mittelalterlichen Übersetzungen (LuJ 18, 1936, 47–82).
BRUNOTTE, WILHELM: Das geistliche Amt bei Luther, Berlin 1959.
BULTMANN, RUDOLF: Der Begriff des Wortes Gottes im Neuen Testament (in: DERS., Glauben und Verstehen. Ges. Aufsätze 1, Tübingen [1933] 1972[7], 268–293).
– Das Evangelium des Johannes (KEK 2), Göttingen (1941[10]) 1978[20].
BURBA, KLAUS: Die Christologie in Luthers Liedern (SVRG 175), Gütersloh 1956.
BURGER, HEINZ-OTTO: Luther als Ereignis der Literaturgeschichte (LuJ 24, 1957, 86–101).
CASPARI, WALTER: Art. Perikopen, in: RE[3] 15, 131–159.
CHOLIN, M.: Le Prologue de l'Évangelie selon Jean. Structure et formation (ScEs 41, 1989, 189–205.343–362).
CRAYCRAFT, KENNETH R.: Sign and Words: Martin Luther's Theology of the Sacraments (RestQ 32, 1990, 143–164).
DANIEL, HANS-CHRISTIAN: Luthers Ansatz der claritas scripturae in den Schriften »Assertio omnium articulorum« und »Grund und Ursach aller Artikel« (1520/21) (in: Thesaurus Lutheri. Auf der Suche nach neuen Paradigmen der Luther-Forschung, hg. v. T. MANNERMAA ET AL., Helsinki 1987, 279–290).
DANNENBAUER, HEINZ: Luther als religiöser Volksschriftsteller 1517 bis 1520. Ein Beitrag zu der Frage nach den Ursachen der Reformation (SGV 145), Tübingen 1930.
DANTINE, JOHANNES: Luthers Kirchenverständnis (Martin Luther 17, 1981, 3–13).
DELIUS, HANS-ULRICH: Zu Luthers historischen Quellen (LuJ 42, 1975, 71–125).
– Luther, die Tradition und Augustin (CDios 200, 1987, 449–476).
– ... und merken, daß man deutsch redet. Germanistische Anmerkungen eines Theologen (Luther 61, 1990, 91–105).
DELLE, WILHELM: Luthers Septemberbibel und seine Zitate aus dem Neuen Testament bis 1522 (LuJ 4, 1922, 66–96).
DEMBOWSKI, HERMANN: Das Johannesverständnis des Origenes, Diss. (masch.), Göttingen 1953.
DEMPE, HELLMUTH: Bemerkungen zur christlichen Anthropologie der Sprache (ZRGG 36, 1984, 305–312).
DEPKEN, FRIEDRICH: Martin Luther und die deutsche Sprache. Zum 450jährigen Gedächtnis an den Tag der Reformation (Muttersprache 77, 1967, 321–332).
DIX, ANNA: Die Sprache Luthers (Luther 1, 1919, 85 f).
DOCKHORN, KLAUS: Luthers Glaubensbegriff und die Rhetorik. Zu Gerhard Ebelings Buch »Einführung in theologische Sprachlehre« (LiB 21/22, 1973, 19–39).
DOERNE, MARTIN: Gottes Volk und Gottes Wort. Zur Einführung in Luthers Theologie der Kirche (LuJ 14, 1932, 61–98).
– Luthers Kirchenverständnis (in: DERS., Fragen zur Kirchenreform, Göttingen 1964, 10–41).
– Predigtamt und Prediger bei Luther (in: Wort und Gemeinde. FS f. Erdmann Schott [AVTRW 42], Berlin 1967, 43–55).
DUCHROW, ULRICH: Sprachverständnis und biblisches Hören bei Augustin (HUTh 5), Tübingen 1965.
– Christenheit und Weltverantwortung. Traditionsgeschichte und systematische Struktur der Zweireichelehre (FBESG 25), Stuttgart (1970) 1983[2].
DÜWEL, KLAUS und JÖRG OHLEMACHER: »das ist der wellt lauf«. Zugänge zu Luthers Fabelbearbeitung (in: H. L. ARNOLD [Hg.], Martin Luther [text & kritik Sonderband], München 1983, 121–143).
EBELING, GERHARD: Evangelische Evangelienauslegung. Eine Untersuchung zu Luthers Hermeneutik (FGLP X,1), München 1942, Tübingen 1991[3].
– Die Geschichtlichkeit der Kirche und ihrer Verkündigung als theologisches Problem (SGV 207/208), Tübingen 1954.
– Art. Geist und Buchstabe, RGG[3] II, 1290–1296.

- Art. Hermeneutik, RGG³ III, 242−262.
- Wort Gottes und Sprache (in: Ders., Das Wesen des christlichen Glaubens, Tübingen [1959], 1985⁵, 178−187).
- Art. Luther II. Theologie, RGG³ IV, 495−520.
- Wort und Glaube. Bd. 1, Tübingen (1960) 1967³. − Bd. 2: Beiträge zur Fundamentaltheologie und zur Lehre von Gott, Tübingen 1969. − Bd. 3: Beiträge zur Fundamentaltheologie, Soteriologie und Ekklesiologie, Tübingen 1975.
- Luther. Einführung in sein Denken, Tübingen (1964) 1981⁴.
- »Sola scriptura« und das Problem der Tradition (in: Ders., Wort Gottes und Tradition. Studien zu einer Hermeneutik der Konfessionen [KiKonf 7], Göttingen [1964] 1966², 91−143).
- Einführung in theologische Sprachlehre, Tübingen 1971.
- Lutherstudien. Bd. I, Tübingen 1971. − Bd. II: Disputatio de homine. 1. Teil: Text und Traditionshintergrund, Tübingen 1977; 2. Teil: Die philosophische Definition des Menschen. Kommentar zu These 1−19, Tübingen 1982; 3. Teil: Die theologische Definition des Menschen. Kommentar zu These 20−40, Tübingen 1989. − Bd. III: Begriffsuntersuchungen − Textinterpretationen − Wirkungsgeschichtliches, Tübingen 1985.
- Kritischer Rationalismus? Zu Hans Alberts Buch »Traktat über kritische Vernunft«, Tübingen 1973.
- Schrift und Erfahrung als Quelle theologischer Aussagen (ZThK 75, 1978, 99−116).
- Martin Luthers Weg und Wort (it 439), Frankfurt 1983.
- Umgang mit Luther, Tübingen 1983.
- Theologie in den Gegensätzen des Lebens (in: Johannes B. Bauer [Hg.], Entwürfe der Theologie, Graz 1985, 71−93).
- Befreiende Autorität. Schrift, Wort und Geist im Sinne der Reformation (NZZ v. 6./7. Juni 1987 [Nr. 129], 65).
- Des Todes Tod. Luthers Theologie der Konfrontation mit dem Tode (ZThK 84, 1987, 162−194).
- Das rechte Unterscheiden. Luthers Anleitung zu theologischer Urteilskraft (ZThK 85, 1988, 219−258).
- Ebert, Helmut: Alltagssprache und Religiöse Sprache in Luthers Briefen und in seiner Bibelübersetzung. Eine satzsemantische Untersuchung am Beispiel von Aufforderungssätzen und Fragesätzen (EHS.DSL 929), Bern 1986.
- Echternach, Helmut: Studien zur Ontologie des Wortes I. Der reformatorische Schriftbegriff. Seine ontologischen Wurzeln und sein Zerfall, Gütersloh 1931.
- Eckermann, Willigis: Wort und Wirklichkeit. Das Sprachverständnis in der Theologie Gregors von Rimini und sein Weiterwirken in der Augustinerschule (Cass. 33), Würzburg 1977.
- Ellwein, Eduard: Die Christusverkündigung in Luthers Auslegung des Johannesevangeliums (in: Ders., Summus Evangelista. Die Botschaft des Johannesevangeliums in der Auslegung Luthers, München 1960, 92−135).
- Eltz, Lieselotte von: Luthersprache und Schriftsprache (in: Möglichkeiten und Grenzen einer Revision des Luthertextes [LAR 1], Erlangen [1980] 1981², 22−40).
- Endermann, Heinz: Anmerkungen zu Luthers Sprachauffassung (in: J. Schildt [Hg.], Luthers Sprachschaffen. Gesellschaftliche Grundlagen − geschichtliche Wirkungen, Bd. 1, Berlin 1984, 281−294).
- Zu Martin Luthers Ansichten über die Sprache (in: Martin Luther. Leistungen und Wirkungen, WZ(J).GS 33, 1984, 305−331).
- Zum Verhältnis von spätscholastischer Philosophie und Sprachphilosophie bei Martin Luther − Bemerkungen zur Tischrede Nr. 6419 (WZ(J).GS 34, 1985, 87−90).
- Erben, Johannes: Grundzüge einer Syntax der Sprache Luthers (VIDSL 2), Berlin 1954.
- Die sprachgeschichtliche Stellung Luthers. Eine Skizze vom Standpunkt der Syntax (BGDS[H] 76, 1957, 166−179).

EROMS, HANS-WERNER: Text und Sinn bei Martin Luther. Bemerkungen zu den Verstehensprinzipien in seinem Werk (in: P. WIESINGER [Hg.], Studien zum Frühneuhochdeutschen [Göppinger Arbeiten zur Germanistik 476], Göppingen 1988, 325–342).

FEREL, MARTIN: Gepredigte Taufe. Eine homiletische Untersuchung zur Taufpredigt bei Luther (HUTh 10), Tübingen 1969.

FEUDEL, GÜNTER: Luthers Ausspruch über seine Sprache (WATR 1, 524) – Ideal oder Wirklichkeit? (BGDS[H] 92, 1970, 61–75).

FONTIUS, HANFRIED: Martin Luthers Predigt in aktuellen Notsituationen der Kirche. Die Invokavit-Predigten von 1522 (in: Luther als Prediger [LAR 9], Erlangen 1986, 77–88).

FRANK, GUSTAV WILHELM und REINHOLD SEEBERG: Art. Communicatio idiomatum, RE^3 4, 254–261.

FRANKE, CARL: Grundzüge der Schriftsprache Luthers in allgemeinverständlicher Darstellung. 1. Teil: Einleitung und Lautlehre, Halle 1913^2; 2. Teil: Wortlehre, Halle 1914^2; 3. Teil: Satzlehre, Halle 1922^2, ND Hildesheim/New York 1973.

FRETTLÖH, REGINA: Die Revisionen der Lutherbibel in wortgeschichtlicher Sicht (Göppinger Arbeiten zur Germanistik 434), Göppingen 1986.

FRITZSCHE, HELMUT: Gott als Quelle des Guten. Sprachanalytische und ethische Überlegungen zu einem Diktum in Luthers Großem Katechismus (ZEE 29, 1985, 8–29).

FÜHRER, WERNER: Das Wort Gottes in Luthers Theologie (GthA 30), Göttingen 1984.

GADAMER, HANS-GEORG: Wahrheit und Methode. Grundzüge einer philosophischen Hermeneutik, Tübingen (1960) 1975^4.

GÄBLER, ULRICH: Luther und Zwingli. Eine Skizze (Luther 55, 1984, 105–112).

GENNRICH, PAUL-WILHELM: Die Christologie Luthers im Abendmahlsstreit 1524–1529, Diss. Königsberg 1929.

GERBER, UWE: Disputatio als Sprache des Glaubens. Eine Einführung in das theologische Verständnis der Sprache an Hand einer entwicklungsgeschichtlichen Untersuchung der Disputatio und ihres Sprachvollzuges (BSHST 15), Zürich 1970.

GERDES, HAYO: Überraschende Freiheiten in Luthers Bibelübersetzung (Luther 27, 1956, 71–80).

GERRISH, BRIAN A.: The word of God and the words of Scripture. Luther and Calvin on biblical authority (in: DERS., The old protestantism and the new. Essays on the Reformation heritage, Chicago 1982, 51–68).

– Discerning the Body. Sign and Reality in Luther's Controversy with the Swiss (JR 68, 1988, 377–396).

GESE, HARTMUT: Der Johannes-Prolog (in: DERS., Zur biblischen Theologie. Alttestamentliche Vorträge [BevTh 78], München 1977, 152–201).

GIESE, E.: Untersuchungen über das Verhältnis von Luthers Sprache zur Wittenberger Druckersprache, Diss. Halle-Wittenberg 1915.

GLOEGE, GERHARD: Zur Geschichte des Schriftverständnisses (in: DERS., Verkündigung und Verantwortung. Theologische Traktate, Bd. 2, Göttingen 1967, 263–292).

– Freiheit und Bindung im Umgang mit der heiligen Schrift nach Luther (KuD 22, 1976, 237–249).

GOGARTEN, FRIEDRICH: Luthers Theologie, Tübingen 1967.

GOLDINGAY, JOHN: Luther and the Bible (SJTh 35, 1982, 33–58).

GRABMANN, MARTIN: Die Entwicklung der mittelalterlichen Sprachlogik (in: DERS., Mittelalterliches Geistesleben. Abhandlungen zur Geschichte der Scholastik und Mystik, München 1926, 104–146).

GRANE, LEIF: Modus loquendi theologicus. Luthers Kampf um die Erneuerung der Theologie (1515–1518), aus dem Dänischen übersetzt v. E. GRÖTZINGER (AThD 12), Leiden 1975.

– Luther und der Deutsche Humanismus (in: PETER MANNS [Hg.], Martin Luther »Reformator und Vater im Glauben« [VIEG.B 18], Wiesbaden 1985, 106–117).

GRASS, HANS: Die Abendmahlslehre bei Luther und Calvin. Eine kritische Untersuchung (BFCHTh 2,47), Gütersloh (1940) 1954².

GRÖNVIK, LORENZ: Die Taufe in der Theologie Martin Luthers (AAAbo H 36I), Abo-Göttingen 1968.

GRÖTZINGER, EBERHARD: Luther und Zwingli. Die Kritik an der mittelalterlichen Lehre von der Messe — als Wurzel des Abendmahlsstreites (ÖTh 5), Gütersloh 1980.

GROSSE, RUDOLF: Das wirksame Wort bei Luther und seinen Zeitgenossen (in: J. SCHILDT [Hg.], Luthers Sprachschaffen. Gesellschaftliche Grundlagen — geschichtliche Wirkungen, Bd. 1, Berlin 1984, 77—95).

GRÜNAGEL, FRIEDRICH: Was Christum treibet! Zum rechten Verständnis des Wortes Gottes nach Luthers Schriftauffassung (KBE 33), Bonn 1936.

GRUNDMANN, HERBERT: Übersetzungsprobleme im Spätmittelalter. Zu einer alten Verdeutschung des Memoriale Alexanders von Roes (in: DERS., Ausgewählte Aufsätze. Teil 3: Bildung und Sprache [SMGH 25,3], Stuttgart 1978, 163—195).

GUNNEWEG, ANTONIUS H.J.: Vom Verstehen des Alten Testaments. Eine Hermeneutik (GAT 5), Göttingen 1977.

HAAR, JOHANN: Das Wort der Wahrheit. Ein Sermon D. Martin Luthers, entworfen (praescriptus) für den Propsten in Leitzkau (1512), über die Worte des Johannes: Alles, was aus Gott geboren ist, überwindet die Welt usw. (Luther 47, 1976, 5—22).

HÄGGLUND, BENGT: Theologie und Philosophie bei Luther und in der occamistischen Tradition. Luthers Stellung zur Theorie von der doppelten Wahrheit, Lund 1955.

— Evidentia sacrae scripturae. Bemerkungen zum »Schriftprinzip« bei Luther (in: Vierhundertfünfzig Jahre lutherische Reformation 1517—1967. FS f. Franz Lau, Berlin 1967, 116—125).

— Luthers Anthropologie (in: H. JUNGHANS [Hg.], Leben und Werk Martin Luthers von 1526 bis 1546. Festgabe zu seinem 500. Geburtstag, Göttingen 1983, 63—76).

— Martin Luther über die Sprache (NZSTh 26, 1984, 1—12).

HAENCHEN, ERNST: Probleme des johanneischen »Prologs« (ZThK 60, 1963, 305—334).

HAGEN, HULDA: Die Sprache des jungen Luther und ihr Verhältnis zur Kanzleisprache seiner Zeit, Diss. (masch.), Greifswald 1922.

HAHN, FRITZ: Zur Verchristlichung der Psalmen durch Luthers Übersetzung (ThStKr 106, Hamburg 1934/35, 173—203).

HAHN, SÖNKE: Luthers Übersetzungsweise im Septembertestament von 1522. Untersuchungen zu Luthers Übersetzung des Römerbriefs im Vergleich mit Übersetzungen vor ihm (HPhSt 29), Hamburg 1973.

HAMBURGER, MAIK: Anmerkungen zur gestischen Sprache in der Luther-Bibel (ShJ 120, 1984, 138—142).

HAMM, BERNDT: Was ist reformatorische Rechtfertigungslehre? (ZThK 83, 1986, 1—38).

HANKAMER, PAUL: Die Sprache. Ihr Begriff und ihre Deutung im sechzehnten und siebzehnten Jahrhundert, Bonn 1927, ND Hildesheim 1965.

HARNACK, THEODOSIUS: Luthers Theologie mit besonderer Beziehung auf seine Versöhnungs- und Erlösungslehre, 2 Bde. (1862/1886), Neue Ausgabe München 1927.

HARTWEG, FRÉDÉRIC: Luthers Stellung in der sprachlichen Entwicklung. Versuch einer Bilanz (EtG 40, 1985, 1—20).

HAUSAMMANN, SUSI: Realpräsenz in Luthers Abendmahlslehre (in: L. ABRAMOWSKI / J. F. G. GOETERS [Hg.], Studien zur Geschichte und Theologie der Reformation. FS f. E. Bizer, Neukirchen 1969, 157—173).

HEINTZE, GERHARD: Luthers Predigt von Gesetz und Evangelium (FGLP X,21), München 1958.

— Luthers Pfingstpredigten (LuJ 34, 1967, 117—140).

HEMPEL, JOHANNES: Das reformatorische Evangelium und das Alte Testament (LuJ 14, 1932, 1—32).

HERMANN, RUDOLF: Gotteswort und Menschenwort in der Bibel. Eine Untersuchung zu theologischen Grundfragen der Hermeneutik, Berlin 1956.

– Von der Klarheit der Heiligen Schrift. Untersuchungen und Erörterungen über Luthers Lehre von der Schrift in »De servo arbitrio« (in: Ders., Studien zur Theologie Luthers und des Luthertums, Gesammelte und nachgelassene Werke, Bd. 2, hg. v. H. Beintker, Berlin 1981, 170–225).

Herms, Eilert: Luthers Auslegung des Dritten Artikels, Tübingen 1987.

– Das Evangelium für das Volk. Praxis und Theorie der Predigt bei Luther (LuJ 57, 1990, 19–56).

Herntrich, Volkmar: Luther und das Alte Testament (LuJ 19, 1938, 93–124).

Hilburg, Johannes: Luther und das Wort Gottes in seiner Exegese und Theologie dargestellt auf Grund seiner Operationes in psalmos 1519/21 in Verbindung mit seinen früheren Vorlesungen, Diss. Marburg 1948.

Hilgenfeld, Hartmut: Mittelalterlich-traditionelle Elemente in Luthers Abendmahlsschriften (SDGSTh 29), Zürich 1971.

Hirsch, Emanuel: Luthers deutsche Bibel. Ein Beitrag zur Frage ihrer Durchsicht, München 1928.

– Studien zum vierten Evangelium. Text, Literarkritik, Entstehungsgeschichte (BHTh 11), Tübingen 1936.

– Lutherstudien, 2 Bde., Gütersloh 1954.

– Luthers Predigtweise (Luther 25, 1954, 1–23).

– Gesetz und Evangelium in Luthers Predigt (Luther 25, 1954, 49–60).

Hoberg, Rudolf: Luther und die deutsche Sprache (in: Werden und Wirkung der Reformation. Ringvorlesung an der TH Darmstadt im WS 1983/84, hg. v. Lothar Graf zu Dohna und Reinhold Mokrosch, Darmstadt 1986, 221–236).

Hofius, Otfried: Struktur und Gedankengang des Logos-Hymnus in Joh 1,1–18 (ZNW 18, 1987, 1–25).

Hofmann, Werner: Die Geburt der Moderne aus dem Geist der Religion (in: Ders. [Hg.], Luther und die Folgen für die Kunst, München 1983, 23–71).

Holl, Karl: Gesammelte Aufsätze zur Kirchengeschichte, Bd. I: Luther, Tübingen (1921) 1932[6].

Iserloh, Erwin: Luther und die Mystik (in: Kirche, Mystik, Heiligung und das Natürliche bei Luther. Vorträge des 3. Intern. Kongresses für Lutherforschung, hg. v. I. Asheim, Göttingen 1967, 60–83).

– Bildfeindlichkeit des Nominalismus und Bildersturm im 16. Jahrhundert (in: Wilhelm Heinen [Hg.], Bild – Wort – Symbol in der Theologie, Würzburg 1969, 119–138).

Iwand, Hans Joachim: Luthers Theologie, hg. v. J. Haar, NW 5, München 1974.

– Zur Entstehung von Luthers Kirchenbegriff. Ein kritischer Beitrag zu dem gleichnamigen Aufsatz von Karl Holl (in: Ders., Glaubensgerechtigkeit, hg. v. G. Sauter [ThB 64], München 1980, 198–239).

Jacob, Günter: Der Gewissensbegriff in der Theologie Luthers (BHTh 4), Tübingen 1929.

– Luthers Kirchenbegriff (ZThK 15, 1934, 16–32).

Jacob, Michael: Homo huius vitae. Luthers Beitrag zu einer natürlichen Anthropologie (in: Freude an der Wahrheit. Freundesgabe zum 50. Geburtstag von Eberhard Jüngel am 5. 12. 1984, hg. v. W. Hüffmeier und W. Krötke, Tübingen 1984, 231–246).

Jansen, Reiner: Studien zu Luthers Trinitätslehre (BSHST 26), Bern / Frankfurt 1976.

Jendorff, Bernhard: Der Logosbegriff. Seine philosophische Grundlegung bei Heraklit von Ephesos und seine theologische Indienstnahme durch Johannes den Evangelisten (EHS.Ph 19), Frankfurt 1976.

Jenny, Markus: Luthers Gesangbuch (in: H. Junghans [Hg.], Leben und Werk Martin Luthers von 1526 bis 1546. Festgabe zu seinem 500. Geburtstag, Göttingen 1983, 303–321).

JENS, WALTER: Martin Luther: Die Deutsche Bibel einst und jetzt (in: DERS., Ort der Handlung ist Deutschland. Reden in erinnerungsfeindlicher Zeit [Knaur 3731], München 1981, 147–164).

– Martin Luther. Prediger, Poet und Publizist (in: DERS., Kanzel und Katheder. Reden, München 1984, 163–189).

JETTER, WERNER: Die Taufe beim jungen Luther. Eine Untersuchung über das Werden der reformatorischen Sakraments- und Taufanschauung (BHTh 18), Tübingen 1954.

JOEST, WILFRIED: Ontologie der Person bei Luther, Göttingen 1967.

– Fundamentaltheologie. Theologische Grundlagen- und Methodenprobleme (ThW 11), Stuttgart / Berlin / Köln / Mainz (1974) 1981².

JOSEFSON, RUBEN: Lutherisches Abendmahlsverständnis (in: G. AULÉN ET AL. [Hg.], Ein Buch von der Kirche, aus d. Schwedischen v. G. KLOSE, Göttingen 1951, 373–385).

JÜNGEL, EBERHARD: Unterwegs zur Sache. Theologische Bemerkungen (BevTh 61), München 1972.

– Quae supra nos, nihil ad nos. Eine Kurzformel der Lehre vom verborgenen Gott – im Anschluß an Luther interpretiert (1972) (in: DERS., Entsprechungen: Gott – Wahrheit – Mensch. Theologische Erörterungen [BevTh 88], München 1980, 202–251).

– Metaphorische Wahrheit. Erwägungen zur theologischen Relevanz der Metapher als Beitrag zur Hermeneutik einer narrativen Theologie (in: PAUL RICOEUR / EBERHARD JÜNGEL [Hg.], Metapher. Zur Hermeneutik religiöser Sprache [EvTh 1974 Sonderheft], 71–122).

– Gott als Geheimnis der Welt. Zur Begründung der Theologie des Gekreuzigten im Streit zwischen Theismus und Atheismus, Tübingen (1977), 1986⁵.

– Zur Freiheit eines Christenmenschen. Eine Erinnerung an Luthers Schrift (KT 30), München 1978.

– Evangelium und Gesetz. Zugleich zum Verhältnis von Dogmatik und Ethik (in: DERS., Barth-Studien [ÖTh 9], Zürich / Köln 1982, 180–209).

– Die Kirche als Sakrament? (ZThK 80, 1983, 432–457).

– (Hg.), Das Neue Testament heute. Zur Frage der Revidierbarkeit von Luthers Übersetzung (ZThK Beiheft 5), Tübingen 1981.

JUNGHANS, HELMAR: Der junge Luther und die Humanisten, Weimar 1984.

– (Hg.), Leben und Werk Martin Luthers von 1526 bis 1546. Festgabe zu seinem 500. Geburtstag, 2 Bde., Göttingen 1983.

KAEMPFERT, MANFRED: Motive der Substantiv-Großschreibung. Beobachtungen an Drukken des 16. Jahrhunderts (ZDP 99, 1980, 72–98).

KAISER, PHILIPP: Die Gott-menschliche Einigung als Problem der spekulativen Theologie seit der Scholastik (MThS.S 36), München 1968.

KANTZENBACH, FRIEDRICH WILHELM: Christusgemeinschaft und Rechtfertigung. Luthers Gedanke vom fröhlichen Wechsel (Luther 35, 1964, 34–45).

– Strukturen in der Ekklesiologie des älteren Luther (LuJ 35, 1968, 48–77).

– Jesus Christus Haupt der Kirche. Erwägungen zu Ansatz und Einheit der Kirchenanschauung Martin Luthers (LuJ 41, 1974, 7–44).

– Luthers Sprache der Bibel (in: HANS VOLZ: Martin Luthers deutsche Bibel, Hamburg 1978, 7–18).

– Der argumentative Schriftgebrauch in der reformatorischen Theologie des Heils (in: J. TRACK [Hg.], Lebendiger Umgang mit Schrift und Bekenntnis. Theologische Beiträge zur Beziehung von Schrift und Bekenntnis und zu ihrer Bedeutung für das Leben der Kirche, Stuttgart 1980, 85–125).

– Martin Luther (in: Deutsche Dichter. Bd. 2: Reformation, Renaissance und Barock, hg. v. G. E. GRIMM / F. R. MAX, Stuttgart 1988, 33–52).

KARTSCHOKE, DIETER: Biblia versificata. Bibeldichtung als Übersetzungsliteratur betrachtet, in: Was Dolmetschen fur Kunst und Erbeit sey. Beiträge zur Geschichte der deutschen Bibelübersetzung, hg. v. H. REINITZER (Vestigia Bibliae 4), Hamburg 1982, 23−41.

KATTENBUSCH, FERDINAND: Die Doppelschichtigkeit in Luthers Kirchenbegriff (ThStKr 100, 1927/28, Gotha 1928, 197−347).

KILLY, WALTHER: Die Bibel als Sprache (in: DERS., Schreibweisen − Leseweisen, München 1982, 84−97).

− Der Dichter (in: HANS JÜRGEN SCHULTZ [Hg.], Luther kontrovers, Stuttgart / Berlin 1983, 146−161).

KINDER, ERNST: Was bedeutet »Wort Gottes« nach dem Verständnis der Reformation? (KuD 12, 1966, 14−26).

KLAUS, BERNHARD: Die Lutherüberlieferung Veit Dietrichs und ihre Problematik (ZBKG 53, 1984, 33−48).

KLUGE, FRIEDRICH: Von Luther bis Lessing. Aufsätze und Vorträge zur Geschichte unserer Schriftsprache, Leipzig (1888) 1918[5].

KÖPF, ULRICH: Art. Erfahrung III. Theologiegeschichtlich, 1. Mittelalter und Reformationszeit, TRE 10, 109−116.

KOETHE, GUSTAV: Luther in Worms und auf der Wartburg (LuJ 4, 1922, 3−29).

− Luthers Septemberbibel (LuJ 5, 1923, 1−21).

KOHLS, ERNST-WILHELM: Luthers Aussagen über die Mitte, Klarheit und Selbsttätigkeit der Heiligen Schrift (LuJ 40, 1973, 46−75).

KOHLSCHMIDT, WERNER: Luther und unsere deutsche Sprache (ZfDk 49, 1935, 165−177).

KOLB, WINFRIED: Die Bibelübersetzung Luthers und ihre mittelalterlichen deutschen Vorgänger im Urteil der deutschen Geistesgeschichte von der Reformation bis zur Gegenwart. Ein Beitrag zur Wirkungsgeschichte Luthers, Diss. Saarbrücken 1972.

KOLUMBE, GRETA: Studien zur Theologie des Wortes beim vorreformatorischen Luther, Diss. (masch.), Kiel 1958.

KOOPMANS, JAN: Das altkirchliche Dogma in der Reformation (BevTh 22), München 1955.

KRAUS, HANS-JOACHIM: Das protestantische Schriftprinzip und die Anfänge der Bibelkritik (in: DERS., Geschichte der historisch-kritischen Erforschung des Alten Testaments, Neukirchen (1956) 1982[3], 1−43).

KRAUSE, GERHARD: Studien zu Luthers Auslegung der Kleinen Propheten (BHTh 33), Tübingen 1962.

KROPATSCHEK, FRIEDRICH: Das Schriftprinzip der lutherischen Kirche. Bd. I: Die Vorgeschichte. Das Erbe des Mittelalters, Leipzig 1904.

KRÜGER, FRIEDHELM: Humanistische Evangelienauslegung. Desiderius Erasmus von Rotterdam als Ausleger der Evangelien in seinen Paraphrasen (BHTh 68), Tübingen 1986.

KRUMWIEDE, HANS-WALTER: Martin Luther: Die Kompetenz der Vernunft (JGNKG 83, 1985, 55−75).

KUHN, RICHARD: Luthers Lehre von der ratio, Diss. (masch.), Erlangen 1957.

KUSS, OTTO: Über die Klarheit der Schrift. Historische und hermeneutische Überlegungen zu der Kontroverse des Erasmus und des Luther über den freien oder versklavten Willen (in: J. ERNST [Hg.], Schriftauslegung. Beiträge zur Hermeneutik des Neuen Testaments und im Neuen Testament, München 1972, 89−149).

KYNDAL, SOGNEPRAEST ERIK: Luther og Logoskristologien (in: Festskrift til Regin Prenter, red. af GUSTAF WINGREN og A. M. AAGAARD, Kopenhagen 1967, 79−104).

LAMPARTER, HELMUT: Martin Luthers Stellung zur Heiligen Schrift (in: W. HERBSTRITH [Hg.], Teresa von Avila − Martin Luther. Große Gestalten kirchlicher Reform, München 1983, 112−119).

LAU, FRANZ: Luthers Worttheologie in katholischer Sicht (LuJ 28, 1961, 110−116).

– Theologie der Schöpfung gleich Theologie überhaupt? Zur Auseinandersetzung mit Löfgrens Luther-Buch (LuJ 29, 1962, 44–51).

LAUSBERG, HEINRICH: Der Johannes-Prolog. Rhetorische Befunde zu Form und Sinn des Textes (NAWG.PH 1984, Nr. 5), Göttingen 1984.

LEHMANN, DETLEV: Luther als Prediger (Oberurseler Hefte 17, 1983, 5–23).

– Der Übersetzer und Sprachschöpfer (in: J. JUNKER [Hg.], Luther heute – bei Gott ist viel mehr Gnade, Groß Oesingen 1983, 59–61).

LEHMANN, HELMUT T.: Sprachen, Wort und Geist in Anlehnung an Luthers Schrift »Wider die himlischen Propheten, von den Bildern und Sakramenten« (Luther 55, 1984, 128–136).

LENK, WERNER: Martin Luther und die Macht des Wortes (in: J. SCHILDT [Hg.], Luthers Sprachschaffen. Gesellschaftliche Grundlagen – geschichtliche Wirkungen, Bd. 1, Berlin 1984, 134–153).

LIEBERG, HELLMUT: Amt und Ordination bei Luther und Melanchthon (FKDG 11), Göttingen 1962.

LIEBING, HEINZ: Sola scriptura – die reformatorische Antwort auf das Problem der Tradition (in: Sola scriptura. Ringvorlesung der Theol. Fakultät der Philipps-Universität, hg. v. C.-H. RATSCHOW, Marburg 1977, 81–95).

LIENHARD, MARC: Martin Luthers christologisches Zeugnis. Entwicklung und Grundzüge seiner Christologie, Berlin 1980.

– Luthers Christuszeugnis (in: H. JUNGHANS [Hg.], Leben und Werk Martin Luthers von 1526 bis 1546. Festgabe zu seinem 500. Geburtstag, Göttingen 1983, 77–92).

– Luthers Abendmahlslehre im Kontext seiner Christologie und Ekklesiologie (in: PETER MANNS [Hg.], Martin Luther »Reformator und Vater im Glauben« [VIEG.B 18], Wiesbaden 1985, 154–169).

LIETZMANN, HANS: Luther auf der Wartburg (LuJ 4, 1922, 30–36).

LINK, CHRISTIAN: Die Entscheidung der Christologie Calvins und ihre theologische Bedeutung. Das sogenannte Extra-Calvinisticum (EvTh 47, 1987, 97–120).

LIPPOLD, ERNST: »Das Wort ward Fleisch« oder »Das Wort wurde Mensch«? (ZDZ 37, 1983, 77 f).

LISCHER, RICHARD: Die Funktion des Narrativen in Luthers Predigt. Der Zusammenhang von Rhetorik und Anthropologie (in: Homiletisches Lesebuch. Texte zur heutigen Predigtlehre, hg. v. A. BEUTEL, V. DREHSEN u. H. M. MÜLLER, Tübingen [1986] 1989[2], 308–329).

LÖFGREN, DAVID: Die Theologie der Schöpfung bei Luther (FKDG 10), Göttingen 1960.

LOEW, WILHELM: Art. Wort Gottes IV. Dogmatisch, RGG[3] VI, 1817–1819.

LOEWENICH, WALTHER VON: Das Johannesverständnis im 2. Jahrhundert, Gießen 1932.

– Luther und das Johanneische Christentum (FGLP VII,4), München 1935.

– Die Eigenart von Luthers Auslegung des Johannes-Prologes (SBAW.PPH 1960,8), München 1960.

– Luthers Auslegung der Pfingstgeschichte (in: Vierhundertfünfzig Jahre lutherische Reformation 1517–1967. FS f. Franz Lau, Berlin 1967, 181–190).

LOHSE, BERNHARD: Ratio und Fides. Eine Untersuchung über die ratio in der Theologie Luthers (FKDG 8), Göttingen 1958.

– Die Bedeutung Augustins für den jungen Luther (KuD 11, 1965, 116–135).

– Die Einheit der Kirche bei Luther (Luther 50, 1979, 10–24).

– Die Aktualisierung der christlichen Botschaft in Luthers Bibelübersetzung (Luther 51, 1980, 9–25).

– Martin Luther. Eine Einführung in sein Leben und sein Werk, München 1981.

– Zur Struktur von Luthers Theologie. Kriterien einer Darstellung der Theologie Luthers (JGNKG 83, 1985, 41–55).

– Luthers Selbsteinschätzung (in: PETER MANNS [Hg.], Martin Luther »Reformator und Vater im Glauben« [VIEG. B 18], Wiesbaden 1985, 118–133).

– Entstehungsgeschichte und hermeneutische Prinzipien der Lutherbibel (in: DERS., Evangelium in der Geschichte. Studien zu Luther und der Reformation, Göttingen 1988, 133–148).

LØNNING, INGE und OTTO HERMANN PESCH: Luther und die Kirche. Mit Korreferaten von SCOTT H. HENDRIX, BERNHARD LOHSE und DANIEL OLIVIER (LuJ 52, 1985, 94–151).

LORENZ, OTTO: »Spes correctionis«. Anmerkungen zum reformatorischen Sprachgestus (in: HEINZ LUDWIG ARNOLD [Hg.], Martin Luther [edition text & kritik Sonderband], München 1983, 75–85).

LORENZ, RUDOLF: Die Wissenschaftslehre Augustins (ZKG 67, 1955/56, 29–60.213–251).

MANN, FRIDO: Das Abendmahl beim jungen Luther (BÖT 5), München 1971.

MAU, RUDOLF: Klarheit der Schrift und Evangelium. Zum Ansatz des lutherischen Gedankens der claritas scripturae (ThV 4, 1972, 129–143).

MAURER, WILHELM: Von der Freiheit eines Christenmenschen. Zwei Untersuchungen zu Luthers Reformationsschriften 1520/21, Göttingen 1949.

– Luthers Anschauungen über die Kontinuität der Kirche (in: Kirche, Mystik, Heiligung und das Natürliche bei Luther. Vorträge des 3. Intern. Kongresses für Lutherforschung, hg. v. I. ASHEIM, Göttingen 1967, 95–121).

MAYR, RUPPERT: »einfeldig zu predigen, ist eine große kunst«. Zu Luthers Sprache in seinen Predigten (in: J. MEHLHAUSEN [Hg.], Reformationsgedenken. Beiträge zum Lutherjahr aus der Evangelischen Kirche im Rheinland, Köln 1985, 83–100).

MCCUE, JAMES F.: Luther and the Problem of Popular Preaching (SiCJ 16, 1985, 33–45).

MEHL, OSKAR JOHANNES: Luthers Übersetzung der Synonyma im Neuen Testament und Psalter (LuJ 29, 1962, 77–91).

MEINHOLD, PETER: Die Genesisvorlesung Luthers und ihre Herausgeber (FKGG 8), Stuttgart 1936.

– Luthers Sprachphilosophie, Berlin 1958.

MEISSINGER, KARL AUGUST: Luthers Exegese in der Frühzeit, Leipzig 1911.

MELZER, FRISO: Evangelische Verkündigung und Deutsche Sprache. Ausgewählte Vorträge und Aufsätze, Tübingen 1970.

METZKE, ERWIN: Sakrament und Metaphysik. Eine Lutherstudie über das Verhältnis des christlichen Denkens zum Leiblich-Materiellen (1948) (in: DERS., Coincidentia oppositorum. Gesammelte Studien zur Philosophiegeschichte, hg. v. K. GRÜNDER [FBESG 19], Witten 1961, 158–204).

MEURER, SIEGFRIED (Hg.): Verrat an Luther? Bilanz einer Bibelrevision (BiWe 17), Stuttgart 1977.

MEUSER, FRED W.: Luther the preacher, Minneapolis 1983.

MEYER, HANS PHILIPP: Luther über das »äußerliche Wort, das Kirche schafft« (in: Die Bibel weckt Gemeinde, hg. v. H. HIRSCHLER u. G. LINNENBRINK, Hannover 1984, 86–92).

MEYER, LUDWIG: Luthers Stellung zur Sprache, Diss. Hamburg 1930.

MEYNET, R.: Analyse rhétorique du Prologue de Jean (RB 96, 1989, 481–510).

MOELLER, BERND und KARL STACKMANN: Luder – Luther – Eleutherius. Erwägungen zu Luthers Namen (NAWG.PH 1981, Nr. 7), Göttingen 1981.

MOORE, W. G.: The Literary Quality of Luther's Style (MLR 28, 1933, 338–351).

MOSER, VIRGIL: Begriffsunterscheidung durch Fraktur- und Antiquamajuskeln in der Luther-Bibel (LuJ 18, 1936, 83–96).

MOSTERT, WALTER: Scriptura sacra sui ipsius interpres. Bemerkungen zum Verständnis der Heiligen Schrift durch Luther (LuJ 46, 1979, 60–96).

– Luthers Verhältnis zur theologischen und philosophischen Überlieferung (in: H. JUNGHANS [Hg.], Leben und Werk Martin Luthers von 1526 bis 1546. Festgabe zu seinem 500. Geburtstag, Göttingen 1983, 347–368).

MÜHL, MAX: Der λόγος ἐνδίαθετος und προφορικός von der älteren Stoa bis zur Synode von Sirmium (ABG 7, 1962, 7–56).

MÜHLEN, KARL-HEINZ ZUR: RATIO. Probeartikel zum Sachregister der Weimarer Lutherausgabe (Abt. Schriften) (ABG 14, 1971, 192–265).

– Nos extra nos. Luthers Theologie zwischen Mystik und Scholastik (BHTh 46), Tübingen 1972.

– Zur Rezeption der Augustinischen Sakramentsformel »Accedit verbum ad elementum, et fit sacramentum« in der Theologie Luthers, (ZThK 70, 1973, 50–76).

– Reformatorische Vernunftkritik und neuzeitliches Denken. Dargestellt am Werk M. Luthers und Fr. Gogartens (BHTh 59), Tübingen 1980.

– Mystik des Wortes. Über die Bedeutung mystischen Denkens für Luthers Lehre von der Rechtfertigung des Sünders (in: Von Eckhart bis Luther. Über mystischen Glauben [Herrenalber Texte 31], Karlsruhe 1981, 33–52).

– Zur Dogmengeschichte der Reformationszeit (VF 29, 1984, 59–91).

– Luthers Kritik der Vernunft im mittelalterlichen und neuzeitlichen Kontext (in: Lutheriana. Zum 500. Geburtstag M. Luthers von den Mitarbeitern der Weimarer Ausgabe, hg. v. G. HAMMER und K.-H. ZUR MÜHLEN [AWA 5], Köln / Wien 1984, 3–16).

– Gotteslehre und Schriftverständnis in Martin Luthers Schrift »De servo arbitrio« (JBTh 2, 1987, 210–229).

MÜLHAUPT, ERWIN: Martin Luther, der Prediger (in: DERS., Luther im 20. Jahrhundert. Aufsätze, Göttingen 1982, 246–250).

MÜLLER, GERHARD: Luthers Christusverständnis (in: Jesus Christus. Das Christusverständnis im Wandel der Zeiten. Eine Ringvorlesung der theologischen Fakultät der Univ. Marburg, Marburg 1963, 41–57).

– Luthers Bibelkritik (in: Die Bibel weckt Gemeinde, hg. v. H. HIRSCHLER u. G. LINNENBRINK, Hannover 1984, 93–103).

MÜLLER, HANS MARTIN: Die Heilsgeschichte in der Theologie des jungen Luther, Diss. (masch.), Erlangen 1956.

– Die Figuraldeutung und die Anfänge der Geschichtstheologie Luthers (KuD 7, 1961, 221–236).

– Luthers Kreuzesmeditation und die Christuspredigt der Kirche (KuD 15, 1969, 35–49).

– Die Bibelinterpretation Martin Luthers (BiKi 38, 1983, 11–18).

MÜLLER, HANS MICHAEL: Erfahrung und Glaube bei Luther, Leipzig 1929.

NEGRI, ENRICO DE: Offenbarung und Dialektik. Luthers Realtheologie (IdF 11), Darmstadt 1973.

NEMBACH, ULRICH: Predigt des Evangeliums. Luther als Prediger, Pädagoge und Rhetor, Neukirchen 1972.

NEUNER, PETER und FRIEDRICH SCHRÖGER: Luthers These von der Klarheit der Schrift (ThGl 74, 1984, 39–58).

NICOL, MARTIN: Meditation bei Luther (FKDG 34), Göttingen 1984.

NIEBERGALL, ALFRED: Luthers Auffassung von der Predigt (in: Reformation und Gegenwart, hg. v. H. GRASS u. W. G. KÜMMEL, Marburg 1968, 83–109).

NIELSEN, ALLAN GRANGAARD: Troen kommer af det, som høres. Luthers laere om Guds Ord som nådemiddel (in: P. LANGAGERGAARD [Hg.], Martin Luther – i kamp for troen, Fredericia 1983, 12–29).

NILSSON, KJELL OVE: Simul. Das Miteinander von Göttlichem und Menschlichem in Luthers Theologie (FKDG 17), Göttingen 1966.

NÖTHER, INGO: Luthers Übersetzungen des zweiten Psalms. Ihre Beziehungen zur Übersetzungs- und Auslegungstradition, zur Theologie Luthers und zur Zeitgeschichte (HPhSt 41), Hamburg 1976.

Oberman, Heiko A.: Die Reformation. Von Wittenberg nach Genf, Göttingen 1986.

– »Immo«. Luthers reformatorische Entdeckungen im Spiegel der Rhetorik (in: Lutheriana. Zum 500. Geburtstag M. Luthers von den Mitarbeitern der Weimarer Ausgabe, hg. v. G. Hammer u. K.-H. zur Mühlen [AWA 5], Köln / Wien 1984, 17–38).

Ockel, Eberhard: Martin Luther und die rhetorische Tradition (Muttersprache 94, 1983/84, 114–116). – Leicht verändert in: Martin Luther. Annäherungen und Anfragen, hg. v. W. Eckermann u. E. Papp, Vechta 1985, 58–75.

Oesch, Wilhelm M.: Luthers Grundeinstellung zur Heiligen Schrift, in: Solus Christus (LRb 19, 1971 Sonderband, 38–72).

Ohly, Friedrich: Vom geistigen Sinn des Wortes im Mittelalter (in: Ders., Schriften zur mittelalterlichen Bedeutungsforschung, Darmstadt 1977, 1–31).

Olsson, Herbert: Sichtbarkeit und Verborgenheit der Kirche nach Luther (in: Ein Buch von der Kirche, hg. v. G. Aulén et al., aus dem Schwedischen v. G. Klose, Göttingen 1951, 338–360).

Østergaard-Nielsen, Harald: Scriptura sacra et viva vox. Eine Lutherstudie (FGLP X,10), München 1957.

Otto, Gert: Auf der Kanzel (in: Hans Jürgen Schultz [Hg.], Luther kontrovers, Stuttgart / Berlin 1983, 136–145).

Ozment, Steven E.: Homo spiritualis. A comparative study of the anthropology of Johannes Tauler, Jean Gerson and Martin Luther (1509–1516) in the context of their theological thought (SMRT 6), Leiden 1969.

Pelikan, Jaroslav: The Bible and the Word of God (in: Luther's Works. Luther the Expositor. Introduction to the Reformer's Exegetical Writings, Saint Louis 1959, 48–70).

Pesch, Otto Hermann: Luthers Verständnis des Menschen. Ein Gespräch mit Gerhard Ebeling über seinen Kommentar zu Luthers »Disputatio de homine« (in: Peter Manns [Hg.], Martin Luther »Reformator und Vater im Glauben« [VIEG.B 18], Wiesbaden 1985, 238–261).

Peters, Albrecht: Realpräsenz. Luthers Zeugnis von Christi Gegenwart im Abendmahl (AGTL 5), Berlin 1960.

– Glaube und Werk. Luthers Rechtfertigungslehre im Lichte der heiligen Schrift (AGTL 8), Berlin (1962) 1967².

– Luthers Christuszeugnis als Zusammenfassung der Christusbotschaft der Kirche (KuD 14, 1967, 1–26.73–98).

– Die Trinitätslehre in der reformatorischen Christenheit (ThLZ 94, 1969, 561–570).

– Verborgener Gott – Dreieiniger Gott. Beobachtungen und Überlegungen zum Gottesverständnis Martin Luthers (in: Peter Manns [Hg.], Martin Luther »Reformator und Vater im Glauben« [VIEG.B 18], Wiesbaden 1985, 74–105).

Petsch, Robert: Martin Luther als Meister der deutschen Sprache (LuJ 17, 1935, 87–110).

Pinborg, Jan: Die Entwicklung der Sprachtheorie im Mittelalter (BGPhMA 42,2), Münster 1967.

– Logik und Semantik im Mittelalter. Ein Überblick, Stuttgart-Bad Cannstatt 1972.

Plathow, Michael: Das Cooperatio-Verständnis M. Luthers im Gnaden- und Schöpfungsbereich (Luther 56, 1985, 28–46).

Prenter, Regin: Spiritus Creator. Studien zu Luthers Theologie (FGLP X,6), München 1954.

– Die göttliche Einsetzung des Predigtamtes und das allgemeine Priestertum bei Luther (ThLZ 86, 1961, 321–332).

Preuss, Hans: Martin Luther. Der Künstler, Gütersloh 1931.

– Luther und die deutsche Sprache (in: Ders., Martin Luther. Der Deutsche, Gütersloh 1934, 52–61).

PRIEN, HANS-JÜRGEN: Grundgedanken der Ekklesiologie beim jungen Luther (ARG 76, 1985, 96–119).

RAEDER, SIEGFRIED: Das Hebräische bei Luther untersucht bis zum Ende der ersten Psalmenvorlesung (BHTh 31), Tübingen 1961.

— Voraussetzungen und Methode von Luthers Bibelübersetzung (in: Geist und Geschichte der Reformation. FS f. Hanns Rückert [AKG 38], Berlin 1966, 152–178).

— Die Benutzung des masoretischen Textes bei Luther in der Zeit zwischen der ersten und zweiten Psalmenvorlesung (1515–1518) (BHTh 38), Tübingen 1967.

— Grammatica Theologica. Studien zu Luthers Operationes in Psalmos (BHTh 51), Tübingen 1977.

— Luther als Ausleger und Übersetzer der Heiligen Schrift (in: H. JUNGHANS [Hg.], Leben und Werk Martin Luthers von 1526 bis 1546. Festgabe zu seinem 500. Geburtstag, Göttingen 1983, 253–278).

RANKE, ERNST: Der Fortbestand des herkömmlichen Pericopenkreises von geschichtlichem und practisch-theologischem Standpunct aus beleuchtet, Gotha 1859.

RATSCHOW, CARL HEINZ: Jesus Christus (HSTh 5), Gütersloh 1982.

REICHERT OTTO: Der Deudsch Psalter D. Luthers zu Wittenberg 1531–1931 (LuJ 13, 1931, 29–68).

REINITZER, HEIMO: Wort und Bild. Zu Übersetzungsprinzipien und Illustrationsweisen der Luther-Bibel (Septembertestament) (in: HEINZ LUDWIG ARNOLD [Hg.], Martin Luther [edition text & kritik Sonderband], München 1983, 62–74).

RISSE, URSULA: Untersuchungen zum Gebrauch der Majuskel in deutschsprachigen Bibeln des 19. Jahrhunderts. Ein historischer Beitrag zur Diskussion um die Substantivgroßschreibung (StFn 5), Heidelberg 1980.

RITTER, GERHARD: Die Weltwirkung der Reformation, Leipzig o. J.

RÖSSLER, DIETRICH: Beispiel und Erfahrung. Zu Luthers Homiletik (in: Reformation und Praktische Theologie. FS f. Werner Jetter, hg. v. H. M. Müller u. D. RÖSSLER, Göttingen 1983, 202–215).

ROETHE, GUSTAV: Luther in Worms und auf der Wartburg (LuJ 4, 1922, 3–29).

ROGGE, JOACHIM: Luther als Ausleger der Heiligen Schrift. Ein Beitrag zum Problem zwischen Verstehen und Übersetzen (AGe 34, 1984, 71–76).

ROLOFF, HANS-GERT: ». . . lernen teutsch reden und schreiben«. Luthers literarische Leistung (in: Gott kumm mir zu Hilf. Martin Luther in der Zeitenwende. Berliner Forschungen und Beiträge zur Reformationsgeschichte, hg. v. H.-D. LOOCK, Berlin 1984, 129–154).

ROSENFELD, HANS-FRIEDRICH: Der Eingang des Johannesevangeliums im Mittelalter, mit einem Seitenblick auf Goethes Faust (in: Stoffe – Formen – Strukturen. FS f. H. H. Borcherdt, München 1962, 178–205).

ROSENZWEIG, FRANZ: Die Schrift und Luther (1926) (in: H. J. STÖRIG [Hg.], Das Problem des Übersetzens [WdF 8], Darmstadt 1973, 194–222).

RUPPRECHT, WALTER: Die Predigt über alttestamentliche Texte in den lutherischen Kirchen Deutschlands (AzTh II,1), Stuttgart 1962.

SAARINEN, RISTO: Metapher und biblische Redefiguren als Elemente der Sprachphilosophie Luthers (NZSTh 30, 1988, 18–39).

SAUER-GEPPERT, WALDTRAUT INGEBORG: Art. Bibelübersetzungen III. Mittelalterliche und reformationszeitliche Bibelübersetzungen, 1. Übersetzungen ins Deutsche, TRE 6, 228–246.

SASSE, HERMANN: Sacra scriptura. Studien zur Lehre von der Heiligen Schrift, hg. v. F. W. HOPF, Erlangen 1981.

SCHÄFER, ROLF: Zum Problem der Gegenwart Christi im Abendmahl (ZThK 84, 1987, 195–214).

— Glaube und Werke nach Luther (Luther 58, 1987, 75–85).

SCHEMPP, PAUL: Luthers Stellung zur Heiligen Schrift (FGLP II,3), München 1929.

SCHENK, WOLFGANG: »Wort Gottes« zwischen Semantik und Pragmatik. Eine Anfrage der empirisch-linguistischen Exegese an die existential-hermeneutische Interpretation (ThLZ 100, 1975, 481–494).

SCHENKER, WALTER: Die Sprache Huldrych Zwinglis im Kontrast zur Sprache Luthers (StLGe 14), New York 1977.

SCHILDT, JOACHIM: Zur Sprachform der Predigten und Tischreden Luthers (BGDS[H] 92, 1970, 137–150).

– Zum Verständnis der Luthersprache (in: Martin Luther, Studienausgabe, hg. v. H.-U. DELIUS, Bd. 1, Berlin 1979, 13–28).

– (Hg.): Luthers Sprachschaffen. Gesellschaftliche Grundlagen – geschichtliche Wirkungen, 3 Bde., Berlin 1984.

– Zum deutschen Sprachschaffen Martin Luthers. Schwerpunkte und Entwicklungstendenzen der Forschung (in: Martin Luther. Leistung und Erbe, hg. v. H. BARTEL u.a., Berlin 1986, 101–107).

SCHINDLER, ALFRED: Wort und Analogie in Augustins Trinitätslehre (HUTh 4), Tübingen 1965.

SCHIROKAUER, ARNO: Frühneuhochdeutsch (in: WOLFGANG STAMMLER [Hg.], Deutsche Philologie im Aufriß, Bd. 1, Berlin 1957², 855–930).

SCHLOEMANN, MARTIN: »Sie ist mir lieb, die werte Magd . . .«. Was ist nach Luther von der Kirche zu halten und zu erwarten? (Luther 58, 1987, 99–114).

SCHMID, REINHOLD: Art. Lyranus, RE³ 12, 28–30.

SCHMIDT, FRIEDRICH WILHELM: Art. Wort Gottes II. Dogmatisch, RGG² V, 2022–2024.

SCHMIDT, LOTHAR: Das Neue Testament der Lutherbibel in der Fassung von 1975. Notwendige Bemerkungen zur Bibelrevision (ZThK 77, 1980, 345–380).

SCHNACKENBURG, RUDOLF: Das Johannesevangelium. Einleitung und Kommentar zu Kap. 1–4 (HThK IV,1), Freiburg 1981⁵.

SCHOCH, MAX: Verbi divini ministerium. Bd. 1: Verbum. Sprache und Wirklichkeit. Die Auseinandersetzung über Gottes Wort zwischen Martin Luther, Andreas Karlstadt, Thomas Müntzer, Huldrych Zwingli, Franz Lambert. Die Begründung des Predigtamtes nach lutherischer und reformierter Prägung, Tübingen 1968.

SCHOTT, ERDMANN: Fleisch und Geist nach Luthers Lehre unter besonderer Berücksichtigung des Begriffs »totus homo«, Leipzig 1928, ND Darmstadt 1969.

SCHUSTER, HERMANN: Luther und das Wort-Gottes-Problem (ZThK 19, 1938, 129–154).

– Luthers Bibel einst und jetzt, Leipzig 1941.

SCHWAGER, RAYMUND: Der fröhliche Wechsel und Streit. Zur Erlösungs- und Rechtfertigungslehre Martin Luthers (ZThK 106, 1984, 27–66).

SCHWARZ, REINHARD: Gott ist Mensch. Zur Lehre von der Person Christi bei den Ockhamisten und bei Luther (ZThK 63, 1966, 289–351).

– Das Abendmahl – die Testamentshandlung Jesu (Luther 59, 1988, 13–25).

– ». . . mit Christus zusammengeschweißt«. Vom Einssein des Christen mit Christus bei Martin Luther (ZW 60, 1989, 95–103).

SCHWARZ, WERNER: Schriften zur Bibelübersetzung und mittelalterlichen Übersetzungstheorie. Unter Mitwirkung von R. D. WELLS u. J. BEPLER übersetzt und bearbeitet von H. REINITZER (Vestigia Bibliae 7), Hamburg 1985.

SEEBERG, REINHOLD: Art. Wort Gottes, RE³ 21, 496–505.

SEILS, MARTIN: Der Gedanke vom Zusammenwirken Gottes und des Menschen in Luthers Theologie, Berlin 1962.

– Die vernunftbesessene Welt. Ein Kapitel aus Luthers Theologie (in: Themen Luthers als Fragen der Kirche heute. Beiträge zur gegenwärtigen Lutherforschung, hg. v. J. ROGGE u. G. SCHILLE, Berlin 1982, 29–40).

SEPPÄNEN, LAURI: Das innere und äußere Wort Luthers (ZG 5, 1984, 133–143).

SMALLEY, BERYL: Art. Glossa ordinaria, TRE 13, 452–457.

SONDEREGGER, STEFAN: Die Reformatoren als Sprachgestalter (Reformatio 23, 1974, 94–108).

– Martin Luthers Ringen um den deutschen Vaterunsertext. Eine philologische Studie, mit einem Vergleich zwischen Notker von St. Gallen und Luther (in: FS Gerhard Cordes, Bd. 2, Neumünster 1976, 403–425).

SPARN, WALTER: Luther lesen (in: DERS., [Hg.], Martin Luther. Aus rechter Muttersprache [Insel-Almanach auf das Jahr 1983], Frankfurt 1983, 9–19).

STAATS, REINHARD: Augustins »De spiritu et littera« in Luthers reformatorischer Erkenntnis (ZKG 98, 1987, 28–47).

STACKMANN, KARL: Probleme germanistischer Lutherforschung (ARG 75, 1984, 7–31).

STANGE, CARL: Die Person Jesu Christi in der Theologie Luthers (ZSTh 6, 1929, 449–483).

– Der johanneische Typus der Heilslehre Luthers im Verhältnis zur paulinischen Rechtfertigungslehre (SLA 17), Gütersloh 1949.

STECK, KARL GERHARD: Lehre und Kirche bei Luther (FGLP X,27), München 1963.

STEIN, WOLFGANG: Das kirchliche Amt bei Luther (VIEG 73), Wiesbaden 1974.

STÖTZEL, GEORG: D. Martin Luther und die deutsche Sprache. Luthers Sprachmeisterschaft in biblischen, grobianischen und zarten Texten (SLWU 15, 1984, 1–17).

STOLT, BIRGIT: Die Sprachmischung in Luthers Tischreden. Studien zum Problem der Zweisprachigkeit, Diss. Stockholm 1964.

– Luther sprach »mixtim vernacula lingua« (ZDP 88, 1969, 432–435).

– Studien zu Luthers Freiheitstraktat mit besonderer Rücksicht auf das Verhältnis der lateinischen und der deutschen Fassung zueinander und die Stilmittel der Rhetorik, Stockholm 1969.

– Luthers Zweisprachigkeit (in: Acta Conventus Neo-Latini Lovaniensis, hg. v. J. I. IJLSEWIJN u. E. LESSLER, Leuven-München 1973, 639–645).

– Docere, delectare und movere. Analysiert an der Predigt, daß man die Kinder zur Schulen halten solle (in: DIES., Wortkampf. Frühneuhochdeutsche Beispiele zur rhetorischen Praxis [Respublica literaria 8], Frankfurt 1974, 31–77).

– Luthers Übersetzungstheorie und Übersetzungspraxis (in: H. JUNGHANS [Hg.], Leben und Werk Martin Luthers von 1526 bis 1546. Festgabe zu seinem 500. Geburtstag, Göttingen 1983, 241–252).

– Neue Aspekte der sprachwissenschaftlichen Luther-Forschung. Ein kritischer Rückblick (in: HEINZ LUDWIG ARNOLD [Hg.], Martin Luther [edition text & kritik Sonderband], München 1983, 6–16).

– Luther, die Bibel und das menschliche Herz. Stil- und Übersetzungsprobleme der Lutherbibel damals und heute (in: J. SCHILDT [Hg.], Luthers Sprachschaffen. Gesellschaftliche Grundlagen – geschichtliche Wirkungen, Bd. 1, Berlin 1984, 154–177).

– Revisionen und Rückrevisionen des Luther-NT aus rhetorisch-stilistischer Sicht (in: BARBARA SANDIG [Hg.], Stilistisch-rhetorische Diskursanalyse [Forum Angewandte Linguistik 14], Tübingen 1988, 13–40).

– Lieblichkeit und Zier, Ungestüm und Donner. Martin Luther im Spiegel seiner Sprache (ZThK 86, 1989, 282–305).

STRAUSS, GERHARD: Schriftgebrauch, Schriftauslegung und Schriftbeweis bei Augustin (BGH 1), Tübingen 1959.

STRAUSS, WOLFGANG H.: Luthers Ansichten zum Sprachunterricht (in: J. SCHILDT [Hg.], Luthers Sprachschaffen. Gesellschaftliche Grundlagen – geschichtliche Wirkungen, Bd. 1, Berlin 1984, 273–280).

STREUBEL, HANS GERHARD: Sprechsprachlich-kommunikative Wirkungen durch Luthers Septembertestament (1522) (in: Martin Luther und das Erbe der frühbürgerlichen Revolution, WZ[J]GS 32, 1983, 65–84).

Strolz, Walter: Das Schöpfungswort im Anfang (Gen 1,1–31) und das fleischgewordene Wort (Joh 1,14). Eine sprachtheologische Besinnung (in: Christliche Grundlagen des Dialogs mit dem Weltreligionen, hg. v. W. Strolz u. H. Waldenfels, Freiburg / Basel / Wien 1983, 98–126).

Struck, Karin: Überlegungen zur Sprache Luthers (Anstösse 30, 1983, 92–94).

Tarvainen, Olavi: Der Gedanke der Confirmitas Christi in Luthers Theologie (ZSTh 22, 1953, 26–43).

Thaidigsmann, Edgar: Gottes schöpferisches Sehen. Elemente einer theologischen Seh-schule im Anschluß an Luthers Auslegung des Magnificats (NZSTh 29, 1987, 19–39).

Theobald, Michael: Im Anfang war das Wort. Textlinguistische Studie zum Johannes-prolog (SBS 106), Stuttgart 1983.

Thimme, Hans: Martin Luther als Prediger (in: Luther und der Pietismus. An alle, die mit Ernst Christen wollen sein, hg. v. K. Heimbucher, Gießen 1983, 23–56).

Thimme, Karl: Luthers Stellung zur Heiligen Schrift, Diss. Gütersloh 1903.

Tonkin, John: Word and Image. Luther and the Arts (Colloquium 17, 1985, 45–55).

Tschirch, Fritz: Spiegelungen. Untersuchungen vom Grenzrain zwischen Germanistik und Theologie, Berlin 1966.

Työrinoja, Reijo: Proprietas verbi. Luther's Conception of Philosophical and Theological Language in the Disputation »Verbum caro factum est« (Joh 1,14), 1539 (in: Faith, Will and Grammar. Some Themes of Intentional Logic and Semantics in Medieval and Refor-mation Thought, hg. v. Heikki Kirjavainen [PLAS 15], Helsinki 1986, 141–178).

– Nova vocabula et nova lingua. Luther's conception of doctrinal formulas (in: Thesaurus Lutheri. Auf der Suche nach neuen Paradigmen der Lutherforschung, hg. v. T. Manner-maa u. a., Helsinki 1987, 221–236).

Vajta, Vilmos: Die Theologie des Gottesdienstes bei Luther (FKDG 1), Göttingen (1952) 1959³.

Vogelsang, Erich: Die Anfänge von Luthers Christologie nach der ersten Psalmenvorle-sung (AKG 15), Berlin / Leipzig 1929.

– Der angefochtene Christus bei Luther (AKG 21), Berlin / Leipzig 1932.

Volz, Hans: Die mittelalterlichen deutschen Bibelübersetzungen (in: D. Martin Luther: Bi-blia. Das ist die gantze Heilige Schrifft Deudsch auffs new zugericht, Wittenberg 1545, hg. v. H. Volz, Bd. 3 [dtv 6033], München 1974, 33*–41*).

– Luthers deutsche Bibelübersetzung (in: D. Martin Luther: Biblia. Das ist die gantze Hei-lige Schrifft Deudsch auffs new zugericht, Wittenberg 1545, hg. v. H. Volz, Bd. 3 [dtv 6033], München 1974, 41*–137*).

– Martin Luthers deutsche Bibel. Entstehung und Geschichte der Lutherbibel, hg. v. H. Wendland, Hamburg 1978.

Vorländer, Dorothea: Deus incarnatus. Die Zweinaturenchristologie Luthers bis 1521 (UKG 9), Witten 1974.

Walz, Herbert: Deutsche Literatur der Reformationszeit. Eine Einführung, Darmstadt 1988.

Weier, Reinhold: Das Evangelium als »neues Gesetz«. Überlegungen zu einem umstritte-nen Begriff bei Thomas von Aquin (TThZ 97, 1988, 39–51).

Weimar, Klaus: Historische Einleitung zur literaturwissenschaftlichen Hermeneutik, Tü-bingen 1975.

Wellmer, Ruth: Sprache und Stil in Luthers reformatorischen Schriften, Diss. (masch.), Berlin 1954.

Westphal, Werner: Anmerkungen zur Inhalt-Form-Beziehung im Sprachschaffen Martin Luthers (in: Der Ginkgo Baum. Germanistisches Jahrbuch für Nordeuropa, hg. v. d. Deutschlektoraten bei den DDR-Kulturzentren in Helsinki und Stockholm, Folge 2, Helsinki 1983, 52–58).

White, Graham: Luther's Views on Language (Literature & Theology 3, 1989, 188–218).

WHITE, GRAHAM: Luther's Views on Language (Literature & Theology 3, 1989, 188−218).

WIDMANN, SÖREN: Die Wartburgpostille. Untersuchungen zu ihrer Entstehung und zu Luthers Umgang mit dem Text, Diss. (masch.), Tübingen 1969.

WIKERSTÅL, ARVID: Verbum och Filius incarnandus. En studie i Luthers utläggningar av Genesis (STL 31), Lund 1969.

WINKLER, EBERHARD: Impulse Luthers für die heutige Gemeindepraxis, Berlin 1983.

− Luther als Seelsorger und Prediger (in: H. JUNGHANS [Hg.], Leben und Werk Martin Luthers von 1526 bis 1546. Festgabe zu seinem 500. Geburtstag, Göttingen 1983, 225−240).

WOLF, ERNST: Vom Problem des Gewissens in reformatorischer Sicht (1942) (in: DERS., Peregrinatio. Studien zur reformatorischen Theologie und zum Kirchenproblem, München 1954, 81−112).

− Die Christusverkündigung bei Luther (1936) (in: DERS., Peregrinatio. Studien zur reformatorischen Theologie und zum Kirchenproblem, München 1954, 30−80).

− Über »Klarheit der Heiligen Schrift« nach Luthers »De servo arbitrio« (ThLZ 92, 1967, 721−730).

ZUCKER, WOLFGANG: Linguistic Philosophy and Luther's Understanding of the word (LuthQ 15, 1963, 195−211).

ZWEYNERT, GERHARD: Der Sinn der Formel sola scriptura (in: Verantwortung. FS f. Landesbischof D. Gottfried Noth, Berlin 1964, 291−306).

Register

1. Bibelstellen

Die Registrierung der Psalmen folgt der masoretischen Zählung.

Gen

1	1, 36, 38 f, 42, 48, 51, 69−73, 76−86, 93, 96 f, 102 f, 105, 107, 132, 137, 140, 144, 214, 216, 229, 233, 376, 430
1,1	37, 74−76, 83, 228
1,1a	72
1,1−3	36, 70, 77
1,2	83−85
1,2a	74
1,2c	84 f
1,3	36, 42, 74, 98, 105, 217
1,3a	81
1,3 ff	74
1,4 ff	36
1,3−5	110
1,5	104
1,14−19	190
1,20	85
1,22	83, 113
1,25	83
1,26	86, 107 f, 177
1,28	103, 105
1,31−2,2	107
2,3	122
2,19 f	177
2,21	152
2,23 f	178
3,1	160
3,14	113
3,15	54, 309
4,9	118
6,6	323
7	119
7,1	118
11,1−9	177−181, 286, 404
11,5	323
12	56
12,2 f	56
17	56
17,7	56
17,19	443
20,6 f	121
21,7	203
22,18	54, 104, 152
30,27	186
35,1	119
45	157, 462
45,5b	462

Ex

4,10 f	177
6,1	339
9	93
14	109
14,13	468
19	169
20	201
20,18 f	92
24,8	57

Lev

19,16	174

Num

22−24	119
22,28	387
35,30	44

Dtn

5	201

5,14	387	33,6a	81
6,4	37, 78	33,6	38
8,3	125	33,9	71, 81, 100, 102f, 106,
17,6	44		229
18,15	53f, 92	34,18	468
19,15	44	37,15	187
25,5f	419	41	325
30,12−14	343	44	214
		44,24	323
1 Sam		45,1	282
16,7	187	45,2	98, 382
		45,2b	184
2 Sam		45,6	174
23,1	269	50,1	99
23,3	98	59,8	381
		59,9	382
1 Kön		62,12a	101
3,9	384	63,6	266
17	109	64,4	100
		68,16	266
Esther		68,19	269
1,3f	22	68,29	101
		71	379
Ps		71,3	211
1,1a	446	78,2	101
1,6	323	78,27	380
2	197, 259	78,45	106
2,5	102, 151	81,11	135
4,5	188	85,8f	381
4,5b	173	85,9	127, 378
5,3	203	87,3	404
5,12	285	90	462
8,3	166	91,3	380f
11,2	174f	91,5f	270
11,7	193	92,6	129
15	34	103,20	383
18,11	388, 391	104,13	124, 448
18,51	64	104,24	81,96
19	285	106	81
19,1f	240	109,2f	174
19,2	126	109,3	380f
19,2f	203	110	13
19,4	403	110,1	193, 382
19,7	370	110,2	470
22	64	111,2	457
22,7	240	116,10	129
22,17	59	116,11	158, 436
27,12	174	118	476
28	81	118,12	382
28,1	100	119	246
33	82	119,89	454

120,3 f	174
127,3	282
141,3	101
147	281
147,15b	105
148,2−9	71, 229
149,19	281

Prov

5,1	95
8,22−36	38, 81

Hhld

2,14	461
5,13	330

Jes

2	214
4,5	123
6,10	200
8,2	44
10	378
19,19	281
26,19	130
28,11	285
37,22	443
40,8	114, 451, 454
40,28	196
44,2	228
44,24	228
46,1	227, 453
46,3	228, 421
49,1	229,450
49,5	229
49,6	298
50,4	176
53,11	200
55,11	115, 386
59,21	198
60,1−6	33
60,19 f	360
65,24	468

Dan

3,23	267
10,11.19	267

Jona

2,3	467

Micha

1,2	118

Hab

2,5	171
3	378

Zeph

3,18	281

Sach

1,7	34, 333, 395
5,9−11	193

Mal

1,11	457
2,7	176

Sir

15,1−6	33

Mt

1,1	178
2,1−12	33, 54, 240
2,6	166
3,11	410
3,17	326, 335
4,1−11	327
4,18−22	327, 392
5,8	305
5,14	358 f, 364
6,7 f	466
6,28 f	22
8,5−13	181, 329
8,8	183
9,2	234, 387
9,8	187
11,2−10	33
11,5	390
11,12	351
12,33	188
12,34	39, 142, 144, 267, 384
12,37	187
13	67
15,9	441
18,16	44 f
18,23	57
19,5	178
20,18	260
20,23	324
20,28	324
21,1−9	33
21,33−46	285
22,2−14	127
23,34	327

23,34−39	33
23,37	321, 323 f, 339
26	328
26,8	267
26,60	44 f
28,19 f	363

Mk

1,7	410
4,36−41	328
5,21−24.35−43	329
7,24−30	328
7,31 f	149
7,31−37	111, 171, 177, 328, 458
8,1−9	167, 328
10,33	260
11,1	68, 240
11,16	61
12, 18 f	419
13,23	323 f
13,31	114
14,22	190
14,22−24	327
16,15	370
16,16	460
16,17	461

Lk

1,5−25	202
1,17	410
1,20−22	460
1,28	265, 267
1,39 ff	61
1,46−55	186
1,57−79	460
2	332
2,1−14	50
2,1−20	26 f, 165 f, 185 f
2,10	333
2,10 f	334
2,12	59
2,14	144
2,15	100
2,15−20	33, 396
2,20	122
2,33−40	33
3,16	410
6,45	267
7,11−17	120, 170, 329, 453
7,11−19	458
11,14 f	171

15,1−10	197
18,1−8	467
18,9−14	186
18,31	260
18,31−43	260
21,25−33	33
21,28	462
22,20	57
23,34	339

Joh

1	1, 36, 42, 69, 71 f, 76, 79, 81 f, 102, 144, 315, 360, 399
1,1	55, 97, 132−135, 138, 232, 296, 298, 455
1,1a	70, 72, 80, 210−217, 233
1,1 f	69, 141, 211, 217−229, 235
1,1−3	73, 210−234, 298, 455
1,1−4a	294
1,1−5	307, 311, 313, 348 f, 351
1,1−9	349
1,1−14	3 f, 6−29, 33, 35, 39−42, 45, 47−49, 52, 55, 70, 80, 83 f, 96, 109, 131 f, 135, 137 f, 142 f, 146−149, 209, 221, 258, 384
1,1−18	230
1,3	98, 147, 217, 229−234, 411
1,3a	71
1,3 f	289
1,4a	289−296, 298
1,4b	297−304
1,4 f	289−310, 353, 418
1,5	305−310, 351, 360, 367 f, 370
1,6	213, 310, 348−357, 410
1,6−9	347−372
1,6−14	303
1,6 ff	307
1,7	444
1,7 f	357−364
1,9	297, 357, 363−371, 410
1,10	309, 368
1,10a	366
1,10 f	407−414, 424
1,10−14	347, 371, 407−438
1,11c	415
1,12	366, 438
1,12 f	414−426
1,13	34, 427, 431, 438

1,13d	227 f
1,14	221, 232, 320, 424, 426−437, 460
1,16	366
1,17	298
1,18	414
1,19−28	33
1,20	297
1,27	297, 410
1,31	410
1,51	443, 476
2,1−11	120
2,4	294
3,8	388, 458
3,14	58
3,19	309
3,31	39, 142
4,43−53	329 f
5,35	364
5,39	52
5,43	410
6,27	269
6,29	269
6,44	387
8,25	336
8,28	336
8,46−59	452
8,51	334
8,52	296
8,58	327
9,5	298
10,3	195
10,18	327
11,1−44	329
11,25	294, 296
13,26	294
13,31	152
13,34	60
14	428
14,1	117
14,6	294
14,14	321
14,16	321, 325
14,24	335 f
14,26	397
14,28	324
15,1	127
15,7	466
16	97, 462
16,12−15	157
16,33	339

17,4−6	335
17,6−8	335
17,18 f	335
18,37	298
20,19−29	389
20,24−29	343
21,19−24	33

Act
2	180, 185, 286, 372, 401−406
6,8−14	33
7,55	443, 476
9	109
14,22	123
15	52
15,15	52
17	52
17,11	52
17,16 ff	113

Rö
1	102
1,1−6	310
1,2	36, 48, 55
1,16	176, 392
1,20	102
3	281
3,1 f	281
3,4	446
3,28	34, 256, 267 f, 274
5,4	399
5,18	368
8	172
8,16	399
8,26	163, 466
10,5−17	387
10,6−8	353
10,9	188
10,15	353
10,17	351, 386
11,7 f	200
13,11−14	33
13,12	173
15,4	54
15,4−13	33

1 Kor
1,18	339
2,8	309
2,11	291

3,9	395	1,16	96
3,12f	154	1,23	370
4,1−5	33	2	393
4,15	227		
8,4	230	*1 Thess*	
10,13	123	4,16	131, 281
11,23−25	327		
11,27	473	*1 Tim*	
13,12	369	5,19	44
13,12f	454		
15,24	369	*Tit*	
15,27	233	1,9	202, 461
15,33	174	2,11−15	33
15,35−38	195	3,4−7	33
15,36f	463f		
15,42	462	*1 Petr*	
15,52	91	1,8	163
		1,8f	457
2 Kor		1,10−12	52, 54
3,3	65	1,25	114
3,6	440	2,2	227
3,14f	263	2,2f	390
4,13	456	3,11	188
5,6f	454		
9,15	163	*1 Joh*	
12,4	163	1,1	294, 428
		2,27	460
Gal			
3,3	387	*Hebr*	
3,6	46, 94	1	81
3,13	250	1,1−12	7, 33, 49, 136−138,
3,15−18	56		140, 323
3,19f	332	1,3	38, 52, 136−138, 140f,
3,23−29	33		146, 343, 434
3,24	53	2,8	233
4,1−7	33, 55f	5,12−14	229
4,24	64	9,14	64
		9,16f	56
Eph		10,5f	457
1,4	217	10,28	44f
3−4	393		
5,8	353	*Jak*	
		1,18	227
Phil		3,1−12	174
1,18	277	3,7f	174
3,20	408		
4,4−7	33	*Apk*	
		5,1ff	36, 49, 54
Kol		21	265
1,6	115		
1,15	214		

2. Personen

Die Namen von Herausgebern und Festschriftempfängern sind nicht registriert. Von den biblischen Personennamen werden nur Paulus und Petrus berücksichtigt. Adjektivformen (z. B. aristotelisch) sind den entsprechenden Namen subsumiert.

Aarts, J. 470
Agricola, J. 203, 445
Aland, K. 72, 425
Alfsvåg, K. 35, 479
Allgaier, W. 322
Althaus, P. 49, 51, 58, 62, 88, 90, 107, 141,
 235, 247, 251 f, 313, 337, 385, 390 f, 440,
 447 f, 451, 468, 472
Ambrosius 246
Anderegg, J. 115 f, 260, 262, 477
Andresen, C. 89
Aner, K. 88
Apel, K.-O. 150, 169, 180, 189
Apollinaris von Laodicea 430
Arfken, E. 258, 477
Aristoteles 75, 101 f, 106, 133, 156, 169,
 220, 279, 290, 316, 319, 436, 449
Arius 47, 78, 93, 219, 221−224, 230, 232 f,
 318, 363, 427
Arndt, E. 2, 13 f, 16−18, 24 f, 88,
 150−152, 189, 192, 255, 261, 385,
 478
Arnoldi, B. v. Usingen 151
Asendorf, U. 71, 293, 322, 439, 447, 451,
 468
Albert, H. 442
Athanasius 435
Atkinson, J. 215
Augustinus 4, 47, 60, 64 f, 67, 70, 74−76,
 79, 83, 89, 96 f, 99 f, 105, 108, 115,
 118, 132 f, 135, 139, 147 f, 156, 169,
 172, 180, 193 f, 200 f, 210 f, 213, 217,
 229−231, 233, 237, 245−247, 249,
 281, 287, 289−291, 293, 297 f, 300 f,
 305, 307 f, 348 f, 351, 357, 365−368,
 370, 373 f, 376, 378, 407−409, 414,
 427, 429, 435, 473

Aurelius, C. A. 203, 447
Aurifaber, J. 144, 146, 191, 293 f, 301, 356,
 364, 369, 371, 385, 413, 425 f, 436

Bach, A. 17 f
Bach, H. 14
Bartelmus, R. 261, 275
Barth, H.-M. 158 f, 162, 311, 385, 468
Bauer-Wabnegg, W. 197, 235
Baur, J. 199, 457
Bayer, O. 88 f, 97, 101, 107, 110−112,
 115, 121, 127, 143, 149−151, 172, 179,
 181, 185, 225, 242, 246, 309, 311, 376,
 380, 400, 436, 457, 466, 472, 477
Baylor, M. C. 353
Bebermeyer, G. 261
Becker, I. 9, 18, 22−24, 259
Beckmann, J. 236
Beer, Th. 322
Beintker, H. 236, 385, 447 f, 466, 468,
 472
Beisser, F. 236, 239, 249, 385
Benedikt von Nursia 363
Benz, E. 280, 284 f, 288
Berger, A. E. 261, 477
Bernhard von Clairvaux 124, 270, 363
Berthold von Mainz 261
Beyer, M. 448
Bieritz, K.-H. 385 f, 468, 479
Billerbeck, P. 45
Biser, E. 373
Bizer, E. 127, 440
Black, C. C. 211, 349, 427
Blanke, H. 2
Bluhm, H. 8, 143, 253, 258 f
Böckmann, P. 477
Boethius 291

Bonaventura 4, 47
Bondzio, W. 261
Bornkamm, G. 312
Bornkamm, H. 7, 23f, 26, 52, 58, 236, 251, 261, 275, 311, 386, 440, 477
Bornkamm, K. 440
Brandenburg, A. 89, 98, 100, 121, 380, 457
Brandt, G. 2, 13f, 16−18, 24f, 150f, 189, 255, 478
Braun, J. 58
Brecht, B. 477
Brecht, M. 3, 61, 72, 236, 256, 477
Brenz, J. 4, 47, 214, 221, 229, 232, 289, 292, 299, 307, 351, 359, 366, 408f, 415
Breymeyer, R. 479f
Bring, R. 61, 236
Brinkel, K. 66, 261
Brinkmann, H. 89, 111, 150, 171, 189
Bruchmann, G. 8f, 22, 28f, 259
Brunner, O. 141, 143
Brunotte, W. 470
Bucer, M. 47
Bultmann, R. 89, 230
Burba, K. 311
Burger, H.-O. 261, 477

Calvin, J. 4, 47, 71, 96, 125, 138, 214, 221, 226, 231, 291, 294, 299, 307, 349, 351, 359, 367, 408−410, 416f, 419, 427−429, 433, 472
Caspari, W. 6
Cato d. Ä. 202, 262
Cholin, M. 6
Chrysostomos 219, 230f, 290, 297
Cicero 203
Craycraft, K. R. 472
Cruciger, C. 440, 460
Cyprian 214

Daniel, H.-Ch. 244
Dannenbauer, H. 477
Dante 150
Dantine, J. 448
Delius, H.-U. 64, 74f, 83, 139, 211, 263
Delle, W. 8f, 21, 23f, 26, 28
Dembowski, H. 210
Demosthenes 202f, 221
Dempe, H. 180
Depken, F. 477
Dietenberger, J. 15
Dietrich, V. 282, 452

Dietz, Ph. 17, 20f, 137
Dix, A. 261, 477
Dockhorn, K. 480
Doerne, M. 386, 448, 468
Dominikus 362, 364
Duchrow, U. 67, 100, 118, 139f, 148f, 169, 180, 194, 373f, 468
Düwel, K. 258, 477

Ebeling, G. 2f, 6, 34f, 40, 46, 49, 54f, 58, 61, 63, 75, 80, 89, 94, 98, 110, 112, 116f, 122, 126, 128−130, 135, 139, 141, 150−152, 154f, 158, 169f, 172, 185, 189, 204, 210, 225f, 236, 238, 240, 243f, 247, 251f, 259, 273, 290, 293, 295, 301, 303f, 311, 322, 344, 350, 353, 380, 382, 386, 418, 440, 442f, 448f, 451, 453, 457, 463f
Ebert, H. 261, 478f
Echternach, H. 89, 236
Eck, J. 15, 157
Eckermann, W. 148, 150f, 189, 198
Eckhart, Meister 4, 47, 71, 74, 133, 137, 211, 213, 220, 229−231, 288, 290, 306, 366, 408f, 416, 427
Ellwein, E. 311
Eltz, L. 477
Emser, H. 15, 142, 256, 277f
Endermann, H. 151, 176
Erasmus, D. 4, 7−9, 22, 24, 47, 71, 90f, 141, 155f, 159, 170, 180, 199, 203, 214, 219, 231, 237, 248f, 291, 298, 306, 350, 359, 366, 427, 429, 464
Eroms, H.-W. 238

Faber, Stapulensis, J. 4, 211, 214, 221, 231, 291, 306, 350f, 408, 416, 428
Fagerberg, H. 470
Ferel, M. 311, 472
Fontius, H. 468
Franck, S. 393
Frank, G. W. 311
Franke, C. 13, 16−19, 21, 23f
Franziskus von Assisi 362−364
Frettlöh, R. 260
Friedrich (III.) der Weise, Kurf. von Sachsen 266
Fritzsche, H. 479
Fuchs, E. 243
Führer, W. 1, 88, 100, 236, 313, 386, 448

Gäbler, U. 472
Gadamer, H.-G. 149
Gennrich, P.-W. 89, 98, 311, 472
Georg (der Bärtige), Herzog von Sachsen
    105, 182, 256
Gerbel, N. 7
Gerber, U. 89, 97 f, 128, 150 f, 169, 193,
    311, 477
Gerdes, H. 267
Gerrish, B. A. 236, 472
Gerson, J. 4, 47, 213, 221, 427
Gese, H. 231
Giese, E. 13
Gloege, G. 236
Goethe, J. W. v. 44, 253, 481
Gogarten, F. 225, 236, 311, 448, 472
Goldingay, J. 49, 59, 236
Grabmann, M. 189, 191
Grane, L. 2, 236, 477
Grass, H. 472
Gregor I. (der Große) 124, 382, 429
Gregor v. Rimini 148
Grimm, J. u. W. 20 f, 84, 137, 143, 254,
    296, 439
Grönvik, L. 472
Grötzinger, E. 472
Grosse, R. 197, 477
Grünagel, F. 236
Grundmann, H. 261
Gunneweg, A. H. J. 50

Haar, J. 448
Hägglund, B. 140, 150 f, 170, 197, 236,
    386, 437
Haenchen, E. 230 f
Hagen, H. 13
Hahn, F. 66, 261 f, 275
Hahn, S. 255, 259, 275
Hamburger, M. 262, 480
Hamm, B. 115
Hankamer, P. 150 f, 169, 176
Harnack, Th. 311, 477
Hartweg, F. 2
Hausammann, S. 472
Heintze, G. 401 f, 405, 468
Hempel, J. 49, 65
Hendrix, S. H. 448
Heraklit 210
Hermann, R. 152, 236, 312
Herms, E. 98, 386, 468
Herntrich, V. 49

Hiebel, H.-H. 197, 235
Hieronymus 4, 47, 80, 201, 210, 230, 246,
    249, 261, 265, 269, 275, 277, 281, 287,
    305, 363 f, 409
Hilarius von Poitiers 198, 214
Hilburg, J. 49, 236
Hilgenfeld, H. 205, 236, 462, 472
Hippolyt 294
Hirsch, E. 8, 13, 23, 26−29, 49, 66, 231,
    259 f, 273, 275, 353, 440, 468, 477
Hofius, O. 6, 16, 230
Hofmann, W. 138
Holl, K. 49, 236, 273, 448
Homer 103

Irenäus 294
Iserloh, E. 200, 311, 440
Iwand, H. J. 88 f, 122, 236, 311, 448

Jacob, G. 273, 352, 448
Jacob, M. 170, 225
Jansen, R. 71, 77, 82, 89, 98, 221, 293, 311
Jendorff, B. 210
Jenny, M. 258
Jens, W. 262, 477 f
Jetter, W. 472
Joest, W. 2, 89, 98, 135, 150, 189, 311, 322,
    353, 395
Johann, Kurfürst von Sachsen 451
Jordanus von Quedlinburg 47
Josefson, R. 472
Jüngel, E. 3, 91, 116, 139, 170, 205, 260,
    311, 315, 322, 340, 440, 448, 462
Junghans, H. 1, 89, 100, 127, 380, 383, 480

Kaempfert, M. 15
Kaiser, Ph. 312
Kantzenbach, F. W. 236, 262, 322, 448,
    478 f
Karlstadt, A. Bodenstein 203, 226, 385 f,
    393 f
Kartschoke, D. 261
Kattenbusch, F. 448
Kerinthos 222, 294, 363
Killy, W. 262, 478
Kinder, E. 89, 98, 236, 311
Klaus, B. 452
Kleist, H. v. 95
Kluge, F. 262, 478
Köhler, W. 4, 7, 136, 141, 148, 294, 368
Köpf, U. 141

Koethe, G. 262
Kohls, E.-W. 236
Kohlschmidt, W. 478
Kolb, W. 259
Kolumbe, G. 380
Koopmans, J. 82, 84, 98, 222, 313, 316 f
Kraus, H.-J. 59
Krause, G. 197, 205, 260, 462
Kropatschek, F. 236
Krüger, F. 214
Krumwiede, H.-W. 225
Kuhn, R. 46, 225
Kuss, O. 236 f

Lau, F. 88 f
Lausberg, H. 6, 24
Lehmann, D. 262, 468, 478
Lehmann, H. T. 386
Lenk, W. 150 f, 162, 192, 478
Leo X. 162, 244
Lieberg, H. 470
Liebing, H. 237
Lienhard, M. 2 f, 61, 98, 313–315, 321 f, 472
Link, Ch. 472
Link, W. 51, 270
Lippold, E. 26, 430
Lischer, R. 270, 329, 468, 840
Löfgren, D. 71 f, 88 f, 91, 107, 123, 127, 440
Loew, W. 90
Loewenich, W. v. 3, 81, 83, 132, 210 f, 213, 215, 229, 289, 291, 293, 298, 351, 367 f, 401, 415, 427, 436
Lohse, B. 2, 46, 258 f, 262, 275, 448, 478
Lønning, I. 448
Lorenz, O. 479
Lorenz, R. 139
Luther, Magdalena 194
Lyra, s. Nikolaus von Lyra

Major, G. 86
Mann, F. 472
Mau, R. 237
Maurer, W. 322, 448
Maximilian I., Kaiser 266
Mayr, R. 479
McCue, J. F. 468, 479
Mehl, O. J. 259

Meinhold, P. 1, 72, 88 f, 100, 150, 169, 180, 189, 204, 237, 280, 285, 380, 393, 404, 472
Meissinger, K. A. 9
Melanchthon, Ph. 4, 47, 49, 71 f, 74, 76, 81, 85 f, 98, 110, 123–125, 138, 203, 214, 218 f, 221, 228–232, 276, 291, 298, 306, 349, 359, 366, 408 f, 415, 417, 427 f
Melzer, F. 262
Metzke, E. 89, 91, 115, 197, 205, 386, 472
Meurer, S. 260
Meuser, F. W. 468
Meyer, H. Ph. 386
Meyer, L. 150 f, 237, 262, 448
Meynet, R. 6
Moeller, B. 198
Moore, W. G. 479
Moser, V. 15
Mostert, W. 150 f, 167, 194, 197, 237, 239, 244–247, 251, 457
Mühl, M. 373
Mühlen, K.-H. zur 3, 46, 139, 149, 193, 215, 225, 237, 353, 373 f, 376, 378, 380 f, 383, 386, 394, 457, 473
Mülhaupt, E. 468
Müller, G. 59, 237, 252, 311 f
Müller, Hans Martin 61, 237, 468
Müller, Hans Michael 141
Müller, W. 260
Müntzer, Th. 226, 335 f, 385, 393 f, 398, 405
Murner, Th. 186

Negri, E. de 132, 151, 204, 237, 312, 457
Nembach, U. 468, 480
Neuner, P. 237
Nicol, M. 237, 242
Niebergall, A. 468 f
Nietzsche, F. 253, 265
Nikolaus von Cues 4, 47, 83, 213, 220, 290, 305 f
Nikolaus von Lyra 4, 47, 75, 133 f, 213, 220, 231, 290, 298, 306, 309 f, 349 f, 358, 365, 408
Nikolaus von Wyle 260
Nilsson, K. O. 312, 316, 322, 440, 448, 466
Nöther, I. 197, 259
Notker v. St. Gallen 259

Oberman, H. A. 35, 478
Ockel, E. 480

Ockham, s. Wilhelm von Ockham
Oesch, W. M. 237
Ohlemacher, J. 258, 477
Ohly, F. 247
Olivier, D. 448
Olsson, H. 448
Origenes 47, 70, 210, 218 f, 231, 297
Østergaard-Nielsen, H. 237
Otto, G. 478
Otto, R. 82

Pammachius 261
Paul, H. 17, 20 f
Paulus 52 f, 55 f, 73, 92, 110 f, 113, 116,
    122, 152, 156, 166, 172, 174, 196, 199 f,
    222, 230, 232 f, 240, 249, 268 f, 277 f,
    281, 309 f, 337, 339, 353, 368, 374, 392,
    399, 454, 456, 462−464, 471
Pelikan, J. 63, 237
Perl, C. J. 83
Pesch, O. H. 448, 450
Peters, A. 222, 312, 418, 472
Petri, A. 266
Petrus (Apostolus) 52 f, 109−111, 152,
    192, 196, 222, 240, 337, 339, 402 f, 405
Petrus Lombardus 139
Petsch, R. 478
Philo von Alexandria 373
Photinus von Sirmium 430
Pinborg, J. 189
Pinomaa, L. 8, 258
Plathow, M. 395
Platon 219, 221, 289, 291, 299
Prenter, R. 82, 85, 386, 401, 469, 472 f
Preuss, H. 262, 478
Prien, H.-J. 448

Quintilian 478

Raeder, S. 49, 59, 63, 237, 252, 255, 257 f,
    261 f, 270, 276
Ranke, E. 6
Ratschow, C. H. 313
Reichert, O. 262
Reinitzer, H. 256
Risse, U. 15
Ritter, G. 478
Rörer, G. 15, 74, 135, 166, 170, 174 f, 258,
    293, 331, 354, 345, 458, 464
Rössler, D. 469
Roethe, G. 28

Roloff, H.-G. 478
Rosenfeld, H.-F. 6
Rosenzweig, F. 262
Rupert von Deutz 4, 71, 82, 213, 220, 229,
    349, 357, 408, 415 f, 427, 429
Rupprecht, W. 50

Saarinen, R. 150, 157, 167, 204 f, 462
Sabellius 219, 221−224
Sauer-Geppert, W.-I. 255
Sasse, H. 237
Schempp, P. 88, 237
Schäfer, R. 418, 473
Schenk, W. 88
Schenker, W. 478
Schildt, J. 2, 17, 192
Schindler, A. 86, 139, 147 f, 180, 200, 373 f
Schirokauer, A. 264
Schleiermacher, F. 272
Schloemann, M. 448
Schmid, R. 290
Schmidt, L. 260
Schmidt, F. W. 88, 312
Schnackenburg, R. 6, 230
Schoch, M. 469
Schott, E. 430
Schröger, F. 237
Schuster, H. 237, 260
Schwager, R. 322
Schwarz, R. 57, 135, 150, 204, 222,
    313−320, 437, 443, 462
Schwarz, W. 261
Seeberg, R. 88 f, 311
Seils, M. 225, 395
Senfl, L. 163
Seppänen, L. 148, 150, 192, 197, 386
Smalley, B. 290
Sonderegger, S. 259, 262, 478
Spalatin, G. 194, 261, 265, 441, 464
Sparn, W. 192
Stackmann, K. 2, 198, 253, 262, 478
Stange, C. 312
Staupitz, J. v. 232, 457
Steck, K. G. 237, 448
Stein, W. 448, 470
Steinbrink, B. 435
Steinhöwel, H. 261
Stötzel, G. 479
Stolt, B. 1 f, 26, 137, 202, 258, 260−262,
    264, 267, 270, 478−480
Stoltz, J. 405

Strack, H. 45
Sträter, U. 260
Strauss, G. 200, 237
Strauss, W. H. 193
Streubel, H. G. 259, 480
Strolz, W. 71, 430
Struck, K. 479

Tarvainen, O. 440
Tauler, J. 4, 47, 149, 177, 220, 288, 358 f,
    444
Tertullian 373
Thaidigsmann, E. 440, 457
Theobald, M. 6
Thiele, E. 141, 143
Thimme, H. 469
Thimme, K. 237
Thomas von Aquin 4, 47, 53 f, 63, 70, 96 f,
    133, 139, 148, 169, 180, 191, 211−213,
    217−221, 223, 229−232, 245 f, 290,
    297 f, 305−307, 349 f, 357−359, 365 f,
    374−376, 378 f, 408 f, 415−417,
    426−429
Tonkin, J. 138, 200
Tschirch, F. 260
Työrinoja, R. 437, 462

Ueding, G. 435
Usingen, s. Arnoldi

Vajta, V. 469, 473
Vergil 103
Vico, G. 150
Vogelsang, E. 312
Volz, H. 255−257, 263, 276, 479
Vorländer, D. 222, 304, 313, 318

Walther, Ch. 15
Wander, K. F. W. 143
Weier, R. 63
Weimar, K. 132, 151
Wellmer, R. 479
Westphal, W. 478
White, G. 150
Widmann, S. 3 f, 6−8, 20, 26, 28, 49, 55,
    136, 237, 240, 255, 440
Wikerstål, A. 50, 178, 237
Wilhelm von Ockham 194
Winkler, E. 469
Wolf, E. 237, 352 f
Wolf, H. 2, 13 f, 16, 18, 20, 24, 35, 192,
    205, 258, 265, 271 f, 276, 288, 477−480

Zainer, G. 8, 255
Zenge, W. v. 94
Zucker, W. 89, 150, 176
Zweynert, G. 237
Zwingli, H. 4, 47, 71−73, 85, 96, 100, 125,
    214, 232, 299, 359, 366, 409, 417, 427

3. Sachen

Das Sachregister ist nicht systematisch konzipiert, sondern bietet die erfaßten Worte und Wendungen in alphabetischer Ordnung. Auf Querverweise ist weitgehend verzichtet worden. Es empfiehlt sich also, zumal bei einem Interesse an theologischen Grundworten (z. B. »Gott«, »Mensch«, »Christus«) das gesamte Register zu überfliegen. Auch bei den deutsch-lateinischen Äquivalenten (z. B. Gewissen / conscientia, Gott / deus, Wort / verbum) sind Querverweise zumeist unterblieben.

Abendmahl 92, 160, 295, 318, 473
Abraham 56, 104
abusus linguae ex diabolo 175
– loquendi 199
– verbi 128, 186
– verbi dei 162
Adam 67, 90, 117 f
Adam und Eva 118, 160, 398
affectus 422
Affekt und Intellekt 192
affektiv 267
aktionale Differenzierung 182
aeterna vita 57
aeternitas verbi 121
alte Sprachen, humanistische Wiederentdeckung der 287
– Luthers Hochschätzung der 288
alter und neuer Bund 50 f
Altes Testament 48, 54, 70, 82, 358
– Verchristlichung des 275
Altes und Neues Testament 49, 53, 62, 239, 250 f, 383
alttestamentlich 196, 216
alttestamentlicher Wurzelgrund 33, 36, 42, 132, 215, 370
Amar und Dabar 79, 102
Amt 240, 356 f, 455, 470, 475 f
– Christi 62
Amtsträger 424, 469
Analogat 383 f
analogiefähig 377 f
Analogiefähigkeit des menschlichen Sprechens 181–184, 194, 376
analogisch 384

Angelologie 332 f
Angesprochensein durch Gott 172
Ankunft Christi im Wort (Joh 1, 10 f) 407–414
Anrede 361
Anthropologie 151, 170
– mittelalterliche 171
– scholastische 307
anthropologisch 75, 153, 273, 353, 373 f, 383–385
anthropomorph 140, 156
antignostisch 231
antimanichäisch 229, 231, 233
antimodalistisch 82
Antinomie von Vernunft und Glaube 425, 430–433
antirömisch 449
antischwärmerisch 354, 394, 405
Antithese 40 f, 45, 143, 153 f, 158, 224, 228, 235, 293, 307 f
Antithetik 40 f, 45 f, 149, 298, 331, 411, 434
antithetisch 40, 58, 61, 65 f, 134, 146, 243, 289, 292, 384
Antwort 126, 239, 438–481
Anfechtung 123, 125, 129, 413, 421 f, 443, 445, 467
Apokope 16
aptum 480 f
äquivok 140
Äquivokation 99, 134, 181, 319 f
Äquivokationsbreite der hebräischen Wörter 199
Äquivokationsproblem 204
Arbeit des Herzens 273

argumentatio per negationem oppositionis
146, 170, 217, 410
argumentum a minore 329
Arianer 78 f
artes liberales 221
audire 167
auditus fidei 127, 129
Auferstehung Christi 341
– der Toten 51, 130, 343 f, 452 f
Aufmerkung auf die Worte 70
Augen und Ohren, geistliche 389
augustinische Hermeneutik 139
– Zeichenlehre 139
Ausleger der Schrift 243
Auslegungsgeschichte 34

Bade führen, Begriffe zum 461
Bedeutung 54, 191, 195
Befehlswort 182
Begründung, logisch und biblisch 77
Beichte 473, 476
bekennen 457
benedictio realis / verbalis 104
benennen 106
beten 200
Beten und Bitten 325
Bethphage 68, 240
Bibel 66, s. auch Schrift, heilige
Bibelsprache, normative Funktion der 463
Bibelübersetzung 2 f, 8, 26, 28, 66, 192,
267, 276, 279
Bibelübersetzungen 255
Bibelzitate Luthers, deutschsprachige 8,
29, 70, 258
biblisch 181, 184, 384, 399, 453, 460
– und logisch 78
– Hermeneutik 61, 70
– Sachkritik 238, 251 f
– Sprachen 191, 203, 249, 281–283, 285 f
– Wortlaut, Treue zum 268, 271
– Text 4, 28, 86, 196
– Denken 89
– Zeugnis 142 f
Bild 140, 146, 452
– Gottes 140
– Wort und 136–138
Bildungstradition 69, 262
Bitten 325, 340
Bittwort Christi 340
Buchstabe, Freiheit vom 261–268
– Treue zum 268–271

– und Geist 374
Buchstaben, papierne und goldene 242 f
Bund 65
Buße 380

caro 427–430
causa efficiens 124
– efficiens et finalis 375
– finalis 259
– finalis et formalis 449
causae-Schema, vier- 75
chiastisch 137, 454, 460
– Struktur 146
– Verschränkung 63, 146
Christenheit 121, 449 f
Christi Erdenwandel 428, 433, 436
– Kommen 412
– Leiden und Sterben 314 f
– Predigen 410
– Taten 53
Christologie 2, 311 f, 316
– und Soteriologie 322
christologisch 19, 49, 58 f, 92, 101, 204,
220, 249, 313, 321, 379, 383 f, 416, 431,
461
– Auslegung des Alten Testaments 59
christozentrisch 59
– Schriftverständnis 252, 312
Christum treiben 251
Christus, Jesus 50, 52–54, 56–62, 66, 71,
79, 99 f, 110, 120, 142, 148, 157, 161,
167, 178, 180, 188, 196, 201, 233 f, 269,
274, 302, 359, 416–418, 423 f, 479
s. auch Christi
– als bezeugtes Licht 357, 362, 364–371
– als Bild des Vaters 137
– als Gottes ursprüngliches Wort 88, 139
– als Leben und Licht 309
– als Licht und Leben 432
– als Mitte der Schrift 251
– als persona 96 f, 134 f
– als principalis sensus scripturae 251
– als die Sache der Schrift in Person
250–252
– als verbum principalis dei 330–337
– der bittende 325, 340
– der bittere 393
– caput ecclesiae 429
– frater et soror nostra 234
– incarnatus 290, 292, 296, 349
– johanneischer 400

– nihil scripsit 239 f
– praedicatus 110
– vere deus 73, 289–296, 335, 352, 408
– vere homo 297–304, 336 f, 408 f
– das Wort Gottes 311–344
– zum Doktor gemacht 62
Christusoffenbarung 240 f, 250
Christusprädikationen 461
Christuspredigt 296 f, 303, 342, 353, 356,
    379, 458
– des Täufers 294
claritas interna 389
– scripturae 46, 323 f
cognitio dei 63
cognitio rerum 198
cognitio rerum et verborum 60, 460
communicatio idiomatum 304, 312–320,
    461
conformitas 443–446, 451, 456, 459, 464 f
conscientia, s. Gewissen
conservatio 291
cooperatores dei 395 f
cor dei 93
coram deo 165, 176, 441 f
coram mundo 176, 441 f
creatio continua 107–110, 294
– per verbum 1, 70, 105–110, 230, 233
creatura 136
creatura verbi 473
credere 167
credere in 20
Credo 321 f

Dabar 73, 100, s. auch Amar und Dabar
Danken 129
Denk- und Sprechgestus der heiligen
    Schrift 89
Denkbewegung 42
Defizienz der Sprache des Menschen 163,
    180
deipassianisch 315
Dekalog 184, 201
»deudsch, celeste« 463
deus in maiestate et natura sua 90–92
– loquens 89–95, 99
– nudus 92, 95
– praedicatus 90
Deutsch, gesprochenes 28
Deutsche, das 179
Deutsche Bibel, Luthers 279, 286
Deutsche Mystik 149, 213, 218

deutsche Sprache 171, 190 f, 261, 263 f,
    266, 270, 275, 288
– Umgangssprache, allgemeine 28 f
Deutschland 103, 121, 414
Dialekt 179, 266, 402
Dialekte, deutsche 191
Dialektpredigt 402
dicere 100, 102 f
dichotomische Struktur des Menschen 317
dictiones dei 101 f
dictum dei 100 f
Dictum Socraticum 90 f
differentia specifica 171 f
divina vox 178
doctor ecclesiae 154
– verborum dei 157
doctrina Christi 363 f
Dogma, altkirchliches 313
– trinitarisches 211, 291
Dogmatik, klassischer Aufriß der 439
Doketismus 430
doketistisch 314
Dolmetschen 27–29, 254 f, 273
– als Glaubenssache 274
– Kunst des 271 f, 276
Dolmetscher, jüdische 263
Dolmetschung Luthers 253–280, 434
– Prinzip der 268, 272–276
– Revision der 257 f, 260, 276
Dolmetschungsregeln 27 f, 260–272
doxa 21 f
Druckersprache, Wittenberger 13
Dualismus, manichäischer 161
dualistisch 158
dunkle Sprache Christi 338
duplex claritas scripturae 249–251
– modus loquendi Christi 320–330, 337

ecclesia 424 f
efficacitas verbi 113–115
Einfalt des Glaubens 46
einfältige Wahrheit des Evangeliums 308
– Worte der Schrift 79
Einheit der Schrift 58 f
– des Wortes Gottes 113–117, 334, 474
– Gottes 77
Einsetzungsworte 327, 473
einüben 462–465
Einzelübersetzung, versweise fortlau-
    fende 8
Ekklesiologie 447 f

ekklesiologisch 449
Ehestand 112, 120
Elementarisierung 418
eloquentia 27, 161, 202, 461, 479
Eltern 119
Endstellung des Verbs 24 f
endzeitlich 413
Engel 77, 114, 133, 144, 148, 166, 230, 297, 315, 332—334, 350, 443
– gefallene 128
– Reich der 333
– Sprache der 332—334
Enthusiasmus 298 f
Erbaulichkeit 453
Erbsünde 180
erfahren 129
Erfahrung 39, 126 f, 141—143, 153—156, 163, 174, 179, 184, 266, 283, 354, 377, 399 f, 452, 459, 479
– erzählte 329
– des Glaubens 127, 135, 202
erhören 468
Erinnerung an ein verbum externum 401
Erkenntnis des Glaubens 52
– Gottes in Christus 297
– des Herzens 250
– natürliche und gnadenhafte 305, 418
Erleuchtung 430
Erschaffung der Kreatur 232 f
– der Zeit 89 f
eschatologisch 122, 128, 155, 159, 163, 232, 283, 343, 431, 443, 445, 454 f, 470
ethische Unterweisung 188
etymologisch 350
Eva 128 s. Adam und Eva
evangeliozentrisch 59, 253
Evangelium 54, 70, 110, 141 f, 147—149, 196, 295, 335, 360 f, 384, 386, 396, 422
– als »gût geschray« 194
– als verbum actuale 336
– proprium des 68
ewiges Leben 110, 122, 124—126, 291, 451, 453
Ewigkeit 129 f, 454
exegetische Kommentierung der Haupt-schriften Luthers 3
Exklusivität des Wortes Gottes in Christus 336

Fachsprache 106 f
Falschprediger 413

fiat et factum est (Gen 1) 74, 76
fides catholica 314
Figur 54, 57, 66
figura etymologica 269
figürlich 113, 192
Fleisch gewordenes Wort, das (Joh 1,14) 374, 426—437
Flexionssilben 17
forensische Situation des Menschen 226
– Struktur 280
Formstruktur 34 f, 39—45, 69
Formstruktur als Denkstruktur 44, 76, 146, 274, 292 f
formula loquendi 316, 319
freier Wille 120, 155, 367, 415
freundliche Sprache Gottes 125, 323—334, 336
– Worte Christi 336
fröhlicher Wechsel 322, 466
fromm 302
Frömmigkeit, wahre und falsche 301 f
frömmigkeitsgeschichtlich 253
Früchte des Glaubens 424
– des Wortes 124
fundamentaltheologisch 90, 349, 418
Fundamentalunterscheidung 2, 44, 49, 57, 62, 66, 125, 131 f, 134, 138, 140, 145—147, 151—168, 280, 325, 382, 418 f, 430, 449 s. auch Unterscheidung

Gabe und Aufgabe 471
Gebet 457, 466—468
Gebetswort 467 f
Gebot, Erstes 51, 126, 441
– Drittes 447
Geburt Jesu 333
Gedächtnis 190
Gedanke des Herzens 144, 146
Gehör 406, 441
Genealogie des Unglaubens 309
Genesis: ein evangelisches Buch 51, 66
genus humile 479
Geist 53, 237 f
– des Autors 247
– Christi 52
– Gottes 250, 385, 387, 389 f, 398, 405 f
– heiliger 76, 82—86, 99, 135, 157, 201, 246, 284, 286, 386, 465
– der Schrift 245—247
– Werk des 180, 397
Geistbegriff, schwärmerischer 245

Geistverzug 400 f
germanistisch 2
gesamtbiblischer Zusammenhang 81
Geschöpf und Schöpfer 315 f
Gespräch 466, 468
– innertrinitarisches 97 f
Gerechtigkeit aus Glauben 56
– aus den Werken 433
Gericht nach den Worten 187
Gerichtswort Gottes 380
Gesetz 61, 171
Gesetzesbegriff 63 f
Gesetz und Evangelium 5, 49, 57, 62–68,
    88, 116 f, 125, 194 f, 238 f, 242, 250 f,
    285 f, 359, 381–383, 393, 403 f
Gesetz und Evangelium, Dichotomie von
    351
Gesetz als verbum *ad* nos, Evangelium als
    verbum *in* nos 381
Gesetzeswort 116
Gesetzesworte des Alten Bundes 196
Gestalten des Wortes Gottes 87, 109, 455
Gewissen 127, 154, 174 f, 179, 241, 273,
    279, 307, 327, 343, 352, 385 f, 389, 443,
    445
– Trost des 443
Gewissensentscheidung 241
Gewissenserfahrung 169, 452
Gewissensgewißheit 158
Gewißheit 441, 443, 445, 466 f
Glas, gefärbtes 93 f
Glaube 50, 54, 58, 64, 79, 94, 99, 116 f,
    123 f, 127, 129 f, 141, 166 f, 180, 203,
    224, 226 f, 252, 295 f, 302, 333, 341, 344,
    352, 354 f, 362, 370, 379, 392, 396, 404,
    406, 420, 433, 439, 445 f, 451, 455 f, 460,
    466, 474
– als das Prinzip rechten Verstehens 46
– und Gott 441
– und Liebe 344, 441 f
– und Unglaube 51, 66, 202 f, 273,
    305–310, 414, 460 f
– und Vernunft 224–228, 235
– und Werke 418 f
– Unvertretbarkeit des 445
glauben 126, 188, 226, 454
Glauben und Schauen 454 f
– Weg zum 397
Glaubensartikel 457
Glaubens- und Werkgerechtigkeit 423
Gleichnisfähigkeit der Kreatur 101, 111

gleichnishafte Rede 463, 480
gloria 428 f, 434
Glossa ordinaria 210, 213, 220, 223, 231,
    298, 323, 349, 416, 429
Glossar 266
Glossolalie 402
Gnade 297 f, 412, 415, 443
– und Wahrheit (Joh 1, 14) 434
Gnadenwort 445
Gott als Sprecher und Spruch 96
– und heilige Schrift, Unterscheidung von
    248 f
– und Mensch 2, 44, 132, 449
– und Wort 69–80, 96 f, 223
– und Wort, Wesenseinheit von 136 f
– zum Lügner machen 126, 160, 441
Gottes Augen 464
– Gegenwärtigkeit 92
Gottesdienst 124, 282, 284
– im Grünen 450
Gottesebenbildlichkeit des Menschen 178
Gotteserkenntnis 365 f
Gottesgeburt in der Seele des Menschen
    220
Gotteskindschaft 399, 414–426
Gottessohnschaft 414 f
Gottesspekulation 98
Gotteswort und Menschenwort 33, 39, 44,
    131–149, 151–168, 212, 225, 325, 441
Gottheit Christi 69, 80, 348–351, 377, 411,
    436, s. auch Christus vere deus
grammatica divina 111
– vocabula 152
Grammatik 197 f, 249, 416
grammatisch 117, 136, 249, 267, 340, 411,
    421
Graphematik 13–16
griechische Sprache 192, 281, 402
Großschreibung 14 f
Grundstruktur des Evangeliums 239 f
gubernatio 294
gubernatio et defensio Ecclesiae 232
Gut und Böse 300

habitare 428
hamartologisch 233
Häresie 201
häretisch 350, 362 f
häretische Grundsuppe 431
Harnisch 435
hebräische Ortsnamen 287

– Sprache 60, 130, 191 f, 266, 269, 275, 281 f, 403
– Sprache, Unkenntnis der 79
Hebraismen 270
Heil, zeitliches und ewiges 64
heilige Sprachen 280–287
Heiligung 447
Heilsbedeutung des Christus incarnatus 299
heilsgeschichtlich 180, 287
Hermeneutik 61, 243, 246
hermeneutisch 35, 40, 45, 48, 54, 70, 118, 139, 151, 238, 243 f, 246–248, 254, 275, 293, 339, 349, 369 f
– Urschlüssel 463
– Prinzip 41
Hermes 388
Herz 143 f, 154, 327, 343, 352 f, 372, 377, 384, 390, 392, 404 f, 441 f, 451, 456, 458, 466, 471
– angefochtenes 475 f
– christliches 276
– Gottes 455
– des Menschen 141, 168 f, 179 f, 200, 272–274
– schreiben, ins 243
– und Gewissen 154, 385
– und Mund 184–188, 387, 431 f, 436
– und Verstand 187, 306, 310
– verzweifeltes 468
Homer 51
homiletisch 114, 177, 304, 317, 330, 395–397, 457, 462 f, 471
homo audiens 99, 126–130
– totus 427, 441 f
Hören 95, 125, 193, 336, 381, 389, 395 f, 398, 400, 424, 441, 443, 456, 458, 466
– des Glaubens 381
Hörender, der Mensch als 173, 239
Hörer 196, 265, 402
hörerbezogen 26
humanistisch 215, 479
humilitas Christi 428 f
Hyperbolik 453
hypostatische Union 313–316

imago dei 75, 214, 292, 297 f
In-der-Schrift-bleiben 226 f
In-der-Welt-Sein Gottes 407–410, 412
ineffabilis 172
Ineffabilität 163–168

innen und außen 393 f
innere Erleuchtung 250
interna, revelatio 118
Interpunktion von Joh 1,3 f 16, 230 f, 289 f, 291, 293
Interpunktionszeichen 16
invisibilia 124
Irrealis 412
Irrlehre 241, 430
Irrlehren der Alten Kirche 222
Irrtum 225, 230
ius interpretandae scripturae sanctae 244 f
iustificatio solo verbo 90

Johannes (Evangelist) 196, 216, 219, 222, 232, 293–296
Johannes der Täufer 61 f, 142, s. auch Täufer
Johannes und Christus 348–371
Juden, die 71, 80, 93, 103, 204, 305, 335, 355 f, 409–411

Kanzleisprache, sächsische 14, 17, 266
Ketzerei 47, 225
Kernwort 436
Kind Gottes 443
Kirche 51, 118, 123 f, 157, 179, 239 f, 403 f, 436, 448–451
– als creatura verbi 450
– als filia verbi 450
– ein Mundhaus, nicht ein Federhaus 68, 240
– römische 187
kirchenjahreszeitlich 185
Klarheit der Schrift 199, 245–251, 299
– der Schrift, innere und äußere 343
– der Worte Christi 331
Koinzidenz von Schriftzeugnis und Vernunfterkenntnis 226
Kommunikationssituation 192, 195–197
Kommunikationsstruktur 193
kommunikativ 126
Kompetenz 268
Komposita 191 f
Kompositionskunst Luthers 34, 45, 141, 143, 278
Konsequenzmacherei 158
Konsonantenhäufung 13 f
Kontext 247
Kontingenz der Gnade Gottes 467
Kontingenzvorbehalt 424

Koran 286
kosmologisch 87
Kraft des Wortes Christi 327 f, 340
– des Wortes Gottes 474
– Gottes 460
Kreatur 87, 101, 108
– Worthaftigkeit der 110–112
Kreisbewegung 43
Kreisstruktur 42–45
Kreuz 337 f, 340, 349
– Christi 92, 393
– des Menschen 445
Kreuzeswort Christi 340
Kunstregeln 243, 271 f, 481

lateinische Sprache 171, 288
Laterne 432
Larve 91 f, 108, 111, 122, 446
– Gottes, Wort des Menschen als 177
Lautwerden des inneren Wortes 375 f
Leben 343, 369
– natürliches und gnadenhaftes 295 f
– und Licht 303
Lebenserfahrung 377
Lesen 199
Lesewort und Lebewort 242
lex vetus / nova 63 f
lex perfectionis 63 f
lexisch 267, 355
liberum arbitrium 199, 425
Licht 351, 430
– der Gnade 227, 298–302, 308 f, 368 f,
   418
– der Vernunft 227, 297 f, 300, 307 f, 321,
   368 f, 418
– des Glaubens 227, 306, 369
– Erschaffung des 74
– Herrlichkeit des 427
– natürliches 297–301, 306–309, 368,
   421, 434
– natürliches und gnadenhaftes 365,
   420–422
– wahres 361 f
lingua 457, s. auch nova lingua
– spiritus sancti 94
Literatursprachen 288
litera und spiritus 382
Lob Gottes 328, 457 f, 460
– als Bestimmung menschlichen
   Sprechens 175–177
locutio 100 f

locutiones dei 101 f, 110 f
logisch 34, 233
Logos 73, 210, 213–215
– ewiger 378
Logosspekulation, philosophische 215
loqui 100, 102
Lüge 186–188
lügen 114 f
Lügner 157 f, 186–188, 202, 436, s. auch
   Gott zum L. machen
lumen gratiae, s. Licht der Gnade
– naturale, s. Licht, natürliches
– rationis, s. Licht der Vernunft
Luther als Prediger 233, 435
Lutherbibel 253, 255, 276
– Revision der 26, 260
Luthers altsprachliche Kompetenz 257 f
– Bibelidiom 264
– Denken, antithetische Struktur von 435
– Fabel- und Hymnennachdichtung 258
– Geschichtsdeutung 61
– Predigttätigkeit 371
– rhetorische Kompetenz 137, 278, 479 f
– Schriftverständnis 235–252, 275
– Selbsteinschätzung als Übersetzer
   276–280
– Sprachgebrauch 446, 448
– Sprachgestaltung 192 f, 265, 270
– theologisches Denken 438
– Theologie 2 f
– Übersetzung, Kritiker von 278
– Übersetzungsarbeit 254, 257–260, 277 f,
   480 f
– Übersetzungspraxis und -theorie 66
Luthersprache 2, 17, 261 f
– strukturelle Erscheinungsformen der 27
Luthertestament 1975 260
lux intellectiva 297
– rationis 367

Macht des äußeren Wortes 379
Machtwort Christi 328
– Gottes 451
Majuskel, Fraktur- und Antiqua- 15
manichäisch 158, 289, 358, 430
Maske 117, 339
materia-forma 74 f, 193
Maul sehen, auf das 264
Meditation 242, 400
medium salutis 176
Melancholie 305

Mensch 366
- als Handelnder 116 f
- Analogiefähigkeit des 373
- geistlicher 423
- neuer 422 f
Menschenprediger 360—362
Menschenwort, begrenzte Analogiefähig-
    keit des 131, 140—147
- Defizienz des 152
- prinzipielle Verschiedenheit vom
    Gotteswort 132—140
Menschheit Christi 355, 410, s. auch
    Christus vere homo
Menschwerdung Christi 348
Mercurius 388
metaphorisch 204 f, 228, 328, 461 f
metrische Analyse 25
ministerium verbi 467, 470
mitteldeutsch 17 f
mittelhochdeutsch 17
modus loquendi 196 f, 202, 264, 268
- biblischer 97, 269, 430, 434
- scripturae 242
Mose 51—53, 57, 60 f, 64 f, 67, 72, 75 f,
    80 f, 97, 103, 109, 119, 177, 196, 201,
    332, 334
- und Johannes 73, 82, 95 f, 217, 222
Mund 387 f
- Christi 92, 332, 459
- des Menschen 113, 118
mündlich 68
- Gestalt des Evangeliums 67 f
- Rede 143, 194, 265
mündliches Wort des Evangeliums 386
Mündlichkeit 194, 239
- des Evangeliums 239—243, 312, 393
- des Wortes 352
Musik 163
Muttersprache 190
muttersprachlich 20, 264, 268, 304, 406
- Reformulierung der Schrift 274
mystisch 444 f
- unio-Spekulation 444

Natur, vernünftige 377
- und Gnade 306, 364 f, 435
natura verbi 189, 193, 232
- dei 339
- est audiri 127—129, 193, 239, 265
- est servare nos 129
natus ex (Joh 1,13) 415 f, 419 f

Neologismen 263
nestorianisch 428
neue Geburt 426
- Sprache 459
- usus vocabuli 464
- Sprechen 462—465
Neues Testament 48
- als Hermeneut des Alten 241
Neuhochdeutsch 17 f, 21
Noah 119
Nominalflexion 18 f
nomistisch / antinomistisch 116
nota ecclesiae 157, 342, 449
- euangelii 404
- veritatis 157 f
nova grammatica 465
- lingua 204
- lingua Christi 180
- lingua theologiae 318—320
- locutio 134 f
- res 406
- rhetorica 462, 465
- /vetus lingua 319 f, 461 f
novae / veteris linguae usus 167
novis linguis loqui 461 f
nuda essentia dei 95

Obrigkeit 119
Ockhamisten 320
ockhamistische Tradition 314
Offenbarung, göttliche 53, 291
Ohnmacht des Wortes Gottes in Christus
    337—340
ontologisch 373, 383
opera dei sunt verba eius 101
Opfer 457
opus dei proprium 453
- verbi 232
»ordnung der wort« 303 f
Ordnung, göttliche 394
ordo salutis 387

pädagogisch 193, 199, 285—287, 338, 374
Papisten 256, 278, 355 f
Papst 93, 158—163, 361, 411, 431
Papsttum 228, 242, 283, 363, 398
Paradies 160, 452
Paradiesesschlange 171 f
Parallelismus 145 f, 411
- antithetischer 146
Parallelstruktur 422

peccatum 63, 201
Perikopenabgrenzung 6
Person 135 f, 352 f, 446
– Christi 392, 431
– des Predigers 396 f, 474
Personen, Unterscheidung der 77, 136,
   217–228, 377
Pfingstgeschehen 286
Pfingstgeschichte 401–406
philologisch 188, 214 f, 350, 359, 366, 425
Philosophen, Irrtümer der 219, 221
Philosophie 101
– und Theologie 289, 319 f
philosophisch 90 f
– Einsicht 198
– Sprache 316
Phonologie 16–18
phrasis Ebraica 103
platonisierend 213, 220, 289–291,
   293–295, 299, 307
Platonist 418
poimenisch 125, 158, 395–397, 400
polemisch 42, 190
politisch 103
Polyglottie 402, 406
postlapsarisch 177 f
praedicare 93, 222
praedicatio 359
Präexistenz Christi 219 f
– der Schöpfungswerke 289–291, 294
Prävalenz der res vor den verba 199, 201
– des Hörens 172 f
– des inneren Wortes 185, 374, 378–380
– des Sprechens 192 f
predigen 68, 123 f, 173, 309 f, 389, 395,
   400, 449 f
Prediger 68, 119, 179 f, 241, 337, 355, 367,
   369, 398, 400, 402, 413, 469–471
– als organum dei 470
Predigt 54, 92, 120, 124, 355, 363, 379,
   468–472
– als Christuskommunikation 392
– als Ort des Kommens Christi 411 f
– der Apostel 50, 241
– Christi 412 f
– des Evangeliums 353, 370, 433, 474
– und Sakrament 425
– von Christus 241 f, 306, 310, 352
Predigtamt 113 f, 120, 352, 354–357, 413,
   465, 471
– Hochschätzung des 424

Predigthörer 313, 412, 464
Predigtwort 113–115, 119, 122, 352, 379,
   396, 398, 404, 410, 412 f
Priestertum, allgemeines 173
prima causa rerum 106 f
prima materia 75
prima principia 159
Prinzip des Ketzerischen überhaupt 79
privatio verbi dei 121
pro nobis 322
Problem des Verstehens 243
promissiones Christi 64 f
proprietas verbi dei 459
proprius spiritus 244 f, 247
Prospekt 439
protologisch 87, 89, 170, 216, 284, 289,
   292
Psalter 168 f
pseudovernünftig 94
Punkt, archimedischer 455

rabbinische Exegeten 275
ratio 46, 130, 173, 422, 433 f, 461
rationem, supra et contra 93
rauhes Wort Gottes 380
Rechtfertigung durch Christus 368
Rechtfertigungserfahrung 443
reden 182–184, 456, 458
– des Menschen 422 f
– zu wem es geredet ist 65
Redender, Person des 196
Redensart 141, 384
reformatorisch 242, 438
Regiment 179, 454
regula loquendi 317
Reich Christi 166, 341–344, 369, 458
– des Teufels 460
– Gottes / Reich der Welt 442
– zur Linken 426
Reihung 422
Reimwörter 191
Reinheit des Evangeliums 282
remissio peccatorum 57
res aeternae 139
– creatae 102
– futurae 203
– scripturae 203, 251
– significans / res significata 139
– spirituales 93, 95, 382
– und verbum 164, s. auch verbum
   und res

Rezeptivität 46
Rezipient 243
Rhetorik 35, 42, 69, 479
rhetorisch 34 f, 63, 191, 265, 274, 278, 411,
    423, 435, 452, 460 f
– Kompetenz des Geistes 195
rhythmisch 25
Rhythmus 273
Rufmord 174

sachlogische Reihenfolge 303
Sachsenspiegel, der Juden 65
sacramentum et exemplum 65
sacrificium intellectus 225
sagen 182–184
Sakrament 115, 446, 449, 472–474
Sakramente als creaturae verbi 446
sakramentaler Charakter der Worte Christi
    332
– Wortverständnis 446
sanftes Reden Gottes in Christus 378
Satan 113, 171, s. auch Teufel
Schauen 381
Schein 137
Scholastik 151
scholastisch 63, 202, 211 f, 436, 449
Schönredner 186
Schöpfer 101
– und Geschöpf 249
Schöpfung 74, 95, 101, 110, 292
Schöpfungslehre 309
Schöpfungsmittlerschaft des verbum
    aeternum 101
Schöpfungsordnung 198, 230, 426
Schöpfungsverständnis 107 f
Schöpfungswerk 229, 233
Schöpfungswort 88, 107, 113, 115, 132,
    408
Schreiber, Lob des 169 f
Schrift, Autorität der 243–246
– autoritative Deutung der 245
– diskursive Struktur der 321
– Einheit der 251
– heilige 99, 120, 124, 139, 157, 225 f,
    235–288, 309, 318, 370, 382 f, 457
– Mitte der 61, 238, 251
– redet anthropomorph 323 f
– Sache der 250–252, 274
– Schriftlichkeit der 238–243
– Selbstauslegung der 247 f
– und Erfahrung 141, 143

– und Vernunft 243
Schriftauslegung 235, 238, 245–247
Schriftbeweis 36–38, 48 f
schriftgemäß 201, 224, 235, 363 f, 370
Schriftkenntnis 161
schriftlich 67 f
– Fixierung des Evangeliums 241 f
– Gestalt des Wortes Gottes 235, 238
Schriftprinzip, reformatorisches 237, 243 f,
    246, 252
Schriftsinn, vierfacher 247 f
schriftstellerisches Wirken Luthers 477
Schriftvergessenheit 431
Schriftverweis 141
Schriftzeugnis 78, 141, 354, 393
Schriftzitat 142
schwäbisch 405
Schwärmer 385
Schweigen 95
scriptura sacra sui ipsius interpres 246 f,
    275 f
Seelsorge 158
Segen 104
– Typologie des 104 f
Sehen des Glaubens 434, 441
Selbigkeit Gottes 455
Selbstgerechtigkeit 362 f
Selbstmitteilung Gottes 90, 93, 378, 387
semantische Verstärkung 20
sensus proprius 370
Septembertestament 6 f, 21, 24, 26, 142,
    409 f
Signifikat 167
Signifikationshermeneutik 115, 201
signifikationshermeneutisch 38, 44, 138,
    140 f, 374, 378, 383
signum 144
– und res 102, 118, 139 f, 373 f, 376, 378
simplicitas verbi 114
Sinaigeschehen 92
Sinn, einfältiger 370
– der Worte, natürlicher 247 f, 252
Sinnprimat 271, 480
sola fide 64, 267 f, 425 f
– gratia 64, 353
– scriptura 237, 243–247
sonus 134
Soteriologie 151, 387
soteriologisch 135, 154, 234, 289,
    295–298, 304, 312 f, 374, 385–394, 397,
    410, 416, 418, 459 f

– blind 88, 300, 308
– Pointe 130, 180, 438, 445, 451
Souveränität des Geistes 400
spekulativ 93
spezifische Differenz des Christenmenschen 457–465
spiritus sanctus 118, 176
sprachanalytisch 481
Sprachauffassung Luthers 204
Sprachaufgabe der Theologie 316, 319 f
Sprachbegriff, humanistischer 169
Sprachbeobachtung 190 f
Sprachduktus 26
Sprache als das kennzeichnend Menschliche 168–175
– als Kommunikation 192–196
– als Vehikel des Geistes 176
– biblische 163
– Christi 339
– der Kreatur 172
– der Natur 111
– der Vernunft 167, 465
– des Glaubens 167, 456–476
– des Menschen 150, 168–188, 190
– Erlernen einer 193 f
– gesprochene 193
– Gottes 325
– Kunst der 275
– modaler Gebrauch von 262
– Regelsystem 170
– und Religion 288
– und Sache 196–205, 262
– soziale Funktion der 173 f
– Ursprung der 170, 177 f
– Wesen der 188–205
Sprachen 403–406
– Art der 189, 263, 267, 274
Sprachenheiligung 280–288
Sprachenkenntnis, Verfall der 283
Sprachenvergleich 190–192
Sprachenwunder 402–406
Sprachgebrauch 440
– allgemeiner 170, 219, 232, 254, 434
– der Bibel 100, 103
– Christi 321, 324, 337
– deutscher 103
– des heiligen Geistes 106
– medialer und instrumenteller 115 f
sprachgeschichtliche Konstruktion 281,
   284
– Stellung Luthers 1

Sprachgestalt 189, 269, 480
Sprachgestaltung 1, 34, 45, 204, 477–481
Sprachgestus des Bittens und Betens 325
– der heiligen Schrift 263
Sprachgewalt 1
Sprachgrenzen 404
Sprachkompetenz 264 f, 268, 272
– in geistlicher Hinsicht 459–461
Sprachkritik 202
Sprachlandschaft, deutsche 266
sprachliches Phänomen 59, 182
Sprachlichkeit des Menschen 138, 177 f,
   186
Sprachlogik 189
– mittelalterliche 191
sprachlogisch 327
Sprachmischung 288
Sprachmittlerschaft Christi 332
Sprachphilosophie 1, 189, 197
sprachphilosophisch 188
Sprachproblem 1–5, 87, 89, 131, 179, 318
Sprachreflexion 462
Sprachschule des Glaubens 469
Sprachsituation des Menschen 165, 176
Sprachstil Luthers 478–480
sprachtheoretisch 89, 178
Sprachverständnis 1–5, 40, 69, 127 f, 131,
   149, 195, 197, 205, 209, 228, 235, 254,
   420, 431, 438
Sprachverwirrung 177–181
– babylonische 162
– päpstliche 180
Sprachvollmacht 459 f
sprechen 1, 182–184
Sprechen Christi 436
– Gottes 69, 87–130, 474
– des Menschen 1, 150–205, 459
Sprecher 77, 195 f, 265 f, 327
Sprechsituation 264 f
sprechsprachlich 192, 265, 480
Sprichwort 143, 267, 377
sprichwörtlich 143, 153, 174, 277, 384
Sterben 129 f
stilistisch 197, 478
Stilmittel 480
Stimme 68, 239
– Christi 363
stoisch 373
Strukturanalyse 34
strukturell 292
Strukturprinzip 150

stulti philosophi 106
sub contrario 161, 337−339, 341, 380f, 445
Subjektwechsel 117
Subordination des Logos 224
Suffizienz der Schrift 275f
Sünde 63, 94, 178, 229f, 305f, 310, 343,
    365, 446
Sündenfall 90, 178, 292
Sündlosigkeit Christi 436
süße Predigt der Gnade 63
− Sprache Christi 330−332
− Wort Gottes 380
Syllogismus 219
synergistisch 399f, 425, 442
Synkope 17
Syntax 24−26

»tabernen wortt« 152
Tafeln des Herzens 65
− steinerne 65
Talent 272, 276, 278, 280, 479f
Taufe 92, 157, 473
− Christi 62, 326, 335, 352, 410
Täufer als erster Prediger der Kirche 355
− als Urbild des evangelischen Predigers
    354
− als Zeuge des Lichts (Joh 1,7f) 357−364
− Amt des 348−357, 362
− Funktion des 62
− Name des 356
− Person des 62
− sein Zeigen auf Christus 354, 364
− Zeugnis des 372
Täuferamt und Predigtamt, Analogie von
    352−354
Teilgabe Gottes 440−455
Teilhabe des Menschen 303, 456−481
Tempel 123
Testament 49
Testamentsbrief Christi 55f
Testamentsmetapher 55−62
Testamentmacher, Christus als 58
Teufel 60, 94, 122f, 127, 158−163, 188,
    194f, 201f, 378, 380, 388, 400f, 404,
    464, 471, 474, s. auch Reich des Teufels
theologische Bibliothek 287
Titulus des Kreuzes 285, 404
Tod 94, 130, 296, 303f, 329f, 421, 451, 464
− Errettung aus dem 328f
Todesangst 325f
Todesschlaf 453

Toten, die 130
Tradition 237f, 376
− der Kirche 250
Traditionsbegriff, katholischer 245
Transparenz einer biblischen Geschichte
    auf unsere eigene Lebensgeschichte 329
Trialog, göttlicher 99
Trias 416f, 420
Trichotomie, psychologische 422
trinitarisch 221, 224, 336, 373−375, 378
− Analogie 147
− Auslegung von Gen 1 83f
− Deutung des »vidit quod bonum«
    (Gen 1) 85
− Kurzformel »Deus dixit, fecit, vidit«
    83−85
− Nomenklatur 84
− Schöpfungslehre 83
− Geschehen 383
Trinität 51, 226
Trinitätslehre 98
trinitätstheologisch 373
tropisch 204f, 461, 480
tropologisch 220, 290, 410, 435
Trost 115, 401
trösten 475
Trunkenheit 171
Tugendkatalog 274
Türken 103, 121, 414

Ubiquität Christi 91, 296, 342, 353, 410
übersetzen 142, 215, 254f, 368, s. auch
    dolmetschen
Übersetzen, Prinzip des 275
Übersetzer 263
Übersetzung 6−29, 142, 214, 253, 267, s.
    auch Dolmetschung
− des Alten Testaments 262f
Übersetzungsgrundsätze 28
Übersetzungsproblem 200, 257
übersetzungstechnische Fragen 28f
übersetzungstheoretische Erkenntnis 8
Übersetzungstheorie 260f
− und -praxis 204
Umdenken 465
una res fieri 444f, 473f
unaussprechlich 163−168, 457
unbeschreiblich 163−168
Undank der Welt 277
undeutsch 97
Unglaube 440, 460

unigenitus 434
unio 429
unsagbar 163—168
Unsterblichkeit 130
Unterscheidenkönnen, Anleitung zum 116
Unterscheidung 5, 15, 62 f, 77, 136, 139 f,
    154 f, 164, 217—228, 238 f, 248—251,
    300, 305, 319 f, 342, 370, 377, 381, 383,
    393 f, 414, 418, 441, 471 s. auch Funda-
    mentalunterscheidung
− zwischen dem Wort Gottes und den
    Worten (!) der Menschen 449
urgemus Christum contra scripturam 252
usus loquendi 170, 190, 196 f
− allgemeiner 155 f, 462
− scripturae 167, 203, 416, 447
usus verborum 324
uterus dei 227 f, 421, 453
uti und frui 139

Verachtung des Worts 338 f
verba dei comminantia et promittentia 113
− dei res sunt 111, 152
− mortua et praeterita 153
− res sequentur 202
− viva et praesentia 153
− vocalia 388, 391
Verbalität des Reiches Christi, exklusive
    342
verbatus deus 90
Verborgenheit 445
− des Wortes Gottes 338—340
verbositas 86
verbum aeternum 71 f, 77, 95—99, 135,
    216, 312, 373, 378
− ante omnem creaturam 72 f
− audibile 378
− cordis 97, 146, 193, 372—375, 378, 384
− creatum 99—112, 125 f
− crucis 380
− dei 350
− dei cordis 377
− dei omnipotens 95 f, 124
− dei scriptum 112
− divinum 134, 140, 147
− effective 471
− efficax 115, 331, 441, 467
− ex ore 97
− externum 87 f, 330, 355, 381
− foris auditum 373
− humanum 134, 140

− incarnatum 95, 322—337, 373, 375,
    378 f, 471
− increatum 97, 107, 134
− interius 148, 375
− internum 100, 133 f, 147—149, 193, 351,
    377
− internum et externum 97, 353
− legis 125
− legis − verbum euangelii 383
− mathematicum vel physicum 134
− oris 99, 372
− praedicatum 88, 97, 113, 135, 341
− prolatum 88, 99, 112—116, 127, 182,
    193, 312, 410, 473
− promissionis 87, 116, 125, 203, 389, 443,
    451
− reale seu actionem 151
− significat intentionem cordis 184
− spirituale 381
− und res 196—205, 274, 441, 480
− vocis 375, 388
Verdammnis 128
Verdammungswort Gottes 128
Vereinung von Gotteswort und
    Menschenwort in Christus 320—344
Vergebung 66, 452, 475 f
Vergebungserfahrung 343 f
Vergebungswort 475 f
Vergewisserung von Prediger und Hörer
    114
Verifikationskriterium 399 f
Verhältnis von Neuem und Altem Testa-
    ment 82
Verheißung 54
− Buch der 50
− und Erfüllung 49—55
Verkündigungsgeschehen 243
Vermischung von Göttlichem und
    Menschlichem 162
Vernunft 52, 77, 79, 93 f, 120, 135, 166,
    222, 225 f, 283, 300, 302, 307, 331, 352,
    354, 412, 421, 423, 442
− und Glaube 302 f, 359 f, 407, 442
vernünftig 217, 315
Vernunftkritik 300 f
Verschränkung der Zeiten 412 f
− von göttlichem und menschlichem
    Sprechen 420
− von Teilgabe Gottes und Teilhabe des
    Menschen 439 f
− von Text und Situation 412

Versöhnung 340
Verstehen 106
– Grenzen des menschlichen 78
Verwurzelung des Neuen Testaments im Alten 48–68
– von Joh 1 in Gen 1 48, 69–86
Verzweiflung 401
vetus lingua rationis / nova lingua theologiae 437
vis efficiendi 152
vocare 100
Volk Gottes 51, 411
– Israel 57
Volkssprache 288
Volkssprachen, Emanzipation der 284, 286, 288
Volkssprachigkeit 284, 286
volkssprachliche Bibelübersetzung 285
Vollmacht des Geistes 282
– des Wortes Gottes in Christus 340–344
voluntas 422
vox 134, 181
Vulgata 7, 9, 16, 20, 259, 277, 279, 454

Wahlfreiheit 159, 188
Wahrheit 99, 127, 129, 157f, 297, 308, 317, 320
– der Theologie 283
– des Glaubens 224
– des Evangeliums 228, 308, 355
– doppelte 437
– Gottes 127
– philosophische 127
– und Ketzerei 221–224
Wahrheitsdefinition 186
Wahrheitsfähigkeit des Menschen 185f
Wartburgpostille 3, 6, 24, 59
– als Predigthilfe 28
Weisheit 101
– Gottes 81
Weitschweifigkeit 3, 407
Welt 408f
– diese und jene 368f
– Erhaltung der 107
– Erschaffung der 107
widerwärtige Predigt des Gesetzes 63
Wirklichkeit 161, 185
Wirksamwerden des äußeren Wortes 390
Wissensgewißheit und Gewissensgewißheit 226–228
Wort 69, 74, 77

– als Abbild des Gedankens 133, 138, 143f
– als Zeichen 141
– äußeres 116, 138, 144, 146, 164, 303, 354, 374
– äußeres, als vehiculum gratiae 387, 391
– äußeres, exklusive Heilsbedeutung des 388, 410
– äußeres gepredigtes 91, 112, 114, 117, 337, 348, 351f, 372
– äußeres gesprochenes 382
– Bilder für das äußere 391f, 397, 399
– Christi 448
– das ewige 451–455
– das geglaubte 440–445
– das heilige 445–451
– der Schrift 225–227
– des Evangeliums 390
– des Glaubens 461
– des Herzens 146–149
– des Kreuzes 339f
– des Menschen 132, 146, 184f, 215
– des Menschen, inneres 211
– ewiges 455
– gepredigtes 455
– geschriebenes 193, 389, 455
Wort Gottes 74, 87f, 103, 109, 113, 118, 145, 170, 475
– als Gegenstand der Offenbarung 93–95
– als Medium der Offenbarung 89–93
– als remedium salutis 154f, 161
– äußeres 195
– biblisches 242
– Effizienz des 98
– Ewigkeit des 114
– in der Gegenwart 120–126
– in der Geschichte 117–120
– Omnipotenz des 125f
– ruft aus dem Tod ins Leben 453
– ursprüngliches (Joh 1,1–3) 210–234
– / Wort des Teufels 159f
– zürnendes 103
Wort, Hineinkriechen ins 227
– im Anfang 150, 210–217
– im Herzen 159
– inneres 148
– inneres und äußeres 132f, 143, 185, 212, 351, 370–406
– innertrinitarisches 149
– ins Herz schreiben 382f
– mündliches 68
– und Antwort 438–481

– und Geist 390 f, 397, 399, 406
– und Glaube 182, 407–438, 440, 443, 446, 455
– und Sache 268, 337
– und Sakrament 399, 405
– und Sinn 198, 262, 266
– und Wirklichkeit 197
– und Zeichen 117 f, 387
– ursprüngliches 148
Worte Christi 327 f, 331, 343
– Gottes als prima principia der Christen 156
Wortbindung des Geistes 385, 387, 390, 392, 394, 397, 400, 404 f
wortgeschichtlich 259
Wortreflexion 372
Wortspiel 379
Wortverständnis 112, 184 f
Wortwahl 19–23

Wortwerk 331

Zeichen 146
– sprachliche 133
– und Bezeichnetes 138–140
Zeiger 52, 54
Zeitformen 23 f
Zeugenschaft 257–259
Zorn Gottes 340
Zunge 160, 172 f, 456
– böse 174
– Spiegelfunktion der menschlichen 185
Zusammenhang von Sprachverständnis und Sprachgestaltung 193, 477–481
zwei Reiche und Regimente 342
Zweigliedrigkeit 44
Zweinaturenlehre 234, 304, 312–326, 435, 444 f
Zweireichelehre 442